Johannes Beste, Ilona Giese, Andrea Schendekehl

Personaldienstleistungskaufleute

1. Ausbildungsjahr

2. Auflage

Bestellnummer 30425

Bildungsverlag EINS

Haben Sie Anregungen oder Kritikpunkte zu diesem Produkt?
Dann senden Sie eine E-Mail an 30425_002@bv-1.de
Autoren und Verlag freuen sich auf Ihre Rückmeldung.

www.bildungsverlag1.de

Bildungsverlag EINS GmbH
Hansestraße 115, 51149 Köln

ISBN 978-3-427-**30425**-8

Vorwort der Autoren

Das 2008 geschaffene Berufsbild der Personaldienstleistungskaufleute ist eine Antwort auf die sich verändernden Rahmenbedingungen der wirtschaftlichen Arbeitsteilung. Das zeigt sich zum einen in den sich ausdifferenzierenden Leistungsangeboten der Personaldienstleistungsbranche, zum anderen auch in einem sich verändernden Stellenwert der klassischen Personalwirtschaft innerhalb eines Unternehmens: Die Personalabteilung wird zunehmend als wertschöpfende Funktion erkannt und in ihrer Gestaltung verändert.

Was auf den ersten Blick recht homogen erscheint – Personaldienstleistungskaufleute sind die Spezialisten für personalwirtschaftliche Aufgaben –, entpuppt sich bei näherer Betrachtung als hochkomplexes und heterogenes Aufgabenfeld um den Kern *Personal*, seine Funktionen in der Wirtschaft und die unterschiedlichsten Formen, in denen *Personal* eingesetzt wird. Was das Berufsfeld zusätzlich anspruchsvoll und spannend macht, deutet sich in dem sachlichen Begriff Personal nur an: der Umgang mit Menschen.

Aus diesen Zusammenhängen leiten sich die Vorgehensweise und der Anspruch dieses Lehrbuches ab:

- Es umfasst die Inhalte der Unterstufen-Lernfelder des Rahmenlehrplans für Personaldienstleistungskaufleute (Lernfelder 1 bis 4).
- Jedes Kapitel beginnt mit einer Einstiegssituation, die typische berufliche Handlungs- und Entscheidungssituationen darstellt. Ab Lernfeld 2 kommen Arbeitsaufträge hinzu, die die Schülerinnen und Schüler anhand der folgenden Informationstexte lösen können. So wird ein eigenständiges und handlungsorientiertes Lernen ermöglicht. Jedes Kapitel schließt mit einer Zusammenfassung und Aufgaben zur Anwendung und Vertiefung der Inhalte.
- An zahlreichen Stellen sind Internetquellen angegeben, die weiterführende Informationen zu den verschiedenen Themen geben.
- Wichtige Vertiefungen einzelner Themen finden Sie unter der Überschrift „Im fachlichen Kontext"; diese Ausführungen erleichtern als Hintergrundwissen das Verständnis komplexer Zusammenhänge. Gleichzeitig machen Verzahnungen mit anderen Lernfeldern die inhaltlichen Querverbindungen einiger Themen deutlich.
- Aufgrund der Neuartigkeit und rechtlichen Komplexität der Personaldienstleistungen wird hier erstmalig dieser Bereich für Auszubildende systematisch erfasst und aufbereitet.
- Ergänzt wird das Lehrbuch durch Unterrichtsbegleitmaterial (Bestellnummer 30426), das weitere Anregungen für die konkrete Unterrichtssituation bietet.

Wir möchten uns ausdrücklich bei allen Menschen und Institutionen bedanken, die uns bei der Konzeption und Umsetzung des Lehrbuches unterstützt haben. Insbesondere danken wir unseren Schülerinnen und Schülern für die vielen anregenden und fordernden Diskussionen, den Verbänden der Personaldienstleistungsbranche für ihr Engagement, Edgar Schröder für den fachlichen Austausch, den Kolleginnen und Kollegen, mit denen wir in Arbeitsgruppen zusammengearbeitet haben, und den Ausbilderinnen, Ausbildern und Ausbildungsbetrieben, die uns Einblicke in die Praxis gewährt haben.

Johannes Beste
Ilona Giese
Andrea Schendekehl

Geleitwort

Ist die Personaldienstleistung eine Branche?

Wer diese Frage bejaht, weist zumeist auf die Heterogenität dieser Branche hin. Wer diese Frage verneint, der sieht in der Personaldienstleistung in erster Linie eine Funktion, wie sie gleichermaßen in Personalabteilungen von Unternehmen und von Personaldienstleistungsunternehmen tagtäglich millionenfach erbracht wird.

So wurden von uns, **den zwei großen Verbänden der Personaldienstleistungsbranche**, bei der Mitbegründung des Ausbildungsberufes Personaldienstleistungskaufmann/-kauffrau von Anfang an die internen und die extern erbrachten Personaldienstleistungen als gleichberechtigt betrachtet. Ausgangspunkt für die Entwicklung dieses Berufsbildes war die zunehmende Komplexität der Arbeitswelt und die damit einhergehenden stark gestiegenen Anforderungen an eine moderne und zukunftsfähige Personalarbeit.

Diese Komplexität zeigt sich in zahlreichen Herausforderungen im Personalmanagement, denen sich die Unternehmen stellen müssen.
So werden beispielsweise in Deutschland 10 Millionen Arbeitsverträge jedes Jahr neu geschlossen und etwa ebenso viele Arbeitsverhältnisse wieder beendet. Auch besteht das Arbeitsrecht aus einer Vielzahl einzelner Gesetze oder ist in artfremde Gesetze oder Verordnungen mit eingebunden.
Aus diesem Grund entscheidet heute der Personalexperte über den Erfolg eines Unternehmens maßgeblich mit. Er hat unterschiedliche Ausbildungen absolviert und sich die Querschnittskompetenzen dieses Berufes angeeignet: Er wird Personaldienstleistungskaufmann oder Personaldienstleistungskauffrau.

Dies ist der erste Ausbildungsberuf in Deutschland, der sich ausschließlich dem Management von Humanressourcen widmet. Er setzt in einer Branche, die sich ständig neu erfindet, sowie in jedem Personalbüro neue Standards. Die Auszubildenden, die diesen Beruf ergreifen, sind deshalb meistens neugierig, kommunikativ, kontaktfreudig, lösungsorientiert und stressresistent.

Es ist nun den Autoren in hervorragender Weise gelungen, die Komplexität und schwer fassbaren heterogenen Bedingungen der Personaldienstleistung in einem Buch zu bündeln. Kein Wunder, dass dieses Werk sehnlichst erwartet wurde.
Dieses Buch setzt Richtwerte für den Ausbildungsberuf und die darauf aufbauenden Aus- und Weiterbildungen. Die mit dem Buch erworbenen Kompetenzen schaffen Rahmenbedingungen für branchenübergreifende Karrieren und gute berufliche Entwicklungsmöglichkeiten innerhalb des Personalwesens.

Wir bedanken uns bei den Autoren dieses Buches, Frau Giese, Frau Schendekehl und Herrn Beste, und dem Fachmann aus unseren Reihen, Herrn Edgar Schröder, und wünschen dem Regelwerk neben dem schulischen Erfolg eine weite Verbreitung und die verdiente Akzeptanz in und außerhalb der Personaldienstleistungsbranche.

Michael Hacker, Mitglied des Vorstandes, Interessensverband Deutscher Zeitarbeitsunternehmen e. V.
Wilhelm Oberste-Beulmann, Mitglied des Vorstandes, Bundesarbeitgeberverband der Personaldienstleister e.V.
Mirco Melega, Vizepräsident, Bundesarbeitgeberverband der Personaldienstleister e.V.

Inhaltsverzeichnis

Lernfeld 2: Struktur und Geschäftsfelder des Ausbildungsbetriebs erkunden und präsentieren

Lernfeld 4: Personal gewinnen

Lernfeld 1:
Die Ausbildung verantwortlich mitgestalten

1 Anforderungsprofil und Kompetenzen von Personaldienstleistungskaufleuten

Einstiegssituation ▶

Frank Mellheim und Jasmin Klessing werden in dem Personaldienstleistungsunternehmen Finke Zeitarbeit GmbH zu Personaldienstleistungskaufleuten ausgebildet. Nach ihrer Ausbildung werden sie in einem Personaldienstleistungsunternehmen vielfältige Aufgaben in ihrem Betrieb verantwortlich ausführen:

- Personalgewinnung und -einstellung
- Personaleinsatzplanung
- Personalsachbearbeitung
- Personalführung und -entwicklung
- Kundengewinnung, -betreuung und -bindung
- Auftragsbearbeitung

Sie befinden sich somit mit ihrer Tätigkeit innerhalb eines Beziehungsdreiecks:

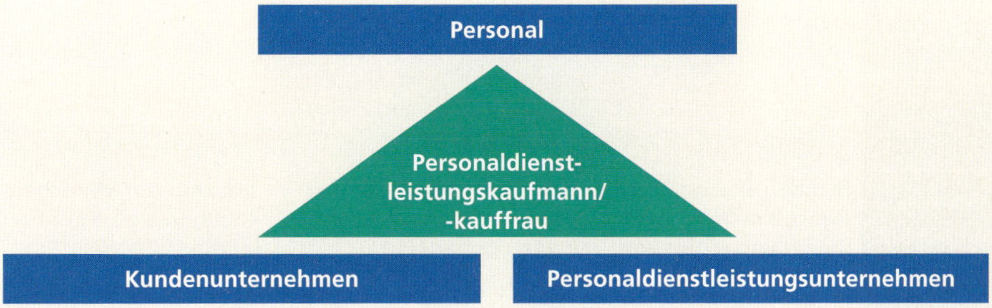

Personaldienstleistungskaufleute benötigen ein hohes Maß an Sicherheit in den Bereichen Kommunikation, Moderation und Konfliktlösung. Sie entwickeln Analysefähigkeiten in Bezug auf Bewerberprofile, Arbeitsplatzanforderungen im Kundenunternehmen, Marktentwicklungen sowie betriebliche Werteströme. Sie beherrschen Recherche- und Dokumentationsinstrumente und berücksichtigen Rechtsvorschriften, insbesondere der Arbeitnehmerüberlassung und des Arbeits- und Gesundheitsschutzes[1].

[1] *Siehe Rahmenlehrplan für den Ausbildungsberuf Personaldienstleistungskaufmann/Personaldienstleistungskauffrau, Beschluss der Kultusministerkonferenz vom 08.11.2007.*

Um diesem Anforderungsprofil gerecht zu werden, ist eine umfassende berufliche Handlungskompetenz notwendig.

Merksatz

Berufliche Handlungskompetenz ist die Fähigkeit und Bereitschaft, in beruflichen Situationen sach- und fachgerecht, persönlich durchdacht und in gesellschaftlicher Verantwortung zu handeln sowie seine Handlungsmöglichkeiten ständig weiterzuentwickeln.

Die Handlungskompetenz wiederum teilt sich in mehrere Kompetenzbereiche auf, die im Verlauf der Ausbildung entwickelt und erweitert werden sollen.

- **Fachkompetenz** ist die Fähigkeit und Bereitschaft, Aufgabenstellungen selbstständig, fachlich richtig sowie methodengeleitet zu bearbeiten und das Ergebnis zu beurteilen.
- **Individualkompetenz** ist die Fähigkeit und Bereitschaft, als Individuum Entwicklungschancen und Herausforderungen in Beruf, Familie und öffentlichem Leben zu durchdenken und zu beurteilen, eigene Begabungen zu entfalten sowie Lebenspläne zu fassen und fortzuentwickeln.
- **Sozialkompetenz** ist die Fähigkeit und Bereitschaft, mit anderen zusammenzuarbeiten, sich mit ihnen rational und verantwortungsbewusst auseinanderzusetzen und zu verständigen.

Das Kompetenzmodell zur beruflichen **Handlungsfähigkeit** nach Bader/Müller[1] ordnet der Fach-, Sozial- und Individualkompetenz weitere Kompetenzen in Form der Lern-, Sprach- und Methodenkompetenz zu. So ergeben sich Kompetenzfelder, die sich aus zwei Dimensionen zusammensetzen. Die Grenzen zwischen Sozial- und Individualkompetenz sind dabei an der einen oder anderen Stelle fließend.

	Fachkompetenz	Individualkompetenz	Sozialkompetenz
Lernkompetenz	Fachliche Informationen beschaffen und Zusammenhänge herstellen.	In der Lage sein, individuelle Lernstrategien zu kennen und anzuwenden. Interesse, Anstrengungsbereitschaft und Zielstrebigkeit zeigen.	Strategien gemeinsamen Lernens kennen und anwenden.
Sprachkompetenz	Fachbegriffe und Fachsprache in Wort und Schrift verstehen und nutzen können.	Sprache, Mimik und Gestik zielführend einsetzen können.	Mit anderen Menschen kommunizieren können, konfliktfähig sein.
Methodenkompetenz	Methoden zur Informationsgewinnung anwenden können. Imstande sein, Methoden zur Lösung von fachlichen Problemstellungen einzusetzen.	Fähig und bereit sein, eigenes Denken und Handeln aus verschiedenen Sichtweisen reflektieren zu können.	Methoden der gemeinsamen Problemlösung anwenden können.

[1] *Bader, R.; Müller, M. (2002): Leitziel der Berufsbildung: Handlungskompetenz. In: Die berufsbildende Schule, Jg. 54.*

Beispiele
Handlungen innerhalb der Kompetenzfelder

	Fachkompetenz	Individualkompetenz	Sozialkompetenz
Lernkompetenz	Einen Text sinnvoll zusammenfassen und strukturieren, um für eine Prüfung zu lernen.	Sich Karteikarten zu verschiedenen Themenbereichen erstellen. Regelmäßig lernen.	Eine Gruppe von Schülerinnen und Schülern trägt Wissen für eine Prüfung zusammen und erläutert sich Inhalte gegenseitig.
Sprachkompetenz	Kostenarten eines Betriebs nennen und richtig zuordnen.	Darstellung und Erläuterung eines Ergebnisses.	In einer Gruppe ein Marketing-Konzept diskutieren, dabei die eigene Meinung vertreten und andere Meinungen akzeptieren.
Methodenkompetenz	Methoden zur Kalkulation anwenden und damit richtige Entscheidungen treffen.	Eigenes Verhalten in einem Bewerbungsgespräch überdenken und daraus Schlüsse ziehen.	Erstellung einer Mindmap auf Zuruf zur gemeinsamen Strukturierung einer Problematik.

Aufgaben

1. *Ordnen Sie folgende Tätigkeiten den entsprechenden Kompetenzfeldern zu (es sind auch Zuordnungen zu mehreren Feldern möglich):*
   a) *Schüler diskutieren in Gruppen, welche Unternehmensform (GmbH, OHG, AG, KG) für das im Unterricht behandelte Modellunternehmen die vorteilhafteste ist.*
   b) *Ein Berater erstellt gemeinsam mit einem Arbeitssuchenden dessen Fähigkeitsprofil.*
   c) *Ein Mitarbeiter erkennt seinen Weiterbildungsbedarf und nimmt in Absprache mit seinem Abteilungsleiter Kontakt zur IHK auf, um eine Fortbildungsveranstaltung zu finden.*
   d) *Ein Vertriebsmitarbeiter erarbeitet sich das Organigramm eines Kundenunternehmens, um das Anforderungsprofil einzelner Stellen zu ermitteln.*
   e) *Danach ermittelt er den Personalbedarf des Kundenunternehmens.*

2. *Warum ist neben der Fachkompetenz für Sie als Personaldienstleistungskaufmann/ -frau auch die Sozial- und Individualkompetenz wichtig? Nennen Sie auch Beispiele.*

3. *Erläutern Sie das Beziehungsdreieck, in dem sich Personaldienstleistungskaufleute befinden. Ordnen Sie in diesem Zusammenhang den „Ecken" des Dreiecks die im Rahmenlehrplan zu erwerbenden Fähigkeiten zu und geben Sie jeweils entsprechende Beispiele.*

2 Der Rechtsrahmen der Ausbildung und die beteiligten Institutionen

Einstiegssituation ▶

Die Ausbildung zum Personaldienstleistungskaufmann/zur Personaldienstleistungskauffrau erfolgt im Rahmen einer dualen Berufsausbildung. Das bedeutet, dass Jasmin Klessing und Frank Mellheim mit dem Ausbildungsbetrieb und der berufsbildenden Schule zwei Lernorte besuchen. Damit ihr Beruf bundesweit anerkannt wird, sind eine bundesweite Einheitlichkeit der Ausbildung und eine Koordination der an der Ausbildung beteiligten Personen und Institutionen notwendig. Zudem müssen die Rechte und Pflichten der ausbildenden Betriebe und der Auszubildenden klar geregelt werden.

Hierfür existieren Gesetze und Verordnungen, die einen rechtlichen Rahmen festlegen. Im Weiteren werden deshalb die Zusammenhänge von

- Berufsbildungsgesetz (BBiG),
- Ausbildungsordnung,
- Ausbildungsrahmenplan und
- Rahmenlehrplan

aufgezeigt.

2.1 Der Ausbildungsvertrag

Einstiegssituation ▶

Für Frank Mellheim war der erste formale Schritt seiner Berufsausbildung zum Personaldienstleistungskaufmann der Abschluss des Berufsausbildungsvertrags bei der Finke Zeitarbeit GmbH. Nach der mündlichen Zusage der für die Ausbildung verantwortlichen Mitarbeiterin ist ihm sein Ausbildungsvertrag auf dem Postweg zugegangen. Vor der Unterschrift prüft Frank Mellheim noch einmal, ob alle Angaben richtig sind.

§ 11 BBiG

(1) Ausbildende haben unverzüglich nach Abschluss des Berufsausbildungsvertrages, spätestens vor Beginn der Berufsausbildung, den wesentlichen Inhalt des Vertrages gemäß Satz 2 schriftlich niederzulegen; die elektronische Form ist ausgeschlossen.

Merksatz

Der Ausbildungsvertrag entsteht bereits mit der (ggf. auch mündlich getroffenen) Einigung beider Seiten. Die unverzüglich anzufertigende Schriftform (im rechtssprachlichen Gebrauch bedeutet „unverzüglich" ohne schuldhaftes Verzögern) hat dann nur noch sogenannte **rechtsbekundende** und nicht **rechtsbegründende** Bedeutung.

In die Niederschrift sind mindestens aufzunehmen:

1. Art, sachliche und zeitliche Gliederung sowie Ziel der Berufsausbildung, insbesondere die Berufstätigkeit, für die ausgebildet werden soll,
2. Beginn und Dauer der Berufsausbildung,
3. Ausbildungsmaßnahmen außerhalb der Ausbildungsstätte,
4. Dauer der regelmäßigen täglichen Ausbildungszeit,
5. Dauer der Probezeit,
6. Zahlung und Höhe der Vergütung,
7. Dauer des Urlaubs,
8. Voraussetzungen, unter denen der Berufsausbildungsvertrag gekündigt werden kann,
9. ein in allgemeiner Form gehaltener Hinweis auf die Tarifverträge, Betriebs- oder Dienstvereinbarungen, die auf das Berufsausbildungsverhältnis anzuwenden sind.

§ 11 BBiG

(2) Die Niederschrift ist von den Ausbildenden, den Auszubildenden und deren gesetzlichen Vertretern und Vertreterinnen zu unterzeichnen.

In der Regel werden für die schriftliche Ausfertigung des Vertrags Vordrucke der IHK (Industrie- und Handelskammer) genutzt, die alle notwendigen Punkte enthalten.

Beispiel

Berufsausbildungsvertrag
(§§ 10, 11 Berufsbildungsgesetz – BBiG)

IHK Industrie- und Handelskammer Frankfurt am Main

Zwischen dem Ausbildenden (Ausbildungsbetrieb)

KNR	Firmenident-Nr.	Tel.-Nr.
1997	2001	0209/451904

Anschrift des Ausbildenden: Personaldienstleistungs GmbH
Straße, Hausnummer: Ernst-Kuzorra-Weg 58
PLZ Ort: 45891 Gelsenkirchen
E-Mail-Adresse des Ausbildenden: personaldienstleistungs_gmbh@gelsen-net.de
Verantwortlicher Ausbilder Herr / Frau: Christina Kuhnert, geb. am 19.10.1973

und der / dem Auszubildenden **männlich** ☒ **weiblich** ☐

Name	Vorname
Mellheim	Frank

Straße, Hausnummer.: Schalker Straße 4
PLZ Ort: 45881 Gelsenkirchen

Geburtsdatum	Geburtsort
07.04.1990	Gelsenkirchen

Staatsangehörigkeit	Gesetzliche Vertreter[1]
deutsch	

Namen, Vornamen der gesetzlichen Vertreter

Straße, Hausnummer

PLZ Ort

Wird nachstehender Vertrag zur Ausbildung im Ausbildungsberuf mit der Fachrichtung/dem Schwerpunkt: Personaldienstleistungskaufmann

nach Maßgabe der Ausbildungsordnung[2] geschlossen.

Änderungen des wesentlichen Vertragsinhaltes sind vom Ausbildenden unverzüglich zur Eintragung in das Verzeichnis der Berufsausbildungsverhältnisse bei der Industrie- und Handelskammer anzuzeigen.

Die beigefügten Angaben zur sachlichen und zeitlichen Gliederung des Ausbildungsablaufs (Ausbildungsplan) sind Bestandteil dieses Vertrages.

2.2 Berufsbildungsgesetz

Einstiegssituation ▶

Im Berufsbildungsgesetz (BBiG) sind die Rechte und Pflichten der beiden an der Ausbildung beteiligten Parteien festgelegt. Die beiden Parteien sind auf der einen Seite der Ausbildende, hier die Finke Zeitarbeit GmbH, und die Auszubildenden, Frau Klessing und Herr Mellheim, auf der anderen Seite.

2.2.1 Pflichten des Ausbildenden

Die Pflichten des ausbildenden Betriebs sind in den §§ 14–17 BBiG geregelt.

§ 14 Berufsausbildung

(1) Der Ausbildende hat dafür zu sorgen,

1. dass dem Auszubildenden die berufliche Handlungsfähigkeit vermittelt wird, die zum Erreichen des Ausbildungszieles erforderlich ist,

Beispiel

Der Ausbildungsrahmenplan für den Beruf Personaldienstleistungskaufmann/-frau sieht vor, dass die Auszubildenden Entgeltabrechnungen erstellen können. Um dies zu lernen, wird Frank Mellheim in der entsprechenden Abteilung eingesetzt.

2. selbst auszubilden oder einen Ausbilder ausdrücklich damit zu beauftragen. Mit dem Ausbildenden ist das Unternehmen insgesamt gemeint,

Beispiele

- *In einem kleinen Handwerksbetrieb ist meist der Inhaber selbst der Unternehmer und somit als Meister gleichzeitig der Ausbildende. Er kann aber auch einen qualifizierten Mitarbeiter, der eine entsprechende Prüfung bei der IHK abgelegt hat, als Ausbilder einsetzen.*
- *Eine Personaldienstleistungsagentur, die beispielsweise die Rechtsform einer GmbH hat, ist im Sinne des BBiG Ausbildender. Da eine GmbH jedoch keine natürliche Person ist, kann sie keine Ausbildungstätigkeit ausführen. Sie muss also Mitarbeiter beauftragen, die eine entsprechende Qualifikation haben.*

3. Auszubildenden kostenlos die Ausbildungsmittel, insbesondere Werkzeuge und Werkstoffe, zur Verfügung zu stellen, die zur Berufsausbildung und zum Ablegen von Zwischen- und Abschlussprüfungen, auch soweit solche nach Beendigung des Berufsausbildungsverhältnisses stattfinden, erforderlich sind,

Beispiele

Berichtshefte, Fachbücher und Schreibmaterial für die Ausbildung im Ausbildungsbetrieb (nicht in der Schule) stellt der Ausbildende zur Verfügung. Der Ausbildende stellt in einigen Berufen auch die Arbeitskleidung, falls diese – beispielsweise aus Sicherheits- oder Hygienegründen – vorgeschrieben ist.

4. Auszubildende zum Besuch der Berufsschule sowie zum Führen von schriftlichen Ausbildungsnachweisen anzuhalten, soweit solche im Rahmen der Berufsausbildung verlangt werden, und diese durchzusehen.

Beispiel
Frank Mellheim muss sein Berichtsheft einmal im Monat dem jeweiligen Abteilungsleiter vorlegen.

§ 14 Berufsausbildung

(2) Auszubildenden dürfen nur Aufgaben übertragen werden, die dem Ausbildungszweck dienen und ihren körperlichen Kräften angemessen sind.

Beispiele
Frank Mellheim darf nicht beauftragt werden, die Kinder seines Chefs aus der Schule abzuholen oder mit dem Staubsauger den Teppich des Büros zu reinigen.
Er muss am Ende des Arbeitstages jedoch seinen Schreibtisch aufräumen, wenn dies notwendig ist.

§ 15 Freistellung

Ausbildende haben Auszubildende für die Teilnahme am Berufsschulunterricht und an Prüfungen freizustellen. Das Gleiche gilt, wenn Ausbildungsmaßnahmen außerhalb der Ausbildungsstätte durchzuführen sind.

Beispiele

- *Frank Mellheim muss für den in drei mehrwöchigen Blöcken stattfindenden Berufsschulunterricht von der betrieblichen Anwesenheitspflicht freigestellt werden.*
- *Da zum Ausbildungsberufsbild auch die Lohnabrechnung gehört, diese Tätigkeit jedoch an ein anderes Unternehmen ausgelagert ist, muss Jasmin Klessing einen entsprechenden Kurs bei der IHK besuchen. Hierfür ist sie freizustellen.*

§ 16 Zeugnis

(1) Ausbildende haben den Auszubildenden bei Beendigung des Berufsausbildungsverhältnisses ein schriftliches Zeugnis auszustellen.

Das **einfache Arbeitszeugnis** enthält Angaben über Art, Dauer und Ziel der Berufsausbildung sowie die erworbenen Fertigkeiten und Kenntnisse. Das **qualifizierte Arbeitszeugnis** enthält zusätzliche Angaben über Führung, Leistung und besondere fachliche Fähigkeiten.

§ 17 Vergütungsanspruch

(1) Ausbildende haben Auszubildenden eine angemessene Vergütung zu gewähren. Sie ist nach dem Lebensalter der Auszubildenden so zu bemessen, dass sie mit fortschreitender Berufsausbildung, mindestens jährlich, ansteigt.

Beispiel
Die Ausbildungsvergütung von Frank Mellheim beträgt im ersten Ausbildungsjahr 650,00 EUR, steigt im zweiten Jahr auf 730,00 EUR und im dritten auf 780,00 EUR.

2.2.2 Pflichten des Auszubildenden

§ 13 Verhalten während der Berufsausbildung

Auszubildende haben sich zu bemühen, die berufliche Handlungsfähigkeit zu erwerben, die zum Erreichen des Ausbildungsziels erforderlich ist. Sie sind insbesondere verpflichtet,

1. die ihnen im Rahmen ihrer Berufsausbildung aufgetragenen Aufgaben sorgfältig auszuführen,

Beispiel
Jasmin Klessing wurde von einem Mitarbeiter in die Handhabung der Personaldatenbank eingewiesen. Ihre regelmäßige Aufgabe ist es nun, Personaldaten neu hinzugekommener Zeitarbeitnehmer in die Datenbank einzugeben und, wenn nötig, diese laufend zu aktualisieren.

2. an Ausbildungsmaßnahmen teilzunehmen, für die sie nach § 15 BBiG freigestellt werden,

Beispiel
Frank Mellheim ist verpflichtet, die Berufsschule zu besuchen oder auch an überbetrieblichen Ausbildungsveranstaltungen teilzunehmen, die beispielsweise in der IHK stattfinden.

3. den Weisungen zu folgen, die ihnen im Rahmen der Berufsausbildung von Ausbildenden, von Ausbildern oder Ausbilderinnen oder von anderen weisungsberechtigten Personen erteilt werden,
4. die für die Ausbildungsstätte geltende Ordnung zu beachten,

Beispiel
Frank Mellheim muss sich an Zeitvorgaben für die Mittagspause halten.

5. Werkzeug, Maschinen und sonstige Einrichtungen pfleglich zu behandeln,
6. über Betriebs- und Geschäftsgeheimnisse Stillschweigen zu wahren.

Beispiel
Es ist Frank Mellheim untersagt, sich mit Freunden über Inhalte aus Personalakten zu unterhalten.

2.2.3 Beendigung des Ausbildungsverhältnisses

§ 21 Beendigung

(1) Das Berufsausbildungsverhältnis endet mit dem Ablauf der Ausbildungszeit.

(2) Bestehen Auszubildende vor Ablauf der Ausbildungszeit die Abschlussprüfung, so endet das Berufsausbildungsverhältnis mit Bekanntgabe des Ergebnisses durch den Prüfungsausschuss.

Beispiel
Nach Bekanntgabe der Note im Anschluss an die bestandene Prüfung endet das Ausbildungsverhältnis von Jasmin Klessing automatisch. Sollte die dann ehemalige Auszubildende am nächsten Tag im Betrieb erscheinen und werden ihr dort gewohnheitsmäßig Aufgaben zugeteilt, entsteht durch dieses (schlüssige) Handeln beider Parteien ein Arbeitsvertrag.

(3) Bestehen Auszubildende die Abschlussprüfung nicht, so verlängert sich das Berufsausbildungsverhältnis auf ihr Verlangen bis zur nächsten Wiederholungsprüfung, höchstens um ein Jahr.

§ 22 Kündigung

(1) Während der Probezeit kann das Berufsausbildungsverhältnis jederzeit ohne Einhalten einer Kündigungsfrist gekündigt werden.

Dies kann ohne Angabe von Gründen geschehen.

(2) Nach der Probezeit kann das Berufsausbildungsverhältnis nur gekündigt werden

1. aus einem wichtigen Grund ohne Einhalten einer Kündigungsfrist,
2. von Auszubildenden mit einer Kündigungsfrist von vier Wochen, wenn sie die Berufsausbildung aufgeben oder sich für eine andere Berufstätigkeit ausbilden lassen wollen.

Beispiele

- Ein Auszubildender besucht mehrmals den Berufsschulunterricht nicht und gibt hierfür gefälschte ärztliche Atteste ab.
- Ein Auszubildender, der den Beruf des Zahntechnikers erlernt, hat einen Studienplatz für ein Studium der Zahnmedizin erhalten.

(3) Die Kündigung muss schriftlich und in den Fällen des Absatzes 2 unter Angabe der Kündigungsgründe erfolgen.

2.3 Jugendarbeitsschutzgesetz

Einstiegssituation ▶

Jasmin Klessing hat direkt nach dem Realschulabschluss die Ausbildung zur Personaldienstleistungskauffrau begonnen. Sie ist mit 17 Jahren noch minderjährig. Für sie gelten somit die Vorschriften des Jugendarbeitsschutzgesetzes (JArbSchG).

§ 2 Kind, Jugendlicher

(1) Kind im Sinne dieses Gesetzes ist, wer noch nicht 15 Jahre alt ist.

(2) Jugendlicher im Sinne dieses Gesetzes ist, wer 15, aber noch nicht 18 Jahre alt ist.

§ 5 Verbot der Beschäftigung von Kindern

(1) Die Beschäftigung von Kindern ist grundsätzlich verboten. [...]

(3) Das Verbot des Absatzes 1 gilt ferner nicht für die Beschäftigung von Kindern über 13 Jahre mit Einwilligung des Personensorgeberechtigten, soweit die Beschäftigung leicht und für Kinder geeignet ist. Die Beschäftigung ist leicht, wenn sie aufgrund ihrer Beschaffenheit und der besonderen Bedingungen, unter denen sie ausgeführt wird,

1. die Sicherheit, Gesundheit und Entwicklung der Kinder [...]

nicht nachteilig beeinflusst.

§ 8 Dauer der Arbeitszeit

(1) Jugendliche dürfen nicht mehr als acht Stunden täglich und nicht mehr als 40 Stunden wöchentlich beschäftigt werden.

Beispiel
Die Bürozeiten der Finke Zeitarbeit GmbH sind von 08:00 bis 12:00 Uhr und von 13:00 bis 17:00 Uhr. Jasmin Klessing darf in dieser Zeit uneingeschränkt arbeiten.

(2 a) Wenn an einzelnen Werktagen die Arbeitszeit auf weniger als acht Stunden verkürzt ist, können Jugendliche an den übrigen Werktagen derselben Woche 8,5 Stunden beschäftigt werden.

Beispiel
Ab dem nächsten Monat ist geplant, die Bürozeiten freitags auf 14:00 Uhr zu verkürzen. Jasmin Klessing darf dann an drei Tagen in der Woche 8,5 Stunden arbeiten, da sie am Freitag bereits um 14:00 Uhr frei hat.

§ 11 Ruhepausen, Aufenthaltsräume

(1) Jugendlichen müssen im Voraus feststehende Ruhepausen von angemessener Dauer gewährt werden. Die Ruhepausen müssen mindestens betragen

1. 30 Minuten bei einer Arbeitszeit von mehr als viereinhalb bis zu sechs Stunden,
2. 60 Minuten bei einer Arbeitszeit von mehr als sechs Stunden.

Als Ruhepause gilt nur eine Arbeitsunterbrechung von mindestens 15 Minuten.

(2) Die Ruhepausen müssen in angemessener zeitlicher Lage gewährt werden, frühestens eine Stunde nach Beginn und spätestens eine Stunde vor Ende der Arbeitszeit. Länger als viereinhalb Stunden hintereinander dürfen Jugendliche nicht ohne Ruhepause beschäftigt werden.

§ 14 Nachtruhe

(1) Jugendliche dürfen nur in der Zeit von 06:00 bis 20:00 Uhr beschäftigt werden.

Von dieser Regelung gibt es jedoch Ausnahmen, so z. B. für Bäckereien und Konditoreien, in der Gastronomie und in der Landwirtschaft.

§ 15 Fünftagewoche

Jugendliche dürfen nur an fünf Tagen in der Woche beschäftigt werden. Als Arbeitstage gelten auch die Berufsschultage. Die beiden beschäftigungsfreien Tage (Ruhetage) sollten nach Möglichkeit aufeinander folgen.

Der Besuch der Berufsschule zählt dabei ab fünf Unterrichtsstunden als voller Arbeitstag.

Beispiel

*Jasmin Klessing hat montags ihren langen Berufsschultag. Dienstags und mittwochs arbeitet sie im Betrieb. Donnerstags hat sie vormittags Berufsschule, anschließend geht sie in den Betrieb. Sollte sie ausnahmsweise an einem Samstag im Betrieb eingesetzt werden, ist dies möglich („sollte" bedeutet hier **muss, wenn, kann**), allerdings muss der Freitag dann arbeitsfrei bleiben, da sonst gegen das Gebot der Fünftagewoche verstoßen würde.*

2.4 Die Industrie- und Handelskammer (IHK)

Einstiegssituation ▶

Jasmin Klessing ist in den ersten Wochen der Ausbildung bereits im Rahmen von Lehrgesprächen in einige Prozesse in ihrer Abteilung eingewiesen worden. Zunehmend konnte sie auch schon einige Tätigkeiten selbstständig ausführen. Bevor Jasmin am Ende der Woche die gelernten Inhalte in ihr Berichtsheft einträgt, will sie sich einen Überblick über die zu erlernenden Fertigkeiten verschaffen. Dadurch kann sie das Gelernte direkt besser einordnen. Eine gute Grundlage bieten dabei die Ausbildungsordnung und der Ausbildungsrahmenplan. Die hierfür verantwortliche Institution ist die IHK.

Die Industrie- und Handelskammern als öffentlich-rechtliche Selbstverwaltungskörperschaften vertreten das Gesamtinteresse der ihnen zugehörigen Unternehmen einer Region gegenüber der Politik und der Öffentlichkeit. In Deutschland gibt es 80 IHKs. Die Dachorganisation ist der Deutsche Industrie- und Handelskammertag (DIHK).

Die Industrie- und Handelskammern haben eine demokratische Struktur und werden von der Wirtschaft betrieben, wobei die Unternehmen einer gesetzlichen Pflichtmitgliedschaft unterliegen. 3,6 Millionen gewerbliche Unternehmen sind Mitglieder der IHK. Das

Einstiegssituation ▶

macht die IHK-Organisation unabhängig von Einzelinteressen und schafft ein besonderes Gewicht gegenüber politischen Instanzen.

Ein wichtiger Geschäftsbereich der IHK ist die Aus- und Weiterbildung. Hierzu gehören auch die Durchführung von Prüfungen und die Entwicklung von neuen Ausbildungskonzepten.

2.4.1 Die Ausbildungsverordnung

In der Verordnung über die **Berufsausbildung zum Personaldienstleistungskaufmann / zur Personaldienstleistungskauffrau** werden grundsätzliche Normen für den Ausbildungsberuf festgelegt. Wichtige Punkte sind hierbei:

- die Dauer der Berufsausbildung,
- das Ausbildungsberufsbild sowie
- die Prüfungen.

Dauer der Berufsausbildung

Gemäß Ausbildungsordnung beträgt die Dauer der Berufsausbildung drei Jahre. Unter bestimmten Voraussetzungen muss bzw. kann die Ausbildungsdauer in Abstimmung mit dem Betrieb auf Antrag bei der IHK auf zweieinhalb bzw. zwei Jahre verkürzt werden.

Das Ausbildungsberufsbild

In der Ausbildungsordnung wird zudem in § 3 das **Ausbildungsberufsbild** festgelegt. Dieses entspricht dem Anforderungsprofil des Personaldienstleistungskaufmanns/der Personaldienstleistungskauffrau und wird durch Profil gebende Tätigkeitsfelder bestimmt.

Beispiel
Auszug aus § 3 der Ausbildungsordnung

1. ***Personalgewinnung:***
   - *Personalanwerbung*
   - *Personalauswahl*
   - *Bewerberberatung*
   - *Personaleinstellung und Personalvermittlung*
2. ***Personaleinsatz:***
   - *Einsatzplanung und Einsatzvorbereitung*
   - *Gewährleistung von Arbeitssicherheit und Gesundheitsschutz*
   - *Personalführung und Personalbetreuung*
   - *Personalsachbearbeitung*
   - *Beendigung von Beschäftigungsverhältnissen*

Prüfungen

In den §§ 5 und 6 der Ausbildungsordnung werden die Inhalte und die Dauer der Zwischen- und Abschlussprüfung geregelt. Die Abschlussprüfung beinhaltet hierbei die folgenden Bereiche:

1. Personalwirtschaftliche Prozesse
2. Auftragsgewinnung, -bearbeitung und -steuerung

3. Personal- und Kundenberatung
4. Wirtschafts- und Sozialkunde

Für den Teil 2 wird neben der schriftlichen auch eine mündliche Leistung in Form eines fallbezogenen Fachgesprächs gefordert.

2.4.2 Der Ausbildungsrahmenplan

Im Ausbildungsrahmenplan werden die in der Ausbildungsordnung festgelegten Kenntnisse, Fähigkeiten und Fertigkeiten spezifiziert. Das bedeutet, dass die einzelnen Profil gebenden Tätigkeitsfelder des Ausbildungsberufsbildes (vgl. 1.2.4.1) durch zu vermittelnde Kenntnisse und Fertigkeiten konkretisiert werden.

Merksatz
Für die Vermittlung der Kenntnisse und Fertigkeiten sind der Betrieb und die berufsbildenden Schulen gleichermaßen als sogenannte **duale Partner** verantwortlich.

Bei der Erstellung des Rahmenlehrplans, der für die Schulen gilt (vgl. weiter unten in Kap. 2.5), musste der Ausbildungsrahmenplan berücksichtigt werden. Die Betriebe wiederum müssen gewährleisten, dass den Auszubildenden die Kenntnisse und Fertigkeiten in entsprechenden Abteilungen in der Praxis vermittelt werden (vgl. auch § 14 Abs. 1 BBiG).

Beispiel
Auszug aus dem Ausbildungsrahmenplan

Teil des Ausbildungsberufsbildes gemäß Ausbildungsordnung	Konkret zu vermittelnde Fertigkeiten und Kenntnisse gemäß Ausbildungsrahmenplan
1 Personalgewinnung	
1.1 Personalanwerbung	a) Personalbeschaffungsmarkt beobachten und auswerten b) Anwerbungsmöglichkeiten, insbesondere Medien, Veranstaltungen, Netzwerke, Institutionen und Organisationen nutzen c) Direktansprache bei potenziellen Bewerbern anwenden
1.2 Bewerberberatung	a) Einstellungs- und Vermittlungsvoraussetzungen von Bewerbern prüfen b) eigenes Unternehmen vorstellen c) Einsatzmöglichkeiten und Entwicklungsperspektiven aufzeigen d) über Arbeitsbedingungen und Vergütung informieren e) auf Qualifizierungsmöglichkeiten hinweisen
1.3 Personalauswahl	a) Potenzialanalysen durchführen b) Auswahlinstrumente einsetzen c) Bewerberprofile ermitteln und dokumentieren d) Anforderungs- und Bewerberprofile abgleichen e) Auswahlentscheidungen treffen und begründen

2.5 Die berufsbildende Schule

Einstiegssituation ▶

Im Gegensatz zum Stundenplan der Realschule, die Jasmin Klessing bis zur zehnten Klasse besucht hat, sieht der Stundenplan an ihrer berufsbildenden Schule zunächst verwirrend aus. Hier finden sich neben einigen ihr bekannten Fächern auch Bezeichnungen, mit denen sie am Anfang noch wenig verbinden kann. Offensichtlich ist der Stundenplan hier anders strukturiert, als Jasmin es bisher kannte.

Für alle berufsbildenden Schulen wird der Rechtsrahmen, neben den allgemeinen Schulgesetzen der Bundesländer, durch den **Rahmenlehrplan für den Ausbildungsberuf Personaldienstleistungskaufmann / Personaldienstleistungskauffrau** gebildet. Hier werden auf der Basis des Ausbildungsberufsbildes (vgl. 2.4.1) sogenannte **Lernfelder** festgelegt (siehe Lehrplan).

Diese Lernfelder wiederum werden von den jeweiligen Schulen, die von den Auszubildenden besucht werden, in einzelne **Lernsituationen** unterteilt. Hierdurch wird das Lernfeld inhaltlich strukturiert.

Beispiel

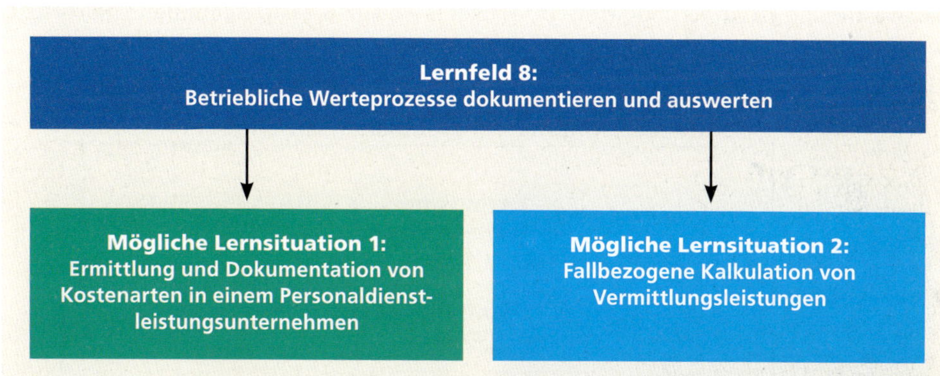

Neben dem in Lernfelder gegliederten **berufsbezogenen** Bereich werden im sogenannten **berufsübergreifenden** Bereich mit den Fächern Sport/Gesundheitsförderung, Politik und Deutsch allgemeinbildende Inhalte vermittelt. Diese sind sowohl im Berufs- als auch im Privatleben von Bedeutung und gehören somit zu einer ganzheitlichen Bildung und Erziehung.

Beispiel
Im Fach Sport/Gesundheitsförderung können mit sportlicher Bewegung in unterschiedlichen Sportarten beispielsweise

- *Kooperation,*
- *Verantwortungsbewusstsein,*
- *Leistungs- und Anstrengungsbereitschaft sowie*
- *der Ausgleich berufsbedingter physischer und psychischer Belastungen durch gesundheitsorientiertes Training*

gefördert werden.

2.6 Vertretung von Arbeitnehmerrechten

Einstiegssituation ▶

Jasmin Klessing und Frank Mellheim finden eines Morgens in ihrem Postfach eine Mitteilung des Betriebsrats und einen Flyer von Verdi, der für den Eintritt in die Gewerkschaft wirbt. Die beiden Auszubildenden fragen sich nun, was es mit dem Betriebsrat auf sich hat und welche Vorteile sie aus einer Mitgliedschaft bei Verdi ziehen könnten.

2.6.1 Gewerkschaften und Tarifverträge

Gewerkschaften und **Arbeitgeberverbände** bilden die **Tarifvertragsparteien**. Zwischen ihnen wird ein sogenannter **Tarifvertrag** geschlossen. Das Recht hierzu nennt sich **Tarifautonomie** und ist im Grundgesetz in Artikel 9 Absatz 3 festgeschrieben. Die Arbeitgeber sind in den branchenbezogenen Arbeitgeberverbänden organisiert.

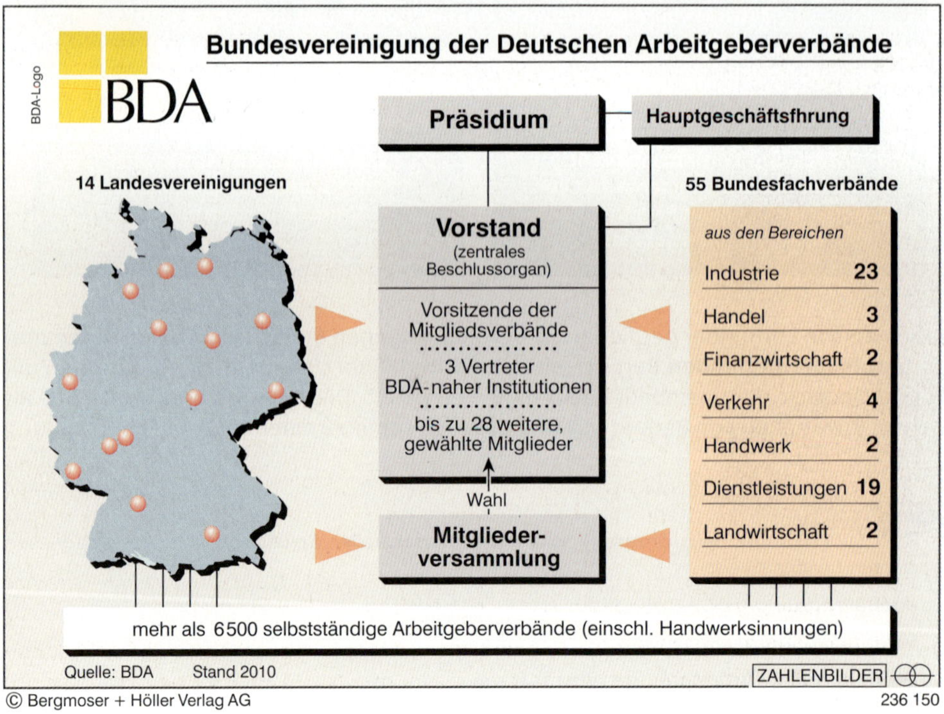

Die Arbeitnehmer hingegen sind in Gewerkschaften organisiert. Der Deutsche Gewerkschaftsbund (DGB) ist die sogenannte Dachorganisation, der zurzeit acht Einzelgewerkschaften angehören. Die Mitgliedschaft in den Verbänden ist hierbei freiwillig.

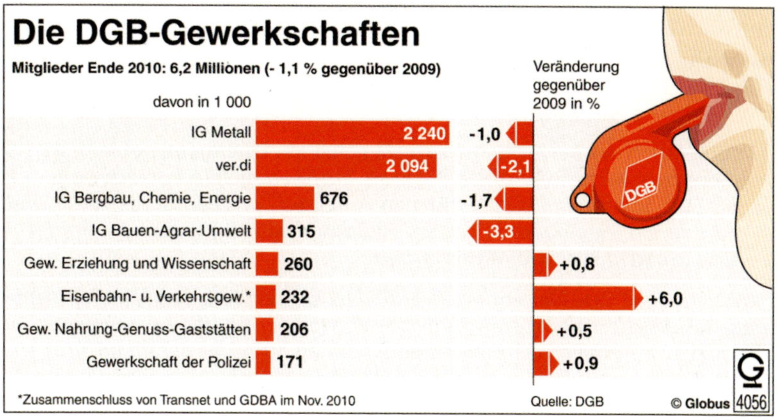

Grundsätzlich existieren drei Arten von Tarifverträgen: der **Entgelttarifvertrag**, der **Rahmentarifvertrag** und der **Manteltarifvertrag**. In Personaldienstleistungsagenturen gibt es hierbei für die internen Mitarbeiter und für die Zeitarbeitnehmer unterschiedliche Tarifverträge.

	Entgelttarifvertrag	Manteltarifvertrag	Rahmentarifvertrag
Tarifvertragsparteien (interne Mitarbeiter)	Gewerkschaft (Verdi) ↔ Arbeitgeberverbände (BAP und iGZ)		
Inhalt	• Grundvergütung • Ausbildungsvergütungen	• Urlaubsdauer • Arbeitszeit • vom Gesetz abweichende Kündigungsfristen • Zuschläge für Mehr-, Nacht- und Schichtarbeit	• Eingruppierung von Tätigkeiten in Entgeltgruppen*
Dauer	kurzfristig: i.d.R. 1–2 Jahre	langfristig, Laufzeit, bis zur Kündigung	langfristig, mehrere Jahre

* *Entgeltgruppen werden festgelegt, damit eine der Qualifikation, der Hierarchie im Unternehmen und der Verantwortung angemessene Bezahlung für alle Stellen geregelt wird.*

Die Verbindlichkeit des Tarifvertrags entsteht durch die Mitgliedschaft in einer der Tarifvertragsparteien, also dem Arbeitgeberverband auf der einen und der entsprechenden Gewerkschaft auf der anderen Seite. Das Bundesministerium für Arbeit und Soziales kann jedoch nach § 5 Tarifvertragsgesetz einen Tarifvertrag *auf Antrag einer Tarifvertragspartei* für allgemein verbindlich erklären, wenn die folgenden Bedingungen gleichzeitig erfüllt sind:

- Die tarifgebundenen Arbeitgeber müssen mindestens 50 % der in den Geltungsbereich des Tarifvertrags fallenden Arbeitnehmer beschäftigen *und*
- die Allgemeinverbindlichkeitserklärung muss im öffentlichen Interesse geboten sein.

Beispiel
Nicht alle Unternehmen des Bewachungsgewerbes sind im Arbeitgeberverband BDSW (Bundesverband der Sicherheitswirtschaft) organisiert. Im Tarifvertrag sind kürzlich höhere Löhne verhandelt worden. Die Unternehmen, die nicht im Arbeitgeberverband organisiert sind, müssten sich jedoch nicht an die Vereinbarung halten. Hierdurch hätten diese (zulasten der Arbeitnehmer) Kostenvorteile gegenüber den Mitbewerbern.

Ein öffentliches Interesse läge hier vor, weil verhindert werden soll, dass innerhalb einer Branche aufgrund unterschiedlicher Lohnkosten ungleiche Wettbewerbsbedingungen gegeben sind. Sollten in den im BDSW organisierten Unternehmen mehr als 50 % der gesamten Arbeitnehmer des Bewachungsgewerbes beschäftigt sein, kann der Bundeswirtschaftsminister (beispielsweise auf Antrag von Verdi als zuständiger Gewerkschaft) den Tarifvertrag für allgemein verbindlich erklären. Er gilt dann für die gesamte Branche.

Tarifgebunden ist auch jeder Arbeitgeber, der einen Tarifvertrag *direkt* mit der Gewerkschaft abschließt.

Beispiel
Der Volkswagen Konzern passt regelmäßig seinen ***Haustarifvertragan****. Dabei werden, je nach Dauer des bereits bestehenden Tarifvertrags, in bestimmten Abständen neue Bedingungen verhandelt, wie beispielsweise die Arbeitszeit oder die Lohnveränderungen.*

Im Falle eines Streiks erhalten die in den Gewerkschaften organisierten Arbeitnehmer ein Streikausfallgeld von ca. 2/3 des monatlichen Bruttoentgelts. Dieses wird durch die Beiträge der Mitglieder in Höhe von ca. einem Prozent des monatlichen Bruttoentgelts finanziert.

Weitere Aspekte des Tarifvertrags, die für die berufliche Tätigkeit von Personaldienstleistungskaufleuten von Bedeutung sind, werden in Lernfeld 2 erläutert.

2.6.2 Vertretung der Arbeitnehmerrechte und betriebliche Mitbestimmung

Für die Vertretung der Arbeitnehmerrechte im Betrieb ist der Betriebsrat bzw. die Jugend- und Auszubildendenvertretung zuständig. Das **Betriebsverfassungsgesetz** (BetrVG) räumt Arbeitnehmern von Betrieben ab einer bestimmten Betriebsgröße das Recht ein, ein entsprechendes Gremium zu wählen.

Betriebsrat

§ 1 Errichtung von Betriebsräten

In Betrieben mit in der Regel mindestens fünf ständigen wahlberechtigten Arbeitnehmern, von denen drei wählbar sind, werden Betriebsräte gewählt.

§ 5 Arbeitnehmer

(1) Arbeitnehmer im Sinne dieses Gesetzes sind Arbeiter und Angestellte einschließlich der zu ihrer Berufsausbildung Beschäftigten, unabhängig davon, ob sie im Betrieb, im Außendienst oder mit Telearbeit beschäftigt werden.

§ 7 Wahlberechtigung

Wahlberechtigt sind alle Arbeitnehmer des Betriebs, die das 18. Lebensjahr vollendet haben. Werden Arbeitnehmer eines anderen Arbeitgebers zur Arbeitsleistung überlassen, so sind diese wahlberechtigt, wenn sie länger als drei Monate im Betrieb eingesetzt werden.

Sind Auszubildende mindestens 18 Jahre alt, sind sie somit auch wahlberechtigt. Für die Interessenvertretung von minderjährigen Arbeitnehmern gibt es die Jugend- und Auszubildendenvertretung, die weiter unten erläutert wird.

§ 8 Wählbarkeit

(1) Wählbar sind alle Wahlberechtigten, die sechs Monate dem Betrieb angehören.

Hierzu zählen allerdings nicht die externen Mitarbeiter einer Personaldienstleistungsagentur.

Beispiel

Einrichtung eines Betriebsrats:

Ein Betrieb beschäftigt drei ständige Arbeitnehmer (über 18 Jahre), einen Auszubildenden (17 Jahre) und einen Zeitarbeitnehmer einer Personaldienstleistungsagentur, der sechs Monate im Betrieb eingesetzt wird.

*Hier sind drei Mitarbeiter wählbar (**passives Wahlrecht**). Der Auszubildende ist zwar nicht wählbar (weil minderjährig), zählt jedoch zu den ständigen Arbeitnehmern. Der Zeitarbeitnehmer ist, genauso wie die sogenannte Stammbelegschaft, wahlberechtigt **(aktives Wahlrecht),** weil er sechs Monate im Betrieb beschäftigt ist. Hier kann ein Betriebsrat gewählt werden.*

Die Größe des Betriebsrats hängt nach **§ 9 BetrVG** von der Größe des jeweiligen Betriebs ab:

Größe des Betriebs	Größe des Betriebsrats
5 bis 20 wahlberechtigte Arbeitnehmer	eine Person
21 bis 50 wahlberechtigte Arbeitnehmer	3 Mitglieder
51 bis 100 Arbeitnehmer	5 Mitglieder
101 bis 200 Arbeitnehmer	7 Mitglieder
201 bis 400 Arbeitnehmer	9 Mitglieder

Mit zunehmender Größe des Betriebs wird also auch der Betriebsrat größer. Es ändert sich jedoch die Staffelung: Ab 9 000 Arbeitnehmern erhöht sich die Zahl der Mitglieder des Betriebsrats pro angefangene weitere 3 000 Arbeitnehmer um jeweils zwei Mitglieder.

Der Betriebsrat hat vielfältige **Aufgaben** zu erfüllen.

Aufgaben des Betriebsrats
• Durchsetzung der Gleichstellung von Frauen und Männern sowie der Vereinbarkeit von Familie und Beruf • Beschäftigungsförderung und -sicherung im Betrieb • Förderung von Maßnahmen des Arbeitsschutzes und des betrieblichen Umweltschutzes • Förderung der Eingliederung Schwerbehinderter und anderer besonders schutzbedürftiger Personen • Förderung der Beschäftigung älterer Arbeitnehmerinnen und Arbeitnehmer • Förderung der Integration ausländischer Arbeitnehmer sowie Initiativen zur Bekämpfung von Rassismus und Fremdenfeindlichkeit im Betrieb

Quelle: „Aufgaben des Betriebsrats", hrsg. v. Deutscher Gewerkschaftsbund in: Aufgaben und Vorteile eines Betriebsrats, veröffentlicht am 21.05.2008 (Zugriff: unter: www.dgb.de), Stand: 03.03.2012.

Zu unterscheiden sind bei den Aufgaben die **Mitwirkung** und die **Mitbestimmung**.

Mitwirkung / Anhörung	Mitbestimmung
• Entscheidungen, die Betriebsänderungen betreffen, wie etwa die Stilllegung eines Betriebs • Personalplanungen • Erstellung von Auswahlrichtlinien für die Personalauswahl, Versetzung oder Umgruppierung von Personal • Kündigung und Einstellung von Mitarbeitern	• Fragen der Betriebsordnung • Entscheidungen zu betrieblichen Arbeitszeitregelungen (z. B. Beginn und Ende der täglichen Arbeitszeit) • Errichtung betrieblicher Sozialeinrichtungen (z. B. Kantinen und Aufenthaltsräume) • Entscheidung über Arbeitsplätze mit leistungsbezogenem Entgelt (Akkordlöhne oder Prämien) • Entscheidung über Versetzungen von Mitarbeitern • Individuelle (also den einzelnen Arbeitnehmer betreffende) Arbeitszeitregelungen, wie etwa die Genehmigung von Überstunden

Im Rahmen der **Mitwirkung** muss der Betriebsrat *angehört* werden. Er ist somit nur beratend tätig.

Vereinbarungen und Maßnahmen, die der **Mitbestimmung** bedürfen, benötigen hingegen die *Zustimmung* des Betriebsrats.

Merksatz
Aus der Mitwirkung und Mitbestimmung des Betriebsrats ergeben sich in der Regel **Betriebsvereinbarungen**. Gegenstand von Betriebsvereinbarungen können die Arbeitsbedingungen im Betrieb oder auch Arbeitsentgelte sein, wenn diese nicht durch Tarifverträge geregelt sind. Eine Betriebsvereinbarung kann sich auch auf die Umsetzung oder Konkretisierung von Tarifverträgen beziehen.

Jugend- und Auszubildendenvertretung

Auch die Jugend- und Auszubildendenvertretung ist im Betriebsverfassungsgesetz geregelt.

§ 60 Errichtung

(1) In Betrieben mit in der Regel mindestens fünf Arbeitnehmern, die das 18. Lebensjahr noch nicht vollendet haben (jugendliche Arbeitnehmer) oder die zu ihrer Berufsausbildung beschäftigt sind und das 25. Lebensjahr noch nicht vollendet haben, werden Jugend- und Auszubildendenvertretungen gewählt.

§ 61 Wahlberechtigung und Wählbarkeit

Wahlberechtigt sind alle in § 60 Abs. 1 genannten Arbeitnehmer des Betriebs.

Beispiele

- Frank *Mellheim ist 20 Jahre alt. Da er noch Auszubildender ist, darf er, obwohl er schon volljährig ist, an den Wahlen der Jugend- und Auszubildendenvertretung teilnehmen.*
- Petra *Gestring ist 24 Jahre alt und schon seit ihrer Ausbildung in der Finke Zeitarbeit GmbH beschäftigt. Sie darf an den Wahlen nicht mehr teilnehmen.*

§ 62 Zahl der Jugend- und Auszubildendenvertretung

Zahl der Jugend- und Auszubildendenvertreter	
5 bis 20	Eine Person
21 bis 50	3 Mitglieder
51 bis 150	5 Mitglieder
151 bis 300	7 Mitglieder
301 bis 500	9 Mitglieder
501 bis 700	11 Mitglieder
701 bis 1 000	13 Mitglieder
mehr als 1 000	15 Mitglieder

Allgemeine Aufgaben nach § 70

Die Jugend- und Auszubildendenvertretung hat nach § 70 BetrVG folgende allgemeine Aufgaben:

- Beratung in Fragen der Berufsbildung,
- Überwachung der die Auszubildenden betreffenden Betriebsvereinbarungen, Unfallverhütungsvorschriften etc.

Zusammenfassung

Wichtige Rechtsnormen der Berufsausbildung			
Berufsbildungsgesetz	Ausbildungsordnung	Ausbildungsrahmenplan	Rahmenlehrplan
regelt			
• Rechte und Pflichten • Beendigung der Ausbildung	• Dauer der Berufsausbildung • Ausbildungsberufsbild • Prüfungen	• zu vermittelnde Fähigkeiten, Kenntnisse und Fertigkeiten	• Lernfelder, Lernsituationen
Zusammenhang in Bezug auf die Ausbildungsinhalte:			
Beispiele	Marketing, Kundenbindung, Kundenbetreuung	a) Maßnahmen zur Kundenbindung durchführen b) Marketingmaßnahmen durchführen c) Kundenstamm betreuen und Kundenzufriedenheit sicherstellen d) Marktentwicklungen beobachten und Ergebnisse auswerten e) Auftragsakquisition durchführen	Lernfeld 7

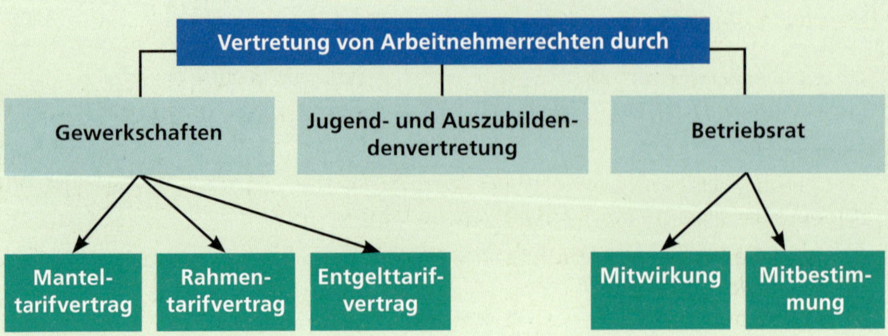

Aufgaben

1. *Beurteilen Sie die folgende Aussage: Im Betrieb sollen Auszubildende nur zur Mitarbeit eingesetzt werden. Den Lehrstoff für die Prüfung soll die Berufsschule vermitteln.*

2. *Beurteilen Sie folgende Sachverhalte im Hinblick auf die Rechtslage:*
   a) *Herr Ernst hat vor einigen Jahren von seinem Onkel ein Gas-Wasser-Installationsunternehmen geerbt. Er hat damals seine Tätigkeit als Industriekaufmann aufgegeben und leitet das Unternehmen recht erfolgreich. Er selbst hat keinerlei spezielle berufliche Kenntnisse und ist daher nur mit Leitungs- und Verwaltungsaufgaben befasst. Er beschäftigt jedoch, neben einigen Gesellen, einen Gas- und Wasserinstallateurmeister, der den technischen Bereich leitet. Herr Ernst hört in den Medien laufend von der Knappheit an Ausbildungsplätzen. Zudem ist die Auftragslage so gut, dass er einen neuen Mitarbeiter gebrauchen kann. Er entschließt sich deshalb, einen Auszubildenden einzustellen.*

   b) *Ein Auszubildender, der den Beruf des Kfz-Mechatronikers erlernt, ist zum wiederholten Mal unangenehm aufgefallen: Er wollte die Werkstatt nicht fegen und weigerte sich, Nachbesserungen an den ihm übertragenen Aufgaben vorzunehmen. Auf seine Weigerung hin setzt ein Mitarbeiter den Auszubildenden unter Druck, indem er ihm androht, sich bei der Ausbildungsleitung über ihn zu beschweren.*

   c) *Eine kaufmännische Auszubildende mit Abitur hat wider Erwarten nach Ende der Probezeit einen Studienplatz bekommen und möchte deswegen das Ausbildungsverhältnis beenden.*

   d) *Der Auszubildende aus der Personalabteilung hat sich darüber beklagt, dass er zum wiederholten Mal von seinen Ausbildern zum Einkauf des Mittagessens in der nahe gelegenen Pizzeria beauftragt wurde.*

   e) *Der Personalchef, der gegen den Sportunterricht in der Berufsschule ist, weil dieser nichts bringe, möchte, dass der Auszubildende stattdessen zum Arbeiten in den Betrieb kommt.*

3. *Stellen Sie den Zusammenhang zwischen der Ausbildungsordnung, dem Ausbildungsrahmenplan und dem Rahmenlehrplan dar.*

4. a) *Beschreiben Sie die Aufgaben des Betriebsrats.*

   b) *Viele Unternehmen versuchen, die Bildung eines Betriebsrats zu verhindern. Nehmen Sie dazu Stellung.*

5. a) *Unterscheiden Sie die verschiedenen Arten von Tarifverträgen.*

   b) *Beschreiben Sie den Ablauf eines Tarifkonflikts von der Entstehung bis zur Lösung.*

   c) *Sind Sie der Meinung, dass in der derzeitigen wirtschaftlichen Lage Lohnerhöhungen eher sinnvoll oder eher kontraproduktiv sind?*

   d) *Nehmen Sie zu den Forderungen der Gewerkschaften, flächendeckende Mindestlöhne in allen Branchen einzuführen, Stellung. Recherchieren Sie hierfür gegensätzliche Positionen unterschiedlicher Parteien und Interessengruppen.*

6. *Ordnen Sie die folgenden Gegebenheiten dem Mitbestimmungs- bzw. Mitwirkungsrecht des Betriebsrats zu:*
   - *Schließung einer Filiale des Unternehmens*
   - *Kündigung eines Mitarbeiters*
   - *Änderung der Pausenzeiten*
   - *Versetzung eines Mitarbeiters an einen anderen Standort*
   - *Verlegung der Mittagspause*
   - *Beschilderung der Notausgänge*

7. *Ein Handwerksbetrieb beschäftigt einen minderjährigen Auszubildenden. Prüfen Sie folgende Sachverhalte und fällen Sie ein begründetes Urteil auf der Basis der geltenden Rechtsvorschriften.*
   a) *Da der Auszubildende mit den Gesellen täglich zu verschiedenen Kunden fährt, wird die Regelung der Pausen „flexibel" gestaltet, indem der Auszubildende immer 10 Minuten im Auto sitzen bleiben darf, bevor er mitarbeitet. Insgesamt betragen die Pausen in der Summe täglich genau 60 Minuten.*
   b) *Um an einer Baustelle mit der Fertigstellung der Arbeiten nicht in Verzug zu geraten, soll der Auszubildende ausnahmsweise sieben Stunden durcharbeiten und dafür an diesem Tag früher nach Hause gehen dürfen.*
   c) *Der Chef verlangt, dass der Auszubildende nach seinem langen Berufsschultag noch zur Arbeit kommt, weil so viele Aufträge zu erledigen sind.*
   d) *In der folgenden Woche soll der Auszubildende aus dem gleichen Grund immer eine Überstunde pro Tag machen. Die reguläre Arbeitszeit beträgt 8,5 Stunden pro Tag, weil freitags immer zwei Stunden früher Feierabend ist.*

3 Sozialversicherung

Einstiegssituation ▶

Frank Mellheim schaut sich seine erste Gehaltsabrechnung an. Das Nettoentgelt, das ihm ausgezahlt wird, fällt deutlich niedriger als das Bruttoentgelt aus. Aufgrund der Höhe seines Bruttoentgelts liegt Frank Mellheim zwar unter der Grenze, ab der er einkommensteuerpflichtig ist. Allerdings zahlt er verschiedene Beiträge für die gesetzliche Sozialversicherung. Frank fragt sich bei dieser Gelegenheit, welchen Nutzen er eigentlich von diesen Beiträgen hat.

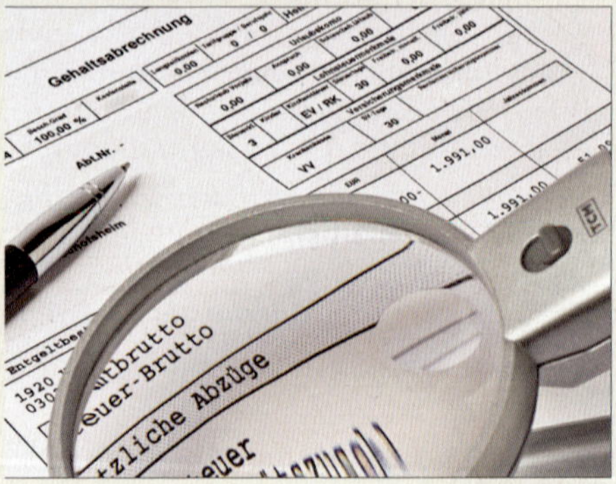

Bruttoentgelt Frank Mellheim	650,00 EUR
Krankenversicherung	53,30 EUR
Pflegeversicherung	6,34 EUR
Rentenversicherung	63,70 EUR
Arbeitslosenversicherung	9,75 EUR
Zwischensumme	516,91 EUR
Lohnsteuer	–
Kirchensteuer	–
Solidaritätszuschlag	–
Nettoentgelt	516,91 EUR

Durch die Einzahlungen in die gesetzliche Sozialversicherung bestehen für den Arbeitnehmer umfangreiche soziale Absicherungen, die durch die Summe aller Beitragszahler, die sogenannte **Solidargemeinschaft,** getragen werden. Grundlage der sozialen Sicherung in Deutschland ist die **gesetzliche Sozialversicherung**. Der rechtliche Rahmen wird im **Sozialgesetzbuch (SGB)** festgelegt. Im Laufe der Zeit entstanden insgesamt fünf Zweige:

- Arbeitslosenversicherung
- Krankenversicherung
- Pflegeversicherung
- Rentenversicherung
- Unfallversicherung

Pflichtmitglieder in der gesetzlichen Sozialversicherung sind grundsätzlich alle Arbeitnehmer, die in einem sogenannten **sozialversicherungspflichtigen Arbeitsverhältnis** stehen.

§ 7 SGB IV Beschäftigung

(1) Beschäftigung ist die nicht selbstständige Arbeit [...]. Anhaltspunkte für eine Beschäftigung sind eine Tätigkeit nach Weisungen und eine Eingliederung in die Arbeitsorganisation des Weisungsgebers.

Merksatz
Nicht versicherungspflichtig sind geringfügig beschäftigte Personen.

§ 8 SGB IV geringfügige Beschäftigung und geringfügige selbstständige Tätigkeit

(1) Eine geringfügige Beschäftigung liegt vor, wenn

1. das Arbeitsentgelt aus dieser Beschäftigung regelmäßig im Monat 400 Euro nicht übersteigt,
2. die Beschäftigung innerhalb eines Kalenderjahres auf [...] 50 Arbeitstage [...] begrenzt zu sein pflegt.

Eine Ausnahmeregelung gilt auch für Beamte, obwohl diese einer nicht selbstständigen Arbeit nachgehen. Für Beamte gilt die Pflichtmitgliedschaft nicht, da hier andere Versicherungs- und Vorsorgesysteme bestehen.

Die Beiträge für die Unfallversicherung leistet allein der Arbeitgeber. Die Anteile für alle anderen Sozialversicherungsbeiträge werden den Arbeitnehmern direkt vom Bruttogehalt abgezogen. Dies ist der sogenannte **Arbeitnehmeranteil,** den Frank Mellheim auf seiner Gehaltsabrechnung sieht. Der andere Teil wird durch den Arbeitgeber (**Arbeitgeberanteil**) getragen.

Im fachlichen Kontext

Die Aufteilung in Arbeitnehmer- und Arbeitgeberanteil suggeriert, dass sich die beiden Parteien die Kosten für die Sozialversicherung „teilen". Der Sprachgebrauch in Bezug auf diese „Aufteilung" ist jedoch nicht ganz korrekt, denn letztendlich vergütet der Arbeitgeber die Tätigkeit eines Angestellten mit einer bestimmten Gehaltssumme. Ob dabei die Sozialversicherungsabgaben nur zu einem Teil auf der Lohnabrechnung auftauchen, ist im Endeffekt unerheblich und hat nur buchungstechnische Bedeutung. Entscheidend ist, wie viel Entgelt der Arbeitnehmer (netto) ausgezahlt bekommt bzw. wie hoch die für den Arbeitgeber entstehenden Entgeltkosten sind. Somit trägt, je nach Sichtweise, der Arbeitgeber oder der Arbeitnehmer die *gesamten* Sozialversicherungsabgaben. Diese müssen im Unternehmen durch die Tätigkeit des Arbeitnehmers erwirtschaftet werden. Weil es jedoch dem allgemeinen Sprachgebrauch entspricht, werden im Weiteren die Begriffe Arbeitgeber- und Arbeitnehmeranteil benutzt.

3.1 Arbeitslosenversicherung

Der Träger der Arbeitslosenversicherung ist die **Bundesagentur für Arbeit**. Aus der Vielzahl von Leistungen, die die Bundesagentur für Arbeit den Beitragszahlern zur Verfügung stellt, werden die drei wichtigsten im Weiteren genauer erläutert.

3.1.1 Leistungen

Arbeitslosengeld I

Eine wichtige Leistung der Bundesagentur für Arbeit ist die finanzielle Überbrückung von Arbeitslosigkeit (**Arbeitslosengeld I**). Dauer und Höhe sind im **dritten Sozialgesetzbuch**

(SGB III) geregelt. Arbeitslose ohne Kinder erhalten **60 %** des **Leistungsentgelts**, das sie durchschnittlich in der Phase, in der sie beschäftigt waren, bezogen haben. Dieses Leistungsentgelt unterliegt einer komplizierten Berechnung und soll hier nicht weiter thematisiert werden. Es entspricht in etwa dem Nettoentgelt des Arbeitnehmers. Hat der Bezieher mindestens ein Kind, erhöht sich der Satz auf **67 %** (§ 129 SGB III).

Als arbeitslos gilt nach dem SGB III derjenige, der

- arbeitslos ist,
- sich bei der Agentur für Arbeit arbeitssuchend gemeldet hat und
- die Anwartschaftszeit (Dauer des Versicherungsverhältnisses) erfüllt hat.

§ 123 SGB III Anwartschaftszeit

(1) Die Anwartschaftszeit hat erfüllt, wer in der Rahmenfrist mindestens zwölf Monate in einem Versicherungspflichtverhältnis gestanden hat.

Die Bezugsdauer ist nach § 127 SGB III an die Dauer der Beitragszahlung und an das Lebensalter geknüpft:

Mindestdauer des Versicherungspflichtverhältnisses (Monate)	Vollendetes Lebensjahr	Anspruchsdauer (Monate)
12	–	6
16	–	8
20	–	10
24	–	12
30	50	15
36	55	18
48	58	24

Für die jeweilige Anspruchsdauer müssen beide Bedingungen, also das Lebensalter **und** die Mindestdauer des Versicherungsverhältnisses, erfüllt sein.

Beispiel

Alter des Arbeitnehmers:	*43 Jahre*
Einzahlungsdauer:	*60 Monate*
Anspruch auf ALG I:	*12 Monate*

In bestimmten Fällen kann der Anspruch auf Arbeitslosengeld erlöschen. Dies ist bei folgenden Sachverhalten gegeben:

- Der Arbeitnehmer zeigte arbeitsvertragswidriges Verhalten, das Anlass für die Lösung des Beschäftigungsverhältnisses gegeben und dadurch vorsätzlich oder grob fahrlässig zur Arbeitslosigkeit geführt hat.

- Der Arbeitssuchende nimmt eine von der Agentur für Arbeit unter Benennung des Arbeitgebers und der Art der Tätigkeit angebotene Beschäftigung nicht an.
- Der Arbeitssuchende ist seiner Meldepflicht nicht nachgekommen.
- Weigerung des Arbeitssuchenden, an einer Maßnahme der Eignungsfeststellung, einer Trainingsmaßnahme oder einer Maßnahme zur beruflichen Ausbildung oder Weiterbildung teilzunehmen.

Kurzarbeitergeld

Kurzarbeit ermöglicht Arbeitgebern, Arbeitsplätze zu erhalten und bei vorübergehendem Arbeitsausfall die Mitarbeiterinnen und Mitarbeiter weiter zu beschäftigen. Die Agentur für Arbeit übernimmt dabei einen Teil des Lohns. Die Unternehmen werden dadurch bei den Personalkosten entlastet. Erfahrung und Wissen der Beschäftigten gehen nicht verloren. Kurzarbeit kann jedes Unternehmen, unabhängig von seiner Größe, beantragen.

Arbeitsvermittlung

Damit die bei der Bundesagentur für Arbeit arbeitslos gemeldeten Personen möglichst schnell wieder in das Berufsleben integriert werden, vermittelt diese auch Arbeitsplätze. Ein Berater versucht, Arbeitssuchende mit einem passenden Fähigkeitsprofil an Unternehmen, die freie Stellen gemeldet haben, zu vermitteln. Gegebenenfalls finanziert die Agentur entsprechende Maßnahmen, die das Fähigkeitsprofil des Bewerbers erweitern bzw. an das Anforderungsprofil des Unternehmens anpassen.

3.1.2 Beiträge

Die Beitragshöhe richtet sich nach dem Bruttoeinkommen des Arbeitnehmers. Der Beitragssatz beträgt zurzeit 3,0 %. Allerdings wird eine maximale Beitragshöhe durch die **Beitragsbemessungsgrenze (BBG)** festgelegt. Ab einem bestimmten Einkommen steigt dann der Beitrag nicht mehr an. Diese Grenze liegt zurzeit in Westdeutschland bei 5 600,00 EUR und in Ostdeutschland bei 4 800,00 EUR.

Beispiel

Bruttoeinkommen: 3 600,00 EUR	Beitragssatz: 3 600,00 EUR · 3,0 % = 108,00 EUR
Bruttoeinkommen (West): 6 200,00 EUR	Beitragssatz: 5 600,00 EUR · 3,0 % = 168,00 EUR BBG von 5 600,00 EUR ist die Höchstgrenze (West), die dem Beitragssatz als Basis zugrunde gelegt wird.

Von den 3,0 % entfallen je 1,5 % auf den Arbeitgeber- und den Arbeitnehmeranteil.

Im fachlichen Kontext

Arbeitslosengeld II

Das Arbeitslosengeld II bezeichnet man umgangssprachlich meist als „Hartz IV", weil es zum 01.01.2005 als vierte Stufe der sogenannten Hartz-Gesetze[1] zur Reform des Arbeitsmarktes in Kraft trat. Arbeitslosengeld II erhalten diejenigen Personen, die arbeitsfähig sind, jedoch keine Ansprüche auf Bezüge des Arbeitslosengelds I haben. Das Arbeitslosengeld II ist hierbei niedriger als das Arbeitslosengeld I. Steht eine Person dauerhaft dem Arbeitsmarkt nicht zu Verfügung, so erhält sie andere Transfereinkommen zur Existenzsicherung. Dies kann beispielsweise eine Berufsunfähigkeitsrente oder auch Sozialhilfe sein.

Beispiel

Für eine abeitslose Person endet die Bezugsdauer des Arbeitslosengelds I. Danach erhält diese Person Arbeitslosengeld II.

3.2 Krankenversicherung

§ 1 SGB V

Aufgabe der gesetzlichen Krankenkassen ist es, die Gesundheit der Versicherten zu erhalten, wiederherzustellen oder ihren Gesundheitszustand zu bessern. Kinder und nicht berufstätige Ehepartner sind dabei zurzeit noch kostenfrei mitversichert.[2]

3.2.1 Leistungen

Die Leistungen im Einzelnen sind:

- Leistungen zur Verhütung von Krankheiten,
- Leistungen zur Früherkennung von Krankheiten,
- Leistungen zur Behandlung einer Krankheit, z. B.
  - ärztliche und zahnärztliche Behandlung,
  - Arzneimittel,
  - Krankenhausbehandlung,
  - Rehabilitation,
  - Krankengeld.

Das **Krankengeld** wird ab der siebten Woche nach Feststellung der Arbeitsunfähigkeit gezahlt. Innerhalb der ersten sechs Wochen besteht zunächst noch Anspruch auf Lohnfortzahlung

---

[1] *Peter Hartz war Personalvorstand beim Volkswagen Konzern und wurde vom damaligen Bundeskanzler Schröder beauftragt, den Arbeitsmarkt zu reformieren. Die beschlossenen Gesetze tragen deshalb den Namen der Hartz-Kommission und spalten bis heute die SPD, weil die Reformen insgesamt eine Verschlechterung der Leistungen der Bundesagentur für Arbeit zur Folge hatten. Viele Parteimitglieder und Wähler wendeten sich danach der sogenannten Linkspartei zu, die immer gegen die Hartz-Reformen war.*

[2] *Die Bundesregierung wird voraussichtlich umfangreiche Änderungen in der gesetzlichen Krankenversicherung vornehmen. Es wird u. a. eine Kopfpauschale diskutiert. Auch die Beitragsfreiheit von Kindern steht zur Disposition. Die hier dargestellten Sachverhalte haben den Stand von November 2011.*

durch den Arbeitgeber. Die Höhe des Krankengelds beträgt 70 % des letzten vollen monatlichen Brutto-, aber höchstens 90 % des letzten vollen monatlichen Nettoeinkommens.

3.2.2 Beiträge

Die Beiträge der Mitglieder fließen zunächst in den sogenannten **Gesundheitsfonds**. Dieser wird zusätzlich von Steuermitteln gespeist und leitet dann die Mittel nach einem Verteilungsschlüssel an die Krankenkassen weiter. Im Sinne eines Risikoausgleichs erhalten beispielsweise die Kassen mit einem hohen Anteil an chronisch Kranken (Diabetiker, Rheumatiker etc.) höhere Zuweisungen.

Der Beitragssatz beträgt 15,5 %. Davon tragen die Arbeitnehmer den größeren Anteil von 8,2 %. Der Arbeitgeberanteil liegt bei 7,3 %.

Einen ermäßigten Beitragssatz von 14,9 %, also 0,6 Prozentpunkte weniger als den allgemeinen Beitragssatz, zahlen Versicherte, die keinen Anspruch auf Krankengeld haben. Dazu gehören Selbstständige und andere freiwillig versicherte Personen, deren Einkommen über der Versicherungspflichtgrenze liegt (s. Erläuterung nach der Grafik).

Quelle: Der Gesundheitsfonds, „So fließen die Mittel: 150 Milliarden Euro für das Gesundheitswesen", unter: www.der-gesundheitsfonds.de (Startseite), hrsg. v. Euro-Informationen (GbR), Berlin (Zugriff: 05.03.2012).

Die Beitragsbemessungsgrenze beträgt für West- und Ostdeutschland 3 825,00 EUR im Monat. Der Beitrag berechnet sich somit analog zur Arbeitslosenversicherung.

Zusätzlich gilt für die Krankenversicherung eine Gehaltsgrenze, ab der man nicht mehr pflichtversichert ist (**Versicherungspflichtgrenze**). In diesem Punkt unterscheidet sie sich von den anderen Zweigen der Sozialversicherung. Diese Grenze liegt bei **4 237,50 EUR im Monat**. Das bedeutet, dass sich ein Arbeitnehmer ab diesem Einkommen *privat* krankenversichern kann. Für Personen, die bereits vor dem 01.01.2003 privat krankenversichert waren, gilt eine Versicherungspflichtgrenze von 3 825,00 EUR. Übersteigt deren Einkommen diesen Betrag, können sie sich weiterhin privat versichern.

Es besteht aber umgekehrt auch die Möglichkeit, **freiwilliges Mitglied** in der gesetzlichen Krankenversicherung zu werden oder zu bleiben. Selbstständige können ebenfalls freiwillig Mitglied in der gesetzlichen Krankenversicherung sein.

Im fachlichen Kontext

Private Krankenversicherung
Wer aufgrund seines Einkommens oder seines Status als Selbstständiger kein Pflichtmitglied in der gesetzlichen Krankenversicherung sein muss, kann sich **privat krankenversichern**. Der Vorteil liegt darin, dass die Leistungen der privaten Krankenkassen besser sind als die der gesetzlichen. Da die Ärzte höhere Sätze bei Behandlungen abrechnen können, erhält man beispielsweise im Krankenhaus als privat Versicherter eine Chefarztbehandlung oder bekommt schneller Termine bei Fachärzten. Auch sind Leistungen beim Zahnarzt und beim Zahnersatz sowie bei bestimmten Behandlungsmethoden höher. Dieses wird im Rahmen der Gesundheitspolitik kontrovers diskutiert.
Für den **Beitrag** ist nicht das Einkommen, sondern der vom Mitglied gewünschte Leistungsumfang bestimmend. Allerdings gilt hier nicht das Prinzip der Familienversicherung. Der Ehepartner und Kinder müssen gesondert mitversichert werden, sodass auch für jeden gesondert ein Beitrag gezahlt werden muss.

3.3 Pflegeversicherung

Die Pflegeversicherung ist der „jüngste" Zweig der gesetzlichen Sozialversicherung, sie wurde 1995 eingeführt. Dies wurde notwendig, damit die Krankenkassen von den steigenden Pflegekosten entlastet werden konnten, denn vor Einführung der Pflegeversicherung kamen diese für die Pflege im Alter auf.

3.3.1 Leistungen

Die Leistungen der Pflegeversicherung bestehen in der Übernahme von Kosten, die durch die Versorgung pflegebedürftiger Personen entstehen. Dies kann sich auf stationäre oder auch auf häusliche Pflege beziehen. Die Menschen, die die Leistungen in Anspruch nehmen, werden dabei in **drei Pflegestufen** eingeteilt, sodass sie unterschiedlich hohe Erstattungen für notwendige Pflegeleistungen erhalten.

3.3.2 Beiträge

In Bezug auf die Beitragsbemessungsgrenze gilt das Gleiche wie für die gesetzliche Krankenversicherung. Der Beitragssatz beträgt 1,95 % für Erwerbstätige mit mindestens einem Kind und 2,2 % für Kinderlose. Der erhöhte Beitrag für Kinderlose greift jedoch erst ab dem 23. Lebensjahr. Die 0,25 Prozentpunkte, die für Kinderlose zusätzlich anfallen, zahlt dabei ausschließlich der Arbeitnehmer.

Beispiel
Beitragssatz für einen kinderlosen Beitragszahler über 23 Jahre:
Arbeitgeberanteil: 0,975 %
Arbeitnehmeranteil: 1,225 %

3.4 Rentenversicherung

Die Hauptaufgabe der Rentenversicherung ist die Sicherung des Alterseinkommens nach Beendigung des Erwerbslebens. Die Finanzierung der Alterseinkommen beruht dabei auf dem sogenannten **Generationenvertrag**. Wer Beiträge aufgrund einer Versicherungspflicht oder einer freiwilligen Versicherung einzahlt, finanziert damit die Bezüge der Rentner und erwirbt so einen Anspruch auf seine eigene spätere Rente.

3.4.1 Leistungen

Der Leistungskatalog der Deutschen Rentenversicherung ist umfangreicher, als man auf den ersten Blick meint:

- **Altersrente:**
  Altersrente wird ab dem 67. Lebensjahr (für die Geburtsjahre ab 1964) gezahlt. Die Rentenhöhe hängt hierbei zunächst von der Dauer der Einzahlung und dem im Laufe eines Erwerbslebens erzielten Einkommen ab. Die maximale **Rentenhöhe** beträgt bei mindestens 45 Jahren Einzahlung 67 % des letzten Nettoentgelts. Sie mindert sich, wenn die erwerbstätige Person vor ihrem 67. Lebensjahr aus dem Arbeitsleben ausscheiden will. **Für jeden Monat**, den man vor dem gesetzlichen Renteneintrittsalter in Rente geht, wird diese lebenslang um 0,3 % pro Monat gemindert. Als Bezugsgröße für diesen Abzug dient jedoch nicht die Rente, die man mit 67 Jahren bekommen würde, sondern der Rentenanspruch, der *zum Zeitpunkt des früheren Ausscheidens* besteht.

  Beispiel
  Ein Arbeitnehmer möchte mit 64 Jahren in Rente gehen.
  Möglicher Rentenanspruch mit 67 Jahren: 1 091,00 EUR/Monat (nach 40 Berufsjahren)
  Aktueller Rentenanspruch mit 64 Jahren: 1 028,00 EUR/Monat (nach 37 Berufsjahren)
  Rente ab seinem 64. Lebensjahr: [100 % – (36 Monate • 0,3 %/Monat)] • 1 028,00 EUR
  = 904,36 EUR

  Ausnahme: Wer 45 Jahre lang in die Rentenversicherung eingezahlt hat, kann ab dem 65. Lebensjahr ohne Abschläge in Rente gehen.

- **Erwerbsminderungsrente:**
  Wer wegen seines Gesundheitszustands gar nicht oder nur noch eingeschränkt arbeiten kann, erhält unter bestimmten Voraussetzungen eine Rente wegen verminderter Erwerbsfähigkeit.

- **Hinterbliebenenrente:**
  Nach fünf Beitragsjahren in der Rentenversicherung erhalten Familienangehörige eine Hinterbliebenenrente, wenn Vater, Mutter oder gar beide Eltern (Halbwaisenrente, Vollwaisenrente) oder der Ehepartner (Witwen-/Witwerrente) sterben.

- **Reha-Maßnahmen zur Wiedererlangung der Erwerbsfähigkeit:**
  Die Rentenversicherung erbringt ihre Leistungen nach dem Grundsatz „Rehabilitation vor Rente". Auf diese Weise bietet die Rentenversicherung auch Versicherungsschutz gegen das Risiko der vorzeitigen Erwerbsminderung, indem sie durch Reha-Maßnahmen die Gesundung und so die Wiedereingliederung in das Arbeitsleben finanziell unterstützt.

3.4.2 Beiträge

Die Beitragsbemessungsgrenzen für die Rentenversicherung liegen bei 5 600,00 EUR im Westen und 4 800,00 EUR im Osten. Der Beitrag liegt seit dem 01.01.2012 bei 19,6 %. Die eine Hälfte des Beitrags erscheint auf der Entgeltabrechnung als Abzug vom Bruttoentgelt (Arbeitnehmeranteil). Die andere Hälfte ist der sogenannte Arbeitgeberanteil.

3.4.3 Private Vorsorge

Im fachlichen Kontext

Riester-Rente

Frank Mellheim ist heute 20 Jahre alt. Wenn er, wie zurzeit vorgesehen, bis zu seinem 67. Lebensjahr arbeitet, geht er im Jahr 2059 in den Ruhestand. Und nicht nur er allein: Im Jahr 2008 lag der „Bauch" der Alterspyramide im Bereich zwischen 40 und 50 Jahren. Ein Großteil der Bevölkerung befand sich in diesem Altersbereich und somit im erwerbsfähigen Alter. Dieser „Bauch" wird sich bis zum Jahr 2060 voraussichtlich in den Bereich um 70 Jahre verschieben.

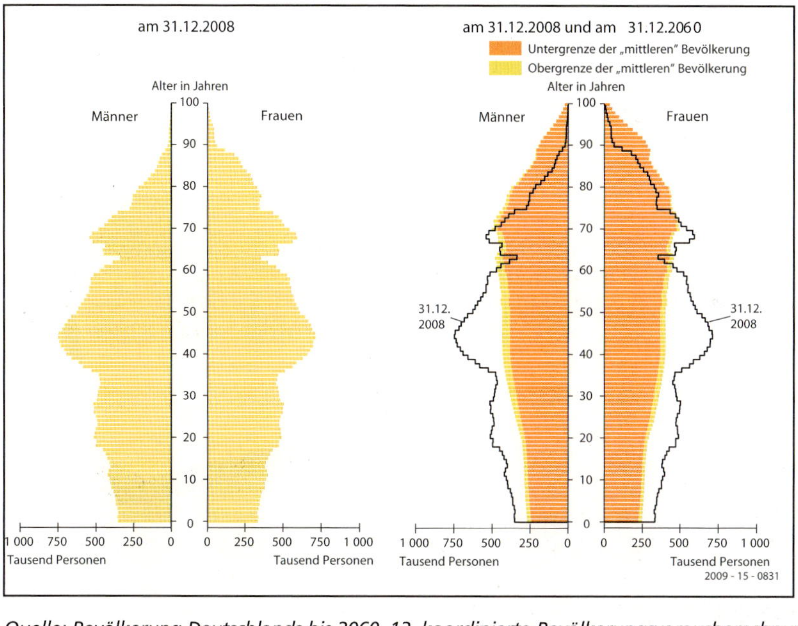

Quelle: Bevölkerung Deutschlands bis 2060, 12. koordinierte Bevölkerungsvorausberechnung, Seite 15, unter: https://www.destatis.de/DE/ZahlenFakten/GesellschaftStaat/Bevoelkerung/Bevoelkerungsvorausberechnung/Bevoelkerungsvorausberechnung.html, hrsg. v. Statistisches Bundesamt Wiesbaden 2009 (Zugriff: 01.08.2012).

Die Altersverschiebung liegt u. a. darin begründet, dass in Deutschland zu wenig Kinder geboren werden, die dann im Erwerbsalter die Rentner versorgen können. Der Generationenvertrag kann unter diesen Bedingungen nicht mehr erfüllt werden. Eine Lösungsmöglichkeit wäre, die Erwerbsbevölkerung mit höheren Rentenbeiträgen zu belasten. Dies wird jedoch nicht unbegrenzt möglich sein, denn durch zu hohe Beiträge für die Sozialversicherung würden die Lohnkosten für die Arbeitgeber unangemessen steigen bzw. die Nettoeinkommen der Arbeitnehmer zu sehr sinken.

Die andere Möglichkeit ist eine Senkung der Renten. Trotz gegenteiliger Bekundungen der Politiker wird dieses wahrscheinlich eintreten. Das liegt vor allem daran, dass kaum eine erwerbstätige Person auf die für die maximale Rentenhöhe von 67 % notwendigen 45 Beitragsjahre kommt. Die Folge daraus ist eine erhebliche finanzielle Lücke zwischen dem zuletzt erzielten Einkommen und der dann ausgezahlten Rente (**Versorgungslücke**). Hieraus ergibt sich die Notwendigkeit, privat vorzusorgen.

Riester-Rente

Private Altersvorsorge bedeutet, dass der heute Erwerbstätige Kapital anspart, das ihm bei Beendigung seiner Berufstätigkeit zur Verfügung steht. Diese Art der privaten Altersvorsorge wird staatlich gefördert und nennt sich **Riester-Rente**[1]. Spart eine erwerbstätige Person hier 4 % ihres **Jahreseinkommens (maximal 2 100,00 EUR)**, erhält sie die **höchstmögliche Förderung**. Diese sieht wie folgt aus:

Grundförderung	154,00 EUR
Förderung Ehegatte	154,00 EUR
Förderung pro Kind	vor 2008 geboren: 185,00 EUR ab 2008 geboren: 300,00 EUR

Die Förderung wird hierbei in die jährliche Sparsumme, die auf den Riester-Vertrag eingezahlt wird, eingerechnet, sodass sich die vom Arbeitnehmer zu leistende Monatsrate **(Eigenleistung)** um die Förderung vermindert. Werden weniger als 4 % gespart, ist die Förderung anteilig geringer. Da die Riester-Rente im Alter versteuert wird, können die Einzahlungen als Ausgleich dafür steuerlich (als Sonderausgaben) geltend gemacht werden, sodass sich die jährlich zu zahlende Einkommensteuer vermindert. Für Berufseinsteiger bis zum 25. Lebensjahr wird zudem ein Extrabonus von 200,00 EUR gewährt.

Beispiel

Familie mit einem Kind (geboren in 2009)

Jahresbruttoeinkommen:	*60 000,00 EUR*	
davon 4 % pro Jahr:	*2 400,00 EUR*	
notwendige Sparleistung:	*2 100,00 EUR*	*(um die höchstmögliche Förderung zu erhalten)*
direkte Förderung:	*608,00 EUR*	*(ohne Steuervorteil)*

für die Höchstförderung notwendige Eigenleistung:

2 100,00 EUR/Jahr
– 608,00 EUR/Jahr (vom Staat eingezahlt)
= 1 492,00 EUR/Jahr

Der Arbeitnehmer muss somit ***monatlich 124,33 EUR*** *sparen (Eigenleistung), um die volle staatliche Förderung zu erhalten.*

---

[1] *Walter Riester war zwischen 1998 und 2002 Bundesarbeitsminister. Unter ihm wurde diese Förderung eingeführt.*

Es existieren unterschiedliche Varianten der Riester-Rente. Alle Sparpläne müssen dabei riesterzertifiziert sein.

Banksparplan	**Einzahlung auf einen Sparvertrag mit fester Verzinsung** + geringes Risiko: keine Kursschwankungen + Garantieverzinsung – geringe Renditechancen durch niedrige Verzinsung
Fondssparplan	**Einzahlung in einen Fonds aus Aktien und festverzinslichen Wertpapieren** + höhere Renditechancen + Kapitalgarantie – höheres Risiko, da wegen des Risikos von Kursverlusten des Aktienanteils im Fonds keine Garantieverzinsung gegeben wird
Bausparvertrag	**Einzahlung auf einen Bausparvertrag** + geringes Risiko + Sicherung eines günstigen Immobiliendarlehens – sehr niedrige Verzinsung des Guthabens
Rentenversicherung	**Einzahlung in eine Rentenversicherung mit garantierter Verzinsung** + Garantieverzinsung (zzt. 2,25 %), ggf. Überschussbeteiligung – hohe Abschluss- und Verwaltungsgebühren mindern die Effektivverzinsung

Grundsätzlich wird die Riester-Rente in Form einer lebenslangen Rente frühestens ab dem 60. und spätestens ab dem 67. Lebensjahr ausbezahlt. Hierzu wird der Sparplan in eine Riester-Rentenversicherung umgewandelt. Aus dieser wird dann die Rente monatlich bis ans Lebensende ausgezahlt. Zum Rentenbeginn hat man die Möglichkeit, einmalig bis zu 30 % des angesparten Guthabens zu entnehmen. Sollten höhere Anteile entnommen werden, muss die staatliche Förderung zurückgezahlt werden.

Darüber hinaus kann einem Riester-Vertrag bis zu 100 % Vermögen zur Tilgung bestehender Baufinanzierungsdarlehen entnommen werden (**Wohn-Riester**), wenn

- das angesparte Vermögen mindestens 10 000,00 EUR beträgt und
- die Immobilie selbst genutzt wird.

Der Grundgedanke hinter dem „Wohn-Riestern" ist der, dass eine abbezahlte Immobilie ein mietfreies Wohnen im Alter ermöglicht.

Vermögenswirksame Leistungen

Vermögenswirksame Leistungen sind Sparleistungen, die vom Staat mit der sogenannten Arbeitnehmersparzulage gefördert werden. So soll die Vermögensbildung von Arbeitnehmern unterstützt werden. Die Sparleistungen werden direkt vom monatlichen Entgelt durch den Arbeitgeber an einen vom Arbeitnehmer abgeschlossenen Sparvertrag abgeführt.

Beispiel

Jasmin Klessing hat ein Konto bei ihrer Bank eröffnet, damit ihr Arbeitgeber ihr Gehalt überweisen kann. In diesem Zusammenhang hat ihr Kundenberater sie gefragt, ob sie vermögenswirksame Leistungen (VL) von der Finke Zeitarbeit GmbH bekommt. Jasmin Klessing hat in der Personalabteilung nachgefragt und erfahren, dass sie zusätzlich zu ihrem Bruttoentgelt 20,00 EUR VL erhält, wenn sie einen entsprechenden Sparvertrag abschließt.

Die Höhe der Arbeitnehmersparzulage berechnet sich prozentual auf die Sparleistung und wird mit der jährlichen Einkommensteuererklärung durch das Finanzamt ausgezahlt. Die maximal geförderte Sparleistung beträgt 470,00 EUR pro Jahr. Die Arbeitnehmersparzulage erhalten jedoch nur Arbeitnehmer, deren zu versteuerndes Einkommen bestimmte Grenzen nicht übersteigt. Die vermögenswirksamen Sparverträge unterliegen dabei einer Bindungsfrist. In der Regel beträgt die Einzahlungsdauer sechs Jahre, danach „ruht" der Vertrag ein Jahr. Innerhalb der Bindungsfrist kann der Vertrag nur „prämienschädlich" gekündigt werden. Dabei muss die erhaltene Arbeitnehmersparzulage zurückgezahlt werden.

Definition

Das zu versteuernde Einkommen ist das Einkommen, das nach Abzug von Werbungskosten und Sonderausgaben die Basis (Bemessungsgrundlage) für die Berechnung der Einkommensteuer darstellt. Werbungskosten sind beispielsweise Aufwendungen, die durch die Fahrt zum Arbeitsplatz entstehen. Sonderausgaben sind beispielsweise Ausgaben im Rahmen der Vorsorge, also auch die Beiträge zu einem Riester-Vertrag (s. o.).

In vielen Fällen übernimmt der Arbeitgeber, je nach tarifvertraglicher Vereinbarung, einen Teil oder auch die gesamte monatliche Sparleistung.

Beispiel

Jasmin Klessing wird nun bei ihrer Bank einen Sparvertrag abschließen und die Kontonummer dieses Sparvertrags bei der Personalabteilung angeben, damit die vermögenswirksamen Leistungen von 20,00 EUR jeden Monat direkt mit der Lohnzahlung auf den Sparvertrag überwiesen werden. Um in den Genuss der höchsten Förderung zu kommen, kann Jasmin aus eigenen Mitteln die Leistungen ihres Arbeitgebers noch zusätzlich aufstocken.

Es gibt verschiedene Anlageformen für vermögenswirksame Leistungen. Es werden jedoch nicht alle gleichermaßen gefördert.

	Bausparvertrag	Lebensversicherung	Investmentfonds	Bank-sparplan
max. geförderte Sparleistung	470,00 EUR/Jahr 40,00 EUR/Monat	keine staatliche Förderung	400,00 EUR/Jahr 34,00 EUR/Monat	keine staatliche Förderung
Förderung	9 % → maximal 42,30 EUR/Jahr	–	20 % → maximal 80,00 EUR/Jahr	–
Vertrags-dauer	7 Jahre	12 Jahre (ab dann sind die Erträge steuerfrei)	7 Jahre	7 Jahre
max. zu versteuerndes Einkommen	ledig: 17 900,00 EUR verh.: 35 800,00 EUR	–	ledig: 20 000,00 EUR verh.: 40 000,00 EUR	–

Man kann auch einen Bausparvertrag und gleichzeitig einen Sparvertrag abschließen, der in Investmentfonds-Anteile investiert. So kann man die maximal mögliche Förderung von 122,30 EUR erhalten. Die Lebensversicherung und der Banksparplan sind lediglich für Arbeitnehmer interessant, die zwar vermögenswirksame Leistungen von ihrem Arbeitgeber erhalten, aufgrund ihres Einkommens jedoch keinen Anspruch auf die Arbeitnehmersparzulage haben.

3.5 Unfallversicherung

Die Unfallversicherung kommt für Kosten auf, die durch Unfälle des Arbeitnehmers am Arbeitsplatz (**Arbeitsunfall**) oder auf dem Weg vom oder zum Arbeitsplatz entstehen (**Wegeunfall**). Auch Kosten, die durch sogenannte **Berufskrankheiten** entstehen, werden abgedeckt.

Beispiel

Arbeitsunfall:	*Ein Bauarbeiter tritt auf einer Baustelle in ein Loch und erleidet einen Bänderriss im Sprunggelenk.*
Berufskrankheit:	*Ein Fliesenleger kann seinen Beruf wegen stark geschädigter Kniegelenke nicht mehr ausüben.*
Wegeunfall:	*Eine Büroangestellte verursacht einen Auffahrunfall und erleidet eine Rippenprellung. Wichtig ist hierbei, dass sie sich auf dem direkten Weg zur oder von der Arbeit befunden hat. Sollte sie auf dem Arbeitsweg einen Einkauf vorgenommen haben, ist es kein Wegeunfall mehr.*

LF 6

Die Träger der Unfallversicherung sind die **Berufsgenossenschaften** der jeweiligen Branchen. Das Risiko, eine Berufskrankheit oder einen Arbeitsunfall zu erleiden, ist in den verschiedenen Berufen unterschiedlich hoch.

3.5.1 Leistungen

Die Leistungen der Berufsgenossenschaften beinhalten bei einem Arbeits- oder Wegeunfall weitgehend die der Renten- und Krankenversicherung. Analog zum Krankengeld erhält der Arbeitnehmer nach Auslaufen der Lohnfortzahlung durch den Arbeitgeber ein **Verletztengeld**. Sollte der verunfallte Arbeitnehmer dauerhaft arbeitsunfähig sein, spielt die Dauer der Mitgliedschaft für eine Berufsunfähigkeitsrente allerdings keine Rolle. Hier ist ausschließlich das zuletzt erhaltene Einkommen von Bedeutung. Bei vollständigem Verlust der Erwerbsfähigkeit wird beispielsweise die Vollrente in Höhe von zwei Dritteln des vor einem Arbeitsunfall erzielten Jahresarbeitsverdienstes geleistet.

3.5.2 Beiträge

Der Beitrag zur Unfallversicherung erscheint nicht auf Jasmin Klessings Gehaltsabrechnung. Dieser wird ausschließlich vom Arbeitgeber abgeführt, da nicht Frau Klessing, sondern ihr Arbeitgeber Pflichtmitglied in der Berufsgenossenschaft ist. Da in allen Berufen unterschiedliche Risiken bestehen, einen Arbeitsunfall zu erleiden, werden die Berufsgruppen in Risikoklassen unterteilt. Auch die Höhe der Beiträge fällt daher unterschiedlich aus (0,5 % bis 8 %).

Beispiel

Beitragssatz für Gerüstbauer: 8 % des Bruttoentgelts
Beitragssatz für Personaldienstleistungskaufleute: 0,5 % des Bruttoentgelts

Zusammenfassung

Gesetzliche Sozialversicherung				
Krankenversicherung	**Rentenversicherung**	**Arbeitslosenversicherung**	**Pflegeversicherung**	**Unfallversicherung**
Leistungen: • ärztliche Behandlung • Krankenhaus • Medikamente und Hilfsmittel • Krankengeld	Leistungen: • Altersrente • Berufsunfähigkeitsrente • Umschulung bei Berufsunfähigkeit	Leistungen: • Arbeitslosengeld I • Umschulungen • Arbeitsvermittlung	Leistungen: Pflegekosten, gestaffelt nach verschiedenen Pflegestufen	Leistungen: • bei Arbeits- oder Wegeunfall: – ärztliche Behandlung – Krankenhaus – Medikamente und Hilfsmittel • bei Berufsunfähigkeit: – Berufsunfähigkeitsrente – Umschulung
Beitrag: 15,5 %	Beitrag: 19,6 %	Beitrag: 3,0 %	Beitrag: 1,95 bzw. 2,2 %	Beitrag: 0,5–8 %
BBG: 3 825,00 EUR Versicherungspflicht: bis 4 237,50 EUR (bei Eintritt ab 01.01.2003)	BBG: 5 600,00 EUR West 4 800,00 EUR Ost	BBG: 5 600,00 EUR West 4 800,00 EUR Ost	BBG: s. Krankenversicherung	

Private Absicherung:

- Private Kranken- und Pflegeversicherung bei Einkommen über 4 237,50 EUR bzw. 4 125,00 EUR/Monat
- Riester-Rente: Private Rentenversicherung mit Riester-Förderung
- Vermögenswirksame Leistungen, gefördert mit der Arbeitnehmersparzulage

Aufgaben

1. a) *Erläutern Sie den Begriff der Beitragsbemessungsgrenze. Berücksichtigen Sie dabei die unterschiedlichen Zweige der gesetzlichen Sozialversicherung.*

b) *Ermitteln Sie die Beiträge für alle Sozialversicherungen für den folgenden freiwillig krankenversicherten westdeutschen Arbeitnehmer:*
Einkommen: 5 200,00 EUR/Monat
Familienstand: verheiratet, zwei Kinder

2. a) *Beschreiben Sie die Aufgaben der Rentenversicherung.*

b) *Diskutieren Sie die Anhebung des Renteneintrittsalters von 65 auf 67 Jahre.*

3. a) *Erläutern Sie, warum die private Altersvorsorge an Bedeutung gewinnt. Beschreiben Sie in diesem Zusammenhang in groben Zügen die Riester-Rente.*

b) *Versuchen Sie, die für Sie günstigste Variante einer Anlageform zur privaten Rentenversicherung zu ermitteln, indem Sie Vor- und Nachteile der einzelnen Sparformen gegenüberstellen. Recherchieren Sie hierzu auch im Internet oder holen Sie sich Informationen bei Ihrer Bank.*

c) *Ermitteln Sie für einen Riester-Vertrag die maximal mögliche Förderung und die Sparrate pro Monat für eine verheiratete Person mit zwei Kindern, das Ältere 2005, das Jüngere 2009 geboren.*

d) *Versuchen Sie, die für Sie günstigste Variante einer Anlageform für vermögenswirksame Leistungen zu ermitteln, indem Sie Vor- und Nachteile der einzelnen Sparformen gegenüberstellen. Recherchieren Sie hierzu auch im Internet oder holen Sie sich Informationen bei Ihrer Bank.*

4. a) *Erläutern Sie die Funktionsweise des Gesundheitsfonds.*

b) *Erläutern Sie die Leistungen der Krankenversicherung.*

c) *Diskutieren Sie die Problematik, dass privat versicherte Personen schneller einen Termin beim Facharzt erhalten. Recherchieren Sie hierzu auch die aktuelle politische Diskussion.*

5. *Ein Arbeitnehmer erleidet einen Arbeitsunfall. Hierdurch kann er seinen Beruf nicht mehr ausüben. Welche Leistungen bietet hier die Unfallversicherung?*

Lernfeld 2:

Struktur und Geschäftsfelder des Ausbildungsbetriebs erkunden und präsentieren

1 Die Vielfalt der Personaldienstleistungsbranche erfassen

Einstiegssituation ▶

Mareike Schuster hat am 1. August dieses Jahres eine Ausbildung zur Personaldienstleistungskauffrau bei der Finke Zeitarbeit GmbH begonnen. Gestern hatte sie ihren ersten Berufsschultag. Als sie am heutigen Morgen im Betrieb erscheint, möchte ihr Ausbilder Thomas Heinken wissen, wie ihr die Schule gefallen habe, ob sie mit dem Stundenplan zufrieden sei und welchen Eindruck die Lehrer und Mitschüler gemacht hätten. Nachdem Mareike ausführlich über den ersten Schultag berichtet hat, entwickelt sich das Gespräch in eine andere Richtung.

Mareike Schuster: „Ich bin immer noch ganz erschlagen von den vielen neuen Eindrücken. Als meine Mitschüler von ihren Ausbildungsbetrieben erzählt haben, ist mir so richtig klar geworden, dass es hier nicht nur um Zeitarbeit geht. Neben der Arbeitnehmerüberlassung vermitteln auch viele Unternehmen Personal, einige Unternehmen bieten weitere Dienstleistungen an, wie z. B. Arbeitsvermittlung, Personalvermittlung, On-Site-Management, Outplacement, Outsourcing, Executive Search, Online-Recruitment, HR-Beratung ..."

Thomas Heinken: „Da schwirrt ja selbst mir als Branchenkenner vor lauter Begriffen der Kopf."

Mareike Schuster: „Ja, so ging es mir gestern auch. Und selbst bei der Zeitarbeit, die fast alle Ausbildungsbetriebe anbieten, gab es noch große Unterschiede: Viele Unternehmen sind ausschließlich im Helfer- oder Fachkräftebereich tätig, andere haben sich auf besondere Bereiche wie das Finanzwesen, Maschinenbau oder Logistik spezialisiert. Die Zahl der externen Mitarbeiter schwankt bei den einzelnen Ausbildungsbetrieben zwischen 100 und 60 000. Und wir haben auch Auszubildende in der Klasse, die gar nicht bei einem Personaldienstleister, sondern bei einer großen Handelskette ausgebildet werden."

Thomas Heinken: „Sie haben es ja eben selbst gesagt, die Personaldienstleistungsbranche ist vielfältig und kann nicht nur mit Zeitarbeit gleichgesetzt werden, auch wenn sie den größten Anteil ausmacht. Aus der Zeitarbeit heraus und neben der Zeitarbeit haben sich weitere Dienstleistungen entwickelt. Personaldienstleister beraten Unternehmen in allen personalwirtschaftlichen Fragen. Sie helfen bei der Personalsuche, stellen eigene Mitarbeiter bei Personalengpässen bereit und unterstützen bei der häufig schwierigen Personalfreisetzung. Die Branche hat sich also ständig weiterentwickelt und verfügt mittlerweile über ein breites Leistungsspektrum. Die Schaffung des Ausbildungsberufs zu Personaldienstleistungskaufleuten ist die Antwort auf den gestiegenen Qualifizierungsbedarf, den ein komplexes Dienstleistungsangebot mit sich bringt."

Mareike Schuster: „Das hört sich ja alles ganz interessant an, aber mit Leben kann ich die Begriffe trotzdem nicht füllen. Und mir ging es nicht alleine so. Auch meine Mitschüler konnten nicht genau beschreiben, was mit Personaldienstleistung gemeint ist."

Thomas Heinken: „Die Begriffsvielfalt rund um die Personaldienstleistung zu entwirren, ist auch gar nicht so einfach. Ich denke, Sie sollten sich erst einmal einen Überblick verschaffen. Das wird Ihnen sicherlich helfen, sich in der ‚eigenen' Branche zu orientieren."

Arbeitsaufträge

1. *Beschreiben Sie die Erfahrungen, die Mareike Schuster am ersten Schultag gemacht hat. Vergleichen Sie diese mit Ihren eigenen Erfahrungen.*
2. *Klären Sie den Begriff „Personaldienstleistung".*
3. *Informieren Sie sich über das Leistungsspektrum der Branche und erstellen Sie eine entsprechende Übersicht über das Leistungsangebot.*

   Web

   a) *Stellen Sie für jede einzelne Personaldienstleistung dar, wer der jeweilige Kunde ist, aus welchen Gründen er sich an den Personaldienstleister wendet, welche weiteren Beteiligten es gibt und welche konkrete Dienstleistung für den Kunden erbracht wird. (Hinweis: Es reicht aus, wenn Sie an dieser Stelle einen Überblick über die einzelnen Personaldienstleistungen geben. Sie werden im Kapitel 2 noch einmal aufgenommen und vertieft.)*

   b) *Suchen Sie nach Gemeinsamkeiten und Unterschieden zwischen den einzelnen Personaldienstleistungen.*

   c) *Präsentieren Sie Ihre Arbeitsergebnisse.*
4. *Stellen Sie strukturiert und übersichtlich die einzelnen Geschäftsfelder Ihres Ausbildungsbetriebs dar. Nutzen Sie hierzu auch betriebliche Informationen (Flyer, Broschüren, Internetseiten u. Ä.).*

1.1 Begriff der Personaldienstleistung

In der Fachliteratur gibt es für den Begriff „Personaldienstleistung/en" keine klare und eindeutige Definition, sondern er wird als Oberbegriff für das Leistungsangebot der Personaldienstleistungsbranche verstanden.

Definition
Personaldienstleistung ist ein **Oberbegriff** für das vielfältige Leistungsspektrum von Unternehmen, die der Personaldienstleistungsbranche zuzuordnen sind.

Um ein gemeinsames Verständnis zu entwickeln, sollen zunächst die Begrifflichkeiten geklärt werden, aus denen sich das Wort **Personaldienstleistung** zusammensetzt.

Personal	Dienstleistung

Personal / Personalwesen

Die richtige Personalauswahl und der zielgerichtete Einsatz von Mitarbeitern haben für den betrieblichen Erfolg eine hohe Bedeutung. In den meisten Unternehmen gibt es deshalb Personalabteilungen, die die Unternehmensleitung hierin unterstützen.

Man spricht in diesem Zusammenhang auch davon, dass das **betriebliche Personalwesen** eine **Dienstleistungsfunktion** für das Unternehmen hat. Zum Aufgabenfeld der Personalverantwortlichen gehört es, genau die Mitarbeiter zu rekrutieren, auszuwählen und einzustellen, die für die Erreichung der Unternehmensziele benötigt werden. Sind die Mitarbeiter eingestellt, müssen sie betreut, geführt, gefördert, gebunden und manchmal auch wieder freigesetzt werden.

Diese **einzelnen Aufgaben** werden auch als **Personalfunktionen** bezeichnet. Mittlerweile werden aber Personalfunktionen nicht mehr ausschließlich durch die Personalabteilungen selbst erbracht, sondern bei **externen Dritten eingekauft**. Hierzu gehören auch Personaldienstleister.

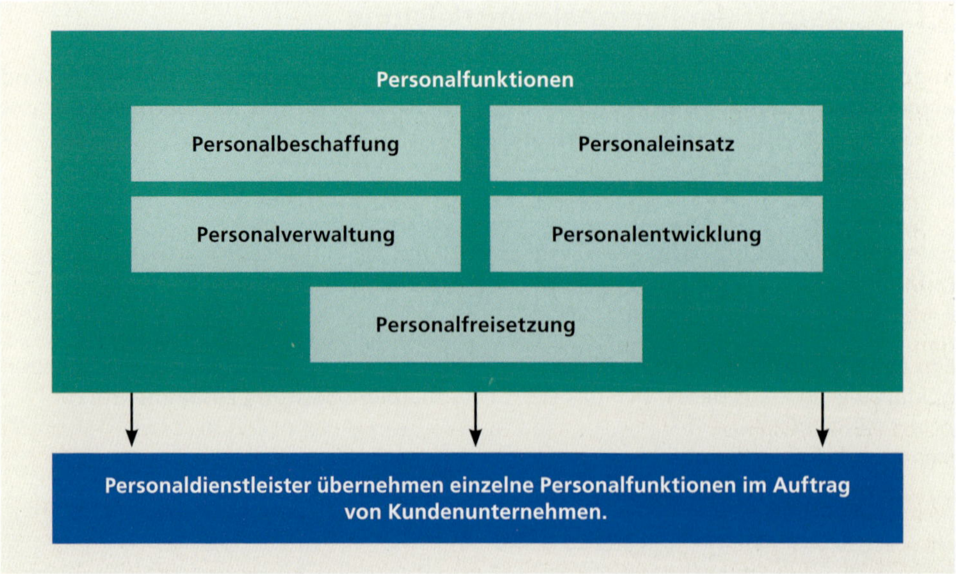

Personaldienstleister übernehmen Personalfunktionen

LF 2 / 2.7.2 Die beiden nachfolgenden Beispiele zeigen aus Sicht der Branchenverbände, was unter Personaldienstleistung bzw. Personaldienstleister verstanden wird.

Beispiel

Personaldienstleister sind Profis in allen Personal-Angelegenheiten	Personaldienstleistungen
• sie beraten, • sie stellen zeitweise eigene Mitarbeiter zur Verfügung (Zeitarbeit), • sie suchen geeignete Mitarbeiter für andere Arbeitgeber (Personalvermittlung), • sie übernehmen umfassende Aufgaben in eigener Verantwortung (Ausgliederung/Outsourcing, On-Site-Management), • sie erbringen weitere Dienstleistungen wie Personalbetreuungsprojekte (Outplacement), Interim Management u. Ä. Personaldienstleister sind Fachleute für schnelle und flexible Arbeitsorganisation.	Sie umfassen alle Tätigkeiten, die mit Auswahl, Beschaffung, Einstellung, Führung und Einsatz von Mitarbeitern zusammenhängen. Personalberater/-innen, Personal- und Arbeitsvermittler/-innen, Personalsachbearbeiter/-innen und -leiter/-innen in Firmen, Zeitarbeitsunternehmer/-innen und Berater/-innen in den Arbeitsagenturen gehören zu den Personaldienstleistern. Zeitarbeit, Personalberatung und Arbeitsvermittlung sind die bekanntesten Personaldienstleistungen.

Quellen: Bundesverband Zeitarbeit, Verantwortung für Arbeit: Flexibilität mit Personal-Dienstleistern, BZA, 2008 und Broschüre zum neuen Ausbildungsberuf; Gemeinschaftsinitiative BZA, IGZ, AMP, Personaldienstleistungskaufmann/-kauffrau, Bonn, Münster, Berlin, 2008.

Dienstleistung

Definition

Eine **Dienstleistung** umfasst alle Handlungen, die für Personen oder Organisationen mit dem Ziel erbracht werden, eine **nutzbringende Veränderung** zu erreichen. Hierunter kann die Lösung eines Problems (z. B. Überlassung von Personal bei Engpässen) oder die Bereitstellung von Know-how (Direktsuche von Führungskräften) genauso gefasst werden, wie die Entlastung bei bestimmten Aufgaben (z. B. Lohn- und Gehaltsbuchhaltung).

Damit eine Dienstleistung am Markt nachgefragt wird, muss sie sich an den Kundenbedürfnissen ausrichten. Sie muss qualitätsorientiert sein, zeitnah bereitgestellt werden und ein angemessenes Preis-Leistungs-Verhältnis haben.

Beispiel

Die GS Personallösungen GmbH bietet u. a. Unternehmen die Übernahme des Bewerbermanagements an. Auf den Webseiten der Firma findet sich folgender Text:

Wir managen Ihre Bewerbersuche

Im Auftrag von Kunden haben wir in den vergangenen Jahren über 60 000 Bewerbungen bearbeitet. Profitieren auch Sie von unserer Erfahrung und Kompetenz. Das Bewerbermanagement entlastet Sie bei der zeit- und kostenintensiven Personalsuche. Wir unterstützen Sie gezielt bei einzelnen Fragestellungen bis hin zum Aufbau und zur Durchführung eines Bewerbermanagements, das auf Ihre spezielle Unternehmenssituation zugeschnitten ist. Unser Bewerbermanagement ist modular und kann nach Ihren Wünschen und Vorstellungen zusammengestellt werden.

Modulare Leistungen des Bewerbermanagements

- *Schaltung von Anzeigen*
- *Überprüfung der Bewerbungseingänge*
- *Abspeichern und Archivierung der Bewerberdaten in einer separaten Datenbank*
- *Sichtung und Vorauswahl der Bewerber nach Ihren Kriterien*
- *Erstellung von Kurzprofilen der Bewerber zur Entscheidungsvorlage*
- *Übernahme der Bewerberkorrespondenz – Bestätigungen, Zwischenbescheide, Einladungen, Absagen und Rücksendungen der Unterlagen*
- *Durchführung von Vorstellungsgesprächen*
- *…*

Merkmale

Dienstleistungen sind **immateriell**, das heißt, sie sind nicht physisch fassbar bzw. greifbar. Sie können im Gegensatz zu Waren **nicht vorgeführt** werden. Für Kunden sind sie deshalb oft **schwerer zu bewerten** bzw. **einzuschätzen** als Sachgüter. Dienstleistungen können **nicht auf Vorrat** produziert werden, weil Erstellung und Nutzung zeitgleich erfolgen. Da **Kunden in den Erstellungsprozess** einbezogen sind, hat der Grad ihrer Mitwirkung (z. B. Angabe aller benötigten Informationen) Einfluss auf die Qualität der Dienstleistung. Häufig handelt es sich bei Dienstleistungen um **Vertrauensgüter**, die besonders **erklärungsbedürftig** sind.

Die typischen Eigenschaften von Dienstleistungen tragen dazu bei, dass Kunden den Kauf einer Dienstleistung riskanter einstufen als den Kauf von herkömmlichen Produkten.

Vergleich von Sachgütern und Dienstleistungen

Sachgüter	Dienstleistungen
• gegenständlich • Erklärungsbedürftigkeit ist von der Art des Produktes abhängig • lager- und transportfähig • hohe Anforderungen bei der Beratung in der Regel nur bei komplexen Produkten • Erstellung ohne Beteiligung des Kunden möglich • Qualitätsbeurteilung ist durch Vorführungen bzw. Prüfungen vor dem Kauf möglich • standardisierbar, Massenproduktion möglich • Qualitätskontrollen im Entwicklungs- und Produktionsprozess • übertragbar	• immateriell • häufig erklärungsbedürftig und vertrauenssensibel • nicht auf Vorrat produzierbar • große Bedeutung der persönlichen Beratung und hohe Anforderungen an den Berater (fachliche, soziale und kommunikative Kompetenzen) • Kunde ist in den Erstellungsprozess einbezogen und beeinflusst Qualität • Qualitätsbeurteilung erst auf Basis von Erfahrungen möglich • schwer standardisierbar, individuell • Qualitätsschwankungen, da durch Menschen erbracht • nicht übertragbar

In Anlehnung an: Srama, Andrea / Morawa, Kurt: Grundwissen Beratung und Verkauf, in Zusammenarbeit mit dem Forum Berufsbildung, Berlin: Cornelsen Verlag Scriptor GmbH & Co. KG, 2008, S. 88–90.

Aufgrund der besonderen Eigenschaften von Dienstleistungen müssen **Personaldienstleistungskaufleute** neben der **fachlichen Kompetenz** insbesondere auch **ausgeprägte kommunikative und soziale Fähigkeiten** mitbringen bzw. sich diese im Laufe der Ausbildung aneignen.

Unternehmensnahe Dienstleistungen

Die meisten Personaldienstleistungen sind dadurch gekennzeichnet, dass es **drei Beteiligte** gibt: Kundenunternehmen – Personal (Arbeitnehmer, Mitarbeiter) – Personaldienstleister.

LF 1/1

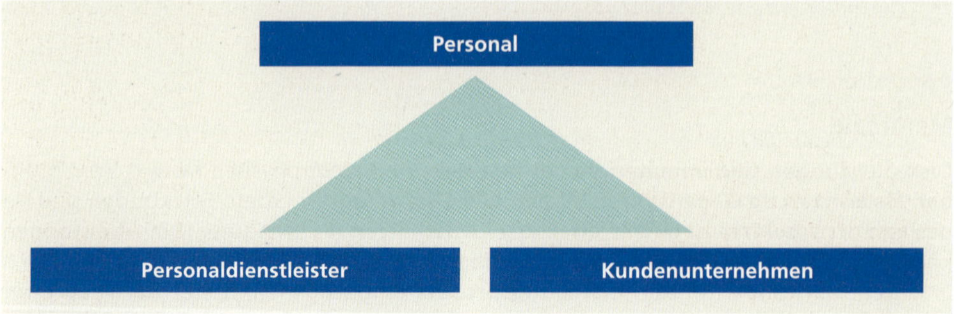

Dreiecksbeziehung bei Personaldienstleistungen

Da sie vorwiegend im Auftrag von Kunden erbracht werden, spricht man auch von **unternehmensnahen Dienstleistungen**. Darüber hinaus richten sich einige spezifische Leistungsangebote auch an die Zielgruppe der Privatpersonen (Arbeitssuchende und Arbeitslose).

1.2 Leistungsspektrum im Überblick

Für Unternehmen und Arbeitnehmer stellt die Personaldienstleistungsbranche ein vielfältiges Angebot zur Verfügung. Der nachfolgende Abschnitt stellt **einzelne Personaldienstleistungen im Überblick** vor. Eine Vertiefung erfolgt im Kapitel 2 „Personaldienstleistungen darstellen und präsentieren".

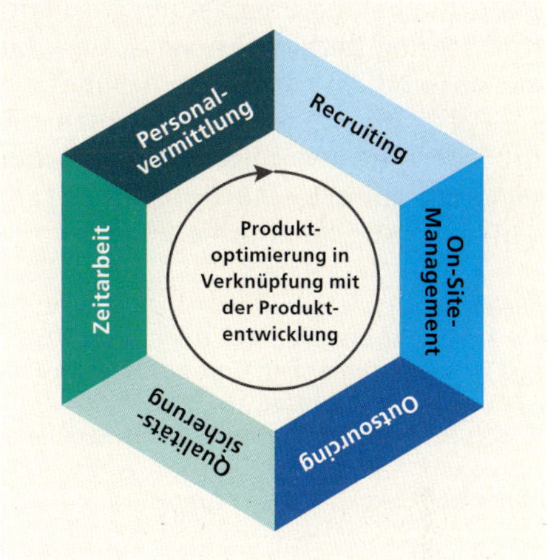

Ein Name für alle Dienstleistungen rund um das wertvolle Gut Personal

Personaldienstleistungen von Bewerbermanagement über Outplacement bis Zeitarbeit sind auf dem Vormarsch in Deutschland. Mit dem Wachstum der einzelnen Disziplinen zeichnet sich auch eine weitere Entwicklung ab: Für die Angebotspalette etabliert sich zunehmend ein einheitlicher Oberbegriff.

Rund 330.000 Stellen wurden im Jahr 2007 über private Vermittlungsunternehmen besetzt – etwa zehn Prozent mehr als noch im Vorjahr. Der Umsatz in der Outplacement-Beratung stieg 2007 im Vergleich zum Vorjahr um 7,5 Prozent. In der Personalberatungsbranche erhöhte sich der Umsatz von 2006 auf 2007 um 19 Prozent. Zeitarbeit hat in Deutschland im ersten Halbjahr 2007 im Vergleich zum Vorjahr um 32,3 Prozent zugenommen. Die aktuellen Wachstumszahlen aus den Branchenverbänden belegen: Personaldienstleistungen werden von den Unternehmen in Deutschland immer stärker nachgefragt. Selbst die momentane Krisensituation wird nach Einschätzungen der Verbände zu keinen massiven Einbrüchen bei den einzelnen Beratungsdisziplinen führen. Sie erwarten mit Ausnahme des Bereichs Zeitarbeit für das kommende Jahr weitere Steigerungen, wenn auch nicht mehr mit derart hohen Wachstumsraten.

Eine Million Menschen in der Branche

Auch eine weitere Entwicklung wird sich mit großer Wahrscheinlichkeit fortsetzen: die Etablierung des Begriffs „Personaldienstleister" für alle Dienstleistungen rund um das wertvolle Gut Personal. Das bestätigt auch Anke-Andrea Peiniger, Vorstandsvorsitzende des Bundesverbands Personalvermittlung, im Interview [...]: „In Deutschland gibt es inzwischen rund eine Million Menschen, die im Themenumfeld Personaldienstleistung tätig sind."

Ein weiteres Indiz für diese Entwicklung ist, dass die Personaldienstleister immer häufiger nicht nur eine Dienstleistung im Portfolio haben. Sondern Zeitarbeitsfirmen sind meist auch im Bereich Personalvermittlung, Bewerbermanagement, und sogar Outplacement tätig. Je nach Bedarf des Kundenunternehmens werden die Personaldienstleister zunehmend auch mit weiteren Aufgaben aus deren Angebotspalette betraut.

Quelle: Furkel, Daniela: „Ein Name für alle Dienstleistungen rund um das wertvolle Gut Personal", in: Personaldienstleister 2009 – Kompendium für das Personalwesen, Rudolf Haufe Verlag, Freiburg, 2009, S. 5.

Arbeitnehmerüberlassung

LF 2/2.1 Die Arbeitnehmerüberlassung wird auch als **Zeitarbeit, Personalüberlassung** oder **Personalleasing** bezeichnet. Sie ist der „Klassiker" der Personaldienstleistungen und wird mit Abstand am häufigsten nachgefragt. Zeitarbeitsunternehmen überlassen ihr eigenes Personal anderen Unternehmen, die aufgrund eines Personalengpasses zusätzliche Arbeitskräfte benötigen. Die Zeitarbeitnehmer bleiben auch während des Überlassungszeitraums Beschäftigte des Zeitarbeitsunternehmens. Ihre Arbeitsleistung erbringen sie im Kundenunternehmen.

Beispiel
Ein Speiseeishersteller, bei dem die Auftragseingänge saisonal bedingt stark schwanken, benötigt in der Sommerzeit fünf zusätzliche Produktionshelfer. Deshalb fordert er Personal bei der Finke Zeitarbeit GmbH an. Das Unternehmen und die Finke Zeitarbeit GmbH schließen einen Arbeitnehmerüberlassungsvertrag, der es dem Speiseeishersteller ermöglicht, die fünf Produktionshelfer im eigenen Betrieb einzusetzen. Vertragsarbeitgeber der fünf Produktionshelfer bleibt die Finke Zeitarbeit GmbH.

Arbeitsvermittlung

LF 2/2.3.3 Von Arbeitsvermittlung spricht man, wenn ein Arbeitnehmer einen Personaldienstleister mit der Vermittlung in ein neues Beschäftigungsverhältnis beauftragt. Anlässe hierfür können Arbeitslosigkeit oder der Wunsch nach beruflicher Veränderung sein.

Beispiele
- *Herbert Meier ist seit fünf Monaten arbeitslos. Von der örtlichen Arbeitsagentur erhält er einen* Aktivierungs- und *Vermittlungsgutschein im Wert von 2 000,00 EUR, der es ihm ermöglicht, einen Arbeitsvermittler einzuschalten. Dieser unterstützt ihn bei der Suche nach einem Arbeitsplatz.*
- *Die Bürokauffrau Sabine Gärtner möchte sich beruflich verändern. Sie setzt sich mit einem Arbeitsvermittler in Verbindung, der gemeinsam mit ihr nach einer neuen Stelle sucht.*

Personalvermittlung

LF 2/2.3.3 Bei der Personalvermittlung wird im Auftrag von Unternehmen nach geeignetem Personal für eine konkrete zu besetzende Stelle gesucht. Der Personaldienstleister übernimmt für das Kundenunternehmen den gesamten Prozess der Personalbeschaffung.

Beispiel
Ein Möbelproduzent errichtet ein neues Zentrallager im Ruhrgebiet. Es sollen unter anderem zwei Bürofachkräfte und acht Fachlageristen eingestellt werden. Das Unternehmen beauftragt einen Personaldienstleister mit der Personalsuche und -auswahl.

Personalberatung

LF 2/2.3.4 Benötigt ein Unternehmen eine Führungskraft oder einen Experten, dann ist die Personalbeschaffung häufig sehr aufwendig und schwierig. Deshalb beauftragen Unternehmen mit dieser Aufgabe **Personalberater**, die sich auf diesen Bereich spezialisiert haben.

Beispiel
Ein großer Pharmakonzern möchte die Leitung der Forschungs- und Entwicklungsabteilung neu besetzen. Um die Personalsuche und -auswahl möglichst diskret durchführen zu können, vergibt die Geschäftsleitung diesen Auftrag an eine Personalberatung.

Darüber hinaus unterstützen **Personalberater** Unternehmen in allen personalwirtschaftlichen Fragen. Die Beratung kann sich dabei von Vorschlägen zur Verbesserung des Personalmarketings über Konzepte für Auswahlverfahren bis hin zur Entwicklung von Arbeitszeitmodellen oder Personalkostenanalysen erstrecken.

Beispiel
In der Mega-Top-Handelskette AG sind bei den beiden letzten Stellenausschreibungen nur sehr wenige Bewerbungen eingegangen. Als man nach Ursachen forscht, wird klar, dass das Arbeitgeberimage im Vergleich zu anderen Unternehmen sehr schlecht ist. Deshalb beauftragt das Unternehmen einen Personalberater, der die Mega-Top-Handelskette AG dabei unterstützt, ein besseres Arbeitgeberimage aufzubauen.

Für Führungskräfte bieten Personalberater ebenfalls Leistungen an, z. B. Karriereberatung oder Coaching.

On-Site-Management

Der Begriff On-Site-Management kommt aus dem Englischen und lässt sich mit Vor-Ort-Management übersetzen. Es handelt sich um **eine Kombination von Zeitarbeit mit weiteren Dienstleistungen**. On-Site-Management wird von Kundenunternehmen in Anspruch genommen, die ständig einen hohen Bedarf an Fremdpersonal haben. Die große Anzahl von Zeitarbeitern, ggf. sogar von verschiedenen Personaldienstleistern, bedeutet für die Personalabteilung des Kundenunternehmens einen hohen Verwaltungs- und Koordinierungsaufwand. Deshalb übernimmt ein Personaldienstleister alle Aufgaben, die mit dem Einsatz von Zeitarbeitskräften verbunden sind. Hierbei agiert der On-Site-Manager entweder als Ansprechpartner in der Niederlassung des Zeitarbeitsunternehmens oder ist direkt auf dem Betriebsgelände des Kunden tätig. LF 2 / 2.2

Beispiel
Ein großes Industrieunternehmen hat ständig über 50 Zeitarbeitskräfte im Unternehmen, deshalb arbeitet es eng mit einem Personaldienstleister, der Finke Zeitarbeit GmbH, zusammen. Die Finke Zeitarbeit GmbH setzt Marianne Voss als On-Site-Managerin ein. Sie betreut die Zeitarbeitskräfte und steht der Personalabteilung als persönliche Ansprechpartnerin zur Verfügung. Frau Voss übernimmt eine Reihe von zusätzlichen Tätigkeiten, die das Kundenunternehmen entlasten: Sie ermittelt den Personalbedarf, beschafft die benötigten Zeitarbeitskräfte, organisiert ihre Einarbeitung und integriert sie in das Kundenunternehmen. Sie übernimmt die Ausarbeitung von Schichtplänen und erfasst die Einsatzzeiten. Der Einsatz aller Zeitarbeitskräfte bei diesem Kunden wird somit durch „eine Hand" von der On-Site-Managerin koordiniert.

Interim Management

Der Begriff Interim Management ist nicht eindeutig definiert. „Ad interim" ist lateinisch und bedeutet übersetzt „unterdessen, einstweilen". Der Zusatz „Management" zielt auf Führungsaufgaben ab. Ausgehend von dieser Begriffserklärung kann ein Interim Manager als **„Führungskraft auf Zeit"** angesehen werden. Unternehmen fragen diese Dienstleistung nach, wenn sie einen Experten brauchen, um Krisen zu bewältigen, oder LF 2/2.6

weil sie Zusatzprojekte durchführen möchten. Aber auch bei Personalengpässen im Management kommen Interim Manager aufgrund ihrer besonderen Fach- und Führungskompetenzen zum Einsatz. Sobald die Aufgabe erledigt bzw. das Projekt abgeschlossen ist, verlassen Interim Manager das Kundenunternehmen in der Regel wieder.

Beispiel
Ein Unternehmen, das im Bereich intelligenter Gebäudetechnik fertigt, möchte die Zusammenarbeit mit Zulieferern optimieren. Unter anderem ist geplant, ein Internetportal für Zulieferer einzurichten. Da das Projekt wegen der Arbeitsauslastung der eigenen Führungskräfte nicht selbst durchgeführt werden kann, nimmt das Unternehmen Kontakt mit einem Personaldienstleister (Provider) auf. Der Provider vermittelt an das Kundenunternehmen eine Führungskraft, die bereits ähnliche Projekte im Einkaufsbereich durchgeführt hat.

Outsourcing

LF 2/2.5 Outsourcing (Outside Resource Using) ist in vielen Wirtschaftsbereichen weitverbreitet. Eng verbunden mit Outsourcing ist die Frage, ob Leistungen selbst erstellt oder über den Markt bezogen werden sollen. Beim Outsourcing werden bestimmte Aufgaben oder Unternehmensbereiche, die nicht zu den Kernprozessen gehören, an Fremdunternehmen, z. B. Personaldienstleister, übertragen.

Beispiel
Die Finke Zeitarbeit GmbH überlässt zurzeit an eine Versicherung externe Mitarbeiter (Bürokräfte). Die Mitarbeiter sind im Bereich der Postbearbeitung eingesetzt. Zum Aufgabenfeld gehört das Digitalisieren der Eingangspost, das Verwalten von Postakten, die ordnungsgemäße und fristgerechte hausinterne Weiterleitung der Post sowie die Bearbeitung des Postausgangs (sachgemäße Versendung). Nun möchte die Versicherung diesen Bereich ausgliedern, um sich auf das Kerngeschäft (Verkauf von Versicherungen) zu konzentrieren. Die Finke Zeitarbeit GmbH übernimmt nach der Ausgliederung den Bereich Postbearbeitung eigenständig und in eigener Verantwortung.

Outplacement

LF 2/2.4 Outplacement ist eine Beratungsleistung, die bei der Personalfreisetzung in Anspruch genommen wird. Unternehmen finanzieren betroffenen Mitarbeitern eine solche Beratung, damit die Trennung einvernehmlicher erfolgen kann. Die Beratung führt ein sogenannter Outplacement-Berater durch. Er hilft den Mitarbeitern, den emotional belastenden Trennungsprozess besser zu verarbeiten, und unterstützt sie bei der beruflichen Neuorientierung. Outplacement hat zum Ziel, die freigesetzten Mitarbeiter so schnell wie möglich in eine neue Beschäftigung zu bringen.

Beispiel
Thomas Höppken hat nach einer Ausbildung zum Maschinenschlosser und einem Fachhochschulstudium in Maschinentechnik in verschiedenen mittelständischen Unternehmen als technischer Leiter gearbeitet. Sein letzter Arbeitgeber war ein Industrieunternehmen mit knapp 750 Mitarbeitern. Nachdem die Geschäftsleitung gewechselt hatte, kam es zunehmend zu Spannungen zwischen Thomas Höppken und dem neuen Geschäftsführer, was zu Unzufriedenheit auf beiden Seiten führte. In dieser Situation schaltete der Personalreferent einen Outplacement-Berater ein, der vorschlug, die berufliche Neuorientierung von Thomas Höppken durch eine Einzel-Outplacement-Beratung zu begleiten. Nach einer halbjährigen Beratungs- und Coaching-Phase konnte Thomas Höppken bei einem mittelständischen Automobilzulieferer eine neue Beschäftigung finden.

Transfermaßnahmen

Muss ein Unternehmen im größeren Umfang Stellen abbauen, kann es unter bestimmten Voraussetzungen auf staatlich geförderte Transfermaßnahmen zurückgreifen. Das Wort „Transfer" soll deutlich machen, dass es um den Übergang von einer Beschäftigung in die nächste geht. Ebenso wie beim Outplacement soll Arbeitslosigkeit vermieden werden und der Personalabbau sozial verträglich erfolgen. In der Regel werden diese Transfermaßnahmen von einem externen Dritten (spezialisierter Personaldienstleister) durchgeführt. Zu den Transfermaßnahmen gehören Transferagenturen und Transfergesellschaften. LF 2 / 2.4.2

Beispiel

Ein Hersteller von Produkten aus Wellpappe muss Einsparungen im Personalbereich realisieren. Die Geschäftsführung beschließt die Aufgabe einer Niederlassung im Ruhrgebiet. Das Unternehmen beauftragt einen Personaldienstleister, der die 30 betroffenen Mitarbeiter bei der Suche nach freien Stellen sowie beim Bewerbungsprozess unterstützt. Organisatorisch geschieht dies im Rahmen einer Transferagentur. Möglichst viele Mitarbeiter sollen bereits eine neue Arbeitsstelle haben, bevor die Niederlassung geschlossen wird. Für schwer vermittelbare Arbeitnehmer wird eine Transfergesellschaft eingerichtet, die die Arbeitnehmer befristet übernimmt und weiterqualifiziert.

1.3 Geschäftsfelder

Mareike Schuster hat von ihrem Ausbilder Thomas Heinken den nachfolgenden Artikel aus der lokalen Zeitung bekommen:

Die Finke Zeitarbeit GmbH weitet ihre Geschäftsfelder aus

Herbst: „Wir wollen in einem dynamischen Markt weiter wachsen"

Die Finke Zeitarbeit GmbH ist seit Jahren in der Region Dortmund einer der Marktführer im Bereich der gewerblichen Zeitarbeit. Sie überlässt Schlosser, Schweißer, Lager- und Produktionshelfer an Kundenunternehmen. „Nachdem immer mehr Kunden bei uns kaufmännisches Personal nachgefragt haben, haben wir kurzfristig die Tochtergesellschaft Finke Büroservices GmbH gegründet", berichtet Martin Herbst, Geschäftsführer der Finke Zeitarbeit GmbH. Als Motive nennt er Unternehmenswachstum und Risikostreuung.

„Die Margen im gewerblichen Bereich sind mittlerweile aufgrund der Konkurrenzsituation stark geschrumpft. Deshalb haben wir uns entschlossen, unsere professionellen Dienstleistungen im kaufmännischen Bereich anzubieten."

Auch das Leistungsspektrum wurde erweitert: „Um unsere Kunden langfristig zu binden, bieten wir im gewerblichen Bereich nun auch On-Site-Management an."

[...]

Der Begriff **Geschäftsfeld** wird in der **Personaldienstleistungsbranche nicht einheitlich verwendet**. Auf der einen Seite werden als Geschäftsfelder die einzelnen Dienstleistungen wie Zeitarbeit, Personalvermittlung oder On-Site-Management bezeichnet. Auf der anderen Seite erfolgt eine Orientierung an Branchen bzw. Berufsfeldern, in denen die Dienstleistungen erbracht werden (z. B. Logistik, Büro, Ingenieur, Callcenter-Dienste, Industrie und Handwerk).

Die unterschiedlichen Verwendungen des Begriffs schließen sich gegenseitig **nicht** aus:

Definition
Geschäftsfelder grenzen einzelne unternehmerische Einsatzgebiete voneinander ab und geben die Marktsegmente an, in denen das Unternehmen seine Leistungen anbietet.

Dabei können sich Geschäftsfelder an ganz unterschiedlichen Bereichen orientieren und auch miteinander kombiniert werden.

Beispiel
Die ABC Zeitarbeit KG hat sich auf bestimmte Geschäftsfelder spezialisiert (in der Tabelle ***farblich*** *markiert). Sie bietet Zeitarbeit und On-Site-Management im Helfer- und Fachkräftebereich an. Die Leistungen werden im gewerblichen Bereich erbracht. Das Zeitarbeitsunternehmen hat sich dabei auf die Metallbranche und den Bereich Automotive spezialisiert, die dem industriellen Bereich zuzuordnen sind. Die ABC Zeitarbeit KG tritt als Anbieter ausschließlich auf dem lokalen bzw. regionalen Markt auf.*

Geschäftsfelder					
Dienstleistungsart	**Qualifikation**	**Berufsfelder**	**Branchen**	**Wirtschaftsbereich/-sektor**	**Räumlicher Bezug**
Zeitarbeit	**Helferbereich**	Kaufmännischer Bereich	Logistik	Land- und Forstwirtschaft	**Lokal bzw. regional**
Personalvermittlung	**Fachkräfte**	**Gewerblicher Bereich**	**Automotive**	**Industrie**	National
Personalberatung	Akademiker	Sozialer Bereich	**Metall**	Handel	International
On-Site-Management	Spezialisten	Medizinischer Bereich	Callcenter	Dienstleistungen	Multinational
...	...	...	...	...	

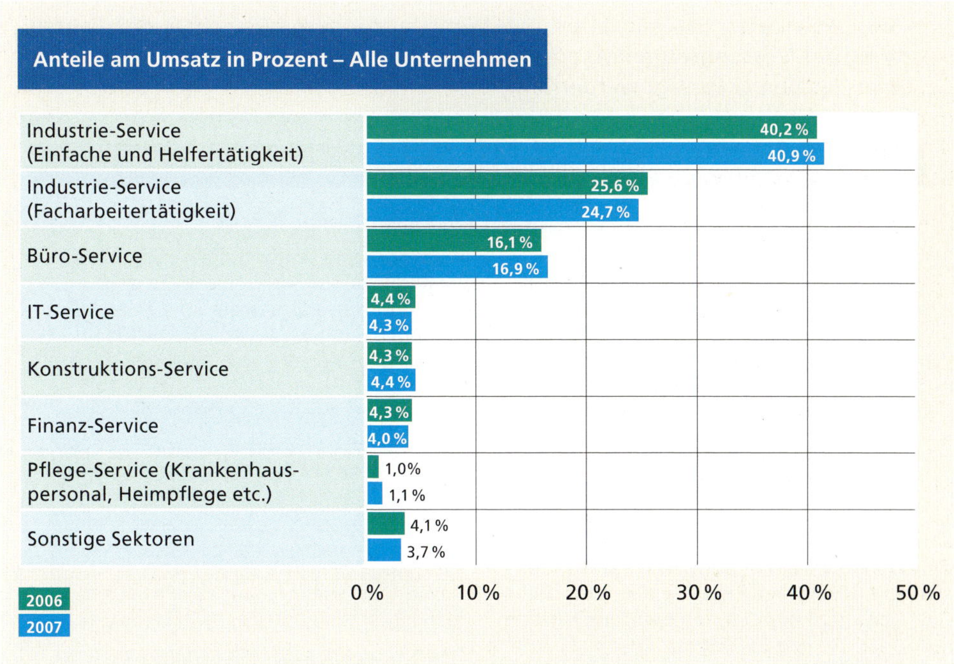

Quelle: Lüerßen, Harmut: Lünen-donk®-Trendstudie: Mehr Flexibilität durch integrierte Personaldienstleistungen: Prozess-Partnerschaften im Zeitalter des Fachkräftemangels, hrsg. v. Lendonk GmbH, Kaufbeuren, 2008, S. 9

Zusammenfassung

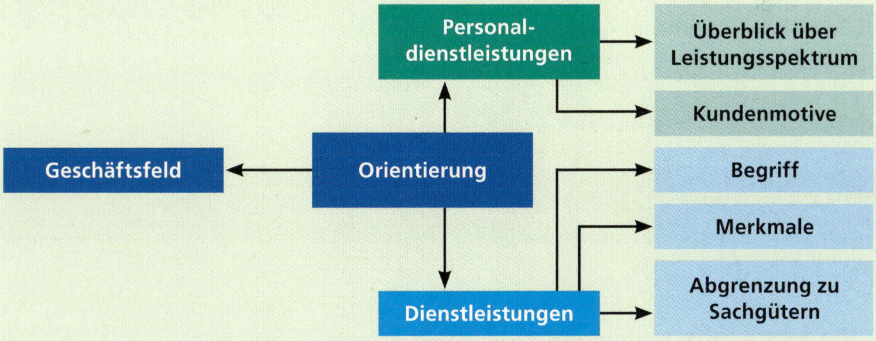

- Personaldienstleistung ist ein **Oberbegriff** für das vielfältige Leistungsangebot von Unternehmen, die der Personaldienstleistungsbranche zuzuordnen sind.
- Personaldienstleister übernehmen im Auftrag von Kundenunternehmen einzelne **Personalfunktionen**.
- Eine **Dienstleistung** umfasst alle Handlungen, die für Personen, Unternehmen oder Organisationen mit dem Ziel erbracht werden, eine **nutzbringende Veränderung** zu erreichen.

- Die besonderen **Eigenschaften von Dienstleistungen** müssen bei der **Gestaltung des Leistungsangebots** sowie bei der Vermarktung von Personaldienstleistungen berücksichtigt werden.

Leistungsspektrum von Personaldienstleistern

Zeitarbeit ist die Überlassung von eigenen Mitarbeitern an ein Kundenunternehmen.

On-Site-Management ist die Kombination von Zeitarbeit und weiteren Dienstleistungen, die zur Entlastung von Kundenunternehmen mit hohem Fremdpersonaleinsatz erbracht werden.

Interim Management richtet sich an Unternehmen, die einen zeitlich befristeten Bedarf an Führungskräften haben.

Arbeitsvermittler helfen Arbeitssuchenden (Beschäftigten und Arbeitslosen) bei der Suche nach einem neuen Arbeitsplatz.

Personalvermittler und Personalberater suchen und beschaffen im Auftrag von Kundenunternehmen Personal, das im Kundenunternehmen eingestellt wird.

Outsourcing umfasst die Auslagerung von Einzelaufgaben bis hin zu ganzen Unternehmensbereichen, die Personaldienstleister eigenverantwortlich für Kundenunternehmen übernehmen.

Outplacement-Berater unterstützen Unternehmen bei der Personalfreisetzung mit dem Ziel, den Trennungsprozess einvernehmlich zu gestalten und dem ausscheidenden Mitarbeiter bei der beruflichen Orientierung zu helfen.

Zu den Transfermaßnahmen gehören Transferagenturen und Transfergesellschaften. Beide sind staatlich geförderte Instrumente, die von einem Dritten (Personaldienstleister) als Träger gestaltet werden. Sie bieten sich an, wenn größere Gruppen von Mitarbeitern freigesetzt werden.

Personalberatung im weiteren Sinne umfasst alle Beratungsleistungen zu personalwirtschaftlichen Fragen.

- Dienstleistungen, die im Personalbereich erbracht werden, sind häufig **vertrauenssensibel** und **beratungsintensiv**.
- Den **Personaldienstleistungskaufleuten** kommt als Erbringer dieser Dienstleistung eine **Schlüsselfunktion** zu, denn die **persönliche Beziehung** und das **Vertrauensverhältnis** zwischen Berater/-in und Kunde sind für die **langfristige Kundenbindung** ausschlaggebend.
- **Geschäftsfelder** grenzen einzelne unternehmerische Einsatzgebiete voneinander ab und geben die Marktbereiche an, in denen das Unternehmen seine Leistungen anbietet.

Aufgaben

1. *Erläutern Sie, was allgemein unter dem Begriff „Dienstleistung" verstanden wird.*
2. *Beschreiben Sie die wesentlichen Merkmale von Dienstleistungen.*
3. *Erläutern Sie, warum es sich bei Personaldienstleistungen um vertrauenssensible und beratungsintensive Dienstleistungen handelt.*
4. *Beschreiben Sie, welche besonderen Anforderungen die Tätigkeit in einem Dienstleistungsberuf bzw. das Anbieten von Personaldienstleistungen mit sich bringt.*
5. *Zeigen Sie anhand von Beispielen auf, welchen Nutzen Personaldienstleistungen für andere Unternehmen haben.*
6. *Erklären Sie den Begriff Geschäftsfeld.*
7. *Geben Sie für die in der Tabelle aufgeführten Kundenbedürfnisse bzw. -probleme an, welche Personaldienstleistung angeboten werden sollte.*

Kundenbedürfnis/-problem	Personaldienstleistung
Ein Unternehmen benötigt für einen Großauftrag für ca. zwei Monate zwei Produktionshelfer.	
Ein Unternehmen möchte sich von fünf tariflichen Mitarbeitern sozial verträglich trennen.	
Ein Unternehmen benötigt für ein zusätzliches Projekt eine erfahrene Führungskraft. Das Projekt wird ca. sechs Monate dauern.	
Ein Unternehmen schließt ein Werk und muss 40 tarifliche Mitarbeiter freisetzen.	
Ein Unternehmen möchte einen Salesmanager (Führungskraft) einstellen.	
Ein Arbeitsloser sucht eine neue Arbeitsstelle.	
Ein Unternehmen möchte eine zusätzliche Bürokauffrau fest einstellen.	
Ein Unternehmen arbeitet mit vielen unterschiedlichen Personaldienstleistern zusammen und setzt ständig ca. 25 Zeitarbeitskräfte ein.	

2 Personaldienstleistungen darstellen und präsentieren

2.1 Arbeitnehmerüberlassung

Einstiegssituation ▶

In der Finke Zeitarbeit GmbH ...

In den ersten Wochen ihrer Ausbildung hat Mareike Schuster die Möglichkeit, die verschiedenen Abläufe bei der Finke Zeitarbeit GmbH kennenzulernen. Sie wird von dem Personaldisponenten Rolf Jansen betreut.

Rolf Jansen: „Ich habe heute Morgen in verschiedenen Stellenbörsen recherchiert: Unter anderem sucht die Winterstein GmbH eine Bürokauffrau bzw. einen Bürokaufmann als Vertretung für eine Mitarbeiterin, die ein halbes Jahr in die Elternzeit geht. Es wäre schön, wenn wir die Winterstein GmbH als neuen Kunden gewinnen könnten, denn es handelt sich um einen relativ großen Produktionsbetrieb, der sicherlich regelmäßig Personalbedarf hat."

Mareike Schuster: „Haben Sie schon überlegt, wer für den Einsatz bei der Winterstein GmbH infrage kommt?"

Rolf Jansen: „Ja, unsere Frau Gerling bringt genau die Qualifikationen mit, die das Unternehmen sucht: eine abgeschlossene kaufmännische Ausbildung, langjährige Berufserfahrung, gute MS Office-Kenntnisse, Englisch in Wort und Schrift und vor allem sehr gute SAP-Kenntnisse. Allerdings war die zuständige Personalreferentin Frau Kaiser ziemlich skeptisch, als ich sie heute Morgen angerufen habe. Bisher hat das Unternehmen keine Erfahrungen im Bereich Zeitarbeit. Und ich hatte während des Telefonats auch den Eindruck, dass Frau Kaiser Vorbehalte gegen Zeitarbeit hat. Aber ich konnte sie wenigstens für ein gemeinsames Gespräch gewinnen. Übernächste Woche fahre ich zum Unternehmen raus."

Mareike Schuster: „Meinen Sie, es besteht die Möglichkeit, dass ich zur Winterstein GmbH mitfahren kann?"

Rolf Jansen: „Das wollte ich gerade ansprechen. Ich habe mit Herrn Heinken abgestimmt, dass Sie mit mir gemeinsam den Kundenbesuch machen. Es wäre gut, wenn Sie sich auf das Kundengespräch vorbereiten würden. In erster Linie brauchen Sie Grundkenntnisse zur Arbeitnehmerüberlassung. Ohne das wichtigste Basiswissen können wir Sie nicht auf die Kunden loslassen."

In der Winterstein GmbH ...

Die Personalreferentin Anna Kaiser informiert den Geschäftsführer Peter Stöcker über den Gesprächstermin mit der Finke Zeitarbeit GmbH. Sie erläutert den anstehenden Personalbedarf, der sich durch die Elternzeit ergibt, und geht kurz auf die beiden alternativen Möglichkeiten, befristete Einstellung oder Zeitarbeit, ein. Sie schildert das Telefonat mit Rolf Jansen und fragt Herrn Stöcker nach seiner Meinung zum Thema Zeitarbeit.

Peter Stöcker: „Ich denke, dass wir uns mit dem Thema Zeitarbeit intensiver auseinandersetzen sollten. Möglicherweise steht im nächsten Halbjahr ein Großauftrag an, den wir mit unserem eigenen Personal nicht bewältigen können. Die Elternzeitvertretung durch eine Zeitarbeitskraft ist für uns eine gute Möglichkeit, die Zuverlässigkeit und Seriosität der Finke Zeitarbeit zu testen. Gleichzeitig können wir erste Erfahrungen in der Zusammenarbeit mit dem Zeitarbeitsunternehmen sammeln. Es wäre gut, wenn Sie sich im Vorfeld schon einmal informieren könnten, was wir beim Einsatz von Zeitarbeitskräften unbedingt beachten müssen."

Die Personalreferentin Anna Kaiser informiert sich daraufhin zunächst im Internet und findet auch Fachliteratur über Zeitarbeit. Verschiedene Checklisten zum Thema hat Frau Kaiser direkt kopiert.

Checkliste zum Überlassungsvertrag

Bevor Leiharbeitnehmer im Unternehmen und im Betrieb beschäftigt werden, sollten folgende Punkte im Hinblick auf einen zu schließenden Überlassungsvertrag mit dem Verleihunternehmen beachtet werden:

1. Vor der Vereinbarung einer Arbeitnehmerüberlassung sollte überprüft werden, ob die Überlassung einer Genehmigung bedarf oder *ausnahmsweise erlaubnisfrei* ist (§ 1a AÜG).
2. Die *Verleiherlaubnis* des Verleihers sollte sich der Entleiher vorlegen lassen. Dabei muss beachtet werden, dass die Arbeitsagentur die Erlaubnis für neue Verleihunternehmen zunächst befristet erteilt, es ist also auch darauf zu achten, ob die Erlaubnis für die beabsichtigte Überlassungsdauer noch besteht oder ob bereits eine Verlängerung beantragt wurde.
3. Der Entleiher sollte sich außerdem die sog. *Unbedenklichkeitsbescheinigung* des Finanzamtes, der Krankenkasse und der Berufsgenossenschaft vorlegen lassen.
4. Das Verleihunternehmen sollte eine *Prüfung der Anforderungen* an den für die Leiharbeitnehmer vorgesehenen Arbeitsplätzen entweder selbst vornehmen oder vom Entleiher erhalten, um vorab eine Erklärung des Verleihers zu erhalten, dass Leiharbeitnehmer mit den erforderlichen Qualifikationen auch zur Verfügung gestellt werden können.
5. Der Entleiher sollte sich insbesondere bei Arbeitsplätzen mit hohen Qualifikationsanforderungen vergewissern, dass der Verleiher die Qualifikationen seiner Mitarbeiter genau kennt oder eine Übersicht über den jeweiligen *Ausbildungsstand* bzw. selbst Schulungen durchgeführt hat.
6. Der Entleiher haftet nach dem Arbeitnehmerüberlassungsgesetz subsidiär für die Entrichtung der *Einkommensteuer- und Sozialversicherungsbeiträge* der Leiharbeitnehmer. Möglicherweise unterhält das Verleihunternehmen hierzu selbst eine Kreditbürgschaft. Wenn nicht, sollte bei den Vertragsverhandlungen seitens des Entleihers über eine Sicherheitsleistung verhandelt werden.
7. Es ist ein *schriftlicher Überlassungsvertrag* zu vereinbaren. Er muss Angaben des Entleihers darüber enthalten, welche besonderen Merkmale die für die Leiharbeitnehmer vorgesehene Tätigkeit hat und welche beruflichen Qualifikationen dafür erforderlich sind.

8. Beim Einsatz *ausländischer Arbeitnehmer* soll sich der Entleiher vergewissern, dass die für eine Beschäftigung in Deutschland erforderlichen behördlichen Genehmigungen vor Beginn der Beschäftigung vorliegen.

Quelle: Pollert, Dirk/Spieler, Sven: Die Arbeitnehmerüberlassung in der betrieblichen Praxis, Verlagsgruppe Hüthig Jehle Rehm GmbH, Heidelberg, 2008.

Checkliste zur Auswahl der richtigen Zeitarbeitsfirma

- Ist das Unternehmen schon längere Zeit am Markt tätig? Nach drei Jahren kann für das Unternehmen die unbefristete AÜG-Erlaubnis vorausgesetzt werden.
- Kann das Unternehmen Referenzen und Unbedenklichkeitsbescheinigungen vorweisen?
- Wie aussagefähig sind die Websites hinsichtlich des Dienstleistungsportfolios?
- Ist das Büro des Zeitarbeitsunternehmens regelmäßig besetzt und verhalten sich die Ansprechpartner bei Ihren Anfragen immer freundlich und serviceorientiert?
- Findet zwischen Ihnen und dem Ansprechpartner eine offene Kommunikation statt?
- Hat der Ansprechpartner sich absolut vertrauenswürdig bei Ihnen vorgestellt?
- Bietet das Unternehmen vorab an, Ihren Betrieb und die zu besetzenden Arbeitsplätze intensiv zu begutachten?
- Kann der Ansprechpartner konkrete Angaben über die Leistungspotenziale einschließlich der Formalqualifikation der Zeitarbeitnehmer machen?
- Kann das Zeitarbeitsunternehmen die zugesagte Qualifikation zweifelsfrei dokumentieren?
- Gewährleistet Ihnen der Personaldienstleister beim ersten Kundeneinsatz eines Zeitarbeitnehmers dessen Begleitung und Vorstellung?
- Ist das Vertragsmanagement (der Überlassungsvertrag) klar und übersichtlich strukturiert?
- Gibt es Vertragsklauseln, die die etwaige Übernahme der Zeitarbeitnehmer verhindern?
- Wird der Arbeitsschutz ausreichend abgehandelt?
- Wird unmittelbar nach Einsatzbeginn nachgefragt, ob Zufriedenheit mit den externen Mitarbeitern besteht?

Quelle: Schröder, Edgar: Zeitarbeit: Chancen und Risiken für Zeitarbeitnehmer und Kundenunternehmen, Cornelsen Verlag, Berlin, 2009, S. 90–92.

Arbeitsaufträge

Simulieren Sie ein Gespräch zwischen Rolf Jansen (Personaldisponent der Finke Zeitarbeit GmbH) und Anna Kaiser (Personalreferentin der Winterstein GmbH). Bearbeiten Sie hierzu folgende Teilarbeitsaufträge:

1. *Klären Sie die Ausgangssituation und geben Sie an, welche Beteiligten mit welcher Interessenlage genannt werden.*

2. *Erarbeiten Sie mithilfe des Kapitels 2.1 die begrifflichen und rechtlichen Grundlagen zur Arbeitnehmerüberlassung sowie den Ablauf des Überlassungsprozesses.*
   - Präsentieren und besprechen Sie Einzelthemen jeweils im Plenum.
   - Erstellen Sie begleitend kurze Zusammenfassungen über die wichtigsten Inhalte, z. B. in Form von Notizzetteln, Mindmaps, Schaubildern, Tabellen, Übersichten, Stichpunkten usw.
   - *Ergänzen Sie Ihre Aufzeichnungen durch Praxisunterlagen.*
3. *Bereiten Sie das Gespräch sowohl aus der Kundenperspektive als auch aus Sicht des Zeitarbeitsunternehmens vor.*
   - Diskutieren Sie, wie das Gespräch aus Sicht der Finke Zeitarbeit GmbH vorbereitet werden kann. Welche Aspekte sind wichtig? Welche Informationen müssen beschafft werden? Welche Unterlagen werden benötigt?
   - Überlegen Sie, welchen Informationsbedarf Anna Kaiser in Bezug auf Zeitarbeit haben könnte. Erstellen Sie dazu eine konkrete Liste mit Fragen.
   - *Werten Sie die beiden Checklisten unter folgenden Aspekten aus:*

rechtliche Aspekte	**qualitative Aspekte**	**Zusammenarbeit**

4. *Entscheiden Sie, wie Sie das Gespräch aufbauen und welche Unterlagen bzw. Materialien Sie während des Gesprächs einsetzen möchten.*
5. *Simulieren Sie das Gespräch und bewerten Sie es unter fachlichen, rechtlichen und argumentativen Aspekten.*
6. *Reflektieren Sie den Gesprächsverlauf und schätzen Sie ein, was gut gelungen ist und wo Verbesserungsbedarf besteht.*

Eingrenzung der Lerninhalte

Das Kapitel 2.1 gibt einen ersten Überblick über die Dienstleistung Arbeitnehmerüberlassung. Vertiefungen erfolgen in weiteren Lernfeldern des 2. und 3. Ausbildungsjahres:

- Lernfeld 5: Einstellung von Mitarbeitern, Arbeitsvertrag
- Lernfeld 6: Arbeitsschutz und Arbeitssicherheit
- Lernfeld 9: Arbeitnehmerüberlassungsvertrag: Vertragsinhalte und Vertragsmodelle, Leistungsstörungen sowie Haftungsfragen

2.1.1 Dreiecksbeziehung der Arbeitnehmerüberlassung

2.1.1.1 Beteiligte

Das Kerngeschäft von Zeitarbeitsunternehmen ist die Rekrutierung von geeigneten Arbeitskräften und deren Überlassung an Fremdunternehmen. Zeitarbeitsunternehmen stellen somit ihr eigenes Personal anderen Unternehmen (Kunden) zur Verfügung. Dadurch ergibt sich eine Dreiecksbeziehung mit folgenden Beteiligten: Kundenunternehmen, Zeitarbeitnehmer und Zeitarbeitsunternehmen.

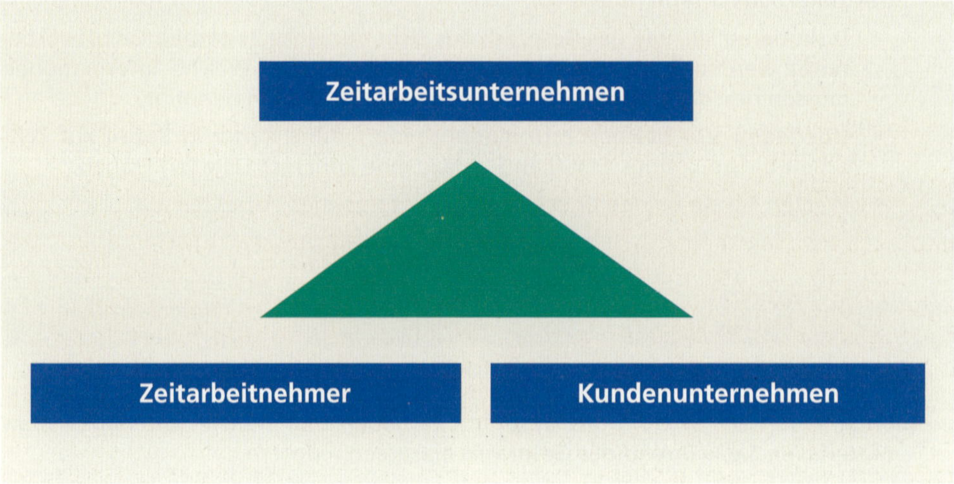

Dreiecksbeziehung der Arbeitnehmerüberlassung

Definition
Bei der **Arbeitnehmerüberlassung** überlässt das Zeitarbeitsunternehmen einem Dritten (Kundenunternehmen) einen oder mehrere Zeitarbeitnehmer zur Erbringung einer Arbeitsleistung im Kundenbetrieb.

2.1.1.2 Zeitlicher Ablauf

Bevor es zur eigentlichen Überlassung eines Zeitarbeitnehmers in einen Fremdbetrieb kommt, lassen sich drei verschiedene Phasen unterscheiden, die den zeitlichen Ablauf der Arbeitnehmerüberlassung kennzeichnen:

- Anbahnung der Geschäftsbeziehung zwischen Zeitarbeits- und Kundenunternehmen,
- Vertragsabschlüsse zwischen den Beteiligten,
- Überlassung der Zeitarbeitskraft in den Kundenbetrieb.

Anbahnung der Geschäftsbeziehung zwischen Kundenunternehmen und Zeitarbeitsunternehmen

Der erste Schritt ist die gegenseitige Kontaktaufnahme zwischen Kunde und Zeitarbeitsunternehmen. Entweder bietet der bzw. die Personaldisponent/-in einem Kunden aktiv entsprechende Arbeitsleistungen an (Akquise) oder der Kunde stellt eine konkrete Personalanfrage.

Beispiel
Die Dortmunder Metallbau GmbH möchte zur Unterstützung des Vertriebs eine Interessenten- und Kundendatei aufbauen. Wegen der Fülle der neu anzulegenden Datensätze ist die Aufgabe mit den eigenen Mitarbeitern des Unternehmens nicht zu schaffen. Da die befristete Einstellung zusätzlicher Arbeitskräfte von der Geschäftsleitung nicht erwünscht ist, wendet sich der zuständige Personalreferent Arndt Eschenbach an die Finke Zeitarbeit GmbH und bittet um Überlassung einer Arbeitskraft.

Liegt eine konkrete Personalanfrage vor, bespricht der bzw. die Personaldisponent/-in mit dem Kunden das Tätigkeitsbild (Kenntnisse, Qualifikationen und Kompetenzen) der zu besetzenden Stelle. Die Daten werden in einem **Anforderungsprofil** festgehalten. Im Gespräch werden auch Fragen zum Einsatzbeginn, zur Einsatzdauer, zur Arbeitszeit und zum erforderlichen Arbeitsschutz geklärt. Bei einem Erstkontakt kann dies mit einem Kundenbesuch verbunden werden. Der Kunde kann dabei ausführlich über das Zeitarbeitsunternehmen und seine Dienstleistungen informiert werden. Gleichzeitig kann sich der bzw. die Personaldisponent/-in ein Bild vom Arbeitsplatz machen und z. B. mögliche Risiken für die Gesundheit des Zeitarbeitnehmers besser einschätzen.

Beispiel
Rolf Jansen fährt zur Dortmunder Metallbau GmbH und klärt mit Arndt Eschenbach alle Modalitäten des Einsatzes ab. Unter anderem halten sie im Anforderungsprofil fest: Die Zeitarbeitskraft benötigt gute Datenverarbeitungskenntnisse in MS Excel und MS Office und sollte sich mit der Handhabung einer Datenbank auskennen. Bei dem Arbeitsplatz handelt es sich um einen Bildschirm- und Büroarbeitsplatz.

Praxisbeispiel

Die Kundenunternehmen erteilen ihre Personalanfrage telefonisch, per Fax, per E-Mail oder mit einem Auftragsformular, das auf den Webseiten vieler Zeitarbeitsunternehmen bereitgestellt wird. Meistens wird bereits zu diesem Zeitpunkt eine kurze Stellenbeschreibung mitgeschickt. Der bzw. die Personaldisponent/-in klärt anschließend durch Rückfragen alle weiteren Modalitäten des Auftrags. Je nach Absprache und Situation erfolgt dann ggf. ein Kundenbesuch. Bei einer elektronischen Personalanfrage können die Daten direkt in der EDV verarbeitet werden. In der Praxis ist das weitere Vorgehen von den Geschäftsabläufen der betroffenen Unternehmen abhängig. Beispielsweise kann ein konkretes Angebot bereits Mitarbeiterprofile enthalten oder sich ganz allgemein auf eine bestimmte Qualifikation beziehen. Zur eigenen Sicherheit holen viele Personaldienstleister vor dem eigentlichen Vertragsabschluss eine Auftragsbestätigung des Kunden ein.

Der/die Personaldisponent/-in sucht auf Basis des Anforderungsprofils nach einer geeigneten Arbeitskraft. Grundsätzlich stehen dazu drei Möglichkeiten zur Verfügung: Suche im **eigenen Personalbestand**, im **Bewerberpool** oder auf dem **Arbeitsmarkt**. Zunächst prüft man, ob bereits eingestellte Mitarbeiter frei sind oder zum benötigten Zeitpunkt frei werden. Vielleicht gibt es auch ehemalige Mitarbeiter, die für den Auftrag infrage kommen. Wird man hier nicht fündig, sucht man im Bewerberpool nach möglichen Kandidaten. Verläuft auch hier die Recherche ergebnislos, greift der/die Personaldisponent/-in auf die dritte Möglichkeit zurück: die Suche auf dem Arbeitsmarkt. Hier geht es dann darum, geeignete Bewerber zu finden, auszuwählen und für den Zeitarbeitseinsatz zu gewinnen.

LF 2/ 2.3.3.2 LF 4/ 1.2.2

Im Anschluss gleicht der/die Personaldisponent/-in das **Anforderungsprofil der Stelle** mit den **Mitarbeiterprofilen** bzw. den Bewerberprofilen ab (**Matching**). In der Regel geschieht dies mithilfe der Datenverarbeitung und durch entsprechende Softwareprogramme, sodass Suchprozess und Abgleich häufig parallel erfolgen. Ein sorgfältiges Matching ist von großer Bedeutung, damit die Personalanforderung des Kunden passgenau bedient werden kann.

Die **Kurzprofile** geeigneter Zeitarbeitnehmer werden dem **Kunden zur Verfügung** gestellt. Entscheidet er sich für einzelne Bewerber, kann auch vereinbart werden, dass sich die Zeitarbeitskräfte in Begleitung des Personaldisponenten selbst im Kundenunternehmen vorstellen oder zur Probe arbeiten.

Beispiel
Rolf Jansen gleicht das Anforderungsprofil mit den Profilen der externen Mitarbeiter der Finke Zeitarbeit GmbH ab. Da zurzeit kein passender Mitarbeiter vorhanden ist, sucht Rolf Jansen im Bewerberpool weiter. Er findet fünf passende Kandidaten und holt telefonisch das Interesse der Bewerber ein. Anschließend schlägt er Arndt Eschenbach drei Bewerber vor. Nach Durchsicht der Unterlagen favorisiert der Personalreferent Christina Halm und bittet um die persönliche Vorstellung im Unternehmen. Gemeinsam mit Rolf Jansen besucht Christina Halm die Dortmunder Metallbau GmbH.

Vertragsabschlüsse zwischen den Beteiligten

Hat sich der Kunde für das Angebot entschieden, dann schließen das Zeitarbeitsunternehmen und das Kundenunternehmen einen **Arbeitnehmerüberlassungsvertrag** ab. Spätestens dann wird geklärt, zu welchen Einzelkonditionen die Überlassung erfolgt. Unter anderem enthät der Vertrag den Stundenverrechnungssatz, der die Vergütung für die Personalüberlassung darstellt (**Überlassungshonorar**). Durch den Vertrag erhält der Kunde ein eingeschränktes Direktions- oder Weisungsrecht, das ihm ermöglicht, die Zeitarbeitskraft wie einen eigenen Mitarbeiter im Unternehmen einzusetzen. Sofern die Zeitarbeitskraft noch nicht im Zeitarbeitsunternehmen eingestellt ist, schließen Arbeitnehmer und Personaldienstleister einen **Arbeitsvertrag** ab.

Merksatz
Die Dreiecksbeziehung wird durch **zwei verschiedene Vertragsverhältnisse** begründet:
- den Arbeitsvertrag zwischen der Zeitarbeitskraft und dem Zeitarbeitsunternehmen sowie
- den Arbeitnehmerüberlassungsvertrag zwischen Kundenunternehmen und Zeitarbeitsunternehmen.

Beispiel

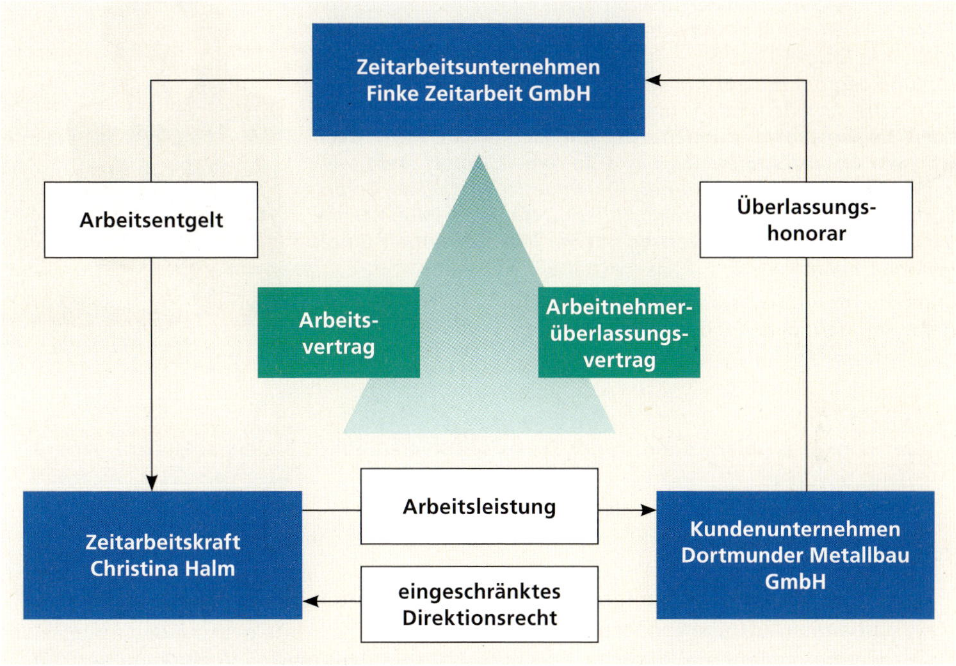

Vertragliche Gestaltung der Dreiecksbeziehung

Überlassung des Zeitarbeitnehmers in den Kundenbetrieb

Vor dem Einsatz im Kundenunternehmen wird der externe **Mitarbeiter auf den Kundeneinsatz vorbereitet** (z. B. allgemeine Unterweisung, ggf. medizinische Vorsorgeuntersuchungen, Ausgabe von Schutzkleidung, Informationen zu Arbeitseinsatz, Arbeitsort und -zeiten). Der Zeitarbeitnehmer nimmt anschließend wie vereinbart die Tätigkeit im Kundenbetrieb auf und wird dort eingegliedert. Während der Überlassungszeit unterliegt er den arbeitsplatzbezogenen Weisungen des Kunden.

Bd. 2 / LF 6

Merksatz

Die Arbeitnehmerüberlassung ist eine Form des fremdbezogenen Personaleinsatzes, bei der der Arbeitnehmer in den Kundenbetrieb eingegliedert wird und konkrete Arbeiten nach den Weisungen des Kunden ausführt.

Die im Kundenunternehmen geleisteten Arbeitsstunden der Zeitarbeitskraft werden dokumentiert. Der Kunde erhält auf Basis der tatsächlich geleisteten Einsatzzeiten eine Rechnung vom Personaldienstleister. Abrechnungsgrundlage ist der Stundenverrechnungssatz, der im Arbeitnehmerüberlassungsvertrag vereinbart wurde.

Der Zeitarbeitnehmer erhält monatlich sein Arbeitsentgelt vom Zeitarbeitsunternehmen, das auch die entsprechenden Steuern und Sozialversicherungsbeiträge abführt.

Beispiel

Nachdem sie durch den Personaldisponenten Rolf Jansen auf den Einsatz im Kundenbetrieb vorbereitet wurde, nimmt Christina Halm ihre Tätigkeit auf. Sie wird von Arndt Eschenbach eingewiesen und beginnt mit der Anlage der Interessenten- und Kundendatei. Die Arbeitsstunden, die sie im Kundenbetrieb ableistet, trägt sie auf einem Stundenzettel ein, den Arndt Eschenbach wöchentlich abzeichnet. Die Finke Zeitarbeit GmbH stellt vierzehntägig eine Rechnung an die Dortmunder Metallbau GmbH. Für ihren Arbeitseinsatz erhält Christina Halm am Monatsende ihr Gehalt, das im Arbeitsvertrag mit der Finke Zeitarbeit GmbH vereinbart wurde.

Während der Überlassungszeit betreut Rolf Jansen Christina Halm und steht dem Kunden für alle Fragen zur Verfügung.

Praxistipp

Der konkrete Ablauf kann in der Praxis selbstverständlich anders aussehen, denn er hängt davon ab,

- wie dringend der Personalbedarf des Kunden ist,
- welche Qualifikationen benötigt werden (einfache oder höher qualifizierte Tätigkeiten),
- wie lange Zeitarbeitsunternehmen und Kundenunternehmen bereits zusammenarbeiten (Aufträge von Stamm- oder Neukunden),
- welche besonderen Wünsche ein Kunde hat (Kundenbesuche, Vorstellung der Zeitarbeitnehmer, schnelle und zügige Abwicklung),
- wie die jeweiligen Geschäftsabläufe organisiert sind.

2.1.1.3 Motive der Beteiligten

Zeitarbeitsunternehmen müssen aufgrund der Dreiecksbeziehung in der Lage sein,

- Arbeitnehmer für eine Beschäftigung in der Zeitarbeit zu gewinnen sowie
- die zentralen Motive und Bedürfnisse von Kundenunternehmen zu identifizieren, um am Markt erfolgreich zu sein.

Motive von Kundenunternehmen

Für die Nutzung von Zeitarbeit lassen sich drei zentrale **Kundenmotive bzw. -bedürfnisse** identifizieren, die auch zu neuartigen Formen von Zeitarbeit geführt haben. Neben der klassischen Zeitarbeit, die immer noch den Hauptanteil ausmacht, nutzen Kunden Zeitarbeit im Rahmen von auftragsbezogenen Projekten sowie zum Aufbau einer flexiblen Personalreserve. Gerade im letzten Motiv spiegelt sich der Wunsch nach Erhöhung der unternehmerischen Flexibilität und/oder nach Einsparung von Personalkosten deutlich wider.

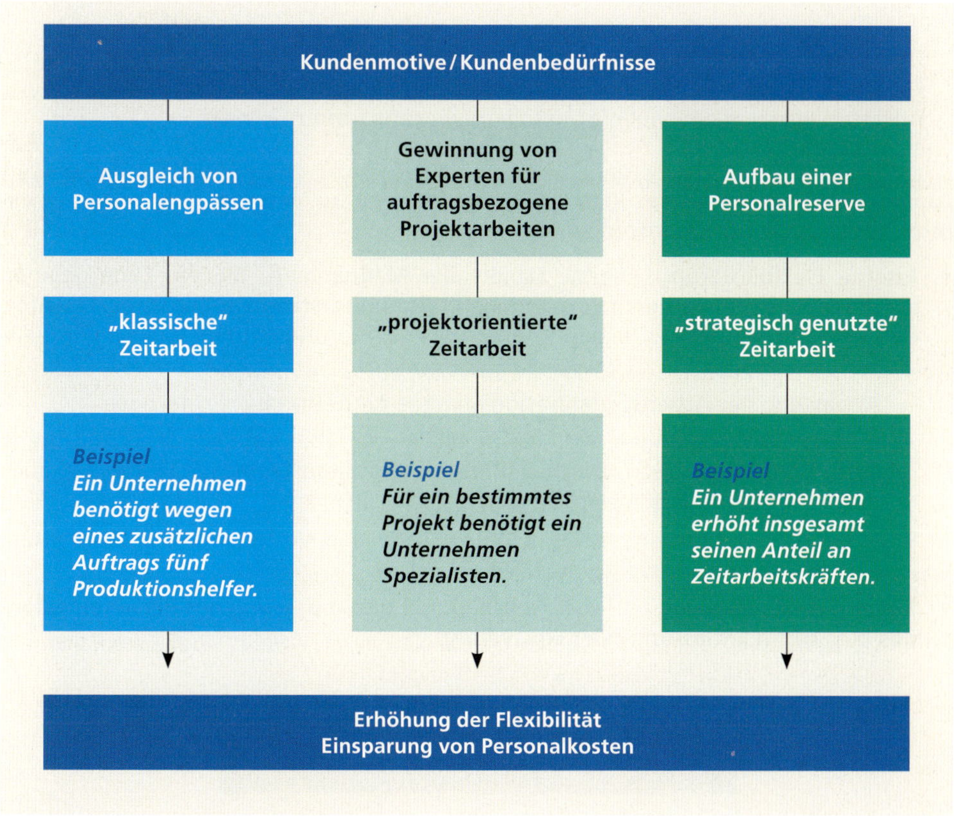

Kundenmotive und Formen der Zeitarbeit

Erhöhung der Flexibilität

[...]

Den Wandel der Arbeitswelt begleitet ein Begriff in ganz besonderem Maße: Flexibilisierung.

Unternehmen müssen elastisch auf spontane Marktanforderungen reagieren und gleichzeitig in der Lage sein, die Kosten im Rahmen des internationalen Wettbewerbs zu halten. Das Konzept, Unabhängigkeit zu erlangen von saisonalen und konjunkturellen Schwankungen, von der aktuellen Auftragslage sowie von Engpässen beim Stammpersonal, wird künftig in weit größerem Ausmaß als bisher zu flexiblen Arbeitsmodellen führen. Die Zeitarbeit wird in solchen Konzepten einen deutlich zunehmenden Stellenwert einnehmen. Denn Arbeitskraft nach Bedarf zu ordern ist immer weniger eine Option, sondern fester Bestandteil einer Gesamtstrategie, um den Kostenfaktor Arbeit insgesamt zu flexibilisieren.

[...]

Quelle: FAQ Zeitarbeit: Warum Zeitarbeit? Unter: www.marktplatz-zeitarbeit.de/de/zeitarbeit-jobs/home-faq-zeitarbeit, hrsg. v. COMPETPLUS Personaldienstleistungen GmbH, Stuttgart (Zugriff: 06.05.2012).

Definition
Flexibilität bezeichnet allgemein die Fähigkeit von Organisationen oder Individuen, sich rasch an innere oder äußere Veränderungen **anpassen** zu können.

Zur flexiblen Anpassung des Personalbestandes kann auf **interne**, aber auch auf **externe** Lösungen zurückgegriffen werden.

- **Interne Flexibilisierung:** Hierzu zählen alle Maßnahmen, die ein Unternehmen ergreifen kann, um mit dem **vorhandenen Mitarbeiterstamm** auf veränderte Anforderungen zu reagieren. Zu den internen Flexibilisierungsformen zählen beispielsweise:
  - Anpassung der Arbeitsorganisation an neue betriebliche Erfordernisse.
  - Interne Umbesetzungen, weil die Beschäftigten über eine entsprechend breite Qualifikation verfügen. Darüber hinaus kann diese Form der Flexibilität auch durch Weiterbildungen erreicht werden.
  - Anpassung der Arbeitszeiten in Dauer, Lage und Verteilung (z. B. Zeitkonten, Schichtsysteme, Gleitzeit).
- **Externe Flexibilisierung** umfasst die **zahlenmäßige Anpassung des Personalbestandes** (z. B. durch Entlassung oder Einstellung).

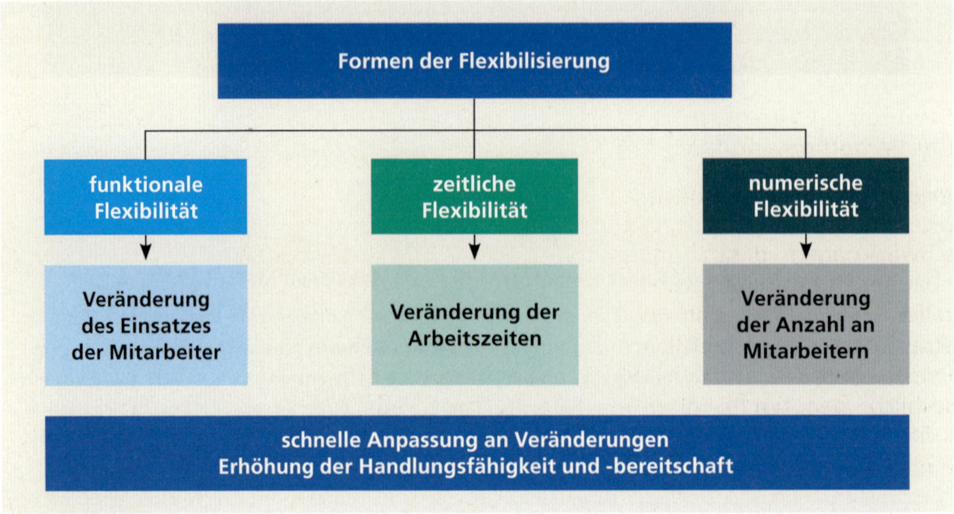

Formen der Flexibilisierung

Merksatz
Zeitarbeit gehört zu den **externen** Formen der Flexibilisierung und erhöht die sogenannte **numerische Flexibilität**, da die Stammbelegschaft zahlenmäßig durch Zeitarbeitskräfte ergänzt wird.

Ausgleich von Personalengpässen

Kurzfristige Personalengpässe entstehen durch Ausfallzeiten der Mitarbeiter. Dabei kann es sich um plötzlich auftretende Ereignisse (z. B. Krankheit) oder auch im Vorfeld bekannte Sachverhalte (z. B. Elternzeit) handeln.

Auftrags- und Produktionsschwankungen führen dazu, dass kurzfristig ein erhöhter Personalbedarf entstehen kann. Häufig reicht der eigene Personalbestand im Kundenunternehmen dann nicht aus, um das Auftragsvolumen zu bewältigen. In diesen Phasen können Zeitarbeitnehmer das eigene Personal ergänzen. Die in der Regel kurzen Kündigungsfristen der Arbeitnehmerüberlassungsverträge ermöglichen eine zeitnahe Abmeldung der Zeitarbeitskräfte, wenn kein erhöhter Personalbedarf mehr besteht, ohne dass weitere Personalfreisetzungskosten entstehen.

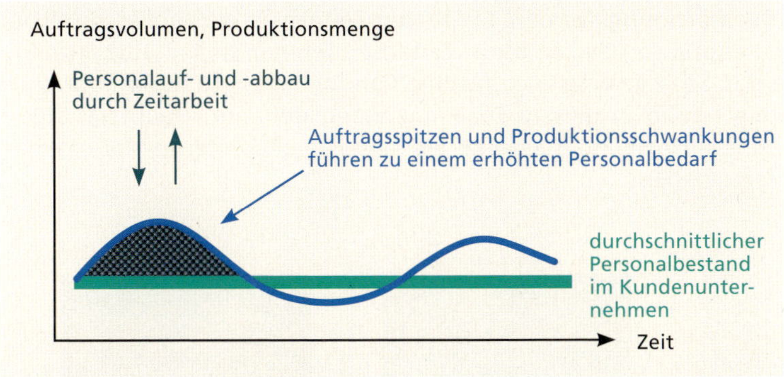

Auftrags- und Produktionsschwankungen

Strategisches Instrument der Personalplanung

In einigen Unternehmen haben die Auftrags- und Produktionsschwankungen derart zugenommen, dass sich ein **strukturelles Ungleichgewicht** zwischen dem durchschnittlichen Personalbestand und den tatsächlich benötigten Arbeitskräften entwickelt hat (siehe auch Abbildung oben).

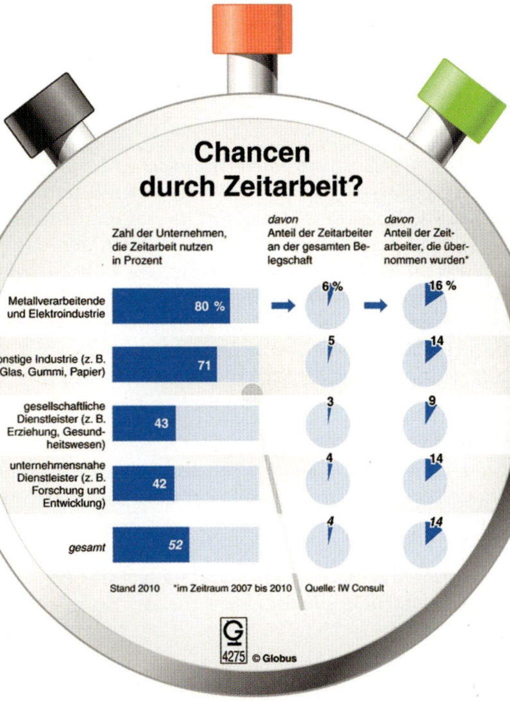

Sowohl ein zu hoher als auch ein zu niedriger Personalbestand haben Nachteile:

Ein zu hoher Personalbestand ...	Ein zu niedriger Personalbestand ...
• bedeutet eine zu geringe Auslastung der Kapazitäten bei gleichzeitig unveränderten Lohnkosten, • unterfordert Mitarbeiter.	• führt bei Mehrarbeit zu höheren Lohnkosten, • belastet Mitarbeiter durch Überstunden, • kann Terminschwierigkeiten nach sich ziehen, • führt ggf. zur Ablehnung weiterer Aufträge.

Um diese Nachteile langfristig zu vermeiden, erhöhen Unternehmen den Anteil an flexiblen Arbeits- und Beschäftigungsformen. Sie setzen Zeitarbeitskräfte also nicht nur punktuell bei Personalengpässen ein, sondern Zeitarbeitnehmer stellen eine strategische Personalreserve dar. Schlagworte wie „flexible Randbelegschaft" oder „atmende Personaldecke" werden häufig in diesem Zusammenhang genannt. Hauptziel dieser Maßnahme ist eine höhere Flexibilität. Dazu können interne und externe Maßnahmen miteinander kombiniert werden.

Kombination von internen Lösungen mit Zeitarbeit

Beispiele

- *Die Kerner AG ist ein mittelständisches Unternehmen, das als Zulieferer Kunststoffteile für andere Unternehmen herstellt. Im Betrieb sind 65 Mitarbeiter beschäftigt, davon sind 50 im gewerblichen Bereich tätig. Früher hat die Geschäftsleitung bei höherer Auslastung befristete Einstellungen vorgenommen. Seit einigen Jahren werden stattdessen Zeitarbeitnehmer eingesetzt, insbesondere um saisonale und auftragsbezogene Spitzen aufzufangen. Im Jahresdurchschnitt sind zusätzlich fünf bis sechs Zeitarbeitnehmer beschäftigt, die zwischen sechs Wochen bis zu sechs Monaten bei der Kerner AG arbeiten. Teilweise werden auftragsbezogen auch bis zu zwölf Zeitarbeitnehmer im Betrieb beschäftigt. Bei sehr großen Engpässen wird eine zweite Schicht eingeführt. Dazu werden Überstunden der Stammbelegschaft mit dem Instrument Zeitarbeit kombiniert. Zeitarbeit wird also sowohl zeitweise als auch permanent genutzt.*

- *Die Leigner GmbH produziert Konsumgüter in einem stark saisonal geprägten Wirtschaftszweig. In den ersten sieben Monaten des Jahres werden gerade einmal 30 % des Umsatzes erwirtschaftet, in den restlichen vier Monaten 70 %. In der ersten Phase des Jahres wird fast ausschließlich mit Stammmitarbeitern produziert. In Ferienzeiten werden zusätzlich Schüler und Studenten als geringfügig Beschäftigte eingesetzt. In der zweiten Phase kommen zusätzlich 30 Zeitarbeitnehmer zum Einsatz.*

Darüber hinaus bauen Unternehmen und Personaldienstleister auch strategische Partnerschaften auf. Insbesondere Zeitarbeit wird als Möglichkeit zur Personalbeschaffung genutzt, da hier keine arbeitsrechtliche Bindung des Kunden zur Zeitarbeitskraft entsteht.

Gewinnung von externen Kräften für Projekte

In vielen Unternehmen finden zeitlich befristete Projekte statt, zum Beispiel um innovative Produkte und Dienstleistungen zu entwickeln oder um einzelne Aufträge abzuwickeln. In Projekten arbeiten häufig verschiedene Experten zusammen. Wegen ihres befristeten Einsatzes ist es für die Unternehmen sinnlos, die einzelnen Spezialisten langfristig einzustellen, daher werden Zeitarbeitskräfte hinzugezogen.

Kostenaspekte

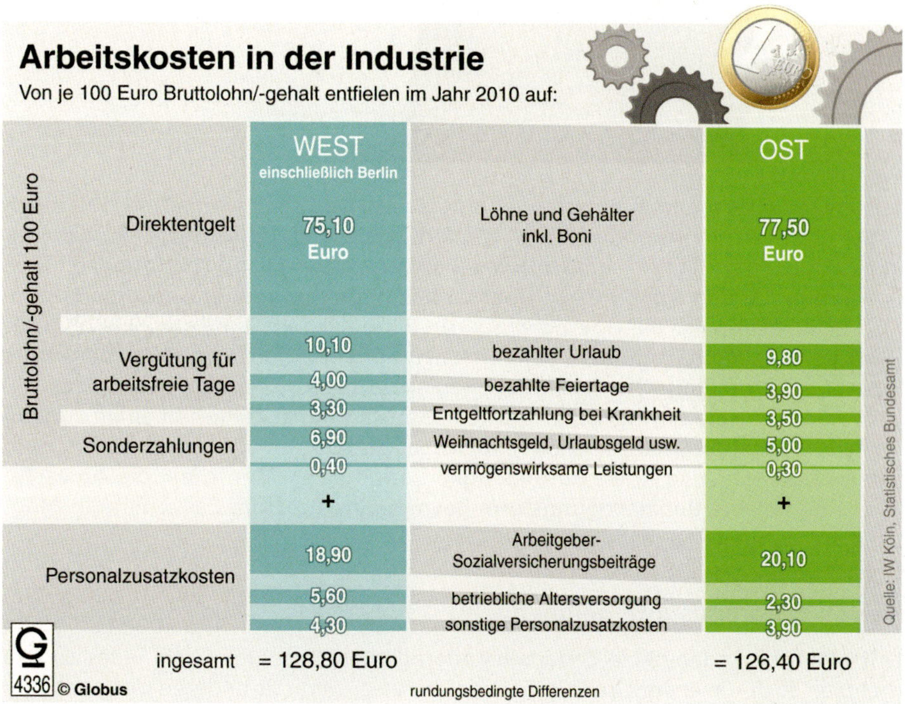

Der feste Stundenverrechnungssatz für die Überlassung bietet den Unternehmen Planungs- und Kalkulationssicherheit. Er ermöglicht die Umwandlung von Fixkosten (Lohn- und Lohnnebenkosten) in variable Kosten, da nur die tatsächlich erbrachten Arbeitsleistungen in Rechnung gestellt werden. Wird Zeitarbeit als Weg der Personalbeschaffung genutzt, dann werden zusätzlich Rekrutierungskosten und Fehlbesetzungskosten eingespart.

Motive von Zeitarbeitnehmern

Die meisten Zeitarbeitnehmer entscheiden sich für ein Zeitarbeitsverhältnis, weil ihnen alternative Beschäftigungsmöglichkeiten fehlen. Viele Zeitarbeitskräfte werden aus der Arbeitslosigkeit heraus rekrutiert. Neben der Vermeidung von Arbeitslosigkeit lässt sich als Hauptmotiv der Wunsch nach Übernahme in ein Kundenunternehmen ausmachen. Je nach Quelle wird die Übernahmequote („Klebeeffekt") auf ca. 20 % bis 33 % eingeschätzt. Eine Beschäftigung in der Zeitarbeit wird als Chance gesehen, berufliche Erfahrungen zu sammeln sowie Qualifikationen aufzubauen, zu erhalten und zu erweitern. Insbesondere viele Gering-Qualifizierte haben erst durch Zeitarbeit einen Zugang zum Arbeitsmarkt („Brückenfunktion"). Berufseinsteigern sowie Berufsrückkehrern wird der (Wieder-)Einstieg in die Berufstätigkeit ermöglicht. Menschen, die Abwechslung und eine flexible Beschäftigungsform bevorzugen, eröffnet Zeitarbeit die Möglichkeit, diese Wünsche zu realisieren.

Motive von Zeitarbeitsunternehmen

Privatwirtschaftlich organisierte Zeitarbeitsunternehmen verfolgen – wie jedes andere Unternehmen auch – in erster Linie ein Gewinninteresse, wenn sie anderen Unternehmen ihre Dienstleistungen anbieten. Sie verdienen an der **Differenz** zwischen den entstandenen **Kosten** (z. B. Gehälter der Mitarbeiter, Verwaltungskosten) und den **Umsätzen** (Überlassungshonorar).

Auf das Entstehen der Dreiecksbeziehung wirken also unterschiedliche Motive der Beteiligten ein. Darüber hinaus gibt es auch gemeinnützige Zeitarbeitsfirmen, deren Tätigkeit zum Beispiel darauf abzielt, schwer vermittelbare Arbeitnehmer in den Arbeitsmarkt zu integrieren.

Zusammenfassung

- Bei der **Arbeitnehmerüberlassung** stellt das Zeitarbeitsunternehmen anderen Unternehmen Personal zur Erbringung einer Arbeitsleistung zur Verfügung.
- Die Arbeitnehmerüberlassung umfasst verschiedene **Phasen**:

Anbahnung der Geschäftsbeziehung

Auftragsakquise durch Personaldisponent bzw. Anfrage durch Kunde

Kundengespräch/-besuch
- Informationen zu Ablauf und Kosten der Arbeitnehmerüberlassung
- Abstimmung der benötigten Kenntnisse, Fähigkeiten und Qualifikationen
- Klärung der Einsatzdaten
- Arbeitsplatzbesichtigung
- Erstellung eines Anforderungsprofils

Angebotsunterbreitung und Auftragserteilung

Abgleich des Anforderungsprofils mit Mitarbeiter- bzw. Bewerberprofilen

Zusendung von Kurzprofilen an den Kunden

Kunde trifft engere Auswahl

Vorstellung der Mitarbeiter bzw. Bewerber im Kundenunternehmen

Vertragsabschlüsse

Das Zeitarbeitsunternehmen (ZAU) schließt zwei verschiedene Verträge ab:

Arbeitnehmerüberlassungsvertrag (ANÜV) mit dem Kundenunternehmen.

Arbeitsvertrag (AV) mit der Zeitarbeitskraft (ZAN), sofern diese nicht schon bei ZAU beschäftigt ist.

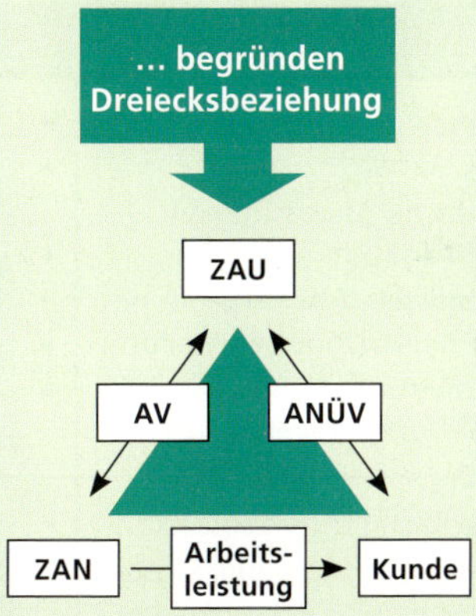

Überlassung

Vorbereitung des Zeitarbeitnehmers auf den Einsatz (allgemeine Unterweisung, ggf. medizinische Vorsorgeuntersuchungen, Ausgabe von Schutzkleidung, Informationen zu Arbeitseinsatz, Arbeitsort und -zeiten)

Einsatz und Eingliederung im Kundenbetrieb, Einweisung durch Kunden

Betreuung von Kunde und Mitarbeiter durch Disponent

Dokumentation der Einsatzzeiten (Zeiterfassung, Stundenzettel)

Rechnungserstellung an Kunde auf Basis der geleisteten Arbeitsstunden zum vereinbarten Stundenverrechnungssatz

Zahlung des Arbeitsentgelts an Zeitarbeitnehmer sowie Abführung von Sozialabgaben und Steuern

Zusammenfassung

- Die **Motive** der einzelnen Beteiligten stellen sich wie folgt dar:

Zeitarbeitsunternehmen
- **Gewinnerzielung**

Kundenunternehmen
- Ausgleich von Personalengpässen
- strategisches Instrument der Personalplanung
- Gewinnung von externen Kräften für auftragsbezogene Projekte

→ **Einsparung von Personalkosten**
→ **Erhöhung der Flexibilität**

Zeitarbeitnehmer
- Vermeidung von Arbeitslosigkeit
- Chance auf Übernahme in Kundenbetrieb
- Zugangsmöglichkeit zum Arbeitsmarkt
- Aufbau, Erhalt und Weiterentwicklung von Qualifikationen
- Wunsch nach flexibler Beschäftigungsform

- **Vorteile und Nachteile der Zeitarbeit:**

	Vorteile	Nachteile
für Unternehmen	• schnell und flexibel einsetzbar • einfache Anpassung an Kapazitäten • Möglichkeit zur Erprobung vor langfristiger Einstellung • Einsparung von Personalbeschaffungskosten	• Einarbeitungsaufwand • Unruhe durch ständigen Personalwechsel • ggf. Kosten (je nach Qualifikation und Einsatzdauer) • nur bedingter Einfluss auf Personal • evtl. Störungen im Betriebsablauf/Betriebsfrieden
für Zeitarbeitnehmer/-innen	• Beschäftigungsmöglichkeit • Kennenlernen neuer Unternehmen und Arbeitsplätze • Übernahmemöglichkeit	• häufige Wechsel und damit geringe soziale Bindung sowie hohe Belastung • ggf. finanzielle Einbußen ohne Equal Pay • gesellschaftliches Ansehen im Vergleich zur Festanstellung geringer

Aufgaben

1. *Charakterisieren Sie die Dienstleistung Arbeitnehmerüberlassung.*

2. *Welche typischen Tätigkeiten bzw. Handlungen übernehmen Personaldisponenten in den folgenden Phasen: Anbahnung, Vertragsabschluss und Überlassung?*

3. *Vergleichen Sie den dargestellten Ablauf der Arbeitnehmerüberlassung mit Ihren betrieblichen Erfahrungen. Gibt es Unterschiede?*

4. *Geben Sie an, wovon der konkrete Ablauf der Arbeitnehmerüberlassung in der Praxis abhängt.*

5. *Überlegen Sie, warum eine Besichtigung des Arbeitsplatzes vor der Überlassung wichtig sein kann.*

6. *Prüfen Sie, welche Aussagen bezogen auf das vorangegangene Beispiel (Finke Zeitarbeit GmbH – Dortmunder Metallbau GmbH – Christina Halm) falsch sind. Verbessern Sie falsche Aussagen so, dass sie zutreffen:*
   - a) *Die Finke Zeitarbeit GmbH und die Dortmunder Metallbau GmbH schließen einen Arbeitnehmerüberlassungsvertrag ab.*
   - b) *Christina Halm erhält monatlich ihr Gehalt von der Dortmunder Metallbau GmbH, da sie dort ihre Arbeitsleistung erbringt.*
   - c) *Die Finke Zeitarbeit GmbH stellt der Dortmunder Metallbau GmbH eine Rechnung in Höhe des Gehalts von Christina Halm aus.*
   - d) *Die Stundenzettel lässt Christina Halm bei dem Verantwortlichen der Dortmunder Metallbau GmbH abzeichnen und leitet sie an die Finke Zeitarbeit GmbH weiter.*
   - e) *Christina Halm schließt vor Einsatzbeginn einen Arbeitsvertrag mit der Dortmunder Metallbau GmbH.*
   - f) *Die Finke Zeitarbeit GmbH ist der Vertragsarbeitgeber von Christina Halm und führt deshalb auch Sozialversicherungsbeiträge und Steuern ab.*
   - g) *Christina Halm ist die Auftragnehmerin der Dortmunder Metallbau GmbH.*

7. *Bringen Sie den nachfolgenden Ablauf der Arbeitnehmerüberlassung in eine sinnvolle Reihenfolge:*
   - a) *Die Zeitarbeitskraft erhält ihr monatliches Gehalt.*
   - b) *Der externe Mitarbeiter wird an den Kunden überlassen.*
   - c) *Der Kunde gibt dem überbetrieblichen Mitarbeiter Anweisungen am Arbeitsplatz.*
   - d) *Zeitarbeitsunternehmen und Kundenunternehmen schließen einen Arbeitnehmerüberlassungsvertrag ab.*
   - e) *Zeitarbeitsunternehmen und Kundenunternehmen erstellen gemeinsam ein Anforderungsprofil.*
   - f) *Der Mitarbeiter, der an den Kunden überlassen wird, erhält einen Arbeitsvertrag.*
   - g) *Der Kunde erhält alle 14 Tage eine detaillierte Rechnung auf Basis der effektiv geleisteten Arbeitsstunden des Zeitarbeitnehmers.*

8. *Welche Vor- und Nachteile kann Zeitarbeit aus Sicht von Kunden und Zeitarbeitnehmern mit sich bringen?*

9. *Welche Gründe könnten Unternehmen haben, nicht auf Zeitarbeit zurückzugreifen?*

10. *Welche Kriterien können für die Auswahl von Zeitarbeitsunternehmen ausschlaggebend sein?*

11. *Zeitarbeit wird in den Medien sowie in der amtlichen Statistik als atypische oder sogar prekäre Beschäftigungsform charakterisiert. Setzen Sie sich mit diesen Beschäftigungsformen auseinander.*

    Hinweis: Hintergrundinformationen hierzu erhalten Sie im BuchPlusWeb auf der Homepage des Bildungsverlags EINS: www.bildungsverlag1.de

12. *Erläutern Sie den Begriff Flexibilisierung und geben Sie an, warum Kunden einen erhöhten Bedarf an flexiblen Arbeitsformen haben.*

13. *Im BuchPlusWeb steht eine weitere Fallsituation für die Bearbeitung zur Verfügung.*

Rechercheauftrag

Recherchieren Sie im Internet weitere Informationen zu den drei Beteiligten (Kundenunternehmen, Zeitarbeitnehmer, Zeitarbeitsunternehmen).

- *Einigen Sie sich auf geeignete Kriterien (z. B. Anzahl, Größe, Branchentätigkeit).*
- *Im BuchPlusWeb finden Sie verschiedene Links, die sich als Informationsquellen für die Recherche eignen.*
- *Führen Sie die Recherche durch und präsentieren Sie Ihre Ergebnisse.*

2.1.2 Rechtsrahmen der Arbeitnehmerüberlassung

2.1.2.1 Arbeitnehmerüberlassungsgesetz

Gesetzliche Grundlage der Arbeitnehmerüberlassung ist das **Arbeitnehmerüberlassungsgesetz (AÜG)**, das 1972 in Kraft trat und die Beschäftigung von Zeitarbeitnehmern regelt. Am 20. Dezember 2011 wurde es neu gefasst, u. a. wegen verschiedener Vorfälle (z. B. Kündigung von Arbeitnehmern und „Wiedereinstellung" über ein zuvor selbst gegründetes Zeitarbeitsunternehmen zu schlechteren Bedingungen) sowie zur Umsetzung der Europäischen Zeitarbeitsrichtlinie. Darüber hinaus müssen bei der Arbeitnehmerüberlassung weitere Gesetze und Rechtsnormen (z. B. aus dem Arbeitsrecht, Sozialrecht, Tarifrecht und Vertragsrecht) beachtet werden.

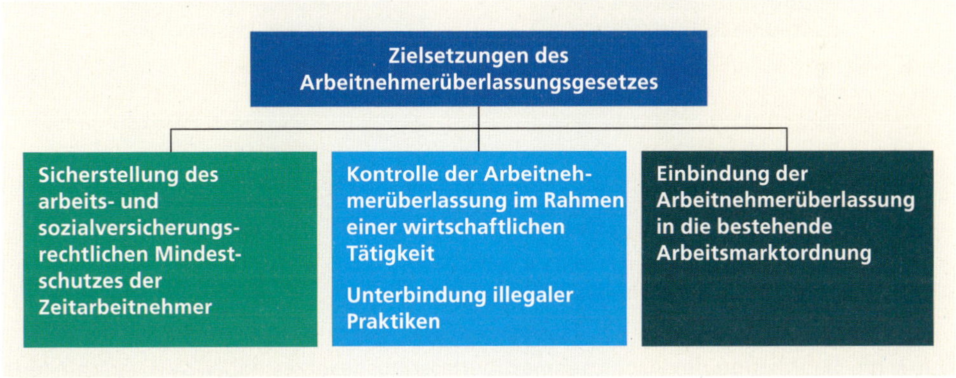

Zielsetzungen des AÜG

Web

Das Arbeitnehmerüberlassungsgesetz ...

- legt fest, in welchen Bereichen die Regelungen des Gesetzes anzuwenden sind (Anwendungsbereich, Ausnahmen, Verbote);
- legt die arbeits- und sozialrechtlichen Voraussetzungen für die Arbeitnehmerüberlassung im Rahmen einer wirtschaftlichen Tätigkeit fest;
- enthält Vorschriften zur Erlaubnispflicht und zum Erlaubnisverfahren sowie Regelungen zu Sanktionen bei Verstößen;
- grenzt die Arbeitnehmerüberlassung von der Arbeitsvermittlung sowie von anderen Formen des Fremdpersonaleinsatzes ab;
- wirkt durch seine Bestimmungen auf die (Vertrags-)Beziehungen zwischen den einzelnen Beteiligten der Arbeitnehmerüberlassung ein. Es umfasst u. a. Regelungen
  - zum Zeitarbeitsverhältnis und zum Arbeitsvertrag mit Zeitarbeitskräften;
  - zum Überlassungsverhältnis und zum Arbeitnehmerüberlassungsvertrag;
  - zu den Rechten und Pflichten von Entleihern, Verleihern und Leiharbeitnehmern[1];

---

[1] *Die Beteiligten werden im Gesetzestext des AÜG als Entleiher, Verleiher und Leiharbeitnehmer bezeichnet. Diese Begriffe sollen im vorliegenden Buch weitgehend vermieden werden, sofern keine rechtlichen Kontexte betroffen sind, da insbesondere der Begriff des Leiharbeitnehmers in der Öffentlichkeit als diskriminierend eingestuft wird.*

- zur Verankerung und Umsetzung des Gleichbehandlungsgrundsatzes;
- zu den Folgen illegaler Arbeitnehmerüberlassung.

2.1.2.2 Arbeitnehmerüberlassung im Rahmen einer wirtschaftlichen Tätigkeit

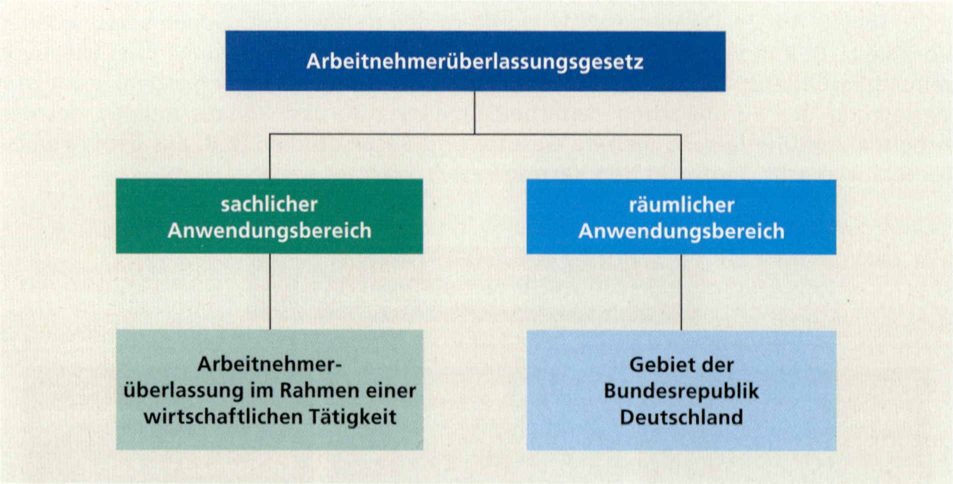

Anwendungsbereiche des Arbeitnehmerüberlassungsgesetzes

Durch die **Neufassung des Arbeitnehmerüberlassungsgesetzes** haben sich verschiedene **rechtliche Änderungen** ergeben.

Auszug aus dem Arbeitnehmerüberlassungsgesetz:

§ 1 AÜG Erlaubnispflicht

(1) Arbeitgeber, die als Verleiher Dritten (Entleihern) Arbeitnehmer (Leiharbeitnehmer) im Rahmen ihrer wirtschaftlichen Tätigkeit zur Arbeitsleistung überlassen wollen, bedürfen der Erlaubnis. Die Überlassung von Arbeitnehmern an Entleiher erfolgt vorübergehend. [...]

Arbeitnehmerüberlassung im Rahmen einer wirtschaftlichen Tätigkeit

Mit der Änderung des Arbeitnehmerüberlassungsgesetzes ist der Begriff der *gewerbsmäßigen* Arbeitnehmerüberlassung gestrichen worden. Stattdessen wurde der sachliche Anwendungsbereich weiter gefasst; er stellt nun allein darauf ab, dass die entleihenden Unternehmen Arbeitnehmerüberlassung im Rahmen einer **wirtschaftlichen Tätigkeit** ausüben.

Definition
Eine **wirtschaftliche Tätigkeit** liegt vor, wenn Güter oder Dienstleistungen auf einem bestimmten Markt angeboten werden.

Im Gegensatz zur alten Regelung kommt es auf eine Gewinnerzielungsabsicht oder eine auf Dauer angelegte Tätigkeit zukünftig nicht mehr an. Deshalb sind seitdem mehr Unternehmen von der Erlaubnispflicht betroffen, beispielsweise Konzernunternehmen, die untereinander Arbeitnehmer zum „Selbstkostenpreis" überlassen.

Merksatz
Der Anwendungsbereich des AÜG umfasst Verleiher, die eine wirtschaftliche Tätigkeit ausüben, unabhängig davon, ob sie Erwerbszwecke verfolgen oder nicht.

Vorübergehende Arbeitnehmerüberlassung

Das Arbeitnehmerüberlassungsgesetz stellt klar, dass die Überlassung nach dem deutschen Modell **vorübergehend** erfolgt (§ 1 Abs. 1 Satz 2 AÜG). Nach dem bisherigen Rechtsverständnis wird „vorübergehend" als nicht endgültig geplante Überlassung ausgelegt. Da der Gesetzgeber die Bedeutung des Begriffs „vorübergehend" bisher nicht näher konkretisiert hat, ist die weitere Rechtsprechung abzuwarten.

Lohnuntergrenzen/Mindestlöhne

Mit Wirkung zum 01.05.2011 vereinbarten die Tarifparteien Mindestlöhne für die Zeitarbeit. Dies erfolgte mit Blick auf die Arbeitnehmerfreizügigkeit, die am 01.05.2011 für die acht neuen EU-Mitgliedstaaten in Kraft trat. Gleichzeitig wurde in dem neu aufgenommenen § 3a des Arbeitnehmerüberlassungsgesetzes das Verfahren für die Allgemeinverbindlichkeitserklärung der tariflichen Mindestlöhne beschrieben. Am 01.01.2012 trat die entsprechende **Verordnung** in Kraft, die **bundesweite Mindestentgelte** für in- und ausländische Arbeitgeber in der Zeitarbeit festlegt. Als Lohnuntergrenzen wurden 7,01 EUR im Osten und 7,89 EUR im Westen festgesetzt. Die Mindestlöhne gelten sowohl für die Einsatzzeit als auch für einsatzfreie Zeiten (siehe auch Kapitel 3.2.4 Preisbildung am Arbeitsmarkt, Abschnitt Mindestlöhne). LF 2 / 3.2.4

Weitere Änderungen

- Informationspflichten des Entleihers über freie Arbeitsplätze im Einsatzbetrieb sowie Gewährung des Zugangs für Zeitarbeitnehmer zu Gemeinschaftseinrichtungen (siehe Abschnitt 2.1.5), LF 2 / 2.1.5
- Einfügung der sogenannten „Drehtürklausel" (siehe Abschnitt 2.1.6 Gleichbehandlungsgrundsatz). LF 2 / 2.1.6

Räumlicher Anwendungsbereich

Nach dem räumlichen Anwendungsbereich gilt das Arbeitnehmerüberlassungsgesetz für das **Gebiet der Bundesrepublik Deutschland**. Das schließt jedoch nicht aus, dass auch Arbeitnehmerüberlassungen erfasst werden, die vom Inland ins Ausland oder umgekehrt stattfinden (grenzüberschreitende Arbeitnehmerüberlassung, Anwendung des Territorialitätsprinzips).

Keine Anwendung des AÜG

LF 2/ 2.1.8

Das Arbeitnehmerüberlassungsgesetz findet **keine Anwendung**, wenn eine andere Form des drittbezogenen Personaleinsatzes (z.B. auf Basis von Werkverträgen oder Dienstverträgen) vorliegt.

2.1.2.3 Erlaubnis und Erlaubnisverfahren

Erlaubnis

Auszug aus dem Arbeitnehmerüberlassungsgesetz (AÜG):

§ 1 AÜG Erlaubnispflicht

(1) Arbeitgeber, die als Verleiher Dritten (Entleihern) Arbeitnehmer (Leiharbeitnehmer) im Rahmen ihrer wirtschaftlichen Tätigkeit zur Arbeitsleistung überlassen wollen, bedürfen der Erlaubnis. Die Überlassung von Arbeitnehmern an Entleiher erfolgt vorübergehend. [...]

Ohne die erforderliche Erlaubnis kann das Zeitarbeitsunternehmen keine Arbeitnehmerüberlassung anbieten. Die Erlaubnis wird in Form einer Urkunde dokumentiert.

Merksatz

Arbeitnehmerüberlassung im Rahmen einer wirtschaftlichen Tätigkeit ist grundsätzlich erlaubnispflichtig.

Bundesagentur für Arbeit
Regionaldirektion
Nordrhein-Westfalen

Düsseldorf, 05.12.2007

ERLAUBNIS

zur gewerbsmäßigen Arbeitnehmerüberlassung

Neuausfertigung

Nach den §§ 1 und 2 des Gesetzes zur Regelung der gewerbsmäßigen Arbeitnehmerüberlassung (AÜG) vom 7. August 1972 - BGBl. I S. 1393 - wurde der Firma

Max Muster GmbH
Beispielstraße 4
44894 Bochum

die seit 14.08.1985 geltende Erlaubnis zur gewerbsmäßigen Überlassung von Arbeitnehmern ab dem 14.08.1989 unbefristet erteilt.

Im Auftrag

Regionaldirektion Nordrhein-Westfalen der Bundesagentur für Arbeit 5

Gewerbsmäßige Arbeitnehmerüberlassung in Betriebe des Baugewerbes für Arbeiten, die üblicherweise von Arbeitern verrichtet werden, ist unzulässig. Sie ist zwischen Betrieben des Baugewerbes gestattet, wenn der verleihende Betrieb nachweislich seit mindestens drei Jahren von denselben Rahmen- und Sozialkassentarifverträgen oder von deren Allgemeinverbindlichkeit erfasst wird (§ 1b AÜG). Dieser Nachweis ist mit Beginn des Verleihs vom Verleiher in geeigneter Weise vorzuhalten.

Diese Erlaubnisurkunde ist Eigentum der Bundesagentur für Arbeit und auf Verlangen zurückzugeben.

Beispiel für eine Erlaubnisurkunde[1]

[1] *Hinweis: Die Urkunde bezieht sich noch auf die vorherige Regelung zum AÜG.*

Erlaubnisverfahren

Stichwort	Beschreibung	Vorschrift
Antrags- und Aufsichtsbehörde	Die Erlaubnis[1] wird von den **zuständigen Stellen** im Auftrag der Bundesagentur für Arbeit ausgestellt. Die Zuständigkeit wurde im Juli 2012 neu gefasst. Insgesamt sind drei Agenturen für Arbeit (AA) für die Erlaubniserteilung zuständig. Hierzu gehören Kiel, Düsseldorf, Nürnberg.	§ 17 AÜG
Antragsverfahren	Das Zeitarbeitsunternehmen stellt, vertreten durch den gesetzlichen Vertreter des Unternehmens[2], bei der zuständigen Stelle einen **schriftlichen Antrag**, üblicherweise auf den Formularen der Bundesagentur für Arbeit. Der Antrag muss vom Antragsteller **eigenhändig unterschrieben** werden.	§ 2 Abs. 1 AÜG
Einzureichende Unterlagen	Mit dem Antrag müssen eine Reihe von **Unterlagen** eingereicht werden, z. B.: Führungszeugnis, Auszug aus dem Handelsregister, Gesellschaftsvertrag, Gewerbeanmeldung, Auszug aus dem Gewerbezentralregister, Bescheinigungen der Berufsgenossenschaft und der Krankenkasse, Einverständniserklärung für das Einholen von Auskünften beim Finanzamt, Liquiditätsnachweise sowie Bonitätsnachweise eines Kreditinstituts, Muster eines Arbeitsvertrages und eines Überlassungsvertrages, ggf. anzuwendende Tarifverträge. Der **Antragsteller** ist **verpflichtet**, gegenüber der Erlaubnisbehörde alle **erforderlichen Angaben** zu machen (Mitwirkungspflicht) und Beweismittel unentgeltlich vorzulegen. Mithilfe der angeforderten Unterlagen soll die **Zuverlässigkeit** des Antragstellers und eine **ordnungsgemäße Betriebsorganisation** überprüft werden.	
Zuverlässigkeit	**Mangelnde Zuverlässigkeit** wird angenommen, wenn der Antragsteller sich in der Vergangenheit **rechtswidrig verhalten** hat (z. B. Steuerhinterziehung, Körperverletzung, Nichtabführung der Sozialversicherungsbeiträge, Verstoß gegen Arbeitsschutz und Arbeitssicherheit, Vermögensdelikte). Darüber hinaus muss der Antragsteller über grundlegende arbeits- und sozialversicherungsrechtliche sowie steuerrechtliche Kenntnisse verfügen und ausreichende liquide Mittel (mindestens 10 000,00 EUR) nachweisen.	§ 3 Abs. 1 Nr. 1 AÜG

[1] *Als Erlaubnis wird ein Verwaltungsakt bezeichnet, mit dem das grundsätzliche Verbot eines Verhaltens im Einzelfall aufgehoben wird. Das bedeutet, dass die Arbeitnehmerüberlassung grundsätzlich verboten ist und deshalb der Erlaubnis der Aufsichtsbehörde bedarf. Bei der rechtlichen Gestaltung handelt es sich um ein sogenanntes Verbot mit Erlaubnisvorbehalt.*

[2] *Bei Einzelunternehmen ist dies meist der Inhaber. Bei einer GmbH oder AG sind es die Geschäftsführer bzw. der Vorstand. Wer gesetzlicher Vertreter ist, ist also von der gewählten Rechtsform abhängig. Nach § 7 Abs. 1 Satz 2 AÜG können sowohl natürliche Personen, Personengesamtheiten oder Personengesellschaften als auch juristische Personen des privaten und öffentlichen Rechts Antragsteller im Erlaubnisverfahren sein.*

Stichwort	Beschreibung	Vorschrift
Ordnungsgemäße Betriebsorganisation	Von einer ordnungsgemäßen Betriebsorganisation ist auszugehen, wenn der Personaldienstleister über eine **feste Betriebsstätte** mit einer entsprechenden **personellen** und **sachlichen Ausstattung** verfügt, die seine **ständige Erreichbarkeit** sicherstellt. Die Verwaltung muss die ordnungsgemäße Abrechnung des Arbeitsentgelts sowie die Abführung von Steuern und Sozialversicherungsbeiträgen gewährleisten.	§ 3 Abs. 1 Nr. 1 AÜG
Versagen der Erlaubnis	Die **Erlaubnis** wird **nicht** erteilt, wenn • mangelnde Zuverlässigkeit des Antragstellers vorliegt; • die Betriebsorganisation vermuten lässt, dass der Antragsteller den üblichen Arbeitgeberpflichten nicht nachkommt; • der Antragsteller den Gleichbehandlungsgrundsatz nicht einhält oder die Mindeststundenentgelte nicht zahlt.	§ 3 Abs. 1 Nr. 1–3 AÜG
Erteilung	Liegt kein Versagungsgrund vor, hat der Antragsteller einen **Anspruch auf Erlaubniserteilung.**	
Befristung	Die Erlaubnisbehörde erteilt bei Vorliegen aller Voraussetzungen zunächst eine **auf ein Jahr befristete** Erlaubnis, die auf Antrag ein weiteres Jahr verlängert wird. **Nach** einer **Überlassungstätigkeit** von **drei Jahren** kann der Verleiher die **unbefristete** Erlaubnis erhalten.	§ 2 Abs. 4 und Abs. 5 AÜG
Kosten	Die Kosten für die Erteilung einer befristeten Erlaubnis betragen zurzeit 750,00 EUR, für eine unbefristete Erlaubnis 2 000,00 EUR.	
Erlaubnisurkunde	Die Erlaubnis zur Arbeitnehmerüberlassung wird in einer sogenannten **Erlaubnisurkunde** dokumentiert. Die Erlaubnis erstreckt sich nicht auf eine bestimmte Betriebsstätte, sondern ist **personengebunden.** Somit kann sie nicht einfach übertragen, verkauft oder in eine andere Gesellschaft eingebracht werden[1].	siehe auch Abbildung der Erlaubnisurkunde

LF 2 / 2.1.6

[1] Ob bei einem Wechsel des gesetzlichen Vertreters eines Unternehmens eine neue Erlaubnis beantragt werden muss, ist u. a. abhängig von der Rechtsform. Ganz allgemein gilt: Bei Einzelunternehmen oder Personengesellschaften wird i. d. R. nach einem Inhaber- bzw. Gesellschafterwechsel eine erneute Erlaubnis benötigt, bei juristischen Personen (z. B. GmbH, AG) bleibt die vorhandene Erlaubnis bestehen. Insgesamt wird diese Frage im Einzelfall durch die BA geprüft. Jede Veränderung in der Geschäftsführung und Vertretung muss daher sofort gegenüber der BA angezeigt werden (vgl. § 7 Abs. 2 AÜG).

Stichwort	Beschreibung	Vorschrift
Auflagen, Widerruf, Rücknahme, Erlöschen	Die Erlaubnis kann **mit Auflagen** verbunden sein (z. B. Veränderungen in der Betriebsorganisation). Sie kann widerrufen oder nachträglich zurückgenommen werden. In beiden Fällen wurde bereits eine Erlaubnis erteilt. Bei der **Rücknahme** wird **im Nachhinein** bekannt, dass die Erlaubnis rechtswidrig erteilt wurde. Sie hätte also gar nicht erteilt werden dürfen. Beim **Widerruf** ist die Erlaubnis zwar rechtmäßig erteilt worden, aber es treten nachträglich neue Sachverhalte auf, die den Widerruf rechtfertigen (z. B. ein Verleiher erfüllt eine Auflage nicht). Sowohl die Rücknahme als auch der Widerruf wirken beide erst in der Zukunft, d. h., bereits bestehende Verträge bleiben gültig. Eine befristete Erlaubnis wird mit Fristablauf **ungültig**; eine unbefristete Erlaubnis **erlischt**, wenn von ihr drei Jahre lang kein Gebrauch gemacht wurde. Bei Widerruf, Erlöschen oder Rücknahme der Erlaubnis fordert die Arbeitsagentur die Urkunde zurück.	§ 2 Abs. 2, § 4, § 5 AÜG
Kontrollen	Durch die Befristung der Erlaubnis in den ersten drei Jahren hat die Behörde die Möglichkeit, die Zuverlässigkeit des Zeitarbeitsunternehmens sowie die ausreichende betriebliche Organisation zu überwachen. Seit Juli 2012 sind die drei folgenden Agenturen für Arbeit für die Kontrollen zuständig: Hannover, Düsseldorf und Stuttgart. Sie haben sogenannte „Prüfteams" eingerichtet. Auch danach haben die **zuständigen Stellen** jederzeit die Handhabe, das **Zeitarbeitsunternehmen zu überprüfen**. Dazu sind ihr entsprechende Befugnisse (Auskunftsanspruch, Zutritt zu den Geschäftsräumen, Vorlage von geschäftlichen Unterlagen) eingeräumt worden. *Beispiele* *Prüfungsgegenstand sind u. a. die ordnungsgemäße Personalaktenführung, die rechtlich einwandfreie Zahlung des Arbeitsentgelts, die pflichtgemäße Abführung von Steuern und Sozialversicherungsbeiträgen, die Einhaltung der Vorschriften zum Arbeits- und Gesundheitsschutz, Vertragsunterlagen (Arbeitsverträge, Zusatzvereinbarungen, Aufhebungs- und Abwicklungsverträge), Nachweis über die Aushändigung des Merkblatts für Leiharbeitnehmer/-innen, Einhaltung der Melde-, Anzeige- und Auskunftspflichten, ordnungsgemäße Beschäftigung von Ausländern, Führung von Arbeitszeitkonten usw.*	§ 7 AÜG

Stichwort	Beschreibung	Vorschrift
Statistische Daten	Das Zeitarbeitsunternehmen muss zu festgelegten Zeitpunkten (28.02. und 31.08.) bestimmte **statistische Daten** an die Bundesagentur für Arbeit melden. Dafür gibt die Erlaubnisbehörde Vordrucke (VD 61a und b) aus. Die Meldungen dienen ausschließlich statistischen Zwecken und unterliegen dem Datenschutz. Die Statistik wird erhoben, um den Arbeitsmarkt im Segment der Arbeitnehmerüberlassung abzubilden. Das gesammelte Datenmaterial wird ausgewertet und veröffentlicht (siehe Webseiten der Bundesagentur für Arbeit zur Arbeitsmarktstatistik). Ein Versäumnis der Meldepflicht stellt eine Ordnungswidrigkeit dar. *Beispiele* *Die statistischen Daten umfassen u. a. die Zahl der überlassenen Zeitarbeitnehmer, getrennt nach Geschlecht, Staatsangehörigkeit, Berufsgruppen und vorheriger Beschäftigung; die Zahl der Überlassungsfälle, gegliedert nach Wirtschaftsgruppen; Angaben zu Kundenunternehmen, Zahl und Dauer von Arbeitsverhältnissen; die Zahl der Beschäftigungstage, gegliedert nach Überlassungsfällen usw.*	§ 8 AÜG
Ordnungswidrigkeiten	Bei Ordnungswidrigkeiten können **Bußgelder** verhängt werden, in schwerwiegenden Fällen kann der **Entzug der Erlaubnis** folgen. In der Praxis ist Letzteres aber eher eine Randerscheinung. *Beispiele* *Erfolgen statistische Meldungen nicht rechtzeitig, kann ein Bußgeld von bis zu 500,00 EUR verhängt werden. Eine unzulässige Überlassung ins Bauhauptgewerbe kann mit einem Bußgeld von 25 000,00 EUR belegt werden. Für die illegale Beschäftigung von Ausländern kann ein Bußgeld von bis zu 500 000,00 EUR festgesetzt werden.*	§ 16 AÜG

Praxistipp

Nehmen Sie folgende Vordrucke und Formulare in Ihre Unterlagen auf: Kopie der Erlaubnisurkunde Ihres Ausbildungsbetriebes, ggf. Kopien der Unbedenklichkeitsbescheinigungen sowie das Antragsformular der Bundesagentur für Arbeit für die Erlaubnis. Sie finden dieses und weitere Formulare auf der Homepage der Bundesagentur für Arbeit im Bereich Arbeitnehmerüberlassung. Dort finden Sie ebenfalls die Durchführungsverordnung zum Arbeitnehmerüberlassungsgesetz, die Sie als zusätzliche Informationsquelle nutzen können.

Zusammenfassung

- Die Vorschriften des **Arbeitnehmerüberlassungsgesetzes (AÜG)** bilden den Rechtsrahmen für die Arbeitnehmerüberlassung im Rahmen einer wirtschaftlichen Tätigkeit.
- Der **sachliche** Anwendungsbereich des Arbeitnehmerüberlassungsgesetzes umfasst in erster Linie die Arbeitnehmerüberlassung im Rahmen einer wirtschaftlichen Tätigkeit, der **räumliche** Anwendungsbereich bezieht sich auf das Gebiet der Bundesrepublik Deutschland. Arbeitnehmerüberlassung wird durch das AÜG als **vorübergehend** charakterisiert.
- Die Arbeitnehmerüberlassung ist grundsätzlich **erlaubnispflichtig**. Das Arbeitnehmerüberlassungsgesetz gilt uneingeschränkt.
- Die Erlaubnis ist in der Regel **personengebunden** und wird von den zuständigen Agenturen für Arbeit in Form einer **Urkunde** erteilt.
- Die **Behörde prüft** in einem formalisierten Verfahren und mithilfe von einzureichenden Unterlagen die **Zuverlässigkeit** des Antragstellers und die **ordnungsgemäße Betriebsorganisation** des Zeitarbeitsunternehmens.
- Die Erlaubnis wird zunächst für **drei Jahre befristet** erteilt und kann danach in eine **unbefristete** Erlaubnis übergehen.
- Die Prüfteams der zuständigen Agenturen für Arbeit **kontrollieren** die **Einhaltung der Vorschriften** zur Arbeitnehmerüberlassung und können **bei Verstößen** entsprechende **Sanktionen** verhängen.

Aufgaben

1. Welche Zielsetzungen verfolgt das Arbeitnehmerüberlassungsgesetz?

2. Max Mertens war jahrelang als Personaldisponent bei der GS Personallösungen GmbH tätig. Nun möchte er sich im Bereich der Arbeitnehmerüberlassung selbstständig machen. Deshalb hat er vor, eine Erlaubnis zur Arbeitnehmerüberlassung zu beantragen.

a) Bei welcher Behörde und in welcher Form muss Herr Mertens den Antrag stellen?

b) Welche Nachweise muss er vorlegen? Nennen Sie fünf Beispiele.

c) Unter welchen Voraussetzungen erhält Herr Mertens in der Regel die benötigte Erlaubnis zur Arbeitnehmerüberlassung?

d) Für welchen Zeitraum wird die Erlaubnis ausgestellt?

e) Welche Kosten entstehen Herrn Mertens?

3. *Erstellen Sie eine Mindmap, die die wesentlichen Merkmale zur Erlaubnispflicht bzw. zum Erlaubnisverfahren erfasst. Orientieren Sie sich an folgenden Stichpunkten: Aufsichtsbehörde, Antragsverfahren, Prüfungsgesichtspunkte im Antragsverfahren, Befristung, Kosten, Bedeutung der Urkunde, Kontrollen und Sanktionen, statistische Meldungen.*

Web

4. *Welche Aussagen zum Arbeitnehmerüberlassungsgesetz, zur Arbeitnehmerüberlassung im Rahmen einer wirtschaftlichen Tätigkeit und zum Erlaubnisverfahren sind richtig?*

   a) *Die Arbeitnehmerüberlassung im Rahmen einer wirtschaftlichen Tätigkeit ist grundsätzlich erlaubnispflichtig.*
   b) *Das Arbeitnehmerüberlassungsgesetz macht Vorschriften zur inhaltlichen Gestaltung von Vermittlungsverträgen.*
   c) *Das Arbeitnehmerüberlassungsgesetz findet auch Anwendung auf andere Formen des Fremdpersonaleinsatzes, zum Beispiel bei Dienst- und Werkverträgen.*
   d) *Das Arbeitnehmerüberlassungsgesetz regelt die arbeits- und sozialrechtlichen Rahmenbedingungen der Arbeitnehmerüberlassung im Rahmen einer wirtschaftlichen Tätigkeit.*
   e) *Der räumliche Anwendungsbereich des Arbeitnehmerüberlassungsgesetzes folgt dem Territorialitätsprinzip.*
   f) *Die Erlaubnis für die Arbeitnehmerüberlassung im Rahmen einer wirtschaftlichen Tätigkeit wird von den zuständigen Stellen der Bundesagentur für Arbeit erteilt.*
   g) *Das Arbeitnehmerüberlassungsgesetz hat zum Ziel, illegale Geschäftspraktiken der Arbeitnehmerüberlassung zu unterbinden.*
   h) *Bei wiederholten oder extremen Zuwiderhandlungen gegen das Arbeitnehmerüberlassungsgesetz kann einem Zeitarbeitsunternehmen die Erlaubnis entzogen werden.*
   i) *Die Erlaubnis wird zunächst nur befristet erteilt. Nach drei Jahren kann sie, wenn keine Gründe für das Versagen vorliegen, unbefristet erteilt werden.*
   j) *Die Überlassung von Zeitarbeitskräften in denselben Kundenbetrieb ist auf zwei Jahre begrenzt.*
   k) *Ein Verleiher hat einen Rechtsanspruch auf Erteilung einer Erlaubnis, soweit keine Versagensgründe nach § 3 des Arbeitnehmerüberlassungsgesetzes vorliegen.*

2.1.3 Rechtliche Aspekte der Beziehung zwischen Zeitarbeitsunternehmen und Kundenunternehmen

2.1.3.1 Arbeitnehmerüberlassungsvertrag

Rechtsgrundlage der Beziehung zwischen Zeitarbeits- und Kundenunternehmen ist der **Arbeitnehmerüberlassungsvertrag**.

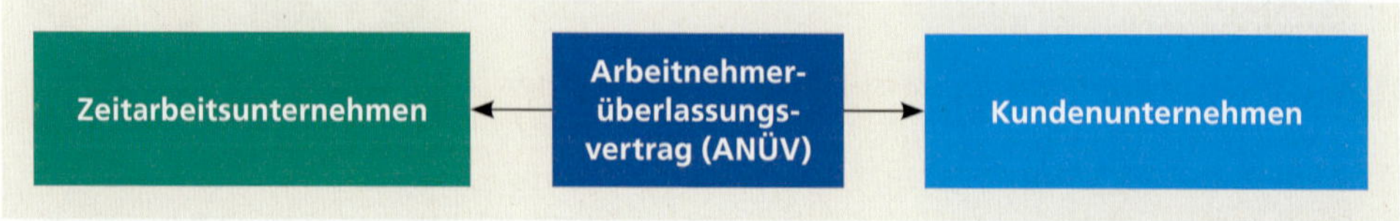

Der Arbeitnehmerüberlassungsvertrag regelt,

- welche Art von Arbeitsleistung
- für wie lange
- zu welchen Konditionen

zur Verfügung gestellt wird.

Er **bestimmt** somit die **Leistungsbeziehungen** zwischen Zeitarbeits- und Kundenunternehmen.

Die ordnungsgemäße Arbeitsleistung der eingesetzten Zeitarbeitskräfte ist nicht Inhalt des Überlassungsvertrages. Die **Leistungsverpflichtung** des Zeitarbeitsunternehmens erstreckt sich auf die **Bereitstellung von geeigneten Arbeitskräften**.

Grundsätzlich können Arbeitnehmerüberlassungsverträge im Rahmen der Vertragsfreiheit nach den Bedürfnissen der Vertragsparteien frei gestaltet werden. In der Praxis sind befristete und unbefristete sowie Einzel- und Rahmenverträge üblich.

Im fachlichen Kontext

Formvorschriften
Die Vertragsfreiheit ist ein wichtiger Bestandteil unserer Rechtsordnung und umfasst drei verschiedene Ausprägungen:

- **Abschlussfreiheit** ist die Freiheit, darüber zu entscheiden, ob und mit wem ein Vertrag abgeschlossen wird.
- **Inhaltsfreiheit** umfasst die freie inhaltliche Gestaltung durch die Vertragsparteien.
- **Formfreiheit:** Die Form des Vertrages ist frei wählbar (z. B. mündlich, schriftlich).

In einigen Fällen schränkt der Gesetzgeber die Formfreiheit ein, beispielsweise um den schwächeren Vertragspartner vor Benachteiligung zu schützen. Gesetzliche Formvorschriften sollen die Vertragspartner dazu anzuhalten, sich intensiver mit den Vertragsinhalten auseinanderzusetzen. Sie schützen vor übereiltem Vertragsabschluss, dienen der Beweissicherung und erleichtern öffentliche Kontrollen (z. B. Überprüfungen durch Behörden). Wird die vorgeschriebene Form nicht eingehalten, dann liegt ein sogenannter Formmangel vor, der zur Nichtigkeit (§ 125 BGB) des Vertrages führt.

Es werden verschiedene Formvorschriften unterschieden:

Schriftform § 126 BGB	Elektronische Form § 126a BGB	Textform § 126b BGB	Notarielle Beglaubigung § 126 BGB	Notarielle Beurkundung § 128 BGB
Die Schriftform erfordert eine Urkunde, die die wesentlichen Erklärungen enthält und die eigenhändig unterschrieben werden muss. Bei Verträgen müssen beide Vertragsparteien auf der gleichen Urkunde unterzeichnen. Bei gleichlautenden Urkunden muss jede Partei die für die andere Partei bestimmte Urkunde unterzeichnen. Vervielfältigungen, Faksimile genügen der Schriftform nicht, außer das Gesetz lässt diese Ausnahmen ausdrücklich zu.	Die elektronische Form entspricht grundsätzlich der Schriftform. Die Willenserklärung wird dabei in einem elektronischen Dokument (E-Mail) abgefasst und mit Namen und qualifizierter Signatur versehen. Bei Verträgen ist die Signatur von beiden Vertragsparteien auf einem gleichlautenden Dokument erforderlich. Für einige Verträge ist die elektronische Form ausgeschlossen (z. B. Schuldversprechen).	Die Textform ist ein neuer Typ der lesbaren, aber unterschriftslosen Erklärung. Sie wird genutzt für Mitteilungen, die reinen Informations- oder Dokumentationscharakter haben.	Die Willenserklärung erfolgt schriftlich. Die Unterschriften der Beteiligten werden durch einen Notar beglaubigt, der die Echtheit bestätigt. Der Notar prüft aber nicht die inhaltliche Erklärung der Vertragsparteien.	Eine notarielle Beurkundung hat die höchste Beweiswirkung. Sie kann alle anderen Schriftformen ersetzen. Ein Notar bestätigt den gesamten Inhalt der Willenserklärung und die Echtheit der Unterschriften. Dazu liest er den Beteiligten den erklärten Willen vor und stellt sicher, dass die Beteiligten den Text verstanden haben. Der ganze Rechtsvorgang wird protokollarisch festgehalten.

Schriftformgebot

Die Vertragsfreiheit wird für Kunden- und Zeitarbeitsunternehmen durch § 12 AÜG eingeschränkt, der Vorschriften zu **Form** und **Inhalt** des Arbeitnehmerüberlassungsvertrages (ANÜV) enthält.

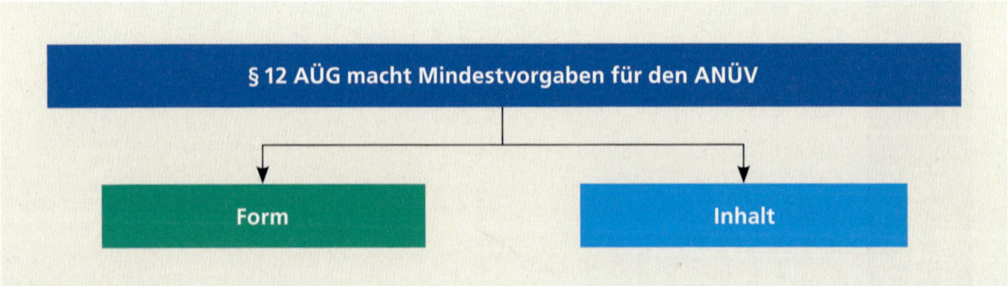

Mindestvorgaben für den ANÜV

Das AÜG schreibt in § 12 für den Überlassungsvertrag zwingend die **Schriftform nach § 126 BGB** vor.

§ 12 AÜG Rechtsbeziehungen zwischen Verleiher und Entleiher

(1) Der Vertrag zwischen dem Verleiher und dem Entleiher bedarf der Schriftform. [...]

Der **mündliche Abschluss** eines Arbeitnehmerüberlassungsvertrages führt zur Nichtigkeit wegen Formmangels (§ 125 BGB). Die Nichtigkeit wegen Formmangels umfasst grundsätzlich den gesamten Vertrag einschließlich getroffener Nebenabreden. Folglich können die Vertragsparteien aus dem „nicht existierenden" Vertrag keine Rechte ableiten (z. B. auf Vergütung der Arbeitnehmerüberlassung).

Auch eine Überlassung aufgrund einer telefonischen Absprache verstößt gegen das Gebot der Schriftform. Ebenfalls genügen Auftragsbestätigungen per Fax oder eine einfache E-Mail nicht der Formvorschrift. Die elektronische Form ist zugelassen. Voraussetzung hierfür ist aber die entsprechende technische Ausstattung beider Vertragsparteien (qualifizierte Signatur).

Merksatz

Wird das Schriftformgebot nicht eingehalten, wird der Arbeitnehmerüberlassungsvertrag nichtig.

Beispiel

In der Finke Zeitarbeit GmbH ...

Es ist Freitagnachmittag, 16:30 Uhr. Ein Kunde aus Herne ruft an und benötigt für Montagmorgen vier Helfer. Schichtbeginn ist um 6:00 Uhr in Herne. Aus Zeitgründen wird kein schriftlicher Arbeitnehmerüberlassungsvertrag abgeschlossen, sondern man einigt sich mündlich. Nach 14 Tagen stellt die Finke Zeitarbeit GmbH eine Rechnung in Höhe von 4 800,00 EUR. Der Kunde, der zurzeit Zahlungsschwierigkeiten hat, verweigert die Zahlung.

Die Finke Zeitarbeit GmbH muss nun auf zivilrechtlichem Weg den Betrag einklagen, was zeit- und kostenintensiv ist. Darüber hinaus besteht die Gefahr, dass es bei einer Überprüfung durch die Aufsichtsbehörde (Regionaldirektion der BA) zu Beanstandungen kommt. Weitere Probleme können sich aus der Nichteinhaltung von arbeitsschutzrechtlichen Vorschriften ergeben.
In ihrem Handbuch zur Arbeitnehmerüberlassung hat die Finke Zeitarbeit GmbH deshalb verfügt:

- *Für jede Überlassung wird bei der Finke Zeitarbeit GmbH ein schriftlicher Arbeitnehmerüberlassungsvertrag mit dem Kunden abgeschlossen. Der bloße Austausch der Vertragsurkunden per Telefax oder als E-Mail-Anhang ist nicht zulässig.*
- *Der Arbeitnehmerüberlassungsvertrag muss unverzüglich nach Auftragserteilung und vor Arbeitsantritt des Zeitarbeitnehmers dem Kunden zugesandt werden.*
- *Die Rücklaufkontrolle ist mithilfe von „Ramona" (Softwareprogramm) zu überwachen.*
- *Ohne Rücksendung des unterschriebenen Arbeitnehmerüberlassungsvertrages kann die Überlassung nicht erfolgen.*
- *Die vom Kunden unterschriebenen Arbeitnehmerüberlassungsverträge werden in einem Ordner aufbewahrt. Die Sortierung erfolgt nach Auftragsnummern. Die Ablage erfolgt kalenderjährlich.*

Inhalte der Vertragsurkunde gemäß § 12 AÜG

Darüber hinaus finden sich in § 12 AÜG folgende Vorgaben für die inhaltliche Gestaltung des Arbeitnehmerüberlassungsvertrages:

§ 12 AÜG Rechtsbeziehungen zwischen Verleiher und Entleiher

(1) […] In der Urkunde hat der Verleiher zu erklären, ob er die Erlaubnis nach § 1 besitzt. Der Entleiher hat in der Urkunde anzugeben, welche besonderen Merkmale die für den Leiharbeitnehmer vorgesehene Tätigkeit hat und welche berufliche Qualifikation dafür erforderlich ist sowie welche im Betrieb des Entleihers für einen vergleichbaren Arbeitnehmer des Entleihers wesentlichen Arbeitsbedingungen einschließlich des Arbeitsentgelts gelten; Letzteres gilt nicht, soweit die Voraussetzungen der in […] und § 9 Nr. 2 genannte Ausnahme vorliegen.

(2) Der Verleiher hat den Entleiher unverzüglich über den Zeitpunkt des Wegfalls der Erlaubnis zu unterrichten. In den Fällen der Nichtverlängerung […], der Rücknahme […] oder des Widerrufs […] hat er ihn ferner auf das voraussichtliche Ende der Abwicklung […] und die gesetzliche Abwicklungsfrist […] hinzuweisen.

Angaben zur Erlaubnis

Das Zeitarbeitsunternehmen hat im Arbeitnehmerüberlassungsvertrag zu dokumentieren, ob es eine **Erlaubnis** zur Arbeitnehmerüberlassung besitzt.

Durch die detaillierten Angaben (Erlaubnisbehörde, Datum, Befristung) kann der Kunde die Angaben des Zeitarbeitsunternehmens prüfen. Er kann sich so vor illegaler Arbeitnehmerüberlassung schützen, die für ihn gravierende Folgen hätte. LF 2/ 2.1.7

Ergeben sich Änderungen bezüglich der Erlaubnis, dann ist das Zeitarbeitsunternehmen verpflichtet, den Kunden unverzüglich zu informieren (§ 12 Abs. 2 AÜG).

Angaben zum Tätigkeitsprofil

Durch die geforderten **Mindestangaben zum Tätigkeitsprofil** wird ...

- der Überlassungsrahmen, in dem der Arbeitnehmer seine Leistung erbringen soll, konkretisiert;
- sichergestellt, dass der richtige Mitarbeiter für die Stelle ausgewählt wird;
- die Einhaltung von arbeitsschutzrechtlichen Vorgaben erleichtert;
- ein Auswahlverschulden vermieden.

Beispiel
Bei den Möbelwerkstätten Gruner und Kamper OHG werden Helfer im Lagerbereich eingesetzt. Im Überlassungsvertrag wurde als Tätigkeitsprofil „einfache Lagertätigkeiten" durch das Kundenunternehmen angegeben. Der externe Mitarbeiter Ludwig Kern, der keinen Staplerschein besitzt, wird vom Lagerleiter angewiesen, den Gabelstapler zu fahren, weil ein eigener Mitarbeiter kurzfristig erkrankt ist. Ludwig Kern verursacht einen Unfall, bei dem er sich selbstschwer verletzt und einen Sachschaden in Höhe von 12 000,00 EUR verursacht. Das Kundenunternehmen verlangt von der Finke Zeitarbeit GmbH, für den Schaden aufzukommen. Die Finke Zeitarbeit GmbH muss in diesem Fall keinen Schadensersatz leisten, da sie den Mitarbeiter genau so ausgewählt hat, wie es im Tätigkeitsprofil vereinbart war. Der Kunde hätte diesen Mitarbeiter nicht als Staplerfahrer einsetzen dürfen: Nach dem Überlassungsvertrag war ein einfacher Lagerhelfer geordert worden.

Die Beschreibung des Tätigkeitsprofils sollte so konkret und genau wie möglich erfolgen:

- präzise Beschreibung der Tätigkeit (ggf. genaue Berufsbezeichnung),
- Angabe von besonderen Erschwernissen (Lärm, Hitze, Hebelasten, gefährliche Stoffe),
- Tätigkeits- und Ortswechsel (Montage),
- körperliche und gesundheitliche Belastungen, die mit der Tätigkeit verbunden sind,
- fachliche Qualifikationen und besondere berufliche Kenntnisse (z. B. Staplerschein, Wirtschaftsenglisch, Erfahrung im Umgang mit gefährlichen Stoffen).

In der Praxis werden die Tätigkeiten häufig durch Anforderungsprofile beschrieben, die dem Überlassungsvertrag als Anlage beigefügt werden.

Merksatz
Im Arbeitnehmerüberlassungsvertrag müssen Angaben zur Erlaubnis und zum Tätigkeitsprofil gemacht werden.

Angaben zu den wesentlichen Arbeitsbedingungen

LF 2/ 2.1.6

Im Arbeitnehmerüberlassungsvertrag müssen die wesentlichen Arbeitsbedingungen einschließlich Arbeitsentgelt aufgenommen werden, die für einen vergleichbaren Arbeitnehmer im Kundenbetrieb gelten. Hierdurch soll sichergestellt werden, dass das Zeitarbeitsunternehmen den Gleichbehandlungsgrundsatz einhält. Die Angaben sind **nicht** notwendig, wenn ein Tarifvertrag zur Anwendung kommt.

Beispiel

	Checkliste: Was gehört in den Arbeitnehmerüberlassungsvertrag?	✓
1.	Exakte Beschreibung der Tätigkeit, die der Zeitarbeitnehmer erbringen soll	
2.	Zeitdauer der Überlassung des Zeitarbeitnehmers	
3.	Vereinbarung der Vergütungshöhe (Stundensätze)	
4.	Vereinbarung von Zuschlägen für Mehrarbeit, Sonn- oder Feiertagsarbeit etc.	
5.	Angabe zur Fälligkeit der Vergütung (nach effektiv geleisteten Arbeitsstunden)	
6.	ggf. Vereinbarung, unter welchen Bedingungen eine Übernahme des Zeitarbeitnehmers in die Stammbelegschaft erfolgen kann	
7.	als Anlage: Vorlage der Erlaubnisurkunde, die bestätigt, dass das Zeitarbeitsunternehmen zur Arbeitnehmerüberlassung berechtigt ist	
8.	als Anlage: Unbedenklichkeitsbescheinigung der Sozialversicherungsträger des Zeitarbeitsunternehmens	

Quelle: Wilcken, Stephan: Mitarbeiter ohne Festanstellung. Freie Mitarbeit, Zeitarbeit, Werkvertrag, Praktikum, Rudolf Haufe Verlag, Freiburg, 2008, Material auf der Begleit-CD.

Einstellungsverbote

Im Überlassungsvertrag dürfen keine Klauseln aufgenommen werden, die es dem **Kundenunternehmen untersagen**, nach Ablauf der Überlassung **den Zeitarbeitnehmer selbst einzustellen** (vgl. § 9 Nr. 3 AÜG).

Das Zeitarbeitsunternehmen ist berechtigt, im Überlassungsvertrag eine Vermittlungsgebühr zu vereinbaren. In der Praxis sind die Vermittlungshonorare an die Honorare bei Personalvermittlungen angelehnt. Sie sind meistens gestaffelt und fallen bei einer zuvor kurzen Überlassungsdauer entsprechend höher aus.

Merksatz
Im Arbeitnehmerüberlassungsvertrag dürfen keine Klauseln enthalten sein, die eine Übernahme des Zeitarbeitnehmers durch den Kundenbetrieb ausschließen.

2.1.3.2 Aufspaltung des Direktionsrechts

Die Leistungsverpflichtung eines Arbeitnehmers ist im Arbeitsvertrag nur rahmenmäßig bestimmt und muss konkretisiert werden. Dazu steht dem Arbeitgeber ein Direktionsrecht zu.

Definition
Das **Direktionsrecht**, auch **Weisungsrecht** genannt, ist die Befugnis des Arbeitgebers, Inhalt, Ort und Zeit der Arbeitsleistung sowie Ordnung und Verhalten der Arbeitnehmer im Betrieb nach billigendem Ermessen näher zu bestimmen (§ 106 GewO). Dabei sind die Bestimmungen des Individual- und Kollektivarbeitsrechts einzuhalten.

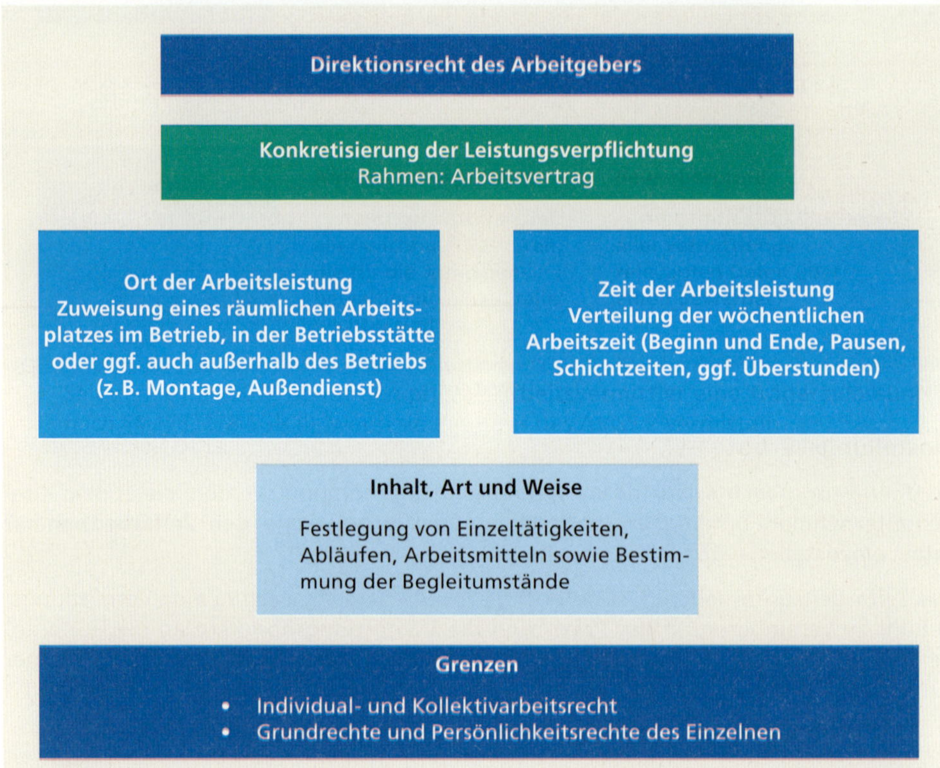

Konkretisierung der Leistungsverpflichtung

Direktionsrecht

Die Anweisungen im Rahmen des Direktionsrechts hat der Arbeitnehmer zu befolgen. Tut er dies nicht, kann der Arbeitgeber Abmahnungen aussprechen oder ggf. im Wiederholungsfall auch die Kündigung.

Das Direktionsrecht übt als Vertragsarbeitgeber grundsätzlich das Zeitarbeitsunternehmen aus (**Arbeitgeberdirektionsrecht**).

Übertragung des Direktionsrechts

Mit Abschluss des Arbeitnehmerüberlassungsvertrages überträgt das Zeitarbeitsunternehmen einen Teil des Direktionsrechts an das Kundenunternehmen. Dadurch kann der Zeitarbeitnehmer in den Kundenbetrieb eingegliedert und nach den betrieblichen Erfordernissen eingesetzt werden.

Der Kunde erhält somit ein **eingeschränktes Direktionsrecht** (fachliches oder arbeitsplatzbezogenes Weisungsrecht). Es berechtigt ihn, dem Zeitarbeitnehmer Anweisungen zu geben, die im Zusammenhang mit den Tätigkeiten stehen, die im Überlassungsvertrag genannt werden. Das Direktionsrecht des Kunden besteht nur für die Einsatzzeit im Kundenbetrieb.

Das **disziplinarische Weisungsrecht** (z. B. Abmahnungen, Kündigungen) bleibt auch während der Überlassungszeit ausschließlich beim Zeitarbeitsunternehmen.

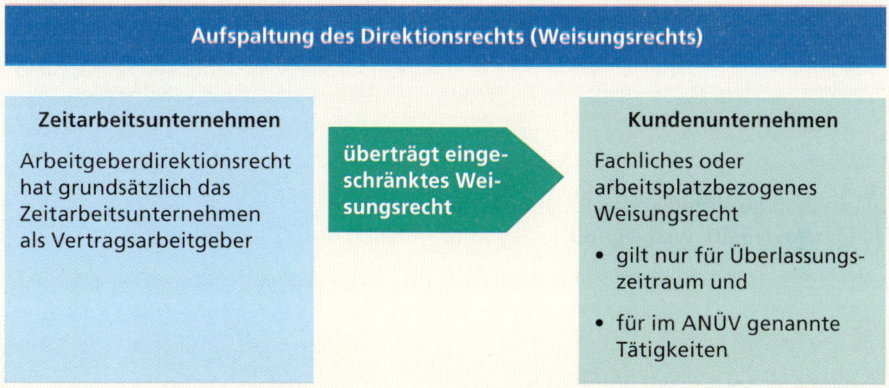

Beispiel

Christina Halm ist für 6 Monate an die Dortmunder Metallbau GmbH überlassen worden, um eine Kunden- bzw. Interessentendatei aufzubauen. Der zuständige Ansprechpartner Arndt Eschenbach gibt ihr Anweisungen, in welchem Büroraum und zu welchen Zeiten sie arbeiten soll. Christina Halm erhält zusätzliche Informationen zur Art ihrer Arbeit (Aufbau der Kundendatei, anzuwendende Softwareprogramme) sowie zum Verhalten im Betrieb (z. B. Rauchverbot, Meldeformel am Telefon).

Arndt Eschenbach könnte Christina Halm aber nicht anweisen, wegen Personalausfalls die Büroräume zu reinigen, da dies nicht Gegenstand des Überlassungsvertrags ist.

Die Abmeldung im Krankheitsfall oder die Beantragung von Urlaub richtet Christina Halm ausschließlich an die Finke Zeitarbeit GmbH. Ebenso entscheidet die Finke Zeitarbeit GmbH über eine Verlängerung des Arbeitseinsatzes beim Kundenunternehmen oder über einen anderen Kundeneinsatz.

Merksatz
Das **Weisungsrecht des Kunden** gegenüber Zeitarbeitskräften bezieht sich nur auf die **im Überlassungsvertrag genannten** Tätigkeiten bzw. Vereinbarungen. Es endet mit Ablauf der Überlassung.

2.1.3.3 Gemeinsame Verantwortung für den Arbeitsschutz

Für die Einhaltung der arbeitsschutzrechtlichen Vorschriften ist grundsätzlich der Vertragsarbeitgeber verantwortlich. Er muss dafür sorgen, dass seine Mitarbeiter vor Gefahren für Sicherheit, Gesundheit und Leben ausreichend geschützt sind.

Bd. 2/ LF 6

Bei der Zeitarbeit besteht die Verantwortung für die Einhaltung des Arbeitsschutzes aber auch für das Kundenunternehmen. Es muss den Zeitarbeitskräften den gleichen Schutz wie den Stammmitarbeitern gewähren.

Auszug aus dem Arbeitnehmerüberlassungsgesetz:

§ 11 AÜG Sonstige Vorschriften über das Leiharbeitsverhältnis

[...]

(6) Die Tätigkeit des Leiharbeitnehmers bei dem Entleiher unterliegt den für den Betrieb des Entleihers geltenden öffentlich-rechtlichen Vorschriften des Arbeitsschutzrechts; die hieraus sich ergebenden Pflichten für den Arbeitgeber obliegen dem Entleiher unbeschadet der Pflichten des Verleihers. Insbesondere hat der Entleiher den Leiharbeitnehmer vor Beginn der Beschäftigung und bei Veränderungen in seinem Arbeitsbereich über Gefahren für Sicherheit und Gesundheit, denen er bei der Arbeit ausgesetzt sein kann, sowie über die Maßnahmen und Einrichtungen zur Abwendung dieser Gefahren zu unterrichten. Der Entleiher hat den Leiharbeitnehmer zusätzlich über die Notwendigkeit besonderer Qualifikationen oder beruflicher Fähigkeiten oder einer besonderen ärztlichen Überwachung sowie über erhöhte besondere Gefahren des Arbeitsplatzes zu unterrichten.

Das Zeitarbeitsunternehmen bleibt also grundsätzlich mitverantwortlich (§ 11 Nr. 6 AÜG). Es muss dafür sorgen, dass im Kundenbetrieb die entsprechenden Schutzvorschriften bei Einsatz der Zeitarbeitskräfte beachtet werden. Deshalb berücksichtigen viele Personaldienstleister Arbeitssicherheit und Arbeitsschutz bereits bei der Betriebsorganisation.

Beispiel
Die Colonia Zeitarbeit GmbH hat zur Einhaltung der arbeitsschutzrechtlichen Anforderungen in Anlehnung an das Merkblatt ihrer Berufsgenossenschaft folgende Maßnahmen ergriffen:

- *Arbeitsanweisungen für die Personalverantwortlichen/Führungskräfte*
- *Bestellung von Sicherheitsbeauftragten*
- *Bestellung und Verpflichtung eines Betriebsarztes*
- *Bildung eines Arbeitsschutzausschusses*
- *Erfassung der Qualifikationen der Zeitarbeitnehmer*
- *Sicherheitstechnische Unterweisung der Zeitarbeitnehmer*

- *Auftragsannahme unter Berücksichtigung sicherheitstechnischer Kriterien*
- *Ausstattung der Zeitarbeitnehmer mit persönlicher Schutzausrüstung*
- *Durchführung und Maßnahmen der arbeitsmedizinischen Vorsorge*
- *Sicherstellung der Ersten Hilfe am Einsatzort*
- *Unterweisung über Sicherheit und Gesundheitsschutz bei der Arbeit am Tätigkeitsort*
- *Sicherheitstechnische Kontrollen am Tätigkeitsort*
- *Maßnahmen bei der Umsetzung von Zeitarbeitnehmern*
- *Durchführung von Unfalluntersuchungen am Tätigkeitsort*
- *Analyse des gesamten Unfallgeschehens und arbeitsbedingter Erkrankungen*

Gemäß § 11 Nr. 6 AÜG müssen die **Verantwortlichen im Kundenunternehmen** die Zeitarbeitskräfte **vor Beginn der Beschäftigung** und auch **bei Änderungen über alle Gefahren für Sicherheit und Gesundheit informieren**, die sich durch den konkreten Arbeitsplatz bzw. durch die Tätigkeit im Kundenunternehmen ergeben. Das umfasst auch den Hinweis auf benötigte Qualifikationen (z. B. Staplerschein) oder spezielle berufliche Fähigkeiten sowie mögliche medizinische Untersuchungen bzw. ärztliche Überwachungen.

Auch für Kundenunternehmen gibt es entsprechende Informationen der Berufsgenossenschaften, wie der Arbeitsschutz beim Einsatz von Zeitarbeitskräften umgesetzt werden kann.

Beispiele
Auswahl des Zeitarbeitsunternehmens und Auftragsvergabe unter arbeitsschutz- und sicherheitstechnischen Aspekten, Einbezug von Fachkräften für Arbeitssicherheit, Betriebsärzte bei der arbeitsschutzrechtlichen Eingliederung der Zeitarbeitskräfte, Unterweisung über Sicherheit und Gesundheitsschutz am konkreten Arbeitsplatz, Ausgabe der persönlichen Schutzausrüstung in Absprache mit dem Personaldienstleister, arbeitsmedizinische Vorsorge

Die in den Beispielen aufgeführten umfangreichen Maßnahmen machen den **Stellenwert des Arbeitsschutzes in der Zeitarbeit** deutlich. Aus diesem Grund sind für angehende Personaldienstleistungskaufleute ausbildungsbegleitende Seminare durch die Verwaltungsberufsgenossenschaft ins Leben gerufen worden.

Recherchetipp

Das Seminarangebot kann auf der Homepage der Verwaltungsberufsgenossenschaft eingesehen werden: www.vbg.de

Zusammenfassung

- Die **Vertragsgrundlage** für die Leistungsbeziehung zwischen Zeitarbeitsunternehmen und Kundenunternehmen ist der **Arbeitnehmerüberlassungsvertrag**.
- Die Leistungsverpflichtung umfasst die **Bereitstellung** von **geeigneten Arbeitskräften**. Das Kundenunternehmen ist verpflichtet, die **vereinbarte Vergütung** zu zahlen. Für die Überlassungszeit erhält der Kunde ein **eingeschränktes Weisungsrecht** (fachliches oder arbeitsplatzbezogenes Weisungsrecht). Das **disziplinarische Weisungsrecht** hat grundsätzlich das Zeitarbeitsunternehmen.
- Für den Abschluss des Arbeitnehmerüberlassungsvertrages gilt der Grundsatz der **Vertragsfreiheit** (z.B. Preisgestaltung, Gestaltung von Vertragsklauseln). **Aber** die Vertragsfreiheit wird durch die Vorschriften des **§ 12 AÜG** eingeschränkt: **Schriftformgebot** und **Mindestinhalte**.
- Vorschriften des **AÜG** für den **Arbeitnehmerüberlassungsvertrag:**

(Vertrags-)Beziehungen zwischen Zeitarbeits- und Kundenunternehmen

Zeitarbeitsunternehmen ← **Arbeitnehmerüberlassungsvertrag § 12 AÜG** → **Kundenunternehmen**

Zeitarbeitsunternehmen

- ist verpflichtet, geeignete Arbeitskräfte für den vereinbarten Zeitraum zu überlassen
- Dokumentationspflichten im ANÜV
  Erklärung zur vorliegenden Erlaubnis
- Informationspflichten:
  Unverzügliche Benachrichtigung des Kundenunternehmens bei Wegfall der Erlaubnis, ggf. Angabe von Abwicklungsfrist und Abwicklungsende

Arbeitnehmerüberlassungsvertrag § 12 AÜG

- SCHRIFTFORMGEBOT
  Nichtbeachtung = Formmangel
  führt zur Nichtigkeit des Vertrages
- Unzulässige Klausel
  Einstellungsverbot
  § 9 Nr. 3 AÜG

Kundenunternehmen

- • ist verpflichtet, vereinbartes Entgelt zu zahlen
  • kann eingeschränktes Direktionsrecht (Weisungsrecht) ausüben
- Dokumentationspflichten im ANÜV:
  Angaben zum Tätigkeitsprofil (besondere Merkmale und berufliche Qualifikationen),
  Angaben zu den wesentlichen Arbeitsbedingungen vergleichbarer Arbeitnehmer im Kundenunternehmen (Ausnahme: Zeitarbeitstarif vertrag kann angewendet werden)

- Nach § 9 Nr. 3 AÜG sind im Arbeitnehmerüberlassungsvertrag **Klauseln unzulässig**, die die **Übernahme der Zeitarbeitskraft** durch das Kundenunternehmen **ausschließen** bzw. behindern.
- Kundenunternehmen und Zeitarbeitsunternehmen haben während der Überlassungszeit eine **gemeinsame Verantwortung** für die Gewährleistung von **Arbeitssicherheit** und **Arbeitsschutz**.

Aufgaben

1. *Geben Sie an, welche Punkte Gegenstand eines Arbeitnehmerüberlassungsvertrages sind.*

2. *Erläutern Sie, welche Formvorschriften für den Arbeitnehmerüberlassungsvertrag existieren. Gehen Sie auch auf mögliche Folgen ein, wenn diese Formvorschriften nicht eingehalten werden.*

3. *Das Arbeitnehmerüberlassungsgesetz gibt in § 12 verschiedene Dokumentationspflichten für das Zeitarbeits- bzw. Kundenunternehmen sowie Informationspflichten für das Zeitarbeitsunternehmen vor. Erläutern Sie diese.*

4. *Erklären Sie die Aufspaltung des Direktionsrechts in der Zeitarbeit. Geben Sie Beispiele an, welche Anweisungen durch das eingeschränkte Weisungsrecht des Kunden abgedeckt sind bzw. ausschließlich durch das Zeitarbeitsunternehmen als Vertragsarbeitgeber erfolgen können.*

5. *Beurteilen Sie in den nachfolgenden Fällen das Handeln der GS Personallösungen GmbH (Zeitarbeitsunternehmen) unter rechtlichen und ggf. auch unter qualitativen Gesichtspunkten:*
   a) *Die AS-Handelskette AG ordert am 03.11. bei der GS Personallösungen GmbH fünf Lageristen. Am 04.11. nehmen die externen Mitarbeiter ihre Arbeit im Lager der Handelskette auf. Am 06.11. wird der Arbeitnehmerüberlassungsvertrag abgeschlossen.*
   b) *Die GS Personallösungen GmbH schickt einem Kunden per Fax einen Arbeitnehmerüberlassungsvertrag mit der Bitte um Unterschrift zu. Der Kunde unterschreibt und faxt den Vertrag sofort an das Zeitarbeitsunternehmen zurück.*
   c) *Die GS Personallösungen GmbH schließt mit einem neuen Kundenunternehmen einen Arbeitnehmerüberlassungsvertrag ab. Aus Zeitgründen schafft es der Personaldisponent nicht, sich die Arbeitsplätze im Kundenunternehmen anzuschauen.*
   d) *Die Metallwerke AG benötigt zwei Schweißer. Am Telefon erfragt der Personaldisponent, was die beiden Schweißer genau können sollen und an welchem Arbeitsplatz sie eingesetzt werden sollen. In den Arbeitnehmerüberlassungsvertrag nimmt er anschließend folgenden Text auf: „Der Verleiher verpflichtet sich, dem Entleiher zwei Schweißer zum Einsatz im Betrieb des Entleihers zu überlassen."*
   e) *Der Personalreferent der AS-Handelskette AG schickt einen Lageristen in die Verkaufsabteilung, weil dort kurzfristig zwei Verkäuferinnen ausgefallen sind. Er soll an der Kassenzone mitarbeiten und dort jeweils die einzelnen Waren in die Einkaufstüten legen.*
   f) *Bei der GS Personallösungen GmbH wird im Arbeitnehmerüberlassungsvertrag eine Vermittlungsgebühr vereinbart. Der Kunde ist der Ansicht, dass dies nicht zulässig ist.*
   g) *Ein Kundenunternehmen ruft bei der GS Personallösungen GmbH an, um sich über die langsame Arbeitsweise eines Zeitarbeitnehmers zu beschweren. Der Kunde droht an, deswegen kein Überlassungshonorar zu zahlen.*

2.1.4 Rechtliche Aspekte der Beziehung zwischen Zeitarbeitsunternehmen und Zeitarbeitnehmern

Bei einem Arbeitsverhältnis zwischen Zeitarbeitskraft und Zeitarbeitsunternehmen handelt es sich um ein **ganz normales Arbeitsverhältnis,** aus dem sich für beide Vertragsparteien Rechte und Pflichten ergeben.

Das **Zeitarbeitsunternehmen** übernimmt die üblichen **Arbeitgeberpflichten**: Es zahlt die Vergütung, gewährt Urlaub, führt Steuern und Sozialversicherungsabgaben ab, leistet Entgeltfortzahlung im Krankheitsfall und ist für die Einhaltung von Arbeits- und Unfallschutz verantwortlich. Der **Zeitarbeitnehmer** verpflichtet sich, die im Arbeitsvertrag vereinbarte **Arbeitsleistung zu erbringen**.

Soll das Arbeitsverhältnis gekündigt werden, gelten mindestens die gesetzlichen Kündigungsfristen. Zur Kündigung eines Zeitarbeitnehmers ist nur der Vertragsarbeitgeber, also das Zeitarbeitsunternehmen, berechtigt.

2.1.4.1 Arbeitsvertrag

Rechtliche Grundlage ist der zwischen beiden Beteiligten abgeschlossene Arbeitsvertrag. Er definiert die beiden Vertragsparteien als **Arbeitgeber und Arbeitnehmer**.

Beim Abschluss eines Arbeitsvertrages mit einem Zeitarbeitnehmer sind bestimmte Rechtsnormen zu beachten. Dazu gehören u. a.:

- das Bürgerliche Gesetzbuch (BGB),
- das Nachweisgesetz (NachwG),
- das Arbeitnehmerüberlassungsgesetz (AÜG),
- ggf. das Teilzeit- und Befristungsgesetz (TzBfG) sowie
- Tarifverträge der Zeitarbeitsbranche.

Die einzelnen Bestimmungen stehen in einer Rangordnung. Finden sich in einem übergeordneten Gesetz Regelungen zum Sachverhalt, dann gelten diese gegenüber den Regelungen der untergeordneten Rechtsnorm.

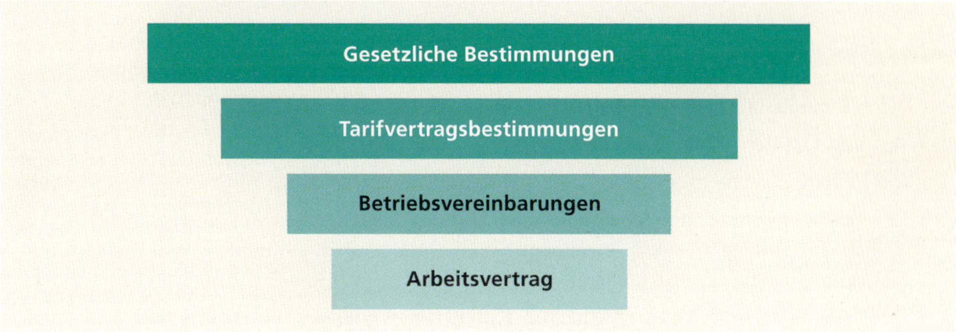

Rangordnung gesetzlicher Regelungen

Bei einem Arbeitsvertrag handelt es sich um einen **Unterfall des Dienstvertrages**, der in § 611 des Bürgerlichen Gesetzbuchs (BGB) seine Rechtsgrundlage hat.

§ 611 BGB Vertragstypische Pflichten beim Dienstvertrag

(1) Durch den Dienstvertrag wird derjenige, welcher Dienste zusagt, zur Leistung der versprochenen Dienste, der andere Teil zur Gewährung der vereinbarten Vergütung verpflichtet.

(2) Gegenstand des Dienstvertrags können Dienste jeder Art sein.

Überlassungsklausel

Üblicherweise leisten Arbeitnehmer ihre „Dienste" beim Vertragsarbeitgeber ab. Der Arbeitseinsatz von Zeitarbeitskräften erfolgt jedoch in der Regel nicht beim Zeitarbeitsunternehmen, sondern bei verschiedenen Kundenunternehmen. Im Arbeitsvertrag muss der **Zeitarbeitnehmer ausdrücklich zustimmen**, mit dem **Einsatz in fremden Unternehmen** einverstanden zu sein. Denn nach § 613 Satz 2 BGB ist der Anspruch auf eine Arbeitsleistung grundsätzlich nicht übertragbar.

§ 613 BGB Unübertragbarkeit

Der zur Dienstleistung Verpflichtete hat die Dienste im Zweifel in Person zu leisten. Der Anspruch auf die Dienste ist im Zweifel nicht übertragbar.

Darüber hinaus muss im Arbeitsvertrag auch aufgeführt sein, ob sich der Arbeitnehmer generell oder einmalig zur Überlassung verpflichtet.

Beispiel
Auszug aus einem Arbeitsvertrag mit einem Zeitarbeitnehmer

§ 1 Rechtliche Voraussetzungen

[...]

(2) Gegenstand dieses Arbeitsvertrages ist auch die Überlassung des Leiharbeitnehmers zur Arbeitsleistung an Kunden des Verleihers gegen Entgelt. Der Leiharbeitnehmer erklärt sich mit dieser Überlassung einverstanden. [...]

§ 3 Art und Ort der Arbeitsleistung

(1) Der Leiharbeitnehmer wird als .... eingestellt.

(2) Der Verleiher ist berechtigt, dem Leiharbeitnehmer innerhalb der in Abs. 1 genannten Tätigkeit auch andere Aufgaben – auch an anderen Orten – zuzuweisen, soweit dies nach seinen Kenntnissen und Fähigkeiten zumutbar ist.

(3) Der Leiharbeitnehmer ist verpflichtet, bei Kunden des Verleihers (Entleihern) tätig zu werden.

(4) Der Verleiher ist berechtigt, den Leiharbeitnehmer jederzeit von seinem Einsatzort abzuberufen und anderweitig einzusetzen. Für die Einsatzdauer bei einem Entleiher unterliegt der Leiharbeitnehmer dem Direktionsrecht des Entleihers im Rahmen dieses Vertrages. [...]

(5) In Zeiträumen, in denen der Leiharbeitnehmer nicht bei einem Entleiher eingesetzt werden kann, hat der Leiharbeitnehmer seine Arbeitskraft dem Verleiher zur Verfügung zu stellen. Kann auch der Verleiher den Leiharbeitnehmer nicht beschäftigen, ist der Leiharbeitnehmer verpflichtet, sich einmal täglich in den Geschäftsräumen des Verleihers persönlich zu melden, um sich nach dem Folgeeinsatz zu erkundigen.

§ 4 Arbeitszeit

[...]

(3) Während der Überlassung an einen Entleiher richten sich Beginn und Ende der täglichen Arbeitszeit einschließlich der Pausen und die Verteilung der Arbeitszeit auf die einzelnen Wochentage nach den im jeweiligen Kundenbetrieb gültigen Regelungen bzw. Anforderungen des Entleiherbetriebs.

Quelle: Pollert, Dirk/Spieler, Sven: Die Arbeitnehmerüberlassung in der betrieblichen Praxis, 2. Aufl., Verlagsgruppe Hüthig Jehle Rehm GmbH, Heidelberg, 2008, CD mit Vertragsmustern.

Merksatz

Der **Arbeitsvertrag** des Zeitarbeitnehmers besteht **mit dem Zeitarbeitsunternehmen** (Vertragsarbeitgeber). Die **Arbeitsleistung** erbringt der Zeitarbeitnehmer **bei Kundenunternehmen**. Dazu muss er im Arbeitsvertrag seine **Zustimmung** geben.

Formfreiheit

LF 2/ 2.1.3.1

Grundsätzlich besteht für den Abschluss von Arbeitsverträgen Formfreiheit, sofern nicht gesetzliche Vorschriften, Tarifverträge oder Betriebsvereinbarungen etwas anderes bestimmen.

Auszug aus der Gewerbeordnung (GewO):

§ 105 GewO Freie Gestaltung des Arbeitsvertrages

Arbeitgeber und Arbeitnehmer können Abschluss, Inhalt und Form des Arbeitsvertrages frei vereinbaren, soweit nicht zwingende gesetzliche Vorschriften, Bestimmungen eines anwendbaren Tarifvertrages oder einer Betriebsvereinbarung entgegenstehen. Soweit die Vertragsbedingungen wesentlich sind, richtet sich ihr Nachweis nach den Bestimmungen des Nachweisgesetzes.

Formfreiheit bedeutet, dass ein Arbeitsvertrag mündlich oder schriftlich abgeschlossen werden kann. In der betrieblichen Praxis werden Arbeitsverträge **schriftlich** abgeschlossen. Dadurch wird eine größere Rechtssicherheit für alle Beteiligten geschaffen.

Formvorschriften

Die Formfreiheit beim Abschluss von Arbeitsverträgen wird aufgehoben, wenn **Tarifverträge oder Betriebsvereinbarungen** die Schriftform vorschreiben. Auch bei den Tarifen in der Zeitarbeitsbranche finden sich entsprechende Regelungen.

Beispiel

Auszug aus dem Manteltarifvertrag des Interessenverbands Deutscher Zeitarbeitnehmer e. V.

§ 2 Beginn und Ende des Beschäftigungsverhältnisses

Der Arbeitgeber hat mit dem Arbeitnehmer einen schriftlichen Arbeitsvertrag abzuschließen.

In der Praxis ist es üblich, neben unbefristeten Arbeitsverträgen auch befristete Arbeitsverträge abzuschließen, die genau wie jedes andere Teilzeitbeschäftigungsverhältnis den Vorschriften des **Teilzeit- und Befristungsgesetzes (TzBfG)** entsprechen müssen. Bei befristeten Arbeitsverträgen schreibt § 14 TzBfG die Schriftform vor. Wird die Schriftform nicht eingehalten, dann ist nur die Befristungsabrede unwirksam. Der Arbeitsvertrag bleibt dennoch bestehen.

Merksatz

Arbeitsverträge können **formfrei** abgeschlossen werden, sofern keine andere Rechtsnorm (z. B. Tarifvertrag oder Betriebsvereinbarung) die Schriftform vorsieht. Aus Sicherheits- und Beweisgründen sollten sie aber immer **schriftlich** geschlossen werden.

Nachweispflichten

Wird kein schriftlicher Arbeitsvertrag geschlossen, dann ist der Arbeitgeber nach § 2 des Nachweisgesetzes (NachwG) dazu verpflichtet, innerhalb **eines Monats** nach Vertragsbeginn die **wesentlichen Vertragsbedingungen** in einer von ihm unterzeichneten **schriftlichen Urkunde** niederzulegen und diese Urkunde dem Arbeitnehmer auszuhändigen. Das Gleiche gilt, wenn Vertragsbedingungen sich im Laufe der Zeit ändern.

Bei dieser Verpflichtung handelt es sich um eine **Dokumentationspflicht** und nicht um eine gesetzliche Formvorschrift. Kommt der Arbeitgeber dieser Pflicht nicht nach, bleibt das Arbeitsverhältnis trotzdem wirksam. Der Arbeitnehmer kann aber die Erfüllung der Nachweispflicht einklagen.

Das Nachweisgesetz legt darüber hinaus in § 2 fest, welche **Mindestinhalte** dokumentiert werden müssen. Die Aufzählung ist also nicht erschöpfend[1].

Auszug aus dem Nachweisgesetz:

§ 2 NachwG Nachweispflicht

(1) Der Arbeitgeber hat spätestens einen Monat nach dem vereinbarten Beginn des Arbeitsverhältnisses die wesentlichen Vertragsbedingungen schriftlich niederzulegen, die Niederschrift zu unterzeichnen und dem Arbeitnehmer auszuhändigen. In die Niederschrift sind mindestens aufzunehmen:

1. der Name und die Anschrift der Vertragsparteien,
2. der Zeitpunkt des Beginns des Arbeitsverhältnisses,
3. bei befristeten Arbeitsverhältnissen: die vorhersehbare Dauer des Arbeitsverhältnisses,
4. der Arbeitsort oder, falls der Arbeitnehmer nicht nur an einem bestimmten Arbeitsort tätig sein soll, ein Hinweis darauf, dass der Arbeitnehmer an verschiedenen Orten beschäftigt werden kann,
5. eine kurze Charakterisierung oder Beschreibung der vom Arbeitnehmer zu leistenden Tätigkeit,
6. die Zusammensetzung und die Höhe des Arbeitsentgelts einschließlich der Zuschläge, der Zulagen, Prämien und Sonderzahlungen sowie anderer Bestandteile des Arbeitsentgelts und deren Fälligkeit,
7. die vereinbarte Arbeitszeit,
8. die Dauer des jährlichen Erholungsurlaubs,
9. die Fristen für die Kündigung des Arbeitsverhältnisses,
10. ein in allgemeiner Form gehaltener Hinweis auf die Tarifverträge, Betriebs- oder Dienstvereinbarungen, die auf das Arbeitsverhältnis anzuwenden sind.

[...]

Der Gesetzgeber entbindet die Arbeitgeber von der Erstellung einer solchen Niederschrift gemäß NachWG, wenn bereits ein schriftlicher Arbeitsvertrag geschlossen wurde (§ 2 Abs. 4 NachwG), der alle erforderlichen Mindestinhalte nach § 2 NachwG und § 11 Abs. 1 AÜG enthält.

Beispiel

Frank Seubert arbeitet seit fünf Wochen bei der GS Personallösungen GmbH. Der Arbeitsvertrag wurde mündlich abgeschlossen. Bisher hat er keinen schriftlichen Nachweis über die wesentlichen Arbeitsbedingungen erhalten. Nun ist Herr Seubert der Meinung, sein Arbeitsvertrag wäre gar nicht zustande gekommen. Wie ist die Rechtslage?

Grundsätzlich hat Frank Seubert keinen Anspruch auf einen schriftlichen Arbeitsvertrag, es sei denn, besondere gesetzliche oder tarifliche Bestimmungen erfordern die Schriftform. Allerdings hat die GS Personallösungen GmbH ihre Dokumentationspflichten nach AÜG und Nachweisgesetz nicht eingehalten. Der Arbeitsvertrag bleibt aber trotzdem gültig.

Die GS Personallösungen GmbH hätte ihre Pflichten wie folgt erfüllen können:

---

[1] *Über die gesetzlichen Mindestinhalte hinaus ist das Zeitarbeitsunternehmen verpflichtet, alle wesentlichen Bedingungen aufzunehmen, die für das Zeitarbeitsverhältnis kennzeichnend sind. Dies betrifft insbesondere auch die wesentlichen Arbeitsbedingungen während des Einsatzes bei Kundenunternehmen, siehe auch 2.2.1.6.*

- *Sie hätte innerhalb des ersten Monats nach Arbeitsbeginn einen schriftlichen Arbeitsvertrag ausfertigen können oder*
- *sie hätte Frank Seubert eine Niederschrift über die wesentlichen Arbeitsbedingungen übergeben können.*

Merksatz

Der Arbeitgeber muss innerhalb eines Monats nach Arbeitsbeginn die **wesentlichen Arbeitsbedingungen** auf einer **Urkunde** festhalten und dem Arbeitnehmer überreichen. Wird dem Arbeitnehmer ein schriftlicher Arbeitsvertrag ausgehändigt, der alle nach dem Nachweisgesetz geforderten Angaben enthält, so entfällt die Verpflichtung zur Ausfertigung der Urkunde.

Erweiterte Dokumentationspflichten für Zeitarbeitsverhältnisse

Die **Nachweis- bzw. Dokumentationspflichten** des Arbeitgebers werden bei Zeitarbeitsverhältnissen durch **§ 11 Abs. 1 AÜG** erweitert. Diese Vorschrift ist zwingend und kann nicht durch Hinweis auf eine Betriebsvereinbarung oder einen Tarifvertrag ersetzt werden.

Auszug aus dem Arbeitnehmerüberlassungsgesetz:

§ 11 AÜG Sonstige Vorschriften über das Leiharbeitsverhältnis

(1) Der Nachweis der wesentlichen Vertragsbedingungen des Leiharbeitsverhältnisses richtet sich nach den Bestimmungen des Nachweisgesetzes. Zusätzlich zu den in § 2 Abs. 1 des Nachweisgesetzes genannten Angaben sind in die Niederschrift aufzunehmen:

1. Firma und Anschrift des Verleihers, die Erlaubnisbehörde sowie Ort und Datum der Erteilung der Erlaubnis nach § 1,
2. Art und Höhe der Leistungen für Zeiten, in denen der Leiharbeitnehmer nicht verliehen ist.

Die **Angaben zur Erlaubnisurkunde** sollen es dem Zeitarbeitnehmer ermöglichen, das Vorliegen einer gültigen Erlaubnis zu prüfen. Über einen Wegfall der Erlaubnis sind die Zeitarbeitnehmer ebenfalls unverzüglich zu informieren. LF 2/ 2.1.2.2

Da es bei einem Zeitarbeitsverhältnis neben Einsätzen bei Kunden auch zu überlassungsfreien Zeiten kommen kann, ist der Arbeitgeber verpflichtet, **Angaben über Art und Höhe der Leistungen** für **Überlassungszeiten** und für **überlassungsfreie Zeiten** zu machen. Dies soll dem Arbeitnehmer Klarheit darüber verschaffen, welche konkreten Arbeitsbedingungen einschließlich Arbeitsentgelt gelten.

Beispiel

Auszug aus einem Arbeitsvertrag mit einem Zeitarbeitnehmer

§ 1 Rechtliche Voraussetzungen

(1) Der Verleiher ist im Besitz einer Erlaubnis zur gewerbsmäßigen Leiharbeitnehmerüberlassung nach § 1 AÜG, ausgestellt durch die Bundesagentur für Arbeit, Regionaldirektion ...., am ...., gültig bis ....
Der Verleiher wird den Leiharbeitnehmer für den Fall des Wegfalls, der Nichtverlängerung, der Rücknahme oder des Widerrufs der Erlaubnis unverzüglich unterrichten. Die Unterrichtung wird den Zeitraum der Abwicklung des Arbeitsvertrages umfassen.

(2) Gegenstand dieses Arbeitsvertrages ist auch die Überlassung des Leiharbeitnehmers zur Arbeitsleistung an Kunden des Verleihers gegen Entgelt. Der Leiharbeitnehmer erklärt sich mit dieser Überlassung einverstanden.

(3) Der Leiharbeitnehmer erhält das Merkblatt für Leiharbeitnehmer der Bundesagentur für Arbeit. Ist der Leiharbeitnehmer nicht deutscher Staatsbürger, erhält er auf Anforderung das Merkblatt und diesen Vertrag in seiner Muttersprache.

[...]

§ 5 Vergütung

(1) Der Leiharbeitnehmer erhält eine monatliche Vergütung nach den Vorschriften des Tarifvertrages .... [...]

(2) Für Zeiträume, in denen der Leiharbeitnehmer nicht bei einem Entleiher eingesetzt und auch sonst vom Verleiher nicht beschäftigt werden kann, erhält der Leiharbeitnehmer eine monatliche Vergütung von .... EUR.

Quelle: Pollert, Dirk/Spieler, Sven: Die Arbeitnehmerüberlassung in der betrieblichen Praxis, Verlagsgruppe Hüthig Jehle Rehm GmbH, Heidelberg, 2008, CD mit Vertragsmustern.

Im Weiteren ist dem Arbeitnehmer das **Merkblatt der Erlaubnisbehörde zur Arbeitnehmerüberlassung** auszuhändigen. Da Verstöße gegen diese Pflicht mit einem Bußgeld belegt werden, ist es aus Beweisgründen sinnvoll, sich den Empfang vom Arbeitnehmer quittieren zu lassen.

Auszug aus dem Arbeitnehmerüberlassungsgesetz:

§ 11 AÜG Sonstige Vorschriften über das Leiharbeitsverhältnis [...]

(2) Der Verleiher ist ferner verpflichtet, dem Leiharbeitnehmer bei Vertragsschluss ein Merkblatt der Erlaubnisbehörde über den wesentlichen Inhalt dieses Gesetzes auszuhändigen. Nichtdeutsche Leiharbeitnehmer erhalten das Merkblatt und den Nachweis nach Absatz 1 auf Verlangen in ihrer Muttersprache. Die Kosten des Merkblatts trägt der Verleiher.

Bd. 2 / LF 5

Praxistipp

Für die Beschäftigung von **Ausländern** in der Zeitarbeit gelten besondere Bestimmungen, die vor der Einstellung von Ausländern sorgfältig zu prüfen sind.

Unwirksame Vereinbarungen

In § 9 AÜG wurde festgelegt, welche Vereinbarungen in Arbeitsverträgen mit Zeitarbeitskräften unwirksam sind:

- Unwirksam sind insbesondere alle Vereinbarungen, die gegen den **Gleichbehandlungsgrundsatz** verstoßen (vgl. § 9 Nr. 2 AÜG).
- Unwirksam sind Klauseln, die es **dem Arbeitnehmer untersagen**, nach Ablauf des Arbeitsverhältnisses mit dem Zeitarbeitsunternehmen ein **Arbeitsverhältnis mit dem Kundenunternehmen einzugehen** (vgl. § 9 Nr. 4 AÜG).
- Unzulässig sind Vereinbarungen im Arbeitsvertrag, nach denen ein Zeitarbeitnehmer bei Übernahme durch ein Kundenunternehmen eine **Vermittlungsgebühr** an das Zeitarbeitsunternehmen zahlen muss (§ 9 Nr. 5 AÜG).

Zeitarbeit soll den Arbeitnehmern die uneingeschränkte Möglichkeit eröffnen, in ein Dauerarbeitsverhältnis bei Kundenunternehmen einzutreten.

Praxistipp

Nehmen Sie folgende Materialien und Formulare in Ihre Unterlagen auf: Arbeitsverträge mit Zeitarbeitnehmern, Merkblatt der Bundesagentur für Arbeit.

2.1.4.2 Arbeitgeber- und Beschäftigungsrisiko

Hat ein Zeitarbeitsunternehmen keine Einsatzmöglichkeiten für seine externen Mitarbeiter, muss es seine vertraglichen Pflichten aus dem Arbeitsvertrag trotzdem erfüllen (Arbeitgeber- bzw. Beschäftigungsrisiko).

Merksatz

Mit **Arbeitgeber- oder Beschäftigungsrisiko** ist gemeint, dass ein Arbeitgeber einen leistungsfähigen und leistungsbereiten Arbeitnehmer **entlohnen muss**, auch wenn er diesen nicht beschäftigten will oder kann.

Das Arbeitgeberrisiko umfasst auch alle **Ausfallzeiten** des Zeitarbeitnehmers (z. B. Krankheit, Urlaub), da mit dem Kunden nur die effektiv geleisteten Arbeitsstunden abgerechnet werden können.

Grundsätzlich ist es zwar möglich, für Zeiten, in denen es an Einsatzmöglichkeiten fehlt, das Beschäftigungsrisiko durch arbeitsvertragliche Regelungen auszuschließen. Bei Zeitarbeitsverträgen ist ein solcher Ausschluss jedoch nicht möglich (vgl. § 11 Abs. 4 Satz 2 AÜG)[1]. Das Beschäftigungsrisiko darf also nicht auf den Zeitarbeitnehmer abgewälzt werden.

[1] *§ 11 Abs. 4 AÜG: „§ 622 Abs. 5 Nr. 1 des Bürgerlichen Gesetzbuchs ist nicht auf Arbeitsverhältnisse zwischen Verleihern und Leiharbeitnehmern anzuwenden. Das Recht des Leiharbeitnehmers auf Vergütung bei Annahmeverzug des Verleihers (§ 615 Satz 1 des Bürgerlichen Gesetzbuchs) kann nicht durch Vertrag aufgehoben oder beschränkt werden; § 615 Satz 2 des Bürgerlichen Gesetzbuchs bleibt unberührt."*

Beispiel
Ein Speiseeishersteller benötigt fünf Produktionshelfer, die die Finke Zeitarbeit GmbH sofort überlassen kann. Nach einer Woche meldet das Kundenunternehmen einen Produktionshelfer kurzfristig ab, da ein geplanter Auftrag nicht zustande kam. Die Finke Zeitarbeit GmbH muss für den abgemeldeten Mitarbeiter so schnell wie möglich einen anderen Einsatz akquirieren, da in jeder Nicht-Einsatzzeit kein Umsatz erzielt wird, der Aufwand (Arbeitsvergütung) aber weiterhin anfällt. Findet sich kein neuer Einsatzbetrieb, muss die Finke Zeitarbeit GmbH auch für die verleihfreie Zeit die vereinbarte Vergütung an den Produktionshelfer zahlen.

Zusammenfassung

- Vorschriften des **AÜG** für **Arbeitsverträge mit Zeitarbeitnehmern:**

(Vertrags-)Beziehung zwischen Zeitarbeitsunternehmen und Zeitarbeitnehmer

Zeitarbeitsunternehmen ← **Arbeitsvertrag § 611 BGB § 105 GewO: Vertragsfreiheit, u.a. Formfreiheit** → **Zeitarbeitnehmer**

Zeitarbeitsunternehmen:

- **muss Vergütung zahlen** (§ 611 BGB),
- **trägt das Beschäftigungsrisiko** (§ 11 Abs. 4 Satz 2 AÜG: „Verleihfreie Zeiten sind zu vergüten.").

Erweiterte Dokumentationspflichten:

nach § 11 Abs. 1 AÜG in Verbindung mit § 2 NachwG;

Nachweis der wesentlichen Vertragsbedingungen in einer schriftlichen Urkunde sowie Angaben

- zur Erlaubnis und
- zur Vergütung für verleihfreie Zeiten.

Übergabe der Urkunde spätestens nach einem Monat.

Informationspflichten:

Aushändigung des Merkblatts der BA (§ 11 Abs. 2 AÜG).

Arbeitsvertrag:

ABER

Beachtung von Rechtsnormen:

- **AÜG**
- **NachwG**
- **TzBfG**
- **Tarifverträge**

PRAXIS:

Schriftlicher Arbeitsvertrag

(Rechtssicherheit, Beweisgründe)

Zeitarbeitnehmer:

ist verpflichtet, Arbeitsleistung zu erbringen (§ 611 BGB).

Einsatz erfolgt in Fremdunternehmen,

Zustimmung zur Überlassung ist im Arbeitsvertrag gemäß § 613 Satz 2 BGB **notwendig.**

Keine Verpflichtung zur Ausstellung einer Urkunde bei Abschluss eines schriftlichen Arbeitsvertrags, der die Regelungen des § 11 AÜG beachtet.

- **Vertragsgrundlage** zwischen Zeitarbeitskraft und Zeitarbeitsunternehmen ist der **Arbeitsvertrag**. Er begründet die gegenseitigen Rechte und Pflichten: Zahlung einer Vergütung sowie Verpflichtung zur Arbeitsleistung.
- Der Zeitarbeitnehmer gibt im Arbeitsvertrag seine **Zustimmung zur Überlassung**.
- Beim Abschluss von Arbeitsverträgen mit Zeitarbeitnehmern müssen neben den üblichen arbeits- und sozialrechtlichen Vorschriften auch einzelne **Regelungen des AÜG** beachtet werden, das insbesondere **erweiterte Dokumentationspflichten** in Verbindung mit dem Nachweisgesetz vorsieht.
- Arbeitsverträge werden in der Regel **schriftlich** abgeschlossen. Das schafft Rechtssicherheit und erleichtert die Beweisführung bei Rechtsstreitigkeiten. Auch nach den Zeitarbeitstarifverträgen ist die Schriftform einzuhalten.

Aufgaben

1. *Nennen Sie die wichtigsten Vorschriften des Arbeitnehmerüberlassungsgesetzes für die Ausgestaltung von Arbeitsverträgen mit Zeitarbeitskräften.*

2. *Erläutern Sie, warum in der Praxis meistens ein schriftlicher Arbeitsvertrag abgeschlossen wird.*
3. *Erklären Sie, warum Zeitarbeitnehmer für wechselnde Einsätze bei Kunden im Arbeitsvertrag ihre Zustimmung geben müssen.*
4. *Erläutern Sie aus Sicht des Zeitarbeitsunternehmens das Arbeitgeber- bzw. Beschäftigungsrisiko.*
5. *Petra Schneider ist seit sechs Wochen als Zeitarbeitnehmerin bei der GS Personallösungen GmbH beschäftigt. Vor Arbeitsbeginn wurde ein mündlicher Arbeitsvertrag abgeschlossen. Bis heute hat Frau Schneider keinerlei schriftlichen Nachweis über ihre Arbeitsbedingungen erhalten. Wie ist die Rechtslage?*
6. *Beurteilen Sie die nachfolgenden Aussagen unter rechtlichen Gesichtspunkten. Bei richtigen Aussagen geben Sie bitte die Rechtsquelle an. Falsche Aussagen korrigieren Sie bitte entsprechend.*
   a) *Zeitarbeitnehmer dürfen nur für die Dauer des Überlassungsauftrags beim Zeitarbeitsunternehmen eingestellt werden.*
   b) *Wesentliche Arbeitsbedingungen wie Beginn des Arbeitsverhältnisses, vereinbarte Arbeitszeit oder Zusammensetzung des Arbeitsentgelts müssen schriftlich festgehalten werden.*

c) *Solange ein Zeitarbeitsunternehmen keinen Kundeneinsatz für einen Zeitarbeitnehmer hat, muss es den Mitarbeiter nicht bezahlen.*

d) *Sowohl der Personaldienstleister als auch das Kundenunternehmen können dem Zeitarbeitnehmer Weisungen erteilen.*

e) *Das Merkblatt der Bundesagentur für Arbeit zur Arbeitnehmerüberlassung muss jedem Zeitarbeitnehmer bei Vertragsabschluss ausgehändigt werden. Handelt es sich um ausländische Arbeitnehmer, muss das Merkblatt auf Kosten des Zeitarbeitsunternehmens übersetzt werden.*

f) *Die Kündigungsfristen für Zeitarbeitnehmer sind in der Regel kürzer als bei anderen Arbeitsverhältnissen. Daher kommt auch der Name Zeitarbeitsverhältnis.*

g) *Wird ein Zeitarbeitnehmer nach der Überlassungszeit beim Kunden fest eingestellt, dann muss er an das Zeitarbeitsunternehmen eine Vermittlungsgebühr in Höhe eines Bruttoarbeitsentgelts zahlen.*

h) *Eine Übernahme des Zeitarbeitnehmers durch das Kundenunternehmen darf vertraglich nicht ausgeschlossen werden.*

i) *Vom Grundsatz her besteht für den Abschluss von Arbeitsverträgen Formfreiheit, sofern nicht andere Rechtsvorschriften die Schriftform vorschreiben.*

j) *Ein Zeitarbeitsunternehmen hat bezüglich des Arbeitsvertrages erweiterte Dokumentationspflichten. Sie betreffen u. a. die Vergütung für verleihfreie Zeiten und Angaben zur Erlaubnis.*

k) *Der Verleiher trägt sämtliche Arbeitgeberpflichten wie z. B. die Vergütungspflicht, die Gewährung von Urlaub oder die Entgeltfortzahlung im Krankheitsfall.*

l) *Der Zeitarbeitnehmer verpflichtet sich im Arbeitsvertrag, seine Arbeitsleistung in Fremdunternehmen zu erbringen.*

2.1.5 Beziehung zwischen Zeitarbeitnehmern und Kundenunternehmen

Zwischen dem Kundenunternehmen und der Zeitarbeitskraft besteht keine vertragliche Beziehung. Die Arbeitnehmer/-innen erhalten vom Einsatzbetrieb keine Vergütung und auch keine sonstigen Leistungen, da der Vertragsarbeitgeber der Personaldienstleister ist.

In den vorangegangenen Kapiteln wurden bereits verschiedene Punkte, die die Beziehung zwischen Zeitarbeitnehmer und Kunde berühren, im Sachzusammenhang angesprochen. Deswegen erfolgt an dieser Stelle nur eine stichpunktartige Auflistung:

Web

- Fachliches bzw. arbeitsplatzbezogenes Weisungsrecht im Rahmen des Überlassungsvertrages durch das Kundenunternehmen
- Eingliederung des Arbeitnehmers in die Arbeitsorganisation des Kundenbetriebs

- Kundeneinsatz: Verpflichtung der Zeitarbeitskraft zur Arbeitsleistung und Entgegennahme von Arbeitsanweisungen aufgrund der besonderen Vereinbarungen im Arbeitsvertrag
- Auskunftsanspruch der Zeitarbeitskraft zur Vergütung und zu den Arbeitsbedingungen eines vergleichbaren Stammmitarbeiters zur Umsetzung des Gleichbehandlungsgrundsatzes – sofern kein Tarifvertrag zur Anwendung kommt LF 2 / 2.1.6
- Einhaltung des Arbeitsschutzes und der Schutz- und Fürsorgepflichten vonseiten des Kundenunternehmens
- Arbeitnehmererfindungen: Macht der Arbeitnehmer während der Überlassung z. B. einen technischen Verbesserungsvorschlag, dann kann das Kundenunternehmen diesen wie den seiner eigenen Arbeitnehmer behandeln (siehe § 11 Abs. 7 AÜG).
- Informationspflicht des Entleihers über freie Arbeitsplätze im Einsatzbetrieb: Um die Übernahme von Zeitarbeitnehmern in die Stammbelegschaft zu unterstützen, wurde bei der Änderung des Arbeitnehmerüberlassungsgesetzes in § 13a AÜG eine Informationspflicht des Entleihers über freie Arbeitsplätze im Einsatzbetrieb aufgenommen. Die Information der Zeitarbeitnehmer kann durch Bekanntgabe an frei zugänglichen Stellen (Schwarzes Brett, Intranet) erfolgen.
- Zugang zu Gemeinschaftseinrichtungen oder -diensten: Die Neufassung des AÜG sieht in § 13b AÜG ein Zugangsrecht für Zeitarbeitnehmer zu Gemeinschaftseinrichtungen und -diensten vor (z. B. Kinderbetreuungseinrichtungen, Betriebskantine, Beförderungsmittel). Der Zugang kann nur verwehrt werden, wenn ein sachlicher Grund vorliegt, z. B. sehr kurzer Einsatz oder unverhältnismäßig hoher Organisationsaufwand.
- Nach § 11 Abs. 5 AÜG ist der Zeitarbeitnehmer nicht verpflichtet, bei einem Entleiher tätig zu sein, soweit dieser durch einen Arbeitskampf unmittelbar betroffen ist. Tritt dieser Fall ein, dann muss das Zeitarbeitsunternehmen den überbetrieblichen Mitarbeiter auf sein Recht, die Arbeitsleistung zu verweigern, hinweisen. LF 2 / 2.1.1.6

Merksatz
Die Tariföffnungsklausel hat zum faktischen Tarifzwang in der Zeitarbeit geführt.

Einfügung einer „Drehtürklausel"

Eine vom Gleichbehandlungsgrundsatz abweichende tarifliche Regelung gilt **nicht** für Zeitarbeitnehmer, die in den letzten sechs Monaten mit dem Einsatzbetrieb oder einem verbundenen Konzernbetrieb in einem Arbeits- und Ausbildungsverhältnis standen (§ 3 Abs. 1 Nr. 3 Satz 4, § 9 Nr. 2 AÜG). Ein Einsatz von Zeitarbeitnehmern ist dann nur nach **Equal Pay und Equal Treatment** möglich. Personaldisponenten sollten daher zur Rechtsklarheit vorherige Arbeits- bzw. Beschäftigungsverhältnisse erfragen.

Dieser Abschnitt im AÜG wird auch als sogenannte „Drehtürklausel" bezeichnet. Sie soll verhindern, dass ehemalige Stammbeschäftigte entlassen werden, um anschließend als Zeitarbeitskräfte bei ihrem vorherigen Arbeitgeber oder in einem anderen Unternehmen desselben Konzerns überlassen zu werden – womöglich zu schlechteren Arbeitsbedingungen als die Stammbeschäftigten.

2.1.6.2 Durchsetzung des Gleichbehandlungsgrundsatzes

Um den Gleichbehandlungsgrundsatz durchzusetzen, hat der Gesetzgeber im Arbeitnehmerüberlassungsgesetz verschiedene Vorschriften erlassen.

Entzug der Erlaubnis

Verstößt das Zeitarbeitsunternehmen gegen den Gleichbehandlungsgrundsatz, dann hat dies die **Versagung bzw. den Widerruf der Erlaubnis** zur Folge. Dem Zeitarbeitsunternehmen wird dadurch die Existenzgrundlage entzogen (vgl. § 3 Abs. 1 Nr. 3, „Zwillingsvorschrift" zu § 9 Nr. 2 AÜG).

Arbeitsrechtliche Durchsetzung

Im Arbeitnehmerüberlassungsvertrag müssen die wesentlichen Arbeitsbedingungen einschließlich Arbeitsentgelt eines vergleichbaren Stammmitarbeiters des Entleihers ausdrücklich aufgeführt werden. Der Entleiher ist verpflichtet, entsprechende Angaben zu machen. Ohne die Angaben des Kundenunternehmens wäre das Zeitarbeitsunternehmen nicht in der Lage, den Gleichbehandlungsgrundsatz einzuhalten (vgl. § 12 AÜG).

Die arbeitsrechtliche Durchsetzung des Gleichbehandlungsgrundsatzes soll insbesondere den **Zeitarbeitnehmer schützen**. Damit er seine Interessen wahren kann, hat das Arbeitnehmerüberlassungsgesetz ihn mit **besonderen Rechten** ausgestattet. **Wird**

jedoch im Arbeitsvertrag auf einen wirksamen Tarifvertrag Bezug genommen, gelten die nachfolgenden Ausführungen **nicht.**

- Nach § 9 Nr. 2 AÜG sind alle Regelungen im Arbeitsvertrag unwirksam, die den Zeitarbeitnehmer bei den wesentlichen Arbeitsbedingungen einschließlich Arbeitsentgelt **schlechter stellen**, selbst dann, wenn der Zeitarbeitnehmer sich im Arbeitsvertrag mit einer Schlechterstellung einverstanden erklärt.
- Damit gewährleistet ist, dass er möglichst vollständige Informationen über die Arbeitsbedingungen und das Arbeitsentgelt eines vergleichbaren Stammbeschäftigten im Kundenunternehmen erhält, hat der Zeitarbeitnehmer **Auskunftsansprüche** sowohl gegen den **Entleiher** als auch gegen den **Verleiher**.
- Die Auskunftsansprüche gegen das Zeitarbeitsunternehmen sind in § 11 Abs. 1 AÜG in Verbindung mit dem Nachweisgesetz verankert. Die **wesentlichen Arbeitsbedingungen** einschließlich des **Arbeitsentgelts** eines vergleichbaren Stammbeschäftigten des Entleihers müssen im **Arbeitsvertrag** genannt werden.
- Nach § 13 AÜG kann der Zeitarbeitnehmer vom Entleiher verlangen, ihn über Arbeitsentgelt und Arbeitsbedingungen eines vergleichbaren Arbeitnehmers der Stammbelegschaft zu informieren (selbstständig einklagbarer Auskunftsanspruch). Verweigert der Entleiher die Auskunft, kann der Zeitarbeitnehmer seine Arbeitsleistung verweigern. Sind die Auskünfte unvollständig oder falsch, kann er ggf. Schadensersatz fordern.
- § 10 Abs. 4 AÜG enthält darüber hinaus folgende Regelung: Werden die Lohnuntergrenzen nicht beachtet, dann hat ein Zeitarbeitnehmer **Anspruch auf das Arbeitsentgelt eines vergleichbaren Stammarbeitnehmers** des Einsatzbetriebes.
- Nach § 9 Nr. 5 AÜG ist das Zeitarbeitsunternehmen verpflichtet, **mindestens** den **Mindestlohn** zu zahlen.

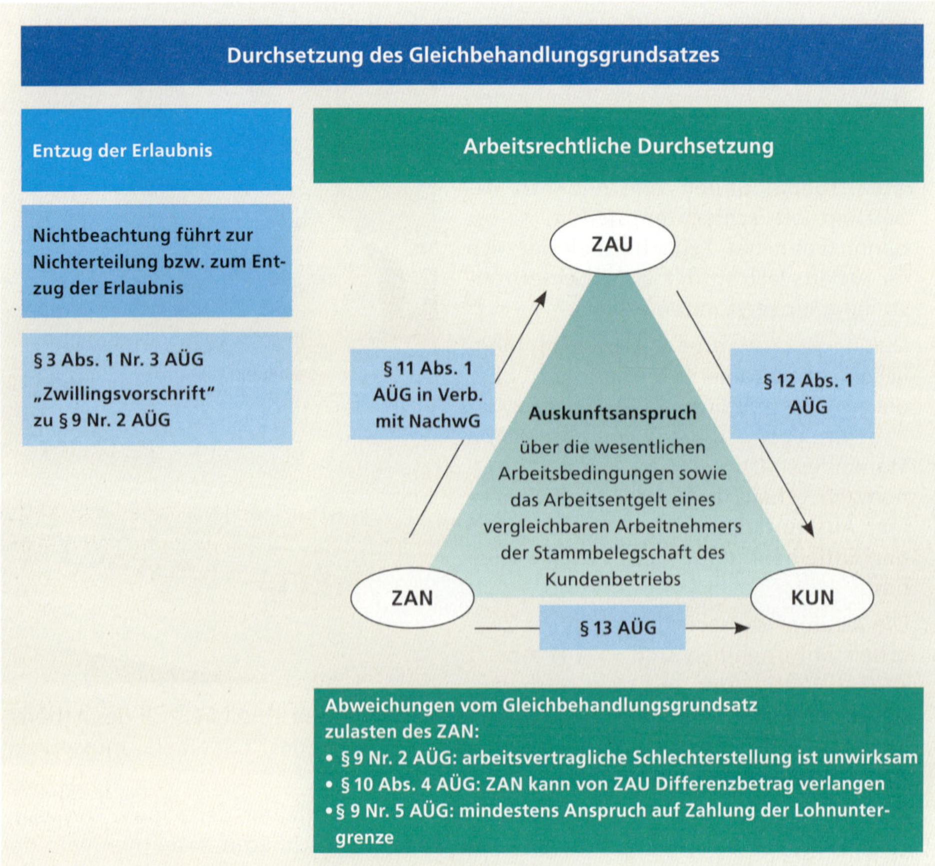

Durchsetzung des Gleichbehandlungsgrundsatzes

Eigene Darstellung in Anlehnung an: Schröder, Edgar: Zeitarbeit: Chancen und Risiken für Zeitarbeitnehmer und Kundenunternehmen, Cornelsen Verlag, Berlin, 3. Auflage 2009, S. 11 f.

Zusammenfassung

Gleichbehandlungsgrundsatz

Ein Zeitarbeitnehmer hat ab dem ersten Überlassungstag Anspruch auf die gleichen wesentlichen Arbeitsbedingungen einschließlich Arbeitsentgelt wie ein vergleichbarer Arbeitnehmer der Stammbelegschaft des Entleihers.

Die Pflicht zur Einhaltung des Gleichbehandlungsgrundsatzes liegt beim Zeitarbeitsunternehmen.

Eine Abweichung vom Gleichbehandlungsgrundsatz ist durch Anwendung eines wirksamen Tarifvertrages möglich.

Aufgaben

1. *Beschreiben Sie mit eigenen Worten, was unter dem Begriff Gleichbehandlungsgrundsatz zu verstehen ist. Erläutern Sie, wie vom Gleichbehandlungsgrundsatz abgewichen werden kann.*

2. *Erläutern Sie, durch welche Rechtsvorschriften der Gleichbehandlungsgrundsatz rechtlich durchgesetzt werden kann.*

3. *Welche der folgenden Aussagen zum Gleichbehandlungsgrundsatz sind richtig?*
   a) *Durch Bezugnahme auf einen Zeitarbeitstarifvertrag im Arbeitsvertrag werden die Zeitarbeitnehmer mit der Belegschaft des Kundenbetriebs gleichgestellt.*
   b) *Zeitarbeitnehmer erhalten keine Auskünfte über die Arbeitsentgelte im Entleihunternehmen, wenn sie nach einem Zeitarbeitstarif entlohnt werden.*
   c) *Vom Gleichbehandlungsgrundsatz kann durch die Anwendung eines wirksamen Zeitarbeitsvertrages abgewichen werden.*
   d) *Nach dem Arbeitnehmerüberlassungsgesetz kann ein Zeitarbeitnehmer einen Auskunftsanspruch gegenüber dem Entleiher haben. Dieser bezieht sich auf die Arbeitsentgelte der Stammmitarbeiter.*
   e) *Für die Einhaltung des Gleichbehandlungsgrundsatzes ist der Entleiher verantwortlich.*
   f) *Seit der Reform des Arbeitnehmerüberlassungsgesetzes sind alle Zeitarbeitsunternehmen verpflichtet, in Arbeitsverträgen mit Zeitarbeitnehmern Bezug auf einen Tarifvertrag zu nehmen.*

4. *Überlegen Sie, welche möglichen Vorteile sich ergeben, wenn ein Zeitarbeitsunternehmen seine Mitarbeiter genauso wie vergleichbare Arbeitnehmer im Kundenbetrieb vergütet.*

5. *Welche Rolle spielen Tarifverträge in Gesprächen mit Kunden?*

2.1.7 Verbote und Ausnahmen in der Arbeitnehmerüberlassung

2.1.7.1 Verbot der Arbeitnehmerüberlassung ins Baugewerbe

Definition
Die Arbeitnehmerüberlassung in Betriebe des Baugewerbes für Arbeiten, die üblicherweise von Arbeitern verrichtet werden, ist verboten (§ 1b AÜG).

Die Regelung laut § 1b des Arbeitnehmerüberlassungsgesetzes bezieht sich nur auf Tätigkeiten, die von Arbeitern ausgeführt werden. Angestellte können ins Baugewerbe überlassen werden.

Eine Nichteinhaltung des Verbots kann gravierende Folgen haben, z. B. die Nichtigkeit (Ungültigkeit) des Arbeitnehmerüberlassungsvertrages, Bußgelder in Höhe von bis zu 25 000,00 EUR, Entzug der Erlaubnis, Ausschluss von öffentlichen Aufträgen (Entleiher).

Deshalb muss vor Abschluss eines Überlassungsvertrages zwingend geprüft werden,

- ob es sich beim Entleiher um einen Betrieb des Baugewerbes handelt und
- ob beim Zeitarbeitnehmer eine Arbeiter- oder eine Angestelltentätigkeit vorliegt.

Merksatz
Bestehen auch nur geringe Zweifel, dass das Verbot greift, sollte von einer Überlassung abgesehen werden.

Bauhaupt- und Baunebengewerbe

Welche Betriebe zum **Baugewerbe** gehören, definiert § 175 Abs. 2 Satz 2 SGB III[1].

Auszug aus § 101 SGB III

(2) Ein Betrieb des Baugewerbes ist ein Betrieb, der gewerblich überwiegend Bauleistungen auf dem Baumarkt erbringt. Bauleistungen sind alle Leistungen, die der Herstellung, Instandsetzung, Instandhaltung, Änderung oder Beseitigung von Bauwerken dienen. [...]

(3) Erbringt ein Betrieb Bauleistungen auf dem Baumarkt, wird vermutet, dass sie Betriebe des Baugewerbes im Sinne des Absatzes 2 Satz 1 sind. Satz 1 gilt nicht, wenn gegenüber der Bundesagentur nachgewiesen wird, dass Bauleistungen arbeitszeitlich nicht überwiegen.

Eine Eingrenzung, welche Betriebe zum **Baugewerbe** gehören, ist in der Praxis häufig schwierig. Um nicht gegen das Arbeitnehmerüberlassungsgesetz zu verstoßen, können folgende **Informationsquellen** genutzt werden:

- **Baubetriebsverordnung:** Sie präzisiert den Begriff Baugewerbe und unterscheidet zwischen Betrieben des **Bauhauptgewerbes** und des **Baunebengewerbes**.

Merksatz
Die Arbeitnehmerüberlassung in das **Baunebengewerbe** wird von dem Verbot nicht erfasst.

[1] *Bei Erfüllung der in § 101 SGB III genannten Voraussetzungen wird Saison-Kurzarbeitergeld (Saison-KUG) gewährt. Die Saison-KUG-Regelung ist als Sonderregelung des Kurzarbeitergeldes konzipiert und ersetzt das bisherige System der Winterbauförderung.*

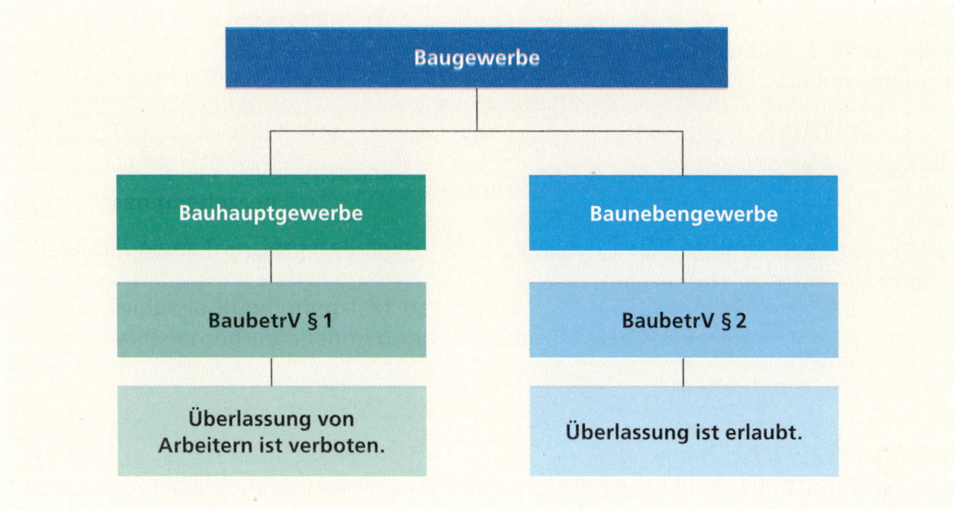

Baugewerbe

Praxistipp

Nehmen Sie die Baubetriebsverordnung zu Ihren Unterlagen.

- **Winterbeschäftigungsumlage:** Betriebe des Bauhauptgewerbes zahlen in der Regel eine Winterbeschäftigungsumlage.[1] Die Bundesagentur für Arbeit erfasst, welche Betriebe diese Umlage entrichten. Zeitarbeitsunternehmen können deshalb bei der Bundesagentur für Arbeit nachfragen, ob ein Kundenunternehmen als Betrieb des Bauhauptgewerbes geführt wird.

Allerdings entbindet die Anfrage bei der Bundesagentur für Arbeit nicht davon, ggf. weitere eigene Nachforschungen anzustellen, wie die Durchführungsanweisung „Arbeitnehmerüberlassung" der Bundesagentur für Arbeit eindeutig zeigt:

---

[1] *Mit dem Gesetz zur Förderung der ganzjährigen Beschäftigung vom 24.04.2006 und den hierzu ergangenen Verordnungen des Bundesministeriums für Arbeit und Soziales vom 26.04.2006 wurde das bisherige Winterausfallgeld durch das Saison-Kurzarbeitergeld (Saison-KUG) für* ***alle Baubetriebe*** *ersetzt und aus Beitragsmitteln der Bundesagentur für Arbeit (BA) finanziert. Daneben werden die Mittel für die ergänzenden Leistungen (Zuschuss-Wintergeld und Mehraufwands-Wintergeld für gewerbliche Arbeitnehmer sowie Erstattung der vom Arbeitgeber des Bauhauptgewerbes zu tragenden Sozialversicherungsbeiträge) durch eine branchenspezifische Umlage (Winterbeschäftigungsumlage) erbracht.*

„Ein Verleihbetrieb ist daher verpflichtet, alle Möglichkeiten der Auskunft über einen Betrieb auch bei anderen Stellen wie z. B. Handwerkskammern, Industrie- und Handelskammern, Gewerbeämtern und beim Entleiher auszuschöpfen und zu versuchen, die nötigen Schlüsse daraus selbst zu ziehen. Die Dienststellen der BA können nur bescheinigen, ob nach den ihnen zur Verfügung stehenden Unterlagen ein Betrieb als Baubetrieb erfasst ist. Soweit ein Betrieb nicht bekannt ist, kann jedoch nicht ausgeschlossen werden, dass es sich dennoch um einen Betrieb des Baugewerbes handelt. Die Dienststellen der BA sind grundsätzlich nicht verpflichtet, allein aus Anlass des Auskunftsersuchens und ohne konkrete Anhaltspunkte weitere Ermittlungen über den ihnen nicht näher bekannten Betrieb anzustellen."

Quelle: Arbeitnehmerüberlassungsgesetz, Durchführungsanweisungen, hrsg. v. Bundesagentur für Arbeit, Nürnberg, S. 26, unter: www.arbeitsagentur.de/zentraler-Content/.../GA-AUEG-2011.pdf (letzter Zugriff am 06.07.2012).

Auch der Behauptung eines Kunden, das Unternehmen zahle keine Winterbeschäftigungsumlage, sollte der Personaldisponent nicht allein vertrauen, sondern er sollte sich durch weitere Informationen absichern. Alle Informationen sollten entsprechend dokumentiert und in die Kundenakte aufgenommen werden.

Mischbetriebe

Das Überlassungsverbot erstreckt sich auch auf Betriebe, die **überwiegend Bauleistungen** erbringen (sog. **Mischbetriebe**). Hier ist zu prüfen, ob in **mehr als der Hälfte der Arbeitszeit** Bauleistungen erbracht werden, wobei zu Bauleistungen auch Neben- und Hilfstätigkeiten zählen, die zu einer sachgerechten Ausführung der Bauleistung notwendig sind.

Merksatz
Bei Mischbetrieben zählen die **Arbeitsstunden**, nicht der Umsatz.

Abgrenzung von Arbeiter- und Angestelltentätigkeiten

Das Überlassungsverbot ins Baugewerbe bezieht sich **nicht** auf kaufmännische oder technische Angestellte. Eine **Abgrenzung**, ob es sich um **Arbeiter oder Angestellte** handelt, kann mithilfe der **Tarifverträge des Baugewerbes** vorgenommen werden. Ansonsten ist der allgemeinen Auffassung zu folgen, nach der Arbeiter vorwiegend körperliche Tätigkeiten und Angestellte vorwiegend geistige Tätigkeiten erbringen.

Werk- und Dienstverträge

Die Regelung in § 1b AÜG bezieht sich auf die Arbeitnehmerüberlassung im Rahmen
LF 2 / 2.1.8 einer wirtschaftlichen Tätigkeit. Danach kann ein Fremdpersonaleinsatz aufgrund von Werk- oder Dienstverträgen in das Baugewerbe erfolgen. Allerdings besteht hier die Gefahr, wegen sogenannter Scheinwerkverträge illegale Arbeitnehmerüberlassung zu betreiben.

Ausnahmen

Das Arbeitnehmerüberlassungsgesetz definiert in § 1b Satz 2 und 3 zwei Ausnahmen, in denen eine Überlassung ins Baugewerbe möglich ist.

- Die erste Ausnahme bezieht sich auf die **Überlassung zwischen Baubetrieben und anderen Betrieben**. Danach müssen die Tarifverträge beider Parteien Arbeitnehmerüberlassung ausdrücklich vorsehen. Die Tarifverträge müssen für allgemein verbindlich erklärt worden sein. Darüber hinaus müssen beide Betriebe in den Geltungsbereich des Tarifvertrages fallen.
- Die Arbeitnehmerüberlassung **zwischen Betrieben des Baugewerbes** („Kollegenhilfe innerhalb des Baugewerbes") ist dann erlaubt, wenn die Betriebe mindestens schon seit drei Jahren in genau dieser Baubranche tätig sind, wenn sie also seit mindestens drei Jahren von denselben Rahmen- und Sozialkassentarifverträgen oder deren Allgemeinverbindlichkeit erfasst werden.

Erlaubnisfreie Arbeitnehmerüberlassung

Es gibt eine Reihe von Fällen, in denen Arbeitnehmerüberlassung erlaubnisfrei möglich ist. Eine entsprechende Übersicht finden Sie im BuchPlusWeb.

2.1.7.2 Illegale Arbeitnehmerüberlassung

Wird die Arbeitnehmerüberlassung ohne die erforderliche Erlaubnis ausgeübt oder wird die Erlaubnis im Nachhinein entzogen, dann liegt **illegale Arbeitnehmerüberlassung** vor – sofern keine Ausnahmetatbestände zutreffen.

Beispiel

Der Elektriker Fritz Gerber hat für die beiden kommenden Monate nur wenige Aufträge. Damit er seinen Mitarbeiter Hans Kurzheimer nicht entlassen muss, „leiht" er ihn für zwei Monate an das Elektrounternehmen Arnold aus, dessen Auftragslage gut ist. Hans Kurzheimer ist mit dem Einsatz bei Arnold einverstanden. Nach dem Einsatz bei Arnold schickt Gerber seinen Mitarbeiter Kurzheim für drei Monate in ein weiteres Unternehmen, die Büttner GmbH.
Da keine Erlaubnis vorliegt, betreibt Gerber illegale Arbeitnehmerüberlassung, denn sein Handeln kann als wirtschaftliche Tätigkeit eingestuft werden.

Praxistipp

In der Praxis wird es eher selten vorkommen, dass Zeitarbeitsunternehmen Arbeitnehmerüberlassung ohne Erlaubnis anbieten. Eine höhere Praxisrelevanz haben Fälle, bei denen andere Formen des Fremdpersonaleinsatzes gewählt wurden (z. B. Dienst- oder Werkverträge), die aber aufgrund der konkreten Vertragsdurchführung als verdeckte Arbeitnehmerüberlassung eingeordnet werden.

LF 2/ 2.1.8

Rechtsfolgen der illegalen Arbeitnehmerüberlassung

Eine illegale Arbeitnehmerüberlassung hat gravierende Rechtsfolgen: Die bestehenden Verträge werden unwirksam (ungültig).

Auszug aus dem Arbeitnehmerüberlassungsgesetz:

§ 9 AÜG Unwirksamkeit

Unwirksam sind:

1. Verträge zwischen Verleihern und Entleihern sowie zwischen Verleihern und Leiharbeitnehmern, wenn der Verleiher nicht die nach § 1 erforderliche Erlaubnis hat, [...]

Die nachfolgende Abbildung verdeutlicht diesen Zusammenhang:

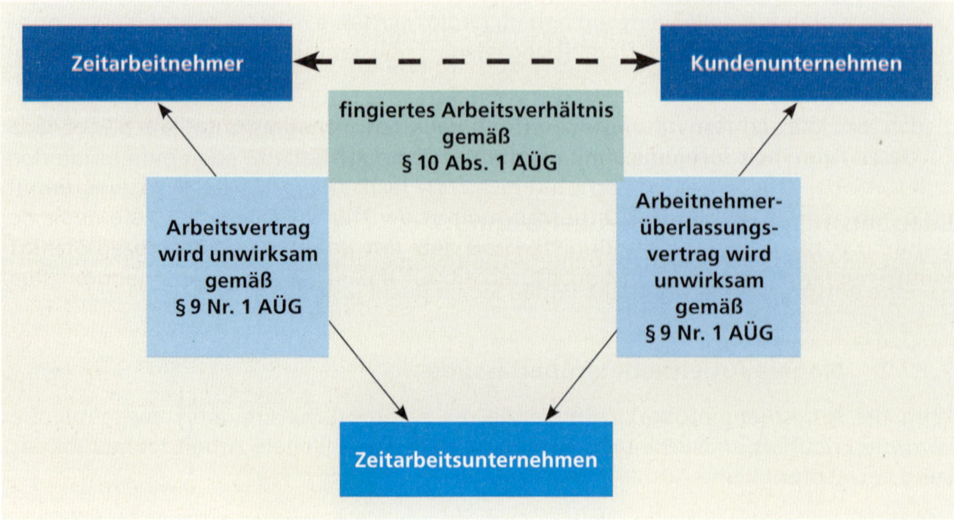

Folgen einer fehlenden Erlaubnis

Unwirksamkeit des Arbeitnehmerüberlassungsvertrages

Durch die Unwirksamkeit („Ungültigkeit") des Arbeitnehmerüberlassungsvertrages bestehen auch die gegenseitigen Ansprüche aus dem Vertrag nicht mehr. Wurden bereits Leistungen erbracht, kommt es zu einer Rückabwicklung zwischen beiden Vertragsparteien.

Unwirksamkeit des Arbeitsvertrages – fingiertes Arbeitsverhältnis

Gleichzeitig verändern sich die Rechtsverhältnisse zwischen den Beteiligten: Es entsteht ein sogenanntes fingiertes Arbeitsverhältnis zwischen Kundenunternehmen und Zeitarbeitnehmer, da das ursprüngliche Arbeitsverhältnis unwirksam geworden ist.

Fingiert bedeutet, dass auch ohne Vertragsabschluss kraft Gesetzes das Arbeitsverhältnis begründet wird. Hintergrund dieser Regelung ist der Schutz des Zeitarbeitnehmers.

Die inhaltliche Ausgestaltung des Arbeitsverhältnisses wird durch AÜG-Vorschriften konkretisiert (vgl. § 10 Abs. 1 Satz 2 bis 4 AÜG).

Sozialversicherungs- und steuerrechtliche Folgen

Aufgrund des fingierten Arbeitsverhältnisses muss das Kundenunternehmen als Arbeitgeber die Sozialversicherungsbeiträge und Lohnsteuerbeträge, die für den Zeitarbeitnehmer zu entrichten sind, abführen.

Wenn das Zeitarbeitsunternehmen in dieser Situation weiterhin Lohn bzw. Gehalt an die Zeitarbeitskraft zahlt, dann muss es gleichzeitig auch Lohnsteuer und Sozialversicherungsbeiträge leisten. Der Entleiher haftet in diesem Fall aber subsidiär.

Im fachlichen Kontext

Subsidiärhaftung
Die subsidiäre Haftung spielt sowohl bei der illegalen als auch bei der legalen Arbeitnehmerüberlassung eine Rolle.
Grundsätzlich ist das Zeitarbeitsunternehmen als Arbeitgeber verpflichtet, die Sozialversicherungsbeiträge, die Beiträge zur Berufsgenossenschaft und die Lohnsteuerbeiträge an die entsprechenden Stellen abzuführen. Wenn das Zeitarbeitsunternehmen die Beiträge nicht ordnungsgemäß entrichtet oder zahlungsunfähig ist, greift die sogenannte **Subsidiärhaftung des Entleihers.** Sie kommt bei Lohnsteuerrückständen aber nur bei der illegalen Arbeitnehmerüberlassung zum Tragen.
Subsidiärhaftung bedeutet, dass in diesem Fall **der Kunde für die Beiträge haftet** bzw. aufkommen muss. Die Ansprüche des Zeitarbeitnehmers bzw. der Einzugsstellen richten sich dann gegen den Kunden. Die **Haftung des Kunden** erstreckt sich nur auf den **Überlassungszeitraum**.
Damit der Schutz des Zeitarbeitnehmers nicht aufgehoben wird, kann im Arbeitnehmerüberlassungsvertrag die Subsidiärhaftung **nicht ausgeschlossen** werden. Für den Kunden ist es deswegen wichtig, ein zuverlässiges Zeitarbeitsunternehmen auszuwählen. Häufig lassen sich Kunden aus diesem Grund die entsprechenden **Unbedenklichkeitsbescheinigungen der Krankenkasse, der Berufsgenossenschaft sowie des Finanzamts** vorlegen. Sie bescheinigen die ordnungsgemäße Abführung der Beiträge.

Voraussetzung für die Inanspruchnahme des Entleihers ist die **Mahnung des Zeitarbeitsunternehmens** mit **Fristsetzung** durch die Einzugsstelle. Solange noch keine Mahnung erfolgt ist bzw. die Mahnfrist noch nicht abgelaufen ist, kann der Kunde die Zahlung verweigern.
Rechtlich gesehen haftet der Kunde wie ein „selbstschuldnerischer Bürge". **Selbstschuldnerisch** bedeutet, dass das Kundenunternehmen so gestellt wird, als ob es selbst Schuldner der offenen Beiträge sei.
Die Beitragsansprüche verjähren in vier Jahren nach Ablauf des Kalenderjahres, in dem sie fällig geworden sind.

Beispiel
Beiträge, die 2011 fällig waren, verjähren demzufolge am 31. Dezember 2015.

Die gesetzlichen Regelungen sind im Sozialgesetzbuch (§ 28e SGB IV und § 150 SGB VII) sowie im Einkommensteuergesetz zu finden (§ 42d EStG).

- Darüber hinaus ergeben sich sozialversicherungspflichtige und steuerrechtliche Folgen für das Zeitarbeits- und das Kundenunternehmen.
- Unter bestimmten Voraussetzungen haftet das Kundenunternehmen für nicht geleistete Sozialversicherungsbeiträge (**Subsidiärhaftung**); im Falle der illegalen Arbeitnehmerüberlassung auch für Lohnsteuerbeiträge.
- Wird eine Erlaubnis **im Nachhinein entzogen**, dann können Altverträge innerhalb einer **Frist von 12 Monaten abgewickelt** werden.

Aufgaben

1. *Erläutern Sie, welche Vorschriften im Arbeitnehmerüberlassungsgesetz für das Baugewerbe getroffen werden.*
2. *Bei Ihnen ruft der Personalleiter der Estrich AG Hans Rolfes an. Aufgrund einer Vielzahl von Aufträgen benötigt er dringend fünf Mitarbeiter, die bei den anstehenden Estricharbeiten helfen. Beschreiben Sie, wie Sie vorgehen und was Sie dem Personalleiter antworten.*
3. *Die Schacht AG ist ein Unternehmen, das Tiefbauarbeiten durchführt. Prüfen Sie, ob die nachfolgenden Aussagen richtig sind:*
   a) Eine Überlassung von Asphaltbauern ist möglich, da es sich bei der Schacht AG um einen Betrieb handelt, der eine Winterbeschäftigungsumlage zahlt.
   b) Eine Überlassung von Bürokaufleuten und Estrichlegern ist möglich.
   c) Eine Überlassung von Bauhilfsarbeitern ist nicht möglich, da es sich bei der Schacht AG um einen Betrieb handelt, der eindeutig dem Bauhauptgewerbe zuzuordnen ist.
4. *Erläutern Sie die Folgen einer fehlenden Erlaubnis zur Arbeitnehmerüberlassung.*
5. *Erläutern Sie den Sinn der Abwicklungsfrist gemäß § 2 Abs. 4 Satz 4 AÜG.*
6. *Was ist unter dem Begriff „Subsidiärhaftung" zu verstehen?*

2.1.8 Abgrenzung zu anderen Formen des Fremdpersonaleinsatzes

Neben der Arbeitnehmerüberlassung gibt es weitere Formen des Fremdpersonaleinsatzes, die im Rahmen von **Dienst- oder Werkverträgen** gestaltet werden können.

Beispiel
Aus einer Broschüre der Finke Zeitarbeit GmbH

Für den Einsatz von externen Mitarbeitern, Projektmitarbeitern oder IT-Spezialisten in Ihrem Unternehmen bieten wir drei vertragliche Gestaltungsmöglichkeiten an:
- *Arbeitnehmerüberlassung*
- *Werkvertrag*
- *Dienstvertrag*

Die für Sie optimale Vertragsart hängt von Ihren Anforderungen, Ihren Betriebszielen und den vorhandenen Gegebenheiten ab. Wir beraten Sie gerne, nehmen Sie mit uns Kontakt auf.

Werkvertrag

Definition
Beim Werkvertrag verpflichtet sich der **Werkunternehmer** zur **Herstellung** eines bestimmten Werkes und der **Besteller (Auftraggeber)** zur **Zahlung einer Vergütung (Werklohn)**.

Rechtsgrundlage des Werkvertrages sind die § 631 ff. BGB. Gegenstand eines Werkvertrages können sowohl die Herstellung oder Veränderung einer Sache als auch ein durch Arbeit oder durch Dienstleistung herbeizuführender Erfolg sein.

Beispiele
- *Der Personaldienstleister Müller GmbH wartet die Maschinen der Comenia AG. Die Ingenieurdienstleistungen Schott GmbH erstellt Stromlaufpläne für die Maschinen der Comenia AG.*
- *Die KTM AG, eine Wirtschaftsprüfungsgesellschaft, erstellt ein Gutachten für die Müller GmbH.*
- *Die Compu AG übernimmt den Autrag, ein kundenspezifisches Softwareprogramm zu entwickeln und im Kundenbetrieb zu installieren.*

Merksatz
Wesentliches **Merkmal** für den Werkvertrag ist, dass der **Auftragnehmer** einen **bestimmten Erfolg schuldet**.

Der Auftraggeber ist erst zur Vergütung verpflichtet, wenn der Erfolg auch tatsächlich eintritt (z. B. erfolgreiche Reparatur). Der Werkunternehmer trägt also die Verantwortung für den Erfolg und übernimmt hierfür auch die Gewährleistung.[1]

Beispiel
Die Wartung der Maschinen in der Comenia AG wird nicht ordnungsgemäß erledigt. Hierfür haftet der Personaldienstleister Müller OHG. Die Comenia AG hat Anspruch darauf, dass der Mangel beseitigt wird.

---

[1] *Der Unternehmer muss dem Besteller das Werk frei von Sach- und Rechtsmängeln beschaffen. Liegt ein Mangel vor, so kann der Besteller Gewährleistungsrechte geltend machen. Diese umfassen Nacherfüllung in Form von Nachbesserung oder Neuherstellung, Rücktritt, Minderung, Schadensersatz sowie Ersatz von vergeblichen Aufwendungen bzw. erforderlichen Aufwendungen bei Selbstvornahme der Mangelbeseitigung.*

Abgrenzung zur Arbeitnehmerüberlassung

Genau wie bei der Arbeitnehmerüberlassung setzen Werkunternehmer zur Erfüllung des Auftrags ihre eigenen Mitarbeiter im Fremdbetrieb ein[1].

Beispiel
Das Unternehmen Baumüller OHG beauftragt den Elektrobetrieb Wolfgang Prenge GmbH mit der Instandhaltung und Instandsetzung der Beleuchtungseinrichtungen auf dem Unternehmensgelände. Zu diesem Zweck setzt die Wolfgang Prenge GmbH den Elektriker Ernst Sonnabend im Unternehmen der Baumüller OHG ein.

Eine genaue Abgrenzung zur Arbeitnehmerüberlassung ist unbedingt erforderlich, damit keine illegale Arbeitnehmerüberlassung betrieben wird, die möglicherweise gravierende Folgen für die Beteiligten hätte. Deshalb sollte vorher genau geklärt werden, welcher Vertragstyp geeignet ist, um den Kundenauftrag zu erfüllen, bzw. welche Anhaltspunkte für oder gegen die Arbeitnehmerüberlassung oder den Werkvertrag sprechen.

LF 2/ 2.1.7

In der Rechtsprechung sind hierzu verschiedene Kriterien entwickelt worden.

Vertragsgegenstand

Vertragsgegenstand bei der Arbeitnehmerüberlassung ist das Überlassen von Arbeitnehmern auf Zeit. Beim Werkvertrag geht es dagegen um das **Herbeiführen eines konkret bezeichneten Arbeitsergebnisses (Erfolg)**.

Für die Beurteilung des Vertrages ist aber nicht seine Bezeichnung ausschlaggebend, sondern die konkrete Vertragsdurchführung.

Beispiel
Auszug aus einem Merkblatt der Bundesagentur für Arbeit

> [...] Für die Beurteilung sind grundsätzlich die zwischen den Beteiligten vereinbarten Verträge entscheidend. Der Geschäftsinhalt kann sich sowohl aus den (schriftlichen) Vereinbarungen der Beteiligten als auch aus der praktischen Durchführung der Verträge ergeben. Widersprechen sich schriftliche Vereinbarung und tatsächliche Durchführung des Vertrages, so kommt es auf die tatsächliche Durchführung an (vgl. Urteil des Bundesarbeitsgerichts [BAG] vom 15.06.1983, Neue Juristische Wochenschrift [NJW] 1984, Seite 2912). Deshalb kann die Art der vertraglichen Beziehung nur aufgrund ihrer Durchführung festgestellt werden. [...]

Quelle: Merkblatt zur Abgrenzung zwischen Arbeitnehmerüberlassung und Entsendung von Arbeitnehmern im Rahmen von Werk- und selbstständigen Dienstverträgen sowie anderen Formen drittbezogenen Personaleinsatzes, hrsg. v. der Bundesagentur für Arbeit, Nürnberg, unter: www.arbeitsagentur.de/zentraler-Content/Veroeffentlichungen/Merkblatt-Sammlung/Merkblatt-zur-Abgrenzung.pdf, veröffentlicht im Mai 2004, S. 1 (Zugriff: 06.05.2012).

In diesem Zusammenhang spricht man auch von **Scheinwerkverträgen**, die häufig das Ziel haben, die strikten Vorschriften der Arbeitnehmerüberlassung zu umgehen, nied-

[1] *Teilweise werden auch weitere Unternehmen vom Werkunternehmer mit der Erstellung des Werkes beauftragt (sog. Subunternehmer).*

rige Entgeltgruppen zu nutzen (Umgehung des Tarifzwangs) oder die Mitbestimmungsrechte des Kundenbetriebs zu umgehen.

Definition
Ein Scheinwerkvertrag liegt vor, wenn die zuvor genannten Merkmale eines Werkvertrags nur vorgetäuscht werden, tatsächlich jedoch die Überlassung von Arbeitnehmern stattfindet.

Direktionsrecht bzw. Weisungsrecht

Im Gegensatz zur Arbeitnehmerüberlassung liegt das **Direktions- oder Weisungsrecht ausschließlich** beim **Werkunternehmer**. Die im Fremdbetrieb eingesetzten Arbeitnehmer haben den Status eines Erfüllungsgehilfen (§ 278 BGB). Möchte der Kunde auftragsbezogene Weisungen erteilen, dann kann er sich an den Werkunternehmer wenden, der diese im Rahmen seines Direktionsrechts an die eingesetzten Arbeitskräfte weitergibt.

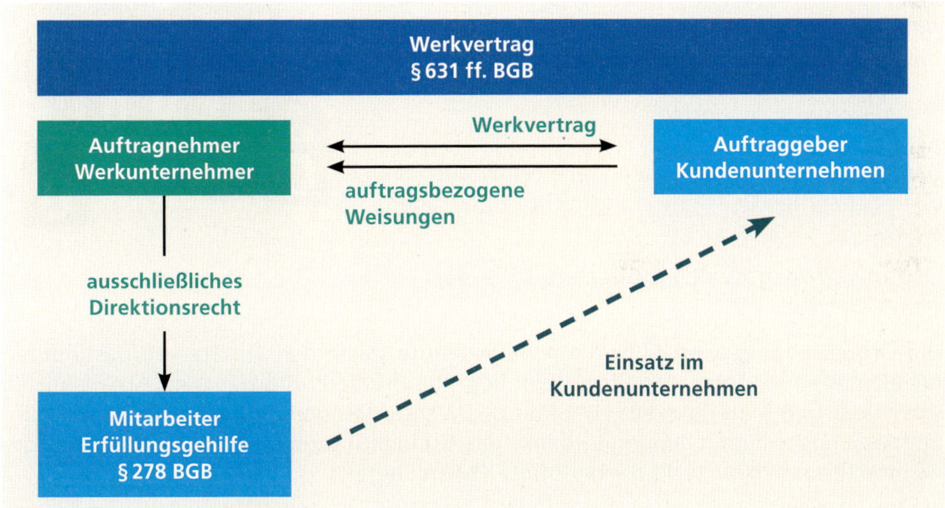

Weisungsrecht beim Werkvertrag

Unternehmerrisiko, Verantwortung für das Arbeitsergebnis und Haftung

Die Verantwortung für das Arbeitsergebnis liegt bei der Arbeitnehmerüberlassung allein beim Kundenunternehmen. Das Zeitarbeitsunternehmen ist nur verpflichtet, einen geeigneten Mitarbeiter bereitzustellen. Die ordnungsgemäße Arbeitsleistung ist nicht Gegenstand des Arbeitnehmerüberlassungsvertrages. Dementsprechend haftet das Zeitarbeitsunternehmen auch nur für die fehlerhafte Auswahl eines Mitarbeiters (Auswahlverschulden).

Beim **Werkvertrag** schuldet der **Werkunternehmer** die Herstellung eines genau bezeichneten Werkes. Er allein trägt die **Verantwortung** für das Erreichen des **Arbeitsergebnisses**. Passieren den eingesetzten Mitarbeitern Fehler, dann muss der Werkunternehmer diese vertreten[1]. Dies ergibt sich aus dem Status des Erfüllungsgehilfen, den die eingesetzten Mitarbeiter einnehmen (vgl. § 278 BGB).

§ 278 BGB Verantwortlichkeit des Schuldners für Dritte

Der Schuldner hat ein Verschulden seines gesetzlichen Vertreters und der Personen, deren er sich zur Erfüllung seiner Verbindlichkeit bedient, in gleichem Umfang zu vertreten wie eigenes Verschulden. [...]

Der § 278 BGB drückt aus, dass das Verhalten des Erfüllungsgehilfen auf den Werkunternehmer übertragen wird, als hätte dieser selbst gehandelt.

Beispiel

Die Finke Zeitarbeit GmbH beauftragt die Ingenieurdienstleistungen Schott GmbH mit der Programmierung einer Individualsoftware. Die Ingenieurdienstleistungen Schott GmbH lässt die Arbeiten durch ihren Mitarbeiter Herbert Meier erledigen. Meier liefert eine schlechte Arbeit ab: Das Softwareprogramm weist Fehler auf. Die Ansprüche der Finke Zeitarbeit GmbH erstrecken sich allein auf die Ingenieurdienstleistungen Schott GmbH. Das Handeln ihres Mitarbeiters wird ihr zugerechnet.

Darüber hinaus kommen beim Werkvertrag auch die oben genannten Gewährleistungsrechte zum Tragen.

Organisationsgewalt/Eingliederung in den Fremdbetrieb

Die Organisationsgewalt über die Arbeitsabläufe sowie den Einsatz von bestimmten Arbeitsmethoden und Arbeitsmitteln liegt beim Werkunternehmer. Arbeitsmittel, Werkzeug und Material stellt ebenfalls der Werkunternehmer. Bei der Arbeitnehmerüberlassung bestimmt hingegen allein das Kundenunternehmen über die oben genannten Punkte bzw. stellt die benötigten Mittel bereit.

Ebenso entscheidet der Werkunternehmer gänzlich allein, wann, wie und wo er seine Mitarbeiter einsetzt. Diese dürfen **nicht** in die **Arbeitsabläufe** des **Kundenunternehmens eingegliedert** werden.

Beispiel

Auszug aus der Broschüre der Finke Zeitarbeit GmbH zum Werk- bzw. Dienstvertrag

Die Fremdarbeitskraft darf nicht in Ihre internen Arbeitsprozesse eingebunden werden. Wird der Mitarbeiter in Ihrem Betrieb eingesetzt, dann darf er nicht eingegliedert werden und muss räumlich getrennt oder deutlich unterscheidbar von Ihren eigenen Mitarbeitern eingesetzt werden. Der Fremdmitarbeiter trägt die Arbeitskleidung unseres Unternehmens. Er weist sich durch einen Ausweis als Fremdarbeitskraft aus.

---

[1] *Einzel- oder Sonderfälle werden, da es hier um die Abgrenzung von Arbeitnehmerüberlassung und Werkvertrag geht, an dieser Stelle nicht weiter vertieft.*

Dies ist ein wichtiges Kriterium für die Abgrenzung zur Arbeitnehmerüberlassung, da Zeitarbeitskräfte ja gerade wie das Stammpersonal des Kunden eingesetzt werden sollen und entsprechend in die Arbeitsabläufe integriert werden.

Beispiel

Der Zeitarbeitnehmer Markus Scholz erbringt seine Arbeitsleistung bei der Metallwerke AG. Er arbeitet eng mit den Mitarbeitern der Stammbelegschaft zusammen – im gleichen Raum und an den gleichen Maschinen. Er trägt die Arbeitskleidung der Metallwerke AG und ist äußerlich nicht von den Stammmitarbeitern zu unterscheiden.

Arbeits- und Gesundheitsschutz

Die Verantwortung für den Arbeits- und Gesundheitsschutz seiner Mitarbeiter liegt **allein beim Werkunternehmer**. Bei der Arbeitnehmerüberlassung teilen sich Kunden- und Zeitarbeitsunternehmen diese Verantwortung.

Vergütung

Die Vergütung beim Werkvertrag ist **erfolgsbezogen**, z. B. Festpreis mit Abschlagszahlungen. Sie richtet sich insbesondere nach der Abnahme des Werkes, also nicht allein nach den geleisteten Arbeitsstunden. Dagegen beruht bei der Arbeitnehmerüberlassung die Vergütung auf den effektiv geleisteten Arbeitsstunden zum vorher vereinbarten Stundenverrechnungssatz.

Praxistipp

Checkliste zur Abgrenzung vom Werkvertrag

Folgende Kriterien sprechen bei der Frage, ob ein Werkvertrag oder eine Arbeitnehmerüberlassung vereinbart wird, für den Werkvertrag:

- **Vertragsgegenstand** ist ein bezeichnetes Arbeitsergebnis, z. B. die Errichtung eines Bauwerks.
- **Direktionsrecht** steht beim Werkvertrag allein dem Werkvertragsunternehmer zu.
- **Organisation** der Arbeitsabläufe und des eingesetzten Personals erbringt der Werkvertragsunternehmer.
- **Eingliederung** in den Betrieb und den organisatorischen Ablauf der Produktion des Auftraggebers, z. B. durch gemeinsame Arbeitsgruppen, findet beim Werkvertrag nicht statt.
- **Unternehmerrisiko** trägt im Wesentlichen der Werkvertragsunternehmer.
- **Vergütung** des Werkvertragsunternehmers erfolgt erfolgsorientiert für die Fertigstellung des bestellten Werkes nach der Abnahme, nicht allein für die zu leistende Arbeitszeit der eingesetzten Arbeitnehmer.

- **Haftung und Gewährleistung** für Mängel oder Fehler bei der Arbeitsausführung trifft den Werkvertragsunternehmer.
- **Material** und Arbeitsmittel/Werkzeuge werden vom Werkvertragsunternehmer (Arbeitgeber) zur Verfügung gestellt.

Quelle: Pollert, Dirk / Spieler, Sven: Die Arbeitnehmerüberlassung in der betrieblichen Praxis, Verlagsgruppe Hüthig Jehle Rehm GmbH, Heidelberg, 2008, S. 46.

Dienstvertrag

§ 611 BGB Vertragstypische Pflichten beim Dienstvertrag

(1) Durch den Dienstvertrag wird derjenige, welcher Dienste zusagt, zur Leistung der versprochenen Dienste, der andere Teil zur Gewährung der vereinbarten Vergütung verpflichtet.

(2) Gegenstand des Dienstvertrages können Dienste jeder Art sein.

Bei einem Dienstvertrag **schuldet** der Auftragnehmer lediglich eine **Tätigkeit**, aber keinen bestimmten Erfolg. Die Dienstleistung (Tätigkeit) kann der Auftragnehmer auch durch einen seinem Weisungsrecht unterliegenden Verrichtungsgehilfen erbringen.

Die **Vergütung** beim Dienstvertrag ist **zeitbezogen** bzw. **erfolgsunabhängig**, z. B. nach Stunden- oder Tagessätzen bzw. auf Honorarbasis. Sie ist fällig, sobald die Dienstleistung erbracht wurde. Im Gegensatz zum Werkvertrag gibt es keine besonderen Gewährleistungsvorschriften. Ggf. entstehen Schadensersatzansprüche.

Dienstverträge liegen bei Personaldienstleistungen meistens dann vor, wenn ein Beratungsprozess im Vordergrund steht.

Beispiele
Personalberatung, Outplacement-Beratung, Suchauftrag für Führungskräfte im Rahmen der Direktansprache

Für die Abgrenzung der Arbeitnehmerüberlassung vom Dienstvertrag gelten die gleichen Kriterien wie beim Werkvertrag.

Entscheidungskriterien

Ein Unternehmen wird sich in aller Regel dann für einen **Dienst- oder Werkvertrag** entscheiden, wenn es

- die Arbeiten mit eigenen Mitarbeitern nicht durchführen kann,
- bestimmte Geräte und Einrichtungen nicht hat,
- nicht über das benötigte Know-how verfügt.
- die Verträge flexibel nach dem BGB gestaltet möchte (Werkverträge unterliegen i. d. R. weder arbeitsrechtlichen Vorschriften noch dem AÜG).

Ein Unternehmen wird sich **Mitarbeiter ausleihen**, wenn

- es sie nach eigenen Wünschen einsetzen will,
- sich die Tätigkeit nicht klar abgrenzen lässt,
- die Fremdarbeitskräfte im Team eingesetzt werden sollen.

Merksatz

Personal(mangel)probleme müssen im Rahmen der Arbeitnehmerüberlassung gelöst werden.
Sachaufgabenprobleme können im Rahmen eines Werk- oder Dienstvertrages gelöst werden.

Praxistipp

Nehmen Sie das Merkblatt der Bundesagentur für Arbeit zur Abgrenzung zwischen Arbeitnehmerüberlassung und Entsendung von Arbeitnehmern im Rahmen von Werk- und selbstständigen Dienstverträgen sowie anderen Formen drittbezogenen Personaleinsatzes zu Ihren Unterlagen (siehe Homepage der Bundesagentur für Arbeit, www.arbeitsagentur.de).

Zusammenfassung

- Beim Fremdpersonaleinsatz in Unternehmen können verschiedene Vertragskonstruktionen gewählt werden. In der Praxis kommt insbesondere der **Abgrenzung zwischen Arbeitnehmerüberlassungs- und Werkvertrag** eine besondere Bedeutung zu, da Scheinwerkverträge ohne Erlaubnis illegale Arbeitnehmerüberlassung darstellen.
- Für die Beurteilung, ob Arbeitnehmerüberlassung oder ein Werkvertrag vorliegt, ist die **konkrete Vertragsdurchführung** entscheidend.

Aufgaben

1. *Erstellen Sie eine kriterienorientierte Tabelle, die die Arbeitnehmerüberlassung, den Werkvertrag sowie den Dienstvertrag miteinander vergleicht und voneinander abgrenzt.*

2. *Finden Sie jeweils drei Beispiele für Werk- und Dienstverträge.*

3. *Ein Bankunternehmen wendet sich an einen Personaldienstleister, da es für die Reinigung der Büroräume täglich fünf Reinigungskräfte benötigt. Für die Vertragsgestaltung stehen Arbeitnehmerüberlassungsvertrag, Werk- oder Dienstvertrag zur Auswahl. Argumentieren Sie, welche Vertragsart gewählt werden sollte.*

4. *Ein Catering-Unternehmen und das Bankhaus Sachsmann haben einen Werkvertrag abgeschlossen. Das Catering-Unternehmen soll drei Mahlzeiten (Frühstücksbuffet, Mittagessen und Nachmittagssnack) für die Bankmitarbeiter in der Kantine der Bank anbieten. Dazu setzt das Catering-Unternehmen zwei eigene Mitarbeiter ein und übernimmt die Organisation der Kantine. Gleichzeitig arbeiten zur Unterstützung drei Küchenhilfen in der Kantine mit, die zurzeit bei dem Bankhaus beschäftigt sind. Beurteilen Sie den Fall unter rechtlichen Gesichtspunkten.*

5. *Prüfen Sie, welche der in den Aussagen formulierten Kriterien für einen Werkvertrag sprechen:*
   a) *Das Kundenunternehmen kann dem eingesetzten Fremdpersonal Weisungen erteilen.*
   b) *Ein Personaldienstleister erbringt mithilfe eigener Mitarbeiter selbstständig eine genau bestimmte Leistung für das Kundenunternehmen.*
   c) *Der Personaldienstleister schuldet dem Kundenunternehmen eine bestimmte Tätigkeit.*
   d) *Die Abrechnung erfolgt aufgrund des jeweiligen Arbeitsfortschritts, das heißt, es erfolgen Abschlagszahlungen.*
   e) *Die Abrechnung erfolgt nach tatsächlich geleisteten Stunden.*
   f) *Das Kundenunternehmen übernimmt die Verantwortung für das Arbeitsergebnis.*
   g) *Die Arbeitsabläufe und den Einsatz der Mitarbeiter bestimmt der Personaldienstleister.*
   h) *Rechtsgrundlage des Vertrages ist das Bürgerliche Gesetzbuch (BGB).*

2.2 On-Site-Management

Einstiegssituation ▶

Bei der Mercantius AG ...

Herr Gantek: „Haben Sie schon die zusätzlichen Zeitarbeitskräfte anfordern können? Wir müssen spätestens Ende der Woche mit der Produktion für den Großauftrag beginnen."

Frau Pelzer: „Ich habe mit der Einkaufsabteilung gesprochen, die ist gerade dabei, Kontakt mit einem weiteren Personaldienstleister aufzunehmen. So wie es aussieht, kann das Unternehmen unseren Personalbedarf erfüllen."

Herr Gantek: „Schon wieder ein neues Zeitarbeitsunternehmen. Geht das nicht auch anders? Der Verwaltungsaufwand für die Überprüfung der vielen unterschiedlichen Rechnungen ist in letzter Zeit ständig gestiegen. Die Kalkulation des Fremdpersonaleinsatzes wird auch immer unübersichtlicher. Jeder Personaldienstleister hat unterschiedliche Abrechnungssätze und andere Zahlungszeitpunkte. Und der Einkauf ist damit überfordert, die unterschiedlichen Verträge der einzelnen Zeitarbeitsunternehmen zu prüfen."

Frau Pelzer: „Und wir in der Personalabteilung kommen mit der Erstellung von Einsatz- und Schichtplänen auch nicht mehr hinterher. Deshalb habe ich mich nach anderen Lösungen umgeschaut."

Herr Gantek: „Und?"

Frau Pelzer: „Ich habe mit Thomas Heinken von der Finke Zeitarbeit GmbH gesprochen. Die Finke Zeitarbeit stellt den Hauptanteil unserer Zeitarbeitskräfte, mit Finke haben wir gute Erfahrungen gemacht. Wir werden uns nächste Woche zusammensetzen und über mögliche Lösungen sprechen."

In der Finke Zeitarbeit GmbH ...

Thomas Heinken berichtet unmittelbar nach dem Telefonat mit Frau Pelzer der Auszubildenden Mareike Schuster von den Problemen bei der Mercantius AG.

Thomas Heinken: „Die Mercantius AG hat in Spitzenzeiten zwischen 4 und 5 verschiedene Zeitarbeitsunternehmen im Haus, die dezentral durch die Einkaufsabteilung, zum Teil auch durch die Personalabteilung oder durch den Verantwortlichen in der Produktion kontaktiert und betreut werden. Durchschnittlich benötigt das Unternehmen ca. 50 Zeitarbeitskräfte, die nicht nur in der Produktion, sondern auch im Lager oder der Verwaltung eingesetzt werden. Hinzu kommt, dass der Geschäftszweig der Mercantius AG sehr konjunkturabhängig ist. Frau Pelzer gab an, dass bei sehr guter Auftragslage bis zu 70 Zeitarbeitskräfte benötigt werden, insbesondere dann, wenn eine dritte Schicht eingeführt wird."

Thomas Heinken ergänzt seine Ausführungen durch folgende Zeichnung:

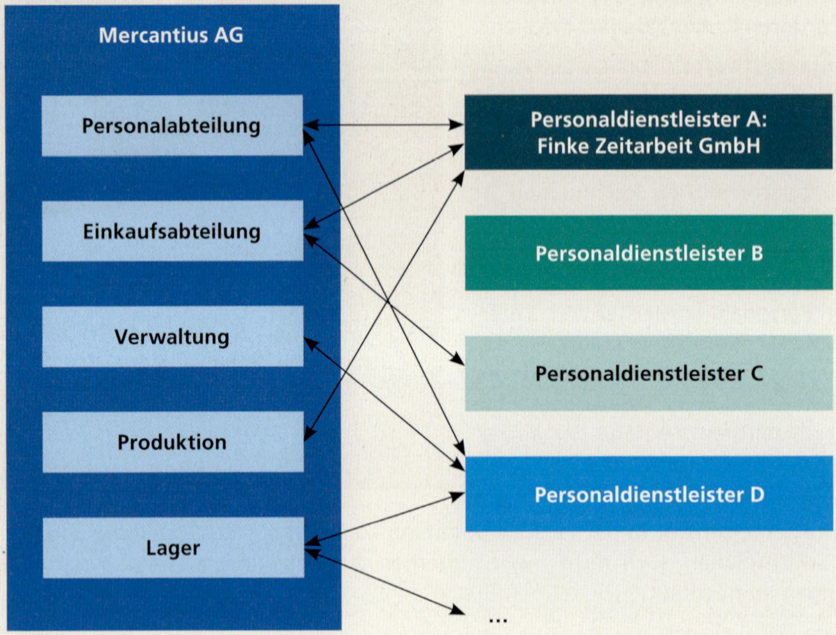

Arbeitsaufträge

1. Klären Sie die Ausgangssituation.

a) Beschreiben Sie die Probleme aus Sicht der Mercantius AG (Kunde).

b) Unterbreiten Sie erste Lösungsansätze.

2. *Erarbeiten Sie mithilfe des Kapitels 2.2 die charakteristischen Merkmale des On-Site-Managements:*
   - *Besonderheiten des On-Site-Managements gegenüber „klassischer Zeitarbeit"*
   - *Beteiligte und deren Rollen*
   - *Erscheinungsformen und Vertragsbeziehungen*
   - *Motive aus Sicht der einzelnen Beteiligten*
   - *Ablauf des On-Site-Managements*
   - *Voraussetzungen, Interessen und mögliche Probleme*

3. *Erarbeiten Sie für den Kunden Mercantius AG einen Lösungsvorschlag. Bereiten Sie eine entsprechende Präsentation für den Kunden vor.*

4. *Präsentieren Sie Frau Pelzer von der Mercantius AG einen Lösungsvorschlag. Bewerten Sie die Präsentation nach zuvor vereinbarten Kriterien.*

5. *Angenommen, die Mercantius AG und die Finke Zeitarbeit GmbH beabsichtigen, ein On-Site-Management-Projekt durchzuführen.*
   a) *Überlegen Sie, welche Punkte zwischen den einzelnen Beteiligten (hier: Kunde, Master) geregelt werden müssten, damit das On-Site-Projekt reibungslos durchgeführt werden kann.*
   b) *Stellen Sie Ihre Ergebnisse vor.*

Hinweis

Wegen der Komplexität der Personaldienstleistung On-Site-Management beinhaltet dieses Kapitel einen Überblick, der für das Verständnis dieser Personaldienstleistung notwendig ist. Eine Vertiefung erfolgt in Lernfeld 9 „Aufträge akquirieren und bearbeiten", das insbesondere die inhaltliche Vertragsgestaltung des On-Site-Managements aufnimmt.

2.2.1 Begriff

Unternehmen, die einen ständigen und hohen Bedarf an Zeitarbeitskräften haben, arbeiten in der Regel mit verschiedenen Personaldienstleistern zusammen. Für den Kunden ergeben sich durch den vermehrten Einsatz von Zeitarbeitskräften eine Reihe von zusätzlichen Arbeiten, die bereits vor dem Überlassungsprozess beginnen.

Beispiele
Personalbedarfsplanung für alle Zeitarbeitnehmer, Kontaktaufnahme und Auswahl von Personaldienstleistern, Überprüfung der Verträge (z. B. Tarifzugehörigkeit, Lieferungs- und Zahlungsbedingungen), Disposition aller Zeitarbeitnehmer aus verschiedenen Zeitarbeitsunternehmen, Einweisung am Arbeitsplatz, Überwachung und Kontrolle von Arbeitsschutz bzw. Arbeitssicherheit des eingesetzten Fremdpersonals, Kontaktgestaltung zu verschiedenen Personaldienstleistern (Anrufe, Vereinbarung von Besuchen etc.), Abzeichnen der Tätigkeitsnachweise, Rechnungsprüfung, ...

Dieser zusätzliche Arbeitsaufwand belastet Personal- und Fachabteilungen und führt zu weiteren Kosten. On-Site-Management[1] setzt genau an dieser Stelle an und versucht den Kunden durch zusätzliche Serviceleistungen zu entlasten. Der **Einsatz aller Zeitarbeitskräfte** wird **durch einen Personaldienstleister gebündelt.**

Somit umfasst On-Site-Management in Abgrenzung zur herkömmlichen Zeitarbeit sowohl eine **Bündelungs- als auch eine Servicefunktion** für den Kunden. Der Umfang der einzelnen, zusätzlichen Dienstleistungen kann gemeinsam mit dem Kunden nach seinen Bedürfnissen festgelegt werden.

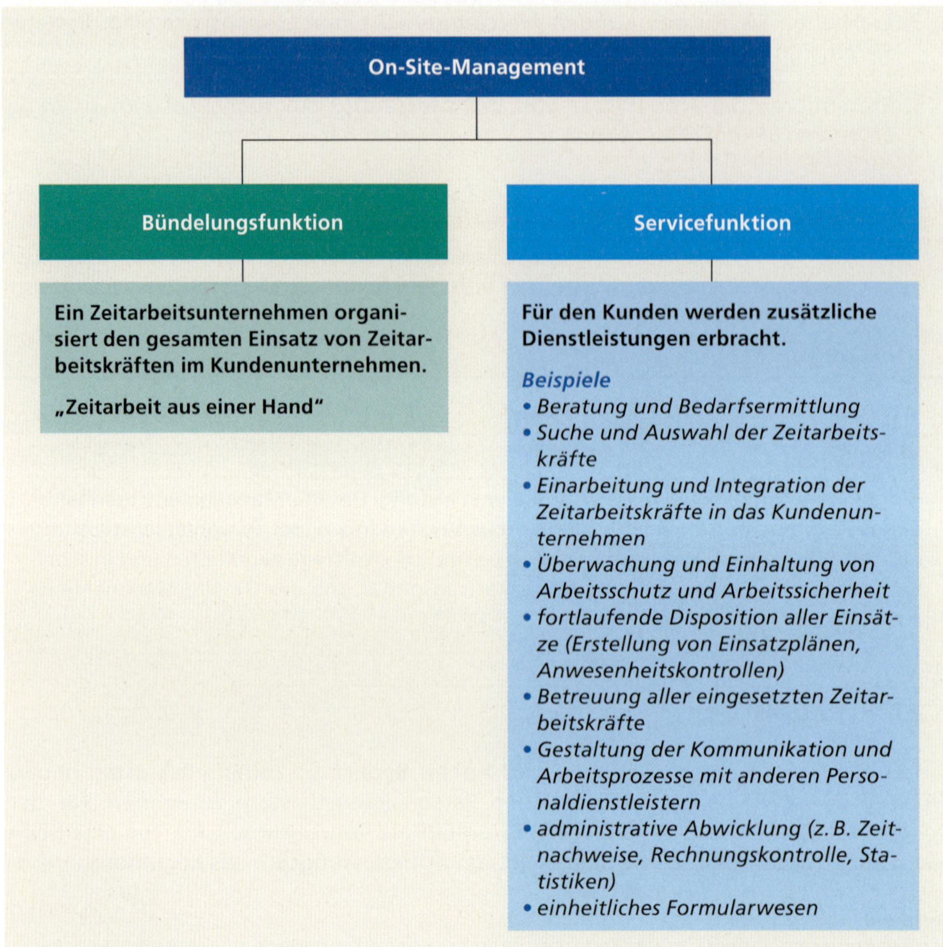

Bündelungs- und Servicefunktion des On-Site-Managements

[1] *Der Begriff On-Site-Management wird als Oberbegriff für die Dienstleistung aufgefasst und schließt die verschiedenen Erscheinungsformen „klassisches" On-Site-Management, Master bzw. Master Vendor ein.*

On-Site-Management ist eine **branchenspezifische Form der Kundenbindung**, die insbesondere bei **Groß- bzw. Schlüsselkunden** eingesetzt wird. Es handelt sich um eine Weiterentwicklung der klassischen Zeitarbeit hin zu einer (strategischen) **Partnerschaft** zwischen Kunde und Personaldienstleister.

Definition

Der Begriff On-Site-Management kommt aus dem Englischen und lässt sich mit **Vor-Ort-Management** übersetzen. On-Site-Management ist eine zusätzliche Dienstleistung von Zeitarbeitsunternehmen für Kunden, die einen hohen und ständigen Bedarf an Zeitarbeitskräften haben. Für die konkrete Durchführung des On-Site-Managements stellt das Zeitarbeitsunternehmen (Hauptlieferant, Master) einen Mitarbeiter (On-Site-Manager) zur Verfügung, der vor Ort alle Organisations-, Koordinations-, Verwaltungs- und Betreuungsaufgaben, die beim Einsatz von Zeitarbeitskräften anfallen, übernimmt. Bei Bedarf werden zusätzliche Personaldienstleister als Co-Lieferanten eingebunden.[1]

Nicht alle Zeitarbeitsunternehmen können diese Dienstleistung in ihrer Leistungspalette anbieten, denn On-Site-Management ist nicht einfach nur Zeitarbeit plus Zusatzservice. Vielmehr handelt es sich um eine **komplexe Personaldienstleistung**, die eine gewisse Erfahrung und ggf. auch Unternehmensgröße erfordert. On-Site-Management wird in der Praxis häufig in Form von Projekten abgewickelt.

„Das On-Site-Management ist kein Alltagsgeschäft und wird auch – bei aller Routine, die sich im Laufe der Jahre einstellen wird – nie ein solches werden. Es wird kaum der Fall eintreten, dass morgens ein Auftraggeber anruft und binnen einer Frist von wenigen Tagen den Start eines On-Site-Projektes vorschlägt. Ein solches Vorhaben muss gründlich vorbereitet werden. Insbesondere verlangt der Auftraggeber maßgeschneiderte Lösungen. Deshalb unterscheidet sich jedes On-Site-Projekt von einem anderen, weil jeder Auftraggeber besondere Anforderungen stellt.“

Quelle: Dahl, Holger/Dreyer, Martin/von der Planitz, Charlotte/von Rundstedt, Sophia: Personaldienstleister in Deutschland. Die neuen Partner flexibler Personalarbeit, Luchterhand (Wolters Kluwer), Köln, 2009, S. 84.

Der Einsatz von On-Site-Management findet vorwiegend im gewerblichen Bereich statt. Im kaufmännischen Bereich wird diese Dienstleistung häufig von Callcentern genutzt.

Rolle des On-Site-Managers

Der Einsatz von Zeitarbeitskräften wird durch einen Mitarbeiter des Personaldienstleisters (**On-Site-Manager/-in**) organisiert. Dabei sind unterschiedliche Lösungen möglich:

- Der On-Site-Manager steht als Ansprechpartner aus der Niederlassung heraus ständig zur Verfügung.
- Er hat ein eigenes Büro auf dem Gelände des Kundenunternehmens bzw. ist an eine Abteilung angegliedert.
- Grundsätzlich kann die Betreuung des Kunden als Teilzeitlösung nur in Zeiten von Produktionsspitzen oder „rund um die Uhr" erfolgen.

[1] *Dahl, Holger/Dreyer, Martin/von der Planitz, Charlotte/von Rundstedt, Sophia: Personaldienstleister in Deutschland. Die neuen Partner flexibler Personalarbeit, Luchterhand (Wolters Kluwer), Köln, 2009, S. 82.*

On-Site-Manager/-innen arbeiten in der Regel ausschließlich für den jeweiligen Kunden und können als **Großkundenbetreuer** (Key-Account-Manager) bezeichnet werden. Der Kunde hat somit immer den gleichen, vertrauten Ansprechpartner („one-face-to-the-customer-Prinzip").

On-Site-Manager/-innen übernehmen sämtliche Aufgaben, die beim Einsatz von Zeitarbeitskräften anfallen (siehe Schaubild „Bündelungs- und Servicefunktion" in diesem Kapitel). Sie sind Ansprechpartner für die Fachabteilungen des Kunden und auch für weitere Personaldienstleister, die Zeitarbeitskräfte stellen.

Die Anforderungen an On-Site-Manager/-innen sind hoch: Neben der genauen Kenntnis der Unternehmensphilosophie, der Produktions- und Prozessabläufe, der einzelnen Arbeitsplätze und der damit verbundenen Qualifikationsanforderungen müssen sie über Organisationstalent, Belastbarkeit und ausgeprägte kommunikative Fähigkeiten verfügen.

Beispiel
Corinna Schmitz ist On-Site-Managerin bei einem Unternehmen, das Bezüge für Flugzeugsitze herstellt und die Reparatur und Wartung von Sicherheits- und Anschnallgurten übernimmt. Zum Leistungsangebot gehört darüber hinaus die Raumgestaltung der Flugzeugkabinen (Wandverkleidung, Kabinenteppiche etc.). Corinna Schmitz ist nicht nur über den Ablauf der Produktion bestens informiert, sondern kennt auch die Besonderheiten der Arbeitsplätze der eingesetzten Raumausstatter, Schreiner, Näherinnen und technischen Hilfskräfte. Anders als bei einer bloßen Profilanforderung durch den Auftraggeber kann sie durch die persönlich gewonnenen Eindrücke und ihre Erfahrungen im Kundenunternehmen die benötigten Zeitarbeitskräfte passgenauer rekrutieren und auswählen.

2.2.2 Erscheinungsformen

In der Praxis gibt es in Abhängigkeit von Unternehmensgröße, Geschäftsfeld, Leistungspalette, Branche und Kundenanforderungen verschiedene Erscheinungsformen, die sich auf die nachfolgenden Grundtypen reduzieren lassen:[1]

- Klassisches On-Site-Management
- Master-Modell
- Master-Vendor-Modell (Variante des Master-Modells)

Zur Bezeichnung der verschiedenen Beteiligten beim On-Site-Management haben sich folgende Begrifflichkeiten durchgesetzt, die auch im Weiteren verwendet werden:

- **Master** = Zeitarbeitsunternehmen, das als Hauptlieferant auftritt, den On-Site-Manager stellt und somit Bündelungs- und Servicefunktion übernimmt.
- **Co-Lieferanten** = Zeitarbeitsunternehmen, die zusätzlich eingebunden werden, wenn der Master den Bedarf an Zeitarbeitskräften nicht allein erfüllen kann.
- Der **Master Vendor** tritt als zentraler Verkäufer in Absprache mit den Co-Lieferanten auf und handelt für alle beteiligten Dienstleister für die jeweils angefragten Qualifikationen einheitliche Verrechnungssätze aus.

[1] *Vgl. Dahl, Holger/Dreyer, Martin/von der Planitz, Charlotte/von Rundstedt, Sophia: Personaldienstleister in Deutschland. Die neuen Partner flexibler Personalarbeit, Luchterhand (Wolters Kluwer), Köln 2009, S. 89 f.*

2.2.2.1 Klassisches On-Site-Management

Wesen

Das Zeitarbeitsunternehmen führt On-Site-Management **ohne Beteiligung weiterer Co-Lieferanten** durch (auch Ein-Firmen-On-Site-Management). Es ist in der Lage, den gesamten Fremdpersonaleinsatz des Kunden selbst zu erfüllen. Aufgrund der hohen Anzahl der Zeitarbeitskräfte wird der Kunde zu seiner Entlastung durch einen On-Site-Manager betreut.

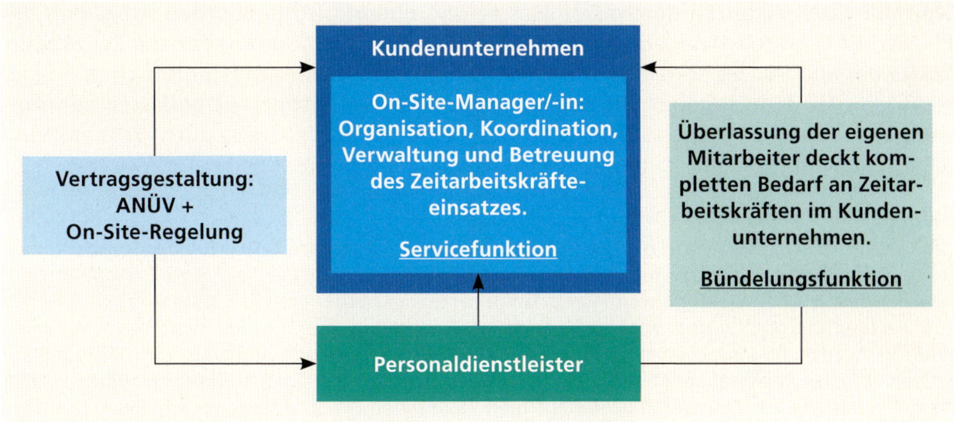

Klassisches On-Site-Management

Vertragsbeziehungen

Vertragsgrundlagen sind ein **Arbeitnehmerüberlassungsvertrag** sowie **Regelungen zum On-Site-Management (On-Site-Regelung)**. In der Praxis werden hierzu auch Rahmenverträge abgeschlossen.

Die On-Site-Regelung umfasst die einzelnen Dienstleistungen, die der Personaldienstleister für den Auftraggeber bei der Überlassung erbringt.

Beispiele
Übersendung von Tätigkeitsprofilen, Organisation von Vorstellungsgesprächen, Stellung von Unterlagen für den Betriebsrat, Übergabe von Betriebsausweisen, Installation von Zeiterfassungssystemen, Ausgabe von Werkzeugen, Arbeitskleidung und Arbeitsschutzausrüstungen, Unterweisung der Zeitarbeitskräfte, Überprüfung von Tätigkeitsnachweisen, Anwesenheitskontrollen, Statistikerstellung, Teilnahme an Besprechungen usw.

Grundsätzlich gibt es verschiedene Möglichkeiten, das Vertragswerk zu gestalten. Vereinfachend soll gelten: **Bd. 3/ LF 9**

Merksatz
Beim „klassischen" On-Site-Management liegt folgende Vertragsgestaltung vor: **Kombination eines Arbeitnehmerüberlassungsvertrages mit einer On-Site-Regelung.**

Da On-Site-Management eine besondere Form der Arbeitnehmerüberlassung ist, müssen bei der Vertragsgestaltung die **Vorschriften des Arbeitnehmerüberlassungsgesetzes** beachtet werden. LF 2/ 2.1.1

2.2.2.2 Master-Modell und Master-Vendor-Modell

Wesen des Master-Modells

Ein Zeitarbeitsunternehmen (Master) führt On-Site-Management **unter Beteiligung weiterer Co-Lieferanten** durch. Der Master übernimmt also neben den Aufgaben des klassischen On-Site-Managements zusätzlich auch noch die Koordination der Zeitarbeitskräfte der anderen Personaldienstleister. Die **Funktion**, die der **Master** zwischen Co-Lieferanten und Auftraggeber einnimmt, ist die eines **Vermittlers**. Er entlastet den Auftraggeber über die üblichen Serviceleistungen hinaus, beispielsweise durch Vorbereitung aller Vertragsunterlagen sowie durch die Kommunikation mit den Co-Lieferanten.

Beispiel
Die Gerster-Produktion GmbH gründete 2007 einen neuen Standort. Schon bei der Standortgründung wurde Zeitarbeit in die Personalplanung aufgenommen. 2011 lag der Anteil der Zeitarbeitnehmer bei ca. 17 %. Dazu gehören Zeitarbeitskräfte, die dauerhaft eingesetzt werden und festen Fertigungsteams zugeordnet sind oder als Springer aushelfen. Bei weiteren Engpässen werden zusätzliche Zeitarbeitnehmer angefordert. Organisatorisch begleiten den Fremdpersonaleinsatz zwei Personaldienstleister, die jeweils im Rahmen des On-Site-Managements ca. 50 % des Personals stellen. Eine der Zeitarbeitsfirmen stellt einen On-Site-Manager vor Ort.

Wesen des Master-Vendor-Modells

Wenn der Master zusätzlich für alle beteiligten Personaldienstleister einen **einheitlichen Verrechnungssatz für jede angefragte Qualifikation** mit dem Kunden aushandelt, dann spricht man vom **Master-Vendor-Modell**. Das bedeutet, für die Einzelarbeitnehmerüberlassungsverträge gelten die gleichen Vergütungssätze je Qualifikation, die auch im Mastervertrag aufgeführt sind.

Ansonsten sind sich Master und Master-Vendor-Modell in ihrem Wesen sehr ähnlich, sodass die nachfolgenden Ausführungen für beide Modelle gelten.

Elmar Ensmann, Leiter Personal, PFW Aerospace AG, Speyer:

„Wir haben den Anteil der Fremdarbeitskräfte in einer Betriebsvereinbarung auf 16 Prozent festgeschrieben – bei 1 140 Mitarbeitern am Standort in Speyer. PFW Aerospace ist unter anderem Zulieferer für Airbus und Boeing, und auch in unserer Branche sind sowohl Facharbeiter als auch Ingenieure gleichermaßen knapp auf dem Markt. Bei uns arbeiten zu über 95 Prozent Metall-Facharbeiter. Beide Gruppen beschäftigen wir über Zeitarbeitsunternehmen. Insgesamt arbeiten wir mit mehr als 30 Überlassungsfirmen zusammen, dabei übernimmt **ein Unternehmen die Funktion des Master Vendor**, der für uns den gesamten Personaleinsatz koordiniert. Weil es auf dem Arbeitsmarkt eng ist, zahlen wir faire Konditionen und gewinnen dadurch Zeitarbeitsunternehmen, die sich länger an uns binden. Seit rund 10 Jahren ist Zeitarbeitspersonal ein wichtiger Teil unserer Belegschaft.

Der Aufbau der Belegschaft – PFW Aerospace ist nach der Ausgliederung aus dem Airbus-Konzern 1997 mit 500 Mitarbeitern gestartet – hat zu mehr als 50 Prozent über Leiharbeitspersonal stattgefunden. Wir nutzen die vertraglich geregelte Vermittlungsfunktion der Verleihfirmen gezielt zur Personalrekrutierung. Stellenangebote schalten wir nur, wenn wir eine Kraft gewinnen wollen, die in einem festen Arbeitsverhältnis steht – das gilt für Facharbeiter wie für Ingenieure.

Um erfolgreich mit Zeitarbeitnehmern zusammenzuarbeiten, sind die Rahmenbedingungen sehr wichtig. Unser Erfolgsrezept ist eine realistische Übernahmeperspektive und die Integration während der Einsätze, die wir gemeinsam mit dem Betriebsrat ausgestaltet haben. Die Leiharbeiter werden im Rahmen einer wertorientierten Führung mit der gleichen Wertschätzung behandelt wie eigene Mitarbeiter. Das ist sehr wichtig, wenn man auf Dauer mit ihnen zusammenarbeiten möchte. Equal Treatment bedeutet für uns, die gleichen Rahmenbedingungen zu schaffen, auch wenn die Bezahlung unter der unserer Belegschaft liegt. Doch darauf kommt es den Leiharbeitern nicht in erster Linie an, sie wollen eine gleiche Behandlung und die Chance, nach dem Einsatz als Leiharbeitnehmer übernommen zu werden. Wir erwarten von allen Zeitarbeitsunternehmen, die mit uns arbeiten, dass sie sich am BZA-Tarif [jetzt BAP] orientieren; vom Master Vendor verlangen wir, dass er Mitglied im BZA ist. Damit trennen wir die Spreu vom Weizen. In unserer Branche wird erfahrungsgemäß übertariflich bezahlt und das gilt auch für die Leiharbeitnehmer. Die guten Zeitarbeitsunternehmen können die aktuelle Diskussion um Mindestlöhne verständlicherweise nicht nachvollziehen. Um auf dem Markt erfolgreich zu sein und qualifizierte Mitarbeiter zu rekrutieren, müssen sie faire, angemessene Konditionen bieten."

Quelle: Siemann, Christiane: „Die atmende Personaldecke", S. 71, in Personalwirtschaft, 10, 2008, unter: www.siemann.net/wp-content/uploads/Die-atmende-Personaldecke.pdf (Zugriff: 06.05.2012).

Vertragsbeziehungen

Dem Master-Modell liegt immer eine Dreiecksbeziehung zugrunde, die sich auch in der Vertragsgestaltung widerspiegelt.

Vertragspartner	Vertragsgestaltung
Master – Auftraggeber (Kunde)	Vertragsgrundlage zwischen Master und Kundenunternehmen ist ein sogenannter **Mastervertrag** sowie ein entsprechender **Arbeitnehmerüberlassungsvertrag** für die Überlassung der eigenen Mitarbeiter. Damit es dem Master möglich ist, die Bündelungs- und Servicefunktion wahrzunehmen, enthält der Mastervertrag eine **Klausel**, die es dem Master erlaubt, **Co-Partner zu beauftragen**.
Master – Co-Lieferanten	Zwischen den Co-Lieferanten und dem Personaldienstleister, der als Master fungiert, wird eine Kombination aus **Dienstleistungs- und Kooperationsvertrag** abgeschlossen. Gegenstand des Dienstleistungs- und Kooperationsvertrages ist die inhaltliche Konkretisierung der Zusammenarbeit zwischen Master und Co-Lieferanten sowie die Nennung der Dienstleistungen, die der Master für die Co-Partner erbringt. Gleichzeitig werden auch die Pflichten festgeschrieben, die der Co-Lieferant im Rahmen des On-Site-Projekts übernimmt.
Co-Lieferanten – Auftraggeber (Kunde)	Kunde und Co-Lieferant schließen einen separaten **Einzelarbeitnehmerüberlassungsvertrag** ab.

Beispiel

Auszug aus einem Mastervertrag

§ 7 Mastervertrag

(1) Die Überlassung von Arbeitnehmern darf auch von anderen Zeitarbeitsunternehmen (Co-Partnern) durchgeführt werden. [...]

(2) Der Master wird vom Auftraggeber bevollmächtigt, in dessen Namen Angebote auf Abschluss eines Arbeitnehmerüberlassungsvertrages (Einzelvertrages) mit Co-Partnern einzuholen. [...]

(4) Der Master wählt die Co-Partner in Absprache mit dem Auftraggeber aus. Es soll dabei darauf geachtet werden, dass die Co-Partner zur Gestellung des in § 6 Abs. 2 genannten Personals bereit und in der Lage sind. Der Master haftet nicht für die Auswahl der Co-Partner.

Quelle: Dahl, Holger/Dreyer, Martin/von der Planitz, Charlotte/von Rundstedt, Sophia: Personaldienstleister in Deutschland. Die neuen Partner flexibler Personalarbeit, Luchterhand (Wolters Kluwer), Köln, 2009, S. 274.

Insgesamt ergeben sich mehrere Vertragsbeziehungen beim Master-Modell (siehe nachfolgende Abbildung). Beim Master-Vendor-Modell kommt zusätzlich noch die Master-Vendor-Funktion (zentrale Verkaufsposition) dazu.

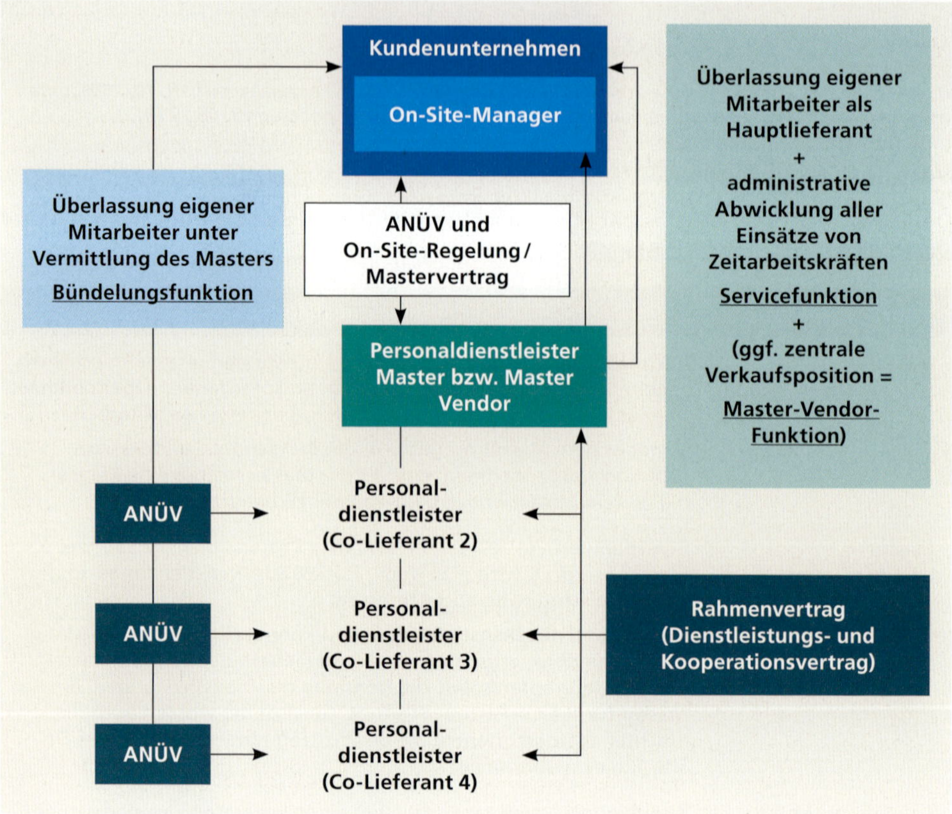

Master-Modell bzw. Master-Vendor-Modell

Ablauf

Im konkreten Überlassungsfall kann sich der Ablauf wie folgt darstellen:

- Der Master stellt an den Co-Lieferanten eine Anfrage (benötigte Anzahl von Zeitarbeitskräften und Qualifikation usw.).
- Innerhalb einer vereinbarten Reaktionszeit (z. B. 24 Stunden) muss der Co-Lieferant antworten, ob er den Auftrag übernimmt.
- Bei positiver Antwort bereitet der Master den Arbeitnehmerüberlassungsvertrag vor und sendet diesen an den Co-Lieferanten.
- Nach Unterzeichnung durch den Co-Lieferanten leitet der Master den Vertrag an den Auftraggeber weiter, der seinerseits gegenzeichnet.
- Der Abschluss des Arbeitnehmerüberlassungsvertrages erfolgt also unter Vermittlung des Masters direkt zwischen Co-Lieferant und Auftraggeber (Kunde). Ein direkter Kontakt zwischen Co-Lieferant und Auftraggeber erfolgt somit nicht.

Kettenverleih

Durch den direkten Vertragsabschluss zwischen Auftraggeber und Co-Lieferant wird ein **verbotener Kettenverleih** vermieden. Dieser würde vorliegen, wenn der Master die Zeitarbeitskräfte des Co-Lieferanten überlässt, die in keinem Arbeitsverhältnis zu ihm stehen.

Merksatz

Kettenverleih ist die **mehrfache Überlassung eines Arbeitnehmers in einer Kette**, also von Zeitarbeitsunternehmen A an Zeitarbeitsunternehmen B und von dort an Zeitarbeitsunternehmen C. Die Bundesagentur für Arbeit beurteilt einen Kettenverleih als unzulässig.

Damit die konkrete Durchführung eines On-Site-Projekts keinen Anlass auf Verdacht von Kettenverleih entstehen lässt, müssen On-Site-Manager/-innen darauf achten, dass sie trotz der Nähe zu den Zeitarbeitskräften der Co-Lieferanten keinerlei Arbeitgeberstellung zu ihnen aufbauen (z. B. durch Ausübung des disziplinarischen Weisungsrechts, Genehmigung von Urlaub usw.).

Regelungsbedarf

Zusammenfassend müssen die einzelnen Beteiligten insbesondere folgende Punkte in den verschiedenen Vertragswerken klären:

- Sicherstellung der Einhaltung der Vorschriften des Arbeitnehmerüberlassungsgesetzes (z. B. Vorliegen der Erlaubnis),
- Umfang der zu erbringenden Dienstleistungen,
- Vergütung (unterschiedliche bzw. einheitliche Verrechnungssätze je Qualifikation), Anwendung von Tarifverträgen,
- Servicegebühren für die Erbringung der einzelnen Dienstleistungen,

- Abrechnungsmodalitäten,
- Abläufe vor der Überlassung, Abwicklung der Überlassung bzw. Abschluss der Einzelverträge,
- klare Aufgabenverteilung zwischen den Beteiligten,
- Regelungen zu Personalauswahl, Personaleinsatz und Austauschrecht,
- Bereitstellungsfristen, Reaktionszeiten,
- Informations- und Kommunikationsfluss, erforderliche Schnittstellen,
- ggf. Vereinbarung von Mindestumsätzen,
- Haftungsregelungen,
- Arbeitsschutzvereinbarungen,
- Datenschutzvereinbarung, Verschwiegenheitsverpflichtung,
- Vertragslaufzeiten, Kündigungsmöglichkeiten.

In der Praxis werden zwischen Master und Co-Lieferanten bisweilen auch keine Verträge abgeschlossen, wenn Co-Lieferanten nur in geringem Umfang als Ergänzungslieferanten auftreten.

2.2.3 Chancen und Risiken der einzelnen Beteiligten

Master

Laut Erfahrungswerten von Personaldienstleistern wird On-Site-Management durchgeführt, wenn mindestens ein ständiger **Bedarf** von **ca. 25 Zeitarbeitskräften** in **Vollzeit** besteht. Bei einem **kleineren Umfang rechnen** sich **On-Site-Projekte** in der Regel **nicht**, da die Anfangsinvestitionen und der erhöhte Aufwand für die zu erbringenden Dienstleistungen nicht gedeckt sind.

Im Einzelfall wird jeder Personaldienstleister seine **zusätzlichen Kosten** gegen die mögliche **Exklusivstellung** (alleiniger Lieferant bzw. Hauptlieferant) abwägen, die er durch On-Site-Management beim Kunden gewinnen kann. Neben der Möglichkeit, den **Kunden langfristig zu binden**, kann es auch zu einer **Erhöhung des Überlassungsvolumens** insgesamt führen, wenn der Kunde aufgrund der Serviceleistungen verstärkt Fremdpersonal im Unternehmen einsetzt.

Eine Servicegebühr gegenüber dem Kunden ist häufig nicht durchsetzbar. Dagegen kann eine Servicegebühr, die die Co-Lieferanten für erbrachte Dienstleistungen des Masters zahlen, eine zusätzliche Umsatzquelle sein.

Der Master trägt im Rahmen des On-Site-Managements eine **hohe Verantwortung** und auch **hohe Risiken**. Ist der Geschäftszweig des Kundenunternehmens von starken saisonalen oder konjunkturellen Nachfrageschwankungen geprägt, muss der Master in kürzester Zeit sowohl plötzlich auftretenden Personalbedarf befriedigen als auch hohe Abmeldezahlen verkraften können. Für kleinere Zeitarbeitsunternehmen kann sich dadurch möglicherweise eine hohe Abhängigkeit vom Auftraggeber entwickeln.

Um eigenen Imageschäden vorzubeugen, die z.B. durch die Unzuverlässigkeit von Co-Partnern entstehen können, kommt der **sorgfältigen Auswahl der Co-Lieferanten** eine hohe Bedeutung zu.

Gleichzeitig wird ein Master in der Regel Co-Partner auswählen, die nicht in der Lage sind, ihn als Master zu verdrängen.

Der Master sollte über ein **leistungsfähiges Abrechnungs- bzw. Überprüfungssystem** verfügen, um die Dienstleistungen kundengerecht erfüllen zu können. Beim On-Site-Management kommen in der Regel **moderne Informations- und Kommunikationstechnologien** zum Einsatz. So sind häufig Kundenunternehmen, Master und Co-Lieferant durch entsprechende Software miteinander vernetzt. Hierzu gehören beispielsweise Zeiterfassungssysteme, die zum einen die Disposition erleichtern, Doppelerfassungen bei Kunden- und Zeitarbeitsunternehmen vermeiden und die Papierflut verringern und gleichzeitig als Grundlage für Abrechnungen dienen können.

Co-Lieferanten

Für kleinere Zeitarbeitsunternehmen kann es attraktiv sein, bei On-Site-Projekten mitzuwirken. Insbesondere trifft dies dann zu, wenn im Vertrag bestimmte **Mindestumsätze** vereinbart wurden und nicht nur unrentable Kurzaufträge anfallen. Darüber hinaus bietet die Beteiligung die Chance, sich beim **Kundenunternehmen** als zuverlässiges und professionelles Zeitarbeitsunternehmen zu **profilieren**.

Kunde

Hauptmotive des Kunden sind der **verbesserte und zielgerichtete Einsatz von Fremdpersonal** im Unternehmen sowie der Aufbau einer **langfristigen Partnerschaft** mit ausgewählten Zeitarbeitsunternehmen, um „Ad-hoc-Beauftragungen" möglichst einzuschränken.

Darüber hinaus entspricht es dem **Flexibilitätsbedürfnis** von Kunden, wenn durch die ständige Betreuung des On-Site-Managers **kurze Wege** und **schnelle Reaktionszeiten** möglich sind. Durch die Serviceleistungen des On-Site-Managers wird der Kunde entlastet und der Arbeitsaufwand in verschiedenen Abteilungen reduziert.

Neben der **Entlastung** stehen dabei auch **Kosteneinsparungen** und **verbesserte Organisationsabläufe** im Vordergrund. Das eigene Personal kann sich stärker auf die Alltags- und Kernprozesse konzentrieren oder ggf. auch eingespart werden.

Der Kunde wird die einzelnen Vertragspartner sorgfältig auswählen, da sich durch den Einsatz von On-Site-Management eine gewisse **Abhängigkeit** ergibt (z. B. Insolvenz des Masters, Know-how-Verlust bei der Steuerung des Personaleinsatzes).

Zusammenfassung

- **On-Site-Management** ist eine **Weiterentwicklung** der klassischen Zeitarbeit, um **Kunden** langfristig an das Zeitarbeitsunternehmen **zu binden**.
- **Maßnahmen der Kundenbindung** sind: Einsatz eines **On-Site-Managers** (persönlicher Kundenbetreuer) sowie die Erbringung zusätzlicher **Dienstleistungen**, die in der **Koordination, Organisation, Verwaltung** und **Betreuung aller Einsätze von Zeitarbeitskräften** liegen (**Bündelungs- und Servicefunktion**).

- On-Site-Management erfolgt häufig in **Projektform**. Projektbeteiligte sind: der **Auftraggeber** (Kunde), der **Master** (Hauptlieferant) und die **Co-Partner** (Co-Lieferanten oder Zweitlieferanten).
- Wird On-Site-Management als **Master-Modell** bzw. **Master-Vendor-Modell** durchgeführt, dann entsteht zwischen den Beteiligten eine **Dreiecksbeziehung,** die durch folgende **Vertragsbeziehungen** gekennzeichnet ist (vereinfachte Darstellung):

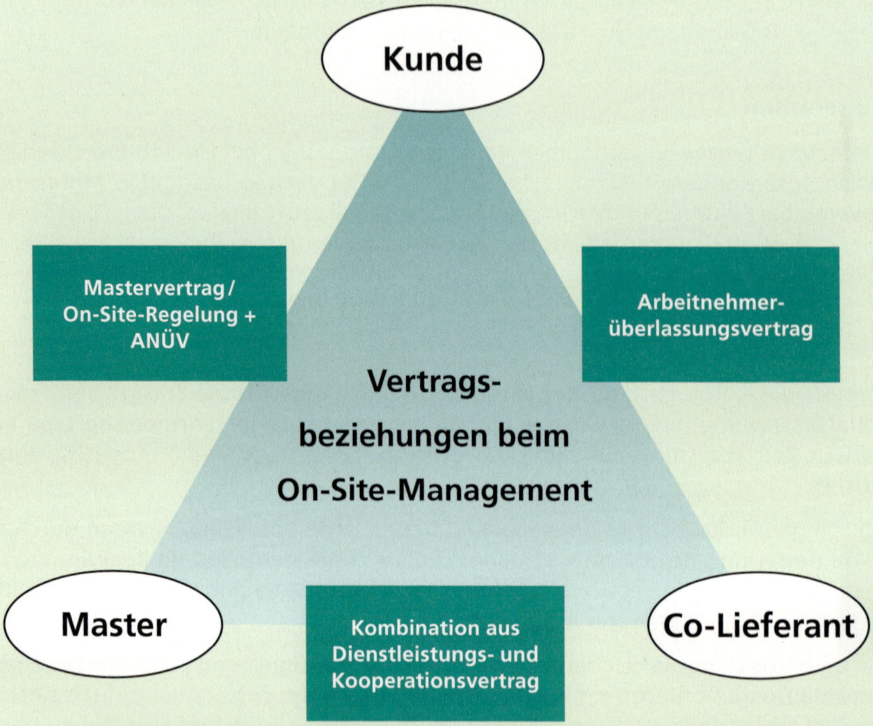

- Beim **klassischen On-Site-Management** stellt der Master allein das gesamte benötigte Fremdpersonal.
- Beim **Master-Vendor-Modell** übernimmt der Master zusätzlich die Rolle des **zentralen Verkäufers**: Er handelt für alle beteiligten Zeitarbeitsunternehmen einheitliche Verrechnungssätze je Qualifikation aus.

Aufgaben

1. *Grenzen Sie On-Site-Management gegenüber der „klassischen" Zeitarbeit ab.*
2. *Erläutern Sie die Bündelungs- und Servicefunktion des On-Site-Managements.*
3. *Worin sind aus Kundensicht die Vorteile des On-Site-Managements gegenüber „klassischer" Zeitarbeit zu sehen?*

4. *Beschreiben Sie die Rolle des On-Site-Managers.*

5. *Unterscheiden Sie zwischen klassischem On-Site-Management, dem Master-Modell und dem Master-Vendor-Modell.*

6. *Kennzeichnen Sie die einzelnen Vertragsverhältnisse, die zwischen den Beteiligten bestehen.*

7. *Welche Motive bestehen aus Sicht von Zeitarbeitsunternehmen, sich in einem On-Site-Projekt als Master bzw. Co-Partner zu beteiligen?*

8. *Erläutern Sie an einem selbst gewählten Beispiel den Ablauf des On-Site-Managements (Master-Modell).*

9. *Begründen Sie, warum On-Site-Management häufig in Projektform durchgeführt wird.*

10. *Welche Fragen sollte ein Personaldienstleister klären, bevor er On-Site-Management in die Leistungspalette aufnimmt?*

11. *Zeigen Sie anhand von Beispielen, warum es sich beim On-Site-Management um eine komplexe Dienstleistung handelt.*

12. *Welche unterschiedlichen Interessen könnten die einzelnen Beteiligten hinsichtlich der Vertragsgestaltung haben?* Web

13. *Welche Probleme können sich beim Master-Modell bzw. beim Master-Vendor-Modell aus Sicht der jeweils beteiligten Parteien ergeben?*

Situationsaufgaben

Situation 1

Die Dortmunder Metallbau GmbH setzt ständig Fremdpersonal im Unternehmen ein. Der Bedarf an ca. 50 Zeitarbeitskräften wird zurzeit durch die ABC Zeitarbeit GmbH, die durchschnittlich 30 externe Mitarbeiter zur Verfügung stellt, sowie durch fünf weitere Zeitarbeitsunternehmen gedeckt.

Die ABC Zeitarbeit GmbH möchte die Dortmunder Metallbau GmbH als Kunden stärker an das eigene Unternehmen binden. Deshalb schlägt sie On-Site-Management vor.

1. *Die ABC Zeitarbeit GmbH möchte den Kunden argumentativ von On-Site-Management überzeugen. Geben Sie drei Argumente an, die aus Sicht des Kunden Vorteile aufzeigen.*

2. *Der Kundenberater der ABC Zeitarbeit GmbH bereitet für die Dortmunder Metallbau GmbH eine Präsentation vor. Welche der vier gezeigten Grafiken sollte er aussuchen, um allgemein das On-Site-Management darzustellen?*

Hinweis: PET = Personalentscheidungsträger (Personaldisponent/-in)

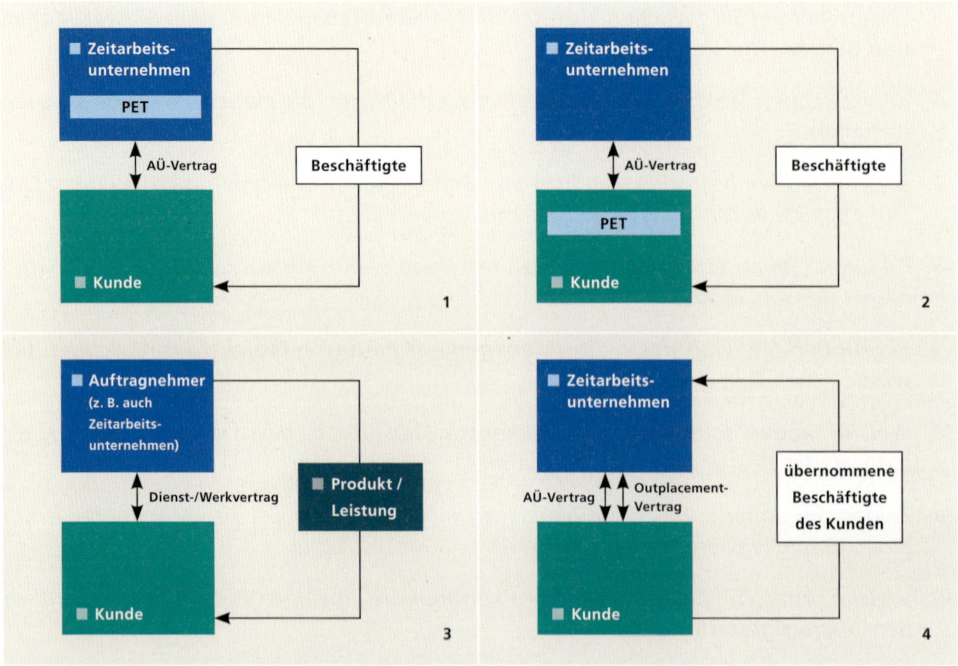

Quelle: In: Zeitarbeit nutzen – sicher, gesund und erfolgreich. Leitfaden für Unternehmen, die Beschäftigte flexibel einsetzen wollen, hrsg. v. Verwaltungs-Berufsgenossenschaft (VBG), gesetzliche Unfallversicherung, Körperschaft des öffentlichen Rechts, Hamburg, unter: www.vbg.de/zeitarbeit-nutzen/ (Zugriff: 06.05.2012).

3. *Die ABC Zeitarbeit GmbH möchte der Dortmunder Metallbau GmbH das Master-(Vendor-)Konzept anbieten. Welche Aussagen sind in diesem Zusammenhang nicht zutreffend?*

a) Beim On-Site-Management wird die Dortmunder Metallbau GmbH durch umfassende Serviceleistungen unterstützt, die Koordination, Organisation, Verwaltung und Betreuung aller Einsätze von Zeitarbeitskräften umfassen.

b) Kann die ABC Zeitarbeit GmbH den Auftrag nicht selbst erfüllen, so schließt sie im Namen des Kunden mit den Co-Lieferanten einen Überlassungsvertrag ab.

c) Die Dortmunder Metallbau GmbH entscheidet jeweils im konkreten Überlassungsfall, ob der Auftrag durch den Master selbst oder ggf. durch weitere Personaldienstleister (sog. Co-Lieferanten) erfüllt wird.

d) Das On-Site-Management besteht aus einer Kombination von Arbeitnehmerüberlassung und zusätzlichen Dienstleistungen, die das Zeitarbeitsunternehmen für den Kunden erbringt.

e) Bei der Größenordnung des Auftrags kann ein wirtschaftlich tragbarer Verrechnungssatz nicht erzielt werden.

f) Da die ABC Zeitarbeit GmbH allein den Bedarf des Kunden an Zeitarbeitskräften decken kann, bietet sich klassisches On-Site-Management an.

Situation 2

Die LK Zeitarbeit GmbH möchte ihre Angebotspalette um On-Site-Management erweitern. Deshalb spricht sie mit allen Großkunden, die mehr als 25 Zeitarbeitskräfte einsetzen, Besuchstermine ab. Sie unterstützen die Personaldisponenten der LK Zeitarbeit GmbH bei diesem Projekt.

1. *Erläutern Sie, welche Ziele die LK Zeitarbeit GmbH mit der Werbeaktion verfolgt.*
2. *Um Ihre Argumentation visuell zu unterstützen, bereiten Sie eine entsprechende Präsentation vor. Erstellen Sie ein Schaubild zum Master-Modell, das die einzelnen Beteiligten aufzeigt und die Vertragsbeziehungen deutlich macht.*
3. *Ein Kunde äußert während des Besuchstermins, dass er eine sichere Kalkulationsgrundlage für den Fremdpersonaleinsatz benötige. Welche Lösung können Sie dem Kunden anbieten?*
4. *Ein anderer Kunde schlägt vor, dass Sie als Vertragspartner die Einzelüberlassungsverträge mit den Co-Lieferanten abschließen sollen. Nehmen Sie dazu Stellung.*

2.3 Arbeitsvermittlung – Personalvermittlung – Personalberatung

Einstiegssituationen ▶

Fall 1

Sie absolvieren Ihre Ausbildung in der GBS Private Arbeitsvermittlung GmbH. Ihre Ausbilderin Claudia Weinkauf informiert Sie über eine neue Kundenanfrage.

Claudia Weinkauf: „Gestern Nachmittag hat eine Sabine Fröhlich angerufen. Sie war bisher im Versandhandel Ökotrend in der Bestellannahme beschäftigt. Wegen der schlechten Auftragslage hat sie eine betriebsbedingte Kündigung erhalten. Sie hat sich sofort arbeitslos gemeldet, findet aber seit zwei Monaten keine neue Anstellung. Für Mittwoch um 16:00 Uhrhaben wir einen Beratungstermin vereinbart. Sie hat uns schon den Bewerberbogen zugefaxt."

Bewerberbogen von Sabine Fröhlich

Anrede	Frau	**Geburtsdatum**	25.03.1982
Nachname	Fröhlich	**Nationalität**	deutsch
Vorname	Sabine	**Familienstand**	geschieden
Straße	Kornstraße 2	**Anzahl der Kinder**	2
PLZ u. Ort	44536 Lünen	**Alter der Kinder**	10 u. 12
Geburtsort/-land	Lünen	**Gesundheitliche Einschränkungen**	keine
Telefon/Handy	0147 125689712	**Schwerbehinderung**	nein
E-Mail	Sabine.Froehlich@gmx.de	**Sonstiges**	----
Internet	nein		

Ausbildung/berufliche Tätigkeiten: Bitte tragen Sie hier möglichst konkrete Daten ein.			
Sind Sie arbeitslos?	ja	Wenn ja, wie lange?	2 Monate

Ausbildung: Tragen Sie hier Ihre Ausbildungsdaten ein.

Schulabschluss:	Mittlere Reife
Jahr:	2000
Berufsausbildung:	Friseurin (abgebrochen)
Studium:	---
Studienrichtung:	---
Praktika:	---
Zusatzqualifikationen:	10-Finger-Schreiben, gute DV-Kenntnisse

Bisherige Tätigkeiten: Geben Sie hier Ihre bisherigen Tätigkeiten an.

1998–1999	Ausbildung als Friseurin, abgebrochen
1999–2000	Kaufmännisches Berufsgrundschuljahr, Abschluss Mittlere Reife
2000–2004	Kindererziehungszeit
2004–2005	Wiedereingliederungsprojekt für Frauen / DV-Schulungen
2006–2009	Callcenter, Inbound (halbtags)
2009– bis Kündigung	Versandhandel: Bestellannahme (halbtags)

Bitte ergänzen Sie die nachfolgenden Angaben.

Sprachen	Deutsch, Englisch	DV-Kenntnisse	MS-Office und Excel
Führer-schein/Klasse	ja (Klasse III)	Nebentätigkeiten	Schreibarbeiten
Haben Sie ein aktuelles Führungszeugnis?	nein	Hobbys	Schrebergarten, Lesen

Gewünschte Stelle: Geben Sie bitte genau an, welche Tätigkeit(en) Sie ausüben möchten. Sie können mehrere Stellenbezeichnungen eintragen.

Kaufmännische Sachbearbeitung / Tätigkeit im Büro / Gärtnerei

Sind Sie bereit, an diversen Einsatzstellen in Unternehmen zu arbeiten? nein

Bitte geben Sie hier Ihre Anforderungen an Ihre neue Stelle an.

Einstellungstermin	Befristet bis	Arbeitszeit (Std.)
sofort	unbefristet	40
Monatsgehalt (EUR)	Schichtarbeit (ja/nein)	Arbeitsbeginn (Datum)
1 800,00 EUR	nein	sofort
gewünschte(r) Arbeitsort(e)	Lünen oder Dortmund und Umgebung (möglichst erreichbar mit öffentlichen Verkehrsmitteln)	

Arbeitsaufträge

1. *Bereiten Sie sich auf das Beratungsgespräch mit Sabine Fröhlich vor. Bearbeiten Sie hierzu folgende Teilaspekte:*
   a) *Werten Sie den Bewerberbogen von Sabine Fröhlich aus und schätzen Sie ihre Vermittlungschancen* ***begründet*** *ein.*
   b) *Informieren Sie sich im Kapitel 2.3 über die Grundlagen der privaten Arbeitsvermittlung. Präsentieren Sie die wesentlichen Merkmale in geeigneter Form.*
   c) *Klären Sie, ob Sabine Fröhlich Anspruch auf einen Aktivierungs- und Vermittlungsgutschein hat.*
   d) *Treffen Sie eine begründete Entscheidung, ob Sie den Vermittlungsauftrag annehmen möchten.*
   e) *Planen Sie den Ablauf des Beratungsgespräches (z. B. Fragen an Sabine Fröhlich, möglicher Ablauf bzw. Inhalte).*
2. *Simulieren Sie das Beratungsgespräch mit Sabine Fröhlich als Rollenspiel.*

Fall 2

Sie arbeiten in der Finke Zeitarbeit GmbH. Ein neuer Kunde, die Salter GmbH, sucht zum Ende des Jahres eine Buchhalterin bzw. einen Buchhalter zur Festeinstellung. Zu Ihrer Information hat der Kunde Ihnen die folgende Stellenbeschreibung per E-Mail zugeschickt. Der Kunde erwartet Ihren Rückruf, er möchte über Ablauf, Kosten und Vertragsmodalitäten informiert werden.

Salter GmbH (Recklinghausen)

Stellenbeschreibung: Mitarbeiter/-in Buchhaltung

Anforderungen: Kreditoren- und Debitorenbuchhaltung abwickeln, laufende Buchungen vornehmen und kontrollieren, Durchführung des Mahnwesens, Überweisungen und Bankbuchungen durchführen, Führung von PC-Konten sowie Cash-Management, Vorbereitung und Mithilfe bei den Quartals- und Jahresabschlüssen, Pflege von Stammdaten

Voraussetzungen

Fachliche Anforderungen:	Kaufmännische Ausbildung / Weiterbildung, Berufserfahrung in der Debitoren- und Kreditorenbuchhaltung, gute Kenntnisse in MS Office und Excel, sehr gute Kenntnisse in SAP R/3
Weitere Fähigkeiten:	Gute kommunikative Fähigkeiten, strukturiertes Arbeiten, Verantwortungsbewusstsein und Belastbarkeit
Geforderte Unterlagen:	Schriftliche Bewerbung mit den üblichen Bewerbungsunterlagen
Beschäftigungsverhältnis:	Vollzeit, unbefristet
Einsatzort:	Recklinghausen

Arbeitsaufträge

1. *Stellen Sie die vom Kunden gewünschten Informationen zusammen. Bearbeiten Sie hierzu folgende Teilaspekte:*
   a) *Erarbeiten Sie sich mithilfe des Kapitels 2.3 die Grundlagen der Personalvermittlung. Präsentieren Sie die wesentlichen Unterschiede zur privaten Arbeitsvermittlung in geeigneter Form.*
   b) *Informieren Sie den Kunden entsprechend (z. B. Simulation eines Telefongespräches).*
2. *Die Salter GmbH erteilt Ihnen einen Personalbeschaffungsauftrag. Erläutern Sie einzelne Arbeitsschritte zur Erfüllung des Auftrags.*
3. *Suchen Sie im Internet zwei exemplarische Stellengesuche bzw. Bewerberprofile für die oben genannte Tätigkeit heraus.*

Fall 3

Die Personalberatung Peter Weimann e. K. sucht zurzeit im Auftrag eines Klienten einen Salesmanager Medizintechnik (m/w). Ein entsprechender Vertrag wurde bereits abgeschlossen. Nach Erstellung eines Anforderungsprofils gemeinsam mit dem Klienten wurde als Suchstrategie eine Kombination aus Stellenanzeige (siehe Abbildung unten) und Direktsuche gewählt.

Unser Klient ist ein weltweit tätiger Spezialist im Bereich der Medizintechnik. Zur Produktpalette gehören anspruchsvolle technische Anwendungen sowie Instrumente und Zubehör, die in ganz Europa, Asien und den USA Standards setzen. In den vergangenen Jahren ist er nach einem kontinuierlichen Wachstum im zweistelligen Prozentbereich einen überaus erfolgreichen Weg gegangen. Internationalität, Fertigungs- und Entwicklungskompetenz und hoch motivierte Mitarbeiter sind die Basis seines Erfolgs.

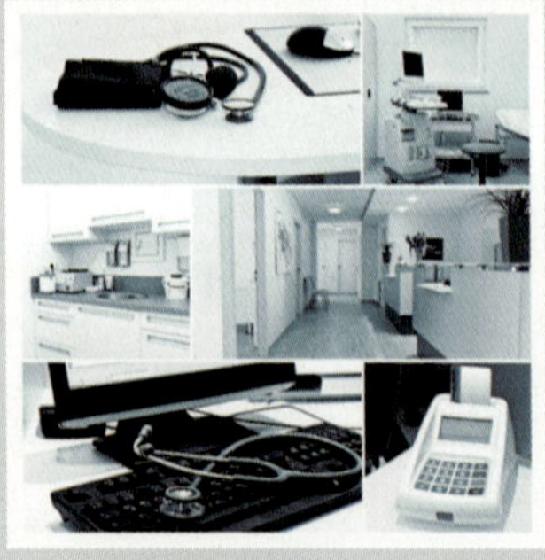

Zum weiteren Ausbau des Vertriebs sucht das Unternehmen einen erfahrenen

Salesmanager Medizintechnik (m/w)

für den Raum Skandinavien, Beneluxländer und England.

Ihre Aufgaben: Zu Ihrem Verantwortungsbereich gehört die strategische Ausrichtung des Geschäftsfelds im oben genannten Markt. Nach Einarbeitung in das bestehende Produkt- und Kundenportfolio koordinieren Sie für die neuen Märkte die Vertriebsgesellschaften und Direktkunden. Sie betreiben die strategische Markterschließung, entwickeln eine angemessene Vertriebsstrategie und setzen diese zielgerichtet um.

Ihr Profil: Nach einem einschlägigen Studium im Ingenieurwesen oder einer vergleichbaren Ausbildung haben Sie nachweislich erfolgreiche Erfahrungen im internationalen Vertrieb im Bereich der Investitionsgüterindustrie (B2B-Bereich), vorzugsweise im Bereich Medizintechnik gesammelt. Auf Basis Ihrer technischen Kompetenz sind Sie in der Lage, anspruchsvolle Projekte nachhaltig zu begleiten und erfolgreich zum Abschluss zu bringen. Sie verfügen über ausgezeichnete Vertriebs- und Marktkenntnisse. Neben professionellem Auftreten und exzellenter Kommunikationsfähigkeit bringen Sie im Kundenkontakt souveränes Auftreten mit. Ihre Englischkenntnisse in Wort und Schrift entsprechen dem internationalen Zuschnitt der Aufgaben.

Wenn Ihnen ein dynamisches und innovatives Arbeitsumfeld wichtig ist, ergreifen Sie die Chance und senden uns Ihre Bewerbung mit Lebenslauf, Zeugnissen und Ihren Gehaltsvorstellungen unter der Kennziffer AX12 an weimann-personal@org.de. Unser Berater Fridjof Laube steht Ihnen für weitere Informationen unter 0172 77889126 zur Verfügung. Uneingeschränkte Diskretion ist selbstverständlich.

Arbeitsaufträge

1. *Stellen Sie mithilfe des Kapitels 2.3 die Grundlagen der Personalberatung dar. Berücksichtigen Sie dabei auch die Unterschiede zur Personalvermittlung. Präsentieren Sie Ihre Ergebnisse in geeigneter Form.*
2. *Bearbeiten Sie folgende Teilaspekte zu den Besonderheiten des Suchauftrags:*
   - *Geben Sie Gründe an, warum der Kunde eine Personalberatung mit der Bewerbersuche beauftragt hat.*
   - *Machen Sie deutlich, wo die besonderen Herausforderungen und Risiken des Suchauftrags liegen.*
   - *Überlegen Sie, welche Aspekte bei der Erstellung des Anforderungsprofils für die oben genannte Stelle zu berücksichtigen sind. Konkretisieren Sie so weit wie möglich.*
   - *Erläutern Sie, warum neben der anzeigengestützten Suche bei diesem Auftrag insbesondere die Direktansprache eine Rolle spielt.*
   - *Begründen Sie, warum für diesen Auftrag kein Vermittlungsvertrag, sondern ein Beratungsvertrag (Dienstvertrag) abgeschlossen wurde.*

2.3.1 Vermittlungsmarkt

Neben der Bundesagentur für Arbeit als größtem Dienstleister sind weitere Akteure auf dem Vermittlungsmarkt tätig, die sich vier Gruppen zuordnen lassen.

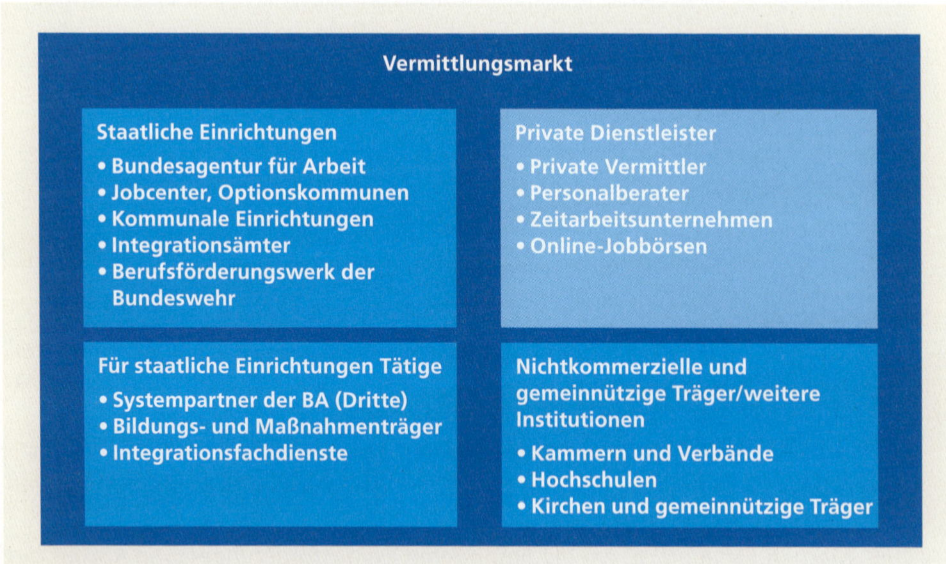

Vermittlungsmarkt

Eigene Darstellung in Anlehnung an: Egle, Franz/Nagy, Michael (Hrsg.): Arbeitsmarktintegration. Grundsicherung – Fallmanagement – Zeitarbeit – Arbeitsvermittlung, Gabler Verlag, Wiesbaden, 2008, S. 264.

Recherchetipp

Aktuelle Pressemeldungen zur Marktentwicklung für private Dienstleister finden Sie auf den Webseiten der Bundesverbände:
www.bpv-info.de
www.bdu.de

Genau wie bei der Zeitarbeit gibt es auch im Bereich der Vermittlung und Beratung eine große Bandbreite. Die meisten Vermittler und Berater haben Angebote für Arbeitnehmer und Arbeitgeber in ihrem Portfolio.

Beispiele
Einige Personaldienstleister haben sich auf die reine Arbeitsvermittlung im Rahmen von Aktivierungs- und Vermittlungsgutscheinen spezialisiert. Andere begrenzen ihr Angebot auf bestimmte Berufsfelder bzw. Bereiche (kaufmännisch, technisch, gewerblich, medizinisch usw.). Einige Unternehmen bedienen bestimmte Funktionen, z. B. Steuern, Recht, Finanzen und Controlling (Buchhalter, Controller, Steuerberater, Leiter Rechnungswesen, Finanzanalysten, Wirtschaftsprüfer usw.) oder nehmen nur Suchaufträge im Bereich Top-Management an.

2.3.2 Begriffliche Abgrenzung

Sucht man im Internet, in Fachbüchern, auf Webseiten oder in Zeitungsartikeln nach dem Stichwort „Suche und Vermittlung von Personal", dann trifft man zwangsläufig auf die Bezeichnungen Arbeitsvermittlung, Personalvermittlung und Personalberatung. In der Praxis werden diese Begriffe meist synonym verwendet.[1]

Alle drei Dienstleistungen haben das Ziel, potenzielle Arbeitgeber und Arbeitnehmer zum Abschluss eines Arbeitsvertrages zusammenzubringen. In der Praxis gehen sie fließend ineinander über, da immer beide Parteien in den Vermittlungsprozess einbezogen sind. Die Dienstleistungen unterscheiden sich aber hinsichtlich des Auftraggebers:

- Bei der **Arbeitsvermittlung** wendet sich ein **Arbeitssuchender** an einen Personaldienstleister, um einen neuen Arbeitsplatz zu finden.
- Dagegen beauftragt bei der **Personalvermittlung** bzw. bei der **Personalberatung** ein **Unternehmen** einen Personaldienstleister mit der Personalbeschaffung für eine Stelle. Während sich der Personalbeschaffungsauftrag bei der **Personalvermittlung** auf den Bereich der *gewerblichen bzw. tariflichen Mitarbeiter* sowie auf *Fachkräfte* bezieht, wird eine **Personalberatung** eingeschaltet, wenn eine Stelle im *Führungskräftebereich* zu besetzen ist oder *Spezialisten* mit besonderem Branchen-, Qualifikations- oder Erfahrungsprofil gesucht werden.

Im Leistungsangebot von Personaldienstleistern findet sich häufig eine **Kombination** von Arbeits- und Personalvermittlung, Arbeitnehmerüberlassung und Personalvermittlung sowie Personalvermittlung und -beratung. Die Dienstleistungen werden dann in ähnlichen Marktsegmenten (Branchen, Qualifikationen) angeboten.

2.3.3 Arbeits- und Personalvermittlung

Zielgruppen

Vermittler bringen Angebot und Nachfrage auf dem Arbeitsmarkt zusammen.

> **Definition**
> Eine **Vermittlung** umfasst alle Tätigkeiten, die darauf ausgerichtet sind, Arbeitssuchende mit Arbeitgebern zur Begründung eines Arbeitsverhältnisses zusammenzuführen.
> **Vermittler** ist der, der nicht in eigenem oder fremdem Namen einen Vertrag abschließt, sondern andere Personen zu einem Vertragsabschluss zusammenführt.

---

[1] *Vgl. Dahl, Holger/Dreyer, Martin/von der Planitz, Charlotte/von Rundstedt, Sophia: Personaldienstleister in Deutschland. Die neuen Partner flexibler Personalarbeit, Luchterhand (Wolters Kluwer), Köln, 2009, Kapitel A, S. 13–38.*

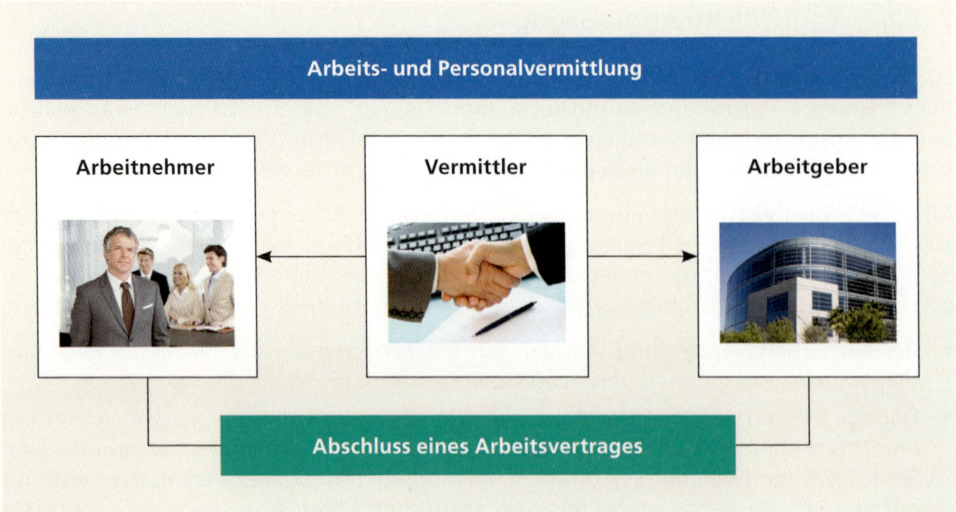

Vermittler

Wie bereits erläutert, ist die Arbeitsvermittlung ein Angebot für die *Zielgruppe Arbeitnehmer*. Man spricht in diesem Zusammenhang auch von einer **bewerberorientierten Vermittlung**. Dagegen richtet sich die Personalvermittlung an die *Zielgruppe Unternehmen*. Deshalb wird die Personalvermittlung auch **stellenorientierte Vermittlung** genannt.

Suchmethoden

Arbeits- und Personalvermittler greifen in Abhängigkeit von der zu besetzenden bzw. zu suchenden Stelle auf die herkömmlichen Suchwege zurück.

Beispiele
LF 4 *Direkte Zuleitung per E-Mail, Fax, Brief; Recherche in internen und externen Bewerberdatenbanken; Stellenanzeigen auf Webseiten, Jobbörsen; Aushänge in Unternehmen; direkte Zuleitung an Bewerber; Recherche bei der Agentur für Arbeit*

2.3.3.1 Motive für die Inanspruchnahme der Dienstleistungen

Arbeitssuchende, die sich aktiv um eine neue Stelle bemühen, suchen meistens gleichzeitig auf mehreren Wegen nach einer neuen Beschäftigung. Sie sehen Stellenanzeigen von potenziellen Arbeitgebern in Print- und Onlinemedien durch, nutzen die Dienste der staatlichen Arbeitsvermittlung und recherchieren im Internet (z. B. Jobbörsen, Suchmaschinen, Webseiten von Unternehmen). Häufig wird auch über Freunde und Bekannte gesucht. Eigene Stellengesuche haben für die meisten Arbeitssuchenden nur eine geringe Bedeutung.

Auch Unternehmen suchen auf ganz unterschiedlichen Wegen (siehe Abbildung). Sie nutzen dabei interne und externe Beschaffungswege.

Zu den externen Beschaffungswegen zählt auch die Einschaltung eines Personaldienstleisters.

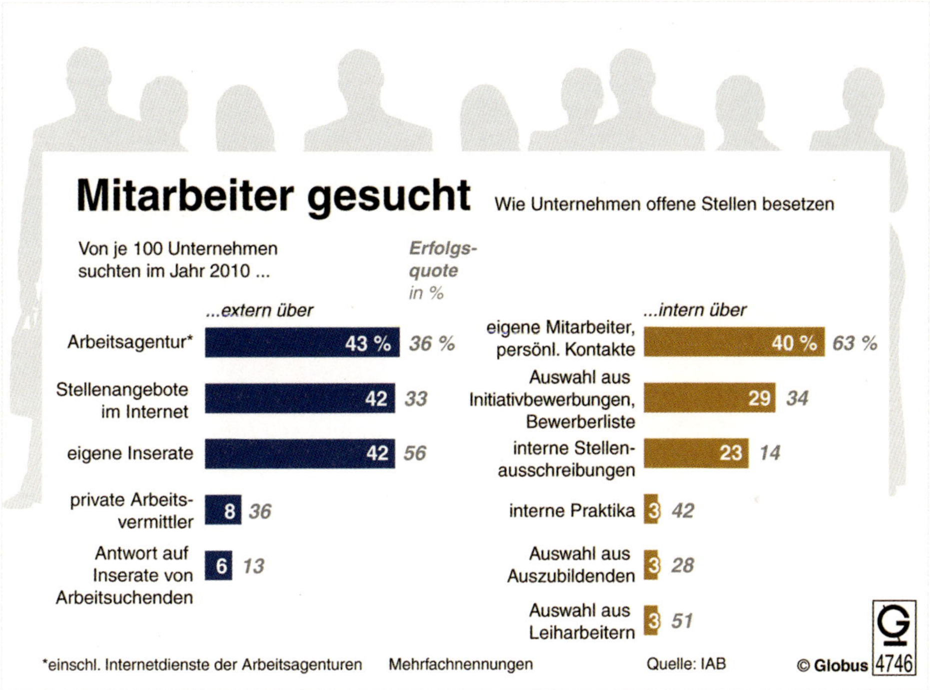

Wege bei der Mitarbeitersuche

Hinweis

In den Lernfeldern 4 „Personal gewinnen" und 5 „Personal einstellen" werden verschiedene Möglichkeiten der Personalgewinnung und -beschaffung dargestellt. In diesem Abschnitt geht es zunächst nur um die Einschaltung von Personaldienstleistern bei der Personalbeschaffung. LF 4 Bd. 2 / LF 5

Grundsätzlich haben Arbeits- und Personalvermittler keine anderen Such- bzw. Rekrutierungsmöglichkeiten als Arbeitssuchende und Unternehmen.

Im Unterschied zu Unternehmen gehört die Stellen- bzw. Personalsuche aber zum **Kerngeschäft** der Vermittler und Berater. Sie besitzen also eine entsprechende Routine und Erfahrung, kennen die Besonderheiten von Arbeitsmärkten, Branchen und Marktsegmenten, verfügen über eine umfangreiche Datenbank und haben ein Netzwerk, auf das sie zurückgreifen können.

Damit Kunden einen Auftrag erteilen, muss die angebotene Dienstleistung einen besonderen Nutzen oder Wert für sie haben. Sie muss aus Sicht des Kunden geeignet sein, **ein Problem zu lösen**.

Arbeitnehmersicht	Arbeitgebersicht
• Ein fest angestellter Arbeitnehmer ist mit seiner beruflichen Situation unzufrieden und möchte sich umorientieren. Sein letztes Bewerbungsverfahren hat er vor zehn Jahren durchlaufen. • Ein Arbeitsloser findet trotz eigener intensiver Bemühungen keine neue Stelle. Er hat bereits 150 Bewerbungen geschrieben. Auch die Vermittlungsaktivitäten der Agentur für Arbeit waren bisher ohne Erfolg. Deshalb finanziert sie ihm die Inanspruchnahme eines privaten Arbeitsvermittlers. • Ein Arbeitssuchender fühlt sich bei der Suche nach offenen Stellen im Internet völlig überfordert: Auf seine Sucheingabe folgten 7 834 Einträge. Nachdem er die ersten 300 Links überprüft hat, entscheidet er, dass er so nicht weiterkommt.	• Ein Unternehmen kann trotz langer, intensiver Suche eine offene Stelle nicht besetzen. Vier Anzeigenkampagnen blieben bisher ohne Erfolg. • Die Personalabteilung ist überlastet, da sie mit Initiativbewerbungen überschwemmt wird. • Nach Veröffentlichung einer Stellenanzeige auf der Website des Unternehmens treffen über 800 Bewerbungen ein. 90 % der Bewerbungen passen überhaupt nicht auf das ausgeschriebene Profil. • Ein kleineres Unternehmen ohne Personalabteilung hat kaum Erfahrungen bei der Personalsuche und -auswahl. • In einem sehr engen Marktegment soll eine Position möglichst diskret besetzt werden. • In der Vergangenheit gab es bereits zwei Fehlbesetzungen, die im Unternehmen einen erheblichen Aufwand verursacht haben.

Auch **Kosten-Nutzen-Überlegungen** spielen eine Rolle. Der Nutzen der Dienstleistung wird mit dem eigenen Aufwand verglichen, den eine Stellensuche bzw. Personalbeschaffung verursacht.

Web

Beispiel
Aufwand und Kosten für Unternehmen:
Vorbereitungskosten (Abstimmung zwischen Personal abteilung und suchender Abteilung, Entwurf einer Stellenanzeige, Kontaktaufnahme mit der Arbeitsagentur oder mit Bildungseinrichtungen), Kosten für die Schaltung der Stellenanzeige, ggf. Kosten für weitere PR-Veranstaltungen (Tag der offenen Tür, Veranstaltungen in Schulen), Sichtung der Bewerbungsunterlagen einschließlich Schriftverkehr mit Bewerbern, Durchführung von Einstellungstests und Vorstellungsgesprächen einschließlich Auslagen, Verwaltungsarbeiten usw.

Ein weiterer Vorteil wird in der **diskreten Vorgehensweise** gesehen, die insbesondere erforderlich ist, wenn die alte Stelle noch besetzt ist und der Stelleninhaber von der Neubesetzung noch nicht erfahren soll. Für kleinere Unternehmen, die kein ausgeprägtes Arbeitgeberimage haben, stellt die anonyme Stellenanzeige über einen Personaldienstleister eine gute Möglichkeit dar, den potenziellen Bewerberkreis zu vergrößern.

Das folgende Schema fasst die Gründe zusammen, warum Kunden einen Personaldienstleister einschalten:

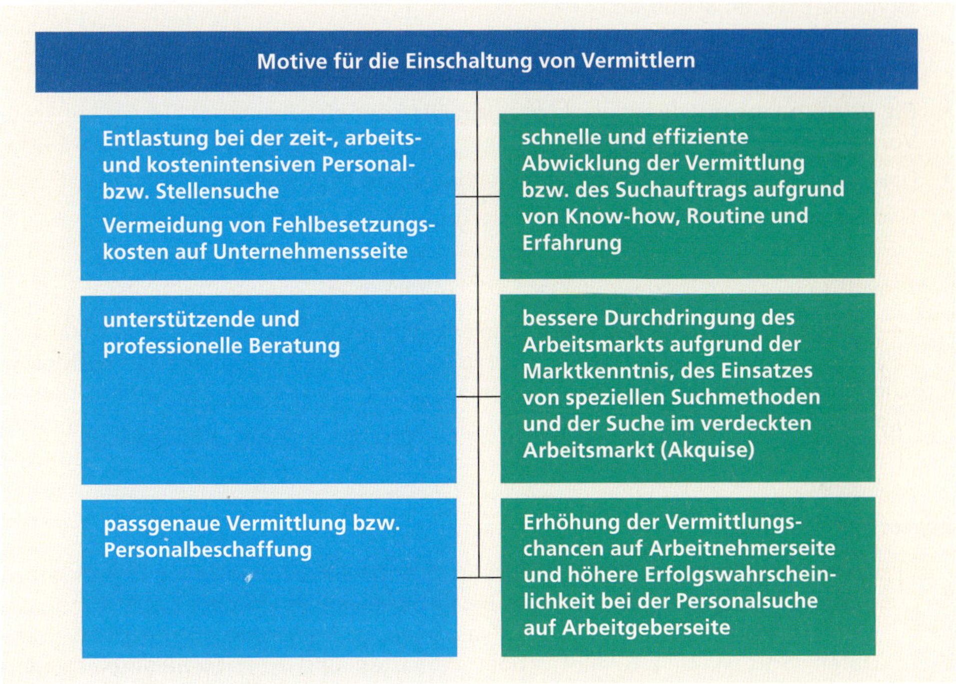

Motive

2.3.3.2 Vermittlungsprozesse

Hinweis

Eine Vertiefung der Thematik erfolgt in den Lernfeldern 5 „Personal einstellen" und 10 „Personal führen und fördern".

Bd. 2 / LF 5
Bd. 3 / LF 10

Egal, ob es sich um Arbeits- oder Personalvermittlung handelt, bei beiden Dienstleistungen fallen ähnliche grundlegende Tätigkeiten und Abläufe an.

Grundlegende Tätigkeiten

Folgende Tätigkeiten fallen an:

- Es werden Daten über Bewerber (Bewerber-Profiling) und Stellen (Anforderungsprofil) beschafft und erhoben.
- Die Daten werden ausgewertet und (in Kurzform) veröffentlicht (Stellenanzeige bzw. Bewerberprofil).

- Ggf. werden Bewerberprofile optimiert.
- Daten werden miteinander abgeglichen (Matching).
- Es werden Stellen akquiriert.
- In Abhängigkeit der zu besetzenden Stelle bzw. des zu vermittelnden Bewerbers werden Such- und Vermittlungsstrategien festgelegt und umgesetzt.
- Die Bewerbungsunterlagen werden optimiert bzw. der Bewerber auf die konkrete Vorstellungssituation vorbereitet.
- Die Bewerber werden in Unternehmen vorgestellt.
- Nach erfolgreichem Abschluss werden ergänzende Leistungen angeboten.

Hinweis

Die im Folgenden dargestellten Tätigkeiten erfolgen je nachdem, ob es sich um Arbeits- oder Personalvermittlung handelt, in einer unterschiedlichen Reihenfolge. Der nachfolgende Text ist somit eine inhaltliche Zusammenstellung und spiegelt nicht den zeitlichen Arbeitsablauf wider.

Bewerber-Profiling

Profiling ist ein Prozess, in dem zielgerichtet und unter Einsatz von bestimmten Methoden relevante (Vermittlungs-)Daten über Bewerber erhoben werden. Dabei kann zwischen „harten" Fakten (Schul- und Berufsausbildung, Berufspraxis, Alter) und „weichen" Daten (Soft Skills, z. B. Motivation, Verhalten und Auftreten) unterschieden werden. Die Daten beziehen berufliche und persönliche Merkmale und ggf. auch Vermittlungshemmnisse mit ein.

Mögliche Daten	Mögliche Informationsquellen
• persönliche Daten • Schulabschlüsse • Berufsausbildung/Studium • bisherige Beschäftigungsverhältnisse, Praktika, Nebenjobs, Berufserfahrung, Fertigkeiten, Kenntnisse, Qualifikationen, Zusatzqualifikationen (Staplerschein, Schweißerschein, DV-Kenntnisse, Fremdsprachen) • besondere Aktivitäten, Interessen und Talente • Persönlichkeitsmerkmale und Kompetenzen • Stärken-Schwächen-Profil	• persönliches Gespräch zwischen Bewerber und Vermittler, bei dem unterstützend standardisierte Fragebögen bis hin zu strukturierten Gesprächs- und Interviewleitfäden eingesetzt werden können • Standardanmeldebogen des Arbeits- und Personalvermittlers • Bewerbungsunterlagen • Schulzeugnisse • Nachweis über berufliche (Zusatz-) Qualifikationen, Zertifikate • Arbeitszeugnisse • Testverfahren, Arbeitsproben

Mit dem Profiling werden unterschiedliche Ziele verfolgt:

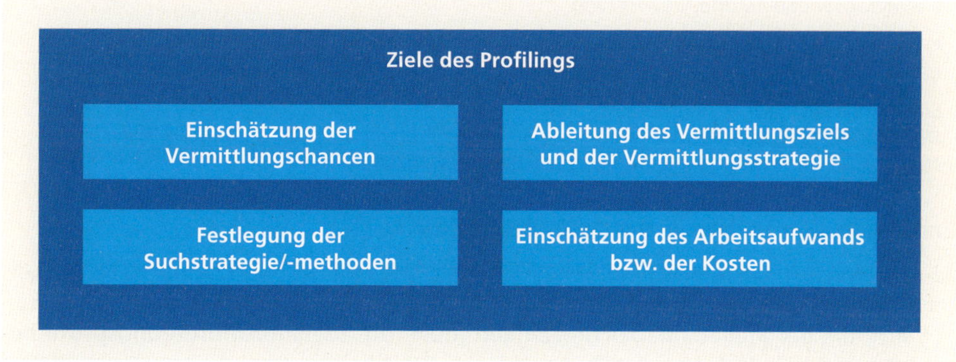

Profilingziele

Erstellung von Bewerberprofilen

Die im Profiling erhobenen Daten werden im **Bewerberprofil** dokumentiert. Dies geschieht mithilfe entsprechender Softwareprogramme.

Definition
Das **Bewerberprofil** ist eine systematische Darstellung aller beratungs- und vermittlungsrelevanten Merkmale bzw. Eigenschaften einer Person.

Beispiel
Bewerberprofil

Arbeitsvermittlung Gerdes, Tel.: 02306 787899
Callcenter-Agentin Inbound
Art der Anstellung
- *Callcenter-Agentin „Inbound"*

Ausbildung / Qualifikation
- *Arzthelferin*

Sprachkenntnisse
- *Deutsch – Muttersprache*
- *Englisch – Schulkenntnisse*

EDV
- *Interne Programme*
- *MS Office*

Kurzprofil / Werdegang
- *Datenerfassung, -kontrolle und -änderung*
- *Telefonistin im Servicecenter für Bestellungen, Reklamationen und Retouren*
- *Erstellung von Statistiken*
- *Postbearbeitung*
- *Ablagearbeiten / Registratur*

- *Platzieren und Auffüllen von Waren*
- *Auftragsannahme und -abwicklung*
- *Bearbeitung von Retouren, Bestellungen und Kundenbetreuung*

Verfügbar ab: *sofort bzw. nach Vereinbarung*

Einsatzort: *Dortmund/Umgebung*
Das komplette Profil können Sie über die Referenznummer 9875697 bei uns erfragen. Nehmen Sie einfach Kontakt mit uns auf.

Erstellung von Stellen-Anforderungsprofilen

LF 4/ 1.2.2

Ähnlich wie auf der **Bewerberseite** wird ein Profil für die zu besetzende Stelle erstellt. Jeder Arbeitsplatz bzw. jede Stelle bringt Anforderungen, Aufgaben und Tätigkeiten mit sich, die der Stelleninhaber bewältigen muss. Das **Stellen-Anforderungsprofil** beschreibt die **erforderlichen Attribute** (Wissen, Fähigkeiten, Fertigkeiten, Qualifikationen, Motive, Einstellungen, Erfahrungen, Kompetenzen usw.) und definiert somit den gewünschten Sollzustand. Je klarer und genauer die Anforderungen festgehalten werden, umso leichter fällt die konkrete Auswahl des Bewerbers. Auf Basis des Anforderungsprofils wird später ggf. eine Stellenanzeige entwickelt.

Matching

Beim Matching wird das erstellte Bewerberprofil (Ist-Profil) mit den Anforderungen der Stelle (Soll-Profil) abgeglichen. Es wird also geprüft, ob die Anforderungen des Arbeitsplatzes zu den individuellen Voraussetzungen des Bewerbers passen.

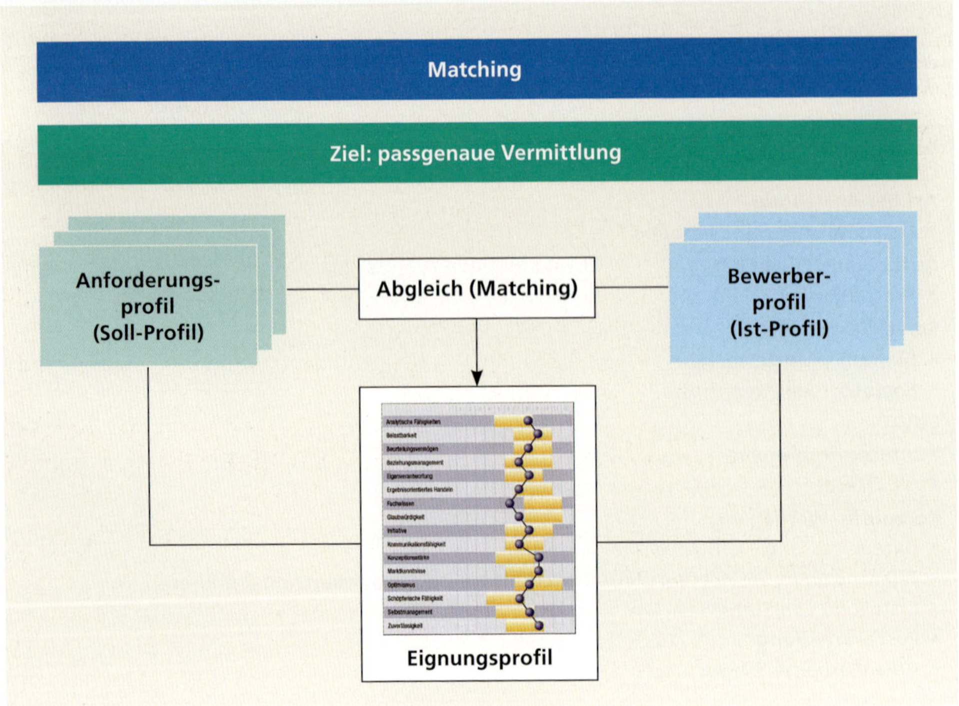

Eine passgenaue Vermittlung ist gegeben, wenn eine möglichst große Übereinstimmung zwischen Bewerber- und Stellenprofil erreicht wird. Das Eignungsprofil zeigt an, wie gut der Bewerber für die Stelle geeignet ist.

Merksatz
Ein genaues Matching ist Voraussetzung für eine erfolgreiche Vermittlung.

Die einzelnen Daten können nicht einfach nur abgeglichen werden, sondern müssen auch im Unternehmenskontext richtig interpretiert und gewichtet werden.

Beispiel
Der Begriff Teamfähigkeit kann in einem kleinen Betrieb ganz anders verstanden werden als in einem großen Unternehmen.

Einschätzung der Vermittelbarkeit

Auf Basis des Profilings wird die Vermittelbarkeit des Bewerbers eingeschätzt.

Definition
Eine Person gilt als **vermittelbar**, wenn in der gegebenen Arbeitsmarktsituation ihr Profil und das Vermittlungsziel den Anforderungen von potenziellen Stellen entsprechen.

Vermittlungshemmnisse können **in der Person** selbst oder **in ihrem Umfeld** liegen. Sie können aber auch marktabhängig und betriebs- bzw. branchenbezogen bedingt sein.

Zu den persönlichen Faktoren zählt u. a. die fachliche Qualifikation.

- Die Vermittlungschancen sind höher bei einer abgeschlossenen Berufsausbildung bzw. bei einem abgeschlossenen Studium, mit einem breiten Qualifikationsprofil sowie branchenübergreifenden Kenntnissen.
- Menschen mit geringen beruflichen Qualifikationen sowie ungelernte bzw. angelernte Arbeitskräfte sind schwerer zu vermitteln.

Neben den persönlichen Faktoren beeinflussen auch die augenblickliche Wirtschaftslage, die Arbeitsmarktsituation (Nachfrage nach der jeweiligen Qualifikation) und die Region (strukturstark/strukturschwach) den Vermittlungserfolg.

Die Vermittelbarkeit von Personen ist also von einer ganzen Reihe von Faktoren abhängig, die bewertet werden müssen.

Beispiele
Alter, Qualifikationen, berufsfachliches Wissen, Berufserfahrung, Mobilität, soziale Herkunft, Gesundheit, Sprachkenntnisse, Dauer der Arbeitslosigkeit, familiäres Umfeld, Marktgängigkeit des Berufes, Qualifikationsstand, Anzahl und Wechsel der Beschäftigungsverhältnisse, Motivation, Arbeitsbereitschaft, soziale Kompetenzen, konjunkturelle Marktsituation, regionale Arbeitsmarktlage bzw. Aufnahmefähigkeit des Arbeitsmarktes, subjektive Einstellungskriterien von Unternehmen, ...

Festlegung der Vermittlungsstrategie

Die zu wählende **Strategie** ist **abhängig** von der zuvor eingeschätzten **Vermittelbarkeit** des Bewerbers.

Mögliche Strategien sind:

gut vermittelbar	eingeschränkt vermittelbar
▼	▼
Stellensuchstrategie **Selbstvermarktungsstrategie**	**Profiloptimierung** **Strategien zu Verbesserung der Rahmenbedingungen**

Ist eine Vermittlung wenig aussichtsreich, können weitere Leistungen angeboten werden (Bewerberservice, Bewerbertraining) oder der Arbeitssuchende wird über mögliche Weiterqualifizierungen beraten.

Bei Bewerbern mit **Vermittlungshemmnissen** sind verschiedene Maßnahmen denkbar:

- Fort- und Weiterbildungen, um zusätzliche Qualifikationen zu erwerben (z. B. Staplerschein, Computerkurs), damit sich das Bewerberprofil verbessert,
- Verbesserung der Rahmenbedingungen (z. B. Kinderbetreuung, Schuldnerberatung),
- Optimierung der Bewerbungsstrategie (Verbesserung der Bewerbungskompetenz und der Selbstvermarktung).

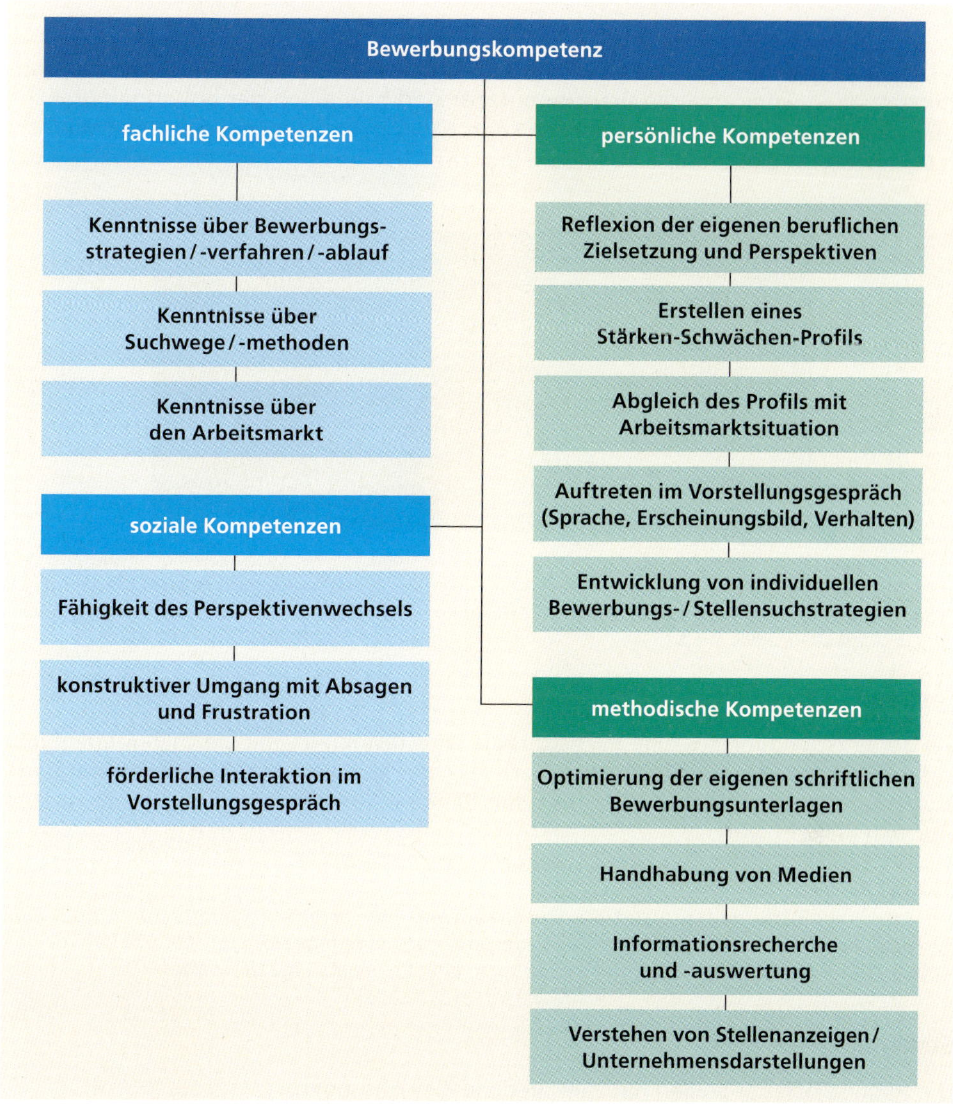

Bewerbungskompetenz

In Anlehnung an: www.mentoring-brandenburg.de/akteure/mentorinnen-1/trainings/bewerbungskompetenz, hrsg. v. UP Transfer gemeinnützige Gesellschaft für Wissens- und Technologietransfer mbH an der Universität Potsdam (UP Transfer GmbH), Potsdam (Zugriff: 06.05.2012).

In Abhängigkeit von der konkreten Bewerbungskompetenz kann diese Phase folgende **Aktivitäten** umfassen:

- Üben von Vorstellungsgesprächen,
- Zusammenstellen von Informationen über Unternehmen,
- Beratung über das äußere Erscheinungsbild,

- Simulation von Einstellungstests und anderen Einstellungsverfahren,
- Begleitung zu Vorstellungsgesprächen.

Ferner kann geprüft werden, inwieweit bestehende Fertigkeiten, Kenntnisse und Qualifikationen in einer anderen Branche nutzbar sind bzw. ob in der bisherigen Branche eine andere Tätigkeit ausgeübt werden kann. Möglich ist auch ein kompletter Wechsel in eine neue Tätigkeit oder eine andere Branche.

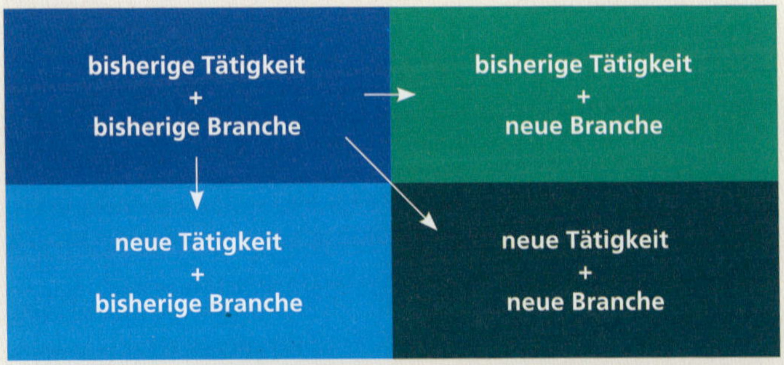

In Anlehnung an: Egle, Franz: „Arbeitsmarkt und Beschäftigung", in: Egle, Franz/Nagy, Michael (Hrsg.): Arbeitsmarktintegration. Grundmanagement – Fallmanagement – Zeitarbeit – Arbeitsvermittlung, Gabler Verlag, Wiesbaden, 2008, S. 62.

Festlegen einer Suchstrategie

Bei der Entscheidung für eine **Suchstrategie** wird festgelegt, mit welchen Medien und auf welchen Wegen eine Stelle akquiriert bzw. das Bewerberprofil veröffentlicht wird. Es werden die Suchkanäle ausgewählt, mit denen eine möglichst große Anzahl an Bewerbern erreicht wird.

Beispiel
Ein Arbeitsvermittler durchforstet die Stellenangebote der örtlichen Agentur für Arbeit. Eine Personalvermittlerin sucht intern im Bewerberpool nach einem geeigneten Mitarbeiter für den Auftraggeber. Zusätzlich hat sie in einer Jobbörse eine Stellenanzeige geschaltet.

Stellenakquise

Die Akquise offener Stellen hat verschiedene Zielrichtungen:

- Sie kann die Suche nach offenen Stellen für einen konkreten Bewerber bedeuten.
- Sie kann mit dem Ziel erfolgen, sich bei Arbeitgebern als Dienstleister vorzustellen.
- Sie versucht ggf. auch, verdeckten (latenten) Personalbedarf zu wecken, um im Rahmen der Vermittlung/Beratung einen Personalbeschaffungsauftrag zu erhalten.

Für eine qualitativ gute und kontinuierliche Vermittlungsarbeit ist es wichtig, die vorhandenen betrieblichen Kontakte zu pflegen und neue Kontakte aufzubauen. Viele Informationen über die lokalen bzw. regionalen Unternehmen zu besitzen, erleichtert die Stellenakquise.

LF 1 / 4.3

Recherche, Beschaffung und Auswertung von Informationen	Kontaktpflege und Aufbau neuer Kontakte
Stellenanzeigen Informationen von Kammern Branchenverzeichnisse Telefonverzeichnisse Informationsdienste der Arbeitsagentur Stellenbörsen Internetseiten Informationen über den regionalen Arbeitsmarkt Berufsbilder ...	Besuche von Branchentreffen Messebesuche Firmenbesuche Werbung (Flyer, Mailings, Faxe) bei Firmen, Bildungs- und Maßnahmenträgern ...

Merksatz
Für die Vermittlungstätigkeit sind ein **funktionierendes Netzwerk** und **gute Kontakte zu Unternehmen** von großer Bedeutung.

Die Stellensuche bzw. Stellenakquise kann auf dem offenen oder auf dem verdeckten Stellenmarkt (Arbeitsmarkt) erfolgen.

Stellensuche auf dem offenen und dem verdeckten Stellenmarkt

Der **offene Stellenmarkt** umfasst alle Arbeitsplätze, die in Print- oder Onlinemedien oder durch Veröffentlichungen der Agentur für Arbeit jedem Stellensuchenden zugänglich sind. Man schätzt, dass der offene Stellenmarkt nur ca. 30 bis 50 % aller vakanten Stellen ausmacht, da viele Unternehmen, die eine Position besetzen wollen, gar nicht auf dem offenen Stellenmarkt auftreten. Folgende Gründe gibt es dafür:

- Viele Betriebe suchen erst einmal intern nach Mitarbeitern.
- Bei bestimmten Positionen ist Diskretion oberstes Gebot, beispielsweise weil die aktuelle Stelle noch besetzt ist und der jetzige Stelleninhaber nichts von einem Personalwechsel wissen soll.
- Einige Firmen schreiben nicht aus, weil sie mit einer sehr hohen Bewerberflut rechnen, sie nutzen lieber Initiativbewerbungen oder Empfehlungen.
- Kleineren Betrieben sind Stellenanzeigen oft zu teuer.
- Manche Unternehmen suchen in einem sehr engen Markt und rechnen sich bei der offenen Stellenausschreibung wenig Chancen aus, geeignete Bewerber zu finden.

Auf dem offenen Stellenmarkt herrscht um die ausgeschriebenen Stellen häufig ein „harter“ Wettbewerb, weil jeder mit wenig Aufwand und **niedrigen Such- und Informationskosten** den Stellenmarkt in Tageszeitungen, im Internet und in Jobbörsen auswerten kann.

Der Begriff **verdeckter Stellenmarkt** bezeichnet die Stellen, die nicht veröffentlicht werden. Häufig werden Informationen über vakante Stellen „unter der Hand“ weitergegeben. Der Zugang zu diesen Stellen ist nur durch ausgiebige Recherchen oder Kontakte möglich und fordert vom Bewerber Aktivität und Eigeninitiative. Entsprechend **höher** sind der Aufwand bzw. die **Such- und Informationskosten**. Dafür verringert sich die Bewerberkonkurrenz erheblich, weil der Bewerber im Extremfall die einzige Person ist, die zurzeit an einer konkreten Stelle interessiert ist. Personalvermittler und -berater arbeiten häufig auf dem verdeckten Stellenmarkt.

Offener und verdeckter Stellenmarkt

Abläufe

Die Intensität der Arbeitsabläufe bei Beratung und Vermittlung und der damit verbundene Arbeitsaufwand (z. B. Informationsbeschaffung) sind davon abhängig, ob

- es sich bei der Vermittlung bzw. Suche von Bewerbern um das Segment „Einfache Tätigkeiten“ oder um Fachkräfte handelt,
- zwischen Personalvermittler und Kundenunternehmen bereits seit Längerem eine Geschäftsbeziehung besteht.

Beispiel
Ein Handwerksbetrieb benötigt kurzfristig einen weiteren Maler. Er arbeitet seit Jahren mit einem Personaldienstleister zusammen, der das Unternehmen, die einzelnen Arbeitsplätze und die damit verbundenen Anforderungen gut kennt. Das Unternehmen faxt den Auftrag zu. Der Personaldienstleister bestätigt und beginnt direkt mit der Suche. Die Personalauswahl führt er komplett allein durch. Er übermittelt dem Unternehmen per Fax eine begründete Empfehlung für drei Bewerber. Das Unternehmen entscheidet sich und schließt mit einem der vorgestellten Arbeitnehmer einen Arbeitsvertrag ab. Das ganze Verfahren hat genau zwei Tage gedauert.

In der Praxis laufen die einzelnen Prozesse softwaregestützt ab. Meistens haben Personaldienstleister eine Internetpräsenz, auf der mithilfe eines Online-Fragebogens bereits Eckdaten zum Bewerberprofil bzw. zur Stellenanforderung eingegeben werden können.

Häufig wird auch mit standardisierten Bögen gearbeitet. Der nachfolgende Bogen zeigt, welcher Informationsbedarf besteht, wenn ein Bewerber für den Bereich „Lager/Logistik“ vermittelt werden soll.

Beispiel

Schätzen Sie Ihre Fähigkeiten und Kenntnisse bitte selbst ein. Kreuzen Sie bitte an: ✗
1 für „sehr gut" **2** für „gut" **3** für „weniger gut".
Tätigkeiten, die Sie noch nicht ausgeführt haben, kennzeichnen Sie bitte nicht!

Logistik / Lager

Erfahrung mit	**1 2 3**
Im- und Export	☐☐☐
Nahverkehr / Fernverkehr	☐☐☐
internationaler Fernverkehr	☐☐☐
Luftfracht	☐☐☐
Seefracht	☐☐☐
Zollwesen	☐☐☐
Food / Nonfood	☐☐☐
Kenntnisse	
Abwicklung von Versandaufträgen	☐☐☐
Auftragsbearbeitung / -abwicklung	☐☐☐
Buchführung im Lager	☐☐☐
Frachtkostenabrechnung	☐☐☐
Kontrolle offener Posten	☐☐☐
Lagerverwaltung	☐☐☐
Lieferantenbewertung	☐☐☐
Lieferschein lesen	☐☐☐
Materialbeschaffung	☐☐☐
Materialüberwachung	☐☐☐
Retourenbearbeitung	☐☐☐
Schadensbearbeitung	☐☐☐
Terminüberwachung	☐☐☐
Verpackung	☐☐☐
Versand	☐☐☐
Warenausgang	☐☐☐
Wareneingang	☐☐☐
Absetzcontainer	☐☐☐
Abrollcontainer	☐☐☐
Wechselbrückenerfahrung	☐☐☐
Computerkenntnisse	
Word	☐☐☐
Excel	☐☐☐
SAP / R 3	☐☐☐
Navision	☐☐☐
MS Office	☐☐☐
---	☐☐☐
Sonstige Kenntnisse	**1 2 3**
Lagerverantwortlichkeit	☐☐☐
Gruppen- und Einsatzleitung	☐☐☐
Schichtpläne	☐☐☐
Urlaubsplanung	☐☐☐
Ausbildung von Lehrlingen	☐☐☐

Körperliche Belastbarkeit	**ja nein**
Tragen	☐ ☐
Heben	☐ ☐
Stehen	☐ ☐
Bücken	☐ ☐
Stoßen	☐ ☐
über Kopf	☐ ☐
Berechtigungsscheine	
Gabelstaplerpass	☐ ☐
ADR-Schein	☐ ☐
Anschläger	☐ ☐
Handhabung Geräte u. Hilfsmittel	**1 2 3**
Umgang mit hydraul. Hubwagen	☐☐☐
hydraulische Ladebordwand	☐☐☐
Ladekran	☐☐☐
Gabelstapler E / G / D	☐☐☐
Spanngurte	☐☐☐
Collicos	☐☐☐
Container	☐☐☐
Lagerkartei	☐☐☐
Lagerfachkarte	☐☐☐
Bedarfsmeldung	☐☐☐
Bestellkartei bzw. -datei	☐☐☐
Liefererkartei	☐☐☐
Artikelkartei	☐☐☐
Umgang mit Branchenverzeichnis	☐☐☐
Bereitschaft zu	
Schichtarbeit	☐☐☐
Kuriertätigkeit	☐☐☐
Waren ausliefern	☐☐☐
Sa. / So. / Feiertagsarbeit	☐☐☐
Innenraumarbeit	☐☐☐
Außengelände	☐☐☐
Überstunden	☐☐☐
Qualifizierung / Spezialisierung	☐☐☐
Aufstiegsfortbildung	☐☐☐
Fremdsprachen	**1 2 3**
Englisch	☐☐☐
Französisch	☐☐☐
Spanisch	☐☐☐
Italienisch	☐☐☐
Russisch	☐☐☐

Ablauf der Arbeitsvermittlung

Erarbeitung eines Bewerberprofils und Festlegung der Vermittlungsstrategie	Umsetzung einer Vermittlungsstrategie	Bewertertraining und -präsentation	Hilfen zur Begründung von Arbeitsverhältnissen
• Bewerber-Profiling durch Gespräche, Interviews, Auswertung von Bewerberunterlagen, Tests und Arbeitsproben • Dokumentation des Bewerberprofils • Entwicklung realistischer beruflicher Perspektiven • Festlegung des Vermittlungsziels und geeigneter Suchwege	• Erstellung und Optimierung der Bewerbungsunterlagen • Veröffentlichung des Bewerber-Profils in Medien sowie Übersendung an potenzielle Arbeitgeber • gezielte Stellenakquisition, Stellensuche in Medien und Unterbreitung von Stellenangeboten	• Vorbereitung auf konkrete Einstellungssituation • Begleitung zu Vorstellungsgesprächen	• ergänzende Leistungen (z. B. Prüfung auf Förderleistungen, Eingliederungsvorschläge) • Nachbetreuung

Ablauf der Personalvermittlung

Konzeption zur Stellenbesetzung	Bewerbergewinnung und -auswahl	Bewerberpräsentation	Stellenbesetzung
• Analyse und Definition des Anforderungsprofils • Festlegung der Suchstrategie	• Umsetzung der Suchstrategie • Matching • Auswahlverfahren mit Zwischenberichten • begründete Bewerberempfehlung	• Vorstellung der Bewerber/-innen beim Kunden – Gespräche – Arbeitsprobe	• Entscheidung durch Auftraggeber • ergänzende Leistungen • Nachbetreuung

Web

2.3.3.3 Rechtliche Grundlagen

Rechtlich gesehen fallen **Arbeits- und Personalvermittlung** unter das **Maklerrecht**.

Maklervertrag

Zwischen dem Auftraggeber (Arbeitssuchender bzw. Unternehmen) und dem Auftragnehmer (Arbeits- oder Personalvermittler) wird ein **Vermittlungsvertrag** abgeschlossen. Rechtlich handelt es sich um einen **Maklervertrag gemäß § 652 BGB**.

Ein Maklervertrag ist ein privatrechtlicher Vertrag. Der Auftraggeber verpflichtet sich, dem Makler für die Vermittlung eine Vergütung (Maklerlohn) zu zahlen. Ziel der Vermittlung ist es, dem Auftraggeber einen Vertragsabschluss (hier: Arbeitsvertrag) zu verschaffen.

§ 652 BGB Entstehung des Lohnanspruchs

(1) Wer für den Nachweis der Gelegenheit zum Abschluss eines Vertrags oder für die Vermittlung eines Vertrags einen Maklerlohn verspricht, ist zur Entrichtung des Lohnes nur verpflichtet, wenn der Vertrag infolge des Nachweises oder infolge der Vermittlung des Maklers zustande kommt. Wird der Vertrag unter einer aufschiebenden Bedingung geschlossen, so kann der Maklerlohn erst verlangt werden, wenn die Bedingung eintritt.

(2) Aufwendungen sind dem Makler nur zu ersetzen, wenn es vereinbart ist. Dies gilt auch dann, wenn ein Vertrag nicht zustande kommt.

Zwischen einem Personaldienstleister und **einem Unternehmen** gibt es im üblichen Rechtsrahmen keine Einschränkung für die Gestaltung der Vertragsinhalte. Kann der Auftrag erfolgreich gelöst werden, dann hat der Vermittler Anspruch auf das Honorar.

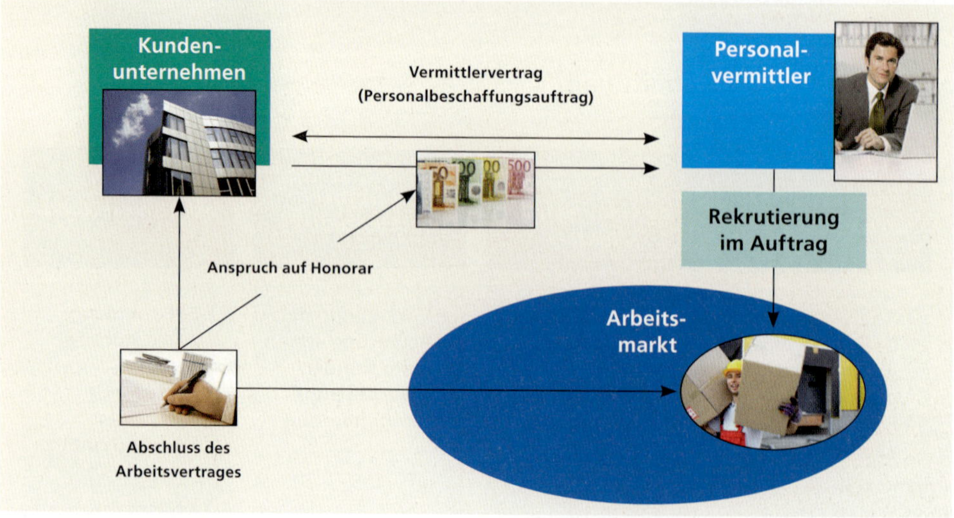

Vermittlervertrag

Bei der Arbeitsvermittlung müssen zusätzlich die Vorschriften des Zweiten und Dritten Sozialgesetzbuchs (SGB II und SGB III) zwingend beachtet werden.

Rechtsvorschriften der privaten Arbeitsvermittlung

Die private Arbeitsvermittlung ist seit 2002 erlaubnisfrei. Neben der Gewerbeanmeldung muss bei bestimmten Angeboten (z. B. erfolgsbezogen vergütete Arbeitsvermittlung in eine versicherungspflichtige Beschäftigung) ab 01.01.2013 auch eine Zertifizierung (AZAV) nachgewiesen werden. Bei der privaten Arbeitsvermittlung sind zusätzlich zu § 652 BGB auch die Vorschriften des Dritten Sozialgesetzbuchs (§ 292 und §§ 296–298 SGB III) zu beachten. Sofern ein Aktivierungs- und Vermittlungsgutschein (AVGS-MPAV) vorliegt, sind die Regelungen des § 45 SGB III einzuhalten.

Recherchetipp

Nehmen Sie die wichtigsten Gesetzesauszüge zu Ihren Unterlagen. Die Gesetzesauszüge finden Sie im Internet, z. B. unter: www.gesetze-im-internet.de/sgb_3/index.html

Im Internet finden Sie auch alle benötigten Formulare sowie erläuternde Informationen, z. B. unter: www.arbeitsagentur.de (Suchstichwort Aktivierungs- und Vermittlungsgutschein).

Weitere Informationen sind bei den entsprechenden Verbänden einsehbar:

- Bundesverband Personalvermittlung e. V. (BPV): www.bpv-info.de
- Bundesverband für Verbände privater Arbeitsvermittler e. V. (BVVA): www.bvva.de
- Fachverband Personal- und Arbeitsvermittler Deutschland e. V. (fpav): www.fpav-deutschland.de
- International Federation for Employment and Recruitment e. V. (IFER): www.ifer.eu
- Ring der Arbeitsvermittler e. V. (RDA): www.rdaev.de
- Verband der Personaldienstleister und Arbeitsvermittler (VPDA): www.vpda.de
- Verband der Personal- & Arbeitsvermittler (PAV): www.pavd.de
- Initiative Privater Arbeitsvermittler Deutschlands (IPAVD): www.ipavd.de

Merksatz

Der Vermittlungsvertrag, der der privaten Arbeitsvermittlung zugrunde liegt, ist rechtlich ein Maklervertrag. Es handelt sich um einen privatrechtlichen Vertrag, der grundsätzlich frei gestaltet werden kann, aber nicht gegen die Regelungen zur privaten Arbeitsvermittlung des SGB III verstoßen darf.

Vorschriften	Beschreibung
Formvorschriften § 296 (1) Satz 1, § 297 Nr. 1 SGB III	**Schriftformgebot:** Der Vertrag muss schriftlich abgeschlossen werden (mündliche Absprachen gelten nicht).
Leistungsumfang § 296 (1) Satz 3 SGB III	Der Leistungsumfang des Vermittlungsvertrages erstreckt sich auch auf alle Tätigkeiten, die zur **Vorbereitung und Durchführung einer Vermittlung** notwendig sind, insbesondere die Feststellung der Kenntnisse und die Berufsberatung.

Vorschriften	Beschreibung
	Beispiel ***Auszug aus einem Vermittlungsvertrag*** *„Die Bemühungen des Vermittlers umfassen sämtliche Leistungen, die zur Vorbereitung und Durchführung der aktiven Arbeitsplatzsuche sowie zur erfolgreichen Vermittlung erforderlich sind. Der Vermittler stellt dabei insbesondere die persönlichen Fähigkeiten, Kenntnisse, beruflichen Erfahrungen und Arbeitsplatzwünsche des Auftraggebers fest. Er berät den Auftraggeber zu seiner Arbeitsmarktsituation und zu seinen Vermittlungschancen, er erstellt ein genaues Bewerberprofil und leitet dieses an geeignete Arbeitgeber weiter. Der Vermittler wird den Auftraggeber über den ermittelten Arbeitsplatz informieren und den Kontakt zum Arbeitgeber herstellen."*
Vergütung §§ 296 (1) Satz 2, 296 (2) und (3), 296a, 297 SGB III	Im Vertrag muss die Höhe der Vergütung aufgeführt werden. Die maximale Vergütungshöhe darf **2 000,00 EUR** einschließlich Umsatzsteuer nicht übersteigen (Ausnahmen bei Zahlung mit AVGS-MPAV nach § 45 Abs. 6 SGB III sind möglich). ***Beispiel*** *Netto-Rechnungsbetrag 1 680,67 EUR* *+ Umsatzsteuer 319,32 EUR* ***= Brutto-Rechnungsbetrag 2 000,00 EUR*** Die Vergütung ist **erfolgsabhängig** und fällt mit Abschluss des Arbeitsvertrages (nicht mit Aufnahme des Beschäftigungsverhältnisses) an. Der Vermittler darf keinen Vorschuss auf die Vergütung verlangen bzw. entgegennehmen. Die Vergütung deckt alle Leistungen ab, die zur Vorbereitung und Durchführung der Vermittlung notwendig sind (s.o.).
	Ausnahmen Von **Auszubildenden** darf **keine Vermittlungsgebühr** verlangt werden; für sie ist die Vermittlung einschließlich aller vorbereitenden und durchführenden Tätigkeiten kostenfrei. Eine Vergütung kann nur vom Ausbildenden (Arbeitgeber) verlangt werden. Entsprechende Vereinbarungen sind unzulässig.
Verstöße § 404 Abs. 2 Nr. 11, Abs. 3 SGB III	Ein Verstoß des privaten Vermittlers gegen die vorgenannten Regelungen zur Entgegennahme von Vergütungen stellt eine Ordnungswidrigkeit dar, die mit einem Bußgeld von bis zu 25 000,00 EUR geahndet werden kann.
Weitere unwirksame Vereinbarungen § 297 SGB III	Unzulässige Vereinbarungen werden **unwirksam**. Dazu gehören u. a.: • das Überschreiten der zulässigen Vergütungshöchstgrenzen für die Vermittlung; • die gesonderte Berechnung von Leistungen bzw. Entgegennahme von Vergütungen für Leistungen, die zum gesetzlichen Leistungsumfang der privaten Vermittlung gehören; • Vereinbarungen, nach denen nur der gewählte Arbeitsvermittler in Anspruch genommen werden kann; • Vereinbarungen, die gegen die Vorschriften bei der Ausbildungsvermittlung verstoßen.

Vorschriften	Beschreibung
	Beispiele ***für unzulässige Vereinbarungen*** • *Petra Gerdes erhält von einer privaten Arbeitsvermittlung eine Rechnung über 2 380,00 EUR.* • *Für die Analyse der Bewerbungsunterlagen werden Katrin Lobke zusätzlich 40,00 EUR einschließlich Umsatzsteuer in Rechnung gestellt.* • *In einem Arbeitsvermittlungsvertrag findet sich folgende Klausel: „Der Auftraggeber Martin Geller ist verpflichtet, ausschließlich die Leistungen der Arbeitsvermittlung Müller GmbH in Anspruch zu nehmen."*
Datenschutz, Aufbewahrungsfristen, Rückgabe von Unterlagen § 298 SGB III	**Grundsatz:** Daten über zu besetzende Arbeitsplätze und Daten von Arbeitnehmern dürfen nur erhoben, verarbeitet und genutzt werden, soweit dies für die Verrichtung der Vermittlungstätigkeit notwendig ist. Bei personenbezogenen Daten oder Geschäfts- und Betriebsgeheimnissen ist dafür die **Einwilligung des Betroffenen** nach § 4a Bundesdatenschutzgesetz (BDSG) erforderlich. *Beispiel* *Der Arbeitsvermittler speichert personenbezogene Daten, die Bewerberunterlagen sowie das Bewerberprofil, er verarbeitet diese und gibt sie an Dritte weiter, soweit es im Rahmen der Arbeitsvermittlung notwendig oder sinnvoll ist. Hierzu erklärt der Arbeitssuchende sein Einverständnis in der beigefügten Anlage „Datenschutzvereinbarung".* Werden Daten weitergegeben, darf der Empfänger die Daten nur zu dem Zweck nutzen, zu dem sie ihm ausdrücklich übermittelt wurden. Die Unterlagen (z. B. Kopien von Zeugnissen, Lebenslauf), die der Arbeitnehmer zur Verfügung gestellt hat, sind nach Abschluss der Vermittlungstätigkeit **zurückzugeben**, es sei denn, der Betroffene hat schriftlich eingewilligt, dass der Vermittler diese Unterlagen behalten darf. *Beispiel* *Der Arbeitssuchende willigt ein, dass die zugesandten Bewerbungsunterlagen bei Nichteignung für weitere Bewerbungsaktivitäten bei der Arbeitsvermittlung verbleiben.* Der Arbeitsvermittler muss die übrigen Geschäftsunterlagen drei Jahre aufbewahren. Er kann sie in dieser Zeit verwenden, sofern ein berechtigtes Interesse seinerseits vorliegt. Befugte Behörden können zu Kontrollzwecken Einsicht in die Unterlagen nehmen. **Personenbezogene Daten** sind nach Ablauf der Aufbewahrungsfrist **zu löschen**, sofern der Betroffene nicht schriftlich einer längeren Speicherung zugestimmt hat.

Praxistipp

In der Praxis ist es häufig so, dass der Arbeitgeber, an den der Bewerber vermittelt wurde, die Kosten übernimmt. Grundlage hierfür ist dann ein separater Vermittlungsvertrag, der mit dem Unternehmen abgeschlossen wurde. Ansonsten wird häufig auch über den sogenannten Vermittlungsgutschein (AVGS 2) abgerechnet (siehe nächster Abschnitt). Falls der Arbeitssuchende ein Selbstzahler ist, kann er die entstandenen Kosten in seiner Steuererklärung als Werbungskosten absetzen.

Rechtsvorschriften für den Aktivierungs- und Vermittlungsgutschein

Seit 2011 greift eine weitreichende Reform der arbeitsmarktpolitischen Instrumente. Hintergrund ist das am 20.12.2011 veröffentlichte Gesetz zur Verbesserung der Eingliederungschancen am Arbeitsmarkt. Der ehemalige Vermittlungsgutschein ging mit 01.04.2012 in den **Aktivierungs- und Vermittlungsgutschein** über.[1] Gleichzeitig wurde das Dritte Sozialgesetzbuch (SGB III) überarbeitet, die bisherigen Vorschriften zum Vermittlungsgutschein (§ 421g SGB III) wurden in den **§ 45 SGB III „Maßnahmen zur Aktivierung und beruflichen Eingliederung"** integriert. Nach § 45 SGB III werden drei verschiedene Maßnahmen unterschieden:

- Maßnahmen bei einem Träger (MAT),
- Maßnahmen bei einer privaten Arbeitsvermittlung (MPAV) oder
- Maßnahmen bei einem Arbeitgeber (MAG).

Entsprechend der drei oben genannten Maßnahmen gibt es drei verschiedene **Varianten des Aktivierungs- und Vermittlungsgutscheins**:

- AVGS 1 oder AVGS-MAT zur Durchführung von Aktivierungs- und Eingliederungsmaßnahmen bei einem zugelassenen Träger (z. B. Kurzqualifikationen, Bewerbungstraining, Coaching, Umschulungen),
- AVGS 2 oder AVGS-MPAV zur ausschließlich erfolgsorientierten Vermittlung in ein sozialversicherungspflichtiges Beschäftigungsverhältnis durch zugelassene private Arbeitsvermittler,
- AVGS 3 oder AVGS-MAG zur Durchführung einer betrieblichen Trainingsmaßnahme von bis zu sechs Wochen bei einem Arbeitgeber (z. B. Praktikum).

Der nachfolgende Text bezieht sich ausschließlich auf den AVGS 2 bzw. AVGS-MPAV.

Über einen Aktivierungs- und Vermittlungsgutschein (kurz AVGS 2) können Arbeitslose und auch andere Stellensuchende die Leistungen von privaten Arbeitsvermittlungen in Anspruch nehmen. Der AVGS 2 wird von den örtlichen Arbeitsagenturen ausgestellt.

Definition

Ein **Aktivierungs- und Vermittlungsgutschein** ist ein Dokument, mit dem sich die Bundesagentur für Arbeit oder ein Jobcenter verpflichtet, an einen privaten Arbeitsvermittler eine Erfolgsprämie zu zahlen, wenn dieser den Inhaber des Aktivierungs- und Vermittlungsgutscheins in eine mindestens 15 Wochenstunden umfassende, sozialversicherungspflichtige Tätigkeit von mindestens dreimonatiger Beschäftigungsdauer vermittelt.

[1] *Rechtsstand: April 2012*

Bundesagentur für Arbeit
Agentur für Arbeit

Agentur für Arbeit

Ihr Zeichen:
Ihre Nachricht:
Mein Zeichen: 221.n-Kundennummer·
(Bei jeder Antwort bitte angeben)

Name:
E-Mail:
Datum:

Aktivierungs- und Vermittlungsgutschein - Nr.: - **10**
Kundennummer - lfd. Nr.

gem. § 45 Abs. 1 Satz 1 Nr. 3 Sozialgesetzbuch – Drittes Buch (SGB III)

Förderzusicherung

Für eine Maßnahme mit dem Ziel: Arbeitsvermittlung in eine versicherungspflichtige Beschäftigung

Für die Zeit vom: **03.04.2012** bis 30.6.2012 (Gültigkeitszeitraum des Gutscheins)

Dieser Gutschein berechtigt zur Auswahl eines zugelassenen Trägers (private Arbeitsvermittlung)

der die Arbeitsvermittlung in eine versicherungspflichtige Beschäftigung anbietet

Vermittlungsvergütung: **2.000,00 Euro**

Nebenbestimmungen:

Zeitliche Befristung der Zusicherung (Gültigkeitsdauer)

Der festgelegte Zeitraum ist maßgeblich für folgende Aktivitäten:

- Auswahl eines zugelassenen Trägers
- Arbeitsvermittlung durch den ausgewählten Träger
- Aufnahme dieser versicherungspflichtigen Beschäftigung

Die Befristung (Gültigkeitsdauer) endet bei folgenden Ereignissen:

1. Aufnahme einer versicherungspflichtigen Beschäftigung
2. Ende des Anspruchs auf Arbeitslosengeld
3. Ende der Arbeitslosigkeit ohne Aufnahme einer versicherungspflichtigen Beschäftigung (z.B. Aufnahme einer selbständigen Tätigkeit über 15 Stunden wöchentlich, Bezug von Krankengeld, Bezug einer Rente, Mutterschutz usw.)
4. Ende der Arbeitsuche (z.B. wenn an der Aufnahme einer zumutbaren Beschäftigung kein Interesse mehr besteht oder eine solche nicht mehr ausgeübt werden kann)
5. Die Betreuung durch die Agentur für Arbeit beendet ist

§ 45 - MPAV AVGS Gutschein SGB III - 2 -

6. Wohnortwechsel in den Bezirk einer anderen Agentur für Arbeit. Ist die Vermittlung vor dem Wohnortwechsel erfolgt und wird diese Beschäftigung innerhalb der zeitlichen Befristung aufgenommen, kann bei Vorliegen der weiteren Voraussetzungen die Vermittlungsvergütung gezahlt werden.

In den vorgenannten Fällen besteht keine Bindung mehr an die Zusicherung der Förderung.

Regionale Festlegungen

Der Aktivierungs- und Vermittlungsgutschein gilt für die o. a. regionalen Festlegungen für die Auswahl des Trägers und auch der Region, in der die vermittelte Beschäftigung aufzunehmen ist. Eine Zahlung der Vermittlungsvergütung ist u. a. nur unter Beachtung dieser Festlegungen möglich.

Vermittlungsvergütung

Die Vermittlungsvergütung wird unter Einhaltung der regionalen Beschränkungen und unter folgenden Voraussetzungen an den Träger (private Arbeitsvermittlung) gezahlt:

- Vermittlung in eine versicherungspflichtige Beschäftigung bzw. in eine versicherungspflichtige, mindestens 15 Stunden wöchentlich umfassende Beschäftigung in einem anderen Mitgliedstaat der Europäischen Union oder einem anderen Vertragsstaat des Abkommens über den Europäischen Wirtschaftsraum innerhalb der Gültigkeitsdauer des Aktivierungs- und Vermittlungsgutscheins
- Aufnahme der vermittelten Beschäftigung innerhalb der Gültigkeitsdauer
- mindestens sechswöchige Dauer der vermittelten Beschäftigung
- Nachweis durch die Vermittlungs- und Beschäftigungsbestätigung
- Einlösung des Aktivierungs- und Vermittlungsgutscheins mit dem erforderlichen Nachweis innerhalb der Ausschlussfrist

Ausschlusskriterien

Die Vermittlungsvergütung wird nicht gezahlt, wenn die vermittelte Beschäftigung

- von vornherein auf eine Dauer von weniger als drei Monaten begrenzt ist oder
- bei einem früheren Arbeitgeber erfolgt, mit dem während der letzten vier Jahre vor Aufnahme der Beschäftigung ein mindestens drei Monate dauerndes Beschäftigungsverhältnis bestand. Dies gilt nicht, wenn es sich um die befristete Beschäftigung besonders betroffener schwerbehinderter Menschen handelt.

Ausschlussfrist

Die Zahlung der Vermittlungsvergütung (Einlösung des Aktivierungs- und Vermittlungsgutscheins) ist durch den Träger (private Arbeitsvermittlung) nach erstmaligem Vorliegen der Zahlungsvoraussetzungen zu beantragen. Innerhalb einer Ausschlussfrist von sechs Monaten (§ 326 SGB III) sind die Unterlagen, die für die abschließende Entscheidung über den Umfang der zu erbringenden Leistung notwendig sind, einzureichen. Die Frist beginnt jeweils mit Ablauf des Kalendermonats, in dem die für die Zahlung geforderte Beschäftigungsdauer erfüllt ist.

Höhe der Vermittlungsvergütung

Die oben angegebene Vermittlungsvergütung wird in zwei Raten gezahlt.

Die erste Rate für die 6-wöchige Dauer der vermittelten Beschäftigung beträgt 1000,00 Euro. Der Restbetrag wird nach einer Dauer dieser Beschäftigung von sechs Monaten gezahlt.

Ort und Datum	Unterschrift der Vermittlungs- und Beratungsfachkraft

Antrag

Ein Aktivierungs- und Vermittlungsgutschein kann bei der Agentur für Arbeit persönlich oder formlos per Telefon, Brief, Fax oder E-Mail unter Angabe der Kundennummer beantragt werden. In der Regel halten private Arbeitsvermittlungen entsprechende Vollmachten bereit, damit sie für Arbeitssuchende den AVGS 2 beantragen können. Der Inhaber eines AVGS 2 darf mehrere Arbeitsvermittlungen beauftragen. Sie erhalten dann entsprechende Kopien des AVGS 2.

Vorschriften des SGB III

Neben den rechtlichen Vorschriften zur Arbeitsvermittlung gemäß SGB III sind bei einer Arbeitsvermittlung mit Aktivierungs- und Vermittlungsgutschein vor allem die Regelungen des **§ 45 SGB III** zu beachten.

Vorschrift	Beschreibung
Rechtsanspruch für Bezieher von ALG I § 45 Abs. 7 SGB III	Bezieher des Arbeitslosengelds I (ALG I) haben einen **Rechtsanspruch** auf einen AVGS 2, wenn • sie in einer Rahmenfrist von drei Monaten vor der Beantragung des AVGS 2 mindestens sechs Wochen arbeitslos gemeldet waren und • noch nicht vermittelt sind. Nach Ermessen der Arbeitsagentur kann der AVGS 2 bereits ab dem ersten Tag der Arbeitslosmeldung ausgestellt werden. Die Zeiten der Arbeitslosigkeit müssen nicht zusammenhängend sein, sondern innerhalb der Dreimonatsfrist insgesamt 42 Kalendertage betragen.[1] In die dreimonatige Rahmenfrist werden keine Zeiten zur Aktivierung der beruflichen Eingliederung oder zur Förderung der beruflichen Weiterbildung eingerechnet.
Weitere förderungsfähige Personengruppen u. a. § 20 SGB III Höhe des Aktivierungs- und Vermittlungsgut scheins § 45 Abs. 6 Satz 3 und 4 SGB III	Folgenden weiteren Personengruppen **kann** nach Ermessen des Leistungsträgers ein Aktivierungs- und Vermittlungsgutschein ausgestellt werden: • Arbeitssuchende mit Anspruch auf **ALG II** haben **keinen Rechtsanspruch** auf einen Vermittlungsgutschein. Das Jobcenter/ARGE **kann** ihnen allerdings einen AVGS 2 ausstellen. Dies ist eine Ermessensentscheidung des Leistungsträgers (§ 16 Abs. 1 SGB III). • Darüber hinaus zählen zum förderungsfähigen Personenkreis **von Arbeitslosigkeit bedrohte Arbeitssuchende** (z. B. Gekündigte, Berufsrückkehrer, Hochschulabsolventen, Selbstständige, in Transfer- und Auffanggesellschaften Beschäftigte). Ihnen **kann** sofort ein AVGS 2 ausgestellt werden. Ein Rechtsanspruch besteht allerdings nicht, auch hier liegt eine Ermessensentscheidung des Leistungsträgers vor. Die Höhe des AVGS 2 beträgt maximal 2 000,00 EUR. Für Langzeitarbeitslose und für Schwerbehinderte **kann** ein AVGS 2 bis zu einer Höhe von 2 500,00 EUR ausgestellt werden.

[1] *Die genauen Berechnungen der einzelnen Fristen finden sich in der GA AVGS-MPAV (Durchführung des Aktivierungs- und Vermittlungsgutscheinverfahrens der Bundesagentur für Arbeit).*

Vorschrift	Beschreibung
Befristung und regionale Beschränkung § 45 Abs. 4 Satz 2 SGB III	Die Gültigkeitsdauer des Aktivierungs- und Vermittlungsgutscheins ist im Gesetz nicht konkretisiert. Es findet sich lediglich ein Hinweis, dass er zeitlich befristet werden kann. In der Praxis sind Fristen von drei bis sechs Monaten üblich. Mit Erlöschen der Anspruchsvoraussetzungen oder mit der Aufnahme einer versicherungspflichtigen Beschäftigung verliert der AVGS 2 seine Gültigkeit. Gemäß SGB III kann der AVGS 2 regional beschränkt werden. Die Beschränkung kann sich sowohl auf die Auswahl des Trägers als auch auf den infrage kommenden Arbeitsmarkt beziehen.
Anspruch auf Vergütung	Der Vermittler hat erst dann Anspruch auf die Vermittlungsvergütung, wenn durch seine Tätigkeit ein Arbeitsvertrag zustande kommt. Da der Gesetzgeber es ausdrücklich gestattet, mehrere private Arbeitsvermittler einzuschalten, hat nur der Vermittler, der den Original-AVGS 2 besitzt, Anspruch auf die Vergütung. Entsprechende Regelungen finden sich in den Vermittlungsverträgen. **Beispiel** ***Auszug aus einem Vermittlervertrag*** *„Der Beginn der Vermittlungstätigkeit durch den Vermittler ist durch die Hinterlegung einer Kopie des von der Bundesagentur für Arbeit ausgestellten und gültigen AVGS 2 abhängig. Das Original muss vom Arbeitssuchenden rechtzeitig vor Antritt der neuen Tätigkeit dem Stellenvermittler ausgehändigt werden."* Private Vermittler, die sich auf den Abschluss eines Vermittlungsvertrags einlassen, sind verpflichtet, einen vom Arbeitssuchenden vorgelegten AVGS 2 entgegenzunehmen. Die Abrechnung des Aktivierungs- und Vermittlungsgutscheins erfolgt unmittelbar zwischen Vermittler und Agentur für Arbeit. Durch die Vorlage des AVGS 2 werden alle Zahlungen gestundet, bis die Agentur für Arbeit gezahlt hat. Ansonsten gelten die entsprechenden Regelungen wie bei der privaten Arbeitsvermittlung.
Auszahlung § 45 Abs. 6 SGB III	Eine Auszahlung erfolgt unter der Voraussetzung, dass der Inhaber des AVGS 2 • in ein sozialversicherungspflichtiges Arbeitsverhältnis • von mindestens 15 Wochenstunden • mit einer Beschäftigungsdauer von mindestens drei Monaten vermittelt wurde. Die Vergütung wird in zwei Raten direkt an den Arbeitsvermittler ausgezahlt: • die erste Rate in Höhe von 1 000,00 EUR wird nach sechswöchiger Beschäftigung ausgezahlt; • die zweite Rate umfasst den Restbetrag und wird nach sechsmonatiger Beschäftigung vergütet. Beginn der Frist ist der Tag der tatsächlichen Arbeitsaufnahme.

LF 2 / 2.3.3.3

Vorschrift	Beschreibung
	Mit dem Antrag auf Auszahlung der Vermittlungsvergütung müssen folgende Dokumente eingereicht werden: • Original der Vermittlungs- und Beschäftigungsbestätigung, • Original des AVGS 2. Die entsprechenden Formulare sind auf den Webseiten der Arbeitsagentur erhältlich.
Keine Auszahlung § 45 Abs. 6 SGB III Vermittlungsvertrag	Eine Auszahlung erfolgt nur an zugelassene Träger (siehe nächster Abschnitt Zulassung/Zertifizierung). Die Zertifizierung ist auf dem Formular „Antrag auf Auszahlung der Vermittlungsvergütung" anzugeben. Es erfolgt keine Auszahlung, wenn • der Vermittler bereits von der Agentur für Arbeit mit der Vermittlung des Arbeitssuchenden beauftragt ist; • die Einstellung bei einem früheren Arbeitgeber erfolgt, bei dem der Arbeitnehmer während der letzten vier Jahre vor der Arbeitslosmeldung mehr als drei Monate lang versicherungspflichtig beschäftigt war (Ausnahmen: befristete Beschäftigung besonders betroffener schwerbehinderter Menschen); • das Beschäftigungsverhältnis von vornherein auf eine Dauer von weniger als drei Monaten begrenzt ist; • die Gewerbeanmeldung oder ab 01.01.2013 der Nachweis der Trägerzulassung fehlt oder • Arbeitgeber und Vermittler rechtlich, wirtschaftlich oder personell miteinander verbunden sind. Grundsätzlich muss der Inhaber eines Aktivierungs- und Vermittlungsgutscheins keinen Vermittlungsvertrag mit dem Träger abschließen (siehe Hinweise der BA zum AVGS). In der Praxis ist dies aber üblich (siehe auch Abschnitt 2.3.3.3).

LF 2 / 2.3.3.3

Zulassung/Zertifizierung

Zukünftig werden private Arbeitsvermittler zu sogenannten Trägern und benötigen für ihre Tätigkeit eine Zulassung (Zertifizierung).

> Definition
> **Träger** sind private und juristische Personen sowie Personenhandelsgesellschaften, **die Maßnahmen der Arbeitsförderung durchführen** (§ 21 SGB III). Hierzu zählen auch private Arbeitsvermittlungen.

Hintergrund: Seit dem 01.04.2012 müssen private Arbeitsvermittler, die auf Basis des Aktivierungs- und Vermittlungsgutscheins 2 tätig sind, eine Zulassung durch eine fachkundige Stelle (§ 177 SGB III) nachweisen (§ 176 SGB III). Bis zum 31.12.2012 greift eine Übergangsfrist, in der die Gewerbeanmeldung als private Arbeitsvermittlung ausreicht. Bei Vermittlern, die auch mit dem AVGS 1 arbeiten, ist neben der Trägerzulassung auch die Zertifizierung der angebotenen Maßnahmen erforderlich (§§ 179, 180 SGB III). Keine

Zertifizierung benötigen Arbeitgeber, die ausschließlich betriebliche Maßnahmen oder betriebliche Teile von Maßnahmen durchführen (AVGS 3).

Der weitere Text bezieht sich ausschließlich auf die **Zertifizierung/Zulassung für private Arbeitsvermittler**, die mit dem **AVGS 2** arbeiten.

Die **Trägerzulassung** wird nach **§ 178 SGB III** bestimmt. Danach erhält ein Träger eine Zulassung, wenn

- er die erforderliche Leistungsfähigkeit und Zuverlässigkeit besitzt;
- er in der Lage ist, durch eigene Bemühungen die berufliche Eingliederung von Teilnehmenden in den Arbeitsmarkt zu unterstützen;
- Leitung und Fachkräfte über eine Aus- und Fortbildung sowie Berufserfahrung verfügen, die eine erfolgreiche Durchführung der Maßnahme erwarten lassen;
- er ein System der Qualitätssicherung anwendet und
- seine vertraglichen Vereinbarungen mit den Teilnehmenden angemessene Bedingungen, insbesondere über Rücktritts- und Kündigungsrechte, enthalten.

Jeder Träger bekommt ein Zertifikat mit dem Inhalt „Zugelassener Träger nach dem Recht der Arbeitsförderung. Zugelassen durch (Name der fachkundigen Stelle) – von (Name der Akkreditierungsstelle) – akkreditierte Zertifizierungsstelle".

Die Trägerzulassung ist bis zu fünf Jahren gültig. Weitere Regelungen finden sich in der **Akkreditierungs- und Zulassungsverordnung Arbeitsförderung** (**AZAV**, früher AZWV) vom 2. April 2012. Bereits erteilte Träger- bzw. Maßnahmezulassungen behalten ihre Gültigkeit. Die Überwachung der fachkundigen Stelle übernimmt die Deutsche Akkreditierungsstelle GmbH (DAkks).

2.3.3.4 Vergütung

Die Vergütung bei der Arbeits- und Personalvermittlung ist gemäß des zugrunde liegenden Maklervertrages erfolgsabhängig. In der Praxis ist es bei der Personalvermittlung jedoch üblich, bestimmte Beratungsleistungen auch erfolgsunabhängig (z. B. nach Aufwand oder Stunden) abzurechnen.

Arbeitsvermittlung	Personalvermittlung
Erfolgshonorar, begrenzt auf maximal 2 000,00 EUR, ggf. 2 500,00 EUR bei Langzeitarbeitslosen und Schwerbehinderten	Erfolgshonorar, freie Vereinbarung möglich, oder Basishonorar + Erfolgsprämie Höhe: in der Regel 1–3 Monatsgehälter der vermittelten Fachkraft, ggf. Abrechnung von weiteren Kosten (Stellenanzeige, Spesen)

2.3.4 Personalberatung

Die **Personalberatung** ist dem Bereich der **Unternehmensberatung** zuzuordnen. Sie umfasst **im weiteren Sinne** die Unterstützung von Personal- und Geschäftsleitungen in allen personalwirtschaftlichen Fragen.

Beispiele
Beratungsleistungen, Management-Audits, Eignungsdiagnostik, Personalentwicklungskonzepte und Führungsinstrumente, Zielvereinbarungs- und Beurteilungssysteme, Mitarbeiterbefragungen, Nachwuchsförderprogramme, Einzel- und Gruppen-Assessments, Potenzialanalysen, Integrationskonzepte für neue Mitarbeiter, Mitarbeiterbindungsprogramme, Organisationsentwicklung usw.

Im **engeren Sinne** suchen **Personalberater** genau wie Personalvermittler für Unternehmen geeignete Mitarbeiter. Das ist im Vergleich zu den oben genannten Beratungsleistungen das **Kerngeschäft**, das über 90 %[1] des Umsatzes im Personalberatungsbereich ausmacht. Die Auftraggeber werden meist als Klienten bezeichnet, die potenziellen Bewerber/-innen als Kandidaten.

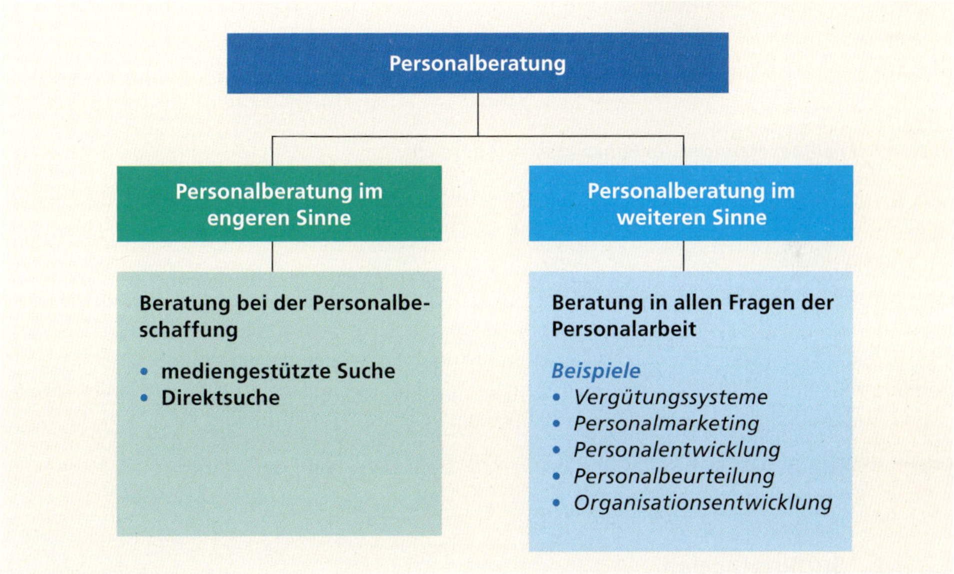

Personalberatung

Wie bereits ausgeführt, sind Personalberatungen im Marktsegment der Spezialisten und Führungskräfte, in der Regel auf der ersten und zweiten Führungsebene, tätig[2].

---

[1] *Diese Angabe ist zu finden im Jahresbericht 2009 des Bundesverbands Deutscher Unternehmensberater (BDU).*

[2] *Vgl. Dahl, Holger/Dreyer, Martin/von der Planitz, Charlotte/von Rundstedt, Sophia Personaldienstleister in Deutschland. Die neuen Partner flexibler Personalarbeit, Luchterhand (Wolters Kluwer), Köln, 2009, Kapitel A, S. 13.*

2.3.4.1 Gründe für die Einschaltung einer Personalberatung

LF 2 / 2.3.3.1 Die Gründe, eine Personalberatung bei der Personalsuche einzuschalten, gleichen den Motiven bei der Einschaltung von Vermittlern (siehe Abschnitt 2.3.3.1).

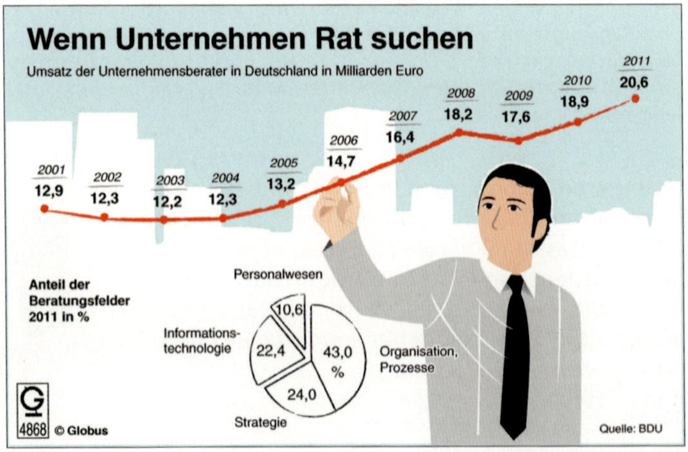

Darüber hinaus spielen insbesondere folgende Gründe eine Rolle:

- Die Besetzung von wichtigen Positionen soll nicht dem Zufall überlassen werden, sondern wird mit professioneller Unterstützung zielgerichtet umgesetzt.
- Personalberater sind auf enge Marktsegmente spezialisiert, zu denen Klienten nicht immer den gleichen Zugang haben.
- Fehlbesetzungskosten sollen vermieden werden (siehe Beispiel).
- Diskretion spielt bei der Neubesetzung im Führungskräftebereich eine große Rolle.

Beispiel
Kosten bei Fehlbesetzungen im Führungskräftebereich

Ein Betriebsleiter eines Industrie- und Handelsunternehmen wird je nach Branche und Verantwortungsumfang mit vielleicht 75 000 – 90 000 EUR entlohnt, zuzüglich der Sozialleistungen des Arbeitgebers.

Die Kosten für die Suche liegen auch ohne Beauftragung eines Personalberaters bei mindestens 6 000 – 8 000 EUR. […] Ob ein neuer Mitarbeiter, der vielleicht fachlich überzeugt, aufgrund seiner Persönlichkeit nicht mit der Unternehmenskultur und den zugeordneten Mitarbeitern zurechtkommt, wird man oft erst nach mehreren Monaten entdecken, zu oft erst nach Ablauf der Probezeit. Damit sind 50 000 EUR, vielleicht auch 80 000 oder 90 000 EUR fehlinvestiert […].

Quelle: Hillebrecht, Steffen W./Peiniger, Anke: Grundkurs Personalberatung, Rosenberg Fachverlag, Leonberg, 2008, S. 67.

2.3.4.2 Suchmethoden

Bei der Suche nach Führungskräften setzen Personalberater u. a. folgende Methoden ein:

- die mediengestützte Suche (Anzeigen in ausgewählten Print- und Onlinemedien),
- Suche in sozialen Netzwerken und Business-Netzwerken (z. B. XING),

- interne bzw. externe Datenbanken,
- Jobbörsen sowie
- die Direktsuche, auch bekannt unter ihren englischen Bezeichnungen: Direct Search, Executive Search, Headhunting.[1]

Definition
Der Begriff **Direktsuche** umfasst die **Identifikation** von Kandidaten, die dem Suchprofil entsprechen, und ihre **aktive Ansprache**.

Die **Direktsuche** ist geeignet, wenn

- die Schaltung einer Anzeige für die gesuchte Position nicht den gewünschten Erfolg vermuten lässt,
- nur eine geringe Anzahl von Kandidaten zur Verfügung steht und/oder
- Diskretion, z. B. bei Besetzung von Führungspositionen, besonders wichtig ist.

Die Direktsuche entspricht der Erwartungshaltung der potenziellen Kandidaten: Sie möchten angesprochen werden. Hinzu kommt, dass sich Führungskräfte und Spezialisten beruflich in einer gesicherten Position befinden. Sie sind also nicht unbedingt auf der Suche nach einer neuen Stelle und müssen ggf. erst durch die gezielte Ansprache motiviert werden, das Arbeitsverhältnis zu wechseln.

Vorgehensweise: Nach einer Marktrecherche werden die Unternehmen, bei denen mögliche Kandidaten vermutet werden, in einer Zielfirmenliste zusammengefasst. Diese wird mit dem Klienten abgestimmt. Anschließend werden die Organisationsstrukturen (Namens- und Positionsrecherche) in Erfahrung gebracht (Liste mit Zielpersonen). In telefonischen Vorkontakten wird das Interesse potenzieller Kandidaten erfragt. Liegt dieses vor, erfolgt das weitere Bewerbungsverfahren, wie im Schaubild des nächsten Abschnitts dargestellt.

Merksatz
Personalvermittlung und Personalberatung unterschieden sich bezüglich der **Zielgruppen** und der eingesetzten **Suchmethoden**. LF 4

2.3.4.3 Projektablauf bei der Personalberatung

Personalberatungen führen ihre Suchaufträge in vorher mit den Kunden abgestimmten Projektschritten durch, die in der Regel auch im Beratervertrag aufgeführt werden. Das nachfolgende Schaubild gibt einen Überblick:

[1] *Auf die Diskussion, ob Headhunter und Personalberater gleiche, ähnliche oder unterschiedliche Bezeichnungen sind, wird im Lehrbuch nicht eingegangen.*

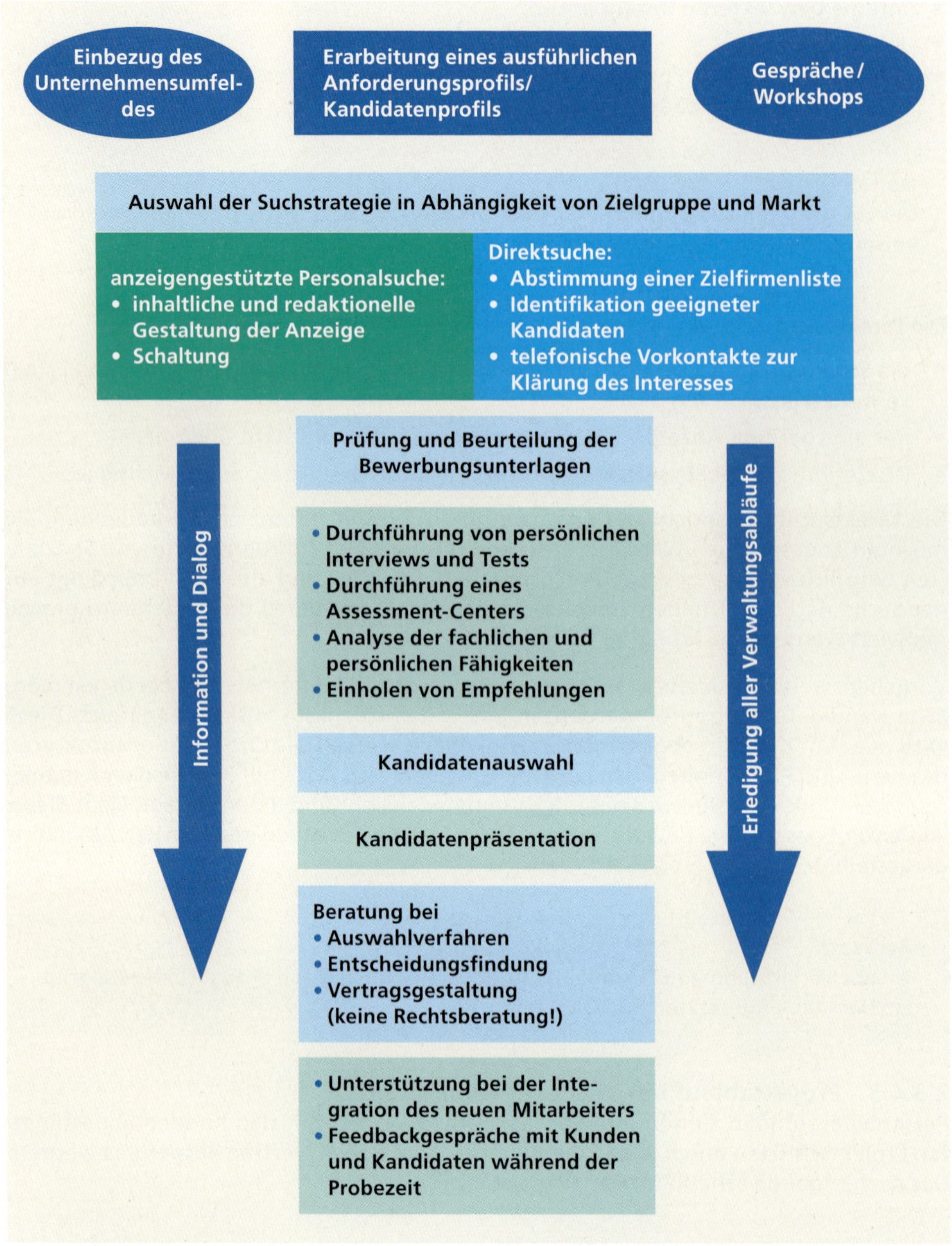

In Anlehnung an: Von der Planitz, Charlotte, „Personalberatung", in: Dahl, Holger / Dreyer, Martin / von der Planitz, Charlotte / von Rundstedt, Sophia Personaldienstleister in Deutschland. Die neuen Partner flexibler Personalarbeit, Luchterhand (Wolters Kluwer), Köln, 2009, S. 32 f.

2.3.4.4 Vertragliche Gestaltung

Im Gegensatz zu Vermittlern werden Personalberater/-innen in der Regel auf Basis eines **Dienstvertrags** tätig (§ 611 ff. BGB). LF 2/ 2.1.8

Definition
Der **Dienstvertrag** ist ein schuldrechtlicher Vertrag, durch den der eine Teil zur Leistung der versprochenen Dienste (hier: Personalberater) und der andere Teil zur Entrichtung der vereinbarten Vergütung (hier: Kundenunternehmen) verpflichtet wird. Geschuldet wird vom Dienstverpflichteten **die Leistung**, aber kein Erfolg.

Gegenstand des Vertrages ist eine **genau definierte Beratungsleistung.**

Beispiel
Suchauftrag
„Der Auftrag an uns lautet, Sie
- *bei der Erstellung eines Positionsprofils,*
- *bei der Identifikation, Ansprache und Auswahl geeigneter Kandidaten sowie*
- *bei der Einstellungsentscheidung*

zu beraten und zu unterstützen."

Weitere Beispiele
Gestaltung von Anzeigen, Bewerbergutachten, Durchführung eines Assessment-Verfahrens

Merksatz
Arbeits- und Personalvermittlung grenzen sich von der Personalberatung über die zugrunde liegenden **Vertragsarten (Makler- bzw. Vermittlungs- bzw. Dienstvertrag)** ab.

2.3.4.5 Vergütungsmodelle

Es gibt sowohl **erfolgsbezogene** als auch **erfolgsunabhängige Vergütungsmodelle** sowie **Mischformen**.

- **Festhonorar**: Vereinbarung einer bestimmten Summe für das gesamte Beratungsprojekt (ca. 15 % bis 40 % der Jahresentgeltsumme der Führungskraft)
- **Drittel-Regelung**: Je ein Drittel bei Abschluss des Dienstvertrages, bei der Kandidatenpräsentation und bei Abschluss des Arbeitsvertrages
- **Stundenhonorar** (z. B. 80,00 bis 250,00 EUR pro Stunde): üblich bei zusätzlichen Beratungsleistungen, wie Gehalts- und Vertragsberatungen

2.3.5 Weitere Dienstleistungen

Sowohl für Arbeitgeber als auch für Arbeitnehmer werden weitere, zum Teil komplexe und beratungsintensive Dienstleistungen angeboten. Das nachfolgende Schaubild gibt einen Überblick.

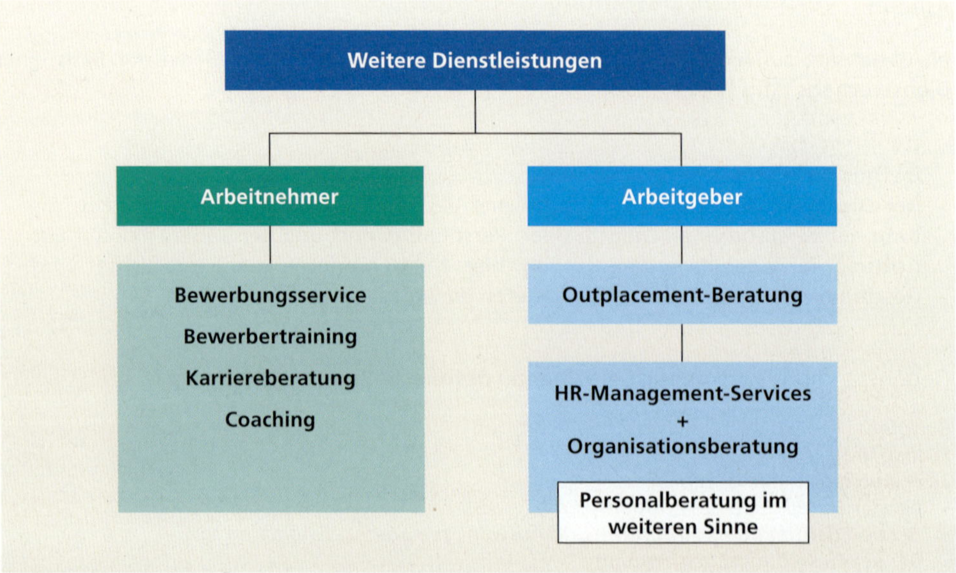

Weitere Dienstleistungen

Zusammenfassung

- Dienstleistungen im Überblick

Kriterien	Arbeitsvermittlung	Personalvermittlung	Personalberatung im engeren Sinne
Zielgruppe	Arbeitssuchende und Arbeitslose – mit Aktivierungs- und Vermittlungsgutschein – ohne AVGS 2 (Selbstzahler)	Unternehmen, die Personal im Bereich der einfachen (Un- und Angelernte) bis qualifizierten Tätigkeiten (z. B. Fachkräfte mit abgeschlossener Berufsausbildung) suchen	– Unternehmen, die Personal für die obere und auch mittlere Unternehmensebene (Führungskräfte) oder Experten/Spezialisten suchen – wechselbereite Führungskräfte
Suchmethoden	– Veröffentlichung des Bewerberprofils in Medien – gezielte Stellenakquise – Stellensuche in Medien, Recherche in Datenbanken, Jobbörsen, sozialen Netzwerken,	– Aufgabe von Stellenanzeigen in Medien – Auswertung von Stellengesuchen in Bewerberdatenbanken, im Internet, in Jobbörsen, sozialen Netzwerken	– Direktsuche – mediengestützte Suche – Business-Netzwerke, soziale Netzwerke – interne und externe Datenbanken, Jobbörsen

Kriterien	Arbeitsvermittlung	Personalvermittlung	Personalberatung im engeren Sinne
Such-methoden	Webseiten, direkte Zuleitung des Bewerberprofils an potenzielle Arbeitgeber	– Aushänge in Unternehmen – direkte Zuleitung von Stellenangeboten an potenzielle Bewerber/-innen	
Rechts-grundlagen	§ 652 BGB § 292 und §§ 296–298 SGB III AVGS 2: § 45 SGB III	§ 652 BGB	§ 611 BGB
Vertrags-grundlagen	Arbeitsvermittlungsvertrag (Maklervertrag), Einschränkung der Vertragsfreiheit durch SGB III	frei gestaltbarer Personalvermittlungsvertrag (Maklervertrag), Personalbeschaffungsauftrag	Beratervertrag (Dienstvertrag)

In der Praxis sind die Übergänge oft fließend.

- **Ergänzende Dienstleistungen**
  - Für Arbeitnehmer: z. B. Bewerberservice, Bewerbertraining, Coaching, Karriereberatung
  - Für Arbeitgeber/Unternehmen: alle Dienstleistungen, die in den Bereich der HR-Management-Services bzw. Organisationsberatung gehören

- **Vermittlungsmarkt:** Der größte Anbieter auf dem Vermittlungsmarkt ist die Bundesagentur für Arbeit. Neben **Personaldienstleistern** sind weitere Marktteilnehmer für staatliche Einrichtungen tätig, auch nicht-kommerzielle, gemeinnützige Anbieter.
- **Grundlegende Tätigkeiten der Vermittlung** sind: Stellenakquise, Stellensuche, Profiling, Erstellung von Bewerberprofilen, Stellenanalyse, Matching, Festlegung von Such- und Vermittlungsstrategien und deren Umsetzung, Einschätzung der Vermittelbarkeit.
- Bei der Vermittlung für Unternehmen sowie bei der Vermittlung von Bewerbern werden **vermittlungsrelevante Daten erhoben und abgeglichen**.
- Die **Vermittelbarkeit** ist abhängig von verschiedenen Faktoren. Für jeden Bewerber sollte eine individuelle Vermittlungsstrategie entwickelt werden.

- Die **Stellenakquise** ist eine Grundvoraussetzung für die Vermittlertätigkeit. Für den Vermittler ist ein gutes persönliches Netzwerk für die schnelle und effiziente Auftragsabwicklung wichtig.
- Vermittler und Berater suchen auf dem **offenen** und auf dem **verdeckten** Stellenmarkt.

Erhebung und Abgleich der vermittlungsrelevanten Daten

	Unternehmensseite	Bewerberseite
Das wird erhoben:	Stellenanalyse bzw. Positionsanalyse Erhebung aller relevanten Fakten / Daten einer Stelle	Bewerber-Profiling Erhebung aller vermittlungsrelevanten Daten eines Bewerbers
Das wird miteinander abgeglichen:	Anforderungsprofil ⟷ systematische Darstellung aller wichtigen Faktoren, die für die Aufgabenbewältigung einer Stelle wichtig sind	Bewerberprofil systematische Darstellung aller vermittlungsrelevanten Daten über einen Bewerber

- Seit dem 01.04.2012 benötigen **private Arbeitsvermittler** eine **Trägerzulassung** nach §§ 176, 178 SGB III, wenn sie auf Basis des AVGS 2 vermitteln.
- **Vorschriften des SGB III** für die **private Arbeitsvermittlung** beziehen sich auf: Schriftform des Vertrages, Leistungsumfang, Vergütung, unzulässige Vereinbarungen, besondere Anforderungen an den Datenschutz, Aufbewahrungsfristen und Rückgabe von Bewerberunterlagen.
- Von den Arbeitsagenturen werden **Aktivierungs- und Vermittlungsgutscheine** (AVGS-MPAV bzw. AVGS 2) ausgestellt (§ 45 SGB III), die Anspruchsberechtigte zur Finanzierung eines privaten Arbeitsvermittlers nutzen können.
- **Abläufe**
  - Beratungs- und Vermittlungsprozesse lassen sich in einzelne Arbeitsschritte unterteilen, die umso umfangreicher sind, je qualifizierter die zu vermittelnde bzw. gesuchte Person ist.
  - Bei der Personalberatung handelt es sich um einen **projektorientierten**, komplexen Ablauf.
  - Die Abläufe bei der Personalvermittlung und bei der Personalberatung unterscheiden sich hinsichtlich ihrer Intensität.

Personalvermittlung	Personalberatung
z. B. Angelernte oder Fachkräfte mit abgeschlossener Ausbildung	**z. B. Führungskräfte, Spezialisten oder Experten**
standardisierte, vereinfachte Abläufe	individuelle Projekte
– geringe Such- und Informationskosten – geringes Risiko der Fehlbesetzung – standardisierte Stellen- bzw. Berufsbeschreibungen – erfolgsbezogene Vergütung	– hohe Such- und Informationskosten – hohe Kosten bei Fehlbesetzungen – aufwendige Positionsanalyse und ausführliche Beschreibung des Anforderungsprofils – erfolgsunabhängige und erfolgsbezogene Vergütung

Aufgaben

1. *Welche Kriterien sind geeignet, um Arbeitsvermittlung, Personalvermittlung und Personalberatung voneinander abzugrenzen?*

2. *Beschreiben Sie, warum Arbeitsvermittlung und Personalvermittlung in der Praxis ineinander übergehen.*

3. *Erläutern Sie, welche Bedeutung die Stellenakquise für die Vermittlungstätigkeit hat. Unterscheiden Sie zwischen offenem und verdecktem Stellenmarkt. Nennen Sie Beispiele.*

4. *Erläutern Sie den Zusammenhang zwischen den Begriffen Profiling, Bewerberprofil und Stellenanforderungsprofil.*

5. *Nennen Sie jeweils drei Vorteile und Nachteile bei der Einschaltung einer Arbeits- bzw. Personalvermittlung aus Sicht eines Arbeitssuchenden und aus Sicht eines personalsuchenden Unternehmens.*

6. *Caroline Groß ist gelernte Floristin und arbeitslos. Überlegen Sie, in welche ähnlichen Tätigkeiten eine Vermittlung möglicherweise erfolgreich sein könnte.*

7. *Überprüfen Sie, ob der nachfolgende Auszug aus einem Arbeitsvermittlungsvertrag rechtlich zulässig ist.*

1. Gegenstand der Beauftragung

(1) Zielstellung der Vermittlerin ist es, den Auftraggeber in ein sozialversicherungspflichtiges Arbeitsverhältnis von mindestens 15 Stunden wöchentlich zu vermitteln.

(2) Für Auftraggeber mit Aktivierungs- und Vermittlungsgutschein (AVGS 2) der Bundesagentur für Arbeit gelten die Festlegungen des Sozialgesetzbuchs, Drittes Buch (SGB III).

2. Vergütung

[...]

(2) Der Auftraggeber verpflichtet sich, das Original des AVGS 2 der Vermittlerin zu übergeben sowie keine anderen Vermittler einzuschalten. Für den Auftraggeber entstehen keine Kosten, wenn dieser einen AVGS 2 der Bundesagentur für Arbeit vorlegt.

(3) Ist der Auftraggeber nach erfolgreicher Vermittlung nicht im Besitz eines gültigen Original-AVGS 2, muss er die Kosten selbst tragen. Diese betragen 2 000,00 EUR, zuzüglich Umsatzsteuer. Hinzu kommen Auslagen für die Erstellung eines aussagekräftigen Bewerberprofils sowie für die berufliche Beratung.

[...]

4. Verfahrensweise

[...]

(3) Der Auftraggeber gibt seine Zustimmung, dass unter Beachtung der Festlegungen aus § 298 SGB III seine persönlichen Daten für den Zweck der Vermittlung an Dritte weitergeleitet und bis zur Vermittlung bei der Vermittlerin gespeichert werden können.

8. *Ein Arbeitsvermittler will eine Rechnung an einen Arbeitnehmer ausstellen, der keinen Aktivierungs- und Vermittlungsgutschein hat. Die Vermittlung war erfolgreich. Das Bruttohonorar beträgt 865,00 EUR. Wie hoch ist der Netto-Rechnungsbetrag?*

9. *Ein Personalvermittler sucht im Auftrag eines Kunden zwei Versicherungskaufleute und zwei Produktionshelfer. Stellen Sie die Unterschiede heraus, die sich bei der konkreten Suche nach geeigneten Bewerbern ergeben könnten.*

10. *Die Personalberatung Hebel GmbH ist ein renommiertes Unternehmen, das in der Personalbeschaffung von Fach- und Führungskräften tätig ist. Das Unternehmen hat von einem Industrieunternehmen den Auftrag bekommen, einen Technischen Leiter (m/w) zu finden.*

a) *Beschreiben Sie drei Aufgaben, die die Hebel GmbH für ihren Auftraggeber bei der Personalsuche übernehmen kann.*

b) *Erläutern Sie, auf welcher Vertragsgrundlage die Personalberatung für das Industrieunternehmen tätig wird.*

c) *Der Personalreferent des Kundenunternehmens möchte gerne, dass die Stellenanzeige im Namen der Personalberatung geschaltet wird. Der Name des Unternehmens soll nicht erscheinen. Geben Sie einen Grund an, warum der Personalreferent diesen Wunsch äußern könnte.*

11. Beschreiben Sie das Leistungsspektrum, das größere Personalberatungen anbieten.

12. Recherchieren Sie im Internet, welche Urteile des Bundesgerichtshofs zur Direktansprache veröffentlicht wurden. Was müssen Personalberater/-innen beachten, wenn sie telefonisch Kontakt zu potenziellen Kandidaten aufnehmen wollen?

13. Im nachfolgenden Kasten sind verschiedene Wörter aufgelistet. Erläutern Sie die Begriffe mündlich.

Arbeitsvermittlung – Suchwege – Vermittlungsstrategie – offener Stellenmarkt – Matching – erfolgsbezogene Vergütung – Personalbeschaffungsauftrag – Dienstvertrag – Personalberatung im weiteren Sinne – Maklervertrag – Stellenakquise – Vermittlungsstrategie – Bewerberprofil – Suchstrategie – Personalberater – Positionsanalyse – Aktivierungs- und Vermittlungsgutschein – Markt für Personalvermittlungen – Direktsuche – Such- und Informationskosten – Vergütungsmodelle – Eignungsprofil – Bewerbungskompetenz – bewerberorientierte Vermittlung – verdeckter Stellenmarkt – Anforderungsprofil – mediengestützte Anzeigensuche – stellenorientierte Vermittlung – Profiling – Vermittelbarkeit

Web

2.4 Outplacement – Transfermaßnahmen

Einstiegssituation ▶

In der Concepta-Personal GmbH, die sich auf Outplacement und Transfermaßnahmen spezialisiert hat, wird heute Rolf Severin erwartet, der Geschäftsführer der Textilfabrik Severin GmbH. Die Textilfabrik Severin GmbH ist ein mittelständisches Unternehmen, das sich auf die Textil-Stickerei, den digitalen Textildruck sowie die Anfertigung von Schul- und Berufskleidung spezialisiert hat.

Herr Severin hat der Personalberaterin Anke Schmidt im Vorfeld mitgeteilt, dass er sich über Outplacement und Transfermaßnahmen informieren möchte, weil Mitarbeiter entlassen werden müssen. Zu Beginn des Beratungsgesprächs bittet Frau Schmidt ihn, die betriebliche Situation zu schildern.

Rolf Severin: „Wir stellen zurzeit auf ein neues Produktionsverfahren um. Ende des Jahres sind wir mit dem Umstellungsprozess fertig. Der Schritt war dringend notwendig, um das Unternehmen langfristig zu erhalten. Durch das neue Produktionsverfahren fallen Arbeitsplätze in der Produktion, in der Verwaltung, im Lager und auch in der Werkskantine weg. Wir werden zum Ende des Jahres 25 Mitarbeiter entlassen müssen."

Anke Schmidt: „Sind Ihre Mitarbeiter darüber schon informiert?"

Rolf Severin: „Nein, aber sie vermuten, dass es Entlassungen geben wird. Es herrscht mittlerweile Unruhe und zum Teil auch Unmut in der Belegschaft. Deswegen ist die Geschäftsleitung zurzeit dabei, die Situation zu klären. Mit dem Betriebsrat und der Personalleiterin haben wir die Mitarbeiter ausgewählt, die gekündigt werden sollen. Unser Rechtsanwalt hat die Auswahlliste unter rechtlichen Gesichtspunkten geprüft. Der Betriebsratsvorsitzende hat sehr darauf gedrängt, dass die ganze Personalfreisetzung weitgehend sozial verträglich ablaufen soll. Nach einigem Hin und Her haben wir uns darauf geeinigt, einen Transfersozialplan[1] aufzustellen. Darin soll vereinbart werden, welche Maßnahmen wir den betroffenen Mitarbeitern vor der Entlassung und ggf. auch nach der Entlassung anbieten können. Nachdem wir erste Informationen eingeholt haben, ziehen wir es in Erwägung, entweder eine **Transferagentur** oder eine **Transfergesellschaft** einzurichten. Für eine konkrete Entscheidung fehlen uns noch weitere Informationen. Deswegen möchten wir uns gerne von Ihnen beraten lassen."

Anke Schmidt: „Zunächst einmal möchte ich Sie in Ihrer Entscheidung bestärken, einen Transfersozialplan zu entwickeln. Für viele Arbeitnehmer stellt der Verlust des Arbeitsplatzes eine schwierige Situation dar und entsprechend reagieren sie auch. Hier greift **Outplacement**. Die Mitarbeiter werden bei der beruflichen Neuorientierung unterstützt, sie erhalten Hilfen bei der Bewerbung und werden bei Bedarf weiterqualifiziert. Ziel ist es, die Betroffenen von der alten Arbeitsstelle sofort in eine neue Beschäftigung zu bringen. Arbeitslosigkeit soll also vermieden werden. Es gibt verschiedene Möglichkeiten, für die Sie unter bestimmten Voraussetzungen auch staatliche Zuschüsse erhalten können. Hierzu gehören beispielsweise die von Ihnen genannten Transfermaßnahmen. Damit wir Sie gut beraten können, brauche ich mehr Informationen, beispielsweise Angaben über die beruflichen Qualifikationen der betroffenen Mitarbeiter. Nur so kann ich einschätzen, welche Maßnahmen für Ihren Betrieb und Ihre Mitarbeiter sinnvoll sind."

Rolf Severin: „Die benötigten Informationen lasse ich Ihnen heute noch zukommen. Wie geht es dann weiter?"

Anke Schmidt: „Sie erhalten von uns zunächst eine ausführliche Beschreibung der geeigneten Maßnahmen und Vorschläge zur Finanzierung."

Anlage

Es ist geplant, 20 Mitarbeiter und 5 Mitarbeiterinnen zu entlassen:

9 Mitarbeiter, Angelernte (Textilfärber), Vollzeit, 30–45 Jahre, ausschließlich arbeitsplatzbezogenes Know-how, zum Teil Migrationshintergrund

6 Produktionshelfer, Vollzeit, alle unter 25 Jahre alt

3 Mitarbeiterinnen, Angelernte (Näherinnen), Teilzeit, Alter zwischen 30 und 35 Jahren

1 Mitarbeiterin, Köchin, Vollzeit, 23 Jahre

[1] *Der Transfersozialplan ist eine Vereinbarung zwischen Arbeitgeber und Betriebsrat, die die Unterstützung des Transfers der Arbeitnehmer in eine neue Beschäftigung regelt. Im Vordergrund steht die Verwendung von Abfindungsleistungen für Maßnahmen zur Unterstützung der Integration der entlassenen Arbeitnehmer in den Arbeitsmarkt.*

1 Mitarbeiterin, Bürogehilfin, geringe PC-Kenntnisse, Teilzeit, 50 Jahre

1 Mitarbeiter, Bürokaufmann, gute MS Office- und Excel-Kenntnisse, 23 Jahre

1 Mitarbeiter, stellvertretender Produktionsleiter, Studium Maschinenbau und Fertigungstechnik, Vollzeit, 27 Jahre

3 Mitarbeiter, Fachlageristen, Staplerschein, Vollzeit, Alter zwischen 25 und 30 Jahren

Rechtliche Voraussetzungen:
Die betrieblichen Voraussetzungen sowie die persönlichen Voraussetzungen der betroffenen Arbeitnehmer für die Inanspruchnahme von staatlichen Förderungen liegen vor.

Regionale Arbeitsmarktsituation:
Arbeitslosenquote regional: 16,4 %, Schließung eines Großteils der Textilbetriebe in der Region in den letzten Jahrzehnten.

Betriebliche Arbeitssituation:
Solange der Umstellungsprozess auf das neue Fertigungsverfahren noch läuft, werden die vorhandenen Aufträge zum Teil noch über die alten Maschinen abgewickelt. Für ca. fünf Mitarbeiter aus dem Produktionsbereich ist bis zum Jahresende noch Arbeit vorhanden.

Arbeitsaufträge

*Hinweis: In dieser Situation sind **keine rechtlichen Aspekte zu prüfen**. Die Themen Transferagentur und Transfergesellschaft werden nur im Überblick behandelt.*

1. *Beschreiben Sie die Ausgangssituation.*

2. *In der Ausgangssituation werden die Begriffe Outplacement, Transferagentur und Transfergesellschaft genannt. Klären Sie die Begriffe. Nutzen Sie dazu den Informationstext im Kapitel 2.4. Planen Sie das weitere Vorgehen.*

3. *Lösen Sie den nachfolgenden Auftrag:*

- Stellen Sie Kriterien auf, die eine Einschätzung der Vermittelbarkeit ermöglichen.
- Schätzen Sie anhand der Informationen auf der Mitarbeiterliste ein, welche Mitarbeiter gute, eingeschränkte oder sehr geringe Arbeitsmarktchancen haben. Begründen Sie Ihre Einschätzung.
- Entscheiden Sie, welche Maßnahme (Outplacement, Transferagentur, Transfergesellschaft oder eine Kombination von Instrumenten) für die einzelnen Mitarbeitergruppen jeweils am besten geeignet ist. Begründen Sie Ihre Antworten.
- Machen Sie Vorschläge zur Finanzierung der Maßnahmen.

4. *Stellen Sie ein fallbezogenes Dienstleistungspaket für den Kunden zusammen.*

5. *Präsentieren Sie dem Geschäftsführer Rolf Severin Ihr (Arbeits-)Ergebnis.*

Praxistipp

Verschaffen Sie sich auf den Seiten der Bundesagentur für Arbeit (www.arbeitsagentur.de) einen Überblick über die benötigten Formulare.

2.4.1 Outplacement

Stehen Entlassungen von Mitarbeitern an, möchten viele Unternehmen den Trennungsprozess möglichst einvernehmlich und **sozial verträglich** gestalten. Dazu bedarf es aber eines professionellen **Trennungsmanagements**.

Der Begriff Trennungsmanagement umfasst den gesamten Prozess von der beschlossenen Personalfreisetzung bis zum Ausscheiden des Mitarbeiters aus dem Unternehmen. Die Trennung soll dabei so gestaltet werden, dass die negativen Folgen bzw. Begleiterscheinungen möglichst aufgefangen werden.

Diese Aufgabe gehört in den Verantwortungsbereich von Führungskräften, die jedoch häufig mit ihrer Rolle, den Trennungsprozess entsprechend zu begleiten, überfordert sind. Gleichzeitig hängt es zum Teil von ihrem Verhalten ab, wie die Mitarbeiter mit der Kündigungssituation zurechtkommen.

In dieser Situation können Unternehmen auf Beratungsangebote externer Dritter zurückgreifen, die dabei helfen, die Personalfreisetzung professionell zu begleiten. Eine solche Beratungsleistung bietet die Dienstleistung Outplacement.

Geschichte

Outplacement hat seinen Ursprung in den USA. Als es dort in den 60er-Jahren des 20. Jahrhunderts zu Massenentlassungen in Armee, Mineralölindustrie und Luftfahrt kam, wurden staatliche Programme für die ausscheidenden Mitarbeiter ins Leben gerufen. In Nordamerika ist Outplacement heute ein anerkanntes Beratungsprodukt und kommt bei ca. 80 % aller Kündigungen zum Einsatz.

In den 80er-Jahren des vergangenen Jahrhunderts fasste Outplacement auch in Europa Fuß. Die Dienstleistung beschränkte sich aber zunächst auf die individuelle Beratung von Führungskräften der mittleren bis oberen Unternehmensebene. Seit Mitte der 1990er-Jahre wurde das Konzept in Form des Gruppen-Outplacements auch auf tariflich bezahlte Mitarbeiter ausgeweitet. Nach anfänglich zögerlicher Annahme hat sich Outplacement mittlerweile als eigenständige Dienstleistung etabliert. Etwa 15–20 % der Unternehmen in Deutschland nutzen Outplacement-Beratungen.

In anderen europäischen Ländern ist Outplacement stärker verbreitet als in Deutschland. In Frankreich, den Niederlanden und England wird es beispielsweise fast flächendeckend als personalwirtschaftliches Instrument eingesetzt. Vergleicht man den deutschen mit dem europäischen und dem amerikanischen Markt, ist davon auszugehen, dass der Markt in Deutschland weiter wachsen wird.[1]

1 *Quelle: Dahl, Holger/Dreyer, Martin/von der Planitz, Charlotte/von Rundstedt, Sophia: Personaldienstleister in Deutschland. Die neuen Partner flexibler Personalarbeit, Luchterhand (Wolters Kluwer), Köln, 2009, S. 192–193.*

Begriff

Definition

Der englische Begriff **Outplacement** bezeichnet ein in der Regel vom Unternehmen finanziertes **Dienstleistungspaket für einen ausscheidenden Mitarbeiter**, das die negativen Folgen der Trennung vom Arbeitgeber abfedert und den Mitarbeiter bei seiner **beruflichen Neuorientierung** unterstützt.[1]

Mithilfe der Beratung sollen die betroffenen Mitarbeiter möglichst noch **vor Ablauf der Kündigungsfrist** eine neue Beschäftigung finden. Im besten Fall kann Arbeitslosigkeit vermieden werden.

Das Dienstleistungsbündel kann sowohl die **Vorbereitung** der Personalfreisetzung als auch die **Durchführung** der eigentlichen Outplacement-Beratung bis hin zur **Nachbetreuung** der Mitarbeiter im neuen Arbeitsverhältnis umfassen.

Outplacement-Beratung im Rahmen des Trennungsmanagements

Vorbereitung der Personalfreisetzung
- Kommunikations- und Informationspolitik
- Schulung der Personalverantwortlichen

Trennungsgespräch zwischen Vorgesetztem und Mitarbeiter

Angebot einer Outplacement-Beratung
- individuelles Auffanggespräch durch Outplacement-Berater
- Information über den Ablauf und die Ziele von Outplacement

Entscheidung des Mitarbeiters für die Outplacement-Beratung

Beratung und Unterstützung
- bei der emotionalen Verarbeitung der Kündigung
- bei der Entwicklung und Umsetzung einer persönlichen Strategie für die Neuplatzierung auf dem ersten Arbeitsmarkt

Mitarbeiter findet eine neue Beschäftigung

Nachbetreuung
- Hilfen zur Integration am neuen Arbeitsplatz
- Coaching, Feedback-Gespräche

Dienstleistungspaket Outplacement

[1] *Quelle: Dahl, Holger / Dreyer, Martin / von der Planitz, Charlotte / von Rundstedt, Sophia: Personaldienstleister in Deutschland. Die neuen Partner flexibler Personalarbeit, Luchterhand (Wolters Kluwer), Köln, 2009, S. 191.*

Formen

Einzel-Outplacement-Beratung

Eine individuelle Outplacement-Beratung wird von Unternehmen **für Führungskräfte** eingekauft. Sie erfolgt als zeitlich befristete oder unbefristete **Einzelberatung** in den Räumen der Outplacement-Gesellschaft. Ablauf und Leistungsumfang richten sich nach den zuvor getroffenen Vereinbarungen zwischen Outplacement-Berater und Arbeitgeber. Häufig wird die Abfindung in die Finanzierung der Maßnahme einbezogen.

Beispiel
Anlass für eine Einzel-Outplacement-Beratung
Marianne Keller war in einer Führungsposition tätig, als das Unternehmen von einem ausländischen Investor aufgekauft und anschließend „verschlankt" wurde. Insgesamt wurden 200 Arbeitsplätze abgebaut. Auch Marianne Keller war betroffen. In der angestammten Branche waren die Aussichten langfristig schlecht, einen neuen Arbeitsplatz zu finden. Eine Einzel-Outplacement-Beratung unterstützte sie dabei, in einer anderen Branche eine gleichwertige Position zu finden, die ihren Kompetenzen entspricht.

Gruppen-Outplacement-Beratung

Eine Gruppen-Outplacement-Beratung kommt dagegen zum Einsatz, wenn ganze Abteilungen oder **größere Mitarbeitergruppen** betroffen sind. Sie wird Mitarbeitern der unteren bis mittleren Ebene, also **tariflich** bezahlten Arbeitnehmern, angeboten. Der Berater betreut die ganze Gruppe und bietet Seminare und Workshops zu bestimmten Themen an (z.B. Optimierung der Bewerbungsunterlagen, Bewerbertraining, Übungen zu Vorstellungsgesprächen, Handhabung von Onlinemedien, Kommunikationstraining). Ergänzend finden **Einzelberatungen** für die Teilnehmer statt, in denen über die persönliche und individuelle Situation gesprochen werden kann. Die Finanzierung der Maßnahme wird i. d. R. im Sozialplan angerechnet. Unter bestimmten Voraussetzungen ist eine staatliche Förderung möglich (siehe Kapitel 2.4.2 Transfermaßnahmen).

LF 2 / 2.4.2

Beispiel
Anlass für eine Gruppen-Outplacement-Beratung
Die Dortmunder Metallbau GmbH war vor einigen Jahren in ihrer wirtschaftlichen Existenz derart gefährdet, dass die Entlassung von fast 50 % der Belegschaft notwendig wurde. Andernfalls drohte die Insolvenz und somit der Wegfall sämtlicher Arbeitsplätze. 70 Mitarbeiter wurden durch Gruppen-Outplacement-Beratungen unterstützt.

Die Laufzeiten von Outplacement-Beratungen beträgt durchschnittlich zwischen 3 und 9 Monaten.

Vertragliche Gestaltung

Ähnlich wie bei anderen Personaldienstleistungen gibt es auch bei der Outplacement-Beratung eine Dreiecksbeziehung.

Das freisetzende Unternehmen bietet dem Mitarbeiter eine Outplacement-Beratung an, die entweder Bestandteil eines Aufhebungsvertrages sein kann oder in einer getrennten Vereinbarung separat abgeschlossen wird. Mit dem Personalberater wird ein sogenannter **Outplacement-Beratervertrag** geschlossen, der von seiner Grundstruktur her ein **Dienstvertrag** ist.[1]

---

[1] *In der Literatur werden weitere Gestaltungsmöglichkeiten (z. B. auch Werkverträge) genannt.*

Im Beratervertrag werden u. a. die Vertragsdauer, der sachliche und zeitliche Umfang der Beratung und die Vergütung des Beraters geregelt. Die **Kosten** für die Dienstleistung trägt in der Regel der **Arbeitgeber**. Zum Teil finanzieren Arbeitnehmer die Beratung durch die zuvor erhaltene Abfindungszahlung selbst.

Der Outplacement-Berater verpflichtet sich zur Beratung des ausscheidenden Mitarbeiters mit dem Ziel, ihn bei der **beruflichen Neuorientierung** zu unterstützen. Das heißt, Gegenstand des Vertrages ist nur die Beratung, nicht aber die Verpflichtung, den Mitarbeiter tatsächlich in eine neue Stelle zu vermitteln.

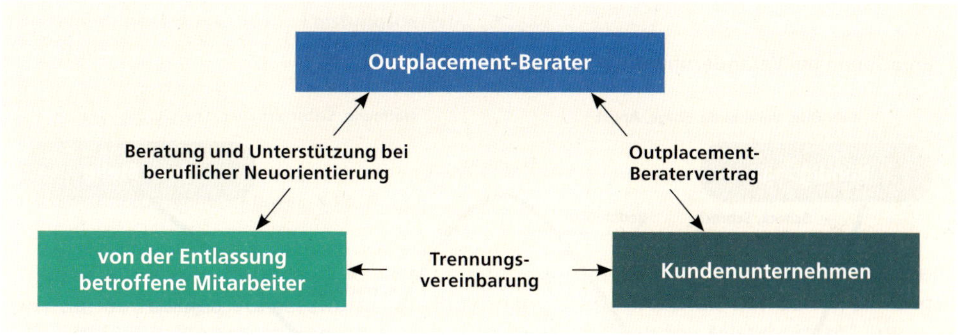

Vertragliche Gestaltung

Outplacement kann also **nicht** mit **Vermittlung** gleichgesetzt werden. Der gekündigte Mitarbeiter soll durch die Beratung selbst in die Lage versetzt werden, auf dem Arbeitsmarkt nach einer neuen Beschäftigung zu suchen oder sich in Richtung Existenzgründung zu verändern (Beratungsansatz: „Hilfe zur Selbsthilfe"). Der Berater unterstützt diesen Prozess mit spezifischen **Beratungs- und Coaching-Methoden**.

Viele Outplacement-Gesellschaften verfügen darüber hinaus über eigene Datenbanken, Jobbörsen und ein gutes Kontaktnetz. Hierauf kann der Klient zurückgreifen, sodass in der Regel 60–80 % der Teilnehmenden durch Outplacement eine neue Beschäftigung auf dem ersten Arbeitsmarkt finden. Erfahrungsgemäß dauert dieser Prozess zwischen 5 und 7 Monaten.

Die Entscheidung für Outplacement trifft die Unternehmensleitung. Der **Betriebsrat** hat **keine Beteiligungsrechte**, weil es sich nicht um eine arbeitsrechtliche Maßnahme handelt. In der Praxis wird aber insbesondere Gruppen-Outplacement mit dem Betriebsrat abgestimmt und im **Interessenausgleich und Sozialplan** verankert.[1]

Emotionale Seite des Trennungsprozesses

Menschen zeigen bei allen Ereignissen, die zu gravierenden Einschnitten in ihrem Leben führen, starke **emotionale Reaktionen**. Diese sind auch bei einer Kündigung zu beobachten.

---

[1] *Der Interessenausgleich nach § 112 BetrVG ist ein Instrument der betrieblichen Mitbestimmung. Er soll wirtschaftliche Nachteile bei einer Betriebsänderung verhindern. Der Interessenausgleich muss laut Betriebsverfassungsgesetz schriftlich niedergelegt und von der Unternehmensleitung sowie vom Betriebsrat unterschrieben werden. Inhalt des Interessenausgleichs sind die Umstände einer geplanten Betriebsänderung.*

Ablauf

Da Einzel- und Gruppen-Outplacement die gleiche Zielsetzung haben, umfasst der Ablauf ähnliche Phasen, die dann entweder ausschließlich als Einzelberatung (Führungskräfte) oder vorwiegend als Gruppenberatung (tariflich bezahlte Mitarbeiter) gestaltet werden. Der **Beratungsaufwand** und die **Beratungsintensität** sind im **Führungskräftebereich** jedoch **wesentlich höher**.

Insgesamt lassen sich vier Phasen unterscheiden, die den Ablauf einer Outplacement-Beratung charakterisieren.

Standortbestimmung	berufliche Neupositionierung	Umsetzung eines persönlichen Aktionsplans	Entscheidungsphase und Nachbetreuung
„Trauerarbeit" und Trennungsanalyse Stärken-Schwächen-Profil Abgleich von Fremd- und Selbstbild Bestimmung von Interessen und Neigungen Sichtbarmachen der Erfolgs- und Motivationsfaktoren Umfeldanalyse (persönliche, finanzielle und familiäre Situation) berufliche Zielsetzung	Optimierung des Lebenslaufs Verkaufsargumente für die eigene Person (Selbstpräsentation) Analyse des relevanten Arbeitsmarkts Suche von Zielunternehmen und Zielpositionen Aktivierung des persönlichen Kontaktnetzes Erarbeitung einer individuellen Such- und Bewerbungsstrategie	Suchaktivitäten (z. B. Direktansprache der Zielfirmen, Nutzung des Kontaktnetzes, Recherche am offenen Arbeitsmarkt, Kontaktierung von Personalberatungen, Informationsdienste der BA) Erarbeitung von konkreten Bewerbungsunterlagen Vorbereitung auf Vorstellungsgespräche kontinuierliche Bewerbungsaktivitäten	Hilfen zur Verhandlungsführung und Entscheidungsfindung Begleitung in das neue berufliche Umfeld (Coaching)

Phasen der Outplacement-Beratung

In Anlehnung an: „Outplacement. Beratung zum beruflichen Neustart", hrsg. v. Büro für Berufsstrategie GmbH, Berlin, unter: www.berufsstrategie.de/_img/beratung/Outplacement_fuer_Mitarbeiter.pdf (Zugriff: 06.05.2012); sowie Dahl, Holger/Dreyer, Martin/von der Planitz, Charlotte/von Rundstedt, Sophia: Personaldienstleister in Deutschland. Die neuen Partner flexibler Personalarbeit, Luchterhand (Wolters Kluwer), Köln, 2009, S. 191–216.

Kosten

Die Kosten einer Outplacement-Beratung sind abhängig vom gebuchten Leistungsumfang, der Dauer der Maßnahme und dem vereinbarten Honorarsatz sowie vom Jahreseinkommen des Mitarbeiters.

- Bei Führungskräften fallen ca. 20 % des jeweiligen Jahresgehalts an, wenn es sich um eine unbefristete Maßnahme handelt. Es können aber auch feste Honorarsätze vereinbart werden.
- Die Kosten für befristete Outplacement-Beratungen betragen je nach Leistungsumfang zwischen 2 500,00 und 5 000,00 EUR.

LF 2 / 2.4.2

Bei Gruppen-Outplacement-Beratungen wird sowohl in festen Tagessätzen als auch nach Kostensatz pro Teilnehmer abgerechnet. Die Agentur für Arbeit fördert Gruppen-Outplacement auf der Grundlage des § 110 SGB III.

Nutzen aus Sicht der Beteiligten

Der Einsatz von Outplacement hat für Arbeitgeber und Arbeitnehmer viele positive Effekte.

Durch die Beratung empfinden ausscheidende Mitarbeiter die Trennung häufig als fairer, weil ihnen gleichzeitig mit der Kündigung eine neue Perspektive eröffnet wird. Das Gefühl des „Abgeschobenwerdens" kann vermieden werden, insbesondere dann, wenn der Mitarbeiter bereits vor Ablauf der Kündigungsfrist einen neuen Arbeitsplatz hat.

Zudem ist der Outplacement-Berater für den freigesetzten Mitarbeiter eine wichtige psychologische Stütze. Er hilft dabei, die emotionale Seite einer Kündigung zu verarbeiten und das Selbstvertrauen wieder aufzubauen, was wichtig für die Suche einer neuen Stelle ist.

Störungen im Betriebsablauf können minimiert werden, da Krankmeldungen und mangelnde Arbeits- und Leistungsbereitschaft bei Einsatz von Outplacement seltener vorkommen.

Jeder Kündigungsvorgang wird von der gesamten Belegschaft sehr genau verfolgt. Ein fairer Umgang mit ausscheidenden Mitarbeitern stärkt auch das Ansehen des Arbeitgebers bei den verbleibenden Mitarbeitern. Outplacement wirkt also mittelbar positiv auf das Betriebsklima ein und stützt die Motivation der Arbeitnehmer.

Gleichzeitig hat eine sozial verträgliche Personalfreisetzung positive Imagewirkungen in der Öffentlichkeit, da Kunden, Geschäftspartner und die Medien meistens weniger kritisch reagieren.

Eine Outplacement-Beratung verkürzt in der Regel den Suchprozess nach einer neuen Stelle. Wenn ausscheidende Mitarbeiter bereits während der Kündigungsfrist eine neue Arbeitsstelle finden, können die eingesparten Löhne und Gehälter zur Deckung der Outplacement-Kosten beitragen.

Beispiel

[...] Ein Unternehmen, das bei einer Kündigung für einen Mitarbeiter bei einem monatlichen Arbeitgeberbruttolohn von 5 000,00 EUR und einer Kündigungszeit von sechs Monaten 30 000,00 EUR an Personalkosten aufwenden müsste, konnte durch eine Outplacement-Beratung diesen Betrag erheblich verringern: Nach vier Monaten trat dieser Mitarbeiter eine neue Arbeitsstelle an. Trotz der Kosten in Höhe von 4 000,00 EUR für die Outplacement-Beratung ergab dies insgesamt eine Ersparnis von 6 000,00 EUR (30 000 – [4 x 5 000 + 4 000]). Darüber hinaus verzichtete der Mitarbeiter auf eine Kündigungsschutzklage.

Die verbliebenen Mitarbeiter konnten den ehemaligen Kollegen zur neuen beruflichen Perspektive, zu der ihm der alte Arbeitgeber mit verholfen hatte, beglückwünschen. Die Kündigung hinterließ keine Spuren im Unternehmen bzw. bei dem verbliebenen Personal. [...]

Quelle: Müller, Frank: „Transfergesellschaften und Transferagenturen als Lösung bei notwendigem Stellenabbau – Ein neues Instrument für den Non-Profit-Sektor", hrsg. v. socialnet GmbH, Bonn, unter: www.socialnet.de/materialien/attach/7.pdf (Zugriff: 06.05.2012).

Eine einvernehmliche Trennung kann langwierige und kostenintensive Kündigungsschutzklagen vermeiden. Das Angebot einer Outplacement-Beratung kann auch die Verhandlungen bzw. die Einigung mit dem Betriebsrat erleichtern.

Grenzen der Beratung

Trotz der vielen Vorteile auf beiden Seiten hat Outplacement-Beratung aber auch Grenzen. Da der Beratungsansatz auf „Hilfe zur Selbsthilfe" abzielt, sind die Mitarbeit und die Motivation des Klienten eine wichtige Voraussetzung für den Erfolg. Persönlichkeitsstörungen, schwere Krankheiten oder fehlende Vermittlungsvoraussetzungen beeinträchtigen oder verhindern den Erfolg. Weitere Hindernisse können entstehen, wenn der Klient die Outplacement-Beratung ablehnt oder eine Störung in der Zusammenarbeit zwischen Berater und Klient (z. B. fehlende Akzeptanz und Wertschätzung) vorliegt.

2.4.2 Transfermaßnahmen

Stecken Unternehmen in einer Krise oder einer Umstrukturierungsphase, versuchen die Verantwortlichen zunächst, auf gesetzliche, tarifliche oder betriebliche Instrumente der Personalanpassung zurückzugreifen, ohne dass es zu Entlassungen kommt.

Beispiele
Personalanpassungen ohne Entlassungen
Kurzarbeit, Teilzeitangebote, Altersteilzeit, Auslaufenlassen von befristeten Verträgen, Insourcing ehemals outgesourcter Dienste, Jahresarbeitszeitkonten zur Arbeitszeitflexibilisierung, interne Versetzungen, Sabbaticals (berufliche Auszeit)

Aber nicht in allen Fällen reichen diese Möglichkeiten aus, um die Arbeitsplätze zu erhalten. Dann müssen Mitarbeiter freigesetzt werden, häufig auch in großer Zahl. Sind Massenentlassungen unumgänglich, müssen eine Reihe von gesetzlichen Regelungen, u. a. Abschluss eines Interessenausgleichs und Erstellung eines Sozialplans, eingehalten werden. LF 3 / 3.1

In vielen Betrieben hat mittlerweile ein Umdenken stattgefunden: Bei Massenentlassungen werden nicht mehr reine Abfindungssozialpläne aufgestellt, sondern Leistungen angeboten, die einen **Übergang (Transfer)** in eine **neue Beschäftigung** ermöglichen. Dahinter steckt der Gedanke, dass eine schnelle Integration in den Arbeitsmarkt unter langfristigen Gesichtspunkten höher einzuschätzen ist als die kurzfristige finanzielle Absicherung durch Abfindungen, der häufig doch Arbeitslosigkeit folgt. Deshalb nutzen Unternehmen vermehrt die Chancen, die **Transfersozialpläne** bieten. Sie gehören, ähnlich wie Outplacement, in den Bereich der sozial verträglichen Instrumente bei Personalfreisetzungen.

Definition

Ein **Transfersozialplan** umfasst die Rahmenbedingungen und Regelungen zum Beschäftigtentransfer. Er beinhaltet Vermittlungs- und Qualifizierungsangebote (Transfermaßnahmen), die einen Übergang in eine neue Beschäftigung erleichtern.
Unter **Transfermaßnahmen** werden Maßnahmen nach §§ 110 und 111 SGB III verstanden, die konkret von Arbeitslosigkeit bedrohte Mitarbeiter eines Unternehmens in neue Beschäftigungsverhältnisse begleiten und meist von externen Personaldienstleistern durchgeführt werden.

Quelle: Dahl, Holger/Dreyer, Martin/von der Planitz, Charlotte/von Rundstedt, Sophia: Personaldienstleister in Deutschland. Die neuen Partner flexibler Personalarbeit, Luchterhand (Wolters Kluwer), Köln, 2009, S. 220.

Zu den Transfermaßnahmen zählen die **Transferagentur (§ 110 SGB III)** und die **Transfergesellschaft (§ 111 SGB III)**. Beide können miteinander kombiniert und unter bestimmten Voraussetzungen auch von der **Arbeitsagentur gefördert** werden.[1]

Allgemeine Regelungen für die Förderung

Verpflichtende Beratung im Vorfeld durch die Bundesagentur für Arbeit

Vor der Entscheidung bzw. vor der Auswahl von Transfermaßnahmen im Rahmen des Interessenausgleichs/Sozialplans muss sich das betreffende Unternehmen bei der Agentur für Arbeit beraten lassen. Die Beratung ist eine **eigenständige Anspruchsvoraussetzung**. Die Nichtbeachtung schließt eine Förderung aus (Änderung durch das Beschäftigungschancengesetz seit dem 01.01.2011).

Informationen über Betriebsänderungen

LF 3 / 3.1.5

Nach § 2 Abs. 3 SGB III müssen die Arbeitgeber die Agentur für Arbeit frühzeitig über betriebliche Änderungen und deren Auswirkungen auf die Beschäftigung informieren.

Vereinbarungen im Transfersozialplan/Sozialplan

Die Betriebsparteien sollen im (Transfer-)Sozialplan entsprechende Transfermaßnahmen vereinbaren und Regelungen zu deren Finanzierung (z. B. Eigenbeteiligung des Arbeitgebers) treffen (siehe auch §§ 110, 111 SGB III).

Beispiel
Beispielformulierung im Transfersozialplan für eine Transferagentur

„Zur beschäftigungswirksamen Nutzung dieses Sozialplanes und zur Vermeidung von Arbeitslosigkeit wird als arbeitsmarktlich zweckmäßige Eingliederungsmaßnahme im Unternehmen eine Transferagentur nach § 110 SGB III als Transfermaßnahme durchgeführt.

[1] *Mit dem Gesetz zur Verbesserung der Eingliederungschancen am Arbeitsmarkt wurde mit Wirkung vom 01.04.2012 die Paragrafenreihenfolge im SGB III geändert. Die Vorschriften der §§ 110 und 111 entsprechen den vorherigen §§ 216a und 216b SGB III.*

Mit der Durchführung der Transferagentur wird ein externes Beratungsunternehmen beauftragt.

Ziel der Transferagentur ist es, die betroffenen Beschäftigten umfassend bei den Bemühungen um ein neues Arbeitsverhältnis zu unterstützen.

Die Beschäftigten, die an der Maßnahme teilnehmen, werden für die erforderliche Dauer unter Fortzahlung ihres Arbeitsentgelts von der Arbeit freigestellt. Darüber hinaus stellt der Arbeitgeber die für die Durchführung der Maßnahme erforderlichen Räume und die Infrastruktur zur Verfügung.

Zur Finanzierung der Maßnahme beantragt das Unternehmen einen Zuschuss nach § 110 SGB III bei der zuständigen Agentur für Arbeit und beteiligt sich an den Kosten der Maßnahme in vorgesehener Höhe.

Weitere beschäftigungswirksame Maßnahmen, die sich aus der Arbeit der Transferagentur ergeben, wie z. B. Qualifizierungsmaßnahmen, werden gesondert vereinbart. Hierfür werden im Bedarfsfall ebenfalls Zuschüsse bei der zuständigen Agentur für Arbeit beantragt."

Quelle: Dahl, Holger/Dreyer, Martin/von der Planitz, Charlotte/von Rundstedt, Sophia: Personaldienstleister in Deutschland. Die neuen Partner flexibler Personalarbeit, Luchterhand (Wolters Kluwer), Köln, 2009, S. 337.

Trägerzulassung/Zertifizierung

LF 2 / 2.3.3

Seit dem 01.04.2012 ist aufgrund des Gesetzes zur Verbesserung der Eingliederungschancen am Arbeitsmarkt eine **Zulassung/Zertifizierung der Anbieter von Transfermaßnahmen gemäß § 178 f. SGB III erforderlich** (siehe auch Abschnitt 2.3 Arbeitsvermittlung). Eine Übergangsfrist besteht bis zum 31.12.2012, ab dem 01.01.2013 ist der Nachweis der Zulassung zwingend. Näheres regelt die **Akkreditierungs- und Zulassungsverordnung Arbeitsförderung (AZAV)** vom 02.04.2012.[1]

2.4.2.1 Transferagentur

Merkmale

Eine sogenannte Transferagentur wird zeitlich befristet **im Betrieb des entlassenden Unternehmens** eingerichtet. Transferagenturen **beraten** die vom Personalabbau betroffenen Beschäftigten und **unterstützen** sie bei der **Stellensuche**. Das Angebot umfasst in der Regel Profiling, Bewerbungshilfen, Kurzqualifizierungen, Stellenakquise und Vermittlungsunterstützung in Form von Einzelgesprächen und Gruppenveranstaltungen. Da sich die Transferleistungen meistens an tariflich bezahlte Mitarbeitergruppen richten, wird auch von einem öffentlich geförderten **Gruppen-Outplacement** gesprochen.

---

[1] *Durch das Gesetz zur Verbesserung der Eingliederungschancen am Arbeitsmarkt wurde eine erfolgsabhängige Vermittlungspauschale für Transfermaßnahmen eingeführt, die zum 31.12.2014 abgeschlossen sind (siehe § 134 SGB III).*

Das Unternehmen gründet die Transferagentur aber nicht selbst, sondern beauftragt dazu ein auf Transfermaßnahmen spezialisiertes Unternehmen (Transfer- oder Personaldienstleister, Personalberatung, Outplacement-Beratung). Hierzu wird ein entsprechender Dienstleistungs- und Kooperationsvertrag abgeschlossen.

Die betroffenen Mitarbeiter bleiben bis **zum Ablauf der Kündigungsfrist** weiterhin im Unternehmen beschäftigt und nehmen in dieser Zeit an den Transfermaßnahmen teil. **Arbeitgeber** mit allen Rechten und Pflichten **bleibt** aber das **Unternehmen** selbst. Da die Transferagentur bereits während der laufenden Kündigungsfrist ihre Arbeit aufnimmt, finden die Mitarbeiter im Idealfall schon in dieser Zeit einen neuen Arbeitsplatz. Ebenso wie beim Outplacement soll Arbeitslosigkeit möglichst vermieden werden.

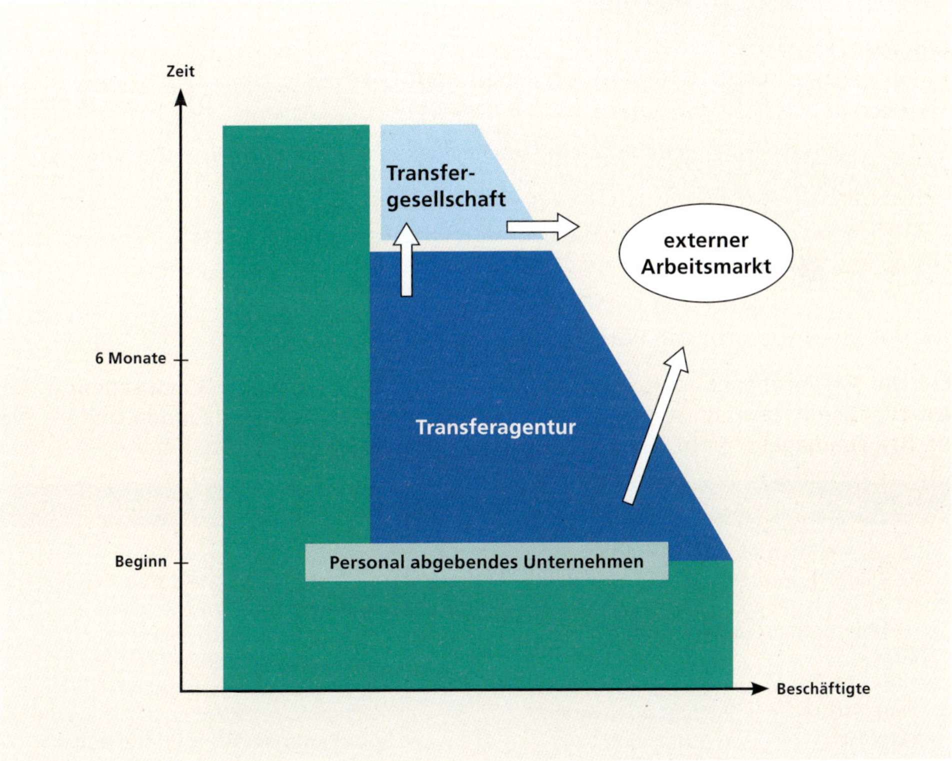

Transferagentur

Quelle: Herrmann, Gerhard/Kratz, Arnold, G.I.B., Gesellschaft für innovative Beschäftigungsförderung mbH, Bottrop: Arbeitsmarktpolitische Instrumente zum Beschäftigtentransfer, Arbeitspapiere Nr. 8, G.I.B. Gesellschaft für innovative Beschäftigungsförderung mbH, Bottrop, Juli 2004, S. 10.

Die Laufzeit der Maßnahme kann an die individuellen Bedürfnisse des Betriebs angepasst werden. Sie muss aber, wenn öffentliche Fördermittel beantragt werden, mit Ablauf der Kündigungsfrist enden.

Förderung nach § 110 SGB III

Grundsätzlich ist der Einsatz einer Transferagentur eine **freiwillige Leistung** des **entlassenden Unternehmens**.

Eine Transferagentur wird unter bestimmten Voraussetzungen nach **§ 110 SGB III gefördert**. Im Gesetzestext findet sich allerdings der Begriff Transferagentur nicht. Hier wird lediglich allgemein von einer „Förderung zur Teilnahme an Transfermaßnahmen" gesprochen.

Zuständig für Beratung und Beantragungsverfahren ist die **Agentur für Arbeit**.

Höhe der Förderung

Die Förderung wird als Zuschuss gewährt und beträgt 50 % der erforderlichen und angemessenen Maßnahmekosten. Pro geförderten Arbeitnehmer ist der Betrag aber auf **maximal** 2 500,00 EUR begrenzt.

Beispiele

- *Die Kosten für jeden geförderten Mitarbeiter betragen 3 500,00 EUR. → Ein Zuschuss wird in Höhe von 1 750,00 EUR gewährt.*
- *Die Kosten für jeden geförderten Mitarbeiter betragen 5 500,00 EUR. → Der Zuschuss begrenzt sich auf 2 500,00 EUR.*

Zusätzlich hat das Unternehmen die benötigten Büros inklusive Ausstattung sowie Sachkosten und ggf. Kosten für unterstützendes Personal zur Verfügung zu stellen.

Voraussetzungen für die Förderung

Bei der Förderung handelt es sich um eine **Pflichtleistung** der **Bundesagentur für Arbeit**, für die bestimmte betriebliche und persönliche Voraussetzungen gelten. Die Rechtsgrundlage ist § 110 SGB III.

Betriebliche Voraussetzungen	Persönliche Voraussetzungen
Infolge einer Betriebsänderung nach § 111 Satz 3 BetrVG müssen Arbeitsplätze **dauerhaft** verloren gehen. Von einer Betriebsänderung spricht man, wenn • der ganze Betrieb oder wesentliche Teile eingeschränkt, stillgelegt oder verlegt werden; • Betriebe sich zusammenschließen oder sich abspalten;	Die Arbeitnehmer müssen von Arbeitslosigkeit bedroht sein. Nach § 17 SGB III liegt **drohende Arbeitslosigkeit** vor, wenn • der Arbeitnehmer noch versicherungspflichtig beschäftigt ist, • aber mit der Beendigung seiner Beschäftigung rechnen muss (z. B. wenn die Kündigung bereits erfolgte) und • er nach Beendigung des Arbeitsverhältnisses voraussichtlich arbeitslos wird.

Betriebliche Voraussetzungen	Persönliche Voraussetzungen
• grundlegende Änderungen der Betriebsorganisation, des Betriebszwecks oder der Betriebsanlagen vorgenommen werden oder • neue Arbeitsmethoden und Fertigungsverfahren eingeführt werden. ***Beispiel*** *Ein Produktionsunternehmen schließt eine Zweigniederlassung in Ostdeutschland.*	***Beispiel*** *Ein Industrieunternehmen schließt mehrere Betriebsteile. Unter anderem wird auch die hauseigene Druckerei (Broschüren, Formulare) aufgegeben. Die betroffenen Drucker sind voraussichtlich von Arbeitslosigkeit betroffen, da die regionale Arbeitslosenquote bei 38,8 % liegt.*

Weitere Voraussetzungen sind:

- Der Arbeitgeber muss mindestens 50 % der ihm verbleibenden Maßnahmekosten tragen.
- Die Durchführung der Maßnahme muss über die **gesamte Laufzeit** hinweg **gesichert** sein (z. B. durch finanzielle, räumliche, personelle und technische Ausstattung).
- Die Transfermaßnahmen müssen durch ein **externes** Dienstleistungsunternehmen durchgeführt werden, das über eine Trägerzulassung nach § 178 SGB III verfügt.
- Alle Maßnahmen müssen der **Eingliederung** in den **Arbeitsmarkt** dienen (vgl. § 110 SGB III). Folgende Maßnahmen können gefördert werden:
  - Maßnahmen zur Feststellung der Leistungsfähigkeit, der Arbeitsmarktchancen und des Qualifikationsbedarfs der Arbeitnehmer (Profiling),
  - Maßnahmen, die gezielte Hilfen bei Bewerbung und Stellensuche durch ein Bewerbungs-/Orientierungsseminar bieten,
  - **Outplacement-Beratung,**
  - Kurzqualifizierungsmaßnahmen, Maßnahmen der arbeitsplatzbezogenen Qualifizierung,
  - Praktika,
  - Fortsetzung der Ausbildung bei Auszubildenden,
  - Existenzgründungsberatung.
- Die Betriebsparteien müssen sich im Vorfeld über Transfermaßnahmen von der Agentur für Arbeit beraten lassen (verpflichtende Beratung).

Weitere Leistungen der aktiven Arbeitsmarktförderung mit gleichartiger Zielsetzung können während der Teilnahme an der Maßnahme nicht bezogen werden. Ausgeschlossen ist die Förderung, wenn der Arbeitnehmer auf eine Anschlussbeschäftigung im gleichen Unternehmen oder Unternehmensverbund vorbereitet wird.

Häufig werden Transferagentur und Transfergesellschaft miteinander **kombiniert**. Diejenigen Mitarbeiter, die nach Ablauf der Transferagentur noch keine neue Stelle gefunden haben, können auf freiwilliger Basis in die Transfergesellschaft wechseln (siehe auch nächste Abschnitte).

2.4.2.2 Transfergesellschaft

Merkmale

In einer Transfergesellschaft werden die Beschäftigten zusammengefasst, die i.d.R. über einen Aufhebungsvertrag aus dem **alten Unternehmen ausscheiden** und in ein **neues auf zwölf Monate befristetes Arbeitsverhältnis** mit einer **Transfergesellschaft** eintreten. Die juristische Bezeichnung hierfür ist **betriebsorganisatorisch eigenständige Einheit** (beE). Die Bildung einer betriebsorganisatorisch eigenständigen Einheit kann sowohl intern als auch extern erfolgen. In den meisten Fällen handelt es sich aber um eine externe Lösung. **Träger** der Transfergesellschaft ist dann ein darauf spezialisierter **Personaldienstleister**.

Ebenso wie die Transferagentur hat auch die Transfergesellschaft das Ziel, die Arbeitnehmer in eine neue Beschäftigung zu vermitteln. Im Gegensatz zur Transferagentur findet aber **ein Arbeitgeberwechsel** statt. Die Mitarbeiter entscheiden jedoch selbst, ob sie in die Transfergesellschaft wechseln möchten. Da die Arbeitnehmer, die in die Transfergesellschaft wechseln, von der Beschäftigung freigestellt sind (Kurzarbeit null), können sie die komplette Zeit für die berufliche Neuorientierung nutzen. Neben

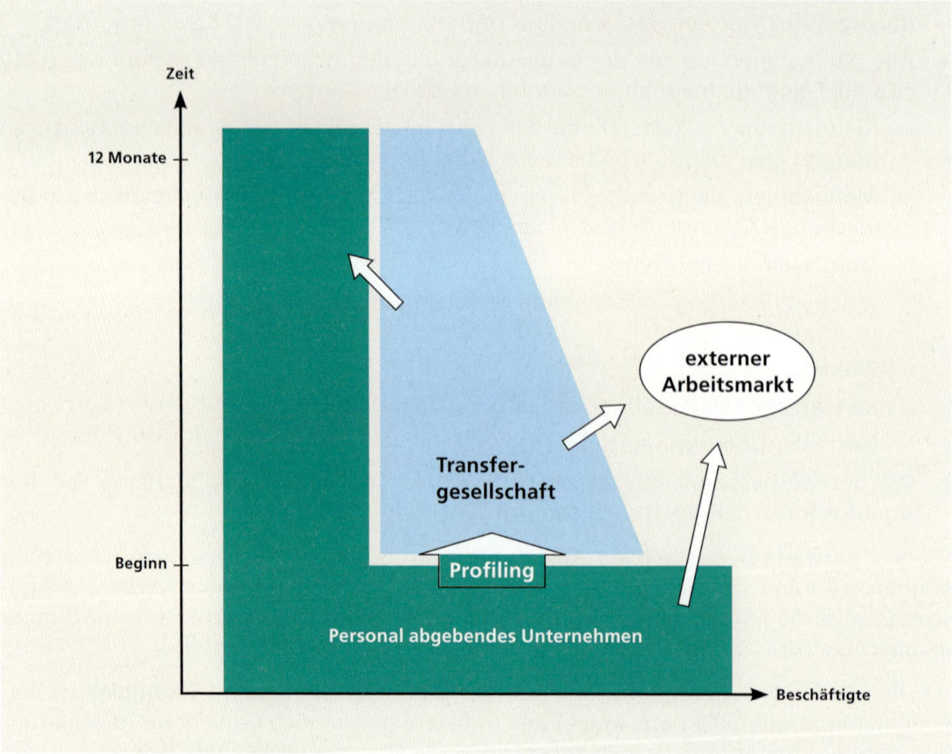

Modell der Transfergesellschaft für weiterbestehende Unternehmen

Quelle: Herrmann, Gerhard/Kratz, Arnold, Gesellschaft für G.I.B. Gesellschaft für innovative Beschäftigungsförderung mbH: Arbeitsmarktpolitische Instrumente zum Beschäftigtentransfer, Arbeitspapiere Nr. 8 G.I.B. Gesellschaft für innovative Beschäftigungsförderung mbH, Bottrop, 2004, S. 17.

Leistungen, die auch in einer Transferagentur angeboten werden, nutzen die Mitarbeiter den längeren Maßnahmezeitraum für intensivere Qualifizierungen, Praktika und Probearbeiten. Dies ist möglich, weil die Arbeitnehmer ein **Zweitarbeitsverhältnis** (neben dem zur Transfergesellschaft) **aufnehmen dürfen**. Das Arbeitsverhältnis mit der Transfergesellschaft ruht in dieser Zeit entsprechend. Die Transfergesellschaft kann, wenn die rechtlichen Voraussetzungen vorliegen, die **Mitarbeiter** auch an andere **Unternehmen überlassen**.

Die Laufzeit einer Transfergesellschaft ist auf maximal **zwölf Monate begrenzt**. Darüber hinaus gilt: Die vereinbarte Verweildauer in der Transfergesellschaft muss länger als die individuelle Kündigungsfrist des eintretenden Mitarbeiters ein. Damit längerfristige Qualifizierungsmaßnahmen möglich sind, sollte die Laufzeit aber mindestens sechs Monate betragen.

Vertragliche Gestaltung

Vertragsgrundlage zwischen der Transfergesellschaft und dem Personal abbauenden Unternehmen ist ein **Kooperations- oder Dienstleistungsvertrag**. Vertragsgegenstand sind Beratungs- und Vermittlungsleistungen zugunsten der in die Transfergesellschaft eintretenden Arbeitnehmer.

Der Dienstleistungsvertrag ähnelt in seinem Wesen dem Outplacement-Beratervertrag und berücksichtigt darüber hinaus die im Transfersozialplan festgelegten Bedingungen des Beschäftigtentransfers.

Vertragsgrundlage für den Übergang der Mitarbeiter in die Transfergesellschaft ist ein sogenannter **dreiseitiger Vertrag**: Er wird zwischen dem Arbeitgeber, dem Arbeitnehmer und der Transfergesellschaft geschlossen und beinhaltet gleichzeitig die **Beendigung** des **bisherigen Arbeitsverhältnisses** und die **Begründung** des **neuen** befristeten Arbeitsverhältnisses mit der Transfergesellschaft.

Die Transfergesellschaft muss den Arbeitnehmern **keine konkrete Beschäftigung** im Sinne des alten Arbeitsverhältnisses **anbieten**, da die Arbeitspflicht ruht. Die Teilnehmer sind jedoch **verpflichtet**, an Vermittlungs- und Qualifizierungsmaßnahmen **mitzuwirken**. Dadurch **entfällt** auch der **Anspruch** auf ein **Arbeitsentgelt** des Arbeitnehmers, stattdessen erhält er von der Agentur für Arbeit ein sogenanntes Transferkurzarbeitergeld.

Transferkurzarbeitergeld

Gemäß § 111 SGB III kann für die betroffenen Arbeitnehmer Transferkurzarbeitergeld bei der örtlichen Agentur für Arbeit angemeldet werden. Das Transferkurzarbeitergeld beträgt ca. 60 % des Nettolohns bei Alleinstehenden bzw. 67 %, wenn Kinder zu berücksichtigen sind.

Transferkurzarbeitergeld für Wadan-Werft beantragt

Einen Monat nach ihrer Gründung haben die Transfergesellschaften für die Wadan-Werften in Wismar und Warnemünde jetzt Kurzarbeit angezeigt. Wie Geschäftsführer Oliver Fieber am Dienstag mitteilte, bezieht sich die Anzeige bei der Agentur für Arbeit auf 2 290 der insgesamt rund 2 400 Mitarbeiter an beiden Standorten. Sie können nach Genehmigung des Antrags durch die Arbeitsagentur Transferkurzarbeitergeld in Höhe von knapp zwei Drittel des bisherigen Einkommens beziehen. Nur wenige Beschäftigte seien nicht in die Transfergesellschaft gewechselt, sagte Fieber. Die übrigen seien Auszubildende und leitende Mitarbeiter, die nicht förderfähig seien.

Der Chef der Regionaldirektion Nord der Arbeitsagentur, Jürgen Goecke, bestätigte den Eingang der Anzeige. Die Agentur rechne für dieses Jahr mit Ausgaben von knapp 40 Millionen Euro infolge der Insolvenz der Werften. Die Summe setze sich zusammen aus 16 Millionen Euro Insolvenzgeld, 6,5 Millionen Euro an Sozialabgaben und 17 Millionen Euro für die Transfergesellschaft für die angenommene Laufzeit von fünf Monaten für alle Beschäftigten.

Sollte der neue Investor innerhalb dieser Zeit einen Teil der Mitarbeiter wieder einstellen, könnte die Summe den noch nicht übernommenen Kollegen zugutekommen: Nach Angaben der IG Metall wurde im Vertrag für die Transfergesellschaft eine Klausel aufgenommen, wonach sogenannte Fluktuationsgewinne, also die Ersparnis, wenn ein Teil der Beschäftigten wieder in Arbeit kommt, in die Verlängerung der Maßnahmen für die verbleibenden Mitarbeiter gesteckt werden.

na/ddp

Quelle: na/ddp: „Transferkurzarbeitergeld für Wadan-Werft beantragt", hrsg. v. News Adhoc, veröffentlicht am 01.09.2009, unter: www.news-adhoc.com/transferkurzarbeitergeld-fuer-wadan-werft-beantragt-idna2009090148568 (Zugriff: 11.01.2010).

Für die Förderung müssen folgende Voraussetzungen (vgl. § 111 SGB III) erfüllt sein:

Betriebliche Voraussetzungen	Persönliche Voraussetzungen	Sonstige Regelungen
• Personalanpassungsmaßnahmen aufgrund dauerhaften und unvermeidbaren Arbeitsausfalls infolge einer Betriebsänderung im Sinne des § 111 BetrVG. • **Zusammenfassung der betroffenen Arbeitnehmer in einer „betriebsorganisatorisch eigenständigen Einheit" (beE)/Transfergesellschaft, die mit Mitteln ausgestattet ist, die einen Integrationserfolg erwarten lassen, und die über ein System der Qualitätssicherung verfügt (betrifft interne beE).**	• drohende Arbeitslosigkeit • **Teilnahme an einer Profiling-Maßnahme vor Eintritt in die Transfergesellschaft** • als arbeitssuchend gemeldet vor Übergang in beE • kein Ausschluss vom Bezug des Transferkurzarbeitergeldes • eine versicherungspflichtige Beschäftigung wird fortgesetzt	• maximale Bezugsdauer des Transferkurzarbeitergelds: 12 Monate • keine vorübergehende Zusammenfassung in eine beE (grundsätzlich keine Rückkehr auf Arbeitsplatz desselben Betriebs bzw. Konzerns) • vereinbarte Verweildauer in der Transfergesellschaft muss länger sein als die Kündigungsfrist • Transfergesellschaft muss Vermittlungsvorschläge und ggf. Qualifizierungsvorschläge unterbreiten • Pflichtberatung durch Agentur für Arbeit über Transfermaßnahmen

Betriebliche Voraussetzungen	Persönliche Voraussetzungen	Sonstige Regelungen
• Anzeige des Arbeitsausfalls bei der Agentur für Arbeit (Bezirk des abgebenden Betriebs). • Bei Beauftragung eines Transferträgers muss dieser eine Zulassung nach § 178 SGB III vorweisen.		

Finanzierungsbedarf und -möglichkeiten

Bei Einrichtung einer Transfergesellschaft muss zunächst geklärt werden, welcher Finanzierungsbedarf entsteht und wie dieser gedeckt wird. Die öffentlichen Mittel reichen oft nicht aus, um eine Transfergesellschaft zu finanzieren, daher teilen sich die **Agentur für Arbeit** und das abgebende **Unternehmen** die **Finanzierung**[1].

Die Agentur für Arbeit zahlt das **Transferkurzarbeitergeld** und sichert damit den Lebensunterhalt der Arbeitnehmer. Darüber hinaus beteiligt sie sich an den Kosten der Qualifizierungsmaßnahmen.

Darüber hinaus können unter bestimmten Voraussetzungen auch Mittel des Europäischen Sozialfonds beantragt werden.

Häufig stocken Unternehmen das Transferkurzarbeitergeld auf, sodass ca. 80–85 % des letzten durchschnittlichen Nettolohns erreicht werden (sog. **Aufstockungsbeträge**). Da das Transferkurzarbeitergeld nicht an Feiertagen und während des Urlaubs gezahlt wird, übernimmt in der Regel das Unternehmen diese Kosten. Ebenso trägt das Unternehmen die gesamten Sozialversicherungsbeiträge mit Ausnahme der Arbeitslosenversicherung. Der Fachbegriff für diese verschiedenen Kosten lautet **Remanenzkosten**.

Definition
Remanenzkosten sind Beiträge zur Sozialversicherung sowie Lohn- und Gehaltszahlungen während des Urlaubs und an Feiertagen.

Die Verwaltungskosten der Transfergesellschaft sind vom Unternehmen zu tragen.

[1] *Hinweis: Für insolvente Unternehmen greifen eine Reihe von zusätzlichen Finanzierungsmöglichkeiten und Sonderregelungen.*

Weitere Finanzierungsmöglichkeiten sind:

- **Einsparen** von **Aufstockungsbeträgen** und **Remanenzkosten** durch zügige Vermittlung der Beschäftigten auf neue Arbeitsplätze.
- Einbezug von **Auslauflöhnen**: Damit sind die Löhne gemeint, die normalerweise während der Kündigungsfrist hätten gezahlt werden müssen, die aber durch den Wechsel in die Transfergesellschaft entfallen.
- Einbringung von **Sozialplanmitteln.**
- **Verzicht auf Abfindungen**: Da dieses Instrument selten von den betroffenen Mitarbeitern akzeptiert wird, ist es schwer durchzusetzen.

Darüber hinaus kommen auch verschiedene finanzielle Anreize zum Einsatz. Sie sollen die Arbeitnehmer motivieren, durch eine aktive und konstruktive Mitarbeit die Vermittlungsbemühungen zu unterstützen. Dazu gehören:

- **Staffelung der Aufstockungsbeträge**: Mit zunehmender Verweildauer in der Transfergesellschaft sinken diese.
- **Turbo- oder Sprinterprämien**: Die Arbeitnehmer, die die Beschäftigung in der Transfergesellschaft möglichst schnell durch Arbeitsaufnahme oder Selbstständigkeit beenden, erhalten eine Prämie.

Daneben sind auch **Erfolgsprämien** üblich. Sie werden vom Arbeitgeber an den Träger für die erfolgreiche (vorzeitige) Vermittlung eines Arbeitnehmers in ein Arbeitsverhältnis gezahlt.

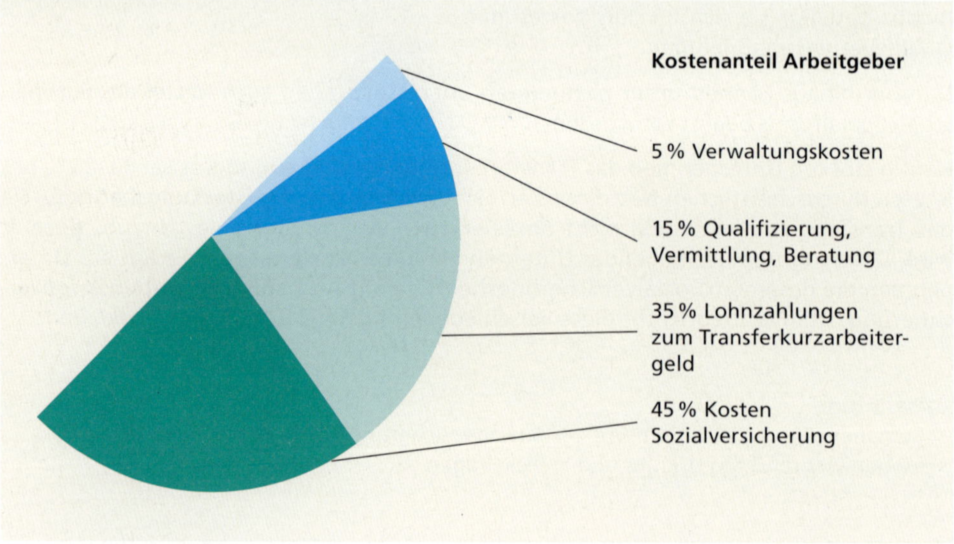

Kostenanteil Arbeitgeber

Ablauf

Bei der Einrichtung einer Transferagentur bzw. Transfergesellschaft lassen sich drei Phasen unterscheiden: Beratungsphase, Entscheidungsphase und Durchführungsphase.

Phasen

Beratungsphase

Gemeinsame Gespräche zwischen Unternehmensleitung und Betriebsrat, ggf. unter Hinzuziehung des Transferträgers, sowie Pflichtberatung bei der örtlichen Agentur für Arbeit, um die geplante Maßnahme vorzustellen und den Erhalt von Fördergeldern zu klären.

Entscheidungsphase

- Abschluss eines Transfersozialplans
- Auswahl eines Projektträgers
- Beauftragung zur Durchführung der Maßnahmen durch das Unternehmen (Vertragsabschluss mit Träger)
- Beantragung von Zuschüssen bei der Bundesagentur für Arbeit

Durchführungsphase

- ausführliche Information der Belegschaft über die geplanten Maßnahmen (Gruppeninformation)
- Einzelberatungen, Workshops für betriebliche Führungskräfte und den Betriebsrat zu Inhalt, Verlauf und Organisation des geplanten Beschäftigtentransfer-Projekts

Transferagentur	Transfergesellschaft
• Einrichtung eines Beratungsbüros • Beginn der Beratungs- und Vermittlungsarbeit • Profiling • Gruppen-Outplacement • Planung von Qualifizierungen (auch im Hinblick auf eine anschließende Transfergesellschaft) • Kurzzeitqualifizierungen	• Einzelberatung/Einzelinformation • Abschluss des dreiseitigen Vertrages • Profiling • Erarbeitung des Qualifizierungskonzepts • Planung und Durchführung der Beratungs-, Vermittlungs- und Qualifizierungsmaßnahmen

Auswahl und Kombination der Maßnahmen

Welche Maßnahme gewählt wird, ist insbesondere von der **Struktur** der **Belegschaft** sowie von den **betrieblichen Rahmenbedingungen abhängig**.

Auswahlkriterien

Transferagentur

Wenn es sich um relativ **junge, mobile, motivierte** und/oder **sehr gut qualifizierte Mitarbeiter** handelt, dann bietet sich die Transferagentur an.

Werden die Mitarbeiter noch bis zum Ablauf der Kündigungsfrist **im Betrieb benötigt**, z. B. weil der Auftragsbestand abgearbeitet werden muss, dann ist auch die Transferagentur sinnvoll. Sie kann so bereits während der Kündigungsfrist auf die Vermittlung hinwirken.

Transfergesellschaft

Handelt es sich eher um Mitarbeiter, die **Vermittlungshemmnisse** aufweisen und eine längerfristige Unterstützung und ggf. eine Weiterqualifizierung benötigen, dann ist die Einrichtung einer Transfergesellschaft sinnvoll.

Eine Transfergesellschaft wird auch gewählt, wenn es für ausscheidende Mitarbeiter nach der Kündigung **keine Arbeit** mehr **im Unternehmen** gibt.

> **Merksatz**
> Eine **Kombination von Outplacement, Transferagentur und Transfergesellschaft** bietet sich insbesondere dann an, wenn Mitarbeiter mit unterschiedlichen Vermittlungschancen freigesetzt werden sollen.

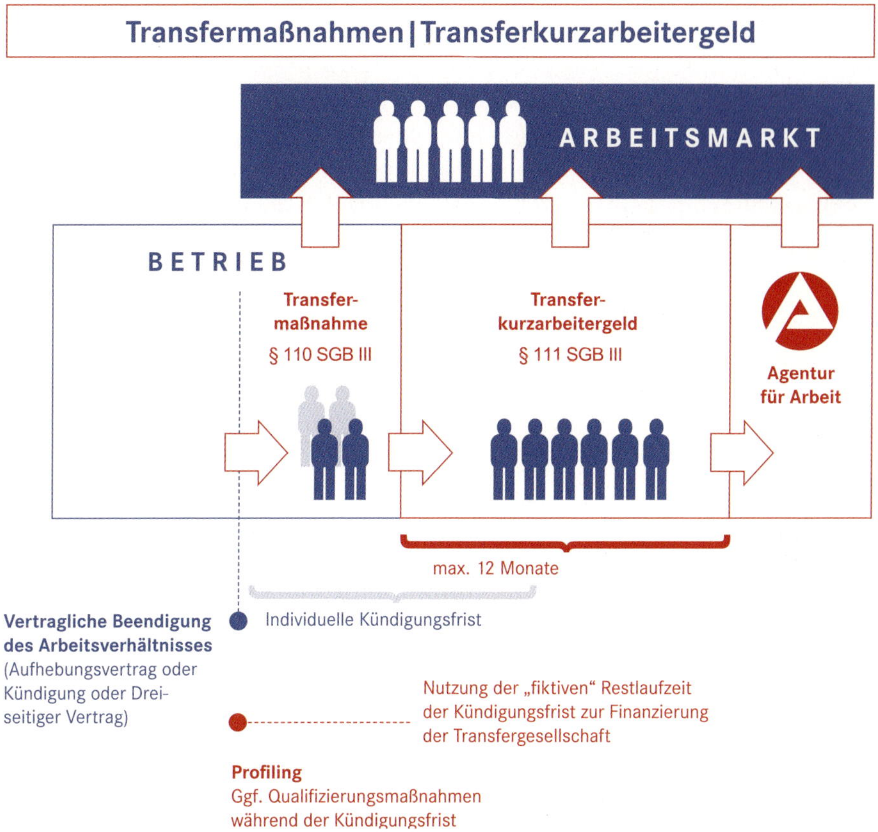

Kombination von Maßnahmen

In Anlehnung an Agentur für Arbeit, Hamburg, Broschüre: Transferleistungen mit Konzept, Hamburg, hrsg. v. Agentur für Arbeit, Hamburg, 2007, S. 7.

Nutzen für Unternehmen und Mitarbeiter

Der Nutzen von Transfermaßnahmen ist mit den Vorteilen der Outplacement-Beratung vergleichbar. Darüber hinaus existieren weitere Vorteile: LF 2 / 2.4.1

Vorteile aus Sicht der Arbeitnehmer

- Das Beratungs- und Vermittlungsangebot beginnt bereits während der laufenden Kündigungsfrist (Transferagentur): Arbeitnehmer können sich aus einem **bestehenden Beschäftigungsverhältnis** heraus **bewerben**, was die Chancen auf dem Arbeitsmarkt erhöht.
- **Soziale Absicherung** durch ein **befristetes Arbeitsverhältnis** in der Transfergesellschaft bei gleichzeitigem Weiterbestehen des Anspruchs auf Arbeitslosengeld.
- Zeit und Raum für die **berufliche Qualifizierung**, insbesondere bei Vermittlungshemmnissen, durch die in der Regel längere Laufzeit bei Transfergesellschaften.
- Sozialversicherungsrechtliche Besserstellung im Vergleich zum Arbeitslosengeld.

Vorteile aus Sicht des Unternehmens

- Durch den freiwilligen Wechsel in eine Transfergesellschaft **verzichten** Mitarbeiter definitiv auf **Kündigungsschutzklagen**.
- Das Unternehmen hat eine relativ **hohe Planungssicherheit** (Zeitrahmen, Kosten) und kann auch kurzfristige Personalanpassungen vornehmen.
- Durch das Angebot von Transfermaßnahmen kann in der Regel eine **schnellere Einigung** mit dem **Betriebsrat** erzielt werden.

[...]

Rolf Kuhnke ist Unternehmer in Schleswig-Holstein, er liefert Medizintechnikern und Maschinenbauern zu. „Einfach ist das Thema Massenentlassung nie", sagt er. Als vor zwei Jahren die Kündigung von knapp 100 seiner 700 Mitarbeiter in Deutschland anstand, richtete er eine Transfergesellschaft ein. „So haben wir unseren guten Ruf in der Öffentlichkeit behalten", sagt er. „Es war eine teure Tasse Tee, aber es hat sich gelohnt." 1,7 Millionen Euro habe er sich das kosten lassen. Rund zwei Drittel seiner ehemaligen Mitarbeiter hatten anschließend einen neuen Job.

Gleichzeitig hat Kuhnke viel Geld gespart. Er brauchte die Mitarbeiter nicht bis zum Ablauf der Kündigungsfrist zu bezahlen, weil sie vorher schon in die Auffanggesellschaft wechselten und Kurzarbeitergeld erhielten. Zudem hat er ihnen keine Abfindungen gezahlt. Und vor allem verzichteten die Leute mit dem Wechsel auf das Recht, zu klagen – Kuhnke ersparte sich teure (und imageschädigende) Prozesse vor dem Arbeitsgericht. Was ihn all das tatsächlich gekostet hätte, ist kaum abzuschätzen. „Vor allem den Unternehmen bringen die Transfergesellschaften eine Menge. Denn eine wesentliche Funktion ist es, den Personalübergang friedlich zu gestalten", sagt IAT-Forscher Knuth.

Als bei Kuhnke die Einrichtung einer Transfergesellschaft anstand, holte die Geschäftsführung Angebote verschiedener Anbieter ein. „Die Qualitätsunterschiede konnten wir nicht beurteilen", sagt Finanzchef Gerd Klindt. Trotzdem entschied man sich für die teuerste Gesellschaft. „Sie wurde vom Betriebsrat und der IG Metall favorisiert", sagt Klindt.

[...]

Quelle: Meyer-Timpe, Ulrike: „Die Abschieber", in: ZEIT ONLINE, Hamburg, veröffentlicht am 16.10.2006, unter: www.zeit.de/2006/42/Transfergesellschaft (Zugriff: 06.05.2012).

Kritik

In der Öffentlichkeit wird kritisiert, dass Transfergesellschaften als **„Parkmöglichkeit"** für nicht mehr benötigte Mitarbeiter missbraucht werden. Im Weiteren wird angeführt, dass Qualifizierungs- und Vermittlungsbemühungen häufig **nicht passgenau** sind und nur wenig zur Eingliederung in den ersten Arbeitsmarkt beitragen können. Ein weiteres Argument ist, dass einige Transfer-Dienstleister in erster Linie das **eigene Gewinnstreben** verfolgen, ohne dass die angebotene Leistung einen Nutzen für die betroffenen Arbeitnehmer hat.

„Wie die Geier"

– Die Krise als Gottesgeschenk –

Für die Betreiber von Transfergesellschaften scheint die Krise geradezu ein Gottesgeschenk zu sein. „Wie die Geier stürzen die sich heute auf jeden Betrieb, der in wirtschaftlichen Schwierigkeiten steckt", schimpft ein Personaldienstleister aus Berlin über seine Kollegen, „ein Gerücht genügt, und die Geschäftsleitung hat 60 oder 70 Offerten auf dem Schreibtisch." Bestätigt wird das durch einen zweiten, der ebenso regelmäßig mitbietet: „Wenn heute in der Zeitung steht, dass ein Betrieb in wirtschaftlichen Schwierigkeiten ist, dann hat der Inhaber übermorgen 25 Angebote über die Gründung einer Transfergesellschaft auf dem Schreibtisch."

Wer den Zuschlag bekommt, entscheiden die Firma und der Betriebsrat gemeinsam. Der Betriebsrat will eine hohe Aufstockungssumme und die bestmögliche Weiterbildung für die Kollegen. Deshalb kämpft er um ein möglichst hohes Transferbudget. Der Arbeitgeber hingegen möchte sich seines Personals kostengünstig entledigen und zieht deshalb Angebote von Betreibern vor, bei denen er eine möglichst geringe Kopfpauschale für die Qualifizierung zahlen muss. Ohne Betriebsrat entscheidet der Chef allein, ansonsten muss verhandelt werden.

Mit Konfliktrainings ruhiggestellt

Das beschäftigungspolitische Instrument ist umstritten. Die Bundesagentur für Arbeit und die Betreiber der Zweckgesellschaften loben es als Zaubermittel gegen die Verfestigung von Arbeitslosigkeit. Nach Ansicht der Kritiker hingegen stecken die Beschäftigten einer Transfergesellschaft in der Vorhölle zu Hartz IV: Viele würden mit sinnlosen Englischkursen, Gabelstapler-Führerscheinen, Kommunikations- und Konflikttrainings ruhiggestellt. Um aber einen neuen Job zu finden, seien sie letztlich doch auf ihre eigene Initiative angewiesen.

Hinter vorgehaltener Hand ziehen die Betreiber kräftig über die Konkurrenz vom Leder. „Wenn man Transfergesellschaften als Verwahranstalten betrachtet und die Menschen als durchlaufende Posten behandelt, wie es viele tun, dann kann man damit gutes Geld verdienen", ereifert sich ein Geschäftsführer, der selbst im Transfer-Business mitmischt und daher nicht mit Namen genannt werden will. Die „Selbstbedienungsmentalität der Betreiber", klagt ein anderer Transfer-Manager aus Berlin, sei „ein heißes Eisen, das niemand anzupacken wagt."

[...]

Quelle: sueddeutsche.de GmbH, „Wie die Geier", 18.07.2009, unter: www.sueddeutsche.de/jobkarriere/491/4809647/text/5, hrsg. v. sueddeutsche.de GmbH, München (Zugriff: 11.01.2010).

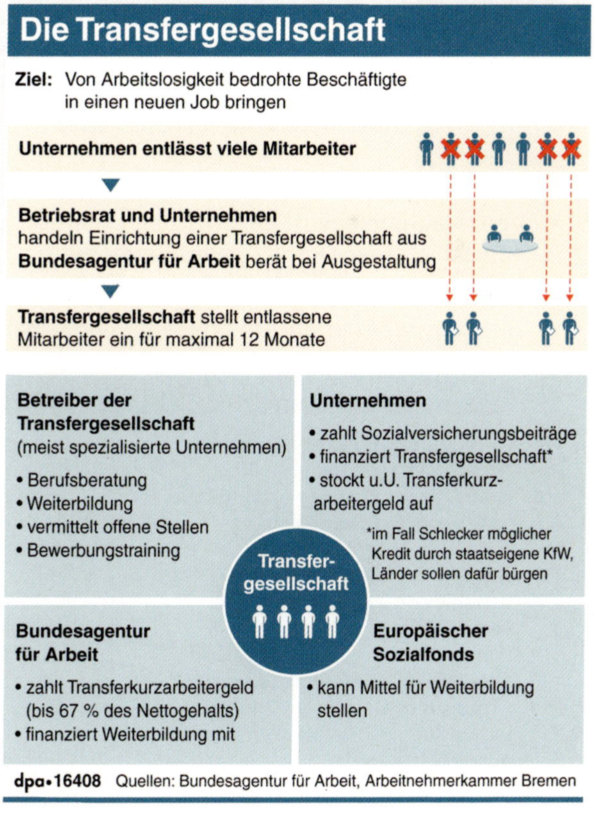

Recherchetipp

Aktuelle Informationsbroschüren und Merkblätter finden Sie auf den Webseiten der Bundesagentur für Arbeit unter: www.arbeitsagentur.de

Zusammenfassung

- **Outplacement ...**
  - ist eine vom Arbeitgeber finanzierte **unternehmensexterne Dienstleistung** für freigesetzte Arbeitnehmer;
  - ist eine Beratungsleistung, die die Arbeitnehmer bei der Entwicklung und Umsetzung einer **neuen beruflichen Perspektive** unterstützt („Hilfe zur Selbsthilfe"), damit sie so schnell wie möglich eine neue Beschäftigung finden;
  - dient der **einvernehmlichen und sozial verträglichen Trennung** zwischen Arbeitgeber und Arbeitnehmer;
  - kann in zwei Formen erfolgen: **Einzel- oder Gruppen-Outplacement**.

	Einzel-Outplacement	Gruppen-Outplacement
Beratung	Einzelberatung	Gruppenaktivitäten, z. B. Workshops oder Seminare, kombiniert mit ergänzender Einzelberatung
Zielgruppe	Fach- und Führungskräfte der zweiten und ersten Unternehmensebene	tariflich bezahlte Mitarbeiter

- **Vertragsgrundlage** ist ein zwischen Unternehmen und Outplacement-Berater abgeschlossener **Outplacement-Beratervertrag**. Im Vertrag werden u. a. Leistungsumfang, Dauer der Maßnahme und Vergütung geregelt.
- Outplacement hat für Arbeitnehmer und Arbeitgeber positive Effekte.

Nutzen für den Arbeitgeber	Nutzen für den Arbeitnehmer
• Vermeidung von externen und internen Imageschäden • Wahrung des Rufs des Arbeitgebers • positive Wirkung auch auf verbleibende Mitarbeiter • positiver Einfluss auf Betriebsklima • Vermeidung von Störungen im Betriebsablauf • Wahrnehmung von Fürsorge und gesellschaftlicher Verantwortung • Einsparung von Kosten durch Verkürzung der Restlaufzeiten von Arbeitsverträgen • Vermeidung von Kündigungsschutzklagen	• Unterstützung bei der Verarbeitung der emotionalen Belastung durch den Arbeitsplatzverlust • Zeit und Raum für eine berufliche (Neu-)Orientierung • individuelle und professionelle Unterstützung bei der Berufswegeplanung und Stellensuche • Vermeidung oder Verkürzung der Arbeitslosigkeit

- Zu den **Transfermaßnahmen** gehören **Transferagenturen und Transfergesellschaften.** Sie werden in der Regel durch einen externen Dienstleister durchgeführt.
- Die Qualität des externen Dienstleisters zeigt sich in ...
  - guten Branchenkenntnissen (Berufsbilder und deren aktuelle Qualifikationsanforderungen);
  - guten Arbeitsmarktkenntnissen und einem Kontaktnetzwerk zur Vermittlung im verdeckten Arbeitsmarkt;
  - einem wirksamen Vermittlungskonzept (Betreuungs- und Beratungskonzept, Qualifizierungsinstrumente, Anreizsysteme);
  - fachlicher und persönlicher Kompetenz der Mitarbeiter;
  - Nachweis der Trägerzulassung bzw. Zertifizierung (gesetzlich vorgeschrieben).

	Transferagentur	Transfergesellschaft
Rechtsvorschriften	§ 110 SGB III	§ 111 SGB III
Kurzbeschreibung	Beschäftigte bleiben beim alten Arbeitgeber und nehmen an Maßnahmen zur Eingliederung in den Arbeitsmarkt teil, die im Rahmen einer Transferagentur durchgeführt werden.	Der Arbeitnehmer wechselt in ein befristetes Arbeitsverhältnis von maximal 12 Monaten. Der neue Arbeitgeber ist eine Transfergesellschaft.
Schwerpunkt	Beratung + Vermittlungsangebot + ggf. Kurzqualifizierung	Beratung + Vermittlungsangebote + längerfristige Qualifizierungsmaßnahmen + Probearbeiten/Praktika
Zeitpunkt	Die Maßnahme läuft während der Kündigungsfrist.	Der Wechsel erfolgt während oder nach der Kündigungsfrist.
Förderung durch die Agentur für Arbeit	50 % Zuschuss, maximal 2 500,00 EUR pro geförderten Arbeitnehmer	Transferkurzarbeitergeld, ggf. weitere Förderung von Qualifizierungsmaßnahmen
Für die Förderung müssen bestimmte Voraussetzungen erfüllt sein (siehe §§ 110 und 111 SGB III).		
Eignung	• Arbeitnehmer mit guten Vermittlungschancen • existierende Beschäftigungsmöglichkeiten während der Kündigungslaufzeit	• Arbeitnehmer mit eingeschränkten Vermittlungschancen • fehlende Beschäftigungsmöglichkeiten im freisetzenden Unternehmen
Häufig werden die Maßnahmen miteinander kombiniert.		

- Eine Transfergesellschaft kann **finanziert** werden durch das Transferkurzarbeitergeld und weitere Zuschüsse für Qualifizierungen durch die Bundesagentur für Arbeit, ggf. durch Fördermittel des Europäischen Sozialfonds sowie durch die Eigenbeteiligung des Unternehmens (Aufstockungsbeträge, Remanenzkosten, Verwaltungskosten).
- Anbieter von Transfermaßnahmen müssen eine **Trägerzulassung/Zertifizierung** gemäß § 178 SGB III nachweisen.

Aufgaben

1. *Erläutern Sie, warum Unternehmen den Weg einer sozial verträglichen Trennung von Mitarbeitern wählen.*
2. *Unterscheiden Sie Einzel- und Gruppen-Outplacement.*
3. *Sie erfahren, dass ein größerer Chemiekonzern eine „Verschlankung" seiner Führungsebenen und die Stilllegung seines Fuhrparks plant. Unter anderem fallen auf der mittleren Führungsebene zwei Positionen weg. Außerdem müssen fünf Berufskraftfahrer entlassen werden. Sie nutzen die Chance und bieten dem Chemieunternehmen ein Outplacement an.*
   - *a) Erläutern Sie, welches Leistungspaket für das Unternehmen sinnvoll sein könnte.*
   - *b) Schildern Sie den Ablauf der Outplacement-Beratung.*
   - *c) Erläutern Sie aus Arbeitnehmer- und aus Arbeitgebersicht je drei Vorteile.*
4. *Führen Sie in der Klasse eine Podiumsdiskussion „pro und kontra Outplacement" durch. Besetzen Sie folgende Rollen:*

Unternehmensleitung	**Mitarbeiter/-innen**
Sie möchten insbesondere Ihre soziale Verantwortung für die Angestellten herausstellen. Sie wissen, dass einige Mitarbeiterinnen und Mitarbeiter einer Outplacement-Beratung ablehnend gegenüberstehen. Sie möchten diese überzeugen.	Sie sind sauer, Sie fühlen sich abgeschoben und sind der Meinung, Ihr Arbeitgeber stiehlt sich aus der Verantwortung. Gleichzeitig sind Sie auch unsicher, ob Sie das Angebot einer „Outplacement-Beratung" annehmen sollen. Sie haben insbesondere Informationsbedarf und können nur mit guten Argumenten überzeugt werden.
Outplacement-Berater/-in	**Betriebsrat**
Sie möchten gerne den Auftrag erhalten und deshalb möglichst viele Arbeitnehmer/-innen von den Vorzügen des Outplacements überzeugen. Gleichzeitig legen Sie aber auch Wert auf eine informative und seriöse Beratung, denn Sie wissen: Nur wer freiwillig teilnimmt, arbeitet konstruktiv bei der Outplacement-Beratung mit.	Sie möchten die Interessen der Angestellten möglichst gut vertreten. Ihnen liegt insbesondere an einem fairen und sozial verträglichen Trennungsprozess. Deshalb möchten Sie ein gutes Leistungspaket für die betroffenen Mitarbeiterinnen und Mitarbeiter durchsetzen.

5. *Grenzen Sie Transferagentur und Transfergesellschaft in ihren wesentlichen Merkmalen voneinander ab.*

6. *Beschreiben Sie eine betriebliche Situation, in der eine Kombination von beiden Transfermaßnahmen sinnvoll ist.*

7. *Die Fertigungsabteilung der Rhein-Ruhr AG soll nach Osteuropa verlagert werden. Nicht alle Mitarbeiter der Abteilung sind bereit, den Schritt ins Ausland mitzugehen. Um die mit der Standortverlagerung verbundenen Personalfreisetzungen sozial verträglich zu gestalten, nimmt das Unternehmen zu einem Personaldienstleister, der Sauerländer Transfer GmbH, Kontakt auf. Gemeinsam mit dem Kunden (Rhein-Ruhr AG) will die Sauerländer Transfer GmbH ein Konzept für die sozial verträgliche Personalfreisetzung erarbeiten. Dabei wird auch über Maßnahmen wie Transfergesellschaft und Transferagentur gesprochen.*

   Ordnen Sie zu, welche Aussagen auf die Transferagentur (1), welche Aussagen auf die Transfergesellschaft (2) und welche Aussagen weder auf die Transferagentur noch auf die Transfergesellschaft (9) zutreffen. Tragen Sie die entsprechenden Ziffern in die Tabelle ein.

Die betroffenen Mitarbeiter bleiben bis zum Ablauf der Kündigungsfrist weiterhin im Unternehmen beschäftigt.	
Diese Maßnahme wird gewählt, wenn die ausscheidenden Mitarbeiter weitere Qualifizierungen benötigen.	
Diese Maßnahme ist in erster Linie für die berufliche Neupositionierung von Führungskräften geeignet.	
Vor Ablauf der Kündigungsfrist sollen möglichst viele Arbeitnehmer in ein neues Beschäftigungsverhältnis gebracht werden.	
Diese Maßnahme eignet sich für Arbeitnehmer mit ausreichenden Chancen auf dem Arbeitsmarkt.	
Bei dieser Maßnahme werden die betroffenen Mitarbeiter auf freiwilliger Basis für maximal 12 Monate in ein Beschäftigungsverhältnis übernommen.	

8. *Ihr Arbeitgeber, die Sauerländer Transfer GmbH, organisiert in der nächsten Woche für die Mitarbeiter der Rhein-Ruhr AG eine Informationsveranstaltung zum Thema Transfermaßnahmen. Sie sollen ein entsprechendes Informationsblatt gestalten, das den Mitarbeitern im Anschluss an die Erstinformation ausgehändigt werden kann und aus Mitarbeitersicht die wichtigsten Fragen beantwortet.*

9. *Welche Fördermöglichkeiten können unter welchen Voraussetzungen für Transfermaßnahmen in Anspruch genommen werden?*

10. *Recherchieren Sie aktuelle Marktzahlen zu Outplacement und zu Transfermaßnahmen.*

2.5 Outsourcing

Einstiegssituation ▶

Das Hotel Regina ist vor ca. zehn Jahren mit 20 Mitarbeitern eröffnet worden. Mittlerweile hat es sich zu einem Sport- und Wellnesshotel weiterentwickelt, das über einen Fitnessraum, eine Tennis- bzw. Squashhalle, eine Bowlinganlage sowie eine Saunalandschaft verfügt. Geschäftsidee des Hotels war der „Wellnessurlaub für Normalverdiener".

Die Geschäftsleitung des Hotels arbeitet zurzeit an einem Konzept, das die Auslagerungsmöglichkeiten von Randbereichen vorsieht, um sich stärker auf die Kernkompetenzen zu konzentrieren. Unter anderem ist auch die hoteleigene Wäscherei auf dem Prüfstand. Die Geschäftsleitung ist der Auffassung, dass es für die Gäste zwar selbstverständlich sei, ausschließlich saubere und gepflegte Wäsche vorzufinden, diese Aufgabe aber nicht zu den zentralen Aufgaben eines Hotelbetriebs gehöre. Die sach- und fachgerechte Reinigung und Pflege der Wäsche könne auch ein externer Dienstleister übernehmen.

Der Leiter des Hotels, Jörg Bär, favorisiert ein sogenanntes Inhouse-Outsourcing, da die Räumlichkeiten der Wäscherei zurzeit für einen anderen Nutzungszweck nicht umgebaut werden können.

Jörg Bär ist deshalb an den Geschäftsführer der GS Personallösungen GmbH, Dietmar Reinhardt, herangetreten, um ihn für dieses Projekt zu gewinnen. Die GS Personallösungen GmbH stellt seit Jahren für die hauseigene Wäscherei Personal und hat sich als zuverlässiger und kooperativer Geschäftspartner präsentiert. Nun soll sie nach den Wünschen des Hotelleiters die Wäscherei in eigener Regie übernehmen.

Zurzeit werden in der hoteleigenen Wäscherei täglich ca. 650 Handtücher gewaschen. Hinzu kommt die Berufskleidung der Hotelangestellten. Die Maschinen laufen täglich ca. 8 Stunden. Pro Jahr gehen ca. 84 Tonnen Frottierwäsche, 28 Tonnen Tisch- und Bettwäsche sowie 10 Tonnen weitere Textilien in die Wäscherei. Hier arbeiten vier hoteleigene Mitarbeiter – ein Textilreinigungsmeister, zwei Textilreinigungsfachkräfte (davon eine Fachkraft in Teilzeit) und eine Näherin (ebenfalls in Teilzeit) – sowie durchschnittlich drei Zeitarbeitnehmer der GS Personallösungen GmbH. Stark verschmutzte Wäsche oder Matratzen gehen zu einer darauf spezialisierten Reinigung. Ebenso übernimmt diese turnusmäßig auch die Grundreinigung von Federbetten, Kopfkissen, Vorhängen und Läufern. Auch die von den Hotelgästen abgegebene persönliche Wäsche wird dort gereinigt.

Die anfallenden Arbeiten liegen in den folgenden Bereichen: Wäsche vorsortieren, Maschinen bestücken und entladen, die Wäsche auf Schadstellen untersuchen, zusammenlegen, bügeln oder mangeln sowie an die entsprechenden Stellen (Sport- und Wellnessbereich, Zimmerservice, Restaurant, Mitarbeiterbereich usw.) verteilen. Die Näherin bessert ggf. Schadstellen aus und bringt auf einigen Textilien (z. B. Bademäntel) das hauseigene Logo an.

Zum Aufgabenbereich des Textilreinigungsmeisters gehört die Leitung der Wäscherei, die Organisation des Wäschelagers sowie die Neubeschaffung fehlender oder zerschlissener Textilien und Kleidungsstücke.

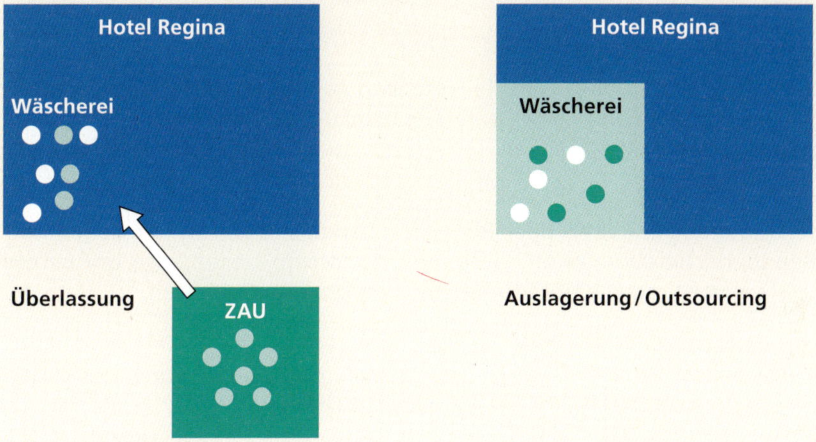

Arbeitsaufträge

1. *Beschreiben Sie die Ausgangssituation aus Sicht der Beteiligten. Gehen Sie dabei auch auf folgende Punkte ein:*
   - *Welche Gründe könnte die Geschäftsleitung des Hotels haben, die Wäscherei an einen externen Dienstleister auszulagern?*
   - *Welche Rolle spielt die GS Personallösungen GmbH zurzeit bei der Leistungserstellung der Wäscherei? Welche Verantwortlichkeiten und Risiken trägt sie?*
2. *Klären Sie mithilfe des Kapitels 2.5, was unter Outsourcing zu verstehen ist.*
3. *Der Geschäftsführer der GS Personallösungen GmbH möchte die bisherige Situation (Arbeitnehmerüberlassung) mit den Veränderungen vergleichen, die auf die GS Personallösungen GmbH bei Annahme des Outsourcing-Auftrags zukommen würden.*
   - *Beschreiben Sie möglichst konkret, was sich für den Personaldienstleister bei Annahme des Outsourcing-Projekts verändern würde.*
   - *Welche Punkte müssen bei Übernahme des Outsourcing-Auftrags zwischen dem Hotel und dem Personaldienstleister geklärt werden?*
   - *Kennzeichnen Sie die Chancen und Risiken eines Outsourcing-Projekts aus Sicht des Personaldienstleisters.*
4. *Treffen Sie eine begründete Entscheidung, ob die GS Personallösungen GmbH den Outsourcing-Auftrag annehmen sollte.*

Begriff

Das Wort Outsourcing ist ein Kunstwort und leitet sich aus den englischen Begriffen „out" und „source" ab. Sinngemäß übersetzt ist damit die Nutzung fremder Ressourcen (Quellen) gemeint. Im wirtschaftlichen Bereich umfasst der Begriff die **Auslagerung von Geschäftsprozessen** bzw. **-bereichen**, die dann von einem **Dritten** in *eigener Verantwortung* übernommen werden.

Definition

Beim Outsourcing werden bestimmte **Teilaufgaben** oder **ganze Unternehmensbereiche** von einem Unternehmen an einen **externen Dienstleister rechtlich** und **wirtschaftlich** übertragen.

LF 2/ 4.1.3 Bei den übertragenen Aufgaben oder Bereichen handelt es sich in der Regel um betriebliche **Randbereiche** (Querschnittsaufgaben, Supportprozesse), also um Bereiche, die nicht zur Hauptleistung des Unternehmens (Kernprozesse) gehören.

Beispiel

Die Kernkompetenz einer Versicherung liegt darin, Kunden mit marktgerechten Versicherungsprodukten auszustatten. Sie liegt nicht darin, z. B. eine Poststelle optimal zu organisieren.

Outsourcing ist keine neue Entwicklung, sondern seit Jahren in vielen Wirtschaftsbereichen, insbesondere im Bereich der IT-Dienstleistungen, weitverbreitet.

Beispiele

- *Ein Krankenhaus hat die hauseigene Kantine ausgelagert, die nun von einem Cateringunternehmen eigenverantwortlich betrieben wird.*
- *Ein Industrieunternehmen hat die Bewachung des Industriegeländes einschließlich der Gebäude an ein darauf spezialisiertes Unternehmen übergeben.*
- *Die Personalverwaltung einer großen Landesbank wird komplett von einem externen Dienstleister übernommen.*
- *Eine Versicherung hat die eigene DV-Abteilung aufgegeben. Die Dienstleistungen werden nun von einem Fremdunternehmen erbracht.*

Formen

Für Outsourcing gibt es ca. 20 verschiedene Begrifflichkeiten, die alle besondere Unterformen bezeichnen. Für den hier verfolgten Zusammenhang reicht die Unterscheidung folgender Begriffe:

- **BPO (Business Process Outsourcing)**
  Werden komplette Geschäftsprozesse oder Unternehmensbereiche ausgelagert, so spricht man von Business Process Outsourcing, auch **Geschäftsprozess-Outsourcing** genannt.
- **Internes Outsourcing**
  Das interne Outsourcing umfasst meistens die Änderung von Organisationsstrukturen innerhalb von Unternehmen bzw. Konzernen. Hier wird die zu übernehmende Aufgabe an ein rechtlich selbstständiges Unternehmen übergeben, das aber wirtschaftlich im Konzernverbund eingegliedert ist. Häufig werden diese Töchter extra für diesen Zweck gegründet.

  Beispiel
  Ein Unternehmen gründet das Tochterunternehmen „DV-Solutions". Dieses übernimmt für das Mutterunternehmen die kompletten IT-Serviceleistungen.
- **Externes Outsourcing (auch Business Process Outsourcing, kurz BPO)**
  Externes Outsourcing bedeutet, dass einzelne oder ganze Geschäftsbereiche in einem Unternehmen stillgelegt und von einem externen Dienstleister übernommen werden. Der Dienstleister ist dabei rechtlich und wirtschaftlich unabhängig vom auslagernden Unternehmen.
- **Inhouse-Outsourcing**
  Wird der externe Dienstleister in der Betriebsstätte des auslagernden Unternehmens tätig, spricht man von Inhouse-Outsourcing. Für Outsourcing ist es also nicht zwingend erforderlich, dass die übernommene Aufgabe auf dem Betriebsgelände und in den Geschäftsräumen des Dienstleisters erbracht wird.
- **Outtasking**
  Hier geht es nur um die Übertragung einzelner Aufgaben (z.B. Kommissionierung, ohne gleichzeitig die komplette Lagerlogistik auszulagern). Das Ausmaß der übertragenen Verantwortung ist damit deutlich kleiner als beim klassischen Outsourcing.

Outsourcing bedeutet also nicht, dass ein Personaldienstleister allein das komplette Personal für einen bestimmten Betriebsteil oder eine Abteilung stellt, gleichzeitig aber die Verantwortung für das Arbeitsergebnis sowie das Weisungsrecht beim Kundenunternehmen verbleiben. Ist dies der Fall, handelt es sich lediglich um Arbeitnehmerüberlassung.

Outsourcing-Projekte in der Personaldienstleistungsbranche

In der Angebotspalette von Personaldienstleistern ist Outsourcing nicht so häufig anzutreffen wie andere Dienstleistungen.

Gründe hierfür liegen zum einen in den **höheren Risiken** von Outsourcing, zum anderen sind Personaldienstleister nicht immer bereit, ihren traditionellen Geschäftsbereich

„Zeitarbeit“ zu verlassen, um fremde Geschäftsprozesse komplett zu übernehmen, für die sie weder die entsprechende **Ausstattung** noch das erforderliche **Expertenwissen** mitbringen.

Quelle: Dahl, Holger/Dreyer, Martin/von der Planitz, Charlotte/von Rundstedt, Sophia: Personaldienstleister in Deutschland. Die neuen Partner flexibler Personalarbeit, Luchterhand (Wolters Kluwer), Köln, 2009, S. 142–145.

Beispiel

Die Finke Zeitarbeit GmbH überlässt Produktionshelfer an ein Unternehmen, das Schokolade in allen möglichen Varianten herstellt. Auch wenn das Zeitarbeitsunternehmen die Branche, die Kunden und die einzelnen Arbeitsplätze gut kennt, bedeutet dies noch lange nicht, dass der Personaldienstleister auch das erforderliche Fachwissen rund um den Produktionsprozess von Schokolade mitbringt. Die Finke Zeitarbeit GmbH muss für die richtige Auswahl von Zeitarbeitnehmern nicht wissen, welche Zutaten die Schokolade enthält, wo günstig Kakaobohnen eingekauft werden können, wie die sachgerechte Lagerhaltung erfolgt oder welche Vertriebswege genutzt werden. Sie verfügt auch nicht über die spezielle Produktionsausstattung (Produktions- und Lagerhallen, Maschinen usw.), da sie das Kundenunternehmen lediglich durch das Stellen von eigenem Personal bei der Produktion unterstützt.

Gerade für kleinere Zeitarbeitsunternehmen ist es aufgrund ihrer Strukturen (Anzahl an externen und internen Mitarbeitern, Eigenkapitalausstattung, Marktgröße usw.) schwierig, Outsourcing-Projekte zu realisieren.

Um dennoch am starken Wachstum des Outsourcing-Markts teilzuhaben, sollten Personaldienstleister nur solche Outsourcing-Projekte auswählen, bei denen es sich um **standortgebundene** und **personalintensive** Dienstleistungen handelt. Hier, soshätzen Experten, werden die Marktchancen am größten sein.

Beispiele

- *Kaufmännischer Bereich: Datenerfassung, Finanzbuchhaltung, Lohnbuchhaltung*
- *Logistik-Bereich: Wareneingang, Kommissionierung, Verpackung und Verladung, Fuhrparkmanagement*
- *Verkauf/Marketing: Vertriebsaußendienst, Callcenter*
- *Sonstige Dienstleistungen: Kantine/Küche, Poststelle, Empfang/Zentrale, Sicherheitsdienste*

Im Personalbereich werden Outsourcing-Projekten insbesondere hohe Chancen im Bereich von administrativen Aufgaben und Mitarbeiter-Dienstleistungen eingeräumt, wie das nachfolgende Schaubild zeigt.

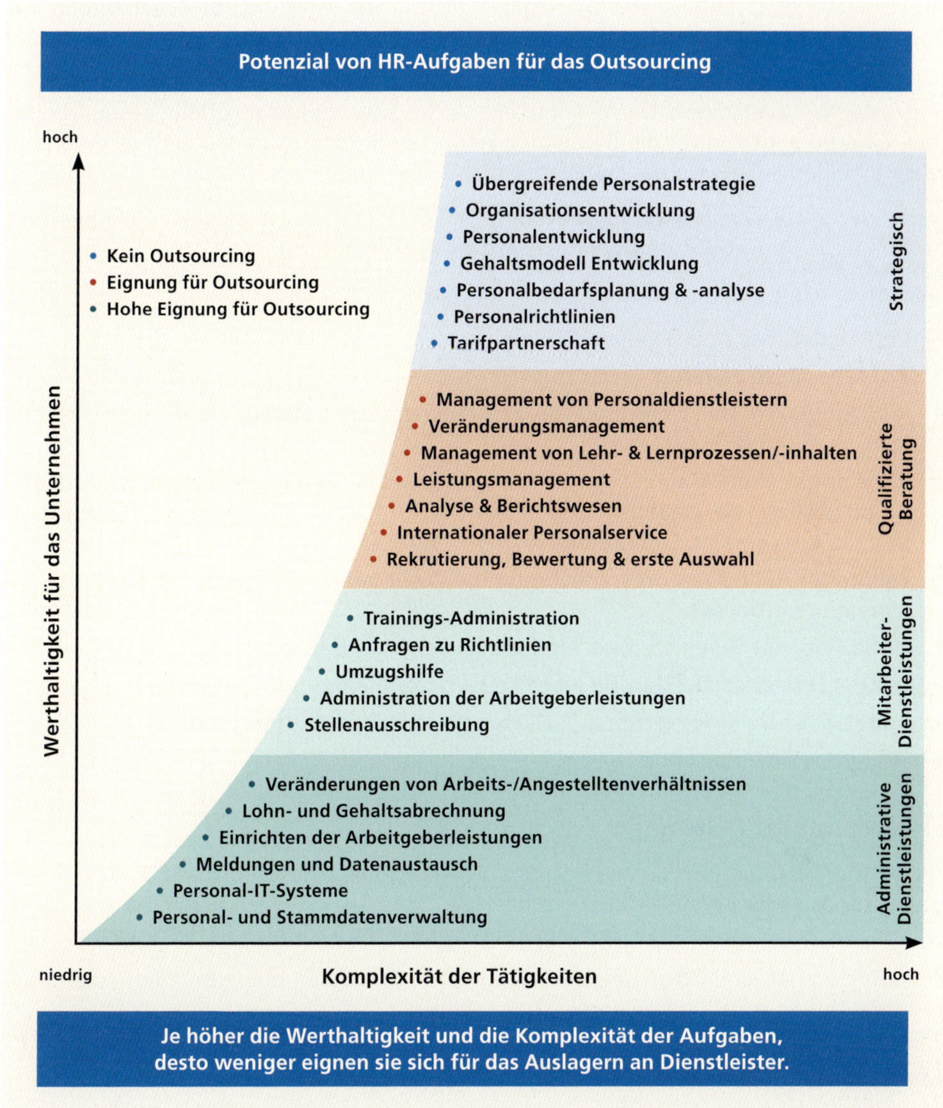

Quelle: Sonderheft 12/2007, www.personalwirtschaft.de, hrsg. v. Wolters Kluwer Deutschland GmbH, Köln.

Vertragliche Gestaltung und Pflichten des Personaldienstleisters

Im Rahmen des Outsourcings verpflichtet sich der Personaldienstleister, die ihm übertragene Aufgabe sach- und fachgerecht auszuführen und die erforderlichen Kapazitäten (Material, Personal, Arbeitsmittel) bereitzuhalten. Dabei kann er den Arbeitsablauf eigenständig gestalten (Weisungsrecht, Schichtplanung, Personalauswahl, Arbeitsorganisation usw.). Anders als bei der Arbeitnehmerüberlassung ist er allein für das Ergebnis verantwortlich und schuldet einen bestimmten Erfolg. Hinsichtlich Qualität und Service ist er verpflichtet, die zuvor vereinbarten Level einzuhalten. Insgesamt liegen somit ganz andere Haftungsrisiken als bei der Arbeitnehmerüberlassung zugrunde (z. B. Gewährleistung).

Vertragsgrundlage für Outsourcing ist in der Regel ein **ganzes Bündel von Dienst- und/oder Werkverträgen**. Dieses komplexe Vertragswerk muss sorgfältig ausgearbeitet sein, damit die Risiken für die Beteiligten gering sind. Es muss genau definiert werden, wie die beiden Partner in das jeweilige Outsourcing-Projekt eingebunden sind.

Auch, wenn Outsourcing-Verträge wesentlich komplexer als ein einzelner Werkvertrag sind, sind die Verantwortung und die Haftungsrisiken ähnlich.

Ein Outsourcing-Vertrag sollte vor allem folgende Punkte enthalten:

- Vertragslaufzeit bzw. Dauer des Projekts,
- Aufgabenbeschreibung,
- Regelungen für den Übergang von Vermögensteilen, Daten und ggf. auch Mitarbeitern,
- Regelungen zur Zusammenarbeit (Aufgabenverteilung, gegenseitige Information, Schnittstellen, Handhabung von Interessenkonflikten, Datenschutz, Datensicherheit, EDV-technische Einbindung),
- Laufende Übergabeprozesse während der Zusammenarbeit (Güter, Dokumente, Informationen/Daten),
- Definition von Qualitäts- und Servicelevel der Dienstleistung,
- Art der Leistungsabrechnung (nach Leistungseinheiten oder Pauschale),
- Regelungen zu Risikoverteilung, Haftung und Gewährleistung sowie,
- Folgen bei Vertragsende.

Sichtweisen der Beteiligten

Für das auslagernde Unternehmen geht es beim Outsourcing um die grundsätzliche Frage, ob Leistungen selbst erstellt oder über den Markt bezogen werden sollen. Für den Personaldienstleister erweitern sich Aufgabenbereich, Verantwortung und Haftungsrisiken.

Outsourcing hat eine langfristige Wirkung, deshalb müssen beide Beteiligte die Chancen und Risiken sorgfältig prüfen.

Chancen und Risiken des Auftraggebers (Unternehmen)

Unternehmen geben verschiedene Gründe an, warum sie einzelne Geschäftsprozesse oder ganze Geschäftsbereiche auslagern:

- Als ein Motiv wird die **Konzentration auf die Kernkompetenzen** genannt („Do what you can do best – outsource the rest."). Damit ist gemeint, dass man sich auf die Unternehmensbereiche ausrichtet, in denen die Hauptleistung (Wertschöpfung) erbracht wird. In der Regel handelt es sich um die Bereiche, die als Stärke angesehen werden und zu Wettbewerbsvorteilen gegenüber Konkurrenten führen.
- Eine Auslagerung kann für Unternehmen aber auch sinnvoll sein, weil der externe Dienstleister eine höhere Qualität garantiert und/oder ein besonderes Fachwissen mitbringt, das im eigenen Unternehmen nicht vorhanden ist (**Qualitätssicherung bzw. -verbesserung**, Einkauf von speziellem **Know-how**).

- Ein weiterer Vorteil des Outsourcings kann in **Kosteneinsparungen bzw. der Kostentransparenz** liegen: Outsourcing führt dazu, dass zuvor fixe Kosten (Personal, Anlagen, Infrastruktur) in variable Kosten umgewandelt werden, wenn mit dem Dienstleister nach erbrachten Leistungseinheiten abgerechnet wird. Falls feste Pauschalen vereinbart werden, wird die Kalkulation erleichtert. Kosteneinsparungen lassen sich auch erzielen, wenn durch Outsourcing ein günstigerer Tarifvertrag genutzt werden kann (z. B. beim internen Outsourcing).
- Bei schnellem Unternehmenswachstum kann die nicht so schnell mitwachsende Infrastruktur über Outsourcing ersetzt werden. Outsourcing bietet somit **Flexibilität**.
- Bei starken saisonalen oder zyklischen Schwankungen schützt Outsourcing vor Leerkapazitätskosten. Dazu gehören in unproduktiven Phasen bei personalintensiven Prozessen insbesondere auch Lohn- und Lohnnebenkosten. Das **Risiko** wird somit **verteilt** bzw. auf den Dienstleister verlagert.
- Outsourcing **setzt Mitarbeiterkapazitäten** bzw. **Betriebsmittel frei**, die in anderen Unternehmensbereichen sinnvoller eingesetzt werden können.

Allerdings bringt Outsourcing auch **Nachteile und Risiken** mit sich:

- Beim Outsourcing werden häufig nur die Kosten der Leistungserbringung berücksichtigt. Es fallen aber auch **Kosten** für die Anbahnung, die Vertragsabschlüsse sowie die Anpassung der eigenen Unternehmensstrukturen an. Fortlaufend müssen Kontroll- und Schnittstellenkosten berücksichtigt werden.
- Outsourcing kann zu **Qualitätseinbußen** führen, insbesondere dann, wenn der Dienstleister nicht sorgfältig ausgewählt wird oder zuvor definierte Qualitätsanforderungen nicht erfüllt.
- Werden Schlüsselprozesse ausgelagert, ergibt sich eine hohe **Abhängigkeit** von dem externen Dienstleister.
- Durch die Auslagerung von Geschäftsprozessen kann **Wissen** abfließen und ein einmal aufgebauter Erfahrungsschatz verloren gehen. Sollen nachher Geschäftsprozesse zurück in das Unternehmen integriert werden, müssen entsprechende Kompetenzen erst wieder aufgebaut werden.

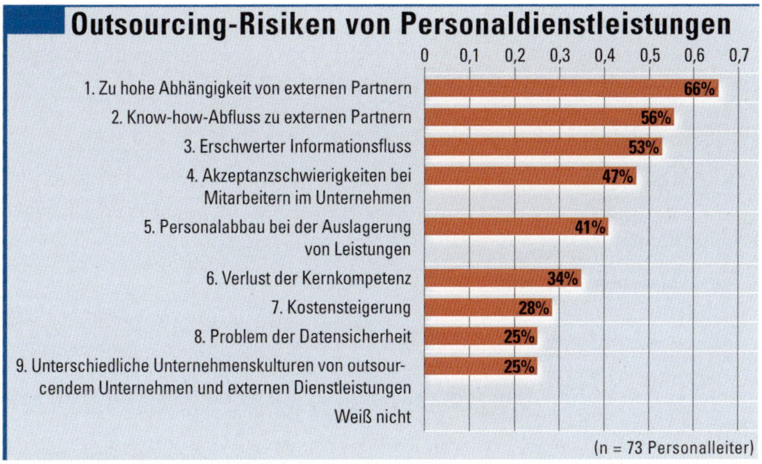

Quelle: Personalwirtschaft 3/2003, hrsg. v. Wolters Kluwer Deutschland GmbH, Köln.

Chancen und Risiken des Auftragnehmers (Personaldienstleister)

Outsourcing erweitert die Angebotspalette eines Personaldienstleisters. Mit der Ausweitung können folgende Chancen verbunden sein:

- Das Unternehmen ist nicht allein von einem Marktbereich (z. B. Arbeitnehmerüberlassung) abhängig (**Risikostreuung**).
- Eine Erweiterung der Geschäftsfelder fördert das **Unternehmenswachstum**.
- Der Personaldienstleister kann sich im **Wettbewerb** mit anderen Anbietern besser positionieren.

Risiken des Outsourcings liegen für den Personaldienstleister insbesondere in folgenden Punkten:

- Damit sich Outsourcing lohnt, muss es von längerer Dauer sein, denn die eigene **Organisation** muss an das Projekt **angepasst** werden (Kosten).
- Der **Erfolg** eines Outsourcing-Projekts ist auch davon **abhängig**, ob der Personaldienstleister **qualifizierte Mitarbeiter** hat, die das erforderliche **Fachwissen** für die Leistungserstellung mitbringen.
- Es bestehen im Vergleich zur Arbeitnehmerüberlassung größere **Haftungsrisiken**, da der Personaldienstleister allein für das Ergebnis der Leistungserstellung verantwortlich ist.
- Besondere Risiken bestehen, wenn rechtlich ein **Betriebsübergang** nach § 613a BGB vorliegt.

Im fachlichen Kontext

Betriebsübergang nach § 613a BGB

Bei Outsourcing-Projekten sind häufig die gesetzlichen Regelungen eines Betriebsübergangs nach § 613a BGB anzuwenden. Bei jedem Projekt muss genau geprüft werden, ob dies der Fall ist, weil eine solche Situation den Interessen der Beteiligten entgegensteht.

Formen des Betriebsübergangs

Der externe Dienstleister übernimmt alle wesentlichen sachlichen Betriebsmittel wie Maschinen, Anlagen, Gebäude etc. (im Produktionsbereich kommt es überwiegend auf die Übernahme sachlicher Betriebsmittel an).
Der externe Dienstleister nutzt sämtliche immateriellen Mittel (Know-how, Rechte, Arbeitsmethoden, Kundenstamm).
Der externe Dienstleister übernimmt wesentliche Teile der Belegschaft (im Dienstleistungsbereich kommt es sehr auf die Übernahme des Personals an).

Quelle: © Haufe Mediengruppe, Freiburg.

Folgen

Liegt ein solcher Betriebsübergang vor, ist er häufig mit einer Reihe von Folgeproblemen verbunden.

Wichtigste Rechtsfolge des Betriebsübergangs wäre der **mögliche** Übergang der bestehenden Arbeitsverhältnisse auf den Personaldienstleister. Das würde bedeuten, dass der Personaldienstleister als neuer Arbeitgeber in alle Rechte und Pflichten aus dem alten Arbeitsverhältnis eintritt. Dazu gehören ggf. auch Betriebsvereinbarungen, Tarifverträge und bestehende Arbeitsverträge. Auszug aus § 613a BGB:

§ 613 a BGB Rechte und Pflichten bei Betriebsübergang

(1) Geht ein Betrieb oder Betriebsteil durch Rechtsgeschäft auf einen anderen Inhaber über, so tritt dieser in die Rechte und Pflichten aus den im Zeitpunkt des Übergangs bestehenden Arbeitsverhältnissen ein. Sind diese Rechte und Pflichten durch Rechtsnormen eines Tarifvertrages oder durch eine Betriebsvereinbarung geregelt, so werden sie Inhalt des Arbeitsverhältnisses zwischen dem neuen Inhaber und dem Arbeitnehmer und dürfen nicht vor Ablauf eines Jahres nach dem Zeitpunkt des Übergangs zum Nachteil des Arbeitnehmers geändert werden. Satz 2 gilt nicht, wenn die Rechte und Pflichten bei dem neuen Inhaber durch Rechtsnormen eines anderen Tarifvertrages oder durch eine andere Betriebsvereinbarung geregelt werden. [...]

Die rechtliche Prüfung, ob ein Betriebsübergang nach § 613a BGB vorliegt, ist sehr kompliziert und wird häufig erst durch die Rechtsprechung konkretisiert.

Merksatz

Outsourcing führt auf beiden Seiten nicht zwangsläufig zu Vorteilen. Jedes Projekt muss **individuell geprüft** und Kosten und Nutzen sorgfältig abgewogen werden.

Zusammenfassung

- **Outsourcing** bedeutet **Auslagerung** von einzelnen Geschäftsprozessen bzw. ganzen Unternehmensbereichen an einen externen Dienstleister, der diese Aufgaben **in eigener Verantwortung** übernimmt.
- Bei den ausgelagerten Bereichen handelt es sich häufig um sogenannte **Randbereiche** von Unternehmen.
- Bei den verschiedenen **Formen** werden u. a. Business Process Outsourcing (BPO), internes und externes sowie Inhouse-Outsourcing unterschieden.
- Der Begriff **Outtasking** bezieht sich auf die **Übertragung einzelner Aufgaben**.
- Nach Einschätzung von Experten bestehen insbesondere bei **standortgebundenen und personalintensiven Dienstleistungen** in bestimmten Branchen sowie bei administrativen Aufgaben und Mitarbeiter-Dienstleistungen **im Personalbereich** hohe Marktchancen für Personaldienstleister, am Wachstum des Outsourcing-Markts teilzuhaben.
- Vertragsgrundlage für Outsourcing sind ganze **Bündel von Dienst- und/oder Werkverträgen**, die zur Minimierung von Risiken für beide Parteien sorgfältig ausgearbeitet sein müssen.

- Outsourcing bringt sowohl **Chancen** als auch **Risiken** mit sich, deshalb sollte jedes Outsourcing-Projekt vorher eingehend **geprüft** werden.

Auftraggeber		Auftragnehmer	
Chancen	**Risiken**	**Chancen**	**Risiken**
– Konzentration auf Kernkompetenzen – Qualitätssicherung und -verbesserung – Kosteneinsparungen – Flexibilität – Risikoverlagerung – Freisetzung von Mitteln/Mitarbeitern für andere Betriebsbereiche	– Abhängigkeit vom Dienstleister – Qualitätseinbußen – Transaktionskosten – Abfluss von Know-how	– Risikostreuung durch Erweiterung der Angebotspalette – Unternehmenswachstum – Positionierung im Wettbewerb	– Anpassungskosten (Organisation, Aufgabenumfang) – höhere Haftungsrisiken – Gefahr des Betriebsübergangs – fehlendes Fachwissen/nicht ausreichend qualifizierte Mitarbeiter für übernommenen Bereich

Aufgaben

1. *Erläutern Sie den Begriff Outsourcing.*

2. *Ergänzen Sie die nachfolgende Tabelle:*

Arbeitnehmerüberlassung	Kriterium	Outsourcing
	Vertragliche Gestaltung	
	Vertragsgegenstand (Leistungsziele)	
	Organisation des ausgelagerten Bereichs	
	Ergebnisverantwortung	
	Weisungsrecht	
	Vergütung	
	Haftung	

3. *Informieren Sie sich auf Webseiten von Personaldienstleistern über die Dienstleistung Outsourcing. Welcher Kundennutzen wird dargestellt? Für welche Bereiche und Branchen wird Outsourcing angeboten?*

2.6 Interim Management

Einstiegssituation ▶

Das Unternehmen „GlobalTech GmbH" ist ein Messtechnikspezialist und Systemlieferant für die Form- und Oberflächenprüfung. Die Technik kann in jeder Phase des Fertigungsprozesses eingesetzt werden. Dabei werden taktile, pneumatische und optische Verfahren eingesetzt. Die optischen Verfahren basieren auf Lasertechnik, die ein berührungsfreies Messen und Prüfen von Produkten ermöglicht.

Das Unternehmen strebt nun mit „Laser-Beschriftung" eine Erweiterung des Geschäftsfelds im Bereich Lasertechnik an. Diese Technik kann Bauteile, Prüfmittel, Werbeartikel, Werkzeuge und andere Materialien berührungsfrei, umweltschonend, fälschungssicher, lebensmittelecht und dauerhaft kennzeichnen (z.B. mit Nummern, Bild, Text, Barcode). Das Spektrum der Beschriftungsmöglichkeiten ist nahezu unbegrenzt. Die Lasertechnik kann für fast jedes Material und für jede erdenkliche Form wirtschaftlich und präzise eingesetzt werden. Die GlobalTech GmbH möchte sich zunächst auf die Beschriftung von Bauteilen spezialisieren. Dadurch ist ein breites Branchenspektrum möglich, z.B. Automotive, Sanitär, Medizintechnik und Luftfahrt.

Die technischen Voraussetzungen sind alle abgeklärt. Das heißt, das Unternehmen ist in der Lage, innerhalb des nächsten halben Jahres Laserbeschriftungen auf dem Markt anzubieten. Der Kundenbedarf ist da. Das haben entsprechende Marktforschungsstudien ergeben.

Der Vertriebsleiter Matthew Porter wurde von der Unternehmensleitung mit der Leitung des Projekts „Ausarbeitung und Umsetzung einer Marketing- und Vertriebsstrategie für Laserbeschriftung" beauftragt. Als er jedoch ein Angebot bei einem Konkurrenzunternehmen in England erhielt, kündigte er überraschend. Da seine langjährige Lebensgefährtin bereits seit drei Jahren in leitender Position in London tätig ist und er selbst als gebürtiger Brite wieder zurück in sein Heimatland möchte, konnten ihn weder finanzielle noch immaterielle Anreize dazu bewegen, weiterhin bei der GlobalTech GmbH zu bleiben. Da Matthew Porter auch noch ausgerechnet zu einem Wettbewerber wechselt, wird er mit sofortiger Wirkung freigestellt.

Der Personalleiterin Julia Beermann ist es durch interne Umbesetzungen gelungen, die bisherigen Tätigkeiten von Matthew Porter zu verteilen. Den Großteil der Aufgaben übernimmt Marco Tellering, eine junge Nachwuchskraft des Unternehmens. Er soll mittelfristig die Leitung des Vertriebs übernehmen, muss aber durch entsprechende Personalentwicklungsmaßnahmen dafür noch aufgebaut werden.

Julia Beermann steht nun vor dem Problem, so schnell wie möglich eine Projektleitung zu finden, die das bereits begonnene Projekt zu Ende bringt und insbesondere auch in der Umsetzungsphase begleitet. Die Zeit drängt. Eine weitere Verzögerung hätte erhebliche negative Auswirkungen für das Unternehmen.

Hausintern ist zurzeit kein Mitarbeiter in der Lage, diese befristete Projektaufgabe verantwortlich zu übernehmen. Auch Marco Tellering kommt nicht infrage. Er wird zwar wie drei weitere Mitarbeiter Mitglied der Projektgruppe sein, aber für die Projektleitung ist er noch zu unerfahren. Außerdem braucht er noch Zeit, um sich in sein neues Aufgabengebiet einzuarbeiten.

Julia Beermann hat folgende Alternativen ins Auge gefasst, um das Problem zu lösen:

- Befristete Einstellung einer Projektleiterin bzw. eines Projektleiters
- Interim Management

Arbeitsaufträge

1. *Klären Sie die Ausgangssituation:*
   - *Grenzen Sie das Personalproblem der GlobalTech GmbH hinsichtlich der zu besetzenden Position (Anforderungen, Zeitaspekte, Bedeutung usw.) genauer ein.*
   - *Überlegen Sie, welche Kriterien für die Bewertung der Alternativen „Interim Manager/-in“ bzw. „Befristete Einstellung einer Projektleiterin/eines Projektleiters“ herangezogen werden könnten.*
2. *Informieren Sie sich über Interim Management (Kapitel 2.6).*
   - *Erstellen Sie für die Geschäftsleitung*
     a) eine informative Tischvorlage zum Thema Interim Management;
     b) eine vergleichende Übersicht „Interim Management“ und „Befristete Einstellung einer Projektleiterin/eines Projektleiters“.
   - *Prüfen Sie durch eine Internetrecherche, ob es Interim Manager/-innen gibt, die eine solche Aufgabe übernehmen könnten.*
3. *Bewerten Sie die beiden Alternativen mithilfe der zuvor festgelegten Kriterien.*
   - *Entscheiden Sie, welche Alternative aussichtsreicher ist.*
   - *Präsentieren Sie Ihr Arbeitsergebnis.*

Begriff

Definition
Interim Manager/-innen sind **Führungskräfte auf Zeit**. Das drückt sich hier in dem Wortzusatz „Interim“ aus, der aus dem Lateinischen kommt und übersetzt „einstweilen“ bedeutet.

Interim Manager/-innen lösen in Fremdunternehmen eine klar definierte Führungsaufgabe für den Auftraggeber. Sie erbringen also für das Unternehmen eine externe Dienstleistung. Im Gegenzug erhalten sie ein Honorar (Tagessatz). Nach der Erfüllung des Auftrags verlassen Interim Manager/-innen das Unternehmen in der Regel wieder, um einen Auftrag des nächsten Kunden anzunehmen.

Definition
Interim Management richtet sich an Unternehmen, die einen **zeitlich befristeten** Bedarf an **Führungskräften** haben.

Marktentwicklung

Beim Interim Management handelt es sich um eine relativ **junge Personaldienstleistung**. Die Wurzeln des Interim Managements liegen in den 70er-Jahren des 20. Jahrhunderts in Skandinavien. Die Ölkrise, die einen hohen Bedarf an Managern mit Krisenerfahrung auslöste, förderte die Verbreitung der Dienstleistung in Amerika und Europa.

Recherchetipp

Aktuelle Marktinformationen finden Sie auf den Webseiten der einschlägigen Verbände, z. B.:
Arbeitskreis Interim Management Provider (AIMP): www.aimp.de
Dachgesellschaft Deutsches Interim Management e. V. (DDIM): www.ddim.de
Bundesvereinigung Restrukturierung, Sanierung und Interim Management (BRSI): www.brsi.de

Aufgabenspektrum

Der Bedarf von Kunden kann plötzlich entstehen, weil sich neue Problemlagen ergeben, aber auch, weil befristete Projekte anstehen, zu denen temporär Interim Manager hinzugezogen werden.

Wurden Interim Manager/-innen früher hauptsächlich bei Krisen-, Sanierungs-, Rationalisierungs- und Umstrukturierungsprojekten in die Unternehmen geholt, hat sich das **Aufgabenspektrum** inzwischen zu anspruchsvollen **Aufgaben** in **allen Unternehmensbereichen** gewandelt. Hierzu gehören u. a.:

- Umsetzung von definierten Projekten, z. B. Erschließung neuer Märkte, Aufbau neuer Produktionsstandorte, Neuaufbau von Unternehmensbereichen usw,
- Krisenmanagement, Umstrukturierung, Rationalisierung, Sanierung,
- Überbrückung von Vakanzen (offene Stellen) auf der Führungsebene (z. B. bei Krankheit),
- Nachfolgeregelungen,
- Management-Coaching.

Kundenbedarf

Die nachfolgende Grafik zeigt, mit welcher Zielsetzung Interim Manager/-innen in den Jahren 2009 bis 2010 bei Kunden eingesetzt wurden.

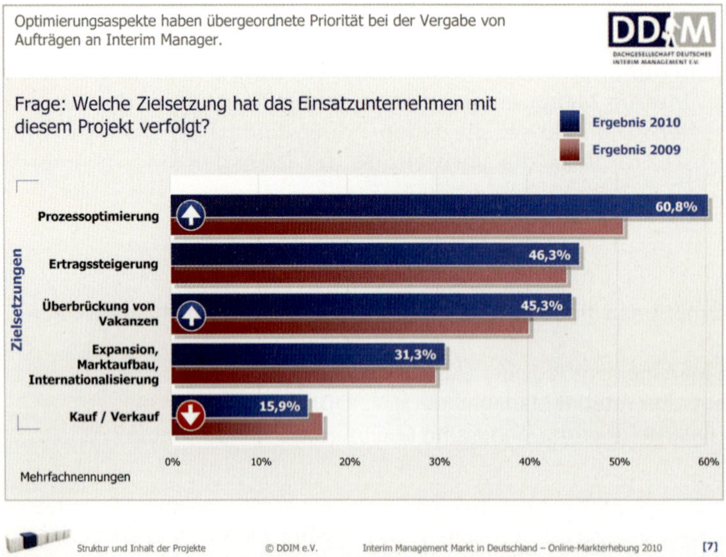

Quelle: Interim Management Markt in Deutschland, Online-Markterhebung 2010, unter: http://www.ddim.de/de/medien/bindata/studien/2010-10-25_-_DDIM-Studie_-_Interim_Management_Markt_Deutschland_2010.pdf, Seite 7, hrsg. v. Dachgesellschaft Deutsches Interim Management e. V., Münster (Zugriff 29.05.2012).

Der Bedarf an Interim Management entsteht insbesondere dann, wenn an die **Personalbeschaffung folgende Anforderungen** gestellt werden: **hohe Qualifizierung und kurzfristige Verfügbarkeit** bei **begrenztem Einsatzzeitraum**. Bei Vorliegen einer anderen Situation werden Unternehmen eher auf andere Möglichkeiten zurückgreifen – abgesehen davon, dass grundsätzlich jede Personalbeschaffung auch durch das Unternehmen selbst erfolgen kann.

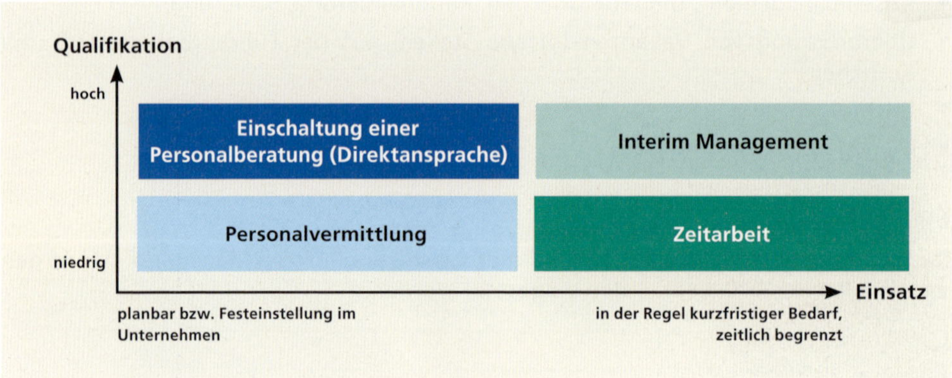

Alternative Lösungen zu unternehmenseigenen Beschaffungsaktivitäten

Anforderungen an Interim Manager/-innen

An Interim Manager/-innen werden **hohe Ansprüche** gestellt. Unter anderem sollten sie folgende **Kompetenzen** mitbringen:

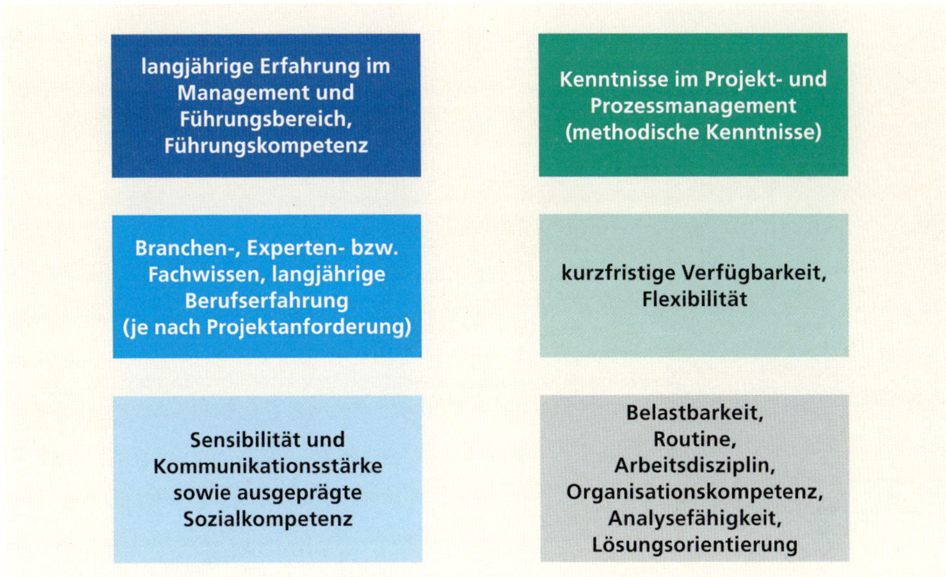

Kompetenzspektrum von Interim Managern

Abgrenzung zwischen Unternehmensberater und Interim Manager

Sowohl Unternehmensberater/-innen als auch Interim Manager/-innen erbringen eine externe Dienstleistung. Im Gegensatz zu Unternehmensberatern übernehmen Interim Manager/-innen jedoch **Ergebnisverantwortung** und **setzen geplante Konzepte** um (operative Verantwortung).

Vertriebswege für Interim Management

Möchte ein Kundenunternehmen die Dienstleistung in Anspruch nehmen, dann kann es entweder **direkt Kontakt** mit einem Interim Manager aufnehmen oder sich an einen **Dritten** wenden, der eine Verbindung zwischen beiden herstellt.

Eigenvermarktung durch die Interim Manager/-innen selbst	Viele Interim Manager/-innen bieten ihre Leistungen selbst am Markt an. Dazu pflegen sie z. B. ein persönliches Netzwerk, hinterlegen ihr Profil in Datenbanken und/oder haben eine eigene Homepage.
Provider (Vermittler)	Auf Vermittlung von Interim Managern spezialisierte Agenturen, die Anbieter (Interim Manager) und Nachfrager (Kundenunternehmen) zusammenbringen. Sie gleichen die Qualifikationsprofile von Interim Managern mit den Anforderungsprofilen der zu besetzenden Position ab. Aufgrund der Routine und Spezialisierung sind sie in der Lage, dem Auftraggeber passgenaue Vorschläge zu machen.

Zusammenschluss in Verbänden	Es gibt verschiedene Verbände, in denen die Provider bzw. Interim Manager/-innen organisiert sind. Zu den bekanntesten gehören der AIMP (Arbeitskreis Interim Management Provider), die DDIM (Dachgesellschaft Deutsches Interim Management e. V.) und die BRSI (Bundesvereinigung Restrukturierung, Sanierung und Interim Management e. V.).
Personaldienstleister	Interim Management gehört zum Leistungsportfolio vieler Zeitarbeitsfirmen bzw. Personaldienstleister. Executive Search-Firmen verbinden das Tätigkeitsfeld der Direktansprache bzw. Personalberatung mit dem der Vermittlung von Interim Managern.
Unternehmensberatungen	Einige Unternehmensberatungen weiten ihr Tätigkeitsfeld auf Interim Management aus.
Zusammenarbeit mit Insolvenzverwaltern	Interim Manager/-innen arbeiten häufig mit Insolvenzverwaltern zusammen.

Vertragliche Gestaltung

Für Interim Management gibt es **keine eigene gesetzliche Grundlage**. Die Vertragsgestaltung richtet sich nach dem **Bürgerlichen Gesetzbuch**. Sie kann entsprechend flexibel an die Bedürfnisse der Vertragspartner angepasst werden.

Direkter Vertragsabschluss zwischen Interim Manager/-in und Kundenunternehmen

Der Interim Manager und der Kunde schließen entweder einen **Dienstvertrag** nach
LF 2 / 2.1.8 § 611 ff. BGB oder einen Werkvertrag nach § 631 ff. BGB.

In der Praxis werden meist Dienstverträge abgeschlossen.

Einschaltung eines Providers

Hier sind zwei Vertragskonstruktionen möglich:

- Der **Provider** tritt als **Vermittler** nach § 652 BGB auf. Der eigentliche Vertragsabschluss erfolgt zwischen Interim Manager/-in und Kundenunternehmen. Der Provider erhält eine Vermittlungsvergütung.
- Der **Provider** tritt als **Erbringer der Dienst- bzw. Werkleistung** auf und schließt mit dem Kundenunternehmen selbst den entsprechenden Vertrag ab. Der **Interim Manager** nimmt seine Tätigkeit im Rahmen eines Sub-Dienst- oder Werkvertrages auf. Er ist **Erfüllungsgehilfe** nach § 278 BGB.

Praxistipp

In der Praxis zählt allein die tatsächliche Vertragsdurchführung. Es ist also nicht entscheidend, wie der Vertrag auf dem Papier lautet. Beim Einsatz von Interim Managern können, sofern das Vertragsmanagement nicht sorgfältig angelegt wurde, Folgeprobleme entstehen (siehe auch Fachartikel im Aufgabenteil).

Ablauf

Die nachfolgende Abbildung zeigt im Überblick einen möglichen Ablauf bei Einschaltung eines Providers, der als Vermittler auftritt. Die Abwicklung erfolgt in der Regel innerhalb von wenigen Tagen. Häufig betreuen die Provider (Vermittler) auch während des Einsatzes des Interim Managers die beiden Vertragsparteien.

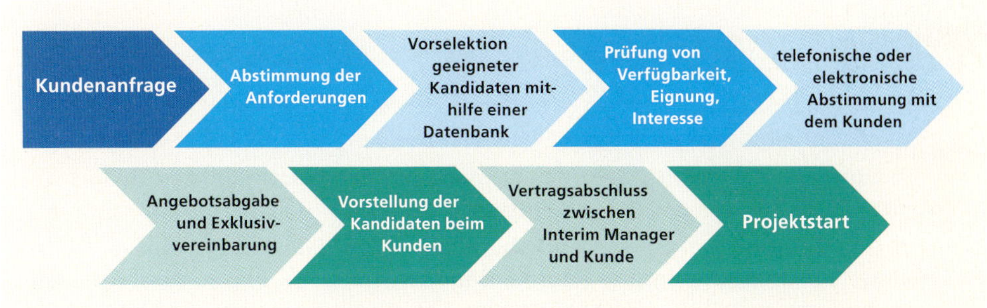

Ablauf des Interim Managements bei Einschaltung eines Providers

Kosten

Die Tagessätze für Interim Manager/-innen betragen je nach Verantwortung, Hierarchieebene und Aufgabe zwischen 600,00 und 2 000,00 EUR pro Tag. Hinzu kommen Spesen und weitere Auslagen. Abgerechnet werden nur die effektiven Stunden, das heißt, Krankheits-, Urlaubs- oder sonstige Ausfallzeiten trägt das Unternehmen nicht. Da Interim Manager/-innen keine Beschäftigten des Unternehmens sind, fallen auch keine Personalnebenkosten an (z.B. Beiträge zur Sozialversicherung).

Chancen und Risiken aus Sicht von Kundenunternehmen

Chancen	Risiken
• Experte ist sofort verfügbar (keine aufwendige Suche) • neue Impulse, Ideen und Wege kommen in das Unternehmen • bedarfsgerechter „Einkauf“ von benötigtem Know-how • überschaubare Kosten (Tagessätze) • keine Verwicklung des Interim Managers in unternehmensinterne „Strukturen und Abhängigkeiten“, dadurch können schwierige Konzepte besser durchgeführt werden	• ggf. schwierige Integration einer von außen kommenden Persönlichkeit • evtl. wenig Akzeptanz bei Mitarbeitern • fehlende Kenntnisse über das Unternehmen • Dienstleistung ist teuer (hohe Tagessätze) • eigene Kompetenz als Unternehmen wird durch „Hereinholen“ eines Experten infrage gestellt (Imageschaden) • begrenzter Einsatz steht langfristiger Umsetzung von Projekten entgegen • Abfluss von spezifischem Unternehmenswissen („Geheimnisse werden mitgenommen“)

Zusammenfassung

- **Interim Management** gehört in den Bereich der Personaldienstleistungen, die zur **Flexibilisierung des kurzfristigen Personalbedarfs** in Unternehmen beitragen.
- Ein Unternehmen kann über Interim Management **kurzfristig den Bedarf** an einem **Experten** bzw. einer **Führungskraft** decken.
- Die Anlässe reichen dabei von **kritischen Führungssituationen** (Vakanzen, Übergänge, Umstrukturierungen, Reorganisationen usw.) bis hin zu **strategischen Entwicklungsaufgaben** (Wachstumsstrategien, Realisierung von Großprojekten zusätzlich zum Tagesgeschäft, Erschließung neuer Marktbereiche, Vertriebskanäle oder Zielgruppen, Aufbau von Geschäftseinheiten usw.).
- Die Kontaktaufnahme mit Interim Manager/-innen kann **direkt** (Eigenvermarktung des Interim Managers) oder durch Einschaltung von **spezialisierten Dienstleistern** erfolgen (z. B. durch **Provider**).
- Die **Auftragsabwicklung** kann innerhalb von **wenigen Tagen** erfolgen – sofern ein geeigneter Interim Manager verfügbar ist.
- Vertragsgrundlage sind in der Regel **Dienst- oder Werkverträge**.
- Mit dem Einsatz von Interim Management sind sowohl **Chancen** als auch **Risiken** für Unternehmen verbunden.
- **Vorteile** werden insbesondere gesehen in
  - kurzfristiger Einsetzbarkeit;
  - punktgenauer Bereitstellung von Wissen und Erfahrung;
  - Objektivität;
  - Ergebnisverantwortung und
  - kalkulierbaren Kosten.
- **Kritisch** wird der Einsatz u. a. gesehen hinsichtlich
  - Mitarbeiterakzeptanz;
  - Integration in das Unternehmen;
  - Mitnahme von spezifischem Wissen bzw. Unernehmensinterna und
  - Imageschäden.

Aufgaben

1. *Erstellen Sie eine Mindmap, die alle wichtigen Aspekte zum Thema Interim Management enthält.*

2. *Lesen Sie den unten stehenden Zeitungsartikel. Arbeiten Sie die dort dargestellten rechtlichen Probleme heraus, die sich beim Einsatz von Interim Managern ergeben können.*

3. *Grenzen Sie Interim Management von Zeitarbeit ab.*

Firmen setzen auf externe Kompetenz

[...]

DÜSSELDORF. Unternehmensberater und Hilfsarbeiter verbindet auf den ersten Blick nicht viel. Doch ein Erdbeerpflücker mit Zeitarbeitsvertrag und ein Hochschulabsolvent mit Chefambitionen haben viele Gemeinsamkeiten: Beide wissen nie, wo sie als Nächstes eingesetzt werden. Beide arbeiten in einer Boombranche. Und beide bekommen mittlerweile scharfe Konkurrenz.

Neben Zeitarbeit und Unternehmensberatung wächst derzeit noch eine dritte Personaldienstleistung heran, die das Zeug zum Zukunftsmarkt hat. Das Interim Management.

Per definitionem bezeichnet dieser Begriff „die zeitlich befristete Übernahme von Managementaufgaben in einem Unternehmen". Als Führungskräfte auf Widerruf kommen Interim Manager vor allem zum Einsatz, wenn eine Firma in der Krise steckt. „Sanierungen, Restrukturierungen und die Abwicklung von Projekten sind typische Aufgaben eines Interim Managers", sagt Holger Dahl, Fachanwalt für Arbeitsrecht bei der Personalagentur Amadeus Fire in Frankfurt/M. „Anders als gewöhnliche Unternehmensberater begnügen sie sich nicht damit, Konzepte für die Konzerne zu entwickeln. Sie setzen sie auch um und helfen, das Tagesgeschäft zu bewältigen."

Wie viele mobile Manager in Deutschland derzeit ihre Dienste anbieten, weiß niemand genau. Schätzungen besagen, dass die Unternehmen aus einem Pool von bis zu 50 000 Führungskräften schöpfen können. Und der Markt wächst. Personalexperte Dahl: „Das Phänomen ähnelt in weiten Teilen der Zeitarbeit. Statt sich langfristig an einen Mitarbeiter zu binden, tendieren Unternehmen vermehrt dazu, kurzfristig angemietete Fachkräfte einzusetzen." Mittelständische Unternehmen besetzen mittlerweile sogar Geschäftsführerposten mit Interim Managern.

Die Einsatzunternehmen profitieren nicht nur von der Kompetenz der externen Spezialisten; sie können sogar noch kräftig sparen. Grund: Die meisten Interim Manager begreifen sich als selbstständige Führungskräfte. Entsprechend zahlen die Unternehmen, anders als für ihre fest angestellten Leistungsträger, auch keine Sozialversicherungsbeiträge.

Ganz so eindeutig, wie weithin angenommen, ist die Rechtslage allerdings nicht. „Dass sich die Manager als Selbstständige fühlen, hat rechtlich nicht die geringste Bedeutung", sagt Franz-Josef Düwell, Vorsitzender Richter am Bundesarbeitsgericht in Erfurt. „Entscheidend ist, auf welcher Vertragsbasis sie tätig werden und ob sich die Parteien tatsächlich an die Vereinbarungen halten."

Eine einschlägige Rechtsprechung, die z.B. das selbstständige Interim Management von unselbstständigen Zeitarbeitsverhältnissen abgrenzt, gibt es bislang nicht. „Um die daraus resultierenden Risiken zu minimieren, sollten alle Beteiligten größtmögliche Sorgfalt auf die Gestaltung der Verträge verwenden", sagt David Quinke, Rechtsanwalt der Kanzlei Baker & McKenzie in Düsseldorf. Doch schon die Frage, wer mit wem einen Vertrag abschließt, lässt sich nicht pauschal beantworten. Die Rahmenbedingungen variieren.

Tritt der Interim Manager direkt mit einem Unternehmen in Kontakt, ist die Situation noch recht eindeutig. Die Parteien schließen dann einen Werk- oder Dienstvertrag, aufgrund dessen der Manager für eine bestimmte Zeit eine klar definierte Führungsaufgabe wahrnimmt. In dieser Gestaltung bestehen an der Selbstständigkeit des Interim Managers meist keine ernsthaften Zweifel. Allerdings sind diese Fälle eher die Ausnahme.

Nach einer aktuellen Studie der Universität Erlangen-Nürnberg findet über die Hälfte der Manager ihren Platz beim Unternehmen durch eine hierauf spezialisierte Agentur, die dann mit dem Zielunternehmen einen Vertrag über die Bereitstellung des Interim Managers schließt. „Solche Verträge sind mit den herkömmlichen Verträgen des Bürgerlichen Gesetzbuchs nicht vergleichbar. Die Agentur verpflichtet sich darin, dem Unternehmen einen Interim Manager zu vermitteln, und garantiert zugleich, dass dieser die notwendigen Fähigkeiten hat", so Anwalt Quinke. „Für diese Leistungen erhält sie eine Gesamtvergütung, von der sie einen Teil an den Manager weiterleitet." Zwischen Unternehmen und Manager selbst besteht hingegen keine vertragliche Beziehung.

Dieses Konstrukt birgt diverse Risiken. Grund: „Selbstständige Fachkräfte werden für gewöhnlich lediglich durch eine Agentur vermittelt, während derjenige, der Arbeitsleistungen erhält, auch für die Entlohnung zuständig ist", so Arbeitsrichter Düwell. Die Tatsache, dass der Provider den Manager bezahlt, während dieser keinerlei Absprachen mit dem Unternehmen trifft, rückt das Geschäft in die Nähe der gewöhnlichen Arbeitnehmerüberlassung. Düwell: „Dann aber müssten sowohl der Manager als auch der Provider die Pflichtbeiträge zur Sozialversicherung entrichten. Das Zielunternehmen trägt zusätzlich das Risiko, bei Insolvenz des Providers als Bürge zu haften."

Selbst vermeintlich selbstständige Interim Manager sind also keinesfalls davor gefeit, nachträglich von den Sozialkassen zur Kasse gebeten zu werden. Während sich ihr Risiko allerdings darin erschöpft, Beiträge für maximal drei Monate nachzuzahlen, geht es für die Agenturen um mehr. „Ein Statusverfahren, das ergäbe, dass der Manager Arbeitnehmer des Providers ist, würde bewirken, dass dieser für die gesamte Dauer des Beschäftigungsverhältnisses die ausstehenden Beiträge entrichten muss", so Rechtsanwalt Dahl.

Um dieses Risiko zu verringern, lassen manche Agenturen von sich aus den Status des Managers durch eine unabhängige Stelle überprüfen. Stellt sich heraus, dass dieser als Selbstständiger einzustufen ist, folgt Stufe zwei des Sicherheitspakets. Da Selbstständige im Gegensatz zu Arbeitnehmern auf eigene Verantwortung agieren, verbieten die Agenturen dem Zielunternehmen ausdrücklich, dem Manager im Tagesgeschäft konkrete Weisungen zu erteilen. Kommt es zu einem späteren Zeitpunkt dennoch zum Schwur, rückt das Zielunternehmen in den Fokus der Sozialkassen. „Wenn die Provider alles unternommen haben, um den Status des Mitarbeiters als Selbstständigen zu dokumentieren, das Zielunternehmen den Manager aber dennoch wie einen Arbeitnehmer behandelt, muss es sich auch wie dessen Arbeitgeber behandeln lassen. Die Pflicht zur Entrichtung von Sozialabgaben geht dann auf das Unternehmen über", so Arbeitsrichter Düwell.

Quelle: Gesellensetter, C.: „Fimen setzen auf externe Kompetenz", unter: www.handelsblatt.com/unternehmen/strategie/firmen-setzen-auf-externe-kompetenz;1286315, hrsg. v. ECONOMY.ONE GmbH, Düsseldorf 2009 (Zugriff: 04.05.2012).

2.7 Entwicklung der Personaldienstleistungsbranche

Einstiegssituation ▶

In der Finke Zeitarbeit GmbH ...

Die Auszubildende Mareike Schuster erhält den Auftrag, eine Präsentation über die Entwicklung und das Leistungsspektrum der Personaldienstleistungsbranche zu erstellen.

Arbeitsaufträge

1. *Erstellen Sie eine Präsentation über die Entwicklung der Personaldienstleistungs-branche sowie über das Leistungsspektrum der Branche.*

   Bevor Sie beginnen, sollen Sie Ihre Arbeit planen:

   Inhalt

   - *Welche Daten und Marktgrößen sind geeignet, Branchenentwicklungen zu kennzeichnen?*
   - *Überlegen Sie, wie Sie das Leistungs-spektrum der Personaldienstleistungsbranche systematisch und kriterienorientiert darstellen können.*
   - *Erstellen Sie eine geordnete Liste mit allen Informationen, die Sie recherchieren wollen.*

   Darstellungsweise

   Entscheiden Sie sich für eine geeignete Darstellungsweise (z. B. PC-gestützte Präsentation, Wandzeitung, Folienpräsentation, Flyer).

2. *Präsentieren Sie Ihre Ergebnisse.*

   ***Hinweis:** In den beiden nachfolgenden Kapiteln erhalten Sie Anhaltspunkte, welche einzelnen Aspekte Sie bei der Erstellung Ihrer Präsentation berücksichtigen können.*

2.7.1 Kriterien für die Darstellung von Branchenentwicklungen

Branche

Definition
Als **Branche** wird eine Gruppe von Unternehmen bezeichnet, die **demselben Wirtschaftszweig** oder Geschäftszweig angehören.

Beispiele
Metallverarbeitung, Werbebranche, Banken, Baubranche, Gesundheitswesen, Tourismus, Versicherungen

Branchendaten

Die nachfolgenden Daten können in Branchenportraits aufgenommen werden:

- **Anbieterstruktur:** z. B. Marktsegmente, Tätigkeitsbereiche, angebotene Dienstleistungen bzw. Produkte, Unternehmensgröße, Beschäftigte, Unternehmensgründungen, Marktgebiete (räumliche Verteilung), Konkurrenzsituation;
- **Nachfragerstruktur:** z. B. Anzahl, Größe und Branche der Kundenunternehmen;
- **Kennzahlen / Marktgrößen:** z. B. Marktwachstum, Umsatzzahlen, Marktanteile;
- **Einflussfaktoren:** z. B. rechtliche Rahmenbedingungen, veränderte Kundenbedürfnisse, Veränderung von Absatz- und Beschaffungsmärkten, konjunkturelle Situation;
- **Trends / Entwicklungen / Prognosen;**
- **sonstige Daten:** z. B. Aus- und Fortbildung, Qualitätssicherung durch Standards und Zertifizierungen.

Mögliche Informationsquellen

Interessenverbände

Häufig organisieren sich die Unternehmen einer Branche in Verbänden oder Dachverbänden, um ihre Interessen gemeinschaftlich zu vertreten und um sich in der Öffentlichkeit zu präsentieren.

Branchenberichte

Über viele Branchen werden sogenannte Branchenberichte herausgegeben, die Entwicklungen und Marktdaten, wie z. B. Betriebsgrößen, konjunkturelle Aussichten, Umsatzentwicklung und Beschäftigtenzahlen, darstellen.

Herausgeber der Berichte sind z. B. die Industrie- und Handelskammern, Handwerkskammern, Banken, das Statistische Bundesamt, Verbände, Unternehmensberatungen sowie auf Branchenberichte spezialisierte Institutionen, die in der Regel kostenpflichtige Branchenberichte anfertigen.

Branchenberichte können immer nur einen Zeitabschnitt darstellen, deshalb werden sie regelmäßig neu aufgelegt.

2.7.2 Systematisierungsansätze für das Leistungsspektrum der Personaldienstleistungsbranche

Die in den vorherigen Kapiteln dargestellten Personaldienstleistungen zu ordnen bzw. nach bestimmten Einteilungskriterien zu strukturieren, ist aufgrund der Heterogenität (Verschiedenheit) schwierig. Das Leistungsspektrum wird daher mithilfe verschiedener Ansätze systematisiert.

Eine Einteilung zielt darauf ab, welche **Aufgaben** Personaldienstleister für ihre **Kunden übernehmen**. Danach lässt sich der Begriff Personaldienstleistung wie folgt definieren:

Definition
Personaldienstleistung umfasst als Oberbegriff **alle Dienstleistungen**, die Kundenunternehmen beim **Aufbau und Abbau von Personal** sowie beim **flexiblen Einsatz** von Personal unterstützen.

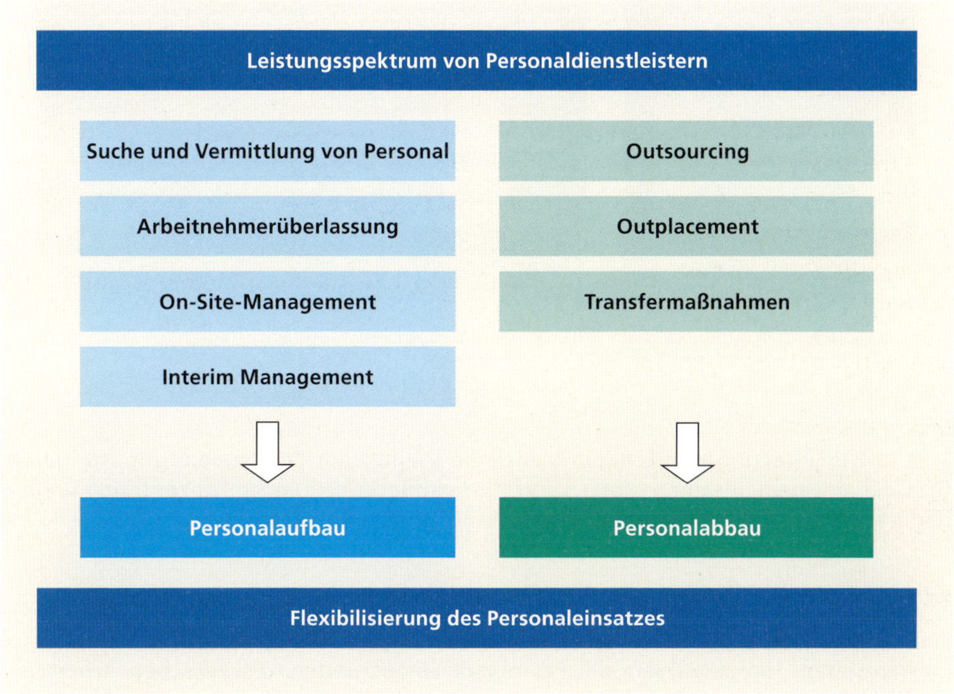

Eigene Darstellung in Anlehnung an: Dahl, Holger/Dreyer, Martin/von der Planitz, Charlotte/von Rundstedt, Sophia: Personaldienstleister in Deutschland. Die neuen Partner flexibler Personalarbeit, Luchterhand (Wolters Kluwer), Köln, 2009, S. 5 f.

Ein weiterer Ansatz orientiert sich an den **einzelnen Personalfunktionen**, die von Personaldienstleistern übernommen werden. Dies kann sich auf einzelne Aufgaben beziehen, aber auch die komplette Personalarbeit umfassen.

Ordnet man den Personalfunktionen einzelne Personaldienstleistungen zu, dann zeigt sich folgendes Bild:

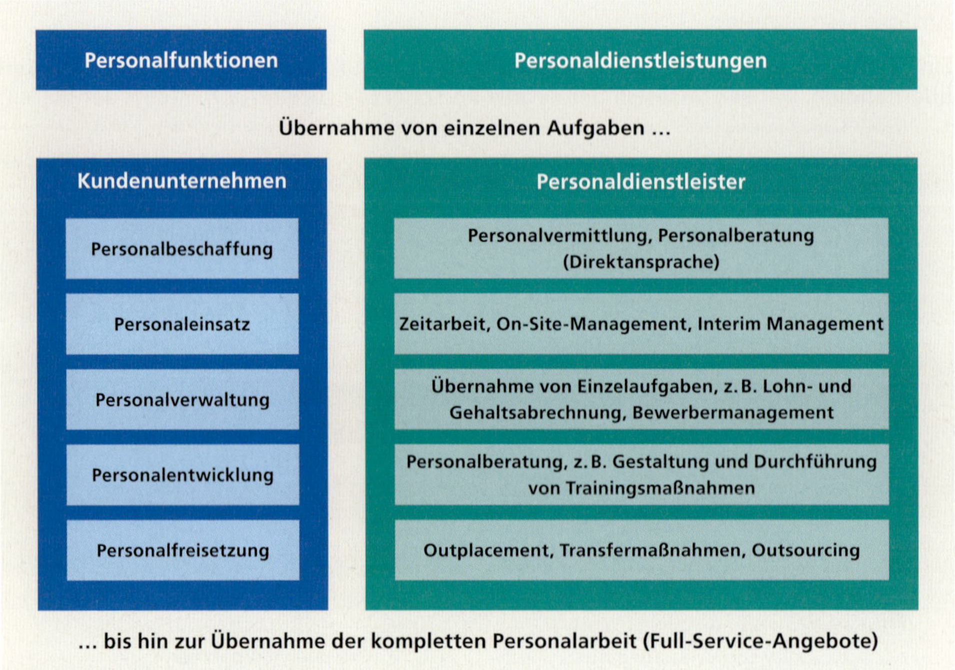

Eigene Darstellung in Anlehnung an: Prof. Dr. Dorothea Alewell: „Die Nachfrage nach Personaldienstleistungen durch Unternehmen", sfb580 Uni Jena, unter: www.sfb580.uni-jena.de/b5-Dateien/b5-ringvorlesung.pdf, Juni 2005 (Zugriff: 06.05.2012).

Eine dritte Einteilungsmöglichkeit ordnet die Vielfalt der Personaldienstleistungen in Gruppen mit gemeinsamen Merkmalen.[1] Einteilungskriterium ist das **zentrale Kundenbedürfnis**, das die Nachfrage nach einer Personaldienstleistung auslöst.

Gruppe I: Vermittlungs- bzw. Matchingfunktion

Zur ersten Gruppe gehören Personaldienstleistungen, die sich auf Matchingaspekte konzentrieren. Hierzu zählen alle Personaldienstleistungen, die zwischen Arbeitnehmern (Anbieter von Arbeitskraft) und Arbeitgebern (Nachfrager von Arbeitskraft) vermitteln. In der betrieblichen Personalarbeit fällt dieser Bedarf an zwei Stellen an: Personalbeschaffung und Personalfreisetzung. In diese Gruppe lassen sich Personalvermittlung, Personalberatung, Outplacement und Transfermaßnahmen einordnen.

---

[1] *In Anlehnung an: Alewell, Dorothea/Bähring, Katrin/Thommes, Kirsten: Eine Theorie der betrieblichen Nachfrage nach Personaldienstleistungen, Friedrich-Schiller-Universität Jena, Wirtschaftswissenschaftliche Fakultät, Lehrstuhl für ABWL, insbesondere Personalwirtschaft und Organisation sowie SFB 580, Teilprojekt B5.*

Gruppe II: Flexibilisierungsfunktion

Diese Gruppe umfasst Personaldienstleistungen, die zur Flexibilisierung der Arbeit in Kundenunternehmen beitragen. Sie zielen darauf ab, einen kurzfristigen Personalbedarf abzudecken oder den Personalbestand langfristig an spezielle Betriebserfordernisse anzupassen. Hierzu gehören z.B. Zeitarbeit, On-Site-Management und Interim Management.

Gruppe III: Entlastungsfunktion

In diese Gruppe fallen Personaldienstleistungen, die in ihrer Ausgestaltung zwar unterschiedlich sind, aber durch die Übernahme von einzelnen personalwirtschaftlichen Aufgaben alle darauf abzielen, Unternehmen zu entlasten. Hierzu zählen die Übernahme von Verwaltungs- und Routineaufgaben (z.B. Lohn- und Gehaltsabrechnung, Personalaktenführung, Verwaltung der Bewerbungsunterlagen) sowie die Auslagerung von Randbereichen (z.B. Kommissionierung, Rechnungserstellung, Einpackservice, Finanzbuchhaltung).

Gruppe IV: Beratungsfunktion

Ähnlich wie in Gruppe III werden hier alle Personaldienstleistungen eingeordnet, deren Schwerpunkt auf der Beratung bei komplexeren Problemen der Personalarbeit liegt (z.B. HR-Beratung, strategische und operative Personalentwicklung).

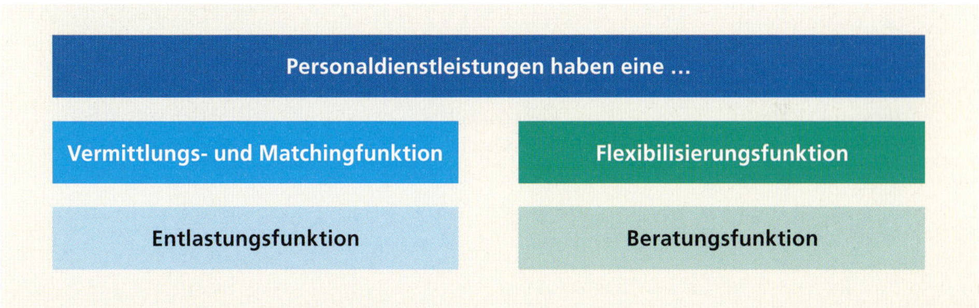

Funktionen von Personaldienstleistungen

2.7.3 Markt für unternehmensnahe Dienstleistungen

Entwicklung des Dienstleistungssektors

Der Bereich Personaldienstleistungen gehört zum **Dienstleistungssektor**, der in den vergangenen Jahren einen enormen **Bedeutungszuwachs** erfahren hat. Dies spiegelt sich zum einen in den Beschäftigungszahlen der einzelnen Wirtschaftsbereiche wider, zum anderen zeigt es sich in dem Beitrag einzelner Wirtschaftszweige zur gesamtwirtschaftlichen Leistung eines Landes (Bruttoinlandsprodukt).

Die Einteilung der Wirtschaftsbereiche geht auf das sogenannte **„Drei-Sektoren-Modell“** zurück, das 1930 von Colin G. Clark und Jean Fourastié entwickelt wurde. Es unterteilt eine Volkswirtschaft in drei Bereiche:

- den primären Sektor der „Urproduktion“ (Agrarbereich, z. T. Bergbau),
- den sekundären Sektor (Industrie) und
- den tertiären Sektor (Handel und Dienstleistungen).

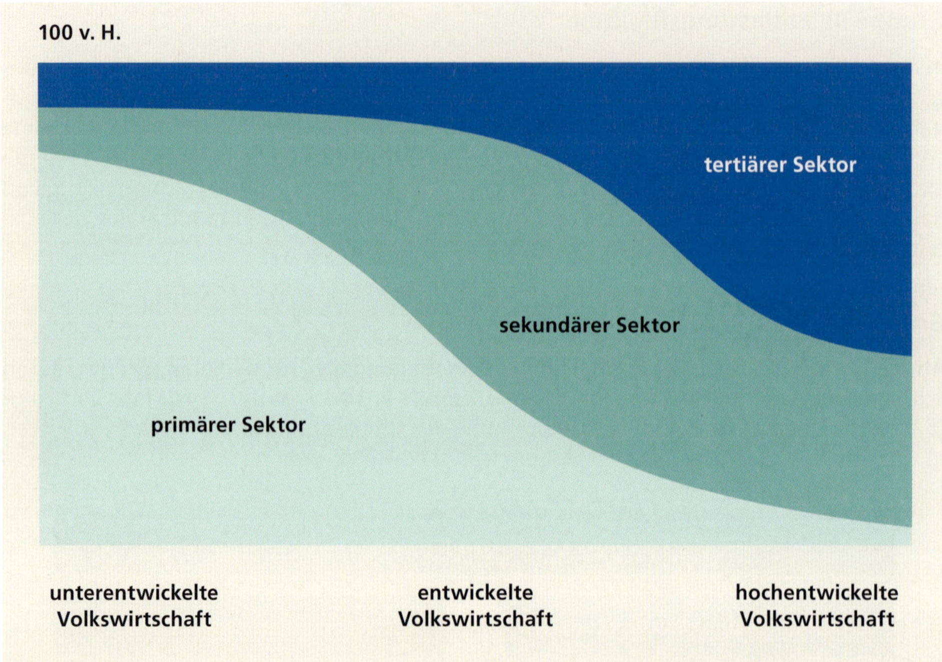

Wirtschaftssektoren

Die Personaldienstleistungsbranche ist dem **tertiären Sektor** zuzuordnen. Ein Personaldienstleister erbringt seine Dienstleistungen jedoch in allen drei Wirtschaftsbereichen.

Beispiel
Die Finke Zeitarbeit GmbH überlässt ihre externen Mitarbeiter in verschiedene Branchen bzw. bedient verschiedene Berufsfelder, wie Handwerk, Büro, Callcenter, Ingenieurwesen, IT, Finanz- und Rechnungswesen, Industrie/Produktion und Gesundheitswesen.

Die Bedeutung des Dienstleistungssektors hat in den vergangenen Jahren stetig zugenommen, wie die nachfolgenden Abbildungen zeigen.

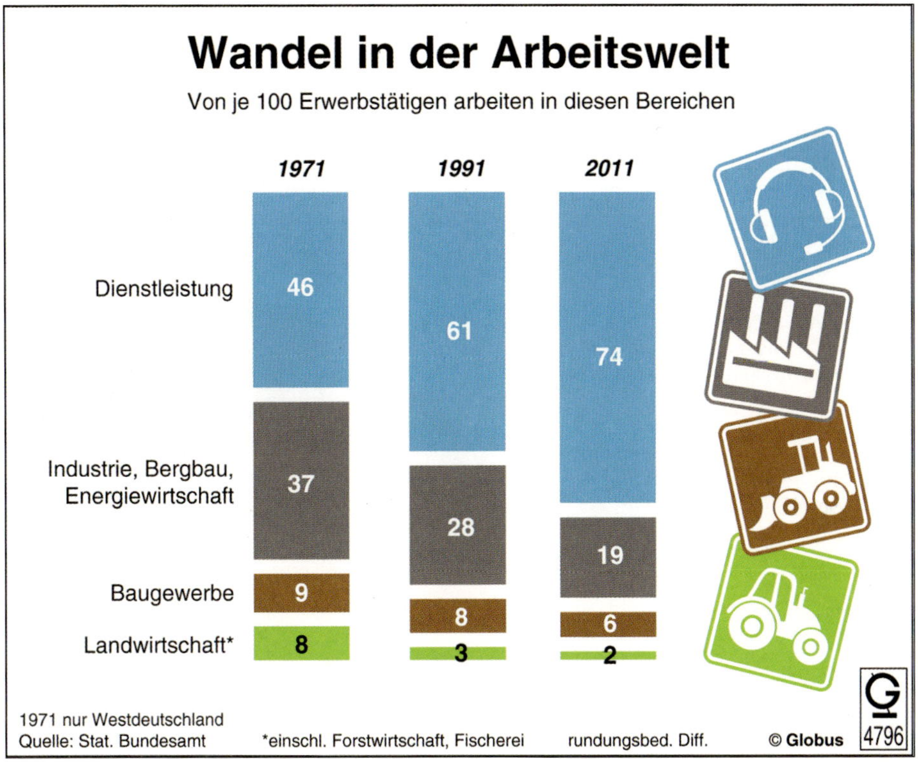

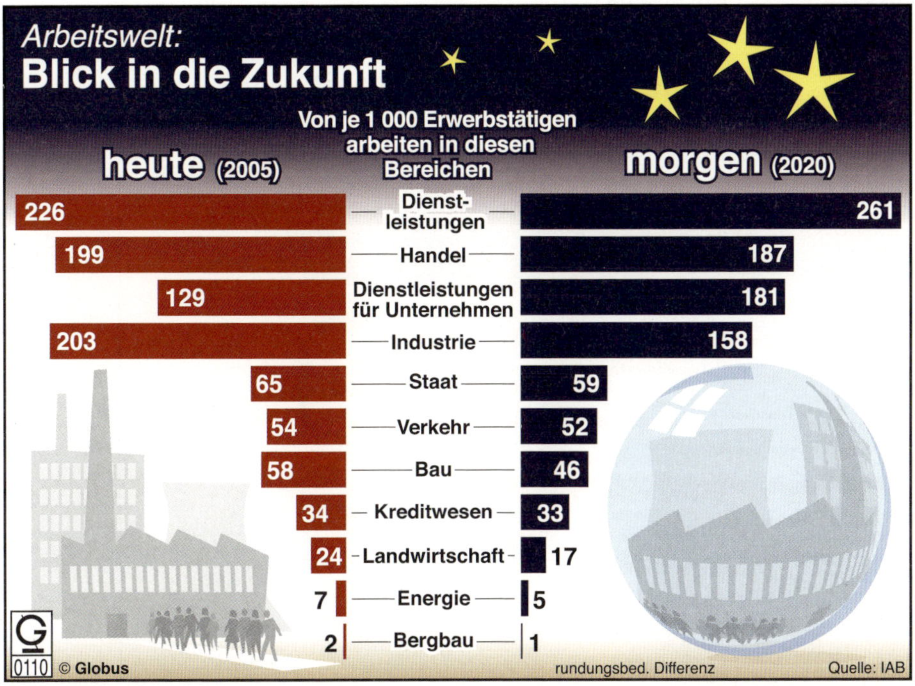

Zukunft der Arbeit

Ursachen für den Strukturwandel

Im gesamtwirtschaftlichen Produktionsprozess ist ein deutlicher Trend zur Inanspruchnahme von Dienstleistungen erkennbar. Unternehmen konzentrieren sich wegen des **globalen Wettbewerbs** immer mehr auf ihr eigentliches Kerngeschäft und **übertragen** einzelne **Unternehmensbereiche** auf **externe Dienstleister**. Das hat das **Wachstum** von **unternehmensnahen Dienstleistungen** erheblich beschleunigt.

Im Dienstleistungssektor sind eine ganze Reihe von neuen Bereichen entstanden.

Beispiele
Callcenter, Reinigungsdienste, Wach- und Sicherheitsdienste, Speditionen und Vermietungsdienste, Architektur- und Ingenieurdienstleistungen, Personaldienstleistungen, medizinische Dienstleistungen, Dienstleistungen im Bereich Forschung und Entwicklung, Beratungsleistungen

Entwicklung innerhalb des Dienstleistungssektors

Es gibt nicht nur eine Verlagerung von der Industrie zum tertiären Sektor. Auch **innerhalb des Dienstleistungssektors** vollzieht sich ein Wandel.

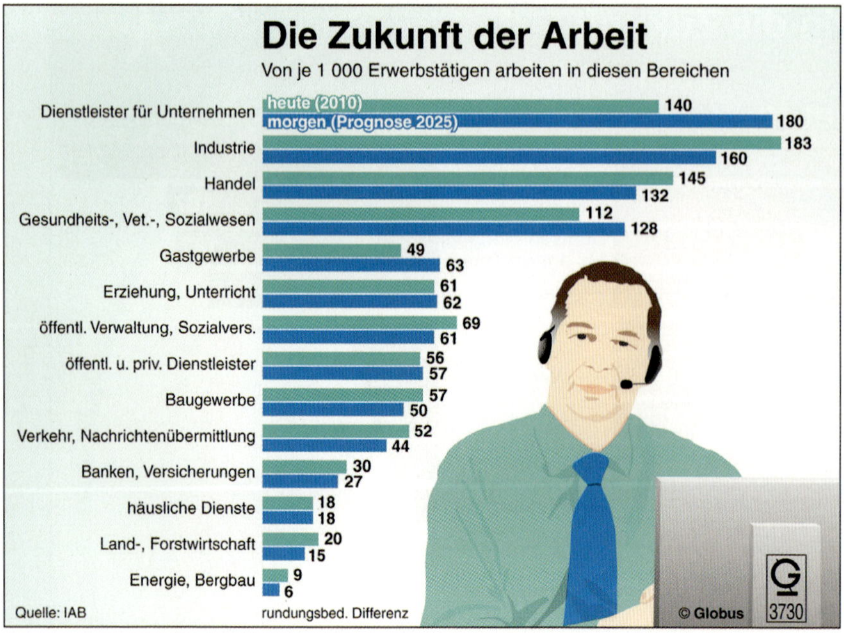

Definition
Im weitesten Sinne zählen zu den **unternehmensnahen Dienstleistungen** alle Tätigkeiten und Dienstleistungen, die **Unternehmen für andere Unternehmen** verrichten.

Unternehmensnahe Dienstleistungen verzeichneten in den vergangenen Jahren **hohe Wachstumsraten**. Dieser Trend wird sich auch in Zukunft fortsetzen. Profitieren werden insbesondere Dienstleistungen, in denen qualitativ hochwertige Beratungsleistungen am Ort der Kundennachfrage erbracht werden.

Bedeutung für Personaldienstleister

Für Personaldienstleister haben die oben beschriebenen Entwicklungen eine mehrfache Bedeutung:

- Erstens profitieren sie durch das Wachstum des Dienstleistungssektors, insbesondere durch die erhöhte Nachfrage nach unternehmensnahen Dienstleistungen.
- Zweitens wirkt sich der Strukturwandel auch auf die von Unternehmen nachgefragten Berufsgruppen und Qualifikationen aus, die im Rahmen der Zeitarbeit oder der Personalvermittlung eine Rolle spielen.

  Beispiel
  Die Entwicklung weg von der industriellen Fertigung hin zum Dienstleistungssektor hat in der Zeitarbeit im Geschäftsfeld der Metall- und Elektroindustrie innerhalb der letzten 10 Jahre zu einem Rückgang von 41 % auf 24 % geführt. Dagegen hat sich der Anteil der Dienstleistungsberufe von 10 % auf nahezu 17 % deutlich erhöht.

- Drittens muss die Leistungspalette an die sich ständig verändernden Marktbedingungen angepasst werden. Es entstehen neue Dienstleistungsangebote, die auf die veränderten Kundenbedürfnisse abzielen.

Zusammenfassung

Darstellung von Branchenentwicklungen
- Als **Branche** wird eine Gruppe von Unternehmen bezeichnet, die **demselben Wirtschafts- oder Geschäftszweig** angehören.
- **Brancheninformationen** (Marktberichte, Branchenportraits) dienen Mitarbeitern, Unternehmen und Interessierten als Informationsquelle über die Marktsituation und die bisherige und zukünftige Marktentwicklung.
- **Branchenberichte** enthalten in der Regel Informationen zur Anbieter- und Nachfragerstruktur sowie Daten zur Marktsituation, wie z. B. Umsatzentwicklung, Marktanteile, Marktwachstum.
- **Branchenberichte** stellen Trends dar und geben Prognosen über zukünftige Entwicklungen ab.
- Herausgeber sind Branchenverbände, Industrie- und Handelskammern, Banken oder hierauf spezialisierte Unternehmen.

Systematisierung des Leistungsspektrums

Begriffsdefinitionen und Einteilungskriterien von Personaldienstleistungen stellen dar, welche **Funktionen** Personaldienstleistungen für Kunden (in der Regel Unternehmen) übernehmen:

- Übernahme einzelner personalwirtschaftlicher Aufgaben bis hin zur Übernahme der kompletten Personalarbeit,
- Unterstützung beim Personalauf- und -abbau,
- Flexibilisierungs-, Vermittlungs-, Entlastung- und Beratungsfunktion.

Dienstleistungssektor

- Die Wirtschaftsstruktur wird mithilfe des **Drei-Sektoren-Modells** abgebildet. Es werden drei Sektoren unterschieden: **primärer, sekundärer und tertiärer Sektor**.
- Die Personaldienstleistungsbranche wird dem **tertiären Sektor** zugeordnet, der zurzeit die größte wirtschaftliche Leistung erbringt.
- In Anlehnung an das enorme Wachstum des tertiären Sektors wird unsere heutige Gesellschaftsform auch als „Dienstleistungsgesellschaft" bezeichnet.
- Im **Dienstleistungssektor** ist ein **wachsender Markt für unternehmensnahe Dienstleistungen** entstanden. Zu diesem Bereich zählen auch Personaldienstleistungen.

Aufgaben

1. *Erstellen Sie jeweils eine übersichtliche Mindmap zu den Begriffen „Branche", „Branchendaten", „Informationsquellen" und „Zielgruppen".*

2. *Vergleichen Sie die unterschiedlichen Systematisierungsansätze von Personaldienstleistungen.*

3. *Erläutern Sie das Sektorenmodell der Volkswirtschaft. Geben Sie an, wie sich die einzelnen Wirtschaftsbereiche im Zeitablauf entwickelt haben.*

4. *Kennzeichnen Sie die Entwicklung des Dienstleistungssektors.*

5. *Recherchieren Sie für eine konkrete Fort- oder Weiterbildungsmöglichkeit in Ihrer Branche folgende Aspekte: Voraussetzungen, angestrebte Qualifikation und Verwertbarkeit, Dauer und Kosten.*

Beispiele
Geprüfte Personaldienstleistungsfachwirte; Zertifikatslehrgang Personaldienstleistung; Fachkraft für Personalberatung und Personalvermittlung (IHK); Studiengänge in den Bereichen Dienstleistungsmanagement oder Personalwesen; IHK-Zertifikatslehrgang Vertriebsdisponent/-in für Zeitarbeit, ...

Recherchetipp

www.personaldienstleister.de/bildung.php
www.thm.de/hzw/weiterbildung/angebots-portfolio/zertifikatslehrgang-personladienstleistung.html
www.ig-zeitarbeit.de
www.fh-heidelberg.de/de/studium/weiterbildung/iwp/management-von-arbeitsmarktintegration/
www.welfenakademie.de/duales-studium/studium-betriebswirtschaftslehre/fachrichtung-personaldienstleistungsmanagement/

6. *Sprechen Sie mit Ihrem Ausbilder/Ihrer Ausbilderin ab, welche Brancheninformationen (z. B. Gesundheitsbranche, Callcenter usw.) für Ihren Ausbildungsbetrieb nützlich sein könnten. Führen Sie eine entsprechende Recherche durch und fassen Sie die wichtigsten Ergebnisse zusammen.*

3 Marktzusammenhänge und Strukturen auf dem Arbeitsmarkt erfassen

Einstiegssituation ▶

Mareike Schuster erhält den Auftrag, ein Porträt der augenblicklichen Arbeitsmarktsituation zu erstellen. Sie soll die Besonderheiten des Arbeitsmarkts darstellen, seine Strukturen verdeutlichen und erläutern, wie sich der Preis für das Gut „Arbeit" bildet.

Thomas Heinken möchte darüber hinaus wissen, welche Zukunftstrends sich auf dem Arbeitsmarkt abzeichnen und wie ein Personaldienstleister sein Leistungsangebot auf diese Trends ausrichten kann.

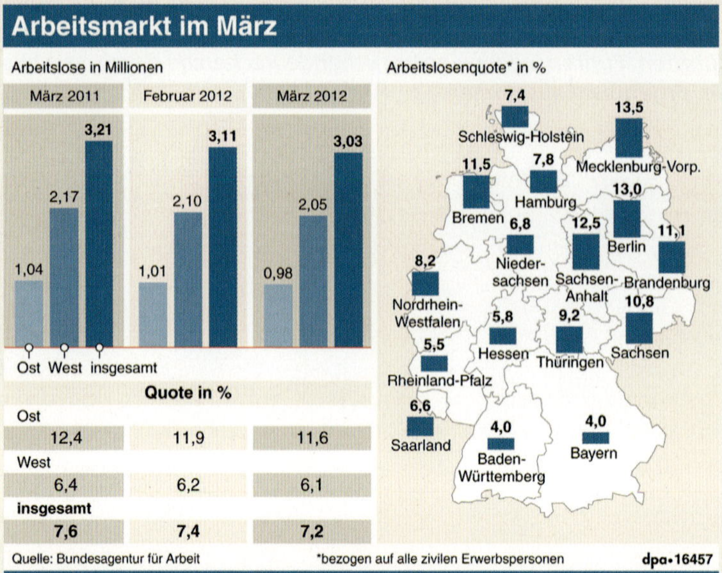

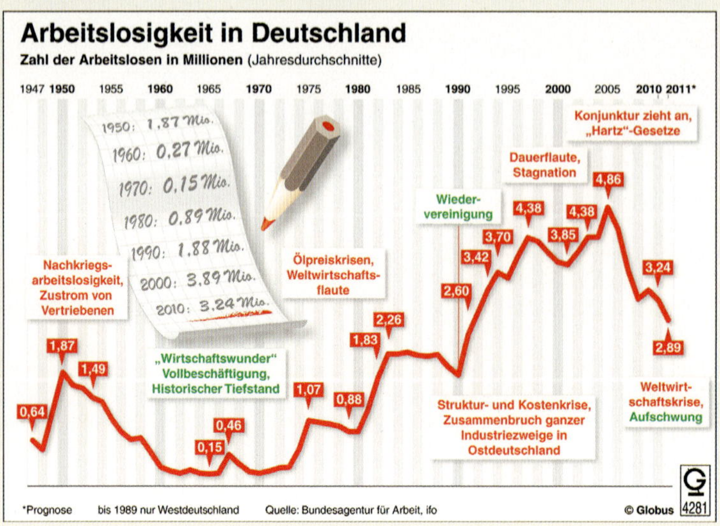

Arbeitsaufträge

Erstellen Sie ein Porträt des Arbeitsmarkts unter Berücksichtigung der in der Einstiegssituation genannten Aspekte.

1. *Welche Daten sind geeignet, um die Situation auf dem Arbeitsmarkt abzubilden?*
2. *Recherchieren Sie möglichst viele Informationen und werten Sie diese im Hinblick auf das Leistungsspektrum der Personaldienstleistungsbranche aus.*
3. *Dokumentieren und präsentieren Sie Ihre Arbeitsergebnisse.*

Praxisaufgabe

Stellen Sie arbeitsteilig im Klassenverband die nachfolgenden Berufsfelder vor:

- *Gewerblich-technische Berufe*
- *Soziale Berufe*
- *Kaufmännische Berufe*
- *IT-Berufe*

3.1 Markt

3.1.1 Marktbegriff

Mit dem Wort Markt verbindet man in der Umgangssprache einen ganz bestimmten Ort, z.B. einen Wochenmarkt, einen Flohmarkt oder einen virtuellen Marktplatz im Internet. In der Wirtschaftslehre wird als Markt der Ort bezeichnet, an dem sich **Angebot und Nachfrage treffen**. Dabei handelt es sich nicht um einen bestimmten Ort, sondern um ein gedankliches Gebilde, also um einen abstrakten Marktbegriff.

Definition
Ein **Markt** im wirtschaftlichen Sinne ist der Ort, an dem Angebot und Nachfrage aufeinandertreffen.

In einer arbeitsteiligen Wirtschaft spielen Märkte eine zentrale Rolle. Sie ermöglichen den **Austausch von Gütern und Dienstleistungen** und bringen die **unterschiedlichen Interessen** von Anbietern und Nachfragern **durch Preisbildung zum Ausgleich**.

Nachfrager verfolgen das Ziel, Sachgüter oder Dienstleistungen zu einem möglichst niedrigen Preis zu erwerben. Anbieter hingegen möchten einen möglichst hohen Preis für die angebotenen Sachgüter und Dienstleistungen erzielen. Diese gegensätzlichen Preisvorstellungen treffen auf dem Markt zusammen.

Ein Markt hat folgende **Aufgaben:**

- Ein Markt führt Angebot und Nachfrage zusammen (Koordinationsfunktion).
- Auf einem Markt bestimmen Angebot und Nachfrage den Preis (Preisbildung).
- Auf einem Markt werden Güter ausgetauscht bzw. verteilt (Verteilungsfunktion).
- Ein Markt stellt die bestmögliche Versorgung mit Gütern sicher (Versorgungsfunktion).

Von **nicht funktionsfähigen** Märkten spricht man, wenn ein Markt diese Aufgaben nicht erfüllt.

Beispiel
Der Arbeitsmarkt wird häufig als nicht funktionsfähiger Markt bezeichnet, da Angebot und Nachfrage nicht zum Ausgleich gebracht werden können. Menschen finden auf der einen Seite keinen Arbeitsplatz, während Unternehmen offene Stellen nicht besetzen können.

3.1.2 Marktarten

Märkte können nach verschiedenen Kriterien eingeteilt werden. Mögliche Kriterien sind:

- Marktgegenstand
- Stellung der Marktteilnehmer
- Umfang staatlicher Marktbeeinflussung
- Marktzutrittsmöglichkeiten
- Anzahl der Marktteilnehmer

Marktgegenstand

Nach dem Marktgegenstand differenziert man zwischen **Güter- und Faktormärkten.**

Definition
Auf **Gütermärkten** werden Sachgüter oder Dienstleistungen ausgetauscht.

Der Begriff **„Gut"** ist in der Fachsprache ein **Oberbegriff** für **Sachen, Dienstleistungen** und **Rechte**. Wenn im Folgenden von Gütern gesprochen wird, schließt dies den Begriff Dienstleistungen mit ein.

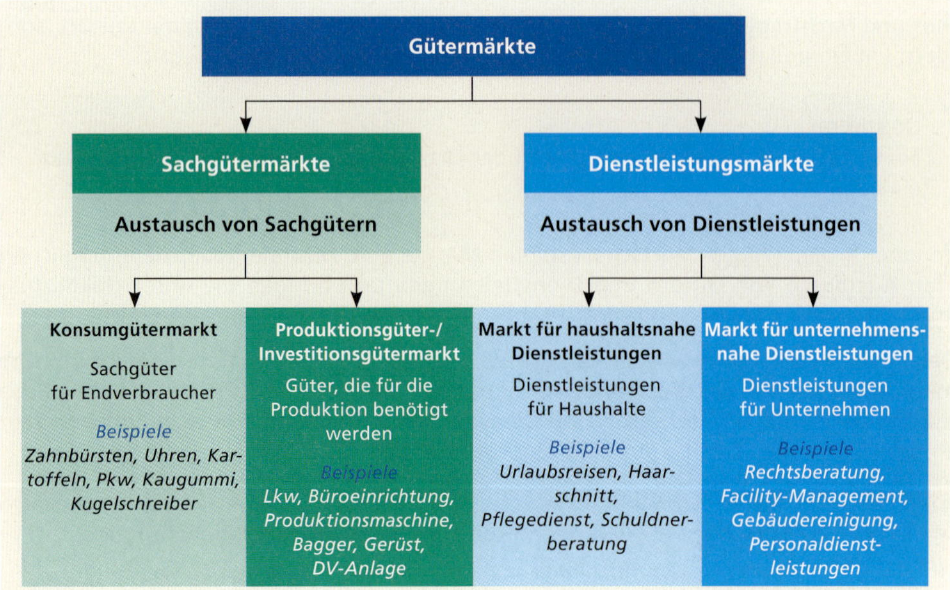

Gütermärkte

Auf **Faktormärkten** werden Produktionsfaktoren ausgetauscht. Die Produktionsfaktoren Arbeit, Boden und Kapital werden von den Haushalten angeboten und von den Unternehmen nachgefragt. Als Gegenleistung erhalten die Haushalte ein sogenanntes Faktoreinkommen wie Lohn, Pacht, Miete, Zinsen und Gewinne. Aus Unternehmenssicht sind diese Gegenleistungen sogenannte Faktorkosten.

Im fachlichen Kontext

Unter dem **Produktionsfaktor Arbeit** wird jede Art körperlicher und geistiger Beschäftigung gegen Entgelt verstanden. Der **Produktionsfaktor Boden** umfasst Standortboden (z. B. Industrieanlagen und Bürogebäude), Abbauboden (z. B. Bergbau) und Anbauboden (z. B. Land- und Forstwirtschaft) sowie im weiteren Sinne auch die natürliche Umwelt. Der Begriff **Kapital** umfasst in erster Linie Sachkapital (Gebäude, Werkzeuge, Rohstoffe und Maschinen). Man spricht in diesem Zusammenhang von produzierten Produktionsmitteln, die für die Herstellung anderer Güter benötigt werden. Geldkapital ist nur eine Vorstufe des Sachkapitals, weil es für Investitionen benötigt wird.

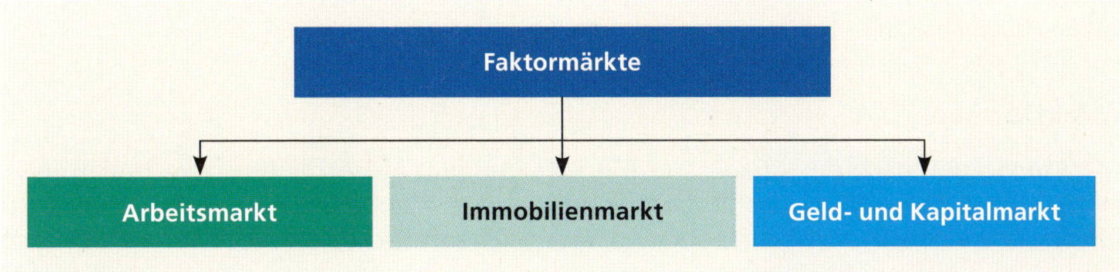

Faktormärkte

Definition
Der **Arbeitsmarkt** gehört zu den Faktormärkten. Auf ihm werden Arbeitsleistungen angeboten und nachgefragt.

Marktzugang

Von einem **offenen Markt** spricht man, wenn jeder Anbieter und Nachfrager am Marktgeschehen teilnehmen kann. Bei einem **geschlossenen Markt** ist durch Gesetze oder andere Gegebenheiten der Zugang zum Markt eingeschränkt oder sogar ausgeschlossen. Neben rechtlichen Gesichtspunkten können auch wirtschaftliche oder technische Gründe (z. B. fehlendes Kapital, fehlende Produktionstechnik, Know-how) den Marktzutritt erschweren.

Beispiele
Eingeschränkter Marktzugang
Ärztliche Leistungen (Approbationszwang), Lkw-Fernverkehr (Konzessionszwang), Arbeitnehmerüberlassung (Erlaubnis der Agentur für Arbeit)

Stellung der Marktteilnehmer

Käufer- und Verkäufermärkte werden nach der Stellung der Marktteilnehmer unterschieden. Bei einem **Käufermarkt** befinden sich die Käufer in einer verhandlungsstrategisch günstigeren Position, z.B. weil das Angebot größer als die Nachfrage ist (Angebotsüberhang oder Nachfragelücke). In der Realität handelt es sich meistens um Käufermärkte.

Bei einem **Verkäufermarkt** liegt eine gegensätzliche Marktsituation vor: Hier übersteigt die Nachfrage das Angebot (Nachfrageüberhang oder Angebotslücke).

Staatliche Beeinflussung

Hinsichtlich der staatlichen Beeinflussung von Märkten wird eine Unterscheidung in **freie und regulierte Märkte** vorgenommen. Auf freien Märkten bilden sich Preise ohne jeden Staatseingriff. Bei regulierten Märkten greift der Staat ein, wenn z.B. soziale Ziele gefährdet sind oder der Wettbewerb zu unerwünschten Ergebnissen führt.

Beispiel
Beim Arbeitsmarkt liegt ein regulierter Markt vor. Angebot und Nachfrage werden durch zahlreiche Regelungen des Arbeits- und Sozialrechts beeinflusst.

Marktformen

Märkte werden nach der **Anzahl der Marktteilnehmer** auf Anbieter- bzw. Nachfragerseite unterschieden. Dabei kann die Anzahl von *einem* Anbieter bzw. Nachfrager bis zu *vielen* Anbietern bzw. Nachfragern variieren. Theoretisch wird bei der Anzahl eine Unterscheidung zwischen einer, wenige oder viele vorgenommen, sodass sich insgesamt neun Marktformen differenzieren lassen:

Anbieter \ Nachfrager	viele	wenige	einer
viele	**Polypol** ***Beispiel*** *viele Bäckereien / viele Konsumenten*	**Nachfrageoligopol** ***Beispiel*** *viele Landwirte / wenige Molkereien*	**Nachfragemonopol** ***Beispiel*** *viele Sockenhersteller / die Deutsche Bundeswehr*
wenige	**Angebotsoligopol** ***Beispiel*** *wenige Mineralölgesellschaften / viele Autofahrer*	**Zweiseitiges Oligopol** ***Beispiel*** *Hersteller und Anbieter von Spezialkränen*	**Beschränktes Nachfragemonopol** ***Beispiel*** *wenige Hersteller von Polizeiuniformen / Staat*
einer	**Angebotsmonopol** ***Beispiel*** *Beförderung von 50g-Briefen durch die Deutsche Post AG / viele Konsumenten und Unternehmen (bis 01.01.2008)*	**Beschränktes Angebotsmonopol** ***Beispiel*** *Ein Hersteller eines Spezialmedikaments / wenige Menschen, die an einer bestimmten Krankheit leiden*	**Zweiseitiges Monopol** ***Beispiel*** *Ein Panzerhersteller / die Deutsche Bundeswehr*

Merksatz
Zentrale Marktformen sind das **Polypol**, das **Angebotsoligopol** und das **Angebotsmonopol**, da sie Rückschlüsse auf die Preisbildung zulassen, wenn Anbieter über wenig Marktmacht verfügen bzw. immer mehr Marktmacht gewinnen.

Der Markt für Personaldienstleistungen (Zeitarbeit) ist sehr heterogen und zersplittert. Die Anbieterstruktur ist uneinheitlich: Neben wenigen Großunternehmen, die je nach Dienstleistungssegment über hohe Marktanteile verfügen, existiert eine Vielzahl von kleinen und mittelständischen Unternehmen.

Merksatz
Auf dem **Personaldienstleistungsmarkt** existiert ein Nebeneinander von oligopolistischen und polypolistischen Marktstrukturen.

3.1.3 Personaldienstleister als Marktteilnehmer

Personaldienstleister treten auf verschiedenen Märkten auf[1]:

- auf dem Markt für (unternehmensnahe) Dienstleistungen, auf dem sie Personaldienstleistungen anbieten;

  Beispiele
  - *Ein Personalberater berät die Berger Handelskette AG über die Einführung eines neuen Vergütungssystems.*
  - *Die Finke Zeitarbeit GmbH übernimmt für die Metallwerke AG die Lohn- und Gehaltsabrechnungen.*

- als Nachfrager auf dem Arbeitsmarkt, wenn sie selbst interne bzw. externe Mitarbeiter einstellen;

  Beispiel
  Auf ihrer Homepage sucht die Finke Zeitarbeit GmbH zum einen Personaldisponenten, zum anderen Kälteanlagebauer, Schweißer, Büroangestellte, Fachlageristen usw.

- als Marktteilnehmer des Arbeitsmarkts, auf dem sie den überwiegenden Teil ihrer Dienstleistungen erbringen.

  Beispiele
  - *Die Personalvermittlung Schrader KG sucht im Auftrag eines Kundenunternehmens einen neuen Produktionsleiter. Sie nimmt auf dem Arbeitsmarkt eine Vermittlerrolle ein.*
  - *Die Finke Zeitarbeit GmbH stellt arbeitslose Produktionshelfer ein und überlässt sie an die Papierwerke Müller OHG. Die Finke Zeitarbeit GmbH ist gleichzeitig Nachfrager und Anbieter von Arbeitsleistungen.*
  - *Die Transfergesellschaft Nordberger GmbH übernimmt die Angestellten der Textilfabrik Hohlbein GmbH, qualifiziert sie weiter und vermittelt sie in eine neue Arbeitstätigkeit.*

[1] *Selbstverständlich treten Personaldienstleistungsunternehmen auch als Nachfrager auf Gütermärkten auf, beispielsweise bei der Beschaffung von neuen Büromöbeln für die Niederlassung. Da aber dieser Aspekt nicht zur Kerntätigkeit von Personaldienstleistungskaufleuten zählt, wird er an dieser Stelle nicht weiter behandelt.*

Im Rahmen des Leistungsangebots von Personaldienstleistern sind diese Märkte eng miteinander verbunden bzw. überschneiden sich stark. Dies gilt insbesondere für alle Formen des Fremdpersonaleinsatzes sowie für die Personalvermittlung.

Beispiele
Bei der Kalkulation von Stundenverrechnungssätzen werden die Arbeitsentgelte für die Zeitarbeitnehmer zugrunde gelegt. Die Arbeitsentgelte sind aber von der Preisbildung auf dem Arbeitsmarkt, insbesondere von den vereinbarten Tarifverträgen, abhängig. Gleichzeitig orientiert sich die Finke Zeitarbeit GmbH an der Wettbewerbssituation auf dem Zeitarbeitsmarkt: Welche Stundenverrechnungssätze sind bei unmittelbaren Konkurrenten zu beobachten? Welche (Preis-)Bereitschaft liegt bei Kundenunternehmen vor, Zeitarbeit in Anspruch zu nehmen?

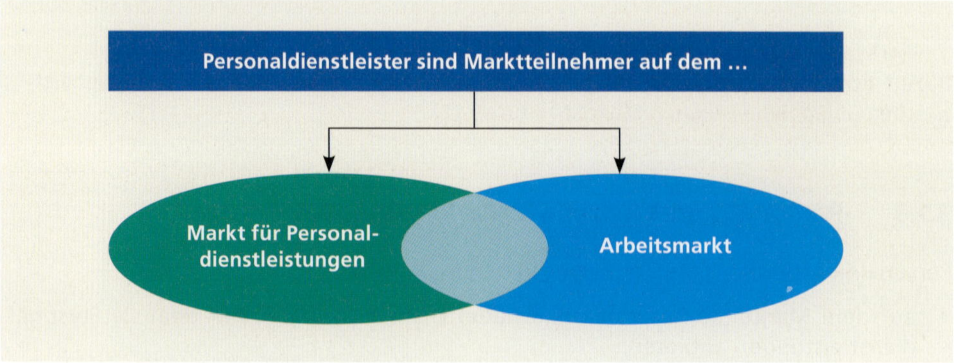

3.2 Arbeitsmarkt

3.2.1 Bedeutung von Arbeitsmarktkenntnissen

Für Unternehmen ist der Arbeitsmarkt der **zentrale Ansatzpunkt** für die **Beschaffung von Personal**. Personalverantwortliche benötigen deshalb ein **Grundwissen** über die **Funktionsweise** und **Struktur** des Arbeitsmarkts.

Viele Betriebe rekrutieren ihr Personal aus unterschiedlichen Arbeitsmarktsegmenten. Die Beschaffung, Vermittlung und Überlassung von Arbeitskräften verlangt daher besondere Kenntnisse im jeweiligen Marktsegment, in dem Personaldienstleister bzw. Unternehmen tätig sind.

Ein guter Zugang zu einzelnen Marktsegmenten und die gezielte Beschaffung von Informationen über den jeweiligen Teilmarkt ermöglichen eine differenzierte Marktbearbeitung und somit eine zielgerichtete Personalgewinnung und Akquise von Kundenunternehmen. Markt- und Berufskundekenntnisse helfen dabei, Informations- und Suchkosten zu senken.

Damit eine passgenaue Vermittlung/Überlassung erfolgen kann, müssen Informationen über den Arbeitsmarkt, über Berufe und deren Qualifikationsanforderungen ständig aktualisiert oder nötigenfalls auch neu beschafft werden.

Für einzelne Teilarbeitsmärkte muss regelmäßig überprüft werden, ob sich eine Überlassung oder Vermittlung für das Unternehmen lohnt.

Beispiel

Die Finke Zeitarbeit GmbH hat für den wachsenden Gesundheitsmarkt überprüft,

- *welcher Arbeitskräftebedarf vorliegt,*
- *wie hoch die Zahl der offenen Stellen ist,*
- *wie hoch das Risiko einer Spezialisierung auf diesen Marktbereich ist und*
- *welche Stammkräfte aufgrund ihres Qualifikationsprofils im Pflegemarkt arbeiten könnten.*

3.2.2 Marktteilnehmer

Auf dem Arbeitsmarkt werden Arbeitsleistungen gegen Entgelt ausgetauscht. Menschen, die ihre **Arbeitskraft zur Verfügung stellen**, werden als **Anbieter** bezeichnet. Demgegenüber treten Unternehmen, der Staat, private Haushalte sowie Verbände und Organisationen als **Nachfrager von Arbeitsleistungen** auf.

Neben den Anbietern und Nachfragern als Marktteilnehmer im engeren Sinne treten auf dem Arbeitsmarkt private und öffentliche Dienstleister auf, die zwischen Angebot und Nachfrage vermitteln. Hierzu gehören beispielsweise die Bundesagentur für Arbeit sowie ihre angegliederten Institutionen, Personal-Service-Agenturen sowie Personaldienstleister. LF 2 / 2.3.2

Definition

Auf dem **Arbeitsmarkt** treffen sich Nachfrager und Anbieter von Arbeitsleistungen.

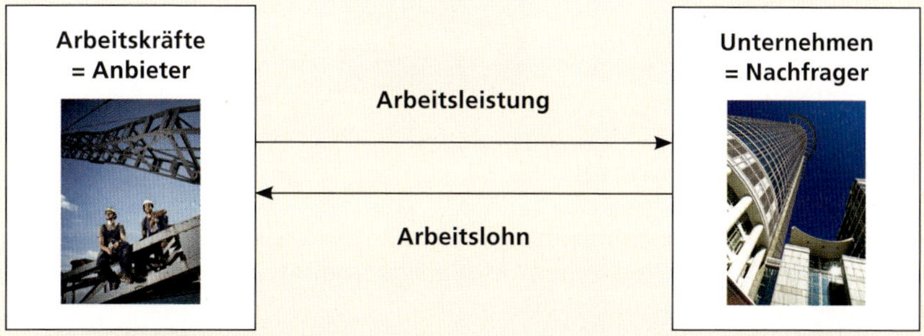

Anbieter und Nachfrager auf dem Arbeitsmarkt

Beispiel

Ein Baumarkt sucht Fachlageristen und Verkäufer. Er wendet sich deshalb an die Agentur für Arbeit und schaltet in der örtlichen Tageszeitung eine Stellenanzeige. Der Baumarkt fragt also eine bestimmte Arbeitsleistung nach. Menschen, die über die entsprechende Qualifikation und Mobilität verfügen, bewerben sich bei dem Unternehmen. Sie bieten somit ihre Arbeitsleistung an. Nachdem das Auswahlverfahren abgeschlossen ist, stellt das Unternehmen drei Verkäufer und zwei Fachlageristen ein.

Merksatz

Auf dem Arbeitsmarkt treten als Anbieter die privaten Haushalte (Arbeitnehmer, Arbeitskräfte) auf, während die Unternehmen als Nachfrager agieren.

Wie auf allen Märkten verfolgen Anbieter und Nachfrager auch auf dem Arbeitsmarkt gegensätzliche Interessen.

Arbeitgeberinteressen	Kriterien	Arbeitnehmerinteressen
Die Nachfrage nach Arbeitsleistungen und der Bestand des Arbeitsplatzes sind abhängig von der wirtschaftlichen Situation und den technischen Gegebenheiten des Unternehmens. Es werden nur Qualifikationen nachgefragt, die erforderlich sind, um bestimmte Unternehmensziele zu erreichen.	**Arbeitsplatzsicherheit**	Arbeitnehmer wünschen sich langfristige Beschäftigungsverhältnisse und einen sicheren Arbeitsplatz. Sie möchten sich weiterbilden und Aufstiegsmöglichkeiten haben.
Tendenziell möchten Arbeitgeber ein Arbeitsentgelt (Arbeitslohn und Lohnnebenkosten) zahlen, das dem Produktivitätsfortschritt entspricht oder sogar niedriger als der Produktivitätsfortschritt ist.	**Arbeitsentgelt**	Arbeitnehmer wünschen sich ein gleichmäßiges, leistungsgerechtes Arbeitseinkommen, das mindestens die Existenz sichert.
Unternehmen möchten flexibel reagieren können, z. B. auf Schwankungen bei der Auftragslage. Dazu kann auch die Anpassung der Arbeitszeiten gehören.	**Arbeitszeit**	Die Arbeitszeiten sollten möglichst familienfreundlich sein und ausreichend Raum für Erholung, Freizeit und Teilnahme am gesellschaftlichen Leben lassen.
Die Standortwahl von Unternehmen erfolgt unter wirtschaftlichen Aspekten.	**Arbeitsort**	Der Arbeitsort soll gut erreichbar und in der Nähe des Wohnorts sein.

3.2.3 Arbeitsmarktmodell

Um die Funktionsweise des Arbeitsmarkts zu erläutern, wird genau wie bei der Preisbildung auf Gütermärkten mit einem Modell gearbeitet. Dazu wird das allgemeine Marktmodell auf den Arbeitsmarkt übertragen.

Merksatz
Ein **Modell** hat die Aufgabe, die komplexe Realität auf wenige Einflussfaktoren zu reduzieren, um Zusammenhänge und Strukturen deutlich zu machen.

3.2.3.1 Modellannahmen

Als Marktform wird die **vollständige Konkurrenz** (vollkommener Markt mit vielen Anbietern und Nachfragern) unterstellt. Der Arbeitsmarkt weist keinerlei Zutrittsbeschränkungen auf und es herrscht freier Wettbewerb. Alle Marktteilnehmer handeln ausschließlich vernunftbetont (Menschenbild des Homo oeconomicus).

Es werden folgende Modellannahmen getroffen:

- Es herrscht vollkommene **Markttransparenz**. Anbieter und Nachfrager verfügen über alle relevanten Informationen. Sie haben also eine vollständige Übersicht über die Arbeitsmarktsituation.
- Die **angebotenen Arbeitsleistungen sind homogen**. Es gibt keine Qualitätsunterschiede, deswegen können alle Arbeitsplätze und Arbeitskräfte gegeneinander ausgetauscht werden.
- Die **Arbeitszeit ist beliebig teilbar**. Einem Unternehmen ist es gleich, ob eine Arbeitskraft acht Stunden arbeitet oder acht Arbeitnehmer jeweils eine Stunde arbeiten.
- Die Unternehmen und Haushalte verfügen über **keine Marktmacht**. Kein Marktteilnehmer kann somit den Lohn beeinflussen.
- Es bestehen **keine räumlichen Unterschiede**. Alle Arbeitnehmer sind mobil und verfügen auch über die entsprechende Bereitschaft zur Mobilität.
- Es liegt eine **unendliche Reaktionsgeschwindigkeit** vor: Alle Marktteilnehmer können sich an veränderte Verhältnisse sofort anpassen. Es liegen keine Reibungsverluste (Friktionen) bei der Besetzung von Arbeitsplätzen vor.

Durch diese Annahmen funktioniert der Markt wie folgt:

- Arbeitsangebot und Arbeitsnachfrage gleichen sich durch den Preis (hier Lohnsatz) aus.
- Der Lohn kann im Modell flexibel reagieren und den Markt räumen.
- Deshalb könnte jeder Arbeitnehmer, der bereit ist, seine Arbeit zum sogenannten Gleichgewichtslohnsatz anzubieten, sofort Arbeit finden.
- Arbeitslosigkeit ist im Modell immer freiwillig.
- Entstehen Ungleichgewichte (z. B. Arbeitslosigkeit), sorgt der Markt-Preis-Mechanismus dafür, dass sich ein neues Gleichgewicht findet. LF 2 / 3.2.4.1

Die klassische Arbeitsmarkttheorie wird herangezogen, um aufzuzeigen, wie sich unterschiedliche Lohnhöhen auf die Beschäftigung auswirken. Da die Theorie ein Referenzmodell für einen funktionsfähigen Arbeitsmarkt darstellt, wird mit ihr auch die Forderung nach mehr Flexibilität und Deregulierung (z. B. Lockerung des Kündigungsschutzes) untermauert.

3.2.3.2 Kritik an den Modellannahmen

Hauptkritikpunkte am Arbeitsmarktmodell sind:

1. **Die Besonderheiten des Gutes „Arbeit" werden nicht ausreichend berücksichtigt.**
   Arbeitsleistungen können nicht mit herkömmlichen Gütern gleichgesetzt werden, da es hier um Menschen geht. **Arbeitsleistungen** sind **untrennbar** mit dem **Menschen** und seiner **Würde** verbunden.
   Arbeit hat in unserer Gesellschaft eine doppelte Bedeutung: Zum einen dient sie dem Einkommenserwerb und der **Existenzsicherung**, zum anderen beeinflusst sie die **gesellschaftliche Akzeptanz** und das **Selbstwertgefühl** des Einzelnen und ist

Ausdruck der **Selbstverwirklichung**. Arbeit stiftet über sinnvolle Beschäftigung **Zufriedenheit** und **Identität**, strukturiert den Tagesablauf und bietet **soziale Kontakte**. Der **Erfolg** auf dem **Arbeitsmarkt entscheidet** weitgehend über die materiellen und immateriellen **Lebenschancen** von Menschen.

2. **Die Modellannahmen sind realitätsfern: Der Arbeitsmarkt ist ein unvollkommener Markt.**

Heterogenes Arbeitsangebot	Das **Arbeitsangebot** ist **nicht homogen**. Mit unterschiedlichen Voraussetzungen (Alter, Qualifikationen, Leistungsfähigkeit, Geschlecht, Herkunft usw.) konkurrieren Menschen um die gleichen Arbeitsplätze.
Existenzielle Abhängigkeit vom Arbeitsmarkt	Menschen können zwar über ihre Fähigkeiten, Qualifikationen und Kompetenzen frei verfügen, besitzen aber meist nicht die erforderlichen Mittel (Kapital, Grundstücke, Maschinen), um selbst Güter oder Dienstleistungen zu produzieren. Deshalb müssen Arbeitsleistungen zur Sicherung der eigenen Existenz angeboten werden. Man spricht in diesem Zusammenhang auch von einem **„strukturellen" Verkaufszwang**. Nicht immer ist es möglich, auf den Arbeitsplatz zu warten, der den eigenen Vorstellungen (z. B. Qualifikation, Arbeitsbedingungen, Arbeitsentgelt) optimal entspricht. Aus diesem Grund sind Menschen vor allem bei lang anhaltender Arbeitslosigkeit auch bereit, eine Beschäftigung anzunehmen, für die sie überqualifiziert sind, oder die schlechter bezahlt ist.

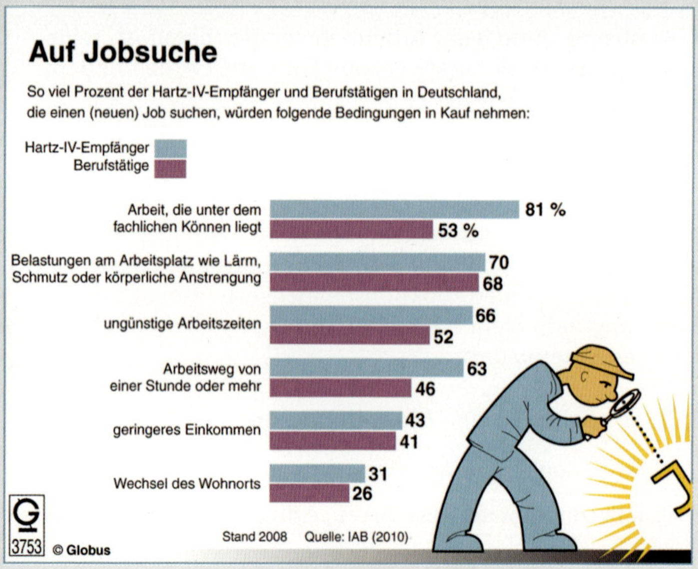

Eingeschränkte Mobilität	Der Arbeitsmarkt unterliegt einem ständigen Wandel (neue Berufe entstehen, alte verschwinden, neue Qualifikationen werden benötigt). Nicht alle Menschen sind in der Lage, sich auf neue Anforderungen

	einzustellen. Sie haben nur eine **eingeschränkte Mobilität**. Dies gilt in **persönlicher, zeitlicher** und **räumlicher** Hinsicht. Menschen können ihre Arbeitsleistungen nicht an jedem Ort anbieten, da sie durch soziale Beziehungen und/oder materiellen Besitz gebunden sind. Neue Fähigkeiten und Qualifikationen zu erwerben, ist für Arbeitskräfte aufwendig. Bildungsinvestitionen sind kosten- und zeitintensiv. Die persönliche Anpassungs- und Leistungsfähigkeit des Einzelnen ist begrenzt.
Fehlende Markttransparenz	Auf vielen Märkten verfügen die Marktteilnehmer **nicht** über den **gleichen Zugang** zu **Marktinformationen**. Dies gilt insbesondere für den Arbeitsmarkt. ***Beispiele*** *Wo gibt es offene Stellen? Welche Arbeitsleistungen und Qualifikationen werden (zukünftig) nachgefragt? Welche Vergütung erhalten Arbeitskräfte mit vergleichbaren Qualifikationen?*
Gesetzliche Regelungen für Arbeitszeiten	**Arbeitszeiten** sind **nicht beliebig teilbar**. Gesetzliche und tarifliche Vorschriften machen eindeutige Vorgaben. Auch Betriebe haben kein Interesse daran, täglich mehrere Mitarbeiterwechsel für den gleichen Arbeitsplatz zu organisieren.

3. **Der Arbeitsmarkt ist ein stark regulierter Markt.**

Da Arbeit ein besonderes Gut ist, greifen verschiedene historisch gewachsene und politisch gewollte **Gesetze regulierend** auf den Arbeitsmarkt ein. Durch einzelne Gesetze wird vor allem die menschliche Arbeitskraft geschützt.

Beispiele
Arbeitszeitgesetz, Jugendarbeits- und Mutterschutzgesetz, Arbeitnehmerüberlassungsgesetz

Weitere Gesetze dienen der Einkommenssicherung sowie dem Bestandsschutz des Arbeitsverhältnisses.

Beispiele
Kündigungsschutzgesetz, Lohnfortzahlungsgesetz, Tarifvertragsgesetz

Da Arbeitnehmer sich häufig in einer „unterlegenen Position" befinden, sichern Gesetze auch die Mitbestimmungsmöglichkeiten der Arbeitnehmer.

Beispiele
Mitbestimmungsgesetz, Betriebsverfassungsgesetz

Vorschriften des Arbeits- und Sozialrechts regulieren den Arbeitsmarkt

Sie dienen ...
- **dem Arbeits- und Gesundheitsschutz,**
- **dem Einkommens- und Bestandsschutz,**
- **der Mitbestimmung,**
- **dem sozialen Ausgleich.**

Regulierter Arbeitsmarkt

Aufgrund der starken Regulierung fordern verschiedene Gruppen (Politiker, Verbände, Arbeitgeber) seit Jahren, mehr Freiheiten auf dem Arbeitsmarkt zuzulassen. Gesetze und Verordnungen sollen gelockert werden, um den Arbeitsmarkt flexibler zu machen.

Die Regulierung des Arbeitsmarkts hat zwei Seiten:

- Sie bietet denjenigen Schutz, die bereits in einem Beschäftigungsverhältnis stehen.
- Sie hemmt die Einstellung derjenigen, die eine Arbeit suchen.

Beispiel
Aufgrund der schwankenden Wirtschaftslage werden häufig Neueinstellungen herausgezögert, weil bei Absatzeinbrüchen ggf. Kündigungen notwendig sind, die mit Kosten (z. B. Abfindungen, Entlassungskosten) verbunden sein können.

4. **Der Lohn bildet sich nicht ausschließlich frei nach Angebot und Nachfrage und kann sich nicht immer flexibel anpassen.**

   Die Preisbildung im Modell lässt sich nicht uneingeschränkt auf die Realität übertragen, da neben der freien Vereinbarung durch Arbeitnehmer und Arbeitgeber auch weitere Formen der Lohnfestsetzung existieren (z. B. Tarif- und Mindestlöhne).

3.2.4 Preisbildung am Arbeitsmarkt

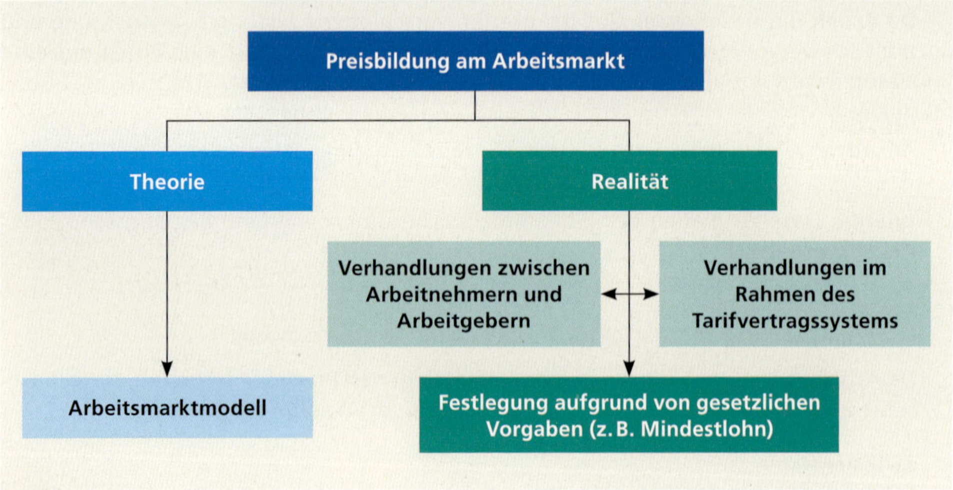

Arbeitsmarktmodell und Realität

3.2.4.1 Preisbildung im Modell

Bestimmungsgründe des Arbeitsangebots

Arbeitsanbieter müssen die ihnen zur Verfügung stehende Zeit zwischen Arbeitszeit und Freizeit aufteilen. Sie verfügen also über zwei alternative Möglichkeiten. Im Modell wird unterstellt, dass sie zwischen beiden frei wählen können. Da im Modell angenommen wird, dass sie nur rational handeln, werden sie stets die Alternative wählen, die den größten zusätzlichen Nutzen verspricht.

Das Arbeitsmarktmodell arbeitet mit dem sogenannten Opportunitätskostenkonzept.

Definition

Opportunitätskosten sind Alternativkosten oder auch Verzichtskosten, die dadurch entstehen, dass bei zwei vorliegenden Alternativen auf eine verzichtet wird.

Übertragen auf das Arbeitsmarktmodell stellt der Lohn einen Ausgleich für den Verzicht auf Freizeit dar.

- Arbeitsanbieter entscheiden sich für die Alternative „Arbeitszeit", weil sie mit dem erzielten Arbeitsentgelt Konsumgüter und Dienstleistungen kaufen können, die ihnen einen Nutzen stiften. Das Einkommen wird also benötigt, um die Ausgaben des täglichen Lebens zu bestreiten (z. B. Nahrung, Kleidung, Miete etc.), um Rücklagen zu bilden und für das Alter vorzusorgen.
- Dagegen entscheiden sich Arbeitsanbieter für Freizeit, wenn sie lieber ihren Hobbys nachgehen oder soziale Kontakte pflegen wollen. Freizeit verspricht in diesem Fall im Vergleich zur Arbeitszeit einen größeren zusätzlichen Nutzen.

Beispiel

Heidi Kauer ist Studentin und spielt in ihrer Freizeit regelmäßig Volleyball. Außerdem trifft sie sich gerne mit Freunden. Sie kleidet sich gerne modisch und geht daher häufig shoppen. Nun hat sie die Möglichkeit, einen Nebenjob als Kellnerin zu bekommen. Der Wirt bietet ihr für jede geleistete Arbeitsstunde ein Entgelt von 9,50 EUR an. Heidi muss nun entscheiden, wie viele Stunden sie neben Studium, Essen, Schlafen und Haushalt arbeiten möchte. Gleichzeitig muss sie überlegen, wie viel Freizeit sie haben möchte. Sie wird eine individuelle Kombination von Arbeit und Freizeit wählen. Legt Heidi tendenziell mehr Wert auf die Erfüllung ihrer Konsumwünsche, wird sie die Arbeitszeit zulasten von Freizeit erhöhen.

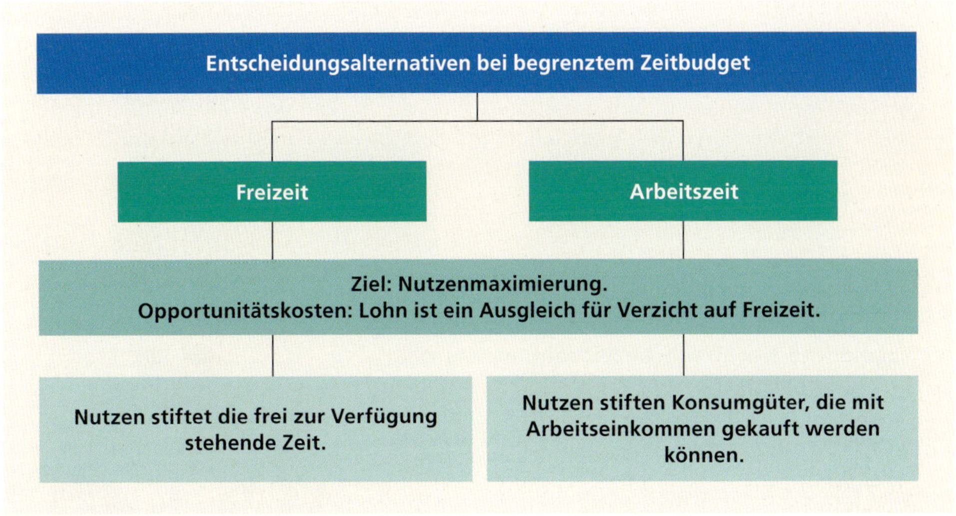

Entscheidungsalternativen von Arbeitsanbietern

In der Regel versuchen private Haushalte ein möglichst hohes Einkommen zu erzielen. Je höher der Lohnsatz (L) für die angebotene Arbeitsleistung (X) ist, desto größer ist auch der Anreiz, Arbeitskraft zur Verfügung zu stellen. Aus diesem Zusammenhang ergibt sich der folgende Verlauf der Angebotskurve.

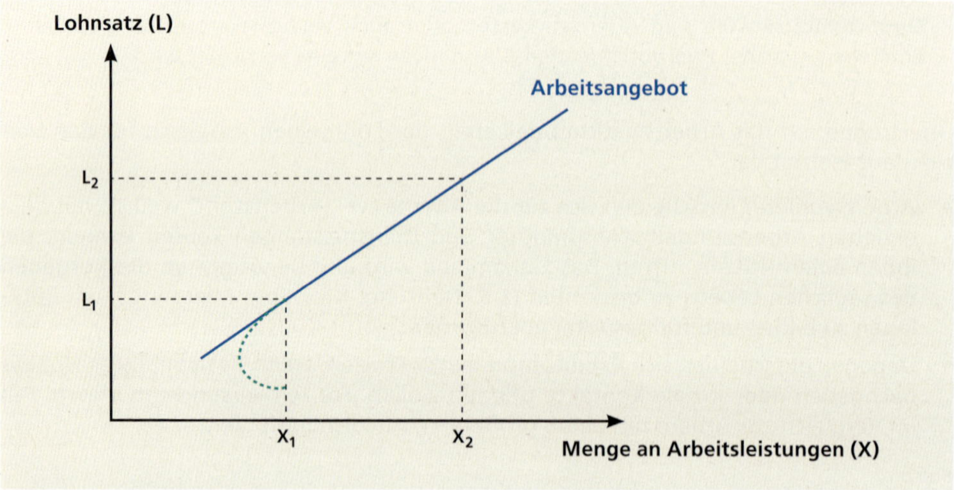

Verlauf der Angebotskurve

Für Einzelpersonen kann sich bei sinkendem Reallohn die Notwendigkeit ergeben, mehr zu arbeiten, um die Existenz zu sichern. Bei sinkendem Lohn würde dies nicht zu einer Einschränkung, sondern zu einer Ausweitung des Arbeitsangebots führen (gestrichelte Linie). Im Weiteren wird vereinfachend von einem geraden Verlauf der Kurve ausgegangen.

Merksatz

Die Arbeitskräfte bieten umso mehr Arbeit an, je höher der Lohn ist. Bei einem niedrigen Lohn wird weniger Arbeit angeboten, weil der Nutzen der Freizeit höher eingeschätzt wird. Die Kurve des Arbeitsangebots verläuft also von unten links nach oben rechts.

Bestimmungsgründe der Arbeitsnachfrage

Die Nachfrage der Unternehmen nach Arbeit wird als **abgeleitete Nachfrage** bezeichnet, da sie sich aus der **Güternachfrage** ergibt.

Im fachlichen Kontext

Kreislauf zwischen Arbeits- und Gütermarkt

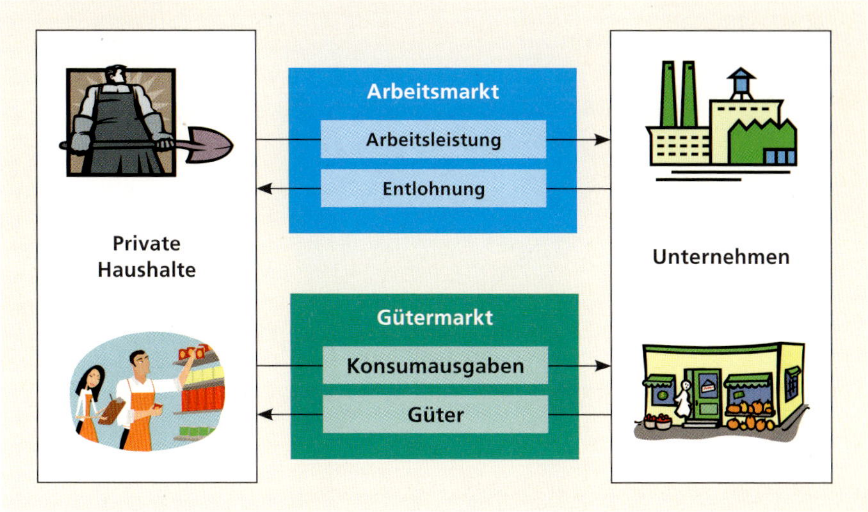

Der Zusammenhang zwischen Arbeits- und Gütermarkt stellt sich wie folgt dar: In einer modernen, arbeitsteiligen Wirtschaft kommt es täglich zu zahlreichen Tauschprozessen, die über Geld abgewickelt werden. Unternehmen bieten Güter an, die von Haushalten erworben werden. Die Haushalte stellen den Unternehmen Arbeitsleistungen zur Verfügung. Im Gegenzug erhalten sie Lohn, der es ihnen ermöglicht, die von Unternehmen produzierten Güter zu kaufen.

Ebenso wie die privaten Haushalte die Nutzenmaximierung anstreben, versuchen Unternehmen, den Gewinn zu erhöhen. Deswegen ist die Arbeitsnachfrage abhängig vom Lohnsatz (Kosten) und vom zusätzlichen Gewinn, der mit jeder zusätzlich eingestellten Arbeitskraft erwirtschaftet wird.

Beispiel

Ein Möbelhersteller hat sich auf die Produktion von Schlafzimmermöbeln spezialisiert. Ein Arbeiter stellt im Monat fünf hochwertige Kleiderschränke her. Für einen Kleiderschrank erhält der Hersteller 1 000,00 EUR. Der Arbeiter stellt somit Kleiderschränke im Wert von 5 000,00 EUR im Monat her. Neben dem Lohn fallen je Kleiderschrank weitere Kosten in Höhe von 600,00 EUR an (Material, Abschreibungen, Verwaltungskosten usw.). Der Wert, den ein Arbeiter neu schafft, beträgt somit 2 000,00 EUR. Der Lohn eines Arbeitnehmers muss aber unter 2 000,00 EUR je Monat liegen, damit mit seiner Arbeit Gewinn erzielt wird. Der Möbelhersteller wird daher nicht bereit sein, einen Monatslohn zu zahlen, der darüber liegt.

Aus diesem Zusammenhang ergibt sich der Verlauf der Nachfragekurve.

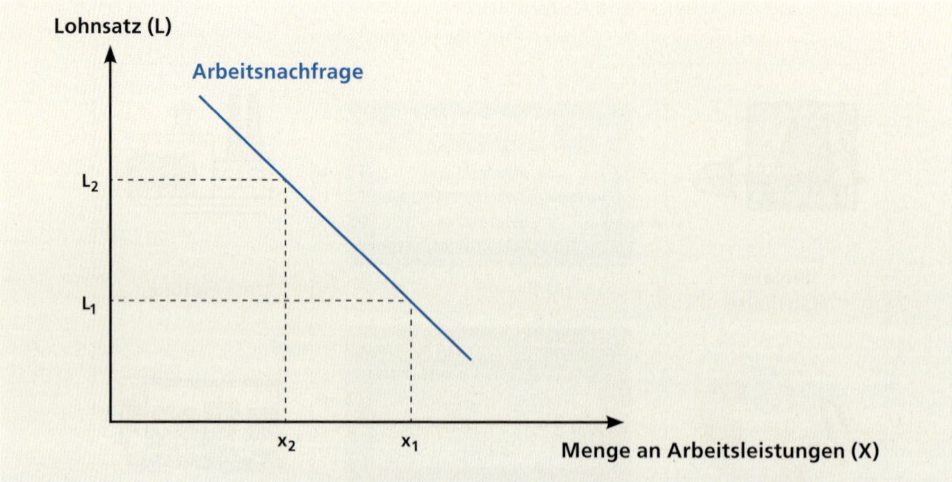

Merksatz
Unternehmen fragen umso mehr Arbeit an, je niedriger der Lohn ist. Bei einem hohen Lohn wird weniger Arbeit nachgefragt. Die Nachfragekurve verläuft somit von links oben nach rechts unten.

Marktgleichgewicht

Betrachtet man das Zusammenspiel von Arbeitsangebot und -nachfrage, dann lassen sich folgende Zusammenhänge beschreiben (siehe nächste Grafik):

- Der Gleichgewichtslohnsatz (L_0) räumt den Markt. Arbeitsangebot und Arbeitsnachfrage gleichen sich aus. Es liegt Vollbeschäftigung (X_0) vor. Das heißt, die Unternehmen können genauso viele Arbeitskräfte, wie sie für die Produktion benötigen, beschäftigen. Es gibt somit keine offenen Stellen. Alle, die arbeiten möchten, haben einen Arbeitsplatz. Falls es Arbeitslosigkeit gibt, dann wurde sie freiwillig gewählt, weil es eine höhere Präferenz für Freizeit gibt.
- Beim Lohnsatz (L_1) ist die Arbeitsnachfrage kleiner als das Angebot. Es liegt Arbeitslosigkeit oder Unterbeschäftigung vor. Nicht alle, die arbeiten wollen, finden auch Arbeit. Die Strecke (X_{1a}) bis (X_{1b}) zeigt das Ausmaß der Arbeitslosigkeit.

- Beim Lohnsatz (L_2) spricht man von Überbeschäftigung. Unternehmen konnten nicht alle Arbeitsplätze besetzen. Die Arbeitsnachfrage ist größer als das Arbeitsangebot. Das Ausmaß der Überbeschäftigung kann an der Strecke (X_{2a}) bis (X_{2b}) abgelesen werden.

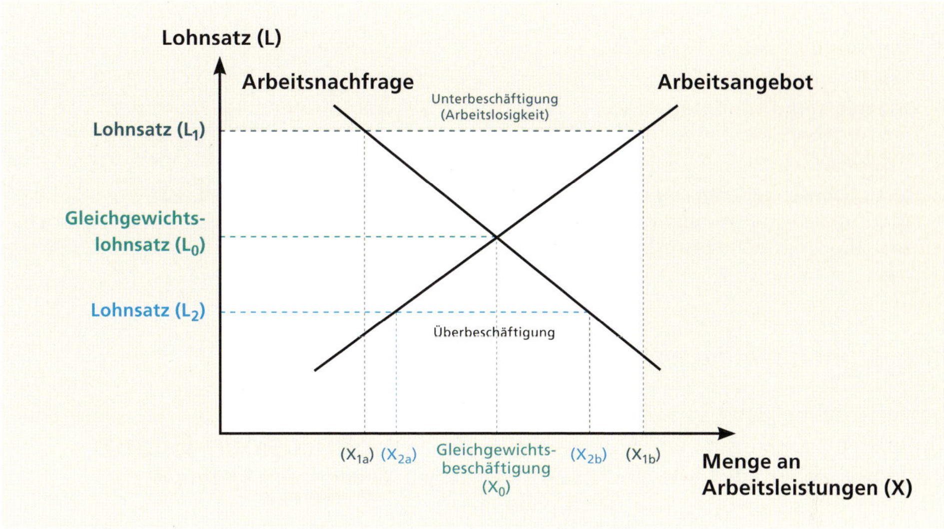

Verschiebungen von Angebots- und Nachfragekurve

Es kommt immer dann zu Verschiebungen der Kurven, wenn sich weitere Einflussfaktoren (also nicht der Lohnsatz) verändern.

Weitere Einflussfaktoren auf ...	
Arbeitsangebot	**Arbeitsnachfrage**
• geburtenstarke Jahrgänge • Zu-/Abwanderung • Veränderungen im Erwerbsverhalten • Präferenzverschiebungen zwischen Freizeit und Arbeitszeit	• Lohnnebenkosten • Güternachfrage • technischer Fortschritt • Zukunftserwartungen
Beispiel ***für die Erhöhung des Arbeitsangebots*** *Geburtenstarke Jahrgänge drängen auf den Arbeitsmarkt. Das Arbeitsangebot erhöht sich.*	**Beispiel** ***für den Rückgang der Arbeitsnachfrage*** *Eine neue Produktionstechnik macht es möglich, Arbeitskräfte einzusparen.*
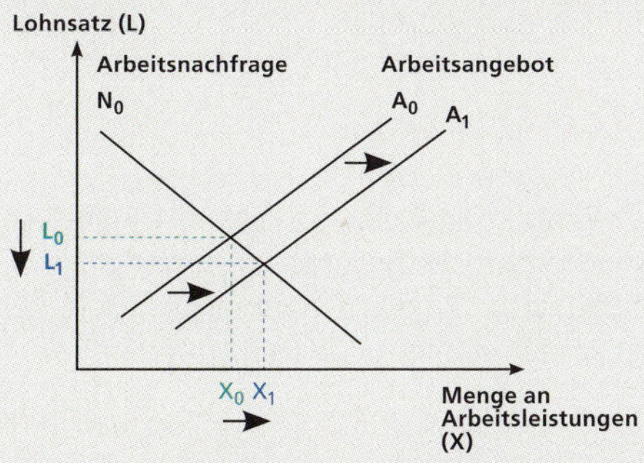	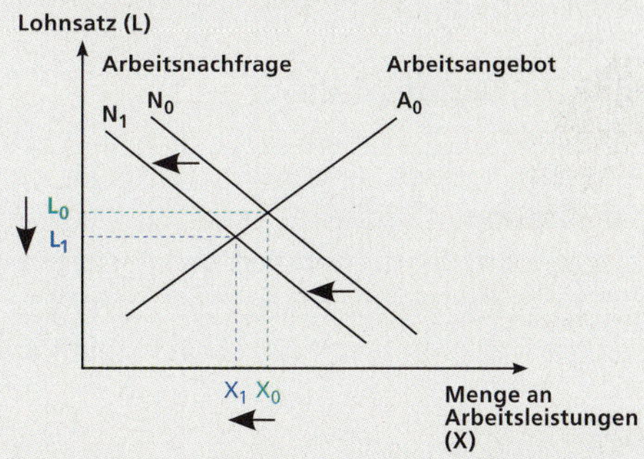

• Die Angebotskurve verschiebt sich nach rechts. • Es ergibt sich beim Lohnsatz (L_0) kurzfristig ein Angebotsüberhang. • Aufgrund der Anbieterkonkurrenz kommt es zu Lohnsenkungen, sodass sich ein neues Marktgleichgewicht bei niedrigerem Lohnsatz (L_1) und mehr Beschäftigung (X_1) ergibt.	• Die Nachfragekurve verschiebt sich nach links. • Da die Unternehmen aufgrund der veränderten Produktionstechnik weniger Arbeitsleistungen nachfragen, ergibt sich ein Angebotsüberhang. • Die Anbieterkonkurrenz lässt den Lohnsatz sinken. Es pendelt sich ein neues Gleichgewicht bei (L_1, X_1) ein.

3.2.4.2 Preisbildung im Rahmen von Tarifverhandlungen

Die Festsetzung des Lohns erfolgt im Rahmen von Tarifverhandlungen durch organisierte Institutionen: Arbeitgeberverbände und Gewerkschaften. Es stehen sich also häufig nur zwei Marktparteien gegenüber. Deshalb spiegelt die Preisbildung nicht die tatsächlichen Marktverhältnisse wider, sondern sie wird durch die jeweilige Verhandlungsstärke und Marktmacht der beiden Tarifparteien beeinflusst.

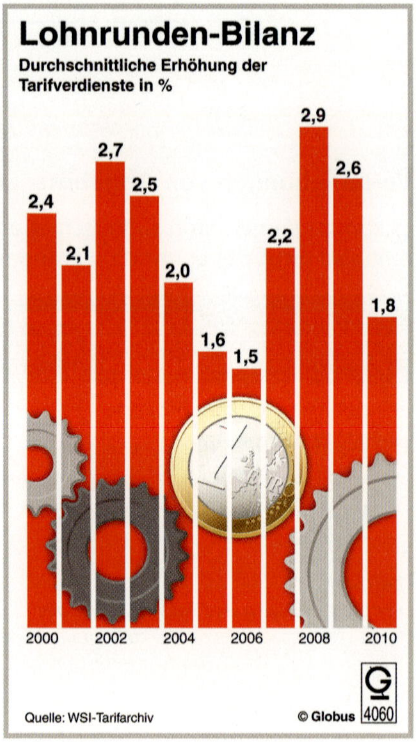

LF 1 / 2.6.1 Der Lohn kann durch Tarifvereinbarungen, Mindestlöhne und andere Regelungen nicht flexibel reagieren. Er ist nach unten weitgehend starr. Ungleichgewichte können somit nicht abgebaut werden. In der Regel sind nur Lohnerhöhungen möglich, da Lohnsenkungen in der Praxis politisch nicht durchsetzbar sind. In Zeiten hoher Arbeitslosigkeit oder schlechter konjunktureller Lage zeigen sich Marktreaktionen hauptsächlich in gemäßigten Tarifabschlüssen.

3.2.4.3 Mindestlöhne

Definition

Unter dem Begriff **Mindestlohn** versteht man einen Lohn, der **gesetzlich festgelegt** wird. Dieser Lohn darf überschritten, aber nicht unterschritten werden. Durch die festgelegte Lohnuntergrenze soll das Existenzminimum der Arbeitnehmer gesichert werden.

Mindestlohn im Arbeitsmarktmodell

Im klassischen Arbeitsmarktmodell stellt sich ein Mindestlohn wie folgt dar:

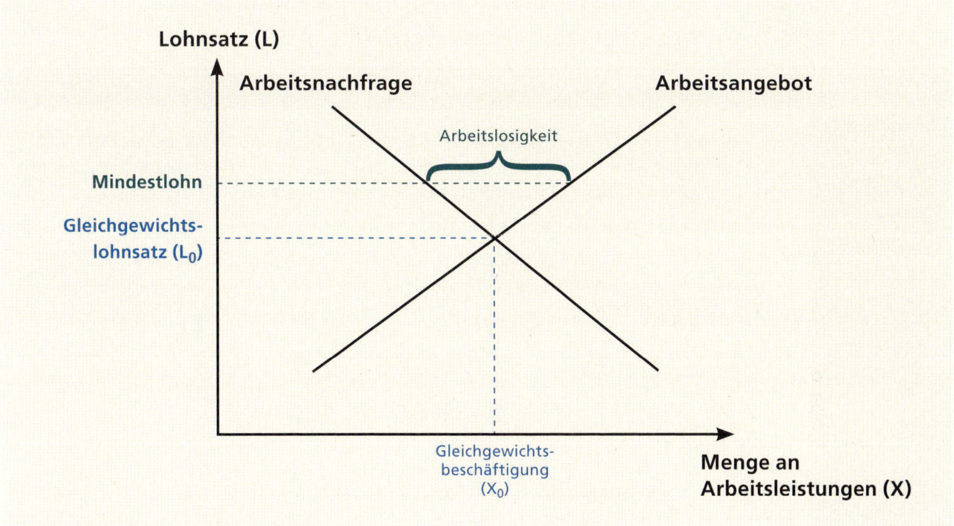

Mindestlöhne bei vollständiger Konkurrenz

Damit das Ziel der Sicherung bzw. Erhöhung der Arbeitseinkommen der Arbeitskräfte erreicht wird, muss ein Mindestlohn über dem Gleichgewichtslohnsatz liegen. Er bewirkt dann, dass die Arbeitnehmer für die gleiche Arbeitsleistung einen höheren Verdienst erzielen und den Arbeitgebern für die gleiche Arbeitsleistung höhere Kosten entstehen. Im Arbeitsmarktmodell führt ein Mindestlohn zur Arbeitslosigkeit (Angebotsüberhang). Das Ausmaß der Arbeitslosigkeit ist die Differenz zwischen der nachgefragten und angebotenen Menge an Arbeitsleistungen beim Mindestlohn (siehe Abbildung).

Mindestlohnformen

Grundsätzlich wirkt jedes tariflich vereinbarte Arbeitsentgelt wie ein Mindestlohn, da es nicht unterschritten werden darf. Der Geltungsbereich ist allerdings auf die Mitglieder der Tarifvertragsparteien beschränkt und erfasst somit nicht immer alle Arbeitnehmer, die in diesem Wirtschaftszweig arbeiten. Hinzu kommt, dass die Zahl der Arbeitnehmer und Arbeitgeber, die tariflich organisiert sind, in den letzten Jahren stetig zurückgegangen ist.

Viele westliche Länder (darunter 20 der 27 EU-Staaten) und weitere Länder (z. B. die USA) schreiben einen **branchenübergreifenden** gesetzlichen Mindestlohn vor.

In Deutschland gibt es dagegen bisher keinen solchen gesetzlichen Mindestlohn. Es gibt aber verschiedene Formen von branchenbezogenen tariflichen Mindestlöhnen mit unterschiedlicher Reichweite und Verbindlichkeit.

Für die Festsetzung von verbindlichen Lohnuntergrenzen gibt es in Deutschland vier unterschiedliche Verfahren:

- Mindestlöhne durch Tarifvertragsgesetz (TVG)
- Mindestlöhne durch Arbeitnehmer-Entsendegesetz (AEntG)
- Mindestlöhne nach Mindestarbeitsbedingungengesetz (MiArbG)[1]
- Mindestlöhne nach Arbeitnehmerüberlassungsgesetz (AÜG)

Verfahren	Beschreibung
Mindestlöhne durch Tarifvertragsgesetz (TVG)	Auf Antrag einer Tarifvertragspartei kann der Bundesminister für Arbeit und Soziales im Einvernehmen mit dem Tarifausschuss (je drei Vertreter der Spitzenorganisationen) einen Tarifvertrag für allgemein verbindlich erklären (§ 5 TVG). Hierfür müssen u. a. folgende Voraussetzungen vorliegen: • Die tarifgebundenen Arbeitgeber müssen mindestens 50 % der Arbeitnehmer beschäftigen, die unter den Geltungsbereich des Tarifvertrags fallen, und • die Allgemeinverbindlichkeitserklärung muss im öffentlichen Interesse sein. Wird ein Tarifvertrag für allgemein verbindlich erklärt, gilt er auch für alle bislang nicht tarifgebundenen Arbeitnehmer und Arbeitgeber. Der Tarifvertrag ist nur auf Unternehmen mit Sitz in Deutschland anwendbar. **Bedeutung** Von den rund 67 000 im Tarifregister als gültig eingetragenen Tarifverträgen sind zurzeit 496 allgemein verbindlich.[1] Welche Branchen davon betroffen sind, kann dem vierteljährlich veröffentlichten Verzeichnis des Bundesarbeitsministeriums entnommen werden (www.bmas.de).
Mindestlöhne durch Arbeitnehmer-Entsendegesetz (AEntG)	Das Arbeitnehmer-Entsendegesetz bietet die Möglichkeit, tarifvertragliche Mindestlöhne für alle Arbeitnehmer einer Branche verbindlich zu machen, unabhängig davon, ob der Arbeitgeber seinen Sitz im In- oder Ausland hat. Der erste Schritt auf dem Weg zu einem Branchenmindestlohn ist die Aushandlung eines tariflichen Mindestlohns zwischen den Tarifvertrags parteien. In einem zweiten Schritt kann der tariflich vereinbarte Mindestlohn für alle Beschäftigten der betroffenen Branche für allgemein verbindlich erklärt werden. Voraussetzung hierfür ist, dass die entsprechenden Branchen in den Anwendungsbereich des Arbeitnehmer-Entsendegesetzes fallen (§ 4 AEntG). Bis zum 31.08.2012 erhielten interessierte Branchen das Angebot, einen Antrag auf Aufnahme in das AEntG zu stellen. Bedingung hierfür war der gemeinsame Antrag der Tarifparteien sowie eine Tarifbindung von mindestens 50 Prozent. Davon machten acht Branchen Gebrauch, sechs Branchen wurden letztendlich neu aufgenommen. Anträge sind auch weiterhin möglich. Das Gesetz wurde 1996 ursprünglich für das Baugewerbe geschaffen, um die inländischen Unternehmen vor ausländischer Konkurrenz mit Niedriglöhnen zu schützen. Bis Ende 1998 sah das Gesetz ausschließlich eine Allgemeinverbindlichkeitserklärung (AVE) nach § 5 TVG vor. Seit 1999 besteht darüber hinaus auch die Möglichkeit, einen Tarifvertrag, für den ein Antrag auf AVE gestellt wurde, durch Rechtsverordnung auf alle nicht tarifgebundenen Arbeitgeber und Arbeitnehmer einer Branche zu erstrecken (Erstreckungsverordnung). Die AVE durch Rechtsverordnung kann auch gegen den Willen der Spitzenorganisationen der Arbeitgeber erfolgen. Voraussetzung ist allerdings, dass am Erlass einer Rechtsverordnung ein öffentliches Interesse besteht. Eine Sonderregelung sieht das AEntG für die Pflegebranche vor: Hier knüpft der Verordnungsgeber zur Festsetzung von Mindestlöhnen nicht an einen

[1] *Quelle: Bundesministerium für Arbeit und Soziales (BMAS), Stand: 02.04.2012.*

<table>
<tr><th>Verfahren</th><th>Beschreibung</th></tr>
<tr><td></td><td>Tarifvertrag, sondern an den Vorschlag einer aus Vertretern der Branche bestehenden Kommission an.

Mit der Neufassung des AEntG 2009 wurde ein Tarifausschuss eingerichtet, der sich mit Anträgen von Branchen beschäftigt, die erstmalig die Aufnahme beabsichtigen. Stellt eine neu einbezogene Branche erstmals einen Antrag auf AVE eines Tarifvertrags, dann ergibt sich folgender Ablauf:
• Im Tarifvertrag müssen sich die Tarifvertragsparteien zuvor auf einen Mindestlohn geeinigt haben.
• Die Tarifvertragsparteien stellen einen gemeinsamen Antrag auf Allgemeinverbindlichkeit.
• Ein Tarifausschuss (je drei Vertreter der Spitzenorganisationen) befasst sich mit dem Antrag und soll innerhalb von drei Monaten ein Votum abgeben.
• Die letztendliche Entscheidung liegt beim Gesetzgeber. Er muss dazu die Auswirkungen auf den Wettbewerb und die Beschäftigung prüfen. Existieren mehrere miteinander konkurrierende Tarifverträge, ist deren Repräsentativität zu berücksichtigen.

Bedeutung
In welchen Branchen Arbeitgeber zurzeit nach dem AEntG verbindliche Tarifverträge beachten müssen, die Regelungen über Mindestlöhne oder weitere Arbeitsbedingungen zum Gegenstand haben, kann unter www.zoll.de abgerufen werden. Zurzeit werden ca. 2,9 Millionen Arbeitnehmer u. a. in folgenden Branchen erfasst: Abfallwirtschaft, Bauhauptgewerbe, Dachdeckerhandwerk, Maler- und Lackiererhandwerk, Elektrohandwerk, Gebäudereinigung, Pflegebranche, Sicherheitsdienstleistungen, Wäschereidienstleistungen im Objektkundengeschäft.</td></tr>
<tr><td>Mindestlöhne nach Mindestarbeitsbedingungengesetz (MiArbG)</td><td>Die dritte Möglichkeit, Mindestlöhne festzulegen, eröffnet das Mindestarbeitsbedingungengesetz (MiArbG). Es ist auch für Branchen anwendbar, in denen es keine Tarifverträge gibt oder nur eine geringe Tarifbindung existiert. Im Gegensatz zum AEntG wird nicht auf eine tarifvertragliche Lohnregelung zurückgegriffen, sondern der Verordnungsgeber setzt die Mindestlöhne auf Grundlage der Beschlüsse von Expertenausschüssen fest.

Bei den Expertenausschüssen handelt es sich um einen Hauptausschuss, der als unabhängiges und ständiges Gremium eingerichtet ist, sowie um Fachausschüsse, die temporär für einzelne Wirtschaftszweige gebildet werden.

Der Hauptausschuss entscheidet, ob in einem Wirtschaftszweig soziale Verwerfungen vorliegen und Mindestarbeitsentgelte festgesetzt werden sollen. Die branchenbezogenen Fachausschüsse legen anschließend die konkrete Höhe des Mindestentgeltes fest. Die vom Fachausschuss beschlossenen Mindestlöhne können auf Vorschlag des Bundesministeriums für Arbeit und Soziales (BMAS) durch die Bundesregierung per Rechtsverordnung für verbindlich erklärt werden. Sie sind dann für alle in- und ausländischen Arbeitnehmer der Branche zwingend.

Bedeutung
Bislang wurde von dieser gesetzlichen Möglichkeit noch kein Gebrauch gemacht.</td></tr>
</table>

Verfahren	Beschreibung
Mindestlöhne nach Arbeitnehmerüberlassungsgesetz (AÜG)	Seit dem 01.01.2012 gibt es eine verbindliche Lohnuntergrenze in der Zeitarbeit. Im Zeitraum vom 01.01.2012 bis zum 31.10.2012 liegt der Mindeststundenlohn im Westen bei 7,89 EUR und im Osten bei 7,01 EUR. Zum 01.11.2012 sollen die Mindestlöhne auf 8,19 EUR bzw. 7,50 EUR steigen. Diese Mindestlöhne gelten sowohl für Verleihzeiten als auch für verleihfreie Zeiten. Die Verordnung ist zunächst bis Oktober 2013 befristet. Diese Mindestlohnregelung basiert auf § 3a des Arbeitnehmerüberlassungsgesetzes (AÜG). Danach haben die Tarifpartner die Möglichkeit, gemeinsam einen Vorschlag zur Festsetzung von Lohnuntergrenzen beim Bundesministerium für Arbeit und Soziales (BMAS) einzureichen, die das BMAS per Rechtsverordnung für die gesamte Branche verbindlich festsetzt. Diese Lohnuntergrenzen gelten dann auch für nicht tarifgebundene und ausländische Unternehmen. **Bedeutung** Durch die Verordnung wurde erstmalig eine verbindliche Lohnuntergrenze für die Zeitarbeit festgelegt. Die zurzeit 900 000 Zeitarbeitnehmer haben einen Anspruch darauf, dass ihnen **mindestens** die o. g. Beträge pro Stunde gezahlt werden. Der Mindestlohn soll das Vertrauen in diese Beschäftigungsform festigen und das Image der Zeitarbeit positiv beeinflussen.

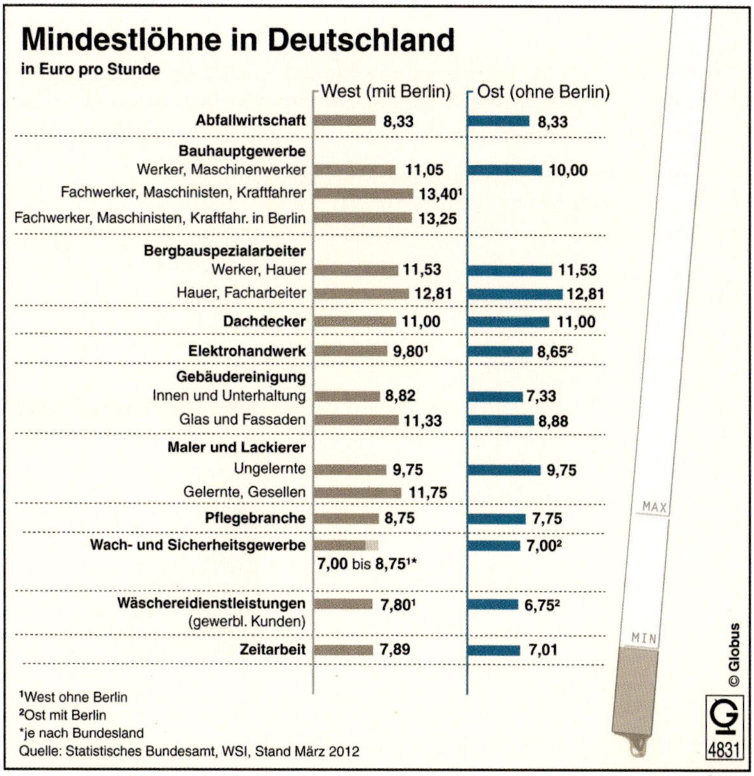

Pro und Kontra Mindestlöhne

Branchenmindestlöhne haben die Diskussion um einen gesetzlichen Mindestlohn nicht abklingen lassen. In vielen gesellschaftlichen Gruppen wird seit Jahren kontrovers über die Einführung von gesetzlichen Mindestlöhnen debattiert.

Neben der Kernfrage, ob gesetzliche Mindestlöhne eingeführt werden sollen oder nicht, geht es um folgende Aspekte:

- Welche Auswirkungen haben Mindestlöhne auf die wirtschaftliche Situation von Unternehmen bzw. auf die gesamtwirtschaftliche Lage?
- Wie hoch soll ein gesetzlicher Mindestlohn angesetzt werden?
- Mit welchem Verfahren sollen gesetzliche Mindestlöhne eingeführt werden?
- Welche Auswirkungen haben gesetzliche Mindestlöhne auf die Tarifautonomie?

Neben der ökonomischen Perspektive werden auch sozial-ethische Fragen berührt:

- Welchen Wert hat Arbeit in unserer Gesellschaft?
- Wie kann Arbeit ein menschenwürdiges Dasein bzw. ein Existenzminimum sichern?
- Welche Verpflichtungen ergeben sich aus dem Sozialstaatprinzip?

In Deutschland werden in erster Linie zwei Argumente für einen einheitlichen gesetzlichen Mindestlohn genannt:

- Die Einführung eines gesetzlichen Mindestlohns soll sicherstellen, dass jeder alleinstehende Vollzeitbeschäftigte ein Arbeitseinkommen bezieht, das mindestens dem Existenzminimum entspricht.
- Viele Geringverdiener müssen ihr Arbeitseinkommen mit Arbeitslosengeld II („Hartz IV") aufstocken, durch Mindestlöhne könnte diese Belastung der öffentlichen Hand verringert werden.

3.2.5 Arbeitsmarktstrukturen

Teilarbeitsmärkte

In der Umgangssprache und in den Medien wird häufig vom „Arbeitsmarkt" gesprochen. „Den Arbeitsmarkt" gibt es jedoch nicht: Er zerfällt in verschiedene Teilarbeitsmärkte, die sich nach bestimmten Kriterien unterscheiden lassen.

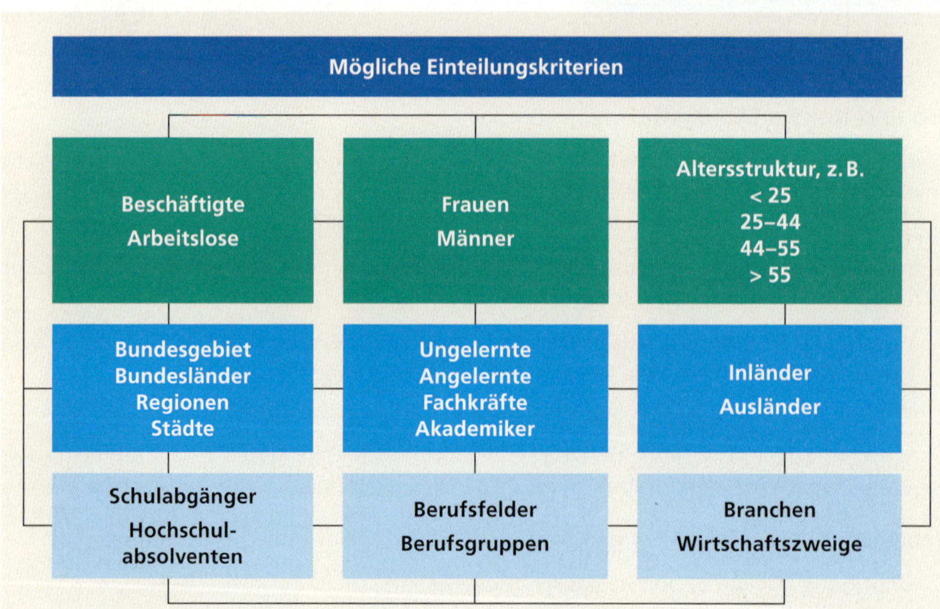

Teilarbeitsmärkte

Die im Schaubild dargestellten Kriterien sind miteinander kombinierbar, um einzelne Teilarbeitsmärkte weiter einzugrenzen. Sie spiegeln sich auch in der Arbeitsmarktstatistik wider. So werden beispielsweise für einzelne Teilarbeitsmärkte Arbeitslosenquoten berechnet und Arbeitsmarktberichte herausgegeben, auch beim Einsatz von Arbeitsmarktinstrumenten wird auf unterschiedliche Arbeitnehmergruppen geachtet.

Beispiel

Ausbildungsplätze 2012

Wer 2012 einen Ausbildungsplatz sucht, hat bessere Aussichten als in den Jahren zuvor. Der Fachkräftemangel und das Wirtschaftswachstum beeinflussen das Ausbildungsplatz-Angebot 2012 zugunsten der Ausbildungsplatzsuchenden. Unternehmen möchten den Nachwuchs sichern und bemühen sich, als attraktive Arbeitgeber aufzutreten. Diese Entwicklung hat sich bereits seit 2010 angebahnt.

Diese positive Entwicklung auf dem Ausbildungsmarkt wird aber leider auch durch einige Faktoren gebremst. In einigen Bundesländern verlassen 2012 die doppelten Abiturjahrgänge die Schulen, sodass es insbesondere in typischen Abiturientenberufen eng werden könnte. Auch die Abschaffung der Wehrpflicht und des Zivildienstes wirkt sich auf den Ausbildungsmarkt aus. Hinzu kommt, dass staatlich geförderte Ausbildungsplätze vor allem in Ostdeutschland auch 2012 weiter stark abgebaut werden. [...]

Quelle: Ausbildungsplätze 2012, www.azubi-azubine.de/ausbildung/ausbildung-2012.html (Zugriff: 16.04.2012).

Segmentationstheorie

Segmentationstheorien gliedern den Arbeitsmarkt in einzelne Arbeitsmarktsegmente.

Merksatz

Während das klassische Arbeitsmarktmodell einen homogenen Arbeitsmarkt betrachtet, gliedern die Segmentationstheorien den Arbeitsmarkt in mehrere, nebeneinander bestehende Segmente, die jeweils für mehr oder weniger große Gruppen von Arbeitskraftanbietern nicht oder kaum zugänglich sind.

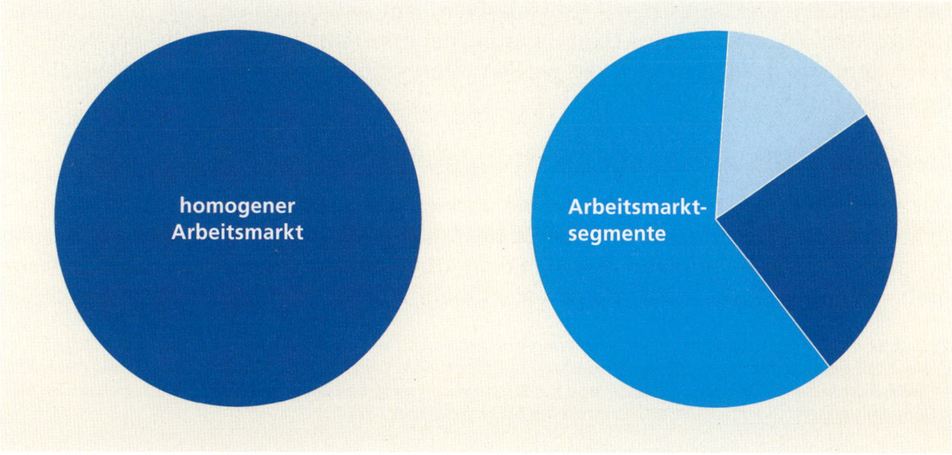

Für den deutschen Arbeitsmarkt wird nach der Segmentationstheorie von Sengenberger und Lutz[1] angenommen, dass er sich in drei verschiedene, idealtypische Segmente unterteilt: den Jedermann-Arbeitsmarkt, den berufsfachlichen Arbeitsmarkt und den betriebsinternen Arbeitsmarkt.

Web

Diese Segmente sind weitgehend voneinander abgeschottet. Nicht jedes Segment ist allen Arbeitskräften zugänglich. Übergänge sind gar nicht oder nur mit erheblichem Aufwand (Einarbeitungskosten, Umschulung, Umzug, Fortbildungen, Nachholen von Abschlüssen usw.) möglich. Die Zuordnung von Arbeitskräften zu einzelnen Teilarbeitsmärkten erfolgt über ihre Qualifikation. Auf den einzelnen Teilarbeitsmärkten gibt es deshalb unterschiedliche Einkommens-, Karriere- und Beschäftigungschancen. Der Lohn als Steuerungselement, wie er im klassischen Arbeitsmarktmodell dargestellt wird, ist somit nicht allein ausschlaggebend. Insbesondere auf dem betriebsinternen Arbeitsmarkt wirken auch Bevorzugungen von bestimmten Gruppen (Dienstalter, Laufbahnprinzip, langjährige Betriebszugehörigkeit) auf die Höhe der Löhne sowie die Zuteilung von Arbeitsplätzen ein.

Staatlich geförderte Arbeitsmärkte

Eine weitere Unterscheidung betrifft den sogenannten ersten und zweiten Arbeitsmarkt:

1. Arbeitsmarkt	2. (staatlich geförderter) Arbeitsmarkt
Der 1. Arbeitsmarkt umfasst den Austausch von Arbeitsleistungen zwischen Unternehmen (Arbeitgebern) und Arbeitskräften (Arbeitnehmern), er beruht auf „regulären" Arbeitsbeziehungen.	Auf dem sogenannten 2. Arbeitsmarkt sollen Unternehmen durch arbeitsmarktpolitische Maßnahmen motiviert werden, Arbeitsplätze für Menschen zu schaffen, die nicht oder nur schwer vermittelbar sind (z. B. durch Arbeitsbeschaffungsmaßnahmen).

Elektronische Arbeitsmärkte

Elektronische Arbeitsmärkte sind Jobbörsen für Stellenmärkte sowie Plattformen, auf denen Arbeitsleistungen angeboten und nachgefragt werden. Dazu zählen auch interne Jobbörsen in Unternehmen.

LF 4 / 2.3

Der Vorteil von elektronischen Arbeitsmärkten liegt darin, dass sie Such- und Informationskosten senken sowie eine Digitalisierung der Informationen ermöglichen. Probleme entstehen in erster Linie durch die großen Informationsmengen von unterschiedlicher Qualität.

Stark verfestigte strukturelle Arbeitslosigkeit

Web

Der deutsche Arbeitsmarkt ist durch eine stark verfestigte und relativ hohe strukturelle Arbeitslosigkeit gekennzeichnet (ca. 80 %). Strukturelle Arbeitslosigkeit entsteht dadurch, dass es Veränderungen zwischen dem Arbeitsangebot und der Arbeitsnachfrage gibt: Angebot und Nachfrage passen nicht mehr zusammen. Dabei handelt es sich um

[1] *Lutz, Burkart: Arbeitsmarktstruktur und betriebliche Arbeitskräftestrategie – eine theoretisch-historische Skizze zur Entstehung betriebszentrierter Arbeitsmarktsegmentation. Campus Verlag Frankfurt am Main, New York, 1987. Sengenberger, Werner: Struktur und Funktionsweise von Arbeitsmärkten. Die Bundesrepublik Deutschland im Vergleich. Campus Verlag Frankfurt am Main, New York, 1987.*

langfristige Entwicklungen, die durch den allgemeinen Strukturwandel ausgelöst werden. Die strukturelle Arbeitslosigkeit betrifft einzelne Branchen, Regionen und Wirtschaftsbereiche in unterschiedlichem Maße. Von struktureller Arbeitslosigkeit spricht man auch, wenn Menschen aufgrund ihres Berufs oder ihrer Qualifikationen, ihres Alters oder ihres Geschlechts arbeitslos sind („Problemgruppen des Arbeitsmarkts").

Die strukturelle Arbeitslosigkeit ist relativ hoch, weil der deutsche Arbeitsmarkt zum Teil nicht funktionsfähig bzw. nicht flexibel genug ist.

Seit den 80er-Jahren des 20. Jahrhunderts versucht die Politik, durch neue oder novellierte Gesetze (z.B. Beschäftigungsförderungsgesetz, Teilzeit- und Befristungsgesetz, Hartzgesetze) die „verkrusteten" Arbeitsmarktstrukturen aufzuweichen. **Flexibilität am Arbeitsmarkt** wird als zentrale Voraussetzung angesehen, um

- den Strukturwandel zu bewältigen;
- das wirtschaftliche Wachstum zu fördern;
- den Abbau der Arbeitslosigkeit zu bewerkstelligen (Brückenfunktion).

Keine Beschäftigungsform ist in den letzten Jahren in Deutschland so stark gewachsen wie die Zeitarbeit. Viele neue Beschäftigungsverhältnisse sind in der Zeitarbeit entstanden, dadurch haben Geringqualifizierte und Langzeitarbeitslose häufig erst einen Zugang zum Arbeitsmarkt erhalten. Aus arbeitsmarktpolitischer Sicht hat Zeitarbeit einen Beitrag zur Flexibilität und Funktionsfähigkeit des Arbeitsmarkts geleistet.

3.2.6 Arbeitsmarktkennzahlen

Veränderungen am Arbeitsmarkt werden durch **Ströme und Bestände** gekennzeichnet.

Bestandsgrößen

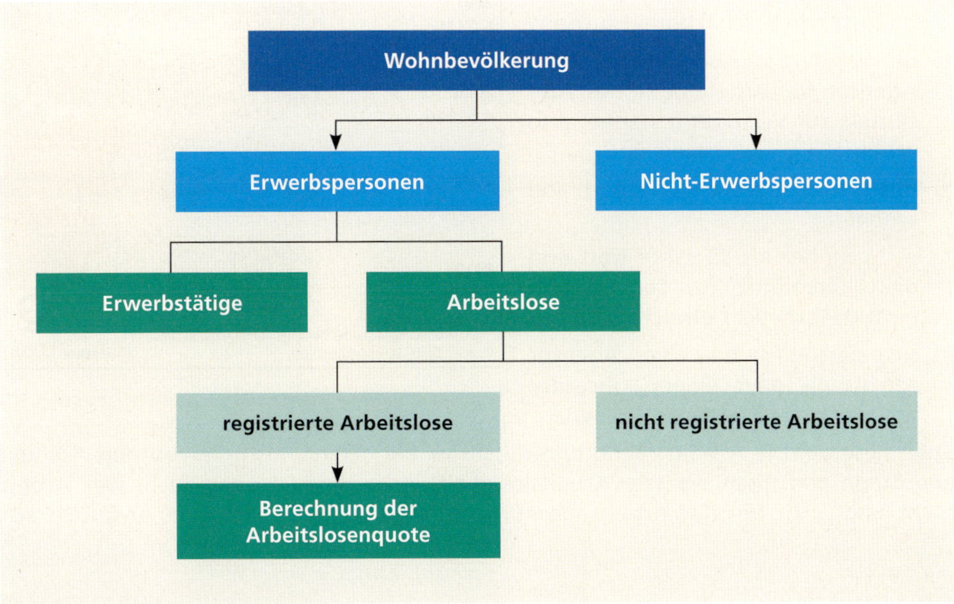

Begriffe der Arbeitsmarktstatistik

Wichtige Begriffe zum Thema **Arbeitsmarktstatistiken** sind:

Wohnbevölkerung: Alle innerhalb von Deutschland lebenden Menschen.

Nicht-Erwerbspersonen: Alle Personen unter 15 Jahren und Personen, die die Altersgrenze für den Renteneintritt erreicht haben, sowie Schüler, Studenten, Erwerbsunfähige, Hausfrauen und Hausmänner.

Erwerbspersonen: Alle Personen, die älter als 15 Jahre sind, aber die Altersgrenze für den Renteneintritt noch nicht erreicht haben, und die bereit sind, eine auf Entgelterzielung gerichtete Tätigkeit aufzunehmen. Die Erwerbspersonen setzen sich zusammen aus den Erwerbstätigen und den Arbeitslosen (Erwerbslosen). Zu den Erwerbstätigen zählen alle abhängig Beschäftigten, Selbstständigen und mithelfenden Familienangehörigen. Zur Gruppe der abhängigen Erwerbstätigen zählen nur die abhängig Beschäftigten (Arbeiter, Angestellte und Beamte).

Selbstständige: Erwerbspersonen, die sich unternehmerisch oder freiberuflich betätigen.

Arbeitslose: Personen, die vorübergehend in keinem Beschäftigungsverhältnis stehen.

Arbeitslose sind nach der Statistik der Bundesagentur für Arbeit[1] Personen, die

- vorübergehend nicht in einem Beschäftigungsverhältnis stehen oder nur eine weniger als 15 Stunden wöchentlich umfassende Beschäftigung ausüben,
- eine versicherungspflichtige, mindestens 15 Stunden wöchentlich umfassende Beschäftigung suchen,
- den Vermittlungsbemühungen der Agentur für Arbeit oder des Jobcenters zur Verfügung stehen, also arbeitsfähig und -bereit sind,
- in der Bundesrepublik Deutschland wohnen,
- nicht jünger als 15 Jahre sind und die Altersgrenze für den Renteneintritt noch nicht erreicht haben,
- sich persönlich bei einer Agentur für Arbeit oder einem Jobcenter arbeitssuchend gemeldet haben.

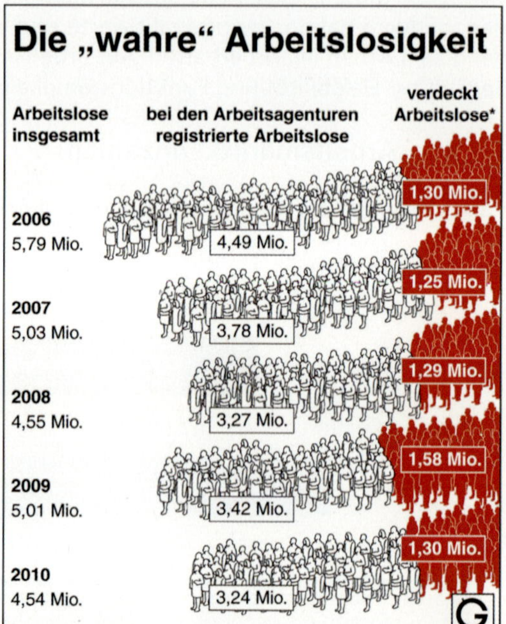

Stille Reserve: Die Arbeitslosenquote misst nur die offene, also die von den Arbeitsagenturen statistisch erfasste Arbeitslosigkeit. Arbeitslos ist aber auch, wer Arbeit sucht und nicht bei der Arbeitsagentur gemeldet ist (z.B. weil kein Anspruch auf

[1] *Stand: 31.10.2011.*

Arbeitslosengeld besteht). Diese Zahl der Erwerbslosen kann nur geschätzt werden. Man spricht hier auch von verdeckter Arbeitslosigkeit.

Kurzarbeiter: Abhängig Beschäftigte, die unterhalb der vereinbarten Arbeitszeit beschäftigt sind und als Lohnausgleich Kurzarbeitergeld erhalten.

Offene Stellen: Die von den Unternehmen gemeldeten, unbesetzten Arbeitsplätze (Stellenangebote).

Arbeitslosenquote und Erwerbsquote

Arbeitslosenquoten zeigen die relative Unterauslastung des Arbeitskräfteangebots an, indem sie die (registrierten) **Arbeitslosen zu den Erwerbspersonen** (EP = Erwerbstätige + Arbeitslose) **in Beziehung** setzen.

Der Kreis der **Erwerbspersonen** bzw. der Erwerbstätigen kann unterschiedlich abgegrenzt werden. Daher werden zwei verschiedene Arbeitslosenquoten ermittelt:

Arbeitslosenquote bezogen auf die abhängigen zivilen Erwerbspersonen

Der Nenner enthält nur die abhängigen zivilen Erwerbstätigen (abh. ziv. ET). Sie setzen sich zusammen aus sozialversicherungspflichtig Beschäftigten (einschl. Auszubildende), geringfügig Beschäftigten, Personen in Arbeitsgelegenheiten, Beamten (ohne Soldaten) und Grenzpendlern. Daraus berechnet sich die Arbeitslosenquote wie folgt:

Formel

$$\frac{\text{Arbeitslose}}{(\text{abh. ziv. ET} + \text{Arbeitslose})} \cdot 100$$

Arbeitslosenquote bezogen auf alle zivilen Erwerbspersonen

Alle zivilen Erwerbstätigen (alle ziv. ET) ergeben sich aus der Summe der abhängigen zivilen Erwerbstätigen sowie Selbstständigen und mithelfenden Familienangehörigen. Die Arbeitslosenquote berechnet sich entsprechend wie folgt:

Formel

$$\frac{\text{Arbeitslose}}{(\text{alle ziv. ET} + \text{Arbeitslose})} \cdot 100$$

Neben der Bundesagentur für Arbeit geben auch andere Institutionen Arbeitsmarktkennzahlen heraus (z. B. das Statistische Bundesamt). Häufig werden diese Quoten nach der Formel der ILO (International Labour Organization, dt. Internationale Arbeitsorganisation[1]) berechnet.

Web

[1] *Die Internationale Arbeitsorganisation ist eine Sonderorganisation der Vereinten Nationen. Schwerpunkte der Arbeit der ILO sind die Formulierung und Durchsetzung internationaler Arbeits- und Sozialnormen, insbesondere der Kernarbeitsnormen, die soziale und faire Gestaltung der Globalisierung sowie die Schaffung von menschenwürdiger Arbeit als zentrale Voraussetzung für die Armutsbekämpfung.*

Erwerbsquote

Die Erwerbsquote wird berechnet, indem die Anzahl der Erwerbspersonen in Relation zur Wohnbevölkerung gesetzt wird.

Formel

$$\text{Erwerbsquote} = \frac{\text{Erwerbspersonen}}{\text{Wohnbevölkerung}} \cdot 100$$

Stromgrößen

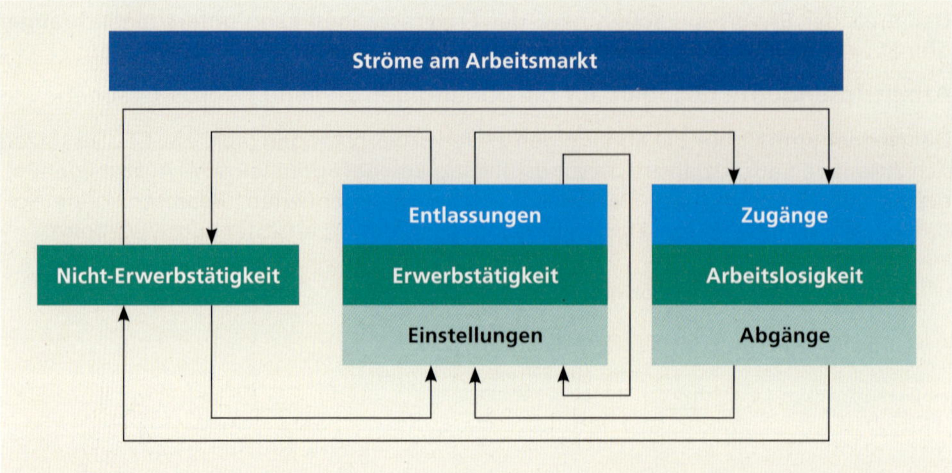

Zu- und Abgänge auf dem Arbeitsmarkt

Im Verlauf eines Jahres werden immer wieder Beschäftigungsverhältnisse beendet. Das kann unterschiedliche Ursachen haben: Entlassungen, Kündigung auf Arbeitnehmerseite, Beendigung befristeter Arbeitsverhältnisse oder Übertritte in den Ruhestand. Ein großer Teil der Beendigungen von Beschäftigungsverhältnissen führt in die Arbeitslosigkeit, ein anderer Teil mündet direkt wieder in ein neues Beschäftigungsverhältnis. Ebenso kann eine neue Beschäftigung aus der Nicht-Erwerbstätigkeit (z.B. Ruhestand, Stille Reserve), der Arbeitslosigkeit oder der Erwerbstätigkeit heraus aufgenommen werden. Auch bei gleich hoher Arbeitslosigkeit in einem Berichtszeitraum kann es somit trotzdem Bewegung (Zu- und Abgänge) auf dem Arbeitsmarkt geben.

Merksatz

Von einem **dynamischen Arbeitsmarkt** spricht man, wenn der Arbeitsmarkt durch zahlreiche Bewegungen gekennzeichnet ist. Ein dynamischer Arbeitsmarkt ist ein Zeichen für gut funktionierende Prozesse auf dem Arbeitsmarkt.

Beispiel
Der Bestand an Arbeitslosen nimmt zu, wenn es mehr Zugänge in die Arbeitslosigkeit als Abgänge aus der Arbeitslosigkeit gibt.

Merksatz
Um ein gesamtwirtschaftliches Beschäftigungsproblem genauer zu beschreiben, müssen stets mehrere **Indikatoren** herangezogen werden. Hierzu gehören:
- Arbeitslosenquote,
- Zu- und Abgänge in bzw. aus Arbeitslosigkeit,
- Dauer der Arbeitslosigkeit,
- Struktur der Arbeitslosigkeit,
- betroffene Arbeitnehmergruppen,
- Niveau und Veränderungen von Kurzarbeit,
- Zahl der offenen Stellen,
- Stille Reserve.

3.2.7 Wandel in der Arbeitswelt

Die Arbeits- und Beschäftigungsverhältnisse sowie die Berufsbilder verändern sich ständig und es gibt kein klares Bild, wie sich diese Veränderungen letztendlich auswirken werden. Das nachfolgende Schaubild gibt einen Überblick über einzelne Einflussfaktoren auf diese Entwicklung:

Globalisierung = weltweite Verflechtung der Märkte durch offene Grenzen, Abbau von Handelsschranken, Beschleunigung der Transportzeiten, Senkung der Transportkosten, verbesserte IKT, internationale Arbeitsteilung, ...

Neue Schlüsseltechnologien (z. B. Nano-, Mikrotechnologie)

Strukturverschiebungen der drei Wirtschaftssektoren: Wandel von der Industrie- zur Dienstleistungs-/Wissensgesellschaft

Veränderungen der betrieblichen Produktionskonzepte und Arbeitsorganisation

Zunahme der Bedeutung des lebenslangen Lernens

Veränderungen der Berufssystematik und -klassifizierung

Wandel der Beschäftigungsverhältnisse (z. B. Zeitarbeit, befristete Verträge)

Demografischer Wandel und Wandel der Geschlechterverhältnisse

Globalisierung

Durch innovative Informations- und Kommunikationstechnologien (Internettechnologien, Videokonferenzen, Telearbeitsplätze, mobile Kommunikation, E-Commerce usw.) können große Entfernungen überbrückt werden. Die Arbeit wird so von festen Orten und Zeiten abgekoppelt.

Beispiel
Die Idee und die Entwicklung eines neuen Produkts findet in Deutschland statt, die weltweite Beschaffung aller benötigten Produktbestandteile geschieht von China aus, die Fertigung erfolgt in Taiwan, IT-Leistungen und Support werden in Indien erbracht, ...

Neue Schlüsseltechnologien

Neue Technologien machen neue Produktionstechniken möglich (z. B. Nanotechnologie).

Wandel von der Industrie- zur Dienstleistungs-/Wissensgesellschaft

LF 2/ 2.3.7

- Die Verschiebungen innerhalb der Wirtschaftssektoren lassen neue Arbeitsplätze überwiegend im Dienstleistungssektor entstehen. Gleichzeitig wird die Bedeutung von (qualifikationsintensiven) Dienstleistungen in allen Beschäftigungsbereichen zunehmen.
- Industrieländer setzen auf Branchen und Bereiche, die von der Niedriglohnkonkurrenz nicht so stark betroffen sind. In diesen Bereichen entstehen neue Arbeits- und Beschäftigungsmöglichkeiten. Dagegen gehen Arbeitsplätze im Niedriglohnsektor verloren. Das bedeutet auch, dass die Nachfrage nach einfachen, gering qualifizierten Tätigkeiten weiter abnehmen wird.
- Ein Anstieg der Arbeitsnachfrage wird vor allem im Segment der höher qualifizierten Tätigkeiten stattfinden.
- Wissen ist die zentrale Voraussetzung gesellschaftlicher Entwicklung. Wissen wird als Produktions- und Standortfaktor immer wichtiger. Seine Generierung, Teilung und Nutzung beeinflusst die internationale Wettbewerbsfähigkeit. Deshalb gewinnt das Wissensmanagement in Unternehmen an Bedeutung.

Veränderung der betrieblichen Arbeitsorganisation und Produktionskonzepte

- Die Anzahl von Kleinstunternehmern, die in Netzwerken zeitlich begrenzt zusammenarbeiten, nimmt zu.
- Es gibt immer mehr Fusionen (Aufkäufe von Unternehmen), der Anteil der Global Player steigt.
- Es entstehen zunehmend teamorientierte und flexible Arbeitsorganisationen.
- Unternehmen gehen zur Sicherung von Wettbewerbsvorteilen strategische Partnerschaften ein, die Zusammenarbeit erfolgt häufig in Form von Projekten.
- Statt in Produktionsstraßen (Fließbandarbeit) wird in Gruppen an Fertigungsinseln gearbeitet.
- Die digitalisierte Fabrik entsteht: Alle Produktionsstufen und Arbeitsprozesse sind miteinander vernetzt.

- Das Unternehmensumfeld ändert sich schneller als in den vergangenen Jahren, deshalb sind flexiblere Arbeitsorganisationen notwendig.

Beispiele
Gruppenarbeitskonzepte, flexible Arbeitszeitmodelle, Organisation von Kunden- und Lieferanten-Beziehungen in Netzwerken, schlankere und flachere Strukturen mit zunehmender Verantwortung auch auf unteren Hierarchieebenen, Just-in-time-Konzepte bei der Lagerhaltung und Produktion, Verlängerung von Öffnungs- und Betriebszeiten, Auslagerung von Geschäftsbereichen, Umstellung auf Profitcenter-Organisation (Geschäftseinheiten mit Budget- und Ergebnisverantwortung).

Zunahme der Bedeutung des lebenslangen Lernens

- Lebenslanges Lernen wird als Voraussetzung angesehen, die eigene berufliche Position zu erhalten. Die Bedeutung von Wissensmanagement, E-Learning und Selbstverantwortung für die Fort- und Weiterbildung nimmt tendenziell zu.
- Arbeitnehmer müssen verstärkt unternehmerische Fähigkeiten mitbringen (Trend zu „Intrapreneurs"). Die Bedeutung von Schlüsselqualifikationen, wie z.B. Selbstverantwortlichkeit, Kreativität, Problemlösungsfähigkeit sowie Entscheidungsfähigkeit, soziale Kompetenzen und ein ergebnis- und qualitätsorientiertes Arbeiten, wird weiter zunehmen. Die Denk- und Koordinationsarbeit gewinnt, manuelle Tätigkeiten verlieren dagegen an Bedeutung.
- Die Bedeutung von international erworbenen Qualifikationen nimmt zu.

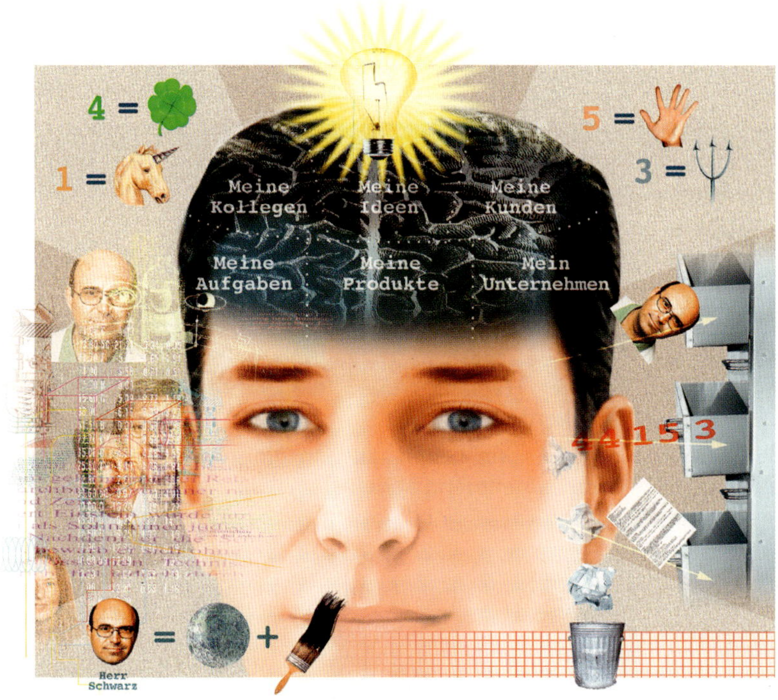

Veränderung der Berufssystematik / -klassifizierung

- Neue Berufe entstehen. Gleichzeitig kommt es zu einer Erosion des Berufsprinzips, da starre Berufsdefinitionen nicht mit veränderten Qualifikationsanforderungen übereinstimmen.

Berufe

Begriff
- durch Arbeitsteilung entstanden
- i.d.R. staatlich anerkannt
- Grundlage für die Erwerbstätigkeit
- fasst Einzeltätigkeiten zu geordneten Qualifikationsbündeln zusammen

Ordnung
- nach Berufsfeldern
- nach Berufsklassifikationen
- nach Qualifikationsanforderungen
- nach Ausbildungsdauer
- nach erreichten Abschlüssen

Praxisbedeutung
- Informationsgrundlage für Qualifikationsanforderungen
- geringere Informations- und Suchkosten
- Vermeiden von Auswahlverschulden
- leichtere Einhaltung des Arbeits- und Gesundheitsschutzes

Informationsquellen
- Bundesagentur für Arbeit
- Bundesinstitut für Berufsbildung
- Branchenseiten
- Kammern
- ...

Berufsbilder sind ständig im Wandel.
Informationen über Berufe müssen aktuell gehalten werden.

Wandel der Beschäftigungsverhältnisse

- Neben dem „Normalarbeitsverhältnis“ existieren flexible Beschäftigungsformen wie Zeitarbeit, Teilzeitarbeit, befristete Beschäftigung, selbstständige Beschäftigung (Arbeitskraftunternehmer, Freelancer usw.), die in ihrem Anteil an der Gesamtbeschäftigung wachsen werden.
- Die klassische Erwerbsbiografie, „ein Leben lang im gleichen Unternehmen den gleichen Beruf ausüben“, wird zunehmend abgelöst von Patchwork-Biografien.
- Die Grenzen zwischen Arbeit und Freizeit lösen sich zunehmend auf.
- Die starre Trennung zwischen Tätigkeiten im Betrieb, regelmäßigen Teamtreffen und Telearbeit bzw. Homeoffice wird aufgehoben.

Demografischer Wandel, Wandel der Geschlechterverhältnisse und Fachkräftemangel

- Frauenerwerbsarbeit und der Anteil von Frauen in Führungspositionen werden ansteigen.

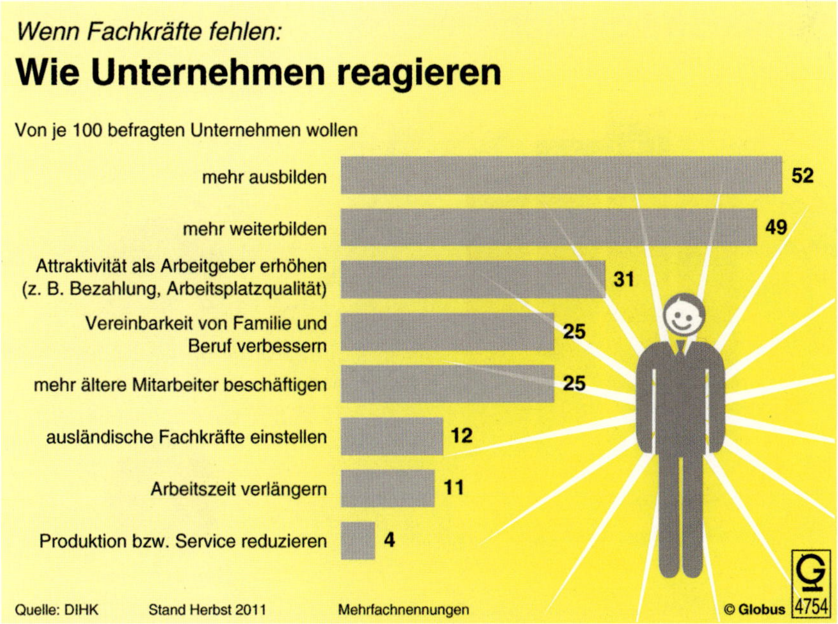

- Der technische Wandel erfordert entsprechend ausgebildete, qualifizierte Arbeitskräfte. Bereits bestehende Fachkräfteengpässe werden sich verstärken. Im „War of Talents" zu bestehen, wird für die Unternehmen zunehmend von Bedeutung sein.
- Der demografische Wandel (immer mehr ältere Menschen im Vergleich zu jüngeren) führt zu einem Arbeitskräftemangel, der auch durch eine gezielte Zuwanderung nicht aufgefangen werden kann. Unternehmen werden ihre Personalpolitik umstellen, um ältere Arbeitnehmer länger im Erwerbsleben zu halten.

Zukunft gestalten – Demografischer Wandel & Fachkräftemangel als Herausforderung

Kurzarbeit, Entlassungen, Einstellungsstopp – die Krise hat sich auch auf dem Arbeitsmarkt bemerkbar gemacht. Da scheint die Problematik des Fachkräftemangels zunächst weit hergeholt. Glaubt man einer aktuellen Umfrage des Deutschen Industrie- und Handelskammertags (DIHK) unter mehr als 700 Unternehmen, haben trotzdem ein Drittel von ihnen – in der Industrie sind es sogar 40 Prozent – Schwierigkeiten bei der Stellenbesetzung.

Aufgrund des demografischen Wandels wird sich dieser Engpass in Zukunft noch verschärfen. Gleichzeitig liegen jedoch die Potenziale vieler Menschen brach. Bestimmte gesellschaftliche Gruppen haben es nicht leicht auf dem Arbeitsmarkt: junge Menschen, da sie vielfach nur schwer einen Einstieg in die Berufstätigkeit schaffen, Frauen, da ihnen aufgrund der Schwierigkeiten in der Vereinbarkeit von Beruf und Familie und bestehender Rollenklischees eine Karriere oftmals versagt bleibt, und Ältere aufgrund der häufig geringen Wertschätzung ihrer Fähigkeiten.

[...]

Quelle: „Zukunft gestalten – Demografischer Wandel & Fachkräftemangel als Herausforderung", Meldung vom 08.06.2009, hrsg. v. Altop Verlags- und Vertriebsgesellschaft für umweltfreundliche Produkte mbH, München, unter: www.presseanzeiger.de/meldungen/handel-wirtschaft/285332.php (Zugriff: 16.04.2012).

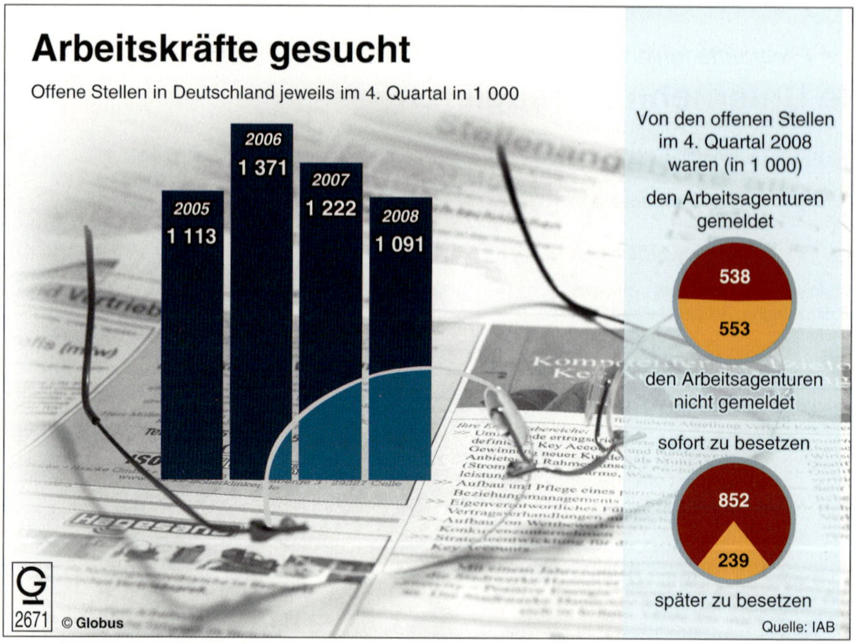

Demografischer Wandel verschärft Fachkräftemangel Dortmund, 25.11.2010

Wird über die zentralen Herausforderungen unserer Gesellschaft diskutiert, wird im gleichen Atemzug der sich vollziehende demografische Wandel genannt. Drei Kernthemen machen das Problem aus: steigendes Durchschnittsalter, sinkende Bevölkerungszahlen und Bildungs- und Qualifizierungsdefizite. Bereits heute sind viele Betriebe betroffen: Sie suchen verzweifelt nach Fachkräften oder können Ausbildungsplätze nicht besetzen. Darüber hinaus befürchten viele Unternehmen einen erheblichen Know-how-Verlust und als Folge des hohen Durchschnittsalters ihrer Belegschaft einen hohen Krankenstand.

Personalverantwortliche stehen somit vor der Herausforderung, nicht nur neue Fachkräfte zu gewinnen, sondern auch betriebliches Erfahrungswissen sowie Talente zu halten. Auf betrieblicher Seite werden deshalb verschiedene Maßnahmen diskutiert: Erhöhung der Ausbildungsquote, Bindung von Nachwuchskräften, Kompetenzmodelle, altersgerechte, betriebliche Gesundheitsförderung und Weiterbildung sowie altersgerechter Personaleinsatz.

Fehlen zurzeit insbesondere Mathematiker, Ingenieure, Naturwissenschaftler und Techniker (kurz: MINT), wird sich langfristig das Angebot gut qualifizierter Arbeitskräfte insgesamt verknappen.

Gesamtgesellschaftlich betrachtet führt der Fachkräftemangel zu Milliardeneinbußen beim Wirtschaftswachstum und lähmt das Innovationspotenzial. Zukünftig wird sich das Problem noch verstärken, wenn es nicht gelingt, durch geeignete Strategien den Arbeitskräftebedarf von Morgen zu sichern. Neben Bildungs- und Qualifizierungsoffensiven geht es u. a. um die Mobilisierung von arbeitsmarktpolitischen Problemgruppen, Erhöhung des Rentenalters, Konzepte des lebenslangen Lernens, Förderung von Frauenerwerbsarbeit sowie um Neuorientierung der Zuwanderungspolitik. (bvl)

Zusammenfassung

- **Marktbegriff**
  - Der Markt ist der Ort, an dem Angebot und Nachfrage zusammentreffen.
  - Ein Markt hat folgende **Aufgaben**: Preisbildung, Koordination von Angebot und Nachfrage, Verteilung von Gütern und Sicherstellung der Versorgung mit Gütern.
  - Der Begriff „Güter" ist ein Oberbegriff und umfasst **Sachgüter, Dienstleistungen und Rechte**.
- **Marktarten** werden unterschieden nach
  - Marktgegenstand (Sachgüter-, Dienstleistungs- und Faktormärkte),
  - Marktzugang (offene und geschlossene Märkte),
  - Stellung der Marktteilnehmer (Käufer- und Verkäufermärkte) und
  - Grad der staatlichen Beeinflussung (freie und regulierte Märkte).
- Die wichtigsten **Marktformen** sind Polypol, Oligopol und Monopol.
- Personaldienstleister sind Marktteilnehmer auf dem Markt für unternehmensnahe Dienstleistungen sowie auf dem Arbeitsmarkt. Je nach angebotener Dienstleistung (z. B. Arbeitnehmerüberlassung) überschneiden sich beide Märkte.
- **Abgrenzung zwischen Personaldienstleistungsmarkt und Arbeitsmarkt**

Merkmal	Personaldienstleistungsmarkt	Arbeitsmarkt
Gut	Personaldienstleistungen	Arbeitsleistungen (Arbeitskraft)
Nachfrager	Unternehmen, zum Teil auch Privatpersonen (z. B. Arbeitsvermittlung, Bewerbungscoaching)	Unternehmen, private Haushalte, Staat, Verbände, Organisationen, Institutionen
Anbieter	Personaldienstleister	Private Haushalte (Menschen)
Preis	Verrechnungssatz für die Arbeitnehmerüberlassung, Honorar für eine Personalberatung, Leistungsabrechnung für die Durchführung von Transfermaßnahmen, ...	Arbeitsentgelt
Marktauftritt	Webseiten, Messen, Kundenbesuche, Telefonakquise, Werbebroschüren u. v. m.	Stellenanzeigen in Printmedien und Internetbörsen, Homepages, Stellenanzeigen bei Arbeitsagentur, Jobcenter, Jobmessen

- **Besonderheiten des Arbeitsmarkts**

Besondere Merkmale des Arbeitsmarkts

- **Marktsituation**
  - unvollkommener Markt
  - Lohnfestsetzung durch Tarifvertragsparteien
  - regulierter Markt
- **Arbeitsangebot**
  - Arbeitsleistung muss zur Existenzsicherung angeboten werden
  - Arbeitsleistung untrennbar mit dem Menschen verbunden
  - hohe Bedeutung der Arbeit für den Menschen

- **Preisbildung**
  - Die Preisbildung in der Realität unterscheidet sich stark von der Preisbildung im Arbeitsmarktmodell.
  - Im **Arbeitsmarktmodell** wird unter ganz bestimmten Modellannahmen untersucht, wie sich der Lohn (Ursache) auf die Menge der angebotenen und nachgefragten Arbeitsleistungen (Wirkung) auswirkt.

- Das Arbeitsmarktmodell ist ein **Referenzmodell** für einen **funktionsfähigen Arbeitsmarkt** (Ausgleich von Angebot und Nachfrage, nur freiwillige Arbeitslosigkeit, Lohn nach unten und oben flexibel).
- In der **Realität** wird der Lohn entweder durch Verhandlungen zwischen Arbeitnehmern und Arbeitgebern gebildet (u. a. im Rahmen des Tarifvertragssystems) oder gesetzlich festgelegt (Mindestlöhne).

- **Arbeitsmarktstrukturen**
  - Es existiert eine Vielzahl von **Teilarbeitsmärkten**. In der **Segmentationstheorie** werden der **Jedermann-Arbeitsmarkt**, der **berufsfachliche Arbeitsmarkt** sowie der **betriebsinterne Arbeitsmarkt** unterschieden.
  - Weitere Einteilungskriterien für Teilmärkte sind u. a. **Geschlecht, Beschäftigungsstatus, Alter, räumliches Gebiet, Branche/Wirtschaftszweig, Qualifikationen und Berufe**.
  - Der **Wandel in der Arbeits- und Berufswelt** ist **dynamisch** und stellt Personaldienstleister und andere Marktteilnehmer vor neue Herausforderungen.
  - Personaldienstleister müssen ihr Dienstleistungsangebot stetig an Veränderungen anpassen. Als neue Zielgruppen gelten bei der Personalgewinnung Fachkräfte, Frauen und ältere Arbeitnehmer. Auch neue Dienstleistungen werden hinzukommen (Zeitarbeit und Qualifizierung).
  - Der Arbeitsmarkt wird als stark verkrustet bezeichnet. Hauptprobleme sind der **Fachkräftemangel**, die **Auswirkungen** des **demografischen Wandels** und die **hohe strukturelle Arbeitslosigkeit**.

- **Arbeitsmarktkennziffern**
  - Es werden **Bestands- und Stromgrößen** unterschieden.
  - Wichtige Kennziffern sind: Arbeitslosenquote, Erwerbsquote, Zahl der offenen Stellen sowie das Ausmaß der verdeckten Arbeitslosigkeit.
  - Die Auswertung verschiedener Kennziffern ermöglicht ein genaueres Bild von der Struktur der Arbeitslosigkeit und zeigt an, wer von Arbeitslosigkeit betroffen ist.
  - Die **Dynamik** des Arbeitsmarkts kann an dem Ausmaß der **Zu- und Abgänge** während einer Periode abgelesen werden.

Aufgaben

1. *Erstellen Sie ein Schaubild (z. B. eine Mindmap) zum Thema Markt.*

Web

2. *Unterscheiden Sie grundlegende Marktformen nach der Zahl der Marktteilnehmer.*
3. *Nennen und erläutern Sie die Annahmen des vollkommenen Marktes, die im Marktmodell zugrunde gelegt werden.*
4. *Erläutern Sie, warum es sich beim Arbeitsmarkt um einen unvollkommenen Markt handelt, und geben Sie an, welche Besonderheiten für den Arbeitsmarkt gelten.*

5. *Geben Sie die Einflussfaktoren auf Angebot und Nachfrage nach Arbeitsleistungen an, die im Marktmodell gelten.*

6. *Erläutern Sie, wie die Höhe des Lohnsatzes auf die Arbeitsnachfrage der Unternehmen wirkt. Stellen Sie den Zusammenhang im Preis-Mengen-Diagramm grafisch dar.*

7. *Stellen Sie grafisch dar, wie sich eine erhöhte Nachfrage nach Gütern und Dienstleistungen bei gleichbleibendem Lohnsatz auf die Nachfrage nach Arbeitsleistungen auswirkt.*

8. *Stellen Sie im Preis-Mengen-Diagramm dar, wie sich ein neues technisches Produktionsverfahren, das menschliche Arbeitskraft ersetzt, auf die Nachfrage nach Arbeitsleistungen auswirkt.*

9. *Stellen Sie im Preis-Mengen-Diagramm dar, wie die folgenden Sachverhalte auf das Angebot von Arbeitsleistungen wirken:*
   a) Erhöhung des Lohnsatzes,
   b) starke Zuwanderung von Menschen im erwerbsfähigen Alter.

10. *Erläutern Sie den Begriff Mindestlohn und zeigen Sie mithilfe des Preis-Mengen-Diagramms die Wirkungen eines Mindestlohns auf.*

11. *Nennen Sie zwei Pro- und zwei Kontra-Argumente zum Thema Mindestlohn (siehe auch BuchPlusWeb).*

12. *Die Bundesagentur für Arbeit veröffentlicht nachfolgende Daten zur Arbeitsmarktstatistik:*

Jahr	01	02	03
Erwerbspersonen in Tsd.	39 587	39 704	39 645
Arbeitnehmer in Tsd.	32 251	31 883	31 937
Arbeitslose in Tsd.	3 498	3 907	3 710
Offene Stellen in Tsd.	327	337	422

   a) Ermitteln Sie die Arbeitslosenquote für die Jahre 02 und 03.
   b) Stellen Sie fest, um wie viel Prozentpunkte die Arbeitslosenquote im Jahr 03 gegenüber Jahr 01 gestiegen ist.

13. *Erläutern Sie die folgenden Begriffe der Arbeitsmarktstatistik: nicht registrierte Arbeitslose, Wohnbevölkerung, Arbeitslosenquote, registrierte Arbeitslose, Erwerbslose, Erwerbspersonen, Nicht-Erwerbspersonen, Erwerbstätige, Arbeitslose, stille Reserve, offene Stellen.*

14. *In der nachstehenden Grafik wird das normale Verhalten von Anbietern und Nachfragern auf dem Arbeitsmarkt dargestellt.*

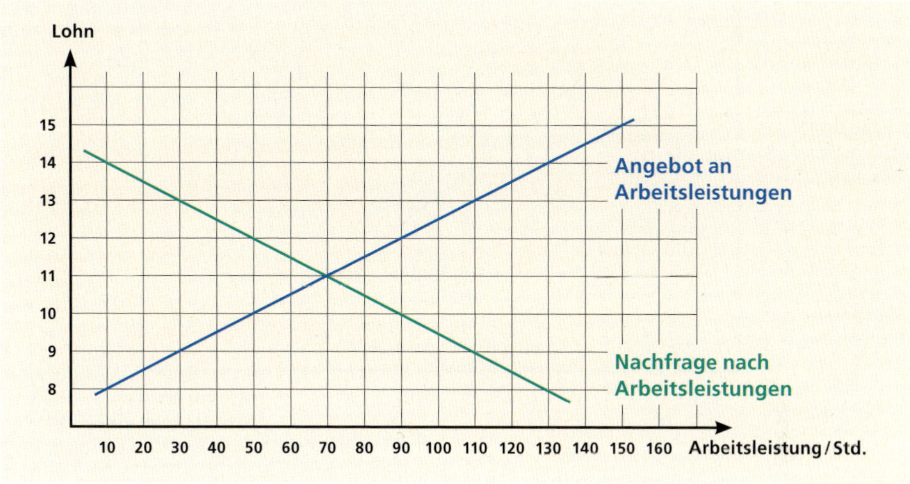

*a) Erläutern Sie den **Verlauf** der Nachfragekurve nach Arbeitsleistungen.*

b) Ermitteln Sie mithilfe des Diagramms …

… den Lohnsatz im Marktgleichgewicht.	→		EUR
… die Gleichgewichtsmenge an Arbeitsleistungen in Std.	→		Std.
… die **nachgefragte** Menge an Arbeitsleistungen bei einem Lohnsatz von 13,00 EUR.	→		Std.
… die **angebotene** Menge an Arbeitsleistungen bei einem Lohnsatz von 13,00 EUR.	→		Std.
Angenommen, der Lohnsatz würde bei 13,00 EUR fixiert, wie hoch wäre der Angebotsüberhang in Std., der entstehen würde?	→		Std.
Ermitteln Sie den Lohnsatz, bei dem ein Angebotsüberhang von 40 Stunden entstehen würde.	→		EUR

15. *Das folgende Diagramm zeigt die Nachfrage nach Arbeitsleistungen. Beim Lohnsatz L_0 wird die Menge X_0 an Arbeitsleistungen nachgefragt. Dann verändert sich die Situation: Bei gleichbleibendem Lohnsatz werden weniger Güter und Dienstleistungen nachgefragt. Zeichnen Sie die Verschiebung der Nachfragekurve einschließlich der entsprechenden Beschriftungen in das Modell ein.*

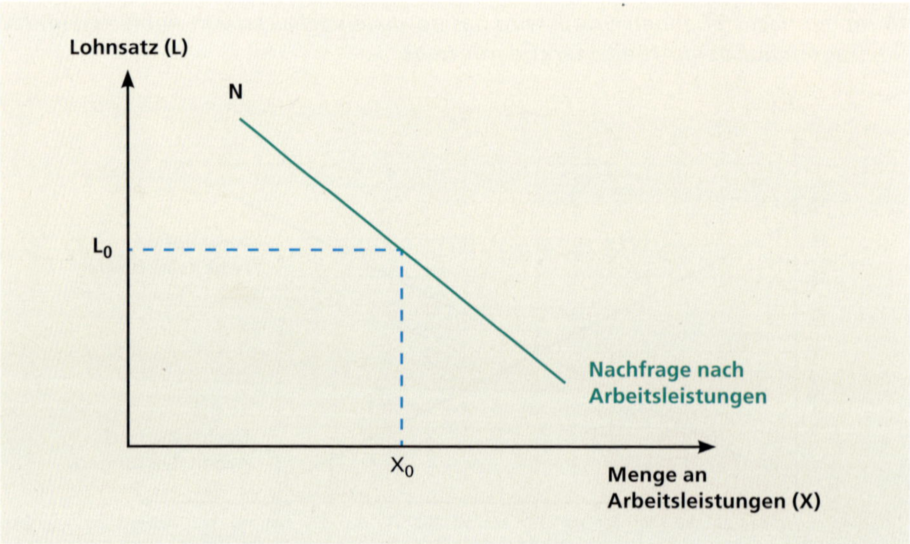

16. *Das folgende Diagramm zeigt das Angebot an Arbeitsleistungen. Beim Lohnsatz L_0 wird die Menge X_0 an Arbeitsleistungen angeboten. Dann verändert sich die Situation: Bei gleichbleibendem Lohnsatz drängen geburtenstarke Jahrgänge auf den Markt. Zeichnen Sie die Verschiebung der Angebotskurve einschließlich der entsprechenden Beschriftungen in das Modell ein.*

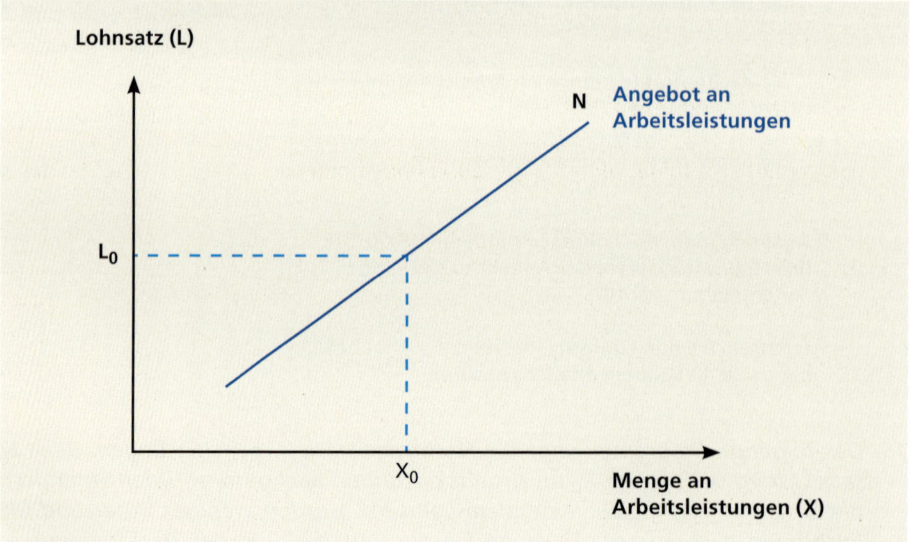

17. a) *Zeichnen Sie im Preis-Mengen-Diagramm die Marktsituation Unterbeschäftigung (Arbeitslosigkeit) ein.*

b) *Welche Aussagen treffen für die Marktsituation aus a) zu? Kreuzen Sie richtige Aussagen an.*

Die Arbeitsnachfrage ist größer als das Arbeitsangebot.	
Die Arbeitsnachfrage ist kleiner als das Arbeitsangebot.	
Unternehmen suchen noch Arbeitskräfte, die sie einstellen wollen.	
Der Lohnsatz liegt unter dem Gleichgewichtspreis.	
Aufgrund des hohen Lohnsatzes werden nur wenige Arbeitsleistungen nachgefragt.	

c) Geben Sie einen Grund an, warum der Lohnsatz in der Realität bei Unterbeschäftigung nicht flexibel reagieren kann.

4 Strukturen des Ausbildungsbetriebs darstellen

4.1 Aufbau- und Ablauforganisation

Einstiegssituation ▶

Die GS Personallösungen GmbH hat seit einigen Monaten mit organisatorischen Problemen zu kämpfen:

Der Umsatz ist in den letzten Jahren ständig gestiegen. Der Arbeitsaufwand für die Geschäftsleitung ist dadurch erheblich gewachsen. Sowohl Frau Rebus als auch Herr Müller wünschen sich eine Entlastung in Form eines Assistenten bzw. einer Assistentin der Geschäftsleitung.

Wiederholt haben sich Kunden in den letzten Wochen über die lange Bearbeitungsdauer ihrer Anliegen und Aufträge beschwert. Darüber hinaus werden Kunden bei telefonischen Anfragen immer wieder mit unterschiedlichen Ansprechpartnern des Unternehmens verbunden, die dann oftmals über die Sachverhalte des entsprechenden Auftrags nicht informiert sind und auch die notwendigen Informationen nicht sofort beschaffen können.

Auch die Vertriebsmaßnahmen sind schlecht aufeinander abgestimmt. Insbesondere die Personaldisponenten für die drei Vertriebsgebiete West, Mitte und Ost beklagen sich über widersprüchliche Angaben aus den Abteilungen Vertrieb und Disposition. Außerdem müsste dringend ein vierter Disponent eingestellt werden, da die Arbeit nicht mehr zu schaffen ist.

Externe Mitarbeiter bemängeln, dass es keine festen Zuständigkeiten gibt. Bei Fragen der Lohn- und Gehaltsabrechnung müssen sie sich an die Lohnabrechnung wenden, bei Urlaubsfragen ist der Personaldisponent und bei Fragen zum Arbeitsvertrag ist die Personalabteilung zuständig.

Frau Rebus und Herr Müller beabsichtigen, den Betrieb EDV-technisch zu modernisieren. E-Rekrutierung, Bewerberdatenbanken und weitere Onlinemedien sowie Zeiterfassungssysteme lassen sich mit der alten DV-Anlage nicht verwirklichen. Leider verfügen weder die Geschäftsinhaber noch die Mitarbeiter über ausreichende Kenntnisse. Deshalb soll eine entsprechende Stelle oder Abteilung eingerichtet werden.

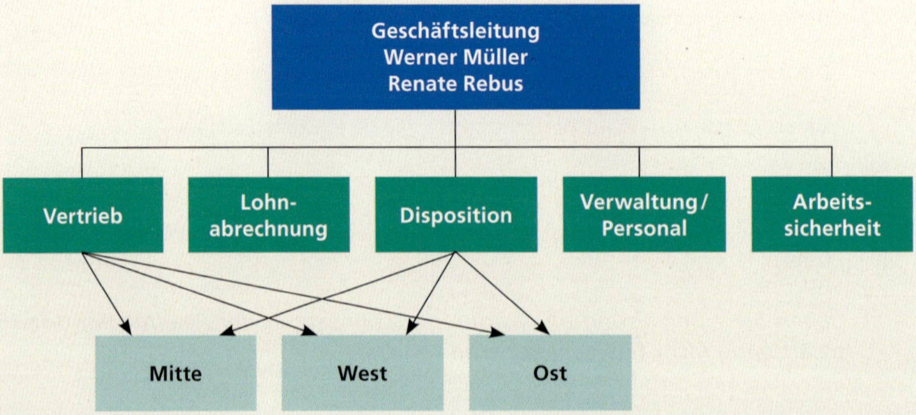

Bisherige Organisation

Arbeitsaufträge

1. *Analysieren Sie die in der Ausgangssituation dargestellten Probleme.*
2. *Sammeln Sie Vorschläge, wie die organisatorischen Probleme gelöst werden können.*
3. *Informieren Sie sich in der Sachdarstellung über Möglichkeiten, Organisationsstrukturen und -abläufe zu gestalten. Entwickeln Sie Vorschläge, wie die Organisation verbessert werden kann.*
4. *Visualisieren Sie den veränderten Aufbau der GS Personallösungen GmbH in Form eines Organigramms.*
5. *Prüfen Sie, ob Ihre Vorschläge zur Beseitigung der in der Ausgangssituation dargestellten Probleme beitragen.*

4.1.1 Betriebliche Organisation

4.1.1.1 Bedeutung

In der Bundesrepublik Deutschland gibt es über eine Million Betriebe ganz unterschiedlicher Art und Größe. Alle möchten ihre Produkte und Dienstleistungen gewinnbringend verkaufen und am Markt erfolgreich sein. Tendenziell werden diejenigen Unternehmen erfolgreicher sein, die über eine gute Organisation verfügen. Ihnen wird es besser gelingen, die vorher definierten Unternehmensziele zu erreichen.

Merksatz
Die **betriebliche Organisation** hat die Aufgabe, optimale Rahmenbedingungen für die Erreichung der Unternehmensziele zu schaffen.

Die Notwendigkeit, eine Organisationsstruktur zu entwickeln und zu pflegen, besteht für Betriebe jeglicher Größe. Sie gewinnt aber mit wachsender Unternehmensgröße, stärkerer Spezialisierung und intensiverer Arbeitsteilung zunehmend an Bedeutung.

Beispiel
Ein Kleinunternehmen mit fünf Mitarbeitern hat nur wenige organisatorische Maßnahmen ergriffen. In einem Industrieunternehmen mit über 400 Mitarbeitern gibt es zahlreiche organisatorische Maßnahmen, die alle verschriftlicht sind und den Mitarbeitern über das Intranet zur Verfügung gestellt werden.

Betriebe sind Systeme, in denen Menschen und Sachmittel zusammenwirken, um bestimmte Leistungen zu erstellen. Die betriebliche Organisation hat die Aufgabe, die einzelnen Elemente so miteinander zu verbinden, dass die Leistungserstellung optimal erfolgen kann.

Eine schlechte Betriebsorganisation führt zu Störungen im Betriebsablauf, zur Überlastung einzelner Mitarbeiter, zu Leerlauf und ungenutzten Kapazitäten, zu Konflikten um Zuständigkeiten und Verantwortungsbereiche, zu erhöhten Kosten sowie zu Zeitverlusten und Verzögerungen.

Beispiele
- *In der GS Personallösungen GmbH hat ein Mitarbeiter telefonisch einen Kundenauftrag angenommen, ohne diesen in das DV-System einzugeben bzw. Rücksprache mit dem zuständigen Disponenten zu halten. Erst am nächsten Tag findet der Disponent das Auftragsformular auf seinem Schreibtisch und stellt fest, dass der zusätzliche Kundenauftrag nicht zu erfüllen ist.*
- *In einem Fertigungsbetrieb fällt eine Verpackungsmaschine aus. Der Lagerleiter bestellt beim Lieferanten telefonisch ein Ersatzteil. Als drei Tage später in der Einkaufsabteilung die Rechnung vorliegt, wird hektisch nach der Bestellung gesucht.*
- *In der Personalabteilung ist die Arbeit nach den Mitarbeiternamen aufgeteilt. Während Sabine Jansen völlig überlastet ist, hat ihre Kollegin Katrin Merkheim häufig nichts zu tun.*
- *Die Kerner KG hat in letzter Zeit einige Kunden verloren, da sie nicht in der Lage war, flexibel auf Kundenbedürfnisse zu reagieren. Die Bearbeitungszeit einzelner Kundenanfragen dauerte zum Teil so lange, dass Kunden bereits mit anderen Lieferanten Verträge abgeschlossen hatten.*

Für Unternehmen ist es also lohnend, sich mit Fragen der betrieblichen Organisation zu befassen. Organisatorische Maßnahmen können sich auf unterschiedliche Bereiche beziehen und aus unterschiedlichen Anlässen ergriffen werden.

Anlässe

Es können zwei Hauptgruppen von Anlässen unterschieden werden: die Neuorganisation und die Reorganisation.

- **Neuorganisation** liegt vor, wenn ein Unternehmen neu gegründet wird oder eine neue Filiale, Niederlassung bzw. Fertigungsstätte aufgebaut werden soll.
- Eine **Reorganisation** ist dann erforderlich, wenn die bestehende Organisation nicht mehr optimal ist oder neue Sachverhalte eine Veränderung erfordern, z. B. bei Neueinstellung oder Entlassung von Mitarbeitern, Einführung technischer Neuerungen oder andauernden Betriebsstörungen.

Bereiche

Es wird zwischen **Aufbau- und Ablauforganisation** unterschieden. Die Aufbauorganisation beschäftigt sich mit der langfristigen Organisationsstruktur des Unternehmens. Bei der **Ablauforganisation** geht es um die Gestaltung von Arbeitsabläufen und Prozessen. Beide stehen in einem wechselseitigen Verhältnis und beeinflussen sich gegenseitig.

4.1.1.2 Organisation – Disposition – Improvisation

Stabilität Flexibilität Wirtschaftlichkeit

Bei allen organisatorischen Maßnahmen muss das **Spannungsfeld zwischen Stabilität und Flexibilität** berücksichtigt werden. Jedes Unternehmen muss also festlegen, in welchem Umfang organisatorische Regelungen getroffen werden.

Nach dem **Umfang der Organisation** unterscheidet man zwischen den Begriffen Organisation, Disposition und Improvisation.

Organisation	Disposition	Improvisation
Es werden allgemeine und dauerhafte Regelungen für immer wiederkehrende Aufgaben geschaffen.	Im Vorfeld werden Regelungen für die Behandlung von Einzelfällen festgelegt, sodass sich im Rahmen der bestehenden Regelung Entscheidungsspielräume ergeben.	Bei unvorhergesehenen Situationen werden spontane Regelungen getroffen, die nur für eine begrenzte Zeit gelten.
Beispiel *Bevor ein Kundenauftrag angenommen wird, muss eine Bonitätsprüfung durchgeführt werden.*	***Beispiel*** *Ein Verkäufer kann bei Verhandlungen mit Kunden bei Auftragswerten bis 10 000,00 EUR 3 % Rabatt gewähren, bei Auftragswerten ab 10 000,00 EUR 5 % Rabatt.*	***Beispiel*** *Eine Maschine fällt aus. Um einen Produktionsstau zu vermeiden, muss kurzfristig eine zweite Schicht eingeführt werden.*

Ziel: Stabilität Ziel: Flexibilität Ziel: Wirtschaftlichkeit

Sowohl dauerhafte als auch fallweise Regelungen bieten Vorteile.

Vorteile von dauerhaften Regelungen	Vorteile von fallweisen Regelungen
• ständige Arbeitsanweisungen entfallen (Entlastung) • Stabilität des Betriebsablaufs • Qualitätssicherung • Verkürzung der Einarbeitungszeiten von neuen Mitarbeitern	• höhere Motivation der Mitarbeiter durch die Möglichkeit der selbstständigen Entscheidung (Ermessensspielraum) • bessere Anpassung an wechselnde betriebliche und außerbetriebliche Verhältnisse bzw. Anforderungen (Flexibilität)

Unternehmen neigen im Laufe der Zeit dazu, immer mehr Vorgänge dauerhaft zu regeln. Ziel ist es, mehr Stabilität in der betrieblichen Organisation zu erreichen. Gleichzeitig besteht dadurch jedoch die Gefahr der **Überorganisation**. Von Überorganisation spricht man, wenn jede Aufgabe bis ins kleinste Detail festgelegt ist. Folgen können fehlende Flexibilität sowie Demotivation der Mitarbeiter sein, die in ihrer Eigeninitiative stark eingeschränkt werden.

Fehlen dagegen sinnvolle, dauerhafte Regelungen, dann spricht man von **Unterorganisation**. Folgen können eine starke Verunsicherung der Mitarbeiter, Verzögerungen sowie hohe Reibungsverluste sein.

Um die Nachteile von Über- und Unterorganisation zu vermeiden, arbeiten die meisten Betriebe mit einem Mischsystem aus Organisation, Disposition und Improvisation. Dabei gibt es keine allgemeingültige Regelung, in welchem Verhältnis diese zueinanderstehen sollten, sondern die Relation ist u. a. abhängig von den betrieblichen Erfordernissen, der Art der Leistungserstellung, der Betriebsgröße sowie von der Anzahl der Mitarbeiter.

4.1.1.3 Organisationsgrundsätze

In der betrieblichen Praxis haben sich einige Grundsätze herausgebildet, die beim Organisieren beachtet werden sollten.

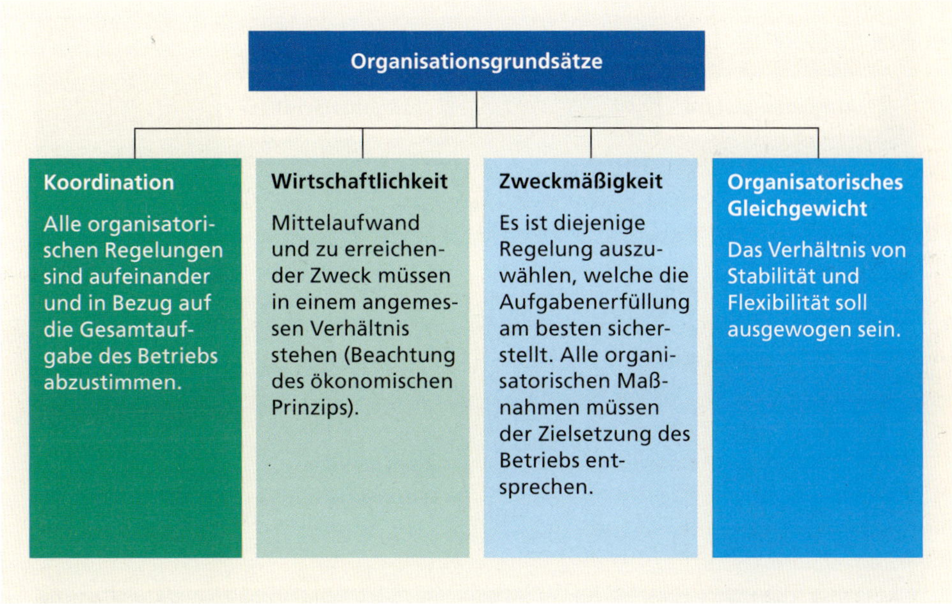

Organisationsgrundsätze

4.1.2 Aufbauorganisation

Die Aufbauorganisation befasst sich mit der **dauerhaften Festlegung der Struktur** eines Unternehmens. Es geht um

- die Verteilung von Aufgaben und Verantwortlichkeiten auf einzelne organisatorische Einheiten (z. B. Stellen, Abteilungen, Instanzen) und
- die Festlegung der Beziehungen der organisatorischen Einheiten sowie der Betriebshierarchie (Über- und Unterordnungsverhältnisse, Kommunikations- und Weisungswege).

4.1.2.1 Aufgabenanalyse und Aufgabensynthese

Beispiel

Sibylle Grabenberg hat vor einiger Zeit eine Personalvermittlungsagentur gegründet. Zunächst hat sie alle Aufgaben allein erledigt. Da nun der Geschäftsumfang ständig zunimmt, entscheidet sie sich, zwei Mitarbeiter einzustellen. Sie muss nun überlegen, welche Aufgaben überhaupt anfallen und welche dieser Aufgaben die neuen Mitarbeiter in Zukunft übernehmen sollen.

Bevor die Aufbauorganisation eines Betriebs dauerhaft festgelegt wird, werden drei verschiedene Phasen durchlaufen. Das nachfolgende Schaubild zeigt die einzelnen Phasen im Überblick:

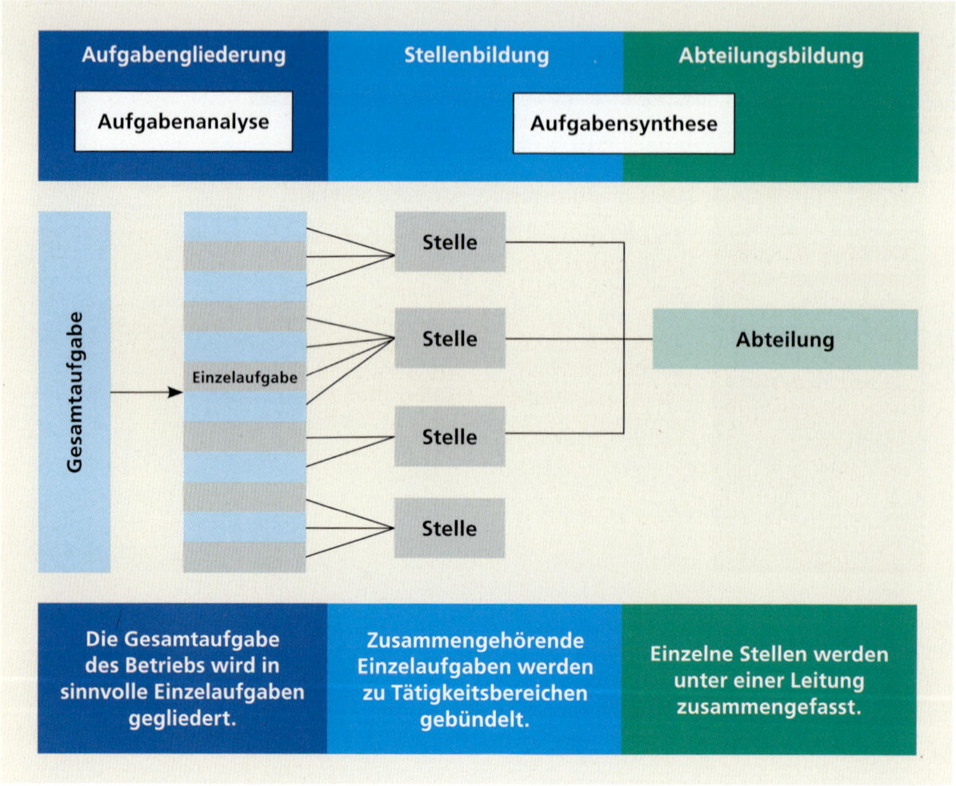

Phasen der Aufbauorganisation

Phase 1: Aufgabengliederung (Aufgabenanalyse)

In der Phase der Aufgabenanalyse wird die Gesamtaufgabe des Betriebs (= Sachziel) in einzelne Hauptaufgaben zerlegt. Die Hauptaufgaben werden wiederum weiter in Einzelaufgaben untergliedert. Einzelaufgaben sind solche Aufgaben, die sich nicht mehr weiter sinnvoll zerlegen lassen. **Ziel** dieser Phase ist es, alle anfallenden **Arbeiten vollständig** zu **erfassen**.

Die Gliederung kann sich dabei

- an Tätigkeiten oder Handlungen (**Verrichtungen**),
- an den zu bearbeitenden **Objekten** (z. B. Produkten),
- am **Rang** (Leitungs- und Ausführungsaufgaben),
- an **Phasen** (Planen, Durchführen, Kontrollieren) oder
- an der **Zweckbeziehung**, das heißt am Zusammenhang mit dem Sachziel

orientieren.

Phase 2: Stellenbildung (Aufgabensynthese)

Die gefundenen Einzelaufgaben werden zu Stellen zusammengefasst.

Definition
Eine **Stelle** ist die kleinste organisatorische Einheit. Sie umfasst ein Aufgabenbündel, das sich durch eine einzige Person bewältigen lässt.

Es werden verschiedene Stellenarten unterschieden:

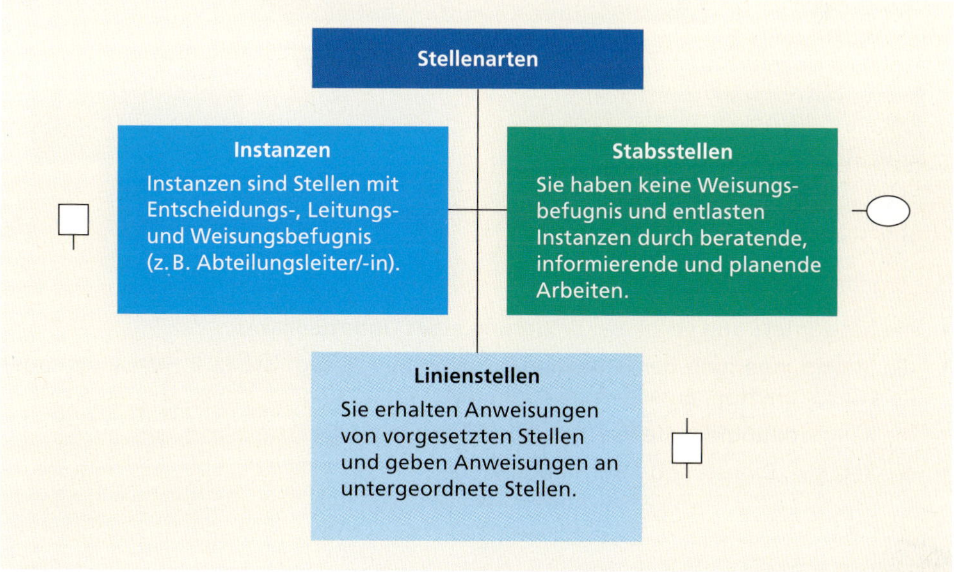

Stellenarten und Symbole

Phase 3: Abteilungsbildung (Aufgabensynthese)

Mehrere Stellen, die gleichartige oder ähnliche Arbeiten verrichten, werden zu **Abteilungen** zusammengefasst. Bei größeren Unternehmen übernimmt ein Abteilungsleiter die verantwortliche Leitung der Abteilung.

Die Abteilungsbildung kann sowohl verrichtungs- als auch objektorientiert erfolgen.

- **Verrichtungsorientierung:** Die Stellen werden nach einzelnen Tätigkeiten angeordnet. Diese Art der Organisation ist häufig bei kleineren und mittleren Unternehmen zu finden.
- **Objektorientierung:** Die Stellen werden nach Objekten (z. B. Produkten, Kunden, Gebieten) gegliedert. Für Unternehmen mit unterschiedlichen Produkten oder Kundengruppen bietet sich diese Organisationsform an.

In der Praxis sind Mischformen üblich.

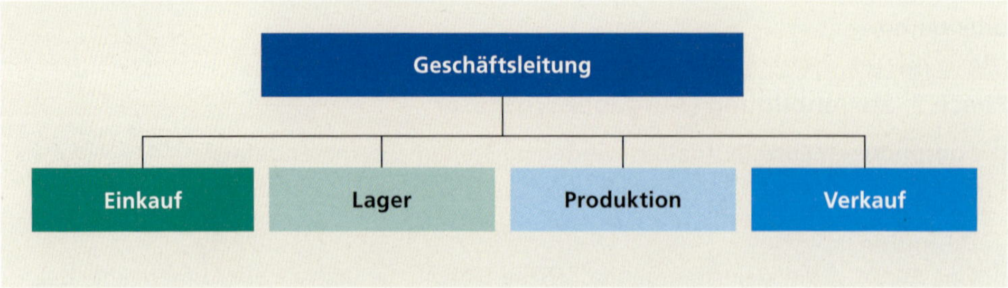

Funktions- bzw. Verrichtungsorientierung

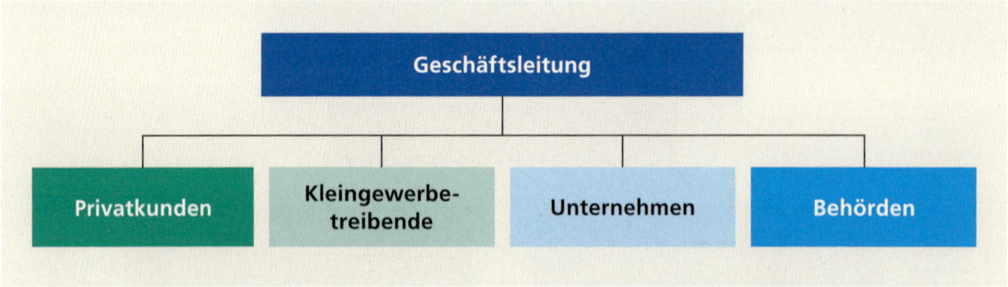

Objektorientierung

Das Ergebnis der drei Phasen zeigt

- die horizontale und vertikale Gliederung eines Unternehmens,
- die Stellen innerhalb der Abteilungen sowie ihre Befugnisse (z. B. Weisungs- oder Beratungsfunktion, ausführende Funktion),
- die Rangordnung der Stellen (Betriebshierarchie) sowie
- die Befehls-, Dienst- und Informationswege.

4.1.2.2 Dokumentationsmöglichkeiten

Das Ergebnis kann mit verschiedenen Hilfsmitteln dokumentiert werden. Hierzu gehören beispielsweise

- das Organigramm,
- die Stellenbeschreibungen und
- der betriebliche Stellenplan.

Organigramm

Ein Organigramm ist ein Organisationsschaubild. Es dient als Hilfsmittel zur Darstellung von Strukturen der betrieblichen Organisation.

Beispiel

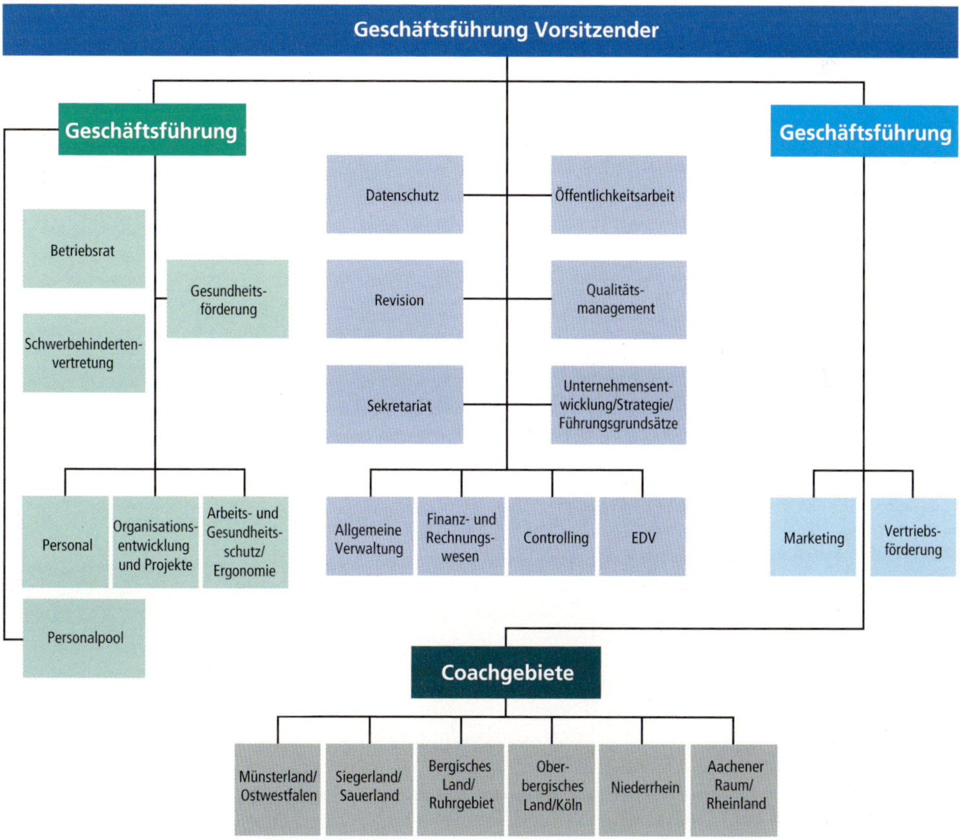

Quelle: START Zeitarbeit NRW GmbH, Duisburg, Geschäftsbericht 2009, S. 41.

Stellenpläne

Ein Stellenplan gibt Auskunft über die Anzahl und Art der Stellen, er gehört zu den personalwirtschaftlichen Instrumenten.

Stellenbeschreibung

Für wichtige Stellen werden **Stellenbeschreibungen** abgefasst. Stellenbeschreibungen halten die organisatorische Eingliederung einer Stelle in die Aufbauorganisation des Unternehmens schriftlich fest.

Eine Stellenbeschreibung beinhaltet in der Regel

- die Bezeichnung der Stelle,
- die Einordnung der Stelle in die Unternehmenshierarchie (unter- und übergeordnete Stellen),
- eine ausführliche Beschreibung des Aufgabenbereichs der Stelle,
- Vollmachten und Unterschriftsbefugnisse des Stelleninhabers,
- Anforderungen an den Stelleninhaber (z. B. Ausbildung, Persönlichkeitsmerkmale).

Beispiel

Stellenbeschreibung	
Abteilung: Einkauf	**Stellenbezeichnung:** Sachbearbeiter/-in Einkauf
Vorgesetzte/r: Abteilungsleiter/-in Einkauf	**Gegenseitige Stellvertretung:** Sachbearbeiter/-in Lager
Aufgaben	
– Wirtschaftliche Warenbeschaffung – Beobachtung des Einkaufsmarkts – Einholen und Prüfen von Angeboten – Auftragsvergabe an Lieferanten im Rahmen des vorgegebenen Sortiments – Überwachung der Verträge mit Lieferanten – Terminüberwachung – Kontrolle der Eingangsrechnungen – Überwachung der Beschaffungskosten – Erstellung und Auswertung von einkaufsbezogenen Statistiken – Beratung der/des Vorgesetzten bei Sortimentserweiterungen und bei sonstigen Beschaffungen im Anlage- und Umlaufvermögen – Information des/der Vorgesetzten bei Unregelmäßigkeiten mit Lieferanten und bei Veränderungen der Marktlage	
Befugnisse	
Vertragsabschlüsse bis zu einem Betrag von 25 000,00 EUR im Rahmen der beschriebenen Aufgabenstellungen	

Anforderungen	
fachlich	**persönlich**
Schulbildung: Mittlerer Bildungsabschluss/FOS-Reife **Ausbildung:** Groß- und Außenhandelskauffrau/-mann, bzw. eine vergleichbare Ausbildung **Berufserfahrung:** mehrjährige Tätigkeit im Einkaufsbereich **Kenntnisse / Fähigkeiten:** – gute schriftliche und sprachliche Ausdrucksformen – Erfahrung im Umgang mit Standardsoftware	– Verhandlungsgeschick – Kooperationsfähigkeit – Einsatzbereitschaft – Belastbarkeit

Eine Stellenbeschreibung erfüllt folgende Funktionen:

- Die Stellenbeschreibung informiert Stelleninhaber, Mitarbeiter und Vorgesetzte über die Merkmale und Aufgaben der Stelle.
- Sie erleichtert die Stellenausschreibung und die Auswahl unter verschiedenen Stellenbewerbern.
- Sie ermöglicht eine schnellere und genauere Einarbeitung neuer Mitarbeiter.
- Sie gibt Anhaltspunkte für die Beurteilung des Stelleninhabers.
- Sie hilft bei der gerechten Entlohnung.

4.1.2.3 Leitungssysteme

Für die konkrete Anordnung von Stellen und Abteilungen gibt es verschiedene Organisationsmodelle, die als **Leitungssysteme (Weisungssysteme)** bezeichnet werden.

In einem Leitungssystem werden die Beziehungen zwischen Vorgesetzten und Untergebenen geregelt. Es zeigt den Instanzenweg (Dienstweg), den Befehlsweg, der bindend ist, sowie den Berichtsweg zwischen einzelnen Stellen. Alle Beteiligten können aus der Darstellung ableiten, wen sie über Vorgänge informieren müssen, wem sie Anweisungen geben dürfen bzw. von wem sie Anweisungen erhalten. Jedes Leitungssystem ist somit Ausdruck der betrieblichen Hierarchie.

Es gibt verschiedene Grundtypen von Leitungssystemen.

Liniensysteme

<table>
<tr><th>Bezeichnung</th><th>Darstellung</th></tr>
<tr><td>Das Einliniensystem beruht auf dem Grundsatz der einheitlichen Auftragserteilung. Dieses Prinzip zieht sich durch den ganzen organisatorischen Aufbau. Jede Stelle bekommt nur von einer einzigen übergeordneten Stelle Anweisungen. Untergeordnete Stellen berichten nur an übergeordnete Stellen. Einzelne Instanzen können nicht übersprungen werden. Der Dienstweg ist so genau festgelegt.</td><td>

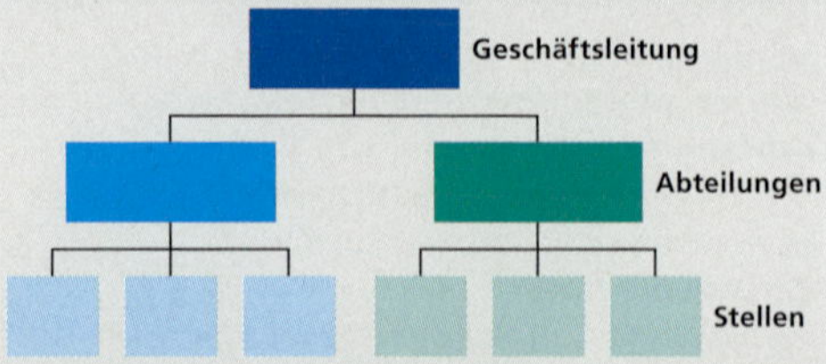

</td></tr>
<tr><td>Das Mehrliniensystem beruht auf dem Prinzip der Mehrfachunterstellung. Eine Stelle bekommt von mehreren übergeordneten Stellen Anweisungen. Der Grundsatz der einheitlichen Leitung wird aufgegeben und durch den Grundsatz der Arbeitsteilung (Spezialisierung) ersetzt. Hierdurch kann Fach- und Expertenwissen besser genutzt werden.</td><td>

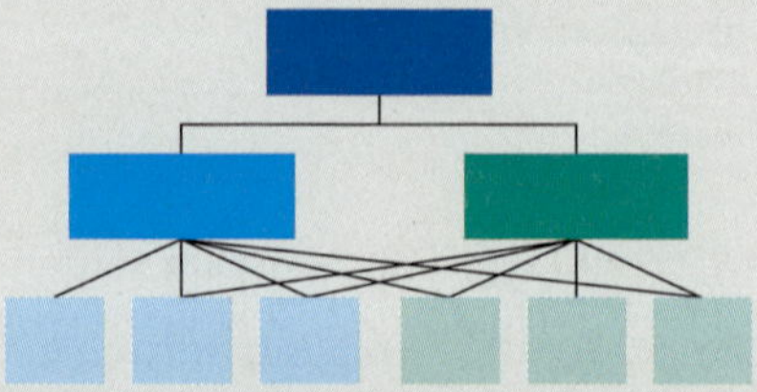

</td></tr>
<tr><td>Das Stabliniensystem ist eine Weiterentwicklung des Liniensystems durch sogenannte Stabsstellen (z. B. DV-Spezialisten, Juristen, Organisatoren). Stabsstellen werden einzelnen Instanzen zugeordnet. Sie haben keine Weisungs- und Entscheidungsbefugnisse, sondern nur beratende Funktion. Ihre Aufgabe ist es, Entscheidungen systematisch vorzubereiten und zur Entlastung von Stellen mit Führungs- und Leitungsaufgaben beizutragen.</td><td>

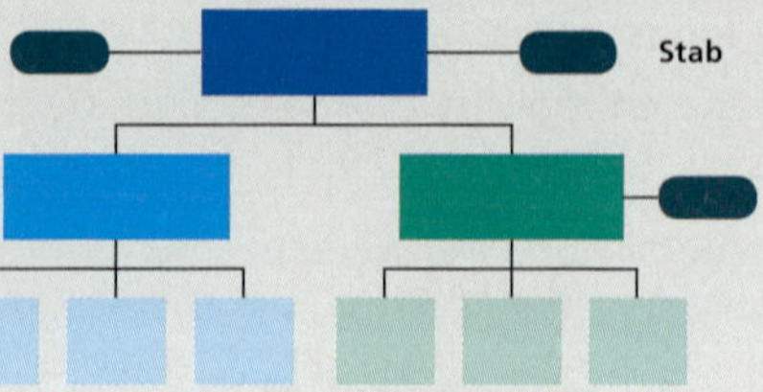

</td></tr>
</table>

Matrix- und Spartenorganisation

<table>
<tr><th>Bezeichnung</th><th>Darstellung</th></tr>
<tr><td>Die Spartenorganisation ist durch das Objektprinzip gekennzeichnet. Sie ist für Unternehmen mit unterschiedlichen Produktgruppen geeignet. Die einzelnen Spartenleiter tragen die Verantwortung und erhalten für ihre Sparte eine hohe Entscheidungsbefugnis. Sie haben somit einen gewissen Handlungsspielraum, um marktorientiert zu arbeiten. Sparten sind häufig zuständig für einzelne Produkte bzw. Kundengruppen. Einzelne Sparten können als Profitcenter organisiert werden, die Ergebnisverantwortung tragen.</td><td>

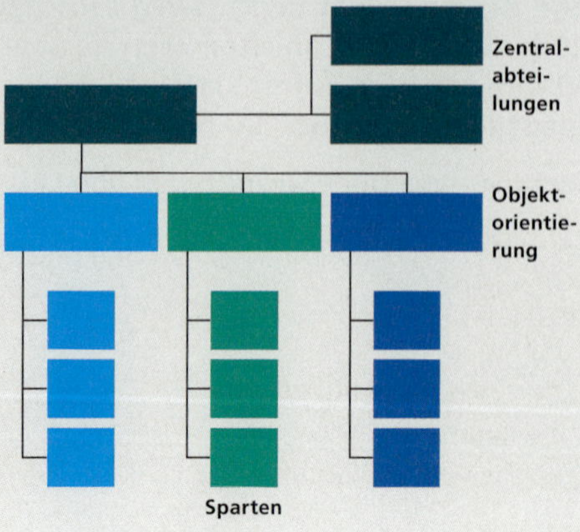

</td></tr>
</table>

Bezeichnung	Darstellung
Die **Matrixorganisation** ist durch zwei Führungsebenen gekennzeichnet. Entscheidungen laufen sowohl funktionsbezogen als auch objektbezogen ab. Beide Linien sollen teamorientiert zusammenarbeiten und zu optimalen Problemlösungen beitragen. Eine Stelle oder Abteilung erhält sowohl von einem Funktions- als auch von einem Objektleiter Anweisungen. Diese Organisationsform verbindet die Vorteile des Objekt- und des Verrichtungsprinzips miteinander.	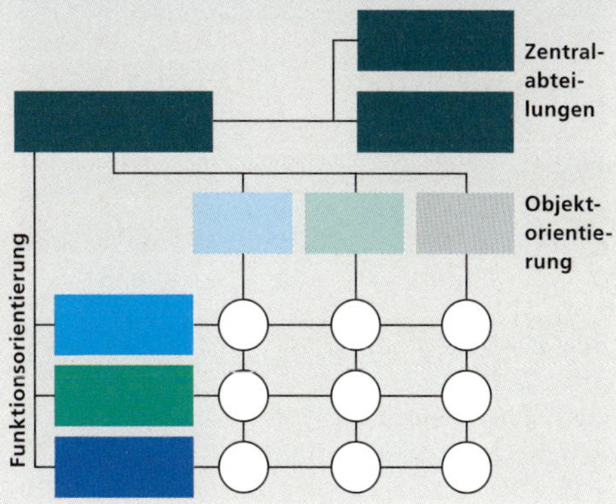

Diese Grundtypen werden in der Praxis häufig miteinander kombiniert, um die individuellen betrieblichen Gegebenheiten stärker zu berücksichtigen.

Profitcenter-Organisation

Bei einer Profitcenter-Organisation werden einzelne, eigenständige Teilbereiche gebildet, die Ergebnisverantwortung haben. Der bzw. die Leiter/-in des Profitcenters führt dabei den eigenen Teilbereich wie ein Unternehmer.

Projekt- und Teamorganisation

Für komplexe Problemstellungen werden in Unternehmen auch Projekt- und Teamstrukturen entwickelt bzw. aufgebaut. Projekte sind zeitlich befristet und tragen zur Lösung von einmaligen Aufgaben oder Problemstellungen bei. In Projekten wirken Mitarbeiter aus unterschiedlichen Bereichen mit. Teams bzw. Projektgruppen können je nach betrieblicher Notwendigkeit immer wieder neu gebildet werden. Sie ergänzen die festen Strukturen der Aufbauorganisation flexibel.

4.1.3 Ablauforganisation

Aufgaben

Es reicht nicht aus, nur die betrieblichen Strukturen in einem Unternehmen festzulegen. Auch der Arbeitsablauf für einzelne Stellen, innerhalb von Abteilungen sowie zwischen ihnen muss festgelegt werden. Dies ist Aufgabe der Ablauforganisation.

Definition
Die **Ablauforganisation** fügt Teilaufgaben zu einem Vorgang zusammen und bringt sie in eine zeitliche und räumliche Reihenfolge. Ihre Aufgabe ist es, für eine optimale Aufgabenerfüllung zu sorgen.

Die Organisationstätigkeiten beziehen sich auf vier Aspekte:

Ordnung des Arbeitsinhalts
Die Arbeitsobjekte und die dazugehörigen Tätigkeiten werden festgelegt.

Zeitliche Ordnung
Einzelne Teilaufgaben werden in eine bestimmte Reihenfolge gebracht. Die für sie benötigte Zeitdauer wird ermittelt und Anfangs- und Endzeitpunkte werden festgelegt.

Räumliche Ordnung
Die räumliche Verteilung einzelner Arbeitsaufgaben wird vorgenommen.

Arbeitszuordnung
Einzelnen Aufgabenträgern oder Gruppen werden Teilaufgaben verbindlich zugeordnet.

Ordnung des Arbeitsablaufs

Ziele

Die Ablauforganisation verfolgt folgende Ziele:

- Minimierung der Bearbeitungszeiten und -kosten für einzelne Arbeitsvorgänge bzw. Arbeitsobjekte,
- optimale Auslastung von Kapazitäten (Arbeitskräfte, Maschinen, Arbeitsmittel),
- Schaffung von humanen Arbeitsbedingungen.

Anlässe für Veränderungen von Arbeitsabläufen

Werden die Ziele der Ablauforganisation nicht erreicht, dann muss nach den Ursachen geforscht werden. Die einzelnen Arbeitsschritte sind erneut zu prüfen und entsprechend zu optimieren. Für die Veränderung von Arbeitsabläufen kommen verschiedene Anlässe infrage.

Beispiele
hohe Mitarbeiterfluktuation, Beschwerden von Mitarbeitern, Mitarbeiterunzufriedenheit, hohe Fehlzeiten, schlechtes Betriebsklima, fehlende Zielerreichung (z. B. Gewinn- und Umsatzrückgänge), strukturelle Veränderungen, starkes Unternehmenswachstum, Terminschwierigkeiten, Engpässe oder Leerläufe, Kundenbeschwerden, Qualitätsmängel, Gesetzesänderungen

Müssen Arbeitsabläufe um-, neu- oder reorganisiert werden, ist es sinnvoll, den Arbeitsablauf zu analysieren (Aufnahme des Istzustands) und erneut zu beschreiben (Sollzustand). Dazu werden verschiedene Darstellungsformen verwendet.

4.1.3.1 Darstellungsformen

Ablaufdiagramm

Ein Ablaufdiagramm eignet sich zur Darstellung von einfachen Arbeitsabläufen und zeigt den Durchlauf eines Vorgangs durch die verschiedenen Stellen und Abteilungen. Es kann eingesetzt werden, um einzelne Arbeitsschritte zu untersuchen, aber auch um einen optimalen Arbeitsablauf darzustellen.

Beispiel

Bearbeitung einer Eingangsrechnung in einem Kleinbetrieb (Auszug)

Istaufnahme

Nr.	Ablaufschritt	Ablaufarten des Arbeitsgegenstandes	Menge	Wege in m	Ist-Zeit	Bemerkungen
Symbole:	Bearbeitung ○ / Transport ⇨	Kontrolle □	Verzögerung D		Ablage ▽	
1	Eintragung in Posteingangsbuch	○│⇨│□│D│▽			5	
2	im Ausgangskorb	○│⇨│□│D│▽			30	
3	zur Einkaufsabteilung	○│⇨│□│D│▽		150	5	
4	im Eingangskorb	○│⇨│□│D│▽			30	
5	Bestellkopie zur Rechnung	○│⇨│□│D│▽			10	
6	im Ausgangskorb	○│⇨│□│D│▽			60	
7	zur Abteilung Rechnungskontrolle	○│⇨│□│D│▽		60	5	
8	im Eingangskorb	○│⇨│□│D│▽			120	

Die einzelnen Arbeitsschritte werden hier wörtlich in ihrer Reihenfolge in die Karte eingetragen. Die aufgeführten Symbole visualisieren einzelne Tätigkeiten. Starke Ausschläge der verbindenden Linie deuten auf organisatorische Schwachstellen hin.

Flussdiagramm / Ablaufdiagramm

Das Flussdiagramm (häufig auch als Ablaufdiagramm bezeichnet) ist ein geeignetes Instrument, um Arbeits- und Geschäftsabläufe darzustellen und zu analysieren. Flussdiagramme verwenden unterschiedliche Elemente, die mit Pfeilen verbunden werden. Die Darstellung folgt zeitlichen und sachlich-logischen Gesichtspunkten. Flussdiagramme werden eingesetzt, um Standardprozesse, also Arbeitsabläufe, die häufig anfallen, zu visualisieren.

Mögliche Elemente eines Flussdiagramms

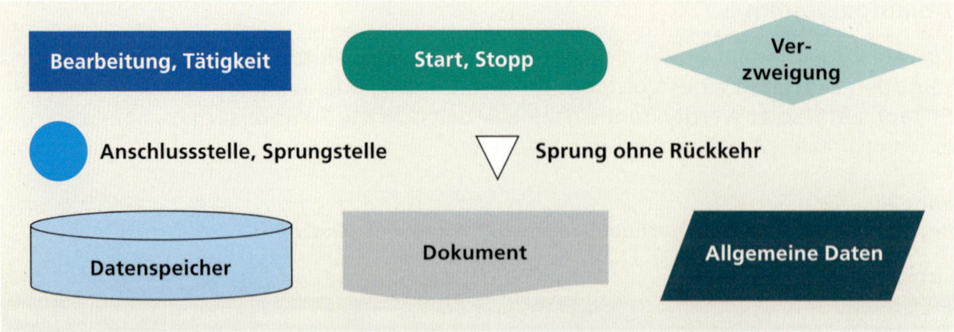

Beispiel

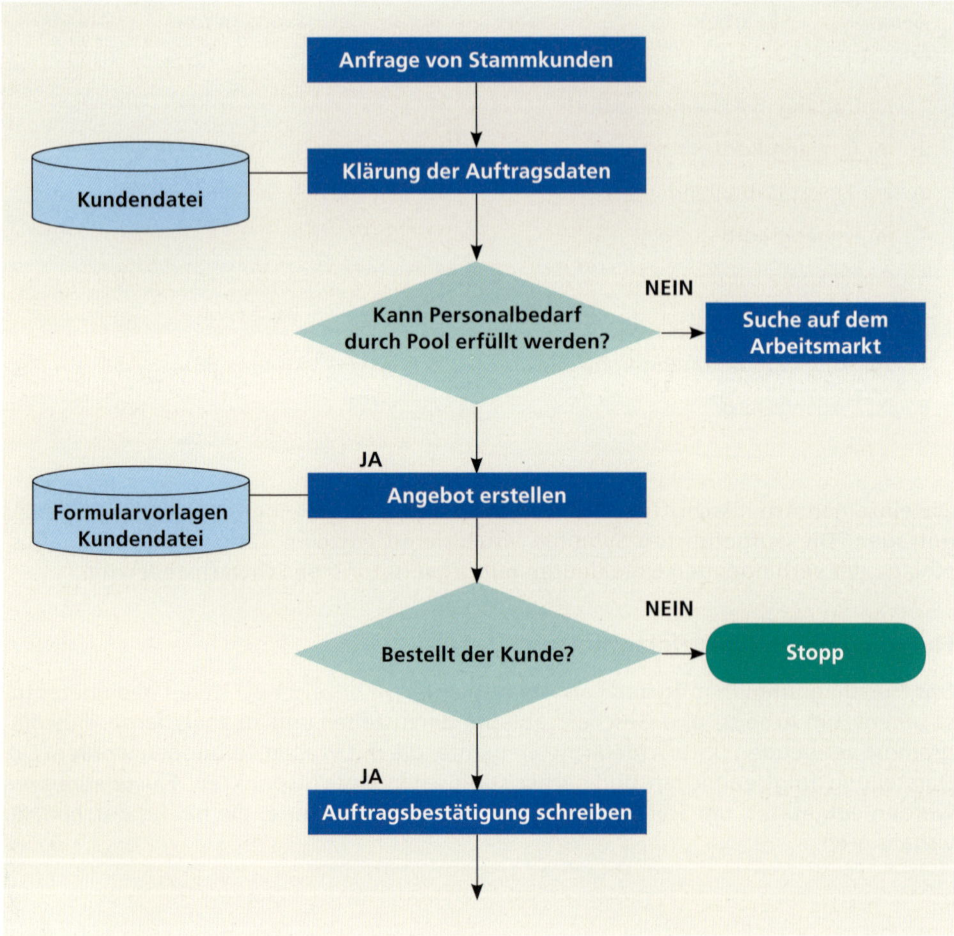

Flussdiagramm

Balkendiagramm

Ein Balkendiagramm eignet sich für die Visualisierung von zeitorientierten Arbeitsabläufen. Diese Darstellungsform wurde von dem Amerikaner Henry Laurence Gantt entwickelt, sie wird daher auch als Gantt-Diagramm bezeichnet.

Balkendiagramme zeigen die Reihenfolge und Parallelität von einzelnen Arbeitsschritten eines Gesamtvorgangs.

Beispiele
Urlaubsplanung, Terminierung von Projekten, Maschinenbelegungsplan, Auftragsbearbeitung

Terminüberschreitungen von Teilschritten sind durch die Visualisierung sofort offensichtlich. Nachteilig ist, dass kritische Stellen, Abhängigkeiten sowie Zeitreserven nicht abgebildet werden können.

Beispiel
Balkendiagramm zur Einrichtung einer Online-Stellenbörse (Auszug)

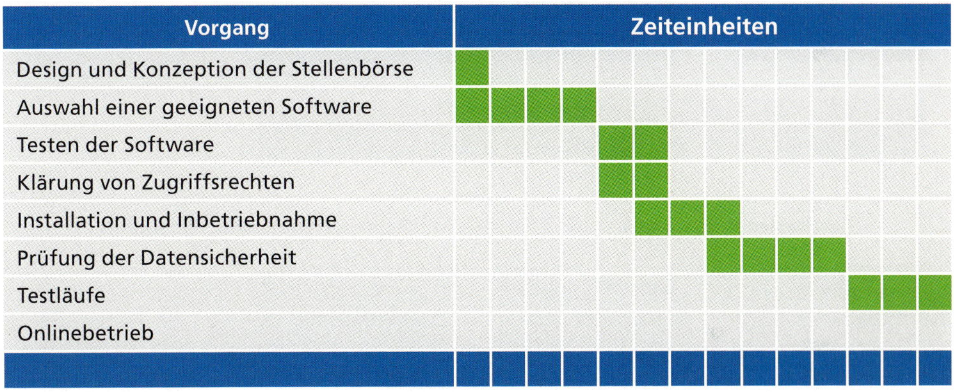

4.1.3.2 Geschäftsprozessorientierung

Starre Organisationsstrukturen und -abläufe erschweren es, die Leistungserstellung markt- und kundengerecht zu erbringen. Die traditionellen Arbeitsabläufe in Unternehmen sind häufig dadurch gekennzeichnet, dass ein Stelleninhaber einen genau definierten Aufgaben- und Verantwortungsbereich einer Gesamtaufgabe übernimmt. Durch die Bearbeitung eines kleinen Ausschnitts ist es jedoch oft nicht möglich, einen Ablauf zu überblicken und die Verantwortung für den gesamten Prozess zu übernehmen. Heute orientiert man sich deshalb stärker an einzelnen Geschäftsprozessen, die über Stellen- und Abteilungsgrenzen hinweg organisiert werden. Dadurch wird die Verzögerung der Bearbeitung eines Vorgangs von Mitarbeiter zu Mitarbeiter bzw. Abteilung zu Abteilung umgangen.

Definition
Ein **Geschäftsprozess** ist eine Abfolge von Aktivitäten, die sachlogisch zusammengehören, sich wiederholen und einem übergeordneten Ziel dienen. Einzelne Geschäftsprozesse tragen zur Wertschöpfung bei.

Merkmale eines Geschäftsprozesses

Geschäftsprozesse

- bestehen aus einer Kette von Teilschritten (Teilprozessen),
- orientieren sich an den Unternehmenszielen,
- haben einen definierten Anfang und ein eindeutiges Ende,
- erbringen einen Beitrag zur Wertschöpfung,
- sind kunden- und nutzenorientiert,
- verursachen Kosten durch den Verbrauch von Ressourcen,
- werden von Prozessverantwortlichen oder Prozessteams gesteuert.

Funktionsorientierte und geschäftsprozessorientierte Organisation

Arten von Geschäftsprozessen

Kern- und Supportprozesse werden nach ihrem Beitrag zur Wertschöpfung unterschieden.

Kernprozesse (Hauptprozesse)

Kernprozesse werden auch als Schlüsselprozesse bezeichnet, da sie direkt an den Kunden als Empfänger der Leistung gehen. Sie leisten damit einen unmittelbaren Beitrag zum Unternehmensergebnis. Kernprozesse haben für Unternehmen eine strategische Bedeutung, da sie den größten Beitrag zur Wertschöpfung erbringen.

Ein Kernprozess von Personaldienstleistungen ist der Vertrieb (Verkauf der Dienstleistungen) einschließlich der Auftragsabwicklung als Hauptleistung. Weitere wertschöpfungsintensive Leistungen sind z.B. die Personalgewinnung oder die Gestaltung der Leistungspalette.

Supportprozesse (Unterstützungsprozesse)

Unterstützungsprozesse fördern die Kernprozesse. Zu ihnen gehören alle Verwaltungs- und Serviceprozesse. Eine direkte Schnittstelle zu externen Kunden besteht nicht. Zu den Unterstützungsprozessen zählen zum Beispiel Investitions- und Finanzierungsprozesse, das Rechnungswesen, das Qualitätsmanagement sowie die Gestaltung der Kommunikationstechnik (Hard- und Software).

Darstellung von Geschäftsprozessen

Ein Gesamtprozess wird in Form von **Prozessketten** dargestellt, um die Verkettung von Teilprozessen deutlich zu machen.

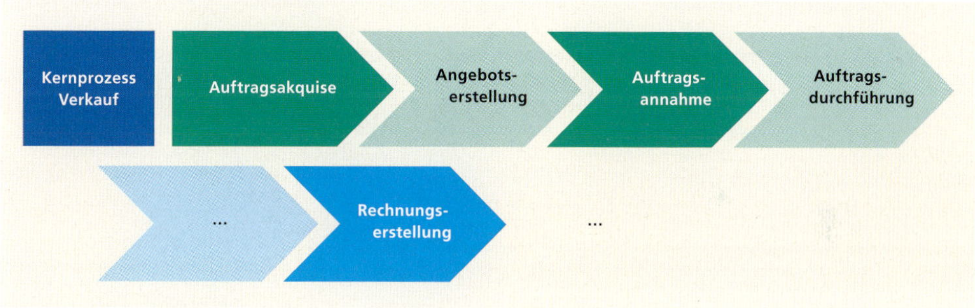

Beispiel für eine Prozesskette

Die einzelnen Prozesse können in Form von Prozesslandkarten dargestellt werden.

> **Definition**
> Eine **Prozesslandkarte** ist eine nicht genormte grafische Darstellung aller Prozesse in ihrer Abhängigkeit zu anderen Prozessen.

Beispiel

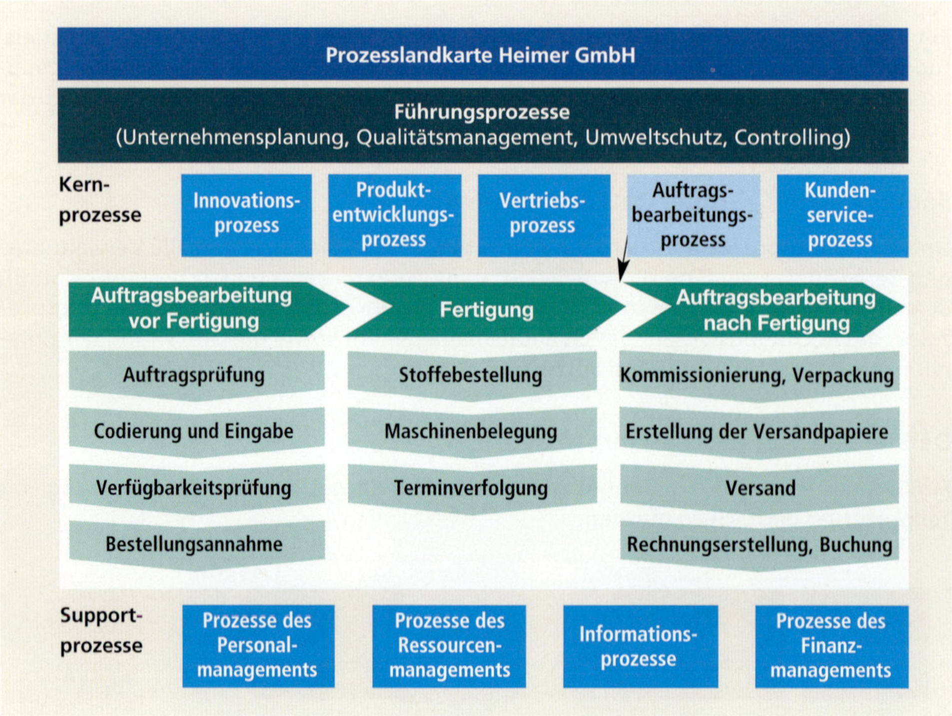

Beispiel einer Prozesslandkarte

Zusammenfassung

- **Grundsätze der betrieblichen Organisation** sind: Koordination, Wirtschaftlichkeit, Zweckmäßigkeit und organisatorisches Gleichgewicht.
- Alle organisatorischen Maßnahmen bewegen sich im **Spannungsfeld** zwischen **Stabilität** und **Flexibilität**. In diesem Zusammenhang werden unterschieden: **Organisation** (allgemeine, dauerhafte Regelungen), **Disposition** (vorher festlegte Regelungen mit Entscheidungsspielraum), **Improvisation** (Regelungen bei unvorhergesehenen Fällen).
- Ziel: **Vermeidung** der Nachteile von **Über- oder Unterorganisation.**
- Die betriebliche Organisation unterscheidet zwischen **Aufbau- und Ablauforganisation.**

Aufbauorganisation	Ablauforganisation
– Bildung einer Organisationsstruktur, die längerfristig bestehen soll – Bildung von Stellen und Abteilungen – Verteilung von Aufgaben und Kompetenzen	– Gestaltung der Arbeitsprozesse – Anordnung der Arbeitsinhalte und Objekte in zeitlicher und räumlicher Ordnung – Zuordnung von Aufgabenträgern

Aufbauorganisation	Ablauforganisation
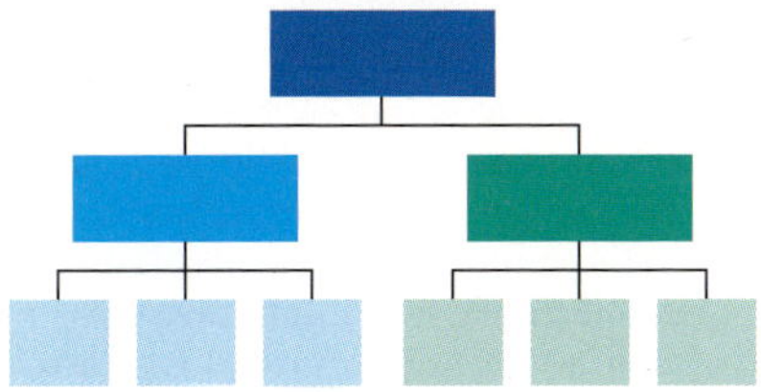	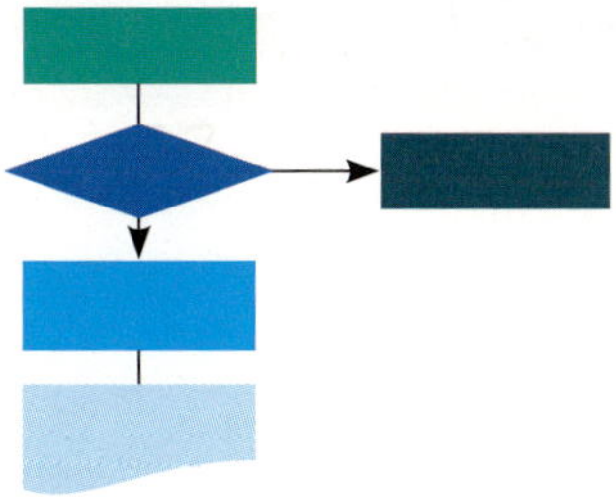
Methoden, Techniken und Darstellungsformen	
– Aufgabenanalyse (Aufgabengliederung) und Aufgabensynthese (Stellen- und Abteilungsbildung) – Organigramme: Visualisierung der Betriebshierarchie – Leitungssysteme – Stellenbeschreibungen	– Ablaufdiagramm – Balkendiagramm – Flussdiagramm

- **Leitungssysteme**

– **Einliniensystem:** Eindeutige Zuordnung des Mitarbeiters zu einem Vorgesetzten, Prinzip der einheitlichen Auftragserteilung.

– **Mehrliniensystem:** Je nach Funktion und Aufgaben können die Mitarbeiter mehrere Vorgesetzte haben, Prinzip der Mehrfachunterstellung.

– **Stabliniensystem:** Erweiterung des Liniensystems durch Stäbe.

– **Spartenorganisation:** Objektorientierte Ausrichtung, ggf. Organisation in Profitcentern.

– **Matrixorganisation:** Unterschiedliche Vorgesetzte für objekt- und funktionsbezogene Sachverhalte.

- **Geschäftsprozessorientierung**

– Aufgrund der Nachteile einer funktionsorientierten Organisation haben viele Unternehmen auf eine **geschäftsprozessorientierte Organisation** umgestellt.

– Ein **Geschäftsprozess** besteht aus einer zusammenhängenden Folge von Tätigkeiten, die zur Erfüllung der betrieblichen Ziele notwendig sind. Es werden **Kern- und Supportprozesse** unterschieden.

- **Vergleich von funktionsorientierter und geschäftsprozessorientierter Organisation**

Funktionsorientierung	Geschäftsprozessorientierung
– starre Strukturen und Abläufe – Ausrichtung der Prozesse an Aufgaben – hemmende Arbeitsteilung und Spezialisierung – hoher Abstimmungs- und Koordinierungsaufwand – Unterbrechungen durch unvollständige Materialien bzw. fehlende Übersicht über den Gesamtablauf – starke Ausrichtung auf die Ziele der Abteilung – Kunde ist ein „Störfaktor"	– ganzheitliche Betrachtungsweise – ausgeprägtes Kosten-Nutzen-Denken – Ausrichtung der Prozesse am Kunden – hohe Kunden-/Marktorientierung (nur eine Schnittstelle zum Kunden) – weniger Informationsverluste durch Abbau von Schnittstellen – Minimierung der Bearbeitungszeiten – verbesserte Organisation durch flexible Strukturen und Abläufe – schlanke Organisation durch Abbau von Hierarchiestufen und Verteilung von Verantwortung – Ziel- und Ergebnisorientierung

Aufgaben

1. *Unterscheiden Sie zwischen Aufbau- und Ablauforganisation.*

2. *Vergleichen Sie die einzelnen Leitungssysteme und nennen Sie jeweils deren Vor- und Nachteile.*

3. *Definieren Sie den Begriff „Geschäftsprozess".*

4. *Welche Arten von Geschäftsprozessen werden unterschieden?*

5. *Welchen Vorteil hat die Geschäftsprozessorientierung gegenüber der Funktionsorientierung?*

6. *Erläutern Sie die nachfolgenden Begriffe (ggf. mündlich) und bringen Sie sie in eine sinnvolle Struktur:*

   Organisation, Aufbauorganisation (Begriff, Aufgaben), Stelle, Abteilung, Organigramm, Stellenbeschreibung (Inhalte), Objekt- und Verrichtungsorientierung bzw. Funktionsorientierung, Instanz, Hierarchie, Einliniensystem (Begriff, Vor- und Nachteile), Mehrliniensystem (Begriff, Vor- und Nachteile), Stabliniensystem (Begriff, Vor- und Nachteile), Matrixorganisation (Begriff, Vor- und Nachteile), Ablauforganisation (Begriff, Ziele, Aufgaben), Geschäftsprozessorientierung, Geschäftsprozess (Begriff, Merkmale), Kernprozess, Supportprozess.

7. *Stellen Sie für das Erbringen einer Personaldienstleistung die einzelnen Arbeitsschritte von der Auftragsannahme bis zur Rechnungserstellung mithilfe eines Ablauf- bzw. Flussdiagramms dar.*

8. *Die folgende Abbildung zeigt das Organigramm des Unternehmens Albrecht Haller KG mit Firmensitz in Recklinghausen. Das Unternehmen hat zwei Niederlassungen in Lünen und Köln.*

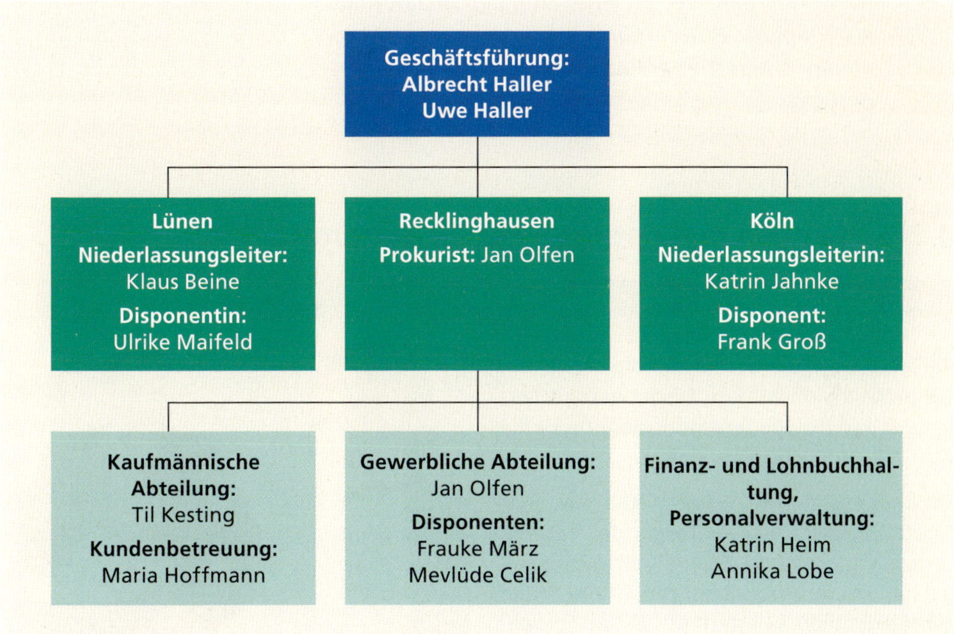

a) *Geben Sie an,*
- *nach welchem Prinzip die Organisation der Albrecht Haller KG aufgebaut ist und*
- *welches Leitungssystem berücksichtigt wurde.*

b) *Wer kann bei der Albrecht Haller KG Entscheidungen treffen, die für alle Mitarbeiter verbindlich sind? Für wen ist eine von Jan Olfen getroffene Entscheidung bindend?*

c) *Erstellen Sie auf der Grundlage des Organigramms der Albrecht Haller KG eine Stellenbeschreibung für die Stelle „Personaldisponent/-in" im gewerblichen Bereich.*

9. *Beschreiben Sie die Aufbauorganisation Ihres Ausbildungsbetriebs.*

10. *Ordnen Sie zu, ob es sich um Organisation, Disposition oder Improvisation handelt:*

a) *Festlegung von Beginn und Ende der täglichen Arbeitszeit.*

b) *Ein Einkaufssachbearbeiter legt die Bestellmenge an Papier im Rahmen seiner Zuständigkeiten fest.*

c) *Bevor ein externer Mitarbeiter überlassen wird, muss zunächst der Arbeitnehmerüberlassungsvertrag ausgefertigt und unterschrieben werden.*

d) *Wenn der Bestand an Kopierpapier unter zwei Pakete sinkt, werden 10 neue Pakete bestellt.*

e) *Eine Personaldisponentin kann den Verrechnungssatz innerhalb einer vorgegebenen Spanne selbst mit den Kunden aushandeln.*

f) *Die Heller KG erhält ein erstes Mahnschreiben, weil sie einen Rechnungsbetrag nicht innerhalb der vereinbarten Zeit bezahlt hat.*

g) *Nach einem Autounfall kann ein Mitarbeiter nicht mehr wie vorgesehen bei einem Kunden eingesetzt werden. Im Bewerberpool wird nach einem Ersatz gesucht.*

4.2 Leitbild und betriebliches Zielsystem

Einstiegssituation ▶

An Ihrem neuen Arbeitsplatz in der GS Personallösungen GmbH verfolgen Sie ein Gespräch zwischen dem Disponenten Klaus Krüger und der Niederlassungsleiterin Ulrike Kern.

Ulrike Kern: „Herr Krüger, ich habe mir heute Morgen die Aufträge der letzten Woche angesehen. Dabei ist mir die Anfrage der Firma Globis Logistik GmbH in die Hände gefallen. Mir geht es um den folgenden Abschnitt:

Wir benötigen ab dem 25. Mai dieses Jahres für drei Monate vier Helfer für den Lagerbereich. Bitte unterbreiten Sie uns nur dann ein Angebot, wenn Sie uns einen Verrechnungssatz von 12,00 EUR anbieten können. Je nach Preisangebot könnten wir uns eine langfristige Zusammenarbeit vorstellen.

Haben Sie etwa mit Globis einen Vertrag abgeschlossen?"

Klaus Krüger: „Sie haben den Vertrag doch gesehen, warum fragen Sie? Ich habe das so wie immer gemacht und mich an den Wünschen des Kunden orientiert. Er hat seine vier Helfer bekommen. Sie haben doch erst letzten Monat mehr Kundenorientierung eingefordert."

Ulrike Kern: „Richtig, weil sich Kunden über das zum Teil unfreundliche Verhalten unserer Mitarbeiter beschwert haben. Aber im Fall Globis geht die Kundenorientierung eindeutig zu weit."

Klaus Krüger: „Frau Kern, Sie haben doch sicherlich auch mitbekommen, dass das Zeitarbeitsunternehmen Gerbmann im letzten Monat eine riesige Anzeige geschaltet hatte: *‚Alle müssen raus – zwei Helfer zum Preis von einem'.* Unsere Mitbewerber treten zurzeit ziemlich aggressiv am Markt auf. Da müssen wir doch mithalten."

Ulrike Kern: „Herr Krüger, genau diese Anzeige ist in den Medien als menschenverachtend kritisiert worden. Falls sich Kunden mit ähnlichen Preisvorstellungen oder Anliegen an uns wenden, dann machen Sie bitte deutlich, dass wir unsere Dienstleistungen ausschließlich seriös anbieten. Solche Aufträge nehmen wir nicht an."

Klaus Krüger: „Gut zu wissen – noch im letzten Monat haben Sie ausdrücklich betont, dass wir dringend neue Aufträge brauchen und deshalb auch unattraktive Geschäfte abschließen könnten. Daran habe ich mich gehalten. Jetzt wollen Sie plötzlich, dass wir nach außen hin seriös auftreten. Ich bin wirklich gerne bereit, mich nach Ihren Erwartungen zu richten. Aber diese müssen für mich klar sein."

Ulrike Kern: „Es geht hier nicht um meine Erwartungen, sondern um die Ziele der GS Personallösungen GmbH. Wir haben doch auf der letzten Mitarbeiterbesprechung ausführlich über alle Ziele diskutiert. Zur Erinnerung: Unser oberstes Ziel ist die Gewinnsteigerung. Bei einem Helferpreis von 12,00 EUR machen wir einen Verlust." Klaus Krüger: „Das ist mir auch klar. Aber mit der Globis haben wir einen neuen Kunden gewonnen. Möglicherweise ergeben sich gute Anschlussgeschäfte, die dann wieder gewinnbringend sind."

Ulrike Kern: „Also, so kommen wir nicht weiter."

Klaus Krüger: „Ganz meiner Meinung – so kommen wir nicht weiter. Was ist denn nun wichtiger: seriöses Auftreten, Gewinnerzielung oder Respekt vor unseren Helfern?"

Ulrike Kern: „Das eine schließt doch das andere gar nicht aus! Also im Fall Globis hätten Sie eindeutig mehr soziale Verantwortung zeigen müssen. Außerdem passen Dumpingpreise nicht zu unserem Qualitätsverständnis."

Klaus Krüger: „Möchten Sie, dass ich Sie bei jedem Auftrag frage, wie ich mich zu verhalten habe? Wenn ja, dann hätte ich gerne eine Anweisung für folgenden Fall: Gestern war Herbert Wolter bei mir. Er hat sich bei mir beschwert, weil bei Gravis das Transportförderband für schwere Pakete nicht angestellt wurde. Stattdessen mussten unsere Mitarbeiter diese Pakete schleppen, weil das schneller ginge und billiger sei. Also, was soll ich tun?"

Ulrike Kern: „Reden Sie mit dem Kunden."

Klaus Krüger: „Tja, das habe ich schon gemacht: Wenn wir nicht spuren, dann ruft er einen anderen Personaldienstleister an. Also, wofür entscheiden Sie sich – für die Gesundheit von Herrn Wolter oder für den Auftrag?"

Ulrike Kern: „Dass Sie sich plötzlich für unsere Mitarbeiter einsetzen, ist ja wirklich mal etwas Neues! Erinnern Sie sich noch an den Fall unserer Sabine Herbst, die sich in einem Forum unter bienchen88 ganz bitterlich über uns beklagt hat? Ich glaube, der Disponent, über den sie schreibt, das waren Sie."

Klaus Krüger: „Ja, genau, das war ich. Aber wenn ich keine Aufträge reinhole, dann steht mein eigener Arbeitsplatz auf dem Spiel. Das wissen Sie doch selbst nur zu gut."

Ulrike Kern: „Ganz richtig – und deswegen rufen Sie jetzt erst einmal bei Berger & Partner an, die brauchen nämlich dringend eine Bürokauffrau."

Von bienchen88

Ich habe bei GS Personallösungen gearbeitet. Ganze 5 Tage lang. Danach streikte ich und bekam daher die Kündigung. Warum?

Montags fing ich meinen Einsatz bei einem Industrieunternehmen an. Mir wurden drei Mitarbeiter vorgestellt, denen ich zuarbeiten sollte. 20 Minuten lang erklärte man mir den PC und dann sollte ich anfangen. Das Programm war mir völlig unbekannt. Außerdem hatte ich ein Büro, das schlimmer aussah als meine Abstellkammer. Ich war todunglücklich, auch mit den Kollegen. Ich rief also am Dienstag bei GS an und beschwerte mich.

Der Disponent sagte mir, ich wäre faul und inkompetent und ich solle mich nicht so anstellen. Drei Tage später hatte ich die Kündigung. Mein Geld habe ich auch nicht in voller Höhe bekommen, aber das war mir dann auch egal.

Ich bin nun seit 3 Jahren bei einer anderen Zeitarbeitsfirma beschäftigt. Wenn ich mich dort über meinen Einsatz beschwere, wird diese Beschwerde ernst genommen!

Auszug aus der Zielsetzung der GS Personallösungen GmbH

Unser Leitgedanke für das Jahr 20..: Beste Qualität und Leistung sowie ein optimaler Kundenservice sind für uns verpflichtend. Unsere Mitarbeiter sind unser höchstes Kapital. Deswegen sorgen wir für sichere und gesunde Arbeitsbedingungen.	**Unsere Ziele:** **Oberziele** – Sicherung der langfristigen Existenz – Gewinnmaximierung **Weitere Ziele** – Qualitäts- und Kundenorientierung – Umsatzsteigerung – Ausweitung des Marktanteils – Kostensenkung – Erhalt der Zahlungsfähigkeit – Stärkung des Eigenkapitals

Nachdem sich die Gemüter bei der GS Personallösungen GmbH wieder beruhigt haben, entschließt man sich, ein klares Unternehmensleitbild zu entwickeln. Dazu sollen gemeinsame Werte definiert und die bisher formulierten Ziele überarbeitet und ergänzt werden. Sie sind Mitglied der Projektgruppe, die diesen Auftrag erhält.

Arbeitsaufträge

Formulieren Sie ein Leitbild (Leitidee, Unternehmensmotto) sowie maximal zehn Leitsätze. Präsentieren Sie Ihre Ergebnisse. Bewerten Sie die vorgestellten Leitbilder. Reflektieren Sie, inwieweit das von Ihnen verfasste Leitbild die konkreten Handlungen oder Entscheidungen, die in der Ausgangssituation beschrieben werden, verändert hätte. Bearbeiten Sie hierzu folgende Teilarbeitsaufträge:

1. *Beschreiben Sie die oben dargelegte Situation mit eigenen Worten. Identifizieren Sie die vorliegenden Konflikte und Probleme und geben Sie deren Ursachen an.*

2. *Informieren Sie sich in der Sachdarstellung über die Themen Leitbild und Zielsystem.*

3. *Bilden Sie Gruppen mit jeweils vier Personen:*
   - *Teilen Sie in der Gruppe folgende Rollen ein: Inhaber/-in (= Eigenkapitalgeber), Niederlassungsleiter/-in sowie interne/r und externe/r Mitarbeiter/-in.*
   - *Einigen Sie sich in der Gruppe auf fünf Werte, die zukünftig für das Handeln der GS Personallösungen GmbH gelten sollen.*
   - *Einigen Sie sich auf je drei Ziele, in denen Ihrer Meinung nach die GS Personallösungen GmbH soziale und ökologische Verantwortung übernehmen sollte.*
   - *Bringen Sie die Einzelziele in eine Rangfolge. Berücksichtigen Sie hierbei auch die bereits formulierten wirtschaftlichen Ziele (siehe oben).*

4.2.1 Unternehmensleitbild

4.2.1.1 Unternehmenskultur

Jedes Unternehmen hat seine eigene Kultur, die sich oft über Jahre hinweg entwickelt hat. Sie äußert sich im **tatsächlichen** Verhalten, Benehmen und Auftreten von Mitarbeitern im eigenen Unternehmen und in der Öffentlichkeit. Die Unternehmenskultur wird im Betriebsklima offensichtlich und spiegelt sich im Führungsstil und in den Organisationsstrukturen wider.

Definition
Die **Unternehmenskultur** (engl.: **Corporate Culture**) umfasst die Summe aller Werte, Grundüberzeugungen und Vorstellungen der Mitarbeiter eines Unternehmens. Sie zeigt sich in den konkreten Handlungen und Verhaltensweisen.

Die Unternehmenskultur wird von unterschiedlichen Faktoren beeinflusst.

Die Unternehmenskultur wird geprägt durch …	
Ausrichtung und Ziele des Unternehmens	**grundlegende Überzeugungen**
z. B. Wachstum, Kundenorientierung	z. B. positives Menschenbild
Normen und Werte	**Kommunikation**
z. B. Leistung, Fairness, Offenheit	z. B. Umgangston, Informationsverhalten
Rituale	**Vorbilder**
z. B. Ablauf von Meetings, Weihnachtsfeier	z. B. Führungskräfte

Einflussfaktoren auf die Unternehmenskultur

Die Unternehmenskultur wird im besonderen Maße von den **Wertvorstellungen der Menschen** bestimmt, die im Unternehmen arbeiten. Offene oder verdeckte Werte führen dazu, dass das Handeln ganz unterschiedlich ausfallen kann.

Beispiel
Für Marion Gruber sind Zusammenarbeit und Vertrauen wichtige Werte, die ihr eigenes Arbeitsverhalten bestimmen. Deshalb ärgert sie sich immer wieder über ihren Kollegen: Herr Dirks legt besonders großen Wert auf den größtmöglichen Freiraum bei der Arbeitsgestaltung und verhält sich sehr individualistisch. Schon einige Male hat er Frau Gruber nicht über wichtige Arbeitsvorgänge informiert.

Eine **positive Unternehmenskultur** fördert die Leistungsbereitschaft und Motivation der Mitarbeiter. Je stärker sich Mitarbeiter mit ihrem Unternehmen identifizieren, umso überzeugender ist häufig auch der Marktauftritt.

Hingegen kann eine **negativ ausgeprägte Unternehmenskultur** demotivierend wirken und Konflikte und Auseinandersetzungen im Unternehmen begünstigen. Ist den Beschäftigten die Zielsetzung bzw. die Ausrichtung des Unternehmens nicht klar, fällt es ihnen schwerer, einen Beitrag zum Unternehmenserfolg zu leisten. Fehlen gemeinsam definierte Werte, sind häufig Grundsatzdiskussionen notwendig, die Zeitverlust bedeuten und das Betriebsklima ungünstig beeinflussen. Eine unreflektierte Unternehmenskultur kann sich auch negativ auf die Außenbeziehungen auswirken und den Ruf des Unternehmens schädigen.

Merksatz
Eine **positive Unternehmenskultur** ist ein entscheidender Erfolgsfaktor für Unternehmen. Sie wird als positiv bezeichnet, wenn die einzelnen Elemente der Unternehmenskultur miteinander harmonieren.

4.2.1.2 Leitbilder

Leitbilder haben zum Ziel, eine förderliche Unternehmenskultur aufzubauen bzw. die bestehende Unternehmenskultur zu verändern.

Definition
Ein **Leitbild** beschreibt die grundlegenden Überzeugungen, Werte und Ziele, die für ein Unternehmen gültig sein sollen. In der Regel wird es verschriftlicht und nach innen und außen kommuniziert. Es soll Identität stiften, Orientierung bieten und das Unternehmen positiv in der Öffentlichkeit präsentieren. Es ist zukunftsorientiert, das heißt, es zeichnet ein **realistisches Idealbild des Unternehmens**, das angestrebt wird und auch erreicht werden kann.

Ziel eines Leitbildes ist die Entwicklung einer **einheitlichen Unternehmensidentität**.

Merksatz
Unternehmen verfügen über eine eigene Identität, wenn sie wie eigenständige Persönlichkeiten wahrgenommen werden.

Die Unternehmenskultur drückt den Istzustand aus und lässt sich schlagwortartig mit dem Satz „So ist es heute“ beschreiben. Ein Leitbild beschreibt dagegen den angestrebten Sollzustand: „So soll es (zukünftig) sein.“

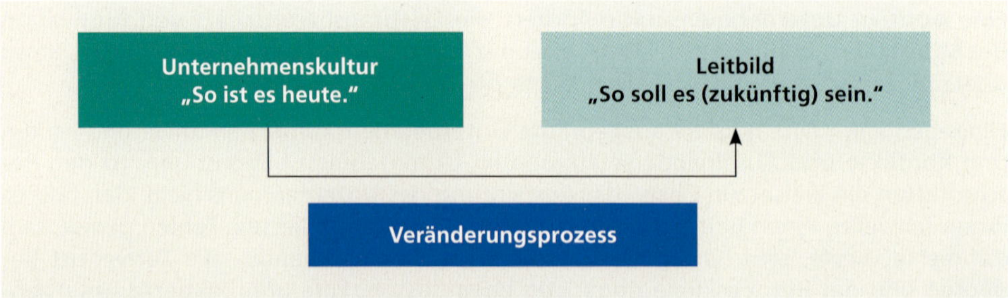

Zusammenhang zwischen Unternehmenskultur und Leitbild

Es gibt verschiedene Anlässe für Unternehmen, Leitbilder zu entwickeln. Hierzu zählen vor allem:

- Unternehmensgründung
- Umstrukturierungen
- Wechsel an der Führungsspitze
- Unternehmenskrisen
- neue Kooperationen bzw. strategische Partnerschaften
- Zusammenschlüsse (z. B. durch Aufkäufe, Fusionen)
- Aufnahme neuer Führungsinstrumente
- Vorstoß in neue Märkte
- Ausrichtung auf neue Zielgruppen
- Gewinnung bzw. Bindung qualifizierter Mitarbeiter
- Abgrenzung von Mitbewerbern
- als Reaktion auf Mitarbeiter- oder Kundenbefragungen

Eng verbunden mit dem Begriff Unternehmensleitbild sind Schlagworte wie **Unternehmensphilosophie, Vision, Mission, Unternehmenswerte** sowie **Unternehmensstrategie** und **Unternehmensziele**. In Leitbildern wird häufig auf diese Begriffe Bezug genommen. Sie alle gehören in den Bereich der strategischen Unternehmensführung. Die Begriffe werden in der Praxis uneinheitlich und zum Teil gleichbedeutend verwendet.

Unternehmensphilosophie

Die Unternehmensphilosophie kann als zentrale und übergeordnete Konzeption für die Führung eines Unternehmens verstanden werden und zeigt die langfristige Ausrichtung am Markt. Sie verdeutlicht die Grundüberzeugungen der Inhaber gegenüber dem engeren Unternehmensumfeld (Kunden, Lieferanten, Wettbewerber usw.), die Einstellung zur Gesellschaft (Gesellschaftsbild) sowie unternehmensintern gegenüber den eigenen Mitarbeitern (Führungsgrundsätze). Aus ihr werden die weiteren Planungs- und Führungsinstrumente abgeleitet. Häufig werden die Begriffe Unternehmensphilosophie und Leitbild mit gleicher Bedeutung verwendet.

Beispiel

Corporate Responsibility
Unternehmerische Verantwortung im Sinne der ökologischen und sozialen Nachhaltigkeit hat für Linde zu jeder Zeit einen hohen Stellenwert.

Quelle: Linde AG Corporate Communications, „Corporate Responsibility", unter: www.the-linde-group.com/de/corporate_responsibility/index.html (Zugriff: 20.04.2012).

Glück und Erfolg gehören zusammen
better work, better life – das ist der Grundsatz, aus dem sich unsere Unternehmensphilosophie ableitet.
Wir verstehen uns nicht nur als Personaldienstleister – wir verpflichten uns gegenüber unseren Mitarbeitern, ihnen die Möglichkeit zur beruflichen Entfaltung zu bieten, und gegenüber unseren Kunden, ihnen einen besseren Service anzubieten.
[...]

Quelle: Hrsg. v. Adecco Personaldienstleistungen GmbH: „better work, better life", unter www.adecco.de/GERMAN/aboutadecco/unternehmenswerte/Pages/betterworkbetterlife.aspx (Zugriff: 20.04.2012).

Vision

Eine Vision ist eine allgemein gehaltene Vorstellung von der **künftigen Rolle** des Unternehmens, die es grundsätzlich einnehmen möchte, bzw. über das zentrale Ziel, welches das Unternehmen anstrebt.

Beispiel

Unsere Vision
Global führend mit Marken und Technologien.
[...]

Quelle: Hrsg. v. Henkel AG & Co. KGaA, „Vision & Werte", unter: www.henkel.de/ueber-henkel/vision-und-werte-10015.htm (Zugriff: 20.04.2012).

Mission

Eine Mission beschreibt den **Zweck des Unternehmens**. Sie zeigt die Daseinsberechtigung auf und bezieht sich auf die zentrale Aufgabe des Unternehmens.

Beispiel

Mission
ISB entwickelt maßgeschneiderte Softwarelösungen. Kompetent, individuell und fair. Zum Nutzen unserer Kunden.
[...]

Quelle: Hrsg. v. ISB Institut für Software-Entwicklung und EDV-Beratung AG, „Vision-Mission-Leitbild", unter: www.isb-ag.de/ueber_uns/Vision-Mission-Leitbild.htm (Zugriff: 24.01.2010).

Werte

Wertvorstellungen sind abhängig vom jeweiligen Kulturkreis, können von Mensch zu Mensch ganz unterschiedlich definiert werden und unterliegen einem ständigen Wandel. Deshalb ist es schwierig, verbindliche Wertvorstellungen zu bestimmen, die für alle Unternehmensangehörigen leitend sein können. In der Regel werden die Werte in einem Unternehmensleitbild auf wenige zentrale Punkte beschränkt. Als praktische Hilfestellung bei der Auswahl kann beispielsweise das Wertviereck nach Wieland[1] dienen, das auf den betrieblichen Bereich zugeschnitten ist.

Werteviereck nach Wieland	
Leistungswerte	**Kommunikationswerte**
Nutzen Kompetenz Leistungsbereitschaft Flexibilität Kreativität Innovationsorientierung Qualität	Achtung Zugehörigkeit Offenheit Transparenz Verständigung Risikobereitschaft
Kooperationswerte	**Moralische Werte**
Loyalität Teamgeist Konfliktfähigkeit Offenheit Kommunikationsorientierung	Integrität Fairness Ehrlichkeit Vertragstreue Verantwortung

Untersuchungen haben ergeben, dass gemeinsam festgelegte Werte eine hohe Bedeutung für den Erfolg von Unternehmen haben[2].

Beispiele
Verbesserung des Betriebsklimas, Aufbau von Partnerschaften, Erhöhung der Marktattraktivität, Verbesserung der Arbeits- und Führungsleistung, Kosteneinsparungen

Werte spielen auch in der Zeitarbeit ein wichtige Rolle. So hat der IGZ am 28.03.2012 im Rahmen seiner Mitgliederversammlung in Potsdam einen **Ethik-Kodex** verabschiedet, der Standards für das Verhältnis und die Zusammenarbeit zwischen Arbeitgebern und Arbeitnehmern definiert.[3]

---

[1] *Quelle: Folienvortrag von Prof. Dr. habil. Josef Wieland: Wertemanagement zwischen Wirtschaft und Gesellschaft, Schwäbisch Gmünd, 2007, Folie 6, unter: www.rotary1830.org/rotary1830/Meldungen-2006-07/Wieland. Wertemanagement.pdf (Zugriff: 20.04.2012).*

[2] *Walter Ganz/Nicole Graf (Hrsg.): Performanz-Leitbilder. Ergebnisse einer Breitenerhebung zu Leitbildern in der betrieblichen Praxis, Fraunhofer IRB Verlag, Stuttgart, 2007, S. 16 f.*

[3] *www.ig-zeitarbeit.de*

Der Ethik-Kodex nennt als **Leitwerte**

- Fairness,
- Zuverlässigkeit,
- Respekt,
- Vertrauen und
- Seriosität.

Der Ethik-Kodex stellt **verbindliche Handlungsgrundsätze** für IGZ-Mitgliedsunternehmen auf. Er geht über die gesetzlichen Vorschriften hinaus und hat die Qualitätsverbesserung bzw. -sicherung als Ziel.

Die Grundsätze gliedern sich in vier Handlungsfelder, die die Rolle von IGZ-Mitgliedsunternehmen als Arbeitgeber, als Auftragnehmer, im Wettbewerb und im Verhältnis zu Sozialpartnern, Behörden und Öffentlichkeit berücksichtigen. Gleichzeitig wurde für Konfliktfälle eine sogenannte Kontakt- und Schlichtungsstelle (KUSS) eingerichtet.

4.2.1.3 Elemente eines Leitbildes

Unternehmensleitbilder bestehen aus mehreren Elementen: Leitidee, Leitsätze und Unternehmensmotto. Sie stellen das angestrebte Selbstverständnis des Unternehmens dar. Ausführliche Leitbilder enthalten darüber hinaus auch Unternehmens- und Führungsgrundsätze, Angaben zu Werten, anvisierten Zielen und zur strategischen Ausrichtung.

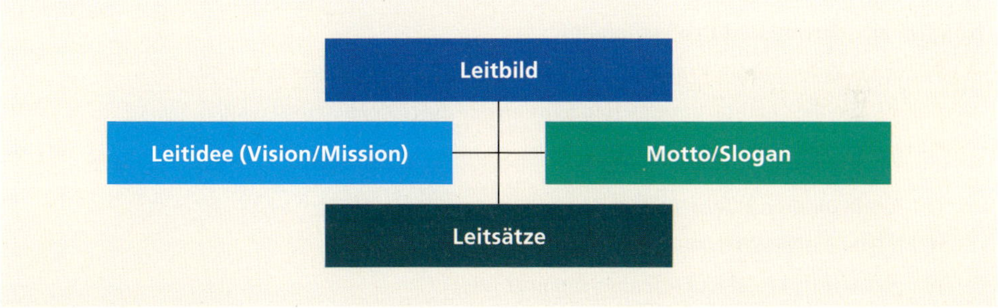

Elemente eines Leitbildes

Kernelemente eines Leitbildes sind:

Leitidee

Die Leitidee spiegelt die Vision und die Mission wider. Sie zeigt den Nutzen des Unternehmens für Kunden, Markt und Gesellschaft auf und begründet, warum ein Unternehmen überhaupt besteht (Daseinsberechtigung). Sie gibt Auskunft auf die Fragen „Warum gibt es uns?" und „Was tun wir?".

Beispiel

START ist ein wirtschaftlich und arbeitsmarktpolitisch erfolgreiches Unternehmen. Wir greifen die Herausforderungen des Arbeits- und Ausbildungsmarkts auf, setzen Standards und geben Impulse für die arbeitsmarktpolitische Diskussion und Entwicklungspfade in der Branche.

Unsere Mitarbeiterinnen und Mitarbeiter entwickeln ihre fachlichen, methodischen und sozialen Kompetenzen in der Erarbeitung und Erprobung von Instrumenten zur Arbeitsmarktintegration. Dies geschieht in Projekten mit Kooperationspartnern in NRW und über die Landesgrenzen hinaus.

Wir tragen Verantwortung für unser Handeln und setzen uns gemeinsam für die Erreichung unserer Ziele ein. Die Qualität unseres Handelns messen wir an der Zufriedenheit unserer Kunden.

Quelle: Hrsg. v. START Zeitarbeit NRW GmbH, in: Vorreiter für innovative Wege in der Zeitarbeit, unter: www.start-nrw.de/Navigation/Ueber_uns/index.php?highmain=0&highsub=0&highsubsub=0 (Zugriff: 20.04.2012).

Leitsätze

Die Leitsätze verdeutlichen die Leitidee und deren Umsetzung. Sie bringen die besondere Kompetenz des Unternehmens, die festgelegten Werte und Ziele sowie die Erfolgskriterien zum Ausdruck. Da sie für alle Unternehmensbereiche gelten sollen, sind sie häufig allgemein gehalten.

Beispiel

Auszug aus den Leitsätzen

Kundenorientierung und Professionalität

- Wir arbeiten für unsere Kunden kompetent, verbindlich und ergebnisorientiert.
- Wir messen die Qualität unseres Handelns an der Zufriedenheit unserer Kunden. (...)

Kommunikation und Zusammenarbeit

- Wir regeln unseren Informationsfluss klar und verständlich.
- Wir tragen die Verantwortung für unser Handeln.
- Wir gehen respektvoll und offen miteinander um.
- Wir setzen uns gemeinsam für die Erreichung unserer Ziele ein. (...)

Motivation und Leistung

- Wir fördern die persönliche Entwicklung unserer Mitarbeiter/-innen.
- Wir stellen uns neuen Aufgaben und wachsen an den Herausforderungen.
- Wir sind motiviert und leistungsbereit.
- Wir motivieren durch regelmäßiges Feedback.

Quelle: Hrsg. v. START Zeitarbeit NRW GmbH: Unsere Grundsätze im Leitbild, unter: www.start-nrw.de/Navigation/Ueber_uns/Leitbild/index.php?highmain=3&highsub=0&highsubsub=0# (Zugriff: 28.09.2010).

Motto

Das Motto, auch Slogan genannt, fasst den Kerngedanken der Leitidee einprägsam zusammen und dient der Unterscheidung von anderen Unternehmen. Es kann darüber hinaus für Marketingzwecke genutzt werden.

Beispiele

- *AT&T: „To bring people together anytime and anywhere."*
- *Wal-Mart: „To give ordinary folk the chance to buy the same things as rich people."*
- *Walt Disney: „To make people happy."*
- *LBS: „Wir geben Ihrer Zukunft ein Zuhause."*
- *Omron Corporation: „Arbeiten für das Wohl der Gesellschaft"*
- *adecco: „better work, better life"*

Ein Leitbild soll sowohl für die Mitarbeiterinnen und Mitarbeiter gelten als auch externe Bezugsgruppen informieren.

Externe und interne Anspruchsgruppen

Share	Anteilsrecht an einer Kapitalgesellschaft
Shareholder	Anteilseigner
Stakeholder	andere Anspruchsgruppen

Unternehmen haben vielfältige Beziehungen zu unterschiedlichen Gruppen, die Einfluss auf die Unternehmenspolitik bzw. Unternehmensziele nehmen möchten. Ein ausgewogenes Unternehmensleitbild berücksichtigt wichtige Anspruchsgruppen (z. B. Kunden, Mitarbeiter, Lieferanten, Öffentlichkeit). Es klärt insbesondere, wie mit den einzelnen Gruppen umgegangen wird.

Inwieweit diese Gruppen bei der Leitbildentwicklung Berücksichtigung finden, richtet sich auch danach, ob auf den **Shareholder-** oder den **Stakeholder-Ansatz** Bezug genommen wird.

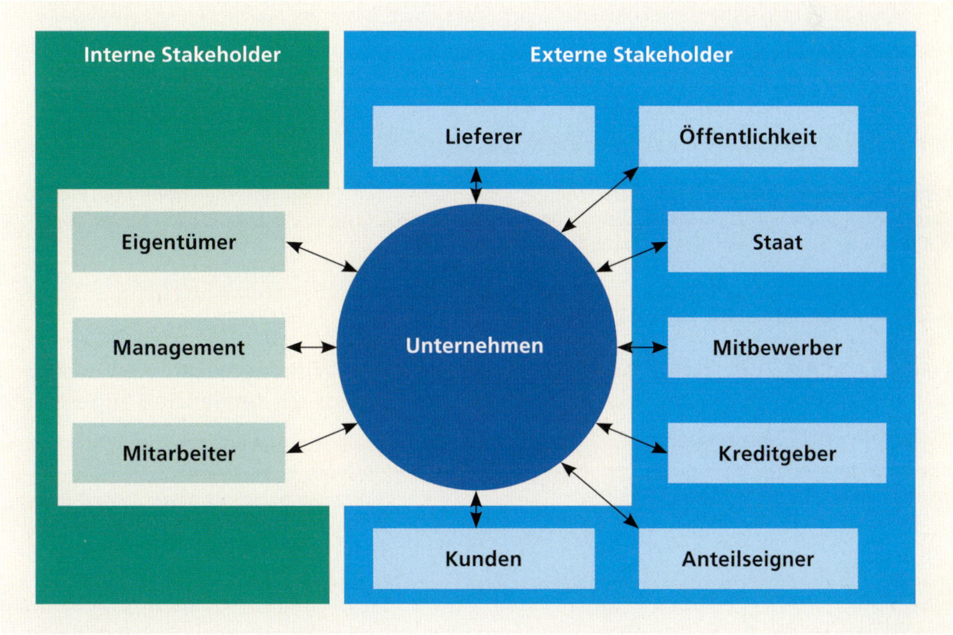

Stakeholder-Ansatz

Shareholder-Value

„Der Shareholder-Value-Ansatz bezeichnet eine Geschäftspraxis des Managements, die sich in erster Linie am Interesse der Aktionäre (Shareholder) orientiert. Folglich ist das oberste Ziel die Maximierung des Unternehmenswerts bzw. die Auszahlung einer möglichst hohen Dividende. Andere Interessen, wie die der Angestellten, werden hingegen vernachlässigt."

Quelle: bpb-Pocket Wirtschaft, zitiert nach: Schmitt, Alexander/Steige, Stella: Unternehmensethik. Eigentum verpflichtet. Themenblätter im Unterricht, Nr. 68, Herbst 2007, hrsg. v. der Bundeszentrale für politische Bildung/bpb, Bonn, S. 5.

Stakeholder-Value

„Als Stakeholder (Anspruchsberechtigter) wird eine Person oder Gruppierung bezeichnet, die ihre berechtigten Interessen wahrnimmt. Das Prinzip der Stakeholder lässt sich als die Erweiterung des in der Betriebswirtschaft verbreiteten Shareholder-Value-Ansatzes interpretieren. Im Gegensatz zum Shareholder-Value-Prinzip, versucht das Prinzip der Stakeholder das Unternehmen in seinem gesamten sozial-ökonomischen Kontext zu erfassen und die Bedürfnisse der unterschiedlichen Anspruchsgruppen in Einklang zu bringen.

Als Stakeholder gelten dabei neben den Shareholdern (Eigentümern) die Mitarbeiter (Anspruch auf Beschäftigung und Sicherheit), die Kunden (Anspruch auf Qualität und Zuverlässigkeit), die Lieferanten, die Kapitalmärkte (Kreditgeber) sowie der Staat (Anspruch auf Steuergelder, Umweltschutz), die Umwelt (Rohstofflieferant, Aufnahmemedium für Abfall) und die Öffentlichkeit (Parteien, Verbände, Medien etc.). In Theorie und Praxis sind die Vorstellungen, wer überhaupt als Stakeholder in Betracht zu ziehen ist, nicht einheitlich. Ein mögliches Abgrenzungskriterium ist die ausschließliche Berücksichtigung von Anspruchsgruppen auf die Existenzfähigkeit des Unternehmens. Somit müssen mit Sicherheit Kapitalgeber, aber auch Kunden, Mitarbeiter und Lieferanten genannt werden. Allenfalls könnte auch der Staat genannt werden, welcher beispielsweise durch die Bereitstellung öffentlicher Güter (z. B. Gesundheit, Sicherheit und Rechtsstaatlichkeit) und der Infrastruktur die wirtschaftliche Tätigkeit überhaupt ermöglicht. Je nach Ansicht ist auch die Wichtigkeit der verschiedenen Gruppen und somit die Ausrichtung des Unternehmens darauf umstritten. Gerade hierin liegt die Herausforderung für das Top-Management."

Quelle: www.igmetall.de, zitiert nach: Schmitt, Alexander / Steige, Stella: Unternehmensethik. Eigentum verpflichtet. Themenblätter im Unterricht, Nr. 68, Herbst 2007, hrsg. v. der Bundeszentrale für politische Bildung/bpb, Bonn, unter: www.bpb.de, S. 5.

4.2.1.4 Funktionen eines Leitbildes

Leitbilder haben unterschiedliche Funktionen, die eine Wirkung nach innen und nach außen haben können. Das nachfolgende Schaubild zeigt die tendenziell angestrebte Wirkung.

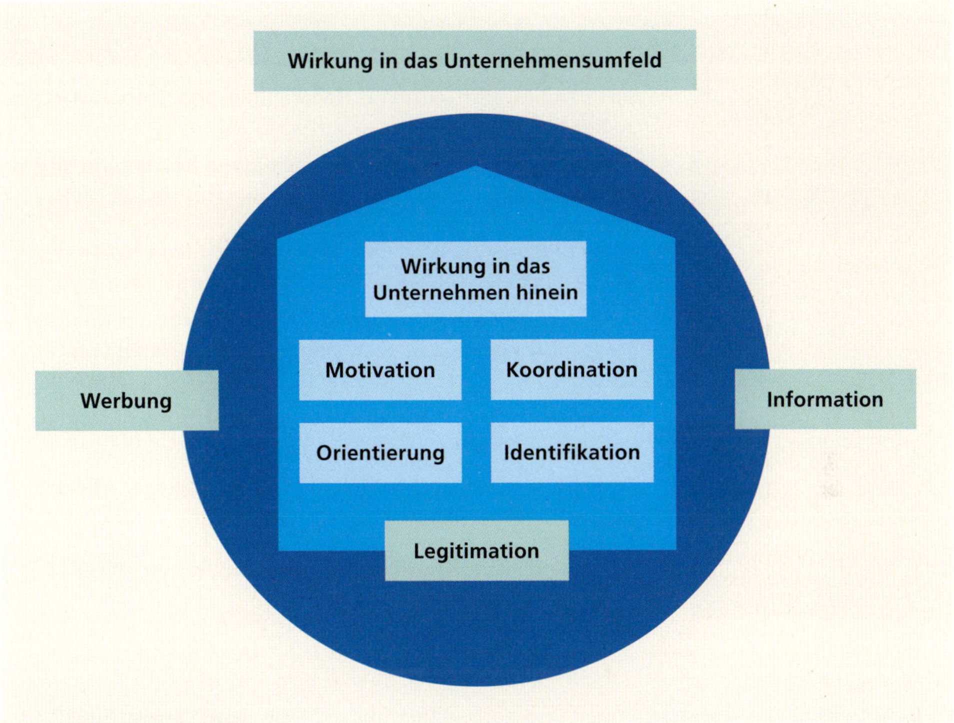

Funktionen eines Leitbildes

Funktion	Beschreibung
Orientierungsfunktion	• Ein Leitbild macht deutlich, wofür das Unternehmen steht, was wichtig und weniger wichtig ist. An dieser gemeinsamen Vision können sich die Mitarbeiter orientieren. • Leitbilder können bei Konflikten oder Entscheidungssituationen eine Hilfe sein. • Aus dem Leitbild lassen sich konkrete Ziele ableiten.
Identifikationsfunktion	Ein gemeinschaftlich entwickeltes und akzeptiertes Leitbild erzeugt ein „Wir-Gefühl" bei den Mitarbeitern und führt zu einer stärkeren Identifikation mit dem Arbeitgeber bzw. den Zielen des Unternehmens.
Motivationsfunktion	Ein Leitbild zeigt Mitarbeitern auf, wie sie zum Unternehmenserfolg beitragen können.
Koordinationsfunktion	Die Ausrichtung auf eine gemeinsame Idee hat eine handlungskoordinierende Wirkung: Leitsätze und Werte sind Richtschnur für das Handeln.

Funktion	Beschreibung
Legitimationsfunktion	• Das Leitbild hilft, einzelne Handlungen und Entscheidungen zu begründen. • Das Leitbild zeigt die Daseinsberechtigung des Unternehmens am Markt auf.
Werbefunktion	• Im Leitbild dokumentiert ein Unternehmen seine Bereitschaft, Verantwortung für gesellschaftliche Belange zu übernehmen. • Ein gut kommuniziertes Leitbild kann das Image des Unternehmens verbessern und ist ein wesentliches Element der Corporate Identity. • Ein Leitbild beschreibt Außenstehenden die Kernkompetenz des Unternehmens. • Es zeigt, was ein Unternehmen im Unterschied zu Mitbewerbern einzigartig und unverwechselbar macht.
Informationsfunktion	Außenstehende können sich ein klares Bild des Unternehmens machen.

Merksatz
Gute Leitbilder wirken nach innen und nach außen und erfüllen verschiedene Funktionen.

4.2.1.5 Vorgehensweisen bei der Entwicklung von Leitbildern

Leitbilder fallen nicht vom Himmel und können nicht einfach „verordnet" werden. Sie müssen **entwickelt, kommuniziert, umgesetzt und überprüft** werden. Diese vier Schritte werden **Leitbild-Prozess** genannt. In der Praxis hat sich ein systematisches und schrittweises Vorgehen bewährt.[1]

Grundsätzlich ist es wünschenswert, dass alle Unternehmensangehörigen an der Leitbilderstellung mitwirken. Hierdurch wird eine höhere Akzeptanz erzielt. Bei größeren Unternehmen kann diese Aufgabe eine entsprechend besetzte Arbeitsgruppe übernehmen. Leitbilder, die ausschließlich durch hochrangige Funktionsträger (z.B. Geschäftsführung, Abteilungsleiter) entwickelt wurden, stoßen häufig auf Desinteresse und manchmal sogar auf Ablehnung in der Belegschaft.

Merksatz
Leitbilder werden **im Dialog** entwickelt.

[1] *In Anlehnung an: Dettmann, Joachim: Leitbild. Edition Organsationsentwicklung – Nr. 9, Quelle: www.fundraising-dettmann.de.*

Schritt 1: Analyse der bestehenden Unternehmenskultur

Ausgangspunkt für die Entwicklung des Leitbildes ist die Beschreibung der tatsächlich vorherrschenden Unternehmenskultur. Dabei gibt es viele unterschiedliche Untersuchungsaspekte.

Beispiele
Führung und Zusammenarbeit, Kommunikationsverhalten, Arbeitsbelastung und Arbeitszeiten, Betriebsklima, Jobzufriedenheit und Identifikation, Übereinstimmung mit Unternehmenszielen, Einarbeitung und Integration von neuen Mitarbeitern, Aus- und Weiterbildung, Traditionen, Vorbilder, Rituale

Schritt 2: Ausarbeitung des Leitbildes

In einem zweiten Schritt wird die angestrebte Soll-Kultur beschrieben. Um diese herauszuarbeiten, sollten folgende Fragen beantwortet werden:

- Welche Normen, Werte und Einstellungen sollen unser Handeln bestimmen?
- Welchen Unternehmenszweck verfolgen wir?
- Welche Ziele wollen wir erreichen?
- Wie stellen wir unsere Kunden zufrieden? Welche Erwartungen haben Kunden an uns?
- Wie sichern wir die Motivation und das Engagement unserer Mitarbeiter?
- Wie wollen wir gemeinsam lernen und uns weiterentwickeln?
- Wie wollen wir miteinander kommunizieren?
- Welchen Stellenwert hat gesellschaftliche Verantwortung für uns?
- Wie soll unser Bild in der Öffentlichkeit aussehen?
- Wie wollen wir mit unseren Partnern kooperieren?

Ein Vergleich zwischen Ist-Bild und Soll-Bild zeigt, welche weiteren Maßnahmen und Handlungsschritte notwendig sind.

Das Ergebnis wird knapp und prägnant verschriftlicht. Neben der Formulierung der Leitidee und des Unternehmensmottos stehen als Herzstück des Leitbildes die Leitsätze im Vordergrund.

Leitsätze müssen bestimmte Anforderungen erfüllen:

- Leitsätze sollten nach den Kernbereichen des Unternehmens (z. B. Organisation, Kunden, Mitarbeiter, Umfeld) thematisch gegliedert sein.
- Sie sollen wesentliche Kernaussagen enthalten, die so realistisch formuliert sind, dass eine Umsetzung möglich ist.
- Sie sollen langfristig gültig sein.
- Alle Aussagen sollen wahr und klar sein.
- Floskeln und bloße Lippenbekenntnisse sollen vermieden werden.
- Aussagekräftige, glaubwürdige Formulierungen sowie kurze und einfache Sätze fördern die Verständlichkeit.

- Eine direkte Ansprache im „Wir-" oder „Sie-"Stil ist verbindlicher.
- Leitsätze sollten die internen Bereiche, aber auch weitere Anspruchsgruppen berücksichtigen.

Ergänzend können Bilder und Symbole zur Lebendigkeit und Anschaulichkeit des Leitbildes beitragen.

Schritt 3: Veröffentlichung, Einführung, Umsetzung

In einem dritten Schritt wird das Leitbild im Unternehmen selbst sowie wichtigen Bezugsgruppen vorgestellt.

Beispiele
Informationsveranstaltungen, Workshops, Betriebs- und Mitarbeiterversammlungen, Mitarbeitergespräche, Print- und Onlinemedien, Darstellung des Prozesses im Intranet und in Mitarbeiterzeitungen, Training von Führungskräften und Gruppen, Rückmeldungen einzelner Gruppen (Mitarbeiter und Führungskräfte-Feedback), Versand des Leitbildes an ausgewählte Personenkreise, Tag der offenen Tür zur Verabschiedung des Leitbildes, Pressekonferenz, Pressemitteilungen usw.

Für die konkrete Umsetzung werden die Leitsätze auf einzelne Unternehmensbereiche heruntergebrochen und ggf. durch weitere Aktivitäten und Maßnahmen begleitet.

Damit das Leitbild im Arbeitsalltag nicht in Vergessenheit gerät, kann es in Zeitabständen in Erinnerung gerufen werden (z. B. bei Einstellungs- und Mitarbeitergesprächen, Weiterbildungsmaßnahmen, hausinternen Veranstaltungen) und in vielfältiger Weise visualisiert werden (Webseiten, Broschüren, Aushänge usw.). Darüber hinaus sollte es sich in weiteren Führungsinstrumenten wiederfinden, z. B. im Qualitätsmanagement, im Personalentwicklungssystem und in den Zielvereinbarungen.

Schritt 4: Regelmäßige Überprüfung, Pflege und Weiterentwicklung

Ist das Leitbild im Unternehmen eingeführt, wird regelmäßig überprüft, ob es auch umgesetzt wird (z. B. durch Befragungen, Kennzahlensysteme). Bei Bedarf kann es dann angepasst und fortgeschrieben werden.

Evaluationsgesichtspunkte können beispielsweise sein:

- Wird das Leitbild bei den Mitarbeitern akzeptiert?
- Dient es der Orientierung für das eigene Handeln?
- Hat sich im Verhalten der Unternehmensbeteiligten tatsächlich etwas verändert?
- Werden die mit dem Leitbild verbundenen Ziele erreicht?
- Ist das Leitbild wirksam?

Praxistipp

Falls Ihr Ausbildungsunternehmen über ein Leitbild verfügt, nehmen Sie dieses zu Ihren Unterlagen. Ansonsten recherchieren Sie im Internet für Ihre Branche ein Leitbild, das Ihnen besonders gut gefällt.

4.2.2 Unternehmensziele

„Wer nicht weiß, wo er hin will, muss sich nicht wundern, wenn er woanders ankommt."

Mark Twain

Bevor ein Unternehmen eine Entscheidung über den Einsatz von knappen Mitteln (z. B. Finanzmittel oder menschliche Arbeitskraft) treffen kann, muss klar sein, welche Ziele verfolgt werden. Denn nur so kann ein wirtschaftlicher Einsatz der Ressourcen erfolgen bzw. können verschiedene Handlungsalternativen gegeneinander abgewogen werden.

Merksatz
Ziele schaffen Klarheit darüber, was mit dem Mitteleinsatz erreicht werden soll.

Ein kleiner Betrieb muss genauso wie ein großer Konzern klären, welche Ziele angestrebt werden, wie diese Ziele erreicht werden sollen und in welchem Umfang.

Merksatz
Die Summe aller Ziele, die ein Unternehmen verfolgt, nennt man **Zielsystem** oder **Zielbündel.**

Früher wurden Ziele allein durch die Unternehmensleitung festgelegt. Mittlerweile sind aber viele Unternehmen dazu übergegangen, ihre Mitarbeiter in die Zielfindung einzubeziehen. Ebenso werden möglichst alle wichtigen Interessengruppen (Stakeholder), die mit der Unternehmung verbunden sind, berücksichtigt.

Genau wie Leitbilder haben Ziele für Unternehmen verschiedene **Funktionen**:

- Sie bieten Orientierung.
- Sie helfen dabei, überlegte Entscheidungen zu treffen.
- Sie sind Steuerungsinstrument für die vielfältigen Prozesse in Unternehmen.
- Sie erleichtern die unternehmerische Kontrolle (Vergleich von Ist- und Sollwerten) und zeigen dadurch auf, wo Verbesserungsbedarf liegt.
- Darüber hinaus können sie als Leistungsanreiz motivierend wirken.

4.2.2.1 Zielbildung

Zunächst werden **allgemein formulierte Ziele (Oberziele)** bestimmt.

Merksatz
Für marktorientierte Unternehmen stellt die **langfristige Unternehmenssicherung** das oberste Ziel dar. Damit dies gelingt, muss Gewinn erzielt werden.

Aus den Oberzielen werden **Zwischen- und Unterziele** abgeleitet. Diese untergeordneten Ziele dienen der Erreichung der übergeordneten Ziele. Die Bildung eines Zielsystems bedeutet auch, dass die einzelnen Ziele in eine Rangfolge gebracht werden. Diese Rangfolge wird als **Zielhierarchie** bezeichnet.

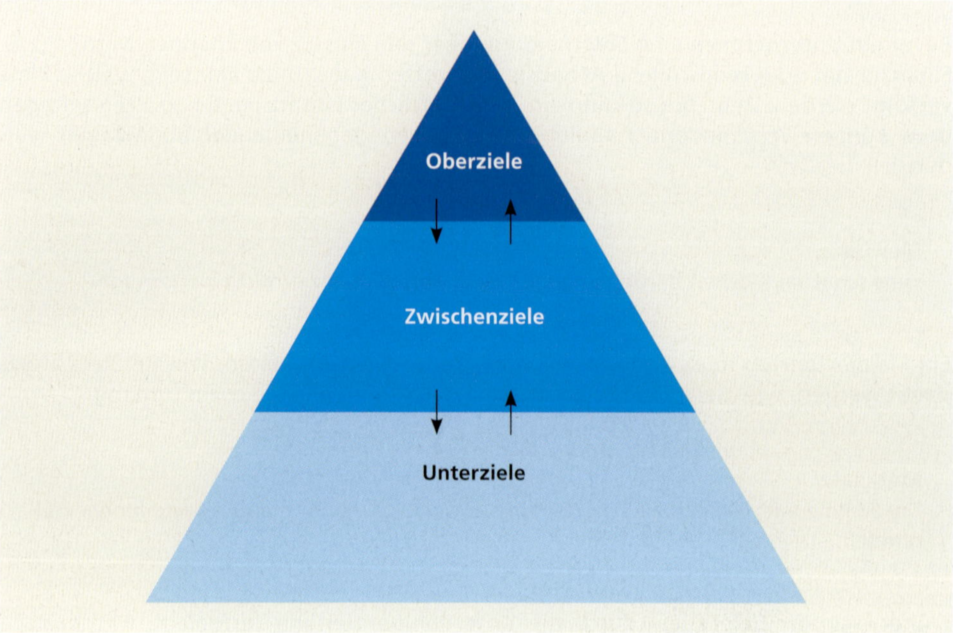

Zielhierarchie

Beispiele

- *Für das Oberziel der Gewinnmaximierung käme als Zwischenziel die Kostensenkung infrage. Als Unterziel ließe sich z. B. die Erhöhung der Dienstleistungsqualität ableiten.*
- *Das Ziel Erhöhung der Kundenzufriedenheit könnte erreicht werden durch eine höhere Angebotsqualität, eine Verbesserung des Preis-Leistungs-Verhältnisses, eine Steigerung der Servicequalität und/oder einen Ausbau des zielgruppenspezifischen Marketings.*

Zielgewichtung

Nicht alle Ziele haben denselben Einfluss auf das betriebliche Handeln. Es wird immer Ziele geben, die dem Entscheidungsträger besonders wichtig sind. Aus diesem Grund können Ziele gewichtet werden.

Beispiele

- *Rangfolge nach Wichtigkeit: Das Ziel mit der größten Wichtigkeit bekommt den höchsten Rang usw.*
- *Gewichtung durch Verteilung einer bestimmten vorgegebenen Punktzahl: Hier wird eine bestimmte Punktzahl (z. B. 100) vorgegeben. So kann festgelegt werden, mit welcher Gewichtung (Prozentzahl) ein Teilziel in das Zielsystem bzw. Oberziel eingeht.*

Bei der Bildung von Zielbündeln sind unterschiedliche **Zielbeziehungen** zu beachten, die zwischen einzelnen Zielen vorliegen können.

Zielbeziehungen

Die einzelnen Unternehmensziele müssen so aufeinander abgestimmt sein, dass sie keine Widersprüche aufweisen. Dies bedeutet aber nicht, dass es nicht auch zu Zielkonflikten kommen kann. Als abzustimmende Beziehungen lassen sich unterscheiden:

- **Zielharmonie:** Die Ziele ergänzen sich bei der Zielerreichung gegenseitig positiv.
- **Zielkonkurrenz:** Die Ziele stehen im Gegensatz zueinander. Sie behindern einander bei der Zielerreichung.

  Beispiel
  So kann eine angestrebte Rationalisierung, die mit dem Ziel der Kostensenkung und der Wettbewerbssicherung verbunden ist, mit dem Ziel der Arbeitsplatzsicherung kollidieren.
- **Zielindifferenz:** Die Ziele beeinflussen sich gegenseitig weder positiv noch negativ.

Sofern ein Leitbild existiert, müssen sich dessen grundlegende Aussagen im Zielsystem widerspiegeln. Einzelne Ziele werden aus dem Leitbild möglichst widerspruchsfrei abgeleitet.

Beispiel
Auszug aus einem Leitbild (Vision)

Leitbild (Vision)	Mögliche abgeleitete Ziele
Unsere Zeitarbeit GmbH ist im Raum Westfalen der Marktführer für flexible Personallösungen.	– Steigerung des Marktanteils – Steigerung des Umsatzes
Eine hohe Kundenorientierung und Kostenbewusstsein zeichnen uns dabei aus.	– Erhöhung der Kundenzufriedenheit – Kostensenkung
Unsere Mitarbeiter sind unser höchstes Potenzial.	– Sichere und gesunde Arbeitsplätze – Erhalt der Arbeitsplätze – Leistungsgerechte Entlohnung – Weiterbildung, Aufstiegsmöglichkeiten
Wir übernehmen Verantwortung gegenüber Umwelt und Gesellschaft.	– Schonung von natürlichen Ressourcen – Engagement für soziale Projekte

Zielbeschreibung

Bei der Formulierung von Zielen sind bestimmte Regeln zu berücksichtigen. Ziele sind operationalisiert und damit nachprüfbar, wenn folgende Gesichtspunkte berücksichtigt werden:

- **Zielinhalt: Was soll erreicht werden?**
  Das Ziel soll so präzise wie möglich beschrieben werden. Das dient der Klarheit und der Vermeidung von Missverständnissen. Ein klares Ziel erhöht die Akzeptanz bei Mitarbeitern.

- **Zielerreichungsgrad: In welchem Ausmaß soll das Ziel erreicht werden?**
  Durch konkrete Angaben lässt sich erst überprüfen, ob das Ziel tatsächlich erreicht wurde. Besonders wichtig ist die Angabe des Zielerreichungsgrades bei qualitativen Zielen.
- **Zeitbezug: Wann soll das Ziel erreicht werden?**
  Hier erfolgt eine Angabe, bis zu welchem Zeitpunkt oder in welchem Zeitraum ein Ziel erreicht werden soll.
- **Verantwortliche: Wer soll das Ziel erreichen?**
  Da in Unternehmen arbeitsteilig gearbeitet wird, muss klar sein, wer für die Zielerreichung verantwortlich ist und wer daran mitwirkt.
- **Räumlicher Bezug: Wo soll das Ziel erreicht werden?**
  Der konkrete Markt kann angegeben werden (z. B. regional, national, international).

Beispiel
Die Niederlassung in Recklinghausen soll den Umsatz in diesem Jahr um 5 % steigern.

Eine weitere Möglichkeit, Ziele zu beschreiben, ist die sogenannte **SMART-Regel**:

- **S**pezifisch: Das Ziel muss konkret, eindeutig, präzise und möglichst positiv formuliert sein.
- **M**essbar: Es werden messbare Kriterien festgelegt.
- **A**ktiv beeinflussbar/aktionsorientiert: Das Ziel muss durch gezielte Aktionen beeinflussbar sein.
- **R**ealistisch: Es werden erreichbare Ziele formuliert. Unrealistische Ziele wirken demotivierend auf Mitarbeiter.
- **T**erminiert: Es werden klare Zeitangaben gemacht (Termine, Meilensteine).

4.2.2.2 Zielarten

Die Zielarten lassen sich in folgende Gruppen einteilen:

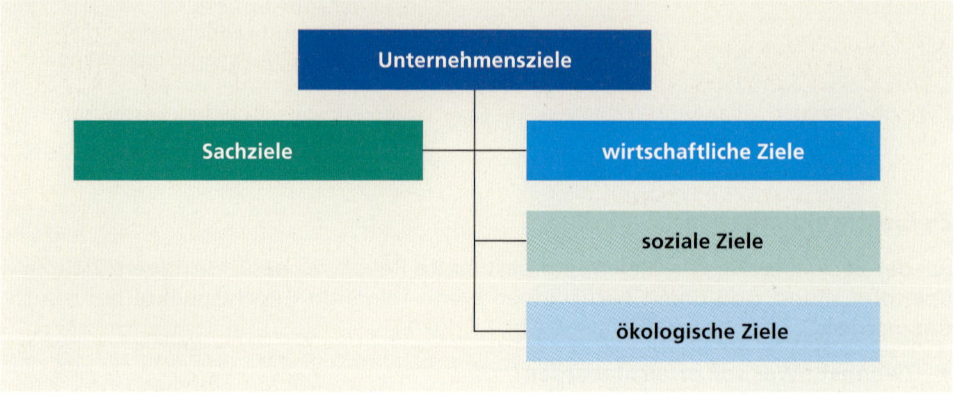

Zielarten

Als **Sachziele** bezeichnet man Unternehmensziele, die angeben, welche Leistung ein Unternehmen erbringt.

Beispiel
Das Sachziel der Finke Zeitarbeit GmbH ist die Überlassung von Arbeitskräften, das Sachziel einer Schuhfabrik ist die Herstellung von Schuhen.

Wirtschaftliche Ziele

Das Sachziel eines Unternehmens ist letztlich nur ein Mittel zur Erreichung wirtschaftlicher Ziele. Für marktorientierte Unternehmen stellt die langfristige **Existenzsicherung** bzw. **Gewinnmaximierung** das Oberziel dar. Gewinn wird erzielt, wenn die Erträge höher als die Aufwendungen sind.

Gewinn ...

- ermöglicht Investitionen in Zukunftsprojekte,
- ist eine wichtige Finanzierungsquelle,
- sichert die Unabhängigkeit und die Arbeitsplätze des Unternehmens.

Unternehmen versuchen deshalb, den Gewinn so weit wie möglich zu steigern (Gewinnmaximierung).

Die wirtschaftlichen Ziele lassen sich weiter unterteilen in:

- **Leistungsziele:** z. B. Kundenorientierung, Ausweitung des Marktanteils, Umsatzsteigerung;
- **Erfolgsziele:** z. B. Umsatzsteigerung, Rentabilität;
- **Finanzziele:** z. B. Stärkung des Eigenkapitals, Sicherung der Zahlungsfähigkeit (Liquidität), Bildung von Rücklagen.

Die einzelnen Ziele unterstützen das Oberziel der Gewinnmaximierung.

Der erreichte Gewinn stellt für Unternehmen die **Verzinsung des eingesetzten Kapitals** dar. Das eingesetzte Kapital soll dabei eine möglichst hohe Verzinsung erzielen. Man spricht in diesem Zusammenhang von **Rentabilität**. Bei der Rentabilität werden verschiedene Kennziffern gebildet. Unter anderem werden Umsatz-, Eigen- und Gesamtkapitalrentabilität unterschieden.

Umsatzrentabilität	Eigenkapital-rentabilität	Gesamtkapitalrentabilität
Umsatzrentabilität zeigt, wie viel EUR Gewinn pro 100,00 EUR Umsatz erzielt wird.	Eigenkapitalrentabilität zeigt, wie viel EUR Gewinn pro 100,00 EUR Eigenkapital erzielt wird.	Gesamtkapitalrentabilität zeigt, wie viel EUR Gewinn pro 100,00 EUR Gesamtkapital erzielt wird.
Formel $R_U = \frac{\text{Gewinn} \cdot 100}{\text{Umsatz}}$	**Formel** $R_{EK} = \frac{\text{Gewinn} \cdot 100}{\text{Eigenkapital}}$	**Formel** $R_{GK} = \frac{(\text{Gewinn} + \text{Fremdkapitalzinsen}) \cdot 100}{(\text{Eigenkapital} + \text{Fremdkapital})}$

Beispiel

Die GS Personallösungen GmbH hat einen Gewinn von 50 000,00 EUR erzielt. Dafür wurden 250 000,00 EUR an Eigenkapital eingesetzt.

Formel

$$R_{EK} = \frac{50\,000{,}00 \text{ EUR} \cdot 100}{250\,000{,}00 \text{ EUR}} = 20\,\%$$

Das Ergebnis zeigt, dass die Niederlassung sehr rentabel arbeitet. Sie erzielt eine wesentlich höhere Verzinsung des Kapitals als auf dem Kapitalmarkt (z. B. Anlage bei einer Bank).

Viele Unternehmen versuchen, durch einen möglichst hohen Umsatz einen möglichst hohen Gewinn zu erzielen. Hohe Umsätze reichen aber häufig nicht aus, im Wettbewerb mit anderen Unternehmen zu bestehen, wenn der Umsatz nicht wirtschaftlich erzielt wird.

Ein Unternehmen handelt **wirtschaftlich**, wenn es nach dem sogenannten **ökonomischen Prinzip** handelt, das in zwei Ausprägungen auftritt:

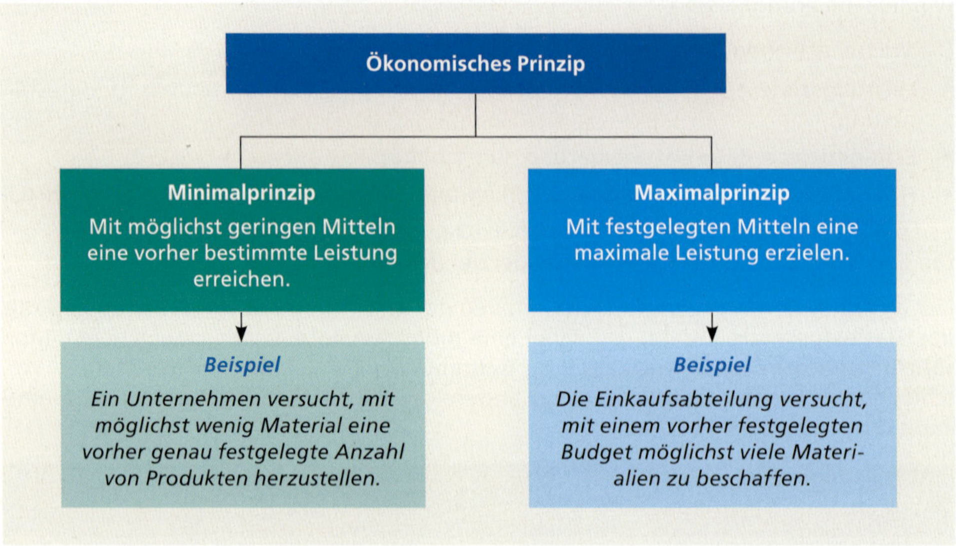

Die Wirtschaftlichkeit eines Unternehmens lässt sich auch an dem Verhältnis seiner Leistungen zu seinen Kosten ablesen. Sie kann allgemein nach folgender Formel berechnet werden:

Formel

$$\text{Wirtschaftlichkeit} = \frac{\text{Leistung}}{\text{Kosten}}$$

Die Leistung wird in Geldeinheiten ausgedrückt (z.B. Umsatz). Kosten sind beispielsweise Personalkosten, Mietkosten oder Beschaffungskosten. Das Ergebnis sollte größer als 1 sein.

Beispiel
Die Niederlassung in Münster hat einen Umsatz von 560 000,00 EUR erzielt. Dafür sind 450 000,00 EUR an Kosten angefallen.

Formel

$$W = \frac{560\,000{,}00 \text{ EUR}}{450\,000{,}00 \text{ EUR}} = 1{,}24$$

Das Ergebnis zeigt, dass die Niederlassung wirtschaftlich arbeitet.

Als weitere Kennziffer dient die **Produktivität**. Mithilfe der Produktivität kann überprüft werden, ob die bei der Leistungserstellung eingesetzten Mittel (z.B. Arbeitsleistung) ergiebig waren. Dabei handelt es sich um eine Mengenkennziffer.

Beispielsweise zeigt die Arbeitsproduktivität das Verhältnis von eingesetzter Arbeitsmenge zum Produktionsergebnis.

Formel

$$\text{Arbeitsproduktivität} = \frac{\text{mengenmäßiges Produktionsergebnis}}{\text{Arbeitsstunden}}$$

Beispiel
In einem Textilbetrieb werden monatlich bei einem Arbeitsstundeneinsatz von 4 800 Stunden 120 000 T-Shirts hergestellt. Im nächsten Monat gelingt es dem Betrieb, aufgrund einer Verbesserung der Arbeitsorganisation bei sonst gleichem Arbeitseinsatz, das Produktionsergebnis auf 134 400 T-Shirts zu steigern.

$$P1 = \frac{120\,000 \text{ Stück}}{4\,800 \text{ Std.}} = 25 \text{ Stück/Stunde} \qquad P2 = \frac{134\,400 \text{ Stück}}{4\,800 \text{ Std.}} = 28 \text{ Stück/Stunde}$$

Die Produktivität hat sich verbessert, da nun 3 T-Shirts mehr pro Arbeitsstunde hergestellt werden können.

Im Dienstleistungsbereich ist es schwierig, die Produktivität zu messen, weil der Kunde in den Prozess der Leistungserstellung einbezogen ist.

Merksatz
Die Kennziffern Wirtschaftlichkeit, Rentabilität und Produktivität dienen der Betriebskontrolle. Sie sind nur aussagekräftig, wenn sie im Zeit- oder Branchenvergleich betrachtet werden.

Soziale Ziele

Die sozialen Ziele eines Unternehmens beziehen sich vorrangig auf das Verhältnis zwischen dem Unternehmen und den eigenen Mitarbeitern.

Beispiele

- *Sicherung der Arbeitsplätze*
- *Verbesserung der Arbeitsbedingungen*
- *Übernahme der Auszubildenden in ein festes Arbeitsverhältnis*
- *Schaffung eines guten Betriebsklimas*
- *leistungsgerechte Entlohnung*
- *Aufstiegschancen*
- *betriebliche Mitbestimmung*
- *flexible Arbeitszeiten*
- *Vereinbarkeit von Familie und Beruf*
- *hoher Arbeits- und Gesundheitsschutz*

Darüber hinaus können sich die Ziele auch auf die Übernahme von sozialer Verantwortung gegenüber anderen Menschen oder gesellschaftlichen Gruppen außerhalb des eigenen Unternehmens beziehen.

Beispiele
Engagement für das Kinderhilfswerk UNICEF, Unterstützung von lokalen Vereinen, Spende an eine soziale Initiative

Ökologische Ziele

Die ökologischen Ziele drücken die Verantwortung eines Unternehmens gegenüber der Umwelt aus. Unternehmen sollten ihre Entscheidungen so ausrichten, dass sie langfristig im Einklang mit der Umwelt stehen.

Beispiele

- *Einsatz von umweltfreundlichen und wieder verwertbaren Materialien*
- *Einsparung von Energie und Rohstoffen*
- *Abfallvermeidung*
- *Recycling*
- *umweltschonende Produktion*
- *geringe Luft- und Gewässerbelastung*
- *umweltfreundliche Verpackung*

Unternehmen, die ökologischen Raubbau betreiben oder sozial unverträgliche Entscheidungen treffen, setzen sich häufig öffentlicher Kritik der Stakeholder aus. Viele Unternehmen haben erkannt, dass es in ihrem eigenen Interesse ist, umfassende Verantwortung für das eigene Handeln zu übernehmen.

Quantitative und qualitative Ziele

- **Quantitative Ziele** lassen sich in Zahlen, Mengen oder Prozenten ausdrücken. Sie lassen sich leicht messen.

  Beispiele
  Gewinn- und Umsatzerwartung, Mitarbeiterzahlen, Durchlaufzeiten, Absatzmenge, Höhe des Marktanteils, Eigenkapitalrentabilität

- **Qualitative Ziele** lassen sich nicht so leicht messen, da ihnen kein unmittelbarer Wert zugeordnet werden kann. Ob sie erreicht wurden, kann nur über weitere Hilfsmittel bestimmt werden.

  Beispiele
  Förderliches Betriebsklima, gutes Image, hohe Kundenzufriedenheit usw.
  Ob z. B. Kunden zufrieden sind, lässt sich nur eingrenzen, indem man etwa Befragungen durchführt oder die Anzahl der Kundenbeschwerden untersucht.

Prinzip der Nachhaltigkeit

Heute folgen viele Unternehmen dem neuen gesellschaftlichen Leitbild „Prinzip der Nachhaltigkeit" (Sustainable Development). Auch in der Öffentlichkeit werden Unternehmen mittlerweile daran gemessen, ob sie nachhaltig wirtschaften.

Definition
Unter **Nachhaltigkeit** wird eine Arbeits- und Lebensweise verstanden, bei der die natürlichen und kulturellen Grundlagen und die Lebensqualität aller Menschen überall auf der Welt in Gegenwart und in Zukunft, also auch für die nachfolgenden Generationen, erhalten oder sogar verbessert werden.
Nachhaltig ist eine Entwicklung, die den Bedürfnissen der heutigen Generation entspricht, ohne die Möglichkeiten künftiger Generationen zu gefährden, ihre eigenen Bedürfnisse zu befriedigen und ihren Lebensstil zu wählen (Eigene Zusammenstellung nach: Brundtland-Report, 1987).

Eine nachhaltige Entwicklung verlangt, dass ökonomische, ökologische und soziale Ziele gleichrangig verfolgt werden. Man spricht in diesem Zusammenhang auch vom **Zieldreieck der nachhaltigen Entwicklung.**

Dreieck der Nachhaltigkeit

Corporate Social Responsibility

Eng verbunden mit den Leitgedanken der Nachhaltigkeit ist der Begriff Corporate Social Responsibility (Unternehmerische Gesellschaftsverantwortung bzw. unternehmerische Sozialverantwortung).

Definition
CSR umschreibt den freiwilligen Beitrag eines Unternehmens zu einer nachhaltigen Entwicklung, der über die gesetzlichen Forderungen hinausgeht.

Das verantwortliche unternehmerische Handeln äußert sich in der Berücksichtigung sozialer und ökologischer Belange

- bei der eigenen Geschäftstätigkeit sowie
- bei der Gestaltung von Beziehungen zu einzelnen Stakeholdern.

Beispiel

Da Personaldienstleister häufig mit Imageproblemen der Branche zu kämpfen haben, hat sich die Finke Zeitarbeit GmbH mit dem CSR-Gedanken auseinander gesetzt und erste mögliche Handlungsfelder für einzelne Stakeholder bestimmt. In der folgenden Tabelle finden sich einige Beispiele:

Bewerber/innen	– *Ausführliche Erläuterung des Arbeitsvertrags* – *Auswahl von Einsätzen gemäß Neigung und Eignung sowie ausführliche Besprechung von möglichen Einsätzen*
Mitarbeiter/innen	– *Korrekte Eingruppierung der Mitarbeiter/innen* – *Angebote zur Weiterbildung und Qualifizierungsmöglichkeiten* – *Förderung von Übernahmen durch den Kundenbetrieb*
Kunden	– *Offene, transparente Beratung bzw. ausführliche Information der Kundenunternehmen über auftragsrelevante Daten/Schritte* – *Weitergabe von freiwilligen, übertariflichen Leistungen des Kunden an die Mitarbeiter/innen*
Öffentlichkeit	– *Mitwirkung bei der Weiterentwicklung der Branche im Hinblick auf Qualitätsstandards und Tarifvertragswerk*

Zusammenfassung

Leitbild

Die **Unternehmenskultur** ist die Summe aller Grundüberzeugungen, Werte und Einstellungen, welche das Handeln der Mitarbeiter in einer Unternehmung prägen. Eine förderliche Unternehmenskultur ist für den Erfolg von Unternehmen bedeutend. Unternehmensleitbilder haben das Ziel, diese positiv aufzubauen.

Unternehmensleitbild

Ein Unternehmensleitbild ...

- **... ist ein „realistisches Idealbild" der Unternehmenskultur, das angestrebt wird.**
- **... reflektiert die gemeinsamen Werte im Unternehmen.**
- **... formuliert in knapper und verständlicher Form die grundlegenden Überzeugungen und Ziele, die für das Unternehmen gelten sollen.**
- **... stellt die Verantwortung des Unternehmens gegenüber den verschiedenen Stakeholdern (Anspruchsgruppen) dar.**

Der Begriff Unternehmensleitbild ist eng verbunden mit den Begriffen **Unternehmensphilosophie, Vision, Mission** und **Werte**, die inhaltlich in Leitbildern aufgegriffen werden.

Elemente eines Leitbildes sind:

- Unternehmensmotto (Slogan),
- Leitidee und
- Leitsätze.

Leitbilder wirken nach **innen** und **außen** und übernehmen bestimmte **Funktionen**. Leitbilder

- informieren,
- motivieren,
- stiften Identität,
- koordinieren das Handeln,
- bieten Orientierung,
- werben für das Unternehmen in der Öffentlichkeit und
- legitimieren nach innen und außen.

Leitbilder **berücksichtigen** wichtige **Stakeholder**.

Entwicklungsschritte (Leitbildprozess) bei der Erstellung von Leitbildern sind:

- Analyse der bestehenden Unternehmenskultur – „So ist es heute."
- Leitbildentwicklung – „So soll es (zukünftig) sein."

- Veröffentlichung/Einführung und Umsetzung des Leitbildes.
- Überprüfung des Leitbildes.

Ein wesentlicher **Erfolgsfaktor** für gute Leitbilder ist die **Mitarbeiterbeteiligung**.

Unternehmensziele

Unternehmen verfolgen verschiedene Ziele, die geordnet werden ...

- nach ihrem Rang in **Ober-, Zwischen- und Unterziele,**
- nach Arten oder Bereichen in **Sachziele** sowie **soziale, wirtschaftliche** und **ökologische** Ziele,
- nach **qualitativen** und **quantitativen** Zielen,
- nach der **Zielbeziehung** in **komplementäre** (harmonische), **konkurrierende** und **indifferente** Ziele.

Alle Ziele zusammen bilden das **Zielsystem** des Unternehmens ab. Nicht alle Ziele sind für Unternehmen gleich wichtig, sondern fließen gewichtet in das Zielsystem ein.

Anspruchs- bzw. Interessengruppen (Stakeholder) versuchen, **Einfluss auf die Zielbildung** zu nehmen.

Marktorientierte Unternehmen verfolgen als **Oberziele**:

- die langfristige Existenzsicherung,
- die Gewinnmaximierung.

Sie werden als Voraussetzung für die Umsetzung von weiteren Zielen angesehen.

Die **Zielerreichung** von wirtschaftlichen Zielen muss mithilfe von **Kennziffern** kontrolliert werden. Klassische Kennziffern sind: **Wirtschaftlichkeit**, **Produktivität** und **Rentabilität**.

Das **ökonomische Prinzip** gibt es in zwei Ausprägungen: **Minimal- und Maximalprinzip**. Wird es beachtet, dann handeln Menschen bzw. Unternehmen wirtschaftlich.

Operationalisierte Ziele machen Angaben zu Zielinhalt, Zielausmaß/Zielerreichung, Zeitbezug, Raumbezug und Verantwortlichkeit. Durch die konkrete Beschreibung lassen sie sich besser überprüfen.

Als **gesellschaftliches Leitbild** betont die **nachhaltige Entwicklung (Sustainable Development)** die gleichrangige Bedeutung von wirtschaftlichen, sozialen und ökonomischen Zielen sowie die Chancengleichheit zwischen den Generationen.

Aufgaben

Web

Leitbild

1. *Erläutern Sie, was unter Unternehmenskultur zu verstehen ist, und beschreiben Sie an Beispielen, woran sich eine positive bzw. negative Unternehmenskultur erkennen lässt. Gehen Sie auch darauf ein, welche Vorteile eine förderliche Unternehmenskultur hat und welche Bedeutung gemeinsam definierte Werte für ein Unternehmen haben.*

2. *Erläutern Sie den Begriff Leitbild. Geben Sie an, aus welchen Kernelementen ein Leitbild besteht, welche Funktionen es hat und wie es entwickelt und umgesetzt werden kann.*

3. *Stellen Sie dar, welche unterschiedlichen Anspruchsgruppen (Stakeholder) Ihr Ausbildungsbetrieb berücksichtigt bzw. Ihrer Meinung nach berücksichtigen sollte. Diskutieren Sie darüber, mit welchen Aspekten die Gruppe „externe Mitarbeiter" berücksichtigt werden könnte. Beschreiben Sie aus Ihrer Sichtweise (Arbeitnehmersicht), welche betrieblichen Ziele Ihnen wichtig sind.*

Ziele

4. *Erläutern Sie die Bedeutung eines Zielsystems für das betriebliche Handeln.*

5. *Ordnen Sie die nachfolgend genannten Ziele in Sachziele, wirtschaftliche Ziele, soziale Ziele und ökologische Ziele.*

   Gewinnerzielung, Arbeitsplatzsicherung, umweltfreundliche Produktion, Herstellung von Textilien, Verkauf von Bausparverträgen, Ausbildungsplätze schaffen, Kostensenkung, Schaffung eines guten Betriebsklimas, hohe Verzinsung des eingesetzten Kapitals, geringe Luft- und Gewässerbelastung, energiesparende Produktion, rohstoffarme Produktion, gerechte Entlohnung, Aufstiegschancen, hohe Umsätze, betriebliche Mitbestimmung, wirtschaftliche Produktion, Arbeitsschutz, flexible Arbeitszeiten, Unternehmenswachstum, Steigerung des Images, Zahlungsfähigkeit, Wettbewerbsfähigkeit, umweltfreundliche Verpackung, schadstoffarme Produktion, hohe Marktanteile, Vermittlung von Arbeitsplätzen

6. *Welche Einflussfaktoren und Entwicklungen haben dazu geführt, dass Unternehmen ökologische und soziale Ziele stärker einbeziehen?*

7. *Geben Sie unterschiedliche Zielbeziehungen an und nennen Sie dazu jeweils Beispiele.*

8. *Bearbeiten Sie das Thema „Ökologische Aspekte im Betrieb". Gehen Sie dabei auf folgende Aspekte ein: Arbeitsmittel, Fahrtwege, Müllvermeidung, Energie.*

4.3 Handelsrechtliche Rahmenbedingungen von Unternehmen

Einstiegssituation ▶

Die Gerold Herder Personallösungen e.K. ist seit einigen Jahren auf dem Markt. Gerold Herder hat bisher das Unternehmen allein geführt. Nun möchte er zu seiner eigenen Arbeitsentlastung einen weiteren Partner aufnehmen. Vorgespräche hat es hierzu mit Sabine Lange, der langjährigen Personaldisponentin im Unternehmen, gegeben. Sabine Lange wäre in der Lage, 20 000,00 EUR in das bestehende Unternehmen einzubringen. Da die derzeitige Rechtsform der Einzelunternehmung nicht für zwei Partner ausgelegt ist, muss eine Entscheidung für eine neue Rechtsform fallen.

Arbeitsaufträge

1. *Versetzen Sie sich in die Rolle von Gerold Herder und Sabine Lange. Erstellen Sie eine Liste mit Punkten, die in einem Gesellschaftsvertrag zwischen den beiden Partnern geregelt werden müssen.*
2. *Vergleichen Sie mögliche Rechtsformen miteinander und wägen Sie Vor- und Nachteile ab.*
3. *Treffen Sie eine begründete Entscheidung für eine geeignete Rechtsform.*

4.3.1 Grundbegriffe

Für Unternehmen gilt ein spezielles Wirtschaftsrecht. Als wichtigste Rechtsquelle neben dem Bürgerlichen Gesetzbuch (BGB) gilt im Geschäftsverkehr das Handelsgesetzbuch (HGB). Es ermöglicht eine schnelle und sichere Abwicklung des Geschäftsverkehrs. Das HGB wird durch eine Reihe von Spezialgesetzen ergänzt, die Vorschriften für bestimmte Unternehmensformen beinhalten (z. B. Aktiengesetz oder GmbH-Gesetz).

Statt von einer „Unternehmung" wird im Handelsgesetzbuch von „Kaufmann" gesprochen. Das HGB ist somit anzuwenden, wenn eine Kaufmannseigenschaft vorliegt.

4.3.1.1 Gewerbe

Unter einem Gewerbe versteht man jede

- selbstständige, erlaubte Tätigkeit,
- die planmäßig betrieben wird,
- auf Dauer angelegt ist und
- mit Gewinnerzielungsabsicht verbunden ist.

In der Bundesrepublik Deutschland herrscht Gewerbefreiheit. Wer ein Gewerbe gründen will, muss dies bei der zuständigen Ordnungsbehörde durch eine Gewerbeanmeldung anzeigen. Über die Gewerbeanmeldung werden im Anschluss weitere Institutionen informiert.

Beispiele
zuständige Kammer, Finanzamt, Berufsgenossenschaft, gesetzliche Krankenversicherung, Arbeitsamt usw.

Nicht als Gewerbe gilt die Tätigkeit von **Land- und Forstwirten** sowie von **freien Berufen** (z. B. Journalisten, Ärzte, Rechtsanwälte, Steuerberater).

4.3.1.2 Kaufmannseigenschaft

Kaufmann ist, wer

- ein Handelsgewerbe betreibt (§ 1 HGB) und/oder
- im Handelsregister eingetragen ist.

Arten

Das Handelsgesetzbuch (HGB) unterscheidet verschiedene Kaufmannseigenschaften:

- Istkaufmann (§ 1 HGB)
- Kannkaufmann (§§ 2 und 3 HGB)
- Formkaufmann (§ 6 HGB)

Kaufmannseigenschaften

Kaufleute können sowohl natürliche Personen (Menschen) als auch juristische Personen (künstliche Rechtsgebilde) sein. Beide können Träger von Rechten und Pflichten sein (Fachbegriff: Rechtsfähigkeit).

Menschen werden mit der Vollendung der Geburt rechtsfähig. Ihre Rechtsfähigkeit endet mit dem Tod. Juristische Personen dagegen erlangen die Rechtsfähigkeit erst durch Eintragung in ein öffentliches Register. Ihre Rechtsfähigkeit endet mit Löschung aus dem entsprechenden Register. Da juristische Personen künstliche Rechtsgebilde sind, handeln ihre gesetzlichen Vertreter (z. B. Vorstand, Geschäftsführer) für sie.

Beispiel

Die Finke Zeitarbeit GmbH ist eine juristische Person. Sie ist durch Eintragung ins Handelsregister entstanden. Für die Finke Zeitarbeit GmbH handelt der Geschäftsführer Peter Müller.

Istkaufmann

Istkaufleute sind Kaufleute, die ein Handelsgewerbe betreiben. Als **Handelsgewerbe** gilt jeder Gewerbebetrieb, es sei denn, dass das Unternehmen nach Art oder Umfang einen in kaufmännischer Weise eingerichteten Geschäftsbetrieb **nicht** erfordert.

Ob ein solcher Geschäftsbetrieb vorliegt, muss im Einzelfall geprüft werden. Mögliche Beurteilungskriterien sind Art und Umfang der Geschäftstätigkeit, Anzahl der Beschäftigten, Höhe von Umsatz und Kapital, Anzahl der Kunden und Mitarbeiter, Vielfalt der erbrachten Leistungen sowie der Umfang der Geschäftsbeziehungen.

Beispiel

Ein Unternehmen mit geringer Umsatzhöhe und nur einem Mitarbeiter benötigt keinen in kaufmännischer Weise eingerichteten Geschäftsbetrieb.

Istkaufleute sind verpflichtet, sich ins Handelsregister eintragen zu lassen. Aber auch ohne Eintrag im Handelsregister sind sie bereits Kaufleute. Deshalb hat die Handelsregistereintragung hier nur eine **rechtsbekundende (deklaratorische) Wirkung**: Ein bereits eingetretener Rechtsvorgang (hier Betreiben eines Handelsgewerbes) wird lediglich bestätigt.

Kannkaufmann

Benötigt ein Handelsgewerbetreibender keinen in kaufmännischer Weise eingerichteten Geschäftsbetrieb, spricht man von **Kleingewerbetreibenden**. Kleingewerbetreibende können sich **freiwillig ins Handelsregister eintragen** lassen. Sie werden dadurch Kaufmann. Die Handelsregistereintragung hat eine **rechtserzeugende (konstitutive) Wirkung**: Erst durch die Eintragung entsteht eine rechtlich neue Situation (hier die Kaufmannseigenschaft). Durch den Erwerb der Kaufmannseigenschaft finden auch die Rechtsvorschriften des HGB Anwendung.

Land- und Forstwirte mit einem in kaufmännischer Weise eingerichteten Geschäftsbetrieb können die Kaufmannseigenschaft ebenfalls durch HR-Eintrag freiwillig erwerben. Das Gleiche gilt für land- und forstwirtschaftliche Nebenbetriebe.

Formkaufmann

Kapitalgesellschaften (z. B. GmbH, AG) erlangen die Kaufmannseigenschaft unabhängig davon, ob sie eine gewerblich Tätigkeit ausüben oder einen in kaufmännischer Weise eingerichteten Geschäftsbetrieb benötigen, **kraft Rechtsform**. Sie werden durch die Eintragung in das Handelsregister zu juristischen Personen. Die Eintragung hat daher **rechtserzeugenden (konstitutiven) Charakter**.

Bedeutung der Kaufmannseigenschaft

Liegt eine Kaufmannseigenschaft vor, dann finden die Vorschriften des HGB Anwendung.

Kaufleute haben ...

... das Recht	... die Pflicht	... die Möglichkeit
• zur Führung einer Firma • zur Erteilung von Prokura oder Handlungsvollmacht • zur Gründung von Zweigniederlassungen	• zur ordnungsgemäßen Buchführung • auf Geschäftsbriefen Angaben über die Rechtsverhältnisse des Unternehmens zu machen • zur unverzüglichen Kontrolle von gelieferten Waren und ggf. zur unverzüglichen Rüge bei Mängeln	• zur Abgabe von mündlichen Bürgschaftserklärungen oder Schuldversprechen • zur Festsetzung eines vom Kalenderjahr abweichenden Wirtschaftsjahrs

4.3.1.3 Firmierung

Begriff

Wird in der täglichen Umgangssprache von Firma gesprochen, so ist damit meist ein ganz bestimmtes Unternehmen gemeint. Dies entspricht jedoch nicht dem, was das HGB unter diesem Begriff versteht. Die Firma ist nicht das Unternehmen selbst, **sondern der Handelsname des Kaufmanns**.

Definition
Im handelsrechtlichen Sinne ist die **Firma** der **Name eines Kaufmanns**, unter dem er seine Geschäfte betreibt und die Unterschrift abgibt. Ein Kaufmann kann unter seiner Firma klagen und verklagt werden (§ 17 HGB).

Durch die Eintragung einer Firma in das Handelsregister wird diese firmenrechtlich von den Regelungen des HGB geschützt. Bei der Firmierung spielen eine Reihe von Überlegungen eine Rolle. Beispielsweise soll die Firmierung für die Öffentlichkeit einprägsam sein oder das Produkt vermarkten. Von wenigen Regelungen abgesehen, kann ein Kaufmann den Namen seiner Firma frei wählen.[1]

Firmenarten

Es werden folgende Firmenarten unterschieden:

- **Personenfirma:** Die Firmierung besteht aus einem oder mehreren bürgerlichen Namen, z. B. Sabine Bussmann e. Kffr.
- **Sachfirma:** Im Firmenkern wird der Gegenstand des Unternehmens genannt, z. B. Dortmunder Maschinenfabrik GmbH.

---

[1] *Ohne kaufmännisches Gewerbe im Sinne des § 1 HGB und ohne Handelsregistereintrag gilt folgende Regelung: Wird der Unternehmer als Einzelperson oder BGB-Gesellschaft mit einer Gewerbeanmeldung tätig, so bestehen (fast) keine Gestaltungsmöglichkeiten: Die Gewerbeanmeldung erfolgt unter Vor- und Zuname des Unternehmers, und so muss er grundsätzlich auch im Geschäftsverkehr auftreten.*

- **Fantasiefirma:** Fantasiename, auch Abkürzungen oder Zahlen, z. B. 2mach3 AG oder Sissyterm OHG.
- **Gemischte Firma:** Kombination aus Personen-, Sach- oder Fantasiefirma, z. B. Personallösungen Waldmeier und Müller OHG.

Gibt die Firma nur den Unternehmensgegenstand an, so muss ein individualisierender Zusatz beigefügt werden.

LF 2 / 4.3.2 Die Regelungen zu den Firmenarten gelten für alle Rechtsformen, die im Abschnitt 4.3.2 dargestellt werden.

Bestandteile

Die Firmierung setzt sich aus mehreren Teilen zusammen:

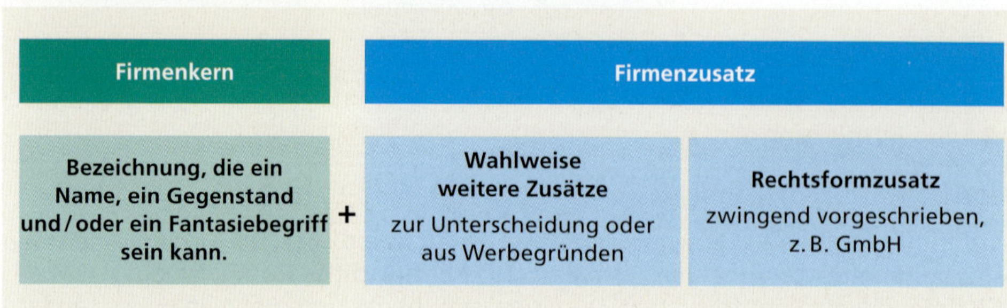

Bestandteile des Firmennamens

Firmengrundsätze

Trotz weitgehender Wahlfreiheit gelten bestimmte Kriterien, die bei der Festlegung der Firma beachtet werden müssen. Sie werden als Firmengrundsätze bezeichnet.

Firmen-grundsatz	Beschreibung
Firmen-wahrheit/-klarheit	Die Firmenbezeichnung muss zur Kennzeichnung geeignet sein und Unterscheidungskraft besitzen. Es dürfen keine täuschenden Zusätze bezüglich des Umfangs und der Art des Unternehmens bestehen (Irreführungs- und Täuschungsverbot).
Firmen-öffentlichkeit	Jeder Kaufmann muss seine Firma ins Handelsregister eintragen lassen und spätere Änderungen bekannt geben sowie die Firmenbezeichnung auf Geschäftsbriefen angeben (siehe unten).
Firmenaus-schließlichkeit	Die gewählte Firma muss sich von allen anderen Firmen am selben Ort deutlich unterscheiden.
Firmen-beständigkeit	Der bisherige Firmenname kann fortgeführt werden, wenn der bisherige Inhaber bzw. seine Erben die Einwilligung zur Fortführung der Firma geben und der bisherige Geschäftszweig beibehalten wird. Die Firma kann mit (z. B. Max Krause e. K., Inhaber Gerd Wille) oder ohne Beifügung eines das Nachfolgeverhältnis andeutenden Zusatzes fortgeführt werden. Firmenbeständigkeit hat Vorrang vor Firmenwahrheit.

Pflichtangaben auf Geschäftsbriefen

Auf allen Geschäftsbriefen des Kaufmanns, die an einen bestimmten Empfänger gerichtet sind, müssen seine Firma, der Rechtsformzusatz, der Ort seiner Handelsniederlassung, das Registergericht und die Nummer, unter der die Firma in das Handelsregister eingetragen ist, angegeben werden (§ 37a HGB).[1]

4.3.1.4 Handelsregister

Definition
Das **Handelsregister** ist ein **öffentliches Verzeichnis aller Kaufleute eines Registerbezirks**. Zuständig für die Eintragungen ist das Amtsgericht, in dessen Bezirk sich die Niederlassung des Kaufmanns befindet (§ 8 ff. HGB).

Öffentlichkeit des Handelsregisters

Öffentlichkeit des Handelsregisters bedeutet, dass die Einsichtnahme in das Handelsregister jedem zu Informationszwecken möglich ist. Gegen Gebühr kann man eine Kopie der Eintragungen und der eingereichten Schriftstücke verlangen.

Das Handelsregister bietet aktuelle und wichtige Informationen über die dort eingetragenen Kaufleute bzw. Unternehmen, die beispielsweise beim Abschluss von Verträgen von Bedeutung sind.

Beispiel
Ein Personaldisponent der Finke Zeitarbeit GmbH schließt mit einem neuen Kunden einen Arbeitnehmerüberlassungsvertrag ab. Mithilfe des Handelsregisters kann er vorher prüfen, ob sein neuer Ansprechpartner zeichnungsberechtigt ist.

Elektronische Registerführung

Im Zeitalter des Internets erfolgt die Registerführung seit 2007 elektronisch. Anmeldungen zum Handelsregister, Änderungen oder Löschungen sowie jegliche Korrespondenz erfolgen ebenfalls über das Internet. Alle Unterlagen sind über einen Notar in **öffentlich beglaubigter Form** zwingend als elektronische Dokumente beim zuständigen Amtsgericht einzureichen. Die Veröffentlichungen erfolgen nicht mehr wie bisher in Papierform, sondern auf den folgenden Internetseiten:

- www.handelsregister.de (Handelsregister)
- www.e-bundesanzeiger.de (elektronischer Bundesanzeiger)
- www.unternehmensregister.de (elektronisches Unternehmensregister)

Aufbau des Handelsregisters

Das Handelsregister ist in die Abteilungen A und B gegliedert. Es werden nur Eintragungen vorgenommen, die gesetzlich vorgeschrieben sind (siehe Schaubild).

[1] *Für einzelne Unternehmensformen beinhalten das HGB bzw. weitere Spezialgesetze besondere Vorschriften. Sie können im Gesetzestext oder auf den Webseiten der Handelskammern nachgelesen werden.*

Beispiel

Amtsgericht Bruchsal						
Nr. der Eintragung	a) Firma b) Ort der Niederlassung (Sitz der Gesellschaft) c) Gegenstand des juristischen Unternehmens (bei juristischen Personen)	Grund- oder Stammkapital (in EUR)	Geschäftsinhaber Persönlich haftende Gesellschafter Geschäftsführer Abwickler	Prokura	Rechtsverhältnisse	a) Tag der Eintragung b) Bemerkungen
1	2	3	4	5	6	7
1	a) TRIAL GmbH b) Heidelberg c) Vertrieb von Bikewear und Fahrrädern	600 000,00	Peter Gasch, 01.05.1979, Dipl.-Kaufmann, Mannheim		Gesellschaft mit beschränkter Haftung	a) 1. Januar 2009 b) –

Aufbau des Handelsregisters

Wirkung der Eintragung

Eine Eintragung kann rechtsbezeugend (konstitutiv) oder rechtsbekundend (deklaratorisch) wirken. LF 2 / 4.3.1.2

Merksatz
Konstitutive Wirkung bedeutet, dass ein Ereignis eine Rechtsfolge erst begründet. Dagegen stellt eine **deklaratorische Wirkung** eine bereits eingetretene Rechtsfolge nur noch fest.

Beispiele
Konstitutive Wirkung: *Eintragung eines Kleingewerbetreibenden, Entstehung einer GmbH (Erlangung der Rechtsfähigkeit)*
Deklaratorische Wirkung: *Eintragung eines Istkaufmanns, Erteilung einer Prokura*

Im fachlichen Kontext

Eine **Prokura** ist eine **betriebliche Vollmacht**. Sie berechtigt zu allen Arten von gerichtlichen und außergerichtlichen Rechtshandlungen, die der Betrieb eines Handelsgewerbes mit sich bringt.

Öffentlicher Glaube der Eintragungen

Dritte können grundsätzlich auf die Richtigkeit von Handelsregistereintragungen vertrauen. Umgekehrt müssen Dritte die eingetragenen Tatsachen aber auch gegen sich gelten lassen (§ 15 HGB).

Beispiel
Ein Kaufmann entzieht einem Mitarbeiter die Prokura, macht aber den Entzug nicht im HR bekannt. Der ehemalige Prokurist schließt mit einem Geschäftspartner trotzdem einen Vertrag ab. Der Vertrag ist wirksam, denn der Geschäftspartner kann sich auf das HR berufen. Allerdings darf dem Geschäftspartner der Vollmachtsentzug nicht anderweitig bekannt gewesen sein.

Hätte der Kaufmann die Prokura im HR löschen lassen, wäre der o. g. Vertrag unwirksam: Geschäftspartner sind grundsätzlich verpflichtet, sich über HR-Änderungen zu informieren.

4.3.2 Rechtsformen

Unsere Rechtsordnung ermöglicht es, unter einer Vielzahl von Rechtsformen auszuwählen. Dabei beschränkt sich die Wahl der „richtigen" Rechtsform nicht nur auf die Gründungsphase selbst. Auch bei bereits existierenden Unternehmen kann es Gründe geben, die bestehende Rechtsform zu ändern.

Beispiele
Wachstum des Unternehmens, Ausscheiden von Gesellschaftern, Zusammenschlüsse, Veränderungen der persönlichen Verhältnisse

4.3.2.1 Bestimmungsfaktoren für die Wahl der Rechtsform

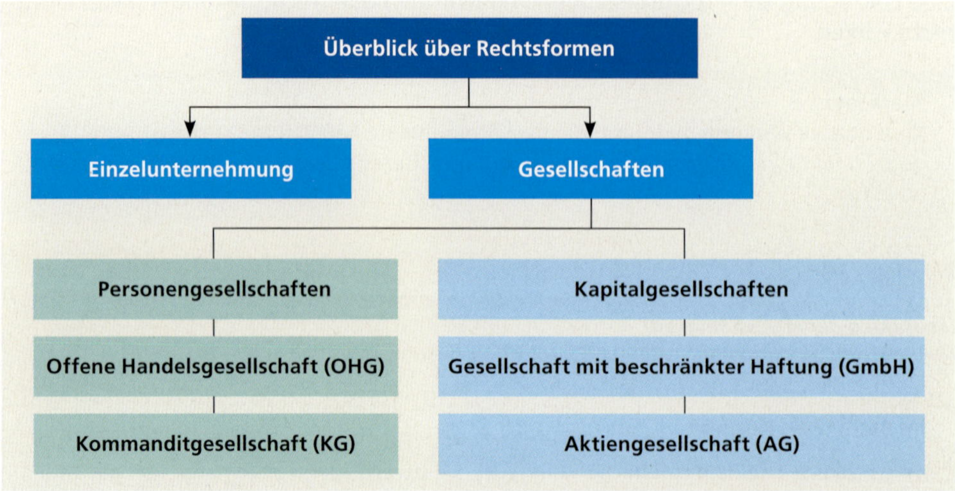

Rechtsformen im Überblick

Anzahl der Gründer

Zur Auswahl stehen Gesellschaftsformen, die eine Person allein gründen kann, sowie verschiedene Gesellschaftsformen, wenn mehrere Personen gemeinsam ein Unternehmen betreiben wollen.

Mittlerweile haben sich auch Mischformen bei einzelnen Gesellschaften entwickelt, bei denen die Gründung durch eine Person möglich ist (z. B. „Ein-Mann-GmbH").

Die Gründung als Einzelperson ermöglicht ein hohes Maß an Entscheidungsgewalt, bringt aber auch größere Risiken und eine beschränkte Kapitalbasis mit sich. Die Vorteile von Mehrpersonengründungen liegen in der Verteilung von Arbeitsbelastung, Haftung und Kapitalaufbringung. Nachteilig sind die Gewinnaufteilung sowie die eingeschränkten Entscheidungsmöglichkeiten des Einzelnen sowie mögliche Konflikte bei der Entscheidungsfindung.

Personen- und Kapitalgesellschaften

Bei den Gesellschaftsformen wird zwischen Personen- und Kapitalgesellschaften differenziert, die sich in grundlegenden Merkmalen unterscheiden.

Merkmal	Personengesellschaft	Kapitalgesellschaft
Anzahl der Gesellschafter	Häufig geringe Anzahl an Gesellschaftern.	Höhere Anzahl von Gesellschaftern ist möglich.
Rechtspersönlichkeit	Die Rechtspersönlichkeit ist rechtlich selbstständig, aber keine juristische Person.	Es handelt sich um juristische Personen, die durch ihre gesetzlichen Vertreter handeln.

Merkmal	Personengesellschaft	Kapitalgesellschaft
Entstehung	Mit Abschluss des Gesellschaftsvertrages und Aufnahme der Geschäfte.	Mit Eintrag ins Handelsregister.
Kapitalaufbringung	Keine Vorschriften für eine Mindesteinlage bzw. ein Mindestkapital.	Es müssen Mindesteinlagen bzw. ein Mindestkapital eingebracht werden.
Mitarbeit	Die Gesellschafter arbeiten in der Regel selbst in der Gesellschaft mit.	Die Gesellschafter einer Kapitalgesellschaft arbeiten häufig nicht selbst im Unternehmen mit, sondern beauftragen Dritte mit der Geschäftsführung.
Haftung	Persönliche und unbeschränkte Haftung von Vollhaftern.	Die Haftung ist auf das Gesellschaftsvermögen beschränkt.
Stellung des Gesellschafters	Die Stellung eines Gesellschafters ist nicht übertragbar.	Gesellschaftsanteile sind übertragbar.

Vergleichskriterien

Die Wahl der richtigen Rechtsform ist von hoher Bedeutung, weil mit ihr eine Vielzahl von rechtlichen, finanziellen, strukturellen und persönlichen Folgen verbunden ist. Deshalb ist es wichtig, die jeweiligen Vor- und Nachteile der einzelnen Rechtsformen gegeneinander abzuwägen. Um eine Rechtsform zu finden, die den eigenen Vorstellungen und Zielsetzungen entspricht, können unter anderem folgende Vergleichs- bzw. Entscheidungskriterien herangezogen werden:

- Gründungsvoraussetzungen
- Kapitalaufbringung
- Geschäftsführung und Vertretung
- Haftung
- Ergebnisverteilung (Gewinn bzw. Verlust)

Gründungsvoraussetzungen

Die Gründungsvoraussetzungen sind bei den einzelnen Gesellschaftsformen recht unterschiedlich. Bei einer sogenannten formlosen Gründung gibt es beispielsweise gar keine Vorschriften. In anderen Fällen existieren Formvorschriften, beispielsweise in Bezug auf den Gesellschaftsvertrag oder auf andere Dokumente (z. B. Satzungen), die den Gründungsprozess begleiten.

Kapitalaufbringung

Das Eigenkapital kann aus Geld- oder Sachmitteln (Fahrzeuge, Geschäftsausstattung, Grundstücke) stammen oder aus Rechten (z. B. Lizenzen oder Patenten) bestehen.

Immer dann, wenn ein Grundstück in die Gesellschaft eingebracht wird, muss ein Gesellschaftsvertrag notariell beurkundet werden.

Geschäftsführung

Die Geschäftsführung umfasst das Recht, das Unternehmen im **Inneren** zu führen, d. h. Entscheidungen zu treffen, Maßnahmen zu planen und umzusetzen, Arbeitsabläufe festzulegen sowie Mitarbeiter zu führen. Sind einzelne Personen jeweils allein zur Geschäftsführung berechtigt, liegt **Einzelgeschäftsführung** vor. Von einer **Gesamtgeschäftsführung** spricht man, wenn mehrere Personen nur gemeinsam handeln dürfen. Ein Ausschluss einzelner Gesellschafter von der Geschäftsführung ist vertraglich möglich.

Vertretung

Die Vertretung umfasst das Recht, für die Unternehmung **Willenserklärungen gegenüber Außenstehenden** (z. B. Lieferanten, Kunden) abzugeben. Sind einzelne Personen jeweils allein vertretungsberechtigt, dann spricht man von **Einzelvertretung**. Eine **Gesamtvertretung** liegt vor, wenn mehrere Personen die Unternehmung nur gemeinsam vertreten dürfen. Einzelne Gesellschafter können auch von der Vertretung ausgeschlossen werden. Dies muss im Handelsregister eingetragen werden. Der Umfang der Vertretungsmacht kann nicht beschränkt werden.

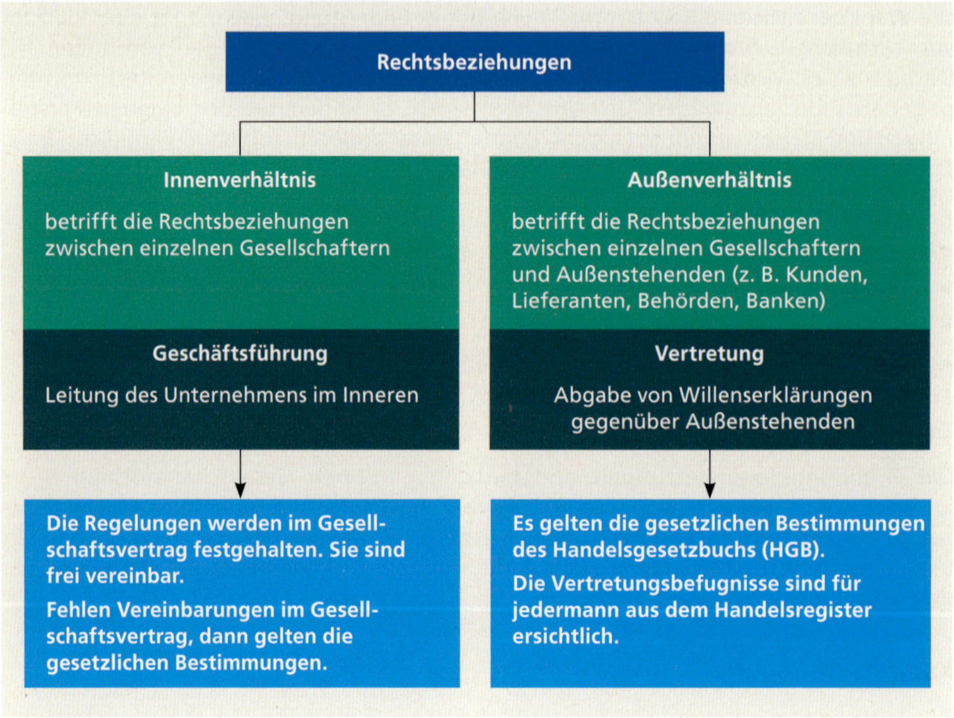

Geschäftsführung und Vertretung

Haftung

Die Haftung beschreibt das Ausmaß, in dem die Gesellschafter für die Verbindlichkeiten ihrer Unternehmung einstehen müssen.

- **Unbeschränkte bzw. persönliche Haftung:** Ein Gesellschafter haftet mit seinem gesamten Privat- und Gesellschaftsvermögen.
- **Unmittelbare bzw. direkte Haftung:** Ein Gesellschafter kann nicht auf seine Mitgesellschafter verweisen, sondern muss direkt an den Gläubiger zahlen.
- **Gesamtschuldnerische bzw. solidarische Haftung:** Jeder einzelne Gesellschafter haftet für die gesamten Schulden der Gesellschaft, unabhängig davon, welcher Gesellschafter die Verbindlichkeiten eingegangen ist.

Liegt eine persönliche Haftung vor, dann haften Gesellschafter bzw. Einzelunternehmer auch für Verbindlichkeiten, die vor ihrem Eintritt in das Unternehmen bestanden haben. Ebenso haften ausscheidende Gesellschafter für die Verbindlichkeiten, die zum Zeitpunkt des Austritts bestehen, noch fünf Jahre. Das Gleiche gilt bei Auflösung einer Gesellschaft bzw. Einzelunternehmung.

Eine persönliche und unbeschränkte Haftung verleiht einem Unternehmen eine bessere materielle und persönliche Kreditwürdigkeit.

Gewöhnliche und außergewöhnliche Geschäfte

In jedem Unternehmen fallen täglich verschiedene Arbeiten an. Dabei kann es sich um gewöhnliche oder außergewöhnliche Geschäfte handeln. Bei den gewöhnlichen Geschäften handelt es sich um Tätigkeiten, die den normalen Betriebsablauf betreffen. Außergewöhnliche Geschäfte sind nicht alltäglich, wie z. B. die Aufnahme neuer Gesellschafter oder die Gründung von Filialbetrieben. Die Abgrenzung von außergewöhnlichen und gewöhnlichen Geschäften ist nicht immer eindeutig, dies kann nur in Abhängigkeit von den betrieblichen Verhältnissen beurteilt werden. Die Unterscheidung von gewöhnlichen und außergewöhnlichen Geschäften ist im Zusammenhang mit der Geschäftsführung wichtig.

Gesetzliche und vertragliche Regelungen

Die Gesellschafter haben die Möglichkeit, im Rahmen der Vertragsfreiheit Regelungen des Gesellschaftsvertrages frei auszuhandeln. Immer dann, wenn zwischen ihnen keine gesonderten Vereinbarungen getroffen werden, gelten die entsprechenden gesetzlichen Regelungen.

In den nachfolgenden Abschnitten werden einzelne Rechtsformen anhand der vorgestellten Kriterien miteinander verglichen.

4.3.2.2 Einzelunternehmung

Merkmal	Beschreibung
Kennzeichen	Einen Gewerbebetrieb, dessen Eigenkapital von einer Person aufgebracht wird, die das gesamte Risiko allein trägt, bezeichnet man rechtlich als Einzelunternehmung.
Gründung	Eine Gründung ist formlos möglich.
Firmierung	Die Firma muss einen Zusatz „eingetragener Kaufmann", „eingetragene Kauffrau" oder eine verständliche Abkürzung dieser Bezeichnung enthalten, wie „e. K.", „e. Kfm." oder „e. Kffr.".
Kapitalaufbringung	Der Unternehmer bringt das Eigenkapital bei der Gründung allein auf.
Geschäftsführung und Vertretung	Die Geschäftsführung und Vertretung liegen allein beim Einzelunternehmer.
Haftung	Der Einzelunternehmer haftet für die Verbindlichkeiten seiner Unternehmung grundsätzlich allein, persönlich und unbeschränkt.
Ergebnisverteilung	Dem Einzelunternehmer steht der Gewinn allein zu. Er hat aber auch den Verlust allein zu tragen. Ein Gewinn wird in der Einkommensteuererklärung des Einzelunternehmers versteuert.

Vorteile	Nachteile
• alleinige Entscheidungsbefugnis • schnelle Entscheidungs- und Reaktionsmöglichkeiten • alleiniger Gewinnanspruch • einfache, kostengünstige und schnelle Gründung • kein Mindestkapital • hoher Gestaltungsspielraum	• begrenzte Kapitalbasis • Gefahr von Fehlentscheidungen • hohe Arbeitsbelastung des Inhabers • alleiniges Verlustrisiko • Schicksal des Unternehmens ist eng mit der Person des Eigentümers verbunden • unbeschränkte Haftung • enge Kapitalbasis

4.3.2.3 Offene Handelsgesellschaft (OHG)

Merkmal	Beschreibung
Kennzeichen	Die offene Handelsgesellschaft (OHG) ist eine Personengesellschaft. Die Gesellschafter betreiben gemeinsam ein Handelsgewerbe und haften persönlich.

Merkmal	Beschreibung
Gründung	Eine Gründung ist formlos möglich. Der Gesellschaftsvertrag kann mündlich oder schriftlich abgeschlossen werden. Aus Gründen der Rechtssicherheit und Beweisbarkeit ist die Schriftform aber in der Praxis üblich. Es müssen sich mindestens zwei Personen zur OHG zusammenschließen.
Firmierung	Die Firma muss den Zusatz „offene Handelsgesellschaft" oder eine verständliche Abkürzung dieser Bezeichnung enthalten, z. B. „OHG".
Kapitalaufbringung	Es ist kein Mindestkapital und auch keine Mindesteinlage der Gesellschafter vorgeschrieben. Das Eigenkapital wird durch Einlagen der Gesellschafter aufgebracht. Die Höhe der Einlagen spiegelt sich in den Kapitalkonten wider, die für die Gesellschafter geführt werden. Alle Teilhaber sind Miteigentümer der Unternehmung und damit am tatsächlichen Betriebsvermögen beteiligt.
Geschäftsführung	Gesetzliche Regelung: Jeder Gesellschafter ist zur Geschäftsführung berechtigt und verpflichtet. • Bei gewöhnlichen Geschäften gilt Einzelgeschäftsführungsbefugnis. Widerspricht jedoch ein anderer geschäftsführender Gesellschafter der Vornahme einer Handlung, so muss diese unterbleiben (Widerspruchsrecht). • Für außergewöhnliche Geschäfte gilt die Gesamtgeschäftsführung, d. h., alle Gesellschafter müssen gemeinsam handeln. • Gesellschafter, die von der Geschäftsführung ausgeschlossen oder befreit sind, haben ein laufendes Kontrollrecht: Sie dürfen sich über die Angelegenheiten der Gesellschaft persönlich informieren und Einsicht in die Buchführung nehmen.
Vertretung	Gesetzliche Regelung: Jeder Gesellschafter kann die Gesellschaft allein vertreten (Einzelvertretungsmacht).
Haftung	Die Gesellschafter haften für alle Verbindlichkeiten des Unternehmens unbeschränkt, unmittelbar und gesamtschuldnerisch.
Ergebnisverteilung	Die gesetzliche Regelung besagt, dass jeder Gesellschafter 4 % Gewinn auf seine Kapitaleinlage erhält. Der Restgewinn wird nach Köpfen verteilt. Die Verlustverteilung erfolgt ebenfalls nach Köpfen. Der Gewinn wird den Kapitalkonten der Gesellschafter gutgeschrieben. Jeder Gesellschafter kann die Auszahlung seines Gewinnanteils verlangen und hat ein Recht auf Privatentnahmen. Ein Verlust wird vom Kapitalanteil abgezogen. Gesellschafter müssen ihre Gewinnanteile selbst bei ihrer persönlichen Einkommensteuererklärung als Einkünfte aus Gewerbebetrieb angeben (siehe Einzelunternehmung). Die OHG selbst ist nicht einkommensteuerpflichtig.

Vorteile	Nachteile
• Gründung ohne Mindestkapital • Arbeitsentlastung • Risikoverteilung • erhöhte Kreditwürdigkeit durch Vollhafter • hoher Gestaltungsspielraum bzw. hohes Maß an Mitbestimmungsmöglichkeiten für einzelne Gesellschafter	• Gefahr von Meinungsverschiedenheiten und Konflikten • Haftungsmodalitäten • Gefahr von Entzug der Eigenkapitalbasis durch aufwendige Lebensführung der Gesellschafter

4.3.2.4 Kommanditgesellschaft (KG)

Merkmal	Beschreibung
Kennzeichen	Wird das Eigenkapital einer Unternehmung von zwei oder mehreren Personen aufgebracht, von denen mindestens eine Person unbeschränkt und eine Person nur mit ihrer Einlage haftet, dann liegt eine Kommanditgesellschaft (KG) vor. Der Vollhafter wird als **Komplementär** bezeichnet, der Teilhafter als **Kommanditist**.
Gründung	Hier gelten dieselben Regelungen wie bei der OHG.
Firmierung	Die Firma muss den Zusatz „Kommanditgesellschaft" oder eine verständliche Abkürzung dieser Bezeichnung enthalten, z. B. „KG".
Kapitalaufbringung	Hier gelten dieselben Regelungen wie bei der OHG. Die Höhe der Kommanditeinlage wird im Handelsregister eingetragen.
Geschäftsführung	Für die **Komplementäre (Vollhafter)** gelten die gleichen Regelungen wie für die Gesellschafter einer OHG. Die **Kommanditisten** sind von der Geschäftsführung ausgeschlossen. Sie können nur bei außergewöhnlichen Handlungen der Vollhafter widersprechen (§ 164 HGB). Kommanditisten haben nur ein eingeschränktes (kein laufendes) Kontrollrecht.
Vertretung	Für die **Komplementäre** (Vollhafter) gelten die gleichen Regelungen wie für die Gesellschafter einer OHG. Die **Kommanditisten** haben keine Vertretungsmacht (§ 170 HGB).

Merkmal	Beschreibung
Haftung	Für die Verbindlichkeiten haften die Gesellschafter in unterschiedlichem Umfang. Die **Komplementäre** (Vollhafter) haften genau wie die Gesellschafter einer OHG. Für die **Kommanditisten** gilt: • Ihre Haftung ist auf die Kommanditeinlage beschränkt, sofern diese ins Handelsregister eingetragen wurde. Erst durch den Eintrag ins HR wird die Haftung auf die Einlage begrenzt. • Wenn die Einlage zwar im Handelsregister eingetragen, aber noch nicht voll eingezahlt ist, dann haftet der Kommanditist für den ausstehenden Betrag unmittelbar. • Fehlt sowohl der Handelsregistereintrag als auch die volle Einzahlung, dann ist die Haftung unmittelbar und unbeschränkt.
Ergebnisverteilung	Ist im Gesellschaftsvertrag nichts anderes vereinbart, erhalten alle Gesellschafter zunächst eine Verzinsung von 4 % auf ihren tatsächlich erbrachten Kapitalanteil. Ein Restgewinn ist in einem angemessenen Verhältnis zu verteilen. Verluste sind ebenfalls in einem angemessenen Verhältnis zuzuschreiben. Hat ein Kommanditist seine Einlage in voller Höhe geleistet, so hat er Anspruch auf Auszahlung seines Gewinnanteils. Hat er die Einlage noch nicht in vollem Umfang erbracht, wird der Gewinnanteil seinem Kapital gutgeschrieben. An einem Verlust muss er sich nur bis zum Betrag seines Kapitalanteils und seiner noch ausstehenden Einlage beteiligen. Er hat kein Recht auf Privatentnahmen. Die Regelungen zur Versteuerung des Gewinns sind identisch mit den Regelungen bei der OHG.

Vorteile	Nachteile
Zusätzlich zu den Vorteilen der OHG: • Beteiligungsmöglichkeit ohne Mitarbeitverpflichtung (Teilhafter) • Haftungsbegrenzung auf die Höhe der Einlage beschränkt (Teilhafter) • Erweiterung der Kapitalbasis ohne Verlust der Entscheidungsbefugnis (Vollhafter)	**Zusätzlich zu den Nachteilen der OHG:** • nur Kontrollrecht und eingeschränktes Widerspruchsrecht (Teilhafter)

Beispiel
Die Gewinnverteilung bei der Wenz KG ist im Gesellschaftsvertrag wie folgt festgeschrieben: „Vorab erfolgt eine Kapitalverzinsung von 5 % pro Jahr. Jeder Komplementär erhält darüber hinaus eine jährliche Vergütung von 40 000,00 EUR. Der Restgewinn ist auf die Gesellschafter im Verhältnis der Kapitalanteile zu verteilen." Der Gesamtgewinn beträgt in diesem Jahr 145 000,00 EUR.

Gesellschafter	Kapitalanteil	5 %-Verzinsung	Tätigkeitsvergütung	Restgewinn		Gesamtgewinn
Jürgen Wenz (Komplementär)	200 000,00 EUR	10 000,00 EUR	40 000,00 EUR	4	60 000,00 EUR	110 000,00 EUR
Ute Menzel (Kommanditistin)	50 000,00 EUR	2 500,00 EUR	–	1	15 000,00 EUR	17 500,00 EUR
Kurt Flaig (Kommanditist)	50 000,00 EUR	2 500,00 EUR	–	1	15 000,00 EUR	17 500,00 EUR
Summen	300 000,00 EUR	15 000,00 EUR	40 000,00 EUR	6	90 000,00 EUR	145 000,00 EUR

145 000,00 EUR
– 55 000,00 EUR
= 90 000,00 EUR

4.3.2.5 Gesellschaft mit beschränkter Haftung (GmbH)

Merkmal	Beschreibung
Kennzeichen	Die GmbH ist eine Kapitalgesellschaft. Sie besitzt eine eigene Rechtspersönlichkeit (juristische Person). Die Haftung gegenüber den Gläubigern ist auf das Gesellschaftsvermögen beschränkt.
Gründung	Der Gesellschaftsvertrag muss notariell beurkundet werden. Die Gründung ist im Vergleich zur OHG und zur KG relativ aufwendig: • Notarielle Beurkundung des Errichtungsprotokolls und des Gesellschaftsvertrages, der von allen Gesellschaftern unterzeichnet wird, • Gesellschafterliste, von einem Notar unterzeichnet, • Bestellung eines oder mehrerer Geschäftsführer, • Handelsregisteranmeldung, • ggf. Sachgründungsbericht, • Einbringung der Einlagen: Vor Eintrag ins Handelsregister müssen die Einlagen nicht voll eingezahlt sein. • Die Eintragung ins Handelsregister hat eine konstitutive Wirkung. Eine Gründung mit notariell beurkundetem Musterprotokoll ist möglich. Es dürfen dann keine Veränderung des Protokolls vorgenommen werden. Eine GmbH muss durch mindestens eine Person gegründet werden („Ein-Mann-GmbH").
Firmierung	Die Firma muss den Zusatz „Gesellschaft mit beschränkter Haftung" oder eine verständliche Abkürzung dieser Bezeichnung enthalten, z. B. „GmbH".

Merkmal	Beschreibung
Kapitalaufbringung	Als Stammkapital bezeichnet man die bei einer GmbH von den Gesellschaftern zu erbringende Kapitaleinlage. • Das Stammkapital muss mindestens 25 000,00 EUR betragen und ist zu 50 % einzuzahlen. • Der Nennbetrag eines Geschäftsanteils (früher Stammeinlage) bezeichnet den von einem Gesellschafter übernommenen Anteil am Stammkapital. • Der Nennbetrag eines Geschäftsanteils muss mindestens 1,00 EUR betragen und auf volle Euro lauten. • Auf den Nennbetrag seines Geschäftsanteils muss jeder Gesellschafter bei Geldeinlagen mindestens 25 % einzahlen. Sacheinlagen müssen in voller Höhe erbracht werden. • Die Summe der Nennbeträge aller Geschäftsanteile (anderer Ausdruck: gezeichnetes Kapital) erscheint in der Bilanz als Eigenkapital. • Der Geschäftsanteil ist der Anteil des Gesellschafters am tatsächlichen Vermögen der GmbH. Der Geschäftsanteil ist veräußerlich. Zur Abtretung bedarf es jedoch eines in notarieller Form geschlossenen Vertrages. • Pro Euro Geschäftsanteil wird eine Stimme gewährt. Der Gesellschaftsvertrag kann bestimmen, dass die Gesellschafter über den Nennbetrag ihres Geschäftsanteils hinaus noch weitere Einzahlungen (Nachschüsse) zu leisten haben (§ 26 GmbHG).
Organe	Die GmbH als juristische Person wird durch ihre Organe geführt. Die Organe sind Geschäftsführer, Gesellschafterversammlung und ggf. Aufsichtsrat. • **Geschäftsführer:** leitendes Organ. Er führt die Gesellschaft und vertritt sie nach außen. Geschäftsführer können eine Person oder mehrere Personen sowie Gesellschafter, aber auch außenstehende Personen sein. • **Gesellschafterversammlung:** Beschluss fassendes Organ. Beispiele für Beschlüsse: Treffen von Grundsatzentscheidungen, Feststellung des Jahresabschlusses und Verwendung des Ergebnisses, Bestellung und Abberufung der Geschäftsführer, Bestellung von Prokuristen. Beschlüsse können mit einfacher Mehrheit gefasst werden. Für eine Satzungsänderung ist eine Dreiviertelmehrheit notwendig. • **Aufsichtsrat:** überwachendes Organ. Unter bestimmten Voraussetzungen (siehe § 52 GmbHG) kann ein Aufsichtsrat bestellt werden.

Merkmal	Beschreibung
Geschäftsführung	Im Gegensatz zu einer natürlichen Person ist die GmbH als juristische Person nicht in der Lage, selbst zu handeln. Sie kann nur über ihre gesetzlich dafür vorgesehenen Organe (i. d. R. Geschäftsführer) Willenserklärungen abgeben. Nach der gesetzlichen Regelung besteht bei mehreren Geschäftsführern eine Gesamtgeschäftsführungsbefugnis.
Vertretung	Gesetzliche Regelung: Mehrere Geschäftsführer vertreten die GmbH gemeinschaftlich (Gesamtvertretung).
Haftung	Bei der Haftung muss zwischen der Zeit vor dem Eintrag ins Handelsregister und danach unterschieden werden. • Nach dem Eintrag ins Handelsregister ist die Haftung auf das Gesellschaftsvermögen beschränkt. Auf das Privatvermögen der Gesellschafter haben die Gläubiger keinen Zugriff. • Schließen die Gesellschafter vor Eintrag ins Handelsregister Geschäfte im Namen der Gesellschaft ab, besteht für die Gesellschafter eine persönliche und gesamtschuldnerische Haftung.
Ergebnisverteilung	Die Gesellschafter haben Anspruch auf den Jahresüberschuss im Verhältnis ihrer Geschäftsanteile. Für einen Verlust gilt die gleiche Regelung. Die Entscheidung über die Gewinnverwendung (Ausschüttung oder Einbehaltung) trifft die Gesellschafterversammlung. Privatentnahmen sind bei einer GmbH nicht möglich. Die GmbH ist als juristische Person selbst steuerpflichtig und zahlt auf den Gewinn Körperschaftssteuern.

Vorteile	Nachteile
• beschränkte Haftung: Trennung zwischen Gesellschafts- und Privatvermögen • „Ein-Mann-GmbH“ möglich • Kapitalerhöhung und Aufnahme neuer Gesellschafter einfach möglich • Geschäftsanteile können vererbt und verkauft werden	• geringe Kreditwürdigkeit (Banken verlangen in der Regel die persönliche Haftungsübernahme) • ggf. Nachschusspflicht • fehlendes Kontrollorgan bei nicht mitbestimmungspflichtigen Unternehmen • ggf. höherer Gründungsaufwand als bei Personengesellschaften, sofern Standardgründung mit Musterprotokoll nicht möglich

Unternehmergesellschaft haftungsbeschränkt (UG)

Die Unternehmergesellschaft (UG) ist eine Variante der GmbH, die inoffiziell auch als Mini-GmbH, Kleine GmbH oder Ein-Euro-GmbH bezeichnet wird. Sie kann seit dem 1. November 2008 gegründet werden. Die Firmierung muss den Zusatz „Unternehmergesellschaft (haftungsbeschränkt)“ oder „UG (haftungsbeschränkt)“ umfassen.

Das Stammkapital muss mindestens 1,00 EUR betragen. Gegründet werden darf nur mit Bareinlagen, Sacheinlagen sind nicht erlaubt.

Eine erleichterte Gründung mit einem Musterprotokoll ist möglich. Es gibt Musterprotokolle für die Ein-Personen-Gesellschaft und die Mehr-Personen-Gesellschaft (zwei bis drei Gesellschafter). Das Protokoll fasst den Gesellschaftsvertrag, die Geschäftsführerbestellung und die Gesellschafterliste in einem einzigen Dokument zusammen, das durch einen Notar beurkundet wird.

Bei Mehr-Personen-Gesellschaften ist diese vereinfachte Gründung nur möglich, wenn die GmbH **maximal drei Gründer** hat, nur **ein Geschäftsführer** bestellt wird und keine vom Gesetz abweichenden Bestimmungen getroffen werden. Das Musterprotokoll darf in keiner Weise geändert werden.

Das Mindestkapital der normalen GmbH muss nach und nach angespart werden (Rücklagenbildung). Die UG (haftungsbeschränkt) muss eine gesetzliche Rücklage bilden, in die 25 % des Gewinns eingestellt werden. Diese Pflicht endet erst, wenn die UG (haftungsbeschränkt) das Stammkapital der allgemeinen GmbH (25 000,00 EUR) erreicht hat. Danach kann die UG wählen, ob sie weiterhin als UG (haftungsbeschränkt) firmieren will oder in GmbH umfirmieren möchte.

Mit der Eintragung ins Handelsregister entsteht die Unternehmergesellschaft als solche erst. Der Schritt erfolgt, wie bei anderen Gesellschaften auch, **elektronisch durch einen Notar** über ein **Standardformular**. Um die Anmeldung vornehmen zu können, braucht der Notar den Nachweis über die tatsächliche Einlagenleistung. Genehmigungen, wie beispielsweise eine Gewerbeerlaubnis, müssen zu diesem Zeitpunkt nicht zwingend vorgelegt werden. Eine Erklärung des Gründers, dass die entsprechenden Genehmigungen beantragt sind, ist ausreichend.

Die weiteren rechtlichen Regelungen entsprechen denen der GmbH.

Die UG (haftungsbeschränkt) ist besonders geeignet für Existenzgründungen mit geringen Eigenmitteln, aber einem tragfähigen Geschäftsmodell. Die Gründung ist sehr einfach, auch die Kosten für den Gründungsvorgang sind gering.

4.3.2.6 Aktiengesellschaft nach deutschem Recht (AG)

Merkmal	Beschreibung
Kennzeichen	Die Aktiengesellschaft ist eine Gesellschaft mit eigener Rechtspersönlichkeit (juristische Person). Wie bei der GmbH handelt es sich um eine Kapitalgesellschaft, die für Verbindlichkeiten nur mit dem Gesellschaftsvermögen haftet. Die Gesellschafter (= Aktionäre) sind mit Einlagen an dem in Aktien zerlegten Grundkapital beteiligt. Die AG ist für große Unternehmen mit hohem Kapitalbedarf geeignet.
Gründung	Eine AG kann durch eine oder mehrere Personen gegründet werden. Die Gründung erfolgt in mehreren Stufen. Es gelten genaue Rechtsvorschriften (§§ 23–53 AktG), die zum Schutz der Aktionäre zwingend eingehalten werden müssen. Die Satzung muss notariell beurkundet werden.

Merkmal	Beschreibung
Firmierung	Die Firma muss den Zusatz „Aktiengesellschaft“ oder eine verständliche Abkürzung dieser Bezeichnung enthalten, z. B. „AG“.
Kapitalaufbringung	Eine Aktiengesellschaft verfügt über ein in Aktien zerlegtes Grundkapital, das in der Bilanz als gezeichnetes Kapital ausgewiesen wird. Die Mindesthöhe beträgt 50 000,00 EUR. Bareinlagen müssen mindestens mit 25 % eingezahlt werden, bei Sacheinlagen ist die volle Summe erforderlich. Das Grundkapital ist der Teil des Eigenkapitals einer Aktiengesellschaft, der sich aus dem Nennwert oder den Anteilen aller Aktien ergibt. Aktien sind Urkunden über die Beteiligung an einer Aktiengesellschaft. • Nennbetragsaktien müssen auf mindestens 1,00 EUR lauten. Höhere Nennbeträge müssen auf volle Euro lauten. • Stückaktien lauten auf keinen Nennbetrag. Ihr Anteil am Grundkapital bestimmt sich durch die Zahl der ausgegebenen Aktien. Trotzdem darf auch ihr Wert 1,00 EUR nicht unterschreiten.
Organe	Bei den Organen werden Vorstand, Hauptversammlung und Aufsichtsrat unterschieden, die jeweils spezifische Aufgaben erfüllen. • Vorstand: leitendes Organ • Hauptversammlung: beschlussfassendes Organ • Aufsichtsrat: überwachendes Organ

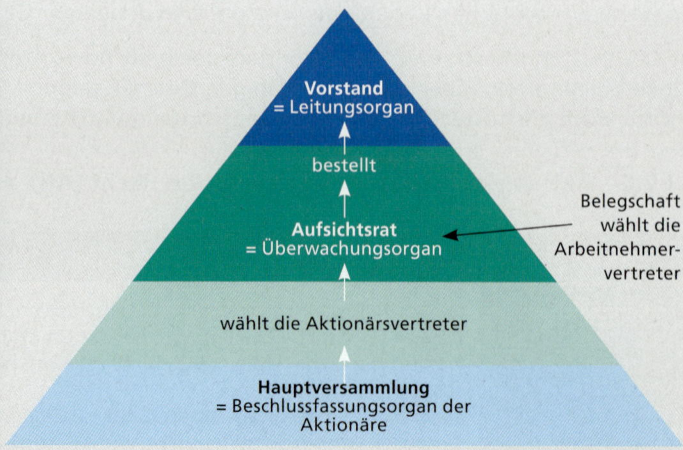

Merkmal	Beschreibung
Geschäftsführung	Gesetzliche Regelung: Alle Vorstandsmitglieder sind gemeinsam zur Geschäftsführung berechtigt (Gesamtgeschäftsführungsbefugnis). Die Vorstandsmitglieder müssen die Beschlüsse der Hauptversammlung beachten.

Merkmal	Beschreibung
Vertretung	Gesetzliche Regelung: Es gilt Gesamtvertretungsrecht, das heißt alle Vorstandsmitglieder müssen gemeinsam handeln.
Haftung	Die Haftung ist auf das Gesellschaftsvermögen beschränkt. Die Aktionäre haften nicht persönlich.
Ergebnisverteilung	Aus Gründen des Gläubigerschutzes muss ein Teil des Jahresüberschusses einer gesetzlichen Rücklage zugeführt werden. Der restliche Jahresüberschuss kann durch Beschluss der Hauptversammlung zur Bildung weiterer Rücklagen verwendet oder an die Aktionäre ausgeschüttet werden (Dividende). Die Aktionäre werden an einem Verlust nicht beteiligt. Ggf. folgt eine Kapitalherabsetzung.

Vorteile	Nachteile
• große Risikostreuung • geringes Haftungsrisiko für Aktionäre • leichte Veräußerbarkeit der Kapitalanlage (Verkauf von Aktien)	• hohe formale und sachliche Anforderungen an die Gründung • hohe Publizitätspflichten sowie ausgeweitete Rechnungslegungs- und Prüfungsvorschriften • weitgehende Mitbestimmungsmöglichkeiten der Arbeitnehmer

Im fachlichen Kontext

Limited (Ltd.) – Private Company Limited by Shares

Die Limited ist wie die deutsche GmbH eine Kapitalgesellschaft. Sie ist eine juristische Person. Damit gibt es keine Durchgriffshaftung, sodass sich Ansprüche Dritter nur gegen die Ltd. richten, nicht gegen die Eigentümer der Gesellschaft (Shareholder) und nicht gegen den Geschäftsführer (Director). Das Haftungskapital (Issued Capital) der Ltd. kann auf ein englisches Pfund begrenzt werden. Üblicherweise werden die meisten Ltds. aber mit einem weitaus höheren Kapital gegründet. Die Gründung der Ltd. erfolgt schnell (innerhalb von 24 Stunden), unkompliziert und preisgünstig. Ein Notar ist dazu nicht notwendig. Zur Gründung der Ltd. sind mindestens zwei Personen erforderlich: Der Director (Geschäftsführer) und der Secretary (Schriftführer). Der Secretary ist die Kontaktperson für die Behörden bei allen Verwaltungsangelegenheiten. Denn jede Ltd., ob diese in Deutschland, England oder anderswo tätig wird, benötigt einen Registersitz in England (Registered Office). Hierher wird die offizielle Post seitens der Behörden geschickt, unabhängig von dem tatsächlichen Geschäftssitz der Ltd. Darüber hinaus muss die Ltd. auch in das deutsche Handelsregister eingetragen werden, wenn ihr Geschäftssitz in Deutschland liegt. In diesem Fall wird die Ltd. auch nach deutschem Recht versteuert.

Quelle: Dickgießer, Holger/Kornherr, Thomas/Kühn, Gerhard/Schlick, Helmut: Großhandelsprozesse, Betriebswirtschaft, Lernfelder 1/5/7/12, Band 1, Bildungsverlag EINS GmbH, Troisdorf, 2009, S. 32.

Zusammenfassung

Handelsrechtliche Rahmenbedingungen

Handelsrechtliche Grundbegriffe:

- Kaufmannseigenschaften (Istkaufmann, Kannkaufmann, Formkaufmann)
- Firma (Firmenarten, Firmengrundsätze)
- Handelsregister: Aufbau (Abteilung A und B), elektronische Führung, Öffentlichkeit und öffentlicher Glaube, Wirkung (deklaratorisch und konstitutiv)

Kriterien für die Wahl von Rechtsformen:

- Gründung
- Kapitalaufbringung
- Geschäftsführung
- Vertretung
- Haftung
- Ergebnisverteilung

Rechtsformen:

- Einzelunternehmung
- Personengesellschaften (KG, OHG)
- Kapitalgesellschaften (GmbH, AG)

Aufgaben

1. Die nachfolgenden Aussagen beziehen sich auf das Handelsregister. Bei welchen der unten stehenden Aussagen trifft in diesem Zusammenhang zu:

1 = nur Aussage A

2 = nur Aussage B

3 = sowohl Aussage A als auch Aussage B

4 = weder Aussage A noch Aussage B

Tragen Sie jeweils die richtige Ziffer in die Tabelle ein.

	(A) Eintragungen in das Handelsregister haben ausschließlich rechtserzeugende (konstitutive) Wirkung.
	(B) Das Handelsregister ist öffentlich, d.h., jeder hat das Recht auf Einsichtnahme.
	(A) Das Handelsregister genießt öffentlichen Glauben, d.h., eingetragene und bekannt gemachte Tatsachen gelten als richtig.
	(B) Man kann zwischen elektronischer Führung und Führung in Papierform wählen.

	(A) Einzelunternehmen und Personengesellschaften werden in Abteilung A und Kapitalgesellschaften in Abteilung B des Handelsregisters eingetragen.
	(B) Das Handelsregister wird beim Amtsgericht geführt.

2. *Erläutern Sie die nachfolgenden Bekanntmachungen von Handelsregistereinträgen.*

Neueintrag HRA

HRA 15625: – 14.10.2004. – Gazap Sanitär und Heizung, Inh. Mevludin Gazap e. K., Dortmund (Zechenstr. 45, 44149 Dortmund, Installations- und Heizungsbau sowie Fliesen-, Platten- und Mosaikverlegung). Einzelkaufmann. Inhaber: Gazap, Mevludin, Dortmund, * 26.08.1963.

Änderung HRA

HRA 11999: – 18.10.2004. – Walter Bäumer, Inhaber Hermann Lentze e. K., Dortmund. (Bergstr. 109, 44339 Dortmund, Handel mit neuen und gebrauchten Holzbearbeitungsmaschinen, Ersatzteilen und Zubehör sowie spezifische Dienstleistungen wie Transport, Montagen, Reparaturen, Wartung und Service). Firma geändert: Bäumer Maschinen Lentze & Döller OHG. Nunmehr Offene Handelsgesellschaft. Die persönlich haftenden Gesellschafter vertreten gemeinsam. Nunmehr persönlich haftender Gesellschafter: Lentze, Hermann, Dortmund, * 19.07.1952. Eingetreten als: Persönlich haftende Gesellschafter: Döller, Mathias, Dortmund, * 30.06.1962.

Löschung HRB

HRB 9435 – 20.10.2004. – EXTRA TOUR REISEBÜRO GMBH, Dortmund. Die Liquidation ist beendet. Die Firma ist erloschen.

3. *Ordnen Sie die folgenden Firmierungsgrundsätze den unten stehenden Aussagen zu.*

Firmierungsgrundsätze:

1 *Firmenwahrheit/Firmenklarheit*
2 *Firmenöffentlichkeit*
3 *Firmenausschließlichkeit*
4 *Firmenbeständigkeit*

Aussagen:

a) *Jede Firma muss sich von anderen Firmen am Ort erkennbar unterscheiden.*
b) *Die Firma darf Außenstehende nicht über die Art oder den Umfang der Unternehmung täuschen.*
c) *Jede Veränderung der Firma muss in das Handelsregister eingetragen werden.*
d) *Bei der Veräußerung einer Unternehmung darf die frühere Firma unter bestimmten Voraussetzungen vom Erwerber fortgeführt werden.*

4. *Prüfen Sie für die folgenden Sachverhalte, ob Verstöße gegen die Firmengrundsätze vorliegen.*
   a) *Anke Gernhart, Inhaberin der „Personalvermittlung Anke Gernhart e. K." in Köln, verkauft das Unternehmen an Marina Tomaso. Unter welchen Voraussetzungen darf die bisherige Firma beibehalten werden?*
   b) *Frank Schulze möchte in Bochum eine Firma mit der Bezeichnung „Frank Schulze e. K." gründen, obwohl bereits eine andere gleichnamige Unternehmung in Bochum existiert.*
   c) *Matilde Graubinder gründet einen Großhandel für Konservendosen und Tiefkühlkost. Auf ihren Geschäftsbriefen findet sich folgende Firmierung: „Frischobst und -gemüse Graubinder e. K."*

   d) *Hans Lauber möchte neben dem Autohandel seines Vaters (Hans Lauber GmbH) eine Kfz-Werkstatt eröffnen. Für sein Geschäft möchte er ebenfalls die Firmierung Hans Lauber GmbH wählen. Wie kann er seine Idee verwirklichen?*
   e) *Silke Schneid, Auszubildende bei der Arbeitsvermittlung Brunner OHG, möchte im Handelsregister nachsehen, wer die Gesellschafter eines neuen Kundenunternehmens sind. Ist das möglich?*

5. *Erläutern Sie, warum Einzelunternehmen und GmbH bevorzugte Rechtsformen sind.*

Web

6. *Vergleichen Sie anhand wesentlicher Merkmale Personen- und Kapitalgesellschaften.*

Lernfeld 3:

Personalsachbearbeitung durchführen

1 Aufgaben der Personalsachbearbeitung ausführen

Einstiegssituation ▶

Am Dienstagmorgen sortiert Petra Gestring, zuständig für die Personalsachbearbeitung in der Finke Zeitarbeit GmbH, die Eingangspost. Unter anderem findet sie einen Brief des externen Mitarbeiters Alfred Klein, der seinen Arbeitgeber schriftlich darüber informiert, dass er zum Ersten des laufenden Monats umgezogen ist und nun eine neue Adresse hat.
Auch seine Kontonummer hat sich geändert, wie er ebenfalls mitteilt. Frau Gestring legt diesen Brief in die dafür vorgesehene Ablage mit Informationen über die Mitarbeiter. Einen Stapel Tätigkeitsnachweise der Zeitarbeitnehmer nimmt sie aus der Ablage und legt sie in eine Klarsichthülle. Diese gibt sie dem Auszubildenden Frank Mellheim, der vor vier Wochen seine Ausbildung begonnen hat.

Petra Gestring: „Herr Mellheim, ich habe Arbeit für Sie. Im letzten Monat haben Sie mir bei der Stundenerfassung über die Schulter geschaut. Ich denke, dass Sie die Informationen aus den Tätigkeitsnachweisen nun selbst in den Arbeitszeitkonten der Mitarbeiter erfassen können."

Frank Mellheim (nickt): „Ich denke, dass ich das hinkriege."

Petra Gestring: „Beachten Sie bitte dabei, dass einige Mitarbeiter auch krankgemeldet waren; zwei andere hatten Urlaub. Erinnern Sie sich noch daran, wie die Zeiten erfasst werden?"

Frank Mellheim: „Ich erinnere mich daran, dass ich Krankheitszeiten mit einem K markiere und Urlaubszeiten mit einem U. Muss ich sonst noch etwas dabei beachten?"

Petra Gestring: „Ja, Sie müssen die Stunden im AZK berücksichtigen."

Frank Mellheim: „Auch wenn die Mitarbeiter nicht gearbeitet haben?"

Petra Gestring (nickt): „Wir werden uns das Ganze einfach noch einmal zusammen ansehen. Ich bin jetzt aber noch kurz mit einer Änderungsmeldung zur Sozialversicherung beschäftigt. In dieser Zeit können Sie diese Unterlagen von Herrn Klein in der Personalakte abheften."

Sie reicht Frank Mellheim einige Papiere.

Petra Gestring: „Bitte tragen Sie im Personalstammblatt von Herrn Klein ein, dass er ab dem Ersten dieses Monats einen Staplerführerschein hat. Ich gebe die Info in die EDV ein, damit die Disponenten auch Bescheid wissen."

Frank Mellheim sieht sich die Unterlagen von Herrn Klein an.

Frank Mellheim: „Frau Gestring, warum soll ich die Papiere eigentlich abheften? Sie tragen doch alle Informationen in die EDV ein. Das ist doch unnötiger Papierkram."

Petra Gestring (schmunzelt): „Ein bisschen haben Sie recht. Ich trage aber nur die Informationen in die EDV ein, nicht den Beleg. Es gibt Unternehmen, die alle Belege über die Mitarbeiter einscannen und eine digitale Personalakte haben. So weit sind wir allerdings noch nicht – und vielleicht stellen wir auch nie vollständig auf die digitale Akte um."

Arbeitsaufträge

1. *Die Einstiegssituation beschreibt verschiedene Tätigkeiten der Personalsachbearbeitung.*
   - *Erstellen Sie eine Übersicht über die in der Situation angesprochenen Tätigkeiten der Personalsachbearbeitung.*
   - *Klären Sie, welche dieser Verwaltungsaufgaben unternehmensintern und welche unternehmensextern veranlasst sind.*
2. *Bereiten Sie die Bearbeitung der Arbeitszeitkonten der Mitarbeiter der Finke Zeitarbeit GmbH vor.*
   - *Welche Bedeutung haben die Tätigkeitsnachweise in diesem Zusammenhang? Welche Informationen sollten diese enthalten?*
   - *Informieren Sie sich über die Bedeutung, die Inhalte und die Struktur von Arbeitszeitkonten.*
3. *Erstellen Sie eine Checkliste für die Berücksichtigung von Arbeits-, Urlaubs- und Krankheitszeiten in Arbeitszeitkonten.*

   Berücksichtigen Sie dabei auch die rechtlichen Grundlagen, die in den Kapiteln 1.6.1 bis 1.6.3 erläutert werden.

Die Personalsachbearbeitung ist in allen Unternehmen, die Arbeitnehmer beschäftigen, von grundlegender Bedeutung. Dies ergibt sich zum einen aus dem Stellenwert, den Mitarbeiter für die Unternehmensleistung (Arbeit als Ressource) und auch für den Unternehmenserfolg (Personalkosten) haben. Zum anderen unterliegt die Beschäftigung von Mitarbeitern zahlreichen **gesetzlichen und behördlichen Regelungen**, die ein Unternehmen neben den eigenen Interessen beachten muss.

Das folgende Kapitel stellt zunächst die allgemeinen Grundlagen der Personalsachbearbeitung systematisch dar. Anschließend wird anhand von drei typischen Beispielen aus der betrieblichen Praxis gezeigt, welche Aufgaben der Sachbearbeitung im Einzelnen damit verbunden sind und wie sie im Unternehmen bearbeitet werden:

- Dokumentation der Arbeitseinsätze und -zeiten,
- Behandlung von Urlaubszeiten,
- Behandlung von Krankheitszeiten.

1.1 Die Personalsachbearbeitung als Teil der Personalwirtschaft

Unter dem Begriff **Personalwirtschaft** werden alle Tätigkeiten in einem Unternehmen zusammengefasst, die sich mit dem Produktionsfaktor Arbeit beschäftigen. Das sind zum einen die Aufgaben in den Personalabteilungen der Unternehmen, zum anderen aber auch Tätigkeiten, mit denen andere Personen, zum Beispiel Führungskräfte, befasst sind. In einer sehr weiten Definition können auch die externen Träger personalwirtschaftlicher Aufgaben dazugerechnet werden, wie etwa Zeitarbeitsunternehmen, Unternehmen der Personalberatung und -vermittlung.

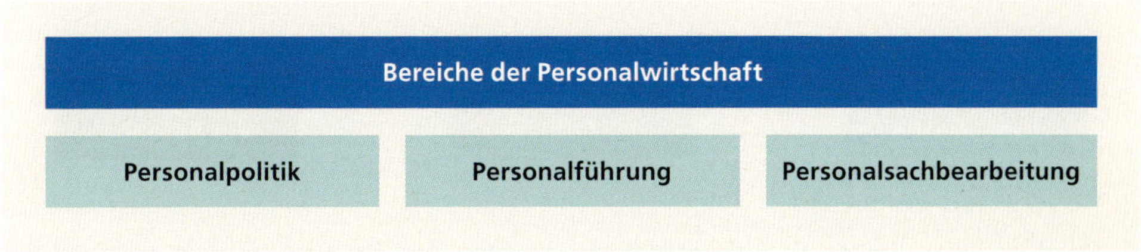

Es lassen sich folgende Bereiche der Personalwirtschaft unterscheiden:

- Die **Personalpolitik** umfasst die personalbezogenen Entscheidungen der Unternehmensleitung oder beauftragter Führungskräfte. Dazu gehören etwa die Personalplanung und die Personalbeschaffung. LF 4
- Die **Personalführung** ist (Teil-)Aufgabe jeder Führungskraft. Die Ausführung im konkreten Verhältnis zwischen Vorgesetzten und Mitarbeitern wird dabei flankiert von den personalpolitischen Grundsatzentscheidungen. Bd. 3/ LF 10
- Die **Personalsachbearbeitung** umfasst den verwaltenden Teil des Aufgabenspektrums.

1.2 Aufgaben der Personalsachbearbeitung

Die Personalsachbearbeitung umfasst alle routinemäßigen, verwaltenden Aufgaben des Personalbereichs. Dazu gehören beispielsweise

- die Einhaltung der gesetzlichen Meldepflichten;
- das Anlegen und Führen der Personalakten;
- die Führung der Arbeitszeitkonten;

- die Erfassung von Arbeits-, Urlaubs- und Krankheitszeiten der Mitarbeiter;
- die Erstellung der Entgeltabrechnungen;
- das Ausstellen von Entgeltbescheinigungen;
- die Abwicklung der Beendigung von Arbeitsverhältnissen;
- die Pflege der Mitarbeiterdaten unter Beachtung des Datenschutzes;
- die Berechnung des Personalbestands sowie die Erfassung und Analyse von Fehlzeiten für statistische Zwecke.

Aufgaben der Personalsachbearbeitung werden in einem Unternehmen an unterschiedlichen Stellen wahrgenommen, nicht nur von den Spezialisten der Personalverwaltung, sondern auch von Führungskräften oder den Mitarbeitern selbst (z. B. durch die Dokumentation der Arbeitszeit). Um einen Überblick über die möglichen Aufgaben zu erhalten, können diese nach unterschiedlichen Kriterien systematisiert werden.

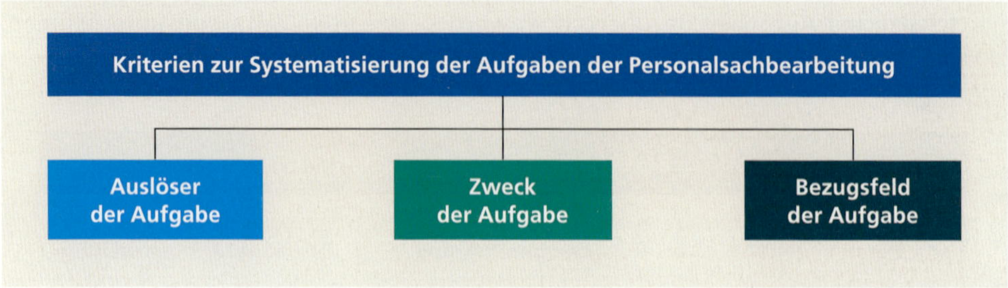

- **Auslöser** der Personalsachbearbeitung können interne (betrieblich veranlasste) oder externe (gesetzlich oder tarifvertraglich veranlasste) Erfordernisse sein.

  Beispiele
  - *Die Mitarbeiterin Petra Hellmann hat im vergangenen Monat geheiratet und den Namen ihres Mannes angenommen. Änderungen des Familiennamens müssen nach der gesetzlichen Grundlage des § 28a SGB IV der Einzugsstelle der Sozialversicherung mitgeteilt werden (externer Auslöser).*
  - *Die Personalabteilung meldet dem Disponenten den Ablauf der Probezeit für den Mitarbeiter Wolfgang Ganter am 30.06. des Jahres (interner Auslöser).*

- Die Tätigkeit kann dem **Zweck** der Information, der Abrechnung, der Überwachung oder der Abwicklung dienen.

  Beispiele

  Information: *In einem Betrieb werden monatlich die Mehrarbeitsstunden auf den Arbeitszeitkonten des gesamten Personalbestands summiert, um einen Überblick über die Auslastung des Personals zu erhalten.*

  Abrechnung: *Monatlich werden die Arbeitsstunden der Mitarbeiter erfasst, um die Höhe der tarifvertraglichen Zuschläge zu berechnen und diese bei der Lohnabrechnung zu berücksichtigen.*

  Überwachung: *In einem Betrieb werden monatlich die Fehlzeiten aller Mitarbeiter erfasst, um frühzeitig Fehlentwicklungen zu erkennen und gegenzusteuern.*

  Abwicklung: *Ein Sachbearbeiter erstellt Bescheinigungen für Mitarbeiter, die an Fortbildungsveranstaltungen teilgenommen haben; eine Kopie heftet er in der Personalakte ab.*

- Aufgaben der Personalsachbearbeitung können sich auf folgende **Bereiche der Personalwirtschaft** beziehen: Personalbeschaffung, Personaleinsatz, Entgeltabrechnung, Personalbetreuung, Personalentwicklung und Personalfreisetzung.

Beispiele

Beschaffungsbezogene Aufgaben	• Einladung zu Bewerbungsgesprächen • Informieren über die erforderlichen Arbeitsschutzvorschriften
Einsatzbezogene Aufgaben	• Besuch der Arbeitsstätten • Sammeln und Erfassen der Tätigkeitsnachweise der Mitarbeiter
Abrechnungsbezogene Aufgaben	• Ermittlung des Arbeitsentgelts • Berechnung der steuerlichen und Sozialversicherungsabgaben
Betreuungsbezogene Aufgaben	• Erstellen von Verdienstbescheinigungen für Mitarbeiter zur Vorlage bei Ämtern • Erfassung der Urlaubsansprüche und -zeiten
Entwicklungsbezogene Aufgaben	• Sammlung von Angeboten zur Fort- und Weiterbildung • Anmeldung zu Fortbildungsveranstaltungen
Freistellungsbezogene Aufgaben	• Erstellen von Abmahnungen • Ausfertigung von Kündigungsschreiben • Erstellen von Arbeitszeugnissen

1.3 Organisation und Ziele der Personalsachbearbeitung

Unter **Organisation** versteht man die Verteilung der Aufgaben auf die verschiedenen Stellen in einem Unternehmen. LF 2 / 3.3

Nach der Art der Verteilung lassen sich unterscheiden:

- die *zentrale Organisation* (Zusammenfassung der Aufgaben der Personalsachbearbeitung in einer Stelle/Abteilung „Personalabteilung"),
- die *dezentrale Organisation* (die Aufgaben werden von verschiedenen Stellen/Abteilungen wahrgenommen) und
- *Mischformen* aus den beiden Alternativen.

Daneben gibt es die Möglichkeit, Aufgaben oder Aufgabenbereiche aus dem eigenen Unternehmen auszulagern (Outsourcing), d.h. auf andere Unternehmen als Dienstleister zu verlagern und damit *fremdzubeziehen*.

Vergleicht man die zentrale und die dezentrale Organisationsform miteinander, zeigen sich hinsichtlich der verschiedenen Ziele unterschiedliche Stärken und Schwächen.

	zentrale Organisation	dezentrale Organisation
Wirtschaftlichkeit	++ Aufgaben werden von wenigen Spezialisten erledigt	++ keine Vertretungsprobleme bei Ausfällen (Krankheit, Urlaub etc.)
Aktualität	-- die für Personalentscheidungen wichtigen Informationen und Datenänderungen müssen von der zentralen Stelle angefordert und übermittelt werden	++ aktuelle Daten stehen am richtigen Ort zur Verfügung
Vertraulichkeit	++ leichter zu gewährleisten, weil nur wenige Mitarbeiter Zugriff haben	-- größerer Aufwand, da viele Mitarbeiter Zugriff haben
Fehlerfreiheit	++ niedrige Fehlerquote durch Einsatz spezialisierter Mitarbeiter	++ niedrige Fehlerquote durch gegenseitige Kontrolle

In der Praxis finden sich daher unterschiedliche Arten der Organisation der Sachbearbeitungsaufgaben, je nach Unternehmensgröße, unternehmerischen Ressourcen (Personalkapazitäten, Finanzen) und unternehmerischen Zielen (Gewinnerzielung, Flexibilität u. Ä.). Meistens handelt es sich um Mischformen, bei denen bestimmte Aufgaben zentral erfüllt, andere dagegen dezentral im Unternehmen bearbeitet werden. Der Einsatz von EDV-Systemen hat dabei eine positive Wirkung sowohl auf die Zentralisierung als auch auf die Dezentralisierung von Aufgaben.

Beispiele

1. *Das Unternehmen Automobil Lichttechnik GmbH beschäftigt 685 Mitarbeiter in den Abteilungen „Forschung und Entwicklung" (45 Mitarbeiter), „Beschaffung" (25 Mitarbeiter), „Produktion und Logistik" (480 Mitarbeiter), „Marketing und Vertrieb" (85 Mitarbeiter), „Investition und Finanzierung" (25 Mitarbeiter), „Personal" (15 Mitarbeiter) und „Strategische Abteilung" (10 Mitarbeiter). Die Personalabteilung ist zuständig für alle administrativen (verwaltenden) Aufgaben, zum Teil in enger Abstimmung mit dem jeweiligen Fachvorgesetzten, z. B. bei der Abrechnung von Überstunden oder der Ausfertigung von Abmahnungen. Andere Aufgaben finden gänzlich ohne Einbindung der Fachabteilungen statt, z. B. die Meldungen zur Sozialversicherung, die Lohn- und Gehaltsabrechnung und das Führen der Urlaubskarte.*
2. *Die InJobs GmbH beschäftigt 9 interne und 82 externe Mitarbeiter. Zum Aufgabenspektrum der Personaldisponenten gehören u. a. die Einsatzbetreuung der Mitarbeiter im Kundenunternehmen, die laufende Aktualisierung der Stammdaten der Mitarbeiter und das Führen der Urlaubskarte für die externen Mitarbeiter. Ein Mitarbeiter des Unternehmens ist zuständig für die vorbereitenden Tätigkeiten zur Lohn- und Gehaltsabrechnung, z. B. die Erfassung der Arbeitszeiten. Die Lohn- und Gehaltsabrechnung selbst hat das Unternehmen an ein Lohnbüro ausgelagert. Die Notwendigkeit, die eigenen Mitarbeiter ständig auf neue gesetzliche Regelungen zur Lohn- und Gehaltsabrechnung weiterzubilden, entfällt damit. Diese Lösung hat sich für die Geschäftsführung als kostengünstiger herausgestellt.*

Personalsachbearbeitung in der Zeitarbeit

Während in den Unternehmen der meisten Branchen die Personalsachbearbeitung für alle Mitarbeiter eines Betriebs in gleicher Weise organisiert wird, findet sich in der Zeitarbeitsbranche die Besonderheit, dass ein Teil der Mitarbeiter für die unternehmensinternen

Abläufe zuständig ist (auch **interne Mitarbeiter** genannt), der andere, zahlenmäßig größere Teil hingegen an andere Unternehmen überlassen wird (auch **externe Mitarbeiter** oder überbetriebliche Mitarbeiter genannt). Die Personalsachbearbeitung für interne und **externe Mitarbeiter** wird dabei häufig unterschiedlich organisiert. Während die Verwaltungsaufgaben für die internen Mitarbeiter von Personalsachbearbeitern wahrgenommen werden, übernehmen die Personaldisponenten für die externen Mitarbeiter einen Teil der administrativen Aufgaben im Rahmen ihrer dispositiven Tätigkeit (z. B. Information und Beratung, Abwicklung von Arbeitseinsätzen bei Kunden, Urlaubsplanung, Entgegennahme von Krankmeldungen etc.). Die Art der Verteilung folgt dabei, wie auch in Unternehmen anderer Branchen, den Zielen der Personalsachbearbeitung.

Ziele der Personalsachbearbeitung

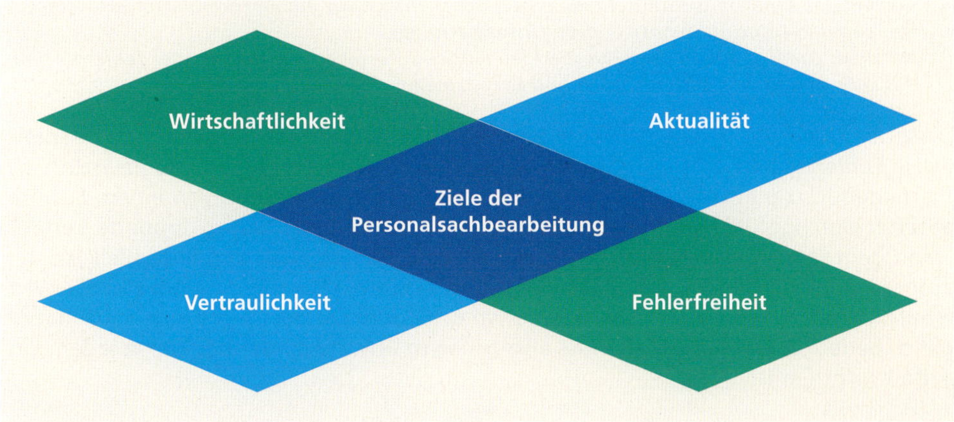

- **Wirtschaftlichkeit** bedeutet, dass die Aufgaben so organisiert sein sollen, dass sie die geringstmöglichen Kosten verursachen.

  Beispiel
  Ein Zeitarbeitsunternehmen beauftragt einen Steuerberater mit der Erstellung der monatlichen Lohn- und Gehaltsabrechnung für interne und externe Mitarbeiter.
  Vorteil: *Das Unternehmen spart Kosten für Ausbildung und Schulung eines spezialisierten Mitarbeiters sowie Kosten für die notwendigen EDV-Programme.*
  Nachteil: *Das Unternehmen verzichtet auf die Kompetenz (Fähigkeit), Lohnabrechnungen selbst auszuführen.*

- **Aktualität** bezieht sich darauf, dass die für den Personalbereich wichtigen Daten (z. B. Einsatzzeiten, Lohnsummen, Erfassung von Adressänderungen u. Ä.) möglichst schnell für Entscheidungen zur Verfügung stehen müssen.

  Beispiel
  In der HR Personaldienstleistungen GmbH übernehmen die Personaldisponenten die Stammdatenpflege der externen Mitarbeiter am PC.
  Vorteile: *Die externen Mitarbeiter haben mit dem Personaldisponenten nur einen Ansprechpartner für alle Fragen und Probleme. Die Disponenten haben immer aktuelle Informationen über „ihre" Mitarbeiter.*
  Nachteil: *Die Personaldisponenten müssen neben den dispositiven Aufgaben auch administrative Aufgaben wahrnehmen.*

- Die Gewährleistung der **Vertraulichkeit** beinhaltet die Sicherheit und den Schutz sensibler Daten nach dem Bundesdatenschutzgesetz.

  Beispiel
  Ein Zeitarbeitsunternehmen führt die Personalakten in digitaler Form.
  Vorteil: *Die Daten stehen im Computernetzwerk online und immer aktuell zur Verfügung.*
  Nachteil: *Die Daten müssen gegen unberechtigten Zugriff gesichert werden.*

- Die Aufgaben der Personalsachbearbeitung sollen möglichst genau und **fehlerfrei** erfüllt werden, da Fehler das Vertrauensverhältnis zwischen Mitarbeitern und Unternehmen negativ beeinflussen können (z. B. Überweisung eines zu geringen Nettoentgelts an einen Mitarbeiter).

  Beispiel
  In einem Zeitarbeitsunternehmen müssen Bewerber zusätzlich zu ihren Bewerbungsunterlagen einen vollständig ausgefüllten Personalfragebogen einreichen.
  Vorteil: *Das Zeitarbeitsunternehmen erhält übersichtlich auf einem Formblatt alle für die Einstellung und Disposition notwendigen Informationen.*
  Nachteil: *Zum Teil füllen die Bewerber den Fragebogen nicht vollständig oder fehlerhaft aus; das kann zu falschen Dispositionen und Einsatzplänen führen.*

Diese Ziele stehen in einem Spannungsverhältnis zueinander: So lässt sich beispielsweise Fehlerfreiheit erreichen, indem man in einem Unternehmen grundsätzlich ein Vieraugenprinzip anwendet, d. h. Datenänderungen o. Ä. werden von einem Sachbearbeiter durchgeführt und von einem anderen kontrolliert. Dieser doppelte Zeitaufwand geht jedoch zulasten der Wirtschaftlichkeit, indem auch doppelte (Zeit-)Kosten aufgewendet werden müssen. Auch das Ziel der Aktualität kann mit dem Ziel der Wirtschaftlichkeit konkurrieren. Gleichzeitig ist zu bedenken, dass nicht jede Information gleich bedeutungsvoll ist. Man muss also zunächst abwägen, welches Ziel in jedem Einzelfall wichtiger ist.

1.4 Gründe und Anlässe der Personalsachbearbeitung

Ausgelöst werden die Tätigkeiten der Personalsachbearbeitung von verschiedenen Ereignissen und Sachverhalten. Diese können sich aus dem Unternehmenszusammenhang ergeben (besondere Interessen von Personaldisponenten, Vorgesetzten oder vom Mitarbeiter selbst) oder sie können von außerhalb des Unternehmens veranlasst sein. Zu den Letzteren gehören etwa gesetzliche Auflagen wie die Meldepflichten nach der Sozialgesetzgebung oder auch Erfordernisse durch tarifvertragliche Bestimmungen.

interne Gründe		externe Gründe	
Grundlage	***Beispiel***	**Grundlage**	***Beispiel***
Informations-bedürfnisse des Disponenten	*Ein Mitarbeiter hat für eine bestimmte Zeit Urlaub beantragt.*	Gesetzliche Bestimmungen	*Anmeldung eines neuen Mitarbeiters zur Sozial-versicherung.*
Informationsbe-dürfnisse des Vorgesetzten	*Ein Filialleiter will die betrieblichen Fehlzeiten erfassen und ggf. Maß-nahmen ergreifen, um diese zu reduzieren.*	Behördliche Bestimmungen	*Dokumentation der Arbeitseinsätze.*
Wünsche der Mitarbeiter	*Ausstellung einer Ver-dienstbescheinigung für einen Mitarbeiter.*	Anforderungen der Bundesagen-tur für Arbeit	*Anmeldung eines Teils der Belegschaft zur Kurz-arbeit.*
Informations-pflichten nach dem Mitbestim-mungsrecht	*Meldung von Kündi-gungsabsichten an den Betriebsrat.*	Erfordernisse nach Tarifverträ-gen bzw. Betriebsverein-barungen	*Regelungen zur Führung eines Arbeitszeitkontos.*

Die verschiedenen Anlässe und Gründe kann man ferner danach unterteilen, ob sie einmalige Vorgänge auslösen oder regelmäßige bzw. wiederkehrende Aufgaben sind. Bestimmte Ereignisse sind Auslöser sowohl für interne wie auch für externe Sachbearbeitungsaufgaben.

Beispiel
Die Neueinstellung eines Mitarbeiters muss der Sozialversicherung (extern), dem jeweiligen Vorgesetzten und dem Betriebsrat (beide intern) gemeldet werden.

1.4.1 Externe Meldepflichten der Personalsachbearbeitung

Ein Unternehmen unterliegt zahlreichen Meldepflichten, von denen sich jedoch nur ein Teil auf den Personalbereich bezieht.

Eine namentliche Meldepflicht des Arbeitgebers für einen Arbeitnehmer besteht im Bereich der Sozialversicherung: Ein Arbeitgeber muss alle sozialversicherungspflichtig beschäftigten Arbeitnehmer bei der zuständigen Einzugsstelle (Krankenkasse des Arbeitnehmers) für die Abführung der Sozialversicherungsbeiträge melden.[1] Die konkreten Anlässe sind dabei umfänglich im § 28a SBG IV „Meldepflicht" aufgelistet.

[1] *Die Anmeldung von geringfügigen Beschäftigungsverhältnissen (400-Euro-Jobs) erfolgt über die Minijob-Zentrale.*

§ 28a SGB IV Meldepflicht

(1) Der Arbeitgeber oder ein anderer Meldepflichtiger hat der Einzugsstelle für jeden in der Kranken-, Pflege-, Rentenversicherung oder nach dem Recht der Arbeitsförderung kraft Gesetzes Versicherten

1. bei Beginn der versicherungspflichtigen Beschäftigung,
2. bei Ende der versicherungspflichtigen Beschäftigung,
3. bei Eintritt eines Insolvenzereignisses,
4. (weggefallen)
5. bei Änderungen in der Beitragspflicht,
6. bei Wechsel der Einzugsstelle,
7. bei Anträgen auf Altersrenten oder Auskunftsersuchen des Familiengerichts in Versorgungsausgleichsverfahren,
8. bei Unterbrechung der Entgeltzahlung,
9. bei Auflösung des Arbeitsverhältnisses,
10. bei Änderung des Familiennamens oder des Vornamens,
11. bei Änderung der Staatsangehörigkeit,
12. bei einmalig gezahltem Arbeitsentgelt, soweit es nicht in einer Meldung aus anderem Anlass erfasst werden kann,
13. bei Beginn der Berufsausbildung,
14. bei Ende der Berufsausbildung,
15. bei Wechsel von einer Betriebsstätte im Beitrittsgebiet zu einer Betriebsstätte im übrigen Bundesgebiet oder umgekehrt,
16. bei Beginn der Altersteilzeitarbeit,
17. bei Ende der Altersteilzeitarbeit,
18. bei Änderung des Arbeitsentgelts, wenn die in § 8 Abs. 1 Nr. 1 genannte Grenze über- oder unterschritten wird,
19. bei nach § 23b Abs. 2 bis 3 gezahltem Arbeitsentgelt oder
20. bei Wechsel von einem Wertguthaben, das im Beitrittsgebiet und einem Wertguthaben, das im übrigen Bundesgebiet erzielt wurde,

eine Meldung durch gesicherte und verschlüsselte Datenübertragung aus systemgeprüften Programmen oder mittels maschinell erstellter Ausfüllhilfen zu erstatten.

(2) Der Arbeitgeber hat jeden am 31. Dezember des Vorjahres Beschäftigten nach Absatz 1 zu melden (Jahresmeldung).

Eine nicht-namentliche Meldepflicht ergibt sich aus der Pflicht des Arbeitgebers, die für alle Arbeitnehmer in Summe abzuführende Einkommensteuer an das zuständige Finanzamt zu melden. Eine gesonderte Meldung in ähnlicher Weise wie bei der Sozialversicherung ist im Zusammenhang mit den steuerlichen Pflichten des Arbeitgebers nicht vorgesehen. Die abzuführende Lohnsteuer für alle Beschäftigten eines Unternehmens wird vom Arbeitgeber berechnet und in einer Summe beim zuständigen Finanzamt angemeldet und entrichtet.

Der Arbeitgeber übernimmt also eine reine Dienstleistungsfunktion für die Finanzverwaltung. Die Höhe der vom Arbeitslohn einbehaltenen Steuerbeträge eines Arbeitnehmers dokumentiert der Arbeitgeber nach Ablauf eines Jahres mit einer Lohnsteuerbescheinigung. Weitere Meldungen muss der Arbeitgeber gegenüber der Finanzverwaltung für die Arbeitnehmer nicht vornehmen.

Auch gegenüber der für das Unternehmen zuständigen Berufsgenossenschaft erfolgt keine namentliche Meldung eines Arbeitnehmers. Die Beiträge werden in einer Summe für die gesamte Lohnsumme ermittelt und abgeführt. Erleidet ein Arbeitnehmer allerdings einen Arbeitsunfall, so ist dieser bei der Berufsgenossenschaft namentlich zu melden. Bd. 2

Eine Meldepflicht und Dokumentationspflicht haben Arbeitgeber in Bezug auf ihre Beschäftigungspflicht von schwerbehinderten Arbeitnehmern (§ 80 Abs. 1 und 2 SGB IX). Bis spätestens zum 31. März eines Jahres muss der Arbeitgeber der zuständigen Agentur für Arbeit alle Daten melden, die zur Berechnung der Beschäftigungspflicht, zur Überwachung ihrer Erfüllung und zur Ermittlung der Ausgleichsabgabe notwendig sind. Ein namentliches Verzeichnis der beschäftigten schwerbehinderten Arbeitnehmer ist auf Verlangen der Bundesagentur für Arbeit vorzulegen.

1.4.2 Interne Gründe und Anlässe der Personalsachbearbeitung

Die innerbetrieblichen Auslöser für Aufgaben der Personalsachbearbeitung können nach folgenden Hintergründen systematisiert werden:

- Informationsinteressen und -bedürfnisse von betrieblichen Entscheidungsträgern (Vorgesetzte, Disponenten und Mitarbeiter); unterscheiden lassen sich dabei laufende/regelmäßige Informationsbedürfnisse von einmaligen Interessen.

Regelmäßige Informationsbedürfnisse	Einmalige Anlässe und Informationsbedürfnisse im Einzelfall
– Vorlage der aktualisierten Jahresurlaubsplanung – Aktualisierung der Einsatzdaten des Personals – Zusammenstellung von Informationen über Arbeitsunfälle – Vorlage der monatlichen Lohnsummen – ...	– Informationen über (den Ablauf von) Fristen (z. B. Probezeiten, Beendigungen befristeter Arbeitsverträge) – Informationen über Teilnahme an Weiterbildungen und Qualifizierungen (z. B. Staplerschein) – Informationen über neu eingestellte Mitarbeiter – ...

Beispiel

Neben allgemeinen Informations- und Beratungsanliegen, die die Mitarbeiter an die Personalsachbearbeitung herantragen, benötigen Mitarbeiter beispielsweise Entgeltbescheinigungen (etwa zur Beantragung von Wohngeld oder zur Vorlage bei Vermietern oder Kreditinstituten). Weitere mögliche Auslöser für die Sachbearbeitung sind Vorschusszahlungen, die erfasst und anschließend verrechnet werden müssen. LF1 / 2.3

- Interessen und Rechte des Betriebsrats (Meldepflichten nach dem Betriebsverfassungsgesetz).

Die Beteiligung des Betriebsrats als Arbeitnehmervertretung innerhalb eines Unternehmens umfasst die Mitbestimmung und die Mitwirkung bei personalwirtschaftlichen Entscheidungen. Daraus ergeben sich für die Personalsachbearbeitung verschiedene Pflichten zur Information des Betriebsrats:

- (geplante) Neueinstellungen/Stellenneubesetzungen,
- Festlegung der Auswahlkriterien bei der Stellenbesetzung,
- Bestimmung der Kriterien der Personalbeurteilung,
- Grundlagen der betrieblichen Entgeltpolitik,
- (geplante) Freisetzung von Mitarbeitern,
- betriebliche Regelungen zur Arbeits- und Urlaubszeit,
- Aufbau und Gestaltung von Sozialeinrichtungen.

1.5 Die Personalakte als Hilfsmittel der Personalsachbearbeitung

„Quod non est in actis non est in mundo."[1] – „Was nicht in den Akten ist, ist nicht in der Welt."

Bereits mit der Einstellung eines neuen Mitarbeiters sind zahlreiche Informationen verbunden, die auf Dauer wichtig für das Arbeitsverhältnis sind, z. B. die Bewerbungsunterlagen mit dem Lebenslauf, Kontoverbindungen des Mitarbeiters, Adressen und Verbindungsdaten (Telefon, E-Mail, Mobilnummer). Während der Dauer eines Arbeitsverhältnisses entstehen laufend neue Sachverhalte, wie etwa die regelmäßigen Lohn- und Gehaltsabrechnungen, Daten zu den Arbeits-, Urlaubs- und Krankheitszeiten, Unterlagen über erworbene Qualifikationen etc.

Alle diese Informationen und die zugrunde liegenden Dokumente werden zur **Personalakte** eines Mitarbeiters zusammengefasst. Sie enthält alle Informationen, die für das Arbeitsverhältnis zwischen Arbeitgeber und Arbeitnehmer von Bedeutung sind.

Definition

Mit dem Begriff **Akte** wird die Sammlung von Schriftstücken zu einem Vorgang oder Geschehnis (**Sachakte**) oder zu einem Mitarbeiter (**Personalakte**) bezeichnet. Der **Aktendeckel** enthält die wichtigsten Informationen über den Inhalt, ggf. eine Inhaltsangabe und ein **Aktenzeichen**, unter dem die Akte im **Aktenplan** eingeordnet wird. Zusammengehalten werden Akten durch Heftung in Schnellhefter, in Ordner oder auf Heftstreifen.

[1] *Cicero, Epistulae ad familiares*

Eine gesetzliche Pflicht zur Führung einer Personalakte besteht nicht. Detailbestimmungen zur Dokumentation von Sachverhalten eines Beschäftigungsverhältnisses ergeben sich aber aus anderen Gesetzen:

- Führen des Lohnkontos (147 AO)
- Nachweis der Unterlagen zur Sozialversicherung
- nach HGB, EStG: Aufbewahrungsfristen für bestimmte Dokumente

Dies führt dazu, dass man zwar von der Personalakte spricht, grundsätzlich damit aber alle Informationen meint, die die persönlichen oder dienstlichen Verhältnisse eines Mitarbeiters betreffen, jedenfalls **soweit sie für das Arbeitsverhältnis von Bedeutung sind**, unabhängig davon, ob diese Informationen zusammengeheftet sind (= formale Personalakte) oder sich an verschiedenen Stellen (oder Ordnern) in einem Unternehmen (materielle Personalakte) befinden.

Wenn Unternehmen Personalakten führen, müssen diese gemäß der Rechtsprechung zwei Ansprüchen genügen: Sie sollen **vollständig** und **richtig** sein. Da sie personenbezogene Daten enthalten, unterliegen sie ferner den Bestimmungen des **Datenschutzes**. Diese Grundsätze bedingen unter anderem folgende Pflichten des Arbeitgebers und Rechte des Arbeitnehmers im Zusammenhang mit der Führung von Personalakten:

Pflichten des Arbeitgebers im Zusammenhang mit der Personalakte	Rechte des Arbeitnehmers im Zusammenhang mit der Personalakte
• Schutz der Daten vor Missbrauch (→ BDSG) • Zugriff auf die Daten der Personalakte nur von berechtigten/befugten Personen • Führen von Schattenakten und Geheimakten ist nicht zulässig • Aber: Eine gesetzliche Aufbewahrungspflicht für Akten ausgeschiedener Mitarbeiter gibt es nicht	• Recht zur Einsichtnahme nach BetrVG • Auskunftsrecht nach BDSG • Recht, Erklärungen beizufügen • Recht auf Berichtigung unrichtiger Angaben • Anspruch auf Löschung von Daten, die falsch oder nicht mehr erforderlich sind • Nach Beendigung eines Arbeitsverhältnisses Rückgabe der Dokumente; bei digitaler Personalaktenführung: Recht auf Löschung

In der Praxis werden in den meisten Unternehmen Personalakten für die Mitarbeiter in Papier- und/oder in digitaler Form angelegt und geführt. Die Zweckmäßigkeit dieser Aktenführung zeigt sich in den Fällen, in denen ein Arbeitgeber Sachverhalte über einen Mitarbeiter belegen muss. Anlässe dafür sind beispielsweise:

- arbeitsrechtliche Auseinandersetzungen mit einem Mitarbeiter,
- interne Prüfung von Belegen (z. B. Qualifikationen),

- externe Prüfung von Zeitarbeitsunternehmen durch die Aufsichtsbehörde oder die zuständige Regionaldirektion der Bundesagentur für Arbeit.

Ordnung in der Personalakte

Besonders für die Personalakte in Papierform gilt, dass die Dokumente und Schriftstücke in einer **geordneten Form** abgeheftet werden. Eine rein chronologische Ordnung ist dabei unzweckmäßig. Stattdessen sollten die Unterlagen nach bestimmten – sachlogischen – Kriterien geordnet werden. Innerhalb der einzelnen Rubriken können die Unterlagen chronologisch geordnet werden. Ein Beispiel für eine solche Ordnung ist in der folgenden Tabelle wiedergegeben.

Angaben zur Person	Vertragliche Vereinbarungen	Informationen zur Tätigkeit	Unterlagen der Entgeltabrechnung	Abwesenheiten	Sonstiger Schriftverkehr
Personalstammblatt, Personalfragebogen, Bewerbungsunterlagen	Arbeitsvertrag, weitere Vereinbarungen, Nachweise über medizinische Pflichtuntersuchungen	Stellenbeschreibung, Einsatzkarten, Arbeitszeitnachweise, Beurteilungen, Qualifikationsnachweise	Angaben zur Eingruppierung, Zuschläge, vermögenswirksame Leistungen, Meldungen zur Sozialversicherung	Krankmeldungen, Arbeitsunfähigkeitsbescheinigungen, Urlaubsnachweise, Sonderurlaube, Mutterschutz	Bescheinigungen (z. B. Entgeltbescheinigungen), Abmahnungen

Neben der Personalakte als Hilfsmittel der Personalverwaltung werden auch **Personalkarteien** eingesetzt. Vor allem in kleineren Unternehmen mit einem kleinen Mitarbeiterstamm werden so die wichtigsten Daten in knapper Form zusammengefasst und stehen den Disponenten und Personalsachbearbeitern schnell zur Verfügung.

Bd. 2 LF 5, LF 6

Der Einsatz von **EDV-Systemen** zur Personalsachbearbeitung macht in vielen Unternehmen diese Papierform der Informationssammlung überflüssig. Je nach Leistungsspektrum der Software lassen sich Personaldateien (Dateien mit Mitarbeiterinformationen) und Datenbanksysteme unterscheiden. Letztere ermöglichen durch spezielle Anwendungsprogramme auch komplexe Abfragetechniken, wie etwa Matchingprozesse zwischen einer Arbeitsplatzdatenbank und der Mitarbeiterdatenbank.

Die digitale Personalakte

Für die digitale Personalakte, auch als elektronische Personalakte bezeichnet, gelten die Ausführungen entsprechend. Mithilfe eines Softwareprogramms (DMS – Dokumentenmanagementsystem) können unterschiedliche Dokumente als digitale Personalakte unter einem Namen zusammengefasst und bearbeitet werden. Bei den Dokumenten kann es sich sowohl um Informationen aus anderen Softwareprogrammen handeln (z. B. Briefe) als auch um eingescannte Dokumente.

In vielen Unternehmen existieren Papierform und digitale Form nebeneinander. Die für die tägliche Arbeit beispielsweise der Disponenten erforderlichen Informationen liegen (auch) in Dateiform vor, während die Originaldokumente in Papierform meist an einem anderen Ort aufbewahrt werden. Den Vorteilen digitaler Aktenführung stehen auch einige Nachteile gegenüber. Die Entscheidung zur Einführung einer digitalen Personalakte kann daher auch nur unternehmensindividuell erfolgen. Dabei werden die Vorteile und Nachteile der digitalen Aktenführung sowie die Kosten der Umstellung einander gegenübergestellt und abgewogen.

Vorteile	Nachteile
Standortunabhängiger Zugriff auf Inhalte mittels Internet oder Intranet.	Gefahr eines (zeitlichen) Ausfalls des Computersystems, verbunden mit Datenverlusten.
Gleichzeitiger Zugriff durch mehrere berechtigte Personen möglich.	Gefahr des unberechtigten Zugriffs auf die Personalakten durch Hacker- und Virenangriffe.
Schnellere Verfügbarkeit der Informationen, da die Suche und das „Akten-Blättern" entfallen.	Hohe Kosten durch Investitionen in Hard- und Software.
Kostenersparnis dadurch, dass Lagerorte und Lagerflächen für die Papierakten entfallen.	Hohe Kosten durch Investitionen in die technische und datenschutzrechtliche Sicherheit.

Vor- und Nachteile der digitalen Personalakte gegenüber einer Papierakte

Zusätzlich von Bedeutung sind die Kosten bei der Umstellung von Papier- auf Digitalaktenführung: Kosten fallen an in Form von Geld und Zeit für das Einscannen der Dokumente, den Einkauf der Hard- und Software und für die Schulung der Mitarbeiter, die mit dem System arbeiten sollen.

1.6 Typische Fälle der Personalsachbearbeitung

Im Folgenden werden drei typische Aufgabenbereiche der Personalsachbearbeitung und ihre Grundlagen detailliert dargestellt: die Erfassung der Arbeitszeiten und -einsätze, die Erfassung und Dokumentation von Urlaubszeiten sowie die Bearbeitung von Krankmeldungen der Arbeitnehmer. Dabei wird auf die gesetzlichen Regelungen mit Hinweis auf die Tarifverträge in der Zeitarbeitsbranche Bezug genommen.

1.6.1 Dokumentation von Arbeitszeiten und -einsätzen

Die Arbeitszeit ist Teil der vertraglichen Vereinbarung zwischen Arbeitgeber und Arbeitnehmer. Die Erfassung und Kontrolle dieser Arbeitszeiten ist fester Bestandteil der Personalsachbearbeitung. Aufgrund des Dreiecksverhältnisses in der Zeitarbeitsbranche erfordert die Erfassung der Arbeitseinsätze und Arbeitszeiten besondere Sorgfalt, denn die Einsatzzeiten eines Mitarbeiters sind zum einen die Grundlage für die Rechnungserstellung an das Kundenunternehmen und zum anderen die Grundlage für die Vergütung des Arbeitnehmers.

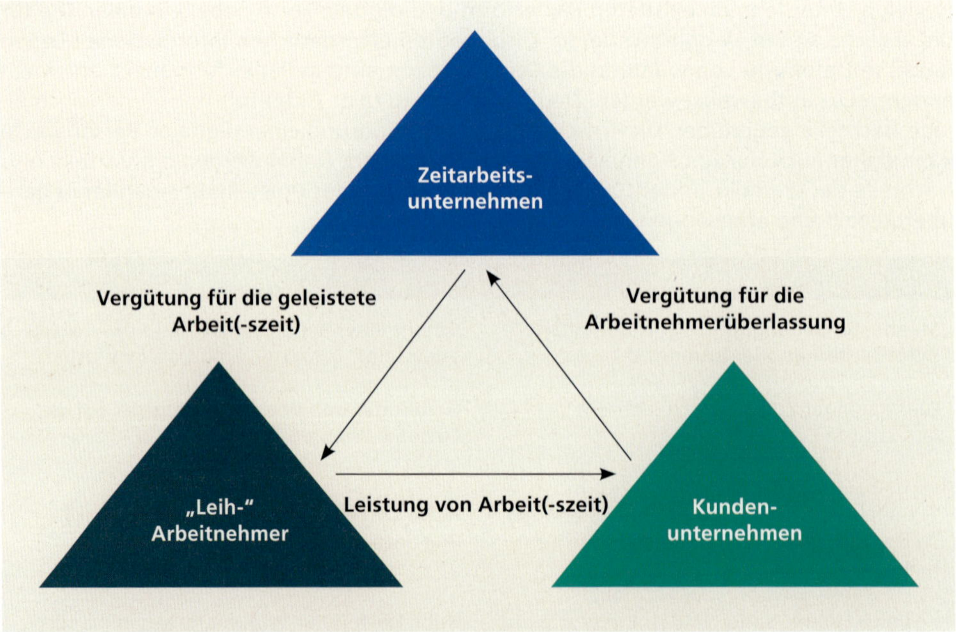

Leistungs- und Vergütungsdreieck in der Zeitarbeitsbranche

Bestimmt wird die Arbeitszeit

- durch Regelungen des Arbeitszeitgesetzes,
- durch Bestimmungen in Tarifverträgen, Betriebsvereinbarungen und individuellen Arbeitsverträgen und,
- ergänzend für die Zeitarbeitsbranche, durch die Verhältnisse im Kundenbetrieb.

Im Folgenden werden zunächst die rechtlichen Rahmenbedingungen der Arbeitszeit
LF 1 / 2.3 nach dem Arbeitszeitgesetz (ArbZG) und anschließend einige tarifvertragliche Regelungen in der Zeitarbeitsbranche dargestellt. Die besonderen Regelungen für Jugendliche und Auszubildende werden hier nicht berücksichtigt.

Begriffsbestimmungen des ArbZG:

Arbeitszeit	§ 2 Abs. 1	Zeit vom Beginn bis zum Ende der Arbeit, ohne Ruhepausen
Ruhepause	§ 4	Unterbrechung der Arbeitszeit
Ruhezeit	§ 5	Zeit zwischen zwei Arbeitseinsätzen
Nachtzeit	§ 2 Abs. 3	Zeit zwischen 23:00 Uhr und 6:00 Uhr (abweichend in Bäckereien, Konditoreien)
Nachtarbeit	§ 2 Abs. 4	Arbeitszeit, die mehr als zwei Stunden der Nachtzeit umfasst

Zweck des Arbeitszeitgesetzes sind die Sicherheit und der Gesundheitsschutz der Arbeitnehmer (vgl. § 1 ArbZG). Die Regelungen des ArbZG gelten grundsätzlich für alle Arbeitnehmer und können nur in Ausnahmefällen und auf Antrag geändert werden.

§ 3 ArbZG Arbeitszeit der Arbeitnehmer

Die werktägliche Arbeitszeit der Arbeitnehmer darf acht Stunden nicht überschreiten. Sie kann auf bis zu zehn Stunden nur verlängert werden, wenn innerhalb von sechs Kalendermonaten oder innerhalb von 24 Wochen im Durchschnitt acht Stunden werktäglich nicht überschritten werden.

Werktage sind alle Kalendertage, die nicht Sonntage oder gesetzliche Feiertage sind (§ 3 Abs. 2 Bundesurlaubsgesetz). Daraus folgt, dass eine Woche (ohne Feiertage) sechs Werktage hat. Die wöchentliche Arbeitszeit nach § 3 ArbZG beträgt demnach maximal 48 Stunden.

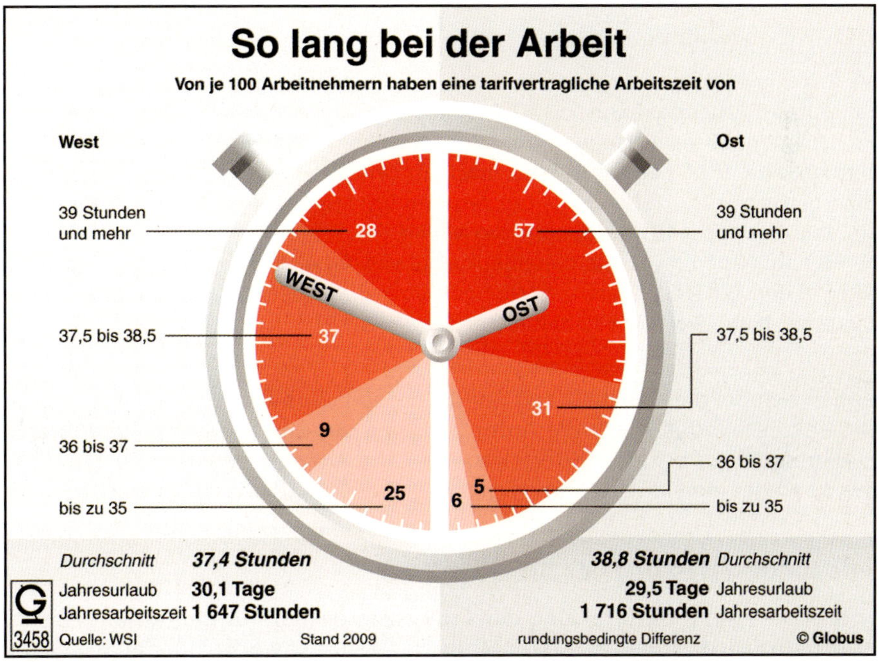

Für die Ruhepausen und -zeiten gelten folgende Bestimmungen:

§ 4 ArbZG Ruhepausen

Die Arbeit ist durch im Voraus feststehende Ruhepausen von mindestens 30 Minuten bei einer Arbeitszeit von mehr als sechs bis zu neun Stunden und 45 Minuten bei einer Arbeitszeit von mehr als neun Stunden insgesamt zu unterbrechen. Die Ruhepausen nach Satz 1 können in Zeitabschnitte von jeweils mindestens 15 Minuten aufgeteilt werden. Länger als sechs Stunden hintereinander dürfen Arbeitnehmer nicht ohne Ruhepause beschäftigt werden.

§ 5 ArbZG Ruhezeiten

(1) Die Arbeitnehmer müssen nach Beendigung der täglichen Arbeitszeit eine ununterbrochene Ruhezeit von mindestens 11 Stunden haben.

Beispiel
Die Arbeitszeit eines Arbeitnehmers beginnt um 7:00 Uhr; die vereinbarte tägliche Arbeitszeit beträgt acht Stunden.
Das ArbZG bestimmt dann Folgendes: Die Ruhepause muss spätestens um 13:00 Uhr beginnen; sie beträgt 30 Minuten. Falls sie nur 15 Minuten beträgt, muss der Arbeitnehmer eine weitere Pause im Umfang von 15 Minuten vor Ende seiner Arbeitszeit einlegen können. Die Arbeitszeit des Mitarbeiters endet um 15:30 Uhr. Er darf frühestens 11 Stunden später, also um 2:30 Uhr in der darauffolgenden Nacht, erneut die Arbeit aufnehmen.

Arbeitszeit in der Zeitarbeit

Die tarifvertraglich bestimmte Arbeitszeit in der Zeitarbeitsbranche liegt bei 151,67 Stunden, das entspricht 35 Stunde pro Woche.[1]

Im fachlichen Kontext

Der Zusammenhang zwischen einer 35-Stunden-Woche und einer regelmäßigen monatlichen Arbeitszeit von 151,67 Stunden ergibt sich dadurch, dass im Jahr rund 364 Kalendertage zur Verfügung stehen, von denen man die Wochenenden, an denen üblicherweise nicht gearbeitet wird, abzieht. Unterstellt man für die verbleibenden 260 Arbeitstage sieben Stunden je Tag, ergeben sich insgesamt 1 820 Arbeitsstunden pro Jahr. Dies entspricht 151,67 Stunden pro Monat.
Die Monate haben nicht alle dieselbe Anzahl von Arbeitstagen. Zum Teil finden sich daher in den Tarifverträgen Aufstellungen über die Arbeitstage je Monat im Durchschnitt der Jahre. (vgl. iGZ-Manteltarifvertrag § 3, 3.1.2)

Es handelt sich bei dieser Arbeitszeit um die regelmäßige Arbeitszeit. Lage und Dauer der Arbeitszeit werden durch die Anforderungen der Kundenunternehmen konkretisiert. Liegen diese über der tarifvertraglichen Arbeitszeit, etwa bei 40 Stunden pro Woche, kann der individuelle Arbeitsvertrag entsprechend angepasst werden.

Gründe für die Erfassung der Arbeitszeit

Eine generelle Pflicht zur Erfassung der Arbeitszeit besteht für den Arbeitgeber nicht, außer in dem Fall, dass die Arbeitszeit über die Grenze von acht Stunden (s. o.) hinausgeht (vgl. § 16 Abs. 2 ArbZG). Es ist jedoch aus verschiedenen Gründen von Vorteil, die Arbeitszeiten zu erfassen und zu dokumentieren:

- Der Arbeitgeber kann nachweisen, dass er seine besonderen Pflichten etwa in Bezug auf Arbeitssicherheit und Arbeitsschutz erfüllt hat, zum Beispiel hinsichtlich der Dauer der Arbeitszeiten, der Einhaltung der Ruhepausen und der Ruhezeiten.
- Die Erfassung der Zeiten ermöglicht die Ermittlung von Mehr- und Minderarbeitsstunden.

[1] *vgl. die Manteltarifverträge von BAP und iGZ*

- Die Arbeitszeiten sind Grundlage der Lohn- und Gehaltsabrechnung und/oder der Führung eines Arbeitszeitkontos.
- Die Einsatzzeiten der Zeitarbeitnehmer bilden die Grundlage der Rechnungserstellung an die Kundenunternehmen.

Im fachlichen Kontext

Rechnen mit Dezimalminuten

Der Umfang der tarifvertraglichen Arbeitszeit in der Zeitarbeitsbranche beträgt 151,67 Stunden, das entspricht 151 Stunden und 0,67 Stunden, anders geschrieben: 67/100 Stunden (siebenundsechzig Hundertstel Stunden). Dies entspricht 67/100 einer Stunde (= 60 Minuten), also rund 40 Minuten.

Bei der Angabe in der Form von 0,67 Stunden handelt es sich um die sogenannte Dezimalminute oder Industrieminute. Eine Dezimalminute ist definiert als 1/100 einer Stunde. Eine Zeitstunde (60 Zeitminuten) besteht aus 100 Dezimalminuten. Die Umrechnung kann mit einem einfachen Dreisatz erfolgen:

Bsp.: 52 min : 60 dzm = 0,86

Formel

60 Minuten = 100 Dezimalminuten

$$1 \text{ Minute} = \frac{1 \text{ Minute} \cdot 100 \text{ Dezimalminuten}}{60 \text{ Minuten}} = 1{,}67 \text{ Dezimalminuten}$$

Beispiele

Umrechnung von Minuten in Dezimalminuten

½ Stunde entspricht 30 Minuten:

$$\frac{30 \text{ Minuten} \cdot 100 \text{ Dezimalminuten}}{60 \text{ Minuten}} = 50 \text{ Dezimalminuten entspricht } 0{,}50 \text{ Stunden.}$$

¾ Stunde entspricht 45 Minuten:

$$\frac{45 \text{ Minuten} \cdot 100 \text{ Dezimalminuten}}{60 \text{ Minuten}} = 75 \text{ Dezimalminuten entspricht } 0{,}75 \text{ Stunden.}$$

Umrechnung von Dezimalminuten in Minuten

0,25 entspricht 25 Dezimalminuten: $\frac{25 \text{ Dezimalminuten} \cdot 60 \text{ Minuten}}{100 \text{ Dezimalminuten}} = 15 \text{ Minuten}$

0,15 entspricht 15 Dezimalminuten: $\frac{15 \text{ Dezimalminuten} \cdot 60 \text{ Minuten}}{100 \text{ Dezimalminuten}} = 9 \text{ Minuten}$

Die Stundenanzahl bleibt in beiden Darstellungen gleich. Die Schreibweise 1,50 Stunden bedeutet auseinandergezogen: 1 Stunde und 50 Dezimalminuten.

Möglichkeiten zur Erfassung der Arbeitszeit

Die Erfassung der Arbeitszeit kann manuell oder elektronisch erfolgen. Bei der manuellen Zeiterfassung werden die Arbeitszeiten von Hand in ein Formular eingetragen; eingesetzt werden Stunden-, Tages-, Wochen- und/oder Monatsübersichten (auch Zeitsummenkarten genannt). Eine Kontrolle wird dadurch gewährleistet, dass der jeweilige Vorgesetzte bzw. ein Vertreter des Kundenunternehmens die Eintragungen gegenzeichnet.

Beispiel

Tätigkeitsnachweis

Von der Mitarbeiterin/dem Mitarbeiter auszufüllen und vom Kunden zu unterschreiben.

Nur von der Personalsachbearbeitung auszufüllen
Rechtliche, Plausibilitäts- und Vollständigkeitsprüfung
durchgeführt von
durchgeführt von

		Arbeitszeit		Normalstunden (ohne Pausen)		Pausen		Bemerkungen K = Krank, U = Urlaub, S = Feiertag, F = Fehlt	Prüfvermerk
Tag	Datum	von	bis	Std.	Dezimalminuten	Std.	Dezimalminuten		
Mo	26.06.	07:30	16:45	8	25	1	00		
Di	27.06.	07:30	16:15	7	75	1	00		
Mi	28.06.	–	–	–	–	–	–	K	
Do	29.06.	–	–	–	–	–	–	K	
Fr	30.06.	07:30	14:00	5	75	0	45		
Sa									
So									

Minuten	5	10	15	20	25	30	35	40	45	50	55	60
Minuten in Dezimalen	8	17	25	33	42	50	58	67	75	83	92	100

Wir bestätigen die Richtigkeit der obigen Angaben und die Geltung Ihrer Allgemeinen Geschäftsbedingungen:	Ich erkläre, dass ich dieses Formular wahrheitsgemäß ausgefüllt habe.
Unterschrift und Stempel des Kunden — Datum	Unterschrift Mitarbeiter/-in — Datum

Beispiel für einen Tätigkeitsnachweis

Stempeluhren und Stechkarten wurden seit Ende des 19. Jahrhunderts zur Zeiterfassung eingesetzt. Moderne Systeme funktionieren elektronisch (z. B. mittels Chipkarte). Häufig findet man in Unternehmen Kombinationen aus Zeiterfassung und Zutrittskontrolle: Jeder Mitarbeiter erhält einen Code oder eine Funkstempelkarte, die sowohl die Zu-/Abgangszeiten registriert als auch den Zugang zu einem Büro/einer Werkhalle freigibt.

Elektronische Zeiterfassungssysteme haben gegenüber manuellen folgende Vorteile:

- automatisierte Datenübertragung;
- Auswertung der Daten nach verschiedenen Kriterien (Tage, Mitarbeiter, Tätigkeitsbereiche etc.);
- Erstellung grafischer und tabellarischer Auswertungen auch für einzelne Mitarbeiter;

- getrennte Erfassung verschiedener Tätigkeiten einzelner Mitarbeiter;
- flexible Aufzeichnungsverfahren;
- hohe Aktualität der Daten.

Der Einsatz von Systemen der Zeiterfassung kann daher zu folgenden Zielen beitragen:

- Herstellung einer umfassenden Übersicht über die Einsatzzeiten der Mitarbeiter;
- Steigerung der Zeit- und Kosteneffizienz;
- gesteigerte Produktivität sowie
- verbesserte Mitarbeiterzufriedenheit.

Im fachlichen Kontext

Flexibilisierung der Arbeitszeit und Arbeitszeitkonten
Bis in die 70er-Jahre des 20. Jahrhunderts dominierte in der deutschen Wirtschaft das traditionelle Arbeitszeitmodell, gekennzeichnet durch die Prinzipien

- Gleichzeitigkeit der Anwesenheit aller Belegschaftsmitglieder,
- Uniformität der Arbeitszeitbedingungen für alle Mitarbeiter,
- Fremdbestimmtheit der Arbeitszeitbedingungen durch die Betriebsleitung sowie
- Pünktlichkeit und
- Gleichheit von Betriebszeit und Arbeitszeit, d. h., die Arbeitszeit der Mitarbeiter wurde durch die produktionstechnischen Bedingungen bestimmt.

Durch die veränderten wirtschaftlichen, technischen und gesellschaftlichen Rahmenbedingungen wurden seither die starren Strukturen des traditionellen Normarbeitsverhältnisses zunehmend aufgelöst, d.h. flexibilisiert hinsichtlich der Dauer der Arbeitszeit, der zeitlichen Verteilung (auf Tage, Wochen, Monate, Jahre) sowie der zeitlichen Lage des Arbeitsbeginns und des Arbeitsendes. Dazu trugen neben neuen gesetzlichen Regelungen (Altersteilzeit, Vorruhestand etc.) auch die Tarifvertragsparteien bei, die seit den 1970er-Jahren die Regelungskompetenz zur Arbeitszeit zunehmend auf die betriebliche Ebene verlagerten. Heute existieren zahlreiche unterschiedliche Arbeitszeitmodelle nebeneinander, die sich nach Arbeitszeitdauer, -verteilung und -lage folgendermaßen unterscheiden lassen:

Systematik der Arbeitszeitmodelle

Vorteile der Arbeitszeitflexibilisierung

Flexible Arbeitszeitmodelle haben Vorteile für den Arbeitgeber und die Arbeitnehmer:

Vorteile für den Arbeitgeber	Vorteile für die Arbeitnehmer/-innen
• Anpassung der Arbeitszeiten an die Erfordernisse aus Kundensicht • Wettbewerbsvorteile durch Kundenorientierung • verbesserte Möglichkeiten zur Anpassung der Arbeitszeit an Auslastungsschwankungen (konjunktureller oder saisonaler Art) • Vermeidung von betriebsbedingten Kündigungen oder Kurzarbeit • Verringerung der Kosten durch Stillstands- und Leerlaufzeiten • Vermeidung von Mehrarbeits- und Überstundenzuschlägen • niedrigere Fehlzeiten und bessere Motivation durch eine höhere Mitarbeiterzufriedenheit • Wettbewerbsvorteile auf dem Arbeitsmarkt	• Anpassung der Arbeitszeiten an individuelle Bedürfnisse, Interessen und Lebensphasen • höheres Maß an Autonomie und Selbstbestimmtheit • bessere Bedingungen für die Vereinbarkeit von Familie und Beruf • Auswahlmöglichkeit zwischen Entgelt und Freizeit • höhere Arbeitszufriedenheit und Motivation • Sicherung des Arbeitsplatzes

Führen eines Arbeitszeitkontos

Arbeitszeitkonten sind ein Instrument zur Erfassung flexibler Arbeitszeiten. In ihnen werden Abweichungen zwischen vereinbarter Arbeitszeit und geleisteter Arbeitszeit aufgezeichnet. Die Führung eines Arbeitszeitkontos erfordert weitere Regelungen, etwa über die Anzahl von Guthabenstunden und/oder Minderstunden sowie den Ausgleichszeitraum und die Ausgleichsmechanismen. Flexibilität und Freiheit bei der Arbeitszeitgestaltung gehen daher einher mit der Notwendigkeit zur Regulierung.

Kennzeichnend für Arbeitszeitkontenmodelle ist die (widersprüchliche) Einheit von Deregulierung und Re-Regulierung. Auf der einen Seite, der der Deregulierung, werden mit ihnen die Möglichkeiten der Arbeitszeitvariation stark ausgeweitet; denn mit Arbeitszeitkonten können die Dauer, die Lage und die Verteilung der Arbeitszeit gleichermaßen flexibilisiert werden. Auf der anderen Seite, der der Re-Regulierung, gelingt diese Flexibilisierung in der Regel nur auf der Grundlage klar definierter Regelungen: Ober- und Untergrenzen von Zeitguthaben und Zeitschulden müssen ebenso festgelegt werden wie die Ausgleichszeiträume, innerhalb dieser Soll und Haben saldiert sein müssen. Für die angesammelten Zeitguthaben muss zudem im Prinzip eine finanzielle Deckungsreserve angelegt werden, um die Beschäftigten, die Zeitguthaben angespart haben, bei Insolvenz von Betrieben vor dem Verlust ihrer Guthaben zu schützen. Dieses hier idealtypisch skizzierte Regelungsgerüst soll jedoch nicht darüber hinwegtäuschen, dass Arbeitszeitkontenmodelle in der betrieblichen Praxis nicht immer funktionieren, dass also die angesparten Guthaben nicht durch Zeit, sondern durch Geld ausgeglichen werden oder sogar verfallen.

Quelle: Groß, Hermann: Arbeitszeitkonten als Instrument der regulierten Flexibilität, in: tempora, journal für moderne arbeitszeiten, hrsg. v. Zeitbüro NRW, Dortmund, 2006, S. 1.

Grundsätzlich wird bei Arbeitszeitkonten zwischen Langzeit- oder Jahresarbeitszeitkonten und Kurzzeitarbeitszeitkonten unterschieden. Die Konten können sowohl in „Zeit" als auch in „Geld" geführt werden. Konten, die in Zeiteinheiten geführt werden, nennt man **Zeitkonten**; bei diesen hat jede Stunde denselben Geldwert. Konten, die in Geld geführt werden, werden **Zeitwertkonten** genannt; hier kann man etwa auch zuschlagspflichtige Überstunden erfassen.

Aufbau eines Arbeitszeitkontos

Ein Arbeitszeitkonto in Papierform kann beispielsweise wie unten abgebildet geführt werden. Es enthält neben den Daten des Mitarbeiters aus Gründen der Übersichtlichkeit meist die folgenden Elemente:

- monatliche Sollarbeitszeit,
- Angaben der maximalen Zeitguthaben und Zeitschulden,
- regelmäßige Zeitgutschriften („Plusstunden") und Zeitlastschriften („Minusstunden"),
- aktueller Kontostand.

Beispiel

Arbeitszeitkonto

Personalnummer: ______

Name, Vorname: ______ monatliche Arbeitszeit: 151,67

max. Zeitguthaben (in Std.): 200 max. Zeitschuld (in Std.): k. A.

Datum	Zeitraum	Guthaben	Zeitgutschriften (in Std.)	Minusstunden (in Std.)	Begründung	Kontostand	Unterschrift Mitarbeiter/-in	Unterschrift Unternehmen
30.04.	April	12	4	–	Überstd.	16		
31.05.	Mai	16	–	2	Freizeit	14		

Beispiel für ein Arbeitszeitkonto in Papierform

Der Kontostand gibt den zum Monatsende aktuellen Stand an Zeitguthaben oder Zeitschulden wieder. Er errechnet sich aus dem Kontostand des Vormonats, zuzüglich der Zeitguthaben und abzüglich der Minusstunden. Der Kontostand kann positiv oder negativ sein. Grenzwerte für die maximale Zeitschuld und das maximale Zeitguthaben können arbeitsvertraglich oder tarifvertraglich festgelegt werden.

Praxistipp

In den beiden Tarifverträgen der Zeitarbeitsbranche nach BAP und iGZ sind unterschiedliche Höchstwerte für die Zeitguthaben und Minusstunden festgelegt.

1.6.2 Erfassung und Dokumentation von Urlaubszeiten

Typischerweise meint man mit dem Begriff „Urlaub" den Erholungsurlaub. Andere Formen wie etwa der Bildungsurlaub unterliegen anderen Regelungen und werden daher hier nicht behandelt. Die gesetzlichen Grundlagen für den Erholungsurlaub sind im „Mindesturlaubsgesetz für Arbeitnehmer", dem sogenannten Bundesurlaubsgesetz (BUrlG), festgelegt.

Nach § 1 BUrlG hat jeder Arbeitnehmer in jedem Kalenderjahr Anspruch auf bezahlten Erholungsurlaub. Die Mindesthöhe des Urlaubsanspruchs ist in § 3 BUrlG bestimmt:

§ 3 BUrlG Dauer des Urlaubs

(1) Der Urlaub beträgt jährlich mindestens 24 Werktage.

(2) Als Werktage gelten alle Kalendertage, die nicht Sonn- oder gesetzliche Feiertage sind.

Bei sechs Werktagen je Woche besteht demnach **ein gesetzlicher Anspruch** auf vier Wochen bezahlten Erholungsurlaub. Für Mitarbeiter mit einer Fünftagewoche, was das häufigste Zeitmodell ist, muss der Urlaubsanspruch auf Arbeitstage umgerechnet werden.

Beispiel
24 Werktage : 6 Werktage = 4 Wochen
4 Wochen • 5 Arbeitstage = 20 Arbeitstage
Bei einer Fünftagewoche hat ein Mitarbeiter einen gesetzlichen Urlaubsanspruch von 20 Arbeitstagen.

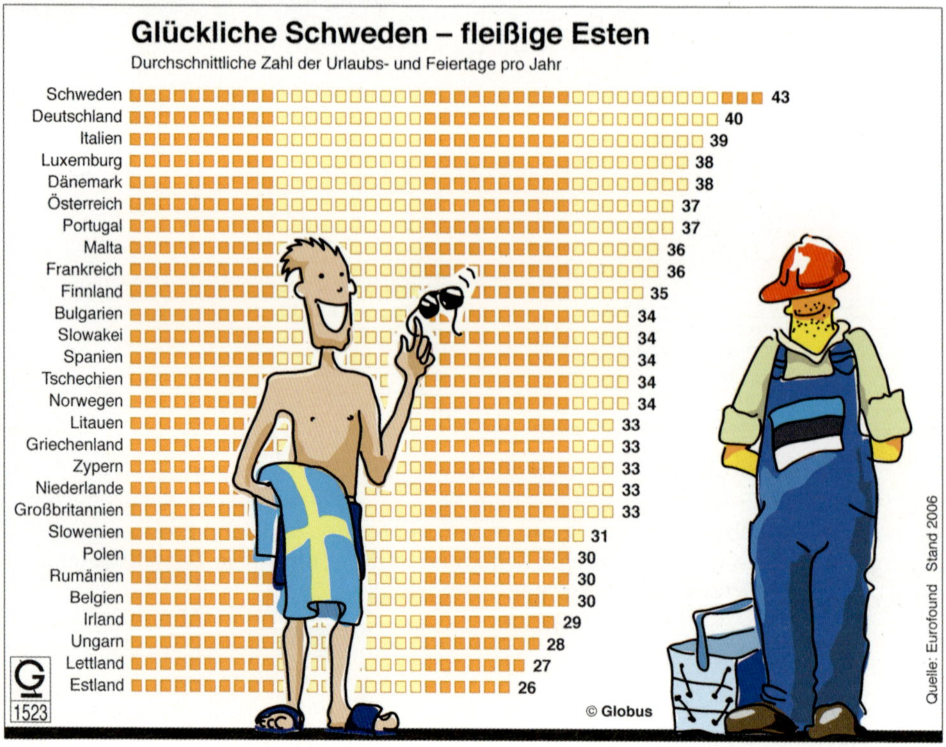

Merksatz
Werktage sind alle Kalendertage, die nicht Sonn- oder Feiertage sind. Arbeitstage sind die Tage, an denen üblicherweise gearbeitet wird.

Die gesetzlichen Regelungen werden von den jeweiligen tarifvertraglichen und arbeitsvertraglichen Regelungen konkretisiert, wobei das Bundesurlaubsgesetz den gesetzlichen Mindestanspruch festlegt. Tarif- und arbeitsvertraglich kann durch eine Besserstellung des Arbeitnehmers davon abgewichen werden.

Urlaub in der Zeitarbeit

In der Zeitarbeitsbranche liegen zwei Tarifverträge vor, die nach dem jeweils teilnehmenden Arbeitgeberverband bezeichnet werden: der BZA-Tarifvertrag des BAP (Bundesarbeitgeberverband der Personaldienstleister e. V.) und der iGZ-Tarifvertrag des Interessenverbands Deutscher Zeitarbeitsunternehmen e. V. Die tarifvertraglichen Regelungen übertreffen den gesetzlichen Urlaubsanspruch und sind je nach Betriebszugehörigkeit gestaffelt. Sie gelten für eine Fünftagewoche, d.h., für teilzeitbeschäftigte Mitarbeiter müssen die Urlaubsansprüche gemäß den individuellen Verhältnissen berechnet werden.

Angabe in Arbeitstagen	BZA[1]	iGZ[2]
im ersten Jahr	24	24
im zweiten Jahr	25	25
im dritten Jahr	26	26
im vierten Jahr	28	28
ab dem fünften Jahr	30	30

Zeitpunkt des Urlaubs

Bei der zeitlichen Lage des Urlaubs sind folgende Aspekte zu beachten: Bevor ein neu eingestellter Mitarbeiter erstmals Anspruch auf den Erholungsurlaub hat, muss er eine sogenannte **Wartezeit** absolvieren. Erstmals nach sechs Monaten Betriebszugehörigkeit hat ein Arbeitnehmer Anspruch auf den vollen Erholungsurlaub erworben.

Merksatz
Die Wartezeit bis zum ersten Erholungsurlaub in einem neuen Betrieb beträgt sechs Monate nach Beginn des Arbeitsverhältnisses.

[1] *BZA – Manteltarifvertrag vom 22.07.2003*

[2] *iGZ – Manteltarifvertrag Zeitarbeit vom 30.04.2010*

Nach dieser Wartezeit gilt für die zeitliche Lage des Urlaubs, dass „die Urlaubswünsche der Arbeitnehmer zu berücksichtigen" sind (§ 7 BUrlG). Die Entscheidung über die Genehmigung der Urlaubswünsche der Mitarbeiter liegt beim Arbeitgeber, der u.a. betriebliche Belange und auch die Urlaubswünsche anderer Mitarbeiter berücksichtigen muss. In der Zeitarbeitsbranche werden bei der Gewährung von Urlaub auch die Gegebenheiten der entleihenden Kundenbetriebe berücksichtigt. Hat ein Kundenunternehmen etwa für eine bestimmte Zeit Betriebsferien mit dem Betriebsrat vereinbart, sind auch die Zeitarbeitnehmer an diese Zeiten gebunden, es sei denn, das Zeitarbeitsunternehmen kann in diesen Zeiten für die externen Mitarbeiter andere Einsätze beschaffen.

Da der Urlaub dem Zweck der Erholung dient, sollte er

- zusammenhängend gewährt werden (§ 7 Abs. 2 BUrlG) und
- im laufenden Kalenderjahr gewährt werden (§ 7 Abs. 3 BUrlG).

Eine Übertragung der Urlaubsansprüche ist nur in Sonderfällen bzw. aus besonderen Gründen möglich (vgl. § 7 Abs. 3 BUrlG). Ein „Ansparen" von Urlaubszeiten über mehrere Jahre ist daher nicht möglich.

Ausgeschlossen ist nach dem Gesetz ein Doppelanspruch von Urlaubszeiten (§ 6 BUrlG), wie es etwa nahe liegt, wenn ein Mitarbeiter im laufenden Jahr neu eingestellt wird. Hat er bereits beim letzten Arbeitgeber den Jahresurlaub erhalten, entsteht für ihn auch nach Ablauf der Wartezeit von sechs Monaten nicht erneut der Anspruch auf Erholungsurlaub. Wichtig für die Beurteilung der Situation ist der **Urlaubsnachweis** des vorherigen Arbeitgebers, den ein neu eingestellter Mitarbeiter im neuen Betrieb vorlegen muss.

Auch wenn der Anspruch auf den vollen Erholungsurlaub erst nach einem halben Jahr Betriebszugehörigkeit entsteht, stehen dem Beschäftigten je Monat anteilig Urlaubstage zu. Das ist besonders dann von Bedeutung, wenn Mitarbeiter noch während der Probezeit wieder aus dem Unternehmen ausscheiden.

Beispiel
Ein am 1. Juni neu eingestellter Mitarbeiter hat einen gesetzlichen Urlaubsanspruch von 20 Arbeitstagen (Fünftagewoche). Nach drei Monaten (zum 30. August) endet das Arbeitsverhältnis noch während der Probezeit. Der Arbeitnehmer hat insgesamt einen Urlaubsanspruch von fünf Arbeitstagen. Besteht etwa aus betrieblichen Gründen keine Möglichkeit, die Urlaubstage anzutreten, kann der Urlaubsanspruch auch abgegolten, d.h. ausbezahlt werden.

Urlaubsentgelt

Während der Urlaubszeiten bezahlt der Arbeitgeber das Entgelt weiter. Grundlage für das Urlaubsentgelt ist der durchschnittliche Arbeitsverdienst in den letzten 13 Wochen vor Beginn des Erholungsurlaubs. Zusätzliche Urlaubsgratifikationen („Urlaubsgeld") können in Tarif- und/oder Arbeitsverträgen vereinbart sein. Der BZA-Tarifvertrag beispielsweise bestimmt für die externen Mitarbeiter eine Sonderzahlung in Höhe von 150,00 EUR ab dem zweiten Jahr der Betriebszugehörigkeit; ab dem fünften Jahr sind es 300,00 EUR.

Erfassung der Urlaubszeiten

Für die Sachbearbeitung stellen sich zwei Aufgaben bei der Behandlung der Urlaubszeiten: Zum einen müssen die Urlaubszeiten individuell erfasst und dokumentiert werden; zum anderen gilt es, die Urlaubszeiten der Mitarbeiter so zu koordinieren, dass keine Nachteile für die betrieblichen Abläufe entstehen.

In den meisten Unternehmen werden die Urlaubswünsche der Mitarbeiter auf bestimmten Formularen („Urlaubsanträge") erfasst, die anschließend vom jeweiligen Vorgesetzten bzw. Disponenten – ggf. auch durch den Kundenbetrieb – nach der Prüfung der Kalenderdaten gegengezeichnet und genehmigt werden. Anschließend ist es die Aufgabe der Personalsachbearbeitung, die genehmigten Urlaubstage zu erfassen und auf rechnerische Richtigkeit zu prüfen. Neben der Erfassung im Personalinformationssystem werden die Urlaubsdaten häufig auch auf sogenannte Urlaubskarten übertragen, die einen schnellen Zugriff ermöglichen. Jahresaktuelle Karten werden im Handel angeboten.

Ziele der Dokumentation der Urlaubszeiten sind:

- Beleg über die beanspruchten Urlaubszeiten
- Beleg über die rechtmäßige Urlaubsgewährung
- Grundlage für die Ausstellung von Urlaubsbescheinigungen

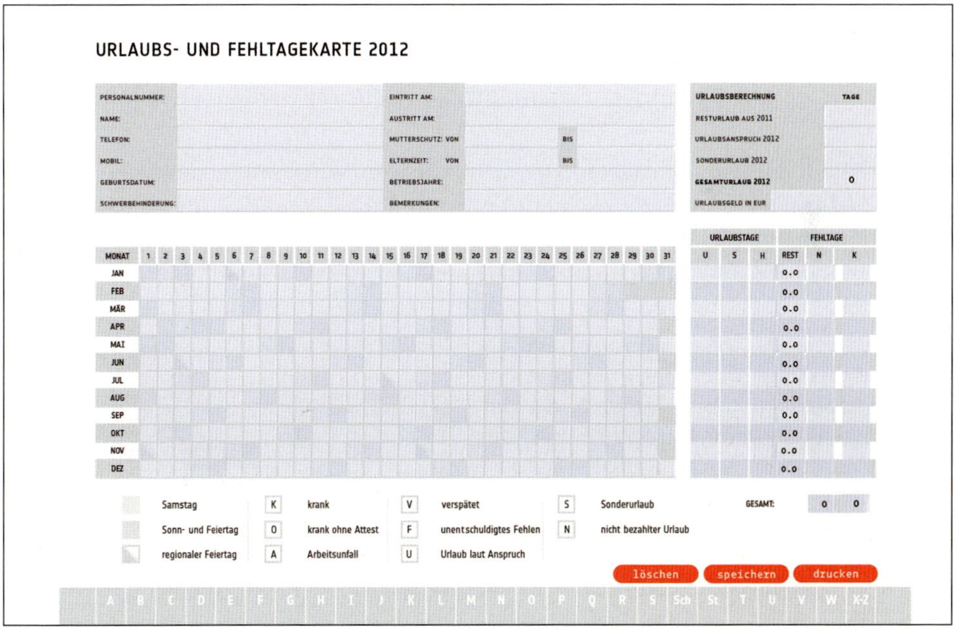

URLAUBS- UND FEHLTAGEKARTE 2012

PERSONALNUMMER:
NAME:
TELEFON:
MOBIL:
GEBURTSDATUM:
SCHWERBEHINDERUNG:
EINTRITT AM:
AUSTRITT AM:
MUTTERSCHUTZ: VON BIS
ELTERNZEIT: VON BIS
BETRIEBSJAHRE:
BEMERKUNGEN:

URLAUBSBERECHNUNG	TAGE
RESTURLAUB AUS 2011	
URLAUBSANSPRUCH 2012	
SONDERURLAUB 2012	
GESAMTURLAUB 2012	0
URLAUBSGELD IN EUR	

MONAT	1	2	3	4	5	6	7	8	9	10	11	12	13	14	15	16	17	18	19	20	21	22	23	24	25	26	27	28	29	30	31	URLAUBSTAGE U	S	H	REST	FEHLTAGE N	K
JAN																																			0.0		
FEB																																			0.0		
MÄR																																			0.0		
APR																																			0.0		
MAI																																			0.0		
JUN																																			0.0		
JUL																																			0.0		
AUG																																			0.0		
SEP																																			0.0		
OKT																																			0.0		
NOV																																			0.0		
DEZ																																			0.0		

Samstag — K krank — V verspätet — S Sonderurlaub — GESAMT: 0 0
Sonn- und Feiertag — O krank ohne Attest — F unentschuldigtes Fehlen — N nicht bezahlter Urlaub
regionaler Feiertag — A Arbeitsunfall — U Urlaub laut Anspruch

löschen speichern drucken

A B C D E F G H I J K L M N O P Q R S Sch St T U V W X-Z

Um die verschiedenen Urlaubswünsche der Mitarbeiter zu koordinieren, werden in vielen Betrieben bereits zu Anfang eines Kalenderjahres die Urlaubsanträge der Mitarbeiter gesammelt. Aufgabe der Personalsachbearbeitung ist es, diese Wünsche so aufeinander abzustimmen, dass auch in den typischen Urlaubszeiten (Ferienzeiten) die betriebliche Leistungsfähigkeit erhalten bleibt und die individuelle Situation der Mitarbeiter berücksichtigt wird. Ein mögliches soziales Kriterium ist die bevorzugte

Behandlung von Mitarbeitern mit schulpflichtigen Kindern, die ihre Urlaubszeiten auf die Schulferienzeiten abstimmen müssen. Sinnvolle Hilfsmittel bei dieser Planungsaufgabe sind Dispositionstafel und Urlaubsplaner.

1.6.3 Die Behandlung von Krankmeldungen

Im Fall einer Erkrankung ist ein Arbeitnehmer objektiv daran gehindert, die vertraglich vereinbarte Arbeitsleistung zu erbringen („Arbeitsunfähigkeit"). Objektiv bedeutet dabei, dass die Arbeitsunfähigkeit durch den Arzt festgestellt ist; subjektive Wertungen spielen keine Rolle. Der Arbeitgeber muss im Krankheitsfall das Arbeitsentgelt nach den Bestimmungen des Entgeltfortzahlungsgesetzes (EntgFG) weiterzahlen.

> **§ 3 Abs. 1 Satz 1 Entgeltfortzahlungsgesetz**
>
> Wird ein Arbeitnehmer durch Arbeitsunfähigkeit infolge Krankheit an seiner Arbeitsleistung verhindert, ohne dass ihn ein Verschulden trifft, so hat er Anspruch auf Entgeltfortzahlung im Krankheitsfall durch den Arbeitgeber für die Zeit der Arbeitsunfähigkeit bis zur Dauer von sechs Wochen.

Dieser Anspruch auf Entgeltfortzahlung durch den Arbeitgeber gilt für alle Arbeitnehmer/-innen, die länger als vier Wochen im Betrieb beschäftigt sind (§ 3 Abs. 3 EntgFG).

Anzeigepflichten und Nachweispflichten

Der Mitarbeiter ist verpflichtet, dem Arbeitgeber die Arbeitsunfähigkeit „unverzüglich" anzuzeigen, d. h. ohne schuldhafte Verzögerung. Dies kann telefonisch, schriftlich oder mündlich erfolgen, durch den Arbeitnehmer selbst oder durch dritte Personen (Angehörige, Arbeitskollegen). Diese Regelungen können in den Unternehmen durch Arbeitsverträge und Betriebsvereinbarungen konkretisiert werden, etwa in folgender Form:

- Die Meldung soll an den zuständigen Disponenten/Vorgesetzten erfolgen.
- Der Arbeitnehmer soll sich sowohl beim Zeitarbeitsunternehmen als auch beim Kundenunternehmen krankmelden.
- Die Krankmeldung soll bis zu einer bestimmten Uhrzeit erfolgen (z. B. vor Arbeitsbeginn, vor 9:00 Uhr etc.).

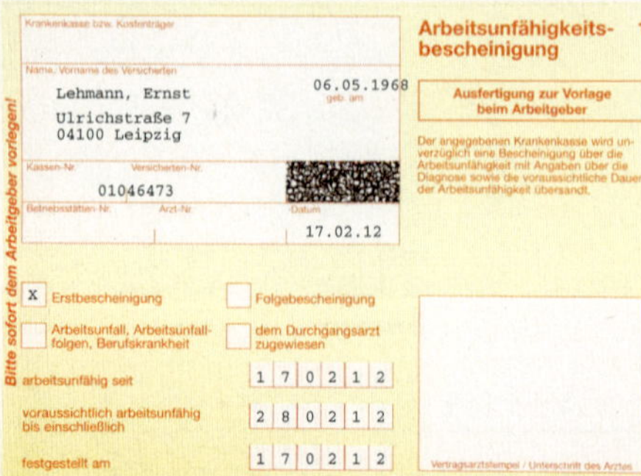

Der **Nachweis** der objektiven Arbeitsverhinderung erfolgt über die Vorlage einer Arbeitsunfähigkeitsbescheinigung, die der Arzt ausstellt. Umgangssprachlich wird die AU-Bescheinigung auch „gelber Schein" oder Attest genannt. Der Begriff Attest bezeichnet jedoch jede Art von Bescheinigung eines Arztes, etwa auch eine Gesundheitsbescheinigung oder wenn ein Arzt die Ergebnisse einer arbeitsmedizinischen Untersuchung „attestiert". Die Bezeichnung „gelber Schein" verweist auf das Bescheinigungsformular für den Arbeitgeber. Es ist Teil eines dreiteiligen Formularsatzes im DIN-A5-Format: Die erste Seite (das Original) ist die Bescheinigung für die Krankenkasse, die zweite (gelbe) Seite ist für den Arbeitgeber und die dritte Seite für die Krankenakte in der Arztpraxis. Im Unterschied zu den anderen beiden Seiten enthält die Ausfertigung für den Arbeitgeber nicht die Diagnose.

Eine AU-Bescheinigung muss folgende Angaben enthalten:

- Name und Krankenversicherungsdaten des Versicherten
- Stempel und Unterschrift des behandelnden Arztes
- Angaben zur Art der AU-Bescheinigung (Erst- oder Folgebescheinigung)
- Angaben zur Art der Krankheitsursache
- Daten zur Feststellung und Dauer der Arbeitsunfähigkeit

In der Regel muss die Bescheinigung bei einer mehrtägigen Erkrankung spätestens am vierten Kalendertag beim Arbeitgeber vorliegen.

§ 5 Abs. 1 Satz 2 und 3 Entgeltfortzahlungsgesetz

Dauert die Arbeitsunfähigkeit länger als drei Kalendertage, hat der Arbeitnehmer eine ärztliche Bescheinigung über das Bestehen der Arbeitsunfähigkeit sowie deren voraussichtliche Dauer spätestens am darauffolgenden Arbeitstag vorzulegen.

Der Arbeitgeber ist berechtigt, die Vorlage der ärztlichen Bescheinigung früher zu verlangen.

Es können aber auch davon abweichende Regelungen in Tarif- und/oder Arbeitsverträgen festgelegt werden, etwa die Vorlage einer AU-Bescheinigung ab dem ersten Tag der Arbeitsunfähigkeit.

Weitere Anlässe bezahlter Freistellung

Unter bestimmten Voraussetzungen muss ein Arbeitnehmer für den Arztbesuch freigestellt werden, etwa wenn der Arztbesuch aus medizinischen und/oder terminlichen Gründen nicht außerhalb der Arbeitszeit erfolgen kann.

Ein Recht auf bezahlte Freistellung haben auch Eltern bzw. Alleinerziehende, wenn ihre Kinder krank sind. In der Rechtsprechung ist dafür ein Zeitraum von bis zu fünf Arbeitstagen vorgesehen. Tarif- und/oder Arbeitsverträge können weitere Regelungen dazu enthalten. Unbenommen hiervon besteht nach dem SGB V (§ 45) ein Anspruch auf unbezahlte Freistellung für die Betreuung kranker Kinder.

Zeiten der Arbeitsunfähigkeit im Arbeitszeitkonto

Die Zeiten der Arbeitsunfähigkeit dürfen nicht zulasten des Arbeitnehmers im Arbeitszeitkonto erfasst werden. In den Manteltarifverträgen der Zeitarbeitsbranchen ist eine regelmäßige monatliche Arbeitszeit von 151,67 Stunden, das entspricht 35 Stunden wöchentlich, vereinbart. Berücksichtigt wird die Anzahl von Stunden, die regelmäßig gearbeitet wird. Überstunden fallen nicht darunter, sie werden bei der Arbeitsverhinderung also nicht berücksichtigt.

Recherchetipp

- Die Verbände in der Zeitarbeit finden sich im Internet unter folgenden Adressen: www.personaldienstleister.de (BAP) und www.ig-zeitarbeit.de (iGZ)
- Gesetzestexte können hier recherchiert werden: www.gesetze-im-internet.de
- Informationen zur Flexibilisierung der Arbeitszeit finden sich beispielsweise unter: www.arbeitszeiten.nrw.de

Zusammenfassung

- Die Personalsachbearbeitung umfasst alle routinemäßigen, verwaltenden Aufgaben, die mit der Beschäftigung von Arbeitnehmern verbunden sind.
- Die Vielzahl der Aufgaben kann nach den drei Kriterien **Auslöser** der Aufgaben, **Zweck** und **Bezugsfeld** der Aufgaben systematisiert werden.
- Innerhalb eines Unternehmens können die Aufgaben der Personalsachbearbeitung **zentral** oder **dezentral** organisiert sein.
- Wichtigstes Hilfsmittel der Personalsachbearbeitung ist die **Personalakte**.
- Von besonderer Bedeutung sind für einen Arbeitgeber folgende **Aufgaben der Personalsachbearbeitung**:
  - Meldepflichten im Zusammenhang mit der Beschäftigung von Arbeitnehmern
  - Erfassung und Dokumentation der Arbeitszeiten
  - Einrichtung und Führung von Arbeitszeitkonten
  - Erfassung und Dokumentation von Urlaubszeiten und Zeiten der Erkrankung eines Arbeitnehmers

Aufgaben

1. Entscheiden Sie für folgende Fälle, ob eine Meldung an die Einzugsstelle der Sozialversicherung erfolgen muss:

a) Eine Mitarbeiterin wird zum 1. September des Jahres neu eingestellt.

b) Der für das östliche Ruhrgebiet zuständige Personaldisponent geht zum 1. Oktober des Jahres in Altersteilzeit.

c) Zum 1. August wird ein Auszubildender zum Personaldienstleistungskaufmann neu eingestellt.

d) Für eine externe Mitarbeiterin endet der befristete Vertrag Ende September des Jahres.

e) Ein türkischer Mitarbeiter erhält am 1. Juli die deutsche Staatsbürgerschaft.

f) Ein Sachbearbeiter im Büro Berlin heiratet und nimmt den Namen seiner Ehefrau an.

2. Arbeitszeitkonten sind ein wichtiges Hilfsmittel im Zusammenhang mit der Flexibilisierung der Arbeitszeit. Lesen Sie den Text auf Seite 406 und diskutieren Sie folgende Fragen:

a) Was ist im Text gemeint mit dem Begriff der Deregulierung?

b) Ist es denkbar, dass in Zukunft jeder Mitarbeiter selbstständig über seine Arbeitszeit entscheidet? Welche Probleme würden entstehen? Wie könnte man diese Probleme lösen?

c) In dem Text wird kritisch darauf hingewiesen, dass Arbeitszeitkontenmodelle nicht immer funktionieren, was sich etwa darin zeigt, dass sie durch Geld ausgeglichen werden müssen. Was halten Sie davon, diesen Ausgleich durch Geld in Ihrer Branche abzuschaffen?

3. Als Disponent/-in des Zeitarbeitsunternehmens InJobs GmbH verschaffen Sie sich einen Überblick über die Kontenstände auf den Zeitarbeitskonten. Im aktuellen Monat Mai hat Petra Glaser ein Guthaben von 40 Stunden.

Im Durchschnitt der vergangenen drei Monate hatte Frau Glaser 8 Stunden Zeitgutschriften je Monat. Für die mittelfristige Disposition wollen Sie feststellen, wann Petra Glaser ein Guthaben von mehr als 100 Stunden hat.

Ermitteln Sie den Monat, in dem das Zeitguthaben erstmals mehr als 100 Stunden beträgt.

4. *Vergleichen Sie tabellarisch die Regelungen zum Arbeitszeitkonto in den Tarifverträgen der beiden Zeitarbeitsverbände, BAP (vormals BZA) und iGZ, insbesondere nach folgenden Kriterien:*
   - *maximale Zeitguthaben*
   - *maximale Minusstunden*
   - *Ausgleichszeitraum für Plusstunden*
   - *Insolvenzsicherungsmaßnahmen*
   - *Verfahren des Ausgleichs der Plusstunden*

5. *In dem Unternehmen Warenlogistik GmbH wird regelmäßig an fünf Tagen in der Woche, von Montag bis Freitag, gearbeitet. Ein teilzeitbeschäftigter Mitarbeiter arbeitet an drei Tagen in der Woche, von montags bis mittwochs. Bestimmen Sie seinen gesetzlichen Urlaubsanspruch in Arbeitstagen.*

6. *Die regelmäßige Arbeitszeit eines Lagerfacharbeiters der Warenlogistik GmbH beträgt acht Stunden täglich; sie beginnt morgens um 7:00 Uhr.*
   a) *Wann muss der Arbeitnehmer nach den Bestimmungen des Arbeitszeitgesetzes spätestens eine Ruhepause einlegen?*
   b) *Im Oktober des Jahres ist im Lager besonders viel zu tun. An einem Dienstag arbeitet der Arbeitnehmer insgesamt zehn Stunden bis 18:30 Uhr. Wann kann der Arbeitnehmer am nächsten Tag wieder zur Arbeit im Lager eingesetzt werden?*

7. *Im Tätigkeitsnachweis der InJobs GmbH sollen die Zeiten manuell in Dezimaleinheiten angegeben werden. Der Mitarbeiter Horst Kahling hat folgende Zeiten notiert. Rechnen Sie die Zeitangaben in Dezimalminuten um:*

   Montag: 8 Stunden und 25 Minuten

   Dienstag: 8 Stunden und 5 Minuten

   Mittwoch und Donnerstag: 8 Stunden

   Freitag: 5 Stunden und 40 Minuten

8. *Zum 1. Mai des Jahres wurde Hubert Petermann neu eingestellt. Ihm stehen arbeitsvertraglich 30 Tage Urlaub je Jahr zu.*
   a) *Ab welchem Termin hat Hubert Petermann erstmals einen Anspruch auf Urlaub?*
   b) *Für Anfang August beantragt Herr Petermann aus familiären Gründen drei Tage Urlaub. Nennen Sie drei Gründe, die dafür sprechen, Herrn Petermann den Urlaub zu gewähren.*

9. *Gerhard Haniel arbeitet regelmäßig sieben Stunden je Arbeitstag an fünf Tagen in der Woche. Am Dienstag meldet sich Herr Haniel für drei Tage krank. Eine Arbeitsunfähigkeitsbescheinigung legt er vor. Beschreiben Sie die Auswirkungen der Krankmeldung auf sein Arbeitszeitkonto.*

10. *Systematisieren Sie folgende Aufgaben der Personalsachbearbeitung nach den entsprechenden Kriterien (ggf. treffen mehrere Kriterien zu):*

a) nach dem Auslöser in intern und extern veranlasste Aufgaben,

b) nach dem Zweck in Aufgaben der Information, der Abrechnung, der Überwachung, der Abwicklung,

c) nach dem Bezugsfeld in Aufgaben der Beschaffung, des Personaleinsatzes, der Abrechnung, der Betreuung, der Entwicklung, der Freistellung.

Aufgabe der Personalsachbearbeitung	Auslöser	Zweck	Bezugsfeld
Erfassung der Arbeitsstunden je Mitarbeiter			
Erfassung des Wechsels der Krankenkasse eines Mitarbeiters			
Erfassung der Urlaubszeiten je Mitarbeiter			
Anlegen einer Personalakte für einen neuen Mitarbeiter			
Erfassung der Arbeitsstunden aller Mitarbeiter			

11. *Der Mitarbeiter Hannes Gernhardt teilt seinem Arbeitgeber, der Handels AG, mit, dass er die Krankenkasse gewechselt hat. Als Mitarbeiter/-in in der Personalabteilung sollen Sie den notwendigen Meldepflichten nachkommen. Welche Informationen über den Mitarbeiter müssen Sie für die Meldung des Kassenwechsels bei der Sozialversicherung bereithalten?*

12. *Bei der Handels AG wird derzeit die Einführung der digitalen Personalakte für alle Mitarbeiter diskutiert. Welche der folgenden Aussagen zur digitalen Personalakte ist zutreffend?*

Aussage	
Die Führung digitaler Personalakten ist nur für Großunternehmen möglich, die mehr als 500 Beschäftigte haben.	
Der Begriff digitale Personalakte bezeichnet ein spezielles Softwareprogramm; die Ablage der Informationen über einen Mitarbeiter in einzelnen Dateien in einem gemeinsamen Ordner ist keine digitale Personalakte.	
Die digitale Personalakte bringt für ein Unternehmen keinerlei Vorteile für die Aktenführung, da alle Originaldokumente auch weiterhin aufbewahrt werden müssen.	
Der Hauptvorteil der digitalen Personalakte gegenüber der Papierakte ist die Möglichkeit, eine chronologische Ordnung einzuhalten.	
In den meisten Unternehmen werden digitale und papierne Personalakte nebeneinander geführt.	

13. *Die Personalabteilung der Handels AG will einen allgemeinen Informationstext über die gesetzlichen Regelungen zur Arbeitszeit erstellen. Der Text soll in der Mitarbeiterzeitschrift und am Schwarzen Brett veröffentlicht werden. Die Pressereferentin der Handels AG hat eine Vorlage erstellt, die Sie als Mitarbeiter/-in der Personalabteilung ergänzen sollen:*

„Grundlage der Regelungen zur Arbeitszeit in der Handels AG ist das ______________________. Danach sind Arbeitszeiten ______________________ ______________________; das bedeutet, dass ______________________ nicht zur Arbeitszeit zählen. Die individuelle Arbeitszeit kann tagsüber oder in der Nacht gelegen sein. Nachtzeit ist dabei ______________________ ______________________. Als Nachtarbeit wird die Arbeit bezeichnet, ______________________. Demnach ist die Arbeitszeit, die morgens nach ______________ beginnt, keine Nachtarbeit. Nach den gesetzlichen Bestimmungen kann die wöchentliche Arbeitszeit ______________________ betragen. Bei uns in der Handels AG liegt die wöchentliche Arbeitszeit bei einer Fünftagewoche bei 40 Stunden, also arbeitstäglich bei ______________________. Diese Arbeitszeit kann bis auf zehn Stunden verlängert werden, wenn innerhalb eines Ausgleichszeitraumes von ______________________ im Durchschnitt acht Stunden je Arbeitstag nicht überschritten werden. Nach Beendigung der täglichen Arbeitszeit hat jeder Arbeitnehmer Anspruch auf eine Ruhezeit von ______________________."

14. *Entgeltfortzahlung – Vorlage einer AU*

Die Mitarbeiterin Katrin Engel meldet sich am Freitag, den 21. des Monats, telefonisch krank. Am selben Vormittag sucht sie einen Arzt auf, der sie für vier Tage arbeitsunfähig erklärt und ihr eine entsprechende Arbeitsunfähigkeitsbescheinigung ausstellt. Bestimmen Sie den Tag, an dem die AU-Bescheinigung nach den gesetzlichen Regelungen dem Arbeitgeber vorliegen muss.

2 Eine Entgeltabrechnung erstellen

Einstiegssituation ▶

Die Finke Zeitarbeit GmbH verschickt immer zum 10. eines Monats die Entgeltabrechnungen für den Vormonat an die Mitarbeiterinnen und Mitarbeiter. Die Vorarbeiten dazu starten bereits am Monatsbeginn. Die Auszubildende Jasmin Klessing soll in diesem Monat erstmals Petra Gestring, die zuständige Sachbearbeiterin, unterstützen.

Petra Gestring: „Ich bereite mich gerade auf ein Gespräch mit einem Mitarbeiter vor. Hubert Martin ist erst seit einem Monat bei uns, nun hat er einige Fragen zu seiner ersten Abrechnung. Bei der Terminabsprache ließ er durchblicken, dass er mit deutlich mehr Geld gerechnet hat. Wir müssen jetzt die ganze Abrechnung einmal durchgehen."

Jasmin erhält den Auftrag, die Entgeltabrechnung aufmerksam zu überprüfen. Petra Gestring sucht währenddessen aus dem Personalstammblatt die für die Abrechnung relevanten Daten heraus.

Petra Gestring: „Herr Martin hat die Steuerklasse I. Er ist evangelisch. Für die Sozialversicherung gelten die normalen Beitragssätze. Kinder hat er keine. Er arbeitet in Entgeltgruppe 4. Als Hintergrund noch: Grundlage ist der BAP/BZA-Tarifvertrag. Und die Berücksichtigung der Plusstunden im Arbeitszeitkonto kennen Sie ja bereits."

Frau Gestring reicht Jasmin Klessing einen Ausdruck der Lohn- und Gehaltsabrechnung.

Arbeitsaufträge

1. *Beschreiben Sie den Aufbau des Formulars für die Entgeltabrechnung.*
2. *Informieren Sie sich mithilfe der Kapitel 2.3 und 2.4 über die Ermittlung der Steuern und der Sozialversicherungsbeiträge.*
   - *Ermitteln Sie für die vorliegende Entgeltabrechnung die Abzüge für Steuern. Nutzen Sie dazu den Auszug aus der Lohnsteuertabelle.*
   - *Berechnen Sie die Beiträge des Arbeitnehmers zur Sozialversicherung.*
   - *Prüfen Sie, ob weitere Abzüge zu berücksichtigen sind.*
3. *Vergleichen Sie die vorliegende Entgeltabrechnung mit Ihren Ergebnissen. Begründen Sie etwaige Abweichungen.*
4. *Legen Sie ein Arbeitszeitkonto für den Mitarbeiter Hubert Martin an und tragen Sie die Zeitgutschriften ein.*
5. *Bereiten Sie sich darauf vor, Herrn Martin umfassend über seine Entgeltabrechnung zu informieren.*

Jeder Arbeitnehmer erhält für die Überlassung seiner Arbeitskraft ein Entgelt („entgelten" = „vergüten"), das im Arbeitsvertrag vereinbart ist. Dieses Entgelt für die überlassene Arbeitsleistung macht in den meisten Haushalten den wesentlichen Teil des Einkommens bzw. der Einnahmen aus und dient der Sicherung des Lebensunterhalts.

Das Arbeitsentgelt wird umgangssprachlich auch als „Lohn" oder „Gehalt" bezeichnet. Der Grund für diese Begriffsunterscheidung ist historisch: Während man das monatlich gleichbleibende Entgelt der Angestellten (Fest-)„Gehalt" nannte, wurde für die Entgelte der Arbeiter, die häufig nach Stunden oder Wochen berechnet wurden, der Begriff „Lohn" verwendet. Für das Vorgehen bei der Entgeltabrechnung ist eine Unterscheidung zwischen Lohn und Gehalt nicht relevant; daher werden die Begriffe synonym unter dem Oberbegriff „Entgelt" verwendet.

Beispiel

Lohn- und Gehaltsabrechnung (Beträge in EURO)

Diese Abrechnung gilt als Verdienstbescheinigung. Bitte aufbewahren.

Finke Zeitarbeit GmbH

Herrn
Hubert Martin

Firma	996	Blatt	1/1
Monat	08. Aug	Datum	10.09.____

Lohnart	Bezeichnung	Art*	Anzahl	Satz	%-Zuschlag	Betrag
	Grundvergütung	P/P				1.598,60
	Zuschläge	P/P	164,5	1,30		213,85

*Art: (P) - pflichtig (F) - frei (A) - Bezug/Abzug (*) - ohne Berechnung

Summen des Monats

Steuerpfl. Bruttolohn 1.812,45	Lohnsteuer 179,5	Kirchensteuer 16,15	Solid.-Zuschlag 9,87	Soz.vers.- brutto 1.812,45
Kankenversicherung 148,62	Rentenvers. 177,62	Arbeitsl.-Vers. 27,19	Pflege-Vers. 22,20	

Summen des Jahres

Gesamtbruttolohn 1.812,45	St-fr. Bezüge -	sonst. St.pfl. -	steuerpfl. Brutto 1.812,45	Soz.vers. - Brutto 1.812,45
Lohnsteuer 179,50	Kirchensteuer 16,15	Solid.-Zuschlag 9,87		
Kankenversicherung 148,62	Rentenvers. 177,62	Arbeitsl.-Vers. 27,19	Pflege-Vers. 22,20	ges. gesetzl. Abz. 581,15
Vermögensbildung -	Kindergeld -			

Persönliche Daten

Personalnummer PDL-4711-1059	Gruppe EG 4	Kostenstelle 0
Eintrittsdatum 01.08.	St.-Klasse 1	Kind 0,00
SV - Schlüssel 1111	Krankenkasse AOK Köln 50668 Köln	

Bankverbindung: Sparkasse Köln Bonn (BLZ 370 501 98) Kto. 412 663 286

Gesamtbrutto	1.812,45
gesetzliche Abzüge	581,15
Netto-Verdienst	1.231,30
persönliche Be-/Abzüge	0,00
Überweisung	**1.231,30**

Der Bezug von Einkommen unterliegt in Deutschland der Einkommensteuer. Im Einkommensteuergesetz (EStG) sind die Regelungen zur Ermittlung der Einkommensteuer festgelegt. Arbeitnehmer sind zudem in der Sozialversicherung pflichtversichert, d.h., sie müssen auf der Grundlage ihres Arbeitseinkommens Beiträge zu den Zweigen der Sozialversicherung entrichten. Steuern und Sozialversicherungsbeiträge vermindern das letztlich dem Arbeitnehmer zur Verfügung stehende Einkommen.

In Deutschland ist das Verfahren zur Erhebung von Steuern und Sozialversicherungsbeiträgen für Arbeitnehmer so organisiert, dass der Arbeitgeber die Ermittlung der konkreten Abzüge übernimmt. Dies wird als **Entgeltabrechnung** bezeichnet.

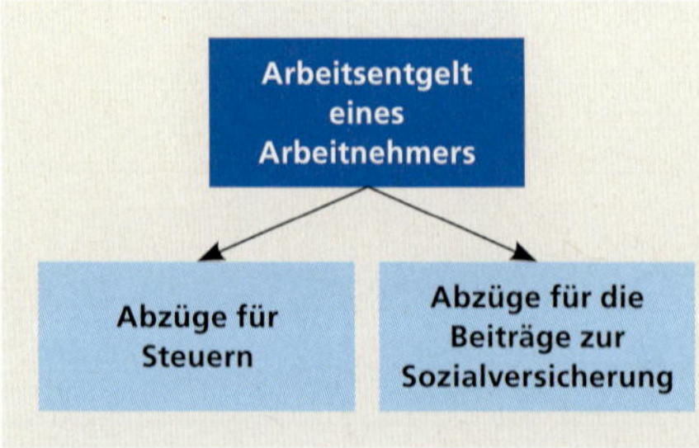

Ausgangspunkt der Entgeltabrechnung sind die arbeits- und/oder tarifvertraglich vereinbarten Entgelte. Die Abrechnung wird zunächst als schematischer Überblick dargestellt. Im folgenden Abschnitt werden die verschiedenen Entgeltarten erläutert. Anschließend werden die Details zur Ermittlung der gesetzlichen und sonstigen Abzüge aufgezeigt. Der letzte Abschnitt fasst die Pflichten der Arbeitgeber und der Arbeitnehmer im Zusammenhang mit der Entgeltabrechnung zusammen.

2.1 Schematische Darstellung der Entgeltabrechnung

Aufgabe einer Entgeltabrechnung ist es, für das jeweilige Bruttoentgelt eines Arbeitnehmers die Abzüge für Steuern und Sozialversicherung zu berechnen. Gegebenenfalls werden weitere Abzüge bzw. auch Bezüge berücksichtigt. Beispiele dafür sind etwa Vorschüsse, die ein Arbeitnehmer in der Vergangenheit erhalten hat, oder vermögenswirksame Leistungen, die ein Arbeitgeber auf das Anlagekonto des Arbeitnehmers überweisen muss.

Die Entgeltabrechnung erfolgt in vier Schritten:

	Berechnungsschritt		Bezeichnungen für den jeweiligen Betrag
1	Ermittlung der Summe des Entgelts eines Arbeitnehmers		**Bruttoentgelt**, auch: Bruttoeinkommen, Bruttogehalt, Bruttolohn
2	Ermittlung der Abzüge für die Sozialversicherung des Arbeitnehmers	Ermittlung der Abzüge für die Steuern des Arbeitnehmers	Steuerliche Abzüge und Abzüge für Beiträge zur Sozialversicherung (steuerpflichtiges Einkommen; sozialversicherungspflichtiges Einkommen)
3	Ermittlung des verbleibenden Betrages nach Abzug der Steuern und Sozialversicherungsbeiträge		**Nettoentgelt**, auch: Nettoeinkommen, Nettogehalt, Nettolohn
4	Ermittlung des auszuzahlenden bzw. zu überweisenden Betrages nach Berücksichtigung von persönlichen Abzügen und/oder Bezügen		Auszahlungsbetrag

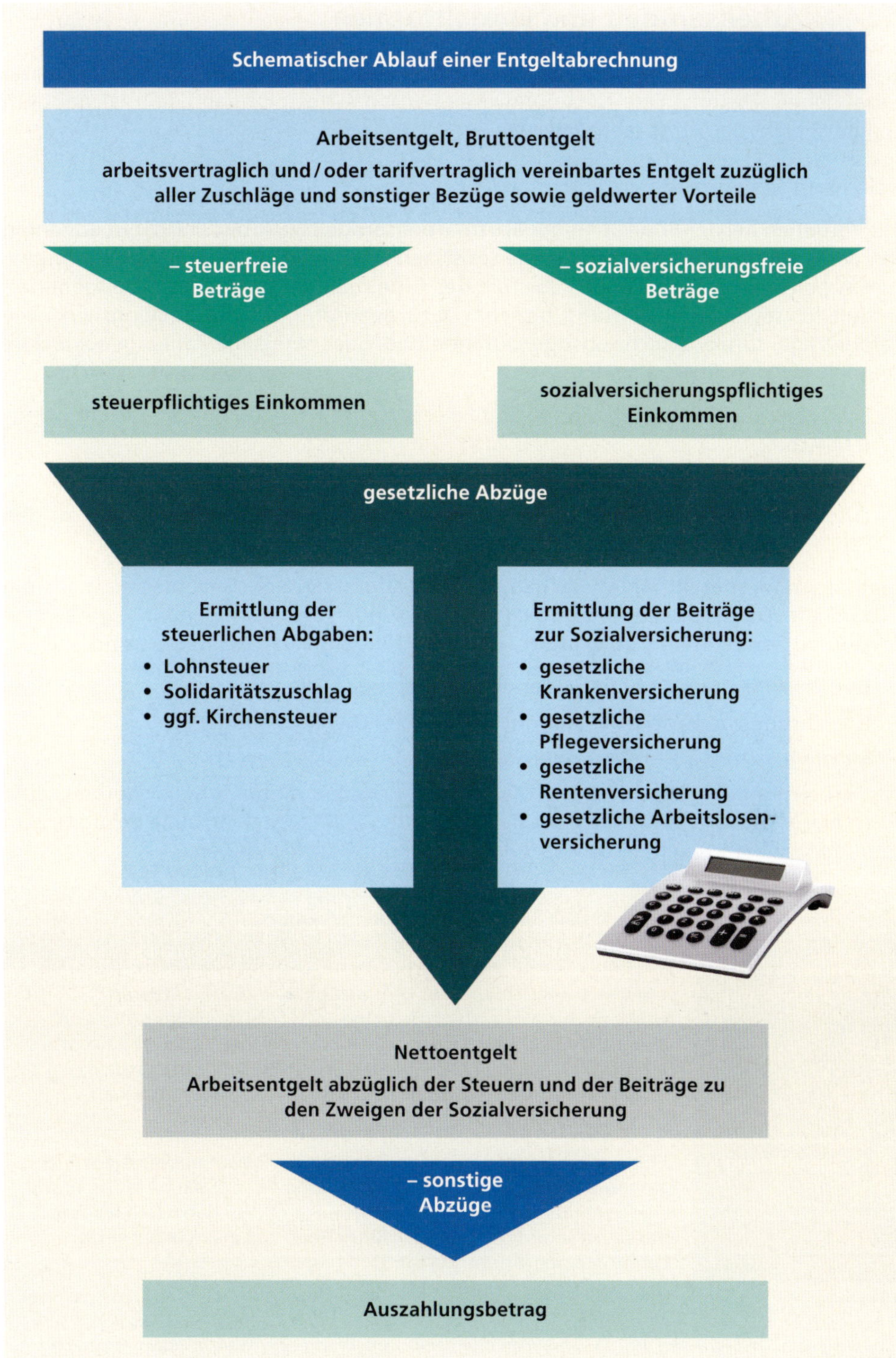

Schematischer Ablauf einer Entgeltabrechnung

2.2 Arbeitsentgelt und Entgeltformen

Grundsätzlich ist das Arbeitsentgelt als Bruttovergütung vereinbart. „Brutto" bedeutet dabei „ohne Abzug".[1] Eine Nettolohnvereinbarung („Nettolohnabrede") ist unüblich und muss ausdrücklich verabredet sein.

Geld- und Sachbezüge

Das Vorgehen bei der Ermittlung des Bruttoarbeitsentgelts („Arbeitslohn") ist abhängig von der Form des Lohns/Gehalts sowie sonstigen arbeitsvertraglichen Vereinbarungen. Zum Arbeitslohn zählen alle Beträge, die der Arbeitnehmer bei einem Arbeitgeber als Entgelt für seine Arbeitsleistung bezieht. Dazu gehören nicht nur zahlungswirksame Geldbeträge, sondern auch sonstige laufende und/oder einmalige Zahlungen wie zum Beispiel:

- Zuschläge für Mehrarbeit, Sonn- und Feiertagsarbeit sowie Prämien für die geleistete Arbeit,
- Urlaubsgeld, Weihnachtsgeld, sonstige Gratifikationen,
- Zuschüsse des Arbeitgebers zur Vermögensbildung, zur Kinderbetreuung, zu den Fahrt- und Verpflegungskosten.

Ebenfalls zum Entgelt zählen Sachleistungen, sofern sie eine Gegenleistung für die individuelle Arbeitsleistung sind. Solche Sachleistungen sind als sogenannte **geldwerte Vorteile** zu bewerten und zu erfassen. Beispiele für geldwerte Leistungen sind:

- Überlassung einer Wohnung oder eines Fahrzeugs („Dienstwagen"),
- Gewährung von Kost/Verpflegung, Waren oder Dienstleistungen,
- Benzingutscheine oder Strompreisrabatte.

Das Arbeitsentgelt kann demnach nach zwei Kriterien systematisiert werden: zum einen hinsichtlich der Häufigkeit des Bezugs (laufende Bezüge, einmalige Bezüge), zum anderen hinsichtlich der Leistungsart nach Geld- und Sachleistungen.

		Häufigkeit des Bezugs	
		laufende Bezüge	**einmalige Bezüge**
Art der Leistung	**Geldleistung**	vereinbartes Bruttoentgelt, ggf. zuzüglich Zuschläge wie Mehrarbeitzuschläge, Überstundenzuschläge, Sonntags- und Feiertagszuschläge[2], Zuschüsse des Arbeitgebers zu vermögenswirksamen Leistungen (sogenannte VL oder vwL)	Gratifikationen (Sondervergütungen) wie etwa Weihnachtsgeld, Urlaubsgeld, 13. Monatsgehalt
Art der Leistung	**Sachleistung**	Überlassung eines Fahrzeugs („Dienstfahrzeug"), freie Unterkunft/Überlassung einer Wohnung, Verpflegung, Waren, Dienstleistungen (z. B. regelmäßiger Haarschnitt in einem Friseurgeschäft)	Waren, Dienstleistungen (z. B. eine Autoreparatur für den Beschäftigten eines Kfz-Betriebs)

[1] *Das Wort „brutto" kommt aus der italienischen Sprache und bedeutet so viel wie „roh, schwer(-fällig)". Kaufleute verwendeten den Begriff seit dem 16. Jahrhundert für das Gesamtgewicht einer Ware inklusive Verpackung.*

[2] *Solche Zuschläge können teilweise oder vollständig steuerfrei sein; vgl. § 3b EStG.*

Während die Erfassung der Geldleistungen zur Ermittlung des Bruttoentgelts keine Schwierigkeiten macht, müssen für die Sachleistungen Werte angesetzt werden, mit denen die Sachbezüge bewertet und bei der Entgeltabrechnung berücksichtigt werden (vgl. § 8 EStG). Für freie Verpflegung und Unterkunft für einen Arbeitnehmer beispielsweise legt die Sozialversicherungsentgeltverordnung für das Jahr 2012 einen Sachbezugswert von monatlich 431,00 EUR (219,00 EUR Verpflegung + 212,00 EUR Unterkunft) fest.

Entgeltformen

Entgelt ist die Vergütung des Arbeitgebers für die Arbeitsleistung des Arbeitnehmers. Abhängig von der Definition der Arbeitsleistung ergeben sich verschiedene Ansatzpunkte für eine Vergütung. Die Leistung kann etwa mit der Zeit gemessen werden, die ein Arbeitnehmer in einem Unternehmen verbringt. Es können auch andere Leistungskriterien definiert werden, wie beispielsweise eine bestimmte Menge, die ein Arbeitnehmer als Grundlage für sein Entgelt leisten muss. Häufig unterscheidet man bei den Entgeltformen den Zeitlohn vom Akkordlohn und vom Prämienlohn.

	Zeitlohn	Prämienlohn	Akkordlohn
Beispiele	(monatliches Fest-) Gehalt Stundenlohn	Prämienzahlungen für die Verringerung der Fehlerquote, für das Erreichen einer bestimmten Leistungsmenge etc.	Einzelakkord Gruppenakkord
Leistungsmessung	Grundlage der Leistung ist die Arbeitszeit	Grundlage der Leistung sind bestimmte vereinbarte und/oder vorgegebene quantitative und/oder qualitative Leistungsbereiche	Grundlage sind die geleisteten Mengen (Stückgeldakkord, Stückzeitakkord)

Für die Entgeltermittlung muss die erbrachte Arbeitsleistung je nach Entgeltform mit unterschiedlichen Verfahren gemessen werden. Der geringste Aufwand entsteht dabei für das Festgehalt, das in jedem Monat gleich ist. Für den auf Stundenbasis ermittelten Lohn müssen die Arbeitsstunden je Tag/Woche/Monat ermittelt werden. Beim Akkordlohn werden die jeweiligen Leistungsmengen (z. B. in Stück) ermittelt. Der Prämienlohn setzt sich meistens aus einem Grundlohn und Prämienzahlungen zusammen. Für die Bestimmung der Prämienzahlungen müssen die jeweiligen Merkmale (Mengen oder bestimmte Qualitäten) ermittelt werden.

Zeitlohn-, Prämienlohn- und Akkordlohnmodelle unterscheiden sich vor allem hinsichtlich ihrer Leistungsorientierung:

- Der **Zeitlohn** wird für eine bestimmte Zeiteinheit gezahlt und damit unabhängig von der tatsächlich erbrachten Leistung. Damit ist allerdings nicht behauptet, dass Arbeitnehmer mit einem Zeitlohn nichts leisten, sondern nur, dass sich das Entgelt nicht nach der erbrachten Leistung bemisst. Die Einfachheit der Ermittlung und Berechnung macht den Zeitlohn besonders attraktiv für die Unternehmen.

Da Leistungskomponenten gar nicht enthalten sind, wird er jedoch vonseiten der Arbeitnehmer häufig als ungerecht empfunden.

Beispiele

- *Der Arbeitnehmer Hubert Hans erhält 12,00 EUR je Stunde; er arbeitet in der 14. Kalenderwoche 25 Stunden.*
- *Die Personalsachbearbeiterin Gerda Ganz erhält ein monatliches Gehalt in Höhe von 1 700,00 EUR.*

- Der **Akkordlohn** bezieht das Entgelt auf die geleistete Menge. Akkordlohnmodelle können überall dort eingesetzt werden, wo folgende Bedingungen vorliegen:
  - Akkordfähigkeit (die Arbeitsabläufe sind bekannt, gleichartig und leicht messbar),
  - Akkordreife (die Arbeitsabläufe sind gut erlernbar und beherrschbar),
  - unmittelbare Beeinflussbarkeit der Leistungsmengen durch den Arbeitnehmer.

Definition

Unterschieden werden der Stückgeldakkord und der Stückzeitakkord.
Beim **Stückgeldakkord** erhält der Arbeitnehmer je Leistungseinheit einen bestimmten Entgeltbetrag (Lohnsatz).

Formel

Bruttoentgelt = Leistungsmenge · Lohnsatz je Leistungseinheit

Beim **Stückzeitakkord** wird eine bestimmte Vorgabezeit („Normalzeit") je Leistungseinheit definiert und mit dem Lohnsatz (Minutenfaktor) vergütet. Berechnet und vergütet wird also die Normalzeit, die ein Arbeitnehmer für eine bestimmte Leistungsmenge gebraucht haben könnte. Arbeitet der Arbeitnehmer schneller, kann er in einer bestimmten Arbeitszeit eine größere Leistungsmenge erstellen und wird entsprechend besser bezahlt, als wenn er tatsächlich nur die Normalleistung erbracht hätte.

Formel

Bruttoentgelt = Leistungsmenge · Vorgabezeit · Minutenfaktor

Der Vorteil dieser Art der Akkordberechnung liegt darin, dass bei tariflichen Entgeltänderungen nur der Minutenfaktor, nicht aber die Vorgabezeit geändert werden muss.

Solche Akkordbedingungen herrschen beispielsweise im Handwerk bei Fliesenlegern, im industriellen Kontext etwa bei der Herstellung von bestimmten Metallprofilen und bei der Kommissionierung (Zusammenstellen von Waren, ver- bzw. abpacken). Dämpfend auf die Wirksamkeit des Akkordlohns wirkt sich der zunehmende Maschineneinsatz in bestimmten Produktionen aus, da dann das Leistungsergebnis nicht mehr in erster Linie von der menschlichen Arbeitsleistung abhängt (vgl. die Bedingungen des Akkordlohns, insbesondere die unmittelbare Beeinflussbarkeit). In der Automobilindustrie finden sich Gruppenakkordmodelle, in denen die Leistung nicht arbeitnehmerindividuell, sondern auf ein Team bezogen wird.

Beispiel
Die Pharmahandel AG ist ein Großhändler für Apotheken. Ihr Angebot umfasst für die Apotheken die Möglichkeit, täglich dreimal mit den aktuellen Bestellungen beliefert zu werden. Dazu geben die Apotheken die Bestellungen online ab; direkt nach Bestelleingang werden die verschiedenen Medikamente und sonstigen Waren zusammengestellt und in spezielle Transportkisten verpackt. Die Kommissionierer erhalten eine Kombination aus Grundlohn und Akkordzuschlägen. Leistungseinheit sind dabei die Kommissioniervorgänge, die mit Akkordzuschlägen belegt sind. Der Gesamtlohn setzt sich also aus dem Grundlohn und dem Akkordzuschlag zusammen. Bei Normalleistung erreicht ein Mitarbeiter monatlich 1 600,00 EUR.

- Der **Prämienlohn** besteht aus einem Grundlohn und zusätzlich gezahlten Prämien für bestimmte Leistungen, die flexibel definiert werden können. Der Prämienlohn vereinigt Vorteile des Zeitlohns mit denen des Prämienlohns. Prämien können auf sehr unterschiedliche Leistungseinheiten bezogen werden, dementsprechend sind Prämienlohnmodelle sehr flexibel einsetzbar:
  - In der Praxis finden sich Leistungsprämien, die ab Erreichen einer bestimmten Leistungsmenge gezahlt werden; dabei funktioniert der Prämienlohn ähnlich wie der Akkordlohn.
  - Daneben finden sich qualitative Bezugsgrößen: Prämien für die Reduzierung von Fehlerquoten; Prämien für die Einhaltung bestimmter Qualitätsstandards; Prämien für die Einhaltung von Terminen; Prämien für schnelleres Arbeiten (z.B. beim Entladen eines Lkw).

Beispiel
Die Lagermitarbeiter der Warenhauslogistik GmbH erhalten einen Grundlohn in Höhe von 1 600,00 EUR. Für jeden termingerecht abgefertigten Lkw erhalten sie zusätzlich eine Prämie in Höhe von 9,00 EUR.

Die Vor- und Nachteile der verschiedenen Entgeltarten hängen eng mit der unterschiedlichen Funktion für den Arbeitnehmer und den Arbeitgeber zusammen. Für den Arbeitgeber sind Entgelte Aufwand; sie bestimmen zusammen mit anderen Aufwendungen, etwa für Material und Maschinen, die Kosten der Produktion. Für den Arbeitnehmer ist das Entgelt die Basis zur Sicherung seines Lebensunterhalts und ein Motivationsmittel für seine Arbeitsleistung.

	Vorteile	Nachteile
Zeitlohn	• festes Arbeitsentgelt • einfache Erfassung und Berechnung • kein Zeitdruck für die Arbeitnehmer; schonender Umgang mit den Betriebsmitteln (Maschinen) • Gesamtkosten bleiben konstant	• kein Anreiz zu Mehrleistungen (nur die Anwesenheitszeit wird bezahlt) • Stückkosten steigen bei Minderleistung der Arbeitnehmer (keine solide Grundlage für die Preiskalkulation) • Kontrollen zur Leistungsfeststellung müssen stattfinden • das Risiko von Minderleistungen trägt der Arbeitgeber
Prämienlohn	• Berücksichtigung von quantitativen und qualitativen Merkmalen • Möglichkeit, verschiedene Prämien miteinander zu kombinieren • sehr flexibel • Leistungsanreiz für die Arbeitnehmer	• hoher Aufwand zur Leistungserfassung und -berechnung
Akkordlohn	• Motivation zu mehr Leistung • Arbeitnehmer kann die Entgelthöhe durch Leistung mitbestimmen • feste Stückkosten für den Arbeitgeber (Erleichterung der Preiskalkulation für die Produkte) • Vorteil für den Arbeitgeber: das Risiko von Minderleistungen trägt der Arbeitnehmer	• Gefahr eines hohen Arbeitstempos mit Risiken für die Arbeitsqualität, für die Betriebsmittel, für die Gesundheit der Arbeitnehmer (Gefahr eines hohen Krankenstands) • hoher Aufwand zur Leistungserfassung und -berechnung

In der Praxis ist in den vergangenen Jahren ein Trend zu Betonung der Leistungsorientierung und der Flexibilisierung der Löhne zu beobachten:

„Studien zeigen, dass gerade in klein- und mittelständischen Unternehmen die Tendenz der Abschaffung von Zeit- und Akkordlöhnen hin zu Prämienlöhnen zu sehen ist. Hierbei gerät die Mitarbeitermotivation immer mehr in den Vordergrund, da durch diese eine ausgeglichene, qualitativ saubere und qualifizierte Arbeit ausgeführt werden kann, wobei durch Schulungen die Einsatzmöglichkeiten des Arbeiters flexibilisiert werden können. Gerade in kleineren Unternehmenszweigen ist die Resonanz der Einführung eines neuen Bewertungs- und Lohnsystems am besten und schnellsten messbar, da hier direkte Anreize besprochen und beobachtet werden können."

Quelle: Hrsg. v. Dr. Brandenburg, Klaus / INVENT NET® GmbH „Personalentlohnung", unter: www.inventool.de/Tools/129%20Personalentlohnung%20T.pdf (Zugriff: 29.03.2012).

Entgeltformen in der Zeitarbeitsbranche

Die Tarifverträge in der Zeitarbeitsbranche sehen neben den Stundensätzen in Abhängigkeit von der Eingruppierung verschiedene Zuschläge vor, die zusätzlich zum Regelentgelt aus einem besonderen Grund gezahlt werden:

Mehrarbeitszuschläge, Nachtarbeitszuschläge sowie Sonn- und Feiertagszuschläge.

Darüber hinaus gibt es weitere Zuschläge, z. B. bei ununterbrochener Einsatzdauer in einem Kundenbetrieb. Wenn im jeweiligen Kundenbetrieb bestimmte Prämien gezahlt werden, kommen häufig weitere Entgeltbestandteile hinzu.

Ermittlung des Arbeitsentgelts

Der Aufwand bei der Ermittlung des Arbeitsentgelts ist abhängig von der jeweiligen Entgeltform. Bei einem festen Zeitlohn und keinen weiteren Zuschlägen (etwa für Überstunden etc.) wird der Entgeltabrechnung in jedem Monat ein gleiches Arbeitsentgelt zugrunde gelegt. Anpassungen sind nur dann notwendig, wenn sich die steuerrechtlichen, die sozialversicherungsrechtlichen und/oder die tarifvertraglichen Grundlagen ändern.

Basiert das Arbeitsentgelt auf den geleisteten Arbeitsstunden, so müssen diese lückenlos erfasst sein. Das Gleiche gilt für Überstunden, die sogar taggenau erfasst werden müssen. Tarifvertragliche Regelungen sehen häufig eine Staffelung der Überstundenzuschläge vor: zum Beispiel werden 25 % Zuschlag für die ersten beiden Stunden gezahlt, jede weitere angefangene Überstunde unterliegt einem Zuschlagssatz von 50 %.

Bei einer leistungsorientierten Entlohnung nach dem Akkordprinzip müssen die Leistungseinheiten erfasst und einem Arbeitnehmer entsprechend zugerechnet werden können. Die Ermittlung des Arbeitsentgelts in Prämienlohnmodellen kann sehr umfassend sein, je nach der konkreten Ausgestaltung. In jedem Fall ist der Kontroll- und Dokumentationsaufwand höher als beispielsweise bei Entgelten nach geleisteter Arbeitszeit.

2.3 Ermittlung der Abzüge für Steuern

Zu den steuerlichen Abzügen zählen neben der Einkommensteuer der Solidaritätszuschlag und die Kirchensteuer (Annexsteuern).[1] Die Berechnung der Annexsteuern erfolgt auf der Grundlage der Einkommensteuer.

Definition
Zu den steuerlichen Abzügen gehören die Einkommensteuer, der Solidaritätszuschlag und die Kirchensteuer.

Nach § 1 des Einkommensteuergesetzes (EStG) sind „natürliche Personen, die im Inland einen Wohnsitz oder ihren gewöhnlichen Aufenthalt haben, (...) unbeschränkt einkommensteuerpflichtig". Grundlage zur Ermittlung der Einkommensteuer sind die **Einkünfte**. Einkünfte ist ein steuerlicher Begriff, der den Überschuss der Einnahmen über die Werbungskosten bezeichnet (§ 2 Abs. 2 EStG). Das Einkommensteuergesetz unterscheidet insgesamt sieben Einkunftsarten, zu denen auch der Arbeitslohn als „Einkünfte aus nicht selbstständiger Arbeit" zählt.

[1] *Annex bedeutet Zubehör, Anhängsel; die Kirchensteuer und der Solidaritätszuschlag berechnen sich nach einem festen Prozentsatz von der Lohnsteuer.*

§ 2 EStG Umfang der Besteuerung, Begriffsbestimmungen

(1) Der Einkommensteuer unterliegen

1. Einkünfte aus Land- und Forstwirtschaft,
2. Einkünfte aus Gewerbebetrieb,
3. Einkünfte aus selbstständiger Arbeit,
4. Einkünfte aus nicht selbstständiger Arbeit,
5. Einkünfte aus Kapitalvermögen,
6. Einkünfte aus Vermietung und Verpachtung,
7. sonstige Einkünfte im Sinne des § 22,

[...]

Erhoben wird die Einkommensteuer für Arbeitnehmer nach dem sogenannten Lohnabzugsverfahren. Dabei ermittelt der Arbeitgeber die steuerlichen Abzüge für den Arbeitnehmer und überweist diese an das zuständige Finanzamt. Die Einkommensteuer eines Arbeitnehmers wird also am Ort der Entstehung der Steuerschuld (= „Quelle") erhoben; sie wird auch als **Lohnsteuer** oder **Quellensteuer** bezeichnet.

Definition
Lohnsteuer ist die Bezeichnung für die Einkommensteuer der Arbeitnehmer; sie wird im sogenannten Lohnabzugsverfahren erhoben. Grundlage für die Ermittlung der Einkommensteuer ist das Einkommensteuergesetz (EStG).

Bemessungsgrundlage der Einkommensteuer

Bemessungsgrundlage für die Höhe der abzuführenden Einkommensteuer ist das steuerpflichtige Einkommen. Grundsätzlich zählen dazu alle Einkünfte eines Arbeitnehmers. Teilweise jedoch sind Einnahmen in bestimmten Grenzen steuerlich freigestellt, wie zum Beispiel Zuschläge für Sonntagsarbeit, Heirats- und Geburtshilfen sowie das Kindergeld. Daneben können Arbeitnehmer, die besondere finanzielle Belastungen haben, Steuerfreibeträge beantragen („Lohnsteuer-Ermäßigung"). Beispiele für steuerlich relevante Belastungen sind etwa Fahrtkosten zur Arbeitsstätte (Werbungskosten), Unterhaltsleistungen für Kinder (Sonderausgaben) oder bestimmte Kosten, die durch Krankheiten entstehen (außergewöhnliche Belastungen). Überschreiten solche Belastungen einen bestimmten Betrag, kann ein Arbeitnehmer diesen Freibetrag beim zuständigen (Wohnsitz-)Finanzamt beantragen.

Definition
Der **Lohnsteuerfreibetrag** (Lohnsteuerermäßigung) reduziert das monatliche steuerpflichtige Einkommen, dadurch sinken die abzuführenden Steuern.

Recherchetipp

Den Antrag auf Lohnsteuerermäßigung kann man im Internet abrufen, beispielsweise auf der Seite der Oberfinanzdirektion in Rheinland-Pfalz: www.fin-rlp.de

Werbungskosten	Sonderausgaben	Außergewöhnliche Belastungen
... sind solche Aufwendungen, die im Zusammenhang mit der Erwerbung, Sicherung und Erhaltung der Einnahmen stehen (§ 9 EStG).	... sind die im § 10 EStG aufgezählten Aufwendungen; sie können geltend gemacht werden, weil sie die steuerliche Leistungsfähigkeit mindern.	... sind solche Aufwendungen, die aufgrund besonderer Umstände entstehen; solche Umstände sind etwa Krankheit, Behinderung, Todesfall, Unwetterschäden, Ehescheidung.
Beispiele • *Fahrtkosten zur Arbeitsstätte* • *Berufskleidung* • *Arbeitsmittel wie Computer, Bücher und Fachzeitschriften*	***Beispiele*** • *Unterhaltsleistungen* • *Versorgungsleistungen (z. B. auch: Beiträge zur Renten-, Kranken-, Arbeitslosenversicherung)* • *Kirchensteuer* • *Aufwendungen für die eigene Berufsausbildung* • *Kinderbetreuungskosten (soweit nicht Werbungskosten)* • *Spenden*	***Beispiele*** • *Aufwendungen für medizinische Hilfsmittel* • *Bestattungskosten* • *Krankheitskosten (z. B. Anschaffung einer Brille)*

Der Arbeitgeber muss den Steuerfreibetrag (Steuermerkmal) bei der Ermittlung der Lohnsteuer immer berücksichtigen. Das bedeutet, dass sich das zu versteuernde Einkommen in Höhe des Freibetrages reduziert und dadurch die Lohnsteuer geringer ausfällt als ohne den Freibetrag. Dieser Freibetrag wirkt ausschließlich steuermindernd. Die Höhe der Sozialversicherungsbeiträge ist von einem Steuerfreibetrag jedoch nicht betroffen.

Beispiel
Alfred Biermann hat ein regelmäßiges monatliches Bruttoeinkommen in Höhe von 1 910,00 EUR. Zu seinen Besteuerungsmerkmalen gehört ein Steuerfreibetrag in Höhe von 1 200,00 EUR, monatlich sind also 100,00 EUR zu berücksichtigen. Sein steuerpflichtiger Arbeitslohn beträgt demnach 1 810,00 EUR; sein sozialversicherungspflichtiges Einkommen beträgt nach wie vor 1 910,00 EUR.

Steuerklassen

Die individuellen Verhältnisse eines Arbeitnehmers werden steuerlich berücksichtigt, indem jedem steuerpflichtigen Arbeitnehmer eine Lohnsteuerklasse zugeordnet wird. Diese Zuordnung wird auf der Lohnsteuerkarte vermerkt und ist für die Ermittlung der Lohnsteuer maßgebend. In § 38b EStG werden sechs Lohnsteuerklassen unterschieden.

Steuerklasse	Zugeordnete Arbeitnehmergruppen nach § 38b EStG
I	Arbeitnehmer, die ledig, verheiratet mit einem im Ausland lebenden Ehegatten, verwitwet oder geschieden sind.
II	Alleinstehende Arbeitnehmer, wenn bei ihnen der Entlastungsbetrag für Alleinerziehende zu berücksichtigen ist („Alleinerziehende").
III	Arbeitnehmer, die verheiratet sind und nicht dauernd getrennt leben, wenn aa) der Ehegatte des Arbeitnehmers keinen Arbeitslohn bezieht oder bb) der Ehegatte des Arbeitnehmers auf Antrag beider Ehegatten in die Steuerklasse V eingestuft wird.
IV	Arbeitnehmer, die verheiratet sind und nicht dauernd getrennt leben, wenn der Ehegatte des Arbeitnehmers ebenfalls Arbeitslohn bezieht.
V	Arbeitnehmer, wenn der Ehegatte des Arbeitnehmers auf Antrag beider Ehegatten in die Steuerklasse III eingestuft wird.
VI	Arbeitnehmer, die nebeneinander von mehreren Arbeitgebern Arbeitslohn beziehen; die Lohnsteuer für das zweite und ggf. weitere Dienstverhältnis wird nach dieser Steuerklasse besteuert.

Für Ehepaare, bei denen beide Ehegatten berufstätig sind, gilt eine gemeinsame Besteuerung. Um der Jahressteuerschuld möglichst nahe zu kommen und nicht wesentlich zu viel oder zu wenig abzuführen, können Ehegatten wählen, ob sie die Steuerklassenkombination III/V oder IV/IV wählen. Als Faustregel gilt dabei, dass die Ehegatten bei nennenswert unterschiedlich hohen Einkünften die Kombination III/V, bei ähnlich hohen Einkünften die Steuerklassenkombination IV/IV wählen sollten.

Merksatz

Nur die Kombinationen der Steuerklassen III/V und IV/IV sind zulässig. Um sich die beiden Kombinationen der Lohnsteuerklassen zu merken, kann man folgende „Eselsbrücke" nutzen: 3 + 5 = 8 = 4 + 4.

Neben der Lohnsteuerklasse gehören auch die Kinderfreibeträge zu den Besteuerungsmerkmalen. Dabei wird grundsätzlich jedes Kind auf der Steuerkarte jeden Elternteils mit dem Zähler 0,5 berücksichtigt. Unter bestimmten Umständen kann der jeweilige Anteil auf andere übertragen werden (auf den Ehepartner oder auch auf die Großeltern, je nach den tatsächlichen Verhältnissen der Unterhaltspflichten gegenüber dem Kind bzw. den Kindern. Für die Ermittlung der Lohnsteuer hat die Anzahl der Kinderfreibeträge keine Bedeutung. Die Abzüge für den Solidaritätszuschlag und die Kirchensteuer reduzieren sich jedoch mit der Zahl der Kinderfreibeträge.

Beispiel

Ein Arbeitnehmer erhält einen monatlichen Arbeitslohn in Höhe von 1 810,00 EUR. Bei unterschiedlichen Steuerklassen ergeben sich folgende Lohnsteuerabzugsbeträge (nach Lohnsteuertabelle 2012):

Steuerklasse	Lohnsteuerbetrag nach Tabelle	Steuerklasse	Lohnsteuerbetrag nach Tabelle
I	175,58 EUR	IV	175,58 EUR
II	147,58 EUR	V	383,83 EUR
III	12,83 EUR	VI	413,50 EUR

Die meisten Unternehmen nutzen heute spezielle EDV-Programme, die die Einkommensteuer für jedes Arbeitsentgelt auf der Grundlage der Tarifformel des Einkommensteuergesetzes (§ 32a EStG) berechnen. Seit 2001 sind die gesetzlichen Lohnsteuertabellen weggefallen. Zu Informations- und Kalkulationszwecken werden sie aber nach wie vor von Verlagen angeboten und in den Unternehmen eingesetzt.

Beispiel

Lohn/ Gehalt bis €*	Abzüge an Lohnsteuer, Solidaritätszuschlag (SolZ) und Kirchensteuer (8%, 9%) in den Steuerklassen																								
	I – VI					I, II, III, IV																			
			ohne Kinderfreibeträge					mit Zahl der Kinderfreibeträge . . . 0,5			1			1,5			2			2,5			3		
		LSt	SolZ	8%	9%		LSt	SolZ	8%	9%	SolZ	8%	9%	SolZ	8%	9%	SolZ	8%	9%	SolZ	8%	9%	SolZ	8%	9%
1 784,99	I,IV	169,50	9,32	13,56	15,25	I	169,50	3,10	7,72	8,68	—	2,66	2,99	—	—	—	—	—	—	—	—	—	—	—	—
	II	141,75	7,79	11,34	12,75	II	141,75	—	5,66	6,37	—	1,15	1,29	—	—	—	—	—	—	—	—	—	—	—	—
	III	9,50	—	0,76	0,85	III	9,50	—	—	—	—	—	—	—	—	—	—	—	—	—	—	—	—	—	—
	V	375,66	20,66	30,05	33,80	IV	169,50	7,28	10,59	11,91	3,10	7,72	8,68	—	5,—	5,63	—	2,66	2,99	—	0,68	0,77	—	—	—
	VI	405,33	22,29	32,42	36,47																				
1 787,99	I,IV	170,16	9,35	13,61	15,31	I	170,16	3,23	7,77	8,74	—	2,70	3,03	—	—	—	—	—	—	—	—	—	—	—	—
	II	142,33	7,82	11,38	12,80	II	142,33	—	5,71	6,42	—	1,18	1,33	—	—	—	—	—	—	—	—	—	—	—	—
	III	9,83	—	0,78	0,88	III	9,83	—	—	—	—	—	—	—	—	—	—	—	—	—	—	—	—	—	—
	V	376,50	20,70	30,12	33,88	IV	170,16	7,31	10,64	11,97	3,23	7,77	8,74	—	5,05	5,68	—	2,70	3,03	—	0,72	0,81	—	—	—
	VI	406,16	22,33	32,49	36,55																				
1 790,99	I,IV	170,83	9,39	13,66	15,37	I	170,83	3,35	7,82	8,79	—	2,74	3,08	—	—	—	—	—	—	—	—	—	—	—	—
	II	143,—	7,86	11,44	12,87	II	143,—	—	5,76	6,48	—	1,22	1,37	—	—	—	—	—	—	—	—	—	—	—	—
	III	10,16	—	0,81	0,91	III	10,16	—	—	—	—	—	—	—	—	—	—	—	—	—	—	—	—	—	—
	V	377,50	20,76	30,20	33,97	IV	170,83	7,35	10,70	12,03	3,35	7,82	8,79	—	5,10	5,73	—	2,74	3,08	—	0,75	0,84	—	—	—
	VI	407,16	22,39	32,57	36,64																				
1 793,99	I,IV	171,50	9,43	13,72	15,43	I	171,50	3,48	7,87	8,85	—	2,78	3,12	—	—	—	—	—	—	—	—	—	—	—	—
	II	143,66	7,90	11,49	12,92	II	143,66	—	5,80	6,53	—	1,25	1,40	—	—	—	—	—	—	—	—	—	—	—	—
	III	10,50	—	0,84	0,94	III	10,50	—	—	—	—	—	—	—	—	—	—	—	—	—	—	—	—	—	—
	V	378,33	20,80	30,26	34,04	IV	171,50	7,38	10,74	12,08	3,48	7,87	8,85	—	5,14	5,78	—	2,78	3,12	—	0,78	0,88	—	—	—
	VI	408,—	22,44	32,64	36,72																				
1 796,99	I,IV	172,16	9,46	13,77	15,49	I	172,16	3,60	7,92	8,91	—	2,82	3,17	—	—	—	—	—	—	—	—	—	—	—	—
	II	144,33	7,93	11,54	12,98	II	144,33	—	5,85	6,58	—	1,28	1,44	—	—	—	—	—	—	—	—	—	—	—	—
	III	11,—	—	0,88	0,99	III	11,—	—	—	—	—	—	—	—	—	—	—	—	—	—	—	—	—	—	—
	V	379,16	20,85	30,33	34,12	IV	172,16	7,42	10,80	12,15	3,60	7,92	8,91	—	5,18	5,83	—	2,82	3,17	—	0,82	0,92	—	—	—
	VI	409,—	22,49	32,72	36,81																				
1 799,99	I,IV	172,83	9,50	13,82	15,55	I	172,83	3,73	7,97	8,96	—	2,85	3,20	—	—	—	—	—	—	—	—	—	—	—	—
	II	145,—	7,97	11,60	13,05	II	145,—	—	5,90	6,63	—	1,32	1,48	—	—	—	—	—	—	—	—	—	—	—	—
	III	11,33	—	0,90	1,01	III	11,33	—	—	—	—	—	—	—	—	—	—	—	—	—	—	—	—	—	—
	V	380,16	20,90	30,41	34,21	IV	172,83	7,46	10,85	12,20	3,73	7,97	8,96	—	5,23	5,88	—	2,85	3,20	—	0,84	0,95	—	—	—
	VI	409,83	22,54	32,78	36,88																				
1 802,99	I,IV	173,58	9,54	13,88	15,62	I	173,58	3,85	8,02	9,02	—	2,89	3,25	—	—	—	—	—	—	—	—	—	—	—	—
	II	145,66	8,01	11,65	13,10	II	145,66	—	5,94	6,68	—	1,36	1,53	—	—	—	—	—	—	—	—	—	—	—	—
	III	11,66	—	0,93	1,04	III	11,66	—	—	—	—	—	—	—	—	—	—	—	—	—	—	—	—	—	—
	V	381,—	20,95	30,48	34,29	IV	173,58	7,49	10,90	12,26	3,85	8,02	9,02	—	5,28	5,94	—	2,89	3,25	—	0,88	0,99	—	—	—
	VI	410,66	22,58	32,85	36,95																				
1 805,99	I,IV	174,25	9,58	13,94	15,68	I	174,25	3,98	8,07	9,08	—	2,93	3,29	—	—	—	—	—	—	—	—	—	—	—	—
	II	146,33	8,04	11,70	13,16	II	146,33	—	5,99	6,74	—	1,39	1,56	—	—	—	—	—	—	—	—	—	—	—	—
	III	12,—	—	0,96	1,08	III	12,—	—	—	—	—	—	—	—	—	—	—	—	—	—	—	—	—	—	—
	V	382,—	21,01	30,56	34,38	IV	174,25	7,53	10,96	12,33	3,98	8,07	9,08	—	5,32	5,99	—	2,93	3,29	—	0,91	1,02	—	—	—
	VI	411,50	22,63	32,92	37,03																				
1 808,99	I,IV	174,91	9,62	13,99	15,74	I	174,91	4,11	8,12	9,14	—	2,97	3,34	—	—	—	—	—	—	—	—	—	—	—	—
	II	147,—	8,08	11,76	13,23	II	147,—	—	6,04	6,79	—	1,42	1,60	—	—	—	—	—	—	—	—	—	—	—	—
	III	12,33	—	0,98	1,10	III	12,33	—	—	—	—	—	—	—	—	—	—	—	—	—	—	—	—	—	—
	V	382,83	21,05	30,62	34,45	IV	174,91	7,57	11,01	12,38	4,11	8,12	9,14	—	5,37	6,04	—	2,97	3,34	—	0,94	1,06	—	—	—
	VI	412,50	22,68	33,—	37,12																				
1 811,99	I,IV	175,58	9,65	14,04	15,80	I	175,58	4,23	8,17	9,10		3,01	3,38	—	—	—	—	—	—	—	—	—	—	—	—
	II	147,58	8,11	11,80	13,28	II	147,58	—	6,08	6,84	—	1,46	1,64	—	—	—	—	—	—	—	—	—	—	—	—
	III	12,83	—	1,02	1,15	III	12,83	—	—	—	—	—	—	—	—	—	—	—	—	—	—	—	—	—	—
	V	383,83	21,11	30,70	34,54	IV	175,58	7,60	11,06	12,44	4,23	8,17	9,19	—	5,42	6,09	—	3,01	3,38	—	0,98	1,10	—	—	—
	VI	413,50	22,74	33,08	37,21																				
1 814,99	I,IV	176,25	9,69	14,10	15,86	I	176,25	4,36	8,22	9,25	—	3,05	3,43	—	—	—	—	—	—	—	—	—	—	—	—
	II	148,25	8,15	11,86	13,34	II	148,25	—	6,13	6,89	—	1,49	1,67	—	—	—	—	—	—	—	—	—	—	—	—
	III	13,16	—	1,05	1,18	III	13,16	—	—	—	—	—	—	—	—	—	—	—	—	—	—	—	—	—	—
	V	384,50	21,14	30,76	34,60	IV	176,25	7,64	11,11	12,50	4,36	8,22	9,25	—	5,46	6,14	—	3,05	3,43	—	1,01	1,13	—	—	—
	VI	414,50	22,79	33,16	37,30																				

Quelle: Auszug aus Stollfuß Tabellen, Gesamtabzug 2012, Monat, Allgemeine Tabelle, 95. Auflage, Stollfuß Medien, Bonn 2012, S. T 26.

Einkommensteuerprogression

Als Steuerprogression bezeichnet man den Umstand, dass ein verdoppelter Arbeitslohn eine mehr als doppelt so hohe Steuerbelastung mit sich bringt.

Beispiel
Bei der Verdoppelung des Arbeitsentgelts von 1 810,00 EUR erhöht sich der Einkommensteuerbetrag um mehr als das Dreifache (genau: 3,67-fach).

Steuerklasse	Arbeitsentgelt	Steuerbetrag (Tabelle)
I	1 810,00 EUR	175,58 EUR
I	3 620,00 EUR	647,75 EUR

Im Unterschied zur Berechnung der Sozialversicherungsbeiträge ist der Steuertarif nicht konstant. Vielmehr wird im deutschen Steuerrecht das Prinzip der Leistungsfähigkeit angewendet, wonach höhere Einkommen stärker besteuert werden als geringere Einkommen.

Die Spanne der Steuersätze reicht von 14 % (sogenannter Eingangssteuersatz für zu versteuernde Einkommen ab 8 005,00 EUR für Ledige) bis zu 45 % (auch als Spitzensteuersatz bezeichnet, für zu versteuernde Einkommen ab 250 731,00 EUR).

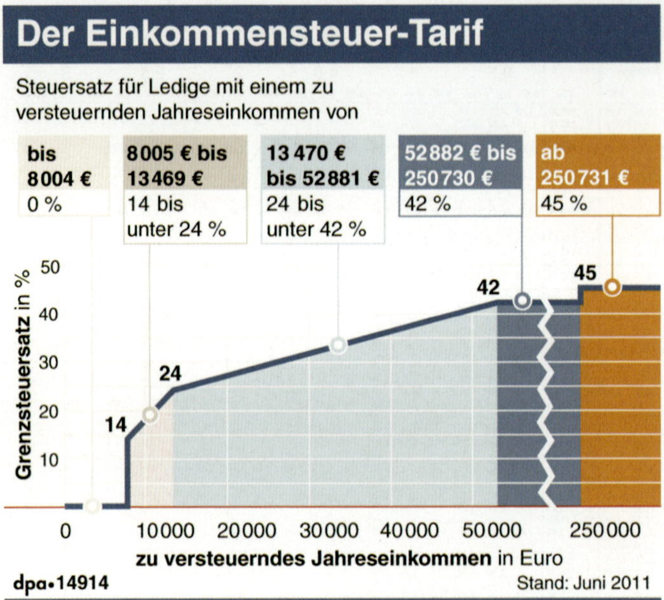

Ermittlung von Solidaritätszuschlag und Kirchensteuer

Neben der Einkommensteuer muss der Steuerpflichtige den **Solidaritätszuschlag** (SolZ, umgangssprachlich auch „Soli" genannt) tragen. Diese Steuer wurde 1991 als Zuschlag zur Einkommensteuer eingeführt, sie beträgt 5,5 % der Einkommensteuer. Falls der Steuerpflichtige konfessionsgebunden ist (steuerrelevantes Merkmal), wird auch die **Kirchensteuer** von der Bemessungsgrundlage der Einkommensteuer berechnet, vom Arbeitgeber einbehalten und an das Finanzamt abgeführt.

Die Höhe der Kirchensteuer ist je nach Wohnort unterschiedlich: Sie beträgt in Baden-Württemberg und Bayern 8 %, in allen anderen Bundesländern 9 % der Einkommensteuer. In den meisten veröffentlichten Lohnsteuertabellen sind auch die Beträge für den Solidaritätszuschlag und die Kirchensteuer ausgewiesen.

Beispiel
Alfred Biermann, katholisch, wohnhaft in Köln, hat ein regelmäßiges monatliches Bruttoeinkommen in Höhe von 1 910,00 EUR. Er hat einen jährlichen Steuerfreibetrag von 1 200,00 EUR, monatlich sind also 100,00 EUR zu berücksichtigen. Sein steuerpflichtiger Arbeitslohn beträgt demnach 1 810,00 EUR. Er ist ledig und kinderlos und der Steuerklasse I zugeordnet. Die Lohnsteuer beträgt 175,58 EUR.

Der Gesamtbetrag für seine steuerlichen Abzüge beträgt:

	Einkommensteuer	Solidaritätszuschlag	Kirchensteuer
Steuertarif	Lt. Tabelle	5,5 % der Einkommensteuer	9 % der Einkommensteuer
Steuerbetrag	175,58 EUR	9,65 EUR	15,80 EUR
Summe der steuerlichen Abzüge	201,03 EUR		

2.4 Ermittlung der Abzüge für die Sozialversicherung

Für Arbeitnehmer besteht in Deutschland eine grundsätzliche Sozialversicherungspflicht.[1] Diese Versicherungspflicht stellt durch die Beitragszahlungen die Versorgung der Versicherten im Krankheits- und Pflegefall, bei einem Unfall, bei Eintreten der Arbeitslosigkeit sowie im Alter sicher. LF 1 / 3

Eine Ausnahme von dieser Versicherungspflicht besteht für Arbeitnehmer in der Kranken- und Pflegeversicherung, wenn ihr Einkommen besonders hoch ist: Überschreitet das sozialversicherungspflichtige Einkommen die sogenannte Jahresarbeitsentgeltgrenze, kann der Arbeitnehmer zwischen einer gesetzlichen oder einer privaten Krankenversicherung wählen. Die Jahresarbeitsentgeltgrenze wird auch als **Versicherungspflichtgrenze** bezeichnet; sie liegt im Jahr 2012 bei 50 850,00 EUR Jahreseinkommen.

Definition
Die **Jahresarbeitsentgeltgrenze** (auch: Versicherungspflichtgrenze) legt fest, bis zu welchem Jahreseinkommen ein Arbeitnehmer Pflichtmitglied der Kranken- und Pflegeversicherung ist.

[1] *Sozialversicherungspflicht besteht darüber hinaus für Studierende und Rentner, die nicht auf Vermögen zurückgreifen können, sowie für alle Empfänger von Sozialleistungen. Für jeden Zweig der Sozialversicherung gibt es bestimmte Ausnahmen von dieser Pflicht, z. B. für sehr gut verdienende Arbeitnehmer in der Krankenversicherung; vgl. etwa Memento Personalrecht Nr. 7655 ff.*

An der Finanzierung der Beiträge für die verschiedenen Zweige der Sozialversicherung sind sowohl der Arbeitgeber als auch der Arbeitnehmer beteiligt, mit einer Ausnahme: Die Beiträge zur gesetzlichen Unfallversicherung trägt der Arbeitgeber allein. Deshalb wird hier auf die Beitragsermittlung zur Unfallversicherung nicht eingegangen.

Überblick über die Finanzierung der Sozialversicherungszweige

Das sozialversicherungspflichtige Einkommen

Die Höhe der Beitragszahlungen zu den vier Versicherungszweigen Kranken-, Pflege-, Renten- und Arbeitslosenversicherung bemisst sich nach den Beitragssätzen und dem jeweiligen Einkommen der Arbeitnehmer, genauer: nach dem sozialversicherungspflichtigen Einkommen. Dieses wird allerdings nur bis zu einer bestimmten, jährlich neu festgelegten Beitragsbemessungsgrenze für die Beitragszahlungen berücksichtigt. Das Einkommen, das über diese Beitragsbemessungsgrenze hinausgeht, bleibt bei der Beitragsberechnung unberücksichtigt. Für die Kranken- und Pflegeversicherung auf der einen und für die Arbeitslosen- und Rentenversicherung auf der anderen Seite gibt es unterschiedliche Beitragsbemessungsgrenzen.

Definition
Die **Beitragsbemessungsgrenze** begrenzt die Beitragshöhe zur Sozialversicherung.

Nicht alle Einkommensbestandteile unterliegen der Sozialversicherungspflicht. Ausnahmen sind etwa Fahrtkostenerstattungen an die Arbeitnehmer, wenn der Arbeitgeber diese pauschaliert versteuert, die kostenlose Bereitstellung von Getränken im Betrieb und auch Kindergartenzuschüsse. Für Sonntags-, Feiertags- und Nachtarbeitszuschläge gibt es differenzierte Regelungen (§ 3b Abs. 1 EStG).

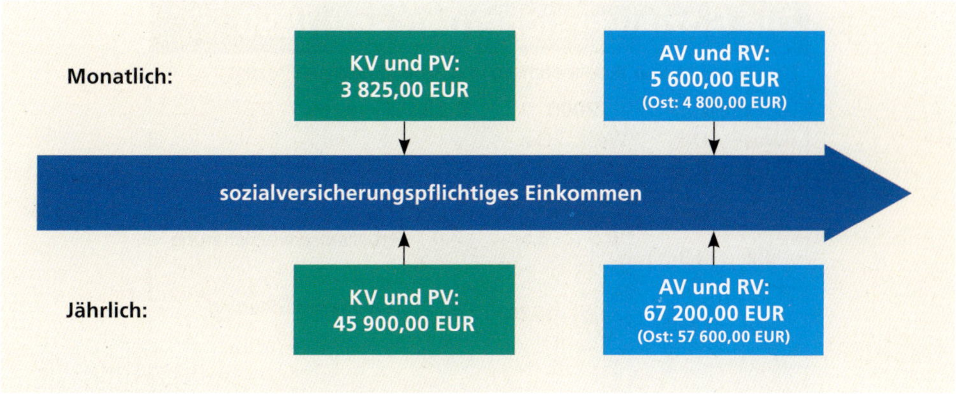

Höhe der Beitragsbemessungsgrenzen 2012 (Stand März 2012)

Beitragssätze und Beitragsberechnung zur Sozialversicherung

Die Beitragssätze zur Kranken-, Pflege-, Renten- und Arbeitslosenversicherung sind bundesweit einheitlich geregelt. Die Beiträge zur Arbeitslosen- und Rentenversicherung tragen Arbeitgeber und Arbeitnehmer je zur Hälfte. Bei der Kranken- und der Pflegeversicherung zahlen Arbeitgeber und Arbeitnehmer unterschiedliche Beitragsanteile (vgl. Tabelle).

Aus den Beitragssätzen und den Beitragsbemessungsgrenzen lässt sich der Betrag errechnen, den ein Arbeitnehmer in Abhängigkeit von seinem Einkommen maximal leisten muss.

WEST / OST (2012)	Krankenversicherung[1]	Pflegeversicherung[2]	Rentenversicherung	Arbeitslosenversicherung
Beitragssatz	15,5 %	1,95 %***	19,6 %	3,0 %
Sonderbeitrag zur Pflegeversicherung *		0,25 % *	–	–
Beitragssatz des Arbeitnehmers	8,2 %	0,975% 1,225 %**	9,8 %	1,5 %
Beitragssatz des Arbeitgebers	7,3 %	0,975 %	9,8 %	1,5 %
Höchstbeitrag **eines Arbeitnehmers**, dessen Arbeitsentgelt oberhalb der Beitragsbemessungsgrenze liegt	313,65 EUR	37,29 EUR 46,86 EUR**	548,80 EUR	84,00 EUR

** für Kinderlose ab 23 Jahren, vom Arbeitnehmer allein zu zahlen ** inklusive des Sonderbeitrags von 0,25 % *** in Sachsen zahlt der Arbeitnehmer einen Anteil von 1,475 %, der Arbeitgeber einen Anteil von 0,475 %*

[1] *Beitragssätze ab 1. Januar 2012; darüber hinaus können die Krankenkassen bei Bedarf individuelle Zusatzbeiträge erheben.*

[2] *Im November 2011 hat die Bundesregierung eine Beitragsanhebung auf 2,05 % zum 1. Januar 2013 beschlossen.*

Beispiel

Alfred Biermann hat ein regelmäßiges monatliches Bruttoeinkommen in Höhe von 1 910,00 EUR. Sein Steuerfreibetrag von monatlich 100,00 EUR beeinflusst nur das steuerpflichtige Einkommen. Sein sozialversicherungspflichtiges Einkommen liegt also bei 1 910,00 EUR. Da Herr Biermann kinderlos ist, muss er den Sonderbeitrag zur Pflegeversicherung bezahlen.

Die Beiträge werden folgendermaßen ermittelt:

	Krankenversicherung	Pflegeversicherung	Rentenversicherung	Arbeitslosenversicherung
Sozialversicherungspflichtiges Einkommen: 1 910,00 EUR				
Beitragssatz des Arbeitnehmers	8,2 %	1,225 %	9,8 %	1,5 %
Beitragshöhe	156,62 EUR	23,40 EUR	187,18 EUR	28,65 EUR
Gesamtbeitrag des Arbeitnehmers zur Sozialversicherung	395,85 EUR			

Arbeitgeberanteil zur Sozialversicherung und Ermittlung des gesamten Beitrags

Die Beiträge zur Sozialversicherung werden von den Arbeitgebern und Arbeitnehmern gemeinsam aufgebracht. Berechnungsgrundlage für die Beiträge ist dabei das sozialversicherungspflichtige Einkommen des Arbeitnehmers, auf das die einzelnen Beitragssätze bezogen werden. Der Gesamtbeitrag zur Sozialversicherung setzt sich aus den Arbeitgeber- und den Arbeitnehmerleistungen zusammen.

Beispiel

Für Alfred Biermann ergeben sich folgende Arbeitgeberanteile zur Sozialversicherung:

	Kranken-versicherung	Pflege-versicherung	Renten-versicherung	Arbeitslosen-versicherung
Sozialversicherungspflichtiges Einkommen: 1 910,00 EUR				
Gesamtbeitrag des Arbeitnehmers zur Sozialversicherung	395,85 EUR			
Beitragssatz des **Arbeitgebers**	7,3 %	0,975 %	9,8 %	1,5 %
Beitragshöhe	139,43 EUR	18,62 EUR	187,18 EUR	28,65 EUR
Arbeitgeberanteil zur Sozialversicherung	373,88 EUR			

Arbeitnehmeranteil zur Sozialversicherung	Arbeitgeberanteil zur Sozialversicherung	Gesamtbeitrag zur Sozialversicherung
395,85 EUR	373,88 EUR	369,73 EUR

Aus Sicht des Arbeitgebers bzw. des Unternehmens sind die Arbeitgeberanteile zur Sozialversicherung Kosten bzw. Aufwendungen bei der betrieblichen Leistungserstellung. Sie liegen – in Abhängigkeit von den Beitragssätzen für das Jahr 2012 zur Sozialversicherung – derzeit bei 19,575 % (= Summe der Prozentsätze) vom vereinbarten Bruttoentgelt. Für Arbeitgeber und Arbeitnehmer sind daher unterschiedliche Entgeltbegriffe relevant: Der Arbeitgeber kalkuliert mit den gesamten Arbeitskosten inklusive der AG-Anteile zur Sozialversicherung.

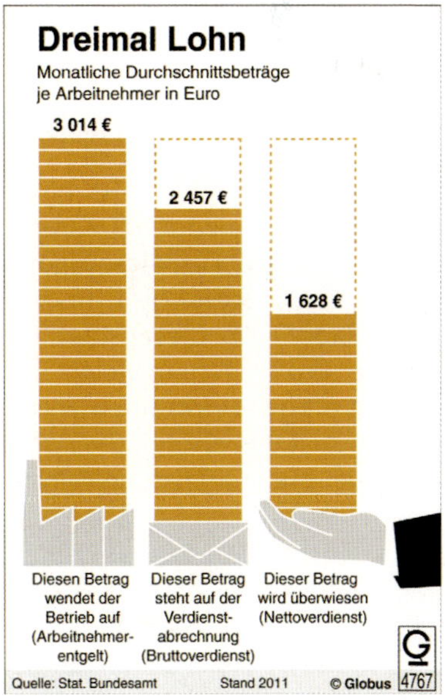

Beispiel

Der sogenannte Arbeitgeber-Bruttobetrag für einen Arbeitnehmer lässt sich überschlägig so berechnen: Bruttoentgelt zuzüglich rund 20 %; bei einem Gehalt von 2 000,00 EUR liegen die Gehaltskosten aus Sicht des Arbeitgebers also bei 2 400,00 EUR.

Der Arbeitnehmer orientiert sich hingegen an seinem Bruttoentgelt (Betrag ohne Steuer- und Sozialversicherungsabzüge) bzw. an dem Nettobetrag, der ihm auf seinem Bankkonto zufließt.

Im fachlichen Kontext

Außer den Bruttoentgelten und den Arbeitgeberanteilen zur Sozialversicherung können die Personalkosten weitere Bestandteile umfassen, die gesetzlich bestimmt, in Tarifverträgen festgelegt und auch zum Teil freiwillig vom Arbeitgeber bezahlt werden. Zu diesen Personalzusatzkosten gehören beispielsweise das Urlaubsgeld, Arbeitgeberzuschüsse zu den vermögenswirksamen Leistungen, Essenszuschüsse, betriebliche Altersversorgung etc.

2.5 Berücksichtigung sonstiger Abzüge

Als sonstige Abzüge werden solche Positionen der Entgeltabrechnung bezeichnet, die den **Überweisungsbetrag** an den Arbeitnehmer mindern. Sie werden vom ermittelten Nettoentgelt abgezogen, also vom verbleibenden Einkommen nach Abzug der Steuern und der Sozialversicherungsbeiträge. Solche persönlichen Abzüge fallen beispielsweise für die Verrechnung von Vorschüssen, die Überweisung der vermögenswirksamen Leistungen sowie bei Lohnpfändungen und Lohnabtretungen an.

Verrechnung von Vorschüssen

Vorschüsse sind Vorauszahlungen des Arbeitgebers auf eine noch nicht verdiente Vergütung.[1] Ansprüche auf Vorschusszahlungen können arbeitsvertraglich, tarifvertraglich oder durch Betriebsvereinbarung begründet sein. Häufig sind die Ansprüche verknüpft mit Regelungen zur Rückzahlung der Vorschüsse. Üblich ist es, Vorschusszahlungen mit der nächstfolgenden Entgeltabrechnung zu verrechnen. Dies geschieht, indem der Vorschussbetrag vom ermittelten Nettoentgelt abgezogen wird. Dadurch reduziert sich entsprechend der Auszahlungsbetrag.

Vermögenswirksame Leistungen

Vermögenswirksame Leistungen sind „Geldleistungen, die der Arbeitgeber für den Arbeitnehmer anlegt" (§ 2 Fünftes Gesetz zur Förderung der Vermögensbildung der Arbeitnehmer). Für diese Sparleistungen können Arbeitnehmer, deren Einkommen bestimmte Grenzen nicht überschreiten, staatliche Zulagen erhalten („Arbeitnehmersparzulage"). Ziel dieser staatlichen Förderung ist es, die Vermögensbildung der Arbeitnehmer anzuregen. In vielen Tarifverträgen ist bestimmt, dass sich der Arbeitgeber an den vermögenswirksamen Leistungen mit einem bestimmten Betrag beteiligt. Dieser Zuschuss ist Bestandteil des Arbeitsentgelts und daher steuer- und sozialversicherungspflichtig. Die Sparleistung selbst wird vom Nettoentgelt abgezogen.

[1] *Im Unterschied dazu sind Abschläge Zahlungen auf eine bereits verdiente, aber noch nicht abgerechnete Vergütung.*

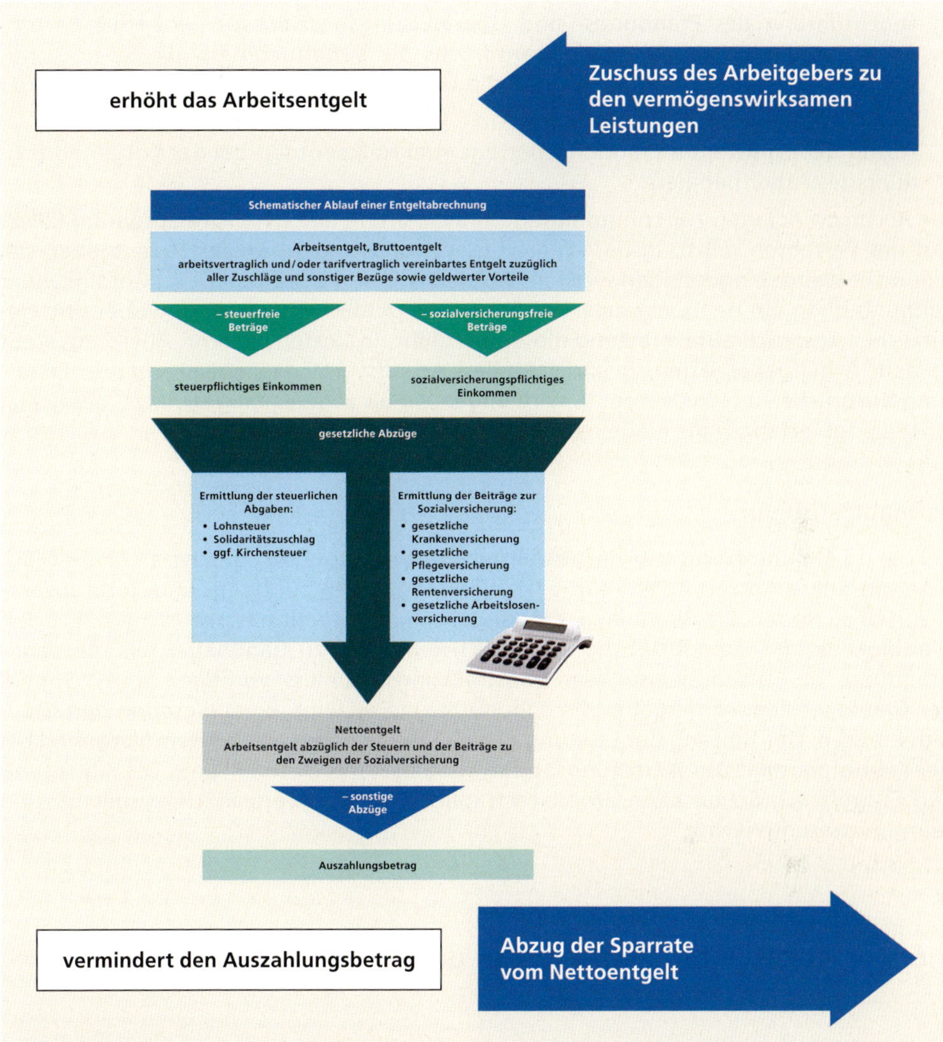

Lohnpfändungen

Eine Pfändung ist die Zwangsvollstreckung einer gerichtlich festgestellten Forderung in das bewegliche Vermögen eines Schuldners. Bei einer Lohnpfändung bedeutet dies, dass mit Zugang eines Pfändungs- und Überweisungsbeschlusses der Arbeitgeber die Vergütung bzw. Teile davon nicht mehr an den Arbeitnehmer leisten darf. Der Arbeitgeber tritt gegenüber dem Gläubiger als sogenannter Drittschuldner auf. Aus dieser Funktion ergeben sich bestimmte Pflichten für den Arbeitgeber, die dieser zu erfüllen hat:

- **Auskunftspflicht** gegenüber dem Gläubiger (Abgabe einer „Drittschuldnererklärung") über die Einkommensverhältnisse des Arbeitnehmers und darüber, ob ggf. weitere Ansprüche bzw. Pfändungen anderer Personen an dem Arbeitsentgelt vorliegen;

- Durchführung des **Pfändungs- und Überweisungsbeschlusses**, wozu die Berechnung des pfändbaren Vergütungsanspruchs des Arbeitnehmers, die Berücksichtigung der Pfändungsfreigrenzen und die Überweisung des pfändbaren Anteils des Entgelts an den Gläubiger gehört;
- Abzug des ermittelten Pfändungsbetrags vom Nettoentgelt bei der Entgeltabrechnung des Arbeitnehmers.

Die Rechtsgrundlagen zur Lohnpfändung finden sich in der Zivilprozessordnung (ZPO). Auf das Verfahren selbst, insbesondere die Haftungsfragen für den Arbeitgeber, soll hier nicht weiter eingegangen werden. Für den Arbeitgeber entsteht im Gefolge einer Lohnpfändung ein nennenswerter zeitlicher und geldlicher Aufwand, wobei kein gesetzlicher Anspruch auf Erstattung dieser Bearbeitungskosten besteht. Allerdings steht es dem Arbeitgeber offen, in individuellen Arbeitsverträgen entsprechende Erstattungsansprüche zu formulieren. Es wird allgemein als zulässig eingeschätzt, bereits im Einstellungsverfahren die Frage nach Lohnpfändungen zu klären.

Lohnabtretungen

Bei einer Lohnabtretung tritt der Arbeitnehmer Vergütungsansprüche an einen Gläubiger ab. Diese Abtretung ist relativ häufig in Verträgen zu Raten- und Verbraucherkrediten zu finden. Sie dient dazu, die Ansprüche des Gläubigers abzusichern. Für den Gläubiger ist die Lohnabtretung wesentlich einfacher zu handhaben als die Lohnpfändung, da beispielsweise kein Vollstreckungsbeschluss vorliegen muss. Sobald der Gläubiger dem Arbeitgeber die Lohnabtretung anzeigt, muss dieser an den Gläubiger leisten. Der Umfang der Leistung errechnet sich dabei analog dem Vorgehen bei der Lohnpfändung: Der Abtretungsbetrag reduziert das Nettoentgelt. Die Abtretung von Entgeltansprüchen kann arbeitsvertraglich oder tarifvertraglich ausgeschlossen sein („Abtretungsverbot").

2.6 Pflichten der Arbeitgeber und Arbeitnehmer bei der Entgeltabrechnung

2.6.1 Pflichten des Arbeitgebers

Im Zusammenhang mit der Entgeltabrechnung entstehen für den Arbeitgeber einige Pflichten, die im Folgenden kurz dargestellt werden.

Pflicht zur Erstellung und Erläuterung der Lohn- und Gehaltsabrechnung

Um die Vergütung seiner Arbeitsleistung nachzuvollziehen und zu kontrollieren, hat jeder Arbeitnehmer ein Recht auf eine Lohn- bzw. Gehaltsabrechnung, aus der hervorgeht, aus welchen Beträgen sich die Entgeltzahlung zusammensetzt. Die Gewerbeordnung (GewO) verpflichtet den Arbeitgeber dazu, für jeden Arbeitnehmer eine Lohn- und Gehaltsabrechnung zu erstellen. Diese muss in Textform erteilt werden und Angaben über den Abrechnungszeitraum und die Zusammensetzung des Arbeitsentgelts enthalten. Auf eine monatliche Abrechnung in Textform hat der Arbeitnehmer nach § 108 der Gewerbeordnung jedoch keinen Anspruch.

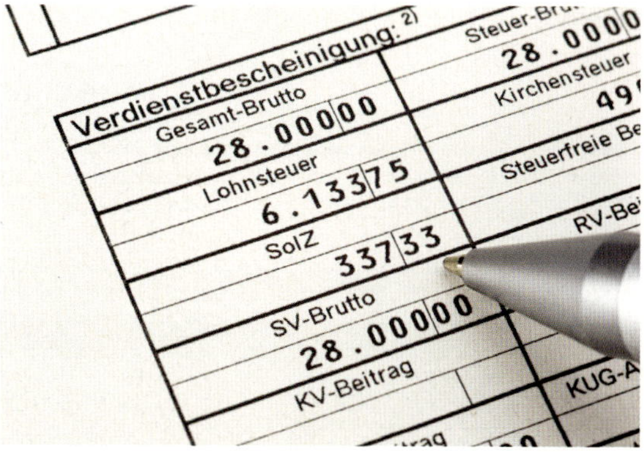

§ 108 GewO Abrechnung des Arbeitsentgelts

(1) [1]Dem Arbeitnehmer ist bei Zahlung des Arbeitsentgelts eine Abrechnung in Textform zu erteilen. [2]Die Abrechnung muss mindestens Angaben über Abrechnungszeitraum und Zusammensetzung des Arbeitsentgelts enthalten. [3]Hinsichtlich der Zusammensetzung sind insbesondere Angaben über Art und Höhe der Zuschläge, Zulagen, sonstige Vergütungen, Art und Höhe der Abzüge, Abschlagszahlungen sowie Vorschüsse erforderlich.

(2) Die Verpflichtung zur Abrechnung entfällt, wenn sich die Angaben gegenüber der letzten ordnungsgemäßen Abrechnung nicht geändert haben.

(3) [1]Das Bundesministerium für Arbeit und Soziales wird ermächtigt, das Nähere zum Inhalt und Verfahren einer Entgeltbescheinigung, die zu Zwecken nach dem Sozialgesetzbuch verwendet werden kann, durch Rechtsverordnung zu bestimmen. [2]Der Arbeitnehmer kann vom Arbeitgeber zu anderen Zwecken eine weitere Entgeltbescheinigung verlangen, die sich auf die Angaben nach Absatz 1 beschränkt.

Zum Teil verzichten Arbeitgeber auf eine monatliche Abrechnung und stellen die schriftliche Bescheinigung nur aus, wenn sich an den Abrechnungsdaten etwas geändert hat. Vorschriften für die Gestaltung und die Inhalte einer Entgeltabrechnung gibt es nicht. Das im Folgenden abgebildete Formular zur Lohn- und Gehaltsabrechnung zeigt die typischen Elemente einer solchen Entgeltabrechnung:

- Angaben zum Arbeitnehmer wie beispielsweise Name, Anschrift, Personalnummer, Eintrittsdatum, Kontoverbindungen, zuständige Krankenversicherung, Steuerklasse, Kinderanzahl, Angaben zur Sozialversicherung (Schlüsselnummer),
- Abrechnungszeitraum, Monatsbeträge, kumulierte Jahresbeträge, Zusammensetzung der Vergütung,
- Angaben zum Unternehmen, ggf. mit einer Schlüsselnummer, wenn die Entgeltabrechnung durch einen externen Dienstleister erstellt wird, Kostenstelle für das Entgelt u. Ä.

Beispiel

Lohn- und Gehaltsabrechnung

Diese Abrechnung gilt als Verdienstbescheinigung. Bitte aufbewahren. **(Beträge in Euro)**

Herr / Frau			
Firma 999	Blatt 1/1	Monat	Datum

Lohnart	Bezeichnung	Art*	Anzahl	Satz	%-Zuschlag	Betrag
	Grundvergütung	P/P				
	Zuschläge	P/P				

*Art: (P) –pflichtig (F) – frei (A) – Bezug/Abzug (*) – ohne Berechnung

Summen des Monats

Steuerpfl. Bruttolohn	Lohnsteuer	Kirchensteuer	Solid.-Zuschlag	Soz.vers.-Brutto
Krankenversicherung	Rentenversicherung	Arbeitslosenvers.	Pflegeversicherung	

Summen des Jahres

Gesamt-Bruttolohn	St.-fr. Bezüge	sonst. St.pfl.	steuerpfl. Brutto	Soz.vers.-Brutto
Lohnsteuer	Kirchensteuer	Solid.-Zuschlag		
Krankenversicherung	Rentenversicherung	Arbeitslosenvers.	Pflegeversicherung	ges. gesetzl. Abs.
Vermögensbildung	Kindergeld			
–	–			

Persönliche Daten

Personalnummer	Gruppe	Kostenstelle	Gesamtbrutto
			gesetzliche Abzüge
Eintrittsdatum	St.-Klasse	Kind	Netto-Verdienst
			persönliche Be-/Abzüge
SV-Schlüssel	Krankenkasse		Überweisung
Bankverbindung			

Beispielformular einer Entgeltabrechnung

Zusätzlich zur schriftlich vorgelegten Abrechnung hat der Arbeitgeber die Pflicht, einem Arbeitnehmer bei Bedarf die Abrechnung mündlich oder schriftlich zu erläutern (vgl. § 82 Abs. 2 BetrVG).

Erstellung von Entgeltbescheinigungen

Bei Bedarf, zum Beispiel zur Vorlage bei einem Vermieter und/oder im Zusammenhang mit der Kreditbeantragung bei Kreditinstituten, kann der Arbeitnehmer eine Bescheinigung über seine regelmäßigen Einkünfte verlangen. Daneben bestimmt das Sozialgesetzbuch Auskunftspflichten des Arbeitgebers (§ 98 SGB X) im Zusammenhang mit verschiedenen sozialversicherungsrelevanten Anlässen, beispielsweise für die Beantragung von Mutterschaftsgeld, Krankengeld, Versorgungskrankengeld oder Übergangsgeld.

Praxistipp

Formularbeispiele für Entgeltbescheinigungen finden sich z. B. auf den Internetseiten der Bundesagentur für Arbeit (www.arbeitsagentur.de) und verschiedener gesetzlicher Krankenkassen.

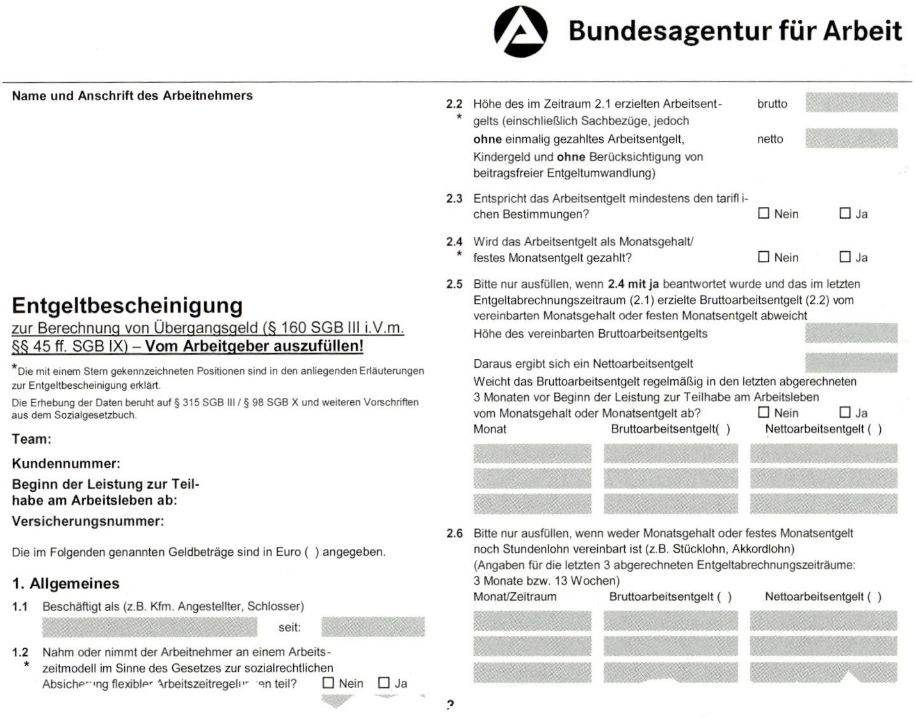

Bundesagentur für Arbeit

Name und Anschrift des Arbeitnehmers

Entgeltbescheinigung

zur Berechnung von Übergangsgeld (§ 160 SGB III i.V.m. §§ 45 ff. SGB IX) – **Vom Arbeitgeber auszufüllen!**

*Die mit einem Stern gekennzeichneten Positionen sind in den anliegenden Erläuterungen zur Entgeltbescheinigung erklärt.

Die Erhebung der Daten beruht auf § 315 SGB III / § 98 SGB X und weiteren Vorschriften aus dem Sozialgesetzbuch.

Team:

Kundennummer:

Beginn der Leistung zur Teilhabe am Arbeitsleben ab:

Versicherungsnummer:

Die im Folgenden genannten Geldbeträge sind in Euro ( ) angegeben.

1. Allgemeines

1.1 Beschäftigt als (z.B. Kfm. Angestellter, Schlosser) seit:

1.2 * Nahm oder nimmt der Arbeitnehmer an einem Arbeitszeitmodell im Sinne des Gesetzes zur sozialrechtlichen Absicherung flexibler Arbeitszeitregelungen teil? ☐ Nein ☐ Ja

2.2 * Höhe des im Zeitraum 2.1 erzielten Arbeitsentgelts (einschließlich Sachbezüge, jedoch **ohne** einmalig gezahltes Arbeitsentgelt, Kindergeld und **ohne** Berücksichtigung von beitragsfreier Entgeltumwandlung) brutto netto

2.3 Entspricht das Arbeitsentgelt mindestens den tariflichen Bestimmungen? ☐ Nein ☐ Ja

2.4 * Wird das Arbeitsentgelt als Monatsgehalt/festes Monatsentgelt gezahlt? ☐ Nein ☐ Ja

2.5 Bitte nur ausfüllen, wenn **2.4 mit ja** beantwortet wurde und das im letzten Entgeltabrechnungszeitraum (2.1) erzielte Bruttoarbeitsentgelt (2.2) vom vereinbarten Monatsgehalt oder festen Monatsentgelt abweicht

Höhe des vereinbarten Bruttoarbeitsentgelts

Daraus ergibt sich ein Nettoarbeitsentgelt

Weicht das Bruttoarbeitsentgelt regelmäßig in den letzten abgerechneten 3 Monaten vor Beginn der Leistung zur Teilhabe am Arbeitsleben vom Monatsgehalt oder Monatsentgelt ab? ☐ Nein ☐ Ja

Monat	Bruttoarbeitsentgelt( )	Nettoarbeitsentgelt ( )

2.6 Bitte nur ausfüllen, wenn weder Monatsgehalt oder festes Monatsentgelt noch Stundenlohn vereinbart ist (z.B. Stücklohn, Akkordlohn) (Angaben für die letzten 3 abgerechneten Entgeltabrechnungszeiträume: 3 Monate bzw. 13 Wochen)

Monat/Zeitraum	Bruttoarbeitsentgelt ( )	Nettoarbeitsentgelt ( )

Pflicht zur Berechnung, Einbehaltung und Abführung der steuerlichen Abzüge und der Beiträge zur Sozialversicherung

Zu den Aufgaben bei der Entgeltabrechnung gehören die Berechnung, Einbehaltung und ordnungsgemäße Abführung des Gesamtsozialversicherungsbeitrages sowie der relevanten Steuern. Während die Steuern vollständig vom Arbeitnehmer getragen werden, setzt sich der Sozialversicherungsbeitrag aus den Anteilen des Arbeitnehmers und LF 3 / 1.4.1

denen des Arbeitgebers zusammen. Gegenüber der Einzugsstelle für den Gesamtsozialversicherungsbeitrag haftet der Arbeitgeber für die Zahlung des Gesamtbeitrages (§ 28e SGB IV). Ergeben sich rechnerische und/oder sachliche Unstimmigkeiten bei der Beitragsberechnung, wendet sich die Einzugsstelle der Sozialversicherung an den Arbeitgeber mit der Aufforderung, die noch offenen Beträge zu zahlen, unabhängig davon, ob sie Teil des Arbeitgeber- oder Teil des Arbeitnehmeranteils zur Sozialversicherung sind.

Auch bei den Steuern ist der Arbeitgeber in der Zahlungspflicht gegenüber den Finanzbehörden. Unstimmigkeiten und nachträgliche Zahlungspflichten können sich beispielsweise durch Betriebsprüfungen ergeben. Nachzahlungen aufgrund falsch berechneter Arbeitnehmeranteile zur Sozialversicherung oder zu geringer Steuerzahlungen kann der Arbeitgeber anschließend gegenüber dem Arbeitnehmer geltend machen.

Teil der ordnungsgemäßen Abführung der Beiträge ist auch die Fristeinhaltung:

- Bei den Sozialversicherungsbeiträgen muss die Meldung des Arbeitgebers bis spätestens zwei Arbeitstage vor Fälligkeit per Datenübertragung erfolgen (§ 28f SGB IV), die Zahlung dann bis zum drittletzten Bankarbeitstag.
- Die steuerlichen Beträge müssen bis zum 10. Tag nach dem abrechnungsrelevanten Monat parallel zur Lohnsteueranmeldung abgeführt werden (relevant ist der Zahlungseingang beim Finanzamt).

	Meldefrist	Abführungsfrist (Fälligkeit)
Sozialversicherungsbeiträge	Übermittlung der Beitragsnachweise bis zwei Arbeitstage vor Fälligkeit.	Drittletzter Bankarbeitstag des Monats, auf den sich das Entgelt bezieht.
Steuern	Bis zum 10. Tag nach Ablauf des abrechnungsrelevanten Monats.	

Praxistipp

Die genauen Fälligkeitstage in jedem Kalenderjahr werden auf den Internetseiten der Krankenkassen und des Finanzamtes veröffentlicht.

Pflicht zur Führung eines Lohnkontos und zur Ausstellung der elektronischen Lohnsteuerbescheinigung

Das Einkommensteuergesetz bestimmt, dass der Arbeitgeber für jeden Arbeitnehmer ein Lohnkonto zu führen hat (§ 41 Abs. 1 EStG). Dieses ist nicht zu verwechseln mit den Aufwandskonten für Lohn und Gehalt des betrieblichen Rechnungswesens. Im Lohnkonto werden im Besonderen die monatlichen Zahlungen und die allgemeinen Angaben eines Arbeitnehmers erfasst. Nach Ablauf eines Kalenderjahres (bei Ausscheiden eines Arbeitnehmers aus dem Betrieb auch während eines Jahres) wird das Lohnkonto mit der Erstellung der **elektronischen Lohnsteuerbescheinigung** abgeschlossen. Diese wird sowohl an das zuständige Finanzamt gesendet als auch dem Arbeitnehmer ausgehändigt und dient ihm als Beleg. Die Lohnkonten hat der Arbeitgeber auch nach dem Ausscheiden eines Arbeitnehmers aufzubewahren, die gesetzliche Aufbewahrungsfrist beträgt sechs Jahre (§ 41 Abs. 1 EStG).

Ausdruck der elektronischen Lohnsteuerbescheinigung für 2012

Nachstehende Daten wurden maschinell an die Finanzverwaltung übertragen.

Datum:

eTIN:

Identifikationsnummer:

Personalnummer:

Geburtsdatum:

Transferticket:

Dem Lohnsteuerabzug wurden zugrunde gelegt:

Steuerklasse/Faktor	vom - bis

Zahl der Kinderfreibeträge	vom - bis

Steuerfreier Jahresbetrag	vom - bis

Jahreshinzurechnungsbetrag	vom - bis

Kirchensteuermerkmale	vom - bis

Anschrift und Steuernummer des Arbeitgebers:

1. Dauer des Dienstverhältnisses		vom - bis	
2. Zeiträume ohne Anspruch auf Arbeitslohn		Anzahl „U"	
Großbuchstaben (S, F)			
		EUR	Ct
3. Bruttoarbeitslohn einschl. Sachbezüge ohne 9. und 10.			
4. Einbehaltene Lohnsteuer von 3.			
5. Einbehaltener Solidaritätszuschlag von 3.			
6. Einbehaltene Kirchensteuer des Arbeitnehmers von 3.			
7. Einbehaltene Kirchensteuer des Ehegatten von 3. (nur bei konfessionsverschiedener Ehe)			
8. In 3. enthaltene Versorgungsbezüge			
9. Ermäßigt besteuerte Versorgungsbezüge für mehrere Kalenderjahre			
10. Ermäßigt besteuerter Arbeitslohn für mehrere Kalenderjahre (ohne 9.) und ermäßigt besteuerte Entschädigungen			
11. Einbehaltene Lohnsteuer von 9. und 10.			
12. Einbehaltener Solidaritätszuschlag von 9. und 10.			
13. Einbehaltene Kirchensteuer des Arbeitnehmers von 9. und 10.			
14. Einbehaltene Kirchensteuer des Ehegatten von 9. und 10. (nur bei konfessionsverschiedener Ehe)			
15. Kurzarbeitergeld, Zuschuss zum Mutterschaftsgeld, Verdienstausfallentschädigung (Infektionsschutzgesetz), Aufstockungsbetrag und Altersteilzeitzuschlag			
16. Steuerfreier Arbeitslohn nach	a) Doppelbesteuerungsabkommen		
	b) Auslandstätigkeitserlass		
17. Steuerfreie Arbeitgeberleistungen für Fahrten zwischen Wohnung und Arbeitsstätte			
18. Pauschalbesteuerte Arbeitgeberleistungen für Fahrten zwischen Wohnung und Arbeitsstätte			
19. Steuerpflichtige Entschädigungen und Arbeitslohn für mehrere Kalenderjahre, die nicht ermäßigt besteuert wurden - in 3. enthalten			
20. Steuerfreie Verpflegungszuschüsse bei Auswärtstätigkeit			
21. Steuerfreie Arbeitgeberleistungen bei doppelter Haushaltsführung			
22. Arbeitgeberanteil	a) zur gesetzlichen Rentenversicherung		
	b) an berufsständische Versorgungseinrichtungen		
23. Abeitnehmeranteil	a) zur gesetzlichen Rentenversicherung		
	b) an berufsständische Versorgungseinrichtungen		
24. Steuerfreie Arbeitgeberzuschüsse	a) zur gesetzlichen Krankenversicherung		
	b) zur privaten Krankenversicherung		
	c) zur gesetzlichen Pflegeversicherung		
25. Arbeitnehmerbeiträge zur gesetzlichen Krankenversicherung			
26. Arbeitnehmerbeiträge zur sozialen Pflegeversicherung			
27. Arbeitnehmerbeiträge zur Arbeitslosenversicherung			
28. Beiträge zur privaten Krankenversicherung und Pflege-Pflichtversicherung			
29. Bemessungsgrundlage für den Versorgungsfreibetrag zu 8.			
30. Maßgebendes Kalenderjahr des Versorgungsbeginns zu 8. und/oder 9.			
31. Zu 8. bei unterjähriger Zahlung: Erster und letzter Monat, für den Versorgungsbezüge gezahlt wurden			
32. Sterbegeld; Kapitalauszahlungen/Abfindungen und Nachzahlungen von Versorgungsbezügen - in 3. und 8. enthalten			
33. Ausgezahltes Kindergeld			–
Finanzamt, an das die Lohnsteuer abgeführt wurde (Name und vierstellige Nr.)			

3.11

Im fachlichen Kontext

Lohnsteuerkarten wurden letztmals für das Jahr 2010 erstellt. Lohnsteuerkarten dokumentierten bisher die für eine Gehaltsabrechnung wichtigen Besteuerungsmerkmale des Arbeitnehmers für den Arbeitgeber. Der Arbeitgeber muss diese Merkmale bei der Abrechnung beachten.

Die papierne Lohnsteuerkarte wird nun abgelöst von dem Verfahren ELStAM, der elektronischen Vorlage der Lohnabzugsmerkmale. Das ELStAM-Verfahren soll Anfang des Jahres 2013 starten und für alle Beteiligten mit einem geringeren Aufwand verbunden sein.

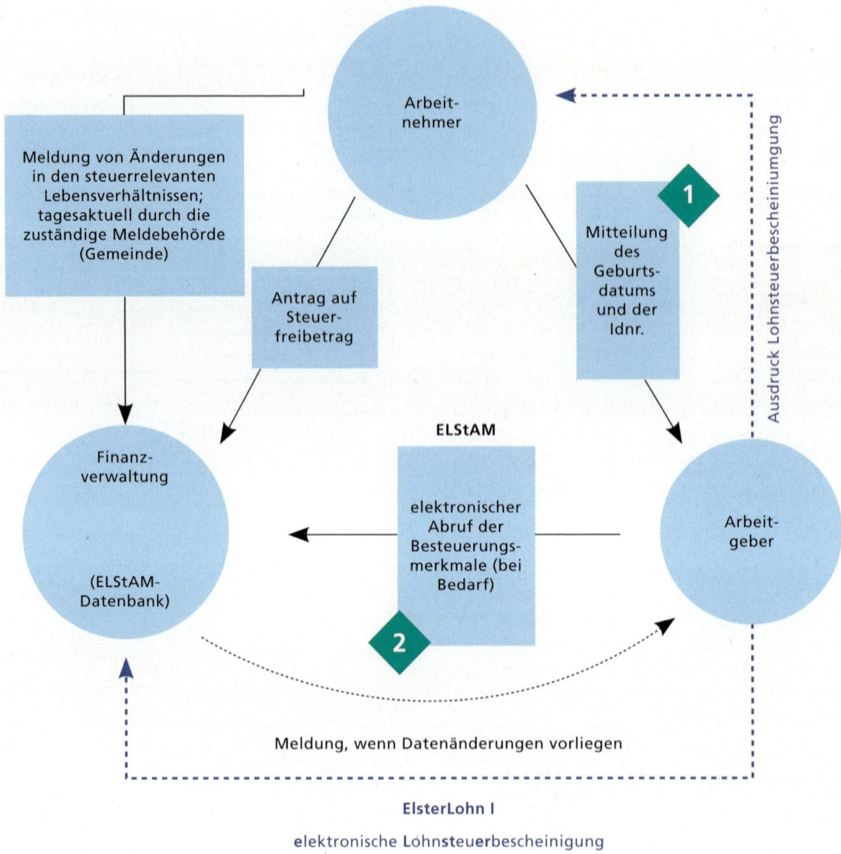

2.6.2 Pflichten des Arbeitnehmers

Aufgabe des Arbeitnehmers ist es, dem Arbeitgeber alle für die Entgeltabrechnung notwendigen Informationen bereitzustellen. Das bedeutet im ELStAM-Verfahren, dass der Arbeitgeber zum Abruf der Daten bei der Finanzverwaltung berechtigt ist. Dazu sind das Geburtsdatum und die steuerliche Identifikationsnummer (Idnr.) an den Arbeitgeber weiterzuleiten. Zusätzlich muss der Arbeitnehmer auch mitteilen, ob es sich um ein Haupt- oder Nebenbeschäftigungsverhältnis handelt.

Mit diesen Daten kann der Arbeitgeber die aktuellen Besteuerungsgrundlagen eines Arbeitnehmers aus der ELStAM-Datenbank abrufen. Weigert sich der Arbeitnehmer, seine Idnr. mitzuteilen, muss der Arbeitgeber die Steuerklasse VI anwenden.

Recherchetipp

- Bundeszentralamt für Steuern: www.bzst.bund.de
- Bundesfinanzministerium: www.bundesfinanzministerium.de

Im fachlichen Kontext

Ein Arbeitnehmer kann im ELStAM-Verfahren auch bestimmte Arbeitgeber von einem Datenabruf ausschließen („Negativliste") oder einen Kreis von berechtigten Unternehmen angeben („Positivliste").

Zusammenfassung

- Die **Entgeltabrechnung** erfolgt in vier Schritten:

Berechnungsschritt	
1. Ermittlung der Summe des Arbeitsentgelts eines Arbeitnehmers	
2.a Ermittlung der Abzüge für die Sozialversicherung des Arbeitnehmers	2.b Ermittlung der Abzüge für die Steuern des Arbeitnehmers
3. Ermittlung des verbleibenden Betrags nach Abzug der Steuern und Sozialversicherungsbeiträge	
4. Ermittlung des auszuzahlenden bzw. zu überweisenden Betrags nach Berücksichtigung von persönlichen Abzügen und/oder Bezügen	

- Zum Entgelt gehören Geld- und Sachbezüge, laufende und einmalige Zahlungen.
- Unterschieden werden drei Formen der Vergütung: **Zeitlohn, Akkordlohn und Prämienlohn**. Jede Entgeltform hat bestimmte Vor- und Nachteile. Bei der Auswahl einer bestimmten Entgeltform ist auf die Einsatzbedingungen zu achten.
- Zu den **steuerlichen Abzügen** gehören die **Lohnsteuer** (eine Form der Einkommensteuer), der **Solidaritätszuschlag** sowie die **Kirchensteuer**. Die steuerlichen Abzüge können errechnet oder in einer Lohnsteuertabelle abgelesen werden. Die Höhe der steuerlichen Abzüge ist abhängig von
  - der Höhe des Einkommens,
  - den zu berücksichtigenden Steuerfreibeträgen und
  - der Steuerklasse.
- Grundlage der Berechnung der Abzüge für die **Beiträge zur Sozialversicherung** ist das sozialversicherungspflichtige Einkommen. Die Beiträge werden ermittelt, indem die Beitragssätze auf das Einkommen bezogen werden. Die Beiträge zur Kranken-, Pflege-, Renten- und Arbeitslosenversicherung werden von

Zusammenfassung

den Arbeitgebern und Arbeitnehmern gemeinsam getragen. Nur die zusätzlichen Beiträge zur Krankenversicherung und ggf. zur Pflegeversicherung bezahlt der Arbeitnehmer allein.

- Für den Arbeitgeber sind die Arbeitgeberanteile zur Sozialversicherung Personalaufwand bzw. Personalkosten.
- Im Einzelfall müssen bei einer Entgeltabrechnung **weitere Abzüge** berücksichtigt werden, beispielsweise Vorschüsse, vermögenswirksame Leistungen, Lohnpfändungen und Lohnabtretungen.
- Arbeitgeber und Arbeitnehmer haben folgende **Pflichten** bei der Entgeltabrechnung:

Pflichten des Arbeitgebers	Pflichten des Arbeitnehmers
– Erstellung einer Lohn- und Gehaltsabrechnung – Erläuterung der Lohn- und Gehaltsabrechnung – Erstellung von Entgeltbescheinigungen – Berechnung, Einbehaltung und Abführung der steuerlichen Abzüge – Berechnung, Einbehaltung und Abführung des Gesamtsozialversicherungsbeitrags – Führung eines Lohnkontos – Ausstellen der elektronischen Lohnsteuerbescheinigung	– Mitteilung des Geburtsdatums und der steuerlichen Identifikationsnummer (Idnr.)

Aufgaben

1. *Caroline Heinrich ist bei der Wilkens GmbH in der Verkaufsabteilung beschäftigt. Die Lohnsteuer für Frau Heinrich beträgt 402,00 EUR. Berechnen Sie den Solidaritätszuschlag und die Abzüge für die Kirchensteuer.*

2. *Ein großer Lebensmitteleinzelhandelsbetrieb beschäftigt zehn Mitarbeiterinnen und Mitarbeiter in Vollzeit für die Auffüllung der Verkaufsregale. Diese Mitarbeiter /-innen haben dieselbe Schicht bis zum frühen Nachmittag. Im Verlauf einer Woche ergeben sich folgende typische Probleme:*
   - *Während ein Mitarbeiter seine Pause einhält, bleibt eine nicht vollständig entladene Palette im Gang zwischen den Regalen stehen.*
   - *Am Dienstagvormittag müssen die Leute rund eine halbe Stunde auf den nächsten Lkw mit Waren warten; er hat auf der Autobahn im Stau gestanden.*
   - *Die Fluktuation bei den Mitarbeitern ist relativ hoch, kein Mitarbeiter ist länger als elf Monate im Betrieb. Im Durchschnitt fängt jeden Monat ein neuer Mitarbeiter an, da ein anderer gekündigt hat.*

a) *Bislang werden die Mitarbeiter/-innen nach Stunden bezahlt. Welche weiteren Möglichkeiten der Bezahlung gibt es?*

b) *Diskutieren Sie darüber, welches Entlohnungssystem Sie in diesem Fall für geeignet und angemessen halten.*

3. *Auf der Lohnsteuerkarte eines Mitarbeiters ist ein Steuerfreibetrag von 1 200,00 Euro eingetragen. Erläutern Sie die Bedeutung und die Wirkung dieses Steuerfreibetrags.*

4. *Die steuerlichen Abzüge eines Arbeitnehmers unterscheiden sich je nach Steuerklassen. Stellen Sie die steuerlichen Abzüge für ein Arbeitsentgelt in Höhe von 1 800,00 EUR nach Steuerklasse I und nach Steuerklasse III gegenüber. Diskutieren Sie, ob die unterschiedliche steuerliche Belastung „gerecht" ist.*

5. *Bringen Sie folgende Teilschritte der Erstellung einer Entgeltabrechnung in die richtige Reihenfolge. Kennzeichnen Sie den ersten Schritt mit einer „1", den zweiten mit einer „2" und so weiter.*

Ermittlung des Nettoentgelts	
Ermittlung der Abzüge für die Sozialversicherung	
Ermittlung der Zuschläge	
Ermittlung des Auszahlungsbetrages	
Ermittlung des Bruttoentgelts	
Ermittlung des Pfändungsbetrages	

6. *Welche der folgenden Leistungen zählen zum Arbeitsentgelt?*

Mehrarbeitszuschläge	
Überlassung eines Dienstfahrzeuges	
Weihnachtsgeld	
Geschenk des Abteilungsleiters zur Taufe des Kindes eines Mitarbeiters	
Prämie für pünktliches Erscheinen am Arbeitsplatz	

7. *Ordnen Sie nachstehende finanzielle Belastungen eines Arbeitnehmers den folgenden drei Arten von steuerlich anerkannten Belastungen zu; notieren Sie eine „4", falls keine der drei genannten Belastungen zutrifft.*

(1) Werbungskosten

(2) Sonderausgaben

(3) außergewöhnliche Belastungen

(4) keines der Genannten trifft zu

Finanzielle Belastung des Arbeitnehmers	Zuordnung
Beiträge zur Rentenversicherung	
Ausgaben für Mobilfunkvertrag	
Kosten für eine Gleitsichtbrille	
Kosten für ein Fahrrad, mit dem der Arbeitnehmer zur Arbeitsstätte fährt	
Kostgeld, das ein Auszubildender an seine Eltern zahlt, in deren Wohnung er ein Zimmer hat	

8. *Die Arbeitnehmer der HR Personaldienstleistungen GmbH erhalten von ihrem Arbeitgeber verschiedene Leistungen. Zu einigen dieser Leistungen ist der Arbeitgeber gesetzlich nicht verpflichtet. Markieren Sie für die folgenden Leistungen, ob der Arbeitgeber dazu gesetzlich verpflichtet ist („gesetzlich") oder ob es sich um eine tarifliche oder freiwillige Leistung („sonstige") handelt:*

Art der Leistung	gesetzliche/ sonstige
Beitrag zur Unfallversicherung	
Tariflohn	
30 Tage Jahresurlaub	
Mehrarbeitszuschlag	
Zuschuss zu den vermögenswirksamen Leistungen	

9. *Die Shopping AG unterliegt als Arbeitgeber bei der Entgeltabrechnung zahlreichen Pflichten. Welchen der folgenden Aufgaben muss die Shopping AG nachkommen?*

Erstellung des Lohnsteuerjahresausgleichs	
Ermittlung der steuerlichen Abzüge und Überweisung des Betrages	
Abruf der steuerlichen Identifikationsnummer der Arbeitnehmer	
Monatliche Erstellung einer Verdienstbescheinigung	
Führen eines Lohnkontos für jeden Arbeitnehmer	

10. *Sie sind als Mitarbeiter/-in in der Personalabteilung der Shopping AG zuständig für die Entgeltabrechnung der Mitarbeiter. Zur Vorbereitung auf zwei Mitarbeitergespräche bittet der Abteilungsleiter Sie, folgende Problemstellungen zu bearbeiten:*

Hans Hemmer, 26 Jahre alt, kein Kind, hat einen Bruttoverdienst in Höhe von 1 500,00 EUR.

a) Bestimmen Sie die Sozialversicherungsbeiträge für Herrn Hemmer und für die Shopping AG.

b) Ermitteln Sie die Personalkosten für Herrn Hemmer.

Für die Buchhalterin Anna Gempel, 42 Jahre alt, ein Kind, fallen insgesamt 2 600,00 EUR Personalkosten an.

a) Bestimmen Sie die Anteile der Shopping AG und die Anteile von Frau Gempel zur Sozialversicherung.

b) Ermitteln Sie das Nettoentgelt von Frau Gempel, wenn ihre steuerlichen Abzüge 230,00 EUR betragen.

11. *Welche der folgenden Lohnarten zählen zum Zeitlohn?*

Terminprämie	
Stundenlohn	
Monatsgehalt	
Wochenlohn	
Stückgeldakkord	

3 Beschäftigungsverhältnisse beenden

Einstiegssituation ▶

Am Mittwochvormittag erhält Peter Maifeld, Disponent bei der Finke Zeitarbeit GmbH, einen Anruf von Hannes Diester, dem Personalleiter der TK Frost GmbH. Herr Diester ist erkennbar verärgert.

Hannes Diester: „Es reicht mir jetzt, Herr Maifeld. Ihr Kai Hafer ist heute wieder nicht zur Arbeit erschienen. Das ist schon das dritte Mal in diesem Monat!"

Peter Maifeld fragt zunächst, ob heute stattdessen ein anderer Mitarbeiter kommen soll. Dann versucht er die gesamte Situation zu klären.

Einstiegssituation ▶

Peter Maifeld: „Ich habe leider keine Informationen darüber vorliegen, dass Herr Hafer bei Ihnen fehlte."

Hannes Diester: „Tja, das war vielleicht ein Fehler von mir. Herr Hafer hatte sich zuletzt vor 17 Tagen krankgemeldet. Nach seiner Aussage war es nichts Schlimmes und daher haben wir auf eine Meldung verzichtet. Er kam ja auch gleich am nächsten Tag wieder. Sie wissen, Herr Maifeld, dass wir eigentlich mit Herrn Hafer sehr zufrieden sind. Die Vorstellung allerdings, dass er nun regelmäßig fehlt, macht mir zu schaffen. So etwas können wir uns nicht leisten."

Peter Maifeld: „Es entspricht auch nicht unseren Ansprüchen, Herr Diester. Ich kümmere mich darum und werde mich umgehend wieder bei Ihnen melden."

Nach dem Telefonat geht Peter Maifeld zu Petra Gestring, der Personalsachbearbeiterin der Finke Zeitarbeit GmbH. Frau Gestring überreicht ihm eine Arbeitsunfähigkeitsbescheinigung.

Petra Gestring: „Das wurde gerade abgegeben. Es geht um Kai Hafer, der ab heute für drei Tage krankgeschrieben ist."

Peter Maifeld: „Das ist ja seltsam. Ich wollte nämlich gerade mit Ihnen über Kai Hafer sprechen. Der ist wohl schon einige Male nicht zur Arbeit erschienen, deswegen möchte ich mit Ihnen besprechen, was wir nun am besten unternehmen."

Arbeitsaufträge

1. *Beschreiben Sie die Situation, in der sich Peter Maifeld als Disponent eines Zeitarbeitsunternehmens befindet.*
2. *Entwickeln Sie eine Lösung für Peter Maifeld, mit dieser Situation und mit dem Mitarbeiter Kai Hafer umzugehen.*
   - *Informieren Sie sich mithilfe des Kapitels 3.1.5 über die Voraussetzungen der verschiedenen Handlungsmöglichkeiten.*
   - *Beurteilen Sie die rechtliche Zulässigkeit jeder Handlungsalternative.*
   - *Geben Sie Peter Maifeld auf der Grundlage der Ihnen vorliegenden Informationen eine Handlungsempfehlung.*
   - *Welche Änderungen sollte Peter Maifeld veranlassen, um solche Situationen in Zukunft zu vermeiden?*
3. *Angenommen, Kai Hafer hätte nicht eine AU, sondern eine fristlose Kündigung bei Frau Gestring abgegeben.*
   - *Beurteilen Sie die rechtliche Zulässigkeit dieser fristlosen Kündigung durch den Arbeitnehmer mithilfe des Kapitels 3.1.4.*
   - *Wie kann bzw. wie sollte sich Peter Maifeld in diesem Fall verhalten?*

Arbeitsverhältnisse können aus verschiedenen Gründen enden: Soweit Beschäftigungsverhältnisse von Beginn an befristet vereinbart wurden, enden sie mit Ablauf der Vertragsdauer. Üblicherweise werden Beschäftigungsverhältnisse jedoch auf unbestimmte Dauer – also unbefristet – eingegangen. Im Verlauf dieser Arbeitsverhältnisse können sich die grundlegenden Bedingungen ändern. So kann sich beispielsweise der Lebensmittelpunkt des Arbeitnehmers in eine andere Stadt verlagern. In solchen Fällen hat der Arbeitnehmer ein Interesse daran, das Arbeitsverhältnis zu beenden. Auch auf Arbeitgeberseite können sich Gründe ergeben, Beschäftigungsverhältnisse einseitig zu beenden, etwa wenn sich die Auftragslage dauerhaft verschlechtert und die notwendige Beschäftigtenanzahl sinken muss. Gründe für die Beendigung eines Arbeitsverhältnisses können sich auch aus persönlichen oder verhaltenbedingten Faktoren ergeben.

Nach einigen Begriffsklärungen werden in diesem Kapitel die rechtlichen und vertraglichen Grundlagen dargestellt, die bei der Beendigung von Arbeitsverhältnissen durch Kündigung – sei es durch den Arbeitgeber oder durch den Arbeitnehmer – zu beachten sind. Ebenso wird auf die Tätigkeiten eingegangen, die in diesem Zusammenhang zu erledigen sind. Dabei geht es insbesondere um die Anfertigung von Arbeitszeugnissen. Arbeitgeberseitige Kündigungen sind häufig Anlass für Kündigungsschutzklagen. Daher wird auch die Arbeitsgerichtsbarkeit in ihren Grundzügen dargestellt.

3.1 Arten der Beendigung von Arbeitsverhältnissen

Arbeitsverhältnisse sind vertragliche Beziehungen zwischen zwei Vertragsparteien. Solche vertraglichen Beziehungen können auf eine bestimmte Zeit (typische befristete Arbeitsverträge) oder auf unbestimmte Zeit eingegangen werden. Befristete Arbeitsverhältnisse sind dadurch gekennzeichnet, dass ein bestimmtes Datum oder ein bestimmtes Ereignis von Beginn des Arbeitsverhältnisses an als Endpunkt der vertraglichen Beziehung festgelegt ist. Das Arbeitsverhältnis endet dann, wenn das Datum erreicht ist bzw. das Ereignis eintritt. **LF 3/ 1.3.2**

Auch bei im Prinzip unbefristeten Arbeitsverhältnissen können Ereignisse eintreten, die die Auflösung des Vertrages bedeuten, zum Beispiel der Tod des Arbeitnehmers. Das Erreichen der Rentenaltersgrenze eines Beschäftigten ist dagegen kein Grund für eine automatische Auflösung eines Arbeitsverhältnisses. Soll ein Arbeitsverhältnis automatisch bei Erreichen der Altersgrenze enden, muss dies ausdrücklich im Arbeitsvertrag vereinbart werden.

Stirbt der Arbeitgeber, bleibt dagegen das Arbeitsverhältnis unverändert bestehen. Die Erben oder Bevollmächtigten des Arbeitgebers übernehmen dann die Pflichten und Rechte aus dem Arbeitsverhältnis. Die Insolvenz eines Unternehmens ist kein Grund für die Beendigung des Arbeitsverhältnisses. Hier muss eine Kündigung durch den Insolvenzverwalter erfolgen, wobei die Kündigungsfrist dann auf drei Monate beschränkt ist.

Die folgenden Ausführungen betreffen die Beendigung von befristeten Arbeitsverhältnissen, die Aufhebung von Arbeitsverträgen im gegenseitigen Einvernehmen und die Beendigung durch Kündigung.

3.1.1 Beendigung bei befristeten Arbeitsverträgen

Befristete Arbeitsverträge finden sich besonders häufig bei jüngeren Arbeitnehmern.

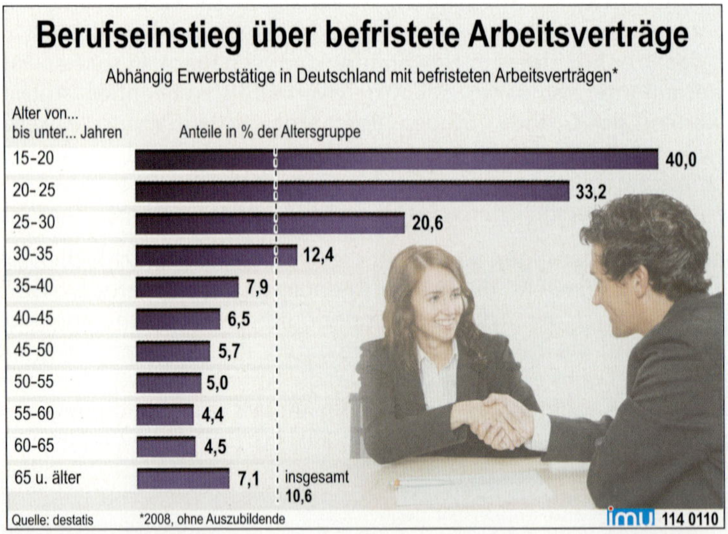

Gesetzliche Grundlage der zeitlichen Befristung von Arbeitsverhältnissen ist das Gesetz über Teilzeitarbeit und befristete Arbeitsverträge (TzBfG). Befristungen nach diesem Gesetz können sich nicht nur auf ein Kalenderdatum beziehen (= kalendermäßig befristeter Arbeitsvertrag), sondern auch auf „Art, Zweck oder Beschaffenheit der Arbeitsleistung" (= zweckbefristeter Arbeitsvertrag). Für diese Unterscheidung werden auch folgende Bezeichnungen verwendet:

- Befristung ohne sachlichen Grund
- Befristung mit sachlichem Grund

Mögliche sachliche Gründe für die Befristung von Arbeitsverträgen sind in § 14 Abs. 1 TzBfG aufgelistet:

§ 14 TzBfG Zulässigkeit der Befristung

(1) Die Befristung eines Arbeitsvertrages ist zulässig, wenn sie durch einen sachlichen Grund gerechtfertigt ist. Ein sachlicher Grund liegt insbesondere vor, wenn

1. der betriebliche Bedarf an der Arbeitsleistung nur vorübergehend besteht,
2. die Befristung im Anschluss an eine Ausbildung oder ein Studium erfolgt, um den Übergang des Arbeitnehmers in eine Anschlussbeschäftigung zu erleichtern,
3. der Arbeitnehmer zur Vertretung eines anderen Arbeitnehmers beschäftigt wird,
4. die Eigenart der Arbeitsleistung die Befristung rechtfertigt,
5. die Befristung zur Erprobung erfolgt,
6. in der Person des Arbeitnehmers liegende Gründe die Befristung rechtfertigen,
7. der Arbeitnehmer aus Haushaltsmitteln vergütet wird, die haushaltsrechtlich für eine befristete Beschäftigung bestimmt sind, und er entsprechend beschäftigt wird oder
8. die Befristung auf einem gerichtlichen Vergleich beruht.

Bei der Beendigung von befristeten Arbeitsverhältnissen hat der Arbeitgeber insbesondere folgende Aspekte zu beachten:

- Die Befristung wird nicht aufgehoben durch den besonderen Kündigungsschutz bei Schwangerschaft. LF 3 / 3.1.5
- Drei Monate vor Beendigung eines (kalendermäßig bestimmten) befristeten Arbeitsverhältnisses muss sich der Arbeitnehmer bei der Agentur für Arbeit melden. Der Arbeitgeber muss ihn auf diese Meldepflicht hinweisen. Unterlässt er dies und meldet sich der Arbeitnehmer nicht rechtzeitig bei der Agentur für Arbeit, kann dadurch eine Schadensersatzpflicht für den Arbeitgeber entstehen.
- In einem zweckbefristeten Arbeitsvertrag ist das Kalenderdatum der Beendigung des Arbeitsverhältnisses nicht immer im Voraus bestimmbar. Hier gilt, dass der Arbeitgeber mindestens zwei Wochen vor Beendigung der Aufgabe dem Arbeitnehmer das Ende des Beschäftigungsverhältnisses zu einem bestimmten Termin ankündigen muss. Unterlässt der Arbeitgeber dies, beginnt die Zweiwochenfrist erst mit der Erledigung der Aufgabe bzw. mit Zugang des Schreibens, das auf die Zweckerreichung hinweist.

Eine einseitige Kündigung eines befristeten Arbeitsverhältnisses ist nur dann möglich,

- wenn dieses Kündigungsrecht ausdrücklich entweder im Arbeitsvertrag oder im Tarifvertrag vereinbart ist und/oder LF 3 / 3.1.5
- wenn sie begründet fristlos erfolgt.

3.1.2 Beendigung durch Aufhebung des Arbeitsvertrages

Arbeitsverhältnisse können durch eine einvernehmliche Vereinbarung zwischen Arbeitgeber und Arbeitnehmer beendet werden. Solche Aufhebungs- bzw. Auflösungsverträge können sowohl auf Initiative des Arbeitgebers als auch des Arbeitnehmers zustande kommen. Ausschlaggebend ist, dass sich beide Vertragsparteien bezüglich der Beendigung des Arbeitsverhältnisses einig sind. Formal wird dies dadurch dokumentiert, dass beide Beteiligten die Vereinbarung auf demselben Dokument unterschreiben. Die Bestätigung einer schriftlichen Aufhebungsvereinbarung auf einem weiteren Dokument, zum Beispiel in einem Brief, ist nicht zulässig. Darüber hinausgehende formale Anforderungen sind für einen Aufhebungsvertrag nicht festgeschrieben.

Definition

Ein **Aufhebungsvertrag** ist ein Vertrag zur einvernehmlichen Auflösung eines bestehenden Arbeitsverhältnisses zwischen Arbeitgeber und Arbeitnehmer.

Aus Sicht des Arbeitnehmers bietet sich die Aufhebung eines bestehenden Arbeitsvertrages etwa im Zusammenhang mit einem Wechsel des Arbeitgebers an. Kündigungsfristen sind in diesem Fall nicht einzuhalten, sodass die neue Arbeitsstelle auch kurzfristig angetreten werden kann.

Für den Arbeitgeber sind Aufhebungsverträge ein Instrument, sich von bestimmten Mitarbeitern zu trennen, sofern eine Einigung erzielt werden kann. Mitbestimmungsrechte wie bei der Kündigung sind in diesem Fall nicht zu berücksichtigen, d.h., dass weder der Betriebsrat noch andere Behörden – wie etwa das Integrationsamt im Fall von schwerbehinderten Arbeitnehmern – einbezogen werden müssen. Ein Vorteil für den Arbeitgeber ist ferner, dass eine Kündigungsschutzklage seitens des Arbeitnehmers ausgeschlossen ist. Geht die Initiative vom Arbeitgeber aus, ist daher der Abschluss eines Aufhebungsvertrages häufig mit der Vereinbarung einer Abfindung verbunden, die an den Arbeitnehmer gezahlt wird.

Im fachlichen Kontext

Abfindungen sind einmalige Zahlungen zur Abgeltung von Ansprüchen aus Vertragsverhältnissen. Sie spielen nicht nur im Zusammenhang mit Aufhebungsverträgen eine Rolle, sondern auch bei betriebsbedingten Kündigungen durch den Arbeitgeber, soweit der Arbeitnehmer auf eine Kündigungsschutzklage verzichtet (vgl. § 1a Abs. 1 und 2 Kündigungsschutzgesetz). Die tatsächliche Höhe der Abfindungen variiert sehr stark über berufliche Positionen und Branchen hinweg, wie eine Studie der Unternehmensberatung Karent von 2011 zeigt:

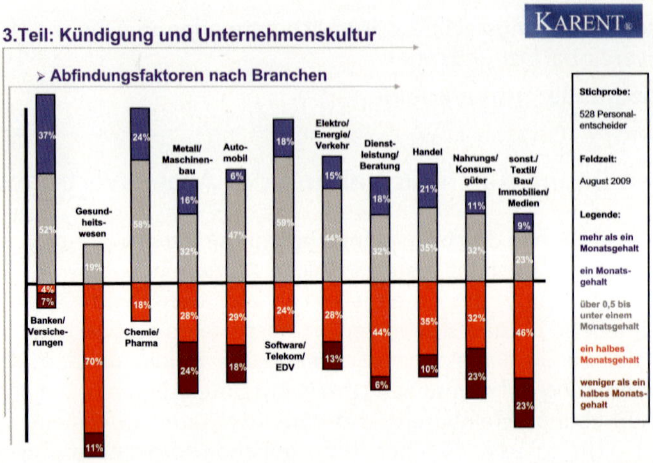

Quelle: KARENT Beratungs- und Vermittlungs GmbH, Frankfurt. a. M. (Zugriff: 29.03.2012)

Definition

Vom Aufhebungsvertrag zu unterscheiden ist der **Abwicklungsvertrag**, der sich auf Modalitäten nach einer Kündigung bezieht, etwa Wettbewerbsverbote, Verschwiegenheitspflichten, Ausgleichszahlungen etc.

Auch bei der Beendigung von Arbeitsverhältnissen durch einen Aufhebungsvertrag hat der Arbeitgeber einige Hinweis- und Aufklärungspflichten. Diese beziehen sich auf die Wirkung der Auflösung des Arbeitsvertrages, auf die Altersversorgung (betriebliche Altersversorgung, Altersrente), auf den Bezug von Leistungen durch die Bundesagentur für Arbeit sowie auf steuerliche Auswirkungen der Abfindungszahlung.

3.1.3 Beendigung durch Kündigung

Eine Kündigung ist eine einseitige, empfangsbedürftige Willenserklärung, mit der ein Vertragspartner das Vertragsverhältnis zu einem bestimmten Termin beenden kann. Die Kündigung eines Arbeitsverhältnisses kann nur schriftlich erfolgen. Unterschieden werden dabei ordentliche, d.h. fristgebundene, und außerordentliche, d.h. fristlose Kündigungen. Das Recht zur Kündigung steht grundsätzlich beiden Vertragsparteien, also dem Arbeitnehmer und dem Arbeitgeber zu. Aufgrund der unterschiedlichen Bedeutung eines bestehenden Arbeitsverhältnisses für die beiden Vertragsseiten sind jedoch unterschiedliche Regelungen zu beachten.

Definition

Eine **Kündigung** ist eine einseitige, empfangsbedürftige Willenserklärung, mit der ein Arbeitsverhältnis von jeder der Vertragsparteien beendet werden kann. Um wirksam zu sein, muss eine Kündigung schriftlich erfolgen, wobei die elektronische Form ausgeschlossen ist (§ 623 BGB).

Im fachlichen Kontext

Der rechtliche Ausdruck „**empfangsbedürftig**" bedeutet, dass die Willenserklärung nicht nur abgegeben, sondern dem Empfänger auch zugegangen sein muss, um wirksam zu sein (§ 130 Abs. 1 BGB). Zugang ist dabei nicht gleichbedeutend mit Kenntnisnahme. Es geht vielmehr darum sicherzustellen, dass der Empfänger die Möglichkeit hat, „unter normalen Umständen" ein Schreiben zur Kenntnis zu nehmen.
In der Praxis besteht nicht immer die Möglichkeit, ein Kündigungsschreiben persönlich zu überreichen, den Empfänger das Schreiben lesen zu lassen und sich zum späteren Nachweis den Erhalt und die Kenntnisnahme entsprechend quittieren zu lassen.
Einseitige Willenserklärungen können auch „gegenüber Abwesenden" gemacht werden. Die häufigste Form der Übermittlung ist der Postversand. Für die Tatsache des Zugangs ist die Art der Versendung unerheblich, d.h., grundsätzlich ist es möglich, Kündigungen als einfache Briefe zu versenden. Für die Bestimmung der jeweiligen Fristen gilt es, die Postlaufzeiten zu beachten. Einen ausdrücklichen Nachweis des Zugangs erhält der Absender mit der Versendungsform des Einschreibens mit Rückschein, da der Empfänger den Erhalt eines Schreibens quittieren muss. Anders ist es, wenn ein Einschreiben nicht angenommen wird: Es gilt dann zunächst als nicht zugegangen.

Erst wenn die einwöchige Frist der Aufbewahrung des Kündigungsschreibens bei der Post verstrichen ist, gilt das Schreiben als zugestellt. Etwas einfacher und schneller ist die Versandart des Einwurfeinschreibens. Hier dokumentiert der Zusteller, wann er einen Brief in einem Briefkasten zugestellt hat. Damit liegt die Kenntnisnahme im **Herrschaftsbereich** des Empfängers. Es kommt dann nicht mehr darauf an, ob der Empfänger seinen Briefkasten leert oder er sich im Urlaub befindet. „Unter normalen Umständen" kann vielmehr davon ausgegangen werden, dass der Empfänger (spätestens am nächsten Werktag) den Briefkasten leert und damit das Schreiben zur Kenntnis nimmt. Diese Form des Zugangs gilt auch in den Fällen, in denen man einen Boten einsetzt, der ein Schreiben in den Briefkasten zustellt. Dieser Bote ist dann gleichzeitig Zeuge für den Einwurf des Briefes.

Originell sind die Schlüsse, die teilweise aus der offensichtlichen Bedeutung des Briefkastens für den Zugang von Schriftstücken gezogen werden: Der eigene Name wird vom Briefkasten entfernt oder der Briefkasten wird sogar ganz abgeschraubt, frei nach dem Motto: Was ich nicht sehe, gibt es nicht. Richtig dabei ist, dass es in Deutschland keine gesetzliche Bürgerpflicht gibt, einen Briefkasten aufzuhängen. Andererseits ist es zum Beispiel im Zusammenhang mit dem Bezug von Arbeitslosengeld notwendig, erreichbar zu sein. Nichterreichbarkeit geht dann zulasten des Arbeitslosen. Vermieter wiederum haben durchaus die Pflicht, jedem Mieter durch einen Briefkasten die Einhaltung des Briefgeheimnisses zu garantieren. Einen Eindruck von der Kompliziertheit des Problems Briefkasten erhält man, wenn man die Stichwörter „Pflicht zum Briefkasten" bei gängigen Suchmaschinen im Internet eingibt.

3.1.4 Kündigung durch den Arbeitnehmer

Kündigungen durch Arbeitnehmer können aus ganz unterschiedlichen Motiven erfolgen:

- Wechsel des Arbeitgebers
- geografische Veränderungen
- Ausstieg aus der Erwerbstätigkeit
- Wechsel in eine erwerbswirtschaftliche Selbstständigkeit
- Unzufriedenheit mit dem bisherigen Arbeitsplatz/Arbeitgeber

Kündigungsfristen für den Arbeitnehmer

Grundsätzlich muss der Arbeitnehmer bei einer (ordentlichen) Kündigung bestimmte Fristen einhalten, um den Vertragspartner, also den Arbeitgeber, in die Lage zu versetzen, auf die neue Situation zu reagieren, indem er etwa Arbeitsprozesse umstrukturiert oder Ersatzpersonal beschafft. Festgelegt sind diese Fristen

- im Arbeitsvertrag,
- im Tarifvertrag sowie
- im Bürgerlichen Gesetzbuch (BGB).

Die gesetzliche Kündigungsfrist gilt dabei als Mindestregelung, die in Tarifverträgen und/oder im individuellen Arbeitsvertrag erweitert werden kann. Die gesetzliche Mindestregelung ist in § 622 BGB bestimmt:

§ 622 BGB Kündigungsfristen bei Arbeitsverhältnissen

(1) Das Arbeitsverhältnis eines Arbeiters oder eines Angestellten (Arbeitnehmers) kann mit einer Frist von vier Wochen zum Fünfzehnten oder zum Ende eines Kalendermonats gekündigt werden.

[...]

(3) Während einer vereinbarten Probezeit, längstens für die Dauer von sechs Monaten, kann das Arbeitsverhältnis mit einer Frist von zwei Wochen gekündigt werden.

[...]

(6) Für die Kündigung des Arbeitsverhältnisses durch den Arbeitnehmer darf keine längere Frist vereinbart werden als für die Kündigung durch den Arbeitgeber.

Beispiel
Mithilfe dieser Angaben lässt sich nun die gesetzliche Kündigungsfrist für den Arbeitnehmer aus dem Eingangsbeispiel bestimmen: Es gilt die Kündigungsfrist aus § 622 Abs. 1 BGB, also vier Wochen zum Fünfzehnten oder zum Ende eines Kalendermonats. Will der Arbeitnehmer also beispielsweise zum Ende des Monats Januar eines Jahres kündigen, muss das Kündigungsschreiben spätestens vier Wochen vorher seinem Arbeitgeber ***zugegangen*** *sein.*

Ein Arbeitnehmer kann das Arbeitsverhältnis auch fristlos kündigen, wenn ein wichtiger Grund vorliegt. „Wichtige Gründe" müssen nach § 626 BGB die Qualität haben, dass eine Fortsetzung des Arbeitsverhältnisses nicht zumutbar ist. Für den Arbeitnehmer können sich wichtige Gründe etwa aus folgenden Umständen herleiten:

- ausbleibende oder wiederholt unpünktliche Gehaltszahlungen,
- unzumutbare Arbeitsbedingungen etwa hinsichtlich der Arbeitszeiten oder der Umgebungsbedingungen,
- **Mobbing** in Form des **Bossing** („Mobbing von oben"), grobe Beleidigungen oder Tätlichkeiten des Arbeitgebers.

Formvorschriften

Die wesentlichste Regelung zur Form der Kündigung durch den Arbeitnehmer ist die vorgeschriebene **Schriftform**. Bei einer ordentlichen Kündigung muss ferner die jeweilige Frist eingehalten werden. Eine Bezeichnung des Kündigungsgrundes ist nicht notwendig. Anders ist dies bei der außerordentlichen, also der fristlosen Kündigung: Hier muss der Arbeitnehmer zum einen den Grund angeben, zum anderen muss der Kündigungsgrund **aktuell** sein. Das Gesetz zieht dabei eine zeitliche Grenze von zwei Wochen, innerhalb derer der Arbeitnehmer nach Kenntnis der „maßgebenden Tatsachen" handeln muss.

Gegebenenfalls ist eine Abmahnung des Arbeitgebers für die Wirksamkeit einer fristlosen Kündigung notwendig (vgl. dazu die fristlose Kündigung durch den Arbeitgeber, nächster Abschnitt). In der Praxis spielen diese Umstände kaum eine Rolle. Dies hängt damit zusammen, dass das Kündigungsrecht in erster Linie Schutzfunktionen für den Arbeitnehmer hat und nicht für den Arbeitgeber. In der Praxis kommt es eher selten vor, dass ein Arbeitgeber einen Arbeitnehmer unbedingt halten will, nachdem dieser deutlich gezeigt hat, dass er das Unternehmen verlassen will.

3.1.5 Kündigung durch den Arbeitgeber

Auch der Arbeitgeber hat das Recht, Arbeitsverhältnisse einseitig zu beenden. Dieses Recht ist jedoch – anders als beim Arbeitnehmer – durch das **Kündigungsschutzgesetz (KSchG)** zum Schutz des Arbeitnehmers eingeschränkt, sofern der Betrieb mehr als zehn Beschäftigte hat und der Arbeitnehmer länger als sechs Monate im Betrieb beschäftigt ist (sogenannte Wartezeit).

Nach diesen Bestimmungen kann der Arbeitgeber das Arbeitsverhältnis nur aus bestimmten, sozial gerechtfertigten Gründen kündigen. In jedem Fall hat der Arbeitnehmer das Recht, die Kündigung durch das Arbeitsgericht überprüfen zu lassen. Er reicht dazu innerhalb von drei Wochen nach Zugang des Kündigungsschreibens eine sogenannte Kündigungsschutzklage beim zuständigen Arbeitsgericht ein. Zusätzliche Beschränkungen gibt es für bestimmte Gruppen von Arbeitnehmern (z. B. Auszubildende,

Schwangere und Mütter, schwerbehinderte Menschen) in Form des besonderen Kündigungsschutzes. Ein weiterer Unterschied besteht darin, dass der Arbeitgeber zum Teil andere, längere gesetzliche Kündigungsfristen zu beachten hat als der Arbeitnehmer. Des Weiteren ist bei Kündigungsentscheidungen der Betriebsrat einzubeziehen.

Besonderheiten bei der Kündigung eines Arbeitsverhältnisses durch den Arbeitgeber
• Kündigungsschutz für den Arbeitnehmer, wenn der Arbeitgeber in der Regel mehr als zehn Arbeitnehmer beschäftigt und der Arbeitnehmer länger als sechs Monate im Betrieb beschäftigt ist • Mindestkündigungsschutz für Arbeitnehmer in Kleinbetrieben • gesetzliche Kündigungsfristen in Abhängigkeit von der Betriebszugehörigkeit des Arbeitnehmers • Einbeziehung des Betriebsrats

Gründe für eine Kündigung durch den Arbeitgeber nach dem Kündigungsschutzgesetz

Im Geltungsbereich des Kündigungsschutzgesetzes ist der Arbeitnehmer vor sozial ungerechtfertigten Kündigungen geschützt.

§ 1 KSchG Sozial ungerechtfertigte Kündigungen

(2) Sozial ungerechtfertigt ist die Kündigung, wenn sie nicht durch Gründe, die in der Person oder in dem Verhalten des Arbeitnehmers liegen, oder durch dringende betriebliche Erfordernisse, die einer Weiterbeschäftigung des Arbeitnehmers in diesem Betrieb entgegenstehen, bedingt ist.

Im Umkehrschluss folgt daraus, dass ein Arbeitgeber eine Kündigung nur dann wirksam vornehmen kann, wenn der Kündigungsgrund einem der folgenden drei Bereiche zuzuordnen ist:

Sozial gerechtfertigte Kündigungsgründe nach dem Kündigungsschutzgesetz		
durch die Person bedingt	**durch das Verhalten bedingt**	**durch dringende betriebliche Erfordernisse bedingt**
Beispiele *Der Arbeitnehmer ist nicht in der Lage, die geforderte Arbeitsleistung zu erbringen:* • *durch Krankheit* • *durch Entzug der Fahrerlaubnis* • *durch Entzug der Arbeitserlaubnis* • *durch Entzug des Gesundheitszeugnisses*	***Beispiele*** *Der Arbeitnehmer verhält sich vermutlich auch in Zukunft vertragswidrig:* • *Minder- oder Schlechtleistung* • *Arbeitsverweigerung* • *Unpünktlichkeit* • *Verstoß gegen das Rauchverbot* • *Schädigung des Ansehens des Unternehmens in der Öffentlichkeit (z. B. Fehlverhalten im Straßenverkehr)*	***Beispiele*** *Dauerhafter Wegfall von Arbeitsplätzen im Unternehmen durch Rationalisierungsinvestitionen, Restrukturierungen und/oder Auftragsmangel; keine Weiterbeschäftigungsmöglichkeiten im Unternehmen*

Bei den personenbedingten und den verhaltensbedingten Gründen richtet sich die Absicht des Arbeitgebers zur Kündigung direkt an eine bestimmte Person. Bei der betriebsbedingten Kündigung dagegen kommt es darauf an, die Anzahl der Beschäftigten insgesamt an beispielsweise verschlechterte Auftragsbedingungen anzupassen. Daraus ergibt sich für den Arbeitgeber das Problem, bestimmte Arbeitnehmer auszuwählen. Diese Auswahl hat nach den Bestimmungen des Kündigungsschutzgesetzes (§ 1 Abs. 3 KSchG) nach folgenden sozialen Kriterien zu erfolgen:

- Dauer der Betriebszugehörigkeit
- Lebensalter
- Unterhaltspflichten
- Schwerbehinderung

Diese gesetzlichen Kriterien zur Sozialauswahl sind vom Arbeitgeber „ausreichend" zu berücksichtigen. Nach den gesetzlichen Bestimmungen hat keines dieser Kriterien eine höhere Bedeutung als ein anderes. Der Arbeitgeber kann auch weitere soziale Gesichtspunkte berücksichtigen, wie etwa den Gesundheitszustand eines Arbeitnehmers. Umsetzen lässt sich die Sozialauswahl beispielsweise mit einem Punktsystem (Nutzwertanalyse bzw. Punktbewertungstabelle). Scheidet ein Arbeitnehmer wegen einer betriebsbedingten Kündigung aus einem Betrieb aus, dann hat er, wenn er auf die Kündigungsschutzklage verzichtet, Anspruch auf eine Abfindung in gesetzlicher Höhe von 0,5 Monatsverdiensten je Jahr seiner Betriebszugehörigkeit (§ 1a Abs. 2 KSchG).

Beispiele

Ein betriebliches Erfordernis begründet etwa die unternehmerische Entscheidung, Arbeitsprozesse und/oder Abteilungen auszulagern, die Aufgaben also in Zukunft an andere Unternehmen auszulagern (Outsourcing).

Nicht zulässig dagegen ist es, Stammarbeitnehmer zu entlassen, um die Aufgaben in Zukunft durch Leiharbeitnehmer innerhalb des Betriebs abzudecken. Man spricht dann auch von Austauschkündigungen, die unwirksam sind. Entsprechend müssen vor einer betriebsbedingten Kündigung der Stammbelegschaft durch den Arbeitgeber zunächst die Leiharbeitnehmer mit denselben Aufgabenbereichen den Betrieb verlassen.

In der Regel rechtfertigen personen- und betriebsbedingte Gründe eine ordentliche Kündigung, also eine Kündigung unter Einhaltung der Kündigungsfristen. Bei einem schuldhaft vertragswidrigen Verhalten des Arbeitnehmers dagegen kann durchaus eine außerordentliche fristlose Kündigung angemessen sein. Hier kommt es auf den Einzelfall an. Häufig setzt eine außerordentliche Kündigung voraus, dass der Arbeitgeber im Vorfeld das vertragswidrige Verhalten abgemahnt hat, damit aber keine Verhaltensänderung beim Arbeitnehmer erreicht hat. Bestimmte Verhaltensweisen des Arbeitnehmers, die mit einer grundlegenden Störung des Vertrauensverhältnisses einhergehen, können jedoch auch ohne vorherige Abmahnung zulässig sein.

Kündigungsfristen für den Arbeitgeber

Bei der ordentlichen Kündigung hat der Arbeitgeber die vereinbarten Kündigungsfristen einzuhalten.

Definition

Kündigungsfrist bezeichnet die Zeitdauer, die zwischen dem Zugang des Kündigungsschreibens und dem letzten Arbeitstag liegen muss.

Außerhalb der Probezeit und nach maximal sechs Monaten Beschäftigung im Betrieb beträgt die Grundkündigungsfrist vier Wochen zum Fünfzehnten oder zum Ende eines Monats. Bei längerer Unternehmenszugehörigkeit des Arbeitnehmers ergeben sich nach § 622 Abs. 3 BGB längere Kündigungsfristen.

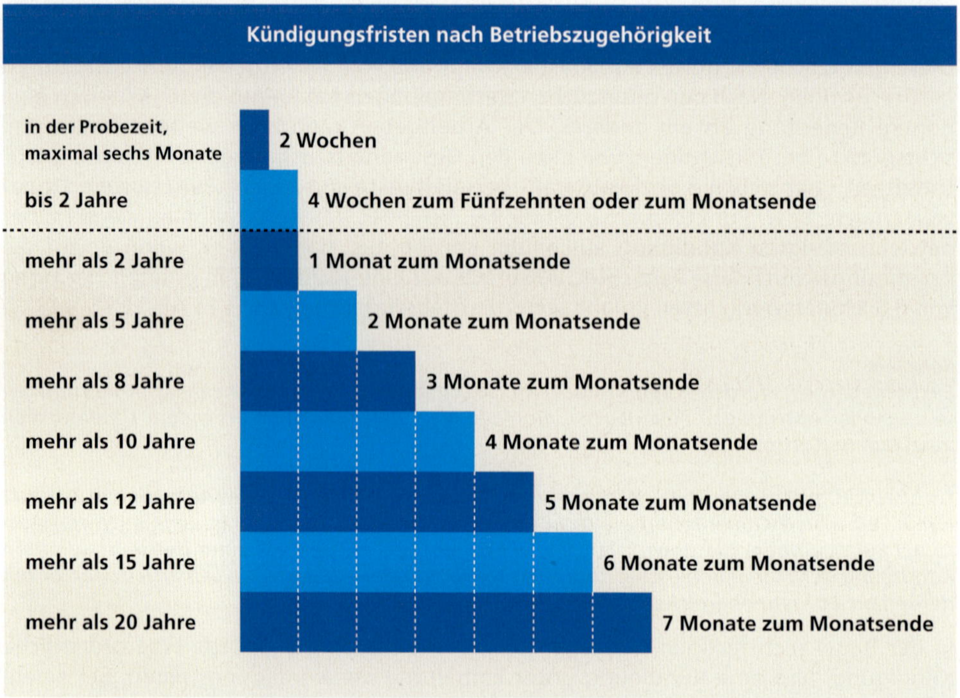

Die gesetzlichen Kündigungsfristen für den Arbeitgeber nach § 622 Abs. 1, 2 und 3 BGB

Beispiel

Am 1. September des Jahres ist Marlies Sonntag (39 Jahre) seit 19 Monaten bei der Waxx AG beschäftigt. Ihr Arbeitsvertrag sieht die gesetzlichen Kündigungsfristen vor. Betriebsbedingt soll ihr zum nächstmöglichen Termin gekündigt werden.

Marlies Sonntag ist länger als sechs Monate und kürzer als 2 Jahre in dem Unternehmen tätig. Die gesetzliche Kündigungsfrist beträgt vier Wochen zum Fünfzehnten oder zum Ende eines Monats. Der September hat 30 Tage. Wenn das Kündigungsschreiben bis zum 2. September zugeht, hat Marlies Sonntag am 30. September den letzten Arbeitstag. Falls der Zugang des Schreibens erst später erfolgt (aufgrund der Postlaufzeiten), kann das Arbeitsverhältnis erst zum 15. Oktober beendet werden.

In Arbeitsverträgen können andere als die gesetzlichen Kündigungsfristen vereinbart werden, kürzere Fristen können (nur) durch Tarifverträge vereinbart werden. Bei individuellen Vereinbarungen ist jedoch zu beachten, dass für die Arbeitnehmer keine längeren Kündigungsfristen vereinbart werden dürfen als für den Arbeitgeber.

Die außerordentliche fristlose Kündigung

Die außerordentliche Kündigung[1] ist eine Möglichkeit für den Arbeitgeber, das Arbeitsverhältnis einseitig fristlos zu beenden. Voraussetzung für eine fristlose Kündigung ist nach § 626 Abs. 1 BGB, dass ein wichtiger Grund vorliegt (vgl. dazu die fristlose Kündigung durch den Arbeitnehmer) und dass alle möglichen Mittel, das Arbeitsverhältnis zu geänderten Bedingungen fortzusetzen oder ordentlich zu beenden, ausgeschöpft sind. Die fristlose Kündigung ist also als **Ultima Ratio** (= letztes Mittel) zu verstehen. Sie kann nur innerhalb von zwei Wochen nach Kenntnis der kündigungsrelevanten Umstände erfolgen.

Regelmäßig vor einer außerordentlichen Kündigung hat der Arbeitgeber zu prüfen, ob andere geeignete Mittel zur Verfügung stehen und eingesetzt werden können. Dazu gehören etwa

- die (auch mündliche) Ermahnung,
- die Abmahnung,
- die Versetzung mittels Änderungskündigung oder
- die ordentliche Kündigung.

Praxistipp

In der Praxis wird eine fristlose Kündigung häufig verbunden mit einer ordentlichen Kündigung, die dann zum Tragen kommen soll, wenn durch das Arbeitsgericht festgestellt wird, dass eine fristlose Kündigung aufgrund der Umstände nicht gerechtfertigt ist.

Die Ermahnung

Die Ermahnung dient genauso wie die Abmahnung dazu, den Arbeitnehmer auf sein vertragswidriges Verhalten hinzuweisen und ihn dazu anzuhalten, sich vertragskonform zu verhalten. Anders als die Abmahnung enthält die Ermahnung jedoch nicht den Hinweis auf weitere rechtliche Konsequenzen des Fehlverhaltens. Die Ermahnung wird ggf. zusammen mit der Stellungnahme des Arbeitnehmers in der Personalakte dokumentiert. Im Zusammenhang mit einer fristlosen Kündigung spielt die Ermahnung keine Rolle, eine besondere Form ist nicht einzuhalten.

---

[1] *Häufig werden außerordentliche und fristlose Kündigung gleichgesetzt; eine außerordentliche Kündigung kann jedoch auch mit Frist erfolgen, als sogenannte außerordentliche Kündigung mit sozialer Auslauffrist. Umgekehrt ist jede fristlose Kündigung außerordentlich.*

Die Abmahnung

Fehlverhalten des Arbeitnehmers ist der häufigste Grund für fristlose Kündigungen. Da die fristlose Kündigung als letztes Mittel einzustufen ist, muss der Arbeitgeber vorher bereits andere Maßnahmen ergriffen haben, um die Störung im Vertragsverhältnis mit dem Arbeitnehmer abzuwenden. Daraus folgt für die Praxis, dass zwar Abmahnungen für die Wirksamkeit einer fristlosen Kündigung rechtlich nicht vorgeschrieben sind. Da die Rechtsprechung jedoch nur in Einzelfällen fristlose Kündigungen ohne vorherige Abmahnungen als zulässig anerkennt, werden diese in der Regel nur dann ausgesprochen, wenn das Verhalten des Arbeitnehmers in der Vergangenheit bereits abgemahnt wurde. Das gilt insbesondere für Fehlverhalten im Leistungsbereich, denen Abmahnungen vorausgehen sollten. Störungen im Vertrauensbereich können dagegen so massiv sein, dass fristlose Kündigungen auch ohne Abmahnungen wirksam sind.

Beispiele

Störungen im Leistungsbereich	Störungen im Vertrauensbereich
• häufige Unpünktlichkeit • Arbeitsverweigerung • eigenmächtiger Urlaubsantritt oder Verlängerung des Urlaubs • privates Surfen im Internet, Nutzung von Computerspielen (= Unterlassung der Arbeit)	• Verstoß gegen das Wettbewerbsverbot • Diebstahl, Betrug • Störung des Betriebsfriedens durch politische Aktivitäten, ausländerfeindliches Verhalten, Mobbing

Die Abmahnung hat Disziplinierungs-, Dokumentations- und Warnfunktionen im Hinblick auf die Einhaltung der vertraglichen Pflichten eines Arbeitnehmers. Gesetzliche Vorschriften zu Form und Inhalt liegen nicht vor. Aus der gesetzlichen Reaktionszeit bei der fristlosen Kündigung lässt sich für die Abmahnung ableiten, dass auch diese zeitnah dem Fehlverhalten folgen sollte. Der Arbeitgeber muss entscheiden, ob auf ein bestimmtes Verhalten mit einer Abmahnung *oder* einer Kündigung reagiert wird. Beides zusammen ist nicht möglich. Der Betriebsrat ist bei Abmahnungen nicht einzubeziehen.

Aus der Rechtsprechung des Bundesarbeitsgerichts lassen sich folgende Bestandteile einer Abmahnung ableiten, die eingehalten werden sollten:

- Schriftform,
- genaue Beschreibung des Fehlverhaltens,
- Hinweis auf die Art der Vertragsverletzungen,
- unmissverständliche Aufforderung zu vertragskonformem Verhalten,
- Androhung arbeitsrechtlicher Konsequenzen bei Missachtung der Aufforderung.

Der Zusammenhang zwischen Abmahnung und fristloser Kündigung ist nicht allgemein zu beschreiben. Eine Reihenfolge, z. B. erst die Abmahnung, dann die fristlose Kündigung, ist so nicht zu verallgemeinern. In der Praxis wird die Faustregel kolportiert, drei Abmahnungen seien für eine fristlose Kündigung notwendig. Es kommt bei der Beurteilung jedoch auf die genauen Umstände im Einzelfall an.

Beispiel
Der Mitarbeiter Frank Eberhard, 36 Jahre alt und seit zehn Jahren als Fachlagerist im Einsatz, ist in den letzten drei Wochen zehn Mal zu spät am Arbeitsplatz erschienen. Eine mündliche Ermahnung durch den Lagerleiter Kormann hat keine Wirkung gezeigt.
Frank Eberhard hat seine Pflichten zur Leistungserbringung verletzt. Er hat sein Fehlverhalten nach der Ermahnung nicht geändert. Eine außerordentliche Kündigung lässt sich trotzdem nicht rechtfertigen, da noch nicht alle Mittel ausgeschöpft sind. Herr Eberhard sollte eine Abmahnung erhalten, in der das Fehlverhalten genau bezeichnet wird und ihm rechtliche Konsequenzen angedroht werden.

Versetzung mittels Änderungskündigung

Die Änderungskündigung beinhaltet die Beendigung eines Arbeitsverhältnisses und das Angebot zur Fortsetzung des Arbeitsverhältnisses zu geänderten Bedingungen. Sie wird in der Praxis überwiegend aus betriebsbedingten Gründen ausgesprochen. Einsetzbar ist sie jedoch auch aus personenbedingten Gründen (Umsetzung auf einen leistungsadäquaten Arbeitsplatz) und aus verhaltensbedingten Gründen (Umsetzung eines Mitarbeiters in ein anderes Team, um dadurch vertragswidriges Verhalten zu beenden). Wenn der Arbeitnehmer das Angebot eines neuen Arbeitsvertrages annimmt, wird das Arbeitsverhältnis zu dem bestimmten Termin mit den geänderten Bedingungen fortgesetzt. Lehnt der Arbeitnehmer ab, wird die Kündigung nach Ablauf der Kündigungsfrist wirksam. Der Arbeitnehmer kann dann, wie im Fall der ordentlichen Kündigung, Kündigungsschutzklage erheben.

Entscheidungskriterien des Arbeitgebers

Wie dargestellt gibt es keine gesetzliche Zuordnung von Gründen, die eine außerordentliche Kündigung rechtfertigen. Letztlich kommt es immer auf die Abwägung der Umstände im Einzelfall an, welches Mittel für den Arbeitgeber und die Sicherung des Betriebsfriedens angemessen ist. Bei der Abwägung gilt es also, beide Seiten und Interessen umfassend zu berücksichtigen. Dabei können folgende Punkte eine Rolle spielen:

- Art, Schwere und Häufigkeit des Fehlverhaltens,
- bisherige Erfahrungen mit dem Verhalten eines Arbeitnehmers, Dauer der Betriebszugehörigkeit, Lebensalter, Unterhaltspflichten des Arbeitnehmers,
- Art und Umfang eines Mitverschuldens des Arbeitgebers,
- Folgen des Fehlverhaltens in Form von Störungen des Betriebsfriedens und der betrieblichen Abläufe,
- Umfang des Vermögensschadens,
- Ausmaß des Ansehensverlustes in der Öffentlichkeit,
- Schutz der Belegschaft.

Bei einer verhaltensbedingten Kündigung muss abgewägt werden zwischen dem Interesse des Arbeitgebers an der Beendigung des Arbeitsverhältnisses und dem Interesse des Arbeitnehmers an der Erhaltung seines Arbeitsplatzes.

Beispiel

Interessenabwägung

Im Jahr 2009 wurde der Fall einer fristlos gekündigten Kassiererin in der Öffentlichkeit sehr kontrovers diskutiert. Der Fall wurde in mehreren Instanzen des Arbeitsgerichts verhandelt. Das Landesarbeitsgericht Berlin-Brandenburg hatte entschieden, dass die fristlose Kündigung gerechtfertigt sei. Dieses Urteil wurde mit einer umfassenden Interessenabwägung begründet, die hier in Auszügen wiedergegeben ist:

Landesarbeitsgericht: Kündigung der Kassiererin wegen Verwendung von Leergutbons zum eigenen Vorteil war rechtens

Das Landesarbeitsgericht Berlin-Brandenburg hat heute das Urteil im Kündigungsrechtsstreit einer vom Arbeitgeber fristlos gekündigten Kassiererin verkündet und die Kündigung, wie schon das Arbeitsgericht in erster Instanz, auch in zweiter Instanz als rechtmäßig bezeichnet. Die seit 1977 als Kassiererin beschäftigte Klägerin habe 2 ihr nicht gehörende Leergutbons im Werte von 0,48 und 0,82 Cents unrechtmäßig aus dem Kassenbüro entnommen und für sich selbst eingelöst. Dies stehe zur Überzeugung des Berufungsgerichts anhand der von der Klägerin selbst eingeräumten Umstände, anhand der weiteren unstreitigen Umstände wie des Kassenjournals und anhand der Zeugenaussagen fest. Die die Klägerin belastenden Zeugenaussagen hat das Gericht als glaubhaft eingestuft.

Dieses Verhalten der Klägerin stellte auch nach Auffassung des Berufungsgerichts einen wichtigen Grund im Sinne des § 626 Abs. 1 BGB dar, der es für den Arbeitgeber als unzumutbar erscheinen ließ, die Klägerin auch nur bis zum Ablauf der Kündigungsfrist weiterzubeschäftigen.

[...]

Bei Begehung von Straftaten durch den Arbeitnehmer sei eine vorherige Abmahnung entbehrlich; der Arbeitnehmer könne nicht davon ausgehen, dass der Arbeitgeber gegen sein Vermögen gerichtete Straftaten auch nur einmalig dulden werde.

Bei der Interessenabwägung sei zwar das Alter der Klägerin und ihre langjährige Beschäftigungszeit zu ihren Gunsten zu berücksichtigen gewesen. Zu ihren Lasten allerdings sei ins Gewicht gefallen, dass sie als Kassiererin unbedingte Zuverlässigkeit und absolute Korrektheit zeigen müsse. Der ihr obliegende Umgang mit Geld, Bons etc. setze absolute Ehrlichkeit voraus, der Arbeitgeber müsse sich bei einer Kassiererin auf diese unabdingbaren Voraussetzungen verlassen können. Insofern könne es auch nicht auf den Wert der entwendeten Ware ankommen, das Eigentum des Arbeitgebers stehe auch nicht für geringe Beträge zur Disposition, und das auch nicht bei längerer Betriebszugehörigkeit. Durch eine entsprechende Tatbegehung einer Kassiererin entstehe ein irreparabler Vertrauensverlust. Das Gericht wies ausdrücklich darauf hin, dass gerade dieser Vertrauensverlust gegenüber der als Kassiererin beschäftigten Klägerin, nicht aber der Wert der Sache (1,30 EUR) maßgeblicher Kündigungsgrund sei.

Der Vertrauensverlust sei im zu entscheidenden Fall noch nachhaltiger gewesen, weil die Klägerin im Rahmen der Befragungen durch den Arbeitgeber immer wieder falsche Angaben gemacht habe, die sie dann, als sie vom Arbeitgeber widerlegt waren, einfach fallen gelassen hat. So habe sie beispielsweise ohne Grund und Rechtfertigung eine Kollegin belastet, die nichts mit der Sache zu tun gehabt hatte.

Nach alledem sei die Interessenabwägung zuungunsten der Klägerin ausgefallen; die Kündigung sei gerechtfertigt gewesen. [...]

Quelle: Hrsg. v. Gerichte für Arbeitssachen, Berlin, „Landesarbeitsgericht: Kündigung der Kassiererin wegen Verwendung von Leergutbons zum eigenen Vorteil war rechtens", Pressemitteilung 07/09, 24.02.2009, Az.: 7 Sa 2017/08, unter: www.berlin.de/gerichte/arbeitsgericht/presse/archiv/20090224.1440.153173.html (Zugriff: 13.03.2012).

Am 10.06.2010 entschied der 2. Senat des Bundesarbeitsgerichtes gegensätzlich: Bundesarbeitsgericht entscheidet: fristlose Kündigung ist unwirksam

[...] Letztlich überwiegen angesichts der mit einer Kündigung verbundenen schwerwiegenden Einbußen die zugunsten der Klägerin in die Abwägung einzustellenden Gesichtspunkte. Dazu gehört insbesondere die über drei Jahrzehnte ohne rechtlich relevante Störungen verlaufene Beschäftigung, durch die sich die Klägerin ein hohes Maß an Vertrauen erwarb. Dieses Vertrauen konnte durch den in vieler Hinsicht atypischen und einmaligen Kündigungssachverhalt nicht vollständig zerstört werden. Im Rahmen der Abwägung war auch auf die vergleichsweise geringfügige wirtschaftliche Schädigung der Beklagten Bedacht zu nehmen, sodass eine Abmahnung als milderes Mittel gegenüber einer Kündigung angemessen und ausreichend gewesen wäre, um einen künftig wieder störungsfreien Verlauf des Arbeitsverhältnisses zu bewirken.

Quelle: „Fall Emmely" – Fristlose Kündigung – unrechtmäßiges Einlösen aufgefundener Leergutbons, Pressemitteilung Nr. 42/10 des Bundesarbeitsgerichts, Az.: 2 AZR 541/09, unter: http://juris.bundesarbeitsgericht.de/cgi-bin/rechtsprechung/document.py?Gericht=bag&Art=pm&Datum=2010&nr=14385&pos=0&anz=42 (Zugriff: 05.06.2012)

Rolle des Betriebsrats bei der Kündigung

Nach dem Betriebsverfassungsgesetz ist der Betriebsrat in Kündigungsverfahren durch Anhörung einzubeziehen. Dazu muss der Arbeitgeber dem Betriebsrat (mündlich oder schriftlich) alle zur Beurteilung der Sachlage notwendigen Informationen (Name des Arbeitnehmers, Art der Kündigung, Kündigungsfrist, Kündigungsgründe) zur Verfügung stellen. Die Informationen müssen so umfassend sein, dass sich der Betriebsrat ein zutreffendes Bild von der Sachlage machen kann. Bei ordentlichen Kündigungen hat der Betriebsrat eine Woche, bei außerordentlichen Kündigungen drei Tage Zeit, eine Stellungnahme abzugeben. Schweigen gilt in beiden Fällen als Zustimmung. Eine Kündigung ohne Anhörung des Betriebsrats ist unwirksam.

In bestimmten Fällen kann der Betriebsrat einer ordentlichen Kündigung widersprechen:

§ 102 BetrVG Mitbestimmung bei Kündigungen

[...]

(3) Der Betriebsrat kann innerhalb der Frist des Absatzes 2 Satz 1 der ordentlichen Kündigung widersprechen, wenn

1. der Arbeitgeber bei der Auswahl des zu kündigenden Arbeitnehmers soziale Gesichtspunkte nicht oder nicht ausreichend berücksichtigt hat,
2. die Kündigung gegen eine Richtlinie nach § 95[1] verstößt,
3. der zu kündigende Arbeitnehmer an einem anderen Arbeitsplatz im selben Betrieb oder in einem anderen Betrieb des Unternehmens weiterbeschäftigt werden kann,
4. die Weiterbeschäftigung des Arbeitnehmers nach zumutbaren Umschulungs- oder Fortbildungsmaßnahmen möglich ist oder
5. eine Weiterbeschäftigung des Arbeitnehmers unter geänderten Vertragsbedingungen möglich ist und der Arbeitnehmer sein Einverständnis hiermit erklärt hat.

Im Fall des Widerspruchs kann der Arbeitgeber trotzdem kündigen. Er muss allerdings die Kopie des Widerspruchsschreibens an den Arbeitnehmer weiterleiten, sodass dieser ggf. eine Kündigungsschutzklage darauf gründen kann.

[1] *§ 95 BetrVG bezieht sich auf betriebliche Richtlinien für die personelle Auswahl bei Einstellungen, Versetzungen, Umgruppierungen und Kündigungen.*

Kündigung im Kleinbetrieb

Das Kündigungsschutzgesetz gilt für alle Arbeitnehmer, die in Betrieben mit mehr als zehn Beschäftigten länger als sechs Monate beschäftigt sind. Auch Arbeitnehmer in Kleinbetrieben mit maximal zehn Arbeitnehmern, die nicht unter das das Kündigungsschutzgesetz fallen, sind durch gesetzliche Bestimmungen vor willkürlichen Kündigungen geschützt. Man spricht auch vom allgemeinen Mindestkündigungsschutz, der sich durch einige zivilrechtliche Grundsätze ergibt:

- Grundsätzlich sind auch in Kleinbetrieben die arbeitsvertraglichen, tarifvertraglichen und gesetzlichen Kündigungsfristen einzuhalten.
- Falls ein Betriebsrat besteht, muss dieser vor der Kündigung angehört werden.
- Eine Kündigung darf nicht gegen die guten Sitten verstoßen (§ 138 BGB), z. B. Kündigung aus Rachsucht.
- Diskriminierende Kündigungsgründe sind nach dem Grundgesetz und dem allgemeinen Gleichbehandlungsgesetz verboten.
- Kündigungen wegen des Verstoßes gegen Treu und Glauben sind unwirksam (§ 242 BGB), z. B. Kündigungen nach einem schweren Arbeitsunfall.

Besonderer Kündigungsschutz für bestimmte Arbeitnehmergruppen

Neben dem allgemeinen Kündigungsschutz und dem Mindestkündigungsschutz sind einige Gruppen von Arbeitnehmern vor arbeitgeberseitigen Kündigungen zusätzlich durch einen besonderen Kündigungsschutz geschützt. Die Gründe dafür finden sich in der besonderen sozialen Lage dieser Personengruppen oder darin, dass sie Funktionen und Aufgaben im besonderen staatlichen oder allgemeinen Interesse wahrnehmen.

- Als Personen in einer ***besonderen sozialen Situation gelten z. B.*** Schwangere und Mütter (MuSchG), Arbeitnehmer/-innen in Elternzeit (BEEG) und schwerbehinderte Menschen (SGB IX).
- Einen ***statusbezogenen Kündigungsschutz*** haben beispielsweise Mitglieder des Betriebsrats (KSchG), Datenschutzbeauftragte (§ 4f Abs. 3 BDSG), ehrenamtliche **Richter** (DRiG) und Abgeordnete in den Parlamenten (GG).
- Besondere Regelungen hinsichtlich von Kündigungen gelten für ***Auszubildende*** nach dem Berufsbildungsgesetz (BBiG).

Formale Vorschriften bei der Kündigung

Kündigungen müssen schriftlich erfolgen und die Originalunterschrift des Kündigenden enthalten. Die elektronische Form ist nicht zulässig. Aus dem Schreiben muss unmissverständlich hervorgehen, ob es sich um eine fristgemäße oder eine fristlose Kündigung handelt. Eine Darlegung der Kündigungsgründe ist für die Wirksamkeit beider Kündigungsarten nicht erforderlich, muss jedoch auf Verlangen des Arbeitnehmers oder spätestens im Zusammenhang mit einer gerichtlichen Überprüfung erfolgen. Es darf sich dann jedoch nicht um nachgeschobene Gründe handeln, sondern um die Gründe zum Zeitpunkt der Kündigung. Zu den Informationspflichten des Arbeitgebers gehört der Hinweis, dass sich der Arbeitnehmer unverzüglich bei der Agentur für Arbeit zu melden hat.

Formale Fehler können bei den unternehmensinternen Abläufen entstehen, vor allem im Zusammenhang mit der Anhörung des Betriebsrats. Unwirksame Kündigungen aus solchen formalen Gründen sind in der Praxis nicht selten. Auch der Hinweis darauf, dass eine wirksame Kündigung einen Arbeitsvertrag voraussetzt, ist nicht nur theoretisch. Ein Beispiel sind etwa bestehende Arbeitsverhältnisse ohne schriftlichen Arbeitsvertrag. Auch in der Arbeitnehmerüberlassung liegt zwischen dem Arbeitnehmer und dem Einsatzunternehmen kein Arbeitsvertrag vor. Die Kündigung eines überlassenen Arbeitnehmers durch den Entleiher ist nicht möglich, auch wenn dieser einige Arbeitgeberpflichten ausübt (z. B. Weisungsrecht).

Im fachlichen Kontext

Massenentlassungen

Von Massenentlassungen spricht man, wenn ein Arbeitgeber innerhalb von 30 Kalendertagen eine bestimmte Zahl der Arbeitnehmer entlässt. Der Schwellenwert für eine Massenentlassung ist abhängig von der Anzahl der im Betrieb beschäftigten Mitarbeiter.

Anzahl der Arbeitnehmer (in der Regel beschäftigt)	Schwellenwert
mehr als 20 und weniger als 60	ab 5
ab 60 und weniger als 500	10 % der Belegschaft oder mehr als 25
ab 500	ab 30

Bei der Ermittlung der Anzahl der Entlassungen werden vom Arbeitgeber veranlasste Aufhebungsverträge genauso berücksichtigt wie Änderungskündigungen, nicht aber fristlose Kündigungen.

Plant der Arbeitgeber Massenentlassungen, so hat er diese vorher bei der zuständigen Agentur für Arbeit anzuzeigen. Dadurch hat die Agentur die Möglichkeit, sich frühzeitig darauf einzustellen und geeignete Maßnahmen für eine schnelle Vermittlung zu ergreifen. Die Stellungnahme des Betriebsrats ist der Anzeige beizufügen.

Zusätzlich zu den Gründen, den Auswahlkriterien und dem Zeitraum der Entlassungen können weitere Informationen an die Agentur übermittelt werden, die bei der Vermittlung sinnvoll sind, z. B. Geschlecht, Alter, Berufe, Staatsangehörigkeiten der Entlassenen.

3.2 Pflichten und Aufgaben des Arbeitgebers bei der Beendigung von Arbeitsverhältnissen

Nach der Formulierung und Versendung des Kündigungsschreibens muss die Beendigung des Arbeitsverhältnisses vom Arbeitgeber im Betrieb umgesetzt werden. Die Aufgaben, die dabei anfallen, umfassen insbesondere:

- Freistellung des Arbeitnehmers für die Suche nach einer neuen Beschäftigung (§ 629 BGB)
- Berechnung, Gewährung, ggf. Auszahlung der Urlaubsansprüche; Erstellung der Bescheinigung über gewährten und/oder abgegoltenen Urlaubsanspruch im jeweiligen Kalenderjahr (§ 6 Abs. 2 BUrlG)
- Auflösung und Ausgleich des Arbeitszeitkontos (durch Freizeit und/oder Abgeltung)
- Erstellung eines Arbeitszeugnisses
- Zusammenstellung und Übergabe der Arbeitspapiere
- Rückforderung von überlassenen Arbeitsmaterialien
- Erfüllung der Meldepflichten (§ 28a SGB IV, siehe Lernfeld 3, Kapitel 1.4.1)

LF 3 / 1.4.1

Auf die Meldepflichten zur Sozialversicherung wurde bereits in Kapitel 1.4.1 hingewiesen. Regelungen zum Umgang mit den Guthaben auf den Arbeitszeitkonten finden sich in den jeweiligen Tarifverträgen und/oder Betriebsvereinbarungen. Die Rückforderung von überlassenen Arbeitsmitteln (etwa die persönliche Schutzausrüstung PSA) liegt im Eigeninteresse des Unternehmens. Insbesondere überlassene Schlüssel, Betriebsausweise und/oder Zugangscodes sollten unbedingt zurückgefordert bzw. geändert werden. An dieser Stelle sollen die beiden Punkte Arbeitszeugnis und Arbeitspapiere im Zusammenhang mit der Beendigung von Arbeitsverhältnissen genauer betrachtet werden.

Erstellung eines Arbeitszeugnisses

In der Gewerbeordnung (GewO) ist bestimmt, dass jeder Arbeitnehmer bei Beendigung des Arbeitsverhältnisses Anspruch auf ein Arbeitszeugnis hat. § 109 GewO legt sowohl die Inhalte des Arbeitszeugnisses als auch die formalen Anforderungen fest:

§ 109 GewO Zeugnis

(1) Der Arbeitnehmer hat bei Beendigung eines Arbeitsverhältnisses Anspruch auf ein schriftliches Zeugnis. Das Zeugnis muss mindestens Angaben zu Art und Dauer der Tätigkeit (einfaches Zeugnis) enthalten. Der Arbeitnehmer kann verlangen, dass sich die Angaben darüber hinaus auf Leistung und Verhalten im Arbeitsverhältnis (qualifiziertes Zeugnis) erstrecken.

(2) Das Zeugnis muss klar und verständlich formuliert sein. Es darf keine Merkmale oder Formulierungen enthalten, die den Zweck haben, eine andere als aus der äußeren Form oder aus dem Wortlaut ersichtliche Aussage über den Arbeitnehmer zu treffen.

(3) Die Erteilung des Zeugnisses in elektronischer Form ist ausgeschlossen.

Dass der Arbeitgeber nicht zur Zeugniserteilung verpflichtet ist, sondern umgekehrt der Arbeitnehmer einen Anspruch darauf hat, wird juristisch auch als **Holschuld** (im Unterschied zur **Bringschuld**) bezeichnet. Andererseits bietet sich dem Arbeitgeber dadurch kein Rückhalterecht, um ggf. den Arbeitnehmer dazu zu bringen, Arbeitsmittel zurückzugeben. Auch sogenannte Zwischenzeugnisse müssen vom Arbeitgeber erstellt werden, wenn der Arbeitnehmer etwa plant, sich beruflich zu verändern und ein solches Zeugnis anfordert.

Der Unterschied zwischen einem einfachen und einem qualifizierten Zeugnis dokumentiert sich in den Inhalten und im Umfang: Während das einfache Zeugnis sachliche Angaben zu Zeitraum und Art der Tätigkeit enthält, umfasst das qualifizierte Zeugnis zusätzlich die Beurteilung der Leistung und des Verhaltens des Arbeitnehmers.

Inhalte des einfachen Arbeitszeugnisses	Inhalte des qualifizierten Arbeitszeugnisses
• Angaben zur Person • Angaben zur Art der Tätigkeit • Dauer des Arbeitsverhältnisses • Angaben zu den Beendigungsgründen	(zusätzlich zu den Inhalten des einfachen Arbeitszeugnisses) • Fertigkeiten und Spezialkenntnisse • Stärken und Erfolge bei den Tätigkeiten • Fortbildungsaktivitäten • Beurteilung des Sozialverhaltens gegenüber Vorgesetzten, Kollegen, Kunden • Führungsverhalten, Vertrauenswürdigkeit, Pünktlichkeit • Schlussformel (Wünsche für die Zukunft u. Ä.)

Aus der Rechtsprechung des Bundesarbeitsgerichts haben sich folgende formale Anforderungen an Zeugnisse ergeben:

- Üblicherweise wird das Zeugnis auf Geschäftspapier mit Namen und Anschrift des Ausstellers sowie mit Ausstellungsdatum geschrieben.
- Die äußere Form muss ordentlich sein (ohne Flecken, Knicke etc.).
- Das Zeugnis muss eigenhändig vom Arbeitgeber bzw. einer Führungskraft im Unternehmen unterschrieben sein.

Die Anforderungen an die inhaltliche Gestaltung lassen sich mit folgenden Grundsätzen allgemein beschreiben:

- Grundsatz der Zeugnisklarheit
- Grundsatz der Zeugniswahrheit
- Grundsatz der Vollständigkeit
- Grundsatz der Wahrheit
- Grundsatz des verständigen Wohlwollens des Ausstellers

Die inhaltlichen Grundsätze können durchaus zu Zielkonflikten führen. Das hängt eng mit dem doppelten Zweck zusammen, den ein Arbeitszeugnis erfüllt: Der Arbeitnehmer setzt es ein, um sich auf eine neue Arbeitsstelle zu bewerben, der potenzielle zukünftige Arbeitgeber will sich auf der Grundlage des Zeugnisses ein möglichst umfassendes und zutreffendes Bild des Bewerbers machen.

In der Praxis haben sich einige standardisierte Formulierungen durchgesetzt, die Werturteile über die **Leistung** ausdrücken und dabei das „verständige Wohlwollen" des Ausstellers zeigen. Ab und zu findet man dafür auch den Begriff „Geheimcodes", jedoch haftet ihnen nichts Geheimes an. Sie sind jedoch genau zu lesen und zu interpretieren. In der Tabelle sind einige Beispiele zusammengestellt:

Umschreibung der Leistung	Bedeutung der Bewertung
„stets zu unserer vollsten Zufriedenheit" oder „zu unserer vollsten Zufriedenheit und unseren Erwartungen in jeder Hinsicht entsprochen"	Bewertung „sehr gut"
„stets zu unserer vollen Zufriedenheit" oder „voll und ganz zufrieden"	Bewertung „gut"
„stets zu unserer Zufriedenheit" oder „zu unserer vollen Zufriedenheit"	Bewertung „befriedigend"
„zu unserer Zufriedenheit"	Bewertung „ausreichend"
„insgesamt zufriedenstellend" oder „im Großen und Ganzen zu unserer Zufriedenheit"	Bewertung „mangelhaft"
„war bemüht" oder „zu erledigen versucht"	Bewertung „ungenügend"

Quelle: Hrsg. v. Bundesministerium für Arbeit und Soziales: Übersicht über das Arbeitsrecht/Arbeitsschutzrecht, 2008, S. 198. Verlag: Bildung und Wissen Verlag und Software GmbH, Nürnberg, 2008, S. 198.

Bei der **Verhaltensbeurteilung** werden Urteile häufig nur indirekt sichtbar, indem sie mit bestimmten Attributen umschrieben werden oder auch gar nicht erwähnt werden. Letztlich kommt es immer auf den Gesamtzusammenhang an. Dazu gehört auch die Schlussformel, die beispielsweise eine Gelegenheit für den Arbeitgeber bietet, sein Bedauern über das Ausscheiden des Arbeitnehmers auszudrücken.

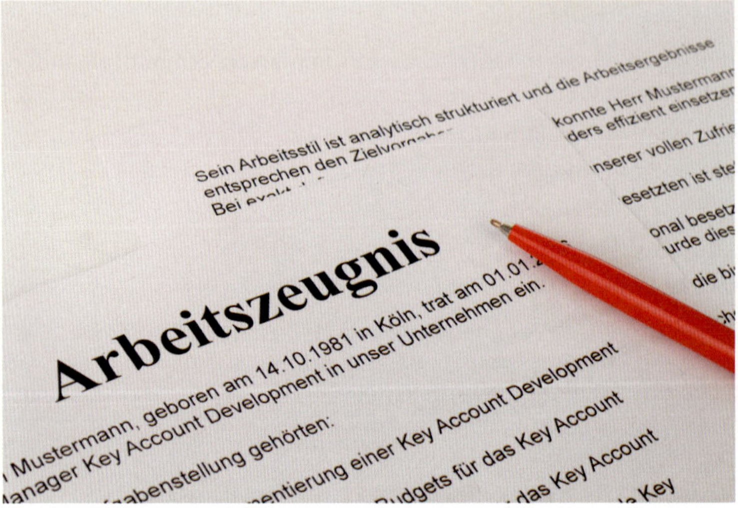

Aussagen für den Leistungsbereich		Aussagen und Interpretationen für den Verhaltensbereich	
Aussage im Zeugnis	**tatsächliche Bedeutung**	**Aussage im Zeugnis**	**tatsächliche Bedeutung**
Sie/er hat alle Arbeiten ordnungsgemäß erledigt.	Sie/er ist ein Bürokrat, Eigeninitiative ist nicht ihre/seine Stärke.	Sie/er war tüchtig und wusste sich gut zu verkaufen.	Sie/er ist ein/e unangenehme/r Mitarbeiter/in.
Wegen der Pünktlichkeit war sie/er stets ein großes Vorbild.	Ihre/seine Leistungen liegen unter dem Durchschnitt. Sie/er war in jeder Hinsicht eine „Niete".	Sie/er galt im Kollegenkreis als tolerante/r Mitarbeiter/in.	Für Vorgesetzte war sie/er ein „schwerer Brocken".
Es war vorgesehen, sie/ihn in den Nachwuchskader zu übernehmen.	Sie/er hat sich nicht bewährt, daher haben wir von diesen Plänen abgesehen.	Durch ihre/seine Geselligkeit trug sie/er zur Verbesserung des Betriebsklimas bei.	Sie/er neigt zu übertriebenem Alkoholkonsum.

Quelle: Hans Friedrich, Zeugnisse im Beruf, Rechtslage, Zeugnistypen, Formulierungen. Goldmann Verlag 2006.

Bei der konkreten Formulierung von Zeugnissen für andere Personen sollte man sich davon leiten lassen, wie man selbst mit solchen Arbeitszeugnissen in Bewerbungsverfahren umgeht. Die Empfänger eines Zeugnisses werden dieses komplett und sehr genau lesen. Entsprechend sorgfältig sollten Arbeitszeugnisse formuliert sein.

Zusammenstellung und Rückgabe der Arbeitspapiere

Mit Ausscheiden des Arbeitnehmers aus dem Unternehmen, spätestens aber am letzten Arbeitstag, hat der Arbeitgeber die Arbeitspapiere bereitzuhalten und dem Arbeitnehmer auszuhändigen. Es handelt sich hierbei um eine **Holschuld** des ausscheidenden Arbeitnehmers, und nur in Ausnahmefällen, etwa wenn er selbst im Verzug ist, muss der Arbeitgeber die Papiere auf eigene Kosten nachsenden. Mit dem Begriff Arbeitspapiere (in diesem Zusammenhang immer im Plural) werden alle Dokumente bezeichnet, die der Arbeitgeber dem Arbeitnehmer aushändigen muss. Festlegungen über deren Inhalt und Form finden sich in verschiedenen Gesetzen; in einigen Branchen herrschen Besonderheiten.

Definition
Mit dem Begriff **Arbeitspapiere** bezeichnet man alle Dokumente, die der Arbeitgeber dem Arbeitnehmer bei Beendigung des Arbeitsverhältnisses aushändigen muss.

Zu den Arbeitspapieren gehören vor allem folgende Dokumente:

LF 3 / 2.6

- Kopie der elektronischen Lohnsteuerbescheinigung (und soweit vorhanden die Lohnsteuerkarte von 2010),
- Arbeitszeugnis,
- Urlaubsbescheinigung (§ 6 Abs. 2 BUrlG),
- Arbeitsbescheinigung auf einem Vordruck der Bundesagentur für Arbeit (§ 312 Abs. 1 SGB III),
- Arbeitserlaubnis,
- Sozialversicherungsausweis,
- Unterlagen zur betrieblichen Altersversorgung und zu vermögenswirksamen Leistungen,
- bei Jugendlichen auch die Gesundheitsbescheinigung,
- in der Baubranche die Lohnnachweiskarte.

3.3 Grundzüge der Arbeitsgerichtsbarkeit

Jährlich werden rund 1,2 Millionen Kündigungen durch Arbeitgeber ausgesprochen. Gegen rund ein Fünftel dieser arbeitgeberseitigen Kündigungen wird Klage vor dem Arbeitsgericht erhoben, im Jahr 2006 waren es insgesamt 231 588 Kündigungsschutzklagen. Klagen wegen Kündigung machen damit rund die Hälfte aller Verfahren vor den Arbeitsgerichten aus (2006: 467 807 Verfahren insgesamt). Andere Arten von Streitigkeiten, die durch ein Urteil des Arbeitsgerichts gelöst werden sollen, beziehen sich beispielsweise auf das Arbeitsentgelt, auf Urlaubsgewährung und Urlaubsentgelt, Zeugniserteilung und -berichtigung.

Bereits seit dem 19. Jahrhundert gibt es in Deutschland eine eigene Fachgerichtsbarkeit für Rechtsstreitigkeiten innerhalb des Arbeitslebens, deren aktueller Aufbau 1953 im Arbeitsgerichtsgesetz (ArbGG) festgelegt wurde. Das System ist dreistufig: Auf der untersten Ebene dienen die Arbeitsgerichte als Eingangsgerichte für arbeitsrechtliche Verfahren. Auf einer zweiten Stufe sind 18 Landesarbeitsgerichte als Berufungsinstanz tätig. Oberste Instanz in Arbeitsrechtssachen ist das Bundesarbeitsgericht mit Sitz in Erfurt (Thüringen). Unterschieden werden zwei Verfahrensarten:

- Das **Urteilsverfahren** kommt bei arbeitsrechtlichen Streitigkeiten zwischen einem Arbeitnehmer und einem Arbeitgeber zur Anwendung (§ 2 ArbGG).
- Nach dem **Beschlussverfahren** werden Streitigkeiten nach dem Betriebsverfassungsgesetz zwischen Betriebsrat und Arbeitgeber sowie kollektivarbeitsrechtliche Konflikte behandelt (§ 2a ArbGG).

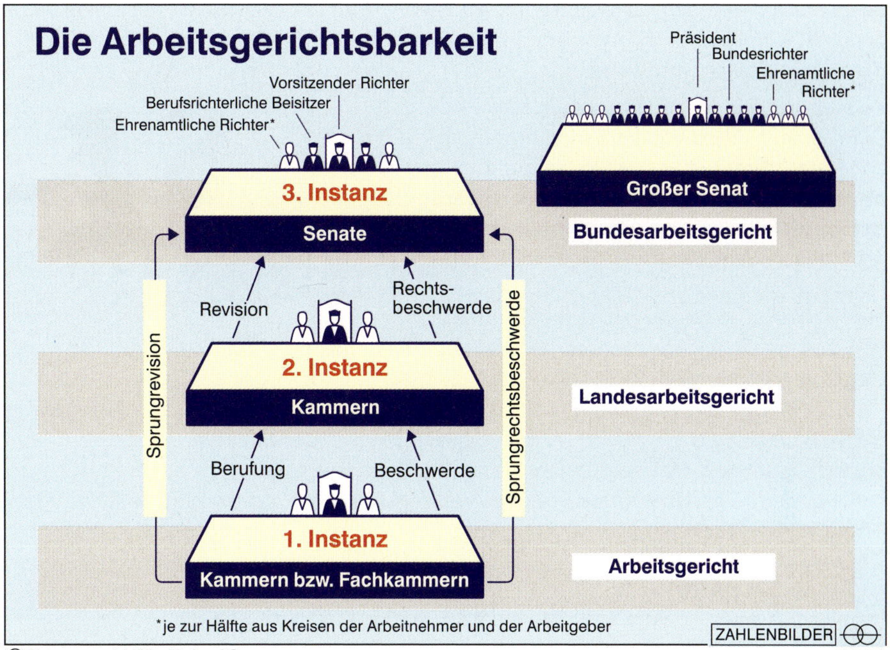

 129 160

Wesenselement der Arbeitsgerichtsbarkeit ist die Einbeziehung von ehrenamtlichen Richtern, die paritätisch die Interessen und Sichtweisen der Arbeitnehmer und der Arbeitgeber im Verfahren sichern. Der besonderen Bedeutung von Arbeitsverhältnissen vor allem für die Arbeitnehmerseite (Existenzsicherung, ungleiche Machtverteilung zwischen Arbeitgebern und Arbeitnehmern) wird durch einige verfahrensbezogene Grundsätze Rechnung getragen:

- **Beschleunigungsgebot:** Arbeitsrechtliche Verfahren sollen möglichst schnell geklärt werden.
- **Grundsatz der Mündlichkeit:** Schwerpunkt des Verfahrens ist die mündliche Verhandlung.
- **Vorrang der gütlichen Einigung:** Sie zeigt sich etwa darin, dass die mündliche Verhandlung mit einem Gütetermin beginnt. Erst wenn keine Einigung zustande kommt, wird ein Termin für eine streitige Verhandlung festgesetzt.

Beispiel

Dem Arbeitnehmer Hubert Klang von der Waxx AG ist betriebsbedingt gekündigt worden. Er reicht fristgerecht eine Kündigungsschutzklage bei dem Arbeitsgericht ein, in dessen Gerichtsbezirk der Arbeitgeber seinen Firmensitz hat. Fristgerecht heißt, dass die Klage gegen die Kündigung innerhalb von drei Wochen nach Zugang des Kündigungsschreibens erhoben wird. Dabei wird der Tag des Zugangs nicht mitgerechnet. Das Arbeitsgericht stellt der Waxx AG die Klage und einen Termin zur Güteverhandlung zu. Eine schriftliche Stellungnahme muss die Waxx AG vor diesem Termin nicht abgeben. Die Güteverhandlung findet vor einer Kammer statt, der ein Berufsrichter vorsteht; die ehrenamtlichen Richter werden erst zu einem ggf. später stattfindenden Verhandlungstermin hinzugezogen. Bei dem Gütetermin geht es darum, die Sachlage mit den Beteiligten zu erörtern. Dem Richter kommt dabei eine Experten- und Moderatorenfunktion zu.

- *Einigen sich die beiden Parteien bei diesem Termin, wird der Rechtsstreit mit einem Vergleich beendet. Aufgabe des Gerichts ist es, diesen Vergleich und die Genehmigung durch die beiden Parteien zu protokollieren.*
- *Können sich Hubert Klang und die Waxx AG nicht einigen, wird ein Verhandlungstermin angesetzt. Direkt im Anschluss an diese Verhandlung wird das Urteil verkündet. Dieses ist Ergebnis der Beratung der Kammer, an der jetzt neben dem Berufsrichter auch die ehrenamtlichen Richter beteiligt sind. Die Kammer legt fest, ob gegen das Urteil Berufung vor dem zuständigen Landesarbeitsgericht eingelegt werden kann.*

Zusammenfassung

- Arbeitsverhältnisse können von den Vertragspartnern auf unterschiedliche Arten beendet werden:

Arten der Beendigung von Arbeitsverhältnissen			
Auslaufen eines befristeten Arbeitsvertrages	**Aufhebungsvertrag**	**Kündigung durch den Arbeitnehmer** – ordentliche – Kündigung – fristlose Kündigung	**Kündigung durch den Arbeitgeber** – ordentliche Kündigung – Änderungskündigung – Massenentlassung – fristlose Kündigung

Kündigung durch den Arbeitnehmer	
Ordentliche Kündigung	**Außerordentliche fristlose Kündigung**
– Schriftform – Einhaltung der vereinbarten Kündigungsfrist (im Arbeitsvertrag, Tarifvertrag oder nach § 622 Abs. 1 BGB) – Angabe des Kündigungsgrundes nicht notwendig	– Schriftform – Vorliegen eines „wichtigen Grundes" nach § 626 BGB – Kündigung innerhalb von zwei Wochen nach Kenntnis der kündigungsrelevanten Tatsachen – Angabe des Kündigungsgrundes (ggf. auf Anforderung auch nachträglich)

- Arbeitnehmer sind gegen willkürliche und sozial ungerechtfertigte Kündigungen durch den Arbeitgeber geschützt:
  - durch den allgemeinen Mindestkündigungsschutz; er gilt für Arbeitnehmer, die in Kleinbetrieben arbeiten;
  - durch den allgemeinen Kündigungsschutz; er gilt für Arbeitnehmer, die mindestens ein halbes Jahr in einem Betrieb mit mehr als zehn Beschäftigten arbeiten;
  - durch den besonderen Kündigungsschutz; er gilt zusätzlich für bestimmte Gruppen von Arbeitnehmern.
- Damit eine Kündigung durch den Arbeitgeber sozial gerechtfertigt ist, muss der Grund für die Kündigung entweder personen-, verhaltens- oder betriebsbedingt sein.
- Der Arbeitgeber muss den Betriebsrat bei Kündigungen anhören.
- Eine verhaltensbedingte fristlose Kündigung durch den Arbeitgeber setzt die Abmahnung des Mitarbeiters voraus.
- Bei Ausscheiden aus einem Betrieb haben Arbeitnehmer Anspruch auf ein Arbeitszeugnis.
- Nach Zugang einer Kündigung kann der Arbeitnehmer beim zuständigen Arbeitsgericht Kündigungsschutzklage zur Überprüfung der Wirksamkeit der Kündigung einreichen.

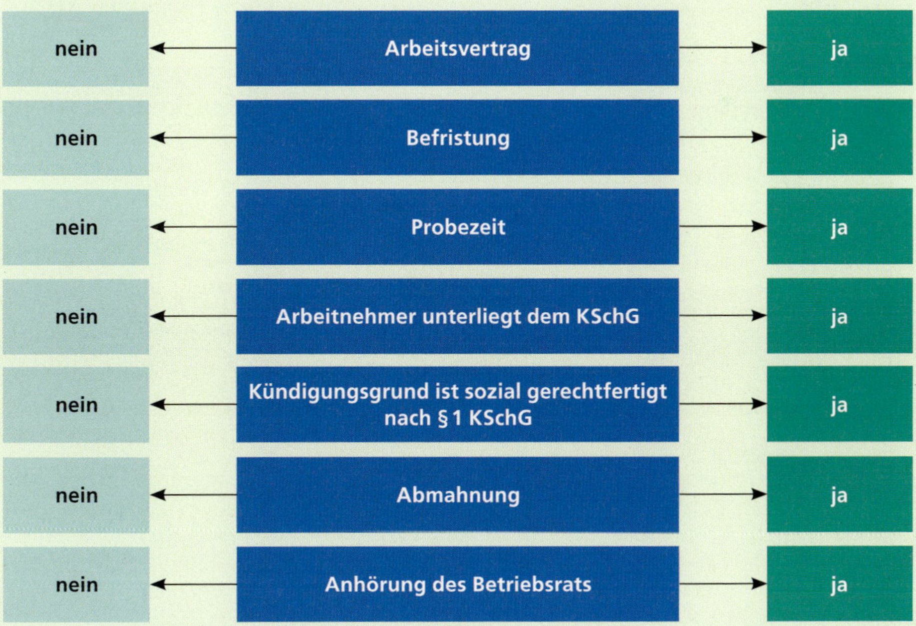

Prüfschema für die Beurteilung von arbeitgeberseitigen Kündigungen

- In jedem Kündigungseinzelfall hat der Arbeitgeber folgende Fragen zu beantworten:
  - Liegt ein wirksamer Arbeitsvertrag vor?
  - Ist der Arbeitsvertrag befristet?
  - In welcher Art soll das Arbeitsverhältnis gekündigt werden?
  - Befindet sich der Arbeitnehmer noch in der Probezeit?
  - Fällt der Arbeitnehmer unter das Kündigungsschutzgesetz (Anzahl der Arbeitnehmer im Betrieb, Betriebszugehörigkeit des Arbeitnehmers)?
  - Trifft auf den Arbeitnehmer der besondere Kündigungsschutz zu?
  - Aus welchem Grund soll dem Arbeitnehmer gekündigt werden? Liegen ggf. Abmahnungen vor?
  - Welche Kündigungsfristen sind einzuhalten (nach Arbeitsvertrag, Tarifvertrag, Gesetz)?
  - Wurde der Betriebsrat fristgerecht angehört?

Aufgaben

1. *Nach zwanzigjähriger Tätigkeit in einem Industrieunternehmen entschließt sich der Schlosser Hannes Blankert (43 Jahre) dazu, den Schritt in die Selbstständigkeit als Kunstschlosser zu wagen. Nun steht er vor der Frage, in welcher Form er das Arbeitsverhältnis mit seinem Arbeitgeber beenden soll: mit einem Aufhebungsvertrag oder durch eine ordentliche Kündigung?*

Beraten Sie Hannes Blankert über sein weiteres Vorgehen. Was sollte er Ihrer Ansicht nach tun? Recherchieren Sie dafür auch auf den Seiten der Bundesagentur für Arbeit, welche Unterstützungsmöglichkeiten für Existenzgründer angeboten werden und von welchen Voraussetzungen diese abhängen.

2. *Beurteilen Sie für folgende Fälle, ob das Kündigungsschutzgesetz Anwendung findet; begründen Sie kurz:*

1	Hans Haber, beschäftigt seit drei Monaten, erhält die Kündigung von der Grundmann GmbH (50 Beschäftigte).	
2	Karl Kaufmann, Inhaber der KK Damenmoden mit acht Beschäftigten, kündigt Jutta Gerd, die seit acht Monaten im Unternehmen beschäftigt ist.	
3	Rudolf Reinert erhält nach sechs Monaten Beschäftigungszeit die Kündigung von seinem Arbeitgeber Postservice AG (1 000 Beschäftigte); die Probezeit beträgt acht Monate.	
4	Die Postservice AG kündigt das Arbeitsverhältnis mit Hannelore Hamm nach neun Monaten.	
5	Die Postservice AG kündigt das Arbeitsverhältnis mit Detlef D. Da nach fünf Monaten.	

3. *Im Folgenden sind zwei Versionen eines Arbeitszeugnisses gegenübergestellt.*
   a) *Arbeiten Sie die Unterschiede zwischen den beiden Versionen heraus.*
   b) *Welche Gesamtbewertung lässt sich aus jeder der Versionen entnehmen?*

1. Version

Zeugnis

Herr Franz Falkenthal, geb. am 2.8.1956 in Frankfurt/Main, war vom 1.1.2004 bis zum 31.12.2005 als Automobilverkäufer in unserer Firma tätig.

Er war für ein spezielles Verkaufsgebiet unseres Typensortiments eigenverantwortlich zuständig und hat sich besonders bei der Akquisition von Neukunden profiliert. Wegen seiner fachlich ausgezeichneten Kenntnisse, verbunden mit einer positiven Einstellung zu seiner Marke VW und Liebe zum Automobil, schätzten wir ihn als wertvollen Mitarbeiter.

Wir lernten Herrn Falkenthal als einen engagierten, aufgeschlossenen Mitarbeiter kennen, der seine Tätigkeiten mit vollem Einsatz erfolgreich ausführte. Seine Arbeitsqualität war stets weit überdurchschnittlich. Durch eine Weiterbildungsmaßnahme hat er seine Kundenberatung noch optimiert und mit zu einer erheblichen Umsatzsteigerung beigetragen.

Aufgrund seiner kooperativen Haltung war Herr Falkenthal immer bei Vorgesetzten und Kollegen anerkannt und beliebt. Sein Auftreten gegenüber Kunden war jederzeit makellos, und er war als kompetenter und freundlicher Gesprächspartner anerkannt.

Herr Falkenthal verlässt unsere Firma am Jahresende auf eigenen Wunsch, um sich finanziell zu verbessern. Wir bedauern dies sehr und wünschen ihm beruflich und persönlich alles Gute.

Kiel, 31.12.2005

Robert Petzold
VW-Vertragshändler

Ferdinand Wolters
Verkaufsleiter

2. Version

Zeugnis

Herr Franz Falkenthal, geb. am 2.8.1956 in Frankfurt/Main, war vom 1.1.2004 bis zum 31.12.2005 als Automobilverkäufer in unserer Firma tätig.

Er war für ein spezielles Verkaufsgebiet unseres Typensortiments (Nutzfahrzeuge) eigenverantwortlich zuständig. Dabei hat er mit hohem Einsatz die Betreuung unserer Stammkunden gepflegt und sich besonders bei der Akquisition von Neukunden profiliert. Z. B. ist es ihm gelungen, dass die Norddeutsche Großbäckerei AG ihren Nutzfahrzeugpark auf die 8–9-Tonner-Modellreihe VW/MAN umgestellt hat. Ferner hat Herr Falkenthal es geschafft, dass deren Betriebsleitung, die seit Jahrzehnten auf eine schwäbische Automarke eingeschworen war, auf das Flaggschiff aus der V. A. G.-Palette (Audi A8) gewechselt hat.

Wegen seiner fachlich ausgezeichneten Kenntnisse, verbunden mit einer positiven Einstellung zu seiner Marke VW und Liebe zum Automobil, schätzten wir Herrn Falkenthal als wertvollen Mitarbeiter. Er war stets engagiert und aufgeschlossen und führte seine Tätigkeiten immer mit vollem Einsatz erfolgreich aus. Seine Arbeitsqualität war jederzeit weit überdurchschnittlich. Durch eine Weiterbildungsmaßnahme hat er seine Kundenberatung noch optimiert und zu einer erheblichen Umsatzsteigerung beigetragen. So ist der Absatz von Nutzfahrzeugen in den letzten 18 Monaten um 35 % gestiegen.

Herr Falkenthal erfüllte seine Aufgaben stets zu unserer vollen Zufriedenheit.

Aufgrund seiner kooperativen Haltung war Herr Falkenthal immer bei Vorgesetzten und Kollegen anerkannt und beliebt. Sein Auftreten gegenüber Kunden war jederzeit makellos, und er war als kompetenter und freundlicher Gesprächspartner anerkannt.

Herr Falkenthal verlässt unsere Firma am Jahresende auf eigenen Wunsch. Wir bedauern dies sehr und wünschen ihm beruflich und persönlich alles Gute.

Kiel, 31.12.2005

Robert Petzold
VW-Vertragshändler

Ferdinand Wolters
Verkaufsleiter

Quelle: Hesse, Jürgen / Schrader, Hans Christian: Das perfekte Arbeitszeugnis – Richtig formulieren, verstehen, verhandeln. Eichborn AG, Frankfurt am Main, 2006, S. 60 und S. 62.

4. *Entscheiden Sie begründet für jede der folgenden Aussagen, ob eine ordentliche und/oder eine außerordentliche Kündigung möglich ist:*
   a) *Ein wirksamer Arbeitsvertrag liegt vor.*
   b) *Das Arbeitsverhältnis ist auf unbestimmte Zeitdauer geschlossen.*
   c) *Die vereinbarte Probezeit des Arbeitnehmers endete vor vier Monaten.*
   d) *Der Arbeitnehmer ist seit zehn Monaten in einem Unternehmen mit insgesamt 56 Mitarbeitern beschäftigt.*
   e) *Dem Arbeitnehmer soll wegen andauernder Unpünktlichkeit gekündigt werden.*
   f) *Laut Personalakte hat der Arbeitnehmer vor sechs Wochen eine Abmahnung wegen Unpünktlichkeit erhalten.*
   g) *Der Betriebsrat hat einer Kündigung nicht zugestimmt.*

5. *Jutta Henrichs ist seit vier Monaten in der Waxx AG beschäftigt. Die arbeitsvertraglich vereinbarte Probezeit beträgt drei Monate. Mit welcher Frist kann Jutta Henrichs gekündigt werden?*

6. *Hat ein Arbeitnehmer einen Aufhebungsvertrag mit seinem Arbeitgeber vereinbart und meldet sich anschließend arbeitssuchend, kann nach § 144 SGB III die Agentur für Arbeit eine Sperrfrist für den Bezug von Arbeitslosengeld verhängen. Ist das eine sinnvolle Regelung? Finden Sie Pro- und Kontra-Argumente für diese Regelung und nehmen Sie kritisch Stellung.*

7. *Martina Eisach (34 Jahre, verheiratet, ein Kind im Alter von 3 Jahren) arbeitet seit sechs Jahren in der HR Personaldienstleistungen GmbH. In dem Kundenbetrieb Kalle AG ist sie seit 21 Monaten als Sachbearbeiterin in der Einkaufsabteilung eingesetzt. Sie gilt als sehr zuverlässig und engagiert. An einem Dienstag ruft der Abteilungsleiter der Kalle AG den Disponenten der HR Personaldienstleistungen GmbH an: „Ich habe Frau Eisach gerade dabei erwischt, wie sie vier Pakete Kopierpapier aus dem Materiallager entwendet hat und in den Kofferraum ihres Pkw eingeladen hat. Ich habe sie sofort zu ihnen geschickt. Wir werden ab sofort auf die Dienste von Frau Eisach verzichten."*

   Versetzen Sie sich in die Rolle des Disponenten der HR Personaldienstleistungen GmbH. Welche Handlungsmöglichkeiten haben Sie in diesem Fall? Notieren Sie die Vor- und Nachteile jeder Handlungsmöglichkeit und treffen Sie eine begründete Entscheidung.

8. *Sigmund Terz hat einen auf 15 Monate befristeten Arbeitsvertrag bei der Personaldienstleistungen GmbH. Nach zehn Monaten Tätigkeit soll ihm gekündigt werden. Unter welchen Bedingungen ist dies möglich?*

9. *Tanja Schwarz (30 Jahre) ist am 1. Februar seit zehn Jahren bei der Waxx AG beschäftigt. Bestimmen Sie die gesetzliche Kündigungsfrist für den Arbeitgeber. Wann muss das Kündigungsschreiben spätestens zugegangen sein?*

10. *Dem Fachlageristen Gerhard Stumm, der acht Jahre lang im Lagerbetrieb beschäftigt war, ist aus betriebsbedingten Gründen gekündigt worden. Er will auf eine Kündigungsschutzklage verzichten. Wie hoch ist sein gesetzlicher Abfindungsanspruch nach § 1a Abs. 2 KSchG?*

11. *Beurteilen Sie für folgende Fälle, ob eine Kündigung des Arbeitsverhältnisses durch den Arbeitgeber sozial gerechtfertigt ist:*

1	Frau Kunze kann aufgrund einer chronischen Erkrankung ihre Aufgaben nicht mehr erfüllen. Eine Verbesserung des gesundheitlichen Zustands ist nicht absehbar.	
2	Herr Meinolf hat in der Vergangenheit wiederholt die Arbeitszeit dazu genutzt, in einem Nebenraum Zigaretten zu rauchen, obwohl in dem Lager ein generelles Rauchverbot besteht.	
3	Die Firma Merbold Raumfahrt AG will die Abteilung Marsmission mit 15 Beschäftigten wegen Auftragsmangel schließen.	
4	Der vierjährige Sohn des Geschäftsführers der Hannes Kühltechnik GmbH hat Angst vor dem Pförtner Hans Hagen.	
5	Angelo Grimaldi, beschäftigt in der Produktion der Eismanufaktur Gelati Deutschland GmbH, leidet seit drei Wochen an einer ansteckenden und nicht heilbaren Hauterkrankung.	

12. *Bestimmen Sie den frühestmöglichen Kündigungstermin für folgende Fälle je aus Arbeitgeber- und Arbeitnehmersicht; gehen Sie vom aktuellen Datum aus:*

	Fälle	Frühestes Datum, zu dem gekündigt werden kann durch den ...	
		Arbeitgeber	Arbeitnehmer
1	Norbert Kailer, 52 Jahre, ist seit dem 01.11.2011 in der Faktor GmbH beschäftigt; seine Probezeit beträgt sechs Monate.		
2	Inga Sommerlath, 24 Jahre, hat mit ihrem Arbeitgeber in ihrem Arbeitsvertrag eine dreiwöchige Kündigungsfrist vereinbart, die für beide Vertragsseiten gilt. Sie ist seit vier Jahren in der Friesleben OHG als Verkäuferin beschäftigt.		
3	Jan Reimann, 26 Jahre, arbeitet seit Sommer 2005 bei der Bürotec GmbH im Verkauf.		
4	Karin Hermstroth, 36 Jahre, ist seit dem 01.04.2002 bei der Akretiva beschäftigt und will sich nun selbstständig machen.		
5	Stefan Heinrichs, 39 Jahre, hat in seinem Arbeitsvertrag eine zehnmonatige Kündigungsfrist vereinbart. Er will möglichst schnell das Unternehmen verlassen und eine andere Arbeitsstelle annehmen.		
6	Claudia Falter, 42 Jahre, ist seit dem 01.02.1988 bei der Hochbau AG beschäftigt.		

13. *Bestimmen Sie für die Fälle in Aufgabe 12 die Termine, zu denen die Arbeitgeberkündigung dem Arbeitnehmer spätestens zugegangen sein muss, um den frühestmöglichen Kündigungstermin einzuhalten.*

Fall 1	Fall 2	Fall 3	Fall 4	Fall 5	Fall 6

14. *Unterscheiden Sie zwischen Zugang einer Kündigung, Nachweis des Zugangs und Kenntnisnahme einer Kündigung.*

15. *Der als Zeitarbeitnehmer eingesetzte Mitarbeiter Torsten Humbug hat bei seinem Einsatz in einem Elektrogroßhandelsbetrieb nachweislich ein 2 Meter langes USB-Kabel gestohlen.*

Welche der folgenden Aussagen über die Handlungsmöglichkeiten der HR Personaldienstleistungen GmbH als Arbeitgeber von Herrn Humbug trifft zu?

Der Arbeitgeber sollte Humbug umgehend nach Kenntnis (ca. Vier-Wochen-Frist) des Falls abmahnen und umgehend fristlos kündigen.	
Der Arbeitgeber sollte Humbug mündlich ermahnen und ihm anschließend schriftlich die Abmahnung aushändigen.	
Der Arbeitgeber sollte Humbug umgehend (ca. Zwei-Wochen-Frist) nach Kenntnis des Falls entweder abmahnen oder ihn fristlos kündigen.	
Der Arbeitgeber sollte den Mitarbeiter Humbug drei bis vier Wochen beobachten und ihm bei einem erneuten Fehlverhalten die Abmahnung für den Diebstahl geben.	
Der Arbeitgeber hat aufgrund des geringen Wertes der gestohlenen Sache keine Eingriffsmöglichkeit.	

16. *In dem Unternehmen Shopping AG muss verschiedenen Mitarbeitern gekündigt werden. Welche der folgenden Aussagen zur Kündigung von Mitarbeitern trifft zu?*

Der Betriebsrat hat zwei Wochen Zeit, einer ordentlichen Kündigung zuzustimmen.	
Die ordentliche Kündigung eines schwerbehinderten Mitarbeiters ist grundsätzlich nicht möglich.	
Die Kündigung einer Schwangeren kann in Ausnahmefällen mit Zustimmung der für den Arbeitsschutz zuständigen obersten Landesbehörde zulässig sein.	
Der Betriebsrat kann verlangen, dass ein gekündigter Mitarbeiter statt Kündigung innerhalb des Unternehmens versetzt wird.	
Die Kündigung eines Betriebsratsmitglieds erfordert die Zustimmung durch die zuständige Gewerkschaft.	

4 Personalwirtschaftliche Daten abbilden, aufbereiten und analysieren

Einstiegssituation ▶

Die Finke Zeitarbeit GmbH ist in Deutschland an elf Standorten vertreten. Mehrmals im Jahr treffen sich die Niederlassungsleiterinnen und -leiter, um sich über die Entwicklungen und Aussichten an den verschiedenen Standorten auszutauschen. Schwerpunktthema während des Frühjahrstermins ist die Personalsituation. Eine Woche vor dem Termin bereitet die Niederlassungsleiterin Sibylle Bestel ihre Präsentation für die Arbeitstagung vor. Sie bittet den Auszubildenden Frank Mellheim, sie dabei zu unterstützen, und zeigt ihm eine Grafik zur Entwicklung des Personalbestands im vergangenen Jahr.

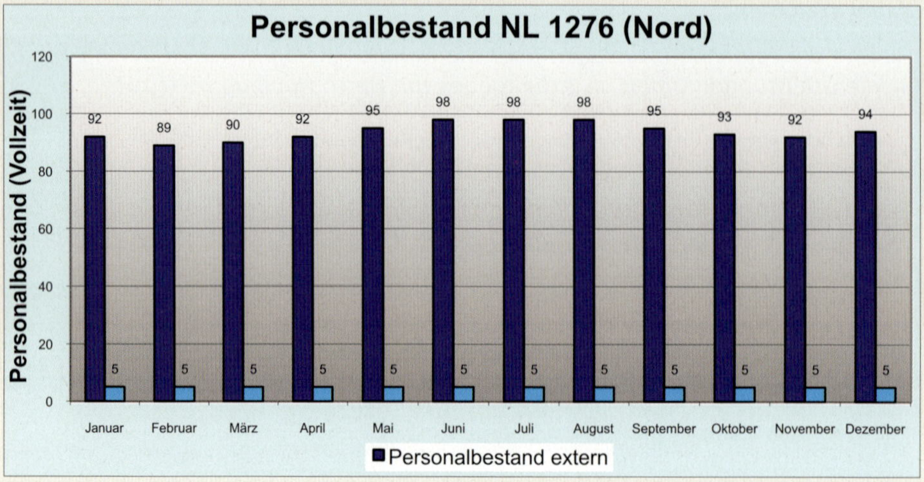

Sibylle Bestel: „In ähnlicher Form möchte ich die Fehlzeiten erfassen und darstellen, Herr Mellheim. Ich möchte Sie bitten, sich die entsprechenden Daten von der Personalsachbearbeitung geben zu lassen, um die Daten dann grafisch aufzubereiten. Achten Sie aber bitte darauf, dass die Darstellung zweckmäßig sein muss."

Arbeitsaufträge

1. *Beschreiben Sie die Ausgangssituation.*
   - *Gehen Sie dabei auf die Art der grafischen Darstellung der Personalsituation ein.*
   - *Überlegen Sie, welche weiteren Informationen über die Personalsituation an allen Standorten für die Niederlassungsleiter während der Arbeitstagung sinnvoll sind.*

2. *Informieren Sie sich in den Abschnitten 4.1 und 4.2 über den Hintergrund der personalwirtschaftlichen Kennziffern Personalbestand und Fehlzeiten.*
   - *Klären Sie, welche Vorteile die Angabe des Personalbestands in Vollzeitstellen gegenüber der Kopfanzahl der Mitarbeiter bietet.*
   - *Identifizieren Sie die notwendigen Informationen für die Abbildung der Fehlzeiten.*
3. *Erarbeiten Sie alternative Darstellungsformen für die Abbildung des Personalbestands.*
   - *Erstellen Sie mit den recherchierten Daten eine Tabelle in einem Tabellenkalkulationsprogramm.*
   - *Wählen Sie verschiedene Darstellungsformen für die Abbildung der Daten.*
   - *Entwickeln Sie Kriterien, mit denen die Qualität von grafischen Abbildungen beurteilt werden kann.*
   - *Beurteilen Sie die verschiedenen grafischen Abbildungen mit diesen Kriterien.*
4. *Zur Vertiefung:*

   Während der Arbeitstagung der Niederlassungsleiter werden die Fehlzeiten in den verschiedenen Niederlassungen miteinander verglichen. Es zeigt sich, dass das Ausmaß der Fehlzeiten, vor allem der krankheitsbedingten Fehltage, in der Niederlassung von Frau Bestel höher ist als der Durchschnitt. Frau Bestel erhält von der Geschäftsführung den Auftrag, in sechs Wochen ein Konzept vorzulegen, mit dem die Fehlzeiten in der Niederlassung deutlich reduziert werden können.

Die Abbildung, Analyse und Aufbereitung von personalwirtschaftlichen Daten ist ein Teilbereich der personalwirtschaftlichen Statistik. Sie dient dazu, Entscheidungen im Personalbereich zu erleichtern und zu begründen. Diese Aufgaben werden in der Praxis häufig dem Bereich des Personalcontrollings zugeordnet.

Das Thema personalwirtschaftliche Statistik ist ein weites Feld. Dieses Kapitel konzentriert sich daher auf einige Schwerpunkte der Personalstatistik:

- auf die Bestimmung des Personalbestands im Zusammenhang mit den Personalbewegungen;
- auf die Analyse von Fehlzeiten und
- auf die Aufbereitung von Personal- und Sozialkosten.

Bei der Analyse und Auswertung personalwirtschaftlicher Daten werden verschiedene Darstellungsformen verwendet, die im letzten Abschnitt erläutert werden.

4.1 Personalbestand und Personalbewegungen

Personalbestandsdaten und ihre Veränderungen sind nicht für interne Zwecke wichtig, etwa um festzustellen, wie sich die Unternehmensgröße im Zeitablauf entwickelt hat.

Auch im Rahmen der Meldeverpflichtungen eines Unternehmens müssen solche Zahlen bestimmt werden. Beispiele für diese Art von Meldepflichten sind etwa die Meldungen der Beschäftigtenzahlen zur Berufsgenossenschaft oder Meldepflichten für die amtliche Statistik.

Definitionen

Der Personalbestand ist eine Messgröße für den Bestand an Mitarbeitern in einem Unternehmen. Dieser Bestand an Mitarbeitern kann unterschiedlich erfasst werden, und zwar

- entweder nach der Anzahl der „Köpfe" (sogenannter nominaler Personalbestand), oder
- nach dem Umfang der Arbeitszeit (in Form der sogenannten Vollzeitäquivalente), auch als FTE – Full Time Equivalent – bezeichnet.

Beispiel
Ein Unternehmen beschäftigt insgesamt 40 Mitarbeiter. Von diesen haben 20 eine Vollzeitstelle (40 Stunden pro Woche), zehn Mitarbeiter arbeiten halbtags (20 Stunden pro Woche), vier haben eine Viertelstelle (10 Stunden pro Woche) und sechs Mitarbeiter arbeiten 30 Stunden je Woche. Nach „Köpfen" hat dieses Unternehmen 40 Mitarbeiter. Berücksichtigt man die unterschiedlichen Arbeitszeiten, fällt der in Vollzeiteinheiten gemessene Personalbestand geringer aus:

Mitarbeiter	Stunden-umfang	Gesamt-Std.	Stundenumfang einer Vollzeitstelle	Vollzeitäquivalent *Full Time Equivalent (FTE)*
20	40	800	40	800 : 40 = 20
10	20	200	40	200 : 40 = 5
6	30	180	40	180 : 40 = 4,5
4	10	40	40	40 : 40 = 1
Summe der Vollzeitäquivalente				30,5

Die beiden Kennziffern haben eine unterschiedliche Aussagefähigkeit hinsichtlich des Personalbestands: Die Kopfzahl der Mitarbeiter gibt an, wie viele Personen in einem Unternehmen beschäftigt sind. Sie ist beispielsweise ein Hinweis auf den Aufwand bei der Erstellung der Entgeltabrechnungen. Dagegen drückt das Vollzeitäquivalent die insgesamt zur Verfügung stehende Arbeitskapazität aus, unabhängig davon, wie viele Personen diese Arbeit leisten. Maßgeblich für die Umrechnung des **FTE** (Full Time Equivalent) in Arbeitsstunden ist die branchentypische wöchentliche Arbeitszeit. In der Zeitarbeitsbranche liegt sie tarifvertraglich bei 35 Stunden. Dies muss bei der Ermittlung des Vollzeitäquivalents berücksichtigt werden.

Welche dieser beiden Kennziffern berechnet und/oder präsentiert wird, ist abhängig von der jeweiligen Fragestellung.

Merksatz

Der nach **Kopfanzahl** gemessene Personalbestand drückt die **nominale Arbeitnehmerzahl** eines Unternehmens aus.

Der mit dem **Vollzeitäquivalent** gemessene Personalbestand zeigt, wie groß die **Arbeitskapazität** eines Unternehmens ist, ausgedrückt in der Anzahl von Vollzeitstellen.

Beeinflusst wird der Personalbestand von den Personalzu- und -abgängen, beispielsweise von der Zahl der Neueinstellungen und der Zahl der ausscheidenden Mitarbeiter. Der Zusammenhang zwischen Personalbestand und den Zu- bzw. Abgängen lässt sich folgendermaßen illustrieren:

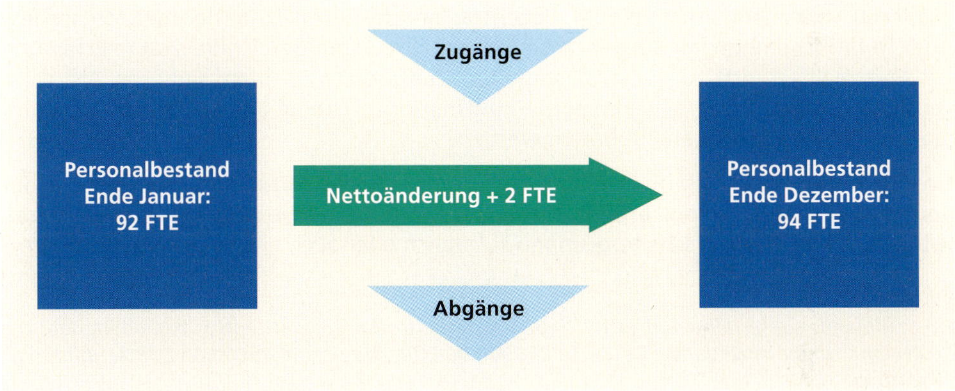

Der Personalbestand ist eine Größe, die die Verhältnisse in einem bestimmten Moment bzw. zu einem bestimmten Zeitpunkt ausdrückt. Zu- und Abgänge erfassen dagegen Bewegungen in einem bestimmten Zeitraum. Deshalb bezeichnet man sie auch als Strom- oder Flussgrößen. In dem in der Einstiegssituation genannten Beispiel lässt sich feststellen, dass sich der Personalbestand im Dezember gegenüber Januar um zwei Vollzeitäquivalente erhöht hat. Diese auch als Nettoänderung bezeichnete Veränderung setzt sich aus den Zugängen und den Abgängen in dem Zeitraum zwischen Januar und Dezember zusammen. Aus den Daten lässt sich jedoch nicht ableiten, wie hoch die absoluten Werte der Zu- und Abgänge waren. Es lässt sich allenfalls feststellen, dass die Differenz zwischen Zu- und Abgängen bei zwei FTE lag.

Definition

Bestandsgrößen beziehen sich auf einen *Zeitpunkt.* **Stromgrößen** beziehen sich auf einen *Zeitraum.*

Beispiel
Zu einem bestimmten Zeitpunkt sind zehn Personen in einem Raum. In den folgenden 30 Minuten (= Zeitraum) verlassen drei Personen den Raum und vier Personen treten ein. Der Bestand am Ende dieses Zeitraums liegt dann bei:

Anfangsbestand + Zugänge – Abgänge = Endbestand
10 Personen + 4 Personen – 3 Personen = 11 Personen

Die Nettoänderung liegt bei einer Person. Nettoänderung ist dabei das Verhältnis zwischen Zugängen und Abgängen, in diesem Beispiel also 4 Personen – 3 Personen = +1 Person.

Anwendungsprobleme bei der Ermittlung des Personalbestands

Die Bestimmung des Personalbestands ist in der Praxis in vielen Fällen aufwendiger und problembehafteter, als es die Definition erwarten lässt. Probleme können sowohl bei der (stichtagsbezogenen) Erfassung bzw. Zählung entstehen als auch bei der Entscheidung, welche Mitarbeitergruppen im Personalbestand zu berücksichtigen sind.

Ein erheblicher zusätzlicher Aufwand kann bei der Erfassung des Personalbestands in größeren Unternehmen und/oder dezentral organisierten Unternehmen entstehen. Auch in Unternehmen mit ausgeprägten Personalbewegungen ist die exakte Erfassung des Personalbestands zu einem bestimmten Zeitpunkt mit einem höheren Aufwand verbunden. Dem wirken etwa Personal-Informations-Systeme (PIS) entgegen, die ständig auf den neuesten Stand gebracht werden.

Ein anderes Problem ergibt sich durch die Frage, welche Mitarbeitergruppen bei der Kennziffer Personalbestand erfasst werden sollen. So kann es je nach Fragestellung sinnvoll sein, bestimmte Mitarbeitergruppen zusätzlich oder auch nicht zu berücksichtigen.

Beispiel
Ein Stahlhandelsunternehmen beschäftigt 35 Mitarbeiter (in Vollzeit) und 5 Auszubildende. Die Bruttolohnsumme eines Jahres beträgt 1 098 000,00 EUR, davon sind 48 000,00 EUR Ausbildungsvergütung.
Zieht man für die Ermittlung des durchschnittlichen Arbeitsentgelts je Mitarbeiter den Personalbestand von 40 heran, ergibt sich ein Wert von 27 450,00 Euro als durchschnittliches Arbeitsentgelt je Mitarbeiter.
Der Wert trifft jedoch nicht die wahren Verhältnisse, da die Ausbildungsvergütungen wesentlich niedriger sind. In diesem Fall ist es besser, die Bruttolohnsumme (ohne Ausbildungsvergütung) nur auf den Personalbestand von 35 Personen zu beziehen, sodass sich ein durchschnittliches Arbeitsentgelt von 30 000,00 EUR ergibt.

Bei der Ermittlung des Personalbestands kommt es also entscheidend darauf an, was mit der Kennzahl bezweckt wird, d. h., für welche Fragestellungen sie als Beleg herangezogen werden soll. Mitarbeitergruppen, bei denen immer wieder neu entschieden werden muss, ob sie im Personalbestand erfasst werden sollten, sind neben den Auszubildenden beispielsweise

- Praktikanten,
- Mitarbeiter/-innen in Elternzeit sowie
- freigestellte Mitarbeiter/-innen.

4.2 Fehlzeiten

LF 3 / 1.6.1

Aus dem Personalbestand und den jeweiligen Arbeitszeiten lässt sich nicht ohne Weiteres die tatsächlich geleistete (= produktive) Arbeitszeit in einem Unternehmen ableiten; denn ein Teil dieser zur Verfügung stehenden Zeit (= vertraglich vereinbarte Arbeitszeit) entfällt erfahrungsgemäß auf sogenannte **Fehlzeiten**. Mit diesem Begriff bezeichnet man die (Arbeits-)Zeiten, in denen die Mitarbeiter arbeiten müssten, jedoch nicht arbeiten. Solche Fehlzeiten können unterschiedliche Gründe haben. Ein Teil dieser Zeiten lässt sich gut prognostizieren (= voraussagen), andere Fehlzeiten kommen für das Unternehmen überraschend. Da Fehlzeiten in den meisten Fällen negative Folgen für Unternehmen mit sich bringen, sind sie darum bemüht, diese so gering wie möglich zu halten. Das gelingt jedoch nur, wenn Fehlzeiten systematisch erfasst und nach ihren Ursachen und ihrer Beeinflussbarkeit unterschieden werden, um gezielte Maßnahmen für ihre Reduzierung entwickeln zu können.

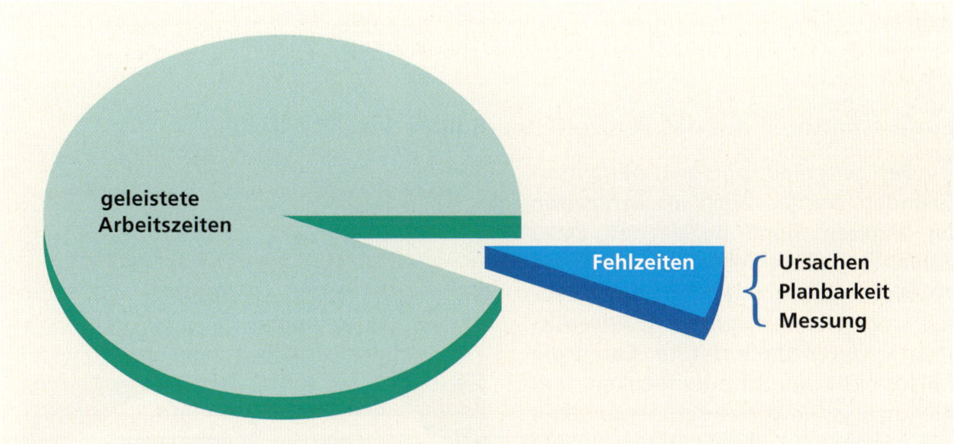

Anteil der Fehlzeiten an der vertraglich vereinbarten Arbeitszeit

Ursachen und Planbarkeit von Fehlzeiten

Fehlzeiten können unterschiedliche Ursachen haben, die sich in gesetzliche und vertragliche Gründe (Tarifvertrag, Betriebsvereinbarung, Arbeitsvertrag), betriebliche Gründe und in der Person des Mitarbeiters liegende Gründe einteilen lassen. Die Übersicht zeigt einige Beispiele.

Gesetzliche Gründe
• Urlaubszeiten nach BUrlG • Feiertagsregelungen • …
Betriebliche Gründe
• Fortbildungen (intern, extern) • tarifliche Auseinandersetzungen wie Streik und Aussperrung • …
Persönliche Gründe
• Krankheit • Unfall • Verspätungen • Elternzeit • …

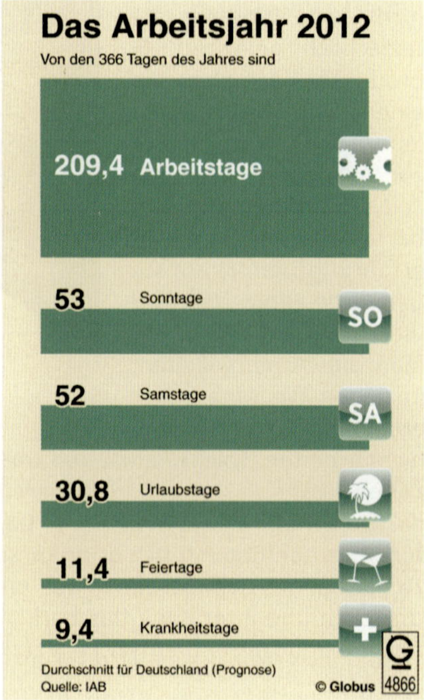

Einige dieser Gründe sind aus betrieblicher Sicht vorhersehbar und somit planbar, etwa die Urlaubszeiten und betriebliche Fortbildungen. Fehlzeiten aus persönlichen Gründen dagegen treten meist kurzfristig und überraschend auf. Sie sind für das Unternehmen nur schwer zu kalkulieren, da sie vom Mitarbeiter verursacht werden.

Einflussfaktoren auf das Fehlzeitenverhalten der Mitarbeiter

LF 3 / 1.6.3

Die Fehlzeiten aus personenbedingten Gründen werden auch als **Fehlzeiten im engeren Sinne** bezeichnet. Dazu zählen vor allem Fehlzeiten aufgrund von Krankheiten und aufgrund fehlender Arbeitsmotivation („Absentismus"). Unter diese letzte Kategorie fallen nicht nur Unpünktlichkeit und die unzulässige Verlängerung von Pausen, sondern auch Fehlzeiten aufgrund vorgeschobener Erkrankungen. Dieser letzte Punkt ist allerdings sehr heikel zu argumentieren, da Zeiten der Arbeitsunfähigkeit aufgrund von Krankheit im Allgemeinen durch Mediziner objektiv festgestellt werden.

Definition

Fehlzeiten im engeren Sinne bezeichnen die Zeiten der Abwesenheit vom Arbeitsplatz aus personenbedingten Gründen, insbesondere aufgrund von Krankheit.

Unter **Absentismus** versteht man die Fehlzeiten, die auf eine fehlende Anwesenheitsmotivation zurückzuführen sind.

Um die Einflussfaktoren auf das Fehlzeitenverhalten der Mitarbeiter genauer zu bestimmen, ist es sinnvoll, zwischen den Faktoren Arbeitsfähigkeit und Anwesenheitsmotivation zu unterscheiden. Solange beide Faktoren im ausreichenden Maße bei einem Arbeitnehmer vorhanden sind, wird er seinen vertraglichen Verpflichtungen nachkommen. Sind jedoch Arbeitsfähigkeit und/oder Anwesenheitsmotivation eingeschränkt, wird der Arbeitnehmer „fehlen". Dabei hängen die beiden Faktoren eng zusammen: Eine ausreichend hohe Arbeitsmotivation kann beispielsweise innerhalb bestimmter Grenzen eine gewisse subjektive Arbeitsunfähigkeit kompensieren (= ausgleichen).

Beispiel
Der Auszubildende Peter Hamacher kommt pünktlich zur Arbeit, obwohl er eine Erkältung hat.

Andererseits kann einen insgesamt wenig motivierten Arbeitnehmer auch eine leichte Erkrankung bereits von der Arbeit fernhalten.

Komplex wird der Zusammenhang dadurch, dass der Arbeitgeber bzw. das Arbeitgeber-Unternehmen Einfluss auf die beiden Faktoren Arbeitsfähigkeit und Arbeitsmotivation hat. So ist etwa die Arbeitsfähigkeit nicht nur von Faktoren wie Alter, gesundheitlicher Gesamtkonstitution und Einstellung zur Arbeit („Arbeitsethos") abhängig, sondern auch von den Arbeits- und Umgebungsbedingungen, die zum Beispiel den Gesundheitszustand der Arbeitnehmer negativ beeinträchtigen können. Auch das Betriebsklima und der in einem Unternehmen praktizierte Führungs- und Kommunikationsstil haben Auswirkungen auf die Arbeitsfähigkeit und die Anwesenheitsmotivation. Zusammen mit den in einem Unternehmen herrschenden Systemen zur Kontrolle der Anwesenheit der Mitarbeiter beeinflussen sie das Ausmaß der Fehlzeiten.

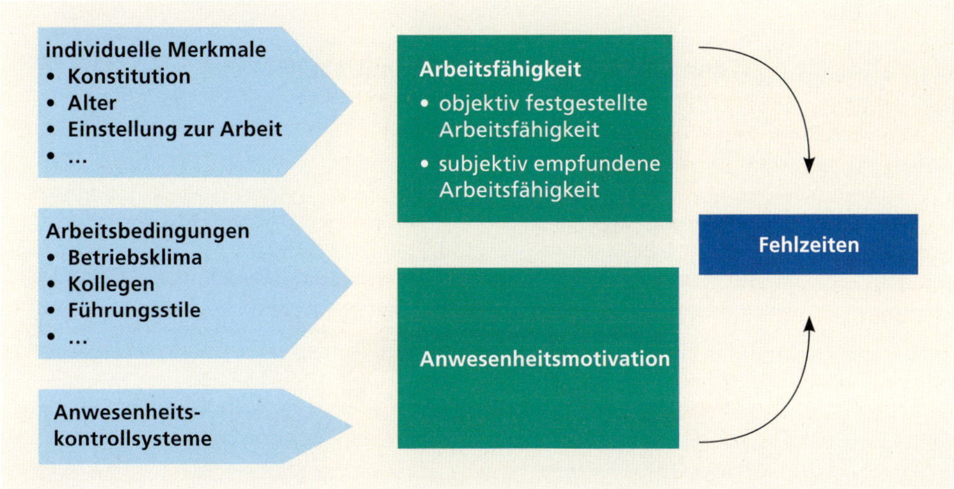

Im fachlichen Kontext

Wenn psychischer Druck krankmacht

Um die Gesundheit ihrer Mitarbeiter kümmern sich deutsche Firmen noch immer zu wenig. Zu dem Ergebnis kommt zumindest der Berufsverband Deutscher Psychologen (BDP) in Berlin. Nach einem Bericht des BDP sinkt zwar die Zahl der Arbeitsunfälle, psychische Störungen und Verhaltensstörungen dagegen nehmen bedenklich zu. Schuld daran sind nicht selten Chefs oder Vorgesetzte.

BDP fordert Verbesserung des Gesundheitsmanagements in Firmen

30 Prozent aller Ausfalltage von Mitarbeitern gehen laut BDP inzwischen auf arbeitsbedingte Erkrankungen zurück. Der Anteil der psychischen Erkrankungen sei von 6,6 Prozent im Jahr 2001 auf 10,5 Prozent im Jahr 2005 angestiegen. Die Experten erwarten, dass depressive Verstimmungen bereits 2020 nach den Herzerkrankungen an zweiter Stelle der weltweiten Krankheitsbelastungen stehen. Das Gesundheitsmanagement in den Betrieben müsse daher nachhaltig verbessert werden, fordert der BDP.

Fehler können bei den Chefs liegen

Wie hoch der psychische Druck am Arbeitsplatz tatsächlich ist, hängt nicht zuletzt von den Führungskräften ab. „Wenn ein Vorgesetzter sich hinter einer Fassade versteckt und keine Gefühle zeigt, kann das Mitarbeiter verunsichern", sagt Führungskräftetrainerin und Autorin Anne Katrin Matyssek. Für die Arbeitnehmer sei soziale Unterstützung wichtig. „Fehler passieren überall", so die Fachfrau aus Düsseldorf. „Kein Mitarbeiter sollte das Gefühl haben, sie vor seinem Chef vertuschen zu müssen oder deswegen vor Kollegen bloßgestellt zu werden."

„Innere Kündigung" droht

Kränkungen am Arbeitsplatz können nicht nur psychosomatische Beschwerden nach sich ziehen, sondern auch die Leistungsbereitschaft schmälern. „Vergisst der Teamleiter beispielsweise, einem Mitarbeiter zum Geburtstag zu gratulieren, kann eine Kränkungs-Rache-Spirale in Gang gesetzt werden", erklärt Matyssek. Eine Folge solcher unbeabsichtigten Nachlässigkeiten könne die „innere Kündigung" sein.
[...]

Quelle: Schrader, Sabine, t-online.de/business: „Wenn psychischer Druck krank macht", veröffentlicht am 05.08.2008, unter: http://nachrichten.t-online.de/c/15/80/20/84/15802084.html (Zugriff: 19.02.2010).

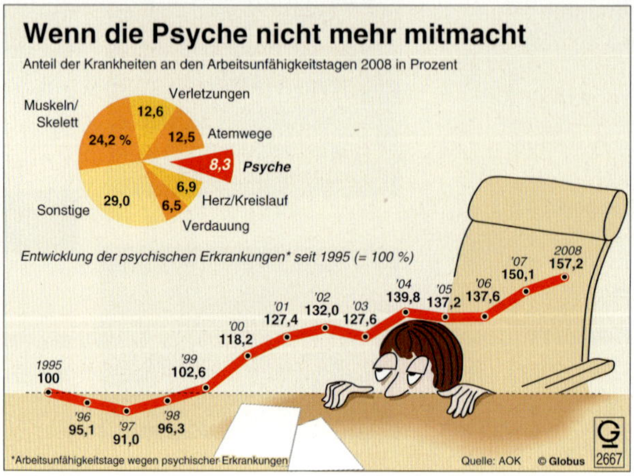

Messung der Fehlzeiten

Entsprechend der verschiedenen Ursachen von Fehlzeiten lassen sich je nach Blickwinkel unterschiedliche Kennziffern anwenden, um das Ausmaß an Fehlzeiten zu messen. Von besonderem Interesse sind dabei zum einen die Fehlzeiten insgesamt, zum anderen die auf Krankheit beruhenden Fehlzeiten. In der Praxis werden vor allem zwei Kennziffern zur Messung der Fehlzeiten verwendet, nämlich die **Fehlzeitenquote** und der **Krankenstand.**

Ermittlung der Fehlzeitenquote

Definition

Die **Fehlzeitenquote** gibt den Anteil der Fehlzeiten an den geplanten Arbeitszeiten wieder.

Formel

$$\text{Fehlzeitenquote} = \frac{\text{Summe der Fehlzeiten (in Std.)} \cdot 100}{\text{Summe der geplanten Arbeitszeiten (in Std.)}}$$

Der Umfang der geplanten Arbeitszeit wird auch als **Sollarbeitszeit** bezeichnet.

Die Aussagequalität der Fehlzeitenquote ist abhängig von der Qualität der Zeiterfassung. Während das krankheitsbedingte Fehlen durch die Vorlage einer Arbeitsunfähigkeitsbescheinigung sehr leicht dokumentiert werden kann, ist die Erfassung von Verspätungen der Mitarbeiter mit größerem Aufwand verbunden, falls kein elektronisches Zeiterfassungssystem installiert ist.

Definition

Komplementär zur Fehlzeitenquote verhält sich die **Quote der effektiven Arbeitszeit** in Prozent; sie wird folgendermaßen berechnet:

Formel

$$\text{Quote der effektiven Arbeitszeit} = \frac{\text{Ist-Arbeitszeit (in Std.)} \cdot 100}{\text{Summe der geplanten Arbeitszeit (in Std.)}}$$

Die Fehlzeitenquote und die Quote der effektiven Arbeitszeit summieren sich auf 100 %.

Ermittlung des Krankenstands

Den Krankenstand kann ein Unternehmen sowohl als zeitraum- als auch als zeitpunktbezogene Größe ermitteln: Setzt man die krankheitsbedingten Fehltage eines bestimmten Zeitraums ins Verhältnis zu den gesamten Arbeitstagen aller Mitarbeiter, erhält man eine zeitraumbezogene Größe, beispielsweise den Krankenstand im Monat X oder im Jahr Y.

Im Unterschied dazu lässt sich der **Krankenstand zu einem bestimmten Zeitpunkt** (Tag) folgendermaßen ermitteln:

Formel

$$\text{Krankenstand eines Tages} = \frac{\text{Anzahl der krankheitsbedingt fehlenden Arbeitnehmer an einem Tag} \cdot 100}{\text{Anzahl aller Arbeitnehmer}}$$

Formel

$$\text{Krankenquote (je Monat oder Jahr)} = \frac{\text{Anzahl der krankheitsbedingt fehlenden Arbeitnehmer an einem Tag} \cdot 100}{\text{Anzahl Arbeitstage} \cdot \text{Anzahl aller Mitarbeiter}}$$

Krankenstand in Deutschland

LF 3 / 1.6.3

Regelmäßig veröffentlichen das Bundesministerium für Gesundheit (BMG) und die gesetzlichen Betriebskrankenkassen (BKK) Daten zum Krankenstand in Deutschland. Auch bei dieser bundesweiten Kennziffer werden Zeiten des krankheitsbedingten Fehlens zu einer Bezugsgröße in Beziehung gesetzt. Als Bezugsgröße fungieren jedoch nicht die Sollarbeitszeiten, sondern die Versicherungszeiten, also auch die Samstage, Sonn- und Feiertage. Ein weiterer Unterschied zur unternehmensbezogenen Krankenstandsermittlung ist darin begründet, dass kurze Zeiten der krankheitsbedingten Arbeitsunfähigkeit nicht zwangsläufig mit einer AU-Bescheinigung dokumentiert werden. Das ist abhängig von den Vorschriften in Arbeits- und Tarifverträgen.

	1991	2001	2005	2010	2011
Krankenstand nach BMG-Statistik	4,89	4,18	3,66	3,69	3,83
Krankenstand nach BKK-Statistik	6,73	3,54	3,60	4,3	4,3

Quelle: Eigene Darstellung nach Zahlen des Bundesministeriums für Gesundheit, Berlin, und dem BKK Bundesverband (GBR), Essen (Stand 2012).

Die deutlich unterschiedlichen Werte sind auf die verschiedenen Arten der Erhebung und der Berechnung des Krankenstands zurückzuführen. Die amtliche Statistik des BMG fasst die Krankmeldungszahlen aller gesetzlichen Krankenversicherungen (GKV) zusammen. Gezählt werden alle Arbeitsunfähigkeitsbescheinigungen der GKV-Pflichtmitglieder, die zu einem bestimmten Stichtag, dem jeweils Ersten eines Monats, vorliegen. Diese Art der Stichtagsbetrachtung unterliegt kalendarischen Einflüssen, z.B. kann sich ein Arbeitnehmer nicht krankmelden, wenn der Monatserste auf einen Sonntag fällt. Im Unterschied dazu handelt es sich bei der Veröffentlichung der Betriebskrankenkassen (BKK) um einen Durchschnitt der Krankmeldungen eines Monats. Im Unterschied zur BMG-Erfassung werden diese Daten zusätzlich nach Region und Branchen differenziert.

Genau wie die bundesweiten Werte können diese Daten von Unternehmen als Vergleichsmaßstab herangezogen werden. Dabei sind berufsgruppen- und branchenbezogene Vergleichszahlen besonders sinnvoll, um zu beurteilen, ob der Krankenstand in einem Unternehmen über- oder unterdurchschnittlich ausgeprägt ist.

4.3 Personal- und Sozialkosten

Der Begriff Personalkosten umfasst in einem weiten Sinne alle Kosten, die mit dem Einsatz von Arbeitnehmern verbunden sind.

Beispiele
Arbeitsvertragliches Bruttoentgelt (inkl. etwaiger Zuschläge), Kosten der Entgeltfortzahlungen, Sozialversicherungsbeiträge des Arbeitgebers, Abfindungen, Kosten für Weiterbildungsmaßnahmen, Kosten im Zusammenhang mit der Rekrutierung neuer Mitarbeiter, Pensionszusagen, Zuschüsse zu Fahrtkosten, Unterhaltung einer Betriebskantine usw.

Da sich die insgesamt anfallenden Personalkosten nach ihrer Bedeutung sehr stark unterscheiden, systematisiert man die Personalkosten im Allgemeinen nach den drei Kriterien **Bruttoentgelte** (auch: Arbeitsentgelte), **Sozialkosten** (auch: Personalnebenkosten) und **sonstige Personalkosten**.

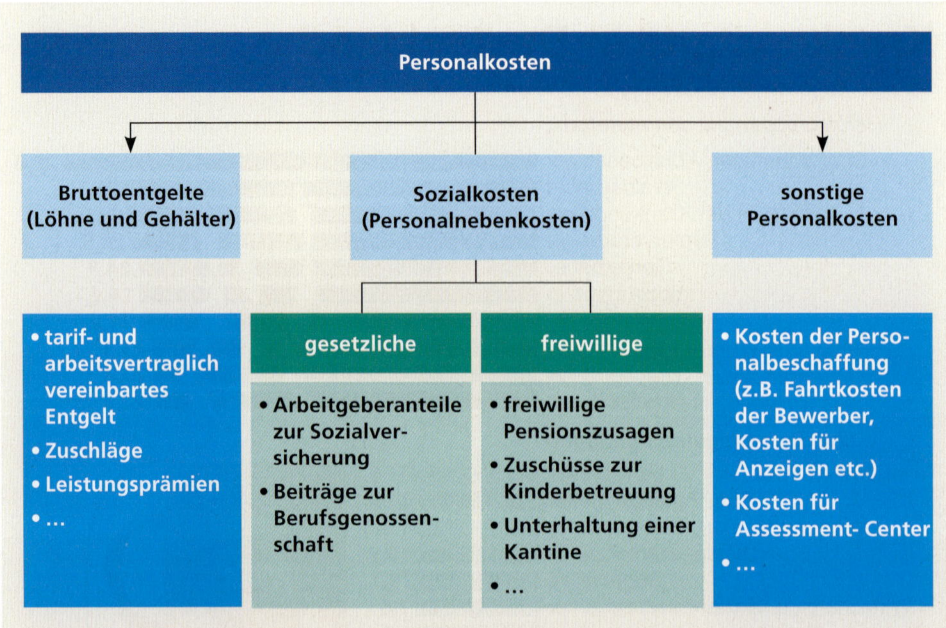

Die gesetzlichen Sozialkosten können durch die vorgegebenen Beitragssätze in der Summe als Zuschlag zu den Bruttoentgelten kalkuliert werden. Dagegen sind die freiwilligen Sozialkosten sowie die sonstigen Personalkosten nur unternehmensspezifisch zu bestimmen.

Im fachlichen Kontext

Die Begriffe Personal- bzw. Lohnnebenkosten und Lohnzusatzkosten werden in Deutschland unterschiedlich verwendet. Nach der Definition der Internationalen Arbeitsorganisation (*ILO: International Labour Organization*), die auch das Statistische Bundesamt verwendet, zählen zu den Lohnnebenkosten die gesetzlichen „indirekten Arbeitskosten", also die Arbeitgeberanteile zum Sozialschutz der Arbeitnehmer.

Lohnnebenkosten, in % der Bruttoverdienste

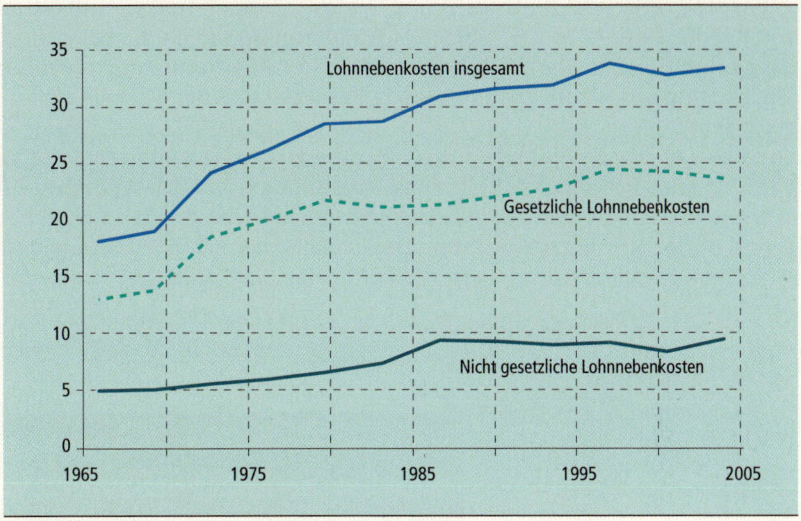

Früheres Bundesgebiet. Ergebnisse der Arbeitskostenerhebungen im Produzierenden Gewerbe.

Im Unterschied dazu beziehen sich Daten zur Entwicklung der Lohnzusatzkosten häufig auf die Beiträge zur Sozialversicherung, die von Arbeitgebern und Arbeitnehmern gemeinsam gezahlt werden. Dieser Anteil der Lohnzusatzkosten am Bruttoentgelt stieg von 20 % im Jahr 1950 auf 42,1 % im Jahr 1997/1998. Im Jahr 2007 betrug dieser Anteil 40 % (ohne KV-Sonderbeitrag in Höhe von 0,9 % für den Arbeitnehmer).[1]

Lohnzusatzkosten, in % des beitragspflichtigen Arbeitsentgelts

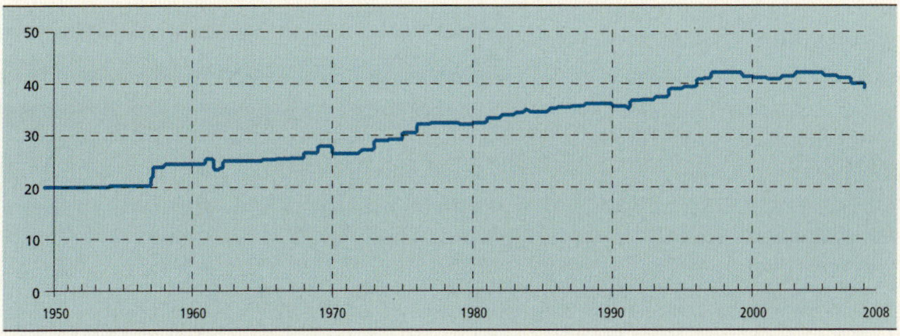

Früheres Bundesgebiet. Beiträge der Arbeitgeber und Arbeitnehmer zur Renten-, Kranken-, Arbeitslosen- und Pflegeversicherung ohne zusätzliche oder erhöhte Beiträge für Arbeitnehmer.

Quelle: Bundesministerium für Arbeit und Soziales: Statistisches Taschenbuch 2007.

[1] *Vgl. dazu den Datenreport 2008 des Statistischen Bundesamts, S. 137/138. Download unter: www.destatis.de*

Der Anteil der Personalkosten an den gesamten betrieblichen Kosten variiert je nach Produktionsprozess und Wirtschaftsbereich. Im verarbeitenden Gewerbe liegt der Personalkostenanteil im Durchschnitt bei 20,9 %. Darin enthalten sind sowohl die materialintensiven Kfz-Hersteller (68,2 % Materialkostenanteil) als auch die kapitalintensiven Unternehmen im Bereich Glasgewerbe, Keramik, Verarbeitung von Steinen und Erde (27,4 % Sachkostenanteil) sowie lohnintensive Branchen wie der Maschinenbau (30,2 % Personalkostenanteil).
Als Personalkosten werden jedoch nur die Kosten zusammengefasst, die mit der Beschäftigung eigener (interner) Arbeitnehmer verbunden sind. Die Vergabe von Lohnarbeiten sowie der Einsatz von Zeitarbeitnehmern dagegen wird den Kostenbereichen Material und übrige Kosten zugerechnet. Demnach ist der Personalkostenanteil in diesem Fall nur mit Einschränkungen ein Indikator, der die (wirkliche) Arbeitsintensität einer Branche ausdrückt.

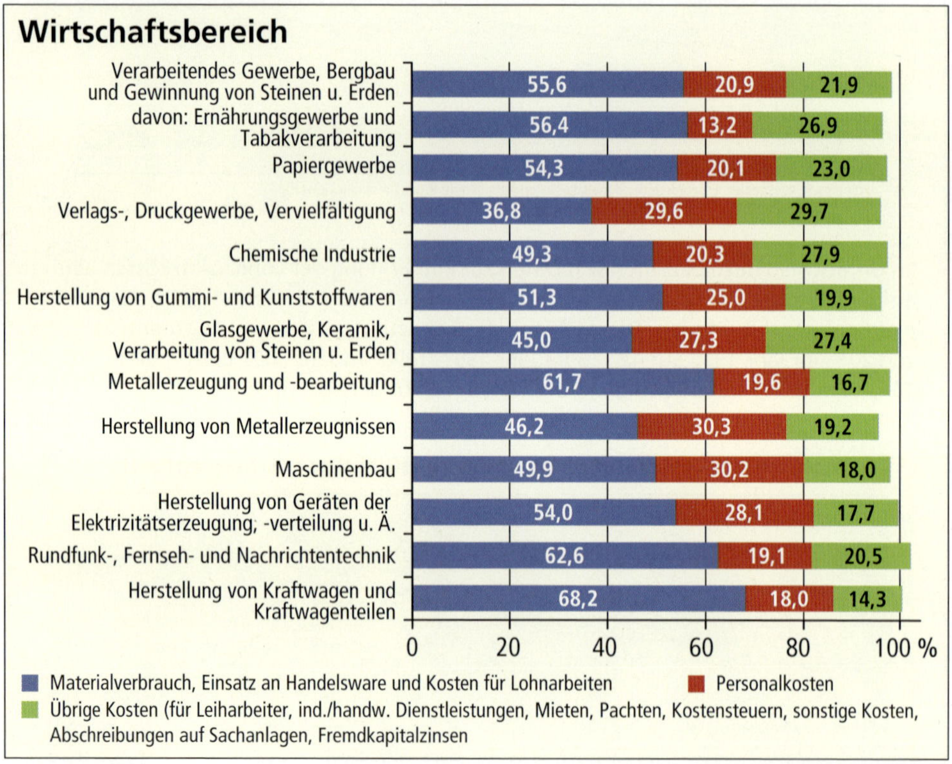

Quelle: Datenreport 2006, hrsg. v. Statistisches Bundesamt, Wiesbaden in Zusammenarbeit mit dem Wissenschaftszentrum Berlin für Sozialforschung (WZB) und dem Zentrum für Umfragen, Methoden und Analysen, Mannheim (ZUMA), S. 284.

Gegenüber dem verarbeitenden Gewerbe sind Dienstleistungsunternehmen im Durchschnitt deutlich arbeitsintensiver, auch wenn es sehr große Unterschiede zwischen den einzelnen Dienstleistungsbereichen gibt: Sie reichen von rund 4 % Personalkostenanteil bei den Kfz-Vermietungsunternehmen bis zu ca. 75 % bei den Personaldienstleistungsunternehmen.

Unternehmensnahe Dienstleister in Deutschland
Kennziffern für 2007

Nr. der Klassifikation der WZ	Wirtschaftszweig	Tätige Personen am 30.09.	Umsatz[1] in 1 000 Euro	Bruttolöhne und -gehälter je Mitarbeiter in Euro	Personalaufwand[2]	Sachaufwand[3]	Investitionen
		je Unternehmen (Durchschnitt)			in % des Umsatzes		
K	**Unternehmensnahe Dienstleister**	**8**	**750**	**25 510**	**26,6**	**44,0**	**12,3**
70	**Immobilien**	**2**	**649**	**30 560**	**9,0**	**41,2**	**25,7**
70.1	Erschließung, Kauf u. Verkauf v. Immobilien	4	2 030	35 206	7,6	67,4	17,3
70.3	Vermittl. u. Verwaltung v. fremden Immobilien	5	574	30 083	23,3	41,6	8,4
71	**Vermietung beweglicher Sachen ohne Bedienungspersonal**	**6**	**2 055**	**25 393**	**7,1**	**41,6**	**45,0**
71.1	Vermietung von Kraftwagen bis 3,5 t Gewicht	9	5 912	25 274	4,0	47,4	54,8
71.3	Vermietung von Maschinen und Geräten	5	1 553	30 657	8,4	33,9	41,7
72	**IT-Dienstleister**	**8**	**1 263**	**47 912**	**33,4**	**49,5**	**5,0**
72.1	Hardwareberatung	5	682	33 749	24,0	61,1	2,0
72.2	Softwarehäuser	8	1 214	49 756	35,1	47,3	4,2
72.3	Datenverarbeitungsdienste	14	2 392	48 669	31,5	53,3	7,5
72.5	Reparatur v. Büromaschinen, IT-Geräten	4	393	28 287	28,6	54,9	2,0
73	**Forschung und Entwicklung**	**21**	**1 828**	**38 065**	**52,0**	**50,4**	**14,0**
73.1	Forschung und Entwicklung in Natur-, Ingenieur-, Agrarwiss. u. Medizin	22	1 903	38 147	51,4	51,9	14,7
73.2	Forschung und Entwicklung Recht- u. Sozialwiss., Kunst u. Kultur	17	1 170	37 124	61,0	29,6	4,3
74	**Erbringung v. wirtschaftl. Dienstleistungen**	**10**	**657**	**21 951**	**34,2**	**43,8**	**4,1**
74.1	Rechts-, Steuer- u. Wirtschaftsberatung, Marktforschung, Management f. Holding	6	682	36 694	30,1	46,0	5,2
74.11	Rechtsberatung	5	382	20 614	25,0	26,5	1,7
74.12	Wirtschafts- und Steuerberatung; Buchführung	7	462	28 861	44,9	28,6	3,1
74.13	Markt- und Meinungsforschung	10	1 092	29 695	30,7	56,3	2,2
74.14	Unternehmens- und Public-Relations-Beratung	4	474	48 316	32,2	44,1	3,0
74.15	Managementtätigkeiten von Holdinggesellschaften	10	2 747	61 335	23,9	62,6	8,9
74.2	Architektur- und Ingenieur-Büros	4	385	34 147	31,5	44,5	3,1
74.3	Technische, physikalische und chemische Untersuchung	9	882	36 829	41,1	43,1	4,9
74.4	Werbung	8	681	16 418	18,7	56,9	2,4
74.5	Zeitarbeit, Personal- und Stellenvermittlung	127	3 520	17 126	74,6	13,7	1,0
74.6	Wach- und Sicherheitsdienste, Detekteien	43	1 204	14 792	61,1	29,1	1,9
74.7	Reinigung von Gebäuden, Inventar u. Verkehrsmitteln	35	580	8 535	60,0	25,1	2,1
74.8	Sonst. Dienstl. überwiegend f. Unternehmen	8	721	22 985	25,1	51,8	4,9
74.81	Fotografisches Gewerbe u. fotograf. Laboratorien	3	278	21 769	19,8	47,4	8,5
74.85	Sekretariats-, Schreib- und Übersetzungsdienste; Copy-Shops	2	108	17 309	18,2	39,0	2,8
74.86	Callcenter	72	2 738	17 175	53,2	39,4	2,2

1) Summe von Umsatz oder Einnahmen aus selbstständiger Tätigkeit und sonstigen betrieblichen Erträgen.
2) Bruttolöhne und -gehälter sowie Sozialaufwendungen des Arbeitgebers insgesamt.
3) Aufwendungen für bezogene Waren, Dienstleistungen, Roh-, Hilfs- und Betriebsstoffe sowie sonstige betriebliche Aufwendungen. *Quelle: Statistisches Bundesamt, Fachserie 9, Reihe 2*

Quelle: Unternehmensnahe Dienstleister in Deutschland (nach Daten des Statistischen Bundesamtes, Wiesbaden), unter: www.hannover.ihk.de/uploads/media/Unternehmensnahe_DL_Kennziffern_2007.pdf, hrsg. v. Industrie- und Handelskammer Hannover, Hannover (Zugriff: 29.03.2012).

4.4 Darstellungsformen von personalwirtschaftlichen Daten

In den vorangegangenen Abschnitten ging es um die Aufbereitung der personalwirtschaftlichen Daten in verschiedenen Formen: als Tabelle oder als Diagramm. Beide Arten der Darstellung basieren auf konkreten Zahlenwerten – im Unterschied etwa zu den Schaubildern, die die Zusammenhänge bei den Personalkosten oder den Bestimmungsfaktoren des Fehlzeitenverhaltens der Mitarbeiter zeigen.

Bei der optischen Aufbereitung von Daten in Diagrammen wird häufig auf einige standardisierte Grundformen zurückgegriffen: auf das Balken- und das Säulendiagramm, das Kreisdiagramm und das Liniendiagramm. Die wesentlichen Merkmale dieser Diagrammtypen sind in der Tabelle zusammengefasst:

	Balkendiagramm	Säulendiagramm	Kreisdiagramm	Liniendiagramm
Beispiel	Krankenstand	Personalbestand	Anteil der Fehlzeiten	Entwicklung der Lohnnebenkosten
Abbildung		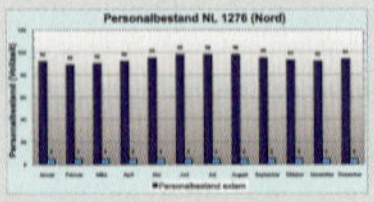	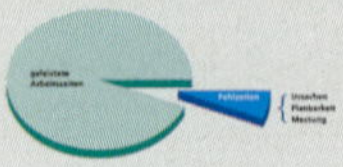	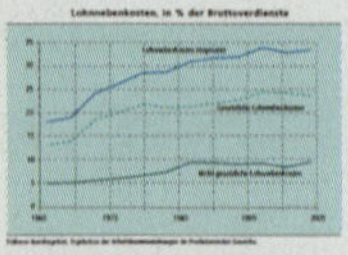
Beschreibung	Die „Balken" sind waagerecht zur X-Achse angeordnet.	Die „Säulen" stehen senkrecht auf der X-Achse.	Das „Ganze" wird als Kreis dargestellt, die Teile als Kreisstücke bzw. -sektoren („Tortenstücke").	Die X-Achse (Abszisse) stellt den zeitlichen Ablauf dar, die Y-Achse (Ordinate) die jeweiligen Mengenangaben.
Eignung	Veranschaulichung von Rangfolgen.	Veranschaulichung einer beschränkten Anzahl von Einzelwerten (ca. 15); gut geeignet für Zeitreihen.	Veranschaulichung der Zusammensetzung eines Ganzen aus Teilen. Bei vielen Teilen: Gefahr der Unübersichtlichkeit.	Veranschaulichung von Entwicklungsverläufen, auch im Vergleich zwischen mehreren Zahlenreihen.
Besonderheiten	Kostenstruktur als „gestapeltes Balkendiagramm".	Gruppiertes Säulendiagramm: mehrere Werte werden nebeneinander gestellt.	Die Teile können (wie im Beispiel) auch aus dem Kreis herausgezogen werden.	Bei mehreren Linien in einem Diagramm müssen diese deutlich unterscheidbar sein.

Eine **Tabelle** als Darstellungsform ist eine geordnete Darstellung von Zahlen und/oder Text in Spalten und Zeilen. Dabei wird die erste Zeile als Kopfzeile und die erste Spalte als Vorspalte bezeichnet. Jede einzelne Zelle (auch Fächer genannt) ist durch zwei Merkmale gekennzeichnet: durch das Merkmal in der Spalte und das Merkmal in der Zeile. Der Zelleneintrag gibt die jeweilige Ausprägung der Merkmale wieder. Die formalen Anforderungen einer Tabelle sind in der Norm DIN 55301 definiert.

Für alle Darstellungsformen gilt, dass die Überschriften und die Achsenbezeichnungen eindeutig sein müssen. Das bezieht sich zum einen auf die dargestellten Sachverhalte, zum anderen auf die zeitliche Abgrenzung. Wenn mehrere Zahlenreihen in einem Diagramm dargestellt werden, sollten diese jeweils genau bezeichnet werden.

Die Auswahl eines geeigneten Diagrammtyps sollte unter anderem folgende Aspekte berücksichtigen:

- Anzahl der darzustellenden Zahlenwerte
- Anzahl der darzustellenden Zahlenreihen
- Streubreite der darzustellenden Daten
- Anwendungsgebiet der jeweiligen Zahlenwerte/Zahlenreihe (zeitlich, anteilig usw.)
- Farbigkeit: bunt oder schwarz/weiß
- Größe der Darstellung

Zusammenfassung

- Zur personalwirtschaftlichen Statistik gehört die Abbildung, Analyse und Aufbereitung von personalwirtschaftlichen Daten.
- Aufgabe der personalwirtschaftlichen Statistik ist es, Entscheidungen im Personalbereich zu erleichtern und zu begründen.
- Wichtige Kennzahlen im Bereich der personalwirtschaftlichen Statistik sind
  - der Personalbestand,
  - die Personalbewegungen,
  - die Fehlzeiten bzw. die Fehlzeitenquote,
  - der Krankenstand und
  - die Personal- und Sozialkosten.
- Statistische Daten können in unterschiedlichen Diagrammtypen aufbereitet werden; häufig verwendete Diagrammtypen sind
  - das Balkendiagramm,
  - das Säulendiagramm,
  - das Kreisdiagramm und
  - das Liniendiagramm.

Aufgaben

1. *Die Personalabteilung des Handelskonzerns consuma AG soll für die Vorstandssitzung verschiedene Aufgabenstellungen bearbeiten. Diskutieren und entscheiden Sie für jede Aufgabenstellung, welche der beiden Kennziffern des Personalbestands (Anzahl der Mitarbeiter oder Vollzeitäquivalente) jeweils besser geeignet ist.*
   a) *Durchschnittliche Ausgaben für die Weiterbildung und Qualifizierung der Mitarbeiter*
   b) *Kennziffer für die Größe des Unternehmens*
   c) *Berechnung der durchschnittlichen Umsatzleistung*
   d) *Berechnung des durchschnittlichen Monatsverdienstes der Mitarbeiter*
   e) *Ermittlung der Betreuungsqualität durch das Verhältnis von internen zu externen Mitarbeitern*

2. *Erläutern Sie, wie es zu der Differenz bei den Angaben zum Krankenstand kommen kann. Recherchieren Sie, wie hoch der durchschnittliche Krankenstand bei Auszubildenden ist. Überlegen Sie mögliche Ursachen.*

3. *Berechnen Sie für die grafische Darstellung „Arbeitsjahr 2012" in diesem Kapitel den Krankenstand.*

4. *Welche Kennziffer sollte Ihr Ausbildungsbetrieb als Vergleichswert für den unternehmensbezogenen Krankenstand heranziehen? Recherchieren Sie im Internet nach den Werten, z. B. auf den Seiten www.iab.de, www.bkk.de, www.bmg.bund.de, www.labournet.de.*

5. *Betrachtet man die Entwicklung des Krankenstandes der Pflichtmitglieder in der GKV über einen längeren Zeitraum, zeigt sich, dass er bis zum Jahr 2007 deutlich gesunken und in den letzten Jahren wieder angestiegen ist:*

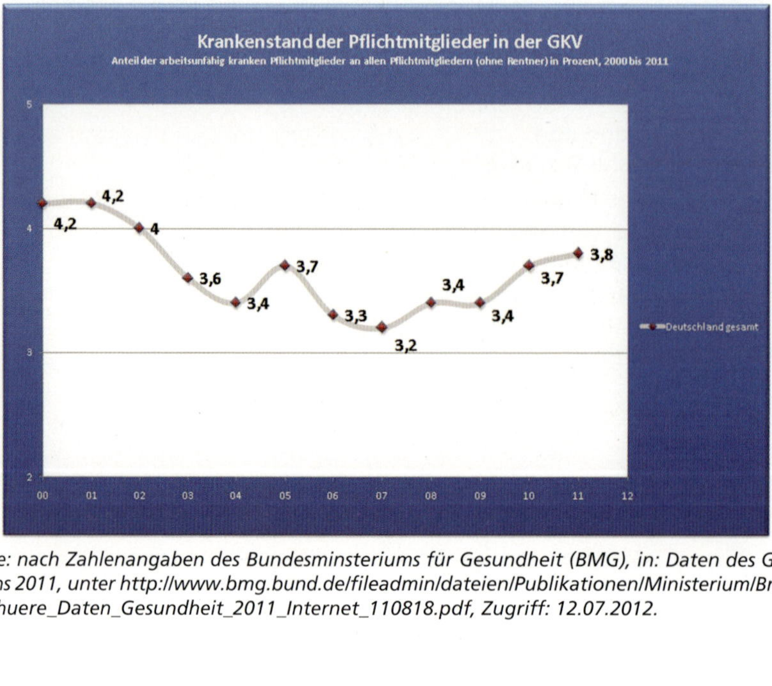

Quelle: nach Zahlenangaben des Bundesminsteriums für Gesundheit (BMG), in: Daten des Gesundheitwesens 2011, unter http://www.bmg.bund.de/fileadmin/dateien/Publikationen/Ministerium/Broschueren/Broschuere_Daten_Gesundheit_2011_Internet_110818.pdf, Zugriff: 12.07.2012.

Stellen Sie die Faktoren zusammen, die sich senkend auf den Krankenstand in Deutschland auswirken.

6. *Diskutieren Sie folgende Aussage zum Krankenstand in Deutschland: „Hauptursache für den abnehmenden Krankenstand in Deutschland sind die konjunkturellen Entwicklungen." Trifft diese Aussage Ihrer Ansicht nach zu?*

7. *Die Geschäftsleitung der Shopping AG fordert für ihre nächste Sitzung personalwirtschaftliche Daten aus der Personalabteilung an. Der Abteilungsleiter bittet Sie als Mitarbeiter/-in der Personalabteilung, die vorliegenden Daten aussagekräftig zusammenzustellen und grafisch aufzubereiten.*

Folgende Daten liegen Ihnen vor:

Unternehmensbereich	Anzahl der Mitarbeiter	Anzahl und Umfang der Stellen
Verwaltung	34	davon 3 mit einer ¾ Stelle 5 mit einer halben Stelle
Verkauf (Personal in den acht Filialen)	210	davon 130 mit einer halben Stelle
Lager	18	davon 15 in Vollzeit, Rest sind halbe Stellen

Der Umfang einer Vollzeitstelle beträgt 40 Stunden je Woche.

a) *Berechnen Sie den Personalbestand der Shopping AG in Vollzeitäquivalenten.*

b) *Im vergangenen Jahr wurden 20000,00 EUR für Fortbildungen ausgegeben. Berechnen Sie die durchschnittlichen Fortbildungsausgaben je Mitarbeiter und je Stelle. Interpretieren Sie das Ergebnis.*

c) *Ihnen liegen die Fehlzeitenquoten der einzelnen Unternehmensbereiche vor:*
   - *Verwaltung: 5,20 %*
   - *Verkauf: 7,90 %*
   - *Lager: 12,00 %*
     - *Bestimmen Sie den Stundenumfang der Fehlzeiten.*
     - *Welche Ursachen können die unterschiedlichen Fehlzeitenquoten haben?*
     - *Entwickeln Sie Vorschläge zur Reduzierung der Fehlzeiten.*

5 EDV-Systeme in der Personalsachbearbeitung einsetzen

Einstiegssituation ▶

Nach ihrer Rückkehr von der Arbeitstagung mit den anderen Niederlassungsleitern und der Geschäftsführung hat Sibylle Bestel für den heutigen Dienstag ein Meeting angesetzt, an dem alle internen Mitarbeiter, auch die beiden Auszubildenden Frank Mellheim und Jasmin Klessing, teilnehmen.

Sibylle Bestel: „Ich weiß, dass Sie alle neugierig darauf sind, was ich Ihnen von unserer Arbeitstagung mitgebracht habe. Und ich versichere Ihnen, es ist nichts Negatives, ganz im Gegenteil. Um es kurz zu machen: Von der Entwicklung der Fehlzeiten abgesehen ist unser Unternehmen gut aufgestellt. In einzelnen Bereichen konnten wir sogar überproportional zulegen. Das Einzige, was der Geschäftsführung wirklich Sorgen bereitet, ist die Entwicklung des zahlenmäßigen Verhältnisses zwischen externen und internen Mitarbeitern."

Sibylle Bestel zeigt mithilfe des Beamers eine Grafik, die den Zusammenhang verdeutlichen soll.

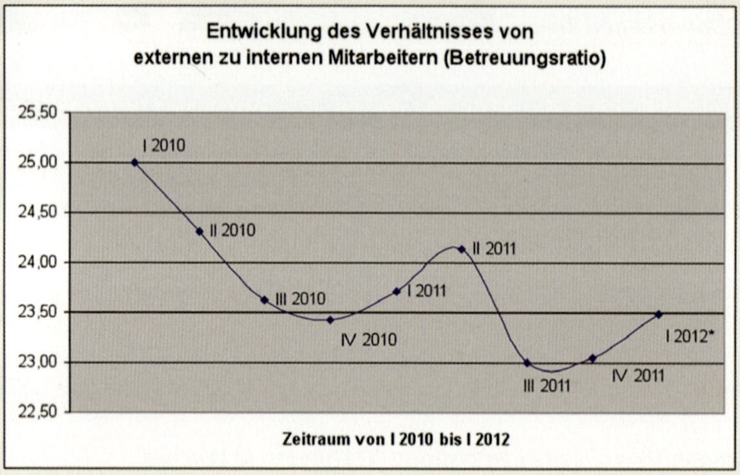

Sibylle Bestel: „Als eine wesentliche Ursache für die Verschlechterung der Betreuungsratio haben wir herausgearbeitet, dass wir in unserer täglichen Arbeit zu viele Verwaltungsaufgaben sozusagen ‚von Hand' erledigen. Unser Unternehmen ist in den vergangenen Jahren stark gewachsen, unsere EDV hat aber leider den Stand von vor fünf Jahren. Wir wollen nun in den einzelnen Niederlassungen prüfen, welche Aufgaben wir automatisieren können."

In der Runde werden bestätigende Kommentare abgegeben. Offensichtlich sehen das viele Mitarbeiter so.

Sibylle Bestel: „Konkret wurden Vorschläge für die Einführung von mobilen Zeiterfassungssystemen gemacht, die uns bei der Dateneingabe entlasten sollen. Diskutiert wurde die Einführung einer neuen Branchensoftware, die auch die E-Mail-Kommunikation mit Kundenunternehmen unterstützt und noch einiges mehr. Insgesamt wollen wir da aber nicht vorgreifen. Ihre konkreten Vorschläge sind uns wichtig."

Sibylle Bestel: „Ich schlage nun für unsere Niederlassung Folgendes vor: Sie prüfen Ihre Aufgaben und schreiben alle Routinetätigkeiten auf. Damit meine ich alles, was wiederkehrend ist. Einige von Ihnen haben ja schon in der Vergangenheit deutlich ihren Unmut darüber geäußert, dass wir bestimmte Daten zweimal in die EDV eingeben müssen."

Wolfgang Erling, der für die Lohnabrechnung verantwortlich ist, nickt bei diesen Worten heftig.

Sibylle Bestel: „Unsere beiden Auszubildenden Frank Mellheim und Jasmin Klessing haben noch einen unverstellten Blick auf unsere Tätigkeiten. Deshalb sollen die beiden in Rücksprache mit Ihnen Listen erstellen, in denen sie solche Routineaufgaben erfassen. Und bei dieser Gelegenheit können sich die beiden schon einmal in die Grundlagen des Datenschutzes einarbeiten. Ich danke Ihnen für Ihre Arbeit und wünsche uns allen eine erfolgreiche Woche."

Arbeitsaufträge

1. *Beschreiben Sie die Ausgangssituation.*
   - *Zeigen Sie auf, warum sich die Situation für die Niederlassung verschlechtert hat, wie Frau Bestel sagt.*
   - *Interpretieren Sie in dem Zusammenhang die Aussage der grafischen Abbildung.*
2. *Informieren Sie sich über die Möglichkeiten des EDV-Einsatzes in der Personalsachbearbeitung.*
   - *Erklären Sie, welche Arten von Aufgaben besonders für den EDV-Einsatz geeignet sind.*
   - *Recherchieren Sie im Internet Softwareprodukte, die für den Einsatz in der Personalsachbearbeitung geeignet sind.*
   - *Erstellen Sie für diese Software einen Katalog mit Leistungskriterien.*
3. *Stellen Sie mithilfe des Abschnitts 5.2 die erforderlichen Maßnahmen für den Datenschutz zusammen. Überlegen Sie in diesem Zusammenhang, welche Kosten dem Unternehmen durch die Maßnahmen entstehen können.*
4. *Erarbeiten Sie eine Liste mit Kriterien für die Beurteilung von Softwareprodukten in der Personalsachbearbeitung. Beurteilen Sie die Angebote, die Sie recherchiert haben, und bringen Sie die Produkte in eine Rangfolge.*
5. *Die Vorteilhaftigkeit des EDV-Einsatzes bei der Personalsachbearbeitung ist von der Situation des konkreten Unternehmens abhängig. Reflektieren Sie, unter welchen Bedingungen der EDV-Einsatz vorteilhaft ist.*

Der Einsatz von Computersystemen in Unternehmen ist heute so selbstverständlich, dass man sich fast nicht vorstellen kann, dass PCs (Personal Computer) erst seit Anfang der 80er-Jahre des vergangenen Jahrhunderts auf dem Markt sind.

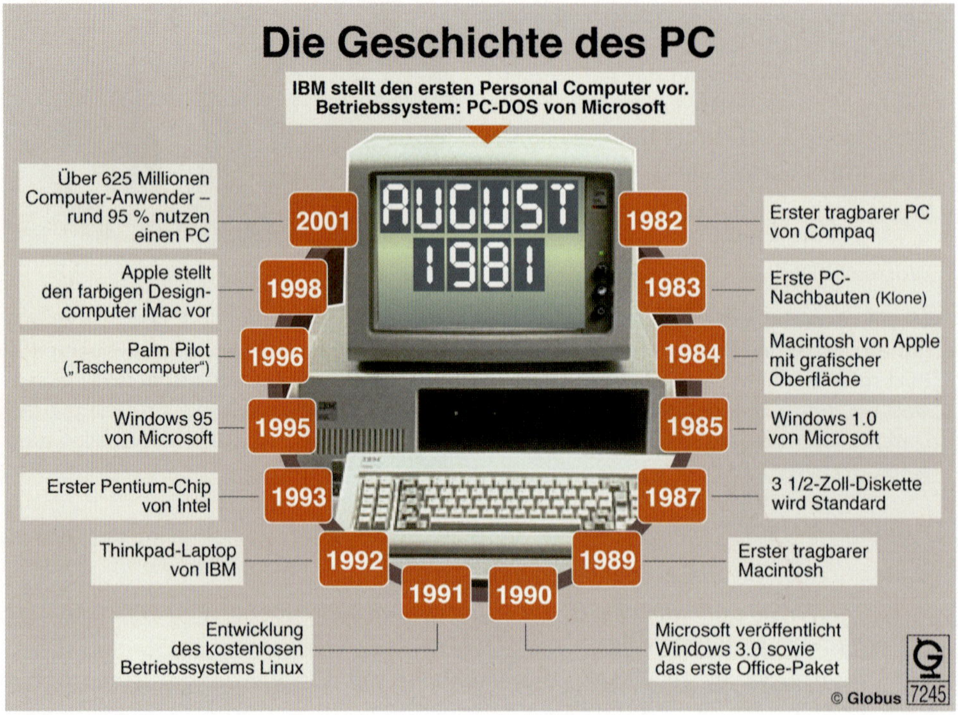

Praxistipp

Ein gelungener Überblick über die Entwicklung von Computer, Hardware und Software findet sich in der freien Online-Enzyklopädie Wikipedia unter: http://de.wikipedia.org/wiki/Computer#Geschichte.

Ein Computer (engl.: *to compute – rechnen*) ist ein elektronisches Gerät zur Datenverarbeitung. Er wird genauso wie der Begriff EDV (elektronische Datenverarbeitung) häufig als Sammelbegriff für alle Maschinen zur Datenverarbeitung verwendet.

Neben dem Personal Computer sind dies beispielsweise sogenannte Supercomputer mit sehr großen Rechenleistungen, Großrechner (*Mainframe, Server*), an die viele Arbeitsstationen (*Workstations*) angeschlossen sind, und Notebooks (auch: *Laptop*), Netbooks, eBooks u. Ä. Ein Computersystem besteht aus verschiedenen Hardware- und Softwarekomponenten, die zusammen die Verarbeitung von Daten ermöglichen. Der sinnvolle Einsatz von Computern ist daher prinzipiell überall dort möglich, wo Daten verarbeitet werden. Im folgenden Abschnitt werden zunächst die begrifflichen Grundlagen der Datenverarbeitung geschaffen. Anschließend geht es darum, die Aufgabenbereiche zu identifizieren, die mithilfe der EDV automatisierbar sind.

Die Übertragung der Aufgaben auf die EDV kann unterschiedlich erfolgen: mithilfe von Standard- oder von Branchensoftware. Nicht erst durch den EDV-Einsatz, sondern auch bei manueller Datenverarbeitung ist der Schutz der Daten wichtig. Die Verarbeitung gerade auch personenbezogener Daten mit Computersystemen schafft jedoch andere und neue Risiken gegenüber einer manuellen Verfahrensweise. Daher schließt sich ein Abschnitt über die Bestimmungen zum Datenschutz an.

5.1 Bedingungen und Möglichkeiten des EDV-Einsatzes

Die Art und Weise, wie ein Mitarbeiter in einem Büro morgens seine Arbeit beginnt, dürfte fast überall gleich sein: Der Computer wird gestartet, das E-Mail-Konto und der Kalender werden aufgerufen – der Arbeitstag beginnt. Daten werden gesucht, aufgerufen, eingegeben, Briefe und Nachrichten werden geschrieben, Formulare ausgefüllt, ausgedruckt oder verschickt. Was bei der Beobachtung der Anwender ähnlich scheint, ist auf der EDV-Systemebene sehr unterschiedlich, etwa hinsichtlich der eingesetzten Hardware, der Software-Programme oder der Art der Daten.

Begriffliche Grundlagen

Ein EDV-System dient der Datenverarbeitung (DV). Datenverarbeitung läuft im Prinzip immer nach demselben Schema ab, das auch als EVA-Prinzip bezeichnet wird:

Eingabe der Daten – **V**erarbeitung der Daten – **A**usgabe der Daten

Daten in diesem Sinne sind Informationen, die aus Buchstaben, Ziffern und Sonderzeichen bestehen. Man unterscheidet strukturierte Daten (z. B. in Datenbanken) und unstrukturierte Daten, die etwa in Form einer Textdatei vorliegen.

EDV-Systeme bestehen aus Hardware- und Softwarekomponenten. Als Hardware werden alle materiellen Bestandteile bezeichnet: Platinen und Prozessoren, Netzwerkkarten, Gehäuse, Bildschirm, Tastatur, Maus, Drucker, Scanner etc. Sie ermöglichen die Dateneingabe (Eingabegeräte), die Verarbeitung und die Datenausgabe (dazu gehört auch der Bildschirm). Isolierte PC-Einheiten spielen heute nur noch eine geringe Rolle. In Computernetzwerken müssen die einzelnen Geräte physisch (also auf Hardware-Ebene) miteinander verbunden sein. Die Art der Vernetzung wird dagegen von der Software gesteuert. Unterscheiden lassen sich dabei zwei Formen:

- **Intranet** (lat.: *intra* – innerhalb) als organisationsinternes Netzwerk; zum **Extranet** (lat.: *extra* – außerhalb) wird ein solches Netzwerk, wenn es auch bestimmten Außenstehenden den Zugriff ermöglicht;
- **Internet** als öffentliches Netzwerk.

Im Unterschied dazu beziehen sich die Begriffe LAN (*local area network* – lokales Netzwerk) und WAN (*wide area network* – weltweites Netzwerk) auf die räumliche Ausdehnung von Netzwerken.

Wesentlich für die Nutzung bzw. Anwendung der Hardware ist die Software: Das ist ein Sammelbegriff für alle Arten von Programmen, die man als eine Art Befehlssammlung verstehen kann, die bestimmte Probleme in einer bestimmten Art und Weise lösen.

Beispiel
Sie haben das Textverarbeitungsprogramm Microsoft Word gestartet und klicken mit der Maus auf „Drucken"; die aktuell geöffnete Datei wird gedruckt. Dabei ist es für die Software unerheblich, ob und ggf. welche Daten die Datei enthält. Auch ein leeres Blatt wird entsprechend der Befehlskette vom Drucker ausgegeben und die Anweisung ist somit durch das Programm abgearbeitet. Die Software entscheidet nicht, ob dies eine sinnvolle Anweisung war.

Software wird danach unterschieden, ob sie für die Steuerung des Systems oder für die Lösung bestimmter Anwendungsaufgaben notwendig ist.

- Systemsoftware: z. B. Betriebssysteme wie Windows und Linux
- Anwendungssoftware: z. B. Programme wie das Office-Paket, der Browser Mozilla Firefox etc.

Neben diesen sogenannten Standardsoftware-Programmen, die als fertiges Produkt auf dem Markt angeboten werden, können in Unternehmen auch individuell erstellte Softwareprogramme eingesetzt werden. Diese werden im Unterschied zu den Standardprogrammen auch als Individualsoftware bezeichnet.

Die beiden Programmalternativen unterschieden sich vor allem in zwei Punkten voneinander: in der Anpassung auf die konkreten Aufgaben und in den Kosten. Individualprogramme werden auf die spezifischen Einsatz-Bedürfnisse von Unternehmen hin entwickelt und sind entsprechend teuer. Standardprogramme dagegen beinhalten auf der einen Seite zwar mehr Möglichkeiten (sie sind multifunktional) und sind gegenüber Individualprogrammen wesentlich preiswerter. Auf der anderen Seite erfordern sie aber einen höheren Schulungsaufwand, um die Mitarbeiter mit der Bedienung vertraut zu machen.

Eine Art Zwischenlösung stellt Branchensoftware dar. Sie ist kostengünstiger als Individualprogramme und bietet branchenspezifische Programmbereiche, was eine leichtere Bedienbarkeit und Anpassung an die betrieblichen Erfordernisse ermöglicht.

Bedingungen für die Automatisierung von Aufgaben

Wie in Kapitel 1 „Aufgaben der Personalsachbearbeitung" erläutert, umfasst die Personalsachbearbeitung alle routinemäßigen, verwaltenden Aufgaben des Personalbereichs. Routinemäßig bedeutet, dass Aufgaben

- sich wiederholen,
- immer gleich ablaufen und
- immer in derselben Reihenfolge bearbeitet werden.

Beispiel
Bei der Verarbeitung der erfassten Stundenzahlen der Mitarbeiter werden die Zeitdaten in Stunden umgerechnet (ggf. muss der Mitarbeiter dies selbst tun), die Stunden werden addiert, die Summe wird mit der Sollarbeitszeit aus dem Arbeitsvertrag verglichen, ggf. vorhandene Mehrstunden werden ins Arbeitszeitkonto als Zeitguthaben übertragen, der Kontostand des Zeitarbeitskontos wird berechnet. Diese Aufgabe wiederholt sich in jedem Monat und läuft immer in der gleichen Weise und Reihenfolge ab.

Aufgaben der Personalverwaltung beziehen sich immer auf (Personal-)Daten. Bestimmte Daten werden für verschiedene Aufgaben, zum Teil auch von verschiedenen Personen gebraucht (z. B. Name und Geburtsdatum eines Mitarbeiters).

Andererseits gilt, dass bestimmte Aufgaben Daten produzieren, die für andere Aufgaben gebraucht werden (z. B. Fehlzeiten für die Entgeltabrechnung oder der errechnete Auszahlungsbetrag, der an einen Arbeitnehmer überwiesen wird). Zusätzlich zur Art der Aufgaben sollte daher die Datenbasis der Verwaltungsaufgaben berücksichtigt werden.

- **Stammdaten** sind Daten, die über längere Zeit unverändert bleiben, z. B. Namen und Adressen von Mitarbeitern. Solche Daten werden häufig als Ordnungsdaten bei der Speicherung von Informationen verwendet.
- **Bewegungsdaten** sind Daten, die sich häufig ändern, z. B. die Anzahl der Arbeitsstunden oder die Zahl der Fehltage pro Monat.

Stammdaten spielen in verschiedenen Sachbearbeitungsbereichen eine Rolle, etwa bei der Entgeltabrechnung, bei der Führung des Arbeitszeitkontos, bei der Erfassung der Urlaubs- und Krankheitszeiten der Mitarbeiter. Durch einen vernetzten EDV-Einsatz kann man in diesen Bereichen Doppeleingaben von Informationen vermeiden. Verschiedene Mitarbeiter haben so gleichzeitig und von unterschiedlichen Orten aus einen Zugang zu denselben Stammdaten und können diese für ihre jeweilige Aufgabe verwenden.

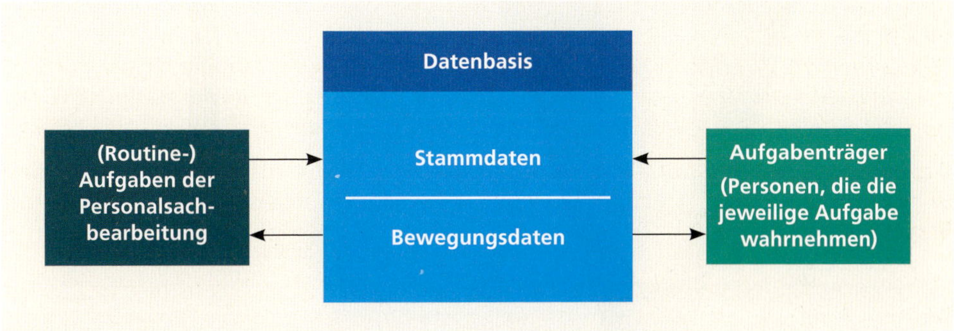

Zusammenhang zwischen Datenbasis, Aufgaben und Aufgabenträger

Statistische Auswertungen dienen dazu, Entscheidungen im Personalbereich zu fundieren. Sie beziehen sich auf Daten, die in der Vergangenheit angefallen sind und nun aufbereitet werden sollen. Ein Beispiel dafür ist die Fehlzeitenstatistik, die auf den vergangenen Dateneingaben beruhen kann.

Herleitung von Entscheidungskriterien für die Auswahl von EDV-Systemen

Bei der Auswahl eines bestimmten EDV-Systems ist die Wechselwirkung zwischen Hardware und Software zu berücksichtigen. Komfortablere Programme erfordern häufig leistungsfähigere Hardware. Soll in einem Unternehmen eine Software auf der Grundlage der bisherigen Hardware installiert werden, müssen die Systemvoraussetzungen berücksichtigt werden. Dazu gehören etwa das Betriebssystem, die Speicherkapazitäten, Laufwerke und Peripheriegeräte. Eine Grundsatzentscheidung betrifft die Wahl zwischen Standardsoftware und Branchensoftware bzw. Individualsoftware.

In einem dritten Schritt geht es dann um die Entscheidung über das konkrete Softwareangebot bzw. den konkreten Dienstleister, der eine Individualsoftware erstellen soll.

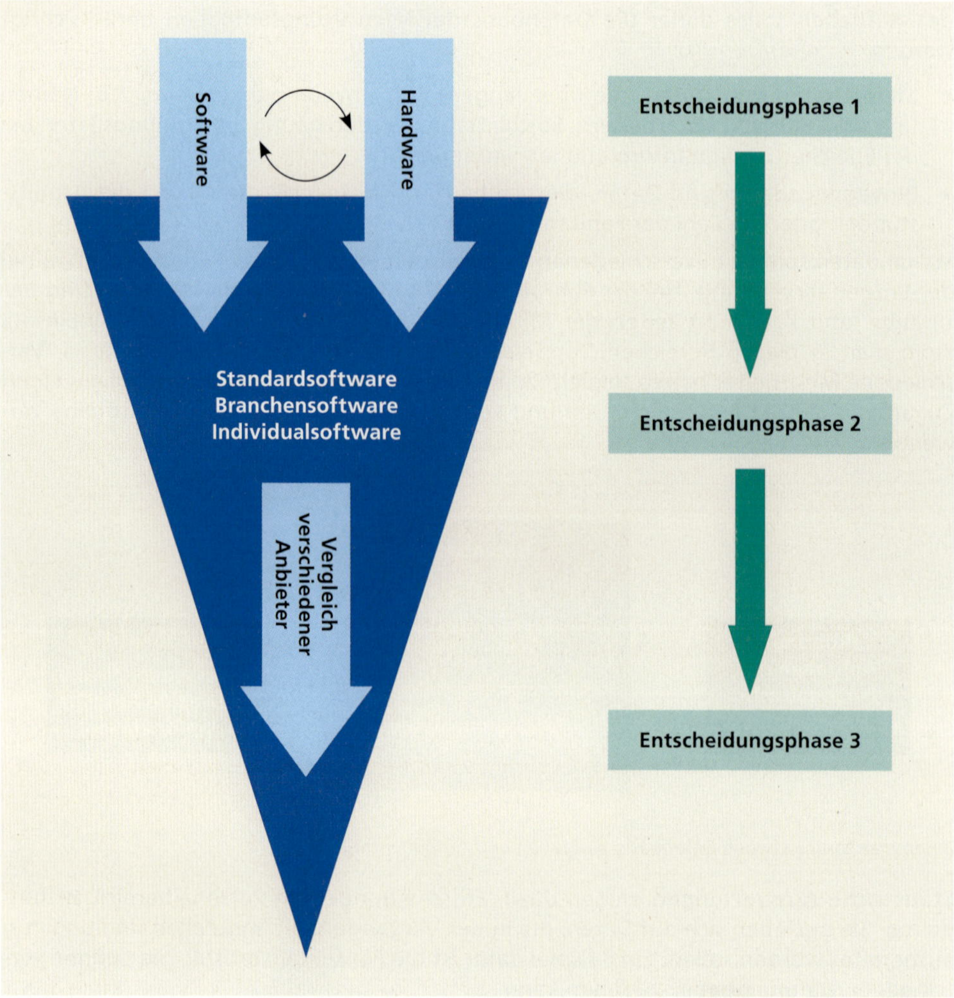

Entscheidungsphasen im Auswahlprozess für ein EDV-System

Bei der Beurteilung verschiedener Softwareangebote spielen folgende Kriterien eine Rolle:

- Anforderungen an die Leistungen
- Anforderungen an die Benutzungsfreundlichkeit
- Umfang der notwendigen Schulung der Mitarbeiter
- Kosten für das Programm und die Inbetriebnahme (Installation, Abnahme etc.)

Die Anforderungen an ein System sind unternehmens- und branchenabhängig. Für eine Branchensoftware im Bereich Zeitarbeit ist neben allgemeinen personalwirtschaftlichen Funktionen (Entgeltabrechnung, Zeiterfassung ggf. mit Schnittstelle zu automatischen Systemen, Meldewesen) insbesondere der Bereich Bewerberverwaltung, Bewerberpool und Matching von großer Bedeutung. Grundlage für eine Auswahlentscheidung sollte daher die umfassende Festlegung von (Mindest-)Funktionen sein. Auch bei der Benutzerfreundlichkeit kann man die Situation nicht losgelöst vom konkreten Unternehmen bzw. von den Mitarbeitern sehen, die mit einem neuen System arbeiten sollen. Die Vorerfahrungen der Mitarbeiter, über die sie durch Bedienung anderer Programme bereits verfügen, sollte mit in die Überlegungen einbezogen werden. Je fremder etwa eine Benutzeroberfläche (Art der Menüführung) für den Benutzer ist, umso mehr Schulung bzw. Zeit braucht er, um die Programmfunktionen sicher zu nutzen. Häufig entscheiden sich Unternehmen daher für (Alternativ-)Produkte innerhalb einer gemeinsamen Oberfläche. Dadurch entstehen die geringsten switching costs („Umschaltkosten"). Bei den Kosten selbst sollte man nicht nur die direkten Kosten der Anschaffung einbeziehen, sondern ebenfalls Nebenkosten für die Installation, die Schulung der Mitarbeiter, Wartungs- und Updatekosten.

5.2 Datenschutz im Unternehmen

Datenschutz bezieht sich auf den **Schutz personenbezogener Daten** vor missbräuchlicher Verwendung. Geregelt sind die Maßnahmen, mit denen ein Datenmissbrauch verhindert werden soll, im Bundesdatenschutzgesetz (BDSG).

§ 1 BDSG Zweck und Anwendungsbereich

(1) Zweck dieses Gesetzes ist es, den Einzelnen davor zu schützen, dass er durch den Umgang mit seinen personenbezogenen Daten in seinem Persönlichkeitsrecht beeinträchtigt wird.

Im fachlichen Kontext

Im Unterschied zum Datenschutz bezeichnen die Begriffe Datensicherheit und Datensicherung die technischen und organisatorischen Maßnahmen, die in einem Unternehmen gegen Datenverlust, Datenverfälschung und unberechtigten Zugang zu Daten getroffen werden. Hierbei werden also die Daten geschützt. An der Sicherheit bzw. Sicherung der Daten hat ein Unternehmen ein großes Interesse, sei es um sich vor Spionage zu schützen oder um Abrechnungsdaten, Unternehmensinformationen etc. nicht zu verlieren.

Anker des Datenschutzes ist das individuelle Recht auf informationelle Selbstbestimmung. Dahinter steht die Auffassung, dass jeder Mensch grundsätzlich selbst bestimmen kann, wem er wann welche Daten über sich offenbart und zu welchem Zweck. Die personenbezogenen Daten sind im § 3 BDSG konkretisiert.

§ 3 BDSG Weitere Begriffsbestimmungen

Personenbezogene Daten sind Einzelangaben über persönliche oder sachliche Verhältnisse einer bestimmten oder bestimmbaren natürlichen Person (Betroffener).

Personenbezogene Daten sind etwa Name, Adresse, Alter, Geschlecht. „Bestimmbar" in diesem Zusammenhang bedeutet, dass eine Person konkret erkennbar und identifizierbar ist, auch wenn der Name nicht genannt wird.

Beispiel

In einem bestimmten Haus (Adresse) wohnen 20 Menschen, von denen nur einer älter als 50 Jahre ist. Informationen über diesen Menschen können somit zugeordnet werden; die Person ist bestimmbar.

Der Schutz bezieht sich auf öffentliche Stellen des Bundes und der Länder sowie auf nicht-öffentliche Einrichtungen. Damit sind etwa natürliche und juristische Personen gemeint. Diese sind betroffen, soweit sie nach § 1 Abs. 2 Nr. 3 BDSG

- die Daten unter Einsatz von Datenverarbeitungsanlagen verarbeiten, nutzen oder dafür erheben oder
- Daten in oder aus nicht automatisierten Dateien verarbeiten, nutzen oder dafür erheben.

Allein der Bereich der Datenverarbeitung für persönliche und familiäre Tätigkeiten ist ausgenommen. Damit unterliegen praktisch alle Unternehmen den Bestimmungen des Datenschutzes nach dem BDSG. Im Unterschied zu anderen Gesetzen ist die Grundaussage des BDSG, dass im Zusammenhang mit der Erhebung, Verarbeitung und Nutzung personenbezogener Daten alles verboten ist, was nicht ausdrücklich erlaubt ist (§ 4 BDSG). Man nennt dies juristisch ein „Verbot mit Erlaubnisvorbehalt". Die Erlaubnis dazu kann entweder im Gesetz formuliert sein oder sie wird von der jeweiligen Person, deren Daten betroffen sind, gegeben.

Beispiel

Die Aufnahme eines persönlichen Bewerberprofils in eine Datensammlung, sei es in elektronischer oder in materieller Form, setzt die Erlaubnis durch den Bewerber voraus.

Beim Umgang mit personenbezogenen Daten müssen Unternehmen unter anderem folgende **Maßnahmen** ergreifen:

- Alle Mitarbeiter, die mit der Datenverarbeitung zu tun haben, müssen zur **Einhaltung des Datengeheimnisses** verpflichtet werden (§ 5 BDSG).
- Unternehmen müssen technische und organisatorische Maßnahmen treffen, die geeignet sind, die Bestimmungen des BDSG zu gewährleisten. Diese sind umfassend in der Anlage zu § 9 BDSG aufgelistet.

Anlage zu § 9 BDSG

Werden personenbezogene Daten automatisiert verarbeitet oder genutzt, ist die innerbehördliche oder innerbetriebliche Organisation so zu gestalten, dass sie den besonderen Anforderungen des Datenschutzes gerecht wird. Dabei sind insbesondere Maßnahmen zu treffen, die je nach der Art der zu schützenden personenbezogenen Daten oder Datenkategorien geeignet sind,

1. Unbefugten den Zutritt zu Datenverarbeitungsanlagen, mit denen personenbezogene Daten verarbeitet oder genutzt werden, zu verwehren (Zutrittskontrolle),
2. zu verhindern, dass Datenverarbeitungssysteme von Unbefugten genutzt werden können (Zugangskontrolle),
3. zu gewährleisten, dass die zur Benutzung eines Datenverarbeitungssystems Berechtigten ausschließlich auf die ihrer Zugriffsberechtigung unterliegenden Daten zugreifen können, und dass personenbezogene Daten bei der Verarbeitung, Nutzung und nach der Speicherung nicht unbefugt gelesen, kopiert, verändert oder entfernt werden können (Zugriffskontrolle),
4. zu gewährleisten, dass personenbezogene Daten bei der elektronischen Übertragung oder während ihres Transports oder ihrer Speicherung auf Datenträger nicht unbefugt gelesen, kopiert, verändert oder entfernt werden können, und dass überprüft und festgestellt werden kann, an welche Stellen eine Übermittlung personenbezogener Daten durch Einrichtungen zur Datenübertragung vorgesehen ist (Weitergabekontrolle),
5. zu gewährleisten, dass nachträglich überprüft und festgestellt werden kann, ob und von wem personenbezogene Daten in Datenverarbeitungssysteme eingegeben, verändert oder entfernt worden sind (Eingabekontrolle),
6. zu gewährleisten, dass personenbezogene Daten, die im Auftrag verarbeitet werden, nur entsprechend den Weisungen des Auftraggebers verarbeitet werden können (Auftragskontrolle),
7. zu gewährleisten, dass personenbezogene Daten gegen zufällige Zerstörung oder Verlust geschützt sind (Verfügbarkeitskontrolle),
8. zu gewährleisten, dass zu unterschiedlichen Zwecken erhobene Daten getrennt verarbeitet werden können.

Eine Maßnahme nach Satz 2 Nummer 2 bis 4 ist insbesondere die Verwendung von dem Stand der Technik entsprechenden Verschlüsselungsverfahren.

- Unternehmen müssen eine/n Datenschutzbeauftragte/n bestellen (§ 4f BDSG), wenn
  - mindestens zehn Personen ständig mit der **automatisierten** Verarbeitung personenbezogener Daten beschäftigt sind und/oder
  - mindestens 20 Personen ständig mit der Verarbeitung personenbezogener Daten beschäftigt sind.

Die Aufgaben des Datenschutzbeauftragten sind in § 4g BDSG aufgelistet und umfassen die Überwachung, die Schulung und die Mitwirkung.

Praxistipp

Weitere Informationen zum Datenschutzbeauftragten sowie ein Beispielformular für die Bestellung eines betrieblichen Datenschutzbeauftragten stellt die Industrie- und Handelskammer bereit unter: www.frankfurt-main.ihk.de/recht/themen/arbeitsrecht/datenschutzbeauftragter/index.html.

Zusammenfassung

- Datenverarbeitung mittels EDV folgt dem EVA-Prinzip.
- EDV-Systeme bestehen aus Hardware- und Softwarekomponenten, die häufig in einem Intranet oder per Internet vernetzt sind.
- Unterschieden werden folgende Softwarearten: Standardsoftware, Branchensoftware, Individualsoftware.
- Die Auswahl der Unternehmenssoftware ist von verschiedenen Kriterien abhängig. Mithilfe der Software können bestimmte Aufgaben der Sachbearbeitung automatisiert ablaufen.
- Dem Datenschutz unterliegen nicht nur Unternehmen, die EDV-Systeme einsetzen. Im Bundesdatenschutzgesetz sind der Schutzzweck, der Anwendungsbereich und die erforderlichen Maßnahmen wie beispielsweise auch die Bestellung eines Datenschutzbeauftragten festgelegt.

Aufgaben

1. *Ordnen Sie den folgenden Sachverhalten zu, ob es sich um Stammdaten oder um Bewegungsdaten handelt:*
   a) Monatslohn September von Heinrich Feld
   b) Name
   c) Bruttolohnsumme
   d) Geburtsdatum
   e) Bewerberanforderungsprofil eines Kunden
   f) Umsatz der Niederlassung in Frankfurt
   g) Mitarbeiteranzahl der Niederlassung Frankfurt

2. *In diesem Lernfeld haben Sie verschiedene Sachbearbeitungsaufgaben kennengelernt. Erstellen Sie für eine dieser Aufgaben eine Liste mit Teilaufgaben und prüfen Sie für jede Teilaufgabe, ob eine Automatisierung sinnvoll ist.*

3. *Lothar Amann will ein Zeitarbeitsunternehmen in München gründen. Er startet aufgrund eines Rahmenvertrages mit einem Kunden aus dem Bereich Maschinenbau mit 45 externen und vier internen Mitarbeitern. Er plant, im kommenden Jahr 200 externe Mitarbeiter auf Dauer zu beschäftigen. Unter anderem muss er sich für ein EDV-System entscheiden. Beraten Sie Lothar Amann über die beiden Alternativen Standardsoftware und Branchensoftware. Stellen Sie die Vorteile und Nachteile detailliert gegenüber.*

4. *Lesen Sie den folgenden Text aufmerksam durch. Hier geht es um die Abwägung zweier grundlegender Rechte: des Rechts auf persönliche Sicherheit und des Selbstbestimmungsrechts. Nehmen Sie Stellung zu diesem Problem. Welches Recht ist nach Ihrer Ansicht bedeutender? Würden Sie sich für oder gegen die Einführung von solchen Scannern entscheiden?*

Nacktscanner bald auf Flughäfen?

Bisher musste man bei Urlaubsreisen mit dem Flugzeug an der Sicherheitskontrolle nur gelegentlich die Schuhe ausziehen. Das könnte sich bald ändern: Die Europäische Kommission will an Flughäfen Ganzkörperscanner zulassen, die ein 3-D-Bild des Fluggastes ohne Kleidung erstellen. Protest kommt vonseiten des EU-Parlaments. Das berichtet spiegel online.

Die Nacktscanner sind an den Flughäfen Amsterdam, Zürich und London bereits im Einsatz. Über elektromagnetische Strahlen erzeugen sie ein dreidimensionales Bild, auf dem die Passagiere unbekleidet zu sehen sind, inklusive der Genitalien. Sie sollen dazu dienen, Waffen aufzuspüren, die am Körper versteckt sind und nicht von Metalldetektoren erkannt werden können. Die EU-Kommission will den Einsatz der umstrittenen Geräte nicht vorschreiben, aber generell erlauben. Sie sollen auf die Liste der an Flughäfen erlaubten Sicherheitsvorkehrungen gesetzt werden. Das Europäische Parlament kritisiert dieses Vorgehen.

Die Grünen-Abgeordnete Eva Lichtenberger sagte, dass die Scanner einen Angriff auf die persönliche Würde jedes einzelnen Passagiers darstellten. „Die entwürdigenden Kommentare jener, die sich die Bilder betrachten, kann ich mir schon jetzt vorstellen", so Lichtenberger laut spiegel online. Der SPD-Abgeordnete Wolfgang Kreissl-Dörfler forderte eine Prüfung, ob der Sicherheitsgewinn einen solch schweren Eingriff in die Privatsphäre wirklich rechtfertige. Auch gesundheitliche Schäden für Vielflieger seien nicht auszuschließen. [...]

Quelle: Lippmann, Sina: „Nacktscanner bald auf Flughäfen?", veröffentlicht am 22.10.2008, unter: www.datenschutz-ist-buergerrecht.de/blog/archiv/398-nacktscanner-bald-auf-flughaefen/(Zugriff: 29.03.2012).

5. *Listen Sie die Maßnahmen auf, die ein Unternehmen nach den Bestimmungen des BDSG (siehe Anlage zu § 9) zum Datenschutz ergreifen muss.*

6. *Zur Vertiefung: In einem Unternehmen mit 400 Beschäftigten, die in ca. 30 verschiedenen Bereichen tätig sind, soll eine Mitarbeiterbefragung zu den Themen Zufriedenheit, Motivation und Loyalität durchgeführt werden. Die Befragung soll anonym durchgeführt werden. Eine Führungskraft schlägt vor, dass die Befragung nach Bereichen gegliedert werden soll, um einen Vergleich zu ermöglichen, und zusätzlich in der Befragung die demografischen Merkmale Alter, Geschlecht und Nationalität erhoben werden sollen.*

   Nehmen Sie Stellung zu der Frage, ob hier personenbezogene Daten erhoben werden (mit Begründung). Berücksichtigen Sie bei Ihren Ausführungen die Informationen aus § 3 Abs. 6 und 6a BDSG.

Lernfeld 4:

Personal gewinnen

1 Eine Konzeption für die Personalgewinnung erstellen

Einstiegssituation ▶

Die GeroTech AG, ein mittelständischer Hersteller von orthopädischen Hilfsmitteln, arbeitet bereits seit einigen Jahren mit der HR Personaldienstleistungen GmbH zusammen. Schwerpunkt der bisherigen Zusammenarbeit ist der Einsatz von Hilfskräften im Lager- und Logistikbereich. Im vergangenen Jahr forderte die GeroTech AG erstmals auch qualifizierte Arbeitnehmer für die Produktion an.

Aktuell liegt dem verantwortlichen Disponenten der HR Personaldienstleistungen GmbH, Hans-Peter Gebhardt, die Anfrage nach einem Orthopädietechniker vor, der nicht nur in der Produktion, sondern auch in der Produktentwicklung eingesetzt werden soll. Der Einsatzbeginn ist auf den übernächsten Monat terminiert.

Hans-Peter Gebhardt bittet den Auszubildenden Serhan Yildiz zu sich, der vor acht Monaten seine Ausbildung bei der HR Personaldienstleistungen GmbH begonnen hat.

Hans-Peter Gebhardt: „Was halten Sie von dieser Anfrage? Wie sollen wir vorgehen?"

Serhan Yildiz: „Ich würde eine Anzeige in der hiesigen Tageszeitung schalten. Vorher würde ich natürlich in unserem Bewerberpool nachsehen. Und das Stellenportal der Bundesagentur für Arbeit würde ich mir auch angucken. Ich denke, dass wir so mindestens eine passende Person finden werden."

Hans-Peter Gebhardt (skeptisch): „Sehen Sie sich das vorläufige Anforderungsprofil unseres Kunden noch einmal genau an. Gesucht wird ein Techniker – oder eine Technikerin – mit langjährigen Erfahrungen in diesem Bereich. Englisch soll die Person sehr gut können, weil sie in einem international besetzten Team arbeitet. Und sie wird häufiger verreisen müssen. Die Person soll mobil sein, teamfähig und innovativ. Ich vermute, dass die Zielgruppe, die wir ansprechen wollen, eher klein ist."

Serhan Yildiz: „Das ist alles schon sehr speziell. Ich bin jetzt auch skeptisch, dass wir oder die Arbeitsagentur so jemanden im Pool haben. Also bleibt die Stellenanzeige."

Hans-Peter Gebhardt (schmunzelt): „Wenn das Ihr einziger Vorschlag bleibt, wird uns die Bewerbersuche sehr teuer zu stehen kommen – bei gleichzeitig zweifelhaftem Erfolg, wenn ich das mal so vermuten darf. Herr Yildiz, Ihre Vorschläge reichen mir an dieser Stelle nicht. Sie haben recht: Es ist ein sehr spezielles Anforderungsprofil und vermutlich gibt es nicht allzu viele Personen, die dieses Profil erfüllen. Doch es ist unser Geschäft und eine unserer Kernkompetenzen, passende Arbeitnehmer zu finden. Vielleicht ist es auch ein Vorteil für uns, wenn die Zielgruppe sehr klein ist. Ich denke, dass wir an dieser Stelle etwas mehr Mühe und Einfallsreichtum aufbringen müssen. In einer Woche treffen wir uns wieder und ich bitte Sie, mir dann eine Konzeption vorzulegen, wie wir in diesem Fall vorgehen können. Mit Ihrer Ausbilderin habe ich darüber gesprochen, dass Sie sich in den nächsten Wochen schwerpunktmäßig um dieses Themenfeld kümmern. Ich bin zuversichtlich, dass Sie das hinkriegen."

Arbeitsaufträge

1. *Klären Sie die Ausgangssituation.*
   - *Gehen Sie dabei auch auf die Vorschläge des Auszubildenden ein.*
   - *Überlegen Sie sich Gründe für die skeptische Haltung von Herrn Gebhardt.*
2. *Informieren Sie sich in den Kapiteln 1.5 und 1.6 über die Möglichkeiten der Personalgewinnung.*
3. *Erarbeiten Sie nach den Informationen in Abschnitt 1.2 eine Konzeption für die Gewinnung eines geeigneten Mitarbeiters.*
   - *Grundlage der Zielgruppe sind die Kundenanforderungen. Erstellen Sie ein Anforderungsprofil mit den Ihnen vorliegenden Informationen. Notieren Sie Fragen, die Sie ggf. noch mit der GeroTech AG klären müssen.*
   - *Erschließen Sie den relevanten Arbeitsmarkt und bereiten Sie die Daten für die Konzeption übersichtlich auf. Informationen dazu finden Sie in den Abschnitten 1.3 und 1.4.*
   - *Empfehlen Sie vor dem Hintergrund der Zielgruppe, welche Maßnahmen der Personalgewinnung in diesem Fall geeignet sind.*
   - *Legen Sie fest, nach welchen Kriterien der Erfolg der Maßnahme(n) gemessen werden soll.*
4. *Präsentieren Sie Ihre Ergebnisse vor Ihrer Klasse.*
5. *Reflektieren Sie, von welchen Annahmen der Erfolg Ihrer Konzeption abhängt. Nehmen Sie die Rolle einer kritischen Personalfachkraft ein: Welche Gründe sprechen gegen die Umsetzung Ihrer Konzeption?*

Die Personalgewinnung ist ein zentrales Aufgabenfeld der Personalwirtschaft und insbesondere auch der Personaldienstleistungsunternehmen. Ausgehend von einem bestimmten Personalbedarf – in der Einstiegssituation das Anforderungsprofil eines Kundenunternehmens – soll die geeignete Person gesucht und gefunden werden, die dieses Anforderungsprofil bestmöglich ausfüllt. Im Wesentlichen geht es bei der Personalgewinnung also um das Suchen und Finden von Mitarbeitern mit passgenauen Profilen für vorher definierte Einsatzbereiche.

Für die Suche stehen dabei verschiedene Instrumente zur Verfügung, die je nach den Bedingungen im konkreten Fall ausgewählt und eingesetzt werden müssen. Die Probleme der Personalgewinnung stecken im Detail: Welche Personengruppe erfüllt die Anforderungen am besten? Wie kann bzw. muss diese Personengruppe angesprochen werden? Auf welchem Weg kann sie erreicht werden? Ist es evtl. besser, Mitarbeiter des Unternehmens zu versetzen oder soll eine Stelle mit Arbeitnehmern von außerhalb des Unternehmens besetzt werden? Wie kann ich Arbeitnehmer dazu bringen, sich für das ausschreibende Unternehmen zu interessieren? Welche Rechtsvorschriften müssen bei der Personalgewinnung beachtet werden? Erschwerende Bedingungen bei der Personalgewinnung können sich auch durch Zeit- und Kostenbeschränkungen ergeben: Wie schnell soll eine Stelle besetzt werden? Welches Budget soll eingehalten werden?

1.1 Begriffsklärungen

In einem weiten Sinne bezeichnet der Begriff **Personalgewinnung** den Prozess der Suche und der Auswahl eines geeigneten Mitarbeiters für eine bestimmte Stelle.

Für diesen Prozess werden auch die Begriffe *Stellenbesetzungsverfahren* und *Personalbeschaffung* verwendet. Eine genaue Begriffsabgrenzung ist schwierig, da die Begriffe nicht einheitlich gebraucht werden. Eine sinngemäße Abgrenzung lässt sich anhand folgender Unterschiede treffen:

- Den Begriff **Stellenbesetzungsverfahren** findet man häufig im Bereich der öffentlichen Verwaltungen. Hier steht er für den *Gesamtprozess* von der Stellenbeschreibung bis zur Stellenbesetzung.
- Unter dem Begriff **Personalbeschaffung** werden häufig die Wege der Ansprache geeigneter Bewerber behandelt. Man unterscheidet hierbei *interne und externe Wege der Personalbeschaffung.*
- Der Begriff **Personalgewinnung** ist relativ jung in diesem Zusammenhang und scheint den Begriff der Personalbeschaffung abzulösen. Darin drückt sich nicht nur eine sprachliche Verschiebung aus, sondern auch eine Veränderung der Rahmenbedingungen betrieblicher Personalwirtschaft:
  - Die zunehmende Wettbewerbsintensität auf den Absatz- und Beschaffungsmärkten bedingt eine ausgeprägte Kosten- und Wertschöpfungsorientierung der Unternehmen.
  - Mitarbeiterinnen und Mitarbeiter werden zunehmend als Bestimmungsfaktor für den Erfolg eines Unternehmens angesehen.
  - Ein Bewusstseinswandel findet statt: von der Ansicht, dass sich die Mitarbeiter um Stellen bewerben, hin zu der Auffassung, dass Unternehmen um die für eine Stelle am besten geeigneten Mitarbeiter konkurrieren. Dabei setzen sie Instrumente des Personalmarketings und des *employer brandings* ein (= Schaffung eines bestimmten Arbeitgeberimages).

Im fachlichen Kontext

Personalmarketing

Unter Marketing versteht man eine bestimmte Denk- und Handlungskonzeption, mit der ein Unternehmen einen definierten Markt bearbeitet. Der Begriff Personalmarketing bezeichnet demnach eine bestimmte Haltung, mit der ein Unternehmen den Markt für Personal bearbeitet, also die Art und Weise, wie es mit den aktuellen und potenziellen Mitarbeitern umgeht.

Ziel des Personalmarketings ist die langfristige Sicherung eines „sowohl quantitativ als auch qualitativ angemessene[n] Potenzial[s] an motivierten Mitarbeitern".[1]

---

[1] *Giesen, Birgit, „Personalmarketing – Gewinnung und Motivation von Fach- und Führungsnachwuchskräften". In: Entwicklungskonzepte und Personalmarketing für den Fach- und Führungsnachwuchs, 2. Auflage, hrsg. v. Norbert Thom/Birgit Giesen, Köln 1998, S. 86.*

Die Beziehung zwischen Unternehmen und Mitarbeitern wird beim Personalmarketing als Marktbeziehung aufgefasst. Diese Ansicht beinhaltet, dass beide Beziehungspartner frei entscheiden können, ob sie die Beziehung eingehen und beibehalten oder nicht. Daraus leitet sich ab, dass sich nicht nur der Bewerber bzw. der Mitarbeiter um das Unternehmen („die Stelle"), sondern auch das Unternehmen um den aktuellen und den potenziellen Mitarbeiter bemühen muss.
Das Personalmarketing unterscheidet den internen Arbeitsmarkt (vorhandene Mitarbeiter) und den externen Arbeitsmarkt (potenzielle Mitarbeiter). Demzufolge ist die Zielrichtung nicht nur die Personalgewinnung, sondern auch die Personalbindung. Entsprechend groß ist das Maßnahmenbündel, das im Bereich des Personalmarketings eingesetzt werden kann: Es bezieht sich sowohl auf die Gestaltung der aktuellen Arbeitsverhältnisse als auch auf die Außenwirkung („Image") des Unternehmens als Arbeitgeber.

Gestaltungsfelder des Personalmarketings

Zusammengefasst lassen sich eine weitere und eine engere Begriffsauffassung dessen, was Personalgewinnung meint, unterscheiden:

- Personalgewinnung als Bezeichnung für den Gesamtprozess der Sicherstellung der Personalkapazität eines Unternehmens;
- Personalgewinnung als Teilprozess der Personalwirtschaft, der sich mit der Suche und Ansprache von geeignetem Personal befasst (= Personalbeschaffung).

Das Personalmarketing bildet dabei die Rahmenbedingung für die Personalgewinnung.

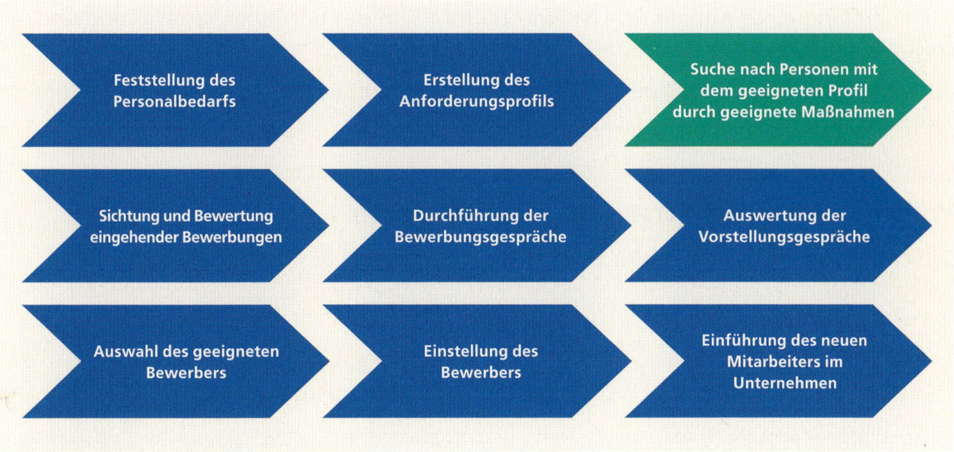

Personalgewinnung im Prozesszusammenhang

In diesem Kapitel wird die Personalgewinnung in der engeren Definition betrachtet: Thema sind die Maßnahmen, Möglichkeiten und Rahmenbedingungen der Suche und Gewinnung geeigneter Arbeitnehmer/-innen für bestimmte Anforderungsprofile. In diesem ersten Kapitel geht es zunächst einmal um die Erstellung einer **Konzeption zur Personalgewinnung**. Ausgehend vom Personalbedarf bzw. dem vorliegenden Anforderungsprofil werden die Markterschließung und die Maßnahmen im Überblick thematisiert. Beispiele für Rekrutierungsstrategien, Erfolgsmessung bei der Personalgewinnung und die Rolle des Betriebsrats geben einen Überblick über den Gesamtprozess. Details zu einigen Maßnahmen der Personalgewinnung und Besonderheiten ihrer Umsetzung finden sich im zweiten Kapitel.

1.2 Bestandteile einer Konzeption zur Personalgewinnung

Eine Konzeption ist eine Zusammenfassung aller wesentlichen Aspekte eines bestimmten Vorhabens (lat.: *conipere* – erfassen). Sie bildet die Grundlage für eine Entscheidung darüber, wie ein bestimmtes Ziel erreicht werden soll. In diesem Sinne beinhaltet eine Konzeption die gedankliche Vorwegnahme eines bestimmten Verhaltens. Insbesondere beschreibt eine Konzeption die konkrete Ausgestaltung der Wege, wie bestimmte Ziele erreicht werden sollen. Der Begriff Konzept wird häufig synonym verwendet. Er bezeichnet jedoch eher einen groben Plan bzw. einen Entwurf („Exposé") eines Vorhabens.

Definition
Eine **Konzeption** ist eine detaillierte und umfassende Zusammenfassung der Ziele, Rahmenbedingungen und Maßnahmen zu einem bestimmten Vorhaben.

Die Erstellung einer Konzeption ist eine Teilfunktion der betrieblichen Planung und als solche von besonderer Bedeutung für ein Unternehmen:

„Planung ist die wohl wichtigste Teilfunktion der Unternehmensführung. Planung ist das Bindeglied zwischen Zielsetzung und kalkuliertem Handeln.“ [1]

Vorgehensweise beim Erstellen einer Konzeption

Die Erstellung einer Konzeption erfolgt im Allgemeinen in folgenden Schritten:

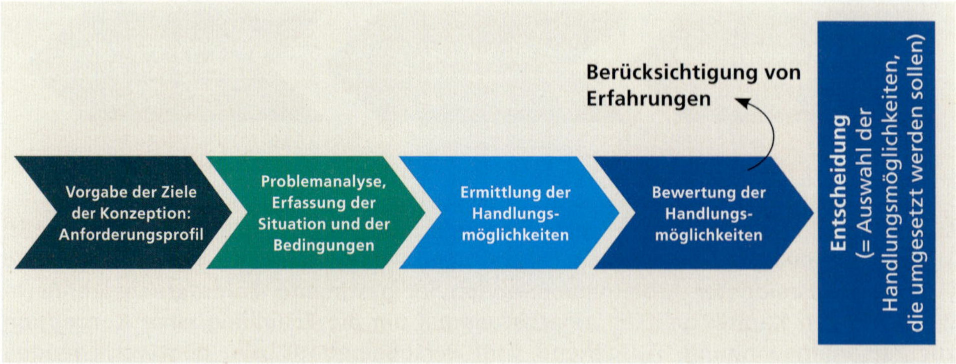

Vorgehen bei der Erstellung einer Konzeption

Nach diesem Schema sind die Ziele vorgegeben durch das vom Kundenbetrieb formulierte Anforderungsprofil. In der sich anschließenden Problemanalyse geht es darum, die aktuelle Situation möglichst genau zu beschreiben, um auf dieser Grundlage Handlungsmöglichkeiten zu entwerfen. Wie aus der Eingangssituation erkennbar ist, handelt es sich hierbei vor allem um die Recherche von Informationen, mit denen sich das Problem genau erfassen lässt. In der Phase der Problemanalyse geht es in erster Linie um die Beschaffung, Einordnung und Interpretation von Informationen über einen bestimmten Sachverhalt. Bei der Personalgewinnung handelt es sich um Informationen über den Personalbeschaffungsmarkt.

Die Trennung der Phasen Ermittlung der Handlungsmöglichkeiten und Bewertung der Handlungsmöglichkeiten erfordert Disziplin. In der Ermittlungsphase sollen möglichst viele/alle Möglichkeiten recherchiert werden, mit denen das Ziel erreicht werden kann. Bei der Bewertung schließlich sollen die aus betrieblicher Sicht sinnvollen Maßnahmen von den weniger sinnvollen getrennt werden. Diese hier angesprochene Bewertung allerdings meint nicht ein intuitiv begründetes „mag ich“ bzw. „mag ich nicht“, sondern die Bewertung mittels betrieblich definierter Kriterien. Beispiele für solche Kriterien sind etwa die Kosten einer Maßnahme oder der Wirkungszeitraum einer Maßnahme. Mögliche Auswahlkriterien für die Maßnahmen der Personalgewinnung sind in Kapitel 1.5 zusammengestellt.

LF 4/ 1.3

LF 4/ 1.5

Gegen die Trennung zwischen Bewertung und Entscheidung könnte man einwenden, dass sich bei der Bewertung zeigt, welche Maßnahmen am besten geeignet sind und damit eine Entscheidung bereits getroffen ist.

[1] *Wöhe, Günter: Einführung in die Allgemeine Betriebwirtschaftslehre, 22. Auflage, München, 2005, S. 96.*

Im betrieblichen Umfeld ist es jedoch häufig so, dass die Personen, die die Konzeption erstellen, nicht unbedingt diejenigen sind, die die Entscheidung treffen. Daher ist es sinnvoll, beide Phasen voneinander zu trennen. Im vorliegenden Fall erhält der Auszubildende den Auftrag, eine Konzeption zu erstellen. Die Entscheidung über die Art und Weise der Umsetzung wird allerdings nicht von ihm getroffen. **LF 4 / 1.5**

Teil einer Konzeption sollten auch Kriterien sein, nach denen der Erfolg dieser Planung im Anschluss an die Umsetzung gemessen wird. Dabei geht es in erster Linie um die Wirksamkeit der durchgeführten Maßnahmen im Hinblick auf das Ziel der Stellenbesetzung. Verschiedene Kennziffern zur Erfolgsmessung werden in Kapitel 1.6 zusammengestellt. **LF 4 / 1.6**

Eine Konzeption der Personalgewinnung kann sich an folgenden **Leitfragen** orientieren:

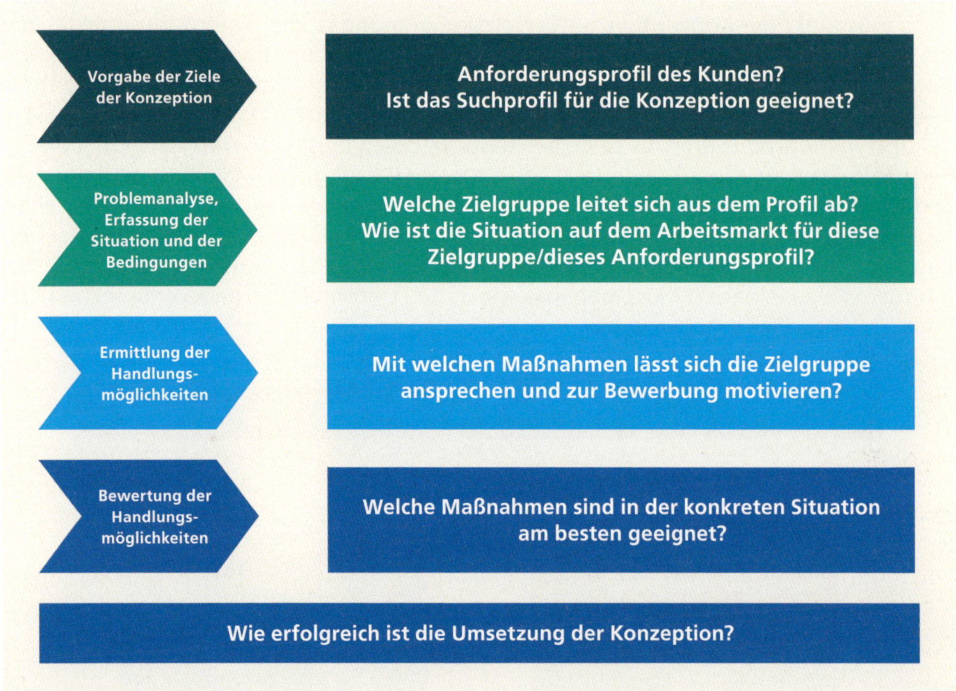

Leitfragen für die Erstellung einer Konzeption der Personalgewinnung

Vorteile der Erstellung einer Konzeption

Die Erstellung von Konzeptionen kann je nach Thema und Rahmenbedingungen sehr umfangreich und damit auch zeitaufwendig und kostenintensiv sein. Demgegenüber stehen folgende Vorteile:

- Darstellung und Transparenz der Ziele und Handlungsweisen innerhalb und außerhalb des Unternehmens (z. B. Information und Einbindung anderer Mitarbeiter; Akquisition von Kunden und Kapitalgebern)
- Austausch und Verständigung mit anderen über Ziele und Maßnahmen im Unternehmen (Diskussionsgrundlage)

- Überprüfung auf vorhandene Widersprüche
- Dokumentation von Informations- und Rechercheprozessen

Die Entscheidung darüber, ob und in welchem Umfang in einer konkreten Situation eine Konzeption erstellt wird, ist abhängig vom Ausmaß der jeweiligen Vor- und Nachteile. Nicht für jede Problemstellung werden daher in Unternehmen Konzeptionen erstellt. Es gilt, sich auch bei Planungsaufgaben ökonomisch, das heißt abwägend zu verhalten.

1.3 Personalbedarf, Anforderungsprofil und Bestimmung der Zielgruppe

Ausgangspunkt der Konzeption zur Personalgewinnung ist das Anforderungsprofil, das die Zielgruppe der Personalbeschaffungsaktivitäten bestimmt. Es ist also eine Konkretisierung des Personalbedarfs eines Unternehmens. In vielen Unternehmen entsteht ein Bedarf an zusätzlichem Personal etwa aus Kapazitätsgründen: Das Unternehmen will in Zukunft mehr produzieren. In Zeitarbeitsunternehmen muss man unterscheiden, ob der Personalbedarf aus einer Kundenanfrage nach Überlassung von Arbeitnehmern entsteht (extern ausgelöster Bedarf) oder ob er sich aus den Kapazitäten der Stammbelegschaft des Zeitarbeitsunternehmens ergibt. Bei einem extern ausgelösten Personalbedarf erhält das Zeitarbeitsunternehmen in den meisten Fällen ein Anforderungsprofil. Bei internem Personalbedarf muss, genauso wie in den Unternehmen anderer Branchen, der konkrete Bedarf ermittelt werden.

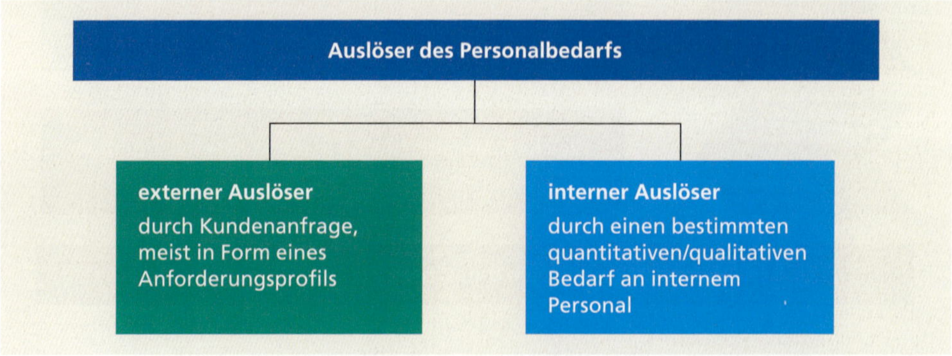

Auslöser des Personalbedarfs insbesondere in Zeitarbeitsunternehmen

Bevor in diesem Kapitel näher auf das Anforderungsprofil und die Zielgruppe eingegangen wird, sollen zunächst die Möglichkeiten zur Bestimmung des Personalbedarfs vorgestellt werden.

Zusammenhang zwischen Personalbedarf, Anforderungsprofil und Zielgruppe bei der Personalgewinnung

1.3.1 Ermittlung des Personalbedarfs

Für die Leistungserstellung braucht jedes Unternehmen Mitarbeiter. Um die Prozesse in einem Unternehmen sicherzustellen, müssen zu jeder Zeit Mitarbeiter in einer ausreichenden Anzahl und mit bestimmten Kompetenzen und Fähigkeiten zur Verfügung stehen. Die betriebliche Personalbedarfsplanung hat zum Ziel, den notwendigen Personalbedarf zu ermitteln und festzustellen. Dabei ist die Funktion der Personalbedarfsplanung eng verknüpft mit anderen Planungsbereichen des Unternehmens, etwa mit der Planung der Leistungserstellung (Produktion) und des Absatzes. Wenn in Zukunft mehr oder auch andere Güter und Dienstleistungen produziert und abgesetzt werden sollen, muss für die jeweiligen betrieblichen Funktionsbereiche Personal in der richtigen Menge und mit den richtigen Qualifikationen zur richtigen Zeit zur Verfügung stehen.

Definition

Der **Bruttopersonalbedarf** ist die Menge an Personal, die für die Leistungserstellung notwendig ist. Demgegenüber ist der **Personalbestand** die Größe, die angibt, wie viel Personal zu einem bestimmten Zeitpunkt in einem Unternehmen vorhanden ist. LF 3 / 4.1

Der Personalbestand ist im Zeitablauf nicht stabil. Er wird durch Zugänge und Abgänge beeinflusst, wie die Übersicht zeigt:

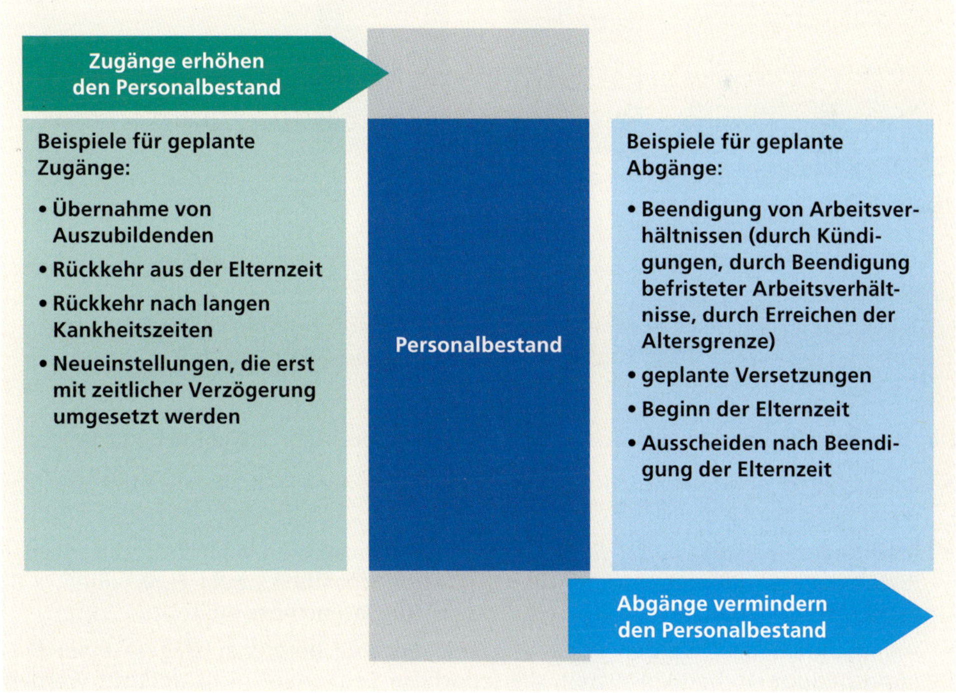

Beeinflussung des Personalbestands durch Zugänge und Abgänge

Definition

Der **Bruttopersonalbedarf** eines Unternehmens drückt den mengenmäßigen und qualitativen Bedarf an Personal in Abstimmung mit den aktuellen und zukünftigen Produktions- und Absatzplanungen aus.

Aus dem Vergleich von Bruttopersonalbedarf und Personalbestand lässt sich ableiten, ob noch weiteres Personal benötigt wird (= Nettopersonalbedarf). Addiert man zu der Differenz zwischen Bruttobedarf und Personalbestand die geplanten Abgänge und zieht man die geplanten Zugänge ab, erhält man den **Nettopersonalbedarf**.

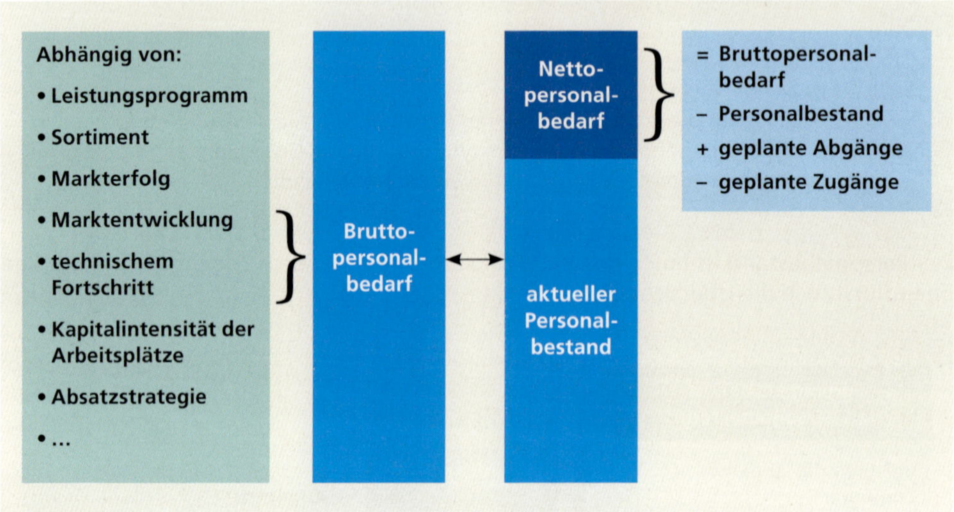

Bestimmung des Nettopersonalbedarfs

Definition

Der **Nettopersonalbedarf** bestimmt sich aus der Differenz aus Bruttopersonalbedarf und Personalbestand sowie Zugängen und Abgängen von Personal.

Der Nettopersonalbedarf teilt sich je nach seiner Ursache auf in folgende Bedarfsarten:

- **Ersatzbedarf** entsteht durch die Beendigung von Arbeitsverhältnissen in der Planungsperiode.
- **Mehrbedarf** entsteht durch die Umsetzung gesetzlicher und/oder tarifvertraglicher Regelungen (Änderungen der Arbeitszeit oder Schaffung neuer Funktionen, z.B. Fachkraft für Arbeitssicherheit, Beauftragter für Datenschutz etc.).
- Als **Nachholbedarf** werden Bedarfe bezeichnet, die bereits zu Beginn einer Planungsperiode vorhanden waren, die jedoch im Zeitverlauf nicht gedeckt werden konnten (z.B. für neu geschaffene, aber noch nicht besetzte Stellen).

- Ein **Zusatzbedarf** ergibt sich daraus, dass nicht alle Zugänge bzw. Abgänge geplant werden können. Ein Teil der Personalbewegungen findet kurzfristig statt und ist damit nicht absehbar. In die Planungen einbezogen werden kann dafür aber eine durchschnittliche, auf Erfahrungswerten der Vergangenheit beruhende Reserve.
- **Neubedarf** entsteht aus Veränderungen im Absatz- und/oder Leistungsbereich. Eine Zunahme des Absatzes bedingt eine Erhöhung der Produktion, woraus ein zusätzlicher Personalbedarf entsteht.

Beispiel

Die Logistik GmbH hat im Lagerbereich derzeit einen Personalbestand von 56 Mitarbeiterinnen und Mitarbeitern, die im Schichtdienst arbeiten. In Zukunft soll die Lagerfläche um 20 % erweitert werden, woraus ein Neubedarf von acht Personen entsteht. Ferner erreichen in der kommenden Planungsperiode zwei Mitarbeiter die Rentenaltersgrenze. Ein Mitarbeiter kehrt aus der Elternzeit zurück.

Der Nettopersonalbedarf berechnet sich folgendermaßen:

	Bruttopersonalbedarf			**64 Personen**
–	Personalbestand		–	56 Personen
+	geplante Abgänge		+	2 Personen
–	geplante Zugänge		–	1 Person
=	**Nettopersonalbedarf**		=	**9 Personen**

Verfahren zur quantitativen Bestimmung des Personalbedarfs

Zur Ermittlung des zukünftigen Personalbedarfs sind verschiedene Verfahren einsetzbar. Zum einen kann man sich an der Vergangenheit orientieren und bisherige Entwicklungen fortschreiben. Diese sogenannte **Fortschreibungsmethode** bietet sich etwa für Unternehmen an, die sich in relativ stabilen Marktbeziehungen bewegen, jährlich gut planbare Produktions- und Absatzmengen haben und geringe technologische Veränderungen verzeichnen. Ein Beispiel dafür sind etwa Lohnunternehmen in der Transport- oder Metallbranche. Die Produktionsmengen sind durch Rahmenverträge geregelt und damit für eine Planungsperiode gut absehbar.

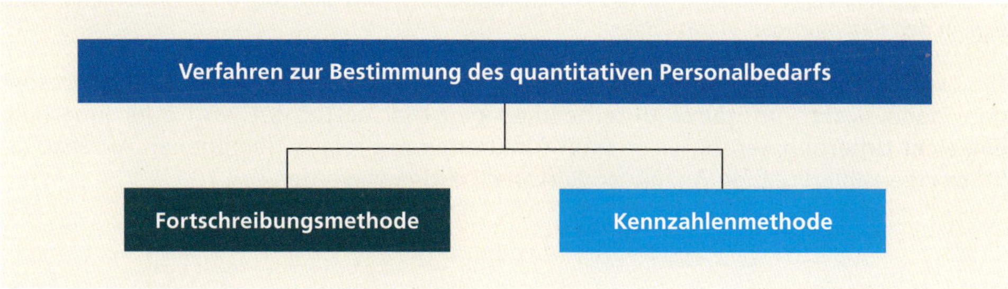

Verfahren zur Bestimmung des quantitativen Personalbedarfs

Zum anderen lässt sich der Personalbedarf aus den für die Zukunft geplanten Produktions- und Absatzmengen ableiten. Dieses Verfahren wird als **Kennzahlenmethode** bezeichnet, da bestimmte Kennzahlen herangezogen werden, um das Verhältnis zwischen Produktion bzw. Absatz und Personaleinsatz festzustellen. Beispiele für häufig genutzte Kennzahlen zur Bedarfsbestimmung sind:

- Arbeitsproduktivität (Outputleistung je Arbeitsstunde)
- Umsatz je Mitarbeiter/-in
- Kunden je Mitarbeiter/-in
- Geschäftsvorfälle je Mitarbeiter/-in (z. B. Anzahl der Buchungsbelege je Stelle im Rechnungswesen)

In Personaldienstleistungsunternehmen werden beispielsweise folgende Kennzahlen genutzt:

- Externe/überbetriebliche Mitarbeiter/-innen je Personaldisponent/-in
- Kunden je Disponent/-in
- Beratungs- und Vermittlungsfälle je Berater/-in

Beispiel

Die Wagner Profil GmbH will den Personalbedarf für das kommende Jahr ermitteln. Als Basis
LF 4/ 4.1 *dafür legt sie die aktuelle Arbeitsproduktivität und das geplante Umsatzwachstum von 15 % im kommenden Jahr zugrunde. Änderungen bei den Arbeitszeiten sind nicht geplant. Sie liegen bei 1 840 Stunden je Vollzeitäquivalent von 40 Stunden pro Woche.*

Umsatz	15 000 000,00 EUR
Stunden im Jahr je Vollzeitmitarbeiter	1 840 Stunden
Anzahl der Vollzeitäquivalente	30
daraus ergibt sich eine Arbeitsproduktivität von	271,74 EUR je Arbeitsstunde

Für das kommende Jahr ist ein Umsatzwachstum von 15 % auf insgesamt 17 250 000,00 EUR geplant. Bei einer Arbeitsproduktivität von 271,74 EUR je Stunde und 1 840 Stunden je Mitarbeiter ergibt sich durch Division folgende Anzahl an notwendigen Vollzeitäquivalenten:

17 250 000,00 EUR : 271,74 EUR je Std. : 1 840 Std. = 34,50 Vollzeitäquivalente

Da in diesem Beispiel die Arbeitsproduktivität und die Arbeitsstunden konstant gehalten werden, lässt sich das Ergebnis auch mittels Dreisatz berechnen. Das geht allerdings nicht mehr, wenn sich an den Bedingungen etwas ändert.

Die quantitativen Verfahren zur Ermittlung des Personalbedarfs eignen sich insbesondere dann, wenn das ganze Unternehmen pauschal betrachtet wird oder innerhalb einzelner Unternehmensbereiche und -funktionen mit relativ homogenen Arbeitsqualitäten die zahlenmäßige Anzahl an Personal bestimmt werden soll.

Verfahren zur qualitativen Bestimmung des Personalbedarfs

Die quantitativen Verfahren berücksichtigen nicht die unterschiedlichen Qualitäten von Arbeitsleistungen, die in einem Unternehmen gebraucht werden. Die Konkretisierung des Personalbedarfs im Hinblick auf bestimmte Kompetenzen und Fähigkeiten erfolgt daher im Rahmen der qualitativen Personalbedarfsermittlung. Diese kann nicht pauschal erfolgen, sondern nimmt den konkreten Aufgabenbereich einer Stelle zum Ausgangspunkt. Je nach zeitlicher Perspektive können hier zwei Ansätze unterschieden werden:

Bei einem eher *kurzfristigen Personalbedarf* kann die Stellenbeschreibung als Grundlage für die Bedarfsbeschreibung dienen. In diesem Fall ist der Aufgabenbereich bereits vorhanden und es lässt sich daraus ableiten, welche Anforderungen eine Person für die Stellenbesetzung erfüllen muss. Dieses Verfahren wird als **Stellenplanmethode** bezeichnet. LF 2 / 4.1.2.2

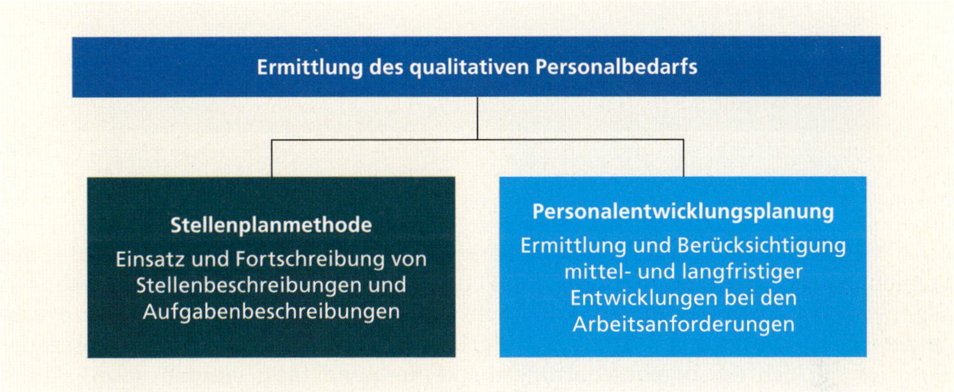

Bestimmung des qualitativen Personalbedarfs

Bei einer *mittel- und langfristigen* Perspektive der Personalbedarfsplanung muss zusätzlich berücksichtigt werden, dass sich Anforderungen zur Bearbeitung von Aufgaben ändern können. Der technische Fortschritt führt häufig dazu, dass zur Erfüllung bestimmter Aufgaben andere Qualifikationen notwendig sind. Ein Beispiel dafür ist etwa der Einsatz von CNC-Maschinen im Werkzeugbau, deren Bedienung umfangreiche Programmierkenntnisse erfordert. Diese qualitativen Änderungen des Aufgabenbereichs betreffen nicht nur einen aktuellen Personalbedarf, sondern beziehen sich auch auf den bereits vorhandenen Personalbestand. Die Deckung des qualitativen Personalbedarfs ist demnach nicht nur eine Aufgabe der Personalgewinnung, sondern auf mittel- und langfristigen Sicht auch der **Personalentwicklung**.

Kundenanfragen als Auslöser des Personalbedarfs in der Zeitarbeitsbranche

In Unternehmen der Branche Zeitarbeit werden Personalgewinnungsprozesse überwiegend durch Kundenanfragen ausgelöst, soweit es sich um das externe, zur Überlassung bestimmte Personal handelt. Die Bedarfsbestimmung des internen, also nicht zur Überlassung bestimmten Personals orientiert sich hingegen an den dargestellten quantitativen und qualitativen Verfahren.

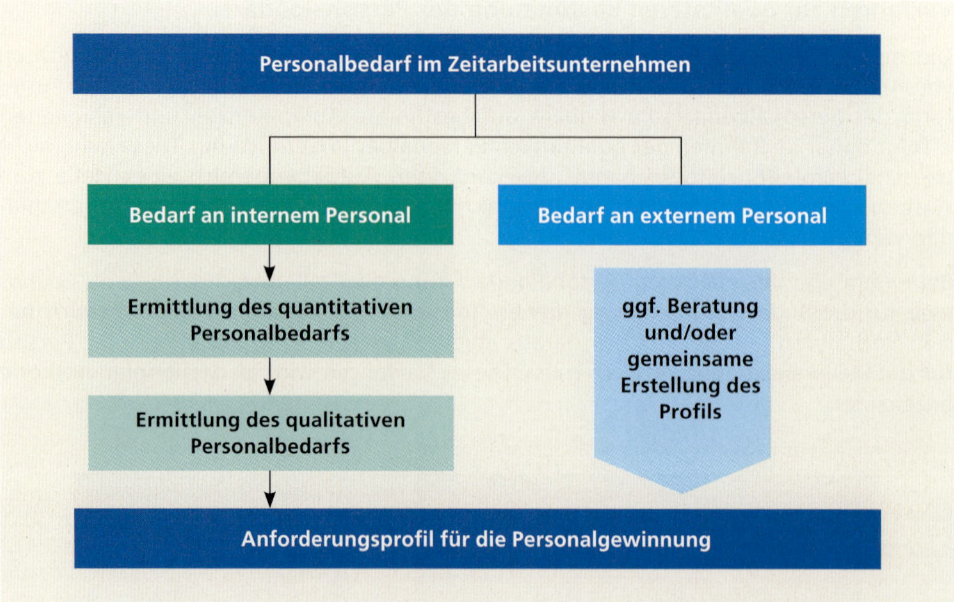

Arten des Personalbedarfs im Zeitarbeitsunternehmen

Aus Sicht des Zeitarbeitsunternehmens dienen typischerweise **Anforderungsprofile des Kundenunternehmens** als Auslöser für Personalgewinnungsprozesse. Diese können allein vom Kundenunternehmen entwickelt werden oder gemeinsam mit dem Personaldienstleistungsunternehmen, das aufgrund der Erfahrungen und umfassender Einsichten in den Personalbeschaffungsmarkt beratend tätig werden kann. Häufig dienen Anforderungsprofile gleichzeitig als Grundlage für die Kalkulation von Angeboten für die Arbeitnehmerüberlassung.

Die Unternehmen der Zeitarbeitsbranche bieten in ihren Internetpräsenzen unterschiedliche Möglichkeiten zur Erfassung von Anforderungsprofilen an:

- Es finden sich auf den Kontaktformularen für die interessierten Kundenunternehmen Textfelder für die freie Eingabe von Anforderungen an Arbeitnehmer.
- Einige Zeitarbeitsunternehmen bieten eine Vorstruktur an, an der sich ein Kundenunternehmen bei der Erstellung und Eingabe des Anforderungsprofils orientieren kann.

Beispiel

Kontaktformular Zeitarbeit (bitte ausfüllen; Zutreffendes ankreuzen)

Zeitarbeit	
Zeitarbeit (Option Übernahme)	
Personalvermittlung	

Angaben zur Beschäftigung

Lohn/Gehalt	(in EUR brutto)	
Arbeitsbeginn	Uhrzeit	
Arbeitsende	Uhrzeit	
Wochenarbeitszeit	in Stunden	
Schichtbetrieb	Art	
Nachtschicht		
Akkordarbeit		

Persönliche Voraussetzungen

Geschlecht		männlich		weiblich		unwichtig
Alter	von			bis		
Nichtraucher						
Eignung für Schwerbehinderte						
Sonstiges						

Sprachkenntnisse

Deutsch in Wort und Schrift		
Englisch in Wort und Schrift		
Sonstige		

Anforderungen und Qualifikationen

Führerschein	Klasse B		
	Klasse C		
	Staplerschein		
	Andere		
Gesundheitszeugnis			
Weitere Qualifikationen			

Arbeitsschutzkleidung

Kopfschutz/Helm	
Schuhe	
Sicherheitskleidung	
Sonstiges	

Weitere Angaben

Angaben zum Einsatzort	
Ihr Unternehmen	
Ihr Ansprechpartner	

Strukturierte Abfrage der Einsatzbedingungen und Anforderungen eines Kundenunterunternehmens

1.3.2 Das Anforderungsprofil

Ein Unternehmen rekrutiert Arbeitnehmer, damit diese innerhalb einer arbeitsteiligen
LF 2 / Organisation bestimmte Aufgaben erfüllen. Die Zusammenstellung der Aufgaben einer
4.1.2 Stelle erfolgt in der **Stellenbeschreibung**. Diese ist eine schriftliche Zusammenfassung aller Merkmale einer Stelle.

Beispiel
Stellenbeschreibung

GEROTECH AG

Formular II23-2012: Stellenbeschreibung

– für weitere Informationen vgl. die Angaben im Unternehmenshandbuch –

Stellenbezeichnung: Kaufmännische Assistenz
Abteilung: Sekretariat der Geschäftsführung

1. Stelleneingliederung

Vorgesetzter (übergeordnet):	Geschäftsführung
Vertreter (gleichgeordnet):	N. N.
Weisungsbefugnis gegenüber (untergeordnet):	entfällt

2. Stellenaufgaben

- Unterstützung der Geschäftsführung bei allen allgemeinen Sekretariatsaufgaben wie Telefon, Fax, E-Mail, Besucherbetreuung, Sitzungsvorbereitung
- Ablage, Postbearbeitung, Terminplanung und -überwachung
- Reisekostenabrechnung
- Schreiben nach Diktat, Textverarbeitung inkl. Serienbrieferstellung
- Verarbeitung und Aufbereitung von statistischem Material mit Excel
- Erstellung von Präsentationen
- Pflege von Adressen und Kontaktdaten
- Geplant: Mitwirkung im Aufgabenbereich Veranstaltungsorganisation; das beinhaltet u. a. die Planung und Durchführung von Tagungen, Hausmesse etc.
- Alle Aufgaben sind in enger Kooperation mit dem kaufmännischen Assistenzteam und der Geschäftsführung zu erledigen.

3. Stellenanforderungen

Vorbildung: mittlerer Bildungsabschluss

Ausbildung und weitere Qualifikationen: kaufmännische Ausbildung (Bürokaufmann/-kauffrau oder Vergleichbares), sehr gute Deutsch- und gute Englischkenntnisse in Wort und Schrift; professionelle Anwendung der MS-Office-Software

Betriebserfahrungen: Erfahrungen mit den Abläufen in einem produzierenden Betrieb (Groß-Handwerk, Manufaktur, Industrie)

Persönlichkeitsmerkmale: selbstständiges Arbeiten, Eigenverantwortung, Organisationsvermögen, souveränes Auftreten (persönlich, telefonisch) gegenüber Kunden und Lieferanten, Teamfähigkeit, schnelle Auffassungsgabe, sehr gute Kommunikationsfähigkeit

Unterschriftsbefugnis:	entfällt
Gehaltsgruppe:	nach Haustarif III/3-7
Datum der Stellenbildung:	05.06.2012

In einer Stellenbeschreibung werden die folgenden Kriterien festgelegt:

- Einordnung der Stelle in das organisatorische Gefüge,
- Ziele, die die Stelle (der Stelleninhaber) erreichen soll,
- Rechte und Pflichten,
- Kompetenzen und Verantwortlichkeiten, die mit der Stelle verbunden sind,
- Aufgaben, die ein Stelleninhaber innerhalb der Gesamtorganisation des Unternehmens erfüllen soll,
- Anforderungen, die der Stelleninhaber erfüllen muss, damit er die Stelle ausfüllen kann.

Die Anforderungen an den Stelleninhaber resultieren also aus den Stellenaufgaben und -zielen und aus der Art der organisatorischen Einbindung. Sie bilden die gewünschten Eigenschaften der Person ab, die (zukünftig oder aktuell) diese Stelle besetzt. In diesem Sinne ist das Anforderungsprofil das Bindeglied zwischen Stelle und einer konkreten Person mit ihren Qualifikationen.

Anforderungsprofil als Bindeglied zwischen Stelle und Personen

Arten von Anforderungen

Die Erfüllung der Stellenaufgaben beinhaltet sehr unterschiedliche Arten von Anforderungen, die sich in drei Gruppen von Merkmalen einteilen lassen:

- Die **Fachkompetenz** umfasst alle Bereiche des fachlichen Wissens und Könnens. Dazu gehören etwa bei einem Disponenten im Bereich der Arbeitnehmerüberlassung Kenntnisse über die rechtlichen Rahmenbedingungen (AÜG, Arbeitsrecht) und über die Entgeltabrechnung.
- Die **Verhaltenskompetenz** beinhaltet alle Bereiche des zwischenmenschlichen Verhaltens. Das betrifft etwa den Kontakt mit Mitarbeitern und Kunden, aber auch den Umgang mit Kollegen und Vorgesetzten. Dazu gehören beispielsweise das Auftreten und die sprachliche Ausdrucksfähigkeit, die Überzeugungskraft und auch die Fähigkeit, Bedarf beim Gegenüber zu erkennen (etwa bei der Erstellung eines Anforderungsprofils für einen Kunden). Die hier zusammengefassten Kriterien können auch in die Bereiche Sozialkompetenz und Führungskompetenz eingeteilt werden.

- Die Persönlichkeit bzw. **persönliche Kompetenz** meint die Eigenschaften einer Person, zum Beispiel die persönliche Belastbarkeit, die Einstellung zur Leistung, die Lernbereitschaft und die Zielorientierung. Eine andere Systematik unterscheidet zwischen den persönlichen Kompetenzen und den Methodenkompetenzen, also der Art und Weise, an Problemlösungen heranzugehen.

In der Tabelle sind Kriterien aufgelistet, die in der Praxis häufig verwendet werden, um die drei Kompetenzbereiche abzubilden. Sie werden auch als Hard Skills und Soft Skills bezeichnet.

Kriterien der Fachkompetenz	Kriterien der Verhaltenskompetenz	Kriterien der persönlichen Kompetenz
• Schulbildung: – Hauptschulabschluss – Fachoberschulabschluss – Hochschulabschluss • Berufliche Bildung: – Berufsausbildung – Berufliche Fortbildung (z. B. Fachwirt, Meister) – Fachwissen (z. B. PC, Fremdsprachen, Staplerschein) • Erfahrungen: – Berufserfahrung – Branchenerfahrung – Firmenerfahrung	• Anpassungsfähigkeit • Kontaktfähigkeit • Kooperationsbereitschaft • Teamorientierung • Durchsetzungsvermögen • Kommunikationsbereitschaft • Hilfsbereitschaft • Toleranz	• Persönliche Belastbarkeit • Leistungsmotivation • Lernbereitschaft • Zielorientierung • Arbeitsbereitschaft • Sorgfalt • Vielseitigkeit • Zuverlässigkeit • Selbstständigkeit • Verantwortungsbereitschaft • Sprachliches Ausdrucksvermögen (schriftlich, mündlich) Die persönlichen Merkmale lassen sich auch nach **körperlichen Fähigkeiten** (z. B. Körperkraft, Sensibilität hinsichtlich Lärm, Höhe, Geruch etc.) und **geistigen Fähigkeiten** (z. B. analytisches Denkvermögen, Kreativität, Urteilsfähigkeit etc.) unterscheiden.
Hard Skills	**Soft Skills**	

Das Anforderungsprofil bildet die Grundlage für die Bewertung von Personen, die sich auf eine Stelle bewerben. Ihre Fähigkeiten sollten sich mit dem Anforderungsprofil weitgehend decken.

Anwendungen des Anforderungsprofils

Anforderungsprofile werden üblicherweise in tabellarischer Form erstellt. Dies ermöglicht es, auf einfache Weise Anforderungen und Fähigkeiten eines Bewerbers einander gegenüberzustellen bzw. „abzuhaken“.

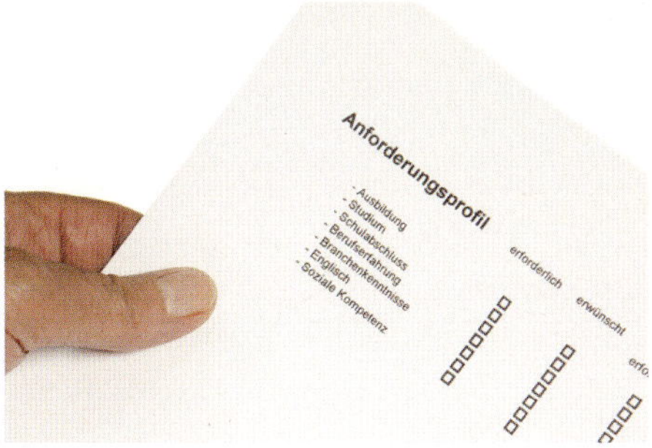

Bei einer Stellenausschreibung bildet das Profil die Grundlage für die Formulierung der Stellenanzeige, wodurch sichergestellt ist, dass die Stellenausschreibung den tatsächlichen qualitativen Bedarf der Stelle trifft. Einen großen Wert hat das Anforderungsprofil im weiteren Verlauf des Rekrutierungsverfahrens, da es die maßgebliche Grundlage für die Bewertung von verschiedenen Bewerbern bietet. Das Anforderungsprofil begleitet den gesamten Personalgewinnungsprozess:

- Es ist die Grundlage für die Formulierung der Stellenausschreibung.
- Es ermöglicht die kriteriengestützte Vorauswahl eingehender Bewerbungen.
- Es stellt sicher, dass die verschiedenen Bewerber in den Bewerbungsgesprächen nach denselben Kriterien beurteilt werden.

Bei der Arbeitnehmerüberlassung tritt eine weitere wichtige Funktion hinzu: Das Anforderungsprofil ist ein Kontrollinstrument für die Erfüllung der vertraglichen Aufgaben von Entleiher und Zeitarbeitsunternehmen. Mithilfe des schriftlichen Anforderungsprofils formuliert der Entleiher seinen Bedarf, den das Zeitarbeitsunternehmen mit Zeitarbeitspersonal deckt. Damit reduziert sich für die Vertragsbeteiligten das Problem des Auswahlverschuldens. **LF 2 / 2.1**

Recherchetipp

Umfangreiche und detaillierte Informationen über Ausbildungsberufe und Berufsbilder können Sie über die Bundesagentur für Arbeit (BERUFENET) und das Bundesinstitut für Berufsbildung (BIBB) recherchieren.

Beispiel

Anforderungsprofil

Datum	

Kunde		Stelle	

Kriterien	wünschenswert	wichtig	sehr wichtig
Fachkompetenz			
Berufsausbildung			
Berufserfahrung			
Verhaltenskompetenz			
teamfähig			
innovativ			
Persönliche Kompetenz			

Beispiel für ein Anforderungsprofil

1.3.3 Bestimmung der Zielgruppe und Segmentierung des Personalbeschaffungsmarktes

Der Begriff Zielgruppe kommt aus dem Bereich des Marketing und meint jene Personengruppen im Personalbeschaffungsmarkt, die mit den Maßnahmen zur Personalgewinnung angesprochen werden sollen.

Definition
Eine **Zielgruppe** umfasst die Adressaten einer bestimmten Unternehmens- bzw. Marketingaktivität.

Die Zielgruppe muss so bestimmt sein, dass sie Personen mit den Eigenschaften und Fähigkeiten, die im Anforderungsprofil festgelegt wurden, umfasst. Das Verhältnis zwischen Zielgruppe und Anforderungsprofil lässt sich metaphorisch (= bildlich, im übertragenen Sinne) folgendermaßen umschreiben:

In einem großen Heuhaufen (der gesamte Personalbeschaffungsmarkt) wird die sprichwörtliche Nadel (die Person, die genau dem Anforderungsprofil entspricht) gesucht. In diesem übertragenen Sinne ist die Zielgruppe der Teil des Heuhaufens, in dem sich die Nadel befindet.

Es ist offensichtlich, dass die Bestimmung des relevanten Teils des Heuhaufens eine schwierige, aber lohnende Aufgabe ist: schwierig, weil nicht auf den ersten Blick erkennbar ist, in welchem Teil des Haufens sich die Nadel befindet; lohnend, weil sich durch die richtige Aufteilung die Zeit der Suche erheblich verkürzen lässt.

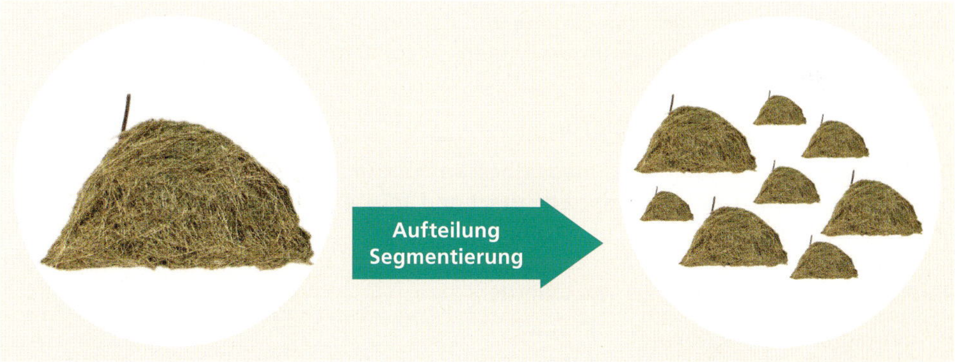

Die Aufteilung eines Marktes wird als Marktsegmentierung bezeichnet. Ziel der Segmentierung ist es, Gruppen zu bilden, die möglichst gleiche Eigenschaften haben, also homogen sind. Die Art und Weise der Aufteilung erfolgt nach bestimmten Kriterien. Den sprichwörtlichen Heuhaufen etwa kann man aufteilen nach dem Kriterium der Lage: dann würde man aus den oberen Schichten ein Segment bilden, ein weiteres aus den mittleren usw. Ein anderes Kriterium wäre die Aufteilung nach der Länge der Halme. Auch hierbei entstünden unterschiedliche Teilhaufen, die sich dann aber anders zusammensetzen würden. Die Merkmale einer Aufteilung sind nicht vorgeschrieben. Sie sind abhängig vom jeweiligen Aufteilungszweck.

Definition

Marktsegmentierung ist die Aufteilung eines Marktes in (möglichst) homogene Teilmärkte bzw. in (möglichst) homogene Gruppen.

Die Aufteilung des Personalbeschaffungsmarktes erfolgt nach demselben Prinzip: Die Anbieter von Arbeitsleistungen werden nach Merkmalen in Gruppen eingeteilt. Die Merkmale müssen so gewählt sein, dass sie für den jeweiligen Zweck sinnvoll sind. In der Eingangssituation wird eine Person mit einer bestimmten beruflichen Qualifikation gesucht (Orthopädietechniker/-in). Andere berufliche Qualifikationen spielen in diesem Beispiel keine Rolle. In einem ersten Schritt ist daher die Aufteilung des Marktes nach dem Kriterium Berufsausbildung sinnvoll.

Damit ist die Zielgruppe, die angesprochen werden soll, etwas näher bestimmt. Daneben lassen sich aus dem Anforderungsprofil weitere Merkmale herausfiltern, die eine schrittweise Konkretisierung und auch zahlenmäßige Reduzierung der Zielgruppe ermöglichen. Die Gruppe der Orthopädietechniker kann etwa nach räumlichen Merkmalen weiter aufgeteilt werden. Auch die Persönlichkeits- und Verhaltenskriterien können indirekt für eine Segmentierung herangezogen werden. Indirekt meint in diesem Zusammenhang, dass sich bestimmte Kompetenzbereiche nicht beobachten lassen, sondern vielmehr aus dem Verhalten von Personen erschlossen werden müssen. Ein Beispiel dafür ist die persönliche Kompetenz „Innovationsfähigkeit". Diese lässt sich nicht von außen an einer Person beobachten. Innovative Personen verhalten sich jedoch anders als nicht-innovative: Sie nutzen vielleicht häufiger moderne Technologien, lesen bestimmte Zeitschriften oder haben ein innovatives Hobby. Die Umsetzung des Anforderungsprofils in Kriterien der Marktsegmentierung erfordert Fingerspitzengefühl, Kreativität, Wissen und Erfahrung. Das Ergebnis dieser Marktsegmentierung beschreibt dann die Gruppe von Personen, die dafür infrage kommen, das Anforderungsprofil des Kundenunternehmens abzubilden.

Kriterien der Marktsegmentierung

Die Art der Segmentierung des Personalbeschaffungsmarktes ist vom konkreten Personalgewinnungsauftrag abhängig. Entsprechend müssen die Segmentierungskriterien immer wieder neu hergeleitet und formuliert werden. Unabhängig vom Einzelfall lassen sich jedoch Gruppen von Merkmalen angeben, die für die Marktaufteilung bei der Personalgewinnung häufig genutzt werden:

- demografische Merkmale
- geografische Merkmale
- sozio-ökonomische Merkmale
- persönliche/psychologische Merkmale

Demografische Merkmale beziehen sich auf den Aufbau und die Struktur der Bevölkerung. Dazu gehören beispielsweise das Alter, das Geschlecht und der Familienstand. Geografische Merkmale ermöglichen die Unterscheidung nach Räumen bzw. Orten. Zu den sozio-ökonomischen Merkmalen zählen all die Merkmale, die sich auf die wirtschaftlichen und sozialen Zusammenhänge einer Personengruppe beziehen, z. B. schulische und berufliche Ausbildung, Berufserfahrung, Einkommen, soziale Schicht. Persönliche Eigenschaften, psychologische Merkmale und typische Verhaltensweisen von Personengruppen beziehen sich auf die Art des Kommunikations- und Sozialverhaltens, auf das Mediennutzungsverhalten, auf grundsätzliche Einstellungen wie etwa die zu Sicherheit und Stabilität oder Flexibilität und Mobilität. Auch Kriterien wie Ziel- und Karriereorientierung zählen nach dieser Systematik zu den persönlichen Merkmalen.

Die Aufteilung eines Marktes nach nur einem Kriterium wird auch als **eindimensionale Marktsegmentierung** bezeichnet, die nach mehreren Kriterien entsprechend als **mehrdimensionale Marktsegmentierung**.

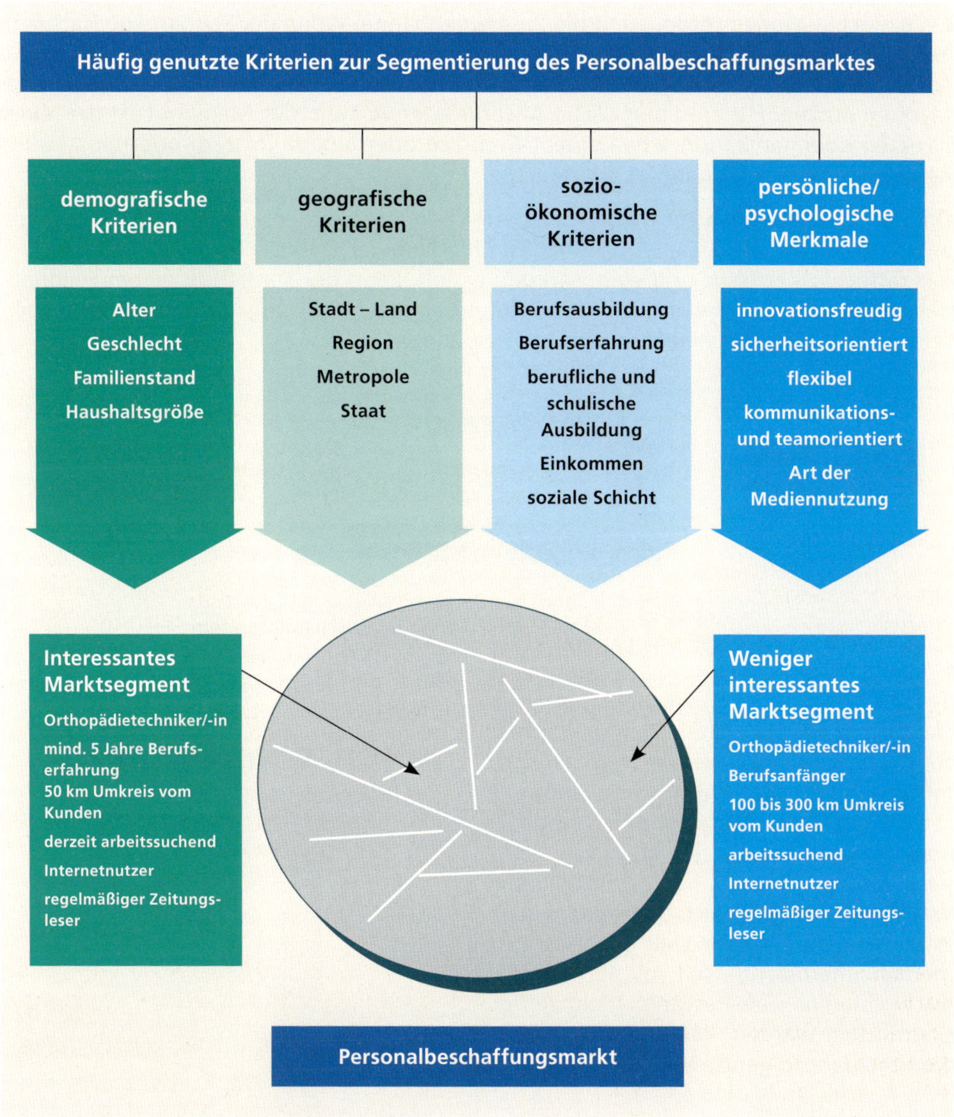

Beispiel für die Segmentierung des Personalbeschaffungsmarktes

Mediennutzungsverhalten

Von besonderer Bedeutung im Rahmen der Personalgewinnung ist das Mediennutzungsverhalten der jeweiligen Zielgruppe. Es gibt Hinweise darauf, mit welchen Medien die Zielgruppe angesprochen werden kann bzw. sollte. Ein Medium ist der Träger einer Nachricht, in diesem Fall also die Nachricht, dass ein bestimmtes Anforderungsprofil besetzt werden soll. Für die Übermittlung dieser Nachricht können verschiedene Medien eingesetzt werden: Radio, Fernsehen, Internet, Zeitungen, Zeitschriften, Plakate, Flyer etc.

Ein einfaches Modell verdeutlicht die Zusammenhänge: Wenn der Sender eine Nachricht an einen Empfänger versenden will, muss er für die Übermittlung dieser Nachricht zunächst eine Form (schriftlich, mündlich, bildhaft) wählen und dann ein dazu passendes Medium nutzen. Für eine mündliche Ansprache etwa kann das Medium Luft (bei einer direkten Kommunikation, etwa einem Gespräch oder einem Vortrag) oder die Medien Radio oder Fernsehen genutzt werden.

Um den Empfänger auch tatsächlich zu erreichen, muss sichergestellt sein, dass der gewünschte Adressat ein Nutzer genau dieses Mediums ist. Dass die Nachricht den Empfänger tatsächlich erreicht und eine Wirkung erzielt, kann der Sender an einem Feedback des Empfängers feststellen (z. B. Leserbrief an eine Tageszeitung, Eingang eines Bewerbungsschreibens nach einer Stellenausschreibung).

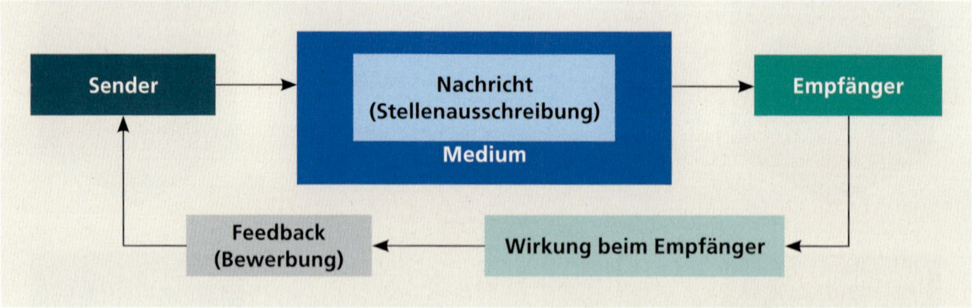

Der Begriff Medium ist ein Sammelbegriff für (technische) Verfahren, mit denen sich Informationen und Nachrichten verbreiten lassen. Von **Massenmedien** spricht man bei Medien, die sich gleichzeitig an eine große Anzahl von Empfängern wenden. Für den Bereich der Personalgewinnung sind in erster Linie die Massenmedien interessant, weil mit ihrer Hilfe Nachrichten an viele Personen gleichzeitig übermittelt werden können. Eingesetzt werden meist folgende Medien:

- Tageszeitungen
- Fachzeitschriften, Wochenzeitungen
- Fernsehen
- Radio
- Internet
- Computer/E-Mail
- Mobiltelefon (etwa über SMS-Dienste)

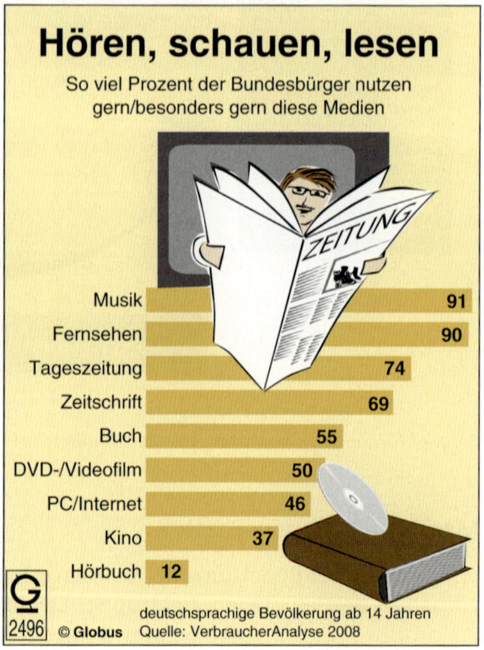

Es gibt große Unterschiede beim **Mediennutzungsverhalten** von Personen und Personengruppen. So ist die Verbreitung des Internets in den Haushalten zwar mittlerweile sehr hoch, es wird jedoch nicht von allen Alters- und Berufsgruppen gleichermaßen zur Information eingesetzt. Zu beachten ist, dass die Medien mit jeweils unterschiedlichem Interesse genutzt werden: So kann das Fernsehen etwa in erster Linie der Unterhaltung dienen und das Internet der Informationsrecherche. E-Mails können eher im Privatbereich oder ausschließlich im beruflichen Bereich genutzt werden. Die Entwicklung sowohl des Mediennutzungsverhaltens als auch der Medien selbst ist sehr dynamisch. Derzeit gibt es beispielsweise Projekte, die auch das Mobiltelefon stärker in die Informationsverbreitung einbinden. Unternehmen nutzen dies schon als Weg der Personalgewinnung.

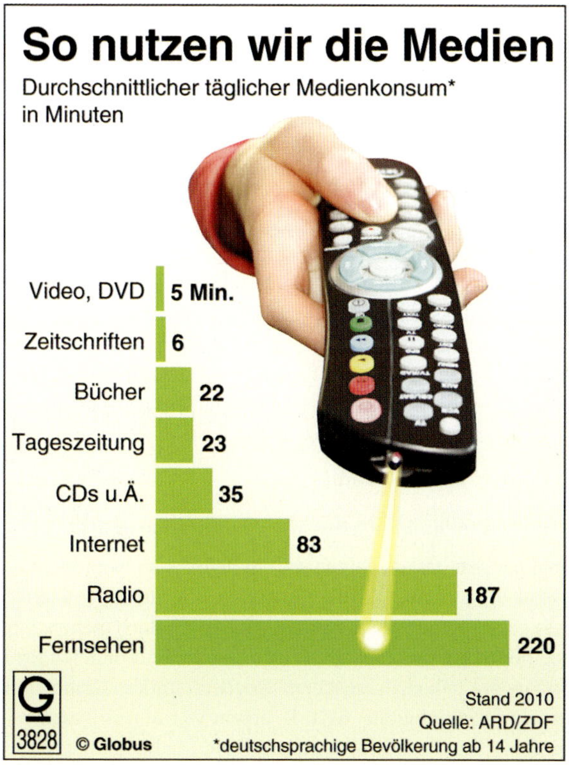

Im fachlichen Kontext

Zeitungen und Zeitschriften punkten mit direktem Zugriff und hoher Glaubwürdigkeit

Wachsende Internetnutzung ginge zulasten von Zeitungen und Zeitschriften ist ein vielzitierter Zusammenhang, der nach den vorliegenden Ergebnissen der Studie „Printnutzung in Zeiten digitalisierten Contents“ der TNS-Emnid Medienforschung differenzierter gesehen werden muss. Die Medienforscher befragten insgesamt 1 724 Bundesbürger ab 14 Jahren nach der eigenen Internetnutzung und der Nutzung von Zeitschriften bzw. Zeitungen im Zeitverlauf der letzten fünf Jahre. Allgemein stellen die Medienforscher eine stabile und sogar steigende Nutzung von Printmedien bei gleichzeitig wachsendem Internetkonsum fest.

Knapp 40 Prozent der Befragten gaben an, dass sie das Internet heute häufiger als noch vor fünf Jahren nutzen würden. 61 Prozent der Deutschen geben auch an, dass ihre Nutzungsfrequenz bezogen auf Zeitschriften bzw. Zeitungen unverändert sei. Dagegen sprechen 16 Prozent der Befragten von einer häufigeren Nutzung der Printmedien. Letztere gehören vor allem zur jungen Zielgruppe im Alter zwischen 14 und 29 Jahren.

Leser-Blatt-Bindung, Papierformat und Nutzungsgewohnheit sorgen für stabile Printnutzung

Für eine stabile Mediennutzung von Printerzeugnissen sorgen vor allem eine hohe Leser-Blatt-Bindung (47 Prozent), die haptische Anmutung des Papierformates („Ich blättere gern darin", 47 Prozent) und die Nutzungsgewohnheit (beispielsweise die Tageszeitung am Frühstückstisch lesen, 43 Prozent). Die gleichen Argumente geben auch die Befragten mit gestiegener Printnutzung an und erklären zudem, dass sie sich gern von jeder neuen Ausgabe ihrer Zeitung oder Zeitschrift überraschen lassen (24 Prozent) und nicht auf die glaubwürdigen und gut recherchierten Informationen verzichten wollen (31 Prozent).

Print sorgt für Orientierung – gerade bei steigender Internetnutzung

[...] Ein Blick auf die Befragungsdaten zeigt, dass ein gestiegener Orientierungs- und Informationsbedarf zu einem höheren Medienkonsum generell führt. Ein Fünftel derjenigen, die beide Mediengattungen (Print und Online) heute häufiger als noch vor fünf Jahren nutzen, suchen in Druckmedien Unterstützung und Information zu den neuen Kommunikationstechnologien. Und auch die Anbieter der klassischen Printmedien haben offenbar auf neue Anforderungen reagiert: Sowohl Offliner (39 Prozent) als auch Onliner (37 Prozent) begründen den gestiegenen Printkonsum mit einem verbesserten Zeitschriften- bzw. Zeitungsangebot. Offliner (23 Prozent) und Onliner (19 Prozent) berichten zudem, einen interessanten Titel (neu) entdeckt zu haben. [...]

Print und seine Stärken im dynamischen Kommunikationsmarkt

Jedes Medienformat hat sich in dem derzeit sehr dynamischen Kommunikationsmarkt zu behaupten. Der Nutzer kann aus einem immer größeren Informations- und Unterhaltungsangebot auswählen. Dies geht – entgegen der Fachdiskussion – jedoch nicht nur zulasten von Print, wie die vorliegenden Befragungsergebnisse zeigen. Vielmehr profitieren Printformate von habitualisiertem Nutzungsverhalten, haptischem Erleben, starker Glaubwürdigkeit und einer Orientierungsfunktion für die digitale Welt. In einem vielfältigen Angebot, das dem Nutzer zur Verfügung steht, lässt sich so mit konsequente(re)n Medienmarkenstrategien ein konkurrenzfähiges Angebot auch auf Papier machen: Das nicht mehr nur von den historisch gewachsenen Vorteilen lebt, sondern aus den formalen Stärken des Mediums in Kombination mit der Einlösung von inhaltlichen Markenversprechen ein zukunftsfähiges Produkt entwickelt. [...]

Quelle: Knoblauch, Claudia/TNS Emnid Medien- und Sozialforschung GmbH: „Zeitungen und Zeitschriften punkten mit direktem Zugriff und hoher Glaubwürdigkeit", Pressemitteilung vom 02.04.2009, unter: www.tns-emnid.com/presse/presseinformation.asp?prID=833&message=Zeitungen und Zeitschriften punkten mit direktem Zugriff und hoher Glaubwürdigkeit (Zugriff: 29.03.2012).

Vorteile und Nachteile der Marktsegmentierung

Häufig werden für die Bestimmung der interessanten Zielgruppe mehrere Segmentierungskriterien angewendet. Damit erhöht sich die Gleichartigkeit (Homogenität) innerhalb der Personengruppe, d. h., die verschiedenen Personen dieser Zielgruppe sind sich ähnlicher, als wenn nur ein Segmentierungskriterium angewendet würde. Gleichzeitig reduziert sich dadurch die Anzahl der Personen dieser Gruppe. Im extremen Fall erfolgt eine individuelle Segmentierung, d. h., man schränkt die Zielgruppe bis auf eine Person ein. Der Aufwand für eine derartige Segmentierung ist sehr hoch. Dieses Vorgehen wird sich daher nur in bestimmten Fällen lohnen, etwa bei sehr spezialisierten Anforderungsprofilen. Die Rekrutierung von Führungskräften ist beispielsweise ein solcher Fall. Angesichts des zeitlichen und finanziellen Aufwands (z. B. für Personalkosten), der mit der Segmentierung verbunden ist, sollte das Ziel sein, die Zielgruppe so genau wie nötig zu bestimmen. Die Kosten der Segmentierung müssen ihrem Nutzen gegenübergestellt werden.

Nutzen und Vorteile der Segmentierung	Kosten und Nachteile der Segmentierung
Erfassung und Konkretisierung der Zielgruppe	Personaleinsatz (Zeit, Geld) für die Durchführung der Segmentierung
Entwicklung zielgruppenspezifischer Maßnahmen zur Ansprache	Unnötige Reduzierung der Auswahlmöglichkeiten bei zahlenmäßig (sehr) kleiner Zielgruppe
Bessere Ansprache der Zielgruppe (z. B. durch die Art der Gestaltung der Stellenausschreibung)	Falsche Segmentierung, z. B. durch zu enge Definition der fachlichen Qualifikation
Herstellung von Markttransparenz	
Prognose von Marktentwicklungen bzw. Entwicklungen in der Zielgruppe (z. B. im Hinblick auf bestimmte Berufe)	

Merksatz
Die Aufteilung des gesamten Personalbeschaffungsmarktes mithilfe von Segmentierungskriterien soll so genau wie **nötig** sein.

1.4 Erschließung des Personalbeschaffungsmarktes

Um den Personalbedarf zu decken, wird das Unternehmen auf dem Personalbeschaffungsmarkt tätig. Teilnehmer dieses Marktes sind zum einen Nachfrager nach Arbeitsleistungen, also die Unternehmen, die Arbeitsleistungen in einer bestimmten Menge, Dauer und Qualität benötigen. Zum anderen treten als Anbieter all diejenigen auf, die Arbeitsleistungen erbringen möchten.

Dazu gehören nicht nur die Arbeitnehmer, sondern auch Selbstständige und andere Unternehmen. Der Arbeitsmarkt, auf dem nur die Arbeitnehmer ihre Arbeitsleistungen anbieten, ist ein Teilmarkt dieses Personalbeschaffungsmarktes.

Den Personaldienstleistungsunternehmen kommt im Personalbeschaffungsmarkt eine besondere, doppelte Rolle zu: Auf der einen Seite sind sie im Rahmen der Arbeitnehmerüberlassung Anbieter von Arbeitsleistungen für Unternehmen, auf der anderen Seite fragen sie als Arbeitgeber Arbeitsleistungen nach.

Teilnehmer im Personalbeschaffungsmarkt

Definition

Der Begriff **Arbeitsmarkt** bezeichnet einen Teilmarkt des Personalbeschaffungsmarktes. Teilnehmer des Marktes sind die Unternehmen, die Arbeitsleistungen nachfragen, und die Arbeitnehmer, die ihre Arbeitsleistungen anbieten. Die Personaldienstleistungsunternehmen treten sowohl als Nachfrager als auch als Anbieter von Arbeitsleistungen auf.

Die bisherige Verwendung des Begriffs Arbeitsmarkt unterstellt indirekt, dass es *den einen* Arbeitsmarkt gibt. Doch im Unterschied zu Märkten für Massengüter wie etwa Notebooks, Autos oder Softdrinks ist der Arbeitsmarkt viel weniger homogen. Sowohl die angebotenen als auch die nachgefragten Arbeitsleistungen unterscheiden sich deutlich hinsichtlich der jeweiligen Qualitäten. Auch die räumliche und zeitliche Verteilung von Angebot und Nachfrage ist sehr unterschiedlich. Eine Markterschließung des gesamten Arbeitsmarktes ist daher für ein Unternehmen wenig sinnvoll, wenn es um konkrete Anforderungsprofile und Qualifikationen an einem bestimmten Ort geht. Im Fokus eines Unternehmens steht daher ein **bestimmter Teilmarkt** des Arbeitsmarktes, welcher besonders interessant bzw. relevant ist. Dieser Teilmarkt lässt sich vor allem durch zwei Charakteristika bestimmen:

- Der **sachlich relevante Markt** umfasst alle für ein Anforderungsprofil/einen Bedarf angebotenen Qualitäten an Arbeitsleistungen. Dabei ist berücksichtigt, dass die Qualität auch unterschiedliche Kombinationen an Ausbildung und Berufserfahrung, Zusatzqualifikationen, persönlichen Fähigkeiten und Ähnlichem bedeuten kann.

- Der **räumlich relevante Markt** ist bestimmt durch den Einsatzort und den Wohnort des Arbeitnehmers. Auch das Kriterium der Mobilität spielt hier eine Rolle.

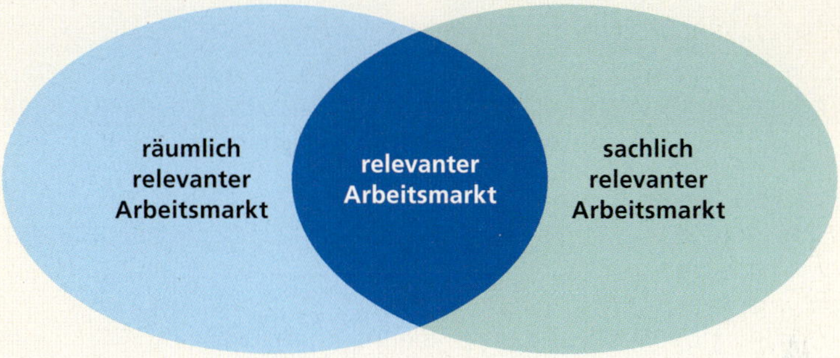

Der relevante Arbeitsmarkt

Definition
Der **relevante Arbeitsmarkt** ist die Kombination aus sachlich und räumlich interessantem Markt für die Personalbeschaffung eines Unternehmens.

Bei der Bestimmung des relevanten Arbeitsmarktes ist neben dem externen Arbeitsmarkt auch der interne Arbeitsmarkt zu berücksichtigen. Dieser umfasst auf der Angebotsseite die bereits in einem Betrieb und/oder Unternehmen Beschäftigten. Da in diesem Fall allerdings andere als die hier angesprochenen Rekrutierungsmaßnahmen eingesetzt werden, beispielsweise Versetzung oder Umsetzung, soll dieser interne Arbeitsmarkt hier nicht weiter betrachtet werden.

Begriff und Ziele der Markterschließung

Die Markterschließung dient dazu, das Beschaffungspotenzial für ein bestimmtes Anforderungsprofil zu identifizieren und so herauszufinden, mit welchen Maßnahmen dieses Potenzial gezielt angesprochen und rekrutiert werden kann. Markterschließung bedeutet also, die Verhältnisse in einem Markt zu untersuchen und sich durch Informationsbeschaffung und -auswertung einen umfassenden Überblick zu verschaffen. Das Vorgehen bei der Informationsbeschaffung kann unsystematisch bzw. zufällig erfolgen oder systematisch. Ersteres wird auch als **Markterkundung** bezeichnet, Letzteres als **Marktforschung**.

Formen der Marktuntersuchung

Definition
Markterschließung bedeutet, sich durch die Marktuntersuchung einen umfassenden Überblick über die Verhältnisse in einem Markt zu verschaffen. Die Informationsgewinnung kann dabei **unsystematisch (Markterkundung)** oder **systematisch (Marktforschung)** erfolgen.

Bei der informationellen Markterschließung geht es darum, den relevanten Markt so genau wie möglich zu erfassen, um sinnvolle und fundierte personalwirtschaftliche Entscheidungen zu treffen. Im Einzelnen kann die Erschließung des Personalbeschaffungsmarktes folgende Ziele verfolgen:

- Bestimmung des Beschaffungspotenzials,
- Identifikation der infrage kommenden Anbieter von Arbeitsleistungen,
- Grundlagen schaffen für einen zielgerichteten Einsatz der Beschaffungsmaßnahmen,
- Kenntnisse gewinnen über neue, typische und/oder besonders erfolgreiche Beschaffungsmaßnahmen.

Methoden der betrieblichen Arbeitsmarktforschung

Bd. 2 / LF 7

Die Arbeitsmarktforschung hat das Ziel, Informationen zu einem bestimmten Problem oder Sachverhalt zu finden und aufzubereiten. Dabei können zwei unterschiedliche Wege eingeschlagen werden: Entweder ein Unternehmen erhebt alle notwendigen Informationen neu, oder es nutzt die bereits vorhandenen Informationen, die von anderen Einrichtungen im Rahmen der überbetrieblichen Arbeitsmarktforschung erhoben wurden. Den ersten Weg bezeichnet man in der Marktforschung als **Primärforschung**, den zweiten als **Sekundärforschung**.

Arten der Marktforschung

Die englischen Begriffe zeigen hierbei deutlicher, worin sich die beiden Wege unterscheiden:

- **Field Research**, also Feldforschung, greift nicht auf vorhandenes Daten- und Informationsmaterial zurück, sondern erhebt die Informationen neu und direkt bei den „Informationsträgern", beispielsweise bei den Anbietern der jeweiligen Arbeitsleistungen, indem Befragungen durchgeführt werden. Möglich sind auch Beobachtungen der Angebote in Online-Stellenbörsen.
- **Desk Research**, in deutscher Sprache auch Quellenforschung genannt, greift auf vorhandenes Datenmaterial der überbetrieblichen Arbeitsmarktforschung zurück, das meist in Form von Statistiken, Studien, Forschungsberichten u. Ä. öffentlich zugänglich ist. Bei der Erschließung des Personalbeschaffungsmarktes wird in den meisten Fällen aus Kosten- und Zeitgründen auf die Möglichkeiten der Sekundärforschung zurückgegriffen. Einige Einrichtungen, die Studien und Informationen zum Arbeitsmarkt bereitstellen, sind am Ende dieses Kapitels 1.3 beschrieben.

Die betriebliche und die überbetriebliche Arbeitsmarktforschung ähneln sich in ihrem Vorgehen:

Arbeitsmarktforschung („labor market research")

Die Arbeitsmarktforschung bezieht sich auf die Analyse und Prognose des Arbeitsmarktes. Sie lässt sich differenzieren zum einen in die überbetriebliche und zum anderen in die betriebliche Arbeitsmarktforschung. Die überbetriebliche Arbeitsmarktforschung erfolgt insbesondere durch das Institut für Arbeitsmarkt- und Berufsforschung und bezieht auch die Berufsforschung mit ein. Die betriebliche Arbeitsmarktforschung umfasst die Erschließung, Aufbereitung und Auswertung aller derjenigen arbeitsmarktbezogenen Informationen, die für verschiedene Entscheidungen im Rahmen der betrieblichen Personalarbeit (z. B. Personalbeschaffungsmethode, Fortbildung, Berufsausbildung) relevant sind.

Sie ist Teil der betrieblichen Personalforschung, sofern sie durch betriebliche Stellen durchgeführt oder in Auftrag gegeben wird. Ihr Ziel ist die möglichst frühzeitige Aufdeckung zum einen gegenwärtiger und zukünftiger interner wie externer Angebots- und Nachfragepotenziale betrieblich relevanter Arbeitsmarktsegmente (interne wie externe Forschung) sowie zum anderen von Veränderungen der wesentlichen Einflussfaktoren des Arbeitsmarktes generell.

Eine systematische betriebliche Arbeitsmarktforschung geht in mehreren Phasen vor sich: Segmentierung relevanter externer und spezifisch interner Arbeitsmärkte, Formulierung des Informationsbedarfs, Erschließung aussagekräftiger Informationsquellen sowie Auswertung der erhobenen Informationen. Eine ständige Forschung findet allerdings nur zu laufend benötigten Mitarbeiterkategorien statt, ansonsten wird sie i. d. R. fallweise bei erkennbarem Personalbedarf notwendig.

Quelle: Becker, Fred G.: Lexikon des Personalmanagements, dtv, München, 2002, unter: www.wiwi.uni-bielefeld.de/pou/lehre/lexikon-pm/arbeitsmarktforschung.html (Zugriff: 29.03.2012).

Definition

(Arbeits-)Marktforschung umfasst die systematische Erschließung, Aufbereitung und Auswertung aller (arbeits-)marktbezogenen Informationen, die für verschiedene Entscheidungen im Rahmen der betrieblichen (Personal-)Aufgabenerfüllung relevant sind.

Kennziffern zur Markterschließung

Die Erforschung des Personalbeschaffungs- bzw. Arbeitsmarktes erfolgt mithilfe von bestimmten Kennziffern, die geeignet sind, die Verhältnisse in dem relevanten Markt zutreffend, umfassend und leicht verständlich wiederzugeben. Häufig werden die Begriffe Kennzahl und Messgröße synonym verwendet.

Arten von Kennziffern

Kennziffern sind Zahlenwerte. Sie treten in unterschiedlichen Aufbereitungsformen auf. Unterschieden werden **absolute** und **relative Zahlen**.

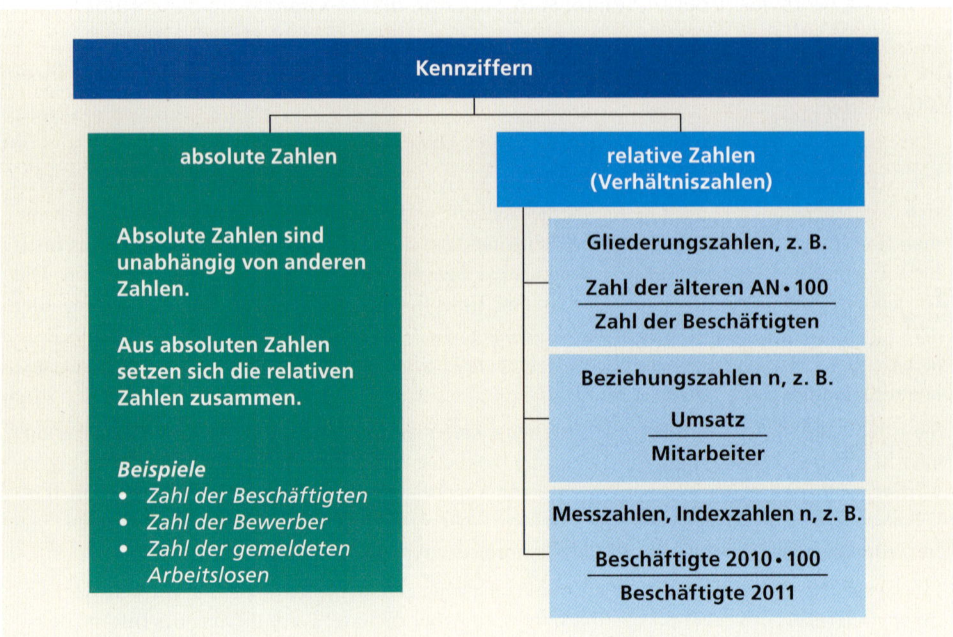

Absolute Zahlen sind unabhängig von anderen Zahlen.

***Beispiele** für absolute Zahlen sind in diesem Zusammenhang etwa die Zahl der sozialversicherungspflichtig Beschäftigten, die Zahl der Unternehmen in einer bestimmten Region, die Zahl der Arbeitssuchenden, die Zahl der Stellenanzeigen in einer Ausgabe einer Tageszeitung u. Ä.*

Relative Zahlen sind Quotienten zweier absoluter Größen, sie geben als Quotient das Verhältnis zweier (absoluter) Zahlen an. Dabei können drei Arten von Verhältnissen unterschieden werden:

- **Gliederungszahl:** Die Zahl der älteren Arbeitnehmer im Verhältnis zur Zahl aller Beschäftigten gliedert eine Gesamtmasse. Die Zahl der älteren Arbeitnehmer wird als **Teilmasse** aller Beschäftigten angegeben (vgl. Abbildung nächste Seite). Wird der Quotient mit 100 multipliziert, erhält man als Ergebnis einen Prozentwert.

Formel

$$\text{Anteil der älteren Arbeitnehmer an den Beschäftigten} = \frac{\text{Zahl der älteren Arbeitnehmer} \cdot 100}{\text{Zahl aller Beschäftigten}}$$

$$= \frac{6\,750\,000 \cdot 100}{27\,439\,024} = 24{,}6\,\%$$

Beispiel

- ***Beziehungszahl:** Bei einer Beziehungszahl wird eine bestimmte Masse in Beziehung gesetzt zu einer anderen Masse. Ein typisches Beispiel dafür ist die Messgröße Kilometer pro Stunde, um die Geschwindigkeit anzugeben. Im Personalbereich lassen sich beispielsweise die sehr unterschiedlichen Massen Umsatz und Mitarbeiter ins Verhältnis setzen. Man erhält so den Umsatz je Mitarbeiter.*
- ***Messzahl:** Ihre Aufgabe ist es, Entwicklungen darzustellen. Dazu wird ein zeitlich aktueller Wert mit einem Vergangenheitswert verglichen. Das Ergebnis wird meist auf 100 bezogen, sodass direkt die Veränderungsrate in Prozent abgelesen werden kann. Anwenden lassen sich Messzahlen etwa auf die Zahl der Beschäftigten mehrerer Jahre. Ähnlich wie Messzahlen drücken auch Indexzahlen Entwicklungen aus. Indizierung bedeutet dabei, dass der Wert eines Jahres gleich 100 gesetzt wird und alle anderen Jahreswerte darauf bezogen werden.*

Beispiel
In der Abbildung sind im Jahr 2008 insgesamt 6,75 Millionen Arbeitnehmer 50 Jahre alt und älter. Im Jahr 2007 waren es 6,37 Millionen.
Der absolute Vergleich ergibt eine Differenz von 0,38 Millionen Arbeitnehmern. Als Messzahl ergibt sich für das Jahr 2008 ein Wert von 1,0596. Das bedeutet, dass im aktuellen Jahr 1,0596-mal so viele Arbeitnehmer 50 Jahre alt und älter sind als im Vorjahr. Bezieht man diese Zahl auf 100, erhält man den Prozentwert 105,96 % (gegenüber 100 % im Vorjahr). Dies entspricht dann einer Veränderungsrate von + 5,96 % gegenüber 2007.

Formel

$$\frac{\text{Zahl der älteren Arbeitnehmer 2008} \cdot 100}{\text{Zahl aller Arbeitnehmer 2007}} = \frac{6{,}75\text{ Mio.} \cdot 100}{6{,}37\text{ Mio.}} = 105{,}96\,\%$$

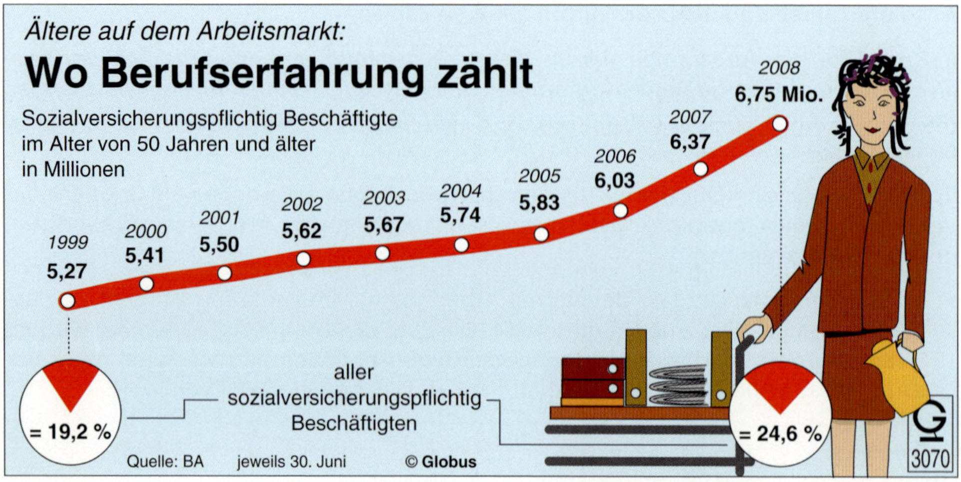

Beispiele für Kennziffern zur Erschließung des Arbeitsmarktes

Für die Erschließung eines Marktes liegt kein allgemeingültiges Set an Kennziffern vor. Daher ist die Auswahl der relevanten Kennziffern immer abhängig vom jeweiligen Untersuchungsinteresse. Die anschließend vorgestellten Kennziffern bilden keine vollständige Liste ab, sondern sind eher als Mindestanforderung und Ausgangspunkt für weitere Recherchen zu verstehen.

Einsichten in die **Verhältnisse eines relevanten Arbeitsmarktes** geben etwa folgende Kennziffern; dabei sollten sowohl die absoluten Zahlen erhoben als auch die Entwicklungen im Zeitablauf berücksichtigt werden:

- allgemeine Arbeitslosenquote,
- LF 2 Daten zum regionalen Arbeitsmarkt: Anzahl der Beschäftigten, offene Stellen,
- Arbeitslosenquote und Beschäftigungsquote einer bestimmten Qualifikation bzw. eines bestimmten Segments und deren Entwicklung,
- allgemeine Daten zur Wirtschaftsentwicklung in einer Branche, in einem Bereich,
- Daten zum Entgelt und zur Entgeltentwicklung für bestimmte Qualifikationen,
- Besonderheiten im jeweiligen Markt, z.B. Zahl der freiwilligen Helfer im Pflege- und Gesundheitsbereich (Bundesfreiwilligendienst u. Ä.).

Schwierig zu erfassen ist das sogenannte **latente Arbeitsmarktpotenzial**, das nicht direkt beobachtbar, sondern „verdeckt" im Arbeitsmarkt vorhanden ist. Dazu zählen etwa Personen, die willens sind, eine neue Stelle anzunehmen, jedoch nicht aktiv danach suchen. Eine andere Gruppe sind diejenigen, die sich unter bestimmten Bedingungen für den Arbeitsmarkt erschließen lassen, aktuell jedoch weder beschäftigt noch arbeitssuchend sind.

Geeignete Kennziffern für die Erfassung der **Angebotsseite des Arbeitsmarktes** sind:

- Ausbildungszahlen
- Berufe und Berufsbilder im relevanten Arbeitsmarktsegment

- Anzahl der Beschäftigungssuchenden
- Altersstruktur der Beschäftigten bzw. der Arbeitslosen

Im Personalbeschaffungsmarkt konkurriert ein Arbeitgeber mit allen anderen, die gleiche/ähnliche Anforderungsprofile zu besetzen haben. Es ist daher notwendig, auch die **Nachfrageseite** nach Arbeitsleistungen zu erfassen. Beispiele für geeignete Kennziffern sind:

- Anzahl der Wettbewerber in einer bestimmten Branche. Dazu zählen auch Personaldienstleistungsunternehmen, die in einem ähnlichen Bereich tätig sind.
- Attraktivität einer Branche für neue Wettbewerber („Newcomer"). Diese wird auch durch die Gewinnmöglichkeiten bestimmt.
- Dynamik des technischen Fortschritts in einer Branche. Sie entscheidet mittel- und langfristig über das Verhältnis zwischen Maschinen- und Arbeitseinsatz (Substitution von Arbeit durch Kapital).

Vergleich von Kennziffern

Für die sich anschließende Auswertung und Interpretation der zusammengestellten Kennziffern ist es notwendig, geeignete Vergleichsmaßstäbe zu finden. So ist mit der Aussage „die Arbeitslosenquote im südlichen Kreisgebiet beträgt 7,4 %" zunächst wenig anzufangen. Allein anhand der Kennziffer lässt sich also nicht bewerten, ob ein Wert hoch, normal oder niedrig ist. Die Einordnung einer Kennziffer gelingt erst dann, wenn geeignete Vergleichsgrößen vorhanden sind. In diesem Fall etwa sollte man die Arbeitslosenquote mit der des nördlichen Kreisgebiets vergleichen oder mit der Arbeitslosenquote im südlichen Kreisgebiet des Vorjahres. Erst dieser Vergleich ermöglicht es, die Kennziffern umfassend zu interpretieren.

Sinnvolle Vergleiche der Kennziffern sind möglich mit denen

- anderer Regionen (auch anderer Länder),
- anderer Branchen und/oder
- anderer Zeiten.

Aufbereitet werden können die recherchierten Kennziffern etwa in folgender tabellarischer Form:

Beispiel

Ziel der Marktuntersuchung:	Erschließung des relevanten Arbeitsmarktes für das Anforderungsprofil ...
Abgrenzung des relevanten Marktes:	* sachlich:
	* räumlich:

Kennziffern zur Markterschließung	aktueller Wert	Vergleichswert		Interpretation	Quelle
		zeitlich	andere Region		

Interpretation und Auswertung der Kennziffern

Die Zusammenstellung von Kennziffern und ihren Vergleichszahlen allein bietet noch keine Grundlage für LF 2 / 3 eine Markterschließung. Sie müssen vor dem Hintergrund der Ziele der Marktuntersuchung ausgewertet und interpretiert werden. Beispielsweise ist eine geringe Arbeitslosigkeit für bestimmte Berufsgruppen im Vergleich zu anderen Berufsgruppen ein Indiz dafür, dass eine Rekrutierung in diesem Bereich aufwendiger ist. Eine hohe Zahl an Unternehmen, die ähnliche Qualifikationen suchen, bewirkt einen intensiveren Wettbewerb um die Anbieter von bestimmten Arbeitsleistungen. Grundlage für die Interpretation und Auswertung der Kennziffern sind fundierte Kenntnisse der Funktionsweise von Märkten.

Auch Veröffentlichungen von Fachleuten und Forschungsinstituten können hilfreich bei der Interpretation sein. Im folgenden Abschnitt sind einige Institutionen zusammengestellt, die Informationen und Studien zu Problemen des Personalbeschaffungs- und Arbeitsmarktes bereitstellen.

Einrichtungen der überbetrieblichen Arbeitsmarktforschung

Zahlreiche Einrichtungen und Forschungsinstitute beschäftigen sich mit der Erforschung der Gegebenheiten auf dem deutschen Arbeitsmarkt. Zum Teil stehen umfangreiche Informationen und Studien im Internet zur Verfügung. Eine vollständige Liste kann an dieser Stelle nicht dargestellt werden. Wichtige und interessante Informationen und Studien über den deutschen Arbeitsmarkt finden sich beispielsweise bei den im Überblick dargestellten Einrichtungen.

Bundesagentur für Arbeit und Institut für Arbeitsmarkt- und Berufsforschung

Im staatlichen Auftrag handelt das Institut für Arbeitsmarkt- und Berufsforschung der Bundesagentur für Arbeit (www.iab.de). Forschungsschwerpunkte sind die gesamtwirtschaftliche Arbeitsmarktforschung, die Erforschung regionaler und internationaler Arbeitsmärkte, die deutsche Arbeitsmarktpolitik, die Beschäftigungssituation und Weiteres.

Bundesinstitut für Berufsbildung

Die Aufgaben des BIBB (www.bibb.de) leiten sich aus § 84 des Berufsbildungsgesetzes ab und lauten:

- Grundlagen der Berufsbildung klären,
- inländische, europäische und internationale Entwicklungen beobachten,
- Anforderungen an Ziele und Inhalte der Berufsbildung ermitteln,
- Weiterentwicklungen der Berufsbildung in Hinblick auf gewandelte Erfordernisse vorbereiten, Instrumente und Verfahren der Vermittlung von Berufsbildung sowie den Wissens- und Technologietransfer fördern.

Bundesinstitut für Berufsbildung BIBB
▶ Forschen
▶ Beraten
▶ Zukunft gestalten

Statistisches Bundesamt

Das Statistische Bundesamt (www.destatis.de) steht unter der Dienstaufsicht des Bundesministeriums des Inneren. Seine Aufgabe ist es, statistische Daten zu den unterschiedlichsten Themen zu erheben, aufzubereiten und zu analysieren. Diese Daten stehen dann öffentlich zur Verfügung.

Verbände der Zeitarbeit und angeschlossene Institute

Die Bundeskademie für Persnaldienstleistungen GmbH, kurz BAP Akademie (www.bap-akademie.com), ist eine Einrichtung des Bundesarbeitgeberverbands der Personaldienstleister e. V. (www.personaldienstleister.de). Sie bietet Schulungen an und begleitet die Zeitarbeitsbranche wissenschaftlich.

BAP
Bundesarbeitgeberverband der Personaldienstleister

Der Interessenverband Deutscher Zeitarbeitsunternehmen e. V. (www.ig-zeitarbeit.de) ist der mitgliedsstärkste Arbeitgeberverband der Zeitarbeitsbranche.

iGZ Interessenverband Deutscher Zeitarbeitsunternehmen e. V.

Wirtschaftsforschungsinstitute

Daneben beschäftigen sich auch die Wirtschaftsforschungsinstitute mit Arbeitsmarktthemen. Die fünf bekanntesten Forschungsinstitute in Deutschland sind:

- ifo Institut für Wirtschaftsforschung e. V., München (www.ifo.de)
- DIW Deutsches Institut für Wirtschaftsforschung, Berlin (www.diw.de)

- IfW Institut für Weltwirtschaft, Kiel (www.ifw-kiel.de)
- IWH Institut für Wirtschaftsforschung Halle, Halle (www.iwh-halle.de)
- RWI Rheinisch-Westfälisches Institut für Wirtschaftsforschung, Essen (www.rwi-essen.de)

1.5 Maßnahmen zur Personalgewinnung

Die Gewinnung geeigneter Mitarbeiter für bestimmte Anforderungsprofile kann entweder über den internen oder über den externen Arbeitsmarkt erfolgen; im ersten Fall richten sich die Maßnahmen an bereits im Unternehmen beschäftigte Arbeitnehmer, im zweiten Fall werden noch nicht im Unternehmen beschäftigte Arbeitnehmer angesprochen mit dem Ziel, sie für eine bestimmte Stelle zu *werben*.

Im fachlichen Kontext

Eine Besonderheit für Zeitarbeitsunternehmen soll in diesem Zusammenhang angesprochen werden:

Betrieblicher Hauptzweck von Zeitarbeitsunternehmen ist die Überlassung von Arbeitnehmern in Kundenbetriebe (= Entleiher). Diese Arbeitnehmer werden zur sprachlichen Unterscheidung von den sonstigen Mitarbeitern eines Zeitarbeitsunternehmens auch als externe oder überbetriebliche Mitarbeiter bezeichnet. Die externen Mitarbeiter sind im Zeitarbeitsunternehmen als Arbeitnehmer beschäftigt; im Rahmen der Überlassung werden sie in Kundenunternehmen eingesetzt. Zwischen den Einsätzen in verschiedenen Kundenunternehmen können sich *einsatzfreie* Zeiten ergeben. Geht eine Kundenanfrage mit einem bestimmten Anforderungsprofil ein, wird der Disponent in dem Zeitarbeitsunternehmen zunächst prüfen, ob Mitarbeiter mit dem richtigen Profil einsatzfrei sind und sie gegebenenfalls einsetzen. Diese Tätigkeit wird als *Disposition* (= Anordnung, Verfügung) bezeichnet und gehört nicht zur Personalgewinnung im hier behandelten Sinne.

Der Unterschied zwischen Personalgewinnung und Disposition lässt sich daran deutlich machen, dass sich im Prozess der Personalgewinnung der Interessent *bewerben* muss, was im Rahmen der Disposition nicht notwendig ist, da der Disponent bereits alle für die Einsatzplanung notwendigen Unterlagen zur Verfügung hat und der Mitarbeiter mit dem Ziel im Unternehmen beschäftigt ist, in wechselnden Kundenunternehmen eingesetzt zu werden.

In Zeitarbeitsunternehmen kommt die Personalgewinnung im hier angesprochenen Sinne also in folgenden Arten vor:

- die Gewinnung neuer Mitarbeiter auf dem externen Arbeitsmarkt (unabhängig davon, ob sie als externe oder interne Arbeitnehmer beschäftigt werden),
- die Gewinnung von internen Mitarbeitern auf dem internen Arbeitsmarkt für freie Stellen – ein Beispiel dafür ist etwa die interne Ausschreibung einer Stelle als Niederlassungsleiter in einer Stadt.

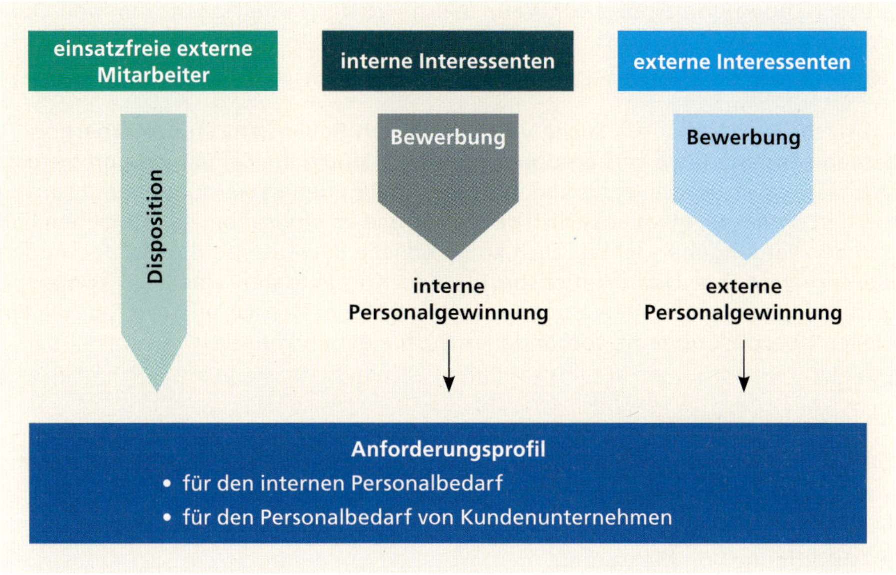

Abgrenzung von Disposition und Personalgewinnung

Interne und externe Beschaffungsmaßnahmen

Aufgabe der Maßnahmen zur Personalgewinnung ist es, die richtige Zielgruppe anzusprechen und zu einer Bewerbung auf eine bestimmte Stelle zu motivieren. Je nachdem, ob der interne und/oder der externe Arbeitsmarkt angesprochen werden, unterscheidet man zwischen internen und externen Beschaffungsmaßnahmen.

Maßnahmen für den **internen Arbeitsmarkt** sind die interne Stellenausschreibung und die Direktansprache von potenziellen Bewerbern auf ein bestimmtes Anforderungsprofil. Dabei kann es durchaus so sein, dass ein Mitarbeiter zum Zeitpunkt seiner Bewerbung noch nicht im ausreichenden Maße die Anforderungen der ausgeschriebenen Stelle erfüllt. Hier können dann Personalentwicklungsmaßnahmen konzipiert werden, um die für die Stelle notwendigen Kompetenzen aufzubauen.

Bei der Personalgewinnung auf dem **externen Arbeitsmarkt** bestehen noch keine persönlichen Kontakte mit den gewünschten Bewerbern. Die eingesetzten Maßnahmen müssen daher so konzipiert sein, dass sie die jeweilige Zielgruppe erreichen, ansprechen und zu einer Bewerbung motivieren.

Die **Veröffentlichung des Personalbedarfs** bedient sich einer Vielzahl von unterschiedlichen Wegen:

- Veröffentlichung der Ausschreibung in Massenmedien wie Zeitungen und Internet,
- Bekanntmachung des Unternehmens und des Personalbedarfs durch die Teilnahme an Messen,

- Beauftragung und Einsatz von Vermittlern wie den Arbeitsagenturen und Online-Jobbörsen,
- Nutzung von persönlichen Kontakten in Netzwerken.

Ein zusätzlicher Weg ist die Suche von geeigneten Bewerbern im Bewerberpool. Der unternehmenseigene Bewerberpool baut sich auf durch die Sammlung und systematische Erfassung von in der Vergangenheit eingegangenen Bewerbungen und sonstigen Bewerberkontakten, etwa anlässlich der Teilnahme an einer Jobmesse. Daneben haben sich in den vergangenen Jahren auch kommerzielle Bewerberpools gebildet, in denen Stellensuchende ihre Qualifikationsprofile und Kontaktdaten einstellen können. Der Zugriff auf die einzelnen Bewerberprofile erfolgt über definierte Suchfilter, die einen schnellen Überblick über die vorhandenen Profile geben können.

Im fachlichen Kontext

Die Deckung des Personalbedarfs in einem Unternehmen muss nicht mit der Gewinnung von (zusätzlichem) Personal verbunden sein. Alternativ zur Personalgewinnung können Unternehmen mit einem Personalbedarf auch folgende Maßnahmen ergreifen:

- Anordnung von Mehrarbeit.
- Rationalisierung von Aufgaben, etwa durch Einsatz besserer Maschinen, sodass der Personalbedarf entfällt und die Leistung mit dem vorhandenen Personalbestand erbracht werden kann.
- Reorganisation von betrieblichen Abläufen, sodass Aufgaben entfallen.
- Die Stellenreorganisation kann auch verbunden sein mit der Erweiterung von Aufgaben in vorhandenen Stellen (*Jobenlargement*) und/oder der qualitativen Aufwertung von vorhandenen Stellen (*Jobenrichment*).

Während die Anordnung von Mehrarbeit einen kurzfristigen Personalbedarf decken kann, betreffen die weiteren Maßnahmen die Organisation des Unternehmens und sind geeignet, den mittel- und langfristigen Personalbedarf zu beeinflussen.

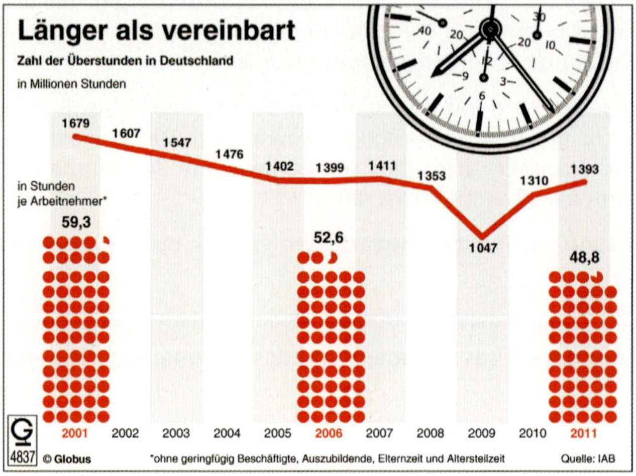

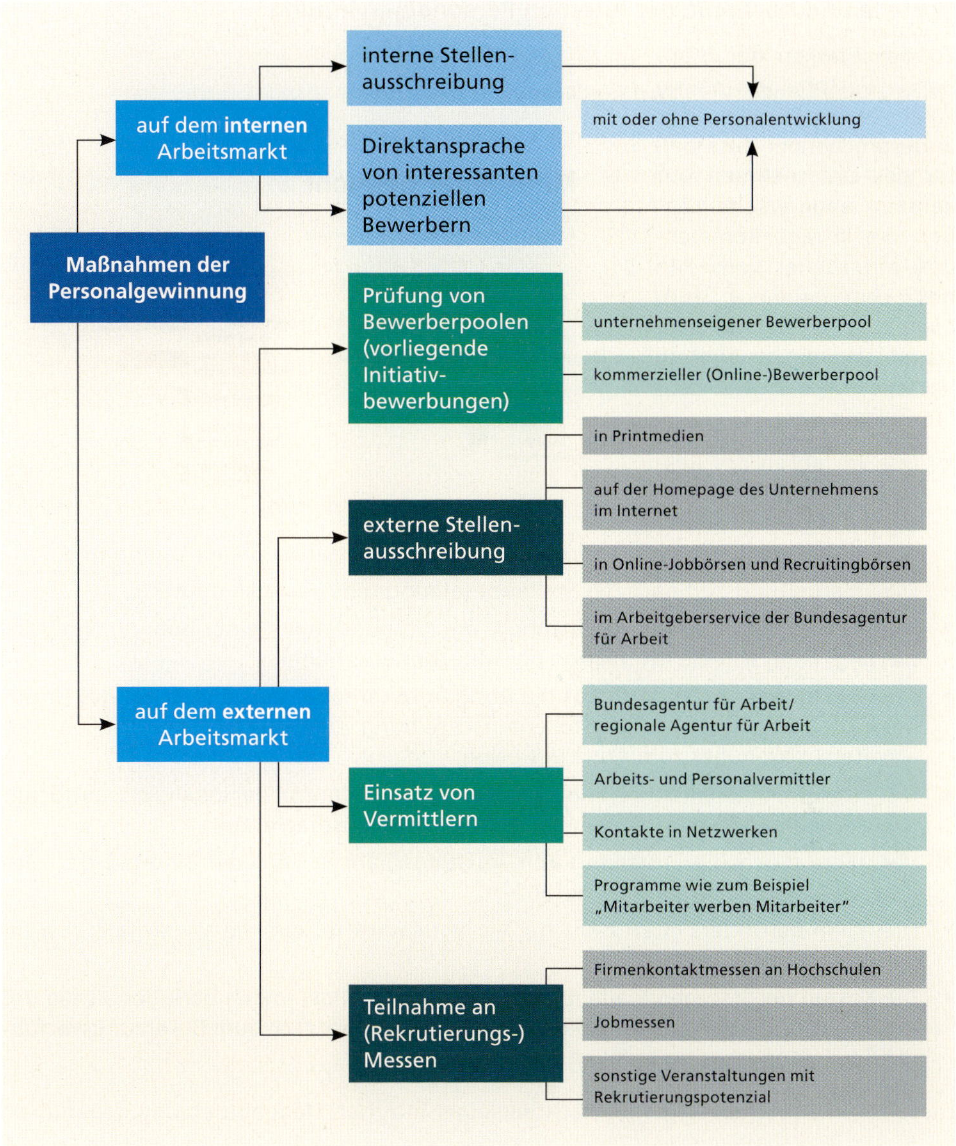

Maßnahmen zur Personalgewinnung auf dem internen und dem externen Arbeitsmarkt

Personalgewinnungsmaßnahmen im Vergleich

Die Maßnahmen zur Personalgewinnung haben unterschiedliche Stärken, die vor der Auswahl und dem Einsatz der Maßnahmen herausgearbeitet und berücksichtigt werden müssen. Unterschiedliche Eigenschaften und Wirkungen zeigen sich sowohl zwischen den internen und den externen Maßnahmen als auch zwischen den Maßnahmen innerhalb der beiden Gruppen.

Vorteile und Nachteile der internen Personalgewinnung

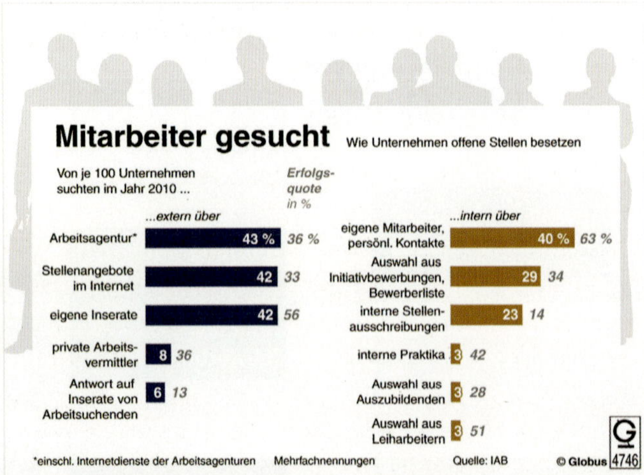

Zu den Stärken der internen Personalgewinnung zählt einerseits, dass die angesprochenen Mitarbeiter das Unternehmen gut kennen, andererseits können die infrage kommenden Mitarbeiter vonseiten des Unternehmens fundiert eingeschätzt werden. Damit sind einige weitere Vorteile für das Unternehmen verbunden:

- Das Verfahren der Rekrutierung und Stellenbesetzung verkürzt sich; das gilt insbesondere für die Direktansprache interessanter Stellenkandidaten.
- Die Einarbeitungszeit nach der Stellenbesetzung reduziert sich deutlich.
- Durch einen veränderten Arbeitsinhalt, ggf. verbunden mit einer höheren Eingruppierung, kann sich die Motivation der Mitarbeiter erhöhen.
- Dieser Effekt kann sich auch auf die übrigen Mitarbeiter ausdehnen, da das Unternehmen durch eine interne Stellenausschreibung eine Wertschätzung allen Mitarbeitern gegenüber zum Ausdruck bringt.
- Die interne Stellenausschreibung erhöht die Transparenz personalwirtschaftlicher Entscheidungen (dies trifft weniger auf die Direktansprache zu).
- Vor allem durch die Eröffnung von Aufstiegschancen wird die Bindung der Mitarbeiter an ein Unternehmen gefördert.
- Dies kann besonders interessant für Nachwuchskräfte sein, die andernfalls abwandern könnten.
- Die Kosten der internen Stellenbesetzung sind im Allgemeinen geringer als die der externen Stellenbesetzung. Es können allerdings zusätzlich zum Besetzungsverfahren Fortbildungskosten anfallen.

Diesen Stärken stehen folgende Nachteile einer internen Stellenbesetzung gegenüber:

- Grundsätzlich ist das Auswahlspektrum des internen Arbeitsmarktes kleiner als das des externen Arbeitsmarktes.
- Es gibt keine frischen Ideen und der belebende „Blick von außen" fehlt.
- Die Folge kann ein schädliches Maß an Betriebsblindheit sein, dies erschwert Anpassungsprozesse an veränderte wettbewerbliche Marktsituationen.
- Die Rekrutierung internen Personals kann zu einer unerwünschten Stärkung informeller Netzwerke im Unternehmen führen; das gilt insbesondere bei der Direktansprache potenzieller Kandidaten.

- Besonders durch die Direktansprache interessanter Kandidaten wird der Eindruck einer intransparenten Personalpolitik verstärkt, was sich insgesamt negativ auf die Mitarbeitermotivation und das Betriebsklima auswirken kann.
- Das Gleiche gilt für die Enttäuschungen nichtberücksichtigter interner Bewerber.
- Die interne Rekrutierung wird an anderer Stelle im Unternehmen erneut Personalbedarf auslösen, sodass es nicht zur Bedarfsdeckung, sondern zur Bedarfsverlagerung kommt.

Vorteile und Nachteile der externen Personalgewinnung

Die meisten soeben erläuterten Vorteile und Nachteile lassen sich mit umgekehrtem Vorzeichen auf die externe Personalgewinnung übertragen. Zusätzlich zu diesen zeigen sich bei der externen Beschaffung folgende Vorteile:

- Der Zugang neuer Mitarbeiter von außerhalb des Unternehmens ermöglicht einen permanenten Vergleich der Qualifikationen zwischen internen Mitarbeitern und dem Status quo auf dem externen Personalbeschaffungsmarkt. Insbesondere für die Personalentwicklung ergeben sich dadurch Ansatzpunkte für Verbesserungen, die wiederum allen Mitarbeitern zugutekommen.
- Im Gegensatz zur internen Rekrutierung können hier die Bewerber profilgenau ausgewählt werden, dadurch werden Fortbildungskosten gespart.

Die Einzelmaßnahmen der externen Rekrutierung sind hinsichtlich verschiedener Kriterien unterschiedlich. Die Unterscheidung kann beispielsweise anhand folgender Kriterien erfolgen:

Unterscheidungs-kriterien	Erläuterungen
Kosten	Dazu zählen zum einen die direkten Kosten in Form von Ausgaben für eine Maßnahme (z. B. Schaltung einer Anzeige), zum anderen die indirekten, im Unternehmen anfallenden Kosten, die einer Maßnahme zugerechnet werden können (z. B. die Personalkosten für die Zeit der Planung einer Messeteilnahme).
Grad der Disponibilität	Gemeint ist damit der Grad der Einsetzbarkeit und Bestimmbarkeit durch das personalsuchende Unternehmen; Messetermine etwa finden nur zu bestimmten Zeitpunkten im Jahresverlauf statt.
Ereignischarakter der Maßnahme	Im Unterschied zur Stellenausschreibung hat eine Messe den Charakter eines Ereignisses bzw. Events für die Zielgruppe.
Art der Zielgruppenansprache	Der Kontakt zur Zielgruppe kann direkt oder indirekt erfolgen.
zeitliche Wirksamkeit	Die Wirksamkeit bezieht sich auf die Gewinnung von Personal. Einige Maßnahmen wirken (nur) kurzfristig für die Personalgewinnung (z. B. Stellenausschreibung in einer Tageszeitung).
Nebenwirkungen einer Maßnahme	Darunter lassen sich Auswirkungen einer Maßnahme erfassen, die nicht den Zweck der Personalgewinnung betreffen (z. B. Wirkung auf das Image eines Unternehmens).

In der Tabelle sind die verschiedenen Ausprägungen der Einzelmaßnahmen zusammengestellt.

Kriterien	Rekrutierung mittels Bewerberpool	externe Stellenausschreibung	Einsatz von Vermittlern	Teilnahme an (Rekrutierungs-)Messen
Kosten	• geringer zeitlicher Aufwand für die Suche im Pool • Kosten für Aufbau und Pflege des unternehmensinternen Bewerberpools; bei kommerziellem Pool Kosten für die Nutzung	• Kosten für die Planung, Gestaltung und Veröffentlichung (Schaltung) einer Anzeige (online oder in Printmedien)	• (erfolgsabhängige) Kosten für die Vermittlung (nicht bei der Bundesagentur für Arbeit/regionalen Agentur für Arbeit)	• geringe bis sehr hohe direkte Kosten (abhängig von der Art der Messe) • zusätzlich fallen indirekte Kosten für Personal und Material an (Standbetreuung, Prospekte etc.)
Grad der Disponibilität	• jederzeitiger Zugriff (unternehmensinterner und kommerzieller Pool)	• jederzeitiger Zugriff bei Online-Veröffentlichungen • eingeschränkter Einsatz durch Verlagstermine bei Veröffentlichung in Printmedien	• jederzeitige Beauftragung möglich	• abhängig von Messeterminen
Ereignischarakter der Maßnahme	• kein Ereignischarakter	• kein Ereignischarakter	• kein Ereignischarakter	• Ereignischarakter
Art der Zielgruppenansprache	• direkte Kontaktaufnahme durch das Unternehmen	• indirekter Kontakt zur Zielgruppe durch die Ausschreibung	• indirekter (vermittelter) Kontakt zur Zielgruppe	• direkter Kontakt während der Messe
zeitliche Wirksamkeit	• kurzfristig wirksam, wenn die gesuchte Qualifikation vorhanden ist	• eher kurzfristig im Nachgang zum Veröffentlichungsdatum • im Onlinebereich auch mittelfristig möglich bei eher allgemeinen Ausschreibungen	• je nach Vermittlungsauftrag kurzfristig oder mittelfristig wirksam (abhängig von der Dauer des Vermittlungsauftrages)	• eher mittel- bis langfristig wirksam durch Aufnahme von Bewerbern in Bewerberpool und Knüpfen von Kontakten
Nebenwirkungen		– positive Wirkung auf das Unternehmens- und Arbeitgeberimage	– Entlastung des eigenen Personals von Rekrutierungsaufgaben – Nutzung des Fachwissens der spezialisierten Anbieter	– positive Wirkung für das Unternehmensimage – steigert den Bekanntheitsgrad bei Kundenunternehmen

1.6 Einflussfaktoren auf die Auswahl der Maßnahmen zur Personalgewinnung

Die unterschiedlichen Methoden und Stärken der dargestellten Maßnahmen führen im personalsuchenden Unternehmen zu einem Auswahlproblem: Welche Maßnahme/n soll/en eingesetzt werden? Diese Frage kann nur vor dem Hintergrund des konkreten Einzelfalls beantwortet werden. Dabei spielen vor allem folgende Aspekte eine Rolle:

- Art der Zielgruppe: Die geplante Gewinnungsmaßnahme muss die erwünschte Zielgruppe grundsätzlich erreichen können.
- Situation am relevanten Arbeitsmarkt;
- Erfolgsaussichten, mit den geplanten Maßnahmen den richtigen Mitarbeiter zu finden;
- Wissens- und Erfahrungsstand des personalsuchenden Unternehmens über die möglichen Maßnahmen der Personalgewinnung: Dieses Wissen zeigt sich in der Rekrutierungsstrategie, mit der ein Unternehmen am Personalbeschaffungsmarkt auftritt.
- zur Verfügung stehendes Budget, das den Kostenrahmen bestimmt;
- verfügbarer Zeitrahmen bis zur Stellenbesetzung;
- Nebenwirkungen einer Maßnahme, etwa für das Unternehmensimage oder auch auf die Motivation der vorhandenen Mitarbeiter.

Die Zielgruppe steht dabei im Mittelpunkt. Sie bildet sozusagen ein K.o.-Kriterium: Wenn die Zielgruppe mit einer Maßnahme nicht angesprochen bzw. nicht erreicht werden kann, dann sollte diese Maßnahme grundsätzlich nicht ergriffen werden.

Kriterien für die Auswahl von Personalgewinnungsmaßnahmen

Beispiel
Ein Unternehmen sucht Hilfskräfte im Lagerbereich und veröffentlicht eine Stellenausschreibung auf der eigenen Homepage.
Diese Maßnahme dürfte nur geringen Erfolg haben: Die Internetnutzung in der Zielgruppe wird eher unterdurchschnittlich sein. Dass Stellensuchende „zufällig" die Homepage des Unternehmens aufrufen, ist ebenso unwahrscheinlich.

LF 4 / 1.2 Im Abschnitt 2 dieses Kapitels wurde im Zusammenhang mit Stellenausschreibungen die Verbreitung von Medien und damit die Erreichbarkeit der Zielgruppe bereits ausführlich behandelt.

Häufig setzen Unternehmen verschiedene Maßnahmen gleichzeitig ein. So finden sich viele Stellenausschreibungen sowohl in bestimmten Tageszeitungen als auch in Internet-Stellenbörsen. Einige Unternehmen nutzen verschiedene Instrumente der Personalgewinnung in einer bestimmten Reihenfolge. Beispielsweise wird eine Stellenausschreibung zuerst online veröffentlicht, erst bei fehlendem Erfolg wird auch eine Stellenanzeige in einer Zeitung geschaltet. Aufgabe der Konzeption ist es, den Maßnahmeneinsatz sinnvoll aufeinander abzustimmen.

In der Praxis kann man beobachten, dass Unternehmen relativ stabile Verhaltensweisen bei der Personalgewinnung zeigen. Dieses typische, also unabhängig vom konkreten Personalbedarf immer gleich oder ähnlich ablaufende Verhalten bei der Personalgewinnung wird als **Rekrutierungsstrategie** bezeichnet.

Die Bedeutung der Ausbildung von Fachkräften bei der Personalgewinnung

Eine Rekrutierungsstrategie beschreibt die Art und Weise, in der ein Unternehmen auf dem Personalbeschaffungsmarkt auftritt. Sie besteht aus einer Kombination verschiedener Instrumente, die für die Lösung eines Personalbeschaffungsproblems eingesetzt werden. Das umfasst zum einen die Maßnahmen der direkten Personalbeschaffung, zum anderen aber auch alle Maßnahmen des Personalmarketings, mit denen das Image eines Unternehmens bestimmt wird. Die Ausgestaltung der betrieblichen Strategie ist abhängig von den betrieblichen Verhältnissen und den Bedingungen auf dem lokalen Arbeitsmarkt.

Definition

Eine **Rekrutierungsstrategie** ist die Kombination von Instrumenten der Personalgewinnung und des Personalmarketings mit dem Ziel, den Personalbedarf eines Unternehmens zu decken.

Unterschiedliche Rekrutierungsstrategien zeigen sich in den folgenden zwei Abbildungen: In der ersten Abbildung sind die Strategien aller Betriebe dargestellt, in der zweiten nur die Strategien der Ausbildungsbetriebe.

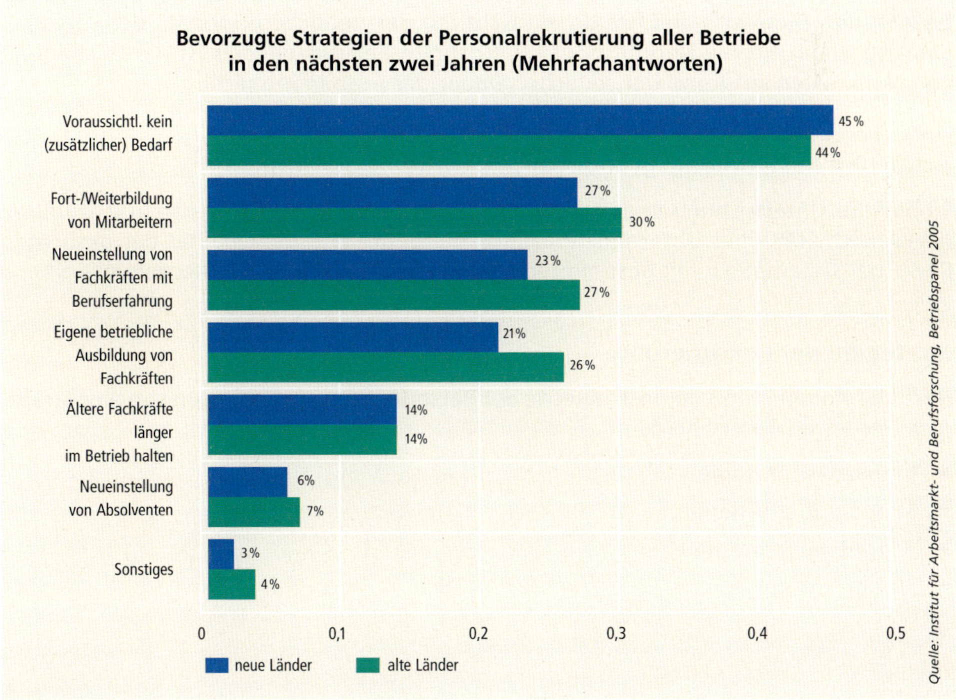

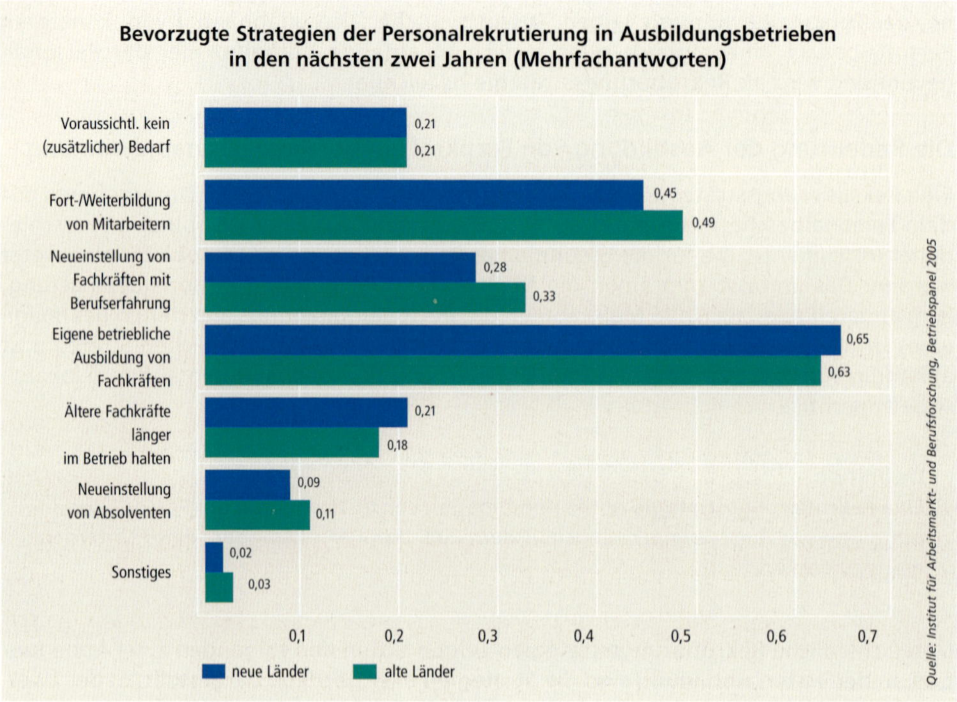

Es zeigt sich, dass die Ausbildung eine große Bedeutung für die Deckung des Personalbedarfs hat. Dies wirft gleichzeitig ein Licht auf den zeitlichen Horizont der Personalplanung, denn für die Deckung des kurzfristigen Personalbedarfs ist die Ausbildung von Fachkräften aufgrund der zeitlichen Dauer der Ausbildung nicht geeignet.

Arten und Bestimmungsgründe von Rekrutierungsstrategien

Empirische Untersuchungen zeigen, dass die lokale/regionale Arbeitsmarktsituation, die Attraktivität eines Unternehmens als Arbeitgeber und die Qualität der gesuchten Bewerber systematisch mit bestimmten Rekrutierungsstrategien einhergehen.

Strategien der Rekrutierung

Nach der Kombination der Instrumente der Personalbeschaffung lassen sich vier Strategiealternativen unterscheiden:

- Innovative Strategie
- Status-quo-Strategie
- Autonome Strategie
- Flexible Strategie

Innovative Strategie	Status-quo-Strategie	Autonome Strategie	Flexible Strategie
Das Unternehmen versucht, so viele Bewerber wie möglich anzusprechen; es berücksichtigt alle möglichen Beschaffungswege (intern/extern).	Das Unternehmen nutzt in erster Linie den internen Arbeitsmarkt, dabei auch die Kontakte der Arbeitnehmer zu weiteren Interessenten (Mitarbeiter- bzw. soziale Netzwerke).	Das Unternehmen nutzt zielgruppenspezifische Beschaffungswege.	Das Unternehmen wählt meist die kostengünstigsten Beschaffungswege aus.
Aufwendige Suchaktivitäten.	Keine systematischen Suchaktivitäten.	Gezielte Suchaktivitäten.	Keine systematischen Suchaktivitäten.

Strategiealternativen der Rekrutierung[1]

Als **Status-quo-Strategie** wird das eher passive Verhalten eines Arbeitgebers bezeichnet, der eine dominante Rolle in einem Arbeitsmarktsegment hat und genau definierte Anforderungsprofile besetzen will. Bei solchen Unternehmen werden sich viele Arbeitnehmer und auch Schulabgänger initiativ bewerben, sodass ein Bewerberpool aufgebaut werden kann. Die Personalbeschaffung kann daher mit wenig Aufwand erfolgen.

Dagegen ist die **innovative Strategie** darauf ausgerichtet, möglichst viele Bewerber mit möglichst vielen Qualifikationen und individuellen Kompetenzen anzusprechen. In diesem Fall sendet das Unternehmen seine Botschaft auf allen möglichen Rekrutierungskanälen, um viele Bewerber zu erreichen. Diese sehr aufwendige Strategiealternative wird eingesetzt, wenn ein Unternehmen neue bzw. neu beschriebene Anforderungsprofile etwa für neue Produkte und/oder Herstellungsverfahren besetzen will. Hier kommt es auf die Menge der Bewerber an, die anschließend in einem ebenfalls aufwendigen Selektionsprozess ausgewählt werden müssen.

Geht ein Unternehmen differenziert nach den jeweiligen Anforderungen vor, um mit gezielten Maßnahmen die richtigen Bewerber für eine bestimmte Stelle anzuwerben, dann spricht man von einer **autonomen Strategie**. Solche Unternehmen haben im Allgemeinen schriftlich dokumentierte Stellenbeschreibungen und können auf dieser Grundlage spezifische Anforderungsprofile erstellen. Genutzt werden diejenigen Rekrutierungskanäle und Maßnahmen, die die jeweilige Zielgruppe am besten erreichen.

Als **flexible Rekrutierungsstrategie** werden solche Aktivitäten zur Deckung des Personalbedarfs verstanden, die sich keinem durchgängigen Rekrutierungskonzept zuordnen lassen. Vor allem Unternehmen mit einer schwachen Position im Arbeitsmarkt und einer eher geringen Attraktivität als Arbeitgeber sind gezwungen, auch ungewöhnliche Wege zu gehen. Eine Möglichkeit ist es beispielsweise, den Unternehmensstandort nach der Verfügbarkeit der benötigten Arbeitnehmer zu wählen.

---

[1] *Vgl. Windolf, Paul: Betriebliche Rekrutierungsstrategien. Eine empirische Typologie, Sonderdruck aus: Mitteilungen aus der Arbeitsmarkt- und Berufsforschung, 16. Jg. 1983, unter: http://doku.iab.de/mittab/1983/1983_2_mittab_windolf.pdf (Zugriff: 29.03.2012).*

Bestimmungsgründe der Strategieauswahl

Die Auswahl einer bestimmten Strategie ist abhängig von

- der Situation auf dem Arbeitsmarkt und der Arbeitslosenquote,
- der Position des Unternehmens im relevanten Arbeitsmarkt,
- der Attraktivität des Unternehmens als Arbeitgeber,
- der Bestimmtheit und dem Ausmaß der geforderten Qualifikationen und Kompetenzen der zukünftigen Mitarbeiter sowie
- von der personalwirtschaftlichen Kompetenz des Unternehmens.

Im fachlichen Kontext

Ein Blick in die Praxis: Rekrutierungsstrategien im *War of Talents*

Die Boston Consulting Group (BCG) ist eine international tätige Beratungsgesellschaft. In einem im Internet abrufbaren Interview nimmt Vorstandsmitglied Dr. Rainer Strack Stellung zur Bedeutung der Rekrutierungsstrategien:

Managing Director of BCG Stresses Growing Importance of HR in Organizations

Human Resources (HR) will be the main driver of strategy in the future, according to Dr. Rainer Strack, Partner and Managing Director of Boston Consulting Group, who spoke with IESE Prof. Steven Poelmans in an interview conducted for alumni during a recent visit to IESE's campus in Madrid.

Changing demographics, managing talent, becoming a diverse organization and managing changes in culture are just a few important challenges for HR in a globalized world.

"HR will become at least as important as corporate finance and corporate strategy in the next decade," said Dr. Strack, stressing the importance of safeguarding knowledge and learning to manage an aging workforce as baby boomers begin to retire.

Attracting new talent is also an important factor for organizations. A key challenge for the future is to implement a global recruiting strategy, which, according to Strack, many companies still lack. Companies need to ask themselves: What universities should we recruit at in India or in China? What is our recruiting campaign? What is our marketing campaign?

In this video, Dr. Strack discusses the current and future role of HR in companies, the impact of globalization and changing demographics on organizations, and the importance of work/life balance and corporate social responsibility for the new generation. He also offers advice to graduates beginning their job search.

Quelle: Hrsg. v. IESE Business School: „Managing Director of BCG Stresses Growing Importance of HR in Organizations", veröffentlicht am 21.07.2008, unter: www.iese.edu/Aplicaciones/News/videos/view.asp?id=1543&lang=en&s (Zugriff: 16.03.2012).

1.7 Erfolgskennziffern der Personalgewinnung

Ziel der Personalgewinnung ist es, den vorhandenen Personalbedarf zu decken. Mithilfe der **Erfolgskontrolle** wird gemessen, ob und wie dieses Ziel erreicht wurde. Dafür 1.3 werden bestimmte Messgrößen bzw. Kennziffern definiert, die Auskunft über das Ausmaß der Zielerreichung geben.

Die Erfolgskontrolle im Bereich der Personalgewinnung kann an verschiedenen Punkten in dem Prozess ansetzen:

- an der Personalpolitik und dem Personalmarketing des Unternehmens insgesamt;
- an einem konkreten Stellenbesetzungsprozess (Dauer, Kosten, Eignung);
- an den konkreten Einzelmaßnahmen der Personalgewinnung.

Diese einzelnen Punkte oder Ebenen der Erfolgskontrolle sind nicht unabhängig voneinander. Beispielsweise ist der Erfolg einer konkreten Einzelmaßnahme, etwa einer Stellenausschreibung, auch von der allgemeinen Personalpolitik abhängig. Andererseits verdeutlicht ein Unternehmen mit jeder Einzelmaßnahme auch seine Art der Personalpolitik und damit auch sein Image als Arbeitgeber. Bei der Interpretation der einzelnen Kennziffern sind diese Wechselbeziehungen zu berücksichtigen.

Erfolgskennziffern der Personalpolitik und des Personalmarketings

Die Personalpolitik und das Personalmarketing des Unternehmens setzen sich aus vielen Einzelmaßnahmen zusammen, die dazu dienen, Personal mit der richtigen Qualifikation zur richtigen Zeit am Ort des Personalbedarfs bereitzustellen. Entsprechend lässt sich die Qualität der Personalpolitik daran messen, wie viele offene Stellen es zu einem bestimmten Zeitpunkt in einem Unternehmen gibt, denn offene Stellen bedeuten, dass zwar ein Personalbedarf vorhanden ist, die Stelle jedoch zu einem bestimmten Zeitpunkt nicht besetzt ist.

Formel

$$\text{Anteil offener Stellen (in \%)} = \frac{(\text{Anzahl offener Stellen zu einem Stichtag} \cdot 100)}{\text{Anzahl Stellen insgesamt}}$$

Bei der Interpretation der Kennziffern ist zu berücksichtigen, dass in dynamischen Wirtschaftsphasen häufiger Stellen zu besetzen sind als in einem ruhigen wirtschaftlichen Umfeld.

Vor allem Aktivitäten des Personalmarketings dienen dazu, den Personalbeschaffungsmarkt mittel- und langfristig positiv für das Unternehmen zu beeinflussen, um Personal leichter und schneller zu gewinnen. Dabei wirkt sich auch der Bekanntheitsgrad eines Unternehmens wesentlich auf die Personalgewinnung aus. Die Feststellung des Bekanntheitsgrades kann systematisch nur mithilfe der primären Marktforschung ermittelt werden.

Formel

$$\text{Bekanntheitsgrad (in \%)} = \frac{(\text{Anzahl der positiv antwortenden Befragten} \cdot 100)}{\text{Anzahl der Befragten insgesamt}}$$

Eng mit dem Bekanntheitsgrad im Zusammenhang steht die Anzahl der Initiativbewerbungen, also der Bewerbungen auf eigene Initiative der Stellensuchenden, ohne Ausschreibung einer Stelle durch das Unternehmen. Je bekannter ein Unternehmen in einer Region ist, umso mehr Initiativbewerbungen sind zu erwarten. Rund jede zehnte Stellenbesetzung beruht auf einer Initiativbewerbung.

Formel

$$\text{Initiativbewerbungsquote (in \%)} = \frac{(\text{Anzahl Initiativbewerbungen} \cdot 100)}{\text{durchschnittliche Anzahl der Stellen bzw. Mitarbeiter}}$$

Erfolgskennziffern eines konkreten Stellenbesetzungsprozesses

Der Erfolg der Personalgewinnung in einem konkreten Stellenbesetzungsverfahren ist nicht nur daran messbar, dass letztlich die Stelle besetzt wird. Von Bedeutung sind bei der Stellenbesetzung auch Dauer (*time to fill*) und Kosten des Beschaffungsprozesses.

Formel

$$\text{durchschnittliche Stellenbesetzungsdauer} = \frac{\text{Summe der Dauer der Stellenbesetzungen in Tagen}}{\text{Anzahl der Stellenbesetzungsprozesse}}$$

Formel

$$\text{Kosten der Stellenbesetzung} = \frac{\text{Gesamtkosten der Personalgewinnung in EUR}}{\text{Anzahl der Einstellungen bzw. Personalbedarfe}}$$

Diskutierbar ist die Frage, zu welchem Zeitpunkt ein Stellenbesetzungsprozess beendet ist: vordergründig natürlich, wenn eine Person für die Stelle eingestellt wurde. Andererseits ist damit noch nicht festgestellt, wie gut das Qualifikations- und Kompetenzprofil der Person mit den Anforderungen der Stelle übereinstimmt. Denkbar ist etwa Folgendes: Nach einiger Zeit stellt sich heraus, dass die eingestellte Person den Stellenanforderungen nicht entspricht und das Unternehmen wieder verlässt. Die Ursache für diesen *mismatch* (= Nichtübereinstimmung, Fehlanpassung) kann auch im Personalgewinnungsprozess begründet sein, z.B. dass nicht die richtige Zielgruppe identifiziert und angesprochen wurde. Entsprechend ist die Quote der Frühfluktuation auch eine ergänzende Kennziffer für den Personalgewinnungsprozess. Bedeutungsvoller ist diese Quote allerdings im Bereich der Bewerberauswahl.

Formel

$$\text{Frühfluktuationsquote} = \frac{\text{Anzahl der Kündigungen in der Probezeit} \cdot 100}{\text{Anzahl der Einstellungen in dem Zeitraum}}$$

Erfolgskennziffern für Einzelmaßnahmen der Personalgewinnung

Mit den eingesetzten Maßnahmen der Personalgewinnung sollen die Personen der Zielgruppe erreicht, angesprochen und zur Bewerbung motiviert werden. Die Erfolgsmessung der Personalgewinnung kann daher an diesen drei Punkten ansetzen:

- Wie viele Personen der Zielgruppe werden erreicht?
- Wie viele Personen der Zielgruppe werden durch die einzelne Maßnahme angesprochen?
- Wie viele Personen der Zielgruppe werden dazu motiviert, sich auf die Stelle zu bewerben?

Direkt sichtbar für Unternehmen ist die Anzahl der eingehenden Bewerbungen. Die Anzahl der erreichten und der angesprochenen Personen dagegen ist nicht direkt zu beobachten. Plausibel ist allerdings, dass die Zahl der erreichten Personen größer ist als die der Personen, die sich durch eine bestimmte Maßnahme angesprochen fühlen. Wiederum nur ein Teil dieser angesprochenen Personen wird sich tatsächlich auf eine Stelle bewerben. Von besonderem Interesse kann es für ein Unternehmen sein, die Gründe dafür herauszufinden, warum sich mit jeder Stufe die Personenanzahl verringert. Für tiefer gehende Erkenntnisse muss das Unternehmen entweder eigene Marktforschung betreiben oder auf Sekundärmaterial anderer Stellen zurückgreifen.

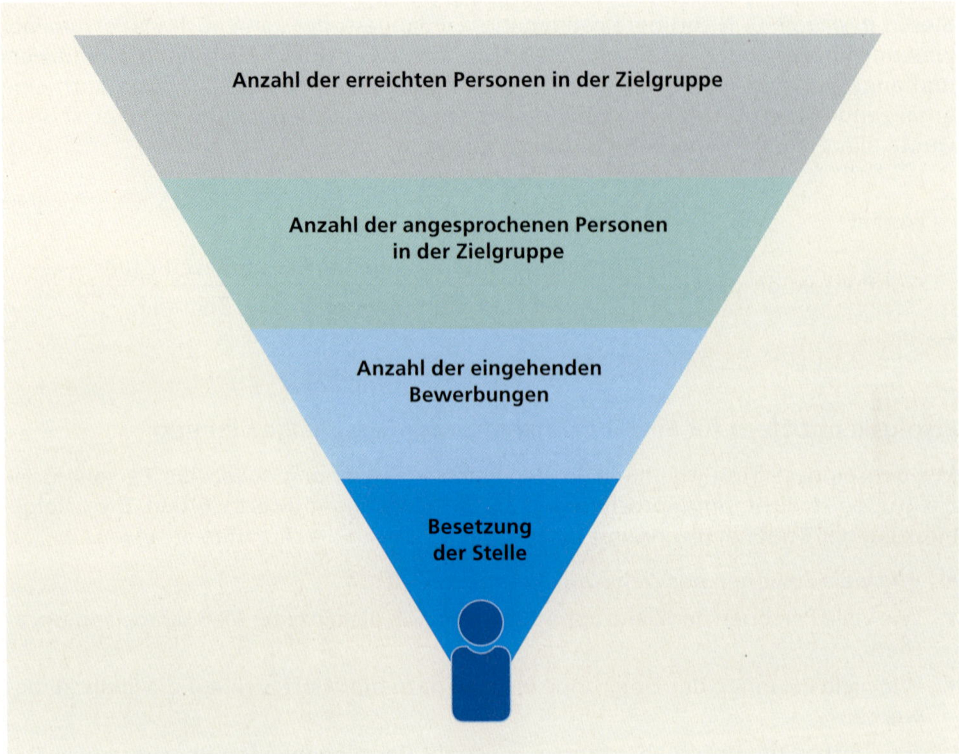

Erfolgskennziffern für Einzelmaßnahmen der Personalgewinnung

(Anzeigen-)Medien wie Zeitungen, Fachzeitschriften und Internet-Jobbörsen veröffentlichen Daten zur Verbreitung ihres Mediums. Je größer diese ist, gemessen etwa an der Auflage und der Anzahl der Leser oder Nutzer, umso höher sind im Allgemeinen die Preise für Anzeigen. Zusammen mit den Angaben zur Art der Leser- bzw. Nutzerschaft kann das Unternehmen ableiten, welche Reichweite eine Anzeige in der jeweiligen Zielgruppe hat.

Recherchetipp

Jedes Printmedium und viele Online-Kommunikations- und Stellenplattformen erstellen in regelmäßigen Abständen Übersichten über die Auflage, die Verbreitung und die Nutzung des Mediums (sogenannte Media-Daten). Diese Informationen sind häufig über die jeweilige Homepage abrufbar.

Eigentliches Interesse des personalsuchenden Unternehmens ist die Stellenbesetzung. Dementsprechend können als Erfolgskriterien der Einzelmaßnahmen der Personalgewinnung auch folgende Kennziffern angewendet werden:

- Anzahl an Einstellungen
- Einladungs-/Vorstellungsquote

Formel

$$\text{Einladungs-/Vorstellungsquote} = \frac{(\text{Anzahl der Einladungen zum Vorstellungsgespräch} \cdot 100)}{\text{Anzahl der eingegangenen Bewerbungen}}$$

- Einstellungsquote

Formel

$$\text{Einstellungsquote} = \frac{(\text{Anzahl der Einstellungen} \cdot 100)}{\text{Anzahl der eingegangenen Bewerbungen}}$$

Diese Kennziffern zeigen deutlich, ob es gelungen ist, mit den durchgeführten Maßnahmen die richtige Zielgruppe zu erreichen und anzusprechen.

1.8 Rechte des Betriebsrats bei der Personalgewinnung

Das Betriebsverfassungsgesetz gibt dem Betriebsrat im Zusammenhang mit der Personalgewinnung Mitwirkungs- und Mitbestimmungsrechte. Diese beziehen sich einerseits auf die allgemeinen personellen Angelegenheiten und andererseits auf personelle Einzelmaßnahmen.

Zu den allgemeinen personellen Angelegenheiten gehört die Personalplanung, insbesondere der gegenwärtige und zukünftige Personalbedarf und die sich daraus ergebenden personellen Maßnahmen (§ 92 Abs. 1 BetrVG). Hier hat der Betriebsrat ein umfassendes **Informationsrecht** (Anspruch auf Unterrichtung) und ein **Beratungsrecht**, d.h., der Arbeitgeber hat die jeweiligen Planungen mit dem Betriebsrat zu erörtern. Dies ist nur dann gewährleistet, wenn der Betriebsrat frühzeitig in die Planungen einbezogen wird. In diesem Zusammenhang kann der Betriebsrat verlangen, dass ein auftretender Personalbedarf intern ausgeschrieben wird (§ 93 BetrVG). Parallel dazu kann der Arbeitgeber die Stelle auch extern ausschreiben.

In Unternehmen mit mehr als zwanzig (wahlberechtigten) Arbeitnehmern kann der Betriebsrat bei personellen Einzelmaßnahmen **mitbestimmen**. Wenn eine bestimmte Person eingestellt oder versetzt werden soll, muss der Betriebsrat dieser personellen Einzelmaßnahme zustimmen. Verweigern kann der Betriebsrat die Zustimmung nur dann, wenn er einen der in § 99 Abs. 2 BetrVG aufgeführten Gründe angibt. Dazu gehört auch, dass eine interne Ausschreibung für eine Stellenbesetzung unterblieben ist.

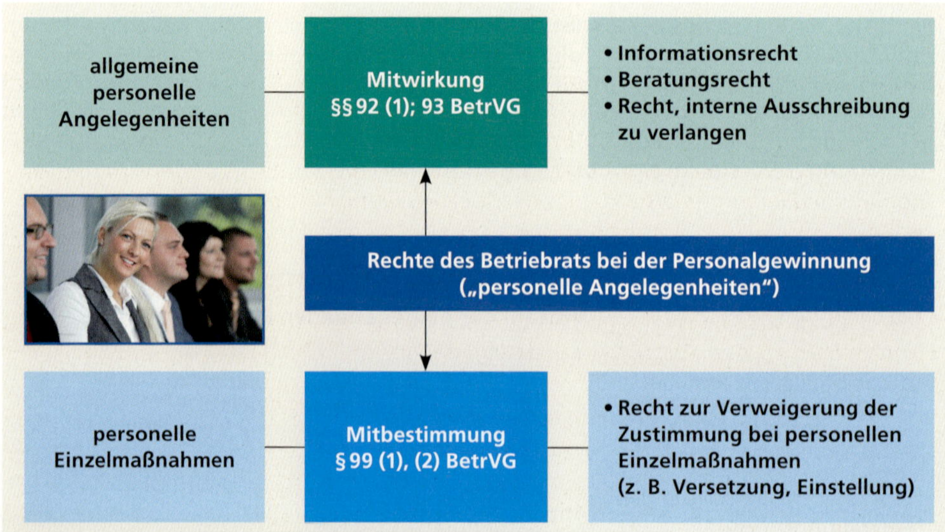

Rechte des Betriebsrates bei der Personalgewinnung

Zusammenfassung

- In einer engen Begriffsauffassung bezeichnet Personalgewinnung die **Beschaffung geeigneter Bewerber** auf dem internen oder dem externen Arbeitsmarkt. Eine **Konzeption der Personalgewinnung** beinhaltet die Ziele, die Rahmenbedingungen und die Maßnahmen, die eingesetzt werden sollen. Zusätzlich sollte festgelegt werden, wie der Erfolg der Konzeption nach der Durchführung gemessen wird.
- Ausgangspunkt für die Erstellung einer Konzeption der Personalgewinnung ist ein **Personalbedarf**, der in einem **Anforderungsprofil** konkretisiert wird. Zur Ermittlung des Personalbedarfs werden quantitative und qualitative Verfahren eingesetzt. In Zeitarbeitsunternehmen wird der Personalbedarf häufig durch ein Anforderungsprofil des Kundenunternehmens ausgelöst. Auf der Grundlage des Anforderungsprofils wird die **Zielgruppe** der Maßnahmen im Personalbeschaffungsmarkt abgeleitet.
- Zu den Grundlagen einer Konzeption gehören die Bedingungen auf dem relevanten Arbeitsmarkt. Die Erschließung des relevanten Segments des Arbeitsmarktes erfolgt mithilfe der betrieblichen und überbetrieblichen **Arbeitsmarktforschung** durch Kennziffern in Form von absoluten oder relativen Zahlen.
- Die Maßnahmen der Personalgewinnung wenden sich an den internen und den externen Arbeitsmarkt. Die einzelnen Maßnahmen haben unterschiedliche Vor- und Nachteile. In der Praxis wenden Unternehmen unterschiedliche **Rekrutierungsstrategien** an, je nach den konkreten Bedingungen.
- Zur Messung des Erfolgs einer Konzeption zur Personalgewinnung können unterschiedliche **Kennziffern** herangezogen werden.
- Der Betriebsrat hat im Rahmen der Personalgewinnung verschiedene **Mitwirkungs- und Mitbestimmungsrechte**.

Aufgaben

1. *Bei der Ermittlung des Personalbedarfs werden die geplanten Zugänge und Abgänge berücksichtigt. Daneben gibt es auch Personalbewegungen, die nicht in diesen Planungen vorausgesehen werden können, da sie meist sehr kurzfristig und überraschend auftreten. Solche Zu- und Abgänge bezeichnet man als ungeplant. Sie können in den Planungen als Zusatzbedarf berücksichtigt werden.*

   Nennen Sie mögliche Ursachen und Beispiele für ungeplante Zugänge und Abgänge beim Personalbestand.

2. *Die Wagner Profil GmbH plant ihren Personalbedarf für das kommende Jahr. Im Unterschied zu den Angaben im vorangegangenen Beispiel (s. Seite 528) geht der Personalleiter jedoch von veränderten Rahmenbedingungen aus:*

- *Die Arbeitsproduktivität erhöht sich im kommenden Jahr von 571,74 EUR auf 300,00 EUR je Arbeitsstunde.*
- *Die Arbeitszeit wird von 1 840 Stunden auf 1 600 Stunden je Vollzeitäquivalent verkürzt.*

   Berechnen Sie auf der Grundlage dieser Angaben (jeweils getrennt für die beiden Änderungen) den Personalbedarf im kommenden Jahr, wenn der Umsatz von 15 Millionen EUR auf 17 250 000,00 EUR steigt.

3. *Grenzen Sie die betriebliche von der überbetrieblichen Arbeitsmarktforschung nach folgenden Kriterien ab:*

Kriterien	Betriebliche Arbeitsmarktforschung	Überbetriebliche Arbeitsmarktforschung
Träger		
Ziel(e)		
Inhalt		

4. *Sehen Sie sich die Eingangssituation auf Seite 517 nochmals an: Der Auszubildende Serhan Yildiz hat die innovative und die autonome Rekrutierungsstrategie in die engere Wahl gezogen. Er will nun für beide Strategiealternativen je ein Maßnahmenbündel zusammenstellen.*
   a) *Welche Maßnahmen der Personalgewinnung würden Sie zusammenstellen?*
   b) *Welche Vorteile und welche Nachteile sind in dem konkreten Fall für die HR Personaldienstleistungen GmbH mit diesen beiden Strategiealternativen verbunden?*
   c) *Welche Strategie würden Sie wählen? Begründen Sie Ihre Antwort.*

5. *Ermitteln Sie für die Daten in der folgenden Abbildung*
   a) *den Durchschnittsumsatz eines Zeitarbeitnehmers und*
   b) *das Unternehmen mit dem höchsten Umsatz je Mitarbeiter.*

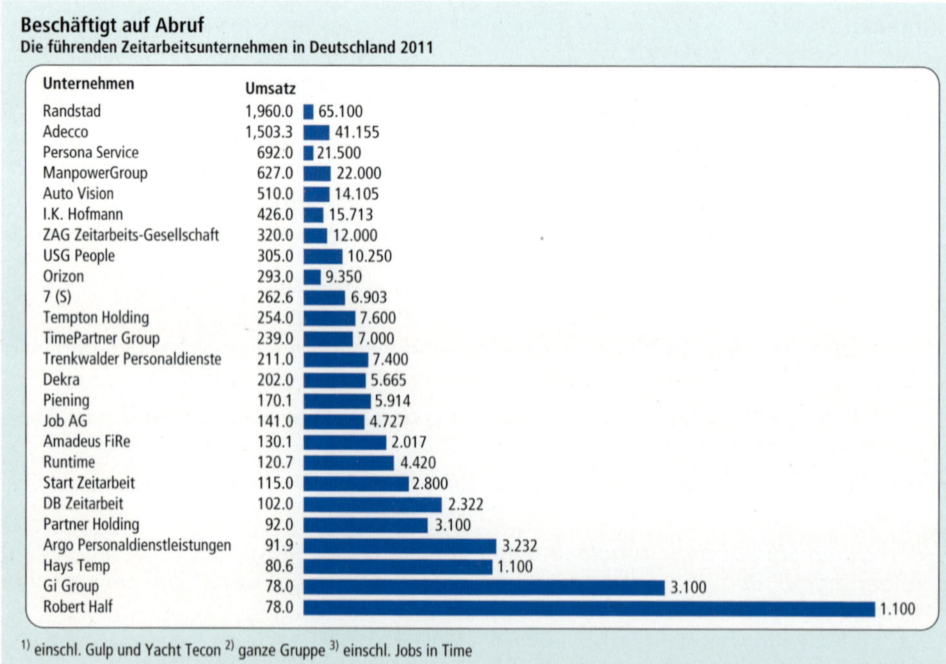

Quelle: Eigene Darstellung mit Daten nach Angaben der Lünendonk GmbH, Kaufbeuren, in: Führende Zeitarbeits- und Personaldienstleistungsunternehmen in Deutschland, Stand 09.05.2012.

c) *Angenommen, der Umsatz in der Branche Zeitarbeit steigt im kommenden Jahr um 15 % gegenüber dem Jahr 2011. Auf welchen Wert wird sich dann der Personalbedarf im Bereich Zeitarbeitnehmer erhöhen?*

6. *Ordnen Sie die folgenden Personalgewinnungsmaßnahmen dem internen und/oder externen Arbeitsmarkt zu. Tragen Sie die richtige Ziffer in das jeweilige Kästchen ein:*

1 – externer Arbeitsmarkt

2 – interner Arbeitsmarkt

3 – externer und interner Arbeitsmarkt

4 – weder externer noch interner Arbeitsmarkt

Maßnahme der Personalgewinnung	Ziffer
Stellenausschreibung	
Teilnahme an einer Jobmesse	
Direktansprache von interessanten Arbeitnehmern	
Anordnung von Mehrarbeit	
Auswertung des Bewerberpools	

7. *Prüfen Sie die folgenden Aussagen. Markieren Sie richtige Aussagen mit einer 1 und falsche Aussagen mit einer 9.*

Aussagen	Ziffer
Bei der Personalgewinnung ist der gesamte Personalbeschaffungsmarkt relevant.	
Zeitarbeitsunternehmen treten am Personalbeschaffungsmarkt nur als Nachfrager nach geeigneten Mitarbeitern auf.	
Der Personalbeschaffungsmarkt ist ein Segment des Arbeitsmarktes.	
Als relevanter Arbeitsmarkt wird der räumlich interessante Arbeitsmarkt bezeichnet.	
Bei der Bestimmung des relevanten Arbeitsmarktes sollte das personalsuchende Unternehmen darauf achten, dass sowohl eine sachliche als auch eine räumliche Abgrenzung erfolgt.	

8. *Zur Vertiefung:*

Die Finke Zeitarbeit GmbH will nach einigen Kundenanfragen in der Vergangenheit prüfen, ob der Pflege- und Gesundheitsmarkt ein interessantes Segment für die Arbeitnehmerüberlassung ist. Als Auszubildende(r) in dem Unternehmen erhalten Sie den Auftrag, den Personalbeschaffungsmarkt für den Pflege- und Gesundheitsbereich zu erschließen.

- *Recherchieren Sie im Internet nach geeigneten Quellen für relevante Informationen.*
- *Prüfen Sie, welche beruflichen Anforderungen und Qualifikationen im Pflege- und Gesundheitsmarkt unterschieden werden.*
- *Stellen Sie geeignete Kennziffern zur Erschließung des Marktes zusammen.*
- *Interpretieren Sie die erhobenen Informationen und beurteilen Sie, ob der Pflege- und Gesundheitsmarkt für die Finke Zeitarbeit GmbH ein interessantes Segment zur Arbeitnehmerüberlassung ist.*

2 Bewerberpool und Stellenausschreibungen zur Personalgewinnung einsetzen

Einstiegssituation ▶

Nachdem Hans-Peter Gebhardt, der Disponent des Zeitarbeitsunternehmens HR Personaldienstleistungen GmbH, die Konzeption zur Personalgewinnung für das Anforderungsprofil eines Orthopädietechnikers gelesen hat, bittet er den Auszubildenden Serhan Yildiz zu einem Gespräch.

Hans-Peter Gebhardt: „Herr Yildiz, ich bin wirklich zufrieden mit Ihrer Arbeit. Sie haben sich sehr viele Grundlagen erarbeitet. Damit können wir direkt die nächsten Schritte planen."

Serhan Yildiz (freut sich über das Lob): „Soll ich jetzt die Veröffentlichung der Stellenausschreibung vorbereiten?"

Hans-Peter Gebhardt: „Dann unterschlagen Sie aber eine andere Maßnahme zur Personalgewinnung, die Sie in Ihrer Konzeption erläutert haben, Herr Yildiz. Ich denke, wir sollten zunächst im Bewerberpool nach einem entsprechenden Profil suchen."

Serhan Yildiz (nickt): „Unseren Bewerberpool habe ich bereits geprüft, auch wenn es schwierig war. Einen Orthopädietechniker habe ich dort nicht gefunden."

Hans-Peter Gebhardt: „Was war denn schwierig?"

Serhan Yildiz: „Na ja, ich hatte erwartet, dass ich alle Daten in der EDV finde und ruckzuck eine Abfrage machen kann. So war das aber nicht. Die meisten Bewerberprofile habe ich zwar in der Datenbank gefunden. Einige davon waren aber nicht mehr aktuell, so war zumindest mein Eindruck. Deswegen habe ich anschließend mit allen Disponenten gesprochen. Es stellte sich heraus, dass jeder Disponent Informationen über weitere Bewerber hat. Manche führen auch eigene Karteien für eingegangene Bewerbungen. Im Grunde haben wir einen Bewerberpool, der zum Teil in einer Datenbank und zum Teil in den Köpfen unserer Disponenten gespeichert ist."

Hans-Peter Gebhardt: „Das ist leider eine gute Beschreibung für unseren Bewerberpool. Natürlich müssen wir uns das möglichst bald genauer ansehen und nach Verbesserungsmöglichkeiten suchen. Doch jetzt haben wir erst einmal ein dringenderes Problem."

Serhan Yildiz: „Der Orthopädietechniker für die GeroTech AG."

Hans-Peter Gebhardt: „Richtig. Ich wollte mit diesem Gespräch auf Folgendes hinaus: Wir haben in unserem Unternehmen einen Bewerberpool, den Sie ja bereits geprüft haben. Doch Daten über Bewerber werden nicht nur unternehmensintern gesammelt. Im Internet werden Bewerberdaten auch als Dienstleistungen angeboten. Denken Sie etwa an die Onlinebörsen, wie beispielsweise die Jobbörse der Arbeitsagentur. Auch das ist eine Art Bewerberpool."

Serhan Yildiz: „Jetzt verstehe ich. Das werde ich mir genauer ansehen. Vielleicht können wir dort ja jemanden finden, der auf unser Anforderungsprofil passt. Und wenn wir dort niemanden finden ..."

Hans-Peter Gebhardt: „Genau, Herr Yildiz, dann veröffentlichen wir tatsächlich eine Stellenanzeige! Ich schlage vor, dass Sie sich in den nächsten zwei Tagen um beide Inhalte kümmern: Sie prüfen die zugänglichen Bewerberpoole und legen mir am kommenden Donnerstag den Entwurf für eine Stellenanzeige in einer Zeitung vor."

Arbeitsaufträge

1. a) *Analysieren Sie die Eingangssituation. Gehen Sie dabei detailliert auf das Problem der Organisation des Bewerberpools in dem Zeitarbeitsunternehmen ein.*

   b) *Informieren Sie sich über Arten und Strukturen von Bewerberpools im Abschnitt 2.1 und entwickeln Sie einen Vorschlag für die Verbesserung der Organisation des Bewerberpools in der HR Personaldienstleistungen GmbH.*

   c) *Vergleichen Sie Ihren Vorschlag mit der Organisation von elektronischen Bewerberdatenbanken, die von spezialisierten Dienstleistern (vgl. Abschnitt 2.2) angeboten werden.*

   - *Arbeiten Sie die Vorteile und Nachteile eines unternehmenseigenen Bewerberpools heraus.*
   - *Erarbeiten Sie eine Empfehlung für die HR Personaldienstleistungen GmbH, wie in Zukunft mit dem unternehmenseigenen Bewerberpool zu verfahren ist.*

2. *Der Disponent Hans-Peter Gebhardt plant, nachdem Herr Yildiz in den Bewerberdatenbanken keinen adäquaten Bewerber gefunden hat, die Bewerbersuche mittels Stellenanzeige in einem Printmedium fortzusetzen.*

   a) *Informieren Sie sich über Inhalte und Layout von Stellenanzeigen in Abschnitt 2.3.2 sowie über die Bedeutung des Allgemeinen Gleichbehandlungsgesetzes (AGG) in Abschnitt 2.3.5.*

   b) *Recherchieren Sie geeignete Printmedien zur Veröffentlichung der Anzeige.*

   c) *Erstellen Sie auf der Grundlage des Anforderungsprofils der GeroTech AG (vgl. Kapitel 1 des Lernfelds 4) eine Stellenanzeige.*

   d) *Vergleichen Sie Ihren Vorschlag mit Stellenanzeigen in der Wochenendausgabe einer überregionalen Tageszeitung. Arbeiten Sie Gemeinsamkeiten und Unterschiede heraus und interpretieren Sie Ihr Ergebnis.*

   e) *Reflektieren Sie, welche Bedeutung Stellenanzeigen für die Personalgewinnung haben bzw. haben sollten.* **LF 4 / 1.3**

Die schnelle Entwicklung im Bereich der Informations- und Kommunikationstechnologien hat in den vergangenen Jahren das Spektrum der Rekrutierungsmaßnahmen von Unternehmen deutlich verändert. Während noch vor rund 20 Jahren die Stellenausschreibung in einem Printmedium das am häufigsten genutzte Mittel der Stellenbesetzung war, werden heute wesentlich mehr Wege zur Bewerberrekrutierung eingesetzt. Die Print-Stellenanzeige spielt dabei nach wie vor eine Rolle. An ihre Seite getreten ist das Medium Internet als schneller und kostengünstiger Weg der Veröffentlichung. Gleichzeitig haben die neuen technischen Möglichkeiten zu einer besseren Markt- und Dienstleistungsdifferenzierung im Bereich der Personalbeschaffungsinstrumente beigetragen: Zunehmend lohnt es sich für spezialisierte Anbieter, technische Plattformen einzurichten, die Anbieter und Nachfrager von Arbeitsleistungen koordinieren, häufig verbunden mit Mehrwertleistungen wie einer Vorauswahl von Bewerbern.

Auch die Einrichtung von unternehmensinternen **Bewerberpools** ist relativ neu. Zwar wurden auch früher schon interessante – zunächst nicht berücksichtigte – Bewerbungen in einer **Bewerber-Vormerk-Datei** festgehalten. Der Begriff deutet jedoch bereits an, dass die Anzahl der gesammelten Daten dabei eher gering war. Eine (mehr oder weniger) systematische Sammlung, Aufbereitung und Nutzung war mit dieser Form nicht verbunden. Das hat sich in den letzten Jahren deutlich geändert: In vielen Unternehmen, nicht nur in der Personaldienstleistungsbranche, gehört die Auswertung des Bewerberpools zur Routine bei Stellenbesetzungsverfahren.

Der Stellenwert des unternehmensspezifischen Bewerberpools als Rekrutierungsinstrument variiert dabei zwischen Unternehmen und Branchen. Folgende Aspekte spielen eine Rolle:

- Größe und wirtschaftliche Entwicklung des Unternehmens/der Branche,
- unternehmensspezifische Fluktuationsrate (Zugänge/Abgänge von Arbeitnehmern),
- Dynamik des (relevanten) Arbeitsmarktes,
- volkswirtschaftliche und arbeitsmarktpolitische Rahmenbedingungen (Wachstumsraten, Kündigungsschutzregelungen etc.).

In Unternehmen der Branche Personaldienstleistungen (insbesondere Zeitarbeit und Personalvermittlung) ist die Bedeutung einer unternehmensinternen Bewerberdatenbank grundsätzlich sehr hoch einzustufen, da die Flexibilität und Schnelligkeit bei der Erfüllung von Kundenanfragen ein entscheidender Erfolgsfaktor ist.

In diesem Kapitel werden daher zunächst die Grundlagen unternehmensinterner Bewerberpools sowie Beispiele für Internet-Bewerberdatenbanken dargestellt. Stellenausschreibungen haben nach wie vor eine überragende Bedeutung zur Personalrekrutierung. In den letzten Jahren hat die Zahl der Online-Stellenausschreibungen gegenüber der Printveröffentlichung stark zugenommen. Neben den Inhalten und rechtlichen Rahmenbedingungen, insbesondere den Grundlagen des AGG, wird daher auch die Medienplanung thematisiert.

2.1 Bedeutung und Aufbau des unternehmensinternen Bewerberpools

Nahezu täglich haben Unternehmen Bewerbungsschreiben in ihrem Posteingang. Ein Teil davon entfällt auf Bewerbungen infolge von Stellenausschreibungen. Viele Unternehmen fordern Interessenten jedoch auch dazu auf, sich ohne konkrete Stellenausschreibung zu bewerben. Solche stellenunspezifischen Bewerbungen von Stellensuchenden werden als **Initiativbewerbungen** bezeichnet.

Beispiel

Initiativbewerbung

Zeigen Sie Initiative

Sie möchten gerne bei Lufthansa Technik einsteigen, aber bei den offenen Stellen war nicht das Passende für Sie dabei? Dann ergreifen Sie doch einfach selbst die Initiative! Wir freuen uns auf Ihre Online-Initiativbewerbung!

Gerne bestätigen wir Ihnen den Eingang Ihrer Bewerbung und stellen sie zügig allen infrage kommenden Bereichen zur Verfügung. Sobald ein Bereich gefunden ist, der für Sie interessant sein könnte, nimmt dieser direkt mit Ihnen Kontakt auf. So können Sie persönlich klären, ob die beidseitigen Vorstellungen übereinstimmen. Verläuft dieses erste Kennenlernen positiv, erfolgt anschließend das Auswahlverfahren, das je nach Art der Stelle variieren kann. In jedem Fall informieren wir Sie jedoch so schnell wie möglich über den Stand Ihrer Bewerbung.

Aufruf der Lufthansa Technik AG zur Initiativbewerbung

Quelle: Lufthansa Technik AG: Initiativbewerbung, unter: www.lufthansa-technik.com/applications/portal/lhtportal/lhtportal.portal?_nfpb=true&_pageLabel=Template5_6&requestednode=450&action=initial&setLang=german (Zugriff: 03.03.2010).

Weitere Bewerberdaten erhalten Unternehmen durch die Teilnahme an Jobmessen und aus Empfehlungen von Mitarbeitern. Viele Unternehmen verfügen dadurch immer über ein gewisses Reservoir an detaillierten Daten über Stellensuchende oder potenzielle Arbeitnehmer.

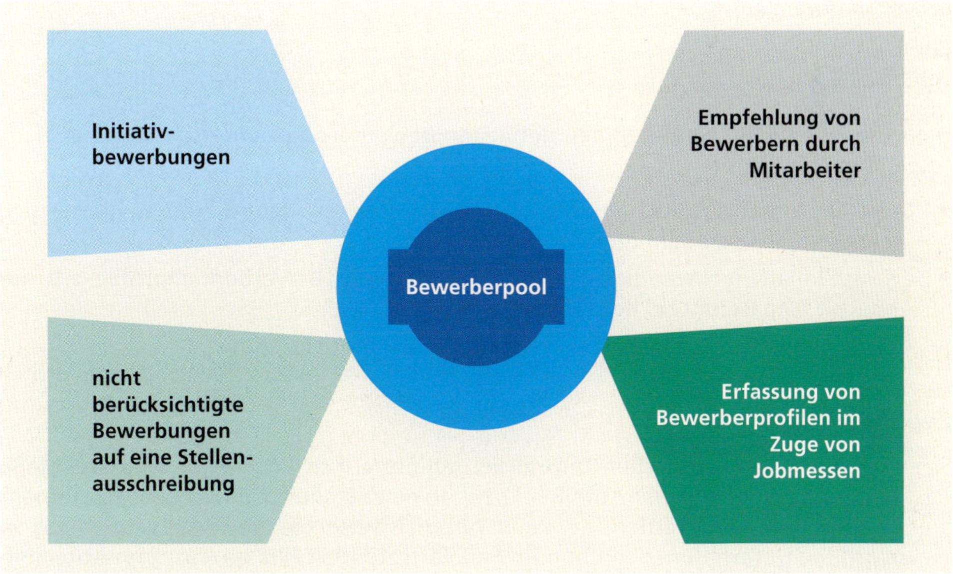

Quellen des Aufbaus eines Bewerberpools

Die Nutzung dieser Daten für die Stellenbesetzung setzt jedoch voraus, dass sie in einer bestimmten Form aufbereitet, archiviert und zugänglich gemacht werden. In der Praxis wird für diese Sammlung von Bewerberdaten der Begriff Bewerberpool verwendet.

Eine genaue Definition lässt sich vom englischen Begriff „pool“ herleiten: Ein „pool“ ist ein Sammelbecken, also eine gemeinsame bzw. zentrale Sammlung, um dadurch einen Zugriff auf das Ganze zu ermöglichen.

Definition
In einem wörtlichen Sinne ist ein **Bewerberpool** ein zentrales Sammelbecken von Bewerbungsunterlagen bzw. Bewerbungsinformationen mit dem Zweck, die enthaltenen Informationen für Beschaffungsaktivitäten zu nutzen.

Kennzeichen eines so verstandenen Bewerberpools sind also:

- die **Zentralisierung**, d. h. die Zusammenfassung der Bewerbungsunterlagen und -informationen an einem Ort. Diese kann in Papierform erfolgen, also mit gesammelten Unterlagen und Akten oder in digitaler Form, um mithilfe von EDV-Systemen auf die Unterlagen und Informationen zuzugreifen;
- der **Zweck**, die in den Unterlagen enthaltenen Informationen zu nutzen. Die schlichte gemeinsame Ablage von entsprechenden Unterlagen ist also noch kein Bewerberpool im eigentlichen Sinne.

Beispiel
In kleinen Unternehmen mit wenigen Beschäftigten stellt die Zentralisierung von Informationen und Unterlagen keine Schwierigkeit dar. Häufig sind die Verwaltungsaufgaben an einem Arbeitsplatz bzw. an einer Stelle zusammengefasst. In größeren Unternehmen, ggf. noch mit Filialen und Betriebsstätten in verschiedenen Städten, ist die Zentralisierung von Informationen hingegen mit größerem Aufwand verbunden.

Arten von Bewerberpools

Die in den einzelnen Unternehmen geführten Bewerberpools unterscheiden sich nach folgenden Kriterien:

- Grad der organisatorischen und/oder geografischen Zentralisierung (unternehmensweit, filialbezogen, regional bezogen etc.),
- erfasste Inhalte (vollständige Bewerbungsunterlagen, Bewerberkurzprofile, z. B. mit Angaben zum Beruf und Kontaktdaten),
- Art der Umsetzung (papierne und/oder digitale Archivierung).

Zentralisierungsgrad

Der Grad der **organisatorischen Zentralisierung** bezieht sich darauf, in welchem Maße bestimmte Aufgaben in einer Abteilung bzw. an einer Stelle für das gesamte Unternehmen wahrgenommen werden. So kann beispielsweise die Bewerberverwaltung in einem großen Unternehmen mit bundesweit vertretenden Filialen von einer Abteilung für alle Unternehmensbereiche bearbeitet werden. Der Grad der Zentralisierung liegt dann bei 100 %. Die Zuständigkeit für die Bewerberverwaltung kann jedoch auch bei jeder Filiale selbst liegen, ohne dass es zu einem Austausch von Informationen zwischen den einzelnen Betriebsstätten kommt.

Bei Null läge der Grad der Zentralisierung, wenn jeder Disponent bzw. Personalverantwortliche die ihn erreichenden Bewerbungen gar nicht weitergäbe. Man spricht dann von einer dezentralen Sammlung von Bewerberdaten.

Analog zur organisatorischen Zentralisierung verhält sich die **geografische Zentralisierung**. Dabei ist zusätzlich der Aspekt der Mobilität der Bewerber zu berücksichtigen. Diese variiert unter anderem mit der Art der Qualifikation und mit dem Lebensalter. Das kann dazu führen, dass Unternehmen auf die Einrichtung eines zentralen Bewerberpools für bestimmte Qualifikationen verzichten. Der Austausch von Bewerberdaten etwa zwischen einzelnen Niederlassungen erfolgt dann allenfalls individuell zwischen den Disponenten.

Im fachlichen Kontext

Zur Mobilität deutscher Arbeitnehmer

[...] „Insgesamt können wir feststellen, dass der berufsbedingten räumlichen Mobilität eine beachtliche gesellschaftliche Relevanz zukommt: Jeder fünfte Vollzeiterwerbstätige ist derzeit aus beruflichen Gründen mobil und ein weiteres Drittel war mindestens einmal im Verlauf des Erwerbslebens mobil“, sagt Univ.-Prof. Dr. Norbert Schneider, Professor für Soziologie an der Johannes Gutenberg-Universität Mainz und Leiter der Studie.[1] „Die Deutschen sind sehr heimatverbunden, gleichzeitig aber hoch mobil: Erwerbstätige in der Bundesrepublik fahren regelmäßig weite Strecken zum Arbeitsplatz oder gehen häufig auf längere Dienstreisen, um den Anforderungen des Arbeitslebens zu entsprechen, ziehen jedoch eher selten aus beruflichen Gründen um.“ Nur 20 Prozent der Berufsmobilen sind in eine andere Region innerhalb Deutschlands oder in ein anderes Land umgezogen. Die Mobilitätsdynamik in Deutschland zeigt sich vielmehr darin, dass 80 Prozent der Mobilen ständig wiederkehrend unterwegs sind, indem sie regelmäßig weite Fahrstrecken zum Arbeitsplatz auf sich nehmen oder häufig auswärts übernachten. [...]

Im Hinblick auf das Mobilitätsverhalten der Deutschen zeigen sich Unterschiede je nach Alter und Ausbildung. Während ältere Arbeitnehmer und Nicht-Akademiker nur ungern umziehen, sondern eher pendeln, präferieren junge Menschen und Akademiker einen Umzug. Mit steigendem Alter sind die Menschen zunehmend weniger mobil. Akademiker sind generell mobiler als die übrigen Bildungsgruppen, wobei zwischen diesen Bildungsgruppen kaum Unterschiede bestehen, so die Autoren der Studie.

Daneben lassen sich deutliche Geschlechtsunterschiede feststellen: Männer sind doppelt so häufig mobil wie Frauen. Haben die Frauen jedoch keine Kinder, übertrifft ihre Mobilitätsrate die der kinderlosen Männer. Führt Elternschaft bei Frauen eindeutig zu einem Rückgang der Mobilität, unterscheiden sich Väter hier nicht von Männern ohne Kinder. Als Folge dieses Befunds steht nach Auffassung der Mainzer Soziologen unter anderem zu befürchten, dass erhöhte Mobilität die Vereinbarkeit von Familie und Beruf besonders für Frauen weiter erschwert und dass Mütter auf dem Arbeitsmarkt ins Hintertreffen geraten könnten. [...]

Quelle: Reiß, Christian, Personaler Online: „Zur Mobilität deutscher Arbeitnehmer“, veröffentlicht am 03.06.2008, unter: www.personaler-online.de/typo3/nicht-im-menue/personalnews/personalernews-details/article/zur-mobilitaet-deutscher-arbeitnehmer.html (Zugriff: 17.03.2012).

Inhalte

Welche Inhalte Aufnahme in einen Bewerberpool finden, ist abhängig vom Zweck der jeweiligen Datensammlung. Auch wenn im konkreten Stellenbesetzungsverfahren Bewerbungsunterlagen im Detail geprüft werden und von großer Bedeutung sind, ist für den Verbleib im Bewerberpool nicht jede Information aus den Bewerbungsunterlagen gleich wichtig. Bei einem Bewerberpool in Form einer Archivierung der Bewerbungsunterlagen stellt sich diese Frage nicht, da die vollständigen Unterlagen aufbewahrt werden. Enthalten sind dann alle Informationen zum Zeitpunkt der Bewerbung.

Anders verhält es sich mit Bewerberdatenbanken: Hier sollen die **relevanten** Informationen enthalten sein, die die Nutzung der Daten in der Zukunft ermöglichen. Jedes Unternehmen muss für seine eigenen Anforderungen entscheiden, welche Bewerberinformationen in einem Bewerberpool – nicht für die Stellenbesetzung – relevant sind. Mindestens sind dies die Kontaktdaten. Es geht also nicht darum, mithilfe des Bewerberpools bereits Auswahlentscheidungen zu treffen. In den meisten Fällen werden nach Kontaktaufnahme zu einem interessanten Bewerber aus dem Bewerberpool aktuelle Bewerbungsunterlagen angefordert. Welche Informationen für einen noch nicht spezifizierten Stellenbedarf relevant sind, ist in der Tabelle anhand einiger Kriterien zusammengestellt. Über die Anwendung und ggf. Erweiterung dieser Kriterien muss unternehmensindividuell entschieden werden.

Kontaktdaten	Lebenslauf	Qualifikation
Name Adresse Telefonnummer E-Mail-Adresse ...	Alter Bisherige Arbeitgeber Dauer der Beschäftigungsverhältnisse Außerberufliche Aktivitäten Berufliche Ziele Art der gesuchten Anstellung (Teilzeit/Vollzeit/Praktikum etc.) ...	Schulbildung Ausbildung Dauer und Art der Berufserfahrung Besondere Qualifikationen und Kompetenzen (z. B. Kfz-Führerschein, Staplerführerschein, Schweißerschein, Sprachkenntnisse, EDV-Kenntnisse etc.) ...

Art der Umsetzung

Auch bei der Aufbewahrung von Unterlagen spielen die Informations- und Kommunikationstechnologien eine große Rolle. Wie die Unterlagen der Personalakte können auch eingehende Bewerbungen in digitaler Form erfasst und aufbewahrt werden. LF 3/1

Hierbei werden meist die Originalunterlagen eingescannt, um sie anschließend als Datei im EDV-System verfügbar zu halten. Eine andere Möglichkeit des EDV-Einsatzes zur Verwaltung eines Bewerberpools besteht darin, die in den Bewerbungsunterlagen enthaltenen Informationen über die Tastatur in die EDV einzugeben. Dabei kann man sich auf die Informationen beschränken, deren Erfassung für die Zwecke des Bewerberpools ausreichend ist. Als Software lassen sich Textverarbeitungs- und Tabellenkalkulationsprogramme sowie Datenbanken einsetzen.

Zusammen mit der papiernen Archivierung eingegangener Bewerbungen und der Erfassung von Bewerberprofilen etwa auf Karteikarten lassen sich also drei grundlegende Umsetzungsmöglichkeiten beim Aufbau eines Bewerberpools unterscheiden:

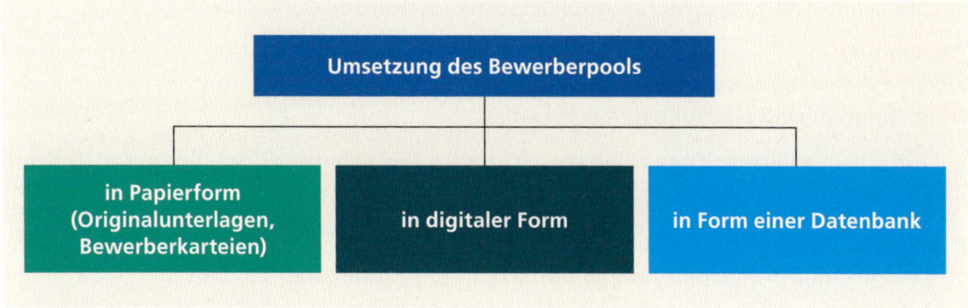

Formen der Umsetzung des Bewerberpools

EDV- und Internetverbreitung ermöglichen es den Unternehmen, die Bewerber in das digitalisierte Verfahren einzubeziehen. So kann sich ein Unternehmen den Scan-Vorgang ersparen, indem es von Interessenten E-Mail-Bewerbungen anfordert, die Unterlagen wie Arbeitszeugnisse und Lebenslauf als Dateianhänge beinhalten. Alternativ kann die Bewerbung mithilfe eines standardisierten Online-Formulars erfolgen, in welches die Interessenten alle relevanten Informationen eingeben. Diese können dann direkt in die Bewerberdatenbank übernommen und nach verschiedenen Kriterien ausgewertet werden.

Vorteile, Nachteile und Probleme von Bewerberpools

In einem Jahr finden schätzungsweise sieben Millionen Einstellungsverfahren statt – damit sind für die Unternehmen rund sieben Millionen Suchprozesse und Beschaffungsaktivitäten verbunden. Der zeitliche und monetäre (= geldliche) Aufwand wird insgesamt beeindruckend hoch sein. Es ist daher leicht nachvollziehbar, dass die Unternehmen bestrebt sind, diesen Aufwand zu verringern. Die Sammlung von Bewerberdaten in einem Bewerberpool ist dabei ein vielversprechender Ansatz, der mit folgenden Vorteilen verbunden ist:

- Informationen über interessante Bewerber liegen dem Unternehmen zum Zeitpunkt des Personalbedarfs vor, was Zeit im Stellenbesetzungsprozess spart.
- Bei einem nach Kriterien strukturierten Bewerberpool verkürzt sich die Zeit der Analyse und Auswertung der Bewerberdaten für ein bestimmtes Anforderungsprofil.
- Die Kosteneffizienz der Beschaffungsaktivitäten verbessert sich, weil die Informationen über nicht eingestellte Bewerber in späteren Stellenbesetzungsverfahren genutzt werden können.
- In einem Unternehmen haben alle mit der Personalbeschaffung beschäftigten Mitarbeiter Zugriff auf den gesamten Pool, unabhängig davon, durch welche Abteilung und/oder auf welchem Weg die Bewerberdaten erhoben wurden. Da auch alle Stellen den Pool speisen, stehen insgesamt mehr Bewerbungen zur Auswahl.
- Ein eher indirekter Vorteil liegt darin, dass sich ein Unternehmen durch die Sammlung und Aufbereitung von Bewerberdaten einen besseren Marktüberblick verschafft.

Beispiel

Auf die Ausschreibung einer bestimmten Stelle bewerben sich 40 Interessierte. Ein Bewerber wird direkt eingestellt. Vier Monate später wird eine neu geschaffene Stelle mit einem Bewerber aus diesem Verfahren besetzt. Die Kosten der Stellenausschreibung von rund 3 000,00 EUR verteilen sich dann im Nachhinein auf zwei Stellenbesetzungsvorgänge.

Die Umsetzung dieser Vorteile ergibt sich jedoch nicht automatisch, sondern der Bewerberpool muss entsprechend strukturiert, gepflegt und verwaltet werden. Für das Unternehmen sind damit Kosten verbunden:

- für die Arbeitszeit (Dateneingabe, Suche im Bewerberpool, Schulungszeit für den Umgang mit der Software);
- für die Hilfsmittel
  - bei einer physischen Ablage (Regale, Ordner, Archivräume) und
  - bei einer digitalen Aufbereitung des Bewerberpools (technische Hardware, ggf. inklusive Scanner, Software wie Bewerbermanagementsysteme).

Die Entscheidung über die Einrichtung und Nutzung eines Bewerberpools wird ein Unternehmen entsprechend der Ausprägung der genannten Vorteile und Nachteile treffen. Müssen etwa Stellen möglichst schnell besetzt werden, lohnt sich ein gut geführter Bewerberpool. Ähnliches gilt, wenn die Fluktuation in einem Unternehmen bzw. einer Branche eher hoch ist. Die Vorhaltung von Bewerbungsdaten kann dann die Personalbeschaffungskosten deutlich senken. Die zeitlichen Vorteile eines Bewerberpools können sich insbesondere auch dann erhöhen, wenn ein Unternehmen besondere, spezialisierte Anforderungsprofile hat. Man kann davon ausgehen, dass Bewerber mit besonderen Qualifikationen und Kompetenzen eher selten sind. Solche Bewerberdaten zu sammeln, kann also in der Zukunft zu wesentlich geringeren Kosten bei einer Stellenbesetzung führen.

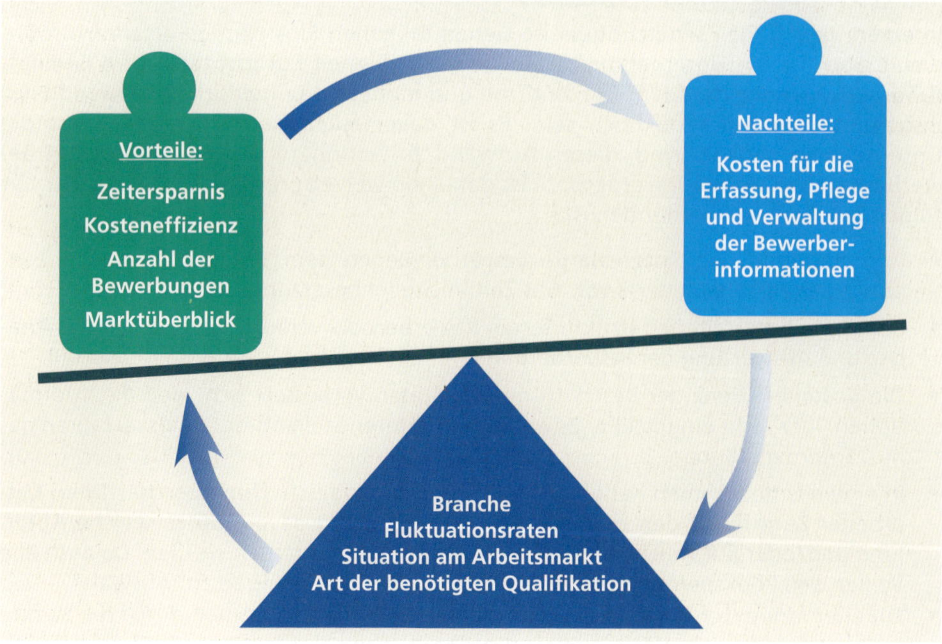

Vorteile und Nachteile eines Bewerberpools im Überblick

Probleme können sich bei der Einrichtung und Verwaltung eines Bewerberpools vor allem in folgender Hinsicht ergeben:

- **Vollständigkeit:** Im Bewerberpool werden nicht alle Bewerbungen erfasst. Das kann seine Ursache beispielsweise darin haben, dass die beteiligten Mitarbeiter nicht genügend Zeit haben, die Daten einzugeben, oder die Struktur einer Bewerberdatenbank ist nicht auf die Eingabeanforderungen der Mitarbeiter angepasst. Auch kann es sein, dass Mitarbeiter ihr Wissen über Bewerber nicht mitteilen wollen, weil sie glauben, dass ihre Position im Unternehmen dadurch geschwächt wird.
- **Definition der relevanten Suchkriterien:** Die Kriterien zur Erfassung und Ordnung der Bewerbungen müssen eindeutig definiert sein, da es sonst zu Eingabefehlern kommen kann, die sich etwa darin zeigen, dass die Durchsuchung eines Bewerberpools nicht die richtigen Ergebnisse anzeigt. Gegebenenfalls werden dann Beschaffungsaktivitäten ausgelöst, obwohl ein passender Bewerber in der Datenbank vorhanden wäre.
- **Aktualität:** Der Bewerberpool ist nicht aktuell, weil die neuen Bewerbungen zwar immer eingepflegt werden, veraltete Daten jedoch nicht gelöscht werden.
- **Systematische Einbindung:** Der Bewerberpool wird bei der Personalbeschaffung nicht eingesetzt. Ein Grund dafür kann in zu allgemeinen oder nicht angepassten Suchkriterien liegen.

Rechtliche Rahmenbedingungen

Inhalte eines Bewerberpools sind entweder die von Bewerbern eingereichten Unterlagen oder (nur) die Informationen über die sich bewerbenden Personen. Die Bewerbungsunterlagen kann ein Bewerber bei Nicht-Berücksichtigung grundsätzlich zurückverlangen, da sie sein Eigentum bleiben. Dies gilt jedoch nicht bei Initiativbewerbungen. Nicht gesetzlich geklärt ist die Kostenübernahme der Rücksendung. Aus dem Blickwinkel des Arbeitgeberimages sollte ein Unternehmen die Bewerbungsunterlagen zurücksenden. In Bewerberforen wird häufig der Tipp gegeben, einer Bewerbung einen frankierten Rückumschlag beizulegen, um so die Chancen auf Rücksendung zu erhöhen.

Will der Arbeitgeber die Bewerbungsinformationen aufbewahren, sind auch rechtliche Aspekte zu beachten: Bewerbungen beinhalten zum Teil sehr persönliche Informationen und Belege (Zeugnisse, Fotos etc.). Der Arbeitgeber hat daher beim Umgang mit den Unterlagen und/oder den Bewerberinformationen bestimmte Pflichten einzuhalten. Bei der Anforderung von Bewerbungen etwa in einer Stellenausschreibung handelt es sich um eine Art der Datenerhebung, diese Daten werden in einem Bewerberpool systematisch aufbereitet. Die Sammlung dieser Daten unterliegt den Bestimmungen des **Bundesdatenschutzgesetzes**. Folgende Regelungen können aus dem BDSG für den Umgang mit Bewerberdaten abgeleitet werden:

- Eine Erhebung, Verarbeitung und Nutzung von personenbezogenen Daten ist nur dann zulässig, wenn entweder das BDSG, ein anderes Gesetz oder der Betroffene selbst dies ausdrücklich erlaubt (§ 4 Abs. 1 BDSG). Die in einem Bewerbungsverfahren preisgegebenen Informationen sind überwiegend personenbezogen und fallen daher unter diese besonderen Schutzvorschriften. Beispiele sind etwa Angaben zum Alter, zur ethnischen Herkunft, zur Sprache, zur Religion, zu einer Behinderung. Für die Überführung von solchen Informationen in einen Bewerberpool ist daher die **freiwillige Einwilligung** des Bewerbers notwendig (vgl. dazu „Im fachlichen

Kontext" unten). Eine weitere Ausnahme bezieht sich darauf, dass ein Bewerber selbst die Daten veröffentlicht hat, etwa auf seiner Homepage im Internet.

- Der Arbeitgeber muss die Unterlagen und Informationen sorgfältig und sicher aufbewahren.
- Es muss gewährleistet sein, dass nur Mitarbeiter mit einem berechtigten Interesse Zugang zu den Unterlagen bzw. Informationen haben, meist die Personalverantwortlichen in einem Unternehmen. Ein berechtigtes Interesse haben auch Personalvermittler und Disponenten der Zeitarbeit, da sie ohne diese Informationen ihre Aufgaben nicht erfüllen können.
- Grundsätzlich dürfen die Unterlagen und Informationen nicht außerhalb des Unternehmens weitergegeben werden. Unternehmen der Personaldienstleistungsbranche holen sich aus diesem Grund vorab die Einwilligung bei den Bewerbern ein, Profildaten an Kundenunternehmen weiterzugeben, oder sie übermitteln anonymisierte Profile.
- Bezüglich Online-Bewerbungen listet § 9 BDSG weitere Anforderungen auf, die sich auf die Sicherheit der Übermittlung und Speicherung beziehen.

Im fachlichen Kontext

Datenschutz bei Bewerbung und Einstellung – Grundlagen

[...]

Einwilligung der Betroffenen

Das Einholen einer Einwilligung sowohl bei einem Bewerber als auch bei einem Beschäftigten ist prinzipiell immer problematisch, da sowohl in dem einen wie dem anderen Fall ein besonderes Abhängigkeitsverhältnis besteht, was mit den gesetzlichen Anforderungen an eine Einwilligung nicht ohne Weiteres in Einklang zu bringen ist. Denn wenn mit einer Einwilligung gearbeitet werden soll, um eine rechtmäßige Erhebung von Daten zu gewährleisten, sind gemäß § 4a BDSG folgende Anforderungen zu erfüllen:

- Die Einwilligung ist nur wirksam, wenn sie auf der freien Entscheidung des Betroffenen beruht.
- Der Betroffene ist auf den vorgesehenen Zweck der Erhebung, Verarbeitung und Nutzung hinzuweisen.
- Der Betroffene ist auf die Folgen der Verweigerung einer Einwilligung hinzuweisen.
- Die Einwilligung bedarf der Schriftform, soweit nicht wegen besonderer Umstände eine andere Form angemessen ist.
- Soll die Einwilligung zusammen mit anderen Erklärungen abgegeben werden, ist sie besonders hervorzuheben.
- Soweit besondere Arten personenbezogener Daten erhoben, verarbeitet oder genutzt werden, muss die Einwilligung darüber hinaus ausdrücklich diese Daten nennen.

Vor allem aber ist zu beachten, dass es selbstverständlich nicht zulässig ist, die Einwilligung zu einer Datenerhebung zu verlangen, die gegen zwingende Schutznormen oder gegen die von der Rechtsprechung gezogenen Grenzen des Fragerechts verstoßen.[1]

Dazu ein Beispiel: Die Frage nach der Schwangerschaft wird nicht etwa dadurch zulässig, dass sich eine Bewerberin damit einverstanden erklärt hat, wahrheitsgemäß darauf zu antworten.

Oder ein zweites Beispiel: Holen Arbeitgeber von Bewerbern oder neu eingestellten Arbeitnehmern die Einwilligung ein, Arbeitsunfähigkeitszeiten und Krankheitsdiagnosen bei der Krankenkasse erheben zu dürfen, so ist auch diese meist nicht nur deshalb unwirksam, weil sie die Grenzen des Fragerechts überschreitet, sondern auch weil die Einwilligung wegen des bestehenden Abhängigkeitsverhältnisses mutmaßlich nicht wirklich freiwillig erteilt worden ist. Die Krankenkassen dürfen den Arbeitgebern deshalb in solchen Fällen keine entsprechenden Daten übermitteln.[2]

Eine nachträgliche Einwilligung genügt den Anforderungen des § 4a BDSG übrigens nicht und würde nichts an der Rechtswidrigkeit einer bereits erfolgten Erhebung und Verarbeitung personenbezogener Daten ändern.[3] Außerdem stellt die Einholung einer Einwilligung (die ja stets schriftlich zu erfolgen hat!) immer auch einen nach § 94 Abs. 1 BetrVG mitbestimmungspflichtigen Personalfragebogen dar.[4]

[…]

[1] *Vgl. Gola/Schomerus: Bundesdatenschutzgesetz, Beck-Verlag 2007, § 4a Rand-Nr. 15.*

[2] *Vgl. Gola/Wronka: Handbuch zum Arbeitnehmerdatenschutz, Datakontext 2008, Seite 79; Thüsing/Lambrich, Seite 1150; Däubler/Kittner/Klebe/Wedde/Weichert: Bundesdatenschutzgesetz, Bund-Verlag 2007, § 4a Rand-Nr. 29 f.*

[3] *Vgl. Gola/Wronka, Seite 79.*

[4] *Vgl. Fitting/Engels/Schmidt/Trebinger/Linsenmaier: Betriebsverfassungsgesetz, Vahlen Verlag 2008, § 94 Rand-Nr. 12; Däubler/Kittner/Klebe: Betriebsverfassungsgesetz, Bund-Verlag 2008, § 94 Rand-Nr. 27.*

Quelle: Schierbaum, Bruno: „Datenschutz bei Bewerbung und Einstellung – Grundlagen", in: Computer und Arbeit 5/2008, Bund Verlag GmbH, Frankfurt am Main, S. 7–12, unter: www.btq.de/fileadmin/Dateiablage/Artikel/cua2008_05_7.pdf (Zugriff: 03.03.2010).

2.2 Dienstleistungsangebote elektronischer Bewerberpools

LF 4/ 2.3

In der Überschrift wurde der Logik des Kapitels folgend der Begriff Bewerberpool verwendet. In der Praxis werden die hier angesprochenen Bewerberdatenbanken auch unter den Begriffen **Jobbörse, Bewerberportal** und **Bewerberbörse** geführt. Das Angebot ist unübersichtlich und in permanenter Veränderung. Im deutschsprachigen Raum waren im Jahr 2009/2010 rund 1 000 Jobbörsen aktiv, die in den meisten Fällen auch Bewerberdatenbanken enthalten. Ausführlicher werden die Jobbörsen im Zusammenhang mit der Veröffentlichung von Stellenanzeigen durch Arbeitgeber dargestellt.

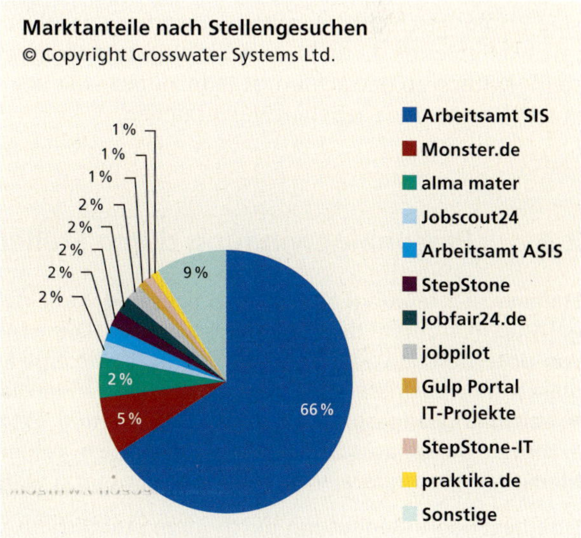

Crosswater Job Guide: Marktanteile nach Stellengesuchen, Zugriff unter: http://www.crosswater-systems.com/ej5004ap.htm (Zugriff: 25.07.2012).

Einen Eindruck von der Marktlandschaft bietet Ihnen die obige Übersicht, die die Marktanteile bei den Stellensuchenden zeigt:

Die mit Abstand größte Bewerberdatenbank hält die Bundesagentur für Arbeit als nicht kommerzieller Anbieter vor. Das hat sich auch nach der Reorganisation und Umbenennung in **Jobbörse** nicht geändert: Um den Jahreswechsel 2009/2010 waren ca. drei Millionen Bewerberprofile in der Datenbank zugänglich. Das Onlineangebot wurde um zahlreiche Leistungen erweitert. Im Einzelnen hat ein Unternehmen bei der Bewerbersuche folgende Möglichkeiten:

- Abfrage des Bewerberpools mit verschiedenen Suchoptionen
- Matchingverfahren
- Kontaktaufnahme zu Bewerbern
- Integriertes Bewerbungsmanagement (Abwicklung des E-Recruiting)

Praxistipp

Über die Jobbörse stellt die Bundesagentur für Arbeit eine Broschüre zur Verfügung: www.arbeitsagentur.de/zentraler-Content/Veroeffentlichungen/Intern/BA-Jobboerse-Personalsuche.pdf

Bei den kommerziellen Anbietern sind der Markt und die Dienstleistungen in ständiger Veränderung. Es lässt sich ein Trend zu einer stärkeren Spezialisierung bei den verschiedenen Jobbörsen sowohl hinsichtlich bestimmter Qualifikationen als auch nach geografischen Einzugsgebieten beobachten. Die seit Jahren erwartete Marktkonsolidierung hat bislang nicht stattgefunden.

Ohne Frage sind Online-Bewerberbörsen genauso wie ihr Pendant der Stellenbörsen eine Erfolgsgeschichte, wie ihre Verbreitung deutlich zeigt. Die Fehlerquellen der Frühzeit wie fehlende Aktualität und schlechte Abfrageergebnisse sind weitgehend abgestellt. Kritisch zu betrachten ist jedoch nach wie vor die fehlende Überprüfbarkeit der in den Börsen angegebenen Nutzerzahlen.

2.3 Personalgewinnung durch Stellenausschreibungen

Stellenausschreibungen sind ein aktives und von einem konkreten Personalbedarf ausgelöstes Instrument der Personalgewinnung. Diese Methode der Stellenbesetzung wird von Unternehmen am häufigsten genutzt, wie eine Erhebung des Instituts für Arbeitsmarkt- und Berufsforschung zeigt. Unterscheiden lassen sich – je nachdem, welcher Arbeitsmarkt angesprochen wird – **interne und externe Stellenausschreibungen**. Die externen Stellenausschreibungen lassen sich ferner danach differenzieren, welche
LF 1 Medien (insbesondere Print, Internet) eingesetzt werden.

Eine besondere Bedeutung durch ihren staatlichen Auftrag haben die Arbeitsagenturen: Sie betreuen arbeitslose Personen, sie vergeben Fördermittel und sie bieten

Leistungen an, auf die Arbeitnehmer und Arbeitgeber bei der Deckung des Personalbedarfs zurückgreifen können.

Wege zur Stellenbesetzung 2010 in West- und Ostdeutschland

Suchweg	Suchwege			Besetzungswege			Erfolgsquote*		
	West	Ost	Gesamt	West	Ost	Gesamt	West	Ost	Gesamt
	in %								
eigene Inserate (in Zeitungen, Zeitschriften)	42	47	43	26	13	24	57	49	56
Stellenangebote im Internet (ohne Internetdienste der Arbeitsagenturen)	45	31	42	15	11	14	33	36	33
Antwort auf Inserate Arbeitsuchender	1	1	1	1	1	1	11	22	13
Kontakt zur Arbeitsagentur (einschl. Internet)	14	23	15	14	23	15	33	49	36
Private Arbeitsvermittlung	2	6	3	2	6	3	32	45	36
Summe externer Suchwege	103	108	104	58	54	57	56	50	55
interne Stellenausschreibung	3	2	3	3	2	3	14	14	14
Auswahl aus Initiativbewerbungen/ Bewerberliste	9	15	10	9	15	10	30	50	36
Auswahl aus Leiharbeitern und Auszubildenden	2	2	2	2	1	2	78	78	78
Interne Praktika	1	1	1	1	1	1	47	29	42
über eigene Mitarbeiter, persönliche Kontakte	25	25	25	25	25	25	62	66	63
Summe interner Suchwege	40	45	41	40	44	41	100	98	100
Sonstiger Suchweg (Nennungen)	3	1	2	4	3	3	56	63	58

* Erfolgsquote = Erfolgreicher Suchweg / Beschrittener Suchweg x 100 *Gewichtung:* Zahl der Neueinstellungen

Lesebeispiel Zeile 1:
Bei 43% aller Neueinstellungen wurde per Inserat nach Bewerbern gesucht. Bei 24% aller Neueinstellungen konnte über Inserate erfolgreich eine passende Person gefunden werden. Das heißt, dass mehr als jeder zweite Versuch, über Inserate eine Stelle zu besetzen, erfolgreich war. Die Erfolgsquote von Inseraten liegt bei 56%.

Quelle: Daten entnommen aus IAB Kurzbericht Nr. 26/20v11, S. 2-4, veröffentlicht im Dezember 2011, unter: http://doku.iab.de/kurzber/2011/kb2611.pdf.

2.3.1 Interne Stellenausschreibung

Die Rekrutierungsmaßnahmen auf dem internen Arbeitsmarkt wenden sich an die bereits im Unternehmen beschäftigten Arbeitnehmer, um sie für eine bestimmte Stelle zu gewinnen. Die Vorteile der internen gegenüber der externen Rekrutierung wurden bereits im vorigen Kapitel einander gegenübergestellt, ebenso die Folgen einer internen Besetzung: Durch eine interne Versetzung wird wieder eine andere Stelle frei, dies löst ggf. wiederum einen (externen) Prozess der Personalgewinnung aus.

Ausgangspunkt bei der internen Stellenbesetzung ist, ebenso wie bei der externen, das **Anforderungsprofil**. Während die auf den externen Arbeitsmarkt gerichteten Personalbeschaffungsaktivitäten Personen gewinnen wollen, die möglichst genau mit dem

Anforderungsprofil übereinstimmen, kann eine interne Rekrutierung sich auch an solche Beschäftigte wenden, die derzeit das Anforderungsprofil noch nicht erfüllen, in ihren Kompetenzen aber **entwicklungsfähig** sind. In diesem Fall umfasst die interne Rekrutierung auch Maßnahmen der Personalentwicklung und der Fortbildung. Ziele, Aufgaben und Instrumente der Personalentwicklung sind ein weites Feld, das in seiner Vollständigkeit hier nicht aufgezeigt werden kann. Es wird hier nur kurz unter der Überschrift Personalentwicklung dargestellt als Möglichkeit der internen Rekrutierung. Eine vertiefende Darstellung erfolgt im Zusammenhang mit der Führung und Förderung des Personals eines Unternehmens.

Bd. 3 / LF 10

Im Unterschied zur eher mittel- und langfristig angelegten Personalentwicklung ist die interne Ausschreibung einer Stelle ein kurzfristig einsetzbares Instrument.

Inhalte der internen Stellenausschreibung

Mit einer internen Stellenausschreibung werden die bereits im Unternehmen beschäftigten Arbeitnehmer angesprochen. Dabei kann es auch beabsichtigt sein, die sozialen Netzwerke der Mitarbeiter anzusprechen. Die empirische Erhebung des IAB zeigt die Bedeutung dieser Rekrutierungsmaßnahme.

Bei der internen Stellenausschreibung wird eine bestimmte Stelle mit dem jeweiligen Anforderungsprofil und Aufgabenbereich auf unternehmensinternen Kommunikationsplattformen (z. B. Schwarzes Brett, Intranet) veröffentlicht. Bewerben können sich darauf alle interessierten Arbeitnehmer, die die jeweiligen Voraussetzungen erfüllen. Kann die Stelle mit einem internen Mitarbeiter besetzt werden, wird dieser von der alten auf die neue Stelle **versetzt**.

Bei der Formulierung einer internen Stellenausschreibung sollten Angaben zu folgenden Inhalten gemacht werden (vgl. das Beispiel einer innerbetrieblichen Stellenausschreibung auf der folgenden Seite):

- Bezeichnung der Stelle
- Organisatorische Einbindung (Abteilung, Vorgesetzte)
- Zeitpunkt der Ausschreibung
- Geplanter Zeitpunkt der Besetzung
- Aufgabenbereich
- Anforderungsprofil (fachliche und persönliche Voraussetzungen)
- Eingruppierung
- Umfang der Bewerbung, Bewerbungsfrist
- Adressat der Bewerbung, Ansprechpartner bei Rückfragen

Rahmenbedingungen der internen Stellenausschreibung

Nach dem Betriebsverfassungsgesetz (§ 93 BetrVG) kann der Betriebsrat verlangen, dass eine Stelle intern ausgeschrieben wird. Eine Ausnahme von dieser Regelung besteht für leitende Positionen (§ 5 BetrVG).

Eine interne Ausschreibung beinhaltet jedoch weder den Ausschluss anderer, ggf. parallel laufender Rekrutierungsmaßnahmen noch eine grundsätzliche Bevorzugung interner Bewerber im Besetzungsprozess. Auch eine zeitliche Frist für die interne Veröffentlichung ist nicht bestimmt. Im weiteren Prozess der Personalgewinnung ist der Betriebsrat vor jeder Einstellung (oder Versetzung) zu unterrichten und seine Zustimmung zu dieser personellen Angelegenheit ist einzuholen (§ 99 BetrVG).

Bei der internen Ausschreibung hat das Unternehmen die Regelungen des Allgemeinen Gleichbehandlungsgesetzes (AGG) und des Gesetzes über Teilzeitarbeit und befristete Arbeitsverträge (TzBfG) zu beachten. Detaillierter werden die relevanten Regelungen im Kapitel über die externe Stellenausschreibung behandelt. LF 4 / 2.3.2

Beispiel

Innerbetriebliche Stellenausschreibung

Lfd. N.: 23 | Datum: 03.04.20..

Bezeichnung der Stelle:	Disponent/Disponentin
Abteilung/Vorgesetzte(r):	NL Gotha, unterstellt dem/der NL-Leiter/-in
Einsatzort/Betriebsstätte:	Gotha, Thüringen
Zeitpunkt der Stellenbesetzung:	1. Juli d. J. (oder später)

Aufgabenbereich:
- Disposition und Personalbetreuung
- Einsatz- und Konfliktgespräche führen
- Akquise/Kundenbetreuung
- Erstellung von zielgruppenspezifischen Konzeptionen für die Personalgewinnung
- administrative Aufgaben wie Führen von Personalakten, AZK etc.

Fachliche und persönliche Anforderungen:
- abgeschlossene kaufmännische Ausbildung
- mindestens 5 Jahre Berufserfahrung, davon wesentliche Zeiten in der Zeitarbeit
- Kommunikationsfähigkeit, Belastbarkeit, Entscheidungsfreude, Teamfähigkeit
- sicheres Auftreten

Eingruppierung: EG 7 II Haustarifvertrag

Bitte reichen Sie Ihre vollständigen Bewerbungsunterlagen
bis zum 10. Mai in der Personalabteilung bei Frau Gerlinde Arnie ein.
Für Rückfragen steht Ihnen Frau Arnie unter der E-Mail-Adresse
Ger.Arnie@PDLGMBH.xy zur Verfügung.
Bitte sehen Sie von telefonischen Anfragen ab.

Personalentwicklung

Auch wenn derzeit kein Mitarbeiter über alle für die Stelle benötigten Qualifikationen verfügt, kann eine innerbetriebliche Stellenausschreibung erfolgen, denn die Mitarbeiter können entsprechend den Anforderungen fortgebildet werden. Dies ist eine Aufgabe der Personalentwicklung.

Definition

Personalentwicklung umfasst alle Aktivitäten, die darauf ausgerichtet sind, durch Qualifikation die Leistungsfähigkeit der Mitarbeiter zu fördern.

Im Einzelnen werden für die Verbesserung der Qualifikation des Personals folgende Maßnahmen eingesetzt:

- Fort- bzw. Weiterbildung zur Erhaltung, Erweiterung und/oder Anpassung der Qualifikation,
- Umschulung von Mitarbeitern für einen anderen Beruf,
- insbesondere bei Führungskräften Gespräche, Feedbacks, Coaching, Mentoring,
- berufliche Erstausbildung.

Personalentwicklung ist zumeist langfristig angelegt und folgt arbeitnehmerindividuellen Karriere- und Entwicklungsplänen. In Einzelfällen lassen sich Qualifikationen auch kurzfristig aufbauen. Dabei ist jedoch zu beachten, dass viele Tätigkeiten nicht nur die formale Qualifikation erfordern, sondern vor allem die Kompetenz, bestimmte Aufgaben zu erfüllen.

Beispiel

Ein Kundenunternehmen der HR Personaldienstleistungen GmbH fordert einen Staplerfahrer für den Lagerbereich an. Einen Mitarbeiter mit den entsprechenden Qualifikationen hat das Unternehmen derzeit nicht zur Verfügung. Jedoch besteht kurzfristig die Möglichkeit, einen Lagerhelfer durch ein Wochenendseminar zu qualifizieren. Der Disponent hält Rücksprache mit dem Kundenunternehmen und erfährt, dass in diesem konkreten Fall auch ein Staplerfahrer mit wenig Erfahrung einsetzbar ist. Daraufhin meldet der Disponent den Mitarbeiter als Teilnehmer des Seminars an.

Die Personalentwicklung als Maßnahme zur Personalgewinnung spielt meist wegen der kurzen Frist nur eine geringe Rolle. Insbesondere ist ihr Einsatz von folgenden Bedingungen abhängig:

- Bedeutung der vorhandenen Erfahrung im geforderten Anforderungsprofil,
- das Personal muss bereit und fähig sein, an Qualifizierungen teilzunehmen,
- der Zeitraum bis zur Stellenbesetzung muss ausreichend lang sein, um die notwendigen Qualifikationen und Kompetenzen aufzubauen.

Personalentwicklung in der Zeitarbeitsbranche

Das Thema Personalentwicklung in der Zeitarbeitsbranche muss differenziert nach internen und externen Mitarbeitern behandelt werden. Bei den internen Mitarbeitern werden mittel- und langfristige Personalentwicklungsplanungen und -maßnahmen durchgeführt. Die Ausbildung zum seit 2008 neu geschaffenen Beruf der/des Personaldienstleistungskauffrau/-manns gehört beispielsweise dazu.

Im Unterschied dazu ist die Entwicklung des zur Überlassung bestimmten Personals in erster Linie einsatz- bzw. kundengeprägt. In einem gewissen Sinne ist Fortbildung sozusagen integraler Bestandteil der Arbeitnehmerüberlassung, da sich Zeitarbeitnehmer bei jedem Einsatz neu auf den Kundenbetrieb und die innerbetrieblichen Rahmenbedingungen einstellen müssen. Das führt zu einer permanenten Kompetenzentwicklung bei den überlassenen Mitarbeitern. Eine systematische und organisierte Fortbildung spielt dagegen bei den externen Mitarbeitern nur eine geringe Rolle, wie im Berufsbildungsbericht 2007 festgestellt wird:

[...]

KOMPETENZENTWICKLUNG IN DER ZEITARBEIT

Aufgrund der Veränderungsprozesse in Wirtschaft, Technologie und Gesellschaft gewinnt die Kompetenzentwicklung für den Erhalt der individuellen Beschäftigungsfähigkeit an Bedeutung. Für die Zeitarbeitnehmer/Zeitarbeitnehmerinnen ist die Kompetenzentwicklung von großer Relevanz, da sie in der Regel häufig Arbeitsplatz, berufliche Tätigkeit oder das Arbeitsumfeld wechseln. Zu klären ist: Welches ist die passende Form der Kompetenzentwicklung? Welche Ansätze gibt es bereits, die in der Zeitarbeit Anwendung finden, und wie kann deren Umsetzung künftig gefördert werden? Und inwiefern kann die Zeitarbeit so ausgestaltet werden, dass die in der Arbeit erworbenen Kompetenzen generell auf dem Arbeits- oder Bildungsmarkt genutzt werden können?
In einem Projekt des Bundesinstituts für Berufsbildung (BIBB) wurde[n] diese Fragen aufgegriffen. Es wurden Fallstudien in Frankreich und den Niederlanden (siehe Berufsbildungsbericht [BBB] 2006, Seite 291) durchgeführt. In Deutschland wurden Zeitarbeitsunternehmen sowie Zeitarbeitskräfte befragt. Die Ergebnisse knüpfen an den Beitrag im BBB 2006 an und werden hier exemplarisch vorgestellt.

[...]

ARBEITEN UND WEITERBILDUNG IN DER ZEITARBEIT IN DEUTSCHLAND

Im Rahmen einer Befragung von Zeitarbeitsunternehmen sollten die Tätigkeiten sowie die Weiterbildungsmöglichkeiten in der Zeitarbeit erhoben werden. Die meisten der Tätigkeiten in den Zeitarbeitseinsätzen werden von Fachkräften mit einer qualifizierten Berufsausbildung nach BBiG/HwO oder von Ungelernten ausgeführt. Tätigkeiten, die eine akademische Qualifikation erfordern, spielen noch eine vergleichbar untergeordnete Rolle.
Die berufliche Weiterbildung der Zeitarbeitskräfte ist in lediglich rund 25 % der befragten Zeitarbeitsunternehmen von eher großer Bedeutung. 32 % geben an, dass Weiterbildung bei ihnen keine Rolle spielt. Sofern an einer formal organisierten Weiterbildung teilgenommen wird, [...] findet die[se] überwiegend in der entleihfreien Zeit statt. Fachliche Inhalte bilden für die Unternehmen dabei mit über 80 % eindeutig den Schwerpunkt.
Außerbetriebliche Tätigkeiten wie beispielsweise ehrenamtliche oder politische Arbeit und die im privaten Umfeld erworbenen Fähigkeiten und Fertigkeiten werden so gut wie nicht berücksichtigt (gemäß Angaben von 78 % der befragten Unternehmen). Allerdings geben die meisten der befragten Unternehmen (92 %) an, die im Arbeitsprozess erworbenen Kompetenzen ihrer Zeitarbeitskräfte bei künftigen Einsätzen zu berücksichtigen.

Insgesamt wurde festgestellt, dass die Förderung der Kompetenzentwicklung, durch Weiterbildungsangebote oder durch informelles Lernen in der Arbeit[,] bisher von den Unternehmen noch sehr wenig realisiert wird.
[...]
Insgesamt haben die Erwerbstätigen in der Zeitarbeit kaum einen Zugang zu formalen Weiterbildungsangeboten – weder im Zeitarbeitsunternehmen noch im Einsatzbetrieb. Die Angebote der Zeitarbeitsunternehmen zielen weitestgehend auf Sicherheitsunterweisungen, Informationsmaterialien und Zusatzqualifikationen wie Staplerscheine.
Allerdings wird der informelle Lerngewinn innerhalb des Prozesses der Arbeit als hoch eingeschätzt. Diese Einschätzung hängt vom Einsatzstatus und vom beruflichen Ausbildungshintergrund der Zeitarbeitskraft ab: Un- und Angelernte erleben den geringsten Lerngewinn. Die Zeitarbeiter/-innen mit Berufsausbildung profitieren am meisten von Zeitarbeit; diejenigen mit geringerer oder noch höherer Qualifikation profitieren nach subjektiver Einschätzung weniger.
Die Antworten auf die Frage der informellen Weiterbildungs- oder Lernmöglichkeiten innerhalb der Arbeit bezogen sich im Wesentlichen auf den Bereich sozialer und methodischer Kompetenzen: 74 % der Befragten sehen einen wesentlichen Lerngewinn der Zeitarbeit darin, sich schnell in neue Tätigkeiten einarbeiten zu können (methodische Kompetenz).

Quelle: Hrsg. v. Bundesministerium für Bildung und Forschung, Referat Öffentlichkeitsarbeit: „Berufsbildungsbericht 2007", 4.4.2 „Kompetenzentwicklung in der Zeitarbeit", unter: www.bmbf.de/de/11275.php (Zugriff: 03.03.2010).

2.3.2 Externe Stellenausschreibungen

Die Suche nach geeigneten Arbeitnehmern mittels externer Stellenausschreibung richtet sich an den externen Arbeitsmarkt. Sie erfolgt, indem Stellenanzeigen veröffentlicht werden. Traditionelle Medien für die Veröffentlichung sind dabei Zeitungen und Zeitschriften. Auch das Internet wird zunehmend als Medium für die Veröffentlichung genutzt. Noch im Status der Erprobung ist die Nutzung des Verbreitungsmediums Mobiltechnologie. Es ist zu vermuten, dass es auch weiterhin immer wieder Innovationen zur Verbreitung von Stellenausschreibungen geben wird.

In diesem Zusammenhang ist es wichtig, sich klarzumachen, dass eine veröffentlichte Botschaft, in diesem Fall die Stellenausschreibung, nicht unabhängig von der Art des genutzten Mediums ist. Vielmehr beeinflusst das Medium die Inhalte und auch die Art der Darstellung der Botschaft. Ein Beispiel dafür ist die Möglichkeit, im Internet für eine Stellenausschreibung auch bewegte Bilder einzusetzen. Video-Stellenanzeigen sind ein relativ neuer Trend, der sich in den nächsten Jahren möglicherweise zum Standard entwickeln wird.

Bei der Veröffentlichung von Stellenausschreibungen muss das Unternehmen folgende Aspekte planen und umsetzen:

- Inhalte und Gestaltung der Stellenausschreibung
- Auswahl des Mediums zur Veröffentlichung
- Einhaltung der rechtlichen Rahmenbedingungen

Die inhaltlichen Festlegungen und die gestalterischen Aufgaben werden in diesem Kapitel am Beispiel einer Print-Stellenanzeige erläutert. Anschließend werden die Eigenschaften der Veröffentlichungsmedien dargestellt. Die rechtlichen Rahmenbedingungen gelten medienunabhängig und beziehen sich vor allem auf die Regelungen im Allgemeinen Gleichbehandlungsgesetz (AGG).

2.3.3 Inhalte und Gestaltung einer Stellenanzeige

Ein Unternehmen veröffentlicht eine Stellenanzeige mit dem Zweck, Bewerbungen zu initiieren. Diese Feststellung ist nur auf den ersten Blick trivial. Wenn man sich vergegenwärtigt, dass die Stellenanzeige nicht allein steht, sondern fast immer im Verbund mit vielen Stellenanzeigen anderer Unternehmen erscheint, wird erkennbar, dass ein bestimmter Aufwand betrieben werden muss, um mit einer Anzeige aufzufallen.

Praxistipp

Einen guten Überblick über die Gestaltungsmöglichkeiten und die Inhalte von Stellenanzeigen erhalten Sie, wenn Sie sich den Stellenmarkt in der Wochenendausgabe Ihrer lokalen Tageszeitung ansehen.

Inhalte einer Stellenanzeige

In einer Stellenanzeige sollten Informationen über folgende Bereiche enthalten sein:

- Angaben über das personalsuchende Unternehmen (**„Wir sind ...“**):
  Firmenname, Unternehmenslogo, Branche, regionaler Markt (international, national), Standort, Betriebsstätten, Größenangaben (Mitarbeiterzahlen, Umsatzzahlen, ...), Unternehmenskultur (kommunikativ, dynamisch, verantwortungsbewusst, ...)
- Angaben zur ausgeschriebenen Stelle (**„Wir haben ...“**):
  Bezeichnung, Position, Aufgabenbereich, Stellenkompetenzen und Stellenverantwortung, Einstellungstermin
- Angaben zum Anforderungsprofil (**„Wir suchen ...“**):
  Ausbildung, Vorbildung, Kompetenzen, fachliche Qualifikationen, erforderliche Nachweise (z. B. nach Bundesinfektionsschutzgesetz), Art und Umfang der Berufserfahrung, persönliche Eigenschaften und soziale Kompetenzen
- Angaben zu den angebotenen Leistungen (**„Wir bieten ...“**):
  Entgelt (Sonderzahlungen, Gratifikationen, Tarifbindung, ...), freiwillige Sozialleistungen, Arbeitszeit(-modell), Urlaub
- Angaben zu Art und Umfang der Kontaktaufnahme/der Bewerbung (**„Wir bitten um ...“**):
  Umfang der Bewerbungsunterlagen, ggf. Hinweis auf persönliche Vorstellung, Bewerbungsfrist, Ansprechpartner bei Rückfragen

Beispiel

Wir sind ein erfolgreiches Maschinenbauunternehmen
mit dem Schwerpunkt im Bereich Druckmaschinen.

Um unser weiteres Wachstum sicherzustellen, suchen wir
zum nächstmöglichen Zeitpunkt eine/n

Personalreferenten/Personalreferentin

Ihr Aufgabengebiet umfasst schwerpunktmäßig die Organisation der Aktivitäten zur Personalbeschaffung in enger Abstimmung mit den jeweiligen Fachabteilungen sowie die Unterstützung der Geschäftsleitung bei Fragen des Personalbereichs. Mittelfristig soll die Stelle um die Funktion Personalentwicklung erweitert werden.

Wir erwarten von Ihnen eine Ausbildung in einem kaufmännischen Beruf und ausgeprägtes Interesse an den Aufgaben der Personalwirtschaft. Da der bisherige Stelleninhaber noch im Unternehmen ist, garantieren wir eine umfassende Einarbeitung. Sicheres Auftreten und Anwendungskenntnisse der Standardsoftware setzen wir voraus.

Wir bieten Ihnen neben einem attraktiven Gehaltspaket und zeitgemäßen Sozialleistungen ein angenehmes Arbeitsklima mit einem ausgewogenen Verhältnis von Sicherheit und Dynamik.

Wir freuen uns auf Ihre Bewerbung, die Sie bitte an Herrn Meierhoff unter dieser Adresse senden:
Presswerk AG, Herkulesstraße 1–10, 59514 Soest

Beispiel für eine offene Stellenanzeige

In der dargestellten Stellenanzeige sucht ein Unternehmen **offen** nach Bewerbern. Daneben besteht die Möglichkeit, Stellenanzeigen ohne Nennung des Unternehmens zu veröffentlichen. Die Kontaktaufnahme erfolgt dann mittels einer **Chiffre** (= Kennziffer) über das Verbreitungsmedium. Die Veröffentlichung von Stellenausschreibungen in Form von Chiffre-Anzeigen ist mit folgenden Vorteilen für das ausschreibende Unternehmen verbunden:

- Veränderungen im Personalbestand eines Unternehmens sind zunächst nicht erkennbar.
- Informationen über die organisatorische Einbindung von Stellen werden nicht an die Öffentlichkeit gegeben.
- Konkurrenzunternehmen erhalten keine Hinweise über Organisations-, Markt- und/oder Produktveränderungen.

Nachteilig kann sich auswirken, dass sich das Bewerbungsverfahren verlängert, weil die Bewerbungen zunächst bei dem Verbreitungsmedium eingehen. Ferner muss ein Unternehmen bei der Veröffentlichung von Chiffre-Anzeigen damit rechnen, dass Bewerber häufiger Kurzbewerbungen – bestehend aus Anschreiben und Lebenslauf – einreichen. Vollständige Bewerbungsunterlagen müssten dann anschließend angefordert werden, was wiederum die Dauer des Bewerbungsverfahrens verlängert.

Praxistipp

In Bewerbungsratgebern wird häufig dazu geraten, auf anonyme Chiffre-Anzeigen mit Kurzbewerbungen zu antworten, um nicht zu viele Informationen preiszugeben.

Gestaltung einer Stellenanzeige

Die Informationsdichte und Reizüberflutung, der die Menschen jeden Tag ausgesetzt sind, machen es für Unternehmen immer schwieriger, mit ihren Botschaften die jeweilige Zielgruppe zu erreichen. Das gilt besonders für die Absatzwerbung, aber auch bei der Veröffentlichung von Stellenausschreibungen, deren Ziel es ist, die jeweils geeigneten Personen für eine freie Stelle anzusprechen und zu einer Bewerbung zu animieren. Der optischen Gestaltung der Anzeige kommt daher bei der Veröffentlichung, sei es online oder in gedruckten Medien, eine besondere Bedeutung zu. Die gestalterischen Möglichkeiten beziehen sich auf folgende Bereiche:

- Elemente der Anzeige: Texte, Bilder, Abbildungen
- Schriftart und -größe
- Farben, Schwarz-Weiß-Anzeigen
- Anteil und Verhältnis bedruckter zu nicht bedruckter Fläche

Häufig wird entweder mithilfe eines Bildes oder einer textlichen/inhaltlichen Schlagzeile die Aufmerksamkeit der (oberflächlichen) Betrachter „eingefangen". Diese Funktion bezeichnet man als **Eyecatcher** (engl. = „Augenfänger"). Die Aufmerksamkeit ist notwendige Voraussetzung dafür, dass ein Betrachter/Leser die Inhalte einer Anzeige rezipiert (lat. = aufnehmen) und gedanklich bewusst verarbeitet. Die Inhalte wiederum müssen geeignet sein, den Rezipienten so anzusprechen, dass in ihm der Wunsch entsteht, sich weiter mit den Informationen auseinanderzusetzen. Schließlich muss die Motivation erweckt werden, tatsächlich eine Bewerbung an das Unternehmen zu richten.

Diese Abfolge aus Aufmerksamkeit – Interesse – Wunsch – Aktion wird auch als **AIDA-Formel** bezeichnet (Akronym aus den englischen Begriffen):

Aufmerksamkeit	A	attention
Interesse	I	interest
Wunsch	D	desire
Aktion	A	action

Im fachlichen Kontext

Das AIDA-Konzept wurde um das Jahr 1900 entwickelt, um die Gestaltung von effektiver Werbung zu vereinfachen. Aufgrund seiner Einfachheit und Plausibilität wird es nach wie vor als „Rezept" für die Gestaltung und den Aufbau von Werbung eingesetzt, um Konsumenten zu einem bestimmten Handeln (z. B. Kauf eines Produktes) zu bewegen.

Ausgangspunkt der Wirkungsweise der AIDA-Formel ist die grundsätzlich begrenzte Wahrnehmungs- und Informationsverarbeitungskapazität des Menschen. Um wahrgenommen zu werden, muss sich demnach ein bestimmter Reiz (z. B. ein Bild oder ein Ton) gegen viele andere Reize durchsetzen. Der Wahrnehmende ist in diesem Modell passiv. Diese Auffassung von Wahrnehmungsprozessen fördert Anzeigengestaltungen, die die Aufmerksamkeit provozieren, im bildhaften Sinne also laut wie der Marktschreier am Fischstand sind. Im Verlauf des 20. Jahrhunderts, unter dem Eindruck von Wahrnehmungstheorien und den Ergebnissen der empirischen Wirtschaftspsychologie, wurde das Konzept zunehmend ergänzt und erweitert:

Beispiele sind AICA (*Conviction*/Überzeugung), AIDCA (*Caution*/Vorsicht), AIDMA (*Memory*/Gedächtnis), ACALTA (*Attitute, Legitimation*/Einstellung, Legitimation). Gemeinsamkeit dieser Konzepte ist die Ansicht, dass die erste Aufgabe eines werbetreibenden Unternehmens darin besteht, Aufmerksamkeit zu gewinnen.

Neuere Erkenntnisse der **Neurowissenschaften** deuten darauf hin, dass das Wirkungsmodell einen etwas anderen Verlauf nimmt: Danach werden nur solche Umgebungsreize wahrgenommen, die für einen Menschen wichtig sind. Der Wahrnehmende selektiert bzw. bewertet also während der Wahrnehmung, welche Reize er zulässt oder ignoriert. In dieses Modell wird also das **Vorwissen** oder auch Vor-Interesse einbezogen, was im Hinblick auf Stellenanzeigen besonders bedeutungsvoll ist. Denn wer den Stellenmarkt einer Zeitung oder Online-Stellenbörsen im Internet ansteuert, wird ein grundlegendes Interesse an (bestimmten) Stellenausschreibungen haben.

Zur Beschreibung dieses Prozesses haben Werbeforscher das ARIA-Modell entwickelt:

ARIA: *Appearance*/Erscheinung – *Relevance*/Relevanz – *Information*/Information – *Attention*/Aufmerksamkeit

Um wahrgenommen zu werden, müssen die Dinge erst einmal vorhanden sein. Anschließend werden sie vom Wahrnehmenden auf die Bedeutung und Relevanz mittels der in der Anzeige dargebotenen Informationen geprüft. Im Unterschied zur AIDA-Formel endet dieser Prozess mit der Aufmerksamkeit. Aus diesem Modell lässt sich ableiten, dass die Auswahl des Mediums und die Platzierung bedeutungsvoll sind. **Eine Stellenanzeige muss dort erscheinen, wo Personen mit interessanten Profilen suchen**, anders ausgedrückt: Personen, die auf das Erscheinen einer Stellenausschreibung warten.
Auch für die Werbung im Internet wurden Wirkungsmodelle entworfen. Das **IDAA**-Konzept (*Interest, Desire, Attention, Action*), um an dieser Stelle nur eines zu nennen, geht vom vorhandenen Interesse des Surfers aus, der bestimmte Werbe-Seiten im Internet ansteuert. Empirische Untersuchungen zeigen, dass ein Surfer einer Werbe-Website (*Landing Page*) maximal acht Sekunden Zeit gibt, Aufmerksamkeit zu erreichen. Bei der Anwendung dieser Ergebnisse auf die Ausschreibung von Stellenangeboten ist das unterschiedliche Ausmaß von Interesse und Wunsch zu beachten, das einen Stellensuchenden von einem Verbraucher unterscheidet.

Optische Gestaltung

Das *Layout* (= Plan, Aufbau) einer Stellenanzeige setzt sich durch die individuelle Kombination aus Texten, Bildern, Abbildungen, Schriftarten und -größen, Rahmen, Farben und Flächen zusammen.

Die Art der Kombination bestimmt dabei die Gesamtwirkung. Gestaltungsempfehlungen beziehen sich etwa auf folgende Aspekte:

- Die Schriftgröße sollte aus Gründen der Lesbarkeit mindestens 3 mm betragen.
- Die kompakte Darstellung des Textes und die Verwendung von Spiegelstrichen erleichtern ebenfalls die Lesbarkeit (etwa für Aufzählungen der Stellenaufgaben).
- Abbildungen/Bilder sollen den Inhalt illustrieren, also in einem Zusammenhang zur Stelle bzw. zum Unternehmen stehen.
- Sinnvoll ist ein Blickfang durch ein Schlagwort, etwa die Positionsbezeichnung oder das Logo des Unternehmens.
- Weiße Flächen sollten gezielt zur besseren Übersichtlichkeit und auch zur Abhebung von Anzeigen in der Umgebung eingesetzt werden.
- Rahmenbedingung der Gestaltung sind die Leserichtungen (von links nach rechts, von oben nach unten: man spricht auch von der Lesediagonale, entsprechend bezeichnet man überfliegendes, schnelles Lesen als „diagonales Lesen").
- Rahmungen innerhalb einer Anzeige sind nicht sinnvoll.
- „Reißerisches" Auftreten sollte vermieden werden.
- Besonders bei Stellenanzeigen gilt: Der Inhalt hat Vorrang vor der optischen Gestaltung.

Umfrage: Erhebliches Potenzial bei der Gestaltung von Online-Stellenanzeigen

Köln/München, 20. Mai 2008 – Die Mehrheit der Recruiting-Experten in Deutschland findet die Qualität von Grafik und Texten in Online-Stellenanzeigen nur „befriedigend". Das ist das Ergebnis einer gemeinsamen Umfrage von stellenanzeigen.de und des eco Verbands der Internetwirtschaft e.V.

Die Umfrage lief im April online auf der Seite des Arbeitskreises E-Recruiting im eco Verband, parallel dazu wurde sie von stellenanzeigen.de auf der Messe Personal 2008 in Stuttgart durchgeführt. Insgesamt beteiligten sich 100 Recruiting-Experten. Den aktuellen Stellenwert von Online-Stellenanzeigen stuften die meisten Teilnehmer als hoch ein. 62 Prozent stimmten dem Statement ohne Einschränkung zu „Online-Stellenanzeigen spielen 2008 eine zentrale Rolle für unser Recruiting/Personalmarketing". 29 Prozent hielten die Aussage für zum Teil richtig.

Nach den Kriterien befragt, die über den Erfolg einer Online-Stellenanzeige entscheiden, votierten 58 Prozent für die Gestaltung der Grafik und Bilder, 56 Prozent für den Text, 53 Prozent für die Verschlagwortung und 51 Prozent für die Jobbezeichnung. Mit großem Abstand zu diesen Erfolgselementen entschieden sich nur 13 Prozent für die Mediaplanung. Mehrfachnennungen waren bei dieser Frage möglich. Die durchschnittliche Qualität von Texten der in Deutschland veröffentlichten Online-Stellenanzeigen bewerteten 10 Prozent der Teilnehmer als „sehr gut bis gut". Eine große Mehrheit von 55 Prozent sieht sie als „befriedigend" an, 26 Prozent als „mäßig" oder „mangelhaft".

Die Güte der Grafik und Bilder schätzten immerhin 17 Prozent als „sehr gut bis gut" ein, 54 Prozent fanden sie „befriedigend" und 21 Prozent „mäßig". Sowohl beim Thema Grafik und Bilder als auch bei den Texten zeigten sich erhebliche Differenzen zwischen der Bewertung der durchschnittlichen Qualität im Allgemeinen und der von Online-Stellenanzeigen des eigenen Unternehmens.

So bewerteten immerhin 36 Prozent der Teilnehmer die Qualität der Texte in den eigenen Anzeigen als „sehr gut bis gut“ (gegenüber nur 10 Prozent für Anzeigen im Allgemeinen), bei der Grafik waren es 38 Prozent (gegenüber 17 Prozent für Anzeigen im Allgemeinen). 64 Prozent der Teilnehmer stimmten der These zu, die Gestaltung der Grafik gehöre in die Hände eines externen Spezialisten. Die Mediaplanung sowie die Textgestaltung dagegen betrachten nur 27 beziehungsweise 22 Prozent als externe Spezialistenaufgabe.

„Online-Stellenanzeigen sind immer wichtiger im Wettbewerb um die besten Köpfe. Die Umfrage zeigt, dass hier in der konkreten Umsetzung noch erhebliches Potenzial vorhanden ist. Unternehmen, die auch bei diesem Medium ganzheitlich und gezielt auf Top-Qualität setzen, können in den gesuchten Zielgruppen punkten“, sagt Michael Weideneder, Geschäftsführer von stellenanzeigen.de und Vorsitzender des Arbeitskreises E-Recruiting im eco Verband.

Quelle: Engelhart, Margit: „Umfrage: Erhebliches Potential bei der Gestaltung von Online-Stellenanzeigen", Pressemitteilung vom 20.05.2008, unter: www.stellenanzeigen.de/artikel/2008/05/20/Umfrage_Potenzial_bei_Gestaltung_OnlineStellenanzeigen.htm (Zugriff: 29.03.2012).

Größe einer Anzeige

Die Größe von Anzeigen wird im Printbereich in Spaltenanzahl (Breite) und Millimetern (Höhe) angegeben. Die Breite einer Zeitungsspalte ist bei den verschiedenen Zeitungen unterschiedlich. Die Größe einer Stellenanzeige sollte mit der Bedeutung des Unternehmens und der ausgeschriebenen Stelle korrespondieren: Je wichtiger die Stelle ist, umso größer sollte sie im Stellenmarkt einer Zeitung erscheinen. Weitere Einflussfaktoren sind die Art des Mediums, die Umgebung der Anzeige (ggf. Stellenanzeigen der Wettbewerber), das zur Verfügung stehende Budget und die Situation auf dem relevanten Arbeitsmarkt.

Praxistipp

In der Praxis findet sich die Daumenregel, dass die Kosten für eine Anzeige im Durchschnitt einem Monatsgehalt entsprechen sollen.

Neben den gestalteten Anzeigen bieten die Medien auch sogenannte Fließtext-Anzeigen an (auch Kleinanzeigen genannt). Fließtext ist die Bezeichnung für nicht umbrochenen Text einer Schrift. Er „fließt" gleichsam in eine Spalte ein. Fließtext-Anzeigen sind zum einen wesentlich kostengünstiger als gestaltete Anzeigen, da sie kleiner sind und da keine Kosten für die Gestaltung anfallen. Zum anderen erscheinen sie in Verbindung mit anderen Fließtext-Anzeigen. Die Kosten werden pro Anschlag (Buchstaben und Leerzeichen) oder pro Zeile bezogen.

Platzierung einer Anzeige

Sowohl in Printmedien als auch in Onlinemedien besteht die Möglichkeit, die Platzierung einer Stellenanzeige bei der Buchung festzulegen bzw. zu beeinflussen. In der Regel erzielen Anzeigen am Anfang des Stellenteils in Printmedien mehr Aufmerksamkeit als auf den hinteren Seiten.

Nebeneffekt dieser Platzierung ist, dass viele Leser, unabhängig von der Zielgruppe, diese Anzeige sehen und dadurch eine positive Wirkung auf das Unternehmensimage entstehen kann. Auch die potenziellen Bewerber können so zusätzlich zur Bewerbung motiviert werden, da das ausschreibende Unternehmen durch die hervorgehobene Platzierung indirekt seine Wertschätzung für die Stelle zum Ausdruck bringt.

In den Online-Stellenmärkten der Zeitungen, die diese häufig parallel zu den Printausgaben anbieten, besteht ebenfalls die Möglichkeit, sich herausgehobene Platzierungen zu sichern. Dies wird beispielsweise durch bestimmte Kategorien (vgl. in der Abbildung „Top-Arbeitgeber") oder durch Positionierungen in einer Navigationsleiste (vgl. in der Abbildung „Premium-Unternehmen) erreicht. Andere Möglichkeiten sind die **First-Screen-Platzierung** einer Bannerwerbung und **Teaser-Anzeigen** (engl. to tease = reizen). Letztere beinhalten meist das Logo des Unternehmens und die Bezeichnung der ausgeschriebenen Stelle. Weitere Informationen erhält der Interessierte, wenn er den Teaser anklickt und so zu der Stellenanzeige geführt wird.

Beispiel

Top-Arbeitgeber

Unter dem Navigationspunkt Top-Arbeitgeber erhält Ihr Unternehmen Platz für:

- die Darstellung des Firmenlogos
- eine Verlinkung zur eigenen Homepage
- eine Verlinkung zu den aktuellen Stellenangeboten
- sowie einen Link zu einem textlich freischaltbaren Präsentationsbereich
- Top-Arbeitgeber fallen zusätzlich durch eine besondere Icon-Markierung in den Trefferlisten der Stellenangebote und der Firmensuche auf
- optional mit Video
- **845,00 EUR/1 Monat**

Top-Arbeitgeber

Lernen Sie unsere Top-Arbeitgeber kennen

Hier stellen sich Arbeitgeber vor, die aktuell offene Positionen zu besetzen haben. Nutzen Sie diese weiteren Karrierechancen.

Der Anzeigen-Gestaltungsservice – für Ihren professionellen Auftritt

Einfach gut aussehen – wir übernehmen für Sie die Gestaltung, Texteingabe und Kategorisierung Ihrer Anzeige. Erfahren Sie hohe Aufmerksamkeit mit einer professionell gestalteten Anzeige.

- **130,00 EUR/Anzeige**

Premium-Unternehmen

- Die prominente Platzierung bleibt als Element der Navigationsleiste stets an gleicher Position
- Einbindung Ihres Unternehmens-Logos in die rechte Navigation des Online-Stellenmarktes
- Ein Klick auf das Logo führt direkt auf alle Stellenanzeigen Ihres Unternehmens
- Diese Werbeform ist exklusiv für maximal 10 Unternehmen belegbar
- Die Angebote erscheinen rollierend mit jedem neuen Seitenaufruf
- optional mit Video
- **265,00 EUR /1 Woche**

Die Lebensläufe interessanter Bewerber – frisch aus unserer Datenbank

In unserer umfassenden Bewerberdatenbank können Sie kostenlos aussagekräftige Lebensläufe einsehen. Der Bewerber wird über Ihre Anfrage informiert und muss zustimmen. Nur dann bezahlen Sie **85,00 EUR/Lebenslauf**

Die Lizenz zum Finden – die Bewerber-Recherche

Buchen Sie eine Recherche-Lizenz und fordern Sie so viele Bewerber in der Datenbank an, wie Sie möchten. Sie zahlen lediglich einen zeitabhängigen Pauschalpreis.

- **1 050,00 EUR/1 Monat**
- **weitere Preise auf Anfrage**

Auszug aus den Mediadaten der Süddeutschen Zeitung, Oktober 2009

Quelle: Süddeutsche Zeitung, „Online-Stellenmarkt – Informationen & Statistiken", Mediadaten, S. 4, unter: http://mediadaten.sueddeutsche.de/anzeigen/files/sz_onlinestellenmarkt.pdf (Zugriff: 04.03.2010).

Standardisierung von Anzeigen

Unternehmen mit einem regelmäßigen Personalbedarf halten im Allgemeinen standardisierte Layouts für die Veröffentlichung von Stellenanzeigen vor. Diese beinhalten die grundlegenden Elemente (Logo, Aufteilung, Schriftgröße, Schriftart usw.) einer Anzeige, sodass nur noch die Informationen über die konkrete zu besetzende Stelle eingefügt werden müssen (Bezeichnung, Aufgaben, Anforderungsprofil, ggf. Filialadresse, Ansprechpartner usw.). Neben dem Layout können auch die Größe und die Platzierung festgelegt sein. Diese Standardisierung hat vor allem folgende Vorteile:

- Sicherstellung eines einheitlichen Unternehmensauftritts unabhängig vom Einzelbedarf, mit dem Ziel, das Corporate Design zu wahren;
- dadurch Erhöhung des Wiedererkennungswerts bei Interessenten;
- geringere Kosten je Ausschreibung durch Mehrfachverwendung eines Layouts.

2.3.4 Medien für die Veröffentlichung von Stellenanzeigen

LF 4 / 1.2.3 Hauptsächlich werden Stellenanzeigen über folgende Medien veröffentlicht: Zeitungen, (Fach-)Zeitschriften, Online-Stellenbörsen und/oder Homepage eines Unternehmens.

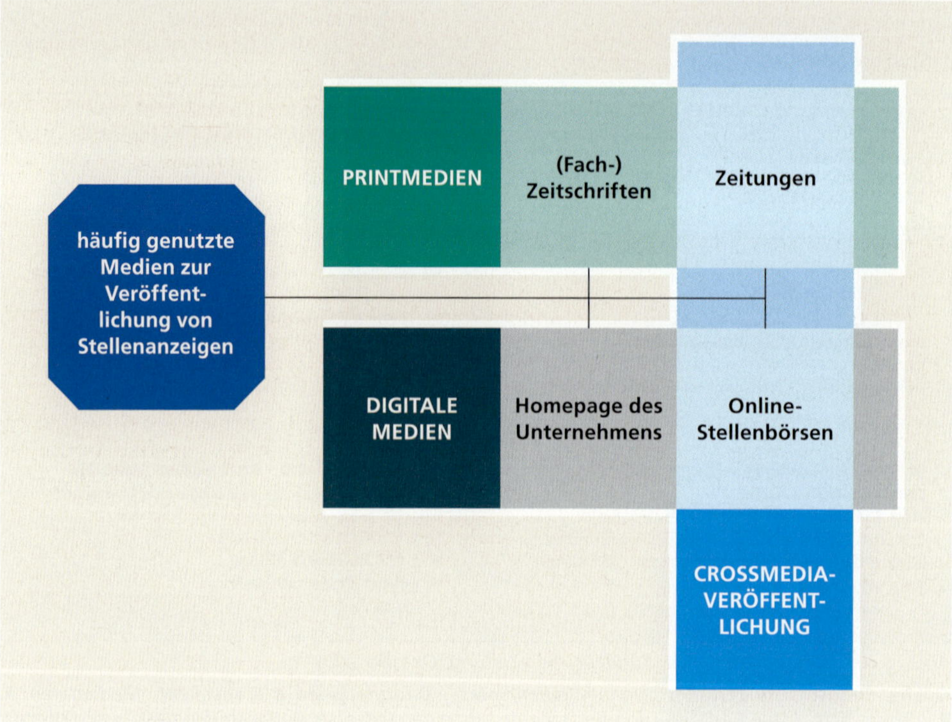

Medien der Veröffentlichung von Stellenanzeigen

Ein Medium ist ein Träger zur Verbreitung von Informationen. Es gibt unterschiedliche Möglichkeiten, Medien zu systematisieren, z. B.

- nach dem Kanal der Wahrnehmung in visuelle, auditive, audiovisuelle Medien; ähnlich:
- Printmedien, Hörmedien, audiovisuelle Medien;
- nach Art der Informationscodierung in analoge und digitale Medien;
- nach der Reichweite in Informationsmedien, Kommunikationsmedien und Massenmedien.

Obwohl grundsätzlich alle dieser Medienarten für die Verbreitung von Stellenanzeigen eingesetzt werden können, soll sich die Darstellung hier auf die (analogen) Printmedien und die (digitalen) Onlinemedien Stellenbörse und Homepage des Unternehmens konzentrieren. Den aufeinander abgestimmten Einsatz mehrerer Medien für eine Veröffentlichung bezeichnet man als **Crossmedia-Veröffentlichung**.

Praxistipp

Aktuelle Informationen zur Medienentwicklung bietet zum Beispiel die Internetseite der Landesanstalt für Medien NRW, unter: www.lfm-nrw.de/

Printmedien

Zu den Printmedien gehören alle auf Papier gedruckte Medien: Zeitungen, Zeitschriften, Bücher, Kataloge, Broschüren, Plakate usw. Interessant sind in diesem Zusammenhang die Zeitungen und die Zeitschriften. **Zeitungen** sind gekennzeichnet durch folgende Kriterien:

- häufige und regelmäßige (periodische) Erscheinungsweise,
- hohe Aktualität in der Berichterstattung,
- allgemeine Zugänglichkeit für eine Öffentlichkeit (dabei ist es unerheblich, ob dieser Zugang gegen Entgelt oder kostenlos ermöglicht wird),
- hohes Maß an Vielfalt bei den behandelten Themen.

Je nach Verbreitungsgebiet unterscheidet man dabei lokale, regionale und überregionale Tageszeitungen sowie Kaufzeitungen, Sonntagszeitungen und Wochenzeitungen. Die folgende Tabelle enthält Informationen zur Auflage (= Anzahl der gedruckten Exemplare) deutscher Zeitungen.

4. Quartal 2011	Verkaufte Auflagen	Abonnements	Einzelverkauf	Sonstiger Verkauf	Bordexemplare
Alle Zeitungen gesamt	23 330 208	15 918 440	5 948 939	879 107	583 722
1 Tageszeitung	18 437 680	13 317 115	4 107 854	648 946	363 765
1.1 Lokale und regionale Abonnementzeitungen	13 299 364	12 179 929	674 885	387 332	57 218
1.2 Überregionale Zeitungen	1 524 927	930 296	195 989	148 805	249 837
1.3 Kaufzeitungen	3 613 389	206 890	3 236 980	112 809	56 710
2 Sonntagszeitungen	3 109 379	1 119 944	1 721 659	92 653	175 123
3 Wochenzeitungen	1 783 149	1 481 381	119 426	137 508	44 834
ePaper	157 352	34 475	209	122 668	0

Quelle: Hrsg. v. ZMG Zeitungs Marketing Gesellschaft mbH & Co. KG: „Aktuelle Auflagen der Zeitungen", unter: www.die-zeitungen.de/marktdaten/auflagen.html (Zugriff: 29.03.2012).

Zeitschriften erscheinen ebenfalls periodisch, jedoch in größeren zeitlichen Abständen. Nach den jeweiligen Zielgruppen werden Fachzeitschriften (ein bestimmter Themenschwerpunkt), Publikumszeitschriften (allgemeine Zielgruppe; bedienen hauptsächlich Unterhaltungsthemen) und weitere Zeitschriftentypen unterschieden, z. B. Jugendzeitschriften, Frauenzeitschriften, Lifestylemagazine u. Ä.

In den vergangenen Jahren haben sich die Auflagen der Printmedien insgesamt rückläufig entwickelt, wie die folgenden Abbildungen zeigen.

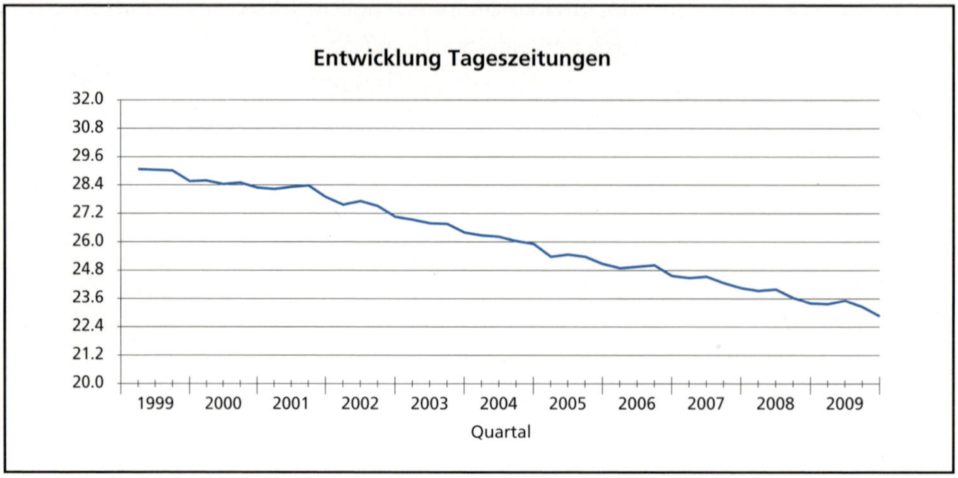

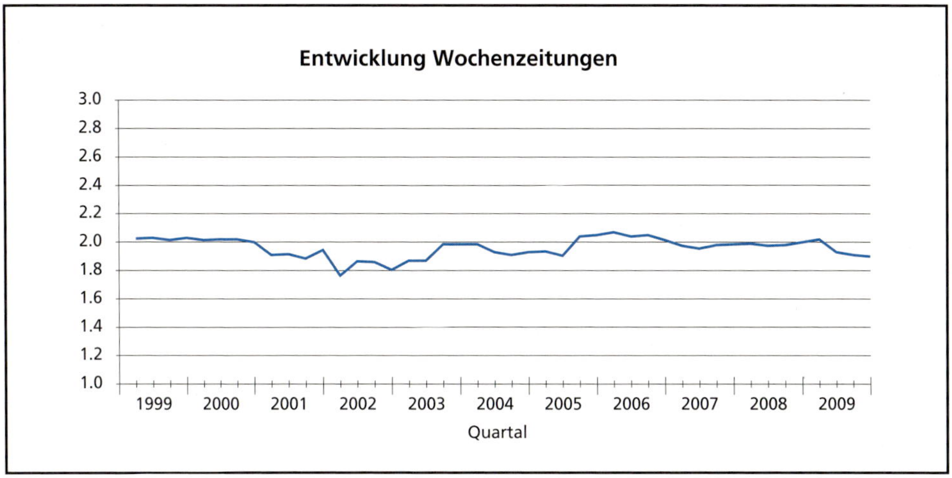
Entwicklung Wochenzeitungen
3.0
2.8
2.6
2.4
2.2
2.0
1.8
1.6
1.4
1.2
1.0
1999
2000
2001
2002
2003
2004
2005
2006
2007
2008
2009
Quartal

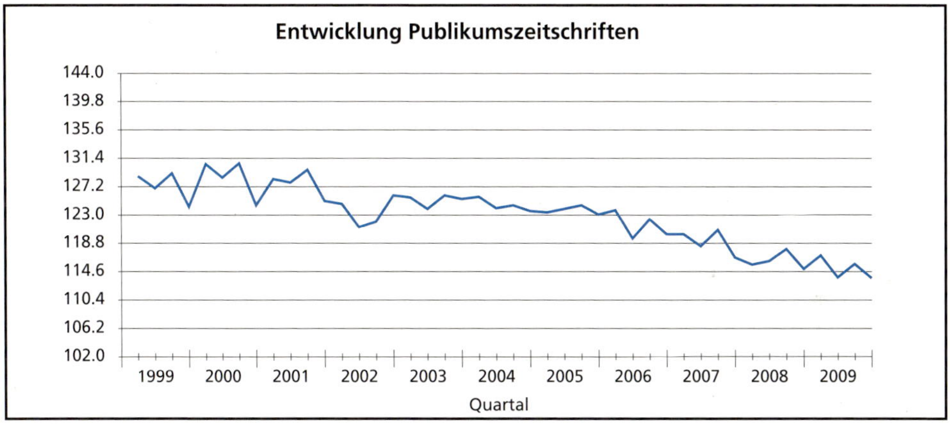
Entwicklung Publikumszeitschriften
144.0
139.8
135.6
131.4
127.2
123.0
118.8
114.6
110.4
106.2
102.0
1999
2000
2001
2002
2003
2004
2005
2006
2007
2008
2009
Quartal

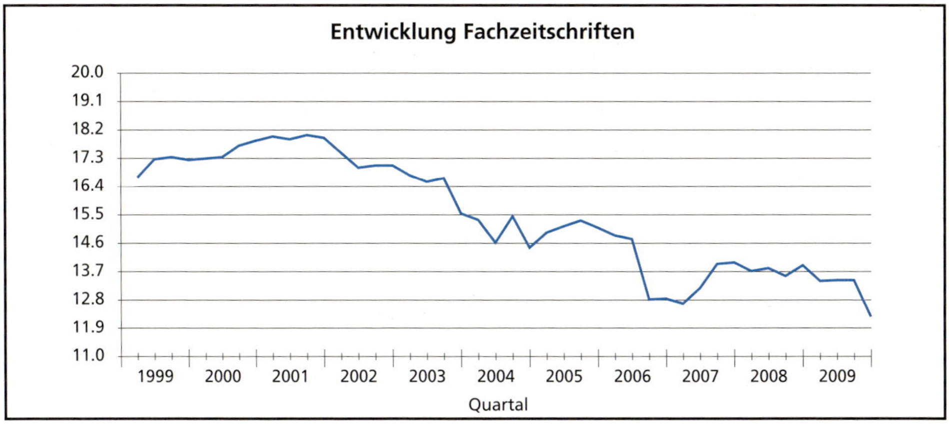
Entwicklung Fachzeitschriften
20.0
19.1
18.2
17.3
16.4
15.5
14.6
13.7
12.8
11.9
11.0
1999
2000
2001
2002
2003
2004
2005
2006
2007
2008
2009
Quartal

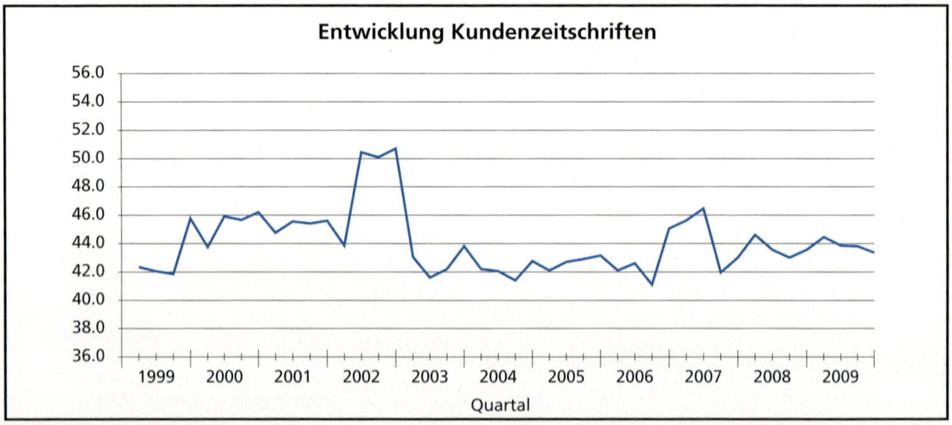

Entwicklung der verkauften Auflage bei den verschiedenen Printmedien

Quelle: ***IVW – Informationsgemeinschaft zur Feststellung der Verbreitung von Werbeträgern e.V.:*** *„IVW-Auflagenliste 2009", Berlin, 2010, S. 9, unter: http://daten.ivw.eu/index.php?menuid=5&u=&p= (Downloads) (Zugriff: 29.03.2012).*

Recherchetipp

- Medieninformationen veröffentlicht die Nationale Initiative Printmedien unter: www.bundesregierung.de
- Häufig stellen Zeitungen ihre Inhalte gleichzeitig auch online zur Verfügung. Ein Überblick über deutschsprachige Printmedien und Presseagenturen mit Onlineangeboten findet sich unter: http://franc.ch/printmed.htm
- Interessante Informationen über den Zeitungs- und Werbemarkt in Deutschland stellt die Zeitungs Marketing Gesellschaft (ZMG) zur Verfügung unter: www.die-zeitungen.de
- Angaben zu den Auflagen und zur Verbreitung von deutschen Zeitungen und Zeitschriften werden von der Informationsgemeinschaft zur Feststellung der Verbreitung von Werbeträgern IVW e.V. regelmäßig veröffentlicht unter: http://daten.ivw.eu

Onlinemedien

Onlinemedien basieren auf der digitalen Informationsverarbeitung und der Vernetzung der eingesetzten Computer durch das Internet. Sie unterscheiden sich von den Printmedien unter anderem in folgenden Aspekten:

- Die Inhalte sind nicht sequenziell (= hintereinander) verknüpft. Während man eine Zeitung „durchblättern" muss, können die Inhalte im Internet nebeneinander und ohne Einhaltung einer bestimmten Reihenfolge angesehen werden.
- Auf jeder „Seite" können im Webformat Teaser oder Banner dynamisch eingeblendet werden.
- Neben Text und Bild stehen weitere Gestaltungsmöglichkeiten zur Verfügung (Video, Ton, bewegter Text etc.).

- Im Unterschied zur Zeitung/Zeitschrift ist das Platzangebot nicht beschränkt.
- Gleiches gilt für den zeitlichen Aspekt: Alte und aktuelle Inhalte bleiben im Internet nebeneinander bestehen.
- Die Nutzer bestimmter Inhalte können direkt eingebunden werden (E-Mail-Kontakt, Blogs, Foren, Chats etc.). Demgegenüber sind die Printmedien auf den klassischen Leserbrief beschränkt – auch wenn er per E-Mail zugesendet werden kann.

Die Nutzung von Onlinemedien im Zusammenhang mit der Veröffentlichung und Verbreitung von Stellenausschreibungen erfolgt in drei Bereichen, und zwar

- auf der Homepage des Unternehmens,
- als Anzeige in einer Online-Stellenbörse,
- als Crossmedia-Anzeige im Verbund von Zeitungs- und Onlineveröffentlichung.

Die Bedeutung der Onlinemedien bei der Personalgewinnung hat sich in den vergangenen Jahren stetig erhöht. Diese Art der Personalgewinnung wird mittlerweile als eigenständiger Bereich mit dem Begriff E-Recruiting (auch: E-Recruitment, E-Rekrutierung) bezeichnet.

Definition
Mit dem Begriff **E-Recruiting** wird die Personalgewinnung unter dem Einsatz von digitalen Medien bezeichnet. In einem weiteren Sinne gehören dazu auch elektronisch geführte Bewerberpools.

Der Nutzung von Stellenbörsen kommt beim Recruiting eine höhere Bedeutung zu als der Veröffentlichung auf der eigenen Unternehmenswebsite. Ein Grund besteht darin, dass mit der Veröffentlichung auf der Firmenhomepage nicht gleichzeitig die Verbreitung der Ausschreibungsinformation in der jeweiligen Zielgruppe sichergestellt ist, wie die nachstehende Abbildung zum Mediennutzungsverhalten Arbeitssuchender zeigt. LF 4 / 2.1

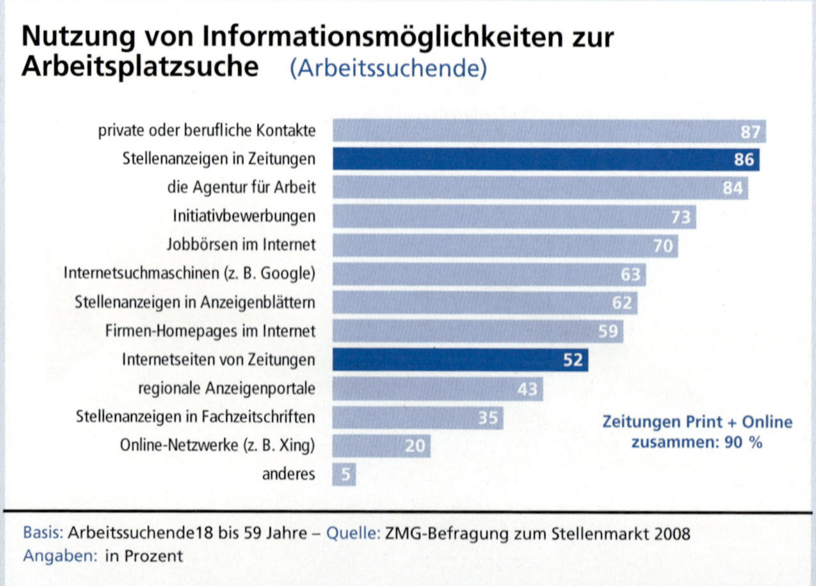

Quelle: „Stellenmarkt 2008/2009", S. 11, unter: www.die-zeitungen.de/fileadmin/files/documents/branchen_marktdaten/themenreports/Stellenmarkt_2008_2009_neu.pdf, hrsg. v. ZMG Zeitungs Marketing Gesellschaft mbH & Co. KG, Frankfurt am Main (Zugriff: 29.03.2012).

Voraussetzung für die Nutzung von Stellenbörsen im Internet ist das technische Equipment sowie das Wissen um den Zugang zu den verschiedenen Börsen. In den vergangenen Jahren hat in Deutschland eine dynamische Entwicklung stattgefunden. Heute nutzen fast 75 % der Bevölkerung das Internet als Informations- und Unterhaltungsmedium.

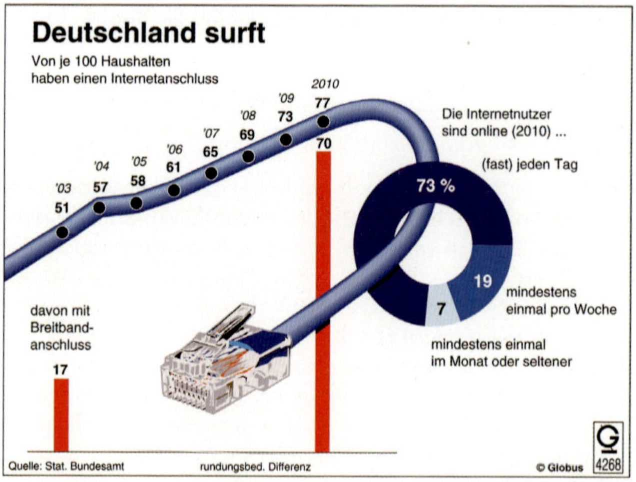

Entwicklung des Anteils der Internetnutzer in Deutschland 2003 bis 2010

Die Zunahme der Internetnutzung verhält sich gegenläufig zur Verbreitung von Printmedien. In der Zukunft ist damit zu rechnen, dass sich diese Entwicklung fortsetzt. Ob dies allerdings gleichzeitig dazu führt, dass die Printmedien eine geringere Rolle bei der Stellenbesetzung spielen werden als heute, ist nicht nur von der Verbreitung der jeweiligen Medien abhängig.

Homepage der Unternehmen

Der überwiegende Teil der Unternehmen unterhält einen eigenen Webauftritt. Dieser dient unterschiedlichen Zwecken.

- Informationsfunktion: Darstellung von Informationen zum Unternehmen und von einzelnen Produkten (Imagewirkung, Werbung, Marketing)
- Kommunikationsfunktion: Austausch mit Kunden, anderen Unternehmen, der Öffentlichkeit
- Vertriebsfunktion: Onlineshops

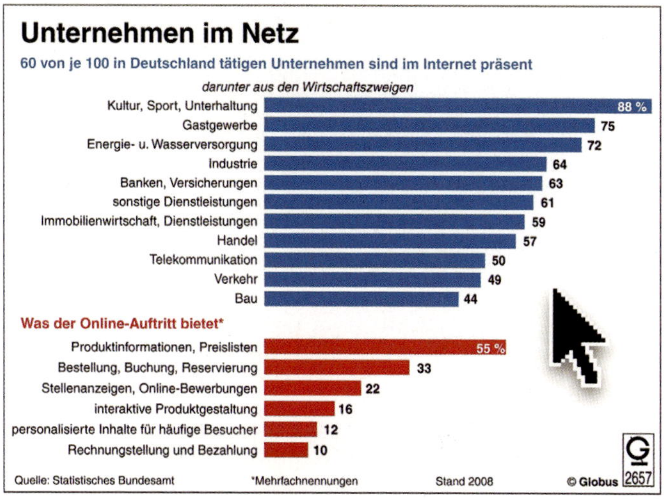

Anteil von Unternehmen mit eigener Homepage

Die Veröffentlichung von Stellenausschreibungen auf der unternehmenseigenen Homepage wird von vielen Unternehmen zusätzlich zu anderen Maßnahmen genutzt. Das Hauptproblem bei einer Homepageveröffentlichung liegt jedoch darin, dass die interessante Zielgruppe die Informationen innerhalb einer bestimmten Frist auf der Unternehmenshomepage finden muss. Bei Unternehmen mit einem starken Arbeitgeberimage in einem bestimmten Personalsegment werden potenzielle Bewerber autonom (= von sich aus) die Homepage ansteuern und aktiv nach Stelleninformationen suchen. Allgemein jedoch kann dies nicht vorausgesetzt werden, sodass Veröffentlichungen auf der Homepage allein für die Verbreitung der Informationen für eine konkrete Stellenbesetzung nicht ausreichend sind. Anders verhält es sich mit der Aufforderung zu Initiativbewerbungen, da diese eine dauerhafte Aufgabe sind.

Jobbörsen

Jobbörsen haben im Personalgewinnungsprozess eine große und immer stärker zunehmende Bedeutung, wenn auch die Wachstumsraten in den vergangenen Jahren etwas zurückgegangen sind. Im Prinzip funktionieren Jobbörsen wie Printmedien: Stellenanbieter veröffentlichen eine Stellenanzeige und Stellensuchende können sich daraufhin bewerben.

Definition

Eine **Jobbörse** ist ein Stellenmarkt, in welchem der Betreiber Stellenangebote von Arbeitgebern und/oder Stellengesuche von Bewerbern mittels Informationsabfrage und -selektion zur Vermittlung bereitstellt. Stellenangebote bzw. Stellengesuche sollen originäre Einträge bei einer Jobbörse sein. Job-Suchmaschinen und Wiederverwerter („Traffic Partnerships") sind demzufolge keine eigenständigen Jobbörsen, da diese Angebote bzw. Gesuche bereits in einer anderen Jobbörse im Internet erschienen sind. Jobbörsen können bilaterale Stellenmärkte (Angebote und Gesuche) oder unilaterale Stellenmärkte (entweder Angebote oder Gesuche) sein, je nach Betriebsmodell der betreffenden Jobbörse. Generalistisch orientierte und Spezial-Jobbörsen werden zusammen mit Jobsuchmaschinen unter dem Begriff Jobportale zusammengefasst. Im Gegensatz dazu stellen HR-Portale mit allgemeinen Informationen zu Bewerbungstipps und Arbeitsmarkt mangels spezifischer Stellenangebote oder Stellengesuche keine Jobbörsen im Sinne dieser Definition. Ebenso sind Arbeitgeber-Karriereseiten, auf denen Stellenanzeigen veröffentlicht werden, keine Jobbörse, da diese Arbeitgeber-Stellenmärkte ausschließlich Stellenangebote für die eigene Firma und nicht von Dritten veröffentlichen.

Quelle: Crosswater Job Guide Bad Soden (Niederlassung Deutschland): Jobbörse, unter: http://de.wikipedia.org/wiki/Jobb%C3%B6rse (Zugriff: 01.08.2012).

Quelle: BITKOM Bundesverband Informationswirtschaft, Telekommunikation und neue Medien e.V., „Unternehmen setzen bei Personalsuche auf das Web 2.0", Pressemitteilung vom 17.01.2011, unter: Unternehmen setzen bei Personalsuche auf das Web 2.0", (Zugriff: 06.08.2012).

Die rund 1 000 in Deutschland aktiven Jobbörsen lassen sich nach verschiedenen Kriterien unterscheiden:

- nach dem Anbieter und Betreiber in kommerzielle und nicht-kommerzielle Anbieter;
- nach den jeweiligen Zielgruppen in allgemeine Karriereportale und spezialisierte Portale, etwa nach Branche, Region, Berufsgruppen;
- nach dem Leistungsumfang in Full-Service-Provider auf der einen Seite des Dienstleistungsspektrums und Abfrage-Datenbanken auf der anderen Seite; das Angebots-

spektrum ist insgesamt heterogen und in Bewegung. Einen Überblick gibt z. B. die Studie des Branchenbeobachters Crosswater Systems zum deutschen Markt für Stellenbörsen (siehe „Im fachlichen Kontext").

Zielgruppen privater Jobbörsen

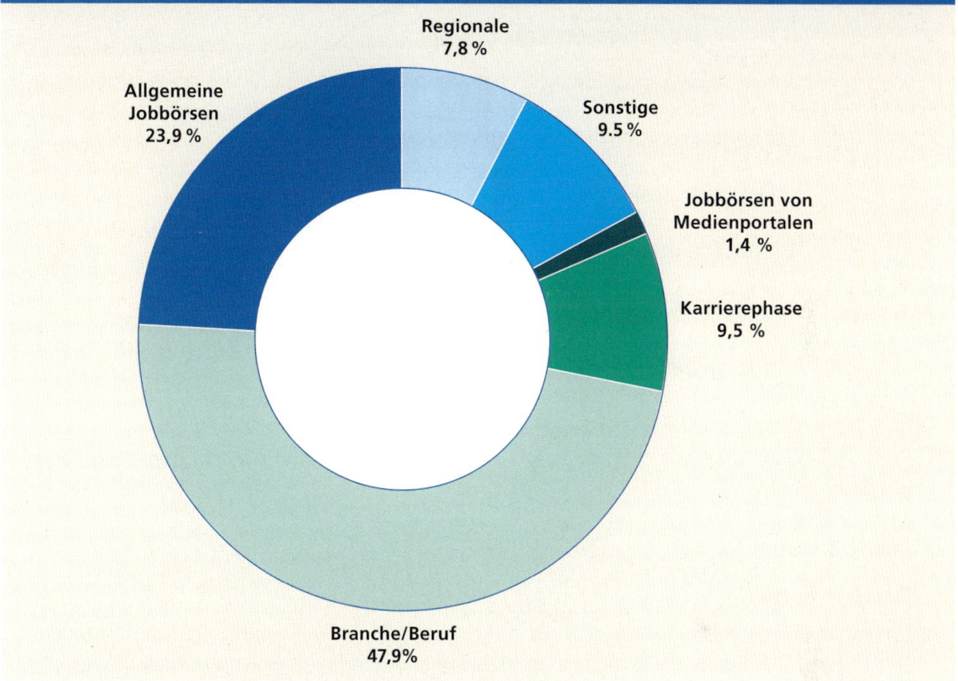

Anteil kommerzieller Jobbörsen in den jeweiligen Zielgruppen

Quelle: Crosswater Job Guide, unter: http://crosswater-job-guide.com/jobboersen_verzeichnis_001_whoiswho/jboards_search.php, hrsg. v. Crosswater Job Guide, Bad Soden (Niederlassung Deutschland) (Zugriff: 31.08.2012).

Recherchetipp

Umfangreiche Informationen zu Jobbörsen finden Sie unter diesen Links:

- www.experteer.de/press/deu/news/personalmagazin_200707.pdf
- http://crosswater-job-guide.com/wp/

Nach wie vor die größte Jobbörse, gemessen an der Anzahl der Besucher, bietet die **Bundesagentur für Arbeit** an. Die Anzahl der angebotenen Stellen liegt bei über 800 000 (im Juni 2012).

Im fachlichen Kontext

Im Hinblick auf die Platzierung von Anzeigen sind detaillierte Kenntnisse über Jobbörsen notwendig, um ggf. unnötige Doppelschaltungen zu verhindern. Unterschieden werden folgende Typen von Jobbörsen:

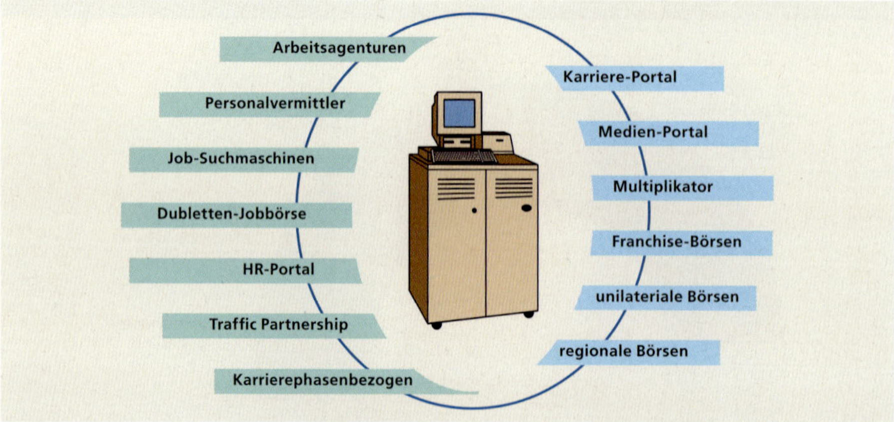

Typen von Jobbörsen nach Crosswater Systems

Quelle: Crosswater Job Guide: „Die Stellenbörsen in Deutschland 2005", S. 4, Bad Soden (Niederlassung Deutschland).

Typologie der Jobbörsen

Karriere-Portal

Einige Jobbörsen positionieren sich als Karriereportal und sind mit einem umfassenden „Full-Service"-Konzept von branchen-, regionalen und berufsgruppenspezifischen Zielgruppen unabhängig ausgerichtet. Diese Jobbörsen entsprechen mit ihrem umfassenden Geschäftsmodell dem nahezu idealen Stellenmarkt. Sie bieten einen „Full-Service" sowohl für Bewerber als auch für Arbeitgeber, zeichnen sich durch ein umfassendes zusätzliches Informationsangebot zu vielfältigen Themen des Arbeitsmarktes und der Bewerbungsverfahren aus und verfügen über eine hoch entwickelte, weitestgehend automatisierte Abwicklung aller Prozess-Schritte. Der Mittelpunkt der Karriereportale ist die hoch entwickelte und umfangreiche Datenbank, die mit ausgefeilten Suchtechniken und Matching-Verfahren benutzt werden können. Automatische Mitteilungsdienste, Karriere-Informationen oder Online-Beratung runden das Serviceangebot ab. [...] Beispiele sind jobpilot, Monster oder StepStone bzw. im nationalen Rahmen Jobware.

Medien-Portal

Klassische Printmedien transformieren Stellenanzeigen oder Stellengesuche in elektronische Jobbörsen. Einige Verlage als Herausgeber von Printmedien wie Tageszeitungen, Fachzeitschriften, und regionale Stellenanzeigen-Blätter haben den Internet-Trend zu den elektronischen Jobbörsen frühzeitig erkannt und reagierten auf die neue Medien-Konkurrenz mit einem eigenen Online-Stellenmarkt. [...] Beispiele sind u. a. Süddeutsche Zeitung, Münchner Merkur, Online, Die Welt oder FR-aktuell. [...]

Multiplikator

Als Multiplikator bezeichnen wir elektronische Jobbörsen, die bereits einmal veröffentlichte Stellenanzeigen oder Stellengesuche zusammenfassen und in einer gemeinsamen Datenbank unter einem einheitlichen Portal im Internet zur Verfügung stellen.

Franchise

Jobbörsen, die im Rahmen eines Franchise-Konzepts dezentrale/regionale Arbeitsvermittlungen unter einem einheitlichen Web-Auftritt anbieten. Franchise-Nehmer sind in der Regel kleine und mittelgroße Personalvermittler, die im Wesentlichen in regionalen Bereichen tätig sind. [...] Beispiel: Personal-Total, Personal-Express.

Unilaterale Jobbörse

Dieser Typ bedient nur eine Seite des Jobmarktes, also entweder Stellenangebote oder Stellengesuche. Traditionell bedienen unilaterale Jobbörsen beispielsweise Hochschulabsolventen oder Praktikumsbörsen. Beispiele: alma mater, Job-Pages.

Regionale Jobbörse

Ausrichtung der Zielgruppe auf eine spezifische, klar abgegrenzte Region. Beispiele: KJS Kölner Job Stellenmarkt, Berlin-Job.

Spezialisten für Karriere-Phasen

Ausrichtung der Zielgruppe auf bestimmte Karriere-Phasen bzw. Berufspositionen. Diese Karrierephasen umfassen beispielsweise

- Schüler, Studenten, Praktikanten für Nebenjobs
- Hochschulabsolventen
- Young Professionals
- Leitende Angestellte/Management
- Outplacement-Kandidaten bei betrieblich bedingtem Stellenabbau
- Arbeitslose
- Zivildienstleistende

Traffic-Partnerships

Traffic-Partnerships sind Vertriebskooperationen von Jobbörsen mit hoch frequentierten oder spezialisierten Web-Portals und dienen den Jobbörsen zur Reichweiten-Steigerung und den Web-Portalen zur Verbesserung des Content-Angebots.

HR-Portal (HR: Human Resources)

Web-Portale für allgemeine Themen der Personalbeschaffung, Orientierungshilfen bei Bewerbungen, Arbeitsrecht, Gehaltsvergleichen usw. ohne eigentliche aktive Jobangebote.

Dubletten-Jobbörsen

Dubletten-Jobbörsen sind Jobbörsen, die eine bereits bestehende Datenbank unter einem anderen Namen im Web verfügbar machen. Eine solche doppelte Positionierung einer Jobbörsen-Datenbank kann zur Verwirrung für die Benutzer beitragen, denn im Grunde genommen hat eine Dubletten-Jobbörse wenig Sinn (Ausnahme: Traffic-Partner). Beispiele für Dubletten-Jobbörsen sind: Vertriebsjobs.de (Duplikat von Stellenanzeigen.de), PKO Management (Duplikat von Jobjet.de), Kribus, Facharzt-Jobs, Jobfuchs. [...]

Job-Suchmaschinen

Spezifische Suchmaschinen, die viele Jobbörsen automatisch durchsuchen und Stellenangebote im Datenbankindex für Abfragen abspeichern. Typische Beispiele sind die Jobsuchmaschine der ZEIT, Jobworld.

Personalvermittler

Personalvermittler betreiben häufig auch eine Art Jobbörse – jedoch unterscheiden sie sich von den herkömmlichen Jobbörsen durch ein unterschiedliches Gebühren-Modell. Jobbörsen erzielen ihre Erlöse in der Regel durch die Preise für publizierte Stellenanzeigen, während Personalvermittler ihr Honorar abhängig vom Salär des Stellensuchenden [...] machen.

Staatliche Quasi-Monopolisten

Jobbörsen, die von staatlichen Behörden (z. B. Bundesagentur für Arbeit) mit staatlicher Finanzierung betrieben werden. Hierzu zählen auch Jobbörsen, die von öffentlichen Einrichtungen mit Stellenangeboten bzw. Stellengesuchen für Dritte betrieben werden, so z. B. einige Jobbörsen von Universitäten. In Deutschland betreibt die Bundesagentur für Arbeit als Bundesbehörde den Virtuellen Arbeitsmarkt und gilt aufgrund ihres arbeitsmarktpolitischen Auftrags hier als Quasi-Monopolist.

Quelle: Crosswater Systems, Die Jobbörsen in Deutschland 2005, Bad Soden (Niederl. Deutschland).

Nutzung von Jobbörsen durch Zeitarbeitsunternehmen

Im Rahmen einer Studie der Fachhochschule Koblenz wurde ermittelt, welche Jobbörsen von Unternehmen genutzt werden. Für Zeitarbeitsunternehmen zeigen die Ergebnisse eine Präferenz für die Börsen Jobscout24.de (26,9 % der Anzeigen sind von Zeitarbeitsunternehmen) und der Arbeitsagenturen (knapp 22 %). In den anderen untersuchten Jobbörsen hatten die Anzeigen der Zeitarbeitsunternehmen einen Anteil von rund 7 %.

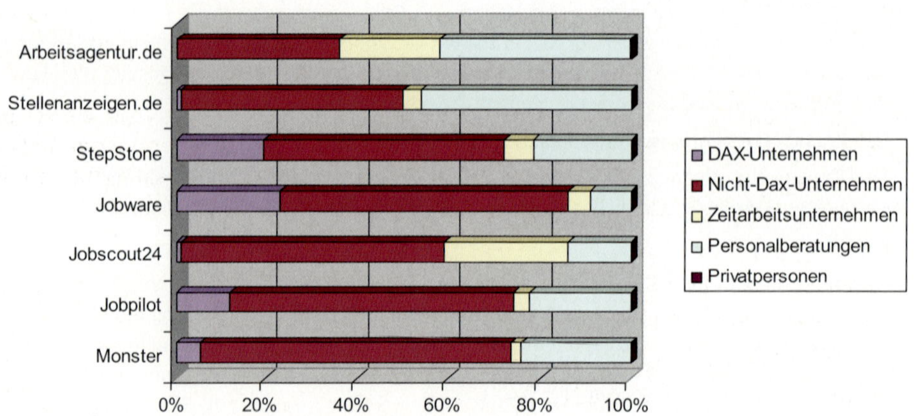

Nutzung einiger Jobbörsen durch verschiedene Unternehmensklassen

Quelle: Prof. Dr. Beck, Christoph, Fachhochschule Koblenz, „Jobbörsen im Vergleich", Mai 2008, S. 15, unter: www.fh-koblenz.de/fileadmin/medien/Koblenz/Betriebswirtschaft/Prof._Dr._Beck/Jobb_rsen_Studie_2008_Final_01.pdf (Zugriff: 25.03.2012).

Kriterien für die Auswahl von Medien

Printmedien und Onlinemedien basieren nicht nur auf unterschiedlichen Technologien. Auch bei den Einsatzmöglichkeiten und den Wirkungen gibt es zahlreiche Unterschiede, die bei der Medienplanung und -analyse berücksichtigt werden müssen.

Definition

Der Begriff **Mediaplanung** bezeichnet den gesamten Planungsprozess des Einsatzes von Medien für die Zwecke der Veröffentlichung von Inhalten (Stellenausschreibungen, Werbung). Sie beinhaltet folgende Teilplanungen: Ziele des Medieneinsatzes, Analyse der Situation (Zielgruppe/Mediennutzungsverhalten, Medien/Werbeträger), Festlegung der Botschaft, Auswahl des Mediums, Umsetzung der Planung, Kontrolle/Evaluation der Ergebnisse.

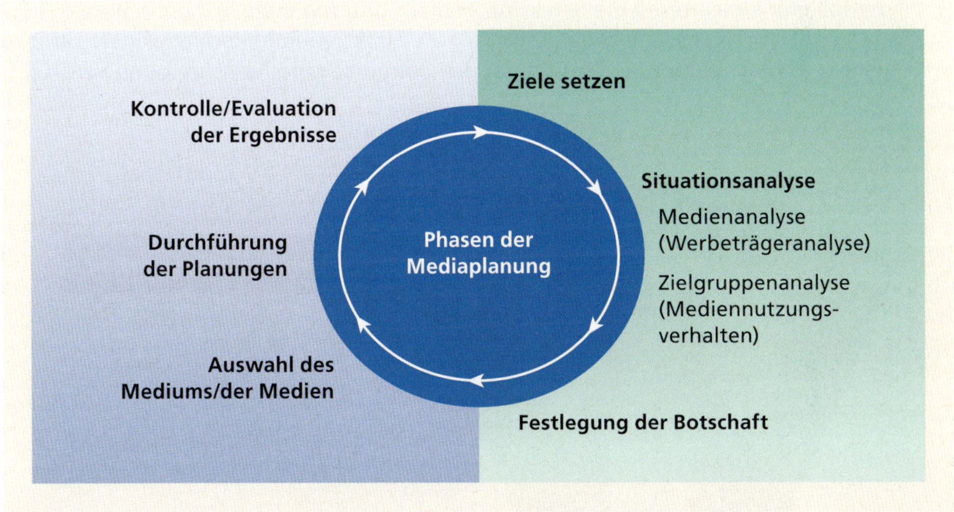

Die Medienanalyse, im Rahmen der Absatzwerbung auch als Werbeträgeranalyse bezeichnet, dient dazu, den Einfluss des Mediums auf die Veröffentlichung einer Stellenanzeige zu untersuchen. Ausgangspunkt sind die charakteristischen Eigenschaften der jeweils betrachteten Medien, die nach verschiedenen Kriterien verglichen werden können, z. B.:

- Auflage und Reichweite eines Mediums
- Zielgruppe des jeweiligen Mediums
- Image und Glaubwürdigkeit des Mediums bei den Nutzern
- Kosten des Mediums für die Nutzer
- Geografische Verbreitung
- Zeitliche Verfügbarkeit
- Art des Vertriebs (Abonnement, Einzelverkauf, kostenlose Abgabe)

- Erscheinungsweise
- Aktualität
- Kosten der Anzeigenschaltung

Praxistipp

Die Allensbacher Markt- und Werbeträger-Analyse AWA ist eine der wichtigsten Medien-Studien. Sie wird seit 1959 vom Institut für Demoskopie Allensbach erstellt. Daneben legt das Institut die Allensbacher Computer- und Technik-Analyse (ACTA) vor. Zu finden sind die Daten unter: www.awa-online.de, www.ifd-allensbach.de und www.acta-online.de.

Je nach Art der verglichenen Medien unterscheidet man Intermedia-Selektion und Intramedia-Selektion. Der Vergleich einer Anzeigenschaltung im Print- und im Onlinemedium ist ein Beispiel für eine Intermedia-Selektion. Hat ein Unternehmen in diesem Bereich eine Auswahl getroffen, gilt es, das geeignete konkrete Einzelmedium herauszufiltern, also zu entscheiden, in welcher Zeitung bzw. in welcher Jobbörse eine Ausschreibung veröffentlicht werden soll.

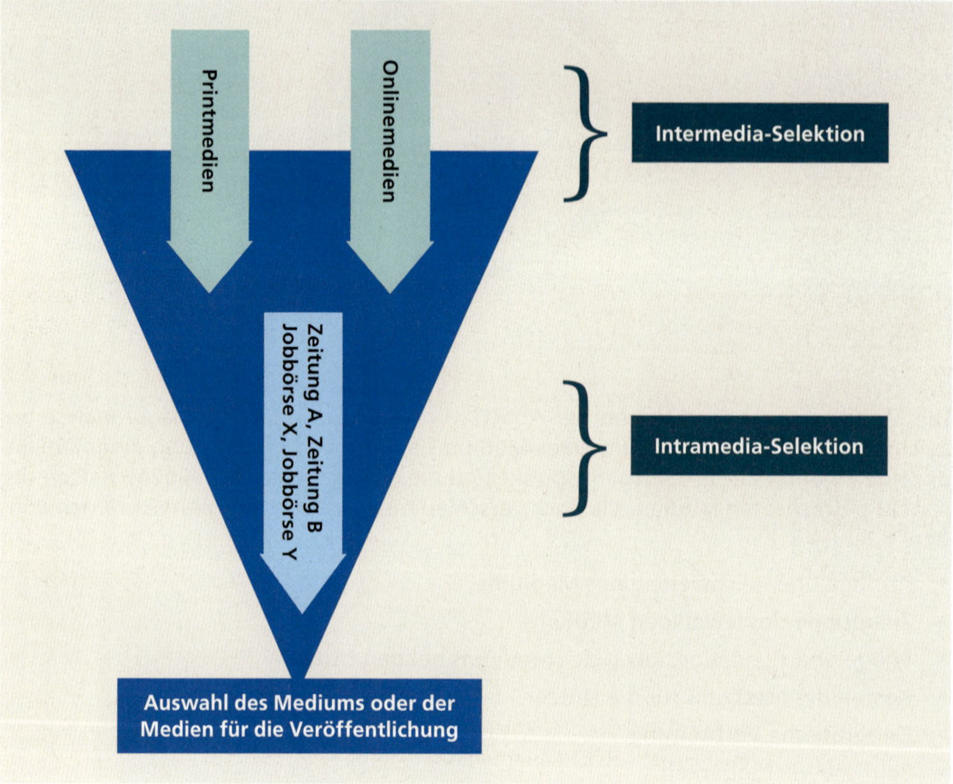

Bei der Analyse sind die medienspezifischen Stärken und Schwächen in Bezug auf Stellenausschreibungen zu berücksichtigen, die für Zeitungen und Stellenbörsen exemplarisch in der folgenden Tabelle zusammengestellt sind:

	Stärken	Schwächen
Stellenteile der Zeitungen	• ausgeprägte Zielgruppenbindung • nachvollziehbare Media-Daten • gutes und unverwechselbares Image • lokale/regionale und inhaltliche Identität (durch redaktionellen Teil) • hohe Glaubwürdigkeit hinsichtlich der Informationsqualität • Verbreitung durch Auflage erkennbar • einfache Handhabung für den Nutzer • Aktualität durch Erscheinungsweise bedingt nachvollziehbar • gute Kontrollmöglichkeit für die Wirkungsanalyse (Auflage etc.) • Seriosität auch bei anonymen Anzeigen gewährleistet (Chiffre)	• herstellungsbedingt ist ein zeitlicher Vorlauf erforderlich (Anzeigenschluss) • abnehmende Bedeutung bei den jüngeren Jahrgängen der Mediennutzer • Anzeigenerstellung ist zeitaufwendig und kostenintensiv • hohe Kosten der Veröffentlichung
Online-Stellenbörsen	• Schnelligkeit und prinzipielle Aktualität des Mediums • großes (globales) Verbreitungsgebiet • „Rund-um-die-Uhr"-Verfügbarkeit für die Nutzer • Verkürzung der Zeit bis zur Stellenbesetzung • Zunahme der Nutzung von Internetdiensten in allen Bevölkerungsgruppen • große Verbreitung in jüngeren Zielgruppen (auch: demografischer Wandel) • Möglichkeit zur Unterstützung des gesamten Stellenbesetzungsprozesses (Online-Matching, Online-Assessments, Online-Auswahl etc.) • kostengünstige Anzeigenschaltung möglich	• unübersichtliches Angebot an Jobbörsen • tatsächliche Nutzerzahlen nicht ermittelbar (nur indirekt über Nutzer der Jobbörse) • fehlende Standardisierung von Schlagworten, Branchen- und Berufsbezeichnungen • mangelhafte Zielgruppendefinitionen der verschiedenen Börsen • unterschiedliche Verbreitung in verschiedenen Nutzergruppen • Nutzung setzt technische Ausstattung und spezielles Wissen voraus (im weitesten Sinne sind dies Kosten für den Nutzer)

Recherchetipp

Weitere Informationen zu den Stärken und Schwächen der Medien und zum Mediennutzungsverhalten finden sich beispielsweise in den verschiedenen online zugänglichen Veröffentlichungen des Instituts TNS emnid unter: www.tns-emnid.com

Die Veröffentlichung einer Stellenanzeige in einem bestimmten Trägermedium ist Ergebnis eines Auswahlprozesses. Das bedeutet nicht, dass in jedem Stellenbesetzungsverfahren eine vollständige Mediaplanung durchgeführt wird. Häufig finden sich in Unternehmen Regelungen für die Stellenausschreibung, die für eine bestimmte Zeit und unternehmensweit Gültigkeit haben. Änderungsbedarf bei diesen Regelungen ergibt sich immer dann, wenn sich das Zielgruppenverhalten und/oder die Medienlandschaft verändert haben, sodass das Ziel des Personalgewinnungsprozesses mit den bisherigen Mitteln nicht mehr erreicht werden kann. Das kann sich auf die Medien beziehen, daneben aber auch auf Inhalte und Gestaltung der Ausschreibungen. Bei der Medienauswahl sollte die jeweilige Zielgruppe die wichtigste Rolle spielen. Weitere wichtige Kriterien sind die Kosten und die Verfügbarkeit bzw. der Zugang für das Unternehmen.

2.3.5 Rechtliche Rahmenbedingungen von Stellenausschreibungen

Der Gestaltungsbereich bei der Ausschreibung von Stellen wird durch folgende Gesetze beeinflusst:

- Das Betriebsverfassungsgesetz regelt die Mitbestimmung des Betriebsrats.
- Das Allgemeine Gleichbehandlungsgesetz (AGG) wirkt sich auf die Art und Weise der Ausschreibung (Text und Gestaltung) aus, dies wird hier ausführlich behandelt.
- Das Gesetz über Teilzeitarbeit und befristete Arbeitsverträge (TzBfG) legt dem Arbeitgeber auf, Arbeitsplätze auch als Teilzeitarbeitsplatz auszuschreiben, wenn sich der Arbeitsplatz dafür eignet. Dieses bezieht sich sowohl auf die interne als auch auf die externe Ausschreibung (§ 7 TzBfG). Ziel dieser Bestimmung ist es, Teilzeitarbeit zu fördern. Sanktionen bei Missachtung dieser Regelung sind im Gesetz jedoch nicht vorgesehen.

Aufgrund der großen Bedeutung der Regelungen des AGG für die Gestaltung von Stellenausschreibungen werden diese im Folgenden ausführlich dargestellt. Ausgangspunkt der Betrachtung ist der Begriff der Diskriminierung.

Arten der Diskriminierung

Der Begriff Diskriminierung leitet sich vom lateinischen Verb discriminare her, was unterschiedliche Bedeutungen hat: trennen, unterscheiden, eine Unterscheidung treffen, unterschiedliche Behandlung. Diskriminierung in diesem (älteren) Wortsinn findet beispielsweise bei jeder **Klassifizierung** statt, bei der man eine Anzahl von Personen oder Objekten zu Gruppen zusammenfasst. Ein Beispiel dafür ist etwa die Klassifizierung aller Erwerbstätigen in die Gruppen der Arbeitnehmer und der Selbstständigen.

Diskriminierung im heutigen Sprachgebrauch beinhaltet neben der Klassifizierung gleichzeitig eine **Bewertung**: Diskriminierung als Schlechterstellung, Herabwürdigung oder Benachteiligung bestimmter Personen oder Personengruppen. Diese Schlechterstellung kann verschiedene Ursachen haben. So kann beispielsweise in einem Bewerbungsverfahren eine Person benachteiligt werden, weil sie nicht die geforderten Ausbildungsnachweise vorlegt.

Solche Arten von Diskriminierungen, deren Ursache die Person grundsätzlich beeinflussen kann, sind in unserer Gesellschaft weitgehend akzeptiert. Anders verhält es sich mit Benachteiligungsgründen, die nicht von einer Person selbst beeinflussbar sind. Solche Benachteiligungen sollen nach überwiegender Meinung verhindert werden. Dazu ist es notwendig zu definieren, welche Gründe für eine Diskriminierung nicht akzeptabel sind und was genau Benachteiligung bedeutet. In Deutschland wurde im August 2006 das **Allgemeine Gleichbehandlungsgesetz** verabschiedet, das alle – zum Teil auch schon vorher in anderen Gesetzen vorhandenen – Regelungen zum Thema Benachteiligung zusammenfasst und festlegt, welche Rechtsfolgen Diskriminierung hat.

Im fachlichen Kontext

In den folgenden Abbildungen dokumentieren sich verschiedene Formen von Diskriminierung.

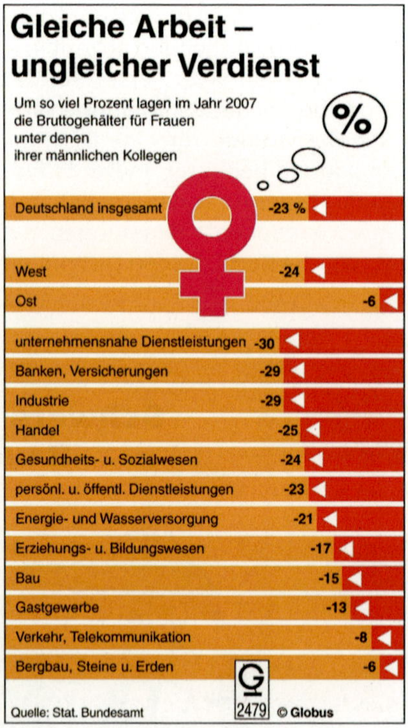
Gleiche Arbeit – ungleicher Verdienst
Um so viel Prozent lagen im Jahr 2007 die Bruttogehälter für Frauen unter denen ihrer männlichen Kollegen
%
Deutschland insgesamt -23 %
West -24
Ost -6
unternehmensnahe Dienstleistungen -30
Banken, Versicherungen -29
Industrie -29
Handel -25
Gesundheits- u. Sozialwesen -24
persönl. u. öffentl. Dienstleistungen -23
Energie- und Wasserversorgung -21
Erziehungs- u. Bildungswesen -17
Bau -15
Gastgewerbe -13
Verkehr, Telekommunikation -8
Bergbau, Steine u. Erden -6
Quelle: Stat. Bundesamt
2479
© Globus

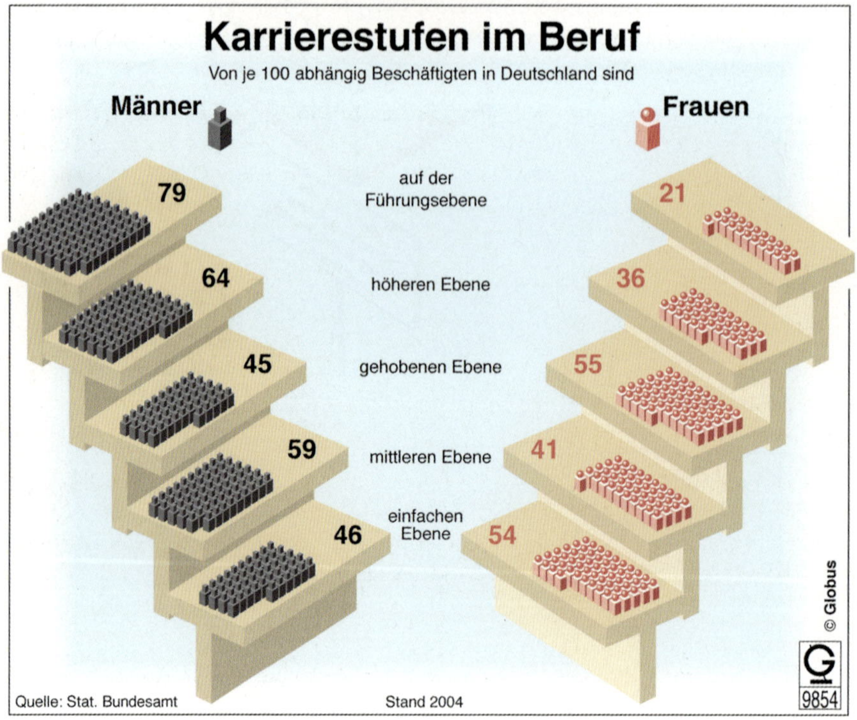
Karrierestufen im Beruf
Von je 100 abhängig Beschäftigten in Deutschland sind
Männer
Frauen
79
auf der Führungsebene
21
64
höheren Ebene
36
45
gehobenen Ebene
55
59
mittleren Ebene
41
46
einfachen Ebene
54
Quelle: Stat. Bundesamt
Stand 2004
© Globus
9854

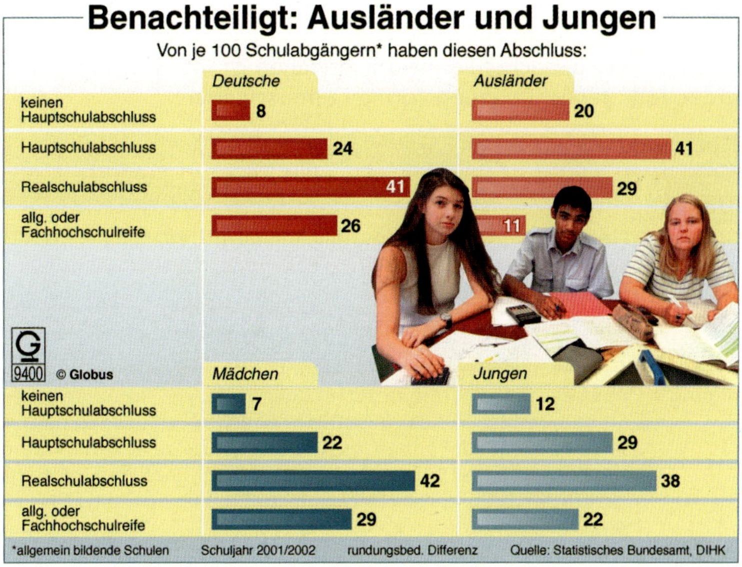

Regelungen des Allgemeinen Gleichbehandlungsgesetzes

Das Allgemeine Gleichbehandlungsgesetz (umgangssprachlich auch Antidiskriminierungsgesetz genannt) ist die bundesdeutsche Umsetzung von vier EU-Richtlinien, die zum Ziel haben, Diskriminierungen zu verhindern. Auf derselben Grundlage haben die anderen europäischen Länder ähnliche Gesetze verabschiedet. In den USA gilt der Civil Rights Act bereits seit 1964.

Das AGG fasst die Regelungen zur Verhinderung von Diskriminierungen zusammen. Dazu definiert es zunächst, welche Gründe und welche Formen für eine Diskriminierung nicht akzeptabel sind. Ferner legt es Ausnahmebereiche dieser Regelungen und Rechtsfolgen bei erfolgter Benachteiligung fest.

Gründe für Benachteiligungen nach dem AGG

Ziel des AGG ist es,

„[...] Benachteiligungen aus Gründen der Rasse oder wegen der ethnischen Herkunft, des Geschlechts, der Religion oder Weltanschauung, einer Behinderung, des Alters oder der sexuellen Identität zu verhindern oder zu beseitigen.“ (§ 1 AGG)

Das AGG will demnach nicht bestimmte Personengruppen vor Benachteiligung schützen, sondern führt sechs Merkmale an, deretwegen niemand benachteiligt werden darf. Diese Merkmale treffen mehr oder weniger auf jede Person zu, sodass grundsätzlich auch jede Person unter die Schutzwirkung dieses Gesetzes fällt.

Beispiel
Jens Mander hat sich auf die Stellenausschreibung als Projektleiter in einem Technologiezentrum beworben. Die Personalabteilung lehnt ihn ab und begründet die Ablehnung telefonisch mit seinem zu geringen Alter.

Benachteiligungsformen

Was genau unter einer Benachteiligung zu verstehen ist, konkretisiert das AGG in § 3. Danach werden fünf Benachteiligungsformen unterschieden:

<table>
<tr><th>Benachteiligungsform</th><th>Auszug aus § 3 AGG</th></tr>
<tr><td>Unmittelbare Benachteiligung</td><td>(1) Eine unmittelbare Benachteiligung liegt vor, wenn eine Person wegen eines in § 1 genannten Grundes eine weniger günstige Behandlung erfährt, als eine andere Person in einer vergleichbaren Situation erfährt, erfahren hat oder erfahren würde. [...]</td></tr>
<tr><td>Mittelbare Benachteiligung</td><td>(2) Eine mittelbare Benachteiligung liegt vor, wenn dem Anschein nach neutrale Vorschriften, Kriterien oder Verfahren Personen wegen eines in § 1 genannten Grundes gegenüber anderen Personen in besonderer Weise benachteiligen können, es sei denn, die betreffenden Vorschriften, Kriterien oder Verfahren sind durch ein rechtmäßiges Ziel sachlich gerechtfertigt und die Mittel sind zur Erreichung dieses Ziels angemessen und erforderlich.</td></tr>
<tr><td colspan="2">Unmittelbare und mittelbare Benachteiligung lassen sich danach unterscheiden, ob sie eine Person direkt benachteiligen (unmittelbar) oder indirekt (mittelbar). Die indirekte Benachteiligung bei einer Stellenausschreibung liegt beispielsweise vor, wenn ausgezeichnete Deutschkenntnisse verlangt werden, diese aber für die Ausübung der Tätigkeit nicht notwendig sind. Hier könnte eine Benachteiligung wegen der ethnischen Herkunft vermutet werden.</td></tr>
<tr><td>Belästigung</td><td>(3) Eine Belästigung ist eine Benachteiligung, wenn unerwünschte Verhaltensweisen, die mit einem in § 1 genannten Grund in Zusammenhang stehen, bezwecken oder bewirken, dass die Würde der betreffenden Person verletzt und ein von Einschüchterungen, Anfeindungen, Erniedrigungen, Entwürdigungen oder Beleidigungen gekennzeichnetes Umfeld geschaffen wird.</td></tr>
<tr><td>Sexuelle Belästigung</td><td>(4) Eine sexuelle Belästigung ist eine Benachteiligung in Bezug auf § 2 Abs. 1 Nr. 1 bis 4, wenn ein unerwünschtes, sexuell bestimmtes Verhalten, wozu auch unerwünschte sexuelle Handlungen und Aufforderungen zu diesen, sexuell bestimmte körperliche Berührungen, Bemerkungen sexuellen Inhalts sowie unerwünschtes Zeigen und sichtbares Anbringen von pornografischen Darstellungen gehören, bezweckt oder bewirkt, dass die Würde der betreffenden Person verletzt wird, insbesondere wenn ein von Einschüchterungen, Anfeindungen, Erniedrigungen, Entwürdigungen oder Beleidigungen gekennzeichnetes Umfeld geschaffen wird.</td></tr>
<tr><td>Anweisung zur Benachteiligung</td><td>(5) Die Anweisung zur Benachteiligung einer Person aus einem in § 1 genannten Grund gilt als Benachteiligung. Eine solche Anweisung liegt in Bezug auf § 2 Abs. 1 Nr. 1 bis 4 insbesondere vor, wenn jemand eine Person zu einem Verhalten bestimmt, das einen Beschäftigten oder eine Beschäftigte wegen eines in § 1 genannten Grundes benachteiligt oder benachteiligen kann.</td></tr>
</table>

Ausnahmen vom Benachteiligungsverbot

In dem Gesetz sind einige Ausnahmen vom Benachteiligungsverbot zugelassen. Danach ist eine unterschiedliche Behandlung von Personen aus den in § 1 genannten Gründen zulässig,

- wenn die unterschiedliche Behandlung dazu führen soll, dass eine bereits bestehende Ungleichheit abgebaut wird: Dies wird als „positive Maßnahmen" (vgl. § 5 AGG) bezeichnet;

  Beispiel
  In Bewerbungsverfahren werden Frauen bei sonst vergleichbaren Bedingungen aller Bewerber bevorzugt, um die Beschäftigtenquote von Frauen in einem Unternehmen zu erhöhen.

- wenn die beruflichen Bedingungen dies erfordern (vgl. § 8 AGG);

  Beispiele
  Berufssportler in Teamsportarten (Fußballer, Handballer), Rollen in Opern und Schauspielen

- wenn die religiöse und weltanschauliche Einstellung zu den beruflichen Bedingungen gehört (vgl. § 9 AGG);

  Beispiel
  Stellen in konfessionsgebundenen Kindergärten

- wenn das Alter einer Person eine für die Art der Tätigkeit bestimmende Rolle spielt oder eine angemessene Beschäftigungszeit vor Eintritt in den Ruhestand notwendig ist (vgl. § 10 AGG). Diese Regelung kann zu Beschränkungen in Form eines Höchst- oder Mindestalters führen. Dies trifft etwa auf Maßnahmen zu, die der Eingliederung von Jugendlichen dienen und daher sinnvoll ein Höchstalter bestimmen.

Prüfschema zur Beurteilung einer Maßnahme im Sinne des AGG

Ob nun eine bestimmte Maßnahme im Bereich von Beruf und Beschäftigung eine Benachteiligung im Sinne des Allgemeinen Gleichbehandlungsgesetzes darstellt oder nicht, kann erst dann beantwortet werden, wenn ein Sachverhalt oder eine Maßnahme unter folgenden drei Fragestellungen geprüft wurde:

- Liegt eine Form der Benachteiligung vor, die in § 3 AGG genannt wird?
- Erfolgt die Benachteiligung aus einem der in § 1 genannten Gründe?
- Liegt keine Rechtfertigung nach den §§ 5, 8, 9, 10 AGG für eine Benachteiligung vor?

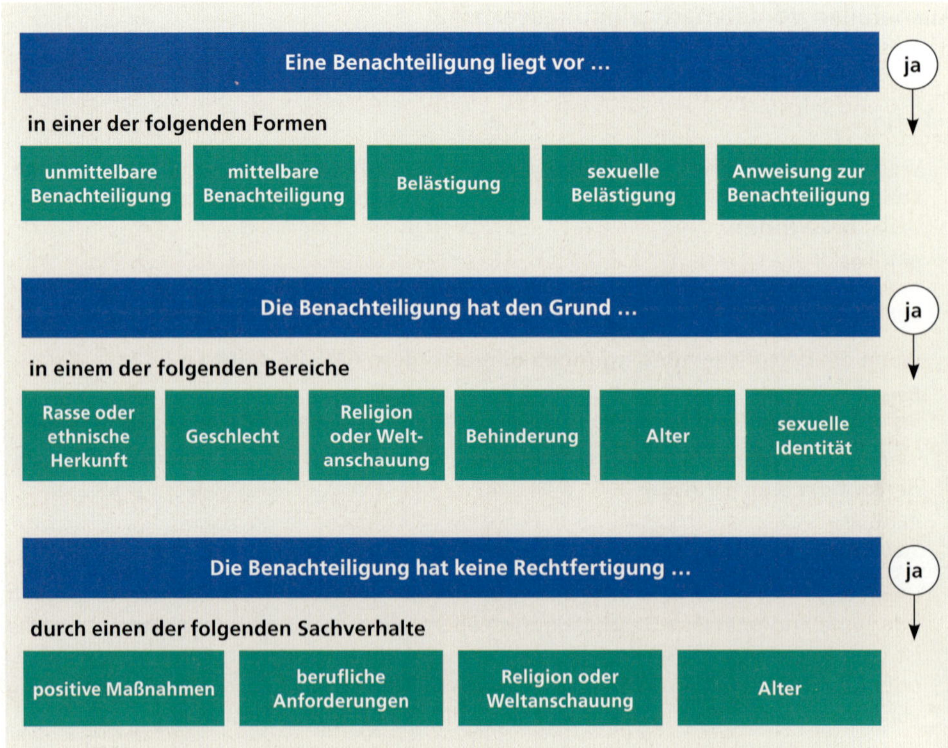

Prüfschema zur Beurteilung einer Maßnahme

Erst wenn alle Fragen mit „Ja" beantwortet wurden, lässt sich von einer Benachteiligung im Sinne des AGG sprechen.

Sachlicher und persönlicher Anwendungsbereich des AGG

Anwendung findet das Allgemeine Gleichbehandlungsgesetz auf folgende Bereiche:

- Beruf und Beschäftigung
- Massengeschäfte, das sind Geschäfte, bei denen sich der Anbieter an „jedermann" wendet. Typische Beispiele dafür sind Taxifahrten, Restaurantbesuche, Versicherungen. Im Bereich Wohnungsvermietungen gilt als Massengeschäft, wenn der Vermieter mehr als 50 Wohnungen vermietet.

Hier werden die Regelungen des AGG nur für den Bereich Beruf und Beschäftigung dargestellt. Dabei ist der Anwendungsbereich des Gesetzes sehr umfassend formuliert: Es bezieht sich nicht nur auf Diskriminierungsverbote bei bestehenden Arbeitsverhältnissen und selbstständigen Tätigkeiten, sondern betrifft auch den Zugang zur Erwerbstätigkeit:

§ 2 AGG Anwendungsbereich

(1) Benachteiligungen aus einem in § 1 genannten Grund sind nach Maßgabe dieses Gesetzes unzulässig in Bezug auf:

1. die Bedingungen, einschließlich Auswahlkriterien und Einstellungsbedingungen, für den Zugang zu unselbstständiger und selbstständiger Erwerbstätigkeit, unabhängig von Tätigkeitsfeld und beruflicher Position, sowie für den beruflichen Aufstieg [...]

Betroffen von den Regelungen sind die Beschäftigten (Arbeitnehmerinnen und Arbeitnehmer, Auszubildende, arbeitnehmerähnliche Personen), die Bewerberinnen und Bewerber für ein Beschäftigungsverhältnis (vgl. § 6 AGG) und die Arbeitgeber als diejenigen, die dazu verpflichtet sind, Maßnahmen zum Schutz vor Benachteiligung im Sinne des AGG zu treffen (vgl. § 12 AGG). Arbeitgeber in diesem Sinne sind auch die Kunden von Zeitarbeitsunternehmen, die Zeitarbeitnehmer einsetzen. Sie haben die Pflicht, nicht nur als Arbeitgeber das Stammpersonal vor Benachteiligung zu schützen, sondern auch die überlassenen Arbeitnehmer.

Beispiel

Das Unternehmen ferrolux GmbH setzt in der Fertigung nicht nur eigene Mitarbeiter ein, sondern unter anderem auch den Leiharbeitnehmer Murat Gün. In der vergangenen Woche ist es zweimal vorgekommen, dass Herr Gün von Hubert Henrichs aus der Stammbelegschaft der ferrolux GmbH rassistisch beschimpft wurde.

Die Pflicht zum Eingreifen gegen diese Form der Belästigung haben sowohl das Zeitarbeitsunternehmen als auch das Kundenunternehmen. Mögliche Maßnahmen in diesem Fall sind etwa die Ermahnung oder die Abmahnung von Hubert Henrichs durch den Arbeitgeber. Das Zeitarbeitsunternehmen kann beispielsweise Herrn Gün in ein anderes Unternehmen versetzen, um ihn zu schützen.

Rechtsfolgen bei Benachteiligungen nach dem AGG

Falls es zu Benachteiligungen kommt, erwachsen den Beschäftigten bzw. den Bewerbern folgende Rechte aus dem AGG:

- Beschwerderecht bei der zuständigen Stelle. Im Betrieb muss bekannt gemacht werden, welche Stelle für diese Art von Beschwerden zuständig ist. Infrage kommen dafür beispielsweise Vorgesetzte oder Gleichstellungsbeauftragte oder eine speziell zu diesem Zweck eingerichtete Beschwerdestelle. Zur Einrichtung einer speziellen Beschwerdestelle ist der Arbeitgeber nach dem AGG jedoch nicht verpflichtet. Ebenso ist kein bestimmtes Verfahren im Umgang mit Beschwerden vorgeschrieben. Bei der Entwicklung innerbetrieblicher Verfahrensregelungen ist der Betriebsrat hinzuzuziehen, da Fragen der Ordnung und des Verhaltens der Arbeitnehmer betroffen sind (vgl. § 87 Abs. 1 Nr. 1 BetrVG).
- Leistungsverweigerungsrecht

- Recht auf Entschädigung und Schadensersatz. Der Anspruch ist nach § 15 Abs. 4 AGG innerhalb von zwei Monaten nach Kenntnisnahme von der Benachteiligung schriftlich zu stellen. Die Höhe der Entschädigung soll dabei „angemessen" sein:

„Die Entschädigung darf bei einer Nichteinstellung drei Monatsgehälter nicht übersteigen, wenn der oder die Beschäftigte bei benachteiligungsfreier Auswahl nicht eingestellt worden wäre." (§ 15 Abs. 2 Satz 2 AGG)

Flankiert wird die Umsetzung dieser Rechte im Benachteiligungsfall für Beschäftigte durch ein **Maßregelungsverbot** für den Arbeitgeber. Damit kann der Gefahr vorgebeugt werden, dass ein von Benachteiligung Betroffener seine Rechte nicht wahrnimmt, weil er anschließende Nachteile erwartet.

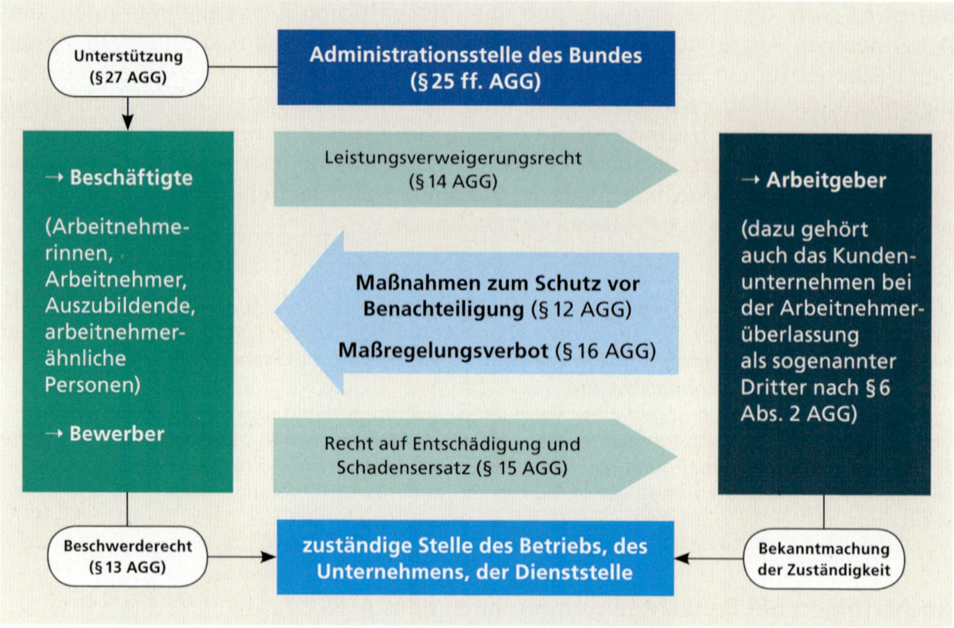

Rechte und Pflichten von Arbeitgebern und Arbeitnehmern nach dem AGG

Weitere Unterstützung können Benachteiligte durch die Antidiskriminierungsstelle des Bundes (ADS) erhalten, die auch Informationen für Interessierte und Arbeitgeber bereitstellt, um Diskriminierung in den Unternehmen zu verhindern.

Recherchetipp

Weitere Informationen finden Sie im Internet unter: www.antidiskriminierungsstelle.de

Ein wesentliches Merkmal des AGG ist die **Übertragung der Beweislast auf den benachteiligenden Arbeitgeber**: In dem im AGG vorgesehenen Verfahren muss der Benachteiligte zwar Indizien (belegbare Verdachtsmomente) dafür nennen, dass er benachteiligt wurde, er muss diese Benachteiligung jedoch nicht beweisen.

Vielmehr muss der benachteiligende Arbeitgeber umgekehrt beweisen, dass eine Benachteiligung entgegen der Indizien nicht stattgefunden hat. Vor allem dieser letzte Punkt führte zu der Befürchtung dass mit Einführung des Gesetzes im Jahr 2006 hohe Kostenbelastungen auf die Unternehmen zukommen würden.

Bedeutung der Regelungen des AGG bei der Stellenausschreibung

Eine Stellenausschreibung wird veröffentlicht mit dem Ziel, ein Arbeitsverhältnis anzubahnen (Anbahnungsverhältnis). Mit der Veröffentlichung wird also der Zugang zu einer Stelle eröffnet. Damit fällt die Stellenausschreibung unter die Regelungen des AGG und die entsprechenden Benachteiligungsformen aus den genannten Benachteiligungsgründen haben zu unterbleiben, es sei denn, besondere Begründungen oder Ausnahmen liegen vor.

Fühlt sich ein Bewerber bzw. eine Bewerberin von einem Unternehmen in einem Bewerbungsverfahren benachteiligt, muss diese Benachteiligung glaubhaft gemacht werden. Als Indiz kann dabei eine Formulierung in der Stellenausschreibung dienen. Der Bewerber bzw. die Bewerberin kann nach Zugang der Ablehnung der Bewerbung durch das Unternehmen innerhalb der Frist Klage auf Entschädigung erheben.

Erste Erfahrungen in der Rechtsprechung mit dem Allgemeinen Gleichbehandlungsgesetz (AGG)

[...]

Für den Zeitraum vom 18.08.2006 bis zum Stichtag 18.04.2007 ermittelte das Landesarbeitsgericht Baden-Württemberg landesweit Zahlen über Rechtsstreitigkeiten aus dem Bereich des AGG. In diesem Zeitraum gingen insgesamt 109 Verfahren bei den Arbeitsgerichten ein, bei denen Normen aus dem AGG zur Anwendung kommen. Dies sind ca. 0,3 % der insgesamt in diesem Zeitraum erstinstanzlich eingegangenen Verfahren. Von den 109 Rechtsstreitigkeiten mit AGG-Bezug sind 64 Fälle bereits erledigt. Die Erledigung erfolgte im Wesentlichen durch Vergleiche, in 12 Fällen durch Urteil. Häufigstes Diskriminierungsmerkmal war das Alter (36 %), gefolgt von Geschlecht (28 %), Behinderung (18 %), ethnischer Herkunft (11 %). Bei 73 % der Rechtsstreitigkeiten wurde eine unmittelbare Benachteiligung geltend gemacht, im Übrigen beriefen sich die Kläger auf eine mittelbare Benachteiligung. Von einer mittelbaren Benachteiligung wird gesprochen, wenn dem Anschein nach neutrale Vorschriften, Kriterien oder Verfahren diskriminieren können. Macht z.B. ein Arbeitgeber seinen Beschäftigten Vorschriften, welche Kleidung diese während der Arbeitszeit zu tragen haben, können hierdurch bestimmte religiöse Gruppen besonders betroffen sein (z.B. Kopftuchverbot).

Die Diskriminierungen wurden zahlreich im Zusammenhang mit Bewerbungen geltend gemacht (38 %) und verteilten sich darüber hinaus auf den Bereich der Kündigungen (36 %) und der bestehenden Arbeitsverhältnisse (26 %). Die gewünschten Rechtsfolgen bestanden zu 75 % in der Geltendmachung einer Entschädigung oder Schadensersatz. Teilweise wurde auch die Unwirksamkeit einer Kündigung oder anderer arbeitsrechtlicher Maßnahmen geltend gemacht.

Insbesondere im Zusammenhang mit Stellenausschreibungen und Vorstellungsgesprächen tauchen interessante neue Rechtsfragen auf:

Das Arbeitsgericht Karlsruhe war beispielsweise mit der Frage befasst, ob eine Diskriminierung eines männlichen Bewerbers wegen seines Geschlechts vorliegt. Die Bewerbung dieses Klägers wurde mit der Begründung abgelehnt, die Stelle der Filialleitung eines Modegeschäftes, welches überwiegend Damenbademode und Damenmode anbietet, solle ausschließlich mit einer weiblichen Person besetzt werden.

Vor dem Arbeitsgericht Stuttgart obsiegte ein Kläger in Höhe von 1 500,00 EUR mit einer Entschädigungsklage: Er erhielt im Rahmen seiner Bewerbung auf die Stelle als „Betreuungskraft und Springkraft im Rahmen der Verlässlichen Grundschule in Teilzeit" eine Absage mit der Begründung, die Wahl sei auf Mitbewerberinnen gefallen. Der Kläger war von seiner Ausbildung her objektiv geeignet, die Tätigkeit als Betreuer zu übernehmen. Nunmehr hätte die Beklagte beweisen müssen, dass kein Verstoß gegen die Bestimmungen zum Schutze vor Benachteiligung vorgelegen hat. Dies [ist] ihr nicht gelungen, da sie keine sachlichen Gründe für die Auswahlentscheidung nennen konnte.

Im Rahmen eines Anerkenntnisurteils wurde beim Arbeitsgericht Ulm der Auskunftsanspruch eines Klägers gegenüber einer Personalberatungsfirma auf Nennung des Namens ihres Kunden zuerkannt. Hintergrund dieses Auskunftsverlangens war die Geltendmachung der Diskriminierung wegen Alters. Das Personalberatungsunternehmen lehnte die Bewerbung des 55-jährigen Klägers mit der Begründung ab, die Altersstruktur der Mitarbeiter bei ihrem Kunden mache es erforderlich, für das maximale Alter eine Schwelle deutlich unter 50 Jahren zu setzen.

[...]

Quelle: Prof. Dr. Francken / Landesarbeitsgericht Baden-Württemberg: „Erste Erfahrungen in der Rechtsprechung mit dem Allgemeinen Gleichbehandlungsgesetz (AGG)", Pressemitteilung vom 27.06.2007, unter: www.lag-baden-wuerttemberg.de/servlet/PB/menu/1216919/index.html?ROOT=1149275 (Zugriff: 29.03.2012).

AGG-Hopping

Bereits vor Inkrafttreten des AGG wurde auf die möglichen Kosten hingewiesen, die mit Rechtsstreitigkeiten vor den Arbeitsgerichten und voraussichtlichen Entschädigungsleistungen durch die Arbeitgeber verbunden sind. Vor allen Dingen das Phänomen des sogenannten „AGG-Hopping" wurde in den Medien und in der Öffentlichkeit sehr intensiv diskutiert. Ein ähnliches Verhalten war bereits seit 1994 als „611a-Hopping" zu beobachten.[1] Wenn beispielsweise in einer Stellenausschreibung ein junger Mitarbeiter (m/w) gesucht wird, kann diese Formulierung als Indiz für eine Benachteiligung eines älteren Bewerbers interpretiert werden, der sich auf die Stelle beworben hat, aber abgelehnt wurde. Der abgelehnte Bewerber kann die Formulierung der Stellenausschreibung als Indiz dafür heranziehen, dass er durch den Arbeitgeber wegen seines Alters benachteiligt wird, und hat dementsprechend das Recht, Entschädigung und Schadensersatz zu verlangen. Im Unterschied zu „ernsthaften" Bewerbern suchen AGG-Hopper genau nach solchen Stellenausschreibungen, die Indizien auf Benachteiligungen enthalten, um sich aus Gründen der Entschädigungsleistungen auf diese Stellen zu bewerben. Die Unterscheidung zwischen „ernsthaften" und „nicht ernsthaften" Bewerbungen ist dabei nur schwierig zu treffen. Der Hinweis auf die Häufigkeit von Bewerbungen bzw. daraus folgenden Entschädigungsverfahren ist nicht relevant.

Definition

Mit „AGG-Hopping" bezeichnet man das Verhalten von Bewerbern, die sich ohne ernsthaftes Interesse genau auf solche Stellenausschreibungen bewerben, die im Sinne des AGG mangelhafte Formulierungen beinhalten.

[1] *In § 611a BGB war die Möglichkeit auf Entschädigung bei Diskriminierung wegen des Geschlechts eines Bewerbers ausgeführt.*

Gestaltungsfragen bei Stellenausschreibungen

Seit der Verabschiedung des AGG hat sich die Gestaltung von Stellenanzeigen wahrnehmbar verändert. Man findet in den Stellenausschreibungen der Tageszeitungen kaum noch Hinweise auf direkte Alters- oder Geschlechtsangaben. Der Zusatz „(m/w)" ist weitgehend zum Standard geworden. Allerdings finden sich in den Texten von Stellenausschreibungen nach wie vor Formulierungen, bei denen eine Benachteiligung nahe liegt oder nicht ausgeschlossen werden kann. Der Interpretationsspielraum ist hier weit, daher werden an dieser Stelle nur einige Beispiele dargestellt.

Stellenausschreibungstext	Mögliche Interpretation im Hinblick auf Benachteiligungen nach dem AGG
„... mitwirken in einem jungen und dynamischen Team ..."	Hier kann unterstellt werden, dass die gesuchte Person ebenfalls jung und dynamisch sein soll.
„... Bewerbungsunterlagen mit Bewerbungsfoto ..."	Durch das Foto kann ggf. auf die ethnische Herkunft geschlossen werden.
„... Sie bringen sich täglich mit ganzer Kraft in das Team ein ..."	Die Formulierung „täglich" kann so interpretiert werden, dass eine Teilzeitbeschäftigung nicht möglich ist. Teilzeitbeschäftigte sind überwiegend Frauen.
„... wenn Sie über eine lange Zeit der Berufserfahrung verfügen ..."	Lange Berufserfahrung bevorzugt ältere Bewerber. Dies ist nur dann zulässig, wenn die Art der Tätigkeit lange Berufserfahrung auch tatsächlich erfordert.
„... Sie sind voll belastbar ..."	Dies kann als Benachteiligung von Behinderten aufgefasst werden.
„... Sie sprechen Deutsch als Muttersprache ..."	Hier kann eine Benachteiligung von Personen mit Migrationshintergrund vorliegen.

Zusammenfassung

- Für die **Personalgewinnung** setzen Unternehmen unter anderem das Instrument Bewerberpool sowie interne und externe Stellenausschreibungen ein.
- Ein **Bewerberpool** ist eine meist strukturierte **Sammlung von Bewerberinformationen**, die in einem Unternehmen zentral oder dezentral, in Papierform oder digital vorliegt. Vorteile eines Bewerberpools sind Verkürzung der Stellenbesetzungszeit, Erhöhung der Kosteneffizienz von Beschaffungsaktivitäten, Erhöhung der Anzahl interessanter Bewerber und Verbesserung des Marktüberblicks. Demgegenüber stehen die Kosten für Sachmittel, wie Software, Hardware, Ablage, und für die Arbeitszeit bei der Anlage und Pflege des Pools. Problembereiche ergeben sich hinsichtlich Vollständigkeit, Definition der Suchkriterien, Aktualität und Einbindung in die Abläufe. Bei der Sammlung und Aufbereitung von Bewerberdaten im Bewerberpool sind die Regelungen des Bundesdatenschutzgesetzes zu beachten.

- **Bewerberdatenbanken** und **Jobbörsen** mit Bewerberdaten sind unternehmensübergreifende Bewerberpools. Das größte Online-Jobportal ist die JOBBÖRSE der Bundesagentur für Arbeit.
- Die Ausschreibung einer Stelle kann intern oder extern erfolgen. Eine **interne Ausschreibung** richtet sich an den unternehmensinternen Arbeitsmarkt. Im Hinblick auf freie Stellen im Unternehmen können im Unternehmen tätige Arbeitnehmer bei fehlender Qualifikation gefördert werden. Der Aufbau von fehlenden Qualifikationen ist Aufgabe der **Personalentwicklung**.
- Eine **externe Stellenausschreibung** kann in **Printmedien** und/oder in **Onlinemedien** veröffentlicht werden. Bei der öffentlichen Ausschreibung sind sowohl die **Inhalte** als auch die Platzierung und die **Gestaltung** von großer Bedeutung für die Wirksamkeit. Die Regelungen des AGG müssen beachtet werden. Die AIDA-Formel gibt Hinweise darauf, wie eine Stellenanzeige formuliert und aufgebaut werden sollte. Bei häufigen Stellenausschreibungen lohnt sich die Standardisierung des Layouts einer Anzeige. Die **Mediaplanung** berücksichtigt Kriterien wie Kosten, Verbreitung, Zielgruppe der Anzeige. Dabei haben beispielsweise Zeitungen und Online-Jobbörsen unterschiedliche Stärken und Schwächen.
- In Deutschland gibt es derzeit rund 1 000 Jobbörsen, die sich in ihrem Leistungsspektrum unterscheiden.
- Bei Stellenausschreibungen sind die Regelungen des **Betriebsverfassungsgesetzes**, des **Allgemeinen Gleichbehandlungsgesetzes** und des Gesetzes über **Teilzeitarbeit und befristete Arbeitsverträge** zu berücksichtigen.

Aufgaben

1. *Der bislang in Aktenform geführte Bewerberpool bei der HR Personaldienstleistungen GmbH soll in eine EDV-Datenbank überführt werden. Als Disponent/-in des Unternehmens sollen Sie der EDV-Abteilung sechs Kriterien nennen, nach denen die Datenbank durchsucht werden kann.*

2. *Die Hallas AG ist ein Zeitarbeitsunternehmen mit 45 Filialen in Deutschland. In der Personalverwaltung wird derzeit darüber diskutiert, die bislang dezentralen Bewerberpools zu zentralisieren. Nennen Sie jeweils vier Argumente für und gegen die Zentralisierung.*

3. *Erläutern Sie, welche Probleme mit dem Aufbau eines Bewerberpools verbunden sein können.*

4. *Sie erhalten den Auftrag, eine Betriebsanweisung für den Umgang mit Bewerberdaten zu schreiben. Welche der folgenden Aussagen sollte im Hinblick auf den Datenschutz in diese Betriebsanweisung aufgenommen werden?*
   a) *Nach der Eingabe der Bewerbungsdaten vernichten Sie umgehend die Bewerbungsunterlagen.*
   b) *Bei einer Kundenanfrage drucken Sie das jeweils passende Bewerberprofil aus und geben es an den Kunden weiter.*

c) *Der Zugriff auf die Daten im Bewerberpool wird durch individuelle Passwörter geschützt.*

d) *Falls Praktikanten in der Niederlassung eingesetzt sind, sollen diese die Bewerberdaten in die EDV eingeben.*

5. *Der Betriebsrat eines Unternehmens hat Rechte bei personellen Angelegenheiten. Beurteilen Sie, ob folgende Aussagen richtig oder falsch sind:*

Der Betriebsrat kann die Ausschreibung einer Stelle verlangen.	
Wenn sich auf eine Stellenausschreibung unternehmensinterne und -externe Personen bewerben, so kann der Betriebsrat verlangen, dass die Stelle intern besetzt wird.	
Hat der Betriebsrat eine interne Ausschreibung verlangt, so kann die externe Veröffentlichung einer Stellenanzeige frühestens drei Wochen später erfolgen.	
Bei einer internen Stellenbesetzung kann der Betriebsrat der damit verbundenen Versetzung des Mitarbeiters widersprechen.	

6. *Sie sind Mitarbeiter/-in in einem Zeitarbeitsunternehmen, das sich auf die Überlassung von hoch qualifizierten Kaufleuten, Betriebswirten, Technikern und Ingenieuren spezialisiert hat. Rund 60 % der Beschäftigten sind unter 40 Jahre alt. In der Online-Ausgabe der Zeitschrift „Personalwirtschaft" lesen Sie folgenden Artikel:*

Neue Bewerber-Applikation für das iPhone

Mit einer neuen „App" – einer Anwendungssoftware für das iPhone – können sich Jobsuchende mit diesem Gerät Stellenanzeigen nun auch mobil anzeigen lassen. Wer bei einer Jobbörse ein individuelles Suchprofil hinterlegt hat, kann dieses dank der Software ganz einfach auf sein Apple-Handy herüberholen.

Dank einer Push-Funktion erhält der Nutzer jederzeit die zu seinem Profil passenden Stellenangebote angezeigt, auch wenn die Applikation gerade nicht geöffnet ist. Mit der Software ist außerdem eine aktive Suche oder das Anlegen von Merklisten interessanter Jobs möglich. Die App „Anzeigen" bietet die markt.gruppe an, ein Anzeigennetzwerk aus acht Onlineportalen und 150 Tageszeitungen. Bewerber haben so Zugriff auf sechs Millionen Jobangebote [...]. Die Applikation verbindet außerdem die Anzeigendienste mit der Ortungsfunktion des Endgeräts. Die Nutzer können sich so zum Beispiel nur die Jobs in der Stadt oder Region anzeigen lassen, in der sie sich gerade befinden. Unternehmen profitieren so von noch größerer und gezielterer Verbreitung ihrer geschalteten Online-Stellenanzeigen.

Quelle: Wolters Kluwer Deutschland GmbH/Personalwirtschaft: „Neue Bewerber-Applikation für das I-Phone", veröffentlicht am 12.12.2009, unter: www.personalwirtschaft.de/de/html/news/details/558/Neue-Bewerber-Applikation-f%C3%BCr-das-I-Phone/(Zugriff: 05.03.2010).

Bewerten Sie den neuen Service aus Sicht des Unternehmens. Recherchieren Sie auch im Internet nach weiteren Informationen über solche Konzepte des Handy-Einsatzes bei der Rekrutierung.

7. *Hannes Wunder arbeitet in der Personalabteilung eines Maschinenbauunternehmens in einem deutschen Ballungsraum. Um sich von der Konkurrenz bei der Suche kreativer Ingenieure abzusetzen, will Herr Wunder dem Abteilungsleiter vorschlagen, die Stellenausschreibung per Hörfunk (auditives Medium) zu verbreiten. Nehmen Sie begründet Stellung zu diesem Vorschlag.*

8. *Ein mittelständisches Zeitarbeitsunternehmen sucht für langfristige Einsätze in Kundenunternehmen in Dortmund Produktionshelfer.*
   a) *Geplant ist, Stellenanzeigen zu veröffentlichen. Nehmen Sie Stellung zu der Absicht, die Anzeigen anonym per Chiffre zu schalten.*
   b) *Erstellen Sie eine Liste mit Inhalten, die die Stellenanzeige für die benötigten Produktionshelfer mindestens haben sollte.*
   c) *Mit welchen Maßnahmen kann in dieser Stellenanzeige für Aufmerksamkeit und Interesse bei der Zielgruppe gesorgt werden?*
   d) *Nach welchen Kriterien sollte das Unternehmen die genutzten Medien aussuchen? Unterscheiden Sie dabei zwischen Intermedia- und Intramedia-Selektion.*

9. *Lesen Sie den folgenden Text. Erarbeiten Sie, ob und in welcher Form hier diskriminiert wird. Welche Gründe sprechen dafür und welche dagegen, diese Form der Diskriminierung in das AGG aufzunehmen?*

Gewichtsdiskriminierung: „Druck auf Dicke immens gestiegen“

Stephanie Freiin von Liebenstein hat einen Verein gegründet, der die Rechte übergewichtiger Menschen verteidigt: die „Gesellschaft gegen Gewichtsdiskriminierung“.

FOCUS: Weshalb haben Sie einen Verein gegen Gewichtsdiskriminierung gegründet?

Stephanie von Liebenstein: Bis ins Jahr 2005 gab es im deutschsprachigen Raum keine Organisation, die das Problem der Diskriminierung dicker Menschen von einem gesellschaftspolitischen Standpunkt aus angegangen wäre. […]

FOCUS: Unlängst akzeptierte die Polizei in NRW die Bewerbung eines Mannes nicht, der einen BMI von 28,7 hat, obwohl er mit 1,84 m und 97 Kilogramm eher muskulös als fettleibig ist. Haben die Deutschen eine Fettphobie?

von Liebenstein: Wenn Sie einen BMI über 30 haben, werden Sie in Deutschland – gleichgültig, wie gesund Sie sind – in aller Regel nicht verbeamtet. Wenn Sie ein dickes Kind haben, wird Ihnen nicht nur vom Fitnessjunkie nebenan, sondern auch von Lehrern, Ärzten und Politikern so ziemlich alles unterstellt, von einem mangelnden Ernährungsbewusstsein über Asozialität bis hin zu Kindesmisshandlung. Dicke Menschen werden bei gleicher Qualifikation häufig schlechter bezahlt, sind statistisch gesehen häufiger arbeitslos und werden von Ärzten oft mit weniger Sorgfalt und zum großen Teil mit einer unglaublichen Respektlosigkeit behandelt. Es ist nicht akzeptabel, wenn Frauen wegen eines Bauchumfangs von mehr als 88 Zentimeter[n] nicht nach Neuseeland einwandern dürfen. Bei Männern liegt die Grenze bei 102 Zentimeter. In China, USA oder Korea wird die Adoption von Kindern verweigert. Ebenso ist es problematisch, wenn Krankenhäuser und Arztpraxen kein angemessenes Gerät für die Untersuchung dicker

Menschen bereitstellen, zum Beispiel keine geeignet weite Manschette zum Blutdruckmessen oder OP-Kittelchen, die so wenig bedecken, dass sie die persönliche Würde eines dicken Menschen gefährden. Das sind Dinge, die keine nennenswerten Kosten verursachen und dazu beitragen könnten, dass Dicke beispielsweise wichtige Untersuchungen nicht aus Angst vor der drohenden Entwürdigung aufschieben.

[...]

FOCUS: Haben Sie persönlich wegen des eigenen Übergewichtes negative Erfahrungen gemacht?

von Liebenstein: Glücklicherweise bin ich persönlich von den ganz krassen Erfahrungen verschont geblieben. Dennoch empfinde ich es als diskriminierend, tagtäglich von den zu engen Sitzen in Bus, Bahn und Flugzeug daran erinnert zu werden, dass Menschen wie ich gesellschaftlich nicht erwünscht sind. Ich ärgere mich darüber, dass das Dicksein in den Medien fast ausschließlich als Problem dargestellt wird, das es abzuschaffen gilt. Ich empfinde es als unseriös und ärgerlich, für die Belastungen des Gesundheitssystems maßgeblich mit verantwortlich gemacht zu werden und auf dünner wissenschaftlicher Basis permanent einen frühen und qualvollen Tod prophezeit zu bekommen. Ich möchte nicht auf der Straße als „fettes Monster" angesprochen, von wildfremden Leuten wegen meiner vermeintlichen emotionalen Probleme bemitleidet werden und von der Bundesregierung Pressesprüche wie „fit statt fett" zu hören bekommen als Erinnerung daran, dass Fett als etwas grundsätzlich Inakzeptables betrachtet wird und jemand wie ich als therapiebedürftige Abweichung von der Norm.

[...]

Quelle: Kunz, Martin/Focus Online: „Gewichtsdiskriminierung: „Druck auf Dicke immens gestiegen", veröffentlicht am 19.05.2009, unter: www.focus.de/gesundheit/ernaehrung/news/gewichtsdiskriminierung-druck-auf-dicke-immens-gestiegen_aid_399561.html (Zugriff: 29.03.2012).

10. *In § 2 AGG ist der sachliche Anwendungsbereich des Gesetzes bestimmt, der neben dem Zugang zur Erwerbstätigkeit weitere Felder umfasst. Erstellen Sie eine Übersicht über alle in § 2 AGG genannten Bereiche der Arbeitswelt, in denen die Regelungen des AGG gelten.*

11. *In einer Stellenanzeige in Ihrer regionalen Tageszeitung lesen Sie folgende Formulierung: „Wir suchen eine junge hübsche Kraft (m/w) für den Empfang. Senden Sie Ihre Bewerbungsunterlagen mit Lichtbild an ...". Beurteilen Sie für folgende Aussagen, ob sie richtig oder falsch sind:*

Eine Form der Diskriminierung nach § 1 AGG liegt hier nicht vor, da die Stelle für Männer und Frauen ausgeschrieben ist.	
Die ausdrückliche Anforderung von Lichtbildern bei Bewerbungen kann eine Diskriminierung zur Folge haben.	
Die Anzeige darf so nicht veröffentlicht werden, weil sie keinen Hinweis auf die Möglichkeit zur Teilzeitarbeit enthält.	
Die Anzeige entspricht nicht den Anforderungen des AGG, da eine Diskriminierung nach Alter erfolgt.	

12. *Stellen Sie für folgende Aussagen fest, ob eine Benachteiligung nach dem AGG vorliegt:*

Der Zirkus Renato sucht für die Trapezvorführung einen kräftigen Mann, der als Fänger kopfüber arbeiten kann.	
Der konfessionsgebundene Kindergarten hat eine Stelle für einen Erzieher oder eine Erzieherin ausgeschrieben. Verlangt wird die Zugehörigkeit zur Glaubensgemeinschaft.	
Die Stadtverwaltung schreibt die Stelle eines Leiters (m/w) Wirtschaftsförderung aus. Im Anzeigentext steht, dass Frauen bei gleicher Qualifikation bevorzugt werden.	
Eine Arztpraxis schreibt die Stelle einer Arzthelferin aus.	

3 Kontakte und Netzwerke für die Personalgewinnung nutzen

Einstiegssituation ▶

Der Auszubildende Serhan Yildiz findet morgens auf seinem Schreibtisch die lokale Tageszeitung des Vortags. Der Artikel mit der Überschrift „Flex 50⁺ nimmt Fahrt auf" ist markiert, auf einem Notizzettel hat der Disponent Hans-Peter Gebhardt auch eine Nachricht hinterlassen: *„Das ist interessant, bitte nehmen Sie Kontakt auf. Besprechung um 10 Uhr!"*

Flex 50^+ nimmt Fahrt auf

(IG) Den häufig angeführten Mangel an Fachkräften konnte man gestern in den Räumen der Volkshochschule nicht erkennen: Über 40 Interessierte waren der Einladung des Projektleiters Knut Reinert gefolgt, um sich umfassend über die Beschäftigungsmöglichkeiten in der Zeitarbeitsbranche zu informieren. Die Branchenkenner vom örtlichen Zeitarbeitsunternehmen Kampas zeigten die vielfältigen Möglichkeiten auf, die gerade für Langzeitarbeitslose und ältere Arbeitnehmer interessant sein können. 50^+-Projektleiter Reinert machte deutlich, dass hier zwei mit Vorurteilen konfrontierte Gruppen zusammenkommen und voneinander profitieren können: „Ältere Arbeitnehmer gelten in vielen Betrieben als ‚altes Eisen'. Diese Unternehmen haben noch nicht verstanden, wie wichtig Berufserfahrung gerade in diesen Zeiten ist. Und Zeitarbeit hat es in der öffentlichen Wahrnehmung nach wie vor schwer." Diese Einschätzung bestätigte Fred Missunde von Kampas nur teilweise: „Die Vorurteile über Zeitarbeit haben viel mit Unkenntnis zu tun. Dagegen zu arbeiten ist unsere Aufgabe heute Abend.

Mehr als zehn Teilnehmer vereinbarten direkt im Anschluss an die Veranstaltung Gespräche mit Missunde und seinem Team. „Wir sind sehr zufrieden mit diesem Auftakt", fasst Projektleiter Knut Reinert die Eindrücke zusammen. Auch Sabine Ullrich von der Arbeitsagentur ist davon überzeugt, mit dem Projekt Flex 50^+ den richtigen Weg zu gehen.

Quelle: Bildungsverlag EINS Archiv, Köln 2012

Nachdem Serhan den Artikel gelesen hat, ist er ratlos. Mit wem soll er denn Kontakt aufnehmen? Und warum? Da Herr Gebhardt zu einem Kundenunternehmen unterwegs ist, beschließt er, den Termin um 10 Uhr abzuwarten.

Hans-Peter Gebhardt: „Ich gebe Ihnen recht, Herr Yildiz: Meine Notizen sind wirklich nicht sehr aussagekräftig."

Serhan Yildiz: „Ich habe zwar schon mal die Telefonnummern herausgesucht. Flex 50⁺ habe ich aber nicht gefunden. Wenn ich den Begriff im Internet suche, erhalte ich nur Angebote über Werkzeuge und Maschinen."

Hans-Peter Gebhardt: „Welche Telefonnummern haben Sie denn?"

Serhan Yildiz: „Die Nummern von allen Einrichtungen, die in dem Artikel genannt sind: von der Volkshochschule, von der Kampas GmbH, von der Arbeitsagentur. Zur Arbeitsagentur haben wir doch regelmäßig Kontakt. Der Name Sabine Ullrich ist mir aber unbekannt. Außerdem war die Veranstaltung gestern. Ich verstehe nicht, warum wir da heute noch nachhaken sollen."

Hans-Peter Gebhardt: „Das hat verschiedene Gründe. Ich will Ihnen das kurz erklären. Zum einen ist dieser Artikel ein Beispiel für eine gelungene Öffentlichkeitsarbeit. Leider nicht für unser Unternehmen, sondern für unseren Wettbewerber hier vor Ort. Der zweite Aspekt ist, dass der Kollege der Firma Kampas GmbH seinen Bewerberpool aufstocken konnte. Er hatte Gelegenheit, qualifizierte Arbeitnehmer in einem persönlichen Gespräch kennenzulernen. Und es gibt noch einen dritten Punkt: Es gibt offensichtlich in dieser Stadt ein Projekt für die Arbeitsmarktintegration von älteren Arbeitnehmern. Und mich ärgert es ganz persönlich, dass ich bislang von diesem Projekt nichts wusste. Ich ärgere mich also in erster Linie über mich selbst und ich frage mich, mit wem ich hätte sprechen müssen, um diese Informationen eher zu erhalten. Um es einmal so auszudrücken: Irgendetwas an meinem Networking hat nicht funktioniert."

Serhan Yildiz: „Sie können aber doch nicht alles wissen."

Hans-Peter Gebhardt: „Das stimmt, Herr Yildiz, nicht alles. Aber es ist meine Aufgabe, alles zu wissen, was für unsere Arbeit und für den Erfolg unseres Unternehmens wichtig ist. Ich denke, wir sollten mal ganz kritisch untersuchen, wie wir mit unseren Kontakten umgehen und was wir da verbessern können."

Arbeitsaufträge

1. *Beschreiben Sie die Problemstellung der Einstiegssituation aus der Sicht von Hans-Peter Gebhardt.*
   - *Werten Sie dazu den Zeitungsartikel über die Veranstaltung aus.*
   - *Welche Vorteile verspricht sich Herr Gebhardt von der Teilnahme an solchen Veranstaltungen?*
   - *Machen Sie einen ersten Vorschlag dazu, was Herr Gebhardt bei seinem Networking hätte besser machen können.*

2. *Informieren Sie sich im Internet und in den regionalen/lokalen Tageszeitungen und Zeitschriften (z. B. Veröffentlichungen der örtlichen Wirtschaftsförderungseinrichtungen und der Industrie- und Handelskammer) über Einrichtungen, die für die Personalgewinnung bedeutsam sein können.*

3. *Erstellen Sie einen Plan für den systematischen Kontaktaufbau und die systematische Kontaktpflege für die Personalgewinnung in der HR Personaldienstleistungen GmbH.*
   - *Legen Sie zunächst fest, zu welchen Einrichtungen Sie Kontakte aufbauen wollen.*
   - *Überlegen Sie, wie Sie die zuständigen Ansprechpartner identifizieren können.*
   - *Stellen Sie die notwendigen Kontaktinformationen in einer Übersicht zusammen, die beispielsweise aufgebaut werden kann wie in Aufgabe 1 am Ende des Kapitels.*
   - *Planen Sie, in welcher Art Sie den Kontakt herstellen und pflegen wollen. Informationen dazu finden Sie in Abschnitt 3.2.*
   - *Präsentieren Sie Ihre Übersicht.*

4. *Vergleichen Sie Ihre Ergebnisse mit Ihrem ersten Lösungsvorschlag und bewerten Sie Ihre Arbeitsergebnisse.*

Persönliche Kontakte spielen im menschlichen Zusammenleben eine große Rolle. Das gilt nicht nur für den privaten Bereich, wo etwa Freundschaften aufgebaut und gepflegt werden, sondern auch für den Bereich der Wirtschaft, wo Verträge geschlossen, Kooperationen eingegangen und Informationen weitergegeben werden.

Das Faszinierende an Kontakten ist, dass sie sich sozusagen durch sich selbst vervielfachen: Mit einem Kontakt erschließt man sich gleichzeitig die Kontakte der Person, mit der man Umgang pflegt (siehe „Im fachlichen Kontext"). Es ist sehr häufig ein Erfolg versprechender Weg, in seinem sozialen Umfeld zu fragen „Kennst du jemanden, der ...". Eine zunehmende Bedeutung haben die sogenannten **sozialen Netzwerke** durch die Möglichkeiten des Web 2.0 erhalten: Zahlreiche Plattformen ermöglichen den Aufbau und die Pflege von persönlichen Kontakten. Nach Angaben des Branchenverbandes BITKOM sind im Jahr 2011 74 Prozent der Internetnutzer in mindestens einem sozialen Netzwerk angemeldet, 66 Prozent sind aktive Nutzer.

Im Bereich der Wirtschaft hat sich die Einstellung zur Bedeutung von Kontakten und darauf gründenden Beziehungen in den vergangenen Jahren geändert. Während man früher eher abfällig von Vetternwirtschaft (= Nepotismus), Bimbeswirtschaft, Vitamin-B, Klüngel, Filz u. Ä. sprach, gehören der Aufbau und die Pflege von Kontakten und Beziehungen heute zu einer akzeptierten Unternehmensaufgabe.

Vor allem im Bereich des Absatzes (*Customer Relationship Management, CRM*) und der Beschaffung (*Supplier Relationship Management*), aber auch für die Personalgewinnung dienen Kontakte und Beziehungen als attraktive Wege, die Unternehmensziele zu erreichen. Unter dem Stichwort *Talent Relationship Management (TRM)* werden die Maßnahmen zusammengefasst, die identifizierte (interne und externe) Talente langfristig an ein Unternehmen binden sollen.

Doch auch außerhalb der Zielgruppe der Talente haben Kontakte eine große Bedeutung für die Personalgewinnung, wie im folgenden Abschnitt erläutert wird. Kenntnisse über Kontaktaufbau und Kontaktpflege sind daher unverzichtbar. Netzwerke lassen sich als verdichtete Kontakte zwischen mehreren Beteiligten auffassen. Deshalb folgt anschließend ein kurzer Abschnitt über Arten und Vorteile von Netzwerken.

An dieser Stelle werden Kontakte und Netzwerke nur unter dem Aspekt der Personalgewinnung dargestellt. Ihre besondere Bedeutung für den Absatzbereich und für die Leistungserstellung (vgl. z. B. Vendor-Beziehungen) kann an dieser Stelle nicht behandelt werden.

Im fachlichen Kontext

Das Kleine-Welt-Phänomen
In den 60er-Jahren des 20. Jahrhunderts beschäftigte sich der Wissenschaftler Stanley Milgram mit der Reichweite von sozialen Beziehungen. In einem Experiment ließ er zufällig ausgewählte Personen Informationen an eine bestimmte Person in Boston senden. Bedingung für die Übermittlung war, dass jeder Teilnehmer die Informationen nur an eine persönlich bekannte Person senden durfte, diese wiederum auch nur an eine persönlich bekannte Person usw. Im Durchschnitt brauchten die Informationspakete knapp sechs Stationen, um schließlich bei der bestimmten Person in Boston zu landen. Dieses Ergebnis wird auch als **Kleine-Welt-Phänomen** bezeichnet: Jeder US-Amerikaner ist von jedem anderen US-Amerikaner nur durch sechs Bekanntschaften getrennt.

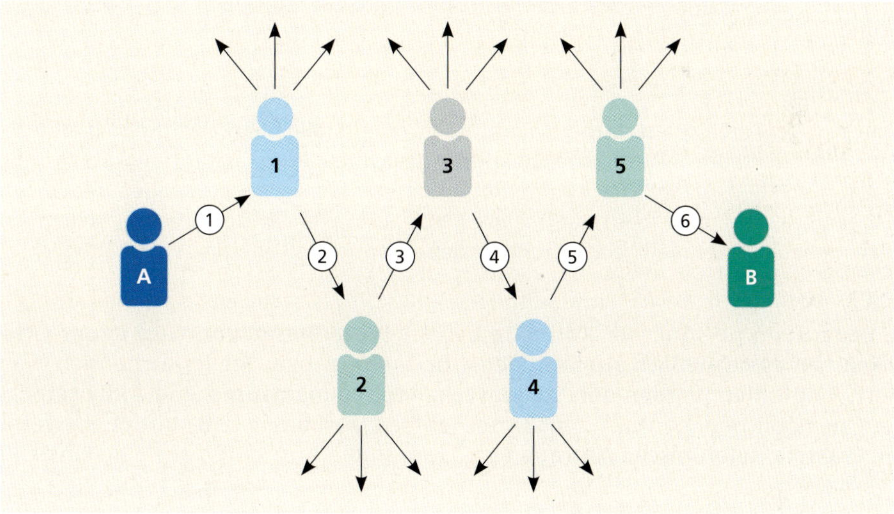

Das Kleine-Welt-Phänomen

In den vergangenen Jahren wurde das Kleine-Welt-Phänomen für den Weltmaßstab belegt. Dabei haben Forscher die weltweiten Verbindungen durch den Instant-Messenger-Account analysiert. Im Durchschnitt braucht die Verbindung zwischen zwei zufällig ausgewählten Personen 6,6 Schritte. In diesem Zusammenhang wird spekuliert, ob sechs eine Art sozialer Verbindungskonstante ist, d.h., ob jeder Mensch von jedem anderen Menschen sechs Kontakte entfernt ist.

Recherchetipp

Suchen Sie in den geläufigen Internet-Suchmaschinen nach weiteren Informationen zum Thema Kleine-Welt-Phänomen. Zu den aktuellen Forschungsergebnissen finden sich weitere Informationen etwa unter dieser Internetadresse: www.spiegel.de/wissenschaft/mensch/0,1518,569705,00.html.

3.1 Bedeutung von persönlichen Kontakten bei der Personalgewinnung

Nach Studien des Instituts für Arbeitsmarkt- und Berufsforschung sind persönliche Kontakte der zweithäufigste Weg der Unternehmen bei der Personalbeschaffung.

Man spricht in diesem Zusammenhang auch von einem **grauen Arbeits- bzw. Stellenmarkt**, weil die zu besetzenden Stellen in solchen Fällen gar nicht erst ausgeschrieben werden.

Definition

Mit den Begriffen **grauer Arbeitsmarkt** und **grauer Stellenmarkt** wird der verdeckte, also nicht sichtbare Teil des Arbeitsmarktes bezeichnet. Er umfasst (offene) Stellen, die nicht durch eine öffentliche Ausschreibung besetzt werden. Schätzungen geben den Umfang des grauen Arbeitsmarktes mit 60 bis 90 % aller zu besetzenden Stellen an. Eine genaue zahlenmäßige Erfassung ist definitionsgemäß allerdings nicht möglich.

Die Bedeutung persönlicher Kontakte bei der Stellenbesetzung wird in der Öffentlichkeit fast ausschließlich aus Sicht der Arbeitnehmer bzw. Stellensuchenden thematisiert. Empfohlen werden den Stellensuchenden dementsprechend Aktivitäten, die einen persönlichen Kontakt zum Unternehmen aufbauen (z.B. Initiativbewerbungen, Praktika, telefonische Anfragen etc.), um so die Aussichten auf eine Einstellung zu verbessern.

LF 4/2.1

Im engeren Sinne soll als Stellenbesetzung durch persönlichen Kontakt die Art und Weise verstanden werden, wie der Kontakt zustande gekommen ist, z.B. dadurch, dass Mitarbeiter auf Stellensuchende in ihrem Freundes- und Verwandtenkreis angesprochen werden oder der Personalverantwortliche selbst jemanden kennt, der auf ein bestimmtes Stellenprofil passt.

Aus Sicht des Unternehmens hat die Stellenbesetzung durch persönliche Kontakte folgende Vorteile:

- Vermeidung von Kosten für Stellenausschreibungen,
- Vermeidung von Öffentlichkeit bei der Stellenbesetzung,
- zeitliche Verkürzung des Verfahrens zur Stellenbesetzung,
- mehr Informationen über den Bewerber durch zusätzliche Hintergrundinformationen,
- bessere Matchingergebnisse, da der Bewerber besser eingeschätzt werden kann.

Persönliche Kontakte werden von den Unternehmen unterschiedlich stark für die Stellenbesetzung genutzt. Regelmäßigkeiten zeigen sich darin, dass

- kleine Unternehmen diesen Weg häufiger nutzen als große Unternehmen;
- bei Stellenbesetzungen mit geringen Qualifikationsanforderungen und Besetzungen mit besonders hohen Qualifikationsanforderungen dieser Weg häufiger genutzt wird;
- häufiger Stellen mit schwierigen Arbeitsbedingungen durch persönliche Kontakte besetzt werden;
- dieser Weg eine überdurchschnittliche Bedeutung in den Branchen Land- und Forstwirtschaft, Baugewerbe, Handel, Gastgewerbe und Verkehr hat.

Studie: Vor allem kleine Betriebe stellen über Netzwerke ein.

Im Jahr 2008 nutzten 49 Prozent der Betriebe bei der Suche nach geeignetem Personal persönliche Kontakte ihrer Mitarbeiter. Bei Kleinstbetrieben mit weniger als zehn Mitarbeitern lag der Anteil bei 53 Prozent. Bei den Großbetrieben mit 200 und mehr Beschäftigten nutzte dagegen weniger als ein Drittel soziale Netzwerke. Zu diesem Ergebnis kommt eine [...] Studie des Instituts für Arbeitsmarkt- und Berufsforschung (IAB).

In Großbetrieben seien häufig formale Strukturen bei der Stellenbesetzung etabliert, so das IAB. Dagegen könnten in kleinen Betrieben durch die größere soziale Nähe Informationen leichter informell eingebracht werden. Insgesamt kamen 29 Prozent der Neueinstellungen über Netzwerke zustande. Über persönliche Kontakte wurden besonders häufig Stellen mit niedrigen Qualifikationsanforderungen besetzt. 21 Prozent der Neueinstellungen über Netzwerke erforderten keinen Berufsabschluss. Dies war nur bei 14 Prozent der Neueinstellungen ohne Netzwerke der Fall. Aber auch bei Stellen im oberen Segment des Arbeitsmarktes wurden persönliche Kontakte verstärkt genutzt, stellten die Arbeitsmarktforscherinnen Sabine Klinger und Martina Rebien fest: „So wurden Stellen, die Führungsqualitäten erfordern, relativ häufiger über Netzwerke besetzt."

Landwirtschaft, Bau und Handel nutzen Netzwerke am häufigsten

Laut der Studie des IAB suchten 57 Prozent der Betriebe in der Land- und Forstwirtschaft, 54 Prozent der Betriebe im Baugewerbe und 52 Prozent der Betriebe in Handel, Gastgewerbe und Verkehr neue Mitarbeiter über persönliche Kontakte. Häufig handelte es sich auch um Jobs mit schwierigen Arbeitsbedingungen: 18 Prozent der Stellen, die im Jahr 2008 über soziale Netzwerke besetzt wurden, waren zum Beispiel mit körperlicher Anstrengung, unregelmäßigen Arbeitszeiten, Lärm- oder Hitzebelastung verbunden. Bei Anstellungen, die auf anderen Wegen vergeben wurden, lag der Anteil dagegen nur bei zehn Prozent.

Quelle: BildungsSPIEGEL, „Studie: Vor allem kleine Betriebe stellen über Netzwerke ein.", hrsg. v. Büro für analytische Sozialforschung, Hamburg, veröffentlicht am 10.11.2009, unter: www.bildungsspiegel.de/aktuelles/iab-soziale-netzwerke-helfen-bei-der-personalsuche.html?Itemid=262 (Zugriff: 29.03.2012).

3.2 Kontakte aufbauen und pflegen

Einen persönlichen Kontakt aufzubauen bedeutet, eine Verbindung zwischen Personen herzustellen. Das Mittel für diese Verbindung ist die Kommunikation. Im Unterschied zur Stellenausschreibung, die sich an eine Masse von Personen wendet, bezieht sich der persönliche Kontakt auf konkrete Personen, die in eine direkte und/oder indirekte Kommunikations- bzw. Austauschbeziehung treten.

Definition

Kontakt bedeutet Berührung, Verbindung. Der Aufbau eines persönlichen Kontaktes lässt sich dementsprechend umschreiben als Herstellung einer Verbindung zwischen Personen. Dies erfolgt durch Kommunikation.

Mit einem Kontakt zu einem anderen Menschen eröffnet sich die Möglichkeit, auf die Ressourcen des Gegenübers zuzugreifen. Ressourcen in diesem Zusammenhang können sein: Informationen, Wissen, Entscheidungskompetenzen, materielle Ausstattungen. Der Grad des Einflusses ist abhängig von der Qualität der Beziehung, die sich aus dem Kontakt ergibt.

Beispiel

In der Eingangssituation erfährt Hans-Peter Gebhardt von dem Projekt erst nach der Veranstaltung aus der Tageszeitung. Wünschenswert wäre es für ihn gewesen, bereits vorher Informationen darüber zu haben. Offensichtlich fehlte ihm der Kontakt zu einer Person, die ihn rechtzeitig informierte und in die Aktion einbezog.

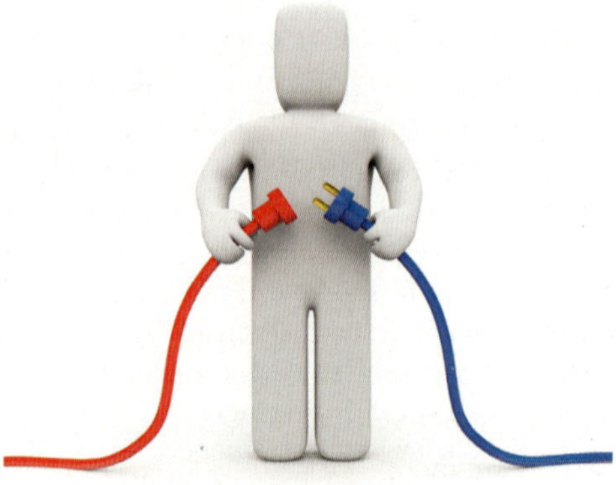

Der Einsatz von Kontakten für die Erfüllung unternehmensbezogener Aufgaben macht ein systematisches Vorgehen erforderlich (Kontaktmanagement). Das beinhaltet auch die Auswahl der interessanten Kontaktpersonen bzw. im beruflichen/geschäftlichen Bereich der interessanten Einrichtungen und Institutionen. Anschließend geht es dann darum, die richtigen Ansprechpartner zu finden und Beziehungen aufzubauen.

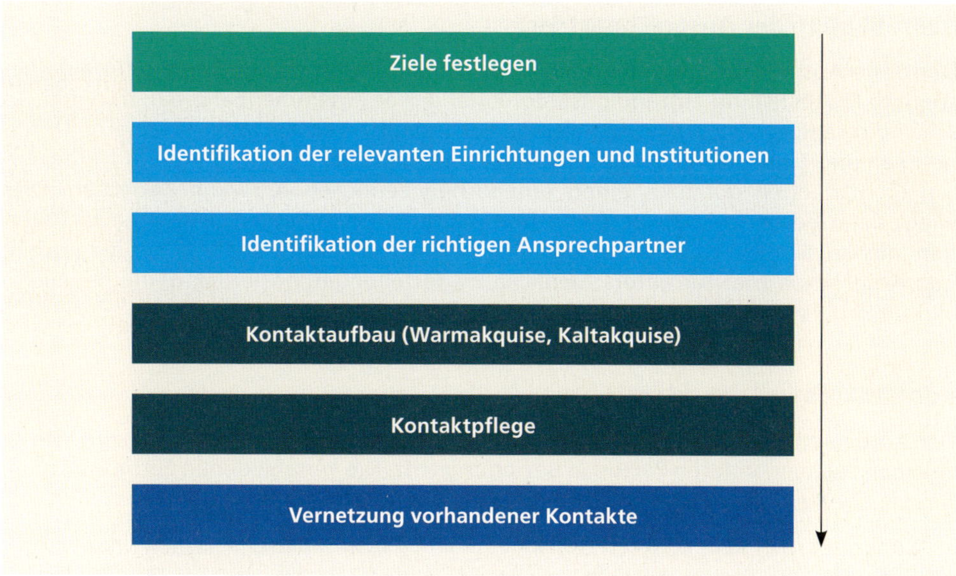

Phasen des Kontaktmanagements

Ziele festlegen

Wie bereits an anderer Stelle deutlich gemacht wurde, kann eine Planung ohne Ziele nicht zu sinnvollen Ergebnissen führen. Das gilt auch für den systematischen Aufbau von Kontakten und gegebenenfalls Netzwerken. Im Bereich der Personalgewinnung kann sich eine Zielformulierung etwa auf die Art der Einrichtungen und Institutionen sowie auf die Region beziehen.

Relevante Einrichtungen und Institutionen

Für die Personalgewinnung sind zunächst einmal alle Einrichtungen des Arbeitsmarktes relevant: die Arbeitsagenturen, die lokalen/regionalen Wirtschaftsförderungseinrichtungen, Verbände und Zusammenschlüsse von Arbeitnehmern, Projekte, die sich an bestimmte Zielgruppen des Arbeitsmarktes wenden (wie das in der Einstiegssituation genannte Projekt 50+). Projekte sind im Unterschied zu den dauerhaften Einrichtungen auf eine bestimmte zeitliche Dauer beschränkt und mit einem konkreten Auftrag versehen. Häufig werden Projekte von mehreren Projektpartnern initiiert und finanziell getragen. Das macht es schwierig, einen umfassenden Überblick zu erhalten.

Zahlreiche Möglichkeiten zur Personalgewinnung bieten auch die Bildungseinrichtungen. Dazu zählen Einrichtungen der beruflichen Weiterbildung und Qualifizierung (berufliche Bildungsträger, Facheinrichtungen wie Anbieter von Arbeitssicherheitstrainings), für die Deckung des mittel- und langfristigen Personalbedarfs aber auch allgemeinbildende Schulen. In vielen Städten finden sich Transfergesellschaften, deren Aufgabe es ist, Arbeitnehmer im Hinblick auf Neuanstellungen weiterzuqualifizieren.

Identifikation der Ansprechpartner

Der beste Ansprechpartner innerhalb einer Einrichtung ist die Person, die für eine bestimmte Fragestellung zuständig ist. So banal dieser Zusammenhang daherkommt, so schwierig kann es sein, die richtige Person ausfindig zu machen. Was in kleineren Unternehmen und Einrichtungen meistens kein Problem ist, kann in größeren, differenzierten Einrichtungen durchaus einen erheblichen zeitlichen Aufwand bedeuten. Dies wiegt dann besonders schwer, wenn bestimmte Fragestellungen schnell geklärt werden müssen. Sinnvoll ist es daher, sich eine Kontaktdatei anzulegen, in der die jeweiligen Ansprechpartner für unterschiedliche Fragestellungen notiert sind, um bei einem akuten Bedarf schnell darauf zugreifen zu können.

Kontaktaufbau

Der Aufbau eines Kontaktes beinhaltet die Art der Ansprache bzw. die Art und Weise, wie man zu einer anderen Person in Beziehung tritt. Die verschiedenen Formen können beispielsweise nach folgenden Kriterien unterschieden werden:

- Konkreter oder kein konkreter Gesprächszweck bzw. -anlass.
- Zufälliges oder absichtsvolles Ansprechen einer Person.
- Unvermittelte (direkte) oder medienvermittelte (indirekte) Kommunikation.
- Kaltakquise oder Warmakquise: Der erste Begriff bezeichnet eine Erstansprache ohne vorherigen Kontakt; Warmakquise nutzt im Gespräch bekannte Bezugspunkte (Bekannte, Vereine, Verbände etc.).

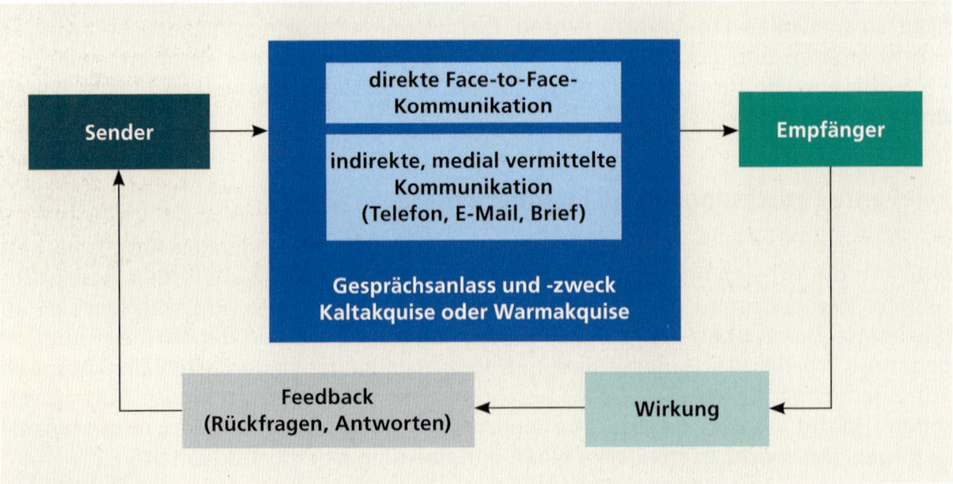

Arten der persönlichen Kommunikation

Die Art der Ansprache wird den Gesprächsverlauf und möglicherweise auch das Gesprächsergebnis beeinflussen. Dabei sind die Anforderungen an eine Kaltakquise wesentlich höher als wenn auf vorhandene Bezugspunkte wie gemeinsame Bekannte zurückgegriffen werden kann. Für den entscheidenden ersten Eindruck in einem Gespräch hat man nämlich nur wenige Sekunden Zeit (zwischen 10 und 40 Sekunden).

Beispiel
Für einen „kalten" Gesprächsstart sollte man sich an das AIDA-Schema erinnern: Aufmerksamkeit erregen, Interesse wecken, den Wunsch nach einer Fortsetzung des Gesprächs erzeugen und schließlich zu einer Handlung bewegen. Letzteres kann etwa der Austausch von Visitenkarten sein. Auf dieser Grundlage beruht auch die Übung ***Elevator Pitch*** *(„Fahrstuhl-Präsentation"), in der ein Ideenträger eine bis drei Minuten Zeit hat, einem Vorgesetzten in einem Fahrstuhl zu erläutern, was Inhalt seiner Idee ist. Diese Übung wird gern im Zusammenhang mit Seminaren und Trainings für Existenzgründer eingesetzt.*

Wichtig im Hinblick auf den systematischen Kontaktaufbau ist es, die Verbindungsdaten zu sichern. Im geschäftlichen Bereich geschieht dies üblicherweise durch den Austausch von Visitenkarten. Es ist sicherlich sinnvoll, sich besondere Informationen auf der Rückseite der Visitenkarte zu notieren. Doch Vorsicht: In der Geschäftswelt gilt es als **Fauxpas**, sich in Anwesenheit des Gegenübers solche Notizen zu machen. Auch bei der Entgegennahme einer Visitenkarte kann man Fehler machen, etwa sie sofort in die Hosentasche zu „quetschen", ohne einen weiteren Blick darauf zu werfen.

Praxistipp

Umgangsformen zu beherrschen ist im Geschäftsleben sehr wichtig. Zahlreiche Bildungsanbieter führen Seminare durch zu den Themen Benehmen, Stil, Etikette und (Tisch-)Manieren. Als „Klassiker" der Benimmregeln gilt Freiherr Adolph Knigge (18./19. Jahrhundert). Unter seinem Namen werden einige Seminare angeboten (z. B. www.knigge.de).

Beispiel
Das Tagesgeschäft lässt häufig wenig Raum für den Aufbau von Kontakten („Dominanz des Tagesgeschäfts"), das gilt für den beruflichen genauso wie für den privaten Bereich. Es bietet sich daher an, Umstände zu schaffen und/oder zu suchen, die Gelegenheiten für die Anbahnung und den Aufbau von Kontakten bieten. Der Besuch von Veranstaltungen ist eine solche Gelegenheit. Wichtig ist die Auswahl der „richtigen" Veranstaltungen: richtig in dem Sinne, dass sich dort tatsächlich die Menschen treffen, die man gerne kennenlernen möchte. Nicht jede Veranstaltungsart ist gleich geeignet: Ein Opern- oder Theaterbesuch bietet weniger Gelegenheiten zum Austausch mit (noch) Unbekannten als die Teilnahme an einer Kontaktbörse oder Messe, deren ausdrückliches Ziel die Kontaktanbahnung ist. Häufig sind Veranstaltungen zu wirtschaftsbezogenen Themen so angelegt, dass nach einem Vortrag oder einer Diskussion noch Zeit für ein sogenanntes Get-together besteht.

Kontakte pflegen

Die Pflege von Kontakten hat das Ziel, der einmal hergestellten Verbindung eine Kontinuität zu geben. Dies ist die Grundbedingung für ein erfolgreiches Networking. Für die kurzfristige Aktualisierung eines Kontaktes gilt die 72-Stunden-Regel: Nach einem Erstkontakt sollte innerhalb von drei Tagen erneut Kontakt aufgenommen werden, um das Interesse an einer Verbindung zu bekunden.

Für den langfristigen Erhalt müssen diese Kontakte immer wieder aktualisiert werden: durch Anrufe, Schreiben (besonders E-Mail), Treffen. Besonders effektiv sind diese Instrumente dann, wenn sie mit Informationen verbunden werden, die für das jeweilige Gegenüber interessant sein können. In einer solchen Geber-Rolle gelingt es viel eher, Vertrauen aufzubauen, was für die Etablierung langfristiger und effektiver Beziehungen wesentlich wirkungsvoller ist als die Nehmer-Rolle. Die konkrete Ausgestaltung der Kontaktpflege ist unter anderem abhängig von

- den konkreten Interessen an einer Kontaktperson bzw. der jeweiligen Einrichtung;
- den Möglichkeiten, stabile Beziehungen aufzubauen: In Projekten wechseln die Ansprechpartner meist schneller als in auf Dauer angelegten Einrichtungen;
- den Umgangsformen und Gewohnheiten in einer Branche;
- der eigenen beruflichen Position und der Art des Unternehmens;
- der Position des jeweiligen Gegenübers und der Art der Einrichtung (Unternehmen, Freiberufler, öffentliche Einrichtung).

Im fachlichen Kontext

In diesem Zusammenhang soll auch auf die „klassischen" Instrumente der (Kunden-) Bindung verwiesen werden:

- Werbeartikel (Kugelschreiber u. Ä.)
- Grußkarten
- Präsente (Dieser Punkt ist aufgrund der Werthaltigkeit nicht unproblematisch. Vor allem bei Kontakten mit öffentlichen Einrichtungen und Behörden muss man berücksichtigen, dass es Grenzwerte für die Entgegennahme von Geschenken gibt; auch in privaten Unternehmen besteht grundsätzlich die Gefahr des Korruptionsverdachts.)

Praxistipp

Korruption erfolgt durch Bestechung/Bestechlichkeit und Vorteilsgewährung/Vorteilsnahme. Das Strafgesetzbuch (§ 331 ff. StGB) stellt dies für **Amtsträger** unter Strafe. Auch innerhalb der Privatwirtschaft ist Korruption strafbar. Häufig finden sich in Arbeitsverträgen Hinweise auf die Werthöhe von Geschenken, die entgegengenommen werden dürfen. Die Vereinigung Transparency International (TI) erstellt für viele Länder den sogenannten Korruptionsindex (www.transparency.de).

3.3 Vom Kontakt zum Netzwerk

Der gedankliche Schritt vom Kontakt zum Netzwerk ist schnell getan: Ein Netzwerk kann aufgefasst werden als die Summe aller Kontakte zuzüglich der Summe der Kontakte der Kontakte etc. Das liest sich etwas beliebig – und tatsächlich ist der Netzwerkbegriff nicht so leicht zu konkretisieren. Man kann sich Netzwerken annähern, indem man ihre Bestandteile betrachtet:

- Netze bestehen aus Elementen („Knoten") und
- ihren Verbindungen zueinander;
- zusammen bilden sie ein System.

Soziale Netzwerke

Soziale Netzwerke bestehen aus Menschen oder Gruppen (auch: Unternehmen, Organisationen) und ihren Verbindungen (soziale Interaktion) zueinander. Mit dieser groben Definition finden sich überall Netzwerke, wo Menschen Beziehungen eingehen und aufrechterhalten. Diese Netzwerke kommen in unterschiedlichen Ausprägungen vor. Einige Typen sind hier zusammengestellt:

- Netzwerke können sich innerhalb bestimmter Organisationen (z. B. Unternehmen) bilden oder aus verschiedenen Organisationen bestehen: interne/externe Netzwerke.
- Sie können langfristig angelegt sein oder einen zeitlich befristeten Projektcharakter haben: langfristige/projektbezogene Netzwerke.

- Sie können eine bestimmte festgelegte Struktur haben oder sich dauernd an veränderte Umweltbedingungen anpassen: statische/dynamische Netzwerke.
- Je nach dem regionalen Einzugsgebiet der Netzwerkteilnehmer unterscheidet man: kleinräumige/großräumige Netzwerke.
- Es gibt Netzwerke, die bestimmte Ziele verfolgen, und Netzwerke, die sich ohne konkrete Zielvorstellung als Kommunikationsplattform gebildet haben: zielorientierte/zweckfreie Netzwerke.
- Die Kommunikationsbeziehungen in einem Netzwerk können geregelt sein oder ungeregelt (spontan) stattfinden: informelle/formelle Netzwerke.
- Der Gegenentwurf zu den am Anfang des Kapitels genannten sozialen Netzwerken, die auf den persönlichen Beziehungen zwischen Menschen beruhen, sind die sognannten funktionalen Netzwerke, die eher aus Beziehungen zwischen Menschen und Organisationen bzw. zwischen Organisationen bestehen.

Beispiele
- *Berufs- und branchenbezogene Netzwerke.*
- *Im Personalbereich: Human Resource Management (HRM, www.hrm.de).*
- *In der Zeitarbeitsbranche: Bundesarbeitgeberverband der Personaldienstleister e. V. (www.personaldienstleister.de); Interessenverband deutscher Zeitarbeitsunternehmen e. V. (www.ig-zeitarbeit.de).*
- *Daneben gibt es zahlreiche, häufig auch lokal/regional begrenzte Netzwerke.*

LF 4/ 1.4

Die Zusammenstellung der verschiedenen Netzwerktypen macht deutlich, dass sich auch bereits bekannte Organisationsformen wie etwa Unternehmen oder öffentliche Einrichtungen (oder Familien, Freundeskreise, Online-Communities etc.) als Netzwerke auffassen lassen. Der Vorteil einer solchen Sichtweise ist, dass dadurch die Beziehungen und die einzelnen Elemente in den Vordergrund treten. Ein Unternehmen wirkt dann nicht mehr wie eine kompakte Einheit, sondern löst sich in seine Bestandteile auf.

Dieser Umstand ist letztlich ausschlaggebend für den Erfolg der persönlichen Ansprache als Instrument der Personalgewinnung: Jeder in einem Unternehmen beschäftigte Arbeitnehmer ist Teil eines (privaten) Netzwerks. Der Zugang zu diesem Netzwerk öffnet sich jedoch nicht automatisch. Vielmehr müssen die Mitarbeiter dazu gewonnen werden, ihre Kontakte zu nutzen. Dies kann durch allgemeine Aktionen wie „Mitarbeiter-werben-Mitarbeiter"-Programme geschehen, durch die persönliche Ansprache oder auf Initiative des Arbeitnehmers. Die Bereitschaft eines Mitarbeiters, die Kontakte in seinem Netzwerk in den Dienst des Unternehmens zu stellen, ist wiederum abhängig von der Qualität der Beziehung zwischen Arbeitnehmer und Arbeitgeber.

Vorteile und Nachteile der Teilnahme an Netzwerken

Der Zutritt zu einem bestimmten Netzwerk erfolgt typenabhängig unterschiedlich: Einem Unternehmen schließt man sich durch einen formalen Arbeitsvertrag an, einem Verein oder Verband durch einen Mitgliedsantrag. Manchmal gibt es weitere Zugangsbeschränkungen wie etwa bestimmte Positionen und/oder Branchenzugehörigkeiten. Andere Netzwerke sind offen für neue Teilnehmer. In den meisten Netzwerken sind die Beziehungen ungleich verteilt. Manche Knoten pflegen Verbindungen zu vielen anderen Knoten, andere sind nur locker verbunden.

Vorteile und Nachteile der Teilnahme an Netzwerken sind abhängig von der Art des Netzwerks, von den verfolgten Interessen und auch von den Fähigkeiten des Teilnehmers, Netzwerkeffekte zu nutzen. Die folgende Zusammenstellung ist daher sehr allgemein gehalten und muss auf den konkreten Fall bezogen werden.

Vorteile eines Netzwerks	Nachteile eines Netzwerks
• geringer Aufwand bei der Personalgewinnung, da z. B. Stellenanzeigen nicht veröffentlicht werden müssen • Informationsvorsprünge gegenüber Wettbewerbern (schnellere/bessere/umfassendere Informationen) • Zugriffsmöglichkeit auf die Ressourcen der Netzwerkpartner (Zeit, Wissen, sonstige Ressourcen) • Erhöhung des Bekanntheitsgrades und Verbesserung des Unternehmensimages (wirkt auch in Richtung der Kundengewinnung) • positive Imagewirkungen (z. B. durch die Berichterstattung über Veranstaltungen)	• zeitlicher Aufwand bei der Herstellung und Pflege von Kontakten (das bedeutet gleichzeitig: Personalkosten), zeitlicher und finanzieller Aufwand durch die Teilnahme an Veranstaltungen • Vorbereitung und Durchführung von Vorträgen und Präsentationen, um sich im Netzwerk bekannt zu machen • Aufwand für Präsente und sonstige Aufmerksamkeiten • Mitgliedsbeiträge (Vereine, Verbände) • Verlust von Informationsvorsprüngen, wenn wichtige Informationen als vertrauensbildende Maßnahme in Netzwerken weitergegeben werden • kostenlose Abgabe von Beratungsleistungen (betrifft nicht nur Steuerberater und Juristen, auf deren Wissen gern „bei Gelegenheit" zurückgegriffen wird)

Zusammenfassung

- **Persönliche Kontakte** spielen nicht nur im Privatleben, sondern auch im wirtschaftlichen Bereich eine große Rolle. Rund ein Drittel der offenen Stellen in Unternehmen werden durch persönliche Kontakte auf dem sogenannten grauen Arbeitsmarkt besetzt. Aus Sicht des Unternehmens sind damit zahlreiche Vorteile verbunden. Allerdings nutzen nicht alle Unternehmen die Möglichkeiten des grauen Arbeitsmarktes gleichermaßen.
- Kontakte ermöglichen den Zugriff auf **Ressourcen** anderer. Dazu gehören beispielsweise Informationen und Wissen. Der Aufbau und die Pflege von Kontakten verursacht Aufwand (Zeit, Geld). Kontakte können zielgerichtet und systematisch aufgebaut werden. Dazu ist zunächst die **Identifikation** der relevanten Einrichtungen, Institutionen und Ansprechpartner notwendig. Für den Kontaktaufbau stehen verschiedene Möglichkeiten zur Verfügung. Besonders sinnvoll ist die **Warmakquise**, die auf bereits vorhandene Bezüge zurückgreift.
- Kontakte sind die Grundeinheit für den Aufbau von und den Zugang zu **Netzwerken**. Diese lassen sich nach verschiedenen Kriterien unterscheiden. Den Vorteilen einer Netzwerkteilnahme stehen Nachteile gegenüber.

Aufgaben

1. *Nach Beendigung Ihrer Ausbildung zum/zur Personaldienstleistungskaufmann/-frau übernehmen Sie die Leitung einer neu eröffneten Niederlassung. Sie wollen in den nächsten zwei Monaten systematisch Kontakte in dieser für Sie neuen Stadt aufbauen. Zur Vorbereitung wollen Sie ein Tableau (= Übersicht) anfertigen, das die relevanten Einrichtungen, die Aufgaben und Ziele dieser Einrichtungen, die Ansprechpartner sowie alle Kontaktdaten enthält. Bauen Sie Ihre Übersicht etwa folgendermaßen auf:*

Einrichtung	Aufgaben und Ziele	Ansprechpartner	Kontaktdaten (Telefon, E-Mail, Adresse, Homepage)	Bemerkungen

2. *Sie sind Disponent/-in in einem Zeitarbeitsunternehmen. Sie erhalten eine Einladung der regionalen Industrie- und Handelskammer zu dem Vortrag eines Zukunftsforschers zum Thema „Zukünftige Anforderungen an den Faktor Arbeit". Der Vortrag findet Freitagabend um 19:00 Uhr statt, die Veranstaltung endet gegen 20:30 Uhr. Welche Argumente sprechen für bzw. gegen die Teilnahme an dieser Veranstaltung?*

3. *Bei dem Einlass in den Veranstaltungssaal kommt es zu Verzögerungen. Zufällig stehen Sie neben dem Geschäftsführer des größten ortsansässigen Industrieunternehmens. Sie haben ca. 3 Minuten Zeit, sich ihm vorzustellen und ggf. sogar Visitenkarten auszutauschen. Nutzen Sie diese Zeit. Bauen Sie Ihre Vorstellung nach dem AIDA-Prinzip auf.*

4. *Unterscheiden Sie die Begriffe Kaltakquise und Warmakquise. Welche Bedeutung haben Netzwerke in diesem Zusammenhang?*

5. *Zeigen Sie, welche Ansatzpunkte es gibt, um die Quote der Einstellungen in Ihrem Unternehmen durch persönliche Kontakte zu erhöhen.*

6. *Begründen Sie, warum kleine Betriebe bei der Stellenbesetzung durch persönliche Kontakte erfolgreicher sind.*

7. *Welche Nachteile können mit der Stellenbesetzung durch persönliche Kontakte verbunden sein?*

4 Rekrutierungsmessen für die Personalgewinnung einsetzen

Einstiegssituation ▶

Anfang Mai erhält die Niederlassung der HR Personaldienstleistungen GmbH eine Einladung der Arbeitsagentur, an der lokalen Jobmesse mit einem Messestand teilzunehmen. Geplant ist die Messe für Ende Juni mit einer Dauer von zwei Tagen. Für die Messestände fallen keine Gebühren an. Hans-Peter Gebhardt, der verantwortliche Disponent, ist dennoch nicht sicher, ob er zusagen soll: Durch die beginnende Urlaubszeit ist mit Personalengpässen im Büro zu rechnen. Außerdem muss die Messeteilnahme natürlich vorbereitet werden.

Der Auszubildende Serhan Yildiz war im vergangenen Jahr zusammen mit seiner Berufsschulklasse bei der Messe Zukunft Personal. Er war fasziniert von den Messeständen und der Fülle an Informationen, die er dort vorfand.

Serhan Yildiz: „Herr Gebhardt, wir können dort eine Menge Informationen sammeln. Und da es sich um eine Jobmesse handelt, werden wir auch viele Bewerber antreffen. Ich würde auch gerne als Standbetreuer mitgehen!"

Hans-Peter Gebhardt (schmunzelt): „Das ist ein gutes Angebot, Herr Yildiz. Aber wir sollten uns gründlich überlegen, ob wir an der Messe teilnehmen."

Serhan Yildiz: „Es entstehen doch keine weiteren Kosten."

Hans-Peter Gebhardt: „Das stimmt nicht ganz, Kosten entstehen uns durchaus. Das ist aber erst einmal nicht das Problem. Es kommt darauf an, was uns eine Teilnahme bringt. Dann erst können wir sagen, ob es sich lohnt oder nicht. Ich war im letzten Jahr nicht zufrieden mit unserer Messeteilnahme. Wir hatten zwar viele Gespräche und auch Bewerber, doch irgendwie konnte ich das Gesamtergebnis nicht richtig einschätzen. Ich will Ihren Elan jedoch nicht bremsen, Herr Yildiz. Ich schlage vor, dass Sie sich einmal Gedanken darüber machen, welche Gründe für eine Teilnahme sprechen."

Arbeitsaufträge

1. *Analysieren Sie die Problemstellung in der Einstiegssituation.*
   - *Stellen Sie übersichtlich die hier angeführten Vorteile und Nachteile der Teilnahme an der Messe gegenüber.*
   - *Klären Sie die Bedeutung von Jobmessen für die Personalgewinnung.*
2. *Informieren Sie sich in Abschnitt 4.2 über die Tätigkeiten der Messeplanung.*

3. *Erstellen Sie für die HR Personaldienstleistungen GmbH eine Messekonzeption zur Teilnahme an der Jobmesse. Präsentieren Sie Ihre Messekonzeption.*

4. *Prüfen Sie, welche Änderungen an Ihrer Konzeption notwendig sind, wenn die HR Personaldienstleistungen GmbH an einer nationalen Rekrutierungsmesse teilnehmen will.*

5. *Reflektieren Sie, wovon die HR Personaldienstleistungen GmbH die Entscheidung über eine Messeteilnahme zur Rekrutierung grundsätzlich abhängig machen sollte.*

Rekrutierungsmessen sind für viele Unternehmen mittlerweile ein integraler Bestandteil des Personalmarketings. Die Vielzahl von Veranstaltungen macht eine zahlenmäßige Erfassung nahezu unmöglich, was auch damit zusammenhängt, dass Rekrutierungsmessen unter verschiedenen Begriffen geführt werden: Jobmesse, Firmenkontaktmesse, Karrieretreff, Kontaktmesse, Kontaktbörse, Bewerbermesse usw.Bevor auf die einzelnen Tätigkeiten im Zusammenhang mit einer Messeteilnahme eingegangen wird, sollen daher zunächst die begrifflichen Grundlagen geklärt werden und die Einordnung der Messe als Rekrutierungsinstrument erfolgen.

4.1 Arten von Rekrutierungsmessen

Der hier gewählte Oberbegriff „Rekrutierungsmesse" grenzt die in diesem Zusammenhang interessierenden Veranstaltungen inhaltlich auf den Bereich der Personalgewinnung ein, formal auf das Instrument Messe. Für die gezielte Rekrutierung von Mitarbeitern werden Messen erst seit einigen Jahren eingesetzt. Eine lange Tradition dagegen haben Messen, ähnlich wie Ausstellungen, im Zusammenhang mit dem Absatz von Produkten und Leistungen. Die beiden Begriffe werden häufig synonym verwendet, unterscheiden sich jedoch in ihrer gewerberechtlichen Bedeutung.

Besonderheiten von Messen und Ausstellungen

Messen und Ausstellungen sind gewerbliche Veranstaltungen, an denen meist viele Unternehmen teilnehmen. Die Grundlagen zur Durchführung von Messen und Ausstellungen, insbesondere die Rechte und Pflichten des Veranstalters, sind in der Gewerbeordnung geregelt. Dort findet sich auch eine genaue Definition von Messen und Ausstellungen.

§ 64 Gewerbeordnung: Messe

(1) Eine Messe ist eine zeitlich begrenzte, im Allgemeinen regelmäßig wiederkehrende Veranstaltung, auf der eine Vielzahl von Ausstellern das wesentliche Angebot eines oder mehrerer Wirtschaftszweige ausstellt und überwiegend nach Muster an gewerbliche Wiederverkäufer, gewerbliche Verbraucher oder Großabnehmer vertreibt.

(2) Der Veranstalter kann in beschränktem Umfang an einzelnen Tagen während bestimmter Öffnungszeiten Letztverbraucher zum Kauf zulassen.

§ 65 Gewerbeordnung: Ausstellung

Eine Ausstellung ist eine zeitlich begrenzte Veranstaltung, auf der eine Vielzahl von Ausstellern ein repräsentatives Angebot eines oder mehrerer Wirtschaftszweige oder Wirtschaftsgebiete ausstellt und vertreibt oder über dieses Angebot zum Zweck der Absatzförderung informiert.

Messen und Ausstellungen haben demnach folgende Gemeinsamkeiten:

- Die Veranstaltungen sind zeitlich begrenzt.
- Das Angebot umfasst einen oder mehrere Wirtschaftszweige (bei Ausstellung auch Wirtschaftsgebiete).

Zu den Unterschieden gehört, dass

- eine Messe eine im Allgemeinen regelmäßig wiederkehrende Veranstaltung ist;
- eine Messe das wesentliche gegenüber dem repräsentativen (Waren-)Angebot umfasst;
- die Zielgruppe der Messe konkretisiert ist (gewerbliche Wiederverkäufer, gewerbliche Verbraucher und Großabnehmer und auch Letztverbraucher), während eine solche Differenzierung bei einer Ausstellung keine Rolle spielt;
- Zweck einer Messe ist der Vertrieb von Waren (Mustermessen oder Warenmessen), Zweck einer Ausstellung auch die Information.

In diesem Zusammenhang kommt es nicht darauf an, die beiden Begriffe trennscharf auseinanderzuhalten. Die Gemeinsamkeiten und Unterschiede geben jedoch Hinweise auf die Charakteristika von Rekrutierungsmessen.

Recherchetipp

Umfassende Information zum Thema Messen und Ausstellungen hält der Ausstellungs- und Messe-Ausschuss der deutschen Wirtschaft AUMA e. V. unter folgender Adresse bereit: www.auma.de

Charakteristika von Rekrutierungsmessen

Rekrutierungsmessen lassen sich in Übertragung der oben genannten Aspekte durch folgende Kriterien charakterisieren: Es handelt sich um

- zeitlich begrenzte,
- ggf. regelmäßig wiederkehrende,
- mehrere Unternehmen, mehrere Branchen und/oder mehrere Regionen umfassende Veranstaltungen,
- die sich an Personen richten, die sich über Unternehmen und Stellen informieren wollen,
- die dem Zweck dienen, Personal zu gewinnen.

Diese Charakteristika lassen sich beispielsweise für eine Systematisierung des vielfältigen Angebots nutzen:

nach dem Einzugsgebiet der Messe	nach dem Branchenmix der Aussteller	nach dem Zielpublikum einer Messe
• lokal • regional • überregional • national • international	• branchenbezogene Messen • Mehrbranchenmessen • Universalmessen	• Personen vor dem Berufseinstieg, z. B. Studierende/Absolventen und Schüler; typisch sind hier Bewerbermessen und Firmenkontaktmessen • Arbeit suchende Personen; typisch sind hier Jobmessen auf Initiative der Arbeitsagentur • von Arbeitslosigkeit bedrohte Personen • an beruflichen Veränderungen interessierte Personen, z. B. Karrieretreffs, Karrierebörsen

Beispiel
Die in der Einstiegssituation angesprochene Jobmesse ist demnach eine lokale, auf mehrere oder alle Branchen bezogene Rekrutierungsmesse, die sich schwerpunktmäßig an Arbeit suchende Personen wendet.

Rekrutierungsmessen als Instrument der Personalgewinnung

Rekrutierungsmessen sind ein wichtiges Instrument der Personalgewinnung, neben beispielsweise Stellenausschreibungen, Online-Akquisition, Bewerberpool etc. Sie unterscheiden sich von den anderen Maßnahmen insbesondere durch

- den Event-Charakter,
- die Bindung an bestimmte Messetermine,
- den direkten Kontakt zu (potenziellen) Bewerbern,
- die Art der Unternehmensdarstellung.

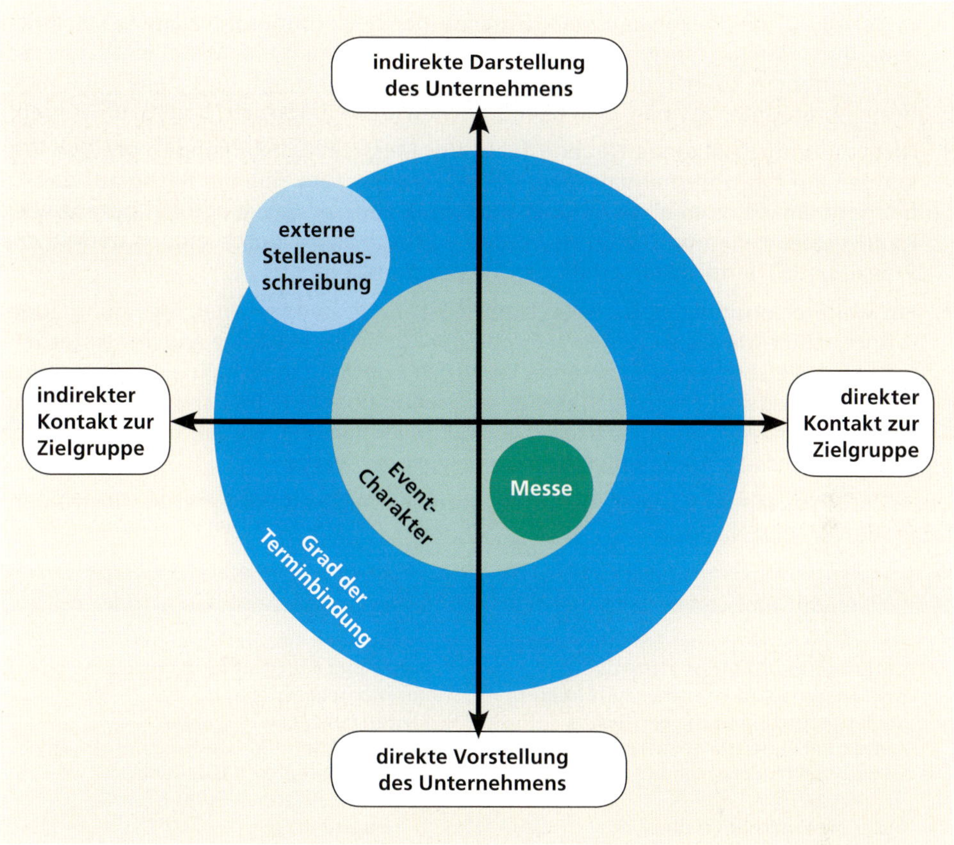

Unterschiede zwischen Messe und Stellenausschreibung (nach AUMA)

Die Vielfalt des Angebots von Rekrutierungsmessen und die großen Unterschiede zwischen einzelnen Veranstaltungsformaten machen es aus Sicht eines Unternehmens notwendig, geeignete Messen auszuwählen. Das gilt umso mehr, als eine Messeteilnahme mit zum Teil großem Aufwand hinsichtlich der eingesetzten Zeit und finanziellen Mittel verbunden ist. Demgegenüber stehen Vorteile, die sich aus den Charakteristika von Rekrutierungsmessen ergeben:

- Als zeitlich befristetes Ereignis ziehen Messen viele potenzielle Bewerber an. Ein ausstellendes Unternehmen profitiert dabei auch von der Anwesenheit anderer Unternehmen und von einem häufig während Messen stattfindenden zusätzlichen Begleitprogramm (Informations- und Seminarveranstaltungen). Auswahlkriterien für eine bestimmte Messe ist daher die Attraktivität der Messe aus Sicht der jeweiligen Zielgruppe. Messbar ist dies beispielsweise durch die Besucherzahlen (Erfahrungs- und/oder Erwartungswerte).
- Messen bieten eine Möglichkeit zur direkten Kontaktaufnahme mit potenziellen Bewerbern. Von solchen direkten Kontakten können beide Seiten profitieren: Unternehmen und Bewerber können sich aufgrund des persönlichen Eindrucks besser einschätzen, im Gegensatz etwa zu einer schriftlichen Ausschreibung/Bewerbung.

In Bezug auf die Personalauswahl (Analyse der Bewerbungsunterlagen, Schriftverkehr, Vorstellungsgespräch etc.) kann dies Zeit und finanzielle Mittel einsparen. Bei den Bewerbern können durch den persönlichen Kontakt ggf. Vorurteile gegenüber bestimmten Unternehmen und/oder Branchen (etwa Zeitarbeit) abgebaut werden.

- Nicht zu unterschätzende Nebeneffekte der Messeteilnahme können positive Wirkungen auf das Unternehmensimage sein. Dies gilt zum einen in Bezug auf das Arbeitgeberimage, zum anderen aber auch in Bezug auf das Image bei potenziellen Kundenunternehmen. Verstärkt werden solche Effekte durch eine systematische Presse- und Öffentlichkeitsarbeit des Messeveranstalters.
- Ein weiterer positiver Nebeneffekt, da nicht direkt der Personalgewinnung zugeordnet, ist die Möglichkeit, sich während der Messe die Auftritte anderer Unternehmen und Wettbewerber anzusehen und auch Kontakte innerhalb einer Branche zu schließen. Dadurch erhöht sich der Wissensstand über eine Branche (Branchen- und Markttransparenz) und gleichzeitig auch die Geschwindigkeit, mit der Neuerungen in einer Branche angenommen und weitergereicht werden.

Übersichtlich zusammengestellt bieten Messeteilnahmen als Rekrutierungsinstrument folgende Vor- und Nachteile:

Vorteile einer Messeteilnahme	Nachteile einer Messeteilnahme
• Ansprache eines großen Rekrutierungspotenzials durch Messeattraktivität • Rekrutierung von Personen zur direkten Stellenbesetzung und/oder für die Aufnahme in den Bewerberpool • Führen von Bewerbergesprächen während der Messe • guter persönlicher Eindruck von Bewerbern • Aufbau/Pflege von Kontakten zu (langfristig) interessanten Personenkreisen • Zeigen von Marktpräsenz • Steigerung des Bekanntheitsgrades durch Unternehmenspräsentation (auch außerhalb der Messe) • Orientierung über die (Wettbewerbs-) Situation in einer Branche oder Region (Markttransparenz) • Einschätzung des Arbeitgeberimages durch Vergleich mit anderen Unternehmen • Pflege des Arbeitgeberimages durch Teilnahme an Seminaren und Vorträgen während der Messe • Aufbau und Pflege von Kontakten zu anderen Unternehmen, Erfahrungsaustausch • Anbahnung von Kooperationen	• großer zeitlicher Aufwand für Vorbereitung, Durchführung und Nachbereitung der Messe • Kosten der Messeteilnahme: – Ausstattung (Messestand, Informationsmaterial, ggf. Give-aways) – direkte Personalkosten (Standbetreuung) – Übernachtungs- und Reisekosten • Organisation von Vertretungen für das eingesetzte Personal • Bindung an bestimmte Messetermine, (dadurch geringe Flexibilität beim Einsatz des Instruments) • Bindung an bestimmte Messekonzepte (wenig konzeptionelle Mitsprachemöglichkeit)

Das Gewicht der einzelnen Argumente ist abhängig vom jeweiligen Rekrutierungsinteresse und von der Art der Messe. Bei lokalen Messen sind im Allgemeinen die Aufwendungen und Kosten wesentlich geringer als bei überregionalen und qualifikationsspezifischen Messen (z.B. für Ingenieure). Dem stehen allerdings entsprechend geringere Ausprägungen der Vorteile gegenüber.

Beispiel
Besonders erfolgreich sind Firmenkontaktmessen im Zusammenhang mit dem sogenannten Campus Recruiting. Für viele Unternehmen ist dies eine gute Möglichkeit, persönliche Kontakte zu Studierenden und Hochschulabsolventen zu knüpfen, die etwa über Praktika und Diplomarbeitsthemen vertieft werden können. Außer bei den reinen Absolventenmessen stehen eher langfristige Ziele im Vordergrund. Einen Überblick über solche Veranstaltungen erhält man beispielsweise über diese Internetseite: www.alma-mater.de

4.2 Phasen der Messeplanung

Die Messeplanung umfasst drei Phasen: **Messevorbereitung, Messedurchführung und Messenachbereitung**. Die Messenachbereitung schließt den Abgleich der Messeergebnisse mit den Zielen ein, die mit der Teilnahme an einer Messe verfolgt wurden. Zur Messevorbereitung gehört daher unbedingt die Konkretisierung der mit der Teilnahme verfolgten Ziele. Zu dem Punkt Messedurchführung sind unterschiedliche Abgrenzungen möglich: So kann die Messedurchführung etwa mit der Eröffnung der Messe und dem Besucherstrom beginnen. Eine andere, hier favorisierte Abgrenzung geht davon aus, dass die Messe mit der Anreise des beauftragten Standpersonals beginnt. In dieser Abgrenzung gehört der Standaufbau bereits zur Durchführungsphase. Die einzelnen Phasen werden im Folgenden nach diesen Kriterien abgegrenzt:

- **Messevorbereitung** umfasst alle Tätigkeiten, die im Vorfeld einer Messe zu erledigen sind.
- **Messedurchführung** umfasst alle Tätigkeiten im direkten zeitlichen Zusammenhang zur Messe, also inklusive Standaufbau und Standabbau.
- **Messenachbereitung** umfasst alle Tätigkeiten im zeitlichen Nachgang zur Messe. Dazu gehören die Aufbereitung und Auswertung aller während der Messe gesammelten Informationen (Gesprächsprotokolle, Notizen, Besucher- und Kontaktzahlen etc.).

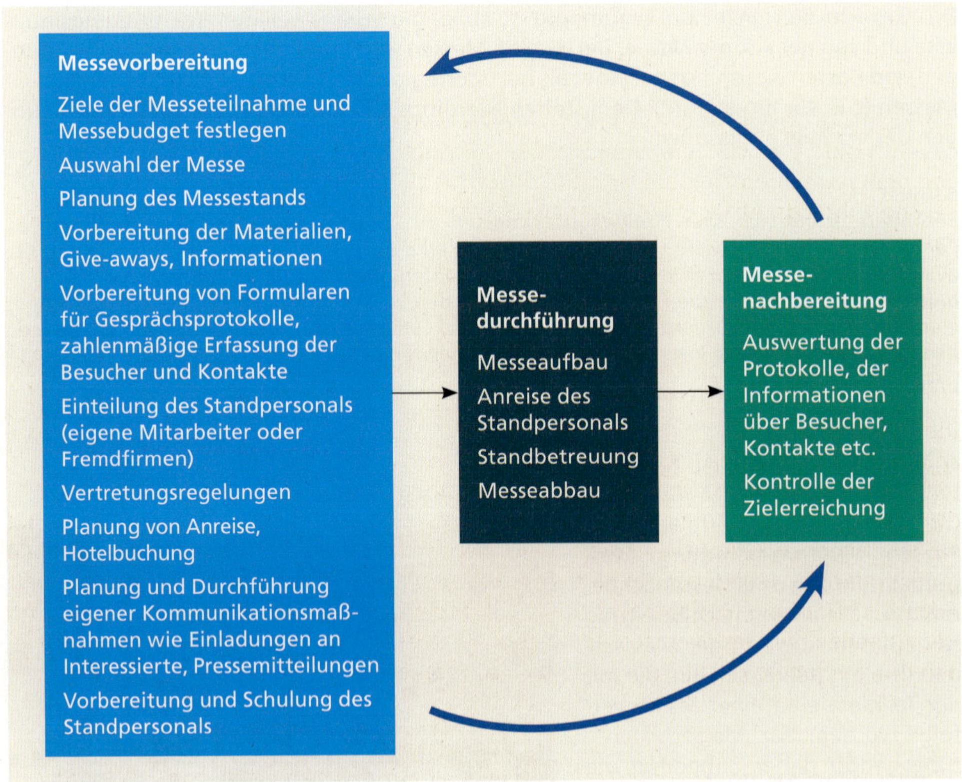

Phasen und Tätigkeiten der Messeplanung

Der Messestand

Mit dem Begriff Messestand wird sowohl der Standort als auch die Art der Gestaltung des Unternehmensauftritts während einer Messe bezeichnet.

Die Ordnung der Ausstellungsflächen auf Messen ähnelt einer städtischen Bebauung mit an Straßen gelegenen (Reihen-)Häusern und Plätzen: Man unterscheidet je nach Lage innerhalb der Messe-„Bebauung" zwischen Reihenstand, Eckstand und Kopfstand. Stände inmitten freier Flächen werden auch als Inselstandorte bezeichnet. Die Art des jeweiligen Messestands bestimmt die Art des Besucherkontakts – einseitig oder mehrseitig – und auch die Kosten je Quadratmeter Standfläche. Besonders attraktiv – und teuer – sind die Inselstände. Die grundlegende Form des Messestands bestimmt auch wesentliche Aspekte der Gestaltung. Bei einem typischen Reihenstand kann der Besucherkontakt nur in einer Richtung stattfinden. Entsprechend werden Informationstafeln, Tresen u. Ä. angeordnet. Unterschieden werden bei einem Messestand folgende Bereiche:

- Orientierungszone – hier orientiert sich das Messepublikum über das Angebot an dem Stand.
- Präsentationszone – interessiertes Publikum kann sich hier selbstständig über das Unternehmen informieren.

- Besprechungszone – bei Bedarf finden hier Gespräche mit Interessierten statt.
- Funktionszone – nicht für den Besucherverkehr bestimmte Flächen wie Lagerräume, Küche etc.

Die konkrete Größe und Ausgestaltung der einzelnen Zonen hängt u.a. von der Standgröße, dem Standort und dem jeweiligen Zielpublikum ab. Gestaltungsorientierung gibt das AIDA-Schema. Zu berücksichtigen ist, dass möglicherweise „Eisbrecher" notwendig sind, die das Publikum ansprechen und Interesse an der Unternehmenspräsentation wecken.

Zonen des Messestands

Erfolgskontrolle

Die Beurteilung des Erfolgs einer Messeteilnahme wird anhand der (vorher festgelegten) verfolgten Ziele ermittelt. Einige Ziele lassen sich sehr kurzfristig messen, etwa die Anzahl der hergestellten Kontakte und/oder die Anzahl der in den Bewerberpool aufgenommenen Personen. Andere Ziele, wie etwa die Beeinflussung des Bekanntheitsgrades oder des Arbeitgeberimages, sind dagegen nur indirekt bzw. langfristig messbar. Auch der Wert der Beobachtung der Wettbewerber lässt sich nur schwer ermessen. Häufig geben die Messeveranstalter Daten zum Messeergebnis heraus, die bei der Nachbereitung in jedem Fall hinzugezogen werden sollten.

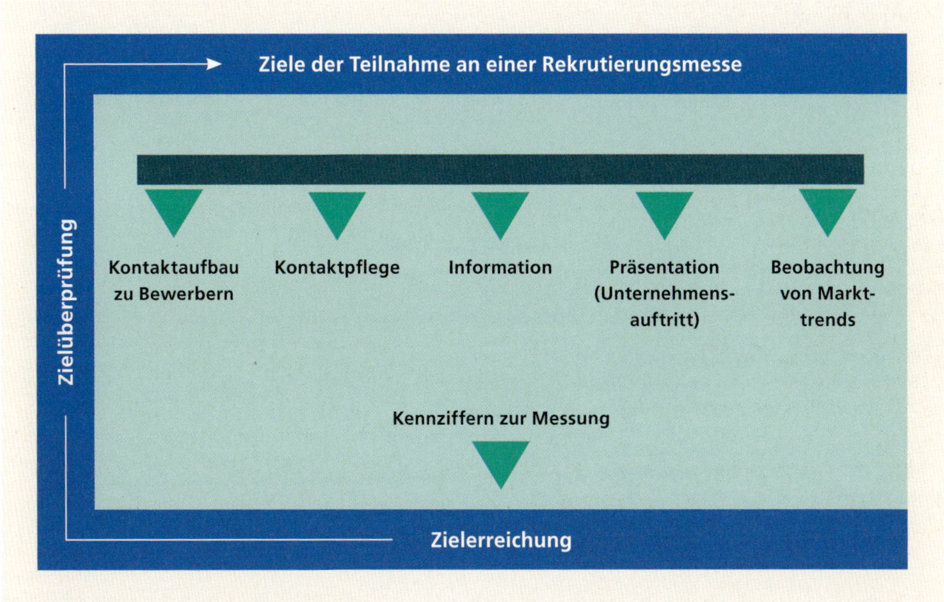

Erfolgskontrolle einer Messeteilnahme

Sinnvolle Kennziffern zur Beurteilung einer Messeteilnahme sind beispielsweise:

- Anzahl der Messebesucher insgesamt
- Anzahl der Kontakte am Messestand
- Anzahl der Gespräche am Messestand
- Kontaktquote: Anteil der Standkontakte an allen Messebesuchern
- Gesprächsquote: Anteil der Gespräche an allen Standkontakten
- Kontaktkosten: Kosten der Messebeteiligung je Kontakt oder Gespräch
- Anzahl der Aufnahmen in den Bewerberpool
- Verhältnis eingeladene Interessenten (Messevorbereitung) und Standbesucher
- Anzahl der Erwähnungen in Pressepublikationen

Beispiel

Die Jobmesse hatte nach Veranstalterinformationen 360 Besucher. Insgesamt kam es am Stand des Unternehmens zu 65 Kontakten (nach Strichliste) und 28 Beratungsgesprächen (nach Gesprächsprotokollen). 22 Personen ließen sich in den Bewerberpool aufnehmen.

Anzahl Messebesucher	Kontaktquote	Gesprächsquote	Aufnahmequote in den Bewerberpool
360 Besucher	Anteil der Standkontakte an allen Messebesuchern: Formel $\frac{65\ \text{Kontakte} \cdot 100}{360\ \text{Besucher}} = 18{,}05\ \%$	Anteil der Gespräche an allen Messebesuchern: Formel $\frac{28\ \text{Gespräche} \cdot 100}{360\ \text{Besucher}} = 7{,}8\ \%$	Anteil Aufnahmen an allen Messebesuchern: Formel $\frac{22\ \text{Aufnahmen} \cdot 100}{360\ \text{Besucher}} = 6{,}11\ \%$
		Anteil der Gespräche an allen Standkontakten: Formel $\frac{28\ \text{Gespräche} \cdot 100}{65\ \text{Kontakte}} = 43{,}08\ \%$	Anteil der Aufnahmen an allen Standkontakten: Formel $\frac{22\ \text{Aufnahmen} \cdot 100}{65\ \text{Kontakte}} = 33{,}84\ \%$
			Anteil der Aufnahmen an allen Gesprächen: Formel $\frac{22\ \text{Aufnahmen} \cdot 100}{28\ \text{Gespräche}} = 78{,}57\ \%$

Mit diesen Kennziffern lassen sich verschiedene Relationen bilden. Die Beurteilung, ob eine bestimmte Quote gut oder schlecht ist, erfordert Vergleichsmaßstäbe wie beispielsweise Daten aus vergangenen Messeteilnahmen und/oder Branchendurchschnitte.

Zusammenfassung

- **Rekrutierungsmessen** sind ein relativ neues Instrument der Personalgewinnung. Es unterscheidet sich wesentlich von anderen Beschaffungswegen und ist mit verschiedenen Vor- und Nachteilen verbunden.
- Eine erfolgreiche Messeteilnahme setzt umfangreiche **Planungen** voraus.
- Wichtig für eine **Erfolgskontrolle** ist eine umfassende Auswertung verschiedener **Kennziffern**.

Aufgaben

1. *Ordnen Sie folgende Tätigkeiten der Messeplanung den drei Phasen Messevorbereitung, Messedurchführung und Messenachbereitung zu:*
   a) *Gespräche mit Interessenten führen*
   b) *Vertretungsregelungen festlegen*
   c) *Beauftragung eines Messebauunternehmens mit der Erstellung eines Messestands*
   d) *Auswertung der Gesprächsprotokolle*
   e) *Buchung der Standfläche beim Messeveranstalter*

2. *Unterscheiden Sie die Personalbeschaffungsinstrumente Stellenausschreibung und Messeteilnahme nach folgenden Kriterien:*
   - *Event-Charakter*
   - *Terminbindung*
   - *Art des Kontakts zu Bewerbern*
   - *Art der Unternehmensdarstellung*

3. *Im Rahmen der Nachbereitung der diesjährigen Bewerbermesse der Arbeitsagentur ermitteln Sie folgende Kennziffern, die Sie den Kennziffern des letzten Jahres gegenüberstellen:*

	Aktuelle Bewerbermesse	Bewerbermesse des vergangenen Jahres
Besucherzahl insgesamt	510	450
Kontaktquote	15 %	12 %
Gesprächsquote (bezogen auf die Kontakte)	45 %	45 %
Aufnahmequote in den Bewerberpool (bezogen auf die Gespräche)	75 %	90 %

a) Berechnen Sie die jeweilige Anzahl der Gespräche und der Aufnahmen in den Bewerberpool.

b) Beurteilen Sie den Erfolg der aktuellen Messeteilnahme im Vergleich zur Bewerbermesse des Vorjahres.

c) Finden Sie mögliche Ursachen für die unterschiedlichen Ergebnisse der beiden Messeteilnahmen.

4. *Die HR Personaldienstleistungen GmbH möchte auf der nächsten Jobmesse ein übersichtliches Gesprächsprotokoll einsetzen. Das Formular sollte so gestaltet sein, dass alle relevanten Informationen schnell notiert werden können.*

a) Erstellen Sie eine Liste mit den Informationen, die Ihrer Ansicht nach festgehalten werden sollten.

b) Entwickeln Sie mithilfe eines geeigneten EDV-Programms ein Formular, das während eines Gesprächs ausgefüllt werden kann.

Bildquellenverzeichnis

Bermoser & Höller Verlag AG, Aachen 24.2, 475, 478
Bernsmedia, Haar 234
BIBB Bundesinstitut für Berufsbildung, Bonn 553.1
Bitkom, Bundesverband Informationswirtschaft, Telekommunikation und neue Medien e.V., Berlin 610
Bundesagentur für Arbeit, Nürnberg 87, 443
Bundesarbeitgeberverband der Personaldienstleister e.V., Berlin 4, 553
Bundesministerium für Arbeit und Soziales, Berlin 497.1, 497.2, 500.4
Bundesministerium für Finanzen, Berlin 426
Dachgesellschaft Deutsches Interim Management e. V., Münster 246
Dirk Bindmann/wikimedia commons, San Francisco, USA 657.1
dpa Picture-Alliance GmbH, Frankfurt am Main 78, 204, 297, 333.5, 333.7, 355.2, 404.2
dpa-Infografik GmbH, Franfurt am Main 25, 26, 75, 77, 165, 192, 227, 259.1, 259.2, 260.2, 264.1, 264.2, 274.1, 282, 287, 292, 299.1, 299.2, 300, 401, 408, 432, 436, 437, 454, 490, 492, 495, 500.1, 506, 550, 556, 558, 608.2, 609, 619, 620.1, 620.2, 621
GESIS-Leibniz-Institut für Sozialwissenschaften, Köln 263
iGZ – Interessenverband Deutscher Zeitarbeitsunternehmen e.V., Münster 4, 553.4
Institut für Arbeitsmarkt- und Berufsforschung (IAB), Nürnberg 55.2, 563, 564
IVW – Informationsgemeinschaft zur Feststellung der Verbreitung von Werbeträgern e.V., Berlin 604.1, 605.1, 605.2, 605.3, 606.1
Karent, Frankfurt am Main 456
Koelnmesse GmbH, Köln 655
MEV Verlag, Ausgburg 51, 164.1, 180.2, 180.3, 180.4, 180.5, 279.1, 279.2, 279.3, 279.4, 288, 333.2, 540, 611.2
Prof. Dr. Christoph Beck, Fachhochschule Koblenz 614
Statistisches Bundesamt, Berlin 41, 498
Stollfuß Medien, Bonn 431
ZMG Zeitungs Marketing Gesellschaft mbH & Co. KG, Frankfurt am Main 608.1

Fotolia, New York, USA:

Aaron Kohr 164.3
AKS 640.2
anthoha 279_5
Arcady 93
B. Wylezich 132
Bernd_Leitner 441, 562.1
Binski 177.2
Birgit Reitz-Hofmann 392
Bobo Ling 607
Bruce Shippee 111
contrastwerkstatt 92
Corbis 333.6
Crashoran 530
Christos Georghion 118
deleted 649
Dan Race 515
Denise Betak 644.2
DeVIce 385.2
Dinostock 44
Dream-Emotion 644.1
endostock 503
Eray 575
Event 652
eyezoom1000 466
Felix Horstmann 355.1
ferkelraggae 42
Flipfine 86.1
Fotografiesbg 140

fotomek 116
Franz Metelec 355.3
Franz Pfluegl 157, 333.9
froxx 640.1
Galina Barskaya 451
gandolf 200
garteneidechse 496
gilles lougassi 568
Gina Sanders 191, 623
hans12 121
Imageteam 85 33.8
Imaginis 286
Jeanette Dietl 535
Jens 82
Jürgen Flächle 160
Jürgen Priewe 137
Kzenon 43, 72, 411
Liv Friis-larsen 164.2
Lucian Muset 180.1
M&S Fotodesign 546 oben
Marco2811 429
marog-pixcells 103
Mathias Ott 384.1
michael hampel 421, 439
Michael Homann 333.4
Minerva Studio 425
Michael Möller 32, 361
Michael Nivelet 534
Michele Lorenzini 236, 249
Mixage 177.1
Moonrun 333.1
M. Schupperich 86.2
M&S Fotodesign 552.1
Nerlich Images 48
nyul 215, 223, 231
Otto Durst 479
Pakmor 404.1
pdesign 525 links
PeJo 489
photo 5000 125
Pixelot 106, 201
pressmaster 648, 562.2
Ralf Kalytta 117.2
Ramon Milert 279.4
Ramona Heim 11, 14, 24.1, 385.1, 649
Robert Kneschke 172
RRF 398
rrrob 572
Ruth Black 234
seen 412
Sergej Khackimullin 280
S.John 278
Spectral-Design 533.2
skvoor 176
Stefan Rajewski 212, 263.1, 333.2
Stefan Richter 624
Stefan Thiermayer 569
sushi100 45
Sven Bähren 219
Theresa Martinez 643
Thierry burot 232
Tomas Trojanowski 323
Uview 260.1
vege 136
Varina Patel 311
Vort 45
wildworx 117.1
WOGI 457
Yuri Arcurs 49, 64, 141, 333.3, 505, 516
Yvonne Bogdanski 384.2

Cover:

Fotolia, New York, USA:
Michael Nivelet (Puzzel),
Meddy Popcorn (Frau, rechts unten),
Stenislav Tatarnikov (Kalender),
Yuri Arcurs (alle anderen).

Sachwortverzeichnis